...die Mission, Menschen glücklich zu machen, gepaart mit Pioniergeist und Freude am Tanzen!

Sven Väth

In Erinnerung an meinen geliebten Papa

© 2020 by Dirk Duske
Alle Rechte vorbehalten. Kein Teil des Buches darf in irgendeiner Form ohne schriftliche Genehmigung des Autors reproduziert oder unter Verwendung elektronischer Systeme verarbeitet, vervielfältigt oder verbreitet werden.

Layout: Lars Heinelt (Larsheinelt.de), Dirk Duske
Grafiken: Dirk Duske, Markus Wolf
Illustrationen: Lars Heinelt
Icons: Peter M. Hoffmann (Leipzig), Lars Heinelt
Fotos: Dirk Duske, Kay Möckel
Cover: Lars Heinelt, Dirk Duske

Stadtstreicher GmbH
Hohe Straße 37
09112 Chemnitz

www.dirkduske.de
www.facebook.com/dirkduskeofficial
www.gutaufgelegt.com

11. überarbeitete Auflage 2020

Dirk Duske

# Gut Aufgelegt!

### Das Lehrbuch & Nachschlagewerk für den DJ

Zum Autor:
Dirk Duske (Jahrgang 1970) schloss erfolgreich die beiden Studiengänge Maschinenbau und Medientechnik ab. Seit 1985 legt er als House- und Urban-DJ in verschiedenen Clubs bzw. Discotheken Deutschlands auf.
Weiterhin betreut Dirk das Marketing für Ortofon A/S Dänemark, lehrt das DJing an der Städtischen Musikschule Chemnitz und ist als freier Journalist tätig.

# Vorwort

## Vorwort

DJing...Ein Wort, viele Definitionen und Möglichkeiten der Umsetzung, verbunden mit unterschiedlichsten Intentionen, aber deren Botschaft die gleiche ist: Mit aufgelegter Musik seine Mitmenschen unterhalten.

Premier:
Für mich ist DJing ein Weg der Umwandlung von sehr starken Wellen in Vibrationen im menschlichen Körper, die ein gestresstes, hartes, ärgerliches Gesicht in ein glückliches, lachendes Gesicht verwandeln.

Ein DJ, die Abkürzung von Discjockey, legt im klassischen Sinne Schallplatten auf, fungiert aber auch gleichzeitig als Entertainer in einer Location oder gar einem Radiosender. Seine kreative Komponente lässt ihn sogar als ebenbürtigen Musiker bezeichnen. Aber nicht nur im HipHop nimmt der DJ diese Stellung ein, sondern generell in der Dance-Music zeichnet er sich durch künstlerisches Kombinieren der Musik in Form seiner spezifischen Mixing- und Scratchtechniken auch unter Verwendung von DJ-Controllern, Samplern oder Musikproduktionsprogrammen aus.

Das Phänomen DJ ist allerdings nicht nur auf seine Arbeit im Club oder in der Discothek beschränkt. Vielmehr nutzt er auch seine Position in der Musikbranche, denn sein Fingerspitzengefühl für neue musikalische Trends beeinflusst das musikalische Geschehen bei den Musiksendern und in den Verkaufscharts. Bevor Musiksender wie VIVA oder MTV aufkamen bzw. das Internet die Karten in der Medienlandschaft neu mischte, übernahm der Discjockey primär die Vorreiterrolle im Setzen musikalischer Trends. Dance-Music fand ihren Ursprung im Club, und mit Hilfe des DJs gewann sie die in den Charts widerspiegelnde Popularität. Der Nachtschwärmer suchte mit der Intention einen Club auf, nicht rundfunkkompatible Mainstream-Musik, sondern den Groove der neuesten, unkonventionellsten Dance-Music-Platten akustisch und körperlich zu konsumieren. Aber nicht nur musikalische Trends popularisiert der Deejay, er spielt auch im betriebswirtschaftlichen Sinne für die Erlebnisgastronomie eine entscheidende Rolle, denn durch seine Tätigkeit beeinflusst er diskothekenspezifische Parameter wie Gästezahlen und Pro-Kopf-Umsatz. Psychologisch agiert er in Bezug auf Trackauswahl und Musikdramaturgie, bestimmt das Handeln des Gastes und beeinflusst so seine

# Vorwort

Gewohnheiten. Der Mix als zentrales Element verdeutlicht dabei die Fähigkeit des Discjockeys im Umgang mit der tanzenden Gemeinde und bekräftigt in diesem Zusammenhang die Aussagen von Faithless und P!nk: „God Is A DJ".

„Gut aufgelegt!" ist ein chronologischer Leitfaden zum Erlernen des DJings, angefangen beim geweckten Interesse, fortführend bis zum Status eines Künstlers. Zunächst befasst sich das Kapitel „History" mit der Entwicklung der DJ-Kultur. Übereifrige DJs in spe sollten dieses Kapitel nicht überspringen, da es als Grundlage zur Musikstilklassifizierung dient. Das Hauptaugenmerk liegt dabei nicht allein auf den USA, dem Ursprungsland der DJ-Kultur, sondern bezieht auch Europa mit Ländern wie Frankreich, Großbritannien und Deutschland ein. Das Kapitel „Equipment" stellt dir die DJ-Technik im Überblick vor, mit der du auflegen könntest. Dazu erste Übungen, die dir Aufschluss geben, ob das jeweilige Equipment deinen Ansprüchen entspricht, aber auch dir liegt. Mit dem dir zugelegten Equipment trainierst du anschließend DJ-Techniken wie Mixing, Scratching und Beat Juggling anhand der Übungen des Kapitels „Skills". „Tracks" beschäftigt sich mit der Musikbeschaffung und -verwaltung, „Gig" erklärt, wie das bisher gelernte technische Know-How beim ersten Gig umgesetzt wird. Außerdem findest du auch, wie in dem darauf folgenden Kapitel „Business", betriebswirtschaftliche Anregungen, die deinen Einstieg in die Selbstständigkeit unterstützen. Dabei weisen die auf Deutschland bezogenen Beispiele durchaus Parallelen zu anderen Ländern auf, die auch für dich unabhängig von deinem Wohnort hilfreich sind. „Producing" gibt dir Tipps zum Produzieren und Vermarkten erster eigener Tracks. Was die Zukunft vermutlich bringt, verrät dir das Kapitel „Future".

Nicht jedes Kapitel wird entsprechend deiner Equipmentwahl von Interesse sein und kann somit auch übersprungen werden. Einige technische Themen und Übungen sind auch auf mehrere Kapitel aufbauend verteilt, begründet in dem chronologisch wachsenden Anspruch des Buches und deinen Fähigkeiten, die du dir aneignest. Zudem versteht sich das Buch als Leitfaden, eine Art „To Do Liste", die du abarbeiten solltest. So werden auch vereinzelte Inhalte mehrmalig, aber unterschiedlich zitiert, um dir ein ständiges Nachschlagen zu ersparen.

Genug des Vorworts! Lass uns endlich in die Welt des DJings eintauchen...

## Inhaltsverzeichnis

Vorwort 4
Legende 19

## History

Die Technik 22
Die Vorreiter der DJs 25
Die ersten „Discothéquen" 26
Der Einfluss der DJs auf die Entwicklung von Dance-Music 26
   Die Disco-Ära 27
   DJs make Music 29
   DJs und Technik 33
   DJs und Events 34
   DJs go digital 37
Resümee 41
Die deutsch-deutsche DJ-Kultur 41
   In der Bundesrepublik Deutschland bis 1989 42
   In der Deutschen Demokratischen Republik 45
   Die Stunde Null – Der Mauerfall 55
   (Inter-)nationale DJ-Kultur 61
Mixen á la Carte – The French Touch 65

## Equipment

Die Intentionen und Voraussetzungen zum DJing 74
Das Erlernen des DJings an einer DJ-Schule 81
Die Entscheidung für analoges oder digitales DJing 87
   Das Vinyl 87
   Die CD und der USB-Stick 89
   Die DJ-Software 90

Das Equipment
   Der Kopfhörer 94
   Die In Ear-Monitors 95

| | |
|---|---|
| Das Mischpult (Mixer) | 99 |
| Die Auswahl des Mixers | 104 |
| Serato Club Kit-Mixer | 108 |
| Der Schallplattenspieler | 109 |
| Der DJ-Schallplattenspieleraufbau | 115 |
| Der Schallplattenspieler mit integrierter Soundkarte | 118 |
| Der portable USB-Plattenspieler | 119 |
| Tipps für den Aufbau von Turntables auf Bühnen | 121 |
| Der Tonabnehmer (Cartridge) | 124 |
| Der Einfluss des Tonabnehmers auf die DVS-Performance | 128 |
| Die Slipmat | 130 |
| Der multi- bzw. crossmediale DJ-Player | 131 |
| | |
| Die DJ-Software | |
| Einleitung | 136 |
| Die Mindestvoraussetzungen deines Notebooks | 139 |
| Die Hardware: DJ-, MIDI- und Add-On-Controller | 139 |
| Der DJ-Controller | 139 |
| Der Add-On-Controller | 141 |
| Der MIDI-Controller | 148 |
| Tablets mit DJ-Apps als Remote-Controller | 150 |
| Serato DJ Lite und Serato DJ Pro | 151 |
| Traktor LE und Traktor Pro | 156 |
| Pioneer DJ rekordbox | 159 |
| VirtualDJ | 166 |
| algoriddim djay Pro | 175 |
| MIXXX | 182 |
| Die Digital Vinyl System (DVS)-Funktionen | 187 |
| Verbinden zweier DVS | 190 |
| Die DVS unterstützenden Apps | 192 |
| Der MWM Mixfader als Add-On-Controller für DJ-Apps | 199 |
| Die Mixtape-Software: MixMeister | 201 |
| Die DJ- und Producing-Software: Ableton Live | 203 |
| The Bridge: Die Brücke zwischen Ableton Live und Serato Scratch Live | 204 |

# INHALTSVERZEICHNIS

| | |
|---|---|
| Ableton Live im Serato Scratch Live | 205 |
| Serato Scratch Live im Ableton Live | 206 |
| | |
| Das Mikrofon | 207 |
| | |
| Das optionale Equipment | |
|   Der Gehörschutz | 210 |
|   Die Reinigung von Schallplatten | 211 |
|     Die Schallplattenbürste | 211 |
|     Die Schallplatten-Waschmaschine und Wood Glue | 211 |
|     Der Vinyl Flat Record Flattener und AFI flat.2 | 215 |
|   Der FLUX HiFi Sonic | 218 |
|   Der Recorder | 219 |
|   Der Notebook-Ständer | 221 |
|   Die Cases und Bags | 222 |
|   Der Fiberpen und das Druckluftspray | 224 |
|   Der Equipment-Ständer und das DJ-Möbel | 225 |
| | |
| Die PA | |
|   Die Club-PA | 226 |
|   Die Festival-, Konzert- und Open Air-PA | 229 |
|   Das Monitoring | 231 |
|   Die Endstufen, Frequenzweichen, Controller und Signalbearbeitung | 233 |
|     Die Endstufen | 233 |
|     Die Lautsprecher Management Systeme (LMS) | 236 |
|     Die Filter | 237 |
|     Die Frequenzweichen (Crossover) | 239 |
|     Die Kompressoren | 240 |
|     Die Limiter | 241 |
|     Die Expander/Noise Gates | 241 |
|   Die Kabel und Steckverbindungen | 242 |
|   Die Klein-PAs für den mobilen DJ-Einsatz | 248 |
|     Das Setup einer aktiven Klein-PA | 249 |

Enthusiast / Bedroom-DJ / Professional DJ / Artist

| | |
|---|---|
| Das Licht für Atmosphäre und Bewegung | 250 |
|    Die Lichtsteuerung per DJ-Software | 252 |
|       Serato DJ Pro / VirtualDJ mit SoundSwitch | 252 |
|       rekordbox mit RB-DMX1 | 254 |
| Das Anschließen des DJ-Setups | 256 |
|    Die Anordnung der Decks zum Mixer | 259 |
| First Steps: Mit dem Equipment | 259 |
|    Mit dem Mixer | 260 |
|    Mit dem Kopfhörer (Cueing) | 261 |
|    Mit dem Schallplattenspieler | 262 |
|    Mit dem DJ-Player | 267 |
|    DJing mit der DJ-Software | 271 |
|       Serato DJ Pro | 274 |
|          Konfiguration | 274 |
|          Einstellen der Listen-Ansicht | 291 |
|          Auswahl der Wellenformausschnitt- und Deckansicht | 292 |
|          Wahl des Channels | 293 |
|          Playback von Tracks | 293 |
|          Serato Video | 299 |
|       Traktor (Scratch) Pro | 303 |
|          Konfiguration | 303 |
|          Kalibrierung der Decks (Traktor Scratch Pro) | 315 |
|          Auswahl der Deckansicht | 316 |
|          Playback von Tracks | 319 |
| Gemeinsam Performen dank Ableton Link | 321 |
|    Synchronisieren mit MIDI Clock | 324 |
|       Traktor Pro | 324 |
|       Serato DJ Pro | 325 |

# INHALTSVERZEICHNIS

## Skills

| | |
|---|---|
| Die Grundlagen des Mixings | |
| Die Grundelemente eines Tracks | 334 |
|    Das Beatmatching | 340 |
|    Das Beatmatching und Bending für den Mix | 342 |
|    Das visuelle Beatmatching | 351 |
|    Das Sync-Beatmatching | 353 |
|       Beat Sync mit Serato DJ Pro | 355 |
|       Beat Sync mit Traktor Pro | 358 |
|       Beat Sync vs. Beatmatching by Ear | 359 |
| | |
| Das Mixing: Die Basics | 361 |
|    Das Mixen mit einem physischen und virtuellen Mixer | 361 |
|    Das Monitoring und Cueing des Mixes | 362 |
|    Der Fade-In-Mix (Blending) | 365 |
|    Das Cutten/Chop-Mixing | 369 |
|    Das Instant Play | 372 |
|    Das Cutten mit Power-Off, Brake und Spinback | 374 |
|    Die Upfader-Cuts | 377 |
|    Die Scratch-Cuts | 379 |
|    Die Spezial-Effekte | 380 |
|       Phasing | 380 |
|       Delaying | 380 |
|       Instant Doubles | 381 |
|       Rewind-(Reverse) Playing | 383 |
|       Beating | 383 |
|    Das Mixen mit Acapellas und Flächen | 384 |
| | |
| Das Mixing: The higher Level | 387 |
|    Die Phrasen eines Tracks | 387 |
|    Das Arrangement eines Dance-Tracks | 389 |
|    Die stilistische Einordnung der Musik | 392 |
|    Das Mixen von Cross-Genres | 403 |
|    Die Charaktereigenschaften eines Tracks | 408 |
|    Das Mixing nach Phrasen | 409 |

| | |
|---|---|
| Das Mixen mit Auftakten | 416 |
| Das harmonische Mixen nach Gehör | 418 |
| Das Mixen nach den Tonarten (Mixed In Key) | 418 |
|    Verändern der ursprünglichen Tonart | 424 |
|       Pitch Shifting mit dem Pitch-Control | 424 |
|       Camelot-Wheel-Erweiterung mit Key-Knob | 424 |
|       Key Shift und Key Sync | 425 |
|    Harmonic Mixing mit Flow DJ | 428 |
| Das Auflegen mit drei oder vier Decks | 430 |
| | |
| **Das Scratching** | **432** |
|    Die Grundlagen | 432 |
|       Die Hand- und Fingerposition | 432 |
|       Das Scratch-Vinyl und die Scratch-Effects | 435 |
|    Die Markierung der Cue Points | 436 |
|    Das Auskleben des Schallplattenlochs | 438 |
|    Die Scratching-Basics | 439 |
|    Die Turntablist Transcription Methodology TTM | 441 |
|    Die Scratches | 443 |
|       Die Scratches ohne Fader | 443 |
|       Die Scratches mit Fader | 445 |
| | |
| **Das Beat Juggling** | **459** |
|    Der Backspin | 459 |
|    Das Tapping/Chasing | 461 |
|    Die Doubling Up Snares | 462 |
|    Das Beat Juggling | 463 |
|    Die Routine | 467 |
| | |
| **Musikstils und passende Skills** | **471** |
| | |
| **Die Effekte** | |
|    Allgemeines | 473 |
|    Der Einsatz der Effekte | 475 |
|    Die Effekte des Mixers | 475 |

# INHALTSVERZEICHNIS

| | |
|---|---:|
| Die Effekte des DJ-Players | 479 |
| Die Effekte der DJ-Software | 480 |
| Die optionalen Effektgeräte | 483 |

Das Sampling und Looping
| | |
|---|---:|
| Der Sampler der DJ-Software | 485 |
| Der externe Sampler | 489 |
| Das Sampling im Set | 490 |
| Die Loops | 492 |
|    Die Loops mit dem DJ-Player | 496 |
|    Die Loop Rolls | 497 |
|    Das Beat Jumping | 497 |
| Die Live Feed-Funktion | 500 |
| Das Auflegen mit The Bridge | 501 |
|    Die Vorbereitung im Ableton Live | 501 |
|    Ableton Live im Serato Scratch Live | 505 |
|    Serato Scratch Live im Ableton Live | 510 |

Das Finger Drumming und Controllerism
| | |
|---|---:|
| Die „Musiago"-Finger Drumming-Technik | 511 |
| Das Finger Drumming mit Melodics erlernen | 514 |

Das Live-Remixing im Set
| | |
|---|---:|
| Mit STEMS | 518 |
| Mit extrahierten Spuren | 519 |
|    algoriddim Neural Mix Pro | 519 |
|    Audionamix XTRAX STEMS | 520 |
| Live-Remixing mit der DJ-Software | 522 |
|    Serato Flip | 524 |
|    Pitch ´n Time DJ | 531 |
|    Serato Sample | 534 |
|    Ableton Suite und „The Bridge" | 537 |
| Live-Remixing mit Maschine und weiteren Gears | 539 |

| | |
|---|---:|
| Das Moderieren mit einem Mikrofon | 542 |

## Tracks

| | |
|---|---|
| Was möchtest du auflegen? | 546 |
| Die Zusammensetzung deiner Library | 549 |
| Das Kostensparen beim Aufbau deiner Track-Library | 550 |
| Die Vinyl-Library | 554 |
| Die digitale Track-Library | 555 |
| Das Musik-Streaming | 559 |

## Gig

| | |
|---|---|
| Der Aufbau einer DJ-Karriere | 564 |
| Die regelmäßige Club- und Discothekenrecherche | 565 |
| Der Kontakt zum Resident | 566 |

Das Marketing – Der Weg zur Marke

| | |
|---|---|
| Die Wahl eines DJ-Namens | 567 |
|   Die Foren | 568 |
|   Die Website und sozialen Netzwerke | 569 |
|   Die Pressefotos | 573 |
|   Das eigene Logo | 574 |
|   Die Visitenkarten | 574 |
|   Das Branding mit Sticker, Faceplates und Skins | 575 |
|   Das Mixtape / Der Mix | 577 |
|   Das Internet-Radio | 578 |
|   Das Video - Upload und Stream | 579 |
|   Die Battles: DMC, IDA und Red Bull 3Style | 582 |
| Der Schritt zum ersten Booking | 585 |
| Die Gage | 592 |

Vor dem ersten Gig

| | |
|---|---|
|   Der Technik-Rider | 594 |
|   Der Vertrag | 596 |
|   Die Steuern, die Versicherung und weitere Bürokratie | 597 |
|   Das Ausstellen der Rechnung | 606 |

# INHALTSVERZEICHNIS

Die Lizenzierung der digitalen Library
  Die Vorgeschichte     607
  Die fälligen GEMA-Gebühren     609
    Der Tarif VR-Ö     610
    Die Realität     612
  Der DJ-Führerschein     613

Die Vorbereitung des ersten Gigs
  Die Trackauswahl     618
  Das Packen der Crates, die Tonträgerbeschriftung und die Setvorbereitung     622
    Das Vorbereiten der Track-Library     623
    Das Fusionieren zweier Library-Festplatten     626
    Das Setzen von Cue Points und Loops     628
    Überprüfen und Korrigieren der BPM und Beatgrids     631
    Weitere Beschriftungen und Comments     632
    Das Pimpen der Audio-Files mit Platinum Notes     634
    Das Vorbereiten der Platten-Cases     636
    Das Vorbereiten der Setlist     637
  Die Moderationsvorbereitung     638
  Die Checkliste     639
  Das Verhalten des Publikums gegenüber dem DJ     639
  Das Verhalten des DJs gegenüber dem Publikum     641

Der erste Gig
  Die Vorbereitung am DJ-Pult     642
  Alkohol – Vor und während dem Gig?     643
  Das Entertainment     646
  Die Öffnung der Location     648
  Der Set-Aufbau     648
  Die Dramaturgiekurven und das Energy Level     651
  Die Platzierung der Phasen     653
  Die Phasen und ihre musikalische Zusammensetzung     655
  Die Einteilung der Hits     658
  Das Breaken zum Clubhit     659

Die Erziehung des Publikums 660
Das Beispiel eines Mini-Sets 661

Dein Gig in der Location
   Der DJ-Stil 668
   Das Warm Up 668
   Der „Angriff auf das Publikum" und der weitere Ablauf –
   Die Peak Time und Late Night 671
   Back to Back 674
   Der Club-DJ im „Alltag" 676
   Der Party- und mobile DJ 677
   Der Alternative/Independent DJ 681
   Das Leerspielen einer Location 685
   Nach dem Gig 685

Die weitere Vorgehensweise
   Der Ausbau der Fähigkeiten 687
   Der Blick in die sozialen Netzwerke 687
   Die weitere Akquise 688

Ein Job als Resident – Das Traumangebot? 689
Das Web-Marketing 695
Die Shout-Outs/Drop-Ins 697
DJanes in a „men´s world" 698
Not macht erfinderisch – DJs als Show-Event 700
Der DJ-Urlaub 702
Die Kündigung von Terminen 702
Der Musikgeschmack des Geschäftsführers 704
Deine „Freunde" in der Location 705
Das Exklusiv-Recht bzw. der Gebietsschutz 706
Das Nichtraucherschutzgesetz und seine Folgen 706

Die besonderen Gigs
   Die Neueröffnung einer Location 708
   Die Silvester-Party 708

# INHALTSVERZEICHNIS

| | |
|---|---|
| Ein Star-DJ wurde gebucht | 710 |
| Der Gig mit einer Band | 711 |
| Die Hochzeit und Geburtstagsparty | |
|    Die Vorbereitung | 714 |
|    Der Veranstaltungstag | 719 |
| Der Festival-Gig | 720 |
| | |
| Die Motto-Partys | |
|    Der Club verstummt: Silent Disco | 724 |
|    Der Countdown läuft: Die 120 Minuten Party | 726 |
|    Die neue Zielgruppe: Ü30 | 727 |
|    Die Revival-Partys | 728 |
|    Mut zum schlechten Geschmack: Bad Taste | 729 |
|    Die 1980s/1990s- und Malle-Partys | 729 |
| | |
| Das Streaming als Alternative zum Clubbing? | 730 |

## Business

| | |
|---|---|
| Weitere Regeln für das DJ-Geschäft | |
|    Die „falschen" Veranstalter | 734 |
|    Die Kooperation unter den DJs | 734 |
| | |
| Der Ausbau der DJ-Karriere | |
|    Dein Marktwert als DJ | 736 |
|    Die Gagenerhöhung | 738 |
|    Der Ausbau des „Location-Imperiums" | 739 |
|    Der DJ auf Tour | 740 |
| | |
| Der Booking-DJ | |
|    Die Agentur | 740 |
|    Der Manager | 743 |
|    Der 360 Grad-Vertrag | 743 |

| | |
|---|---|
| Die DJ-Charts und Bemusterung | 744 |
|     Die Aufnahme als Dance Charts-Tipper | 747 |
|     Die DJ-Bemusterung | 750 |
| | |
| Das Endorsement/Sponsoring | 753 |
| Die „Pflicht"-Veranstaltungen | 756 |
| Die internationalen Events | 757 |

# Producing

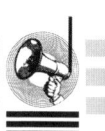

| | |
|---|---|
| Das Produzieren eigener Mashups | 764 |
| Die Re-Edits | 767 |
| Das produzierte Edit | 767 |
|     Das Live-Edit | 769 |
| | |
| Die Produktion des ersten eigenen Tracks | |
|     Das Studio | 770 |
|     Die Suche nach der Track-Idee | |
|         Die Recherche in der Geschichte der Popmusik | 773 |
|         Die Track-Idee | 775 |
|     Die Elemente des Tracks | 783 |
|     Mit dem richtigen Akkord zum Erfolg | 786 |
|     Das Arrangement | 788 |
|     Die Abmischung – Mix Down | 790 |
|     Das Mastering | 791 |
|     Die Testphase | 791 |
|     Die eigene Veröffentlichung | 792 |
| | |
| Der eigene Remix | 796 |

# INHALTSVERZEICHNIS

## Future
DJing hauptberuflich und bis ins Rentenalter? 800
Das DJ-Handwerk – überbewertet oder doch noch notwendig? 807
Der Club-DJ: Noch Trendsetter oder mittlerweile Jukebox? 809
Die Zeiten ändern sich 813
...und dann kam Corona... 818

## Success
Zusammenfassung:
24 Gründe, die für einen guten DJ sprechen, und weitere Tipps 824

## Attachment
Der Technischer Background
    Die Akustik 828
    Der Tonabnehmer 831

Nachwort 836
Glossary 844
Discographie 854
Adressen von DJ-Charts, Promotionpools und Plattenlabels 866
Stichwortverzeichnis 870
Quellenverzeichnis 898
Abbildungsverzeichnis 903
Danksagung 904

## Legende

In „Gut aufgelegt!" wirst du auf verschiedene Symbole treffen, die dich auf folgenden Inhalt hinweisen:

### Übung:

Hier kannst du mit deinem Equipment verschiedene Übungen praktizieren, um DJ-Techniken auszuprobieren, zu erlernen und zu verbessern.

### Tipp:

Ob Equipmentvorschläge oder generelle Ratschläge, diese Hinweise können das DJing erleichtern und dich in deiner Karriere voranbringen.

### Beachte:

Unter diesem Symbol findest du Bemerkungen, die du unbedingt berücksichtigen solltest, um Problemen jeglicher Art aus dem Weg zu gehen.

### Vinyl:

Hier findest du speziell Content zum Auflegen mit Vinyl.

### CD:
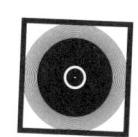
Das Icon verrät dir, dass sich der Inhalt vorrangig mit CD- bzw. Multimedia-Player und deren Handhabung beschäftigt.

### DJ-Software:

Diese Kapitel beinhalten das Auflegen mit einer DJ-Software, einem DJ-Controller, einem Digital Vinyl System oder sonstigen Programmen, die das DJing bereichern.

# HISTORY

# HISTORY

## Die Technik

Bevor 1906 mit dem ersten Discjockey die DJ-Kultur eingeleitet wurde, musste im Vorfeld die nötige Technik entwickelt werden. So legte Ende 1877 Thomas Alva Edison mit der Patentanmeldung des Phonographen diesen Grundstein. Das Prinzip basierte auf einer Nadel, die Töne auf eine Zinnwalze übertrug, um zunächst nur gesprochene Informationen als Diktiergerät wiederzugeben. Erst im folgenden Jahrzehnt beschäftigte sich Edison vorrangig mit der Musikwiedergabe über den Phonographen. Durch dessen technische Verbesserung und der von ihm 1896 gegründeten „National Phonograph Company" konnten ab diesem Jahr größere Phonographen-Stückzahlen produziert werden.

Der deutsche Erfinder Emil Berliner führte die Idee Edisons fort, indem er anstatt der Zinnwalze eine Platte als Tonträger einsetzte. Unter dem Namen Grammophone meldete Berliner 1887 seine Innovation in Washington zum Patent an. Somit ist die erste produzierte Schallplatte auf den 16. Mai 1888 zu datieren. Zunächst bestanden die Tonträger aus Zinkplatten mit einer Wachsschicht zur Schallfixierung und ab 1895 aus Hartgummi. Zwei Jahre später verbesserte er nochmals das Schallplattenmaterial durch eine Mischung aus Schellack, Anteilen von Ruß bzw. Graphit, Fasern und Gesteinsmehl. Auch die Spiellänge erhöhte sich durch die Vergrößerung des Plattendurchmessers von zunächst 12,5 cm (5") auf 30 cm (12") sowie durch die Reduzierung der Abspielgeschwindigkeit von 150 auf 78 Umdrehungen pro Minute. Ab dem Jahr 1903 setzte sich das 12"-Format weltweit durch.

Schellackschallplatten waren besonders von einem hohen Grundrauschen und hoher Zerbrechlichkeit gekennzeichnet, was Dr. Peter Goldmark motivierte, in den Jahren 1945 bis 1948 im Auftrag der „Columbia" ein neues Material mit besseren Wiedergabeeigenschaften zu erforschen. Die entwickelte Schallplatte aus Polyvinylchlorid und Polyvinylazetat, die im Juni 1948 mit einem Durchmesser von 30 cm und einer Abspielgeschwindigkeit von 33-1/3 Umdrehungen pro Minute erstmals vertrieben wurde, löste seinen Vorreiter aus Schellack gänzlich ab und stellt bis in die Gegenwart den Standard dar. 1949 erschien auch das bekannte 7"-Singleformat mit einem Durchmesser von 17 cm, dem größeren Mittelloch, für das es einen Ad-

# Die Technik

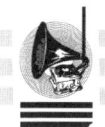

apter, Puck genannt, bedarf und einer Abspielgeschwindigkeit von 45 U/min. Erfinder RCA (Radio Corporation of America) antworte damit auf Columbias LP-Format und initiierte einen Krieg der Formate, dem Battle of the Speeds. Denn damalige Plattenspieler konnten nur jeweils ein Format aufgrund der beiden verschiedenen Geschwindigkeiten abspielen. Nachdem 1950 RCA die erste LP und 1951 Columbia ihre erste Single veröffentlichten, galt der Streit als beigelegt und beide Firmen akzeptierten das jeweilige Format des anderen.

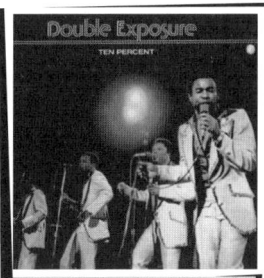

Double Exposure "Ten Percent" – die allererste Maxi (1)

Eine weitere Revolution löste im Jahr 1976 die erste veröffentlichte Maxi-Single (Double Exposure „Ten Percent") aus. Durch Remixes oder Extended Mixes – d. h. den Originalversionen wurden in den Studios zusätzliche Tonspuren beigemischt, um die Spieldauer zu verlängern – erhielten die DJs ihr Werkzeug zum Mixen. Die Maxi-Single ermöglichte erhebliche Vorteile gegenüber der herkömmlichen Langspielplatte oder 7"-Single, denn bei einer Maxi werden auf das 12"-Format einer LP (Long Player) nur ein oder zwei Titel pro Seite zur Vergrößerung der Rillentiefe und des -abstands gepresst. In Kombination mit einer Abspielgeschwindigkeit von 45 U/min gewann die Maxi an Dynamikumfang und Lautstärke.

Tocadisco:
In der "Königsburg" in Krefeld schauten wir dem DJ immer auf die Finger und ich meinte nur: "Oh die Plattenspieler hat mein Vater auch!" Wir sind anschließend nach Hause gegangen und haben versucht, das nachzumachen.

Die ersten Schallplattenspieler, die in den Discotheken standen, eigneten sich nur geringfügig für das DJing, denn weder eine Pitch-Funktion zum Ausgleichen unterschiedlicher Tempi noch ein kraftvoller Motor zum schnellen Start der Schallplatten ließen Mixing, geschweige denn Formen des „Turntablism" (Bezeichnung für das Verwenden des Plattenspielers als Musikinstrument) zu. Erst mit den Schallplattenspielern Technics SL-1200 MK 2 und SL-1210 MK 2, die seit 1980 in unveränderter Bauweise

# HISTORY

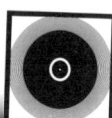

produziert und einst für Tanzschulen entwickelt wurden, konnte der DJ aus dem Schatten des bloßen Schallplattenauflegens hervortreten. Mixing, Scratching, Cutting und Beat Juggling standen seitdem für den Discjockey mit seinen „Wheels Of Steel" (fachsprachlich für Schallplattenspieler) als Inbegriff für kreatives DJing.

DJ Hell:
Ich bin jetzt seit über 30 Jahren im Plattenbusiness, 1977 beginnend. In den Clubs gab es damals lediglich zwei Plattenspieler, ein Mischpult und einen Kopfhörer. Es ging aber dabei nicht ums Mixen, sondern einen ganzen Abend musikalisch zu gestalten und alle möglichen Musikstile zu verbinden.

Die Compact Disc als ein weiteres Medium, das sich im DJing etablierte, wurde in Zusammenarbeit von Philips, Poly Gram und dem Bayer-Konzern entwickelt und am 17. August 1982 vorgestellt. Als erste Pop-CD kam das Album „The Visitors" von ABBA auf den Markt. Um CD-Interessenten auch ein der Vinyl-Maxi-Single adäquates, digitales Medium anzubieten, erschienen ab 1987 erste Maxi-CDs im 3"- und 5"-Format, die sich letztlich in den Neunzigern gegenüber der 7"- und der Maxi-Single durchsetzten. Großmärkte verbannten das Vinyl zu Gunsten der CD aus ihren Regalen, so dass sich vorrangig Recordshops wie Delirium oder Hard-Wax und Vertriebe, z. B. Groove Attack, Discomania, auf Vinyl konzentrierten, um die Klientel der DJs weiterhin mit ihrem favorisierten Medium zu versorgen.

Kaum war die CD in den Regalen, tüftelte ab 1982 eine Gruppe Wissenschaftler des Frauenhofer-Instituts für integrierte Schaltungen in Erlangen und der Friedrich-Alexander-Universität Erlangen-Nürnberg in Zusammenarbeit mit den Firmen AT & T Bell Labs und Thomson an einem Verfahren zur Reduzierung von Datenmengen bei digital gespeicherten Audiodaten, das zehn Jahre später als Teil des MPEG-1-Standards definiert wurde. 1995 einigte man sich am Frauenhofer Institut ableitend von der Bezeichnung ISO MPEG Audio Layer 3 auf die Endung „.mp3". Es revolutionierte die Musikwelt und ebnete somit den Weg für iTunes (seit 2001), MP3-Player und diverse illegale Tauschbörsen, die seit dem den Plattenlabels rückläufige Absatzzahlen bescheren. Musik war zuvor noch nie so leicht und schnell konsumier- bzw. verwaltbar, was auch den Einsatz im DJing begründet.

## Die Vorreiter der DJs

Die Geschichte der DJ-Kultur besagt, dass am 24.12.1906 in den USA mit der Übertragung von akustischen Signalen zu Schiffen via Funkgeräten die Geburtsstunde des Rundfunks und gleichzeitig des ersten DJs Reginald A. Fessenden schlug.
In Deutschland erhielt Hans Bedrow den Status des ersten offiziellen Discjockeys, der 1917 in der Zeit des ersten Weltkriegs die Soldaten mit einem Radioprogramm unterhielt.
Aus den damaligen Discjockeys kristallisierten sich Entertainer wie Martin Block in den dreißiger Jahren oder Alan Freed in den Fünfzigern heraus, die ihr Publikum nicht nur musikalisch, sondern auch verbal unterhielten. Den Einfluss des DJs erkannten Schallplattenfirmen frühzeitig, so dass „Payola" (Pay For Play) als Bestechungsform die DJ-Honorare aufbesserte und die Tonträger-Industrie ihre gewünschte Promotion erzielte. 1959 kam es aufgrund des Payola-Vorwurfs zum Prozess, bei dem 207 DJs angeklagt wurden. (13)

Auch die Anfänge des Rappens reichen bis in die 1950er Jahre zurück, denn afroamerikanische DJs wie Lavanda Durst alias Dr. Hep Cat oder Al Benson moderierten im Takt der Musik mit eigens kreierten Wortfetzen und Sprachkombinationen. Auch Murray Kaufman alias Murray The K. entwickelte seinen eigenen rhythmischen Moderationsstil, der ihm zur Überbrückung zwischen zwei Songs diente.

John Peel (2)

In Europa kristallisierten sich die ersten berühmten DJs erst Ende der fünfziger und Anfang der sechziger Jahre heraus, zu denen der Deutsche Klaus Quirini als erster DJ einer Discothek, Brian Mathew, der den „Saturday Club" als erste britische Sendung für Popmusik moderierte, oder Jimmy Saville und Emperor Rosko gehörten. Besonderen Einfluss übte John Peel aus, der sich in den siebziger Jahren verantwortlich für die „Peel-Sessions" zeichnete, d. h. er lud Künstler in sein Studio ein, um ihre Titel mit einem veränderten Arrangement zunächst für seine Radiosendung und später für die Veröffentlichung auf Vinyl einzuspielen.

## Die ersten „Discothéquen"

Während des zweiten Weltkrieges waren Discotheken seit ihrer Entstehung in Frankreich (deswegen auch „Discothéque" geschrieben) auf den Tanz zur Musik einer Schallplatte und nicht einer Band ausgelegt. Aufgrund eines Clubverbots durch die deutsche Besatzung zogen sich die französischen Nachtschwärmer in Keller und andere unterirdische Gemäuer zurück, um der Musik von Vinyl oder Schellack zu frönen. In den fünfziger Jahren wurde z. T. das Prinzip der Musikunterhaltung durch die Schallplatte beibehalten. 1958 eröffnete in Aachen der „Scotch Club" zunächst als Jockey-Tanz-Bar, um ab 1959 als weltweit erste Discothek mit Quirini als DJ gefeiert zu werden. In New York begann die Discothekenära 1960 mit dem „Le Club" bzw. Slim Hyatt als erstem Club-DJ, und weiteren Clubs wie dem „L'Interdit", „The Shepheard´s" oder „Il Mio Club". (13) Zu den wichtigsten New Yorker Clubs zählt auch das von DJ Nicky Siano und seinem Bruder Joe in der Zeit von 1973 bis 1977 geführte „Gallery". Dort debütierten Grace Jones und Loleatta Holloway mit einer Performance. Die später weltberühmten DJs Frankie Knuckles und Larry Levan sammelten auch erste Club-Erfahrungen, allerdings nicht beim Auflegen, sondern als Staff.

## Der Einfluss der DJs auf die Entwicklung von Dance-Music

Erst in den späten 1960er Jahren kristallisierten sich in New York kreative DJs heraus, die durch ihre Mixing-Techniken die Gäste auf der Tanzfläche hielten. Ein Protagonist war Francis Grasso, der ab 1968 im New Yorker „Salvation II" und nach deren Schließung in der Undergrounddisco „The Church" bis 1972 das Mixing perfektionierte und somit als Urvater dieser Technik gilt. Neben seiner Erfindung der Slipmat (eine Filzmatte, die das Rutschen der Schallplatte auf dem laufenden Plattenteller ermöglicht) beeinflusste er auch durch seinen Stil, verschiedene Musikrichtungen nicht nur durch reines Überblenden, sondern z. B. Vocal-Sequenzen und Breaks zweier verschiedener Platten zu einem neuen Stück zu kombinieren, alle folgenden DJ-Generationen. Er performte somit das erste Live-Remixing. Da die DJs längere Versionen für den Discotheken-Einsatz beanspruchten, produzierte 1972 DJ Tom Moulton als erster einen Remix für eine

Die ersten "Discothéquen"
Der Einfluss der DJs auf die Entwicklung von Dance-Music / Die Disco-Ära

Single der Trammps anzufertigen. Aber erst mit dem Siegeszug der Maxi-Single im Jahr 1976 etablierte sich das Remixing.

## Die Disco-Ära

Schlangestehen vor dem Studio 54 (3)

Viele Clubs und Discotheken waren an der Entwicklung von Musikstilen und deren Namens beteiligt. Ein Inbegriff für die Disco-Zeit stellt das Studio 54 (1977-1986) dar, ein ursprünglich als Opernhaus gebautes Fernsehstudio der CBS in der 54. Straße Manhattans. Dort gab es aufgrund einer zunächst fehlenden Konzession für Alkoholausschank fünf Monate nur Saft an der Bar.

Aber die hervorgerufene Disco-Welle mit ihren Produktionen von Chic, Patrick Hernandez oder Sylvester, auf die vor allem Homosexuelle standen, stieß nicht bei allen Musikliebhabern auf Zuwendung, denn einige Musiker empfanden Disco als „Dorn im Auge". Ihres Erachtens war sie eine oberflächliche Kombination vorhandener musikalischer Materialien. Entstanden aus dem Philly-Sound, basierte Disco auf der stampfenden 4/4-Takt-Kombination von Drums und Bass bzw. den von umfangreichen Streicherarrangements untermalten verbalen, simplen Botschaften, die als motivierendes, treibendes Element die Euphorie auf der Tanzfläche anheizten.

Neben vielen Hits, wie Donna Summers „I Feel Love" oder Silver Conventions „Fly Robin Fly", prägte ein Tanz die Disco-Ära: der Hustle. Im New Yorker Club „Adam's Apple" wurde als erstes diese schnellere Variante des Twists getanzt. Nachdem der Resident-DJ David Todd aus dem „Adam's Apple" dem namhaften Produzenten Van McCoy von diesem Tanz erzählte, produzierte McCoy 1975 kurz entschlossen den gleichnamigen Welthit. Auch die Filmindustrie sprang 1977 auf den Zug auf und widmete der Disco-Ära „Saturday Night Fever", dessen erfolgreicher Soundtrack größtenteils von den Bee Gees produziert wurde.

Außerdem beeinflusste die Disco-Welle die Entwicklung der DJ-Kultur durch die damals aufkommende Maxi-Single. Dabei ist ihre Geburt einem Zufall zu verdanken. Tom Moulton, seines Zeichens Remixer der ersten

# HISTORY

Stunde, wollte eine seiner Neuinterpretationen auf 7" pressen lassen. Aber da das Presswerk zu dem Zeitpunkt ihm nur eine 12" anbieten konnte, lies er den einen Track auf LP-Größe schneiden. Dabei stellte Moulton fest, dass sich die Qualität enorm verbesserte. Maxi-Singles wurden fortan als Marketinginstrument genutzt, um DJs mit den mixfreundlichen langen Versionen zu beliefern, damit diese

Tom Moulton (4)

Maxis im Club aufgelegt und somit promotet werden. Dieses Potential erkannte auch Giorgio Moroder für seine fast 17 Minuten lange, einst als provokant geltende Version von „Love To Love You", mit einer lasziv stöhnenden Donna Summer. Die Maxi-Single wurde jeweils nur für eine Nacht den

Disco Sucks im Baseballstadion (5)

DJs geliehen, um die Nachfrage zu forcieren. 1975 gründeten David Mancuso, der in Manhattan die „Loft Partys" veranstaltete, Steven D'Aquisito und Vince Aletti, den ersten DJ-Record-Pool zur Bemusterung der DJs mit Promos der Plattenlabels.

Die Beliebtheit von Disco schlug sich auch auf die Discothekenanzahl nieder, die in den USA zu dieser Zeit auf reichlich 10.000 anstieg, allerdings gleichzeitig durch deren zunehmende Kommerzialisierung für das Publikum an Attraktivität verlor. 1979 eskalierte die Antipathie zum Disco-Sound, indem Radio-DJ Steve Dahl unter dem Motto „Disco Sucks" Hunderte von Discoplatten in einem Baseballstadion demonstrativ verbrannte. Die Bilanz dieser „Heldentat": Massenpanik und Verwüstung des Stadions. Der Unmut über Disco drückte sich ebenfalls in Produktionen wie „Death Disco" von PIL, David Peels „Death To Disco" oder durch in Schallplattenläden aufgestellten Schildern mit dem Schriftzug „Guaranteed No Disco" aus, die somit ihre Einstellung zum Disco-Sound propagierten. Dennoch bleibt Disco bis in die Gegenwart ein wichtiger Musikstil, von dem sich auch namhafte Künstler inspirieren ließen:

Rolling Stones: Miss You
Kiss: I Was Made For Loving You
Blondie: Heart Of Glass
Rod Steward: Do Ya Think I'm Sexy

Die Disco-Ära
DJs make Music

Larry Levan (6)

Als Konkurrenzlocation zum Studio 54 etablierte sich zunehmend das 1976 eröffnete „Paradise Garage", welches sich in einer alten LKW-Werkstatt befand. Der Resident-DJ Larry Levan (1992 verstorben), der eine Mischung aus Disco, Soul, Gospel, Electronic Rock und Reggae auflegte, verstand es, seine Gäste durch sein Set samt Videoeinspielungen und über die Klimaanlage verstreute Essenzen zu begeistern. Die Euphorie für Levans besonderen Stil teilte auch Journalist Frank Owen, die er mit diesem Zitat honorierte:

"Im Bann von Levans betäubendem Mix schienen die Leute menschliche Grenzen zu überschreiten. Männer krochen auf Händen und Knien und heulten wie Hunde, während andere sich verrenkten und herumsprangen, als könnten sie fliegen. Nach einem 24stündigen ununterbrochenen Marathon stand eine erschöpfte Menge vor Levans DJ-Pult und bettelte ‚Mach weiter!'." (24)

Auch für seine audiophilen Leidenschaften war Levan bekannt. Durch die Benutzung verschiedener Tonabnehmer zu verschiedenen Zeiten steigerte er sein Set durch einen zunehmend besseren Sound. 1987 schloss allerdings das „Paradise Garage", aber sein Ruhm ist auch Dank der Namensgebung für den New Yorker-Musikstil „Garage House" noch gegenwärtig.

## DJs make Music

Nicht nur in Manhattan kristallisierte sich ein pulsierendes Nachtleben heraus. In der South Bronx wurde 1975 die erste „Block Party" von Clive Campbell alias Kool DJ Herc (als Kürzel seines Spitznamens Hercules) organisiert. Herc gilt auch als Erfinder des Breakbeats und der Backspin-Technik. Mit dieser entwickelten Frühform des Turntablism kreierte er aus den Breaks (Instrumentalpassagen eines Tracks)

Grandmaster Flash & The Furious Five "The Message" (7)

# HISTORY

zweier identischer oder verschiedener Platten einen neuen Beat, um die kurzen Breaks, die erst mit der Maxi-Single DJ-freundlich wurden, vor allem für die Masters Of Ceremony (MCs), die auf den Breaks rappten, zu verlängern. Übrigens, die MCs wurden einst von den DJs ans Mikrofon deligiert, um das Publikum vom DJ abzulenken, weil es vor lauter Bewunderung seiner Skills ihm mehr auf die Finger schaute als tanzte.

Auch Grandwizard Theodore trug entscheidend zur Revolution mit den Schallplattenspielern bei. Denn er entdeckte 1975 durch Zufall die Macht des Scratchings, indem er die Schallplatte mit der Hand anhielt, als er in seinem Zimmer beim Auflegen gestört wurde. Außerdem integrierte er als erster den Schallplattenspieler als Instrument in seine Auftritte.

Grandmaster Flash zählt auch beim Scratching zu den Pionieren, schließlich erfand er den Crossfader und das Beschriften der Cue Points nach dem „12 O'Clock-Prinzip". Seine Technik publizierte er durch einen Auftritt in dem Dokumentarfilm „Wild Style" und seinem auf Maxi-Single veröffentlichten Sieben-Minuten-Mix „The Adventures Of Grandmaster Flash On The Wheels Of Steel" (1981). Aber nicht nur Flashs schnelle Backspins, die ihn zum selbsternannten „Fastest Man Alive" kürten, sondern auch die von ihm kreierte „Punch Phasing"-Technik, bei der er einen Track mit seiner Instrumentalversion durch Mixing neu interpretierte, brachten ihm den verdienten Respekt. Als „Grandmaster Flash & The Furious Five" schrieb er 1982 mit dem auf Sugar Hill-Records veröffentlichten Rap „The Message" Musikgeschichte, denn noch nie zuvor erhielt HipHop eine politische Attitüde.

Afrika Bambaataas Ruhm beruht auf der Namensgebung der HipHop-Kultur (1974) und seinem bis dato progressiven Setaufbau, der nicht nur die einschlägigen Funk- und Soulklassiker enthielt, die hingegen von den meisten anderen DJs zelebriert wurden. Dieses Faible nutzte er auch für

Afrika Bambaataa:
Auf Lovebug Starski und Keith Cowboy, beides Mitglieder meiner Band Black Spades, kommt der Begriff HipHop zurück. Also Keith brachte ständig dieses "Do the hip" and Lovebug Starski machte "Do the hop". Und dann machten sie zusammen daraus "the HipHop". Damals hatte diese Richtung noch keinen Namen und da beschlossen ich und die "Universal Zulu Nation", diesen Ausdruck zu übernehmen und die ganze Kultur "HipHop" zu nennen.

Enthusiast / Bedroom-DJ / Professional DJ / Artist

seinen wegweisenden Track „Planet Rock", der durch die Kombination des Kraftwerk-Stücks „Trans Europe Express" und einem sehr elektronisch anmutenden Breakbeat die Ära der „Electro-Years" einläutete. Er ebnete somit den Weg für den Miami Bass-Sound.

Einer der einflussreichsten Tracks der Musikgeschichte, der viele DJs in ihrem Wirken bezüglich Scratching inspirierte, wurde mit Herbie Hancocks „Rockit" im Jahr 1983 veröffentlicht. Grandmixer DXTs (früher D.ST.) schnelle Scratch-Kombinationen zwischen Schallplatte und Fader, die ein wesentlicher Bestandteil des Tracks sind, setzten zur damaligen Zeit neue Maßstäbe, für die er einen Grammy erhielt.

Anfang der 1980er beschritten die Deejays in den amerikanischen und europäischen Clubs neue musikalische Wege, die zunächst über Hi-NRG, einer Mixtur aus monotonen Songstrukturen, synthetischen Rhythmen und Sequenzen zur späteren Herauskristallisierung des House und Techno führten.

Frankie Knuckles wurde eine Straße gewidmet. (8)

Neben den New Yorker-DJs beeinflussten auch die in Detroit und Chicago ansässigen Kollegen maßgeblich die DJ-Kultur durch ihren Beitrag zur Entwicklung von Techno- und House-Music. Frankie Knuckles (2014 verstorben), der früher Larry Levan im „Paradise Garage" zur Seite stand und ab 1977 als Resident-DJ des Chicagoer „Warehouse" – einer alten Lagerhalle – zum Urvater der House-Music aufstieg, legte gegenüber dem New Yorker-Sound weniger soul- und gospellastig auf. Seine Mischung aus treibenden „Four-On-The-Floor"-Beats, schnellem Disco-Sound, der die 120 BPM-Schallmauer durchbrach, und elektronischen Facetten in Form von Electro oder New Wave erhielt in den Achtzigern ein eigenes Etikett: „House-Music" als Anspielung auf das „Warehouse". Mit der House-Music erhielten die Stücke auch eine neue Bedeutung als „Track", die gegenüber einem Song den Rohheitszustand und die Unvollständigkeit der Produktionen ausdrückt, damit der DJ durch Mixen mit anderen Tracks diese komplettiert. Basierend auf dieser

# HISTORY

Idee wurde 1985 das Chicagoer Label „Trax Records" ins Leben gerufen, um den DJs ihr Rohmaterial, das z. B. Knuckles früher aus verschiedenen Tonbandschnipseln als mixbegleitenden Grundtrack produzierte, für das Set zur Verfügung zu stellen.

1984 tauchte erstmals der Begriff Techno auf einer Platte auf: Cybotron „Techno City". Beeinflusst von der Rezession in der Detroiter-Automobilbranche legte 1985 DJ Juan Atkins, der sich hinter Cybotron verbirgt, zusammen mit Derrick May und Kevin Saunderson den Grundstein für die von Kraftwerk inspirierte Musik, deren Attribute düster, maschinell, rhythmusbetont lauten. Nachdem die Musikrichtung in den Staaten als „Electro" bezeichnet wurde, propagierte 1988 das Label Virgin die Musikrevolution in einer Compilation namens „Techno! The New Dance School Of Detroit". Durch den Einfluss des belgischen Industrial und der Electronic Body Music (EBM) entwickelte sich Ende der Achtziger aus dem Detroiter Techno eine härtere europäische Gangart, die Mitte der Neunziger ihren Zenit in ihrer Massenkompatibilität vor allem in Deutschland erreichte. Independent Labels wie „Warp" in England, „R&S" in Belgien oder deutsche Plattformen wie „Harthouse", „Superstition" oder „Tresor-Records" schossen wie Pilze aus dem Boden, um die Nachfrage bezüglich technoider Club-Music zu stillen. Eine unvermeidbare Kommerzialisierung der Underground-Kultur Techno durch Großraves, Vermarktung von Modeaccessoires und Tonträger wie U96 „Das Boot" oder Mark 'Oh „Tears Don't Lie" hinterließen einen Imageverlust, von dem sich manches Label oder mancher Produzent in den darauffolgenden Jahren nur schwer erholte.

Mitte der 1990er kristallisierte sich ein weiterer Musikstil allein durch die Kreativität zweier DJs, den Chemical Brothers, heraus. Sie legten durch ihre Sets im Londoner Club „The Heavenly Social", in denen sie Funk, Soul und HipHop mit Techno vermischten, den Grundstein für „Big Beat". Namensgeber ist der in Brighton ansässige Club „Big Beat Boutique" (geführt von Norman Cook („Fatboy Slim") und Damian Harris (Labelbetreiber von „Skint")), in dem auch die Chemical Brothers ihre Mischung zelebrierten.

Kevin Saunderson:
Die Technik war der Auslöser für Techno. Es gab brandneues Spielzeug und ich wollte einfach andere Musik machen.

Enthusiast / Bedroom-DJ / Professional DJ / Artist

## DJs und Technik

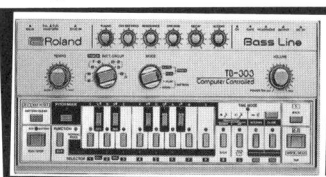
Roland TB-303

Nicht nur allein der DJ zeichnete sich verantwortlich für musikalische Entwicklungen, auch der spezielle oder modulierte Einsatz von Hardware wie Sequenzer oder Sampler trugen zu neuen Innovationen bei. Schon Anfang 1981 sorgte der Sequenzer Roland TB-303 aufgrund seiner Unberechenbarkeit und seines unnatürlichen Klanges für Furore, denn seine Eigenschaften entsprachen nicht den professionellen Musikeranforderungen, und der daraus resultierende miserable Umsatz führte 1983 zur Produktionseinstellung. Nathan Jones alias DJ Pierre kaufte sich 1985 das besagte Gerät, um es zunächst als herkömmlichen Sequenzer einzusetzen. Durch das Experimentieren an Drehknöpfen und Resonanzfiltern entstanden eigenwillige Sounds, die ein Jahr später bei der Produktion „Acid Tracks" von Phuture, einem Projekt von Pierre und Herbert Jackson bzw. Earl „Spanky" Smith, zum Einsatz kamen und so als Geburtsstunde des „Acid" angesehen werden kann.

Mark Moore:
Ich verwendete als Sampler zunächst den Akai S900, danach den S950, die ich beide liebte. Wenn ich an die Roland TB-303 denke, bin ich immer noch sehr aufgeregt. Da ist wie, wenn du einen Erotik-Film schaust und bist über die Mischung aus Sex und Kunst erstaunt. Die TB-303 hatte einfach eine eigene Persönlichkeit.

Neben der TB-303 revolutionierte auch die Sampling-Technik die Musikevolution. Als 1979 der Fairlight-CMI als erster Sampler vorgestellt wurde, konnte er wegen seiner hohen Anschaffungskosten zunächst nur von betuchteren Musikern wie Peter Gabriel eingesetzt werden. Zu Beginn der achtziger Jahre arbeiteten vor allem Bands wie Depeche Mode oder die Einstürzenden Neubauten mit Samplern, um modulierte Geräusche aus Natur und Industrie in ihre Musik zu integrieren. Mit dem Einzug kostengünstiger Sampler wie dem „Prophet 2000" von Sequential Circuits oder den Low Budget-Samplern von Casio setzten auch DJs dieses Equipment ein, um altes auf Vinyl- oder CD-gebanntes Material digital zu speichern, zu bearbeiten und in beliebiger Form wiederzugeben.

# HISTORY

1987 lösten M/A/R/R/S mit dieser Art des Komponierens und Produzierens einen neuen musikalischen Trend aus und schufen mit „Pump Up The Volume" einen Number-One-Hit, der sich fast ausschließlich aus Sequenzen veröffentlichter Songs zusammensetzte. Auch DJs, wie Tim „Bomb The Bass" Simenon, Mark Moore alias S-Express oder Coldcut, lieferten Hits auf Sampling-Basis. Der Discjockey war Komponist und musikalischer Anarchist, indem er, ohne eine Note zu beherrschen, Musik verschiedenster Stile zu einem Potpourri vereinte. Äquivalent zu seiner Tätigkeit im Club bestand die Aufgabe in der Zusammenstellung eines Sets, das allerdings keine Spielzeit von sechs Stunden umfasste, sondern dessen Komprimierungsfaktor zehn bis 20 Tracks in fünf Minuten erforderte. Diesem Trend, der bis 1988 anhielt, folgten auch deutsche Produktionen wie Ok „Okay" oder Hannes Kröger „Der blonde Hans", deren Sampling sich vorrangig auf Sprachpassagen konzentrierte. Vor allem Hip-Hop- und House-Produzenten setzen auch gegenwärtig das Sampling für ihre Tracks ein, um alte Soul-, Funk- oder Disco-Klassiker zu zitieren.

Casio SK1-der erste Billig-Sampler

## DJs und Events

DJs legten fortan nicht nur in Clubs oder Discotheken auf, sondern kokettierten auch gegeneinander in Battles (Wettkämpfe) mit ihren Mix-, Scratch- und Beat Juggling-Fähigkeiten. Hierfür gründete Tony Prince 1983 den Disco Mix Club (DMC), um zwei Jahre später den ersten DMC DJ-Worldchampion zu küren, deren Teilnehmer sich jedes Jahr über national stattfindende Championships qualifizieren.

1987 hatten Acid-House-Partys, die von den Balearen nach England importiert wurden, Hochkonjunktur. Einer der Vorreiter war der international bekannte Club „Haçienda" in Manchester. Vom Label Factory Records und der Band New Order finanziert und ihrem Musikmanager Tony Wilson 1982 nach dem Vorbild der New Yorker „Sound Factory" eröffnet und geleitet. Mit dem Erfolg der Partys wuchs auch der Konsum der Hippie-Droge LSD. Der Mainstream entdeckte diese Club-Musik für sich, sodass 1988 D-Mobs unkonventionelles „We Call It Acieed" in den

D-Mob "We Call It Acieed" (FFRR-Records)

UK-Charts die Pole-Position erreichte. Im selben Jahr zelebrierte die Clubgemeinde Englands den „Summer Of Love" in Form von Warehousepartys. 1988 etablierten sich auch Rare Groove-Partys, deren Musik aus den sechziger und siebziger Jahren herrührte. Der DJ Gilles Peterson legte z. B. beim „Summer Of Love" gegenüber den mit 120 BPM beschleunigten Acid-Sequenzen, die von den anderen DJs favorisiert wurden, eine Mischung aus Jazz, Funk und HipHop auf. Diese musikalische Kombination deklarierte die Tonträger-Industrie kurze Zeit später zum Oberbegriff „Acid-Jazz", zu deren Hauptvertretern Incognito oder Galliano zählen. Musikalisch bot auch der Northern Soul – Soul-Music aus dem Norden Amerikas - eine Alternative zum elektronischen Four-To-The-Floor-Beat in den Clubs. Für die gewünschte Exklusivität dieser Musik sorgten eigens gepresste Bootlegs, dies sind White Labels, deren Urheberrechte nicht geklärt sind. Die Missgunst unter den DJs wurde soweit getrieben, dass sie sogar bei ihren aufgelegten Platten die Labels ablösten, um den letzten Anhaltspunkt der Herkunft zu verwischen und andere DJs die gespielten Titel nicht notieren konnten.

Inspiriert vom Summer Of Love organisierte 1989 Dr. Motte auf dem Berliner Ku'damm die erste Loveparade, die offiziell als Demonstration angemeldet wurde. Diese wiederum ermutigte den Schweizer Studenten Marek Krynski, 1992 ebenfalls eine Demonstration für Liebe, Friede, Freiheit, Großzügigkeit und Toleranz in Zürich anzumelden. „The Streetparade was born!"

Zurück ins Jahr 1989: In England schlossen die Clubs aufgrund der Sperrstunde bereits um 2.00 Uhr. Da aber auch durch den verstärkten Ecstasy-Konsum viele Clubber weiter ekstatisch feiern wollten, knüpfte die Party auf Englands Straßen an, das aber nicht lang geduldet wurde. Fortan tanzte man in spartanisch eingerichteten Lagerhallen zum aufgelegten Acid-House und Techno. Die Raves waren geboren.

Mit zunehmendem Erfolg der Raves stiegen auch die Probleme und damit verbundenen Auflagen, denn dem Veranstalter wurden die Kosten des Polizeieinsatzes für den jeweiligen Rave in Rechnung gestellt. Für die Organisa-

# HISTORY

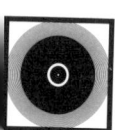

toren untragbar. So zog die Party-Kultur in die Illegalität, um mit kostenlosen „Free Partys", wie sie vom Soundsystem „Spiral Tribe" veranstaltet wurden, diese Auflagen zu umgehen. Mitte der Neunziger schob wiederum die englische Regierung einen Riegel vor, indem man ein Gesetz verabschiedete, das Raves als Gruppenansammlung von mehr als fünf Personen zum Konsum von elektronischer Tanzmusik verboten hatte. Dies war das Ende der illegalen und unabhängigen Techno- und House-Kultur. Um die behördlichen Auflagen zu umgehen, bedurfte es der Kommerzialisierung. Sponsoren deckten die enormen Produktionskosten, die Veranstalter kamen nicht mehr aus dem Techno-Untergrund, sondern waren professionelle Event-Unternehmen, die heute einen Rave und morgen ein Rock-Festival organisierten. Größer, lauter, heller stand auf der Agenda der Organisatoren.

Mit zunehmender Größe der Raves wuchs auch das Interesse für das DJ-Line Up. Denn DJs wurden mittlerweile zum Zugpferd und als Stars angesehen, dass sich auch in ihren unermesslich gestiegenen Gagen niederschlug. Hingegen von einem sechsstündigen Live-Set konnte der gebuchte DJ fortan nur noch träumen, denn zwei Stunden wurden ihm maximal eingeräumt, um sein Publikum dramaturgisch in fremde Sphären zu schicken. Der Hype für Superstar-DJs nahm keine Ende, sodass auch die Tonträger-Industrie mit von DJs gemixten Compilations die Club-Kultur kommerzialisierte. Booking-Agenturen vermehrten sich und verbuchten ihre plattendrehenden Stars zu Höchstgagen plus 15 Prozent Provision.

Viele DJs sahen in dieser Tendenz einen Ausverkauf ihrer Person und der dazugehörigen Kultur. Sie verschrieben sich deswegen wieder mehr den Clubs und kehrten Raves den Rücken. Ende der neunziger Jahre war das Wort „Rave" aus dem Wortschatz eines Party-Sanen gestrichen, was sich auch in den Besucherzahlen der Loveparade widerspiegelte. Die von Clubs und politischen Organisationen gestellten Lovefloats, das sind die Trucks auf der Loveparade, konnten sich zunehmend weniger mit der geistigen Haltung der Underground-Kultur identifizieren und das Touristen-Publikum fuhr z. T. nur wegen dem Belustigungsfaktor nach Berlin. Kein Wunder, dass die Züricher Streetparade, die im Jahr 2004 bereits eine Million Besucher verzeichnete, der Loveparade dem Rang ablief.

## DJs go digital

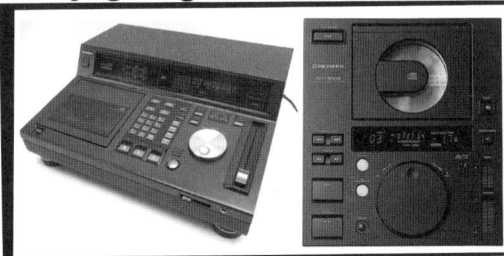

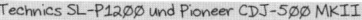
Technics SL-P1200 und Pioneer CDJ-500 MKII

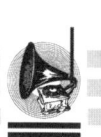

DJs blieben Jahrzehnte lang ihrem geliebten Vinyl treu. Die Firma Technics brachte zwar 1985 mit dem SL-P1200 den ersten mixfähigen CD-Player auf den Markt, der sich aber nur in Studios durchsetzen konnte. Denn es fehlte ihm eine Funktion zum Anschieben und Abbremsen der CD zum Korrigieren des Mixes. Erst 1993 überzeugte der Denon DN-2000F die DJs vom Auflegen mit CD. Ein Doppel-Laufwerk samt separater Controller-Einheit im praktischen 19-Zoll-Rackformat ließ die DJs erstmalig schwach werden. Das Mixing mit CDs war fortan kein Problem mehr und dieser Twin-CD-Player wurde zum Standard in den Clubs. Aber schon ein Jahr später konterte Pioneer mit ihrem Single-CD-Player CDJ-500, der sich vor allem durch Innovationen wie Loop-Funktion und Master Tempo zum Einfrieren der Tonhöhe trotz veränderter Geschwindigkeit durchsetzte. Beide Firmen hielten zunächst ihre Vormachtstellung, wobei Denon bei den Doppel-Laufwerken und Pioneer den Single-Playern. Allerdings favorisierten zunehmend mehr DJs Single-Player. Denon verlor somit ihre führende Position im CD-DJ-Segment.

Digital war somit groß im Kommen, wobei aber die praktische MP3 immer mehr Einzug hielt. Nachdem ab dem Jahr 2000 das Internet als Downloadplattform, z. B. durch Napster, verstärkt für den Supergau auf dem Tonträgermarkt sorgte, sodass die Umsätze einbrachen, kam man auf die Idee, mit kostenpflichtigen Downloads über iTunes oder Musicload das „neue" digitale Medium für sich zu nutzen. Mit Erfolg. Denn dank kurzer Ladezeiten via DSL und spezifischerem Angebot über Plattformen wie Beatport.com oder DJTunes.com laden sich auch verstärkt DJs ihre aufzulegenden Tracks aus dem Netz. Und trotz des digitalen Mediums mussten sie nicht auf ihre Plattenspieler verzichten. 2001 sorgte Ritchie Hawtin diesbezüglich für Aufsehen: Ausgestattet mit einem Notebook und dem normalen herkömmlichen DJ-Setup, bestehend aus Mixer und zwei Schallplattenspielern, legte er mit zwei gleichen „Platten" auf. Aber wie? Die Lösung: Stantons Finalscratch.

# HISTORY

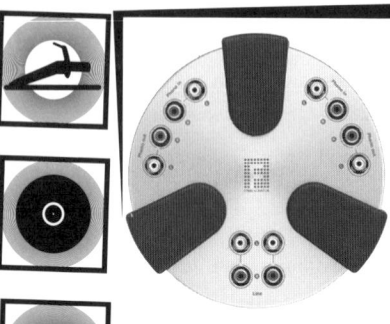
Finalscratch 1.0

Es war unglaublich, man konnte MP3s mit Vinyl auflegen. Allerdings die Instabilität und Latenz forderten Stanton und andere Hersteller heraus, ein zuverlässigeres System zu entwickeln. Die amerikanische Edel-Schmiede Rane kooperierte mit dem Software-Hersteller Serato und beide entwickelten ein ähnliches System, aber sicherer und mit äußerst geringer Latenz. Unter dem Namen Serato Scratch Live beflügeln sie seit 2004 vor allem HipHop-DJs wie Jazzy Jeff und Afrika Bambaataa. Stanton reagierte auf Scratch Live mit der Version 2.0. Ein neuer Amp (das Interface von Finalscratch) mit FireWire- und MIDI-Schnittstelle sowie geringerer Latenz sollten wieder für die Marktherrschaft sorgen. Nachdem allerdings auch die zweite Version Stabilitäts- und Installationsprobleme aufwies und Native Instruments (der Software-Entwickler von Finalscratch) letztlich die Kollaboration mit Stanton kündigte, zog Serato Scratch Live an ihnen vorbei. 2007 antwortete Native Instruments mit Traktor Scratch Pro, einem Digital Vinyl System (DVS), das die Stärken der populären Software Traktor in Kombination eines High-End-Audio-Interfaces verbindet.

Der Wettlauf geht seit 2009 in die nächste Phase, denn Serato und Rane veröffentlichen ihr SSL3, ein Amp mit verbesserter 24 Bit-Soundkarte und der Anschlussmöglichkeit einer dritten Quelle. 2011 folgte die SSL4 für vier Decks. Um aber auch den Vorsprung unter den House- und Techno-DJs auszubauen, koopereriert Serato mit Ableton. "The Bridge", das Ableton-Tool für SSL, lässt beide Programme miteinander kombinieren und ermöglicht somit neue Möglichkeiten des Live-Remixings. Aber auch Native Instruments holte kräftig mit Traktor Pro 2.5 auf, denn es verfügt über vier Remix Decks für insgesamt 64 Samples.

Paul van Dyk:
Es geht eigentlich darum, die richtigen Elemente miteinander so zu verbinden, dass was völlig anderes, neues entsteht. Dies kann man halt mit Programmen, wie Ableton Live oder Scratch Live, wenn man die auch in der Verbindung benutzt.

Enthusiast / Bedroom-DJ / Professional DJ / Artist

Natürlich bestand beim digitalen DJing noch die Problematik, dass die Musik nicht mehr von einem Originaltonträger aufgelegt wird und somit die Aufführungsrechte für diese Titel nicht geklärt sind. Die Schweiz statuierte 2007 ein Example, indem der Branchenverband der Musikindustrie Ifpi von den DJs bis zu 3000,00 Euro Schadensersatz pro Jahr für die Nutzung von MP3s forderte, um somit auch ihre Einbußen im Tonträgerumsatz zu schmälern. DJs fühlten sich berechtigterweise angegriffen, denn der Club- und Discothekeneinsatz der neuesten Tracks ist ein wichtiges Bindeglied in der Promotion der Tonträger-Industrie.

Ebenfalls 2007 erhöhte die in Deutschland ansässige GEMA (Gesellschaft für musikalische Aufführungs- und mechanische Vervielfältigungsrechte) ihre Gebühren für Discotheken und Clubs um ein Drittel, damit der Einsatz von MP3s fortan legalisiert ist (man sprach von einem Laptop-Zuschlag). Seit 1. April 2013 gilt, der Laptop-Zuschlag entfällt, dafür zahlt der DJ eine Gebühr zur Lizenzierung seiner digital verwalteten Musik, allgemein 0,13 Euro pro Titel. Mit angebotenen Pauschalpaketen zur Legalisierung des Altbestands bis 31.3.2013 und 500 Tracks zum Preis von 50 Euro möchte die GEMA dabei kulant erscheinen und somit ihr beschädigtes Image aufpolieren.

Auch die Event-Veranstalter gehen digitale Wege. Um sicherlich auch die Kosten für die exorbitanten Gagen der Star-DJs zu sparen bzw. zu reduzieren, kamen Veranstalter auf die Idee, z. B. Carl Cox in London auflegen zu lassen und das Set via Digitalleitung auf eine Leinwand nach Paris zu übertragen. Ob dies die Zukunft ist und wir uns mit dem Gedanken anfreunden müssen, dass der DJ nur noch als Hologramm erscheint, bleibt abzuwarten. Denn das persönliche Feedback und das Lesen der Crowd („Read The Crowd"...ein Ausdruck für das Beobachten des Publikums) bleibt unabdingbar für das DJing und vor allem für ein erfolgreiches Set. Aber auch hierfür wird es sicherlich irgendwann eine digitale Lösung geben.

Die Digitalisierung im DJing brachte aber auch ein Opfer: Im Oktober 2010, nach 30 Jahren Produktionslaufzeit (das ist ein Rekord, der auch als das am längsten produziertes Konsumenten-Elektronik-Produkt im „Guinness-Buch der Rekorde" gewürdigt wurde), lief der letzte Technics SL-1210 MK2/MK5/M5G vom Band. Der Hersteller Panasonic begründete die Entscheidung mit einem stetigen Absatzrückgang in den letzten

# HISTORY

zehn Jahren. Des Weiteren konnten auch Zulieferer Bauteile nicht mehr liefern. Mit dem Bekanntgeben dieser Meldung orderten Händler die letzten Geräte wie im Kaufrausch, dreistellige Stückzahlen keine Seltenheit. Die einst von Panasonic für den Händler zu hoch angesetzte unverbindliche Preisempfehlung erwies sich fortan als Schnäppchenpreis, der aber auch schnell in die Geschichte einging. Denn der SL-1210 verkauft sich momentan zum doppelten, mitunter dreifachen Preis. Auch die erhöhte Nachfrage nach gebrauchten Technics-Plattenspielern regelte den Preis zu Ungunsten des Käufers.

Dass in den letzten zehn Jahren die Umsätze des Kultobjektes sanken, lag nicht allein am digitalen DJing, sondern auch daran, dass der SL-1210 MK2 ein zu perfektes Gerät war. Clubs, Discotheken und DJs deckten sich einmalig mit den Geräten ein und sie liefen wie ein Schweizer Uhrwerk, ausgenommen von verschleißbedingten Ausfällen oder unglücklichen Getränkeunfällen im DJ-Pult. Umso mehr erfreute es, dass Technics anlässlich ihres fünfzigjährigen Firmenjubiläums im Jahr 2016 die Neuauflage des SL-1200 als G(AE)-Modell ankündigte und damit eine Welle der Euphorie, aber auch zugleich aufgrund seines Preises von 3500,00 Euro ein Beben in den sozialen Netzwerken und Foren auslöste. Mit seinem verbesserten Motor samt Drehmoment von 3,3 Kg/cm, erhöhtem Qualitäts- und Soundanspruch einhergehend einer aufwendigeren Produktion rechtfertigen die Japaner den Preisanstieg. Vorrangig fokussiert Technics damit den audiophilen Vinyl-Hörer. Um aber die DJs gänzlich nicht zu verstimmen und sie als treuen Kunden zu verlieren, lenkte Technics mit dem Launch des technisch leicht und preislich deutlich abgespeckten Modells SL-1200/1210GR ein. Aber auch Pioneer DJ, Denon DJ oder Stanton ziehen mit neuen Plattenspielern nach. Denn Vinyl erlebt mittlerweile seine Renaissance, vor allem in den Wohnzimmern. Laut verschiedener Statistiken ist der globale Vinylumsatz auf einem Niveau wie zuletzt 1991. Allein 2016 stieg der Umsatz in Deutschland um 41 Prozent. In Großbritannien wurden im gleichen Jahr erstmalig mehr Vinyl-Tonträger als Downloads verkauft. Totgesagte leben länger!

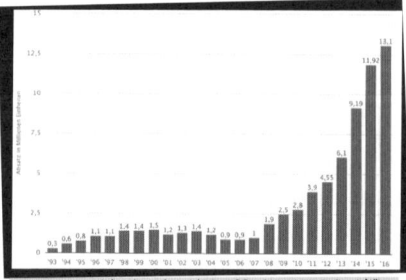

Absatz von Vinyl in den USA 1993 bis 2016 (in Millionen Einheiten) (9)

## Resümee

House, Techno und HipHop wären ohne den DJ weder entstanden, noch ohne seine Promotion hätten sie sich etablieren können. Seine Stellung im Produktions- und Vermarktungsprozess und der daraus resultierende Einfluss widerspiegeln auch die Musikgeschichte der letzten 20 Jahre in der BRD. Bereits erste preiswerte, Sampling-fähige Computer, wie der Commodore Amiga 500, ließen DJs zum Hitproduzenten avancieren. Die einfache Handhabung des Equipments, niedrige Produktionskosten, das Trendbewusstsein der DJs und deren Möglichkeit, produzierte Tracks am Publikum zu testen, motivierten sie, im Studio ihre eigenen Hits für den Dancefloor zu realisieren. Zum Ende der Achtziger änderte sich in der Bundesrepublik auch das Kaufverhalten gegenüber der vorrangig von DJs produzierten Club-Music, denn MTV und später VIVA vermarkteten und promoteten die entsprechenden Tonträger in Sendungen wie „MTVs Party-Zone" oder „Club Rotation". Verbuchten 1989 die deutschen Jahresverkaufscharts mit Technotronics „Pump Up The Jam" und Lil´ Louis „French Kiss" gerade zwei aus den Clubs stammende Tracks, so zeichnete sich im Jahr 1990 ein wahrer Aufschwung für Dance-Music ab. Nicht nur Dance-Music erlebte in den Neunzigern einen Aufschwung, auch die Vormachtstellung der USA und England gegenüber Deutschland wurde etwas relativiert, wie der folgende Abschnitt belegt.

## Die deutsch-deutsche DJ-Kultur

DJ-Kultur in Deutschland: Das sind „Loveparade", „Mayday", „Nature One", „Tresor", „Dorian Gray" und Discjockeys wie Sven Väth, WestBam und Paul van Dyk, die dem Ruhm der amerikanischen Protagonisten in punkto innovativer Veranstaltungen und der international gezollten Anerkennung ebenbürtig sind. In der Bundesrepublik kristallisierten sich zwar durch DJs keine neuen Musikstile heraus. Vielmehr deutsche Disco-Produktionen wie Silver Conventions „Fly Robin Fly" oder Donna Summers „Love To Love You, Baby", die „den Amis Coca-Cola verkauft" (24) haben, und Kraftwerks progressive Kompositionen, die zum festen Bestand der Sets Frankie Knuckles bzw. Juan Atkins gehörten, stimulierten die Entwicklung von House, Electro-Funk und Techno. Dies beweist zwar den Einfluss der deutschen Produzenten auf die DJ-Kultur, aber welchen Beitrag leisteten deutsche DJs?

## In der Bundesrepublik Deutschland bis 1989

Discjockeys in der Bundesrepublik Deutschland demonstrierten bis in die frühen Achtziger wenig Kreativität, da sie ihre Schallplatten ohne große Mixing- und Scratchanstrengungen auflegten, um dies ihren amerikanischen Vorbildern zu überlassen. Aber zu dieser Zeit stellten deutsche Protagonisten wie Talla 2XLC, WestBam oder Sven Väth die Weichen für den DJ als Entertainer, Soundtüftler und seinen resümierten Starstatus.

Vor allem Sven Väth hob sich durch sein extrovertiertes Auftreten, seine Bekleidung und die progressive Musikauswahl gegenüber den Mitbewerbern ab, um bis in die Gegenwart als Deutschlands „Vorzeige-DJ" gehandelt zu werden. Seine Karriere als Schallplattenvirtuose begann 1982 in der berühmten Frankfurter Flughafendiscothek „Dorian Gray", die bereits 1978 nach dem Vorbild des Studio 54 eröffnete. Ein Jahr später wechselte er ins „Vogue". Aber erst die Zusammenarbeit mit Michael Münzing und Luca Anzilotti (die Produzenten von Snap) bescherte ihm den internationalen Durchbruch. Ihr gemeinsames Projekt Off katapultierte sich 1987 mit „Electrica Salsa" auf Platz 1 der deutschen Verkaufscharts und kassierte Edelmetall in ganz Europa.

Sven Väth:
Wir fingen an, in einem kleinen Home-Recording-Studio Beats auseinander zu schneiden, auf einem Tonbandgerät aufzunehmen, die wieder verkehrt zusammenzukleben usw. Das waren unsere ersten Gehversuche. Daraus ist dann 1985 die erste Produktion entstanden: "Bad News" von Off, obwohl es good News waren.

Auch seine DJ-Sets, die noch zum Karrierebeginn vom Mainstream beherrscht wurden, spiegeln seine musikalische und trendorientierte Entwicklung wider. Zunächst Mitte der Achtziger favorisierte Väth zunächst den aus Chicago nach Deutschland schwappenden House (im „Vogue"), gefolgt von der belgischen Electronic Body Music Music, die er 1987 bis 1988 im Dorian Gray auflegte, bis zur 1988 aufkommenden Acid-Welle. Ab diesem Jahr diente ihm als Altar seiner „Prediger-Kunst" wieder das „Vogue", das dank seiner erworbenen Miteigentümerrechte die Umbenennung in „Omen" nach sich zog. Neben Sven Väth und Mathias Martinson betrieb Michael Münzing als dritter Inhaber das „Omen" mit der Intention, seine brandneuen Produktionen für sein 1988 gegründetes Label „Logic" im Club zu testen und zu promoten. Im Jahr 1989 verzeichnete dadurch Münzing in Zusammenarbeit mit Luca Anzilotti internationale Erfolge seines Produzenten- und Labeldaseins. Die unter dem Projektnamen Snap veröffentlichte Single „The Power" stieg in den deutschen und amerikanischen Verkaufscharts bis auf Platz 1.

Andreas Tomalla alias Talla 2XLC legte wie Sven Väth im „Dorian Gray" auf, allerdings veröffentlichte er schon 1983 unter dem Deckmantel „Axodry" die erste eigene Single „Feel It Right". Sein zweites musikalisches Standbein „Moskwa" verkaufte ein Jahr später mit der Single „Tekno-Talk" sogar 30.000 Exemplare. Als dritter „Dorian Gray"-Resident und erfolgreicher Produzent ist Torsten Fenslau zu nennen, der mit seinem bekanntesten Projekt Culture Beat schon 1989 den ersten kommerziell erfolgreichen Clubhit einfuhr: „Der Erdbeermund".

Neben Frankfurt/Main pulsierte das innovative Nachtleben auch in den Straßen Berlins. Angezogen von der geteilten Metropole, zog Maximilian Lenz alias WestBam, der zunächst als DJ Westfalia Bambaataa im „Odeon" seiner Heimatstadt Münster 1983 fungierte, ein Jahr später nach Berlin, um in einer der progressivsten Discotheken Deutschlands, dem „Metropol", seiner anerkannten Mixleidenschaft nachzugehen.

WestBam beim Auflegen

1985 debütierte WestBam als Produzent mit der Single „17 – This Is Not A Boris Becker Song" (eine Anspielung auf Paul Hardcastles „19"), die der Exbassist mit seinem Kompagnon Klaus Jahnkuhn aufnahm. „Record Art", „…ein Komponieren neuer Stücke anhand vorhandener Platten" (14), beschrieb zukünftig das verfolgte Credo seiner Produktionen, denen er 1986 mit dem von ihm gegründeten Label „Low Spirit" eine Plattform schuf. Auch sein revolutionärer DJ-Stil aus Mix- und Scratchtechniken inspirierte im gleichen Jahr die beiden „Deutsch-Amerikanische Freundschaft" (DAF)-Vertreter Robert Görl und Gabi Delgado zu einer gemeinsamen Tournee mit WestBam, welche die Fusion von DJing und Live-Konzert implizierte. Im Jahr 1987 brachte ihm sein Handwerk, mit Schallplatten umzu-

# HISTORY

gehen, den deutschen „DMC-Meister"-Titel als Zeugnis seiner Kunst ein. WestBams wachsende Popularität und die 1987 auf Low Spirit veröffentlichte Single „Monkey Say Monkey Do", die sich zum Clubhit entwickelte, verhalfen ihm nicht nur zu einem Gastauftritt im „Omen", sondern das Goethe-Institut krönte 1988 seine bisherige Karriere mit einem internationalen Gastspiel im Rahmen der Olympischen Spiele in Seoul.

Auf dem 1989 ersten veröffentlichten Album „The Cabinet" deklarierte WestBam endgültig seinen Standpunkt zur „Record Art", indem sich Samples aus Klassikern, wie „Spank" oder „IOU" mit Housebeats und seiner auf der Rille kratzenden Leidenschaft abwechseln.

Aber nicht nur musikalisch brachten Berliner DJs einen Stein ins Rollen. Dr. Motte, der Begründer der Berliner „Loveparade", rief im Sommer 1989 in Anlehnung an den englischen „Summer Of Love" zur ersten politischen Kundgebung dieser Art auf, um unter dem Motto „Friede, Freude, Eierkuchen" eine Lebensattitüde zu demonstrieren. Allerdings gab es zu diesem Zeitpunkt noch keine kontroversen Diskussionen bezüglich der politischen Glaubwürdigkeit und der zu tragenden Stadtreinigungskosten, da die Beteiligung von 150 Demonstranten noch keine Tendenz für eine internationale Massenkundgebung aufkommen ließ.

Dimitri Hegemann, der mit seinem „Tresor" zur festen Institution der Berliner Underground-Kultur zählt, demonstrierte 1988 bis 1989 mit dem Betreiben des „Ufo" einen Faible für außergewöhnliche Locations. Das illegal betriebene „Ufo" beeindruckte durch sein Fassungsvermögen von nicht mehr als 100 Gästen, einer niedrigen Decke, die einem „Zwei-Meter-Mann" nur den Zutritt in gebeugter Körperhaltung gestattete und dass die Gäste in die unterirdischen Katakomben nur über eine Leiter des „Fisch Büros" ließ.

Mit dem Mauerfall entfaltete sich plötzlich eine Form der Anarchie im Berliner Nachtleben. Keller und Fabriken als Locations liefen den kommerziellen Discotheken bzw. Clubs ihren Rang ab. Aber warum sich vor allem der ostdeutsche Bürger nach Partys im Stil der West-Berliner Clubsszene sehnte, begründet die folgende Abhandlung über Doktrin und Bürokratie in dem Leben des Schallplattenunterhalters in der DDR.

In der Bundesrepublik Deutschland bis 1989
In der Deutschen Demokratischen Republik

## In der Deutschen Demokratischen Republik

Vor dem Berliner Mauerfall 1989 traf die Sozialistische Einheitspartei Deutschlands (SED) mit ihrem diktatorischen Regierungsstil sowohl politische als auch kulturelle Entscheidungen, die sich auch auf die Tätigkeit der DDR-Schallplattenunterhalter (S.P.U.) und Discomoderatoren (DDR-spezifischer Ausdruck für DJ) auswirkten.

WestBam:
Ich war ein-, zweimal in Ost-Berlin gewesen, im Opern-Cafe...Die haben alle dort mit Kassetten gespielt und in der Sowjetunion mit Bändern. Ich war praktisch zum Endspurt in der Werner-Seelenbinder-Halle kurz vorm Mauerfall...Zu dieser Zeit sind viele Leute aus der DDR geflüchtet. Von daher hatte ich das Gefühl einer sehr komplizierten Party, weil die Leute gestresst waren. "Soll ich abhauen oder da bleiben?" Das war für die in dem Moment einfach wichtiger als die Musik.

Ihr Agieren beschränkte sich im Allgemeinen auf die Moderation zwischen zwei aufeinander folgenden, von kassetten- oder tonbandabgespielten Titeln bzw. diverse interaktive Einlagen wie Quiz oder Spiele. In den Achtzigern setzten zudem einzelne DJs mit Hilfe modifizierter Tapedecks, die eine Geschwindigkeitsanpassung ermöglichen, Mix- und Cuttechniken ein, um das musikalische Programm und den Tanz nicht weiterhin unnötig durch Moderationen zu unterbrechen. Durch die Kombination von Tapedecks, wie das RFT SK-3000, das sich mit seinen Schnellstart-Tipp-Tasten besonders für das Cutten der Titel eignete, und einem zusätzlichen Schallplattenspieler, mit dem der sogenannte Discomoderator zur abgespielten Konservenmusik scratchte, integrierte er die Fertigkeiten seiner kapitalistischen Kollegen zwischen seine offiziell zu repräsentierenden sozialistischen Normen. Dabei tourte der Schallplattenunterhalter mit seinem Techniker, der für den Aufbau und die Wartung des Equipments zuständig war, über Städte und Dörfer, wo er in Kulturhäusern, Jugendklubs, Schulen und Tanzbars zu Gast war. Mit on Tour: ein vollbepackter Anhänger aus Lautsprecherboxen, Endstufen, Mischpult, einer Lichtorgel

inklusive Scheinwerfern, zwei Kassettendecks und einer Unzahl von Kassetten. Die Intention des S.P.U. bestand dabei laut § 2 Diskothekenordnung nicht im Mixen und Promoten der neuesten Tonträger, sondern vielmehr:

> "..., durch Aktivität, Vielfältigkeit, Variabilität und durch ihre Möglichkeiten zur Improvisation..., den vielfältigen Bedürfnissen der Werktätigen, besonders der Jugendlichen, nach Unterhaltung gerecht zu werden. Durch die Verbindung von Unterhaltung, Geselligkeit, aktueller Information und Bildung vermag die Diskothek-Veranstaltung zur Herausbildung niveauvoller Kultur- und Bildungsbedürfnisse und damit zur Entwicklung sozialistischer Persönlichkeiten beizutragen." (1)

Im Gegenzug zum § 2 wurde in der DDR auch unter Hör- und Konzertdiskothek unterschieden:

> "..., in der mit Tonträgern musikalische oder literarische Vorträge gehalten werden. Dazu gehören auch die so genannten Soldatendiskotheken. (Gemeint sind die Diskotheken in den Objekten der Nationalen Volksarmee, bei denen es durch Fehlen von Mädchen ja oft nur Musik zum Hören geben kann)." (1)

Damit der Diskotheker – eine weitere DDR-spezifische Bezeichnung für DJ – den hohen Ansprüchen der Partei gerecht werden konnte, galt es, ihm in diversen Lehrgängen folgende Fähigkeiten zu vermitteln:

1. **Fähigkeiten zur Programmgestaltung und -leitung:**
   - Kenntnisse über gesetzliche Grundlagen und Einhaltung
   - vorbildliches Auftreten und Verhalten
   - niveauvolles Programm mit erzieherischen Elementen

2. **Rhetorische und redaktionelle Fertigkeiten:**
   - Niveau der Moderation
   - für das Erstellen von Wortbeiträgen dient redaktionelles Arbeiten als Voraussetzung

### 3. Musikalische Urteilskraft:
- Auswahl der Musik nach „Erkenntnissen der sozialistischen Ästhetik" (1)
- ständige Recherche über Musik
- Verfolgen musikalischer Tendenzen und Trends
- er muss den Geschmack des Publikums erkennen

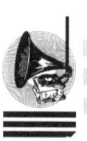

### 4. Grundsätze in der Arbeit mit dem Publikum:
- Dramaturgischer Ablauf der Veranstaltung erfolgt mit entsprechenden Höhepunkten und Erholungsphasen
- Erkennen der Wünsche des Publikums.

Für die offizielle Befugnis besuchten die zukünftigen Schallplattenunterhalter die „Spezialschule für Leiter im künstlerischen Volksschaffen", aus deren erfolgreichen Abschluss eine staatliche Spielerlaubnis resultierte. Aber um überhaupt die Ausbildung beginnen zu können, prüfte ein Gremium aus Mitgliedern der Kulturkabinette mit folgendem Eignungstest die vorhandenen Voraussetzungen:

**Komplex I: Sprache und Information**
- Rezitation eines Gedichts
- Zusammenfassen einer Pressemitteilung zu einer Kurzinformation
- Erläuterung der Unterschiede zwischen Umfrage, Interview und Gespräch

**Komplex II: Musik und Musikdramaturgie**
- Zuweisung von Songs zu Musikstilen
- Auswahl einer zu Komplex I passenden Anschlussmusik
- Aufbau einer Titelfolge

**Komplex III: Programmgestaltung**
- Benennung von kommunikationsunterstützenden Diskothekelementen
- Beschreiben eines für eine Discothek geeigneten Spielablaufs
- Einordnung der Programmelemente Spiel, Extremtanzrunde (Polonaise), Interview und Kurzinformation in die zusammengestellte Titelfolge

### Komplex IV: Umgang mit der Technik
- Verbinden der Wiedergabegeräte und Mikrofone mit dem Mischpult
- Einstellen eines optimalen Klangbildes an der PA, Anmoderation eines Titels und Demonstration des Ein- und Ausblendens.

Nach einem erfolgreichen Eignungstest und absolviertem -gespräch wurden die Diskomoderatoren in Elementarlehrgängen unterrichtet, deren Abschluss letztendlich den Besuch der „Spezialschule für Leiter im künstlerischen Schaffen" ermöglichte. Als letzte Instanz schloss sich eine Einstufungsveranstaltung an, die unter den Augen einer einberufenen Jury vom Discjockey entsprechend der vermittelten Regelungen bzw. Gesetze zur Festlegung der Honorarstufe und anhand einer vom DJ erarbeiteten Konzeption inklusive konkreter Titelfolge der Veranstaltung und erwünschter Einlagen durchzuführen war.

Bezüglich der Vergütung wurde zwischen den DJs unterschieden, ob sie ihrer Tätigkeit frei- oder nebenberuflich mit einer „Zulassung auf dem Gebiet der Unterhaltungskunst" oder als Amateur-DJ samt staatlicher Spielerlaubnis nachgingen.

Mit der „Zulassung auf dem Gebiet der Unterhaltungskunst" erhielten DJs für eine vier- bis fünfstündige Veranstaltung folgendes stufenspezifisches Honorar:

| Honorarstufe | Stufe | Minimum in Mark | Maximum in Mark |
|---|---|---|---|
| Grundhonorar | A | 70,00 | 140,00 |
| Leistungshonorar | AB | 90,00 | 180,00 |
| Leistungshonorar | B | 140,00 | 220,00 |
| Leistungshonorar | BC | 180,00 | 270,00 |
| Leistungshonorar | C | 220,00 | 380,00 |

Schallplattenunterhalterhonorare in der DDR (10)

Bei Verlängerung der Spielzeit wurde jede weitere Stunde mit 20 Prozent des Honorars vergütet. Amateur-Schallplattenunterhalter (S.P.U.), die nur im Besitz einer staatlichen Spielerlaubnis waren, erhielten folgende Gage pro Stunde:

# In der Deutschen Demokratischen Republik

| Stufe | Einstufung | Stundenlohn in Mark |
|---|---|---|
| Grundstufe | A | 5,00 |
| Leistungsstufe | B | 6,50 |
| Leistungsstufe | C | 8,50 |
| Sonderstufe | S | 10,50 |

Schallplattenunterhalterhonorare in der DDR (10)

Zusätzlich stellte der S.P.U. seinem Veranstalter Kosten für die Benutzung von Tonträgern, Wiedergabetechnik, Transport, Fahrt und Übernachtung in Rechnung, die diesen Job finanziell äußerst attraktiv werden ließen. Deswegen gingen sie zum „Schein" und Versicherungsschutz nebenbei einem Arbeitsverhältnis als Hausmeister oder Postbote nach.

Bei der Durchführung einer „Jugendtanzveranstaltung" hatte sich der DDR-Discjockey bezüglich seiner Musik-Auswahl offiziell an die vom Ministerium für Kultur über die Programmgestaltung bei Tanz- und Unterhaltungsveranstaltungen von 1958 vorgegebene „60/40"-Regelung zu halten, d. h. 60 Prozent des aufgelegten Musikrepertoires entsprachen Produktionen aus sozialistischen Ländern und 40 Prozent konnte der DJ mit Titeln aus dem kapitalistischen Ausland bestreiten. Bei Einstufungsveranstaltungen unterlagen die Discjockeys diesem Reglement. Hingegen im „normalen" Discothekenalltag ignorierten die DJs dieses Dogma, um den Wünschen der Gäste nachzukommen. Denn die DDR-Musik verzettelte sich in Minderheitsinteressen bis zur Ignoranz gegenüber den Ansprüchen der Jugend und den kommerziellen Trends kapitalistischer Musik, sodass sie immer unbeliebter wurde. Einige Bands wie die Gruppe Kreis („Ich wollte es wissen") oder die Modern Soul Band („Mr. Wonder", angelehnt an Stevie Wonders „Sir Duke"), aber auch die Puhdys mit ihrem Neue Deutsche Welle-Pendant „Jahreszeiten" versuchten sich dem lyrischen und mainstreamkonträren Antlitz zu widersetzen. Aber der Einfluss von westlichem Discosound, Soul und der NDW garantierten trotzdem keine Plays der DJs. Erst die späteren achtziger Jahre brachten Titel hervor, die sich durch ihre kommerzielle Anpassung an internationale Musiktrends mitunter in den Playlists der ostdeutschen Discjockeys wiederfanden:

# HISTORY

### Die Zöllner: Cafe Größenwahn

Dirk Zöllner und seine Band beschritten in den späten Achtzigern durch ausgefeilte Bläserarrangements, die sie in ein Geflecht aus New Jazz, Funk und Soul einbetteten, musikalisch neue Wege. Ihr „Cafe Größenwahn" (1989 auf Amiga veröffentlicht) sorgte damit für eine volle Tanzfläche in alternativen Clubs.

### Electric Beat Crew: Here We Come

Diese Adaption des Newclears-Klassikers „Jam On It" etablierte sich besonders im Zuge der damaligen Breakdance-Bewegung in der DDR, die seinerzeit vor allem durch den Kino-Streifen „Beat Street" ausgelöst wurde und der damit verbundenen Nachfrage bezüglich HipHop-Musik. Mit seiner Veröffentlichung setzten der „Rundfunk der DDR" und „Amiga" gleichzeitig ein Zeichen hinsichtlich der Amerikanisierung von DDR-Musik, denn der englischsprachige Titel durchbrach das einst verhängte Dogma bezüglich der Notwendigkeit deutschsprachiger Texte.

In der DDR einer der populärsten Filme - Beat Street (11)

Amiga-Plattencover vom Pop-Projekt (12)

Weitere Bands wie Juckreiz („Zeck Zoff Trouble en masse"), Datzu („Sei mal fünf Minuten still") oder das Album des Pop-Projekts setzten auf dancelastige, funktionelle Musik ohne poetischen Hintergrund, wie es die Bands „Karat" oder „Electra" handhabten. Sie versuchten in Zusammenarbeit mit der staatlichen Plattenfirma Amiga und den Rundfunkstudios, in denen sie auch ihre Titel produzierten, den Jugendlichen zeitgemäße Tanzmusik eigener Herkunft bieten. Auch den DJs wollte man für ihre 60prozentige „Normerfüllung" die notwendigen musikalischen Arbeitsmittel zur Verfügung stellen. Allerdings als Alternative zum westlichen Pendant qualitativ und quantitativ unterlegen.

Da in der DDR nur die staatliche Schallplattenfirma „Amiga" für den Vertrieb von Tanzmusik in Frage kam, deckten deren Veröffentlichungen weder den Bedarf der Bevölkerung noch den der DJs ab, um eine komplette

Veranstaltung mit aktueller Musik von Vinyl zu bestreiten. Auch die Amiga-Lizenzproduktionen, d. h. Amiga kaufte die Genehmigung zur Veröffentlichung von Tonträgern „kapitalistischer" Schallplattenfirmen, schlossen keine Lücken im Repertoire. Denn Lizenz-Schallplatten wie Michael Jacksons „Thriller" oder Paul Simons „Graceland" erschienen frühestens ein Jahr nach dem ursprünglichen Veröffentlichungsdatum in einer limitierten Stückzahl, die in keinem Verhältnis zum Bedarf stand. Schlangen bildeten sich schon vor der Öffnung der Schallplattenläden nur unter der Vermutung, es gäbe eine Schallplatte von Queen oder Mike Oldfield zu kaufen. Die DJs besaßen zwar anhand ihrer Spielerlaubnis ein Vorkaufsrecht für Lizenz-Platten, aber die nicht gewährleistete Aktualität der Tonträger und die begrenzte Anzahl der Lizenzneuerscheinungen, die sich monatlich auf eine LP und ein bis zwei EPs in Form der „Quartett-Singles" beschränkten, ließen den Discjockey auf Alternativen zurückgreifen.

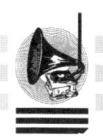

Als eine weitere Tonträgerquelle bot sich daher der polnische, ungarische, bulgarische, tschechische und jugoslawische Schallplattenmarkt an, denn deren aktuelleres und vielfältigeres Lizenzschallplattenangebot stand in keinem Verhältnis zu dem der DDR. Auch der Intershop, der ausschließlich ein Sortiment verschiedener Konsumgüter westlicher Herkunft führte und entsprechend nur kapitalistische Währungen oder Forum-Schecks – eine spezielle Währung für Intershops – akzeptierte, offerierte dem Planwirtschaftler die Errungenschaften der Marktwirtschaft. Neben Lebensmitteln, Spielwaren, Audio-Geräten führten Intershops auch Schallplatten und später CDs, in denen die Discjockeys mit „schwarz" zu einem Kurs von 1:5 bis 1:10 getauschter D-Mark Kassetten, Tapedecks und Vinyl kauften. Allerdings nicht jede erworbene Schallplatte entstammte westlicher Produktion, denn die auf vereinzelten Intershoptonträgern anstatt der GEMA (Gesellschaft für musikalische Aufführungs- und mechanische Vervielfältigungsrechte) aufgeführte DDR-Urheberrechtsanstalt AWA (Anstalt zur Wahrung der Aufführungsrechte der DDR) bestätigte diese Vermutung. Der VEB Deutsche Schallplatte produzierte neben den für den einheimischen Handel bestimmten Tonträgern auch die z. T. im Intershop erhältlichen. Lediglich Cover und vereinzelt differente Label-Etiketten, die mit dem Schriftzug AWA auf die geltenden Urheberrechte der DDR hinwie-

sen (siehe Abbildung Pet Shop Boys), lieferten die westdeutschen Schallplattenfirmen für die Intershop-Pressung.

Cover und Label des Pet Shop Boys-Albums "Please" - Intershopausgabe

Der Einsatz von Originaltonträgern aus dem nichtsozialistischen Ausland wurde allerdings untersagt bzw. ignorierte die Discothekenordnung die Existenz dieser Tonträger mit folgender Begründung:

> "Eine Schallplatte mit Tanzmusik aus der Produktion anderer Länder (also nicht RGW*-Mitgliedsländer) kennen wir nicht, nur eben als Lizenzproduktion". Der Vollständigkeit "werden alle Schallplatten im Gesetz erwähnt. Denn mit zunehmenden Handelskontakten unserer Republik zu anderen Staaten wird es auch zu einer Einfuhr von Schallplatten aus diesen Ländern kommen, wenn die Musikproduktion in unsere sozialistische Landschaft passt." (1)
>
> *Rat für gegenseitige Wirtschaftshilfe

Aus diesen Gründen setzten ostdeutsche Diskomoderatoren vorrangig Kassetten oder Tonbänder ein. Die aus DDR-Produktion stammenden ORWO-Kassetten hielten allerdings aufgrund des starken Grundrauschens und der anfälligen Mechanik dem DJ-Einsatz nicht stand. Alternativ boten sich auf dem „Schwarz-Markt" oder im „An- und Verkauf" für 35 bis 55 DDR-Mark pro Stück erworbene TDK-, Maxell- oder BASF-Kassetten als Speichermedien an. Die eingelegte Musik stammte offiziell nur aus Mitschnitten der Sendungen „Podiumdiskothek" und „Metronom" von Jugendradio DT64. Zusätzlich nutzen die DJs als Quelle für ihre Musik:

# In der Deutschen Demokratischen Republik

- verschiedene Sendungen des „RIAS 2", der verstärkt durch seinen Standort in West-Berlin auf die Zuhörer der DDR setzte
- „BR3" („Pop nach Acht", „Hitparade") und „NDR2" („NDR2-Hitparade", „Maxis Maximal")
- Überspielungen von Originaltonträgern aus der BRD, die unter den DJs auch ausgetauscht wurden
- Sendungen des Jugendradios DT64 wie „Duett-Musik für den Recorder" und „Die Maxi-Stunde".

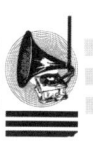

Das 1964 anlässlich des stattfindenden Deutschlandtreffens auf Sendung gegangene Jugendradio DT64, welches laut Discothekenordnung und AWA zunächst als die einzige erlaubte Mitschnittquelle zugelassen wurde, stellte ihr Musikprogramm bis 1988 auch nach der 60/40-Regelung zusammen. Aufgrund der Konkurrenz aus westlicher Hörfunklandschaft und dem mangelnden Interesse der DDR-Jugendlichen an einheimischer Musik widersetzte es allerdings sich im Jahr 1988 dem Beschluss. Um das Musikprogramm attraktiver und aktueller zu gestalten, wurden Walter Cikan, dem Chefproduzenten für Jugendmusik des Rundfunks der DDR, und Walter Bartel, Chefredakteur für Musik von Jugendradio DT64, ein Kontingent von jeweils 100 D-Mark bzw. 150 D-Mark monatlich für den Einkauf neuester Schallplatten auf West-Berliner Kurfürstendamm als Sender-Musikrepertoire zur Verfügung gestellt.

Gegenüber den eher selten verwendeten Originaltonträgern des VEB Deutsche Schallplatte und anderer sozialistischer Länder, für deren Einsatz keine Lizenzgebühr abzuführen war, durften die vom DDR-DJ zusammengestellten Kassetten und Tonbänder nur eingesetzt werden, wenn sie offiziell durch die AWA lizenziert wurden. Für Mitschnitte der zugelassenen Sendungen „Podiumdiskothek" und „Metronom" betrugen die zu zahlenden AWA-Lizenzbeiträge 65 Mark („Podiumdiskothek") bzw. 35 Mark („Metronom") pro Halbjahr. Zusätzliche Titel, die der Diskomoderator in anderen Sendungen aufzeichnete, unterlagen der Sonderlizenzierung mit einer Vergütung von 20 Pfennig pro Minute. Hierfür war vom DJ eine Titelliste an die Generaldirektion der AWA mit folgenden Angaben einzureichen: Titel, Komponist, Datum und Sendung, wo sie aufgezeichnet wurden. Im Jahr 1987 wurde diese Regelung zur Lizenzierungsvereinfachung durch eine zu zahlende Jahrespauschale ersetzt.

Die Entstehung der DDR-Schallplattenunterhalter-Kultur basiert auf den FDJ-Singeklubs und Singegruppen der sechziger Jahre, die nicht nur dem gemeinsamen Musizieren, sondern auch dem Tanzen zur Musik vom Schallplattenspieler dienten. Die Pausen zwischen den Titeln überbrückten Ansagen der einzelnen Klub-Mitglieder. Aufgrund immer größerer Resonanz, die auch seitens der Nichtmitglieder von Singegruppen und -klubs zunahm, wurden die zunächst internen Veranstaltungen als öffentlich und zur „Discothek" deklariert, wobei sich diese Bezeichnung nicht auf eine Lokalität, sondern auf die Veranstaltungsform bezog. Neben der Musik legten die Veranstalter besonderen Wert auf die Integration von Diskussionsrunden, Spielen oder anderer Aktivitäten wie Malen, Musizieren etc. mit der Intention,

> "eine neue, höhere Qualität...gegenüber den Discoveranstaltungen westlicher Herkunft..." (1)

zu schaffen. Zu Beginn der siebziger Jahre kristallisierten sich zunehmend mehr Diskoteams (meist ein DJ und ein Techniker) heraus, deren Anzahl von zehn im Jahr 1970 auf über eintausend 1973 stieg.
Im Zuge der 1973 stattfindenden X. Weltfestspiele der Jugend und Studenten in der DDR unterstützte die Parteiführung die „Diskothekenveranstaltungen". Mit den Discjockeys kamen sie nämlich der zunehmenden Beliebtheit der Tanzveranstaltungen nach, die nicht allein mit den verfügbaren „Tanzmusikformationen" hätte abgedeckt werden können. In einem damaligen Schnellverfahren erhielten die Schallplattenunterhalter ihre notwendige staatliche Spielerlaubnis, was allerdings zu einer minderen Veranstaltungsqualität führte, da sich zu diesem Zeitpunkt jeder mit einer geringen Auswahl an Kassetten oder Schallplatten zum DJ berufen fühlte. Mit der veröffentlichten Broschüre der FDJ zur Durchführung von Diskotheken, den Werkstätten „Podiumdiskothek" 1972 und 1973 und der „Anordnung vom Ministerium für Kultur über die Durchführung von Diskoveranstaltungen" vom 15. August 1973, die gesetzlich den Inhalt einer Diskothek und deren erwünschten Anspruch verankerte, wurden entsprechende Gegenmaßnahmen eingeleitet.

In der Deutschen Demokratischen Republik
Die Stunde Null – Der Mauerfall

Im Jahr 1976 verbuchte die DDR schon über 8000 Schallplattenunterhalter, die in Kulturhäusern, Freizeitzentren, Schulen, Betriebsspeisesälen und vor allem in Jugendklubs auf- bzw. Kassetten einlegten.
Die ersten DDR-Jugendklubs, die 1963 entstanden, dienten zunächst den gemeinnützigen und bildenden Tätigkeiten. Erst 1976 konnte die Gastronomie als offizieller Bestandteil der „Freizeitgestaltung" in die Jugendklubs integriert werden. Durch die Kombination von Gastronomie mit attraktiven Getränkepreisen, die nur um maximal zehn Prozent die Getränke-EVPs (Einzelhandelsverkaufspreise) überstiegen, und Tanzveranstaltungen, für die der Jugendklubleiter Schallplattenunterhalter buchte, etablierten sich die Jugendklubs zu den Discotheken der DDR. Mitunter öffneten sie ihre Pforten drei- bis viermal wöchentlich, allerdings wochentags bereits ab 18.00 Uhr und am Wochenende ab 19.00 Uhr mit einer Veranstaltungsdauer von vier bis sechs Stunden. Auch nach der deutschen Einheit 1989/1990 blieben viele Jugendklubs im Osten ein Publikumsmagnet, bis die ersten neuen Clubs und Großraumdiscotheken auch in diesem Teil Deutschlands eröffneten.

## Die Stunde Null – Der Mauerfall

Der Mauerfall gab vor allem dem damaligen West-Berlin neue Impulse. Fabrikhallen und Keller mauserten sich mit bombastischen PAs (Public Address = Beschallungsanlage) und der musikalischen Unterstützung von DJs zu Clubs, um den Neugierigen aus dem Osten ein avantgardistisches Berlin zu präsentieren. Sie hießen „Planet", „E-Werk" oder „Tresor" und spiegelten gegenüber dem cleanen Ansehen einer kommerziellen Großraumdiscothek eine Kombination aus Hightech in Form von Scannern und Stroboskopen wider, deren Lichtblitze in dicken Nebelschwaden erstickten und so den Gästen ihre Anonymität gewährten. Die trashigen Gemäuer beherbergten dabei ursprünglich ein Elektrizitätswerk („E-Werk"), Seifenlager („Planet") oder den legendären „Tresor". Aber auch das „Moskau", ein renommiertes Tanzlokal im Osten der Stadt, erreichte durch die „Dubmission"-Organisatoren neues Ansehen. Sperrstunden wurden umgangen, indem die Tür verriegelt und es

Der "alte" Tresor (13)

History **55**

# HISTORY

damit zur geschlossenen Veranstaltung wurde. Mit der Einführung der sogenannten Afterhour kämpften die zum Teil mit Amphetaminen aufgeputschten Clubber erfolgreich gegen den Schlaf. Denn verstummte in einem Club die letzte Platte, luden andere Clubs mit der Afterhour mittags oder nachmittags ein, um die Zeit bis Abends zu überbrücken. Vorreiter hierfür waren der Berliner Club „Walfisch" oder der Technoclub, der sich sonntags, um 15.00 Uhr, im Frankfurter „Dorian Gray" traf.

Schon in den Achtzigern übernahm Frankfurt/Main neben Berlin eine wichtige Vorreiterrolle, die auch im vereinigten Deutschland verteidigt wurde. Der ehemalige Koch Markus Löffel alias Marc Spoon (2006 verstorben), der zunächst als erster A&R des Labels „Logic" fungierte, veranstaltete zu Beginn der Neunziger in verschiedenen Locations unter dem Projektnamen „Sound-Factory" Partys im „Warehouse-Stil" und prägte damit die Partykultur Deutschlands.

Ab 1990 konzentrierte sich zudem der Hörfunk verstärkt auf die Club- und DJ-Kultur, z. B. mit der „HR3-Clubnight" und der von Marusha moderierten „Dancehall" auf dem Sender DT64, der bald abgeschaltet werden sollte. Mit dem Hilferuf „Mayday", der 1991 in der Berliner Halle Weißensee zur Rettung DT64s initiiert wurde, setzten die Veranstalter WestBam, Klaus Jahnkuhn, Jürgen Laarmann und William Röttger ein Exempel für den ersten Großrave in der Bundesrepublik, das bis heute noch seines Gleichen sucht. Die Besucherzahlangaben schwankten bei der ersten Mayday zwischen 5600 und 6000 Gästen, die aber in keinem Vergleich zu dem Besucherrekord von 34.000 Ravern stehen, die im Jahr 1994 in der Berliner Deutschland Halle das Mayday-Event an zwei Tagen feierten.

WestBam:
Für die Maday gab es zwei Anlässe. Zum einen gab es den Radiosender "DT64" im Osten, einer der ersten mit Techno-Sendungen im Programm, der abgewickelt werden sollte. Zum anderen begann sich die Techno-Szene in Deutschland zu vernetzen. Man hatte sich 1991 im Sommer bei der Loveparade getroffen und wollte das indoormäßig im Winter wiederholen.

Neben Großraves wie Mayday oder Nature One, unzähligen eröffneten Clubs und Discotheken gab die Gründung von Independent Labels den Anstoß zum Publizieren musikalischer Ideen. Dieser Prozess wurde von DJs wie Sven Väth (Eye Q, Harthouse, Recycle Or Die), oder Talla 2XLC (Music Research) angeregt, dem sich auch Clubs anschlossen, um eine strategische Symbiose zur Vermarktung des Clubs oder Party-Veranstalters samt DJs zu bewirken (z. B. Tresor, Dubmission, Tunnel, Partysanen). Die vielen unerschöpflichen Vermarktungs- und Veröffentlichungsmöglichkeiten für die Modedroge Techno ließen die DJs Überstunden im Studio absolvieren. „From Ear To Brain" als Form der erfolgreichen Zusammenarbeit zwischen dem DJ und seinem Produzenten leitete in der DJ-Kultur und auf dem Musikmarkt eine bis in die Gegenwart reichende neue Epoche ein, weil sie die Verwirklichung der musikalischen Ideen des DJs gewährleistet. Der DJ, der durch seine Club- und Discothekenarbeit die musikalischen Bedürfnisse seines Publikums kennt und neue Trends aufgreift, liefert dem Produzenten als musikalisches Gehirn Impulse, der diese in Noten und Sounds umsetzt. Produzenten wie Klaus Jahnkuhn (WestBam), Ralf Hildenbeutel (Sven Väth), Eniac (Tomcraft), Jam El Mar (Marc Spoon und Dag) gaben in der Produktion den Ton an. Hingegen die Ideen, Trendrecherche und natürlich die Tests bzw. Vermarktung übernimmt der DJ, indem er ständig nachts auch seine eigenen Tracks durch die Rotation im Club promotet.

Rolf Ellmer alias Jam El Mar, einer der erfolgreichsten Frankfurter-Produzenten in den Neunzigern, verbuchte mit Jam & Spoon (in Kooperation mit Marc Spoon) 1992 den Clubhit „Stella", der als einer der ersten TranceTracks den Sprung in die englischen Verkaufscharts schaffte. Zudem etablierte sich ihre Version zu „The Age Of Love" im gleichen Jahr als einer der meist verkauften Remixes. Mit anschließenden Verkaufshits wie „Right In The Night" (Platz 7 der deutschen Verkaufscharts) oder „Find Me" beschritten sie durch die Verbindung von Trance-Elementen und ausgefeilten VocalArrangements einen kommerziellen Weg und wurden dafür mit internationalen Auftragsproduktionen als Remixer für Frankie Goes To Hollywood, Moby oder den Pet Shop Boys belohnt. Auch Jam El Mars zweites, mit DJ Dag gegründetes Projekt „Dance 2 Trance" verbuchte mit „Power Of American Natives" 1993 einen Nummer 1-Hit in den deutschen Verkaufscharts.

# HISTORY

Aus Hamburg erhielt der DJ Alex Christensen schon 1992 diesen „Ritterschlag der deutschen Schallplattenindustrie" mit seiner Fusion aus Filmmusik von Klaus Doldinger und dem Etikett: „One, Two, Three – Techno". „Das Boot" verkaufte dem Konsumenten mittels Sprachsamples und technoiden Akkorden Dance-Music als „Techno", die den Ausverkauf einer Underground-Kultur einläutete. Den Tonträgermarkt überschwemmten „Techno"- Produktionen, die kaum Gemeinsamkeiten mit der aus Detroit und später Belgien stammenden Musikrichtung aufwiesen. Schlager wie „Tränen lügen nicht" (Mark ´Oh) oder der Evergreen „Somewhere Over The Rainbow" (Marusha) verhalfen der Tonträger-Industrie zu dem neuen Standbein Dance-Music, dessen Potential in DJ-Charts, Bemusterungspools für DJs und der Vermarktung über den 1993 auf Sendung gehenden Musiksender „VIVA" ausgebaut wurde. Aber nicht nur die Majorplattenfirmen verfolgten die musikalische Revolution mit Interesse. Auch Sponsoren und Modelabels integrierten sich in diese Subkultur, was von den Begründern nur bedingt erwünscht war. Für den Raver zählten Shirts und Mützen von Apollo, Daniel Poole, Velvet Monkey, Bad & Mad ebenso wie Energy-Drinks und Modedrogen zur Standardausrüstung. Auch die Printmedien konzentrierten sich verstärkt auf die von DJs hervorgerufene Musikkultur, die mit Zeitschriften wie Frontpage oder Raveline durch Partyreviews, DJ-Portraits und Tonträger-Rezensionen den damaligen Zeitgeist widerspiegelten.

Produktionen von Dune, Scooter oder U96 setzten zwar bis 1997 weitere kommerzielle Techno-Impulse, aber im Gegenzug besann sich die DJ-Kultur auf ihre Wurzeln. Im Vergleich zu den 160 BPM-Ravenummern mit gepitchten Vocal-Samples kehrte z. B. WestBam mit seinem Label Low Spirit auf den musikalischen Ursprung mit zunehmenden Electro- und House-Einflüssen in den Produktionen zurück, die sich z. B. in WestBams Veröffentlichungen wie „Born To Bang" (basierend auf „Born To Be Alive") und „Terminator" im Jahre 1996 ankündigten. Auch die Organisatoren der Loveparade beschritten aufgrund der zunehmenden Beliebtheit ihrer Rave-Demo buchstäblich neue Wege, da die Besucherzahl von 750.000 im Jahr 1996 eine Routenänderung vom Kurfürstendamm in den Tiergarten veranlasste. Ein Jahr später bestätigte der Erfolg WestBams die Notwendigkeit einer musikalischen Umorientierung, denn mit den Members Of

Mayday „Sonic Empire" platzierte er sich an der Spitze der Deutschen Verkaufscharts, und die erste Loveparade-Hymne „Sunshine", die in Zusammenarbeit mit Dr. Motte entstand, behauptete sich unter den Top Ten. Mit dem 1998 im Hause „Low Spirit" gegründeten Sublabel „Electric Kingdom" erhielten weitere erfolgreiche DJs wie Lexy & K. Paul, ICON, Hardy Hard oder WestBams Projekt Mr. X & Mr. Y eine speziell dem Electro verschriebene Plattform.

Dr. Motte:
Ich hatte die Idee einer Demonstration für "Friede, Freude, Eierkuchen". Um nicht mit Worten zu skandieren, sondern Musik als Mittel der Kommunikation zu benutzen und es als Club- und Jugendkultur darzustellen, wozu auch das Tanzen gehört.

Im Jahr 1999 erreichte die Loveparade mit 1,5 Millionen Besuchern ihren Zenit. Allerdings brachen 2002 die Besucherzahlen gänzlich ein, denn die Angst vor einem Terroranschlag, wie am 11. September 2001 in New York, verdarb die Freude am Feiern. Hinzu kamen ständige Diskussionen bezüglich der Kommerzialisierung der Veranstaltung und der damit verlorenen Credibility, die die Veranstaltung auch finanziell in Misskredit brachten. Die Stadt Berlin setzte mit der Erhebung ständig steigender Reinigungskosten noch eins drauf. Als im Jahr 2003 die Parade um eine Woche verlegt werden musste, weil Anhänger einer Gegeninitiative zur "Rettung des Tiergartens" an dem ursprünglichen Wochenende eine Demo abhielten, sagten zunächst Star-DJs wie Sven Väth, dann auch die Gäste und letztlich die Medien ab. Mit 400.000 Besucher war die Loveparade nicht mehr attraktiv, weder für die DJs, Besucher, noch für die Lovefloat-Sponsoren. Nach zwei Jahren Pause meldete sich 2006 die Loveparade offiziell als kommerzielle, nicht als Demonstration angemeldete Veranstaltung und mit neuem Konzept bzw. Organisator zurück. Die Loveparade Berlin GmbH stellte die Floats, die Clubs und Veranstalter mussten sich lediglich nur noch für ihre Teilnahme qualifizieren. Obwohl diese Loveparade für die Underground-Techno-Kultur, aus der sie ursprünglich stammte, ein Ausverkauf darstellt, pilgerten trotzdem 1,2 Millionen Menschen zu ihr. Allerdings auf eine Person mussten sie verzichten. Ur-Vater Dr. Motte schloss sich erstmalig als

# HISTORY

Ausdruck seiner Einstellung der Gegen-Veranstaltung „Fuckparade" an, die schon seit 1997 den Kommerz der Veranstaltung anprangerte. WestBam kündigte 2010 seinen letzten Auftritt für die Loveparade an. Zu dem Zeitpunkt wusste allerdings niemand, dass es für alle die letzte Parade sein wird: Die Loveparade rollte am 24. Juli 2010 mit ihren Floats und 1,4 Millionen Anhängern durch Duisburg. Da das Gelände eines stillgelegten Güterbahnhofs, auf dem das Event stattfand, nur über einen zu schmalen Tunnel erreichbar war, kam es zu einer Massenpanik, die 21 Todesopfer und über 500 Verletzte und Schwerverletzte forderte.

DJ sehen sich seit Ende der 1980er Jahre nicht mehr als reine Plattenaufleger. Sie sind vielmehr Künstler im Sinne der Veränderung der aufgelegten Musik durch ihr eigenes Schaffen und ihre Kreativität. Viele Techno-Clubs wie der Frankfurter Cocoon-Club oder das Berliner Berghain rechneten daher ihre Veranstaltungen als Konzert mit einer ermäßigten Mehrwertsteuer von sieben Prozent ab, weil der dort auflegende DJ als Künstler angesehen wird. Allerdings sahen das deutsche Finanzämter im Oktober 2011 zunächst anders und verlangten rückwirkend eine Nachbesteuerung der Einnahmen auf 19 Prozent, im Fall des Berghain ab Jahr 2005. Die Insolvenz drohte, allerdings bestätigte das Ministerium für Finanzen im Juli 2012, dass nunmehr jeder DJ, der Musik in ihrer ursprünglichen Form durch Mixing oder Scratching verändert, als Künstler mit einer ermäßigten Mehrwertsteuerabrechnung angesehen werden kann. Für das Berghain war die Insolvenz vom Tisch, allerdings nicht für den Cocoon-Club, der am 13. September 2012 die Zahlungsunfähigkeit allerdings aus Gründen der Unwirtschaftlichkeit durch die Größe des Clubs und der vorhandenen Veranstaltungsstrukturen bestätigte. Der Mietvertrag wurde zudem auch gekündigt. Somit öffnete am 30. November der Cocoon-Club leider letztmalig. Die generelle Schließung von Clubs und vor allem Discotheken ist seit 2005 ein bitterer Beigeschmack der rückläufigen Besucherzahlen resultierend aus abnehmenden Geburtenraten seit Anfang der 1990er Jahre. Eine Besserung bis 2015 nicht in Sicht. Daher versuchen die übrig gebliebenen Betreiber und Inhaber die Krise durchzustehen, um auch in den kommenden Jahren den DJs die Möglichkeit zu geben, in stylischen Clubs mit bombastischen Licht- und Tonanlagen vor einem erlesenen Publikum auflegen zu können.

Die Stunde Null – Der Mauerfall
(Inter-)nationale DJ-Kultur

## (Inter-)nationale DJ-Kultur

Die deutsche DJ-Kultur erlangte in der Vergangenheit nicht nur durch die Loveparade oder die Mayday mit ihren internationalen Ablegern in Israel, Österreich, Mexiko und Südafrika bzw. in Russland, Polen und Ungarn internationales Ansehen. Sondern auch auserwählte DJs behaupten sich international:

### - David Fascher (DMC-Weltmeister 1990/91)

David Fascher bei der DMC-Weltmeisterschaft 1991 (14)

vollbrachte während seiner Performance bei den DMC-Weltmeisterschaften 1991 als erster DJ das Kunststück, einen Handstand auf dem Plattenteller auszuüben. Der Veranstalter DMC (Disco Mix Club) sah sich gezwungen, zukünftig die Teilnahmebedingungen zu verändern, indem auch DJ-Crews zugelassen wurden. Denn ihres Erachtens war der Gipfel des One-DJ-Turntablism erreicht.

### - Paul van Dyk

vom englischem DJ-Magazine 1999 zum „weltbesten Produzenten" gekrönt. Von den Londoner Music Awards erhielt er den „Best international DJ Award" und im Jahr 2005 bzw. 2006 wählten ihn die Leser des „DJ Mag" auf Platz 1 in der Weltrangliste der besten DJs. Bereits 1991 fiel er als Tresor- und Dubmission-DJ durch seine für die damalige Zeit ungewöhnliche Musikauswahl und sein perfektes Mixing so stark auf, dass ihm MFS-Records das Privileg für die Mitwirkung an der ersten veröffentlichten „X-Mix"-CD übertrug.

Paul van Dyk:
Ich war extremst erschrocken von meinem ersten Gig. Ich hatte mich natürlich tierisch gefreut. Aber seine Anfänge startet man in der Regel in seinem Zimmer: Du drehst den Bass raus, machst auch nie wirklich laut, um die Nachbarn nicht zu stören. Wenn du dann aber plötzlich, so wie ich, im Tresor mit dem berühmten Bose-Bassrohr-System stehst und Sachen in der Musik hörst, die du vorher nicht wahrnimmst, wirst du in diesem Moment sehr ängstlich.

# HISTORY

Durch seine ersten Remixes für Humates „Love Stimulation" oder Joe T. Vanellis „Play With The Voice In Germany", die sich in den Clubs erfolgreicher als die Originale behaupteten, zeichneten sich schon seine außergewöhnlichen Produzentenfähigkeiten ab, die seinen Status als einer der weltbesten DJs und Produzenten untermauerten.

Auch seine Zusammenarbeit mit Cosmic Baby, die unter dem Projekt-Namen „Visions Of Shiva" 1992 auf MFS-Records veröffentlicht wurde, brachte seine musikalischen Tendenzen zum Ausdruck, die er mit seinen Alben „45 RPM", „Seven Ways", „Out There And Back" und „Reflections" in den darauffolgenden Jahren verfolgte. Auch die international erfolgreichen Auskopplungen „We Are Alive" und „Tell Me Why" bestätigen den Erfolg seines einzigartigen Stils.

### - Sven Väth

Sven Väth

der Prophet unter den DJs und „einziger Popstar Deutschlands" (13), beschritt nach der Wiedervereinigung nicht nur mit seinen veröffentlichten Studio-Alben „An Accident In Paradise", „The Harlequin, The Robot And The Ballet-Dancer", „Fusion" und „Contact" für sich und sein Publikum neue musikalische Wege. Auch seinen kreativen Spielraum für das DJing erweiterte er mit dem 1996 aus der Taufe gehobenen „Cocoon"-Konzept als einer Verschmelzung von Tanz, Akrobatik, Dekoration, Feuer-Performance und Musik. Nach der Schließung des „Omen" im Jahr 1998 nutzte er zunächst das Frankfurter „U60311", um sein Cocoon-Konzept als Club zu realisieren. 1999 transportierte er unter „Cocoon-Clubbing" diese Idee in die angesagtesten Locations bis nach Ibiza, um sich letztendlich im Sommer 2004 ein konzeptionelles „Denkmal" mit dem in einem dreieckigen Loftgebäude beherbergten „Cocoon-Club" in Frankfurt/Main zu setzen. Sven Väth als weltweit gefragter DJ ist nicht nur durch die ihm schon in den Neunzigern gezahlte Gage von 15.000,00 DM für ein zweistündiges DJ-Set (13) ein Einzelfall. Auch sein Charisma,

seine Kunst und Kreativität, den Tänzer auf eine außergewöhnliche zehnstündige musikalische Reise in Form eines DJ-Sets zu nehmen, rechtfertigen den ihm gezollten Respekt.

DJ Hell:
Zunächst steigt man nicht im Musikbusiness ein, weil man dessen Funktionsweise kennt. Man möchte nichts mit dem zu tun haben und bleibt lieber DJ. Jedoch beim Verwirklichen eigener Ideen, d. h. man geht ins Studio, um eigene Tracks zu produzieren, überlegt man es sich anders. Aber irgendwann wird das Unwohlsein doch zu groß, sodass man sein eigenes Label gründet. Das war 1997, der Startschuss von Gigolo.

### - Torsten Fenslau
(1993 verstorben), DJ aus dem „Dorian Gray" Frankfurt und Begründer des Projekts „Culture Beat", erlebte im Jahr 1993 seinen musikalischen Höhepunkt: die Nummer 1 mit „Mr. Vain" in 13 Ländern, wobei er in Deutschland neun und in Großbritannien vier Wochen die Pole-Position einnahm.

### - André Tanneberger alias ATB
der zunächst in den neunziger Jahren mit dem Projekt Sequential One Clubhits verbuchte, schaffte 1998 mit seiner Produktion „9 P.M." den Sprung in die Liga der international gefragten und meistverdienenden DJs, denn diese Maxi platzierte sich auf Platz 1 der englischen Verkaufscharts. Diese Ehre wurde auch Tomcraft mit seiner Single „Loneliness" im Jahr 2003 zuteil.

### - Felix Jaehn
Er zählt zu den jüngsten und gleichzeitig erfolgreichsten deutschen DJs. Schließlich erklimmte 2014 sein Remix des „Cheerleader" von Omi nicht nur Platz 1 in Deutschland, sondern auch in Österreich, der Schweiz, UK und den USA.

### - Robin Schulz
Aufmerksamkeit erlangte er mit seinen Remixes „Waves" (Mr. Probz) und „Prayer In C" (Lilly Wood and the Prick), die er wie Felix Jaehn zunächst über

# HISTORY

Robin Schulz

das Online-Portal SoundCloud teilte. Bereits ein Jahr vor ihrer offiziellen Veröffentlichung wurden die Remixes von den DJs in den Clubs aufgelegt. 2014 erreichten sie Platz 1 in verschiedenen Ländern. Zudem führte Robin Schulz die globalen Shazam-Charts und erhielt eine Grammy-Nominierung in der Kategorie „Bester Remix".

Der DJ als Produzent und Promoter verteidigte auch nach der Jahrtausendwende seinen Stellenwert in der Musikindustrie. Denn Verkaufserfolge wie Mellow Trax „Phuture Vibes" (1999), Elektrochemie LK „Schall" (2000), Boogie Pimps „Somebody To Love" (2003), Eric Prydz „Call On Me" (2004), Yolanda Be Cool & DCUP „We No Speak Americano" (2010), die musikalisch der Club-Kultur entsprangen, verkauften sich zunächst ausschließlich durch die Rotation in den Clubs bzw. durch die enorme Resonanz der Gäste und etablierten sich auf diese Weise in den Top 20 der deutschen Verkaufscharts.

Viele deutsche DJs, die sich international als Produzent profilierten, fertigten zusätzliche Remixes für andere Produktionen und Künstler an, die mitunter erfolgreicher als das Original waren und sind. Dabei verfolgt der Künstler unterschiedliche Intentionen. Ihm geht es um die Projektion der Popularität des Remixers auf die eigene Produktion, um eine Neuinterpretation seines Stücks oder zum Etablieren in einem ihm fremden musikalischen Genre. Acts, deren Stücke eher ein Alternative- oder Pop-Publikum ansprechen, erfahren ohne Remixes nur Zuspruch für einen Tonträgereinsatz bei entsprechenden Szene-DJs. Durch die an Dance-Music orientierten Remixes deutscher Herkunft konnten sich internationale Bands wie Pet Shop Boys mit einem Blank & Jones oder Jam & Spoon-Remix, Fad Gadget (WestBam), Depeche Mode (Oliver Huntemann), Moby (WestBam) auch in den Clubs und Dance Charts behaupten.

Mousse T.:
Ein guter DJ ist für mich jemand, der Musik und deren Geschichte kennt und die auch Leuten einfach näher bringen kann.

Enthusiast / Bedroom-DJ / Professional DJ / Artist

## Mixen á la Carte – The French Touch

Wie schon erwähnt, Frankreich spielte schon kurz nach dem zweiten Weltkrieg eine wesentliche Rolle in der Entwicklung der DJ-Kultur. Aber bis in die späten achtziger Jahre wurde diese von anderen Ländern als Akteure besetzt. Allerdings seit 1995 schaut die Plattenindustrie und Club-Kultur wieder verstärkt auf das Herkunftsland der Croissants. Denn „French Touch" (so wurde der französische House damals betitelt) wie:

- Modjo: Lady
- Daft Punk: Around The World
- Phoenix: If I Ever Feel Better (Buffalo Bunch Remix)
- Stardust: Music Sounds Better with You
- Cassius: Feeling For You
- David Guetta: Just A Little More Love
- Superfunk: Lucky Star
- Supermen Lovers: Starlight
- Alan Braxe & Fred Falke: Intro
- Franck Keller Jr.: Vegas
- Étienne De Crécy: I Am Wrong
- St. Germain: Rose Rouge (Spiller Remix)

Cassius "Feeling For You" (15)

darf in keinem DJ-Set fehlen. Aber bevor französischer Techno, HipHop und vor allem House so populär wurde, bedurfte es jahrelanger Pionierarbeit von DJs wie Laurent Garnier und DJ DeeNasty, die entscheidend die französische Club-Kultur prägten.

Wie kamen eigentlich HipHop und die Block Partys nach Frankreich? Ein Journalist namens Bernard Zekri arbeitete in den späten siebziger Jahren in New York. Mit dem befreundeten Studiobesitzer Jean Karacos produzierte er Anfang der Achtziger in New York einige HipHop-Maxis u. a. mit Grandmixer D.ST., Futura 2000 und Fab 5 Freddy, dem späteren Moderator von „Yo! MTV Raps". Für die Produktion einer Maxi von Fab 5 Freddy kam man auf die Idee, die Freundin von Zekri den Refrain „Change De Beat" auf der B-Seite rappen zu lassen. Dies war der erste französische Rap auf einem Vinyl.

# HISTORY

Bernard Zekri, der auch US-Tourneen von den damals angesagtesten Hip-Hop-DJs organisierte, plante 1982 einen Gig u. a. mit Afrika Bambaataa und Grandmixer D.ST. in Paris. DJ DeeNasty, der schon in den Siebzigern den Funk als DJ zelebrierte und 1982 eine eigene Radio-Show moderierte, wurde an diesem besagten Abend vom HipHop und der Idee der Block-Partys so infiziert, dass er 1984 beschloss, die Block Partys von La Chapelle ins Leben zu rufen, die auf den ungenutzten Bauflächen an einer Metrolinie im Norden von Paris stattfanden. Auf diesen „Terrains Vagues" wurde gesprüht, gebattlet, getanzt und natürlich legte DeeNasty seine HipHop-Platten auf. 1986 wurden nach Disputs mit der Polizei das Ende eingeläutet und DeeNasty legte im „Bataclan" und später im „Globo", dem ersten HipHop-Club Frankreichs auf. Seit dem ist DeeNasty in der französischer HipHop- und DJ-Kultur nicht mehr wegzudenken.

Laurent Garnier (16)

Zu dieser Zeit, als DeeNasty seine Block Partys veranstaltete, lebte Laurent Garnier zunächst in London und ab 1986 in Manchester, wo er ein Jahr später Resident in der berühmten „Haçienda" wurde. 1988 kehrte er zwecks Rekrutierung in das Militär nach Frankreich zurück und nutzte die Zeit für ein regelmäßiges Engagement im „Palace", wo er auch zusammen mit David Guetta auflegte.

1989 kamen auch die ersten House-Partys auf. Zudem erschien die erste französische House-Platte, eine von Modeschöpfer Jean-Paul Gaultier produzierte. Weitere folgten durch das Label „Rave Age". Der Plattenladen „Caramel" importierte das geliebte schwarze Gold für die house-hungrigen DJs. Auch Radiostationen wie „FG 98.2" oder „Nova" unterstützen die neue Musikkultur, wobei Laurent Garnier seine erste eigene Sendung „Paradise Garage" auf „Nova" erhielt. Eine weitere namens „Ravemax" folgte auf Sender „Maximum", der allerdings 1992 den Sendebetrieb einstellte.
Mit dem Einzug der House-Music in den Medien und Clubs überschwemmte auch die englische Rave-Kultur Frankreich, sodass im Juni 1990 der erste Rave in Paris stattfand.

Da man fast ausschließlich auf ausländische Produktionen angewiesen war, beschloss Èric Morand von dem Label Barclay, bei „Fnac" die „Dance-Division" zu gründen. Laurent Garnier steuerte 1991 das erste Release bei. Nachdem „Ravemax" vom Äther verschwand, krempelte Radio „FG 98.2" sein Programm um, sodass Laurent in seiner Sendung „Rave Up" den neuesten elektronischen Tanzmusik-Ton angeben konnte. „FG 98.2" kooperierte auch mit der Presse („Libération") und gemeinsam mit dem Veranstalter „Happy Land" organisierten sie zu dritt 1992 einen Rave in Défense.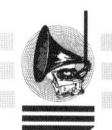
Leider schlossen die wichtigen Szene-Clubs „Le Boy" und „Palace". Allerdings kompensierte die Veranstaltungsreihe „Wake Up", die donnerstags im „Rex" unter Einberufung ausländischer Gast-DJs stattfand, den „House"-Verlust. Es folgten weiterhin eine Fnac-Tour auf einem Lastwagen durch Frankreich und 1993 z. B. ein Rave im Kloster von Moncel. Durch die Veröffentlichung „The Meltdown" von Lunatic Asylum bekam Fnac endlich den internationalen kommerziellen Erfolg und entsprechende Anerkennung gezollt, sodass die deutsche Frontpage Fnac zum „Label des Monats" kürte und man dank der Verkaufszahlen auch eine Insolvenz abwenden konnte.

Neben House breitete sich auch zunehmend mehr Hardcore als härtere Form des Technos aus, die vor allem von Liza ´n´ Eliaz (verstorben am 19.2.2001) und Manu le Malin als Protagonisten etabliert wurde.
1994 erlebte die Rave-Society einen Tiefschlag. Aus zunehmenden Razzien und der damit verbundenen schlechten Presse bezüglich der Thematik „Drogenkonsum" resultierte die Absage des Mega-Events „Oz" zwei Tage vor dem Veranstaltungsdatum.
Mit dem Rückgang der Raveveranstaltungen waren Clubs wieder stärker im Kommen, wie z. B. das wiedereröffnete „Rex" und die diversen Afterhour-Partys. Auch der damalige französische Kulturminister Jack Lang sympathisierte mit der Kultur, indem er 1997 zur Loveparade und zum „Boréalis"-Festival fuhr. Radio „Nova" heizte seinen Hörern das komplette Wochenende in der Sendung „Novamix" mit elektronischer Tanzmusik ein, und 1998 feierte Paris seine erste eigene Techno-Parade, die leider von Randalen durch Hooligans überschattet war.

# HISTORY

Prägend für den französischen Techno ist natürlich auch das 1994 gegründete Label „F-Communications" mit Schirmherr Laurent Garnier, der zu diesem Zeitpunkt vom englischen „Muzik"-Magazin zum besten internationalen DJ gekürt wurde.

Dimitri From Paris (17)

In der Mitte der Neunziger etablierte sich international noch eine weitere Gattung der französischen Musik: „French Touch" DJs wie Alex Gopher, Ètienne de Crécy, Dimitri From Paris und Thomas Bangalter ebneten den Weg für den internationalen Erfolg. Allen voran Thomas Bangalter, der mit Guy-Manuel de Homem-Christo und Laurent Brancowitz (heute Phoenix) zunächst das Trio „Darlin" gründete, das vom englischen Melody-Maker als „dummer Punk" betitelt wurde. Diese Bezeichnung als „Daft Punk" diente ein Jahr später der Namensgebung des neuen House- und Techno-Projektes, das nach dem Ausstieg von Brancowitz zum Duo schrumpfte. Allerdings veröffentlichen sie 1994 ihre ersten Maxis wie „The New Wave"/„Assault"/„Alive" auf dem schottischen Label Soma. 1995 folgte „Da Funk"/„Rollin´ & Scratchin´" und wurde auch kommerziell ein Erfolg, sodass sie 1996 einen Vertrag bei Virgin für drei Alben unterzeichneten und „Da Funk" re-releasten. Ihre einzigartige Mischung aus House, Punk und verzerrten Soundschnipseln prägte entscheidend das Genre „Filter-House", das sich auch in der Verkaufszahlen des Debüt-Albums „Homework" (1997) mit mehr als 2,5 verkauften Einheiten niederschlug. „One More Time", der Vorbote des Albums „Discovery", wurde 2000 ein internationaler Number 1-Hit und gleichzeitig kontrovers als kommerzielles Zugeständnis an Virgin diskutiert. Mit „Discovery" gingen Daft Punk in mehrerer Hinsicht neue Wege. Zum einen setzten sie musikalisch verstärkt auf Samples und die Kooperation mit Produzenten wie Romathony oder DJ Sneak. Zum anderen nutzten sie das Internet für ihren „Daft Club", einer Seite, dem die Käufer des Albums per Zugangskarte beitreten und kos-

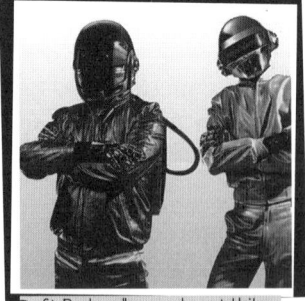
Daft Punk wollen unerkannt bleiben (18)

tenlos ohne Kopier-Schutz Remixes und neue Tracks downloaden konnten. Nach der Sperrung der Seite im Jahre 2003 wurden u. a. diese Tracks auf dem Album „Daft Club" veröffentlicht. Auch ihr 60-minütiges Anime-Musical „Interstella 5555 – The 5tory Of The 5ecret 5tar 5ystem", das von dem japanischen Studio Toei animiert wurde, zeigt den künstlerischen Anspruch dieses einzigartigen Duos. „Human After All" wurde 2005 veröffentlicht und sorgte durch den Wechsel zu einem dreckigeren und elektrischeren Sound bei der Presse für erhitzte Gemüter. Die Nominierung zum Grammy 2006 für das „Best Dance/Electronic Album" dürfte allerdings die kritischen Stimmen verschallen lassen.

Wer zu dem Zeitpunkt dachte, Daft Punk könne sich nicht erneut neu erfinden und hätten ihren Zenit bereits erreicht, mit dem 2013 veröffentlichten Album „Random Access Memories bewiesen sie das Gegenteil. Schon die erste Single-Auskopplung „Get Lucky" kündigte den stilistischen Wechsel zum organischen Disco-Sound an, für den sich auch Nile Rodgers (ehemals Chic) verantwortlich zeichnete. Single als auch Album stürmten weltweit die Chartspitzen und wurden 2014 mit fünf Grammys gewürdigt. Daft Punk sind nicht nur wegen ihrer Auftritte mit anonymen Roboter-Köpfen eine Ausnahmeerscheinung. Nein, vielmehr beweisen sie durch ihren innovativen Umgang mit den Medien, wie dem Internet, und letztlich durch ihr Gespür für musikalische Trends, dass Musik keine Frage des kommerziellen Aspekts und Ruhmes ist. Sondern die Leidenschaft steht im Mittelpunkt, und wenn sie auch dadurch angeblich die Band mit den höchsten Budget-Kosten im Stalle Virgins sei.

Neben seiner Mitgliedschaft bei Daft Punk arbeitete Thomas Bangalter 1998 zusammen mit z. B. Alan Braxe und Benjamin Diamond, die unter dem Namen Stardust einen der meistverkauftesten und damit erfolgreichsten House-Tracks auf „Roule-Records", dem Label von „Daft Punk", veröffentlichten. „Music Sounds Better With You" - um diese Platte kam 1999 kein DJ herum! Im Jahr 2002 folgte mit „So Much Love To Give", die Thomas Bangalter gemeinsam mit DJ Falcon produzierte, ein würdiges Follow Up auf „Roule".

David Guetta, der schon seit dem 17. Lebensjahr vor allem in Clubs wie dem „Broad", später im „Palace", „Rex", „Le Bains" und „Le Centrale" seiner

# HISTORY

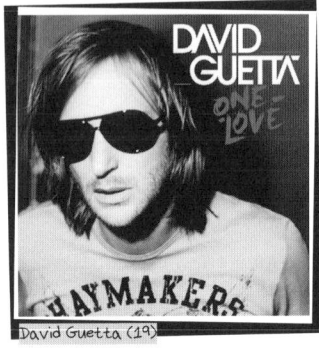

David Guetta (19)

DJ-Leidenschaft nachging, veröffentlichte 1992 auf Fnac seine erste Single „Up & Way". Bis zum Jahr 2001 pausierte er allerdings mit dem Veröffentlichen eigener Tracks und organisierte derweilen Partys, wie die „Happy Nights" im „Palace". Nachdem im Jahr 2000 ganz Europa vom „French Touch" angesteckt wurde, unterzeichnete David Guetta 2001 ebenfalls einen Vertrag bei Virgin. Gleich die erste Single „Just A Little More Love" katapultierte sich an die Spitze der europäischen Clubcharts. Aus dem gleichnamigen Album wurden weitere erfolgreiche Hits wie „Love, Don´t Let Go" oder „Distortion" ausgekoppelt. Auch als Remixer und DJ versteht David Guetta sein Handwerk, denn seine Interpretation des David Bowie-Klassikers „Heroes", die auf der von ihm gemixten The „F***Me I´m Famous"-Compilation erstmalig veröffentlicht wurde, garantierte nicht nur volle Tanzflächen in den Clubs, sondern auch leere CD-Regale bei den Händlern, sodass sie 2003 in Frankreich vergoldet wurde. Seine weiteren Alben „Guetta Blaster" (2004) und „Pop Life" (2007) knüpften mit ausgekoppelten Hits wie „The World Is Mine", „Love Is Gone" oder „Baby When The Light" nahtlos an. Bis zu diesem Zeitpunkt war vorrangig Joachim Garraud für den Guetta-Sound im Studio zuständig, und Chris Willis verpasste durch seine markante Stimme den Wiedererkennungswert in den Songs. Das Unternehmen „David Guetta" lief bis dato auf Hochtouren, aber es war doch erst die Ankündigung dessen, was folgen sollte. Denn „One Love" (2009) featured das „Who Is Who" des HipHop, wie Kid Cudi, Akon, Estelle oder Will.I.Am, und mauserte sich somit zum globalen Millionenseller-Album. Schon die erste Single mit Kelly Rowland „When Love Takes Over" entwickelte sich zum Sommerhit 2009 und kündigte den neuen Sound an, der jetzt mit von Laidback Luke oder Afrojack produziert wird. Guetta war z. T. mit drei bis vier Singles gleichzeitig in den Dance Charts vertreten. „Sexy Bitch", „Memories" oder „Gettin´Over You" bestätigten: Selbst diesen Erfolg konnte er erneut mit seinem 2011 veröffentlichten Album „Nothing But The Beat" toppen. Das Rezept der Mischung ging auf, denn David Guetta brachte die zwei etabliertesten Musikstile der Clubszene HipHop und Dance erfolgreich zusammen und erschloss somit für sich eine neue Zielgruppe.

# Mixen à la Carte – The French Touch

Justice (20)

Den Sound des bekannten elektronischen Labels „Ed Banger" definieren maßgäblich Xavier de Rosnay und Gaspard Augé, die Mitglieder von Jus✝ice. Bekannt wurden sie 2003 durch den Remix für Simians „Never Be Alone", der zunächst als Beitrag für einen Remix-Contest gedacht war. Trotz verlorenem Contest tauchte der Remix später wieder auf, denn Pedro Winter von Ed Banger-Records stieß auf den Song und veröffentlichte ihn. Mit Erfolg, so brachte er nicht nur eine Nominierung für den Grammy-Award ein, sondern weitere erfolgreiche Remixes folgten, u. a. für N.E.R.D., Fatboy Slim oder Daft Punk. Die erste offizielle Single „Waters Of Nazareth" kam 2005 in die Läden. Mit der Single „D.A.N.C.E", die 2007 nicht nur die Clubsszene, sondern auch Radiosationen begeisterte, kündigten sie ihr erstes Album „✝" an, das bei Käufern, aber auch Kritikern großen Anklang fand. Dies steht allerdings in keinem Verhhältnis zu der Ehrung, die ihnen 2009 zu Teil wurde: Für ihren Remix von MGMTs „Electric Feel" waren sie erneut für den Grammy-Award nominiert, diesmal räumten sie ihn auch ab. 2011 erschien das zweite Album „Audio, Video, Disco".

Auch jetzt sind „French Touch" und französischer Techno allgegenwärtig und werden es immer bleiben, denn viel zu wichtig sind die französischen Errungenschaften für die globale DJ- und House- bzw. Techno-Kultur. Beste Beispiele für die momentane Präsenz sind Alan Braxe, Laurent Garnier, Justice oder auch Cassius, die neue Alben, Maxis bzw. Remixes veröffentlichen. Französische Labels wie „Ed Banger", „Sismic"- oder „Kitsuné-Music" forcieren diese Entwicklung. Auch die Techno-Electro-Klientel erfreut sich einem neuen Stil, der sich verstärkt an dem Synthie-Pop der Achtziger orientiert. Zu den Protagonisten zählen Miss Kittin, The Hacker, Blackstrobe oder Avril.

Miss Kittin:
Wie ich zum Auflegen gekommen bin? Es war ein Unfall: Ich beobachtete meinen Freund zu Hause, wie er auflegte. Er meinte, bevor ich ihn kritisiere, soll ich es doch einfach selbst machen..

History  **71**

## Die Intentionen und Voraussetzungen zum DJing

> "In einem Technoclub werden Musikstücke vom DJ so gemixt, dass ein flüssiger musikalischer Übergang stattfindet. Durch den gleichförmigen, andauernden Rhythmus werden die Tänzer in Bewegung gehalten und zu stundenlangem, ununterbrochenem Tanzen animiert. Vom DJ wird technisches Können sowie ein bestimmtes Verhalten im Umgang mit dem Publikum erwartet: Er soll das ‚Gefühl von den Leuten treffen', die Tänzer ‚anspornen' und ‚das Publikum animieren' bis ‚die Leute schreien, weil es so geil ist'." (23)

Dieses Zitat von Julia Werner aus dem Buch „Techno-Soziologie" beschreibt deine zukünftige komplexe Funktion als DJ, auf die sich folgende Kapitel detailliert unter Berücksichtigung deiner persönlichen Voraussetzungen, technischen Fähigkeiten und betriebswirtschaftlichen Parameter beziehen.

Zunächst wäre zu klären, was du dir vom DJing versprichst:

1. Denkst du, wenn du mit einer Software wie „MixMeister" auflegst, mit ein paar Platten ein Zweistunden-Set vorbereitest und damit im Club antrittst, dass du ein glaubwürdiger DJ bist?
2. Willst du nur im Rampenlicht stehen, um deiner Clique und den Gästen zu imponieren?
3. Möchtest du viele interessante Leute kennen lernen?
4. Magst du jeden Abend eine(n) „abschleppen"?
5. Betrinkst du dich gern und das kostenfrei?
6. Möchtest du mit dem DJing sehr viel Geld verdienen und eine Karriere als Star-DJ anstreben?
7. Gehst du davon aus, als DJ bis zu deiner Rente arbeiten zu können?
8. Steht für dich als DJ die Musik im Vordergrund?

Da der Beruf des DJs sehr trendy ist und auch für Anerkennung sorgt, möchte jeder gern einer sein. Einige gehen noch einen Schritt weiter, indem sie behaupten, mit einer Software wie „MixMeister", einem für zwei

## Die Intentionen und Voraussetzungen zum DJing

Stunden vorbereiteten Set und einem Dutzend Platten, ein paar CDs oder einer Festplatte unter dem Arm das Haus als DJ rocken lassen zu können. Die Platten bzw. MP3s und ein bisschen Mixing sprechen noch nicht dafür, dass du über das Level des sogenannten Bedroom-DJ kommst. Leg erst einmal sechs bis neun Stunden in einer halbvollen oder leeren Location auf. Gelingt es dir, den Abend durch eine flexible Musikauswahl zu retten, dann hast du die Voraussetzungen zum Profi-DJ.

Auch dein Equipment wird ein Parameter sein, der über deinen Erfolg entscheidet. Softwares wie Serato DJ Pro oder Traktor sind etabliert und im professionellen DJ-Kreisen weit verbreitet. Rückst du hingegen bei deinem ersten Gig mit Programmen an, die man bestenfalls im Heimgebrauch einsetzt oder das Auflegen via Synchronisationsfunktionen fast automatisch erledigt, wirst du sicherlich keine glaubwürdige DJ-Figur beim Chef und beim Publikum abgeben.

Mousse T.:
Früher hat man ganz einfach einen DJ analog als Plattenauflegger bezeichnet. Ich glaube, das geht für mich ein wenig darüber hinaus. Ein DJ ist schon ein Entertainer, gleichzusetzen mit einem Künstler, sei es ein Maler, ein Musiker, ein Schriftsteller..., der mit seinen Mitteln, meistens Musik in Form von Vinyl, von CDs und mittlerweile auch aus dem Laptop, versucht, seine Crowd so gut wie möglich zu beschallen, um damit eine gute Zeit zu verbreiten.

Ruhm und Reichtum war und ist für viele DJs die Antriebskraft Nummer Eins. Aber sie haben sich dabei nicht überlegt, dass nicht nur der Spaßfaktor auf ihrer Rechnung steht. Mit betriebswirtschaflichem Denken konfrontiert der Geschäftsführer seinen DJ, denn der soll die Verweildauer seiner Gäste möglichst positiv beeinflussen. Dass der DJ die Hauptrolle in dem „Schauspiel" übernimmt und damit die Blicke auf sich zieht, mag seine Intentionen in den Punkten zwei bis vier befriedigen. Aber der DJ genießt nicht mehr den Stellenwert wie vor fünf Jahren. Er mutiert zunehmend zur urbanen Jukebox, der die Wünsche der Gäste zu erfüllen hat. Da kann es auch vorkommen, dass der DJ wegen seines Musikgeschmacks

# EQUIPMENT

beleidigt wird. Um dies zu verkraften und sich die mitunter miserable Stimmung zurecht zu trinken, erfüllt der Alkohol mehr die Aufgabe eines Antidepressivums, aber auch diesen gibt es nicht überall kostenfrei.

Von der finanziellen Seite betrachtet, rentiert sich der DJ-Job durchaus (siehe Kapitel „Die Gage"), es sei denn, du möchtest unbedingt beim Wettlauf des Gagendumpings als Sieger hervorgehen, um deine Qualität mit deinem Preis zu kompensieren. Auch der Ausverkauf deiner Person, indem du auf jeder „Hochzeit tanzt", kann dich als DJ ins finanzielle Abseits schießen.

Ein Star-DJ hat es da schon einfacher. Er legt wöchentlich ein- bis zweimal auf, kassiert 1000,00 bis 15.000,00 Euro für ein zweistündiges Set und erlaubt sich die künstlerische Freiheit, keinen Chart-Kommerz aufzulegen. Und deine Crowd, die sonst bei diesem Stuff mit einem Tanzflächenboykott gekontert hätte, feiert ihn, als präsentiere er die „Top Of The Pops". Wach´ besser auf, denn die Zeiten haben sich geändert. Nicht selten spielt auch der Star am Publikum vorbei. Steht bei einem Event seine hohe Gage nicht im Verhältnis zur Besucherzahl, entschließt sich der Veranstalter häufig zu keinem weiteren Booking des Stars. Er kämpft deswegen genauso um die Gunst der Clubbetreiber und Gäste. Zusätzlich steht er unter dem Druck, den letzten Hit zu toppen, damit seine Plattenfirma nicht schon wieder mit der Kündigung droht. Siehst du dich trotzdem bei den „oberen Zehntausend" gut aufgehoben, stehen neben dem Aufbau deines Charismas und einer treuen Lobby, auch außergewöhnliche Mixfähigkeiten, regelmäßige erfolgreiche Plattenveröffentlichungen und der Aufbau eines „Standings" (du bist in der Szene angesehen und etabliert) auf der Tagesordnung.

Auch die künstliche Verknappung der Gigs empfiehlt sich: Mach´ dich rar und wähle für deine Bookings nur hippe und angesagte Clubs aus.

Moguai:
Für mich als DJ gehört natürlich in erster Linie nicht nur die Hardware dazu, sondern auch das Know-How, zu sehen und zu fühlen, was im Club abgeht. Die Kunst, sich auf die Leute einzulassen und eine Geschichte zu erzählen, die von zwei oder bis auch 6 Stunden gehen kann.

Und wie lange möchtest du den Job ausüben? Mit 40 Jahren zählt man angeblich schon zu den Auslaufmodellen. Dabei ist die Akzeptanz beim

Publikum aber nicht wirklich abhängig vom Alter. Vielmehr spielen modisches Auftreten, sportliche Figur, eine der Szene entsprechende Artikulation, geringer Alkohol- bzw. kein Drogenkonsum und vor allem der Drang, dem aktuellen musikalischen Trend zu folgen bzw. vorauszuschreiten, eine wichtige Rolle. Bei Berücksichtigung dieser Parameter kannst du davon ausgehen, dass dich auch deine „Kinder" in der Disse (umgangssprachlich für Discothek) als „Meister an den Reglern" akzeptieren. Versuche aber trotzdem, dir ein zweites finanzielles Standbein durch eine Anstellung, Studium, Firmengründung o. ä. aufzubauen, damit du bei mangelndem Erfolg und nachlassendem Spaß rechtzeitig die „Kurve bekommst".

„Traumjob: DJ" – ich möchte auch einer von ihnen sein: So gedacht und ermutigt von den vielen DJs, die ihren Lebensunterhalt vom Auflegen bestreiten können, kommt bei vielen nach den ersten Gigs das große Erwachen. Denn der Erfolg eines DJs begründet sich nicht in seinem Wunschdenken nach Geld, Frauen/Männern etc., sondern in seiner Begabung, seine Mitmenschen mit dem Virus Musik zu infizieren und die Freude am Auflegen zu vermitteln. Deswegen ist dir zusammenfassend auf den Weg zu geben, dass die Musik das Zentrum des DJings darstellt, die Annehmlichkeiten sollten nur eine untergeordnete Rolle spielen. Bist du anderer Meinung, kannst du dir die Zeit für das weitere Lesen des Buches sparen.

Wenn dich der letzte Abschnitt nicht abschreckte und du nach wie vor DJ werden möchtest, so sind als Zweites deine persönlichen Voraussetzungen zu überprüfen, die deine zukünftige DJ-Laufbahn begünstigen:

**Beherrschen eines Instruments:**
Rhythmus- und Harmoniegefühl für das Mixing und Scratching
**Der Besitz einer Tracksammlung als CD/MP3 oder auf Schallplatte:**
Reduzierung der Anschaffungskosten
**Ein in der Verwandtschaft oder dem Freundeskreis etablierter DJ:**
Lehrer- bzw. Vorbildfunktion
**Ein sicheres Auftreten als Persönlichkeit und gepflegtes Äußeres:**
Aufbau des Charismas
**Durchsetzungsvermögen:**
eigene Interessensdurchsetzung gegenüber Management und Publikum

# EQUIPMENT

**Ausgeglichenheit:**
Ausstrahlung von Ruhe in Stresssituationen
**Trendbewusstsein:**
die Suche nach musikalischen Trends
**Regelmäßige Club- und Discothekenbesuche:**
Quelle für erste Erfahrungen
**Moderationserfahrungen:**
kein Sprachkurs notwendig
**Kenntnisse über Musikrichtungen:**
Grundlage für dein Musikrepertoire, Mixing und den Setaufbau
**Ein Alter zwischen 13 bis 20 Jahren:**
Ein junges Alter begünstigt eine langjährige Laufbahn, da der erste Erfolg frühestens nach ein bis zwei Jahren eintritt.
**Freude an der Konversation mit dem Publikum:**
zum Aufbau einer eigenen Lobby und zur Steigerung der eigenen Beliebtheit.

Die folgende Abbildung stellt weitere Faktoren dar, die für deine persönliche Entscheidung „DJ: Pro/Kontra" einbezogen werden sollten:

| Voraussetzungen für die Tätigkeit als DJ ||||
|---|---|---|---|
| **Finanzen** | **Beruf** | **Charakter** | **Musikalische Toleranz** |
| Equipment<br>Tonträger<br>Fahrzeug | Ausbildung<br>Arbeitnehmer<br>Studium | Ausdauer<br>Ehrgeiz<br>freundlich<br>tolerant<br>aufgeschlossen<br>extrovertiert | No: Club-DJ<br><br>Yes: Kommerz-DJ<br>Mobiler DJ |

■Voraussetzungen für einen DJ

Aufgrund großer finanzieller Ausgaben ist deine Liquidität für den Kauf von Equipment (die eigentlich nur zum Üben benötigt wird, da sie in allen Locations vorhanden ist), Musik und eventuell einem Fahrzeug zu überprüfen. Letzteres ist besonders von Nöten, wenn sich das Auflegen nicht nur auf deinen Heimatort beschränken wird und kein Freund seine Fahrdienste anbietet. Für die Technik, die entweder mindestens einen Plattenspieler inklusive je einem Tonabnehmer und einer Slipmat oder ein professioneller DJ-Controller bzw. ein Doppel-CD-Player plus Mischpult

*Die Intentionen und Voraussetzungen zum DJing*

und einen Kopfhörer umfasst, schlägt das einzuplanende Budget mit mindestens 1000,00 Euro zu Buche, mit einem Digital Vinyl System sogar 1500,00 Euro. Wenn du mit einem Digital Vinyl System auflegen möchtest, ist zunächst nur ein Schallplattenspieler plus Zusatzequipment notwenig. Beim Auflegen mit herkömmlichen Vinyl sind eher zwei von Vorteil.
Spare dabei nicht an der Qualität (siehe Kapitel „Die Technik"). Beim Kauf ist auf etabliertes, robustes Equipment mit geringem Verschleißfaktor zu achten, das auch aus zweiter Hand stammen darf, allerdings nur unter Ausstellung einer Rechnung, die als Kosten bei der Einkommensteuererklärung abgerechnet werden.

Tiefschwarz:
Das ist die Kunst oder die Gabe, deinen eigenen musikalischen Geschmack so zu verpacken und zu mischen, dass du deine Crowd zum Tanzen bringst. Das kann man besser oder halt auch schlechter machen, verbunden mit unendlich vielen Techniken und Möglichkeiten im Sinne von Vinyl, CD, digital, tralala. Aber am Ende des Abends geht es allein um die Musik, die du mit deiner subjektiven Selektion dem Publikum darbringst und es so in Bann ziehst.

Bei einem beruflichen Arbeitnehmerverhältnis in einer gehobenen Position oder im Fall der Schichtarbeit lässt sich deine DJ-Tätigkeit nur mit der Verschiebung von Prioritäten realisieren. Denn die vielen durchzuführenden Übungsstunden und die Musik-Recherche nehmen viel Zeit in Anspruch. Einige Arbeitgeber verlangen auch aus Seriositätsgründen im Vorfeld eine entsprechende Information über ein zusätzliches „Arbeitsverhältnis". Hingegen lässt sich die DJ-Tätigkeit mit einem Studium sehr gut kombinieren, denn die flexiblen „Arbeitszeiten" im Hörsaal ermöglichen dir als DJ den nötigen Schlaf. Und weil du sicherlich nicht bis kurz vor deiner Rente die Altersgenossen mit Schlagern unterhalten möchtest, investierst du gleichzeitig in deine Zukunft nach der DJ-Karriere.
Der Beginn deiner DJ-Karriere ist sicherlich nicht sofort von Erfolg gekrönt, deswegen sind Ausdauer und Ehrgeiz vorauszusetzende Charaktereigenschaften, um nicht nach einem erfolglosen Jahr zu kapitulieren.
Deinem Publikum gegenüber solltest du freundlich, tolerant und aufge-

# EQUIPMENT

schlossen sein und ihre musikalischen Interessen respektieren. Um sich aber auch gegenüber den Gästen zu behaupten bzw. sie von den eigenen Fähigkeiten zu überzeugen, bringe ein gesundes Maß an Selbstbewusstsein mit und trete extrovertiert auf.

Wer sich musikalisch kompromisslos verwirklichen möchte, profiliere sich besser im Club. Hingegen bei Aufgeschlossenheit und Toleranz gegenüber persönlich weniger favorisierten Musikstilen, findest du auch deine Spielwiese in einer kommerziellen Discothek (Big Room). In beiden Locations werden von dir saubere Mix- bzw. Scratch-Fähigkeiten (letzteres vor allem bei HipHop-DJs) und eine trendige Musikauswahl abverlangt, die entsprechend viel Freizeit für Übungen und Recherchen in Anspruch nehmen.

Derrick May:
DJing ist ein Ausdruck und eine Fortsetzung deines Musikgeschmacks. Als DJ solltest du fähig sein, die Musik, die du auflegst, zu deiner eigenen zu machen. Es ist die Aufgabe, Musik an der richtigen Stelle einzusetzen, wo es dazu passt. Du solltest nicht Platten auflegen, um Geld zu verdienen, Mädels zu bekommen und Drogen zu nehmen.

Als musikalisch flexibler Mobil-DJ wirst du gern für Partys und Feste gebucht. Mixen und Scratchen stehen weniger bzw. gar nicht auf der Tagesordnung. Vielmehr solltest du dein Publikum verbal animieren und neben den aktuellen Charts ein paar Stimmungsklassiker zum Besten geben können. Allerdings setzen dabei die Veranstalter gern eine eigene PA voraus, die du neben deinem Setup bereitzustellen hast. Dies bedeutet zusätzliche Kosten für dich durch den PA-Kauf oder für deren Miete. Überlege dir deswegen vor dem Equipmentkauf, wo bzw. mit welchem finanziellen und zeitlichen Aufwand du dem DJing nachgehen möchtest.

Steht für dich im Vordergrund, nur deine Lieblingstracks auch ohne großen technischen „Hokus-Pokus" bei Parties aufzulegen, dann versteht man dich als „Music-Selector". Dein außergewöhnlicher und einer elitären Lobby ansprechender Musikgeschmack wird dir dabei zum Erfolg verhelfen..

Bevor du dich mit dem Kauf der Technik und dem Zusammenstellen einer Track-Sammlung auseinandersetzt, triffst du zunächst die Wahl für dein im DJing einzusetzendes Medium oder besuchst vielleicht vorher eine DJ-Schule.

## Das Erlernen des DJings an einer DJ-Schule

Wie du das DJing erlernen möchtest, bleibt dir selbst überlassen. Denn schließlich führen viele Wege zum Ziel. Ob du Bücher wie dieses liest, DVDs oder Videos bei YouTube anschaust und andere DJs befragst? Es wird auf jeden Fall der Moment kommen, an dem du mit deinem eigenen Latein und Fleiß beim Trainieren der Skills nicht mehr weiterkommst. Denn allein durch Hören und Beobachten sind die kompliziertesten Mix- und Scratch-Techniken nicht nachvollzieh- und somit nicht auf die eigene Haptik übertragbar. Schaust du einem DJ Qbert beim Scratchen auf die Finger, du wirst erstaunt daneben stehen und dich fragen, wie macht er das bloß?!

DJ-Schulen existieren mittlerweile weltweit. Zu den Ersten zählte das mit von der Firma Vestax entwickelte Konzept der 2002 gegründeten Vestax-DJ-School, die somit nicht nur als technischer, finanzieller Sponsor und Namensgeber agierte. Aus namensrechtlichen Gründen erfolgte später die Umbenennung in VibrA School of DJing.

Unterschieden werden die Schulen generell nach ihrem verfolgten Unterrichtskonzept. Einzel- oder Gruppenunterricht, Mixing- oder Scratching, Setdramaturgie oder Moderation, die Angebote sind vielfältig, aber auch die Preise für die angebotenen Kurse bzw. den Unterricht. Die meisten Schulen sind in privater Hand, aber auch die staatlichen Musikschulen kommen zunehmend auf den Geschmack, den Schallplattenspieler als Musikinstrument in ihren Unterrichtsplan zu involvieren und somit das DJing als offizielles Unterrichtsfach anzubieten, wie beispielsweise die städtische Musikschule Chemnitz in Deutschland. Damit erschließt man sich als Musikschule nicht nur eine weitere signifikante Zielgruppe, sondern beweist im Gegensatz zu den bisher im Lehrplan angebotenen klassischen Instrumenten auch Aufgeschlossenheit gegenüber unkonventionelleren Musikinstrumenten und -techniken. Staatliche Musikschulen sind vom Staat subventioniert, das sich auch in den monatlichen Unterrichtsgebühren niederschlägt und so mitunter im Vergleich zu einem vergleichbaren Angebot einer privaten Schule günstiger ausfällt.

# EQUIPMENT

Ob es sich für dich lohnt, eine DJ-Schule zu besuchen, werden dir die drei folgenden Argumente beantworten:

1. Du möchtest erste Erfahrungen mit dem DJing sammeln, um festzustellen, ob es dir Spaß bereitet und du Talent besitzt.
2. Du hast dich noch nicht entschieden, ob du mit Vinyl oder doch lieber mit DJ-Player oder einem DJ-Controller auflegen möchtest.
3. Du hast dir erste Skills im Mixing und Scratching selbst beigebracht, aber stagnierst im Ausbau deiner Fähigkeiten.

Unterrichtsraum der Dubspot Electronic Music & DJ School in New York City (21)

Trotz dass der Unterricht an DJ-Schulen finanziell ordentlich zu Buche schlägt, rentabel ist er für dich als Schüler dennoch:

1. Wenn du noch unerfahren bist, dir Equipment kaufst, aber letztlich später feststellst, dass dir das DJing nicht liegt, verkaufst du es wieder, aber häufig mit finanziellen Einbußen.
2. Wenn du nach deinen ersten Gehversuchen aus Gründen der falschen Equipmentwahl, dem falschen Tonträgermedium oder einer fehlerhaft angeeigneten Haptik als DJ scheiterst und resignierst, hättest du aber mit professioneller Hilfe eines Lehrers ein guter DJ werden können.

Enthusiast / Bedroom-DJ / Professional DJ / Artist

# Das Erlernen des DJings an einer DJ-Schule

3. DJ-Schulen werden von Equipment-Herstellern gesponsert und gewähren ihren Schülern beim Kauf von Produkten dieser Firmen Rabatt.
4. Durch DJ-Unterricht wirst du das DJing schneller erlernen und somit vielleicht schon eher deine ersten Gagen verdienen. Denn auch hier gilt: Zeit ist Geld und um so später der Einstieg in die Clubs und Discotheken, desto schwieriger wird dieser aufgrund deines zunehmenden Alters.
5. DJ-Lehrer nehmen mitunter auch ihre Schüler auf Tour, damit sie als Warm Up-DJ erste praktische Erfahrungen in den Clubs sammeln können.
6. Mitunter kooperieren auch Lounges oder Restaurants mit DJ-Schulen, um ihnen die Chance zu geben, dort für ein kleines Budget auflegen zu können. Somit profitieren beide: Die Lounge bucht einen preisgünstigen DJ und du sammelst entspannt erste Erfahrungen, ohne auf eine Tanzfläche achten zu müssen. Mit dem Honorar deckst du auch gleichzeitig die Schulkosten.
7. Du hast dir Skills von der Haptik falsch antrainiert und behinderst dich somit beim Erlernen weiterer.
8. Du lernst andere DJ-Schüler kennen und knüpfst somit Kontakte für die Zukunft.
9. Je nach Ruf der Schule und den qualifizierten Lehrern ist eine erfolgreich absolvierte Ausbildung auch eine Referenz. An einigen Schulen lehren beispielsweise DMC Worldchampions wie Shiftee an der Dubspot. Es werden auch Workshops mit weltbekannten DJs gehalten.

DJ-Schulen präsentieren sich online bezüglich ihres Kursangebots und ihrer Preise sehr transparent, wie die mit von Run DMC-DJ Jam Master Jay (am 30.10.2002 verstorben) 2002 gegründete Scratch DJ Academy New York. Die Ausbildung an DJ-Schulen wird zum einen als Kurs inklusive einer gewissen Anzahl von Lehreinheiten oder als wöchentlich stattfindender Unterricht angeboten. Beide Unterrichtsformen haben ihre Vor- und Nachteile:

Kursangebot der Scratch DJ Academy New York

# EQUIPMENT

**Kurs:**

### PRO

- Die Kosten sind überschaubar.
- Kurse sind relativ kurz, was für ungeduldige Schüler von Vorteil ist.
- Es werden mehrere Lehreinheiten pro Woche gegeben.
- Der Unterrichtsinhalt ist klar definiert.

### KONTRA

- Der Lehrplan ist verallgemeinert und nicht individuell auf deine eigenen Ansprüche angepasst.
- Der Unterricht findet in größeren Gruppen statt, daher mit weniger persönlicher Betreuung.
- Einige Skills erfordern ständiges Üben und bauen aufeinander auf. Ein zu kurzer Abstand zwischen den Lehreinheiten kann somit das Erlernen weiterer Skills behindern.
- Der durchschnittliche Preis pro Lehreinheit ist höher als bei einem regulär stattfindenden Unterricht.

**Unterricht:**

### PRO

- Du kannst einzeln oder in kleinen Gruppen unterrichtet werden.
- Der Lehrplan ist individuell an deine Bedürfnisse, Vorkenntnisse und Begabung angepasst.
- Die Schüler erhalten eine individuelle Betreuung.
- Zwischen den Unterrichtsstunden hast du genügend Zeit, das Erlernte im Selbststudium zu wiederholen bzw. zu üben.
- Der Preis pro Unterrichtseinheit ist günstiger als bei Kursen.

### KONTRA

- Verträge werden auf mindestens ein halbes Schuljahr abgeschlossen.
- Es ist nicht absehbar, wie lange du den Unterricht besuchen musst, um das DJing zu erlernen.
- Einhergehende Kosten können die eines Kurses übersteigen.

# Das Erlernen des DJings an einer DJ-Schule

- Die Ausbildung ist tiefgründiger, zeitaufwendiger und verlangt somit mehr Geduld von dir.
- Der Unterricht findet einmal wöchentlich mit 45 Minuten Länge statt.

Solltest du einen Kurs belegen, so buche auch bei Bedarf zusätzliche Private Lessons, das sind Einzelstunden, in denen du den gelehrten Stoff mit einem Lehrer auffrischst. Denn lieber etwas mehr Geld investieren, als einen Kurs belegen, bei dem du ab einem gewissen Level kapitulierst. Entscheidest du dich für das wöchentliche Unterrichtsmodell und übst regelmäßig zu Hause, wirst du in Abhängigkeit deiner Begabung mindestens ein Jahr für das Stadium des mixenden DJs benötigen, ein weiteres für Scratching. Diese kalkulierte Unterrichtszeit variiert allerdings je nach aufgebrachten Fleiß und deinen musikalischen Voraussetzungen. Sollte eine DJ-Schule in deiner Nähe sein, checke, ob sie auch Probestunden anbietet. Denn somit gehst du kein Risiko ein, wenn dir diese Lehrmethode doch nicht liegt.

Qbert Skratch University

Wenn du lieber die wöchentlichen Fahrtkosten zur Schule sparen und den Unterricht online besuchen oder gar global dein Wissen erweitern möchtest, dann bietet z. B. die Dubspot Electronic Music & DJ School auch Online-Kurse an. In einem virtuellen Klassenzimmer mit wöchentlich drei

# EQUIPMENT

einstündigen Chat-Sitzungen tauschst du Erfahrungen mit anderen Schülern aus, Video-Lektionen vermitteln den Lehrstoff. Qberts Skratch University ist eine weitere virtuelle Schule und zugleich ein soziales Netzwerk für scratchende DJs. Mit einer monatlichen Gebühr von 20,00 US Dollar zählst du dann auch zu den über 2000 Studenten weltweit, die Scratch-Videos uploaden und Tipps von Qbert oder auch anderen Studenten zum Verbessern ihrer Skills erhalten. Zusätzlich bekommst du als Mitglied einen exklusiven Zugang zum Downloaden rarer Tracks, unveröffentlichter Testpressungen und einen Studentenrabatt zum Kauf neuer Produkte, bevor diese überhaupt auf dem Markt erscheinen.

Qbert:
Es werden somit Ideen geteilt, sei es neue Skratches, Beats, Kompositionen etc. Wir verfügen auch über Foren, Chatrooms, Bibliotheken der fettesten Sounds, Effekten, Drums etc., alles kontinuierlich aktualisiert. Jeder Student besitzt seine eigene Seite, die seine Videos, Beats und sein Profil präsentiert. Es ist eine ständig wachsende Gemeinschaft von positiver Energie, wo jeder dem anderen hilft, um die Welt zu einem besseren Ort dank ihrem DJ-Talent zu machen! Wir haben sogar Gastprofessoren, zufällig aufgenommene Videos von allen DJs... Es ist ein riesen Spaß, dank dieser Schule ein Teil dieser Skratch-Welt zu sein!

Anbei findest du eine Auswahl internationaler DJ-Schulen:
Qbert Skratch University: www.artistworks.com/skratch-lessons-dj-qbert
Dubspot: (NYC, USA): www.dubspot.com
Scratch DJ Academy (NYC, Miami, Los Angeles, USA): www.scratch.com
DJ's School (Mexiko): www.djsschool.com
Kaith School (Paris, Frankreich): www.kaithskool.com
DJ Eanov School Epinay sur Seine (Frankreich): www.ecolededj.com
MicroFusa (Madrid, Barcelona, Spanien): www.microfusa.com
DJ Academy (Birmingham, Edinburgh, UK): www.djacademy.org.uk
DJ College (Chemnitz, Deutschland): www.musikschule-chemnitz.de
RayCademy DJ-School (Frankfurt/Deutschland): www.raycademy.de
Rokkwilder DJ School by DJ IRON: www.djschule.net
VibrA DJ School (diverse Städte, Deutschland): www.vibra.dj
Tokyo DJ School (Tokyo, Japan): www.f-factory.info/tokyodjschool

## Die Entscheidung für analoges oder digitales DJing

Die folgenden Kapitel stellen dir zunächst im Überblick alle technischen Möglichkeiten und notwendiges Equipment vor, mit dem du auflegen könntest. Es dient daher mehr der Information, weniger der detaillierten Erklärung. Sollten dir manche Fachbegriffe unklar sein, nutze das Glossary im Anhang. Finde für dich persönlich heraus, was deinem verfügbaren Budget, aber auch deiner Vorstellung vom DJing entspricht. Ist die Wahl getroffen, beschäftigst du dich in späteren Kapiteln intensiver mit den technischen Details und dem Handling des Equipments.

Neben einem Mixer und Kopfhörer benötigst du mindestens einen Player zum Abspielen deiner Tonträger, mit dem du üben kannst. Aber für welche Tonträgerart(en) entscheidest du dich? Ausschlaggebend sind die Kosten, die Handhabung und die Einsatzmöglichkeiten. Überprüfe deswegen anhand der folgenden Übersicht, welche Tonträger mit ihren Vor- bzw. Nachteilen deinen Ansprüchen am besten gerecht werden.

## Das Vinyl

**Notwendiges Equipment:**
zwei Schallplattenspieler, zwei Tonabnehmer, zwei Slipmats, Mixer, Kopfhörer

**Von DJs empfohlen:**
Technics SL-1210 MK2/MK5E/M5G/MK7, Pioneer DJ PLX-1000, Reloop RP-7000 MK2/RP-8000 MK2, Numark TTX, Stanton STR8.150

### VORTEIL
- ein besserer Klang als CD bzw. MP3
- Kultfaktor und Show-Effekt
- Tradition bezüglich des „DJ-Handwerks"
- schnelles Zugreifen auf die Mixparts des Tonträgers
- Scratchtauglichkeit

Sven Väth:
Ich persönlich bin kein Freund davon, MP3s oder CDs abzuspielen, sondern ein Oldschool-Vinyl-Junkie. Der werde ich auch immer bleiben. Es geht nichts über die Schallplatte und ihrem Klang.

# EQUIPMENT

- auf der Platte sind Breaks (Mixparts) optisch erkennbar
- Markierungsmöglichkeiten für Scratching und Beat Juggling
- mit Vinyl-DJing hebt man sich von der breiten Masse der digital auflegenden DJs hervor
- günstiger Anschaffungspreis bezüglich der Technik.

## NACHTEIL

- sehr viel Übung zur routinierten Handhabung notwendig
- hoher Kostenfaktor durch Tonträgerpreis (Maxi-Singles kosten zwischen 5,00 bis 9,00 Euro)
- hoher Platzbedarf zur Lagerung
- viel Gepäck, daher nur bedingt musikalisch flexibel
- nicht flexibel einsetzbar, da die lokalen Gegebenheiten zum häufigen Nadelspringen oder zu Rückkopplungen (Feedback) führen können
- hoher Verschleiß der Tonträger und Tonabnehmer
- für Reise-DJs unpraktisch und riskant, denn Plattenkoffer sind schwer und können verloren gehen
- verlorenes Vinyl ist schlecht ersetzbar, da die Singles nur für kurze Zeit als Vinyl vertrieben werden
- wellige Schallplatten sind kaum mix- und nicht scratchtauglich
- leicht entstehen Kratzer, die zum Hängen oder Springen der Nadel führen
- viele Tracks erscheinen nicht mehr auf Vinyl
- Einzelanfertigungen von Platten bzw. Dubplates sind teuer
- Setzen von Loops ist nur mit optionalen Samplern möglich
- kaum Vinyl-Bemusterung durch die Plattenindustrie und Promotionpools
- beim Pitchen verändert sich die Tonhöhe.

**Anschaffungskosten für die Technik (Neuware):**
mindestens 1000,00 Euro

**Einsatzmöglichkeiten:**
Club, Discothek, unter großem Aufwand bei Partys

**DJ-Typ:**
HipHop-, House-, Techno-DJ

## Die CD und der USB-Stick

**Notwendiges Equipment:**
zwei CD- bzw. DJ-Player, entweder als Single- oder Doppel-Laufwerk, Mixer, Kopfhörer

**Von DJs empfohlen:**
Pioneer DJ CDJ-3000/2000NXS2/1000, Denon DJ DN-SC6000 Prime und DN-D4500MK2

### VORTEIL
- Multimedialer Einsatz als MIDI-Controller zum Ansteuern von DJ-Software
- dank USB-Stick-Erkennung umfangreiche und schnelle Musikdatenbankverwaltung
- kaum Abnutzungserscheinungen bei den Tonträgern
- weniger Gepäck als beim Vinyl-DJ
- bedingte Scratchtauglichkeit (je nach Gerät) ohne Verschleiß der Tonträger
- fast unhörbares Korrigieren des Mixes
- sauberer Klang
- einfacherer Umgang als mit einer Schallplatte
- Programmierbarkeit der DJ-Player
- Brennen eigener Tonträger möglich
- Testen unveröffentlichter Tracks, z. B. aus eigener Produktion
- Abspielen von MP3s, die preiswert bei Junodownload, Beatport, iTunes etc. heruntergeladen werden können
- flexibler Einsatz aufgrund der Unabhängigkeit von räumlichen Gegebenheiten
- Kopierbarkeit des eigenen Musikrepertoires als Sicherung gegen Diebstahl und ähnlichem Verlust bzw. Verschleiß
- geringer Aufbauaufwand beim Einsatz auf einer Veranstaltung
- mehrere Cue Points (Start-Punkte) in einem Track speicherbar
- Mix(Cue-)punkt wird nur einmalig aufgesucht und markiert
- integrierter Sampler zum Loopen
- je nach DJ-Player wird die komplette Trackstruktur im Display übersichtlich angezeigt

## EQUIPMENT

- beim Mixen keine Anlaufeffekte wie bei der Schallplatte
- bei Veränderung der Geschwindigkeit bleibt die Tonhöhe durch die Master Tempo-Funktion konstant
- CDs sind langfristiger bzw. durch Großmärkte besser erhältlich und nicht so preisintensiv wie Vinyl-Maxis
- interne Effekte.

### NACHTEIL

- sehr „steriles" Medium, daher weniger Show-Effekt wie beim Vinyl
- selbst gebrannte CDs werden mitunter vom CD-Player nicht gelesen
- auch CDs verschleißen durch Kratzer, sodass die Tracks hängen bleiben können oder gar nicht erst vom Player erkannt werden.

**Anschaffungskosten für die Technik (Neuware):**
von 1000,00 bis 2250,00 Euro

**Einsatzmöglichkeiten:**
Club, Discothek, Partys

**DJ-Typ:**
Party-, mobiler und reisender Booking-DJ

Mousse T.:
Mittlerweile hat man seine CD-Box mit sehr vielen CDs dabei, mit soviel mehr Stücken, als man Vinyl schleppen könnte. Jetzt kommt natürlich noch mal nächste Stufe, also wirklich digital sei es mit dem Laptop, über MP3-Player... Ich habe keine Ahnung, was da noch kommt.

## Die DJ-Software

**Notwendiges Equipment:**
Generell Kopfhörer, Notebook
Mit DJ-Controller: DJ-Konsole, eventuell externe Soundkarte und Upgrade der DJ-Software, MIDI-Controller

Mit Digitalen Vinyl System (DVS): DVS-Interface, Mixer, zwei Schallplattenspieler, zwei Tonabnehmer, zwei Timecode-Schallplatten, zwei Slipmats, eventuell MIDI-Controller

**Von DJs empfohlen:**
DJ-Controller: Pioneer DJ DDJ-SX3 und DDJ-SZ2, Numark NS7 MKIII
DVS: Serato DJ Pro, Traktor Pro, rekordbox, VirtualDJ

## VORTEIL

- DJ-Controller vereinen Mixer, zwei Decks und MIDI-Controller zu einem sehr praktischen, leicht transportablen All-In-One-Gerät
- ein riesiges Musikrepertoire steht zur Verfügung
- kein Springen oder Hängenbleiben der Tracks
- Testen unveröffentlichter Tracks, z. B. aus eigener Produktion
- preiswerte Downloadmöglichkeiten über Beatport, Junodownload
- für den Gig kurzfristig gesuchte Tracks können vor Ort via WLan gedownloaded werden
- Tonträger-Industrie setzt verstärkt auf MP3-Bemusterung
- absolutes Vinyl-Feeling (z. B. bei Serato DJ Pro und Traktor Scratch Pro), daher scratchfähig
- für HipHop-DJs: es muss nur das Loch zweier Platten ausgeklebt werden (siehe Scratching)
- die Originaltonträger werden geschont (vor allem beim Scratching)
- sehr, sehr wenig Gepäck
- kein Feedback und Springen beim Plattenauflegen
- schnelles Laden, damit rasanter Zugriff auf Tracks, Breaks und Cue Points
- geordnete Übersicht über gelistete Tracks
- komplette Set-Aufzeichnung auf Festplatte und CD möglich
- konstante Tonhöhe bei einer Geschwindigkeitsänderung
- Loop-Funktion, um eine einzelne, kurze Sequenz zu wiederholen, mit der ein längerer Mix bewerkstelligt werden kann
- Playlisten-Management zum Erstellen ein oder mehrerer Sets, um bei der Veranstaltung Zeit mit dem Suchen der Tracks zu sparen
- Playlisten-History, d. h. die Playlist eines Sets wird automatisch aufgezeichnet und ist später abrufbar

# EQUIPMENT

- superschnelles Aufsuchen der Tracks nach Titel, Interpret, Genre, BPM
- Direct Cue, d. h. ein Schnellstart ist von mehreren verschiedenen Cue-Points möglich
- Automatic Gain Control zum automatischen Angleichen des Lautstärkepegels
- eine Mischpultfunktion samt Equalizer für Klangkorrekturen und Crossfader gewährleistet auf dem Computermonitor das Mixen der zwei virtuellen Decks

- interner BPM-Counter zur manuellen und automatischen Tempo-Bestimmung
- Sample-Editor: gesampelte Sequenzen können mit individuellen Parametern ausstaffiert, z. B. Fade-In, Fade-Out, Looping oder Pitch und anschließend gespeichert werden
- File-Editor: mit diesem Feature schneidest du einzelne Track-Sequenzen entsprechend deiner Wünsche zurecht und setzt verschiedene Cue Points,
- viele Tracks werden vorab oder nur exklusiv als MP3 veröffentlicht.

Chris Liebing:
Ich wollte bei einer Party immer erreichen, relativ spontan in eine Richtung gehen zu können, bei der ich denke, dort müsste es hingehen. So stimme ich auch mein Equipment ab. Für mich war es dann irgendwann eine logische Konsequenz, von den Plattenspielern als Interface zum Musikmachen loszulassen, weil es relativ limitiert ist und viel Platz wegnimmt.

## NACHTEIL

- beim Betriebssystem- oder Softwareabsturz auf dem Laptop Unterbrechung der Veranstaltung, deswegen Musikreserven auf Vinyl oder CD notwendig
- mitunter mittelmäßige Tonqualität
- großer Aufwand zur Einspielung von Vinyl und Bearbeitung der MP3s
- zusätzlicher Aufwand für den Aufbau und das Einschleifen des Equipments in die PA der Discothek oder des Clubs
- es fehlt die optische Orientierung wie in einem Platten-Case, so können Tracks mitunter nur durch den Speicherort im Crate (virtuelles Plattencase) oder durch Eingeben des Tracks/Interpreten gefunden werden

# Die DJ-Software

- nicht so häufig gespielte Tracks geraten in Vergessenheit
- eine ständige Ordnerpflege ist notwendig, damit die Festplatte nicht mit unnötigen MP3s zugemüllt und somit die Suche in der Track List erschwert wird
- nur kleine Platten-Cover vorhanden, um einen optischen Anhaltspunkt bei der Trackauswahl zu erhalten.

**Markus Kavka:**
Natürlich geht der Trend zum Laptop-DJing. Ich hoffe natürlich, dass, wenn ich in drei, vier Jahren in die Clubs komme, auch noch Plattenspieler vorfinde.

**Anschaffungskosten für die Technik inklusive Notebook (Neuware):**
**Digital Vinyl System (DVS)**
ab 1500,00 Euro (inklusive z. B. Serato DJ Pro, zwei Schallplattenspieler, Mixer, zwei Tonabnehmer, zwei Slipmats)
**DJ-Controller-Variante**
ab 700,00 Euro

**Einsatzmöglichkeiten:**
Club, Discothek, reisender Booking-DJ, Party-DJ

**DJ-Typ:**
**DVS-Variante:** HipHop-, House-, Techno- DJ
**DJ-Controller-Variante:** House-, Techno-, Party-, mobiler DJ

**George Morel:**
Ich finde digitales DJing großartig. Denn wir haben ein neues Level und damit eine neue Ära erreicht. Wie im wahren Leben: Es bewegt sich nach vorn und wird besser und besser.

Equipment

# EQUIPMENT

## Das Equipment
### Der Kopfhörer

Beliebte DJ-Kopfhörer (v.l.n.r.): Sennheiser HD-25, Sony MDR-V700, Technics EAH-DJ1200, Beats Mixr, AIAIAI TMA-2, Pioneer DJ HDJ-2000 MK2

Die Wahl des Kopfhörer-Typs muss gut überlegt sein, denn einerseits ist er dein Monitor, mit dem du die Musik nach deinen Bedürfnissen deutlich verfolgen solltest. Dabei spielen Klang, aber auch Tragekomfort eine wichtige Rolle. Denn ein permanenter Ohrendruck von über sechs Stunden, verursacht durch die Kopfhörermuscheln bzw. -polster, können sich unangenehm bis schmerzhaft anfühlen. Andererseits wird dich dein Kopfhörer über Jahre begleiten. Einmal den richtigen Kopfhörer gefunden, wirst du ihm treu bleiben, da dein Gehör sich ihm anpasst, sodass du den Typ nicht mehr wechseln möchtest, aber auch nicht mehr ohne Weiteres kannst. Denn das Auflegen mit ungewohnten Kopfhörern ist wie Fahren eines fremden Fahrzeugs: Du benötigst Zeit, um dich einzustellen und anzupassen. Deswegen plane für die Wahl des Typs Zeit und Geduld ein.

Auch wenn der Online-Kauf von Equipment bequem ist und Geld spart, aber beim Kopfhörerkauf solltest du unbedingt einen Händler in deiner Nähe aufsuchen, um verschiedene Kopfhörer zu testen und miteinander praktisch vergleichen zu können. Denn Klang und Tragekomfort werden unterschiedlich und subjektiv wahrgenommen, daher zählt nur deine eigene Meinung.

Beim DJ-Kopfhörerkauf achte weiterhin auf folgende Parameter:
- eine **modulare** und **geschlossene Bauform**, d. h. Verschleißteile sind schnell austauschbar und durch die abgedämpften Außengeräusche benötigt man einen geringeren Schalldruckpegel als bei offenen oder halboffenen Systemen
- ein **dynamischer Wandler**, bei dem sich nach dem Prinzip eines Lautsprechers eine auf die Membran geklebte Ringspule im Luftspalt eines Permanent-Ringmagneten bewegt; Vorteile liegen in ihrer hohen Wieder-

gabequalität, hohen mechanischen Robustheit, geringen erforderlichen Betriebsspannung und dem günstigem Preis gegenüber anderen Wandlern
- einen **Frequenzgang** von mindestens 20 bis 20.000 Hz
- einen hohen **Schalldruckpegel** – Verhältnis zwischen der Amplitude eines Schallereignisses und dem Bezugspegel von null dB
- eine geringe **Impedanz** (elektrischer Wechselwiderstand, der einem elektrischen Bauteil oder Schaltung einen Wechselstrom bestimmter Frequenz entgegensetzt), um aus einem leistungsschwachen Kopfhörerverstärker akzeptable Lautstärken zu erzielen
- eine **Nennbelastbarkeit**, dem Kopfhörer dauerhaft zugeführte Leistung, die er ohne Beschädigung aushält, von mindestens 200 mW
- einen **Klirrfaktor**, auch T.H.D. (Total Harmonic Distortion) genannt, der für das Verhältnis von Original-Signal zu den vom Schallwandler selbst und durch Gehäuse-Teile erzeugten Signale steht; da sein Maximalwert ein Prozent beträgt, ist als guter Richtwert kleiner 0,3 Prozent zu merken
- ein qualitativ hochwertiges, langes, leicht austauschbares **Kabel** mit einem 6,3 mm Klinkenstecker und aus robustem Material gegen Kabelbruch
- austauschbare **Ohrpolster**, da diese schnell verschlissen sind
- **Kopfhörermuscheln**, entweder ohrumschließend (besonders gut umgebungsgeräuschdämpfend) oder -aufliegend mit angenehmen Tragekomfort und umklappbar, damit du das Cue-Signal des Mixers auch nur mit einer Ohrmuschel und mit dem anderen Ohr deinen Monitor (Aktivbox in der Location, über die der DJ die Musik ohne Zeitverzögerung wahrnimmt) verfolgen kannst
- niedriges **Kopfhörergewicht**.

## Die In Ear-Monitors

Dezent verstecken sie sich in deinem Ohr, schirmen dich akustisch von deinem Umfeld ab. Das Signal wird direkt in den Gehörgang übertragen. In Ear-Monitors (IEM) setzen vor allem Musiker ein, um überall auf der Bühne ein konstantes, sauberes Signal zu empfangen. Auch das Feedback war früher ein ernst zunehmendes Problem auf den Bühnen, wenn der Sänger mit seinem Mikrofon direkt vor dem Monitorlautsprecher stand. Natürlich

# EQUIPMENT

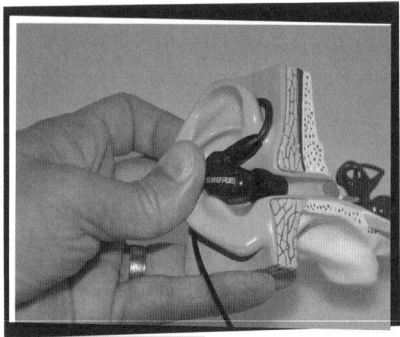
Prinzip IEM im Gehörgang

spielt auch die Schutzfunktion eine wesentliche Rolle. Durch die Isolation der Umgebungsgeräusche erfolgt eine bessere Signaltrennung. Das abzuhörende Signal muss daher nicht mit einem so hohen Lautstärkepegel gefahren werden, wie bei einem Lautsprechermonitor oder auch Kopfhörer. Deswegen kommen auch immer mehr DJs auf den Geschmack, IEM beim Auflegen zu verwenden. Denn langjähriges Auflegen fördert die Schwerhörigkeit, vor allem auf dem Ohr, mit dem der Monitor verfolgt wird.

Wenn du das erste Mal mit IEM auflegst, wirst du feststellen, dein Gehör wird entlastet. Beim Mixen achtest du subtiler auf die einzelnen Elemente im Track, denn sie sind zuvor in der Umgebungskulisse untergegangen. Den Übergang gestaltest du mit noch mehr Gefühl zum Detail. Auch vom Tragekomfort sind sie Kopfhörern überlegen: leicht und ohne dauerhaften Anpressdruck auf das Ohr. Stauraum in der Tragetasche und ein paar Gramm zu transportierendes Gewicht sparst du zusätzlich. Natürlich zieht auch kein Kopfhörerbügel einen Graben durch deine gestylte Frisur.

Klingt doch sehr viel versprechend! Stellt sich die Frage, warum legen dann nur so wenig DJs mit IEM auf? Die Gründe könnten sein:

- Professionelle IEM sind im Vergleich zu Kopfhörern recht teuer.
- DJs haben kaum Erfahrungen im Einsatz von IEM, daher setzen sie lieber ihren gewohnten Kopfhörer ein.
- Ein Testen der IEM eines Kollegen scheitert oft aus hygienischen Gründen.
- Beim Moderieren nimmst du deine eigene Stimme plötzlich anders wahr.
- Das Auflegen mit IEM ist zu Beginn recht ungewohnt, die Main-PA hörst du nicht.
- Die Synergie zwischen DJ und Publikum durch das verbale Feedback in Form von Schreien bleibt auf der Strecke, denn du nimmst es akustisch nicht wahr.
- Du hast keine akustische Kontrolle über den gefahrenen Lautstärkepegel im Club.

Allerdings die letzten vier Argumente können auch widerlegt werden. Setzt du IEM ein und eine Moderation ist fällig, dann route einfach den Master-Cue auf die IEM. Du wirst feststellen, deine Stimme und Moderation wird besser denn je ankommen. Grund hierfür ist die direkte akustische Kontrolle über deine Artikulation, deswegen tragen auch Radiomoderationen stets einen Kopfhörer. Die Cues schalte immer ab, ausgenommen beim Beatmatching, Mixing und Moderieren. Denn, wenn kein Signal vom Mixer übertragen wird, wirken die IEM wie Ohrfilter. Sie reduzieren den Pegel deiner Umgebung, aber die Main-PA und auch deine Crowd sind wieder zu hören. Da dir trotzdem der akustische Bezug zur realen Lautstärke im Club fehlt, überwache stets die Pegel-Anzeige des Mixers, anderenfalls verlierst du schnell das Gefühl für die erforderliche Lautstärke. Dies muss nicht heißen, dass du dadurch beim Auflegen mit IEM unwillkürlich den Pegel anhebst, sondern man neigt auch dazu, den Pegel zu unterschreiten. Das wird deinem Publikum auf jeden Fall nicht gefallen.

Generell unterscheidet man zwischen zwei IEM-Typen, die mit standardisierten und den mit individuellen, speziell angefertigten Ohrpassstücken (Custom), genannt Otoplastiken. Standardisierte IEMs dämpfen natürlich nicht so intensiv, denn die Passform lässt den Schall der Umgebung reduziert durch, was allerdings auch ein Vorteil beim DJing ist. Dadurch hörst du bei gemuteten Cue-Signalen die Main-PA besser als bei den angefertigten IEM. Denn bei denen wird die Passform mit einem erstellten Abdruck deinem Gehörgang angepasst, sodass nur das gewünschte Signal deinem Ohr zugespielt wird. Um aber auch die Umgebung akustisch verfolgen zu können, besitzen die professionellen IEM von Ultimate Ears eine Ambient-Funktion, mit der Geräusche aus dem Club gefiltert zu hören sind.

Ob professionell oder semiprofessionelle IEM, achte beim Kauf auf:

- einen unverfälschten, natürlichen Klang
- einen hohen Ausgangspegel
- die Strapazierfähigkeit des Kabels
- die Kabellänge
- Austauschbarkeit des Kabels
- Kabelführung am Ohr und im Nacken
- die Form der Ohrpassstücke.

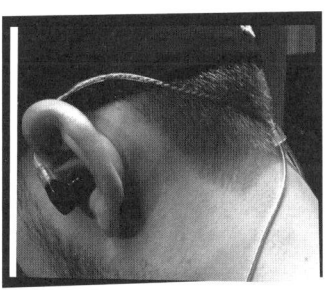

Tragen der IEM

# EQUIPMENT

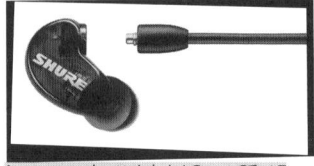
Austausch des Kabels bei Shure SE215

Ein Frequenzgang von 20 bis 18.000 Hz ist üblich. Die Pioneer DJ DJE-2000 punkten sogar mit 6 bis 22.000 Hz, daher sind sie klanglich den anderen IEM überlegen, ausgenommen die Ultimate Ears Custom In-Ear Reference Monitors (5 Hz bis 20.000 Hz). Die Ultimate Ears 11 Pro überzeugen durch eine einmalige 3-Wege-Frequenzweiche inklusive Subwoofer, die Ultimate Ears 5 Pro mit einem Monitorsystem mit zwei Antriebsspulen für zwei Lautsprecher. Shures SE215 argumentieren mit einem günstigen Preis und Komfort, denn das recht robuste Kabel kann problemlos ausgetauscht werden.

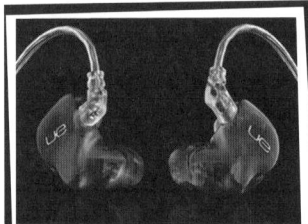 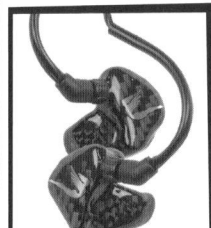 

Die Profi-Custom-Klasse: Ultimate Ears 18 Pro Custom und JHAudio Roxanne, Pioneer DJ DJE-2000

Egal, für welchen IEM-Typ du dich entscheidest, achte darauf, dass du die Kabel hinter dem Ohr entlang führen und im Nacken mit einer Klammer festzurren kannst (bei Shure und Ultimate Ears). Damit sitzen die Lautsprecherstöpsel sehr fest und lockern sich nicht, auch wenn du deinen Kopf bzw. Kiefer bewegst. Für einen optimalen Sitz sollten auch verschiedene Passformen mit entsprechenden Größen zum Lieferumfang gehören.

In Ear-Monitors stellen auf jeden Fall mehr als nur eine Alternative zu einem geschlossen Kopfhörer dar. Ihre Vorteile liegen auf der Hand. Als Bedroom-DJ bist du noch unvoreingenommen und ohne Kopfhörererfahrungen, daher solltest du dir überlegen, schon zu Beginn deiner Karriere auf IEM zu setzen.

**TIPP**

Ultimate Ears 18 Pro Custom
Pioneer DJ DJE-2000
Shure SE215

Enthusiast / Bedroom-DJ / Professional DJ / Artist

Die In Ear-Monitors
Das Mischpult / Die Funktionen am Mixer

## Das Mischpult (Mixer)

Ein Mischpult, in diesem Fall der Pioneer DJ DJM-900 nexus, kann wie folgt aufgebaut sein:

(1) Crossfader
(2) Headphone Volume
(3) Headphone-Mix & Split-Cue
(4) Talkover
(5) Mikrofon-Sektion
(6) Line/Phono-Schalter
(7) Master Volume/Level
(8.1) LED-Kette/Input Level
(8.2) LED-Kette/Master Level
(9.1) Effect- und BPM-Display
(9.2) Beat
(9.3) Effekt-Selektor
(10) Monitor Volume
(11) Cross- und Upfader-Curve
(12) Gain/Trim
(13) Equalizer (EQ)
(14) Cue/PFL
(15) Upfader

Mixeraufbau am Beispiel des Pioneer DJ DJM-900NXS2

Armin van Buuren:
Ich mag einfach den Pioneer DJ DJM-2000. Der ist total robust, und klingt anständig in Verbindung mit Laptop, CDJ, Plattenspieler, Effekten oder Mikrofon.

## Die Funktionen am Mixer

Um die Funktionen des Mixers und dessen Einsatzmöglichkeiten zu erläutern, bedarf es zunächst einer Beschreibung der einzelnen Elemente.
**Channelfader/Upfader/Line- bzw. Phonofader:** Dies sind Lautstärkeregler für jeweils einen Schallplattenspieler oder einen DJ-Player.
**Upfader-Curve:** Je nach eingestellter Kurve wird beim Öffnen des Upfaders das Signal entsprechend langsamer oder schneller eingeblendet.

Equipment

**Crossfader:** Dahinter verbirgt sich ein Schieberegler zum Überblenden zwischen zwei schon geöffneten Mischpult-Kanälen bzw. zum Scratchen, die deswegen besonders gleitfähig und langlebig sein sollten. Wenn du vor allem Scratchen möchtest, dann sollte dein Mixer mit einem magnetischen, kontaktlosen und somit verschleissfreien Fader ausgestattet sein, wie die Eternal Inductive-Fader (Ecler), oder die magnetischen von Rane. Du kannst deinen Mixer auch mit einem verschleissfreien Fader nachrüsten, z. B. von Pro X Fade oder dem Innofader von Audio Innovate. Plastic Conductive Volume (PCV)-Voltage Controlled Amplifier (VCA)-Fader von Vestax sind eine gute mechanische Fader-Alternative.

**Crossfader Curve:** Dieser Regler ermöglicht das stufenlose Einstellen des Crossfaderwirkungswegs, wobei die Blende je nach Anstieg der Kurve über den gesamten Weg des Crossfaders oder schon kurz nach dessen Öffnen erfolgt.

### Weiche/sanfte Kurve:

Mit dem Öffnen des Crossfaders erfolgt über den gesamten Faderweg ein langsames Einblenden von Track (B) und gleichzeitiges Ausblenden von Track (A).

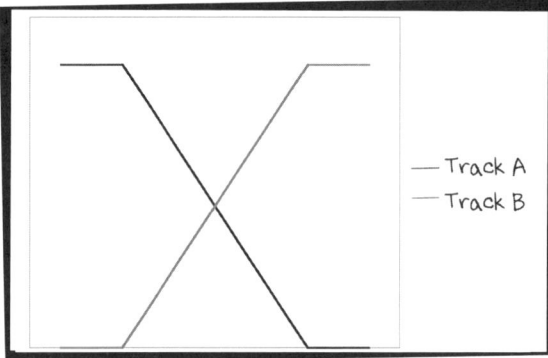

Weiche/sanfte Kurve bei einem Crossfader

### Steile Kurve:

Während des Mixens wird der einzublendende Track (B) bis zur Mittelstellung des Crossfaders langsam auf den maximal erreichbaren Lautstärkepegel angehoben. Das Mastersignal (Track (A)) büßt bis zu dieser Position nichts von seiner Präsenz ein. Beide Tracks spielen dadurch in der Mittelposition mit ihrem Maximalpegel (Peak), wobei deren Summation eine Übersteuerung des Mastersignals erzeugt und durch entsprechende Einstellungen am Equalizer korrigiert werden kann. Nach Überschreiten der Mittelstellung erfolgt das langsame Ausblenden des Mastersignals, bis der Track (B) völlig dominiert.

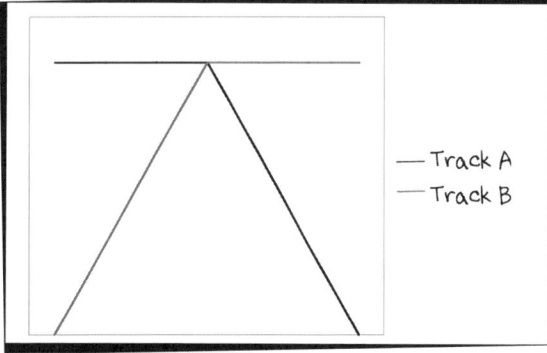

Steile Kurve bei einem Crossfader

**Scharfe/harte Kurve:**
Der Track (B) ist schon kurz nach dem Öffnen des Crossfaders mit maximaler Lautstärke zu hören und Track (A) wird zum Schluss des Mixvorganges genauso schnell ausgeblendet. HipHop-DJs wenden diese Kurve ausschließlich an, um durch diesen kurzen Faderweg schnelle Scratches, Cuts und Clicks (siehe Kapitel Scratching) zu erzielen. Deswegen wird sie auch als Scratch-Kurve bezeichnet.

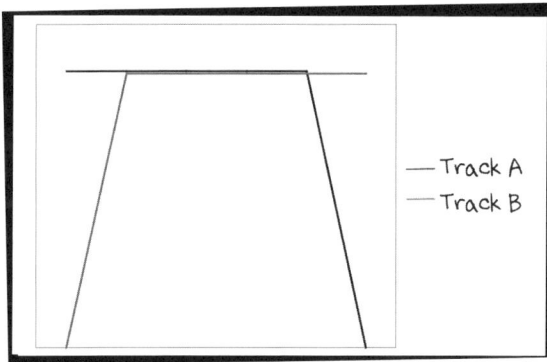

Scharfe/harte Kurve bei einem Crossfader

**Cut-In:** Das ist die vereinzelt am Mixer oder im Setup einstellbare Länge, um die der Crossfader zum Ertönen des Signals geöffnet sein muss. Club-Mixer besitzen regulär einen Cut-In von einem Millimeter. Bei Battle-Mixern, z. B. Pioneer DJ DJM-S11 ist er für schnelle Cuts auf bis zu 0,1 Millimeter verkürzbar.

# EQUIPMENT

**Hamsterswitch:** Dieser Schalter gewährleistet die Richtungsumkehrung des Crossfaders, d. h. wenn beispielsweise der Kanal (B) bei der Überblendung von links (Kanal (A)) nach rechts (Kanal (B)) geöffnet wird, erfolgt im Hamstermodus eine Überblendung von rechts (Kanal (A)) nach links (Kanal (B)). Hamsterswitches sind nur ausschließlich bei Battle-Mixern vorzufinden, da sie keine manuelle Crossfaderzuweisung zu den einzelnen Kanälen ermöglichen und können auch entsprechend der Mixerausstattung für die Upfader anwendbar sein. HipHop-DJs nutzen dieses Feature für Scratches, wie dem Flare, Orbit, Transformer, Crab oder Euroscratch.

Jazzy Jeff:
Eines Tages kam der preiswerte Gemini 2200er raus, von denen ich mir gleich ca. zehn Stück auf einmal kaufte. War einer kaputt oder abgeschrammt...dann nahm ich einfach den nächsten... Ich recycelte die einfach. Das besonders Gute an dem Mixer war sein sehr kurzer Crossfader, der mir erlaubte, die verschiedensten Scratches und Cuts zu probieren.

**Faderstart:** Mit dem Öffnen des Faders startet sofort die an den Kanal angeschlossene Quelle, sofern diese auch die Faderstart-Funktion unterstützt.
**Cue/PFL:** PFL steht für Pre Fader Listening. Durch Aktivieren dieser Taste erfolgt ein Signalabhören unterm Kopfhörer, bevor das Signal durch Öffnen des jeweiligen Faders über den Master wiedergegeben wird.
**Headphone Volume (Kopfhörerlautstärke):** Die Lautstärke für den Kopfhörer wird reguliert.
**Headphone-Mix:** Diese Funktion erlaubt unter dem Kopfhörer stufenloses Einblenden des Mastersignals zum Cue- bzw. PFL-Signal.
**Split-Cue:** Als Alternative zum Monitor dient dir dieser Schalter, um Upfader- und Mastersignal auf die einzelnen Kopfhörermuscheln zu routen.
**Master Volume/Level:** Dieser Regler stellt den meist unmittelbar vor dem Endverstärker angeordneten Hauptlautstärkeregler dar.
**LED-Kette/Input und Master Level:** Mit dieser Kette aus mehreren LEDs (Light Emitting Diode) werden die unterschiedlichen Lautstärkepegel der Kanäle (Input) und des Masters angezeigt. Sie dient somit zur optischen Orientierung beim Ausgleich der unterschiedlichen Dynamik zwischen Master- und Cue-Signal bzw. der Konstanthaltung des Masterpegels.

**Peak:** Sie zeigt die Pegelspitze eines am Mixer anliegenden Signals an.
**Gain/Trim:** Darunter ist ein Regler für den Grad der Vorverstärkung zu verstehen, der das Eingangssignal auf ein bestimmtes Level (z. B. den des anderen Tracks bzw. Kanals) ohne Übersteuerung anhebt.
**Line/Phono-Schalter:** Dieser Umschalter zwischen DJ-Player (Line-Eingang) und Schallplattenspieler (Phono-Eingang) ermöglicht das gleichzeitige Anschließen zweier verschiedener Quellen an einen Kanal, wobei beim Mixen nur eine der beiden Quellen im ständigen Wechsel mit einem anderen Kanal einsetzbar ist. Einige DJs setzen die Kippschalter auch für Transformer-Scratches ein.
**Monitor Volume/Booth:** Die Lautstärke des Monitors (Lautsprecherbox zur akustischen Kontrolle des Mastersignals, um für das Mixing ein nicht vom Schall beeinträchtigtes und zeitverzögertes, aus der Discotheken-PA übertragenes Signal als Orientierung zu erhalten) kann mit diesem Regler eingestellt werden.
**Mute:** Diese Taste dient zum Stummschalten eines Signals auf einem geöffneten Kanal.
**On:** Zur Aktivierung eines auf einem geöffneten Kanal anliegenden Signals drückst du diese Taste.
**Equalizer (EQ):** Er dient für Klangmodifikationen am Signal mittels stufenloser Verstärkung oder Reduzierung bestimmter Frequenzbereiche, z. B. Bässe (20 bis 150 Hertz), Mitten (150 Hz bis 2,0 kHz), Höhen (2,0 bis 20 kHz). Die meisten DJ-Mixer verfügen über einen Zwei- oder Dreiband-EQ pro Kanal, um das Klangbild der einzelnen Quellen zu Zwecken weicherer Mix-Übergänge oder zur Anpassung der unterschiedlichen Qualität zu verändern.
**Killswitches:** Diese Schalter löschen komplette Frequenzbereiche aus.
**Mic Input:** Über diese Buchse wird das Mikrofon mit dem Mischpult verbunden.
**Mic Level/EQ:** Mit Level stellt man den Lautstärkepegel, mit dem EQ das Klangbild des Mikrofonkanals ein.
**Talkover:** Liegt am Mikrofoneingang ein Signal an, werden automatisch alle anderen offenen Kanäle abgesenkt.
**Effect-Send/Return:** Über Send als Ausgang wird ein steuerbarer Signalanteil einem angeschlossenen Effektgerät zugespielt und anschließend an den Return-Eingang des Mixers zurückgeschickt.

**Beat Effects:** Hier können verschiedene Effekte wie Echo, Delay oder Flanger ausgewählt und in Kombination mit den Reglern „Time" (zur Einstellung der Laufzeit des Effekte) und „Level" (zur Regelung der Effekt-Intensität) erzeugt werden.

**BPM-Counter:** Er kann als Anzeige eines Mischpults oder separates Gerät auftreten und bestimmt entweder automatisch oder per manuellem Tastendruck (Tap) das Tempo eines Signals in BPM (Beats Per Minute).

## Die Auswahl des Mixers

Jeder DJ bevorzugt bestimmte Ausstattungsmerkmale am Mischpult, auf die er bei seiner Arbeit besonderen Wert legt. Beispielsweise achtet ein HipHop-DJ auf eine kleine übersichtliche Bauform, einen verschleißfreien, leicht gleitenden, kurzen Crossfader und die Einstellungsmöglichkeiten der Crossfaderkurve. Hingegen hat ein umfangreicher Equalizer und Effekt-Panel für ihn weniger Priorität, was allerdings für einen House-Music-DJ unabdingbar ist. Deswegen solltest du zunächst vor dem Kauf deines Mixers klären:

1. Welchen Zweck soll er erfüllen und wo erfolgt sein Einsatz?
2. Wie viele bzw. welche Eingänge bzw. Ausgänge sind notwendig?
3. Welche Abmessungen sollte er aufweisen?
4. Wie hochwertig und robust sollte das Gerät sein?
5. Welche speziellen Effekte und Sonderausstattungen sind integriert?
6. Wie schnell können Verschleißbauteile ausgetauscht werden, und mit welchen Kosten ist dies verbunden?

Die folgenden technischen Daten sind ebenfalls beim Kauf zu berücksichtigen:

**Geräuschspannungsabstand:** Dieser nach DIN positive Wert in dB drückt das Verhältnis von Nutzsignal zum Rauschsignal aus (mindestens 80 dB als Referenzwert).

**Klirrfaktor:** Dies ist das Verhältnis des Oberwelleneffektivwertes zum Gesamteffektivwert mit Grundwellenanteil in Prozent (Referenzwert: <0,05 Prozent). Er entsteht durch nichtlineare Verzerrungen bei der Verstärkung von Signalen in Form von Oberwellen.

**Frequenzgang:** Um CDs und Schallplatten entsprechend ihrer Frequenzen originalgetreu auf die Lautsprecherboxen zu übertragen, ist für den Mixer-Frequenzgang ein Umfang von 20 bis 20000 Hz notwendig.

**Modulbauweise:** Ein schneller Austausch von defekten Mixerkomponenten wie Upfader oder Crossfader wird durch entsprechende Module, die nur mit Schraubendreher und ohne Lötkolben auszutauschen sind, gewährleistet. Z. B. die Battle-Mixer von Vestax, Ecler, Rane und Pioneer DJ basieren auf dem „Double-Panel"-Prinzip, das nach dem Abschrauben der Abdeckplatte den Austausch aller Fader und Kippschalter erlaubt. Die zum Austausch notwendigen Schrauben sind also verdeckt, damit sie dich nicht vor allem beim Scratchen behindern.

**Kopfhörerausgang:** Kleine Impedanzen (Wechselstromwiderstände) sind für die Benutzung niederohmiger Kopfhörer notwendig, um eine hohe Endlautstärke für den Kopfhörer zu erzielen.

Die folgenden beiden Abbildungen helfen dir, den richtigen Mixer für deine persönlichen Ansprüche auszuwählen.

| Kriterien | HipHop-/Turntablism-DJ | House-/Techno-DJ | Party- und mobiler DJ |
|---|---|---|---|
| Phono-/Line-Eingänge | zwei (Plattenspieler) | zwei bis vier (Plattenspieler, CD, Effekte) | zwei bis vier (CD, MP3) |
| Mikrofoneingänge | ein Eingang mit separatem Zweiband-EQ | ein Eingang mit separatem Dreiband-EQ | ein bis zwei Eingänge mit separatem Dreiband-EQ, Talkover-Funktion |
| Ausgänge | Master (6,3 Klinke; XLR; Cinch), Monitor, Record | Master (6,3 Klinke; XLR; Cinch), Monitor, Record | Master (6,3 Klinke; XLR; Cinch), Monitor, Record, Effect-Send |
| Upfader | 45 mm lang, leicht gleitende, langlebige, nahezu verschleißfreie Flachbahn-Fader (PCV-VCA-, magnetische oder Eternal Inductive Fader), schnell austauschbar durch Double-Panel-Prinzip | 45 bis 100 mm lange, leicht gleitende Flachbahn-Fader (PCV-VCA-Fader, Marken Penny & Giles, ALPS), austauschbar durch Modulbauweise | 45 bis 100 mm lange, leicht gleitende Flachbahn-Fader (PCV-VCA-Fader, Marken Penny & Giles, ALPS), austauschbar durch Modulbauweise |
| Crossfader | 45 mm lang, leicht gleitender, langlebiger, nahezu verschleißfreier Flachbahn-Fader (PCV-VCA-, magnetische, kontaktlose oder Eternal Inductive Fader), schnell austauschbar durch Double-Panel-Prinzip | 45 bis 60 mm lang, leicht gleitender Flachbahn-Fader (PCV-VCA-Fader, Marken Penny & Giles, ALPS), austauschbar durch Modulbauweise | nicht unbedingt notwendig, 45 bis 60 mm lang, leicht gleitender Flachbahn-Fader (PCV-VCA-Fader, Marken Penny & Giles, ALPS), austauschbar durch Modulbauweise |
| EQ | pro Kanal Zwei- oder Dreiband-EQ (Bass, Höhen, evtl. Mitten) mit Umfang von mindestens -12 bis +6 dB, Reglereinrastung bei Nulleinstellung | pro Kanal Dreiband-EQ (Bass, Mitten, Höhen) mit Umfang von -26 bis +6 dB, Reglereinrastung bei Nulleinstellung | pro Kanal Dreiband-EQ (Bass, Mitten, Höhen) mit Umfang von mindestens -9 bis +9 dB, Reglereinrastung bei Nulleinstellung |
| Phono-/Line-Eingänge | robuste, leicht austauschbare Kippschalter | Kipp- oder Tastschalter | Kipp- oder Tastschalter |

# EQUIPMENT

| Kriterien | HipHop-/Turntablism-DJ | House-/Techno-DJ | Party- und mobiler DJ |
|---|---|---|---|
| Aufbau | übersichtliche und enge Faderanordnung, größere Abstände zwischen Fader und Kippschalter bzw. EQ-Regler, links und rechts vom Crossfader keine Mixer-Elemente, zwei LED-Ketten für die Pegelkontrolle pro Kanal | übersichtliche Anordnung der Fader und LED-Ketten, große Abstände zwischen den EQ-Knöpfen, LED-Ketten für Master und Cue-Signal | übersichtliche Anordnung der Fader und LED-Ketten, große Abstände zwischen den EQ-Knöpfen, LED-Ketten für Master und Cue-Signal |
| Features | stufenlose Cross- und Upfaderkurveneinstellung, Hamsterswitch für Cross- und Upfader, Gain-Regler, Split Cue-Funktion, schmale Fadercaps | evtl. Crossfaderkurveneinstellung, Effekte, Sampler, Gain-Regler, Split Cue-Funktion | Gain-Regler, Split Cue-Funktion, rackkompatibel (19" Format) |
| Mixerformat | Battle-Mixer | Battle-Mixer, DJ-Mixer | DJ-Mixer, 19"-Mixer |
| Tipp | Ecler NUO 2.0<br>Rane TTM56S<br>PioneerDJ DJM-909<br>Allen & Heath Xone:23 | Allen & Heath Xone:96<br>PioneerDJ DJM-900 nexus2<br>Denon DJ X1850 PRIME | Dynacord M1<br>Allen & Heath Xone:464<br>Dateq Apollo<br>PioneerDJ DJM-5000 |
| Beispiele | Rane TTM56S | Allen & Heath Xone:96 | Formula Sound PM-80R |

Nicht jeder DJ bevorzugt Flachbahnfader zum Einblenden. Vor allem House-DJs schrauben lieber an drehbaren Reglern. Entsprechend bieten auch Hersteller wie Rane oder Allen & Heath sogenannte Rotary Mixer an, die komplett mit Drehpotentiometer ausgestattet sind, z. B. der MP2015.

Traktor zertifiziert: Native Instruments Kontrol Z2 und Rane MP2015

Enthusiast / Bedroom-DJ / Professional DJ / Artist

## Die Auswahl des Mixer

Der Rane Seventy-Two MKII, Reloop Elite und Pioneer DJ DJM-S11 (auch rekordbox-kompatibel)

Willst du mit einem Digital Vinyl System, z. B. Serato DJ Pro auflegen, so überlege dir, ob du dir einen Mixer mit integriertem Serato-Interface, wie Ranes Seventy-Two MKII, Seventy oder Pioneer DJs DJM-S9/S11 mit ihren verschleißfreien, vom Gleitwiderstand einstellbaren MAG FOUR Fader bzw. Magvel Crossfader Pro oder den preiswerteren Reloop Elite zulegst. Für Traktor-User bietet Native Instruments eine adäquate Lösung mit dem Kontrol Z2, einem auf Traktor Scratch zugeschnittenen Battle-Mixer, der kein zusätzliches Interface erfordert. Aber auch der Rane MP2015 ist Traktor Scratch-zertifiziert, d. h. der Laptop kann direkt mit dem Mixer per USB ohne Native Instruments-Interface verbunden werden. Dies hat folgende...

### VORTEILE

- das DVS-Interface ist integriert, damit kein externes plus Verkabelung nötig
- die Pro-Version der DJ-Software plus Timecode-Vinyls sind inklusive
- optimale Abstimmung von Hard- und Software, dadurch geringere Latenz
- zusätzliche Konfigurationsmöglichkeiten und Funktionen in der Software
- Triggern der meisten Software-Funktionen, wie Hot Cues und Loops, dazu Effektsteuerung und Sample-Shots über den Mixer möglich
- Anschlüsse für drei bzw. vier Quellen
- Suchen und Laden von Tracks direkt vom Mixer möglich
- meistens für Back to Back-Betrieb (Auflegen zweier DJs mit dem selben Setup) zwei Laptops anschließbar
- Touch-Display am Mixer für Wellenformanzeige, Needle-Search-Funktion, Effektsteuerung, Trackauswahl und Setup-Einstellungen (momentan nur beim Rane Seventy-Two MKII und Pioneer DJ DJM-S11).

# EQUIPMENT

### NACHTEILE
- im Club ist es aus Platzgründen nicht immer möglich, den eigenen Mixer anzuschließen, mitunter benötigt man doch ein externes Interface
- recht preisintensiv.

### Serato Club Kit-Mixer

Dank dem Club Kit von Serato DJ akzeptiert die DJ-Software seit Version 1.7.4 auch interne Mixer-Soundkarten wie die des Pioneer DJ DJM-850 und DJM-900 nexus oder Allen & Heath Xone: DB2/DB4 und 43, sodass kein zusätzliches Serato DJ-Interface notwendig ist. Du verbindest deinen Laptop direkt mit dem Mixer per USB. Vorausgesetzt, der Mixer ist kompatibel und du verfügst über die Club Kit-Lizenz, bestehend aus Serato DJ und dem DVS-Expansion Pack. Darüber freut sich nicht nur dein Portemonnaie...

### VORTEILE
- **Kosten:** Die günstigste Club Kit-Lizenz inklusive Serato DJ und DVS-Expansion Pack kostet 169,00 Dollar. Damit sparst du gegenüber der momentan billigsten Serato-Box (Denon DJ DS1) mindestens 250,00 Euro.
- **Handling:** Umständliches und mitunter zeitaufwendiges Verkabeln des Interface mit den Turntables und dem Mixer ist passé. Einfach den Laptop mit dem USB-Port des Mixers per USB-Kabel verbinden. Das Club Kit bietet damit eine clevere Plug´n´Play-Lösung für DJs, die schnell, ohne nerviges Umstecken bzw. großen Aufwand und einen gerade auflegenden DJ zu stören, das DVS am Mixer installieren können.
- **Platz:** Dein Reisegepäck und dein Setup in der DJ-Kanzel wird kleiner.

### NACHTEILE
- **Flexibilität:** Zwar sind Pioneer DJ-DJMs als Standardmixer fast in jedem Club anzutreffen, aber ältere Modelle verfügen weder über einen USB-Anschluss, noch sind sie Serato DJ-zertifiziert, z. B. DJM-800. Gleiches gilt auch für etablierte Mixer anderer Hersteller, wie Allen & Heath. Daher bist du darauf angewiesen, dass dir zu deinem Gig ein Club Kit-tauglicher Mixer bereitgestellt wird. Anderenfalls löst nur ein optionales, zusätzlich angeschlossenes Serato-Interface das Problem.

- **Back to Back:** Möchtest du und ein zweiter DJ gleichzeitig mit Serato DJ auflegen, ist ebenfalls ein zusätzliches Serato DJ-Interface anzuschließen, da die Mixer meistens nur über einen USB-Port verfügen.

Generell empfiehlt es sich, für einen weit verbreiteten, etablierten und in den meisten Locations vorzufindenden Standardmixer zu entscheiden. Warum nicht für einen Club Kit-zertifizierten?! Du schlägst damit zwei Fliegen mit einer Klappe, indem du den Kauf eines Serato-Interface sparst und den Umgang mit dem Mixer zu Hause übst und perfektionierst, dabei dir sicherlich auch ein paar außergewöhnliche Tricks aneignest. Sollte dennoch später zu deinem Gig in einem Club nicht dein Modell installiert sein, bringe deinen Mixer einfach mit.

Noch am Rand bemerkt: Der Kauf eines Serato-Interface enthält keine Club Kit Lizenz. Möchtest du trotzdem Serato DJ über das Club Kit fahren, so sind trotzdem momentan 169,00 Dollar fällig.

## Der Schallplattenspieler

Nach der getroffenen Entscheidung für ein Medium schließt sich der entsprechende Equipmentkauf an. In diesem Kapitel werden alle wichtigen Schallplattenspieler-Parameter erläutert, die für deinen professionellen DJ-Gebrauch unabdingbar und somit beim Kauf zu berücksichtigen sind. Schließlich sollen Mixing und Scratching leicht von der Hand gehen und sich nicht das Equipment als „Fehlinvestition" erweisen. Deswegen wähle ein etabliertes Gerät wie den kultigen Technics SL-1210 MK2, schließlich sprechen dafür seine lange Lebensdauer einschließlich geringem Ver-

Schallplattenspieler Technics SL-1210 GR und MK7

# EQUIPMENT

schleiß, seine Bewährtheit und hoher Wiederverkaufswert. Mit dem Produktionsstop des Technics SL-1210 MK2 im Jahr 2010 und der steigenden Nachfrage nach Gebrauchten entwickelt er sich zu einer kleinen Geldanlage. Auch aufgrund seiner ungebrochenen Präsenz in Locations bzw. auf Events solltest du als Anfänger mit ihnen umgehen können, um während der ersten Gigs durch dir gewohnte Technik im DJ-Pult sicher und routiniert aufzulegen. Schaue bei ebay, mit etwas Glück ersteigerst du ein oder zwei preiswerte und gut gepflegte SL-1210 MK2. Dagegen das Nachfolgemodell SL-1200 G fällt aufgrund seines Preises von 3500,00 Euro nicht mit in die engere Auswahl, was auch Technics eingestehen musste. Folglich reagierte der japanische Hersteller mit dem deutlich günstigen Modell SL-1210 GR, dass vor allem finanziell die DJs wieder ansprechen sollte. Der SL-1210 GR unterscheidet sich gegenüber dem Referenzmodell durch einen leicht modifizierten Motor samt geringeren Drehmoment von 2,2 kg/cm. Allerdings erst mit dem im Jahr 2019 auf den Markt gebrachten SL-1210 MK7 versöhnte sich Technics endgültig mit den DJs, schließlich wurde er auch in Zusammenarbeit mit renommierten Auflegern entwickelt.

Das komplett mattschwarze Chassis besteht wie bei den Vorgängermodellen aus Aluminium-Spritzguss, allerdings jetzt im Verbund mit dem Kunststoff Acrylnitril-Butadien-Styrol (ABS) und Glasfaser, wodurch es robuster, dazu steifer, aber auch resonanzabsorbierender und zwei Kilogramm leichter wurde. Beschwerte man sich beim GR-Modell noch über angeblich zu schwammige und nachgebende Silikon-Füße, sitzt jetzt das Chassis auf einer neuen vibrationsschluckenden Gummi-Feder-Konstruktion richtig fest im Sattel. Die früher mit der Platine verlöteten Kabel gehören ebenfalls der Geschichte an. In der rückseitigen Mulde verstecken sich Anschlüsse für Netz-, Cinch- und Erdungskabel.

 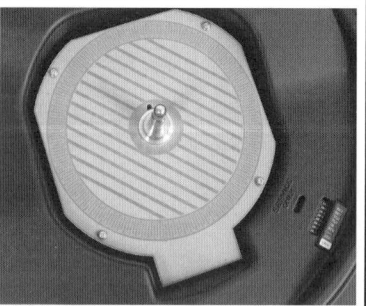

Antrieb beim Reloop RP-8000 MK2 und Technics SL-1210 MK7

Auch der Antrieb wurde verbessert: Der eisenkernlose Direktantrieb wird von einer von Blu-ray-Playern übernommenen Regelungstechnologie überwacht. Der einstige Stator mit Eisenkern und zwölf Polen, wie er bei den gängigen direktangetriebenen DJ-Laufwerken zum Einsatz kommt, weicht einer Platine mit einem Kreis Hunderter kleiner Frames, wodurch der Plattenteller ruhiger als bei anderen DJ-Turntables läuft. Durch eine flache, unterhalb Aluminium-Druckguss-Plattentellers angebrachte Magnetscheibe (Rotor) dreht er sich mit einer Zugkraft von maximal 2,2 kg/cm, dem Niveau des SL-1210 MK5.

Direkt neben der Platine, unter dem Plattenteller, befinden sich acht kleine Funktionsschalter zum Einstellen der:

- Wahl einer roten oder blauen LED-Beleuchtung
- Beim Drücken beider Abspielgeschwindigkeitstasten entweder Reverse-Betrieb oder 78 Umdrehungen pro Minute
- wahlweise Low- oder High-Torque
- entweder softe oder harte Bremse (Brake)

Klanglich spielt er auf dem gleichen hohen Niveau wie seine Vorgänger, wobei er vom Tonarm-Material bzw. Aluminium-Druckgussplattenteller modifiziert wurde.

Pioneer DJ bietet mit ihrem PLX-1000 einen DJ-Turntable an, der dem Klassiker SL-1210 MK2 optisch sehr ähnelt, aber dank dem dreifachen Drehmoment (4,5 kg/cm) und verstellbaren Ultra-Pitch-Range technisch eine bessere Alternative zu betagteren Turntables darstellt.

Pioneer DJ PLX-1000

Auch Denon DJ springt mit dem VL12 Prime auf dem Vinyl-Zug auf und zieht mit einem rekordverdächtigen Drehmoment von 5 kg/cm an den anderen Turntables vorbei. Weiteres Alleinstellungsmerkmal ist seine Optik, die sich nicht nur mit der einstellbaren RGB-LED-Illuminierung des Platten-

# EQUIPMENT

tellers, sondern auch mit der Form des Chassis, seinem Design, aber auch vom etwas höheren Preis von den Technics SL-1210 MK2-„Nachbauten" deutlich abhebt.

Für noch mehr Features sorgen z. B. Vestax PDX-3000 MKII, Numark TTX, Stanton ST.150 bzw. STR8.150 (mit geradem Tonarm) – diese Modelle

Denon DJ VL12 Prime

sind nur noch gebraucht erhältlich. Neben dem starkem Motor punkten sie mit Einstellung des Drehmoments, Master Tempo (die Tonhöhe bleibt bei verändertem Pitch konstant), Pitch Bend und Reverse. Auch die Bremse (Brake) lässt sich von sanft auf hart einstellen, allerdings mit dem Haken, je softer der Stopp, desto langsamer auch der Start des Tellers. Das sah auch Reloop ein, sodass die einstellbare Brake des RP-7000 MK2 und RP-8000 MK2 nur noch das Stoppen beeinflusst.

Reloop RP-8000 MK2

Reloops RP-8000 MK2 geht generell noch einen Schritt weiter: Als Hybrid-Laufwerk kombiniert er die analogen mit den digitalen Tugenden, indem er eine Performance Mode-Sektion mit vier Modi- und acht RGB- illuminierten Performance-Pads integriert. Via USB-Port mit dem Laptop verbunden, können Cues, Loops, Samples und frei gemappte Funktionen der eingesetzten DJ-Software vom Plattenspieler bedient werden. Neuester Clou der MK2-Version: Platter Play. Drückt man die Tasten Shift und am Pitch-Control Reset zugleich, ändert sich mit jedem gedrückten Pad die Geschwindigkeit des Plattentellers und damit die Tonhöhe. Acht Pads spielen eine komplette Oktave einer Tonart. Dreht man am Push-Encoder, wechselt die Tonart, das auch das LC-Display bestätigt. Allerdings solltest du bei herkömmlichen Vinyl dafür nur sehr lange Sounds verwenden, da sich der Teller mit jedem höheren Ton schneller dreht.

Auch Pitch Bending (impulsartiges Bremsen und Beschleunigen des Platten-

# Der Schallplattenspieler

tellers) funktioniert durch kurzes Drücken einer der beiden Abspielgeschwindigkeitstasten. Ein Feature, das Reloop von DJs abschaute, die beim Auflegen mit dem Technics SL-1210 MK2 die mit 33er Geschwindigkeit abgespielten Platten durch kurzes Drücken der 45er-Taste anschoben.

Für Scratch-Virtuosen, die auch gern unterwegs mit ihrem Plattenspieler üben, gab es einst den von Qbert mit entwickelten QFO, ein Schallplattenspieler mit integriertem Battle-Mixer. Auch das Scratchophone setzt sich zusammen aus einem Numark TTX samt speziellen Tangential-Mikro-Tonarm, der völlig sprungresistent ist, und einem getunten Vestax PMC-06 mit magnetischen Crossfader von Innofader Pro.

Scratchophone und Qberts QFO von Vestax

Generell sollte dein Schallplattenspieler über Folgendes verfügen:
- **Direktantrieb,** d. h. der Motor sitzt direkt unter dem Plattenteller. Bei allen, auf dem Patent des Technics SL-1210 MK2 basierenden DJ-Plattenspielern erfolgt die schlüssigste Übertragung, da sich der Rotor des Motors mit seinem Magnetring in der Mitte des Plattentellers befindet und von zwölf Spulen, die um die Plattentellerachse versammelt sind, eingekreist ist. Damit wirken sie fast ohne Verzögerung und Übertragungsverluste auf den Rotor. Allerdings sagt man diesem Antrieb neben den dadurch entstehenden Vibrationen Drehzahlschwankungen (Polruckeln), nach. Diese entstehen durch die Bewegung des Plattentellers von einem Polschuh zum nächsten. Technics löst dieses Problem ab dem SL-1200 G mittels eisenkernlosen Motor mit Zwillingsrotoraufbau. Dabei sind die Rotormagneten mit auf beiden Seiten des Stators angeordnet. Die präzise Motorposition wird von der Antriebssteuerung geprüft und korrigiert, was letztlich für eine gleichmäßigere, ruhigere Motordrehung sorgt. Im Gegensatz dazu stellt der **Riemenantrieb** keine Alternative für´s DJing dar. Der Motor befindet sich dezentral und überträgt die

# EQUIPMENT

Drehbewegung über einen Riemen auf den Plattenteller. Dadurch entstehen größere Gleichlaufschwankungen. Das Drehmoment, ein Wert für die Zugkraft des Plattentellers, ist wesentlich geringer, wodurch er nach dem Start recht langsam und nur träge seine Nenngeschwindigkeit erreicht. Beim Stoppen der Schallplatte mit der Hand, dreht sich der Plattenteller trotz geringem Druck nicht weiter. Zudem verschleißt der Riemen nach einer gewissen Zeit. Daher wird der Riemenantrieb auch nur bei HiFi-Schallplattenspielern bevorzugt, um ein wahrnehmbares Rumpeln, das sind vom Motor ausgehende Störgeräusche durch Vibrationen und unruhiges Laufen, die beim Direktantrieb auf den Plattenteller übertragen werden können, bei der Wiedergabe zu verhindern.

- **ein extrem starker Motor** mit einem hohen **Drehmoment**, der einen schnellen Start und Stopp der Platte (Kick Down) gewährleistet. D. h. der Plattenteller erreicht nach dem Start innerhalb einer Viertelumdrehung seine Nenngeschwindigkeit, die er auch während des Scratchens und nach dem Loslassen der Schallplatte hält. Beim Technics SL-1210 MK2 beträgt beispielsweise das Startdrehmoment 1500 g/cm, bei anderen Modellen sogar bis 4700 g/cm. Allerdings erschwert ein zu starkes Drehmoment das manuelle Korrigieren des Mixes am Plattenteller.
- **ein robustes Gehäuse** (ab 10 kg Gewicht), das Rückkopplungen (d. h. das Lautsprechersignal wird in Form einer Vibration über das Schallplattenspielergehäuse dem Tonabnehmer erneut übertragen) und ein Springen des Systems beim Berühren der Schallplatte, des Plattentellers und des Gehäuses verhindert.
- **Pitch-Control** als Schieberegler, mit dem der DJ für seinen Mix die unterschiedlichen Tempi der Tracks angleicht (in der Regel +/-8 Prozent).
- **geringe Gleichlaufschwankungen**, die die Geschwindigkeitstoleranz beim Abspielen einer Schallplatte ausdrückt. Schallplattenspieler mit einer hohen Gleichlaufschwankung stellen für den DJ ein großes Problem beim Mixing dar, denn die Schallplatten driften trotz korrektem Beatmatchings (Tempoangleichens) relativ schnell auseinander. Aus diesem Grund ist der Wert von 0,025 Prozent (SL-1210 MK2) als Referenz anzusehen.

## Der DJ-Schallplattenspieleraufbau

Der Aufbau des SL-1210 M5G

Der Standard-DJ-Turntable weist folgende Funktionen auf:

**Netzschalter und Stroboskoplampe (1):** Schaltet man den Plattenspieler ein, brennt eine rote Lampe, das Stroboskop. Dahinter verbirgt sich eine schnell, frequenziell (mit 50 Hz) blitzende Leuchte, die in Verbindung mit den **Stroboskopspiegeln (2)** zur Kontrolle des korrekten Gleichlaufs des Plattentellers dient und die Veränderung der Geschwindigkeit über die Einstellung des Pitch-Controls widerspiegelt. Bei der Nullposition des Pitch-Controls bleibt anscheinend optisch der größte Punkt auf der Plattentellermarkierung im Stroboskop stehen.

**Start-Stop-Taste (Brake) (3):** Mit ihr wird der Plattenteller samt Schallplatte gestartet oder gestoppt.

**Drehzahl-Wahltasten (4):** Die beiden Tasten aktivieren die wählbaren Abspielgeschwindigkeiten 33 und 45 U/min.

**Pop-Up-/Target-Light (5):** Es beleuchtet die Schallplattenrille, um in dunklen Locations für dich wichtige Parts der Schallplatte zu erkennen.

**Single-Puck (6):** Er dient für 7"-Singles zur Anpassung des übergroßen Lochs an den Durchmesser der **Plattentellerachse/Spindel** (14).

**Auflagegewicht (7):** Mit ihm wird die Grammanzahl eingestellt, mit der die Nadel eines Tonabnehmers auf der Rillenflanke liegt. Das eingestellte Auflagegewicht richtet sich nach dem Eigengewicht des Tonabnehmers

# EQUIPMENT

und dessen Nadelträgeraufhängungshärte. In der Regel sind drei bis vier Gramm Auflagegewicht üblich, damit eine optimale Abtastung des Signals erfolgt. Stelle das Auflagegewicht am besten nach den empfohlenen Einstellungen der Gebrauchsanleitung des Nadelherstellers ein. Denn ein zu leichtes Auflagegewicht verursacht ein leichteres Skipping (Nadelspringen) während des Playbacks, insbesondere bei lauten Musikparts, und beim Scratching. Bässe werden zunehmend verzerrt wiedergegeben. Hingegen verursacht ein zu schwer eingestelltes Auflagegewicht einen höheren Verschleiss des Vinyls und eine verzerrte Höhenwiedergabe.

**Anti-Skating-Regler (8):** Durch die Reibung zwischen der rotierenden Platte und der Nadel wird der Tonarm nach innen gezogen, die Nadel drückt stärker auf die innere Rillenflanke der Platte. Der Anti-Skating-Regler korrigiert je nach Einstellung diese verkantete Nadelposition, um eine optimale Rillenabtastung ohne Verzerrungen zu bewerkstelligen. Beim Scratchen nutzen Deejays die Anti-Skating-Regulierung aus, um das Springen des Tonabnehmers zu verhindern. Denn bei einer Anti-Skating-Einstellung von null drückt es die Nadel verstärkt gegen die innere Rillenflanke. Stelle den Wert nicht mehr als die Hälfte des eingestellten Auflagegewichts ein, also bei 3 Gramm auf 1,5. Ein höherer Anti-Skating-Wert verdoppelt den Skating-Effekt beim Backcueing. Das Tracking verschlechtert sich damit und es fördert das Skipping. Damit die Nadel beim herkömmlichen Playback gleichmäßig auf beiden Flanken aufliegt und für die optimale Signalwiedergabe sorgt, sollte das Anti-Skating dem Wert des verwendeten Auflagegewichts entsprechen, z. B. bei 3 Gramm Rädcheneinstellung 3.

Du kannst auch das Anti-Skating justieren, indem du eine einseitig gepresste Schallplatte auflegst, und auf die rillenlose Seite die Nadel aufsetzt. Schalte den Plattenteller an und du wirst beobachten, wie du anhand des Anti-Skatings die Bewegung der Nadel zur Spindel (13) beeinflussen kannst. Bleibt die Nadel auf der gleichen Position, ist das Anti-Skating optimal.

**Tonarmhöhen-Einsteller (10):** Mit diesem Kranz stellst du die Tonarmhöhe ein, sodass der auf der Schallplatte aufliegende Tonarm möglichst eine waagerechte Stellung einnimmt. Vor der Tonarmhöhenjustierung ist der **Tonarm-Verriegelungsknopf (9)** zu lösen und anschließend wieder zu befestigen.

**Tonarmhebel (11):** Er senkt und hebt gedämpft den Tonarm.

## Der DJ-Schallplattenspieleraufbau

**Drehzahl-Feineinsteller (Pitch-Control) (12):** Mit diesem Geschwindigkeitsregler, der regulär eine Veränderung von +/-8 Prozent ermöglicht, passt du als DJ die unterschiedlichen Tempi der Tracks für deinen Mix an.
**Quartz Lock/Reset (13):** Damit stabilisiert sich der Gleichlauf des Motors bei der Null-Position des Pitchs, die grüne LED leuchtet. Allerdings beim SL-1210 MK2 kommt es mit dem Verschieben des Pitchs um den Nullpunkt aufgrund des Ein- und Ausschaltens des Quartz Lock zu größeren Geschwindigkeitsdifferenzen. Deswegen wurde bei den folgenden Modellen die Reset-Taste eingeführt, sie schaltet den Quartz ein und der Pitch wird unabhängig seiner Stellung genullt.
**Pitch 8/16 Prozent (13):** Diese Erweiterungsfunktion des M5G umfasst die Geschwindigkeitsregulierung des Pitch-Controls entweder um +/-8 Prozent oder +/-16 Prozent. Bevorzuge aber +/-8 Prozent, denn je größer der Pitch-Umfang, desto ungenauer ist das Einstellen des gewünschten Tempos.
**Tuning:** Beim SL-1210 MK2 besteht die Möglichkeit, die Stärke der Bremse und den Pitch-Umfang zu verändern. Nach Abnehmen des Plattentellers und anschließendem Abschrauben der sich darunter befindenden Abdeckplatte sind auf der Leiterplatte zwei kleine Rädchen zu erkennen, die mit einem Schraubendreher zum einen das Einstellen des Pitch-Umfangs (oberes Rädchen) erlauben. Der analoge Null-Punkt kann dabei verschoben und somit der Pitch-Umfang entweder im positiven oder im negativen Bereich vergrößert werden. Allerdings ist von einem Tuning des Pitch-Umfangs abzuraten. Denn der analoge Nullpunkt stimmt dann nicht mehr mit dem quartzstabilisierten, digitalen Nullpunkt überein, sodass in diesem Fall entlang des Pitch-Controls zwei verschiedene Nullpunkte existieren. Diese wieder auf einen Nenner zu bringen, bedarf spezieller Messgeräte und Techniker-Know-How.
Zum anderen ist die Bremse (unteres Rädchen) einstellbar, die nicht zu stark, aber auch nicht zu schwach sein sollte.

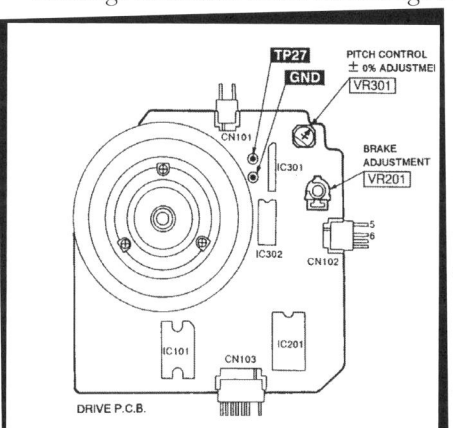

Platinenansicht Technics SL-1210 MK2

# EQUIPMENT

### BEACHTE

Schallplattenspieler ohne Line-Phono-Schalter, z. B. Reloop RP-8000 MK2, sind generell an den Phono-Eingang des Mixers anzuschließen, weil er nur über den notwendigen Vorverstärker (Pre-Amp) und Signal-Entzerrer verfügt.

### Der Schallplattenspieler mit integrierter Soundkarte

Zunehmend drängen mehr Schallplattenspieler samt integrierter hochauflösender Soundkarte (24 Bit / 44,1 kHz) auf den HiFi-, aber auch DJ-Markt. Alle Modelle besitzen neben einem vormontierten Tonabnehmer einen internen A/D-Wandler und USB-Anschluss, um mit einem darüber direkt angeschlossenen Laptop und entsprechender Software das Vinyl zu digitalisieren. Die nur zum reinen Vinyl-Abspielen konzipierten HiFi-Modelle sind mit einem Riemenantrieb ausgestattet:

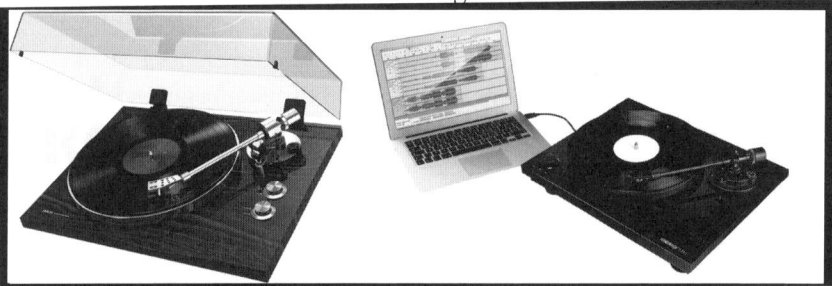

Akai BT500 und Reloop Turn 3 mit angeschlossenem Laptop

> Sony PS-HX500
> Reloop Turn 3
> Akai BT500

Dagegen die USB-DJ-Plattenspieler vereinen nicht nur die zum Auflegen notwendigen Tugenden, wie ein hohes Drehmoment und einstellbares Tempo via Pitch-Control, sondern unterstützen das digitale Vinyl-DJing auch ohne extern angeschlossene Soundkarte, wie:

> Audio Technica AT-LP120-USB
> Numark TT250USB
> Pioneer DJ PLX-500

Pioneer DJ PLX-500

Zum Beispiel der Pioneer DJ PLX-500 ist für die DVS-Variante von rekordbox DJ vorbereitet. Allerdings liegt das Programm nur als rekordbox zum Einspielen des Vinyls ohne klangliche Nachbearbeitungsmöglichkeiten bei. Für die DVS unterstützende DJ-Software, rekordbox DJ, samt erforderlichen DVS-Plugin und Timecode-Vinyls ist zusätzlich, zu löhnen. Alternativ verstehen sich die USB-Plattenspieler auch mit DJ-Apps inklusive DVS-Option. Hierbei wird der Plattenspieler direkt über einen Adapter (im Fall von Apple ein iPad Camera Connection Kit) mit dem iPad an der Lightning-Buchse angeschlossen. Details dazu findest du im späteren Kapitel DVS unterstützende Apps.

## Der portable USB-Plattenspieler

Numark PT01 Scratch

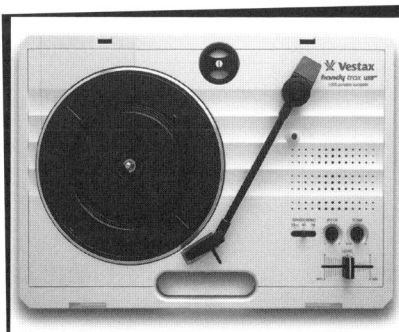
Vestax Handy Trax

Wer einen Schallplattenspieler als unhandlich bezeichnet, der wird spätestens vom Numark PT01 Scratch eines Besseren belehrt. Bereits Vestax erkannte 2009 den Trend zum mobilen Vinyllauschen. Der mittlerweile nicht mehr erhältliche mobile und batteriebetriebene Plattenspieler Vestax Handy Trax ebnete dank seinem leichten Gewicht unter einem Kilo, seiner handlichen Größe und Form, einem verbauten Verstärker samt Lautsprecher den Weg ins mobile Vinyl-Zeitalter.

Aber viele Scratch-DJs trainieren mit dem Handy Trax auch ihre Scratch- und Cut-Skills bequem auf dem Sofa oder unterwegs. Der Lautstärke-Regler diente als Crossfader oder

# EQUIPMENT

man schliff alternativ einen externen mobilen ein. Numark griff diese Idee mit dem PT01 Scratch auf. Ein verschleißarmer, auswechselbarer und für Links- und Rechtshänder anzupassender Scratch-Schalter übernimmt die Cut-Funktion des Crossfaders.

Reloop Spin

Den immer beliebteren Trend des sogenannten Portablism erkannte auch Reloop, indem die Münsteraner Firma den Spin designte, der sich optisch sehr am beliebten Handy Trax orientiert, aber technisch mobiles Turntablism auf den neuesten Stand bringt:

- Bluetooth Audio Streaming: kabelloses Übertragen von Musik oder Beats zum Plattenspieler
- Smart USB Recording: direkte Aufnahme von Scratches & Cuts im MP3-Format auf anschließbaren USB Stick
- drei Abspielgeschwindigkeiten (33 1/3, 45 & 78 RPM)
- zwei Crossfader-Slots
- 45-mm-Crossfader mit Two-Rail Glide-Technologie
- Einbau des Crossfaders auf bevorzugter Seite möglich
- zwei Kopfhörer-Anschlüsse
- ein Aux-Eingang ermöglicht die Verbindung mehrerer Plattenspieler
- Pitch-Control mit +/-20 % Umfang
- Tiefen-Klangregelung um +/- 10 dB
- Stromversorgung über Akku, USB-Powerbank oder -Netzteil

Man glaubt es kaum, dass der Plattenteller per Riemen angetrieben wird, denn er zieht wie ein direkter. Auch die Konstruktion aus Tonarm, Tonabnehmer und robusten Teller verhindert das Springen der Nadel, selbst wenn der Plattenspieler zum Beispiel auf dem Schoß und damit um einige Grad geneigt liegt.

Portablism spricht mittlerweile eine spezielle DJ-Klientel, die ihre mobilen Turntables mit speziellen Gadgets von SolidCutz oder Jesse Dean pimpen. SolidCutz produziert neben einem passenden Ständer äußerst solide Aluminium-Plattenteller, Jesse Dean ist bekannt für seine speziellen kontaktlosen, ver-

# Der DJ-Schallplattenspieler
## Tipps für den Aufbau von Turntables auf Bühnen

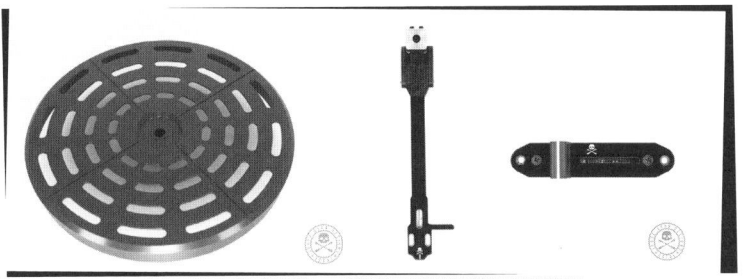

Reloop Spin-Zubehör: SolidCutz Aluminium Platter, Tonarm und Crossfader von Jesse Dean

schleißfreien Crossfader, dessen Cut-In sogar beidseitig einstellbar ist. Somit kannst du sowohl mit der linken, als rechten Hand mit dem gleichen Crossfader am Reloop Spin cutten. Wer lieber einen professionelleren Tonabnehmer mit standardisierte Headshell-Montage an seinem geliebten Mobil-Turntable wissen möchte, auch hierfür gibt es von Jesse Dean das passende Add-On.

Den Background-Beat spielt man beispielsweise von einem per Cinch-Input angeschlossenen Handy zu. Außerdem lassen sich mit dem praktischen Vinylspieler dank verbauter Soundkarte und USB-Anschluss auch Schallplatten digitalisieren. Oder man schließt ein Tablet mit darauf installierter DJ-App, die den DVS-Modus unterstützt, an, um die Tracks mit einem aufgelegten Timecode-Vinyl anzusteuern.

## Tipps für den Aufbau von Turntables auf Bühnen

Sicherlich wirst du eines Tages das Angebot bekommen, auf einer Party in einer skurrilen Location aufzulegen. Wenn der Veranstalter über ein großes Budget verfügt, wird er dir bestimmt auch dein DJ-Setup als Teil der sogenannten Backline (Bezeichnung für Equipment und Instrumente auf der Bühne) über eine professionelle Beschallungsfirma bereitstellen. Im anderen Fall sind deine eigenen Turntables und Mixer mitzubringen. Beim Aufbau deines Setups achte auf folgende Präventionen, damit dein Gig nicht durch Nadelspringen oder Feedback, das durch eine Endlosschleife des Signals zwischen Tonabnehmer und Lautsprecher entsteht, gestört wird:

1. Dein Setup ist hinter der PA mit einem entsprechenden Abstand anzuordnen, um ein Einschwingen der Plattenspieler, Fehler beim Auslesen des Timecodes (bei Digital Vinyl Systems) sowie Feedback (ein sich steigern-

# EQUIPMENT

des Brummen durch erneute Zuspielung des über die PA wiedergegebenes Vinylsignal zum Tonabnehmer) zu verhindern. Damit du das Signal aber trotzdem in Echtzeit hörst, bestehe auf die Bereitstellung eines Monitors.

2. Achte darauf, wenn es eine Holz-Parkett-Bühne ist, dass du mit jedem Schritt eine Vibration beim Plattenspieler auslösen kannst. Nadelspringen oder auch Rückkopplungen können die Folge sein.

3. Setzt sich die Bühne aus mehreren separaten Bühnenpodesten (Bütec) zusammen, so bestehe darauf, dass dein Setup auf einem anderen Podest steht als du, damit du deiner Arbeit ungehindert nachgehen kannst und dein ausgelassenes Mitfeiern keine Folgen für die Standfestigkeit der Plattenspieler hat.

4. Hörst du ein starkes Feedback beim Abspielen der Schallplatten, so kontrolliere zunächst die Equalizer-Einstellung am Mixer. Sie sollte entsprechend einem natürlichen Klangbild linear sein, d. h. alle Regler auf null dB. Du kannst das Feedback minimieren, indem du den Bass-Pegel etwas reduzierst. Achte allerdings darauf, dass der Sound dadurch nicht zu mittig klingt.

Freefloat

5. Weiterhin kann ein Feedback über die Tonabnehmer verhindert werden, indem die Plattenspieler auf einer massiven Steinplatte mit vier drunter gelegten Squashbällen bzw. halben Tennisbällen oder auf den aufblasbaren Freefloats (Luftkissen) gestellt werden.

Luke ASB-1

Eine professionellere, aber auch kostspieligere Lösung bieten die massiven Antischock-Absorber Luke ASB-1. In deren Vertiefungen sitzen die Plattenspieler sehr stabil. Zwischen zwei, unter Hochdruck verklebten Birkensperrholzplatten lagern spezielle Schaumstoffdämpfer, die auftretende, störende Schallsignale, Vibrationen und daraus resultierende Erschütterungen absorbieren. Die ASB-1 minimieren speziell das Aufschwingen im kritischen Frequenzbereich von 50 Hz bis 450 Hz.

Alternativ gibt es noch die MK Stands Over Feet, für den Technics SL-1200/1210 MK2 bzw. Pioneer

MK Stands Over Feet

Enthusiast / Bedroom-DJ / Professional DJ / Artist

## Der DJ-Schallplattenspieler
### Tipps für den Aufbau von Turntables auf Bühnen

DJ PLX-1000 passende Füße, die übergestülpt werden. Ihr spezielles, an Oberflächen haftendes Gummi reduziert Erschütterungen, Feedback und Bewegungen des Turntables aufgrund von zu lautem Tiefbass.

Die aus Magnesiumlegierung äußerst präzise gefertigten Isonoe Isolationsfüße verhindern ebenfalls Übertragung von Schwingungen auf den Plattenspieler. Per M6-Gewinde werden die fast komplett entkoppelten Füße an den Technics SL-1210 MK2 bis MK7, Pioneer DJ PLX-1000 oder sonstige OEM-Laufwerke geschraubt. Ein mit Schaumstoff gedämpfter Sockel ist förmlich frei über fünf Gummis am Außenchassis aufgehängt. Die Konstruktion berührt nur über drei kleine, in den unteren Metallring eingelassene Kugeln den Boden, was die Kontaktfläche größtmöglich minimiert.

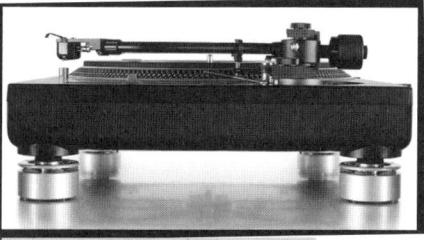

Isonoe Audio Isolation M6-Feet montiert

In der Praxis reduzieren die Füße hörbar Trittschall, Vibrationen, Springen der Nadel und Feedbacks. Allerdings beim Scratching, Drops der Platte und damit einhergehenden schockartigen Bewegungen wirkt das Plattenspielerchassis zwar etwas schwammig, da der Plattenspieler auf die Impulse nachgibt. Gewöhnt man sich aber an diesen Nebeneffekt, möchte man die Vorzüge der Isonoe Isolation Feets weder im Club, noch auf Festival-Bühnen missen.

Isonoe Audio Isolation M6-Feet

6. Schließe dein Setup an einen separaten Stromkreis an, um eventuelles Brummen zu verhindern. Tritt dies ein, verbinde deine Plattenspieler jeweils mit einer DI-Box (Direct Injection-Box), die ein asymmetrisches in ein symmetrisches Signal wandelt (siehe Kapitel PA). Im Notfall klebe die Schutzkontakte der Schuko-Steckdose für den Schutzleiter des Steckers mit Gaffa-Tape ab.

7. Kontrolliere die waagerechte Lage des Turntables anhand einer Libelle (funktioniert wie eine Wasserwaage). Denn die Schieflage des Plattentellers fordert Nadelskipping und akustische Verzerrungen des Audiosignals.

# EQUIPMENT

## Der Tonabnehmer (Cartridge)

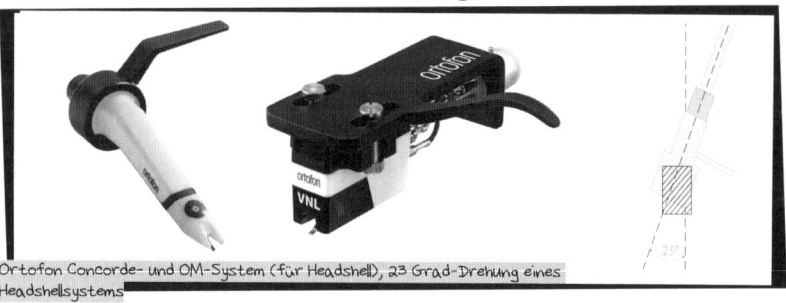

Ortofon Concorde- und OM-System (für Headshell), 23 Grad-Drehung eines Headshellsystems

Tonabnehmer wandeln durch Abtasten der Schallplattenrille entstehende mechanische Bewegungen in elektrische Wechselspannungen durch Induktion um. Denn die Abtastnadel, ein Diamant, früher Saphire, ist auf einen Nadelträger geklebt, der die Bewegungen auf einen beweglichen Magneten, der sich zwischen Spulen befindet, überträgt. Man spricht vom Moving Magnet-System. Induziert hingegen eine kleine bewegliche Spule in dem, von einem kräftigen Magneten erzeugten homogenen Feld, nennt man es Moving Coil-System, die allerdings nur im HiFi-Bereich verbreitet sind.

Generell bestehen Systeme aus einem „Body", dem Verbindungsstück zwischen Nadel und Tonarm, in dem sich die Spulen befinden, und einem „Stylus", inklusive Nadel, Nadelträger und Magnet. Der Stylus wird je nach Schliff des Diamanten in „S" oder „E" klassifiziert, mit jeweils unterschiedlichen Eigenschaften:

**Elliptischer Schliff (E)** – Für Club-DJs: Die Anpassung der Nadel-Spitze an die Geometrie des Schneidestichels (Form eines Kegels), der bei der Produktion von Schallplatten verwendet wird, bewirkt geringere Abtastverzerrungen, einen tieferen Nadelsitz in der Rille, bessere Informations- und Höhenabtastung der Rille und einen geringeren Druck auf der Rille, da die Auflagefläche auf die Flanke recht groß ist. Allerdings entsteht angeblich auch ein größerer Verschleiß der Schallplatte beim Backcueing (Rückwärtsabspielen), weil die Hinterseite der Nadel schärfer ist als die Vorderseite. Deswegen favorisieren ihn weniger Scratch-DJs.

# Der Tonabnehmer (Cartridge)

**Sphärischer Schliff (S)** – Für Club- und Scratch-DJs: Bei diesem Schliff entspricht die Abtastnadel einer Fußballform (Kugel). Die Auflagefläche ist allerdings geringer und dadurch übt die Nadel einen größeren Druck auf der Rillenflanke. Ihr Vorteil: beim Vor- und Rückwärtsabspielen der Platte gleiche Qualität und den gleichen geringen Verschleiß.

Die Laufeigenschaften eines Tonabnehmers sind abhängig von der Aufhängung des Nadelträgers, da sie die beim Abtasten auftretende vertikalen und horizontalen Kräfte kompensiert. Eine harte Aufhängung wirkt vertikalen Kräften entgegen, indem ein hohes Auflagegewicht eingestellt werden kann, ohne dass beim Playback das Stylus-Gehäuse die Schallplatte berührt. Allerdings schmälert diese harte Aufhängung das Tracking, d. h. die Toleranz, die ein System bei einer horizontalen Rillenauslenkung verzerrungsfrei und ohne Skipping wiedergeben kann. Für die horizontalen Kräfte ist daher eher eine weiche Aufhängung vorteilhaft, denn der Nadelträger kann bei Auslenkungen, die quer zur Rille auftreten, nachgeben. Mit der asymmetrischen, ovalen Gummiaufhängung, einer von Ortofon entwickelten Technologie, ist jetzt auch die erste Aufhängung in einem Tonabnehmer verwendet worden, die beide auftretenden Kräfte jeweils verringert. Die vertikal harte Aufhängung ermöglicht eine Auflagegewichtstoleranz von 1,5 bis 10 Gramm, hingegen die außergewöhnliche horizontale Elastizität gewährleistet ein Tracking von 120 µm (im Vergleich: Die Werte anderer Systeme betragen 70 bis 90 µm) und somit ergibt sich eine äußerst stabile Rillenlage beim Playback und Scratching.

Die linke Abbildung zeigt zwei verschiedene Tonabnehmerformen: die Concorde- und Headshell-Systeme. Unabhängig von der Form werden sie per SME-Bajonettverschluss am Tonarm angeschlossen. Ein Tonabnehmer am Headshell zu verschrauben und zu verkabeln, ist knifflig. Daher setzte sich die Concorde-Bauform von Ortofon mit ihrem einfachen und stylischen „Plug'n Play"-System gegenüber den Headshell-Systemen durch. 2018 verbesserte Ortofon die Concorde-Serie, die Form ist handlicher, das Tracking verbessert und der Griff (Finger Lift) austauschbar.

Schallplattenspieler besitzen entweder einen S-förmigen oder einen geraden Tonarm. S-förmige verkanten weniger bei der Abtastung und sorgen für ein

# EQUIPMENT

sauberes Signal. Hingegen gerade Tonarme sind besser für Scratching, da sie nicht so schnell springen, denn die Nadel wird stärker gegen die innere Rillenflanke gedrückt. Somit entsteht ein zusätzlicher Vorteil. Deswegen simulieren auch gern DJs an einem S-förmigen den geraden Tonarm, indem sie das Cartridge auf dem Headshell um 23 Grad nach rechts verdrehen (siehe Abbildung mit 23 Grad-Drehung). Allerdings verschleißt beim simulierten und echten geraden Tonarm verstärkt die innere Rillenflanke.

Je nach verwendeten Tonarm ist auch der Nadelüberhang, der Abstand zwischen Nadelspitze und Abschlusskante des Bodys zum Tonarmverschluss, unterschiedlich zu konfigurieren. Bei einem geraden Tonarm mit 50 mm und S-förmigen 52 mm – siehe Abbildung (21). Concorde-Systeme erlauben keine Nadelüberhangseinstellung und sind mit ihren 52 mm für S-förmige Tonarme konzipiert, sodass du bei einem geraden Tonarm auf jeden Fall ein Headshell-System (bei Ortofon Bezeichnung OM) verwenden solltest, um den Nadelüberhang von 50 mm einstellen zu können.

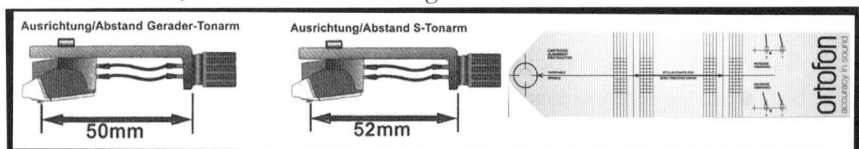

Ausrichtung des Nadelüberhangs eines Headshelltonabnehmers (22) und Justierschablone (Cartridge Alignment Protractor)

Zum Justieren des Nadelüberhangs am Headshellsystem nutze am besten eine Justierschablone mit ihren zwei Einstellungspositionen, an denen die Nadel genau tangential zur Rille stehen sollte, um beim Playback entstehende Verzerrungen durch Spurfehlwinkel zu minimieren. Führe die Schablone in die Spindel ein. Nachdem dein System am Headshell montiert ist, setze die Nadel zunächst auf die äußere Position der Schablone. Die Schablone muss dabei im rechten Winkel zum System ausgerichtet, die Nadel mittig und gerade sein. Anschließend überprüfe den Nadelüberhang an der zweiten Position. Kommt es zu einer Abweichung, korrigiere den Überhang bei beiden Positionen, sodass letztlich auch bei der zweiten die Nadel optimal sitzt.

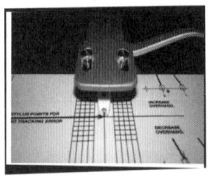

An Headshells mit Langlöchern lässt sich nur der Nadelüberhang einstellen, sodass die genaue Ausrichtung des Systems nur an einem Punkt möglich ist. In diesem Fall sind die kritischeren Verzerrungen im inneren Bereich auch reduziert.

# Der Tonabnehmer (Cartridge)

Generell übertragen professionelle Tonabnehmer einen Frequenzgang von 20 bis 20000 Hz. Die vom Hersteller empfohlenen Auflagegewichte (zwischen 0,75 bis 7 g) solltest du einhalten, um das Vinyl zu schonen, einen guten, unverzerrten Klang und einen optimalen Nadelsitz in der Rille zu zu erzielen. Genügt dir das übliche Auflagegewicht von bis zu 4,75 g nicht, so drehe es um und schiebe es bis zum Anschlag. Dadurch erzielst du sogar ein Gegengewicht von 5,5 g.

Auch die Ausgangsspannung eines Tonabnehmers solltest du auch bei deiner Wahl des für dich richtigen Systems berücksichtigen. Schließlich beurteilt sie, wie laut ein System ist und welchen Rauschabstand es besitzt. Unter Rauschabstand versteht man in diesem Fall die Trennung zwischen einstreuenden Störsignalen wie Vibrationen und Luftzug vom abzutastenden Signal. Je höher die Ausgangsspannung eines Systems, desto lauter ist es und das abzutastende Signal wird klarer von den Störsignalen getrennt, sodass diese um so weniger zu hören sind. Je nach verwendeten Magnettypen, dessen Größe, seine Position im Stylus, aber auch in Abhängigkeit der Anzahl der Wicklungen in der Spule des Bodys eines Tonabnehmers differieren die Ausgangsspannungen zwischen 5 mV und 11 mV. Dagegen verzeichnen Moving Coil-Systeme nur Werte um die 0,2 mV wegen der kleineren Anzahl von Wicklungen auf der Spule auf. Mehr Wicklungen würden die Beweglichkeit der Spule behindern.

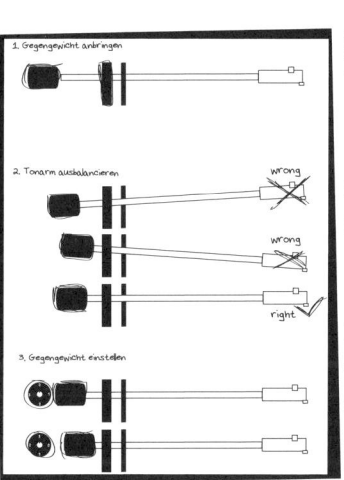

**Einstellen des Auflagegewichts:**

1. Bringe das Gegengewicht an.

2. Dieses schiebst du so weit auf den Tonarm, bis der waagerecht schwebt.

3. Die "Null" auf dem Kranz des Gegengewichts stellst du auf die 12 Uhr-Position. Anschließend drehst du das Gewicht im Uhrzeigersinn auf die erforderliche Einstellung laut Hersteller, z. B. für 3 g auf 3.

# EQUIPMENT

**BEACHTE**

Tonabnehmer benötigen eine gewisse Einspielzeit, um die besten Wiedergabeeigenschaften zu erzielen. Diese beträgt in der Regel 20 bis 30 Stunden. Sie ist notwendig, damit die mechanischen Teile sich aufeinander einspielen. Die Laufleistung beträgt je nach verwendeten Auflagegewicht und dem beim Abspielen aufgenommenen Schmutz 300 bis 2000 Stunden. Wenn eine Nadel verschlissen ist, tritt häufiger Skipping auf, da die Nadelspitze mit den Betriebsstunden zunehmend runder und somit deren Auflagefläche auf der Rille kleiner wird. Ob deine Nadel rund und demzufolge verschlissen ist, kannst du vorsichtig mit deinem sauberen Finger testen, indem du mit ihm über die Nadelspitze streifst.

Des Weiteren achte auf die Pins des Tonabnehmers, die Kontakte am Body. Mitunter variieren deren Längen je nach System und Bauform, das vereinzelt zu Signalübertragungsschwierigkeiten bei älteren Technics-Modellen führt.

### Der Einfluss des Tonabnehmers auf die DVS-Performance

Sogenannte Digital Vinyl Systems verzeihen der Vinyl-Performance angeblich alles, vom Skipping bis zu den Einstreuungen (störende Geräusche der Umgebung, z. B. Vibrationen, die vom Tonabnehmer mit aufgegriffen werden) und die schon erwähnten Feedbacks. Schließlich tasten die Systeme „lediglich" einen Timecode ab, der nicht akustisch wiedergegeben wird. Dank dem sogenannten relativen Modus der Software beschränkt sich das DVS auf die Bewegungen des Tonabnehmers entlang der Rille und schließt damit das horizontale Springen (Bewegungen quer zur Rille) aus. Für einige DJs Grund genug, auf die billigsten und sogar heruntergerockten Systeme zu setzen, die sie früher ihrem heiligen Vinyl nie zugemutet hätten. Schließlich verschleißt eine abgewetzte und damit stark abgerundete Nadel, die sich kaum noch auf den beiden Rillenflanken halten kann, das Vinyl. Sie springt häufiger und zerkratzt es damit. „Macht nichts", schließlich sind Timecode-Vinyls keine Raritäten, sondern als austauschbares Arbeitsmittel angesehen, ausgenommen limitierte Picture- bzw. Colour-Auflagen.

Dennoch solltest du beim Kauf eines Tonabnehmers auf ein qualitativ hochwertiges Produkt achten, auch wenn du digital auflegst. Schließlich

# Der Tonabnehmer (Cartridge)
## Der Einfluss des Tonabnehmers auf die DVS-Performance

beeinflusst der Tonabnehmer mit den folgenden Parametern maßgeblich die Signalverarbeitung und die Latenz deines Systems:

- **Tracking:** Schnelleres Skipping, hervorgerufen durch schlechtere Trackingwerte oder eine verschlissene Nadel, fordert von deinen Laptop mehr Arbeitsleistung, um die dadurch vom Tonabnehmer verursachten Lesefehler im relativen Modus zu korrigieren. Dagegen entlastet besseres Tracking deinen Rechner, sodass du die damit gewonnenen Kapazitäten anderweitig nutzen kannst.
- **Nadelträgeraufhängung:** Mit einer harten Aufhängung lassen sich Auflagegewichte oberhalb der üblichen drei Gramm einstellen, die zunehmend starke Vibrationen bzw. Erschütterungen durch besonders niederfrequente Bässe und damit einhergehende Fehler beim Abtasten des Timecodes kompensieren.
- **Ausgangsspannung:** Tonabnehmer mit besonders hohem Output können wesentlich besser zwischen dem Timecode- und dem durch akustische Fremdeinstreuungen hervorgerufene Signale unterscheiden. Hingegen leisere Systeme vermischen verstärkt die beiden Signale, so dass es zu Fehlinterpretationen des Timecodes kommt.
- **Nadelschliff:** Je nach Schliff und Nadeltyp sammelt sich der Staub am Diamanten unterschiedlich stark an, sodass bei manchen Systemen mehrmals pro Gig der Stylus gereinigt werden muss. Ignoriert man dies, rutscht die Nadel aufgrund des Staubballens und dem daraus resultierend fehlenden Grip von der Flanke. Hingegen andere Systeme spielen problemlos den gesamten Abend ohne Reinigung durch. Von besonderem Vorteil sind elliptische Systeme aufgrund ihres tieferen Sitzes in der Rille, der informationsreicheren und ihrer detailtreueren Abtastung des Vinylsignals, das sich auch in der Latenz positiv auswirkt.
- **Auflagegewicht:** Auch ein Auflagegewicht, außerhalb der empfohlenen Auflagegewichtstoleranz justiert, führt zu Fehlinterpretationen des Timecodes, gar zum Abbrechen der Signalübertragung. Tonabnehmer mit einer großen Gewichtstoleranz bieten mehr Möglichkeiten, das System besser an die lokalen Bedingungen anzupassen, um stets eine saubere und stabile Abtastung des Signals zu garantieren.

# EQUIPMENT

Zu einer Zeit, als noch jeder DJ ausschließlich mit Vinyl auflegte, wurden nicht nur die Schallplattenspieler in den Locations gepflegt und gewartet, sondern auch Tonabnehmer bereitgestellt. Doch im Zuge der digitalen Revolution und der Unübersichtlichkeit, welcher DJ mit welchem Equipment auflegt, gerät der Schallplattenspieler etwas ins Hintertreffen, zumindest die Wartung betreffend. Gepflegte und saubere Tonabnehmer sucht man in der DJ-Kanzel vergebens. Daher lege dir zwei hochwertige Systeme, eventuell noch einen Ersatzstylus zu, die du auch stets bei deinen zukünftigen Gigs am Mann hast. Auf diese kannst du dich schließlich verlassen!

 **TIPP**

Ortofon Concorde Mix / DJ (Einstiegsmodell für Allround-Einsatz)
Ortofon Concorde Scratch oder OM VNL für Scratching
Ortofon Concorde Digital für DVS

## Die Slipmat

Bei der von Francis Grasso erfundenen Slipmat handelt es sich um eine zwischen Schallplatte und Plattenteller liegende Filz- oder Neoprenmatte. Sie bewirkt, dass sich beim Festhalten des Vinyls der Plattenteller weiter drehen kann und so die Platte sofort nach deren Loslassen ohne Geschwindigkeitsdefizite wieder weiter spielt. Slipmats sollten dünn sein, denn mit zunehmender Dicke wird die anfassbare Fläche der Plattenspielerspindel kleiner. Weiterhin ist leichtes, glattes Material, ohne gummiertem oder rauem Aufdruck, der das Vinyl zerkratzen könnte, zu bevorzugen. Die Rückseiten mancher Slipmats besitzen eine gewachste Oberfläche zum besseren Rutschen. Auch zugeschnittene Plastefolien, die zwischen Plattenteller und Matte gelegt werden, verbessern nochmals die Rutschfähigkeit oder können auch ohne Filzmatte als Slipmats dienen.

Natürlich bietet eine Slipmat auch eine sehr gute Werbefläche. Daher spricht nichts dagegen, wenn du eine neutrale Slipmat mit deinem Logo pimpst.

 **TIPP**

Dr. Suzuki, Butter Rug
Thud Rumble Slipmats

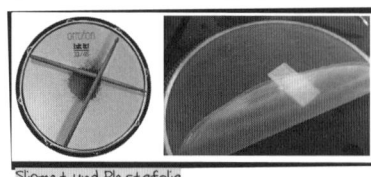
Slipmat und Plastefolie

## Der multi- bzw. crossmediale DJ-Player

Pioneer DJ CDJ-3000   Denon DJ SC6000M Prime   Pioneer DJ XDJ-1000
Denon DJ DN-D4500MK2

Professionelle CD-Player, mittlerweile als DJ-Player bezeichnet, sind generell zwischen Single- bzw. Stand Alone- und Doppel-Laufwerken zu unterscheiden, wobei sich Single-Laufwerke optisch an dem Schallplattenspieleraufbau inklusive Vinyl-Modus orientieren. Über ein großes Jog Wheel manipuliert der Deejay die CD auch wie eine Schallplatte, z. B. durch Scratching. Dabei kann sich das Jog Wheel wie bei einem Schallplattenspieler per Motorantrieb drehen, z. B. bei Denon DJ (z. B. SC6000M), oder auch nicht, z. B. bei Pioneer DJ. Die platzsparenden Doppel-Laufwerke (z. B. Denon DJ DN-D4500MK2), die aus einem separaten Steuerelement und dem Doppel-Laufwerk bestehen, behaupten sich im Gegensatz zu den Einzellaufwerken durch ihren günstigeren Preis und die Rackkompatibilität. Allerdings fallen dadurch die Jog Wheels fürs Scratching sehr klein aus. Für Anfänger, deren Budget begrenzt ist, sprechen die finanziellen Argumente für den Kauf eines Doppel-Laufwerks. Auch Party- und mobile DJs, denen es nicht so sehr auf technische Raffinessen ankommt, finden in diesem Segment ihr passendes Equipment. Stehen mehr die Vinylfacetten im Vordergrund, fällt die Wahl auf Geräte wie den Pioneer DJ CDJ-3000/2000NXS2 und Denon DJ SC6000(M) Prime.

In den letzten Jahren verdrängt das MP3-Format auch die CD aus dem CD-Player. Schließlich können auf Festplatte oder USB-Stick mehr Tracks gespeichert werden und der Zugriff auf die Library erfolgt schneller bzw. komfortabler über hochauflösende Displays. Entsprechend launchte Pio-

# EQUIPMENT

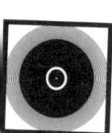

neer DJ mit dem XDJ-1000 auch den ersten USB-Player ohne CD-Slot. Aber nicht nur Sticks werden an den USB-Port angedockt, sondern auch Systeme wie Serato DJ Pro oder Traktor Pro. Denn die DJ-Player können auch multimedial als Controller der DJ-Software fungieren, wenn die DJ-Player direkt über USB mit dem Laptop im Human Interface Device-Modus verbunden sind.

Auf folgende DJ-Player-Funktionen solltest du besonders achten:

**Play-Pause:** Diese kombinierte Taste dient zum Start des Tracks und gleichzeitig zum Anhalten im Pausenmodus. Bei mixfähigen DJ-Playern kommt es vor allem auf einen unverzögerten Start an, d. h., dass der Track sofort nach dem Drücken der Play-Pause-Taste spielt, damit du beim Mixen mit dem Track von CD oder USB-Stick den Beat des anderen triffst.

**Pitch Bend:** Entweder über Tasten oder das Jog Wheel ermöglicht es das manuelle Abbremsen und Beschleunigen der Tracks.

**Pitch-Control:** Wie beim Schallplattenspieler dient dieser Schieberegler zur Geschwindigkeitsänderung um vier bis zu 100 Prozent.

**Cue:** Damit markierst du einmalig den Startpunkt (Cue Point) eines Tracks, der beim wiederholten Start des Tracks automatisch aufgesucht wird.

**Cup:** Cue Play - Ein Track spielt ab einem festgelegten Cue Point.

**Jog Wheel:** Das auf der DJ-Player-Oberfläche angeordnete Rad unterstützt je nach DJ-Player-Typ verschiedene Funktionen, z. B. das schnelle bzw. frame-genaue (ein Frame entspricht 1/75 einer Sekunde) Aufsuchen bestimmter Stellen in einem Track, Pitch Bend oder Scratchen.

**Search:** Mit Search werden bestimmte Parts in einem Track, z. B. zur Markierung der Cue Points, aufgesucht.

**Skip/Track Search:** Diese Taste dient der Trackwahl von CD oder vom Stick.

**Loop:** Dir ermöglicht die „Loop"-Funktion das Setzen von Wiederholungsschleifen („Loopen") bei ausgewählten Parts in einem Track, um z. B. kurze Intros, Breaks und Outros für den Mixvorgang zu verlängern.

**Master Tempo:** Beim Mixen beeinflusst die veränderte Geschwindigkeit die Originaltonhöhe der Tracks, sodass ein „Micky Mouse"-Effekt auftritt. Die „Master Tempo"-Funktion kompensiert diesen Effekt mit einer konstant bleibenden Tonhöhe.

**Reverse:** Der Track wird rückwärts abgespielt.

## Der multi- bzw. crossmediale DJ-Player

Pioneer DJ ist nach wie vor Marktführer auf diesem Sektor und gibt auch dank neuer Innovationen weiterhin in den Clubs den Ton an. Mit dem CDJ-2000 nexus haucht Pioneer DJ erneut dem mittlerweile schon betagten Medium CD neues Leben ein. Zudem werden dem CD-affinen DJ völlig neue digitale Wege durch das Kaskadieren mehrerer Player (Master und Slave) geöffnet und ein neuer Standard im professionellen DJ-Bereich definiert:

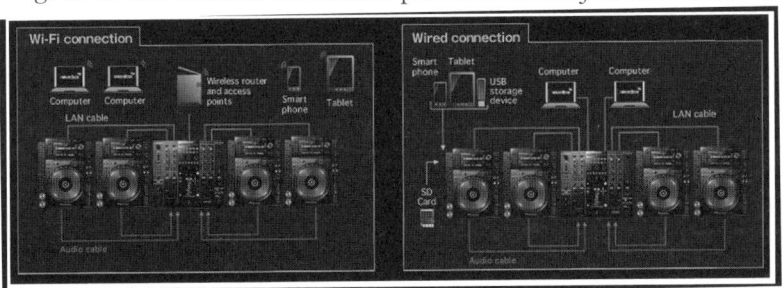

Vernetzung der CDJ-2000 nexus

- Verbinden von bis zu vier CDJ-2000NXS2 per LAN-Kabel, die untereinander auf die Musik-Library vom selben USB-Stick zugreifen können
- kompatibil mit Mobilgeräten wie iPhone oder iPad per USB oder WI-FI dank Pioneer DJs kostenloser Music-Management Software rekordbox
- rekordbox ermöglicht Playlisterstellung, -verwaltung und -synchronisation, Setzen von Hot Cue und Loops, Tags von Keywords als Info
- präziseres Master Tempo für originalgetreueren Sound
- verbesserte Quantisierung anhand von Beatgrids für absolut synchrone Loops und sauber gesetzte bzw. getriggerte Cues

Hinzu kommen weitere Features:

Software rekordbox

**Beat Sync:** Bis zu vier Decks können miteinander synchronisiert werden, indem ein Deck als Master festgelegt wird, die anderen passen sich vom Tempo automatisch an.

**Wave Zoom:** Zur Suche von Cue Points oder Loops kann

# EQUIPMENT

das angezeigte Spektrogramm eines abgespielten Tracks vergrößert werden.
**Slip Mode:** Während des Scratchings, oder der Loop- oder Reverse-Funktion läuft der Track im Hintergrund stumm weiter und ist nach der Aktion an der richtigen Stelle wieder zu hören.

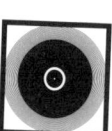

**Active Loop:** Per Software recordbox wird ein Active Loop zum Track-Ende gesetzt, um nicht vor einen plötzlichen Ende überrascht zu werden.
**Loop Roll:** Trotz aktiviertem Loop spielt der Track im Hintergrund normal weiter, sodass er allerdings beim Verlassen des Loops an die ursprüngliche Position, als hättest du keinen Loop gesetzt, springt.

**Automatisches Laden der Hot Cues:** Mit einem Track werden automatisch bis zu acht Hot Cues geladen.
**Emergency Loop:** Versagt plötzlich die CD oder der Stick, so startet der Player automatisch einen Loop aus vier Beats, aus dem du per Mixing oder Scratching herausgehen kannst.
**Rating:** Bewertungen von Tracks und Änderungen, ob vorher oder während deiner Performance, werden automatisch mit rekordbox synchronisiert.
**Beat Countdown:** Über rekordbox in Tracks markierte Stellen können per Countdown mit bis zu 64 Takten vorgezählt werden.
**Phase Meter:** Vergleiche hiermit die Beatposition zwischen zwei Decks.
**Key Analysis Indicator:** Im Browser-Fenster siehst du, welcher Track von der Tonart kompatibel mit dem Master-Track ist und den du dank Master Tempo auch in der Original-Tonart mit veränderten Tempo harmonisch mixen kannst.
**Needle Search:** Kein langwieriges Suchen per Search-Taste, sondern springe dank Needle Search (virtuelle Plattennadel) einfach in dem Titel an die gewünschten Positionen.

Das neue Flaggschiff Pioneer DJ CDJ-3000 besticht zudem durch acht Hot Cue-Pads, Key Sync und Key Shift zum automatischen und manuellen Anpassen der Tonart, gestapelte Waveform-Ansicht von Master- und Slave-Deck auf einem Display zur Phasenübersicht, dazu 3-Band-Wellenformanzeige.
Auch die Ausstattung günstigerer Player wie der CDJ-350 wächst, wie mit der BPM-Lock-Funktion, bei der eine BPM-Zahl auf dem DJ-Player festgelegt wird und alle Tracks mit diesem Tempo gespielt werden. Allerdings fördert diese Funktion auch die Monotonie deines Sets.

# Der multi- bzw. crossmediale DJ-Player

Denon DJ galt zu Beginn der digitalen DJ-Kultur als Vorreiter für DJ-CD-Player, allerdings mussten sie diese Position an Pioneer DJ abgeben. Mit dem DN-SC6000 Prime versucht sie den technischen Vorsprung gegenüber den Geräten von Pioneer DJ aufzuholen, mit Erfolg. Der Player kann sogar per Dual-Layer Playback zwei Decks gleichzeitig steuern. Wer vom Jog Wheel großen Wert auf Vinyl-Feeling legt, ist bei dessen M-Modell bestens aufgehoben. Dank einem sieben Zoll großen, direkt-tangetriebenen, sich drehenden Teller mit starkem Motor kommen vor allem Scratch-DJs voll auf ihre Kosten. Sein kleinerer Bruder DN-SC2900 verzichtet allerdings auf ein sich drehendes Jog Wheel. Das sieben Zoll große, berührungssensitive „Eclipse" Jog Wheel zeigt über LEDs die Wiedergabeposition und die Cue Points des abgespielten Tracks an. Auch wie bei den Pioneer DJ DJ-Playern können die Tracks über eine Software, in dem Fall Engine, verwaltet werden. Engine bietet eine Musikdatenverwaltung, um Tracks und Sets auf dem Rechner vorzubereiten. Die Vernetzung mehrerer mit Engine verbundener Player ist auch möglich: Es können bis zu vier miteinander vernetzte Player auf die Musikdateien des selben Rechners zugreifen. Sollen mehrere verbundene Player von einem gemeinsamen USB-Laufwerk spielen, ist auch eine Verwaltung über die iPad App Engine möglich. Außerdem lassen sich die Player über WLAN vom iPad in ihrer Wiedergabe und Cue-Funktionen steuern.

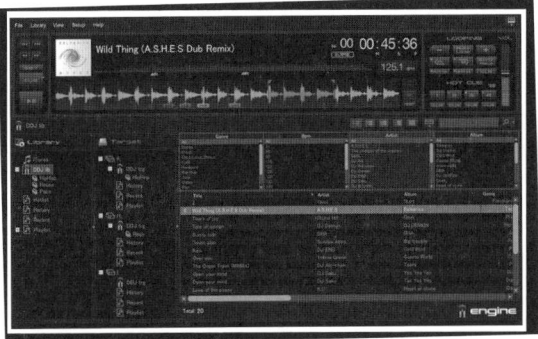

Software Engine von Denon (23)

Wie lange sich die CD noch hält, ist ungewiss. Die neueste Generation der DJ-Player, wie der CDJ-3000 beweist, dass die CD in der Zukunft ihre Daseinsberechtigung verliert. Die Geräte sind schon dank der Vernetzung mit mobilen Geräten, Musikverwaltungs- und Bearbeitungssoftware, Kompatibilität mit DJ-Software wie Traktor, USB-Stick und SD-Card auf den Tag danach vorbereitet. Da wundert es nicht, dass der CD- bzw. DJ-Player mittlerweile den Namen Crossmedia Player trägt.

## Die DJ-Software
### Einleitung

Auch wenn das DJing immer noch als Handwerk mit dem Schallplattenspieler verstanden wird, verlor der Turntable in den letzten Jahren sein Monopol. Denn die technische Revolution ist nicht zu stoppen. Die Features in Software und Hardware nehmen Dimensionen an, denen das DJing neue Intentionen offenbart. Der Drang, nicht dem Dogma des Produzenten zu gehorchen, sondern künstlerische Freiheit, den Break eines Tracks zu setzen, wann ich es als DJ auf dem Dancefloor für richtig empfinde, oder Tracks zu loopen und miteinander zu kombinieren, sodass ich der Produzent eines neuen Tracks bin und lediglich auf das „Rohmaterial" vorhandener Tracks zurückgreife, begründet die Popularität des Digitalen. Man darf allerdings nicht vergessen, für wen ich auflege oder sollte man schon besser schreiben, Musik performe?

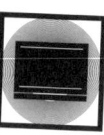

Da du von deiner Crowd abhängig bist, darfst du auch ihre Vorlieben nicht außer Acht lassen. Es sei denn, du musizierst für den elitären Kreis deiner vier Wände oder du bist schon ein gefragter DJ. Wenn sie tanzen, freuen sie sich auf gewisse Tracks und deren Dramaturgie. Die Vorfreude auf einen Höhepunkt ist so groß, dass sie es inbrünstig herausschreien. Wenn du ihnen dies nimmst, indem du es plötzlich als besser empfindest, den Höhepunkt völlig zu eliminieren und mit Sounds zu verunglimpfen, werden sie dich mit bösen Blicken und Dissen im Gästebuch strafen. Nicht umsonst schwören viele DJs darauf, Vinyl puristisch ohne großen technischen Schnick Schnack aufzulegen und damit Tracks in ihrer Reinheit zu belassen. Denn das Auflegen eines Tracks zollt auch dem Produzenten Respekt. Dir als DJ sind in der Gegenwart Freiheiten und Chancen gewährt, von denen vor 20 Jahren niemand zu träumen wagte. Tausende Tracks, deren käufliche oder bemusterte Beschaffung im Vergleich zum Vinylkauf wesentlich preiswerter ist, sind digital auf deiner Festplatte oder Stick gespeichert. Und wenn dir ein Track im Archiv fehlt, dann wird er schnell via Internetstick von iTunes oder Beatport Just In Time gekauft und fünf Minuten später aufgelegt. Die Sorgen der falschen Musik im Case sind verschwunden. Als DJ bist du jetzt so flexibel auch dank dem Equipment, das in einem einzigen Rucksack passt. Das sind Argumente, die vor allem dem Siegeszug der digitalen Medien im DJing ebneten.

Die DJ-Software
Einleitung

Hauptsächlich speichern die meisten DJs ihre Tracks im datenverlustbehafteten MP3-Format, wobei sich auch zunehmend klanglich bessere Formate, wie das von iTunes favorisierte AAC (Advanced Audio Coding) und das verlustfreie, aber auch dafür speicherplatzintensivere Komprimierungsverfahren FLAC (Free Lossless Audio Codec) durchsetzen. Ihre bereits erwähnten Vorzüge gegenüber den herkömmlichen Medien Vinyl und CD, aber auch ihren bequemen und gegenüber der CD bzw. dem Vinyl preisgünstigeren Downloads, die von iTunes oder Beatport kostenpflichtig geladen werden können, bestätigen den Siegeszug.

Das Auflegen mit einer DJ-Software ist generell vergleichbar mit den Prozeduren am Schallplattenspieler und DJ-Player, allerdings unterscheiden sie sich durch zusätzliche, aufgrund der digitalen Verwaltungsform mögliche Funktionen, wie Automatic Gain Control, Playlisten-Management, Playlisten-History, BPM-Counter, Recording, Sampling und Looping.

Ob Serato DJ Pro, Traktor, rekordbox oder vielleicht VirtualDJ, für welche Software soll man sich letztlich entscheiden? Von ihrer Oberfläche und Funktionsweise unterscheiden sie sich nicht wesentlich. Daher spielen eher folgende Kriterien eine Rolle:

- Funktioniert die Software als Digital Vinyl System (DVS) mit Schallplattenspielern oder nur mit einem zertifizierten DJ-Controller?
- An welche zusätzliche Hardware (Interfaces und Controller) ist die Software gebunden?
- Verfügt die Software über eine interne Mixereinheit, um auch ausschließlich vom Laptop auflegen zu können?
- Mit welchen besonderen Features punktet die Software?

Außer dem betagten, dennoch beliebten Serato Scratch Live, das sich als reines DVS definiert, arbeiten die meisten DJ-Programme auch als DVS oder/und lassen sich vom DJ-Controller navigieren. Allerdings funktioniert deren Plattenmodus nur bedingt. Um Serato DJ Pro und Traktor (Scratch) als DVS einzusetzen, bedarf es zusätzlicher, spezieller Interfaces und zertifizierter Controller. Unter den Interfaces versteht man die hauseigenen Soundkarten des jeweiligen Software-Herstellers. Hingegen Soundkarten von Fremdher-

stellern schalten den DVS-Modus nicht frei. Als zertifizierte Controller bezeichnet man die exklusiv auf eine DJ-Software zugeschnittenen und vom Software-Hersteller autorisierten. Beispielsweise Serato DJ Pro arbeitet nur in Verbindung mit den von ihnen zugelassenen Controllern. Ob ein Controller von Haus aus mit einem Programm kompatibel ist, spricht meist das an dem Controllergehäuse prangende Logo der jeweiligen Software. Zudem gehört die Software entweder bei preisgünstigeren Geräten als Limited- oder Light-Version oder bei professionelleren Controllern als Vollversion zum Lieferumfang. Zusätzlich optional erhältliche DVS-Kits schalten dann auch die Option frei, mit Schallplattenspielern auflegen zu können. Natürlich bleibt es dir überlassen, diese zertifizierten DJ-Controller auch für andere Programme einzusetzen, allerdings sind für diese, zusätzliche Lizenzen zu erwerben. Die Tastenbelegung der Funktionen über MIDI musst du eher selten vornehmen. Denn Software-Hersteller bieten auch für nicht von ihnen zertifizierte Controller ein sogenanntes Premapping, die automatische MIDI-Zuweisung der Tasten an die Befehle, zum Download an.

Software und Timecode-Kit von Traktor

DJ-Softwares benötigen eine Soundkarte, wobei es nicht immer die hauseigene sein muss. Traktor, VirtualDJ, aber auch MixVibes akzeptieren jegliche Soundkarten, dagegen Serato DJ Pro nicht. Möchtest du aus Kostengründen die Software sogar nur über die interne Soundkarte deines Laptops betreiben, dann braucht die Software auch eine virtuelle Mixereinheit, mit der du die Kanäle über die Maus mischst und das herausgegebene Signal vom Laptop-Ausgang, z. B. dem des Kopfhörers, an den Line-Eingang eines Receivers oder Verstärkers leitest. Zu den Programmen mit integrierter Mix-Sektion zählen Traktor und VirtualDJ, Serato DJ Pro nur in Verbindung der kostenpflichtigen Erweiterung Serato Play.

Stellt sich abschließend die Frage, welche DJ-Software ist die richtige für dich? Dies beantworten die nächsten Kapitel, in denen beliebte DJ-Programme mit deren Besonderheiten vorgestellt werden. Allerdings entsprechen diese nicht immer dem aktuellen Stand, denn DJ-Softwares werden durch ständige Updates- und -grates verbessert und erweitert.

## Die Mindestvoraussetzungen deines Notebooks

Bevor du dich für das digitale DJing entscheidest, ist noch zu klären, ob dein Notebook die technischen Mindestvoraussetzungen dafür mitbringt:

- 2 GB Arbeitsspeicher
- 2,0 GHz Dual Core Prozessor
- 120 GB Festplatte
- 13" Display

Natürlich funktioniert das Auflegen auch mit weniger Rechnerleistung, aber der Spaßfaktor wird dann schnell gebremst. Außerdem je anspruchsvoller du auflegen und mehr Features du gleichzeitig nutzen möchtest, desto leistungsfähiger sollte dein Notebook sein.
Ein 13" Zoll-Notebook ist von der Größe bezüglich des Transports sehr praktisch. Bedenke aber auch, dass mit einem 15er Display deine Track-Liste überschaubarer ist und du somit weniger scrollen musst. Entsprechend achte darauf, dass die Grafikkarte auch eine Auflösung von 1280x800 oder 1440x900 Pixel darstellen kann. Generell ist es von Vorteil, sich ein separates Notebook nur für das Auflegen zu zulegen, das „sauber" von Mails und anderer Software gehalten wird und mit dem du einige Jahre dank großer Arbeitsspeicherreserven und Festplatte arbeiten kannst. Zu empfehlen sind MacBook Pro-Notebooks, deren Vormachtstellung im DJing vor allem in ihrer Zuverlässigkeit zu begründen ist.

## Die Hardware: DJ-, MIDI- und Add-On-Controller
### Der DJ-Controller

DJ-Controller besitzen eine Player- und Mixeinheit, deren Oberfläche, Features und Bedienung denen eines Stand Alone-Mixers und DJ-Players ähneln, allerdings eine DJ-Software samt angeschlossenen Laptop voraussetzen. Einstiegsmodelle wie der einstige Vestax VCI-100 besitzen keine interne Soundkarte, wodurch ein Abspielen der Musik nur über Laptop bzw. eine separate Soundkarte möglich ist. Diese Controller dienen zur alleinigen Funktionssteuerung einer beliebigen Software. Hingegen die kostspieligeren DJ-Controller verfügen über eine hochwertige Soundkarte,

# EQUIPMENT

sodass derartige Konsolen auch als sogenannte Stand Alone-Mixer eingesetzt werden, d. h. zusätzliches Equipment wie DJ-Player oder Schallplattenspieler ist anschließbar. Meist sind diese Controller auf eine DJ-Software zugeschnitten und damit z. B. Traktor, VirtualDJ oder Serato DJ Pro zertifiziert. Vereinzelte Controller hören auch auf verschiedene DJ-Softwares, z. B. der Reloop MIXON4 akzeptiert neben Serato DJ Pro auch algoriddims djay. In diesen Fällen arbeiten DJ-Controller und Software nativ zusammen, der Controller erkennt per Plug´n Play die Software automatisch und belegt die für bestimmte Funktionen reservierten Buttons der Hardware mit den entsprechenden Features zum Start/Stopp, Syncen, Beatmatching, zur Effekt-Modulation und zum Triggern von Hot Cues, Loops etc. Eine daraus resultierende perfekte Abstimmung von Hard- und Software begünstigt die einfache und sichere Bedienung ohne Absturz der Software oder Konfigurationsprobleme.

Der Klassiker Vestax VCI-100, Native Instruments Traktor Kontrol S4 MK3 und und Pioneer DJ XDJ-XZ

Wer bei einem DJ-Controller nicht auf simuliertes Vinyl-Feeling verzichten möchte, der entscheidet sich für den Native Instruments Traktor Kontrol S4 MK3. Dank Motor drehen sich die Haptic Drive-Jog-Wheels, geben dazu ein haptisches Feedback. Noch vinyltreuer performte das Auslaufmodell Numark NS7 III, dessen starker Motor 7"- großen „Plattenteller" samt echter Vinyl-Schallplatte direkt antrieb und vom Drehmoment einstellbar war. Wem die Musikspeicherung auf Laptops zu unpraktisch, gar zu altbacken oder die Verkabelung zu lästig ist, sollte sich für ein All-In-One-DJ-System, wie den Pioneer DJ XDJ-XZ, entscheiden. Es benötigt keinen extern angeschlossenen Laptop, da ein On-Board-Display und ein interner Rechner samt DJ-Software diesen ersetzen. Die per Festplatte oder USB-Stick zugespielten Musikfiles können per GUI verwaltet und bearbeitet werden. Pioneer DJ ging mit dem einstigen XDJ-Aero sogar noch einen Schritt weiter, einem DJ-Controller für mobile Quellen dank WLAN-Verbindung.

## Die Hardware: Der DJ-Controller / Der Add-On-Controller

Die Musikspeicherung und Verknüpfung erfolgte via rekordbox auf Smartphones oder Tablet-PCs, wie iPad, und wurde somit von denen zugespielt. Man lud die Musik z. B. auf das Smartphone, bereite unterwegs die Tracks und das Set ohne Laptop vor und zum Auflegen stellte man eine WLAN-Verbindung mit dem Controller her.

Solltest du dich für einen DJ-Controller entscheiden, dann findest du weitere Infos und Empfehlungen in den jeweiligen Kapiteln der DJ-Programme.

### Der Add-On-Controller

Denon DJ DN-SC2000

Controller ohne Mixereinheit steuern ausschließlich die vom Laptop abgespielten MP3s oder Softwarefunktionen. Solche sogenannten Add-Ons können einem DJ-Player ähneln, besitzen die gleichen Ausstattungsmerkmale, aber kein CD-Laufwerk und hören nur auf die DJ-Software, wie das Auslaufmodell Denon DJ DN-SC2000 auf Traktor. Aber auch herkömmliche DJ-Player, wie der Pioneer DJ CDJ-2000 NXS2 oder Denon DJ SC5000 Prime, funktionieren als DJ-Controller. Hierfür muss der Player auf HID - Hardware Interface Device - Modus und die DJ-Software auf intern eingestellt sein. Die zwei bis vier DJ-Player werden untereinander per LAN-Kabel verlinkt, wovon der erste Player mit dem Laptop über USB-Kabel verbunden ist.

Dicer von Novation (oben), Pioneer DJ DDJ-SP1 (unten) und Traktor Kontrol X1/D2

Equipment **141**

# EQUIPMENT

Neben diesen DJ-Controllern etablierten sich auch Add-Ons, die nur den Umgang mit einer Software unterstützen und vereinfachen, um diese nicht über die Maus oder Laptoptastatur bedienen zu müssen, z. B. Traktor Kontrol X1, D2 und F1 für Traktor Pro oder Pioneer DJ DDJ-SP1, Denon DJ DN-HC1000S und Novation Dicer für Serato DJ Pro.

### TIPP

Die Dicer besitzen drei vorprogrammierte Modi, den Cue Point-, Loop Roll- und den Auto Loop-Modus. Die letzten beiden sind allerdings auch nochmals frei belegbar, wenn die jeweilige Modus-Taste im gedrückten Zustand ist. Etwas umständlich beim Gig, jeweils Modus- und Funktionstaste gleichzeitig zu drücken. Abhilfe schafft das Zusatzprogramm Dice Tools, mit dem du festlegst, wie lange die Moditasten gedrückt werden müssen, damit du in den frei belegbaren Modus gelangst. Des Weiteren stehen dir verschiedene Farbkombinationen zur Verfügung, um deine festgelegten Buttons von den Presets (Werkseinstellung) optisch zu unterscheiden. Allerdings werden diese Einstellung erst aktiviert, wenn du jeweils vor der Benutzung der Dicer das Programm startest.

Im Jahr 2017 trauten viele DJs ihren Augen nicht: Bei der in Anaheim/USA stattfindenden NAMM, einer der größten Messen der Musikindustrie, stellten gleich zwei Hersteller einen neuen Add-On-Controller vor, der das digitale DJing mit Turntables revolutionieren soll. Beide Gadgets verzichten auf den Tonarm samt Tonabnehmer, wobei MWMs Phase auf den herkömmlichen Plattenspieler nicht verzichtet, indem es die Plattenteller-Bewegung über einen in dem Dorn eingefädelten Sender, dem Remote, einfängt. Dagegen konzipierte Rane eine Art digitalen Schallplattenspieler, mit dem zwar keine analogen Schallplatten abgespielt werden können, aber dafür durch einige digitale und bisher exklusive Funktionen überzeugt. Aus diesem Grund sollen beide Tools etwas konkreter vorgestellt werden.

**Rane Twelve MKII:**
Ranes Twelve MKII ersetzt beim DVS von Serato DJ Pro, Traktor und VirtualDJ den Schallplattenspieler durch einen High-Torque-Motor angetriebenen MIDI-Controller, womit Nadelspringen und Signalaussetzer auf-

## Die Hardware: Der Add-On-Controller

Rane Twelve MKII

grund von Staubansammlungen oder verschlissenen Tonarmkontakten, wie auch DVS-Signal verunreinigende Bass-Vibrationen und Feedbacks der Vergangenheit angehören. Zum einen sendet der Controller die jeweilige virtuelle Nadelposition digital per USB, zum anderen seit der MKII-Generation auch als Stereo-Audio-Signal über die beiden Cinch-Ausgänge. Sein Name beruht auf dem optisch dominierenden, leicht versenkten 12-Zoll großen Aluminiumteller in konischer Form samt Stroboskop-Spiegeln, wie man ihn von dem zitierten Klassiker Technics SL-1210 MK2 kennt. Für enorme Laufruhe sorgen das Gewicht des Plattentellers, eine Kautschuk-Dämpfung an der Unterseite, dazu wird 3600 Ticks-genau die Plattenteller-Position auf die Software übertragen. Für weiteres Turntable-Feeling sorgen eine Acryl-Platte mit Rillenoberfläche und darunter gelegter Slipmat, die Stroboskoplampe, die Geschwindigkeitstasten für 33 1/3 und 45 Umdrehungen/Minute sowie ein elf Zentimeter langer Pitch-Control mit acht, sechzehn oder fünfzig Prozent Umfang, dessen links und rechts platzierten Pfeil-LEDs die Richtung angeben, um beim Deck-Wechsel den Pitch-Fader auf die Geschwindigkeit des aktuellen Decks anzupassen. Zudem verfügt der Controller über einen dreizehn Zentimeter langen Touch Strip mit umschaltbarem Modus und Deck-Auswahl. Weitere Features des MKII-Modells sind ein OLED-Display für die DVS-Wahl und momentane BPM, ein Instant-Doubles-Button und ein Drehknopf zum Scrollen in der Library und Laden von Tracks. Auch der Start/Stopp-Schalter gibt jetzt dank Hub nach und vermittelt damit das Feeling vom SL-1210 MK2. Angeschlossen wird der Twelve per USB an den Computer oder an den Dual-USB-HUB des Rane Seventy-

# EQUIPMENT

Two-MKII beziehungsweise Seventy-Mixers, alternativ per RCA-Ausgang an den Cinch-Line-Eingang eines beliebigen zertifizierten Mixers oder eines DVS-Interfaces wie den des Denon DJ DS1.

Beim Auflegen und Scratchen fühlt sich der Twelve wie ein richtiger Plattenspieler an, dessen Plattenteller auf dem am höchsten eingestellten Drehmoment von 5 Kg/cm einen Kick-Start aus dem Stand hinlegt. Wer es dagegen mehr auf Technics SL-1210 MK2-Niveau mag, der stellt den Torque auf Low.

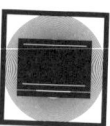

Auf Scratching und Dropping am Teller reagiert die DJ-Software latenzfrei, lediglich Auflegen mit analogem Vinyl fühlt sich noch etwas direkter an.

Ist der Twelve MKII per USB angeschlossen, läuft die DJ-Software im internen Modus, der Controller hält das eingestellte Tempo konstant. Die für Plattenspieler typischen Gleichlaufschwankungen und damit erforderliche Korrekturen der Phasenlage der Beats im Mix durch Anschieben und Abbremsen am Plattentellern bleiben einem zumindest bei exakten Tempi der beiden Decks erspart. Schließt man den Twelve MKII per Cinch an den Mixer und spielt damit das Stereo-Audio-Signal analog aus, geht die DJ-Software in den relativen Modus über, wobei auch die besagten Gleichlaufschwankungen auftreten. Ist der Twelve einem Deck zugewiesen, dreht sich sofort der Plattenteller. Stimmt allerdings die momentane Pitch-Control-Einstellung nicht mit der auf dem virtuellen Deck im Serato DJ Pro überein, signalisiert der Twelve MKII die notwendige Korrekturrichtung per Pfeil. Denn solange dieser aufleuchtet, reagiert das Deck nicht auf Tempi-Änderungen. Im Fall eines Matchs der Pitch Control-Position erlöscht der Pfeil und der Fader übernimmt die Kontrolle.

Der Touch Strip visualisiert die aktuelle Spiel-Position im Track und man kann damit eine gewünschte Stelle schnell aufsuchen (Needle Search). Alternativ triggert man die acht belegten, farblich RGB-illuminierten Cue Points. Mit dem Twelve MK II lassen sich durchdacht bis zu vier Deck steuern. Denn die erwähnten Pfeiltasten am Pitch-Control bestätigen auch, das ein neues Deck in der Mache ist, sofern die Pitch-Position nicht übereinstimmt. Beim Switchen zwischen den Decks merkt sich der Twelve MKII den jeweils gewünschten Mode des Touch Strips. Befindet sich ein Deck im Abspielmodus, läuft der Teller. Hingegen beim Tausch auf ein anderes inaktives Deck, stoppt er sofort. Eine ausgeklügelte Gedankenstütze, um beim ständigen Wechsel zwischen zwei Decks die Übersicht zu behalten.

Der Twelve MKII ist eine sehr durchdachte auf DVS zugeschnittene, allerdings nicht ganz günstige Plattenspieler-Alternative für Turntablisten, zu dessen Lieferumfang Serato DJ Pro nicht gehört.

**MWM Phase:**

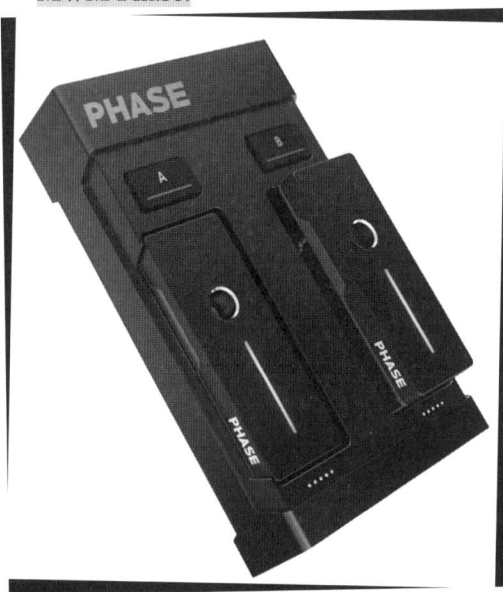

Auf der NAMM 2018 stellte die französische Schmiede MWM den Prototypen von Phase, dem ersten Wireless DVS-Controller, vor, sodass viele DJs ihren Augen nicht trauten. Denn ein in den Dorn des Turntables gelegter Sender, (Remote), überträgt Plattenteller-Moves an eine beliebige DVS-Software. Ein Tonabnehmer zum Abtasten des Vinyls erübrigt sich. Im Grunde genommen ist sogar gänzlich der Plattenspieler überflüssig, denn selbst wenn man eine Schallplatte mit angehefteten Remote in der bloßen Hand dreht, reagiert die DJ-Software auf die Bewegung. Ein recht lustig anzuschauendes Gimmick bei mancher DJ-Performance auf der Bühne und im Instagram-Video.

MWM Phase

MWM bewiesen bereits mit dem Mixfader ihr innovatives Gespür für kabellose DJ-Gadgets. Funktioniert der Mixfader noch mit Bluetooth, setzt Phase hingegen auf WIFI. Die beiden Controller fädelt man in den Plattentellerdorn, die auf einem auf dem Label einer Schallplatte geklebten Magnetstreifen fixiert sind, umso Driften der Remotes bei schnellen Bewegungen, wie Scratches, zu verhindern. Beide Remotes sind mit einer Empfangsstation und einem Laptop per WIFI verbunden. Signalverunreinigungen, gar -unterbrechungen durch andere Netze oder Bluetooth bei-

# EQUIPMENT

Phase im Einsatz

spielsweise von Handys verhindert laut MWM eine sich aller zehn Sekunden änderte Funkfrequenz. Allerdings sollte man den Netz- und Signalsmog auf Veranstaltungen mit tausenden Besuchern und etlichen Funkfrequenzen durch Handys, InEar-Monitoring und Mikrofonie nicht unterschätzen.

### Das Setup

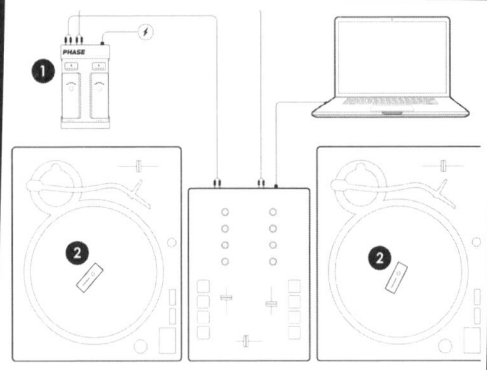
So wird Phase angeschlossen

Die Empfangsstation samt der in den Loadingdocks geparkten Remotes wird zunächst per USB-Kabel mit dem Computer gekoppelt. Die damit stromversorgte Phase-Box bestätigt das Laden der Remote-Akkus. Auf dem Laptop installiert man anschließend die von der MWM-Website heruntergeladene Konfigurations-Software, die nach dem Öffnen das angeschlossene Phase erkennt. Ein Account ist anzulegen. Das Setup untergliedert sich in die Reiter DVS, LEDs, Energy Saver und Info. Unter DVS wählt man seine DJ-Software (Serato DJ Pro, Traktor DJ, rekordbox DJ, Ms Pinky, edjing) aus und stellt die Vinyl-Abspielgeschwindigkeit (33 oder 45 RPM) ein. Im Reiter LEDs sucht man sich eine von neun Farben für die Remote-LED-Streifen aus. Dazu müssen die Remotes allerdings in den Docks der Empfängereinheit stecken.

Akkus besitzen nur eine gewisse Laufzeit und verschleißen gar. Deswegen richtete MWM auch den Energy Saver ein, damit ungenutzte Remotes nach einer einstellbaren Zeit in Minuten in den Ruhezustand wechseln oder per Shut Down komplett herunterfahren, sofern die Remotes die gewisse eingestellte Sleep-Zeit schon ruhten. Zu guter Letzt zeigt Info die Seriennummer, Software-Version, den Account. Zudem kann man in diesem Reiter Phase auch zurücksetzen: Soft-Reset löscht alle Voreinstellungen wie Name, Farbe, Timeouts und DVS-Signal, der Account bleibt jedoch erhalten. Dagegen Hard-Reset setzt Phase komplett auf die Werkseinstellung zurück.

**Der Anschluss**
An einem Serato DJ Pro zertifizierten Mixer sind die Phase-Kabel der Phase-Empfangsstation direkt mit den Cinch-Line-Eingängen des Mixers zu verbinden. Bei kombinierten Phono/Line-Eingängen muss unbedingt der Schalter auf Line stehen, denn ein Phono-Signal akzeptiert Phase nicht. Die Plattenspieler können wie gewohnt an den Phono-Eingang angeschlossen werden. Im DVS-Setup wählt man CDJ anstatt Turntable als Controller. Phase benötigt dazu eine Empfindlichkeit von circa -53 Dezibel oder weniger, ansonsten reagieren die Sensoren nicht. Anschließend legt man die Remotes auf die Magnetic-Sticks, damit sie anschließend kalibrieren, was nur wenige Sekunden dauert.

Möchte man das DVS mit einem externen Interface betreiben, steckt man die Cinch-Kabel der Phase-Empfangsstation an die Line-Eingänge der DVS-Box und dessen Line-Ausgänge wie gehabt an die Line-Eingänge des Mixers.

**Das Auflegen**
Ist Phase angeschlossen und eingerichtet, spurt der Wireless DVS-Controller. Das Auflegen geht wie gewohnt mit DVS von der Hand, aber ausschließlich im relativen Modus. Die Spielposition im Track lässt sich nicht wie im absoluten Modus ändern, sondern nur über getriggerte Cues oder den Playhead in der Wellenform. Von Latenz kann selbst bei schnellen Scratch-Skills kaum die Rede sein. Dennoch Vinyl-DJing, selbst mit Timecode ist noch direkter und tighter. Zudem tritt nach etlichen heftigen Moves ein Remote-Drifting auf, das Signal zieht nach. DJs berichten zudem von Tempo-Verschiebungen (Pitch-Drifting) zwischen Remote und Software. Auch Cue Points verrutschen virtuell in ihrer Position auf der Platte.

Mit Phase bleibt einem das Desaster mit den schlecht gewarteten Tonarmen der Plattenspieler und den damit verbundene Signaleinbrüche (Drop-Outs)

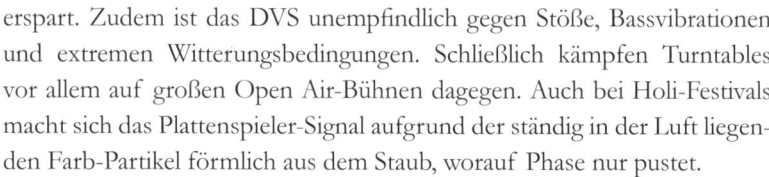

erspart. Zudem ist das DVS unempfindlich gegen Stöße, Bassvibrationen und extremen Witterungsbedingungen. Schließlich kämpfen Turntables vor allem auf großen Open Air-Bühnen dagegen. Auch bei Holi-Festivals macht sich das Plattenspieler-Signal aufgrund der ständig in der Luft liegenden Farb-Partikel förmlich aus dem Staub, worauf Phase nur pustet.

Jeder vollgeladene Remote hält nach MWMs Angaben zehn Stunden Performance durch. Für ein herkömmliches Set völlig ausreichend, allerdings sollte man das Laden vor dem Gig nicht vergessen und bedenken, dass Akkus verschleißen und ihre Laufzeit sich dadurch verringert. Zudem attestieren DJs nur eine Akku-Laufzeit von nur bis zu fünf Stunden, denn je häufiger sich der Remote beispielsweise durch Scratching schnell hin- und herbewegt, verkürzt sich diese. Um über einen Abend zu kommen, entscheide dich daher lieber für die Ultimate-Version mit vier Remotes als für die Essential mit nur zwei.

Sollte man in der Session mit Vinyl performen, braucht man dafür die Software nicht neu zu starten. Am Serato DJ Pro-Mixer einfach auf Plattenspieler und im Serato DJ Pro-Setup auf Turntable umstellen. Ist ein externes DVS-Interface angeschlossen, lediglich die Kabel von Phase mit denen des Plattenspielers tauschen, dazu die Kanäle auf Phono schalten und im DVS-Setup auf Turntable wechseln.

Phase ist ein innovatives Wireless Controller-Tool, das zwar etliche Probleme löst, aber dafür auch neue schafft. Somit eignet sich Phase mehr als Backup im Worst Case bei kapitulierender Signalübertragung vom Turntable als ein permanentes Gadget für jeden Gig.

### Der MIDI-Controller

Als vierte Kategorie wären die universellen **MIDI-Controller** zu nennen, z. B. von M-Audio, Akai oder Korg, die mit jeder MIDI-kompatiblen Software funktionieren. Ihre großen Pads sind mit Funktionen der Software frei belegbar und lösen beim Drücken entsprechende Funktion aus (man spricht vom Triggern), wodurch sie das Auflegen sehr vereinfachen. Für die großen auffälligen Trigger-Pads, die du auch im Dunkeln und nicht ganz nüchternen Zustand bedienen kannst, erfolgt ein Mapping (eine Tastaturzuweisung samt

Akai MPD 24 und Korg Nano PAD2

Kommando) der Pads nach deinen Wünschen, und sie werden per MIDI deinen Befehlen ohne Latenz auf der Software Folge leisten. Am günstigsten ist, z. B. die Pads mit Sample-, Loop-Funktionen oder auch Cue Points zu belegen, denn somit kannst du diese einfach, schnell und vor allem beim Mixen auf den Takt genau bedienen. Beschrifte auch am besten die Pads mit ihren Funktionen, damit du beim Auflegen nicht die falschen Tasten drückst. Zum Mapping der MIDI-Controller aktivierst du in deiner jeweiligen verwendeten Software die MIDI-Funktion und weist den Funktionen die gewünschten Buttons zu. Eine Anleitung zum MIDI-Mapping findest du in den Kapiteln bzw. an den Beispielen von Serato DJ Pro und Traktor.

Auch spielerisch, spacig und als Entertainment-Gadget kommen Controller seit Numarks Orbit zum Einsatz. Dank bis 30 Meter reichendem WLAN- bzw. achtstündigen Akkubetrieb und einzigartigem Bewegungssensor können gemappte Funktionen durch die Bewegung in der X- und Y-Achse beeinflusst werden.

Numarks Orbit

### BEACHTE

MIDI-Controller erfordern mitunter einen Neustart der Software, wenn sich dein Notebook im Ruhezustand befand bzw. das Interface vom ihm

# EQUIPMENT

getrennt war. Bedenke auch beim Kauf von DJ- und MIDI-Controllern, dass beim Einsatz im Club bzw. in der Discothek deren Größe zu Aufstellungsproblemen führen kann. Deswegen bevorzuge besser einen kleineres, kompakteres Gerät.

## Tablets mit DJ-Apps als Remote-Controller

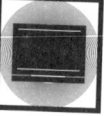

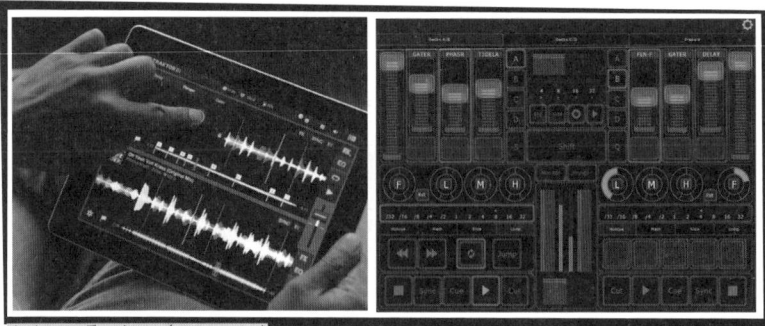

Traktor DJ und Liine's Lemur (23)

Ein Tablet-PC oder Smartphone ist ein ständiger Reisebegleiter. Da liegt es nah, sie auch beim Auflegen mit speziellen Apps einzusetzen, über WLAN oder USB angeschlossen, entweder als Controller (Remote-Funktion) wie bei Serato DJ Pro, oder als separate Software, z. B. Traktor DJ.

Fungiert beispielsweise das iPad als Serato DJ-Remote können nicht nur Hot Cues, Samples, Auto Loops, Slicer oder Loop Rolls getriggert, sondern auch Effekte ausgewählt, aktiviert und modifiziert werden. Besonders viel Spaß bereiten die Effekte, wenn man sie zusammen mit den Loop Rolls kombiniert. Öffnest du die Vollansicht, erscheinen die Beats der Rolls als vertikale Skalen, deren Höhe der Effektintensität entspricht. Auch das Navigieren durch die Library auf dem Laptop und Laden der Decks mit Tracks erledigt sich komfortab-

Serato Remote: Pads-/Sampler-Ansicht

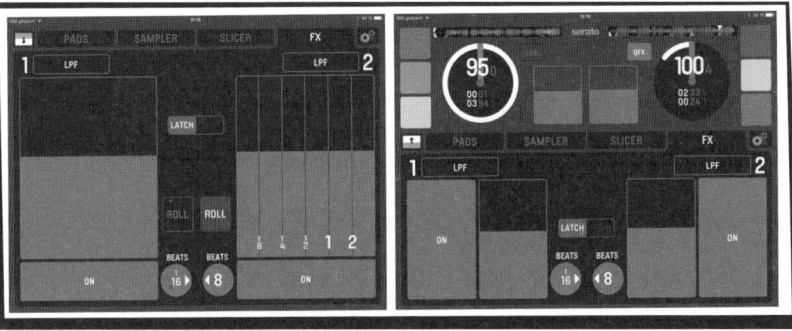

Serato Remote: Der Effektreiter in zwei Ansichten

ler vom iPad. Allerdings sind beim personifizierten Einrichten der Oberfläche Grenzen gesetzt.

Hingegen kostenpflichtige Apps wie Liines Lemur überlassen dir das Konfigurieren des Screens nach deinen Funktions- bzw. Anordnungswünschen und die Wahl der zu steuernden DJ-Software.

Generell ist fraglich, ausschließlich mit einem Tablet professionell aufzulegen. Schließlich isst auch das Auge mit und die Professionalität einer DJ-Performance baut auch auf entsprechendes, mitunter imposantes Equipment.

## Die DJ-Software:
## Serato DJ Lite und Serato DJ Pro

Der Neuseeländische Softwarehersteller Serato, der in DJ-Kreisen dank ihrem DVS Scratch Live einen sehr renommierten Ruf genießt, bedient mit Serato DJ Pro DJ-Controller, Turntables als DVS, funktioniert aber auch dank optionalem Expansion Pack Serato Play komplett ohne externe Hardware. Hingegen das kostenlose Serato DJ Lite ist eine abgespeckte Version, speziell auf Einsteiger-DJs ausgerichtet, die nur mit zwei Decks vom Laptop oder von zertifizierten Einstiegs-Controllern auflegen möchten. Gegenüber der Pro-Version unterscheidet sie sich vor allem durch eine weniger komfortable Bedienoberfläche, kein Quantize, die Wellenformansicht ist nicht wechselbar, dazu gibt es nur vier Cue Points, Beat Loops reichen lediglich von 1 bis 8 Beats. Es gibt sechs auswählbare Effekte und einen Sampler mit insgesamt acht Slots. Allerdings alles völlig ausreichend, um in das DJing hinein zu schnuppern.

# EQUIPMENT

Serato DJ Lite

**TIPP**

Numark Party Mix
Reloop Beatmix4

Empfohlene DJ-Controller unterhalb von 300,00 Euro: Roland DJ-202 und Pioneer DJ DDJ-SB3

Dagegen ist Serato DJ Pro eine der ausgereiftesten, damit sichersten und funktionsreichsten DJ-Softwares.

### Die besonderen Features

-- NoiseMap-Technologie: gegenüber anderen DVS setzt Serato ein eigens entwickeltes Signal ein, dass nicht wie bei einem Timecode nur eine Strecke in Form der Rille, sondern eine komplette Struktur abtastet
- einfache und superschnelle Installation: eine Datei wird installiert, kein aufwendiges Einrichten und Kalibrieren von Soundkarten notwendig

Serato DJ Pro

- Wahl zwischen horizontalen und vertikalen Welleformen
- Bilden von Subcrates (Unterordner) und Smart Crates (intelligente Ordner)
- die Spektrogramme verlaufen direkt nebeneinander (bei vertikale Anzeige) oder übereinander (bei horizontaler Ansicht), somit ist die Synchronität sehr gut zu erkennen
- Slip Mode, mit dem du einen laufenden Track z. B. scratchst und dieser während dessen trotzdem im Hintergrund weiterläuft, sodass nach dem Scratch der Track auf den Beat wieder einsetzt, wie beim Loop Roll
- Sticker Lock richtet automatisch Cue Points am Sticker des Vinyl aus
- Anti-Drift: ständiges Auseinanderlaufen der Tracks während der Blenden aufgrund der Gleichlaufschwankung des Plattenspielermotors findet mit der exklusiv im Serato DJ Pro-Setup aktivierbaren Funktion ein Ende. Es stabilisiert das Tempo nach wenigen Sekunden auf einen konstanten, gemittelten Wert.
- Serato Video: Videos können gemixt, gecuttet und gescratcht werden
- Pitch `n Time als Expansion Pack erlaubt extreme Tempi-Veränderungen (auch über 30 Prozent) mit konstanter Tonhöhe ohne deutlich hörbare Artefakte, dazu Key Sync zum automatischen harmonischen Anpassen der Tonart
- Mit dem Expansion Pack Flip können sehr schnell eigene Edits, Beat Pattern, Transitions erstellt und performte Tone Play-Routines abgespeichert und abgerufen werden

# EQUIPMENT

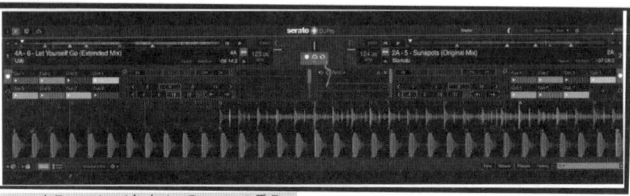

2 Kanal-Practice Mode im Serato DJ Pro

- Serato DJ Pro als DVS funktioniert auch dank Expansion Pack Club Kit mit der internen Soundkarte ausgewählter DJ-Mixer
- Lichtsteuerung auf DMX-Basis per optionaler Software SoundSwitch und USB/DMX-Interface als Hardware
- Streaming von TIDAL, Beatport/-source Link, SoundCloud Go+
- Practice Mode (früher als Offline Mode bezeichnet) mit ein oder zwei Decks samt Cue Points, Loop und simpler Mix-Einheit zum Vorbereiten und Testen von Mixblenden ohne Hardware
- Day Mode: Durch Umkehren dunkler Farben der Benutzerfläche erhält man eine bessere Sicht auf das Display in einer sehr hellen Umgebung.

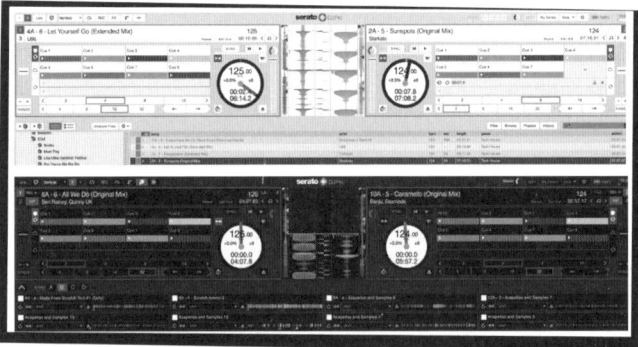

Day Mode und Scratch Bank im Serato DJ Pro

- Scratch Bank (momentan nur bei Pioneer DJ DJM-S11): Die acht Performance-Pads triggern acht Slots der vier Bänke, in denen Scratch-Sounds oder Tracks parken, um sie vom ausgewähltem Start-Punkt, mit aktiviertem Key Lock und Repeat in das jeweilige Deck zum Scratchen verschiedener Soundfiles on the fly oder schnellere Trackwechsel im Mix zu laden.

Für Serato DJ Pro muss man mehr berappen als für andere Programme, vor allem, wenn man in den Genuss aller Features und Add-Ons kommen möchte. Für Sparfüchse bietet Serato allerdings einige Bundles:

Enthusiast / Bedroom-DJ / Professional DJ / Artist

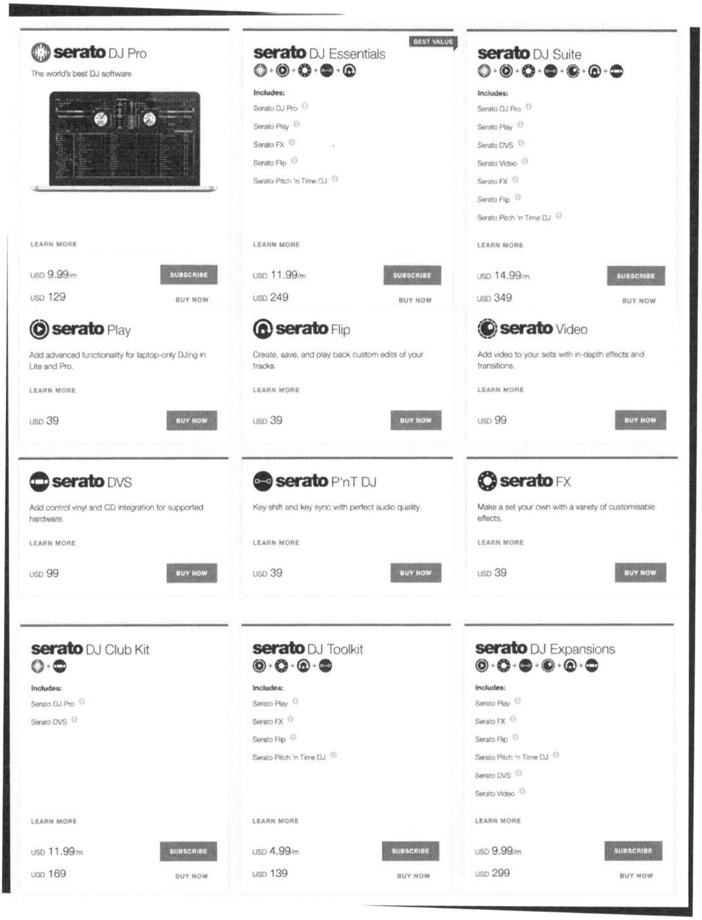

# Die DJ-Software: Serato DJ Lite und Serato DJ Pro

Serato DJ Pro funktioniert nicht universell, akzeptiert keine handelsüblichen Soundkarten und verlangt einen entsprechenden DJ-Controller, ausgenommen, wenn man mit dem Expansion Pack Serato Play direkt vom Laptop auflegen möchte. Wenn du einen DJ-Controller an deinen Laptop anschließt und Serato DJ Pro hochfährst, wirst du feststellen, es funktioniert auf Anhieb per Plug´n´Play ohne langwierigen Konfigurationen, da Software und Hardware aufeinander abgestimmt sind. Sollten trotzdem Modifikationen und die Anpassung der Software an die Spezifikationen deines Laptops notwendig sein, im Setup findest du die entsprechenden Reiter. Da die Software nicht sehr viele Kompromisse bezüglich der Rechnerleistung erfordert, sind in dem Setup auch nur die notwendigsten Einstellungen vorzunehmen und zu anzupassen.

# EQUIPMENT

Pioneer DJ DDJ-SX3 und Denon DJ MCX8000

## Die DJ-Software: Traktor LE und Traktor Pro

Traktor von Native Instruments gehört seit Jahren zum Standard im DJing. Mit Traktor LE, eine Light-Version, um „auf den Geschmack" zu kommen, kannst du zwei Decks easy mixen. Allerdings verfügt Traktor LE nur über drei Effekte und kein MIDI-Mapping. Erst Traktor Pro zeigt das volle Potential: bis zu vier Track- oder Remix Decks á vier Slots, in denen wiederum bis zu vier Samples, Sounds und Loops für den Mix gespeichert und mit 40 Effekten kombiniert werden. Ein weiteres Feature stellt der Loop Recorder dar, mit dem ein von dem Masterausgang bzw. Eingangskanal aufgenommener Loop quasi als fünftes Deck dem Mix beigesteuert wird und Overdubs erzeugt. Dem kreativen Schaffen sind somit keine Grenzen gesetzt, getoppt von Native Instruments Maschine, einem Groove-Sequencing-Instrument (siehe Kapitel „Das Live-Remixing im Set"), die sich nativ mit der DJ-Software versteht. Obendrein lässt sie sich auf etliche individuelle Anpassungen

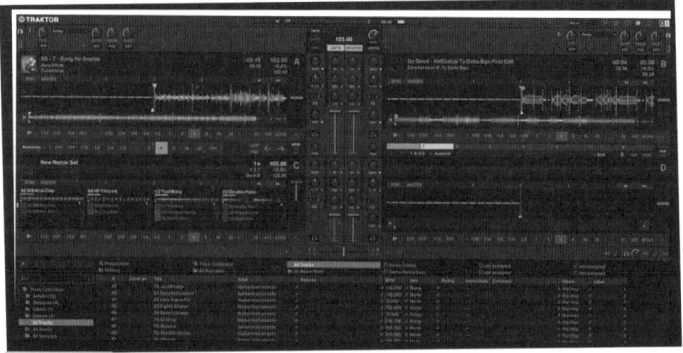

Traktor Pro 3

Enthusiast / Bedroom-DJ / Professional DJ / Artist

im Setup ein, die viel Zeit und Know-How erfordern. Traktor Pro funktioniert dank integrierter Mischeinheit auch nur mit Laptop, akzeptiert auch diverse Soundkarten, lässt sich natürlich mit einem DJ-Controller, wie dem Flaggschiff Native Instruments Kontrol S8, bedienen. Da allerdings seit Jahren fast ausschließlich nur hauseigene Geräte zertifiziert werden, zeigt sich das generelle Angebot an Plug´n´Play-fähigen DJ-Controllern eher übersichtlich, zumal auch zertifizierte DJ-Controller von Drittanbietern oft ein kostenpflichtiges Upgrade der Software voraussetzen. Dennoch tummeln sich online etliche downloadbare Traktor Pro-Mappings für die gängigsten Controller-Modelle. Sollte deins nicht dabei sein, dann mappe einfach selber. Traktor Scratch als DVS gleicht Traktor Pro optisch und funktionell, erfordert aber einen zertifizierten DJ-Controller bzw. ein Audio 6- oder Audio 10-Interface.

**Die besonderen Features**
- Auflegen nur mit Laptop und ohne externe Hardware möglich, akzeptiert auch nicht zertifizierte Soundkarten
- Key Widget: Veränderung der Tonart eines Tracks ohne Veränderung der Geschwindigkeit zum harmonischen Mixen
- verschiedene Quellen per MIDI Clock und Ableton Link synchronisierbar
- umfangreiches Edit-Menü zum Eintragen spezifischer Trackeigenschaften
- sehr umfangreiches Setup zur individuellen Display- und Hardwareeinstellung und -anpassung
- Remix Decks zum Starten von je vier One Shot-Samples pro Deck
- Phase Meter: es dient der optischen Hilfe, ob zwei Tracks im Mix synchron und beatgenau sind bzw. welcher schneller oder langsamer ist
- Traktor unterstützt STEMS-Audio-Files, ein auf dem MPEG4- basierendes Containerformat, das neben dem kompletten Track-File vier weitere Files mit Einzelspuren (Drums, Bassline, Melodie und Vocals), bereithält; diese werden auf die Remix Decks geladen und können nach eigenen Vorstellungen separat gemischt werden; alle vier Spuren gleichzeitig mit gleichem Level abgespielt, klingen wie der ursprüngliche Track
- zur besseren Kontrolle der Phasengenauigkeit der Decks im Mix können die Wellenformen auch parallel wie bei Serato DJ Pro dargestellt werden
- Loop Recorder zum Aufnehmen von Live-Overdubs

# EQUIPMENT

Sollte dir die Entscheidung für einen der beiden Platzhirsche noch schwer fallen, vielleicht hilft dir diese zusammenfassende Übersicht:

| Feature | Serato DJ Pro | Traktor (Scratch) Pro |
|---|---|---|
| Timecode | NoiseMap-Technologie | Traktor Scratch MK2-Technologie |
| Audio-Interface | Rane SSL2, SSL3, SSL4, Denon DS-1 | Audio 6 und Audio 10 |
| Updates | gratis, aber Erweiterungen kostenpflichtig | kostenpflichtig, aber inkl. aller Features |
| Inputs | SSL2 zwei, SSL3 drei, SSL4 vier | Audio 6 zwei, Audio 10 vier |
| MIDI-Clock / Link | nein / ja | ja |
| Hot-Cues | acht pro Deck | acht pro Deck |
| Sampler | Sample Player mit 32 Slots | Remix Decks: vier Samples in je vier Slots á vier Pages (64 Samples pro Deck) |
| Spektrogramm-Darstellung | vertikal neben-, horizontal untereinander | einzeln pro Deck, horizontal nebeneinander |
| virtueller Mixer | ja (nur mit Expansion Pack Serato Play) | ja |
| Video-Unterstützung | ja | nein |
| Effekte | bis zu drei verkettete Effekte pro Deck | bis zu zwölf verkettete Effekte pro Deck |
| Streaming-Dienste | TIDAL, Beatport/Beatsource Link, SoundCloud Go+ | nein |
| Besonderheiten | - Serato Flip zum Erstellen eigener Edits<br>- Pitch´n Time mit Time-Stretching und Pitch-Shifting in Studioqualität, dazu Key Sync für Tonartanpassung<br>- Serato Video-Unterstützung<br>- Club Kit akzeptiert interne Soundkarten von DJ-Mixern<br>- Sticker Lock<br>- gegenüber Traktor niedrigere Latenz und reagiert damit direkter<br>- Vielzahl zertifizierter Hardware | - Synchronisation mit NI Maschine<br>- sehr umfangreiches Setup für individuelle Anpassung<br>- unterstützt STEMS-Audio-Format<br>- Loop Recorder<br>- Single Deck View zum Vorhören ohne Deck<br>- Key Widget für Tonartanpassung<br>- gegenüber Serato DJ Pro besserer Sound<br>- sehr individuelle Oberflächenanpassung<br>- Streaming von DJ-Sets |
| Preis | Software: 129,00 Dollar / 9,99 Dollar/Monat<br>Hardware: ab 399,00 Euro (Denon DJ DS1) | Software: 99,00 Euro<br>Hardware: ab 299,00 Euro (Audio 6) |

## TIPP

Native Instruments Kontrol S8 und Kontrol S3

158  Enthusiast / Bedroom-DJ / Professional DJ / Artist

Detaillierte Infos und Tipps zum Konfigurieren von Serato DJ Pro und Traktor Pro erfährst du in den Kapiteln zu den „First Steps".

## Die DJ-Software: Pioneer DJ rekordbox

Bisher kümmerte sich Pioneer DJs rekordbox bei DJ-Controllern und CDJs nur um das Musikmanagement, indem Tracks analysiert, mit Hot Cues, Loops und Tags verarztet werden, um sie danach für das Auflegen mit einem CDJ auf einen USB-Stick zu exportieren. Seit Version 4.0 ist das Programm dank dem Performance-Modus samt internen Mixer und DVS-Unterstützung zu einer eigenständigen DJ-Software gewachsen.

Die Erweiterung der Software ist eine logische Schlussfolgerung, um neben von Serato DJ Pro und VirtualDJ zertifizierten Produkten auch einen eigenen, unabhängigen Weg einzuschlagen. Die Marschrichtung stand für die Entwickler fest: eine ihres Erachtens bessere, stabile Software mit Innovationen zu entwickeln.

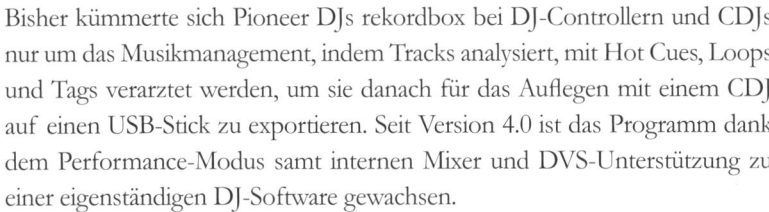

rekordbox im Export- und Performance-Modus (oben und unten)

# EQUIPMENT

Mit der Version 6.0 zog auch die Abo-Bezahlung ein, die sich wie folgt staffelt:

| | Free | | Core | Creative |
|---|---|---|---|---|
| | Kostenlos | Mit spezieller "Hardware Unlock"-Hardware | 9.99 Euro/Monat | 14.99 Euro/Monat |
| **- Devices** | | | | |
| Anzahl aktiver Geräte | | | 2 | 4 |
| **- Export mode** | | | | |
| Musikverwaltung | ✓ | ✓ | ✓ | ✓ |
| Recording | ✓ | ✓ | ✓ | ✓ |
| Mobile Synchronierung der Musiksammlung | ✓ | ✓ | ✓ | ✓ |
| Cloud-Synchronierung der Musiksammlung | | | | ✓ |
| Erkennung der Stimmposition[3] | | | | ✓ |
| **- Performance mode** | | | | |
| Audioausgabe | ✓ | ✓ | ✓ | ✓ |
| DJ-Steuerung per PC/Mac | ✓ | ✓ | ✓ | ✓ |
| Steuerung per DJ-Hardware | | Hardware Unlock devices only | All supported devices | All supported devices |
| Videoeinbindung | ✓ | ✓ | ✓ | ✓ |
| Videoausgabe | ✓ [1] | DDJ-RZX ✓ [1] | ✓ [1] | ✓ |
| Lyrics | ✓ [1] | ✓ [1] | ✓ [1] | ✓ |
| Recording | | ✓ | ✓ | ✓ |
| Mixes teilen | | ✓ | ✓ | ✓ |
| DVS | | Hardware Unlock devices only [2] | ✓ | ✓ |
| Streaming-Unterstützung | ✓ | ✓ | ✓ | ✓ |
| Sampler-Aufnahme/-Wiedergabe | ✓ | ✓ | ✓ | ✓ |
| Sample-Sequenzen speichern | | Hardware Unlock devices only | Hardware Unlock devices only | ✓ |
| RMX-EFFEKTE | | | | ✓ |
| Mobile Synchronierung der Musiksammlung | ✓ | ✓ | ✓ | ✓ |
| Cloud-Synchronierung der Musiksammlung | | | | ✓ |
| Erkennung der Stimmposition[3] | | | | ✓ |
| **- Lighting mode** | | | | |
| Beleuchtungssequenzen bearbeiten | ✓ | ✓ | ✓ | ✓ |
| Licht-Hardware steuern | RB-DMX1 | RB-DMX1 | RB-DMX1 | RB-DMX1 |

Beim Upgrade von rekordbox DJ 4.0 bzw. 5.0 auf rekordbox 6.0 werden dessen Lizenzen nicht akzeptiert, da rekordbox 6 als neue eigenständige Software ein entsprechendes Abo verlangt. Zudem ist sie nicht zu rekordbox 5 abwärtskompatibel, wird aber bei der Installation von Version 6.0 auch nicht überschrieben, sodass du gern beide Programme, sowohl rekordbox DJ 4.0 bzw. 5.0 als auch rekordbox 6.0 nutzen kannst, jedoch dies nicht gleichzeitig.

### Die besonderen Feature

- eine sehr niedrige Latenz und CPU-Leistungsbeanspruchung
- die native Unterstützung von Pioneer DJ-Produkten (Mixer, DJ-Controller und Multimedia-Player)
- Sampler mit vier Bänken zu je 16 Slots
- farbige Dreibandwellenformdarstellung für Bässe (blau), Mitten (orange) und Höhen (weiß) samt Phrasenanalyseanzeige zur Visualisierung der 8-Takt-Struktur eines Tracks
- Pad FX-Funktion auf zwei Bänken mit je vier Pads für Slip Loops (Loop Rolls) bzw. Transform-Effekt und acht weiteren Effekten
- unterstützt Streaming von TIDAL, SoundCloud Go+, Beatport Link und Beatsource Link
- Dank Stimmanalysefunktion werden Gesangsparts erkannt und angezeigt, sehr hilfreich, um überlappende Vocals beim Mixen zu umgehen
- Light-Skin-Mode transferiert die dunkle Bildschirmoberfläche in eine helle für einen besseren Kontrast bei Tageslicht
- Lighting Mode zur Lichtsteuerung via DMX in Verbindung der Pioneer DJ RB-DMX1-Hardware
- Lyrics, sofern sie abrufbar sind, können auf Video-Leinwände übertragen werden
- Pattern-Player nimmt Rhythmussequenzen auf, um sie später abzuspielen
- Key Sync passt in Halbtonschritten automatisch die Tonart der Decks an
- bis zu vier Effekte in Reihe verkettbar
- Playlists sind per Automix automatisch abspielbar
- Cloud-Sync erstellt ein Backup der Library in deiner Dropbox, von der auch die Tracks zum Vorbereiten in rekordbox iOS3 geladen werden können
- rekordbox synchronisiert sich per Ableton-Link mit anderen Programmen, sofern sie ebenfalls dieses Protokoll akzeptieren
- Promo-Pool Inflyte bietet rekordbox-User Tracks zum kostenlosen Download an
- VJing: Videos mixen, scratchen und mit Effekten modifizieren, dazu Texte und Bilder einblenden

# EQUIPMENT

Das Track- und Library-Management erweist sich als eine der Stärken von rekordbox. Zunächst bietet der Export-Modus, der der bekannten Musikverwaltungsfunktion entspricht, die Option, Titel zu analysieren und mit sämtlichen Features, die zum digitalen Auflegen benötigt werden, auszustatten.

rekordbox übernimmt die Tracks samt Wiedergabelisten einerseits von iTunes und per Explorer von der Festplatte. Zum schnelleren Auffinden bestimmter Wiedergabelisten oder Ordner erlaubt rekordbox das Definieren eigener Shortcuts.

### Die Oberfläche

Das GUI wirkt clean, sehr übersichtlich und erinnert an die Marktführer Native Instruments Traktor und Serato DJ Pro. Vielleicht ein zufälliger, aber definitiv ein cleverer Schachzug, um Überläufern von den anderen beiden Programmen den intuitiven Einstieg auf die neue Software zu vereinfachen. Das Library-Management ist ähnlich wie bei Traktor: Man durchschaut es erst auf den zweiten Blick. Schließlich bietet es etliche Einstellungsmöglichkeiten und versteckte Funktionen, die rekordbox DJ letztlich mit auszeichnen. Die optisch sehr ansprechenden Decks wirken aufgeräumt, damit überschaubar. Die wahlweise unter- bzw. nebeneinander, damit sehr praktisch angeordneten Spektren ermöglichen die visuelle Phasenkontrolle im Mix wie bei Serato DJ Pro.

### Customized Library

Die Tracklist der Library hebt sich von anderen Programmen dadurch ab:

- Wellenformvorschau
- Zusammenfassung Track, Interpret, BPM und Key in einem Reiter
- Bewertung von Tracks per Stern
- Konfigurationsfenster für Tags zum Klassifizieren nach Musikgenre (Acid House, Nu Disco...), vorgeschlagenen Kommentaren (Dark, Upper, Synth...) und der Platzierung im Set (Main Floor, Lounge...)
- Ähnliche Tracks werden durch Eingabe bestimmter Attribute in einem separaten Fenster von rekordbox vorgeschlagen
- Splitten des Tracklist-Fensters

Enthusiast / Bedroom-DJ / Professional DJ / Artist

Die DJ-Software: Pioneer DJ rekordbox

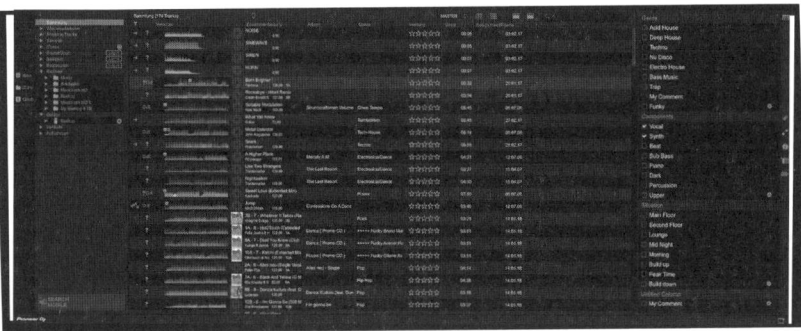

rekordbox Library mit Attributen

### Der Sampler

Natürlich beherrscht der rekordbox-Sampler das Synchronisieren der Samples auf das Master Tempo, das entweder ein Sample oder Deck festlegt, und die Quantisierung des Startpunkts. Die Samples spielen wahlweise als Loop, One Shot oder Gate. Als Besonderheit erweist sich der Pattern-Player mit acht Speicherplätzen für aufgenommene Rhythmussequenzen. Deren Pattern sind entweder ein, zwei oder vier Takte lang. Obendrein gibt es die vereinfachte OSC-Sampler-Ansicht mit vier austausch- und editierbaren Slots samt Pitch- und Volume-Knob, deren Einstellungen allerdings für alle vier Samples gleichzeitig gelten.

### Die Effekte

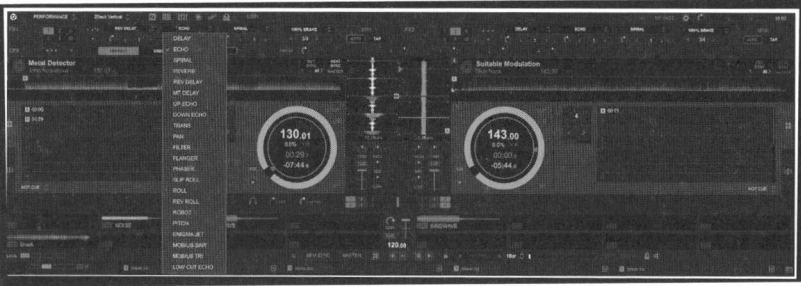

rekordbox Effekte

Auf dem Gebiet der Effekte ist Pioneer DJ, dank ihren Mixern und dem RMX500/1000, seit Jahren erfahren, dass ihnen bei dem Programm soundtechnisch zu Gute kommt. 22 bewährte Effekte, darunter drei Delays, zwei Echos, zwei Roll-Modifikationen, Spiral, Reverb, Trans, Filter, Flanger,

Equipment

# EQUIPMENT

Phaser, Robot und Pan schlummern in drei Slots, die als Beat FX Einzel- oder verkettet im Beat FX Multimodus auf die vier Decks, den Sampler oder den Master zuschaltbar sind. Das Timing ist in den üblichen Beatlängen einstellbar. Im Einzelmodus eines Effekts bietet rekordbox zwei weitere Parameter zum Anpassen. Zudem gibt es die Release-FX-Sektion mit Vinyl Brake, Echo und Back Spin samt Button als zusätzlichen Effekt, der auf den einzelnen bzw. verketteten aufliegen kann. Die Sound Color FX-Fraktion wurde ebenfalls von den beliebten Mixern übernommen, sodass acht Effekte (Filter, Jet, Crush, Noise, Pitch, Space, Dub Echo) zusätzlich auf jeden Kanal gelegt werden können.

**Die Video-Funktion**
Je nach gewähltem Abo können auch Videos mit mehr oder weniger Funktionen gemixt werden, wobei das Creative-Paket sämtliche spielerischen Möglichkeiten ausschöpft. Von der Bedienung sind die Controller der DDJ-Reihe per Mapping förmlich auf den Leib. Selbst High-Definition-Video-Dateien schafft die Software zu verarbeiten, vorausgesetzt man besitzt einen leistungsstarken Rechner mit mindestens 8 GB RAM Arbeitsspeicher. Der Content kann sowohl mit Texten, Logos, sogar Live-Bildern einer extern, an den Laptop angeschlossenen Kamera in Echtzeit kombiniert werden. Der Crossfader mischt die zwei Video-Quellen mit verschiedenen 20 Übergangs-Effekten. Ein hinzufügbarer, spielerisch einsetzbarer Touch-FX mit modifizierbaren Parametern per Fingerbewegung auf der X- und Y-Achse des Displays adaptiert zusätzlich die Videos visuell.

**Das Setup**
Zehn Reiter bietet die DJ-Software zur individuellen Anpassung. Unter anderem legst du das Design bezüglich seiner Schriftgröße, dem Layout, der Wellenform oder der Farbe für die Pad FX, die klassische oder alphanumerische Tonartschreibweise etc. unter „Betrachten" fest.

Weniger oberflächlich, dagegen auf die inneren Werte und die Performance ohne spürbarer Latenz ausgelegt, wählst du in „Audio" die Soundkarte aus und stellst entsprechend die Puffergröße ein. Obendrein gibt es weitere Einstellungsoptionen für das Metronom-Klicken, die Abtastrate, den Mixer-Modus und die Ausgangskanäle. Die „Analyse" kümmert sich um einzulesende Tracks bezüglich des BPM-Bereichs, der Phrase, Grids und der Tonart. Wenn gewollt, setzt rekordbox an dem ersten Takt des Tracks einen Cue Point.

Der Reiter „Controller" ist aufgrund seiner Komplexität wie folgt untergliedert. Mit "Deck" stellst du beispielsweise die Wiederhabe zum ersten Cue Point, den Auto-Cue-Schwellenwert, die Start- und Brems-Geschwindigkeit im Vinyl-Modus, die Jog Wheel-Drehzahl (33 oder 45 RPM) ein. „Mixer" beinhaltet: Auto-Gain, EQ- oder Isolator-Klangmodifikation, Channel- und Crossfaderkurveneinstellung. Beim „Sampler" wären als nennenswerte Parameter der Speicherort der Bank für Slicer-Capture und der Wert des Beat-Quantizing für den Sequencer zu nennen.

Bei „Record" aktivierst du, ob die Aufnahme beim Erkennen eines Audiosignals automatisch startet bzw. bei einer 20 Sekunden langen Stille, je nach eingestelltem Schwellenwert zwischen -78 bis -6 dB, auch stoppt. Zum Digitalisieren von Langspielschallplatten erweist sich das automatische Trennen der Datei bei einer auftretenden, von der Länge einstellbaren Pause von Vorteil. Obendrein optimiert die Software den Audiopegel der aufgezeichneten Datei.

Auch den zusätzlichen Funktionen DVS, Video, Lyric und Lighting bietet das Setup etliche Anpassungsmöglichkeiten. Im „DVS" kalibrierst du das Signal, passt die Empfindlichkeit den Umgebungsgeräusche an und entscheidest, ob beim Einsetzen der Nadel in der Einlaufrille der Track von vorne beginnt.

„Video" kümmert sich unter anderem um die Videoqualität, Transition FX, die Geschwindigkeit der Auto Transition in Sekunden, Text-Animation und Image-Darstellung (gedreht oder gescrollt), Slide-Show-Einstellung, Verzögerungskompensation zwischen Bild und Ton, Videostummschaltung, Helligkeitseinstellung, Konfigurieren der X- und Y-Achse des Touch FX.

In „Lyric" stellst du dessen Videoqualität, ob sie bei der Analyse der Tracks abgerufen und in ihnen explizite Wörter zugelassen werden sollen.

# EQUIPMENT

Bei „Lighting" passe vor allem die Verzögerungsgeschwindigkeit, das Tempo und den Auto Start des Ambient-Lichts bei nicht gespielter Musik an.

Kurzum erfüllt rekordbox alle funktionellen Wünsche, die das DJ-Herz begehrt. Nur der Abo-Preis könnte deine Euphorie leicht verhageln.

### TIPP

Pioneer DJ DDJ-RZX
Pioneer DJ DDJ-RZ

Pioneer DJ DDJ-RZX und DDJ-1000

## Die DJ-Software: VirtualDJ

VirtualDJ

**166** Enthusiast / Bedroom-DJ / Professional DJ / Artist

Die DJ-Software: Pioneer DJ rekordbox
Die DJ-Software: VirtualDJ

VirtualDJ, einst mehr als preiswerte Bedroom-DJ-Software verschrien, ist laut dem Software-Programmier Atomix Productions die meist eingesetzte DJ-App, sodass sie sich auch auf dem professionellen DJ-Markt aufgrund der Unabhängigkeit von der einzusetzenden Hardware und seiner Features etablierte. Welche Soundkarte du bevorzugst, mit welchen Timecode-Vinyl du auflegst, es steht dir frei. Dazu bietet sie individuelle Anpassungsmöglichkeiten. Aber mit zunehmenden Ansprüchen und einhergehender Ausstattung steigt auch der Preis, der sogar den der Mitbewerber teilweise übertrifft:

| | Home Free | Home Plus | LE 8 | Pro | Business |
|---|---|---|---|---|---|
| **General features** | | | | | |
| Full featured advanced DJ player | ✓ | ✓ | ✓ | ✓ | ✓ |
| From 2 to 99 decks | ✓ | ✓ | ✓ | ✓ | ✓ |
| Full featured browser and library management | ✓ | ✓ | ✗ | ✓ | ✓ |
| Full customization<br>VDJScript, custom interfaces (skins), advanced options, ... | ✓ | ✓ | ✓ | ✓ | ✓ |
| Embedded editors<br>automix editor, POI editor, video editor, track cleaner, ... | ✓ | ✓ | ✓ | ✓ | ✓ |
| Access to all audio effects | ✓ | ✓ | ✓ | ✓ | ✓ |
| **Video** | | | | | |
| Can play video | ✓ | ✓ | ✓ | ✓ | ✓ |
| Can play karaoke | ✓ | ✓ | ✓ | ✓ | ✓ |
| Access to all video effects | ✓ | ✓ | ✓ | ✓ | ✓ |
| Can change, customize or remove video logo | ✗ | ✗ | ✗ | ✓ | ✓ |
| **Record & Broadcast** | | | | | |
| Can record audio or video to files | ✓ | ✓ | ✓ | ✓ | ✓ |
| Can broadcast to other users | ✓ | ✓ | ✓ | ✓ | ✓ |
| Can record and store podcasts online | ✗ | ✓ | ✓ | ✓ | ✓ |
| Can broadcast to a professional radio server | ✗ | ✗ | ✗ | ✓ | ✓ |
| **Controllers** | | | | | |
| Use with USB/MIDI controllers | ✗ | The licenced controller only | The licenced controller only | ✓ | ✓ |
| Use with external analog mixer and/or timecode vinyls | ✗ | separate license | depends on controller | ✓ | ✓ |
| **License** | | | | | |
| License transfers | | ✗ | ✓ with controller | ✗ | ✗ |
| Can be used for 'professional' use<br>(earning money as DJ) | ✗ | ✗ | ✗ | ✓ | ✓ |
| Multiple Licenses | ✗ | ✗ | ✗ | ✗ | ✓ |
| **Support** | | | | | |
| Tickets & chat support | ✓ | ✓ | ✓ | ✓ | ✓ |
| Community-based customizations | ✓ | ✓ | ✓ | ✓ | ✓ |
| Personal concierge & phone support | ✗ | ✗ | ✗ | ✗ | ✓ |
| Professional customizations | ✗ | ✗ | ✗ | ✗ | ✓ |
| **Purchase** | | | | | |
| Price | Free | $49 or $99 | Included with controllers | $19/month (or $299) | $99/month |

# EQUIPMENT

**Die besonderen Features**
- auf bis zu 99 Decks erweiterbar
- die von der Software unterstützen Quellen können über die Eingangskanäle den Decks zugeordnet und somit als Input-Stream samt verfügbaren Effekten, Visualisierung deren Spektrogramme, Synchronisation etc. bearbeitet werden
- spezieller Dreiband-Filter separiert Beats, Instruments und Vocals für Live-Remixing und -Mashups

- Ableton Link- und STEMS-kompatibel
- anpassbare Optik mit verschiedenen Skins und vier Layouts
- Sandbox zum Testen einer Mixingblende mit dem laufenden Track
- drei Wellenformarten- und positionen (horizontal oben/unten, vertikal)
- Beat-, Takt- und Phrasenzähler für songstrukturentsprechendem Mixing
- Integrieren analoger Geräte und Musikproduktionen (wie Ableton Live)
- Aufnehmen des Input-Streams und anschließende Wiedergabe einschließlich Scratchings (ähnlich wie Live Feed von Scratch Live)
- Zugriff auf Pool von Audio-, Video- und Karaoke-Files per Streaming
- DVS: dank spezieller Timecode Engine neben VirtualDJ-Timecode-Vinyls auch die von Traktor Scratch oder Serato DJ Pro einsatzfähig
- Karaoke-Funktion (nur bei PC-Version) durch Kompatibilität mit Karaoke-Formaten MP3+G, WAV+G, WMA+G, OGG+G mit Texteinblendung beim Abspielen der Tracks
- Streaming von Deezer, SoundCloud, Mixcloud, Beatport Link und Beatsource Link
- Smart Key Match passt automatisch harmonisch die Tonart an
- Ereignis-Planer erlaubt das Vorbereiten und zeitgemäße Starten bestimmter Aktionen
- Playback, Live-Mixing und Scratching von Videos (VJing)

**Die Oberfläche**

Die übersichtliche Oberfläche von VirtualDJ unterscheidet sich nicht wesentlich von der anderer Hersteller, wobei optische Parallelen zu Traktor Pro und rekordbox besonders auffallen. Je nach den eigenen Bedürfnissen entscheidet man sich für eins der vier Layouts mit zunehmend erweiterter Ausstattung:

# Die DJ-Software: VirtualDJ

**Starter:** zwei Decks samt animierten Plattenspielern und Mix-Sektion, Sync, Beat Loops, dazu Filter, Flanger- und Cut-(Transformer) Effekt, vier Pads triggern wahlweise Beatgrid-Effekte, Loop Rolls, Scratches und Samples

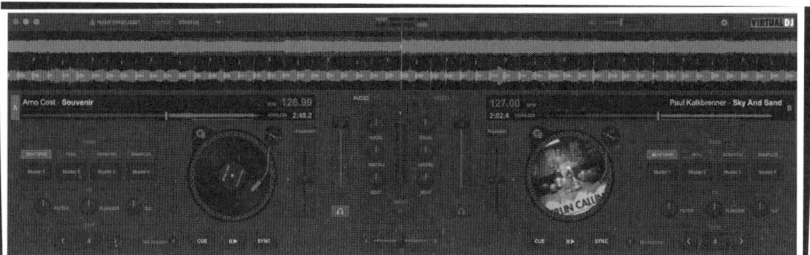

**Essentials:** zwei Decks, erweiterte Mix-Sektion mit Gain-Regler, ein mit einem von 22 Effekten belegbarer FX-Slot, acht Pads pro Deck wahlweise für STEMS, Hot Cue, Slicer und Sampler oder ein anderes Feature, einstellbare Pitch Control-Range, Tonart-Anzeige und manuelle -Anpassung, Sandbox zum Vorhören von Mixblenden, Layout-Modifikation per hellerer, kontrastreicherer oder invertierter „Skinfarbe", Wellenformdarstellung (Vollspektrum, Form oder reine Transienten) samt Beatgrids, wählbares Aussehen der Jog Wheels (Turntable/Spinner Look) und Größe der angezeigten Cover

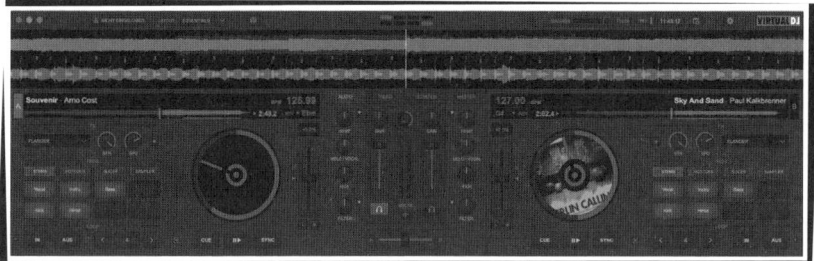

**Pro:** zwei oder vier Decks, wobei Deck 3 und 4 mit eingeschränkter Funktionalität, drei Effekt-Slots mit individueller Parameteranpassung, wahlweise sechzehn Pads, vier freibelegbare Buttons, Vinyl- und Slip-Modus, Master Tempo und Smart Key Match zur automatischen Tonartanpassung, zusätzliche dunklere „Skinfarbe", Wahl der Wellenformenposition, einblendbarer Takt- und Phrasenzähler, wahlweise im Jog Wheel angezeigte Nadelposition und Text (wie bei Serato DJ Pro)

# EQUIPMENT

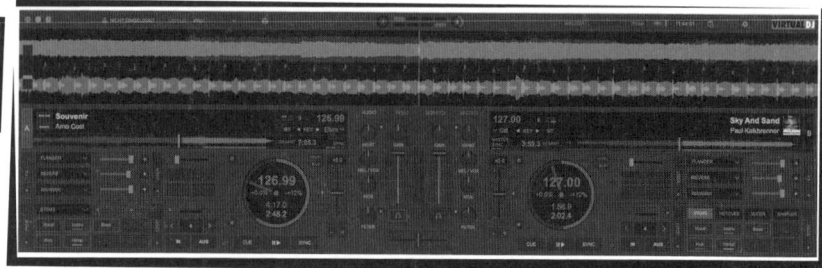

**Performance:** drei verschiedene Deck-Größen –„Voll" – von den Funktionen wie Pro-Layout; „Kompakt" spart Jog Wheels ein, dazu acht Performance-Pads, Slip-/Vinyl-Modus, „Sperre" korrigiert bei Scratchings unkorrektes Timing beim anschließenden Drop der Platte; „Klein" mit wenigsten Funktion für bessere Sicht auf die Library, per Pfeiltaste kommen Loops, Effekte oder vier Pads hinzu, „Rack" erweitert das GUI um drei Panels – Mixer (unterhalb der Decks ploppen Equalizer, Filter und Crossfader auf, dazu Master-, Kopfhörer- und Mikrofon-Einheit), Effekt (neben Master-Effekt zwei umschaltbare Effektracks, entweder als Effektkette aus drei Effekten oder als detailliert einstellbaren Effekt), Video (drei kleine Monitore samt Optionen für Videoeffekte und Crossfader)

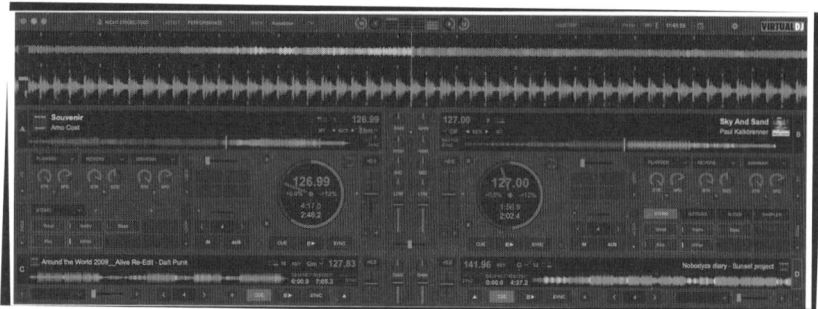

Dank verbesserter Engine auf 64 Bit-Basis macht VirtualDJ auch klanglich was her. Die interne Sample-Rate beträgt wahlweise 44,1 bei MP3s bzw. 48 kHz bei hochauflösenden Videos. Aber auch funktionell zeigt sich VirtualDJ von einer sehr professionellen, zudem innovativen Seite:

**Sideview:** Neben der Tracklist steht ein weiteres Fenster bereit, in dem Tracks oder auch Samples unter verschiedenen Reitern (Sampler, Automix, Karaoke) abgelegt werden können.

**Virtual und Filter Folder:** Zu jedem Ordner (Folder) können untergeordnete Virtual-Folder angelegt werden. Aber auch nach gewissen ausgewählten Attributen lassen sich Tracks, die diese Attribute erfüllen, in einen sogenannten Filter-Folder automatisch hinzufügen. Diese Ordner sind vergleichbar mit den Sub- und Smart Crates von Serato DJ Pro.

**Sandbox:** Mit diesem Pre-Mixing-Tool kannst du unter Kopfhörer ein Mix mit dem gerade laufenden Track ausprobieren. Du springst an die beliebige Stelle im Track und mixt auf Probe den Track vorab.

**Sampler:** Er verfügt über unlimitierte Sample-Slots. Aufgenommene Samples oder Loops legst du per Drag & Drop in den Sampler-Sideview, die anschließend dank der Pad-Ansicht perfekt wie auf einer Instrumentenbank getriggert werden können.

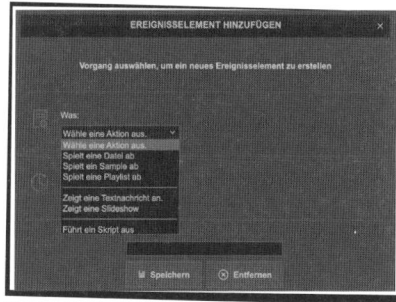

VirtualDJ Event Scheduler

**Event Scheduler:** Dieser Ereignis-Planer arbeitet festgelegte Aktionen zu einer definierten Zeit chronologisch ab. Dazu zählen das Abspielen von Dateien, Playlisten, Samples oder Slideshows, aber es können auch Texte eingeblendet und Skripte ausgeführt werden.

**EZRemix- und ModernEQ-Mode:** Was bislang beispielsweise nur eine professionelle Musik-Bearbeitungssoftware wie Adobe Audition schaffte, gelingt auch VirtualDJ. Sicherlich genügen die im EZRemix gefilterten Beats, Instrumente und vor allem Vocals nicht dem professionellen Anspruch einer Studioproduktion, denn leichte Rückstände der eigentlich ausgelöschten Song-Spuren schimmern durch, aber bei Live-Mashups und Mixing geht dies unter. Im Prinzip eliminieren die Regler bestimmte Frequenzen, in denen Drums, Instrumente und Gesang angesiedelt sind. Die gefilterten Drums und Instrumentals klingen recht authentisch und sauber, lediglich die Vocals als Acapella ertönen recht künstlich und mit ungewollten Phasing-Effekt wie ein Geist aus der Flasche, was der Live-Mix aber retuschiert.

# EQUIPMENT

Der ModernEQ extrahiert von gleicher Qualität die Hi-Hat, Melodie/Vocals und die Kick, wobei Melodie/Vocals den einzigen Mehrwert dieses EQs darstellen. Denn separierte Hi-Hat und Kick in einen anderen Track gemixt, fallen weder auf, noch sorgen sie für diesen „Wow"-Wiedererkennungseffekt, zumal sie auch nicht melodisch und harmonisch mit den Spuren eines anderen Tracks kollidieren und daher nicht zwingend gefiltert werden müssen. Entsprechend überzeugt der EZRemix mehr, denn dessen einzeln extrahierten Spuren lassen sich im Mix spontaner und durchdachter kombinieren.

**Automix-Editor:** Erstelle mit ihm eine Pre-Edit deines Mixes, indem du die Mixpositionen und die Form des Übergangs festlegst. Manuelle Übergänge merkt sich die Software, um sie zukünftig genauso zu reproduzieren.

**Track-Cleaner:** Schneide Tracks als eigene Edits nach deinen Belieben zurecht, wie du sie für deine Mixes benötigst.

**Video-Editor:** Füge Texteffekte zu einem bestehenden Video hinzu. Hast du zu einem Track kein Video, sondern nur das Audiofile? Dann editiere eins, indem du ein anderes Video des gleichen Artists passend zum Audiofile schneidest und beide verknüpfst.

Öffnest du das Setup, bieten neun Reiter die Anpassung von Virtual DJ an deine Ansprüche und vor allem an deine Hardwarevoraussetzungen:

In „Audio" wähle die Inputs (Line, Timecode-Signal, Mikrofon) Output (Lautsprecher/Kopfhörer, separate Decks und die Hardware (DJ Splitter-Kabel, interne oder externe Soundkarte).
Unter „Skins" bearbeitest du die Benutzeroberfläche (Skins) und die Video-Skins. Im „Mapping" siehst du, dass bestimmte Funktionen als Shortcut den Keyboard-Tasten zugeordnet sind und können beliebig durch Mapping erweitert werden. Solltest du einen DJ-Controller einsetzen, aktiviere ihn unter diesem Reiter und weise seinen Funktionstasten entsprechende Aktionen der Software zu.

# Die DJ-Software: VirtualDJ

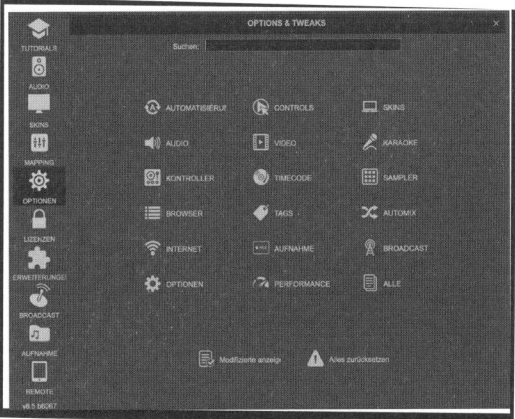

VirtualDJ Setup-Reiter "Optionen"

„Optionen" passt die Software allgemein, die Video- und Karaoke-Perfomance, den Automix oder auch die Controller deinen Vorstellungen an. Konkret findest du Einstellungen u. a. für Crossfaderkurve, Pitch-Control-Umfang, Wellenformfarbe, Playtime, Auto Gain und die Equalizer-Parameter.

Für VirtualDJ kannst du verschiedene Lizenzen (unter dem entsprechenden Reiter auszuwählen) erwerben, entweder als monatlich bezahltes Abo auf die Pro-Version oder als einmaliges, unbegrenztes Upgrade. Auch der unlimitierte Zugriff auf den Video-, Karaoke- und Audio-Pool ist unter Kauf einer monatlichen Lizenz freischaltbar.

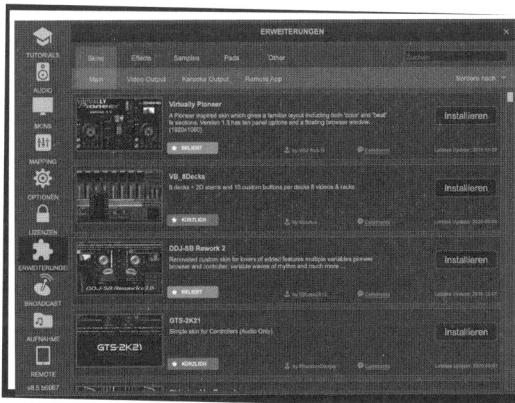

VirtualDJ Setup-Reiter "Erweiterungen"

Im Reiter „Erweiterungen" findest du weitere Skins zum Download, sei es für das GUI, deren Design sich auch an renommiertes Equipment von Pioneer DJ oder Allen&Heath anlehnt, aber auch speziell für den Video- und Karaoke-Output, dazu Add-Ons für die Remote App. Zudem bietet es zusätzliche Effekte, Samples und Pad-Optionen. In „Others" verstecken sich diverse Sprachvarianten der Software, von Anwendern erstellte Mappings und bei Database Filter die von DJs geladenen Librarys.

Über „Broadcast" läuft das Video-Streaming deiner Live-Mixes via Social Media (Facebook, YouTube), Twitch, Vimeo etc., starte im Audio-Format einen Broadcast, den du über einen Radio-Server streust, oder Podcast.

# EQUIPMENT

Natürlich lassen sich deine Mixes mitschneiden und als verschiedene Formate speichern – MP3, FLAC, WAV oder OGG (Audio) bzw. WEBM oder MP4 (Video). Die Einstellungen hierfür findest du unter „Aufnahme".
Mit dem letzten Reiter, Remote, wird dein Smartphone oder Tablet-PC zum Controller, indem du zuvor die installierte VirtualDJ-App im Setup anmeldest.

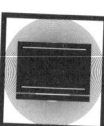

Obwohl VirtualDJ noch momentan eher selten bei professionellen Club-DJs vertreten ist, spricht dies keineswegs für die Qualität der Software. Denn VirtualDJ geht mit der Zeit, das es vor allem mit der Streamingmöglichkeit von Musik-, Video und Karaoke-Files beweist. Keine andere DJ-Software bietet so viele exklusive Features, dazu individuelle Anpassungsmöglichkeiten. Zudem sprechen für VirtualDJ seine Kompatibilität mit Hardware verschiedener Hersteller. Allerdings arbeitet eine DJ-Software am stabilsten und effektivsten, wenn sie auf eine spezifische Hardware abgestimmt ist, wie bei Traktor Pro, rekordbox und Serato DJ Pro. Daher ist es am sichersten, VirtualDJ ebenfalls mit einem der wenigen zertifizierten DJ-Controller zu steuern.

### BEACHTE

Solltest du dich für VirtualDJ ohne spezifische Hardware entscheiden, teste sorgfältig dein Setup, wie es auch unter Dauerbelastung funktioniert und wie viele Features deine Rechnerleistung tatsächlich verkraftet.

### TIPP

Pioneer DJ XDJ-XZ
Denon DJ MC4000

VirtualDJ auf den Leib geschnitten: Reloop Touch und Denon DJ MC4000

## Die DJ-Software: algoriddim djay Pro

Die von Apple mehrfach als beste DJ-App ausgezeichnete Software djay Pro tischt für gerade einmal knapp 55,00 Euro ein üppiges DJ-Auflegebesteck für Laptop und Tablet auf. Dabei versteht sich das Programm mit Pioneer DJs CDJs, XDJ- beziehungsweise DDJ- und über 80 weiteren DJ-Controllern anderer Hersteller auf Anhieb. Für die CDJs und XDJs liefert algoriddim von Haus aus das passende Mapping. Auch die Reloop-Controller Mixtour, Beatpad2 und Mixon 4 sind auf die Software zugeschnitten. Zudem punktet die Software mit der Kompatibilität zu extern angeschlossenen Multi-Kanal USB Audio-Interfaces, sprich Soundkarten.

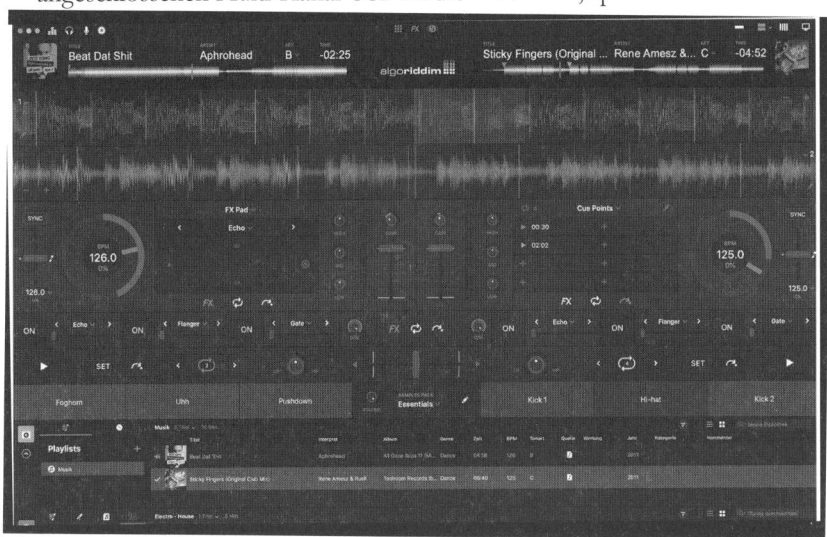

djay Pro mit Jog Wheels

### Die besonderen Features
- recht günstiger Preis
- sehr guter Sound
- parallele und vertikale Anordnung der Wellenformen
- Kompatibilität mit etlichen Soundkarten und MIDI-/DJ-Controllern
- unterstützt Streaming von TIDAL, Beatport Link, Beatsource Link und SoundCloud Go+
- Verknüpfung verschiedener Playlists aus diversen Streaming-Diensten

- praktische, intelligente Library-Verwaltung mit Multi-Window-Ansicht
- Key Match zum automatischen Anpassen der Tonart
- Ableton Link-kompatibel zum Synchronisieren mit anderen Programmen
- Videomixing mit PhotoBeat-Funktion zum musiksynchronen Abspielen von Fotos
- intelligente und umfangreiche Automix-Funktion
- Neural Mix zum Isolieren von Beats, Instruments und Vocals in Echtzeit inklusive separierte Waveformen (nur bei der mobilen App-Version)

**Die Oberfläche**
Sicherlich ist es mehr eine Spielerei als ein nützliches Feature, wenn die Decks in der Vinyl-Ansicht als virtuelle Plattenspieler dargestellt werden. Dagegen wirkt die generell sehr aufgeräumte und daher übersichtliche Oberfläche mit angezeigten Jog Wheels authentischer und professioneller. Die Frequenzspektren der Tracks können für den übersichtlichen Phasenabgleich beim Beatmatching und Mixing entweder nebeneinander oder untereinander angeordnet werden. Die Benutzeroberfläche kann auf Knopfdruck um drei in Kette zu schaltende Effekte (FX), den Sampler mit sechs Slots und eine verlängerte parallele Wellenformansicht, drei oder acht Hot Cues, FX Pad, vier Modi für Loops erweitert werden. Wer es eher spartanisch mag, der startet die Tracks nur über einen temporären Cue Point, der aber nicht auf die gespeicherten Hot Cues zugreift.

djay PRO verfügt über eine interne Mixersektion, die auch das Auflegen unabhängig einer externen Hardware ermöglicht. Neben den Upfadern und einem Crossfader zählen zu jedem Kanal ein Gain-Regler, Filter-Knob und ein Dreiband-EQ, der allerdings jedes Frequenzband nur bis -24 dB dämpft und somit nicht gänzlich killt.

„My Library" verwaltet intelligent mit Wiedergabelisten und Filtern deine Tracks. Sollten sie aus verschiedenen Ordnern stammen, kannst du sie in einheitliche Wiedergabelisten verknüpfen, egal von der Festplatte, iTunes oder den jeweiligen Streaming-Anbietern, wobei da der „Split Library Mode" mit seinen zwei gleichzeitig angezeigten Browsern sehr zu Gute kommt. Zudem lassen sich herkömmliche Playlists, Smart Playlist (nach Regeln automatisch zusammengefasste Listen) oder Playlistordner erstellen.

## Die Loops, Effekte und der Sampler

Auf den zweiten Blick bzw. Drücker hat es die Loop-Sektion in sich, denn erweitert man das GUI in seiner Ansicht um die multifunktionelle Pad-Einheit (über den rechten Tool-Button mittig oberhalb der Decks) , öffnen sich für die Loops ein Fenster mit vier Modi. „Bounce" bietet Loop Rolls in sechs Beat-Längen. Im „Pad" lassen sich die stufenlos fünf Längen der Loop Rolls mit einem Low- und Highpass-Filter in X/Y-Koordinaten per Mauswisch kombinieren. In „Manual" erstellst du Loops via In- und Out-Button von Hand und damit unabhängig der Beats, dazu speicherst du sie in vier Slots. „Saved Loops" lagert bis zu acht gespeicherte Loops.

Der „FX"-Button öffnet drei Modi: Fünf Effekte (Echo, Flanger, Phaser, Bitcrusher und Gate) modulierst du per X-Y-Pad, dazu gibt es sechs Instant-Effekte (Absorb, Drift, Sway, Crush, Punch und Twist) und Manuel FX mit zwei Effekten einschließlich separate Regler für Resonanz/Beat und Intensität. Neben den fünf Audio-Effekten bunkert das Programm fünf weitere kombinierte Audio Visuals (Echo AV, Strobe AV, Crus AV, Magnet AV und Reverb AV) und elf reine Visuals für Videos (u.a. Grid EQ, Kaleidoscope, , Circle Splash, Mosaic...). Wem die Effekt-Grundausstattung nicht genügt, der bucht die Bundles Resonate FX Pack, Modulate FX Pack, Warp FX Pack, Slice FX Pack, Juggle FX Pack) mit insgesamt 34 professionellen Audio-Effekten hinzu. Das lohnt sich, zumal bis zu drei Effekte pro Deck gleichzeitig auf das jeweilige Audio-Signal greifen können und von ihrer Intensität (allerdings nur ein Regler für alle Effekte gemeinsam) bzw. Resonanz anpassbar sind.

Den Sampler, deren wahlweise sechs oder zwölf Slots fütterst du mit algoriddims Essentials-One Shot-Sounds (Horn, Schuss, Sirene, Kick, Snare etc), oder einem anderem der vier angebotenen Sample-Packs bzw. mit eigenen Presets. Da der Sampler nur Sounds oder Drop-Ins abschießt, fehlen neben einem Volume-Regler alle weiteren wichtigen Parameter wie Sync, Play-Modi usw., wie man sie von anderen DJ-Programmen kennt.

## Der Automix AI

Alternativ zum Warm Up mit einem DJ oder vorgefertigten Mix verfügt djay Pro über eine besonders intelligente Auto-Mix-Funktion, daher auch der Zusatz AI (Artificial Intelligence). Das Feature ersetzt zwar keinen

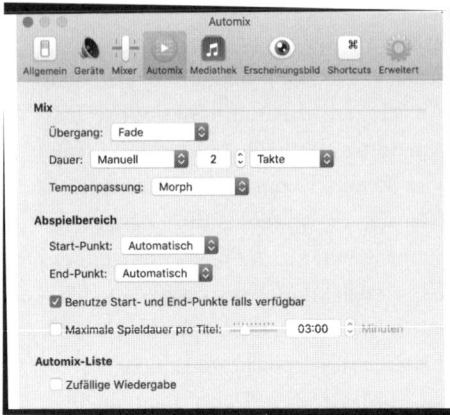

menschlichen Aufleger, dennoch lernt der Automix AI mit jedem gemachten Übergang auf intelligente Weise hinzu und erkennt rhythmische Muster und die besten Intro- und Outro-Abschnitte von Songs. Für einen nahtlosen Übergang berechnet Automix AI die optimale Überblendungsdauer und wendet automatisch Parameteränderungen auf EQs und Filter an.

Die Tracks zum Auto-Mixen legt man in einer Wiedergabeliste ab, die dann unter Berücksichtigung folgender Einstellungen abgespielt wird:

- Übergang automatisch oder mit Blende/Effekt (EQ, Filter, Echo, Brake, Reverse)
- die einstellbare Dauer des Übergangs bis zu 32 Takte
- gesyncte oder morphe Tempo-Anpassung
- automatisches oder manuelles Festlegen des Start- und Endpunkts in Sekunden
- die maximale Spieldauer eines Titels
- zufällige Reihenfolge der Tracks der Wiedergabeliste.

Der Automix erledigt einen souveränen Job, sofern die erforderlichen Marker, sprich Beatgrids, genau gesetzt und damit Beatmatching und Phasenlage der Beats dank Sync korrekt sind. Auch sollte die Überblendlänge nicht zu kurz, z. B. acht Takte, eingestellt sein, damit der Crossfader nicht von einem Deck zum anderen hastet. Damit klingen die automatisierten Übergänge recht authentisch und man kann sogar dazu tanzen, ohne über holpernde Beats bei den Blenden zu stolpern. Ist deine Wiedergabeliste aber genreübergreifend mit entsprechend verschiedenen Tempi und Rhythmen, schalte die Tempo-Anpassung aus oder auf "morph" um, bei der die Software große BPM-Sprünge durch automatische Transitions löst.

Solltest du keine passenden Tracks in deiner Wiedergabeliste abgelegt haben, so sucht djay für dich die passenden, dies mit einer erstaunlich guten Trefferquote.

Trotz gelungener Übergänge und praktischer Hilfe bei der Songauswahl ersetzt der Automix nicht dein Know-How und deine technische Kompetenz, vor allem bei Sets mit mehreren Genres. Insofern nutze dieses Feature zur musikalischen Einstimmung auf den Abend, als Pausenfüller, zur Hintergrundbeschallung, als „Springer" beim Gang auf die Toilette oder bei deiner Gartenparty.

**Die Video-Funktion**

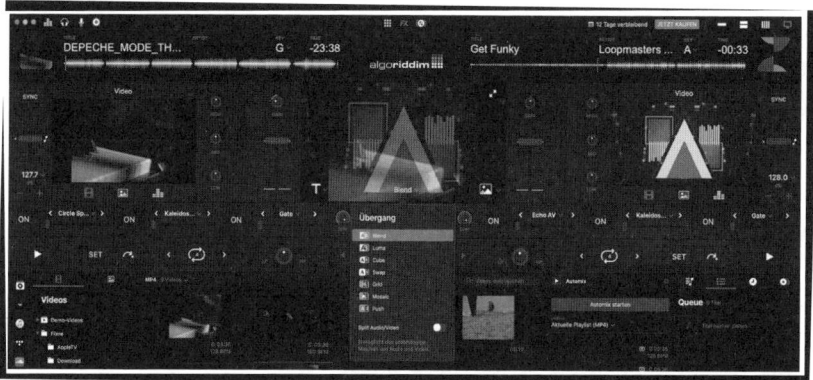

Obendrein spielt algoriddims djay PRO nicht nur einfach Videos ab, sondern sie können gemixt und visuell mit bis zu drei AV- und Visual Effekten gleichzeitig pro Deck modifiziert werden. Der Crossfader unterliegt wahlweise sieben verschiedenen Effekten, die den Übergang zusätzlich visualisieren. Außerdem erlaubt djay PRO sogar ein unabhängiges Mixen von Audio- und Videospuren, bietet eine beatsynchrone Foto-Slideshow (PhotoBeat) mit einstellbarer Beatlänge, in der die Fotos wechseln, bzw. weitere fünf Visuals als Alternative für Tracks ohne eigenem Video-Content. Obendrein blendest du noch dein eigenes Logo, (mit einstellbare Skalierung, Position und Deckkraft) oder diverse Texte, (von der Schrift, Farbe, Position und Deckraft anpassbar) ein.

# EQUIPMENT

djay Pro überzeugt vor allem durch sein unschlagbares Preis-Leistungsverhältnis. Mit der Software geht das Auflegen intuitiv und damit leicht von der Hand, vor allem in Kombination mit einem kompatiblen DJ-Controller. Für Events oder Privatfeiern ist das Programm eine sehr gute Alternative zu VirtualDJ. Den professionellen Club-Einsatz befürworten vor allem das akkurate Sync-Mixing, das üppig ausgestattete Video-Feature und das Effekt-Handling. Nur mit dem eingeschränkten Sampler und der fehlenden DVS-Unterstützung hinkt djay PRO noch momentan den anderen Programmen hinterher, die aber auch finanziell bei weitem mehr zu Buche schlagen.

### djay 3 und djay PRO AI

djay 3 für Tablet und Smartphone, im Quer- und Hochkantformat

Bereits vor der Veröffentlichung der Pro-Version machte sich algoriddim mit djay als App für Tablets und Smartphones einen Namen. djay 3 und das Upgrade djay PRO AI beschränken sich allerdings gänzlich auf mobile Geräte. Die Installation auf einem Laptop ist ausgeschlossen. Auch auf Video-Mixing muss der Anwender verzichten.

Von der Optik und auch Ausstattung ähneln sich beide der Desktop-Version, wobei sich etliche Features aufgrund der geringeren Display-Größe in einem weiteren Layer verstecken. Effekte, Sampler sind abgespeckt ebenfalls an Bord. Sie unterstützen nativ DJ-Controller wie Pioneer DJ DDJ-WeGO 3/4, Reloop Beatpad 1/2, Mixon 4 und Mixtour.

Für erste Gehversuche und Reinschnuppern beim DJing ohne große Investitionen bietet djay 3 die richtige Plattform, am besten im Zusammenspiel mit einen externen MIDI-Controller für einen handlicheren Workflow.

Enthusiast / Bedroom-DJ / Professional DJ / Artist

# Die DJ-Software: algoriddim djay Pro

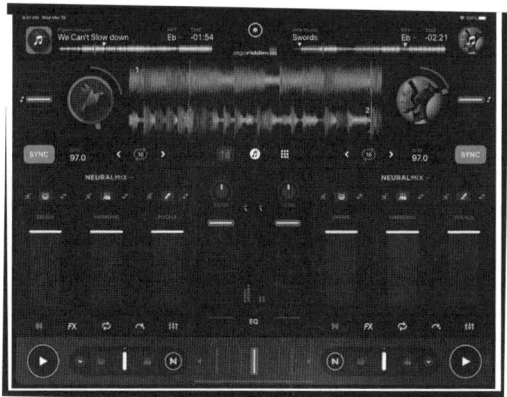

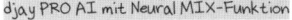
djay PRO AI mit Neural MIX-Funktion

Wer djay partout vom Tablet oder Smartphone bedienen, aber auf etliche Features nicht verzichten möchte, der greift zu djay PRO AI. algoriddim verspricht nicht ohne Grund von künstlicher Intelligenz, wofür das AI steht. Denn die App bietet ein exklusives Features, auf das sogar die PRO-Version neidisch wird, dem Neural Mix. Ähnlich wie der bereits bei VirtualDJ erwähnte EZRemix EQ-Mode separiert diese Technologie Drums, Harmonic (melodische Instrumente) und Vocals in Echtzeit voneinander, um sie entweder per Knopfdruck oder Slider/Fader herauszulösen. Gegenüber VirtualDJ gelingt dies auf einem ähnlichen Niveau, wenn man vor allem die Qualität des herausgelösten Acapellas beider Programme vergleicht.

Sogar Looper mit Kicks, Hi-Hats oder Bassline können zusätzlich als Overdubs beatsynchron unter die separierten Spuren gelegt werden.

Nutze dieses Feature live „on the fly" oder nehme für deine Performance extrahierte Spuren mit der App auf und spiele sie als Track in einer anderen DJ-Software ab.

**TIPP**

Reloop Mixtour und Beatpad 2

# EQUIPMENT

## Die DJ-Software: MIXXX

Die kostenlose Open Source-DJ-Software Mixxx bietet alles, was das DJ-Herz begehrt: vier Decks, Sampler mit bis zu 64 Slots, 19 Effekte, dazu DVS-Unterstützung. Zudem versteht sie sich mit diversen Soundkarten, DJ-Controllern und weiterer externer Peripherie.

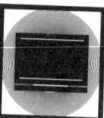

Wer beim DJing nicht an der Laptop-Tastatur daddeln, sondern lieber an Fadern schieben und Knobs drehen möchte, der greift zu einem auf der MIXXX-Website gelisteten und damit unterstützten DJ-Controller, für die das erforderliche Preset-Mapping zum Download bereitgestellt wird. Möchtest du gar die Jog Wheels gegen Wheels of Steel, sprich Turntables eintauschen, dann schließe zwischen Laptop und den zwei Plattenspielern ein beliebiges USB Class Compliant Audio Interface mit zwei Phono-Inputs an. Als Timecode unterstützt MIXXX allerdings nur diese speziellen Vinyls:

Serato CV02
Traktor MK1
Mix Vibes DVS V2 Vinyl

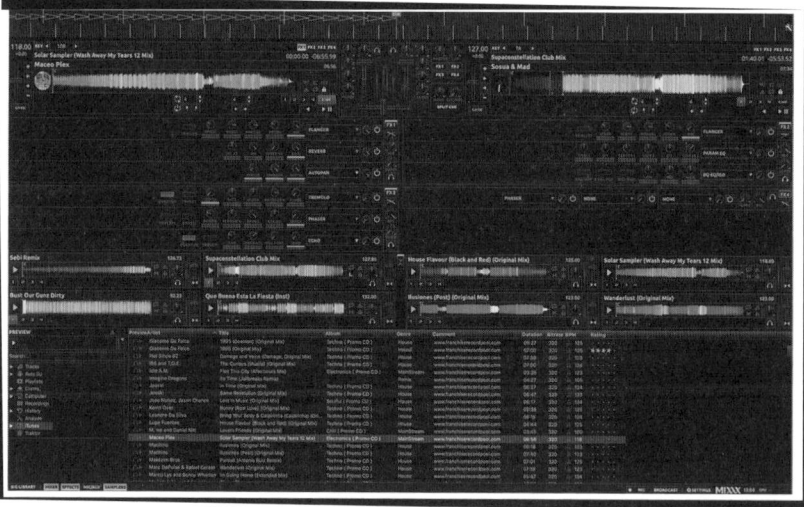

MIXXX mit LateNight-Skin und Samplers- und Effekt-Panel

Enthusiast / Bedroom-DJ / Professional DJ / Artist

### Die besonderen Features
- Windows-, iOS- und Linux-kompatibel
- vier Skins mit unterschiedlichem Design und Funktionsumfang
- parallele mehrfarbige Wellenformanzeige
- Beat Jumps mit einer Länge von bis zu 512 Beats
- Key Match zum Synchronisieren der Tonart mehrerer Tracks
- 19 Effekte, bis zu vier FX-Units pro Kanal, wodurch zwölf Effekte auf einmal verknüpfbar sind
- Samplers mit acht oder sechzehn Sample-Slots pro Reihe
- Auto DJ inklusive Shuffle – und Automix-Modus mit vier verschiedenen Auto Fade Modi und einstellbare Blendzeit
- Preview-Deck zum Abspielen eines Tracks unter Kopfhörer und Checken dessen Wellenform unabhängig der Decks
- Mics & Aux: Einschleifen von bis zu vier Mikrofon- (mit Talk Over plus einstellbarem Dämpfungsgrad der Musik) und vier Aux-Signalen (inklusive Gain-Regler, Cueing, Crossfader- und Effekt-Routing)
- Live Broadcasting für direktes Audio-Streaming

### Die Oberfläche
Von der Optik und Anordnung der Features erinnert MIXXX an VirtualDJ und Traktor Pro. Es wirkt puristischer, je nach gewähltem Skin auch etwas überladen, dennoch bleibt es übersichtlich, logisch und damit selbsterklärend. Je nach dem, für welches der vier Skins man sich entscheidet, verändert sich nicht nur der Look, sondern auch teilweise die Position etlicher Buttons und die Ausstattung. Das verwirrt, wenn man häufig zwischen den Design wechselt, was vor allem die unterschiedliche Funktionen des Samplers in den jeweiligen Skins erzwingt. Die Skins Deere und Tango bieten die maximale Slotanzahl. Allerdings fallen dafür im Deere-Design die Funktionen sehr spartanisch aus. In dessen vereinfachten und platzsparenden Ansicht reduzierten die Programmierer die Slots lediglich auf einen Play-Button und den Sample-Namen.

Zur optischen Kontrolle der Phasengleichheit beim Mixing stellt die Software die mehrfarbigen Wellenformausschnitte untereinander parallel zwischen oder auch oberhalb der Decks dar, alternativ auch separat in den Decks wie bei Traktor.

# EQUIPMENT

Natürlich inkludiert die Software alle Features, die ein DJ zum Auflegen benötigt: wahlweise bis zu acht Hot Cues, Beat Jumps, manuelle und Auto Loops, Slip Mode, Quantize, Beat Sync, Key Lock und Key Match zum Synchronisieren der Tonart mehrerer Tracks und 19 Effekte. Die Mixersektion definiert sich pro Kanal über einen Line-Fader, EQ-Knobs für Bässe, Mitten und Höhen, einem Effekt-Superknob und LED-Meter für Cue- und Master-Level. Im Tracklist-Fenster werden die Tracks wahlweise nach 15 Attributen, die per rechtem Mausklick über den Reitern auswählbar sind, sortiert. Obendrein findest du neben jedem Track ein Kopfhörer-Symbol, um damit den Track jenseits der Decks vorzuhören.

Die Software akzeptiert die folgenden Audio-Formate: FLAC, WAV, AIFF, MP3, OGG, AAL, M4A, MP4 und OPUS. Obwohl die Software auch per Aux zugespielte Signale erkennt und verarbeitet, funktioniert das Abspielen einer in den CD-Slot eingelegten Disc leider nicht.

**Die Voreinstellungen**

In den Preferences findest du unter anderem die Parameter für die Soundkarte. Die Software erkennt automatisch die interne und auch externe Core Audio Soundkarte. Da die Performance mit dem standardisiert eingestellten Audiopuffer von 23,2 Millisekunden eine sehr hohe Latenz aufweist und es damit zu einem verzögerten Drop der Tracks führen könnte, minimiere diesen Wert entsprechend deiner Rechnerleistung.

Unter Interface entscheidest du dich für eine der vier verschiedenen Benutzeroberflächendesigns, den sogenannten Skins.

Bei den Settings konfigurierst du dir die Ausstattung, sei es die Anzahl der Decks einschließlich Wahl der Wellenformansicht, Anzahl der Hot Cues und Vinyl Control Options, den Mixer, Samplers und Effekte.

**Der Workflow**

Dank etlicher hilfreicher Shortcuts für Hot Cues, Loops, Transport-Sektion geht das Auflegen vom Laptop-Keyboard recht gut von der Hand, selbst wenn du die Fader per Mouse steuerst. Allerdings der recht kurze Pitch-Control springt bei einem Umfang von +/-8 Prozent schrittweise um 0,15 Prozent der BPM, wodurch sich das Tempo nicht hundertstel genau einstellen lässt. Von daher solltest du beim Auflegen ohne DJ-Cont-

# Die DJ-Software: MIXXX

roller lieber dem Sync-Modus vertrauen. Sync aktiviert, passt die Software nur die BPM an, drückt man die Control-Taste zusammen mit Sync erneut, bringt die Software auch die Beats in Phase.

## Die Effekte

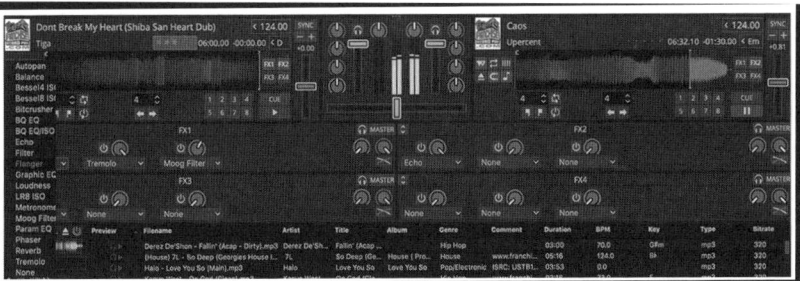

Im sogenannten Unit Mix Mode schaltest du die Effekte einzeln zu, per Knob intensivierst du sie. Das versteckte Parameter-Panel offeriert bis zu acht verschiedene Anpassungsmöglichkeiten. Ein Meta-Knob pro FX-Unit verkettet drei Effekte auf einmal. Mit dem Mix-Knob blendest du den jeweiligen Effekt stufenlos in zwei Kurven, ähnlich wie bei einem Crossfader, zum Signal ein. Per Knopfdruck auf den Master-Button legst du den Effekt auf das gesamte ausgespielte Signal. Zur Kontrolle route den Effekt auch auf den Kopfhörer. Die Effekte greifen aber nicht nur auf die Decks, sondern selbst auf ein extern angeschlossenes Mikrofon und andere Gerätschaften.

## Samplers

Aus bis zu 64(!) Slots schließt der Sampler gleichzeitig, sofern man es tatsächlich braucht und es auch die Rechnerleistung erlaubt. Je nach gewähltem Skin kann der Sampler um bis zu acht Reihen (Rows) mit jeweils vier oder acht Samples-Slots in den Settings erweitert werden. Zudem unterscheiden sich die Funktionen im Slot des Samplers. Die Skins Deere und Tango schöpfen die maximale Slotanzahl aus. Die erste Ebene reduziert sich aus Platzgründen auf Play-Button und den Sample-Namen. Die zweite Ebene bietet mehr Komfort:

- Wellenform
- Lautstärke

# EQUIPMENT

- Sync
- Crossfader
- Repeat (Wiederholung)
- Eject (Auswurf)

Für mehr Daddel-Komfort sorgen die anderen Skins mit weiteren Funktionen:

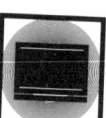

- Vorhören unter Kopfhörer
- Keylock
- Tiggern des Samples ab einem der ersten vier Hot Cues
- Pitch-Control

Das Sampler-Signal wird auf den Crossfader gelegt. Je nach der im Slot eingestellten Crossfader-Position hörst du das Sample entweder nur bei dessen linker, mittiger oder rechter Stellung.

Mit dem Play-Button schießt du die Samples auf die drei üblichen Play-Modi heraus: Mit jedem linken Mausklick startet das Sample. Für Stopp klickst du mit der rechten Maustaste auf den aktiven Play-Button. Dagegen mit der rechten Maus-Taste auf den inaktiven Play-Button gedrückt, spielt das Sample nur mit gehaltener Taste. Jeder weiterer Mausklick startet das Sample von neuem.

### Das Streaming

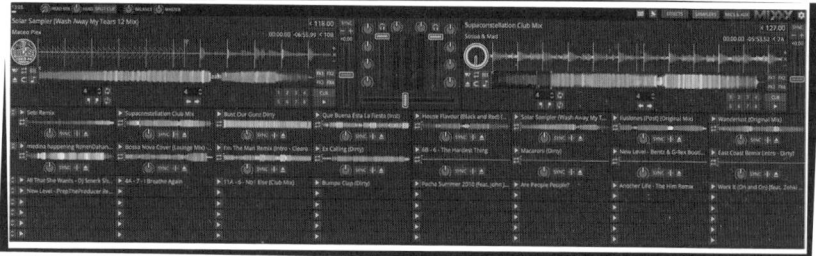

MIXXX erleichtert das virale Teilen der DJ-Sessions enorm, denn die DJ-Software sendet den Audiostream direkt an Shoutcast- und Icecast-Streaming-Server. Die DJ-Software als Streaming-Quelle muss dabei nicht zwingend auf demselben Computer wie dein Streaming-Server ausgeführt werden. In den Preferences, Tab Live Broadcasting, findest du alle notwendigen Einstellungen.

MIXXX überzeugt durch seine Kompatibilität vom Betriebssystem und Hardware, einen sehr durchdachten Workflow samt etlichen Features. Da die DJ-Software sich als sehr komplex erweist, etliche Einstellungsmöglichkeiten bietet, aber das Manual, als auch die Hilfe (momentan) zum Teil nur in englisch erklären, bedarf es recht viel Ausdauer und auch Vorkenntnisse, sie zu beherrschen. Zumal für professionelle Einsätze die dafür erforderliche Stabilität nicht einschätzbar ist. Von daher eignet sich MIXXX vor allem für erfahrende DJs, die finanziell an der Software sparen möchten.

## Die Digital Vinyl System (DVS)-Funktionen

Diese Abbildung veranschaulicht am Beispiel von Serato DJ Pro und Traktor Scratch Pro die Funktionsweise eines DVS und wie Schallplattenspieler, Mixer und Notebook über das jeweilige Interface (Soundkarte) miteinander verknüpft sind. Ein auf den aufgelegten Spezial-Schallplatten eingravierter Timecode, im Fall von Serato DJ Pro ein NoiseMap Control Tone, der auf einer speziellen Technogologie basiert, steuert die im Notebook gespeicherten MP3s und gewährleistet somit ein Auflegen wie mit herkömmlichem Vinyl. Dabei wird das Timecode-Signal über den Plattenspieler an das Interface des DVS und anschließend zum Notebook weitergeleitet, auf dem das Timecode-Signal mit dem MP3 synchronisiert, anschließend an das Interface zurückgeschickt und somit über dem Mixer wiedergegeben wird.

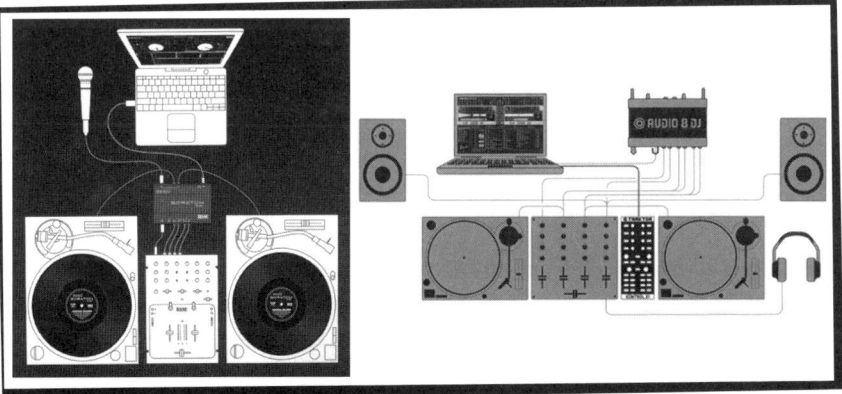

Funktionsweise von Serato DJ Pro und Traktor Scratch Pro

# EQUIPMENT

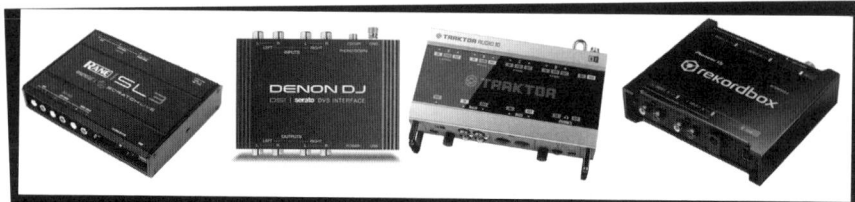

DVS-Interfaces: Rane SL3 / Denon DJ DS1 für Serato DJ Pro, Native Instruments Traktor für Scratch Audio 10, Pioneer DJ Interface 2 für rekordbox

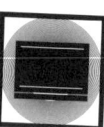

Gegenüber der Controller-Methode ist bei dieser Variante der Kostenfaktor enorm hoch, denn es werden neben dem Interface und dem Notebook zusätzlich zwei Schallplattenspieler samt Tonabnehmer und ein Mixer benötigt. Allerdings, die hochwertigen Interfaces von Serato DJ Pro und Native Instruments können aber auch dank dem installierten ASIO/Core-Treiber als Soundkarte für Producing-Softwares, wie Ableton Live, eingesetzt werden. Auch Pioneer DJ spendiert ihrer Timecode-Vinyl unterstützenden DJ-Software rekordbox DVS, die bisher nur im Zusammenspiel mit ausgewählten hauseigenen DJ-Controllern und -CDJs funktionierte, zum Einsatz unabhängig jeglichen DJ-Setups das INTERFACE 2.

**Serato DJ Pro und Traktor Scratch Pro**
Urban-DJs, die ihr Set mit Scratching und Beat Juggling krönen, werden den Schallplattenspieler als Medium bevorzugen, denn zum Turntablism gehört er einfach dazu, was der Name schon ausdrückt. Natürlich arbeiten auch Urban-DJs verstärkt digital mit Serato DJ Pro, denn schnelle Zugriffszeiten, die für kurze Cuts (kurzes Anspielen von Tracks) notwendig sind, Scratchen ohne Nadelsprünge und kein Verschleiß beim teuer erworbenen, herkömmlichen Vinyl überzeugen viele DJs. Bei den Auflegern elektronischer Tanzmusik gehen allerdings die technischen Vorlieben auseinander. Neben Seratos DVS ist mittlerweile der Finalscratch-Nachfolger Traktor Scratch Pro, der im Alleingang von Native Instruments entwickelt wurde, am beliebtesten. Preislich unterscheiden sich beide Systeme nicht wesentlich, aber dafür in ihren speziellen Features.

Standard-Funktionen bei allen DVS:
**Absoluter Modus:** Der Tonabnehmer überträgt jede Bewegung (auch vertikal zur Rille) auf das MP3. Es ermöglicht ein Aufsuchen der gewünsch-

# Das Digital Vinyl System (DVS)-Funktionen

ten Stellen im Track wie auf einer herkömmlichen Schallplatte, aber auch das Springen durch Erschütterung wird übertragen. Das Tempo wird vom Pitch-Control des Plattenspielers übernommen.

**Relativer Modus:** Der Tonabnehmer überträgt das Signal nur entlang der Rille, hingegen nicht quer und damit kein Springen der Nadel. Nutze dies beim Einsatz von Turntables auf instabilen Stages oder zum Scratchen.

**Interner Modus:** Ein CD-ähnlicher Modus, das Signal wird nur intern abgespielt, es erfolgt keine Synchronisation per NoiseMap-Vinyl. Dieser Modus kann über DJ-Controller oder auch DJ-Player mit USB-Schnittstelle wie dem Pioneer DJ CDJ-400 gesteuert werden.

**Thru-Modus:** Ein analoges Vinylsignal wird durch das Interface geschliffen, auf das auch die Effekte der DJ-Software gelegt werden kann.

## Automatisches Umschalten vom relativen Modus auf internen Modus:

Control-Vinyls haben nur eine Spielzeit von zehn bzw. 15 Minuten. Bei Titeln mit längerer Spielzeit oder wenn sie auf dem Vinyl nicht vom Anfang der Platte gestartet wird, reicht mitunter die Rille des Control-Vinyls nicht zum kompletten Abspielen des Tracks aus. In diesem Fall wird automatisch vom relativen auf den internen Modus umgeschaltet. Solltest du anschließend den Tonabnehmer wieder auf eine Position zurücksetzen, wo der NoiseMap Control Tone zu hören ist, wird sofort in den relativen Modus umgeschaltet.

## Startpunkt des Vinyls:

Bei verschlissenem Vinyl am Rillenanfang durch ständiges Droppen der Platte von gleicher Stelle kann man den Track automatisch ab einer anderen auf dem Vinyl stets starten. Dazu umgehst du die knifflige Einlaufrille zu Beginn der Schallplatte, bei der schon mal der Tonabnehmer auf den drehenden Plattenteller und damit seinen Stroposkopspiegeln abrutscht.

## Anti-Drift (nur bei Serato DJ Pro):

Technisch bedingte Gleichlaufschwankungen des Schallplattenspielers führen zu einer permanenten BPM-Toleranz im Zehntelbereich, von der sich das Deck nach wenigen Sekunden auf einen konstanten Mittelwert einpegelt und diesen bis zur nächsten Änderung des Tempos durch Pitch Bending oder am Pitch-Control einfriert.

# EQUIPMENT

Needle Dropping/Search im relativen Modus:
Trotz relativen Modus übernimmt das DVS beim Absetzen der Nadel dessen Position auf dem Timecode-Vinyl. Alternativ spielt die gedroppte Nadel den jeweiligen Cue Point an, der einem Zeitabschnitt zugeordnet ist, z. B. dritte Spielminute triggert den dritten Cue Point. Ähnliches bietet MIXXX mit dem Cue- und Hot Cue-Mode.

Sticker Lock (nur Serato DJ Pro):
Beim ins Deck geladenen Track wird der erste Cue Point immer auf die definierte Stickerposition des Timecode-Vinyls gelegt, z. B. 12 Uhr. Jenseits dieser Position entscheide, ob du die Platte vor-/rückwärts drehst, um zum Cue Point zu gelangen. Dieses Feature unterstützt das Auflegen ohne Kopfhörer.

Single-Deck-Mode:
Die MIXXX-App bietet diesen Modus, um mehrere Decks nur mit einem Plattenspieler anzusteuern, indem du in den Preferences, Tab „Sound-Hardware" den Turntable allen Decks als Eingang zuweist. Anschließend entscheide beim Auflegen abwechselnd, welches Deck gerade von „Platte" gespielt werden soll.

## Verbinden zweier DVS

Wenn du mit einem anderen DJ Back to Back, also gleichzeitig oder hintereinander auflegst, der ebenfalls seine Serato DJ Pro-Box einsetzt, so verbinde die Plattenspieler mit der ersten Box, deren Thru-Ausgänge mit den

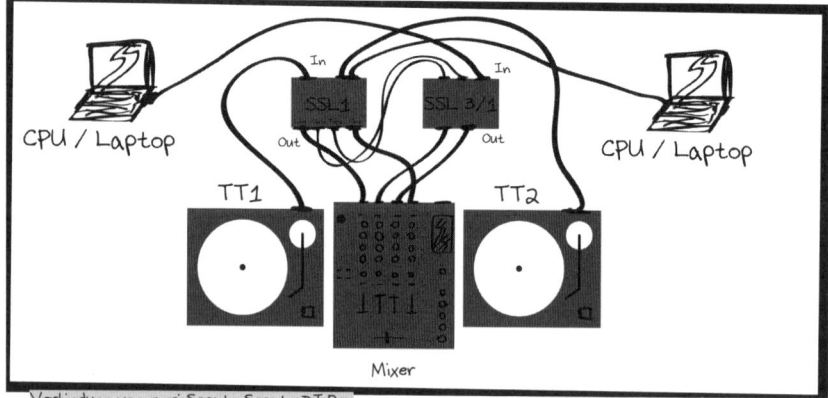

Verbindung von zwei Serato Serato DJ Pro

# Das Digital Vinyl System (DVS)-Funktionen
## Verbinden zweier DVS

Phono-Eingängen der zweiten Box. Die Line-Ausgänge der ersten bzw. zweiten und die Thru-Ausgänge der zweiten Box werden wie gehabt mit dem Mixer verbunden.

Auch zwei SSL2- oder SSL3-Boxes lassen sich miteinander verbinden: An die Eingänge der ersten SSL-Box werden die Schallplattenspieler angeschlossen. Achte darauf, dass auch die kleinen Schalter auf Phono geswitcht sind. Die Line-Ausgänge vebindest du anschließend mit den Eingängen der zweiten SSL-Box, die allerdings unbedingt auf Line gestellt sein müssen. Die Ausgänge der zweiten SSL-Box schließt du per Cinch-Kabel an die Line-Kanäle des Mixers. Der DJ, der mit seinem Laptop an der ersten SSL-Box angeschlossen ist, braucht nichts zu beachten. Das Auflegen funktioniert wie gehabt. Wenn der DJ der zweiten Box auflegen möchte, muss allerdings der andere DJ in seinem Serato DJ Pro den Thru-Modus aktivieren, damit das NoiseMap-Signal durchgeschliffen wird.

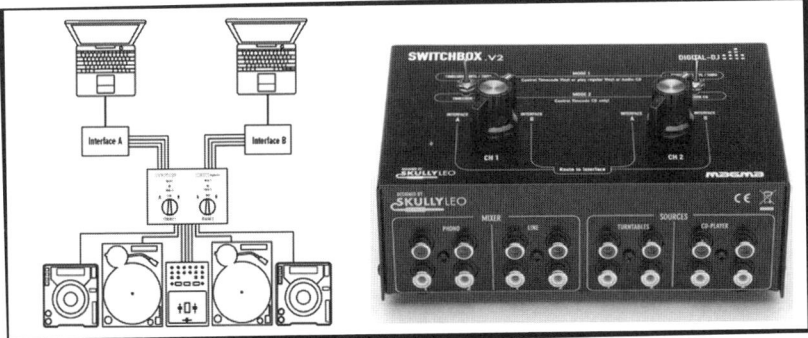

Anschlussplan für Magma Switch-Box Digital DJ und Switch-Box V.2 Digital DJ

### BEACHTE

Wenn an der ersten SSL-Box keine externe Stromversorgung angeschlossen ist, darfst du nicht deinen Laptop von dieser Box trennen. Das Noise-Map-Signal kann ansonsten nicht durchgeschliffen werden.

Eine Möglichkeit, zwei verschiedene Digital Vinyl Systeme z. B. Serato DJ Pro und Traktor Scratch Pro, miteinander an die Turntables oder DJ-Player zu koppeln, ist die Magma Switch-Box Digital DJ. Mit ihr werden die Plattenspieler verbunden, andererseits auch die jeweiligen Ein- und Ausgänge

# EQUIPMENT

der beiden Interfaces. Über die Schalter wählst du anschließend das jeweils benötigte DVS (siehe Abbildung).

**TIPP**

Legt ihr zu zweit, jeder mit seinem Laptop, einer Box samt einem USB-Port oder gar mit zwei verschiedenen DVS auf, so wechselt zwischen euch wie folgt, um nicht das Set bzw. die Musik unterbrechen zu müssen:

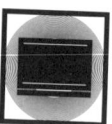

1. Spiele während des Laptop-Wechsels Musik von einem DJ-Player.
2. Wenn nur ein anderes Notebook an die DVS-Box angeschlossen werden soll, die DVS-Box bleibt aber am Mixer angeschlossen, dann lade auf das zweite Notebook einen Track hoch. Auf dem gerade aktiven Kanal des Mixers route ein langes Echo von vier- oder sogar acht Beats. In dem Moment, wenn du das Notebook von der Box trennen möchtest, aktiviere das Echo. Während das Echo langsam verstummt, hast du das zweite Notebook am USB-Port angeschlossen. Die Box erkennt das Notebook und das Set kann weiter gehen.
3. Erfolgt ein Wechsel beispielsweise zwischen Traktor Scratch Pro und Serato DJ Pro, dann schließe zunächst deine Line-Verbindungen an den Mixer. Schalte jeweils die Decks auf den internen Modus. So kannst du ohne Stress die Schallplattenspieler vom Audio6- oder Audio10-Interface abklemmen und mit deinem Serato DJ Pro-Interface verbinden.

## Die DVS unterstützenden Apps

DJiT edjing Mix für iPad, iPhone und Apple Watch

DJ Apps bedienen sich mittlerweile der Features professioneller DJ-Programme. Nicht nur, dass sich mit den Apps DJiT´s edjing Mix, Mixfader DJ oder DJ Player Pro direkt von der Benutzeroberfläche auflegen lässt. Zudem ersetzen sie dank DVS-

## Verbinden zweier DVS
### Die DVS unterstützenden Apps

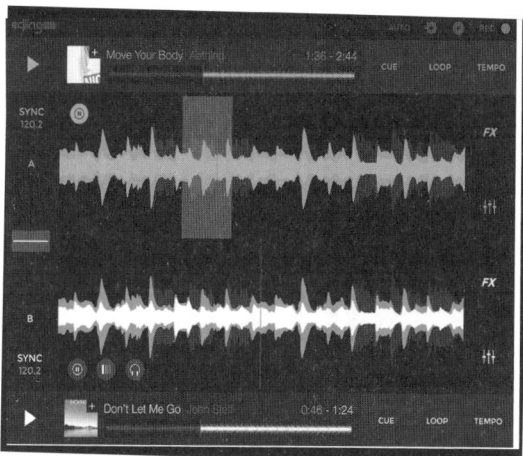

Unterstützung beim digitalen Auflegen mit einem Plattenspieler die kostspieligere DJ-Software samt Laptop. Die mit Timecode-Vinyl abgespielten Tracks verlangen trotzdem neben der App auch eine externe Soundkarte oder einen USB-Plattenspieler.

edjing Mix Pro

### Die technischen Bedingungen

DVS mit USB-Turntable

DVS mit Soundkarte und herkömmlichen Plattenspieler

Beim DVS läuft nichts ohne die Wheels of Steel. Turntables mit USB-Anschluss, wie zum Beispiel dem Reloop RP7000, Stanton ST.150 oder dem neuen Pioneer DJ PLX-500 ersparen dir eine zusätzliche Soundkarte als Signal-Vermittler zum iPad. Dieses fordert ein per Netzteil stromversorgtes Interface mit Phono-Eingängen, z. B. Native Instruments Traktor Audio 6. Die mittlerweile betagteren Scratch Live-Audiointerfaces von Rane akzeptiert das iPad nicht, weil dessen Betriebssys-

Equipment **193**

# EQUIPMENT

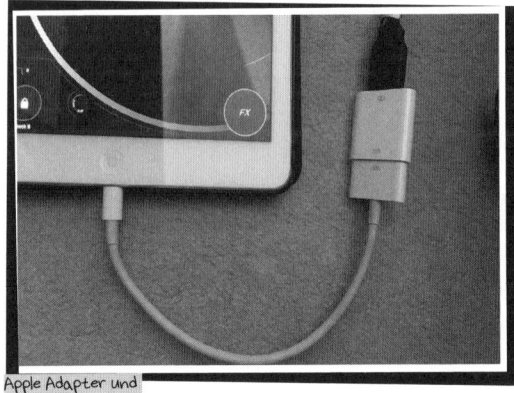

Apple Adapter und Camera Connection-Kit

tem iOS nicht über die erforderlichen Treiber verfügt.

Das iPad verbindet man mit der Traktor Audio 6 über den Lightning-Ausgang und Apples Camera Connection Kit. An die Phono-Eingänge der Soundkarte (3+4 beziehungsweise 5+6) sind die Plattenspieler anzuschließen. DJ Player Pro ermöglicht unter dem Reiter Config die Zuweisung der Signal-Ausgänge, sodass man die beiden Deck-Outputs des Audio-Interfaces (ebenfalls 3+4 beziehungsweise 5+6) mit zwei Channel-Line-Inputs eines DJ-Mixers verbindet. Somit ist das jeweilige Decksignal auf dem zugewiesenen Kanal des Mixers, zu hören. In dem unter Config eingeschalteten External Mixer Mode wird die Mischeinheit auf dem Tablet inaktiv, sodass sich die Tracks über die Fader des angeschlossenen Mixers blenden und cutten lassen.

Mit edjing Mix und Mixfader DJ läuft es etwas anders: Per Cinch-Kabel dockt man den Main-Ausgang der Traktor Audio A6 an einen Line-Input des Mixers. Entsprechend wird das DVS-Signal beider Decks zusammen auf einem Kanal des Mixers durchgeschliffen. Die Ausgabe über getrennte Line-Ausgänge wie beim DJ Player Pro funktioniert leider noch nicht. Da diese beiden Apps auch keinen External Mixer Mode anbieten, bleibt zum Mischen außerhalb des iPad-Displays nur der Anschluss eines per Bluetooth verbundenen portablen Faders, dem Mixfader von DJiT.

## TIPP

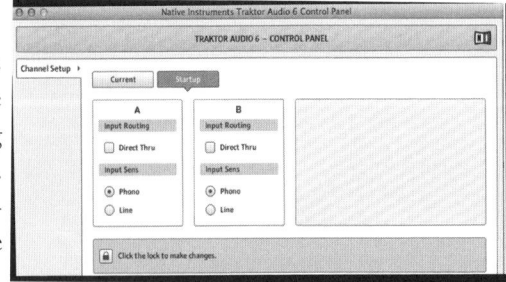

Das Native Instruments Traktor Audio 6-Interface arbeitet zunächst werkseitig immer im THRU-Modus. Um das DVS-Signal durchzuschleifens, musst du die

# Die DVS unterstützenden Apps

Soundkarte an einen Rechner mit installierten Control-Panel anschließen und sie darin wie folgt konfigurieren: Unter dem Punkt Input Routing deaktivierst du Direct Thru und speicherst ab. Anschließend funktioniert auch die DVS-Signalwiedergabe.

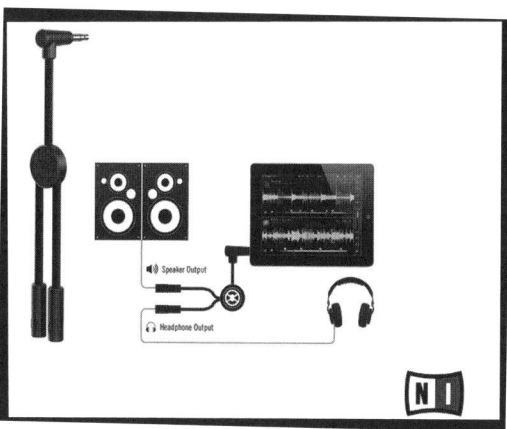

Funktionsweise Native Instruments DJ-Splitter-Kabel

Hingegen bei einem direkt an das iPad angedockten USB-Turntable bleibt zum Ausspielen des Mastersignals nur der Weg über die Kopfhörerbuchse mit angeschlossenem DJ-Splitter-Kabel. Somit wird der Stereo-Output aufgeteilt: in das Cue-Signal zum Vorhören per Kopfhörer und den Master, der über Mini-Klinke-Cinch-Kabel mit dem Line-Eingang eines Verstärkers, Receivers oder DJ-Mixers verbunden wird. Eine Lösung, die in mehrfacher Hinsicht nur für den Heimgebrauch spricht. Schließlich ist nur ein Plattenspieler einsetzbar und die Signalausgabe mono.

## Mit verschiedenen Timecodes kompatibel

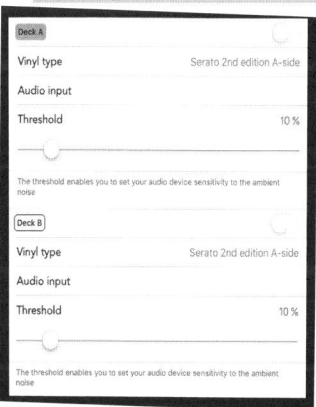

Mixfader DJ Setup

Die Timecodes von Traktor Scratch und Serato DJ basieren auf einer Timeline, deren Ton von unterschiedlicher Frequenz ist. Das Traktor Scratch-Signal liegt bei 2400 Hertz, Serato hört dagegen auf 1000 Hertz. Im Setup von DJ Player Pro ist die entsprechende Frequenz des eingesetzten DVS-Vinyls manuell einzugeben. Hingegen edjing Mix und Scratch akzeptieren momentan nur Traktor-Vinyl erster Generation und Serato-Vinyl der zweiten Edition.

# EQUIPMENT

## Die Soundkartenkonfiguration

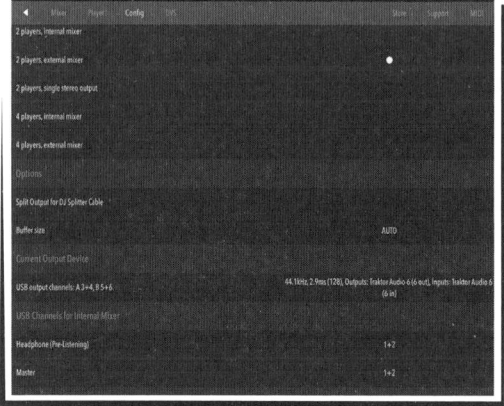

DJ Player Pro Soundkarten-Setup

Eine angeschlossene und erkannte Soundkarte wird in den DVS-Setups von edjing Mix, Mixfader DJ und DJ Player Pro bestätigt. Zunächst sind dort die genutzten Eingänge der Soundkarte zu zuordnen. Bei DJ Player Pro routet man im DVS-Setup noch die genutzten Inputs auf die jeweiligen Player. In dessen Config-Reiter aktiviert man den External Mixer Mode für zwei Player und weist die USB-Channels dem angeschlossenen Mixer zu: Player A schickt das Signal an den Line-Ausgang 3+4, Player B kümmert sich um den Output 5+6. Die für den internen Audiodatentransfer zwischen DJ Player Pro und iPad-Betriebssystem einstellbare Puffer-Größe (Buffer Size) beeinflusst nicht merklich die Performance.

## Die DVS-Einstellungsmöglichkeiten

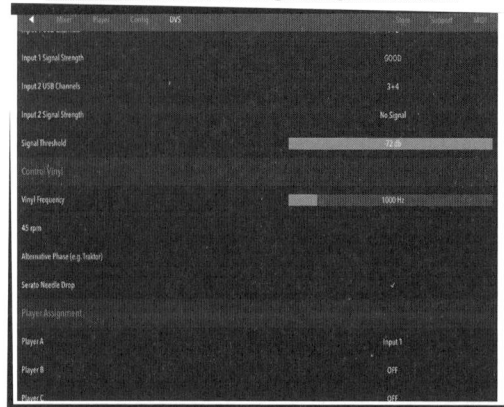

DJ Player Pro DVS-Setup

Die Setups aller Apps lassen keine großartigen persönlichen Anpassungen zu. Lediglich der Threshold, der Signal-Schwellenwert, ab dem das System auf das abgetastete Vinyl-Signal reagiert, gewährt einen Spielraum. Damit schließt man störende Vibrationen, die beispielsweise von Bässen einer PA resultieren, vom Vinyl-Signal aus. Die beiden edjing-Apps bieten einen Umfang von null bis 100 Prozent. Mit zunehmenden Vibrationen muss der Signal-Schwellenwert gesenkt werden. Bei DJ Player Pro stuft man ihn von -24 bis -72 Dezibel ab. Allerdings erst ab einen eingestellten Wert von -36 Dezibel reagiert das DVS überhaupt, denn oberhalb bei -24 Dezibel ist bereits absolute Funkstille. -72 Dezibel entsprechen der höchsten Empfindlichkeit und damit auch der größten Gefahr unliebsamer Signaleinstreuungen. Ein optimaler Wert lässt sich nicht pauschalisieren, da dieser zu sehr von der jeweiligen Umgebung und dem Standpunkt des Turntables abhängt.

Das Setting des DJ Player Pro gibt auch ein schlagwortartiges Feedback über die Qualität des DVS-Signals und tischt die alternativ einstellbare Abspielgeschwindigkeit von 45 RPM beziehungsweise das Serato Needle Drop auf. Mit dieser Funktion passt DJ Player Pro den Track auf die momentane Position der Timeline an, indem sie an die adäquate Stelle springt.

### Die Vinyl-Funktionen

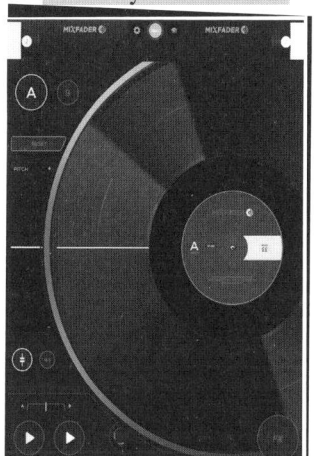

Oberfläche DJiT Mixfader DJ

Generell spielen diese DVS-DJ-Apps Tracks im sogenannten relativen Modus ab, d. h. stur entlang der Timeline. Ungewollte Nadelsprünge durch Erschütterung vereitelt dadurch die Software und sind nahezu unhörbar. Auch das Starten von gesetzten Hot Cues und Auto Loops verschiedener Beatlänger gehören zu den Features. Im Gegenzug zum absoluten Modus, der sich wie beim Abspielen analogen Vinyls verhält, ignoriert das System Bewegungen quer zur Rille, zum Beispiel beim Aufsuchen spezieller Parts im Track. Bei edjing Mix und Mixfader DJ geht dies nur per Finger in dem angezeigten Spektrogramm. Dagegen der DJ Player Pro passt mit aktiviertem Serato Needle Drop nach dem Auf- und Absetzen der Nadel auf dem Vinyl die Timelineposition im Track an. Zudem bietet die App mit DVS FX noch einen Bonus. Mit gelocktem Effekt manipuliert man per Vinyl-Bewegung die Intensität zwischen Wet (vorwärts) und Dry (rückwärts).

# EQUIPMENT

Herkömmliches Vinyl schleift man beim DJ Player Pro per Thru-Modus beziehungsweise bei Mixfader DJ unter der Option „Audio-Vinyl" durch.

### Die Performance

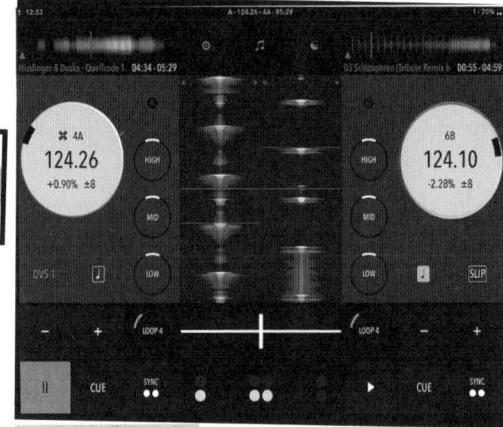

Oberfläche DJ Player Pro

Leider bieten alle Programme bisher kaum relevante Möglichkeiten zur Anpassung, gar Verbesserung der Performance. Letztlich sprechen aber die vorgestellten Apps auf sämtliche Bewegungen vom Vinyl direkt an. Die Synchronisation zwischen realem und virtuellem Plattenteller wirkt nahezu unverzögert. Das manuelle Loslassen des Vinyls und somit des Tracks beim Mix geht gefühlt in Echtzeit. Selbst schnelle Scratches gelingen damit passabel, klingen recht sauber. Auftretende Artefakte sind vernachlässigbar. Lediglich der DJ Player Pro klingt mit aktiviertem Key Lock, dem Einfrieren der Tonhöhe, unnatürlicher und digital. Artefakte treten dabei auf. Auch eine deutlichere Verzögerung zur Vinyl-Bewegung geht einher. Die Gründe liegen in dem prozessorleistungsfordernden Key Lock.

Zusammenfassend ist festzustellen, dass die edjing-Programme im Vergleich zum DJ Player Pro trotz geringerer Anpassungsmöglichkeiten die bessere Performance liefern. Für DJ Player Pro spricht dagegen der externe Mixer-Modus mit getrennter Signalausgabe an die Kanäle eines angeschlossenen Mischpults, die weniger eingeschränkte Auswahl an kompatiblen Timecode-Vinyls und der Serato Needle Drop.
Sind letztlich DVS-unterstützende Apps eine Alternative zu Traktor, Serato und Co? Im Vergleich zu den kostspieligeren Interfaces und Programme bieten die vorgestellten Apps im Zusammenspiel einer universellen Soundkarte mit Phono-Eingang und Plattenspieler einen preiswerteren und sehr gut funktionierenden Vorgeschmack auf das Auflegen mit Vinyl. Allerdings

kombiniert mit Interfaces, wie Native Instruments Traktor Audio 6 oder Denon DJ DS1, wird es nicht wirklich preiswerter und sogar unsinnig. Schließlich gehören bei deren Kauf die passende Profi-Software und Timecode-Vinyls zum Lieferpaket. Daher solltest du dich vor allem beim professionelle Club-Einsatz für ein komplettes DVS entscheiden. Schließlich sind deren Hard- und Software aufeinander abgestimmt, arbeiten entsprechend sicher, klingen noch besser und bieten etliche zusätzliche Setup-Einstellungen und Funktionen, mit denen die Apps nur bedingt mithalten können.

## Der MWM Mixfader als Add-On-Controller für DJ-Apps

MWMs Mixfader

Das DJing wird zunehmend dank DJ-Apps für Smartphone und Tablet mobiler, erschwinglicher und zum Hobby für fast jedermann. Mit dem handlichen und per Bluetooth verknüpfbaren Mixfader aus der französischen Software-Schmiede MWM lässt sich blenden, cutten, pitchen oder auch Effekte modulieren. Damit bekommt das „Daddeln" mit der DJ-App haptische Unterstützung. Klingt nach einem Spielzeug, von dessen verbaler Degradierung sich nicht nur der Preis von 129,00 Euro distanziert. Denn der Mixfader lässt sich auch mit portablen USB-Turntables wie den Vestax Handy Trax oder Numark PT01 kombinieren. Er ist zugeschnitten auf die DJ-App Mixfader DJ, versteht sich aber auch bestens mit edjing Mix und Pro. Schließlich kommen sie wie auch der Add-On-Controller aus dem gleichen Haus. Da er auf MIDI hört, gewährt er auch ein individuelles Mapping mit anderen MIDI-kompatiblen Programmen.

Das 85 Gramm leichte, robuste Metall-Gehäuse besitzt einen gummierten und damit auf Oberflächen sehr gut haftenden Boden für den sicheren Halt bei heftigen Cut-Manövern mit dem Mixfader. Der On-Off-Schalter nebst LED ist links, gegenüber der Micro-USB-Anschluss, über den ausschließlich der 20 Stunden durchhaltende Lithium-Ion 200 mAh Akku von

# EQUIPMENT

Mixfader mit der App Mixfader DJ

einen USB-Port beispielsweise einer Ladestation oder eines Laptops geladen wird. Der Fader umfasst die für schnelle Cuts notwendigen kurzen 40 Millimeter. Zudem gleitet er leicht mit seiner schmalen, leicht gewölbten Kappe griffig von Kanal A zu Kanal B. Leider ist ein mechanischer Fader mit auf 100.000 bezifferten Zyklen verbaut, der zwar für herkömmliches Blenden ausreichend, aber bei maschinengewehrartigen Cut-Salven von Turntablism-Virtuosen doch schneller vom Verschleiß gezeichnet sein wird.

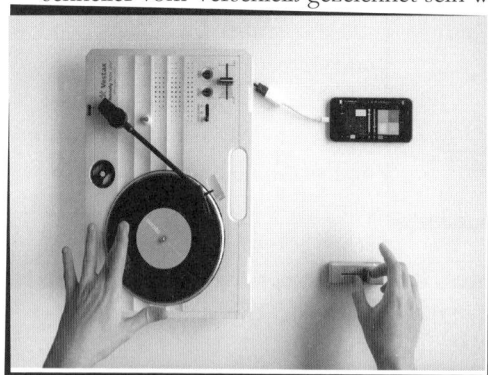

Mixfader mit Vestax Handy Trax

Der Mixfader verbindet sich per Bluetooth. Die dafür zu installierende Utility-App spiegelt nicht nur die Fader-Moves auf das Display, sondern gibt auch Infos über den aktuellen Akkustatus, die Gesamtzahl der bisherigen Crossfader- und Ladezyklen, die kompatiblen DJ-Apps. Zudem kalibriert man den Mixfader über die App. Unter MIDI-Protocol steht die Nutzung des Faders als Pitch-Control und im Reverse-Modus zur Auswahl.

Mixfader ist fester Bestandteil der edjing-Setups. Er übernimmt herkömmliche Blenden, bei edjing Mixfader DJ sogar das Pitching, die Lautstärke- oder Intensitätsregulierung für Effekte, wie

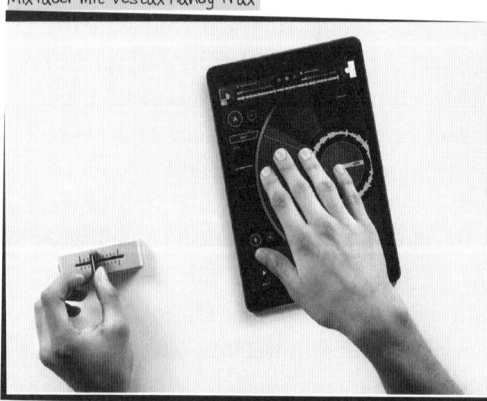

Scratch-Übung mit Mixfader und der App

Enthusiast / Bedroom-DJ / Professional DJ / Artist

Phaser oder Echo. Bis zu sieben Mixfader können gleichzeitig aktiv sein, um die unterschiedlichen Navigations- und Modulationsmöglichkeiten auf mehrere zu delegieren. Die Latenz zwischen Fader und App beträgt fünf Millisekunden, womit die Cuts in Echtzeit superschnell und messerscharf dank dem bis auf 0,1 Millimeter einstellbaren Cut-In gelingen. Allerdings bei schnelleren Scratch-Bewegungen spürt man mit dem virtuellen Vinyl auf dem Tablet eine gewisse Latenz. Daher sollte ein fortgeschrittener DJ die App lieber im DVS-Modus mit angeschlossenen USB-Plattenspieler fahren, um das Latenz-„Gate" wieder zu richten. Zusammen mit dem Mixfader entsteht damit ein kompaktes Setup auch für spontane Cut-Sessions auf dem Sofa. Der Mixfader interagiert neben den bereits genannten Programmen auch beispielsweise mit Traktor, Serato DJ und VirtualDJ. Ist in der Utility-App MIDI aktiviert, wird Mixfader erkannt, sodass er im jeweiligen MIDI-Setup gewünschten Funktionen zugeordnet werden kann.

## Die Mixtape-Software: MixMeister

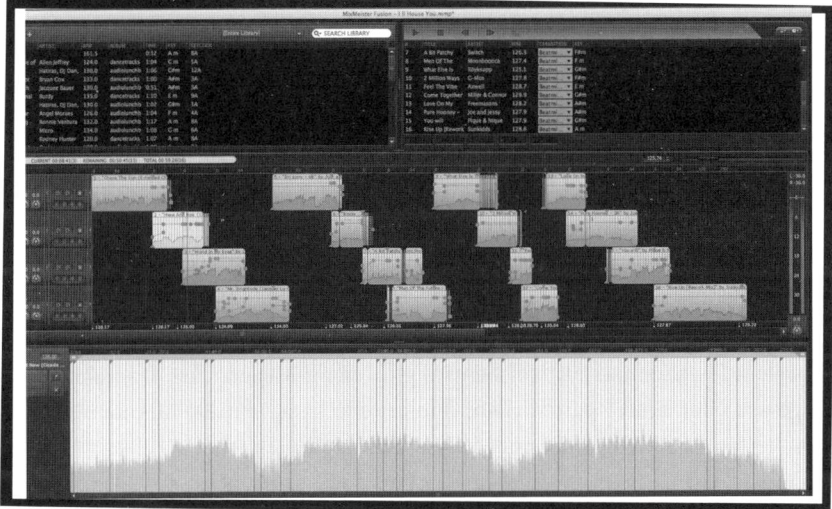

Wenn man heutzutage einen Mix von einem DJ in die Hand gedrückt bekommt, muss es noch lange nicht heißen, der DJ stand an seinen Play-

# EQUIPMENT

ern und startete dafür unzählige Versuche, um diesen perfekten Mix ohne Fehler zu meistern. Jeder der Übergänge ist unwahrscheinlich präzise und nicht die kleinste Korrektur zu hören. „MixMeister Studio" ermöglicht es, denn diese Software ist auf das Produzieren von DJ-Mixes spezialisiert.

Du bedienst sie wie eine herkömmliche Sequenzer-Software. „MixMeister" arbeitet automatisch und erkennt Tempi, sogar Songstruktur der Tracks, um optimale Mixergebnisse zu erzielen. Die Übergänge können dabei mit ihrer Länge und Position entweder automatisch oder manuell festgelegt werden. Bis zu acht Tracks kannst du gleichzeitig miteinander mixen, zusätzliche Features wie beatsynchrones Loopen, Equalizer, Harmonic-Mixing, VST Effekt Plugins oder Effekt- und Sample-Integration perfektionieren deine Übergänge. Der fertige Mix wird als MP3- oder Wav-Datei abgespeichert bzw. auf CD gebrannt.

Neben der „Studio"-Version gibt es auch die preisintensivere „Fusion"-Variante, die zusätzlich den Live-Betrieb durch folgende Funktionen unterstützt:

- Zugreifen in Echtzeit via Hardware-MIDI-Controller
- Vorhören und Hören während des Live-Mixes
- Echzeit-Looping und Remixing während der Live-Performance
- optionales Plugin für Video-Mixing
- Live-Monitoring

Für jeden DJ ist eine Software wie der „MixMeister" ein Segen, mit der man jede Menge Zeit sparen kann. Aber vergiss nicht, sie stellt aber auch gleichzeitig die Glaubwürdigkeit deiner Mixtapes und –CDs in Frage, mit denen du dich vielleicht bei einem Club-Manager bewerben möchtest und die du zu Promotionzwecken verteilst. Denn, um einen Mix auf diese Weise zu erstellen, ist kein DJ-Handwerk nötig. Demzufolge überlege dir, für welche Zwecke und auf welchem Weg du einen Mix erstellst. Und ehrlich gesagt oder besser geschrieben, mittlerweile klingt ein DJ-Mix authentischer, wenn die eine oder andere Korrektur zu hören ist.

## Die DJ- und Producing-Software: Ableton Live

Immer mehr führende DJs wie Paul van Dyk oder Chris Liebing kombinieren ihre DJ-Skills mit sogenannten Digital Audio Workstations (DAW) wie diesem. Chris Liebing war einer der ersten DJs, die gänzlich den Plattenspielern abgeschworen haben. Er betreibt in seinem Set ein kreatives Live-Remixing und Producing, das die herkömmlichen DJ-Möglichkeiten gänzlich in den Schatten stellen. Da werden mindestens vier Tracks übereinander gelegt, modifiziert, gecuttet, gefiltert und eigene Breaks kreiert, sodass der Mix wie aus einem Guss klingt. Ableton Live macht es möglich, indem du in zwei verschiedenen Ansichten arbeitest, der Arrangement- und der Session-Ansicht.

Arrangement-Ansicht  Session-Ansicht

Die Arrangement-Ansicht ist zu vergleichen mit der Oberfläche einer Produktionssoftware, wie CuBase, bei der alle Spuren der Tracks oder Instrumente entlang eines Zeitstrahls angeordnet sind. Du bist in diesem Fall an das Arrangement gebunden und kannst beim Live-Mixing nicht individuell auf die Situation im Club reagieren. Deswegen ist für dich die wichtigere Ansicht die der Session. Hier lädst du deine Tracks z. B. als Wave- oder MP3-Datei in verschiedene Scenes bzw. speicherst die Tracks als einzelne Loops bzw. einzelne Bestandteile (Drums, Grooves, Breaks) in verschiedenen Clips ab, die du dann nach Belieben kombinieren und mit Effekten bzw. Equalizern modifizieren kannst. Die Software ermöglicht dir weiterhin, in Echtzeit mit sofortiger Temposynchronisation und dem gewünschten, automatisierten Cue Point-Start (nach z. B. acht Takten) den Mix zu beginnen. Es kann nichts mehr schief gehen, kein Auseinanderlaufen der Tracks, keine hörbaren Korrekturen oder zu spätes Einsetzen des Tracks im

Set. Weiterhin ist die Software auch sehr gut zur Tempokorrektur geeignet, d. h. Titel mit extremen Temposchwankungen, wie sie z. B. aus der Disco-Ära stammen, als die Tracks ohne MIDI und Drum-Computer eingespielt wurden, begradigt Live, sodass straight z. B. die 128 BPM gehalten werden. Mittlerweile ist Ableton Live 10 auf dem Markt und wurde durch folgende interessante Features ergänzt:

- Aufnahme von der Automation in Clips und anschließende Nachbearbeitung in Form von gewölbten Hüllkurven
- neuer, effektiverer Browser zum einfachen Finden von Sounds
- Klang-Optimierung dank neuer Analog-Kompressor-Emulation Glue Compressor
- Audio-to-MIDI-Funktionen zum Umwandeln von Samples in MIDI-Daten bzw. –Clips, damit können Beats als Audio-Sample oder selbst eingesungene Audio-Spuren in Noten umgewandelt werden

### BEACHTE

MixMeister „Fusion" und Ableton Live ermöglichen das „Auflegen" ohne Hardware wie DJ-Player, Schallplattenspieler und Mixer. Bedenke stets, wenn dein Laptop plötzlich abstürzt, verstummt die Musik komplett. Deswegen sei einen Schritt voraus und verbinde deinen Laptop über eine separate Soundkarte mit einem physischen Mixer, an dem auch ein DJ-Player für den Notfall angeschlossen ist.

### The Bridge: Die Brücke zwischen Ableton Live und Serato Scratch Live

Es ist die Brücke, die Ableton Live (seit Version 8.2) und Serato Scratch Live miteinander verknüpft und somit Music-Production und DJing gleichzeitig in Echtzeit ermöglicht. Anhand einer Soundkarte, ohne mehrere Fenster auf dem Desktop öffnen, geschweige denn, mehr als ein Notebook für seine Performance einsetzen zu müssen. The Bridge funktioniert dabei in zwei Richtungen:

## Ableton Live im Serato Scratch Live

The Bridge nutzt Abletons Transport Control (ATC), sodass ein Multitrack aus dem Ableton Live direkt im Serato Scratch Live gesteuert und manipuliert werden kann. Dabei werden auf der Serato Scratch Live-Oberfläche in einem zu aktivierenden Ableton Live-Fenster alle geöffneten Spuren des Multitracks dargestellt, inklusive den einzelnen Clips, Plug-in-Instrumenten, Pegel und sämtlichen einzustellenden Parametern wie Lautstärke, Effekte und Status (solo, arm, mute). Wird ein Multitrack im Serato Scratch Live abgespielt, so besteht auch die Möglichkeit, ihn auf den Decks zu steuern und dessen Geschwindigkeit zu verändern. Anschließend wird der Multitrack in der Wellenform mit seinen Beats und Takten (Bars) optisch dargestellt, was das Mixing mit einem anderen Track erleichtert.

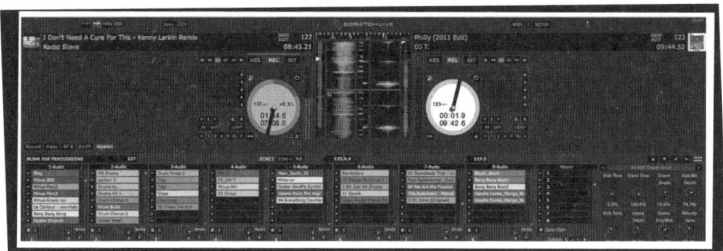

Serato Scratch Live mit The Bridge

Ein weiterer Vorteil besteht in der automatischen Synchronisation zwischen der Ableton Live-Session und einem auf dem Deck abgespielten Track, sodass der Start, die Effekte und der Mix stets auf den Takt genau sind.

Bei diesen vielen Möglichkeiten und Parametern ist es natürlich von Vorteil, sie nicht nur per Drag and Drop und Maus bzw. Tastatur zu bedienen. Das würde dich optisch am Notebook doch eher als kurzsichtigen Bildschirm-Glotzer weniger als kreativen DJ erscheinen lassen. Lege dir lieber einen dafür vorgesehenen MIDI-Controller zu, an dem du „schrauben" und somit deinem Eifer ungebremst nachgehen kannst.

 **TIPP**
Akai APC40 MKII/APC20
Novation Launchpad
Ableton Push 2

# EQUIPMENT

Akai APC 40, Novation Launchpad und Ableton Push

## Serato Scratch Live im Ableton Live

Wer kennt das nicht: Du stehst eine geschlagene Stunde an deinem DJ-Setup, mixt und scratchst wie ein Gott. Plötzlich ist es passiert, ein Fehler, der die gesamte bisherige Leistung zum Fall des virtuellen Papierkorbs werden lässt. Dank der digitalen Aufnahmeverfahren konnte man auch schon in der Vergangenheit so manchen Nadelsprung oder missratenen Übergang herausschneiden. Aber mit The Bridge ist jetzt alles möglich:

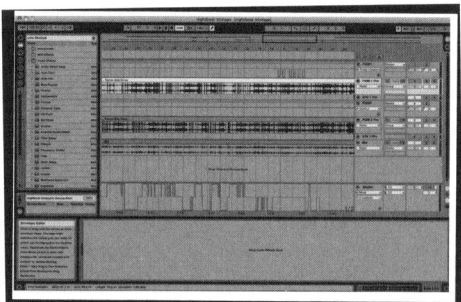

Ableton Live mit The Bridge

Wenn du im Serato Scratch Live einen Mix aufnimmst, so wird der Mix im Ableton Live in drei Spuren abgespeichert, linkes, rechtes Deck und der komplette Mix inklusive allen Fader-, EQ-, Gain-Bewegungen. Allerdings muss der verwendete Mixer bzw. DJ-Controller diese Funktionen im Bridge unterstützen.

Unter anderem diese Geräte senden alle Parameter an Ableton Live, die zur späteren Ausbesserung des Mixes notwendig sind:

- Rane TTM 57SL
- Rane Sixty-One, Sixty-Two und Sixty-Eight
- Allen & Heath Xone: DX
- Numark NS7
- Vestax VCI-380

Enthusiast / Bedroom-DJ / Professional DJ / Artist

**Miss Djax:**
Ich lege nach wie vor mit Vinyl auf, mit zwei Technics SL-1210 Plattenspielern. Speziell bevorzuge ich die M5G-Edition aufgrund ihres größeren Pitchs von 16 Prozent, anstatt der acht. Dazu kommt ein Pioneer DJM-Mixer, denn ich liebe die Effekt-Sektion. Bei meinen Live-Sets spiele ich mit einem Mac-Book und Ableton Live. Dazu kommt Hardware wie eine Roland TB-303 und ein Drum-Computer, eine Effektgeräte, ein kleiner Behringer- und ein Pioneer DJM-Mixer.

**BEACHTE**

The Bridge funktioniert ausschließlich mit Ableton Live, ab Version 8.2, aber nicht mit Version 9.0, zudem nur mit Scratch Live, nicht Serato DJ Pro. Da Serato ihr Scratch Live seit Jahren nicht mehr updatet, läuft die letzte downloadbare Version 2.5 nicht auf aktuelleren Betriebssystemen.

## Das Mikrofon

Das Mikrofon, das ein elektroakustischer Wandler zur Umsetzung der Schallschwingungen in elektrische Signale ist, setzt der DJ vorrangig in kommerziellen Discotheken, Musikkneipen zur Anmoderation von Titeln, Motivation des Publikums und für Werbezwecke ein. Normalerweise ist der Kauf eines Mikrofons nicht unbedingt notwendig, da die Discotheken dem DJ dieses zur Verfügung stellen. Wenn du aber trotzdem nicht auf ein eigenes Mikrofon verzichten möchtest, solltest du die unterschiedlichen Funktionsweisen und die damit verbundenen Vor- und Nachteile bei der Wahl berücksichtigen. Für Moderationen in der Discothek kommen folgende Mikrofone in Frage.

### Dynamisches Mikrofon

Es entstehen induzierte Wechselspannungen infolge von Schall-Luftwellen, die einen Leiter, der sich zwischen den Polen eines Permanent-Magneten befindet, in Schwingungen versetzen. Dynamische Mikrofone sind für den Discothekengebrauch sehr gut geeignet, da sie sehr robust sind, eine niedrige Impedanz aufweisen, hohe Schalldrücke ohne Verzerrungen verarbeiten und recht preisgünstig sind.

### Kondensatormikrofon

Ein interner Kondensator, bestehend aus einer Membran als Elektrode, die den Schall weiterleitet und einer anknüpfenden Metallplatte als zweite Elektrode, ändert seine Kapazität in Folge der Membranbewegung. Diese Kapazitätsänderung dient der Erzeugung des Tonfrequenzsignals. Kondensatormikrofone verfügen über einen Frequenzgang von z. B. 20 bis 20000 Hz und werden deswegen vorrangig in Tonstudios eingesetzt. Als Nachteil ist zu nennen, dass sie eine zusätzliche Spannungsversorgung in Form einer Batterie oder Phantomspeisung benötigen.

Die Mikrofontypen unterscheiden sich außerdem nach ihrer Richtcharakteristik, d. h. aus welcher Richtung und mit welcher Empfindlichkeit sie die Schallwellen aufnehmen.

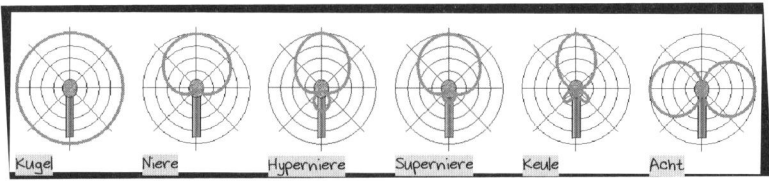

Richtcharakteristik von Mikrofonen (24)

**Kugel:** Bei Mikrofonen mit Kugelcharakteristik wird der auftreffende Schall gleichmäßig aus allen Richtungen aufgenommen. Sie sind daher für den DJ-Einsatz nicht geeignet.

**Niere:** Das Mikrofon nimmt den direkt eintreffenden Schall mit einer Dämpfung von null dB auf, hingegen wird der rückwärtige Schall frequenzabhängig, d. h. bei tiefen Frequenzen mit über 20 dB und mit zunehmend hohen Frequenzen abnehmend ausgeblendet. Beim seitlich eintreffenden Schall beträgt die Dämpfung sechs dB. Der Bündelungsfaktor (ein Wert für den Besprechungsabstand des Mikrofons, um wie viel Mal er größer im Vergleich zu einem Mikrofon mit Kugelcharakteristik ist) beträgt 1,7. Für Moderationen in Discotheken und Clubs ist diese Form zu bevorzugen, da der rückwärtige Schall am wenigsten übertragen wird.

**Breite Niere:** Als Zwischenform der Richtcharakteristiken Kugel und

# Das Mikrofon

Niere dämpft sie den rückwärtigen Schall um ca. zehn dB und den seitlichen um rund vier dB.

**Hyperniere, Superniere und Keule:** Bei der auf die Schallquelle gerichteten Hyperniere kann der auftreffende Schall aus einer größeren Entfernung (20 Prozent größer als bei einer Niere) mit dem geringsten Raumschallanteil aufgenommen werden (Bündelungsfaktor 2,4). Dem gegenüber besitzt die Superniere (Bündelungsfaktor 2,0) zwar eine breitere Richtcharakteristik, aber dafür eine bessere rückwärtige Schalldämpfung. Bei der Keule ist die Richtwirkung noch enger – Bündelungsfaktor 3,3.

**Acht:** Diese Mikrofone mit dieser größtenteils frequenzunabhängigen Richtcharakteristik blenden den senkrecht von vorn und von hinten auf das Mikrofon auftreffenden Schall um 20 bis 25 dB aus. Sie nehmen somit nur den seitlichen Schall ungedämpft auf und heben sich damit von den anderen durch ihr bestes Trennungsverhalten zweier nebeneinander liegender Schallquellen ab. Ihr Bündelungsfaktor beträgt 1,7.

Demzufolge ist für den DJ-Einsatz ein dynamisches Mikrofon mit Nierencharakteristik sehr gut geeignet, z. B. das Shure SM58 oder Sennheiser e-835.

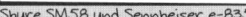
Shure SM58 und Sennheiser e-835

Qbert:
Ich habe schon oft in Clubs gespielt und dabei gelernt, was du auflegen musst, damit dein Publikum tanzt. Genauso, was du über das Mikrofon sagen darfst und was besser nicht. Ich bekam dadurch sehr viel Selbstvertrauen. Manchmal vergaßen wir sogar unsere Kopfhörer und lernten so, ohne sie zu mixen, indem wir ganz vorsichtig die Platte leise über die Lautsprecher einmischten, bis sie auf dem Beat des anderen lag.

# EQUIPMENT

## Das optionale Equipment
### Der Gehörschutz

Das wichtigste Organ für einen DJ sind seine Ohren, die Lautstärkepegeln bis zu 120 dB pro Abend ausgesetzt sind. Durch die permanente „Lärm"-Einwirkung über einen längeren Zeitraum können dabei irreversible Schäden wie Tinnitus, Gehörsturz oder Schwerhörigkeit entstehen.

Aufgrund eines hinter den Lautsprecherboxen angeordneten DJ-Pults empfängt der DJ zwar einen verminderten Schalldruckpegel, aber die Kontinuität der Einwirkung erfordert Präventionsmaßnahmen wie:

- den Monitor nur zu Mixzwecken einschalten
- die Kopfhörerlautstärke ist der DJ-Pult-Umgebung anzupassen, ein ausschließlich eingeschalteter Monitor beim Mixen reduziert die erforderliche Kopfhörerlautstärke
- ständige Kontrolle des verwendeten Kopfhörerpegels, um Abnahmen der Gehörempfindlichkeit frühzeitig zu erkennen
- im Privatbereich unzweckmäßige Lautstärken vermeiden, um den Ohren genügend Erholung einzuräumen.

Zusätzlich dienen Ohropax oder Ohrfilter zur Dämmung des Signals, wobei aber die preiswerten Tonnen, Pilze oder Noppen völlig unzweckmäßig sind, da durch ihr Verschließen des Gehörganges nur die tieferen Frequenzen wahrgenommen werden. Dagegen bietet der professionelle Gehörschutz für Musiker, z. B. der Firma „Elacin" oder „egger" eine optimale Möglichkeit. Durch einen Filter, der je nach Wahl eine Dämpfung des Lautstärkepegels um 9, 15 oder 25 dB erzielt, erfährt das Klangbild bezüglich seines Frequenzbandes keine Veränderungen und die individuelle Ohranpassung durch einen Hörgeräteakustiker realisiert einen optimalen Sitz und Tragekomfort der angefertigten Otoplastik. Allerdings schlägt der

Zubehör für einen DJ: Ohrfilter "Elacin" und "egger"

Anschaffungspreis von über 160,00 Euro ordentlich zu Buche. Damit der Spaßfaktor beim Auflegen auch keinen „Dämpfer" erhält, favorisieren DJs Filter mit neun bzw. maximal 15 dB, da eine zu große Dämmung dem DJ nicht das Gefühl eines Auftritts in einer Location verleiht, wodurch die Musik nicht die erwünschte Motivation auf ihn überträgt.

Eine preiswertere Alternative stellen die „Weißen Antennen" dar, die ebenfalls auf austauschbaren Filtern (9 dB, 15 dB, 25 dB) basieren, aber durch ihre längliche Form das gleichzeitige Tragen eines Kopfhörers behindern.

## Die Reinigung von Schallplatten
### Die Schallplattenbürste

Um die Wiedergabe in den Clubs zu optimieren, reinigen DJs ihre Schallplatten vor dem Auflegen mit einer Schallplattenbürste. Die Schallplattenrille verschleißt schneller und klingt unsauber, wenn die Nadel den Schallplattenstaub in die Rille presst. Bei völlig verstaubten Schallplatten verliert mitunter die Nadel ihre Führung in der Rille, sodass der Tonarm quer über die Schallplatte rutscht. Beim digitalen Auflegen kann auch der Timecode nicht korrekt abgetastet werden, es entstehen Synchronisationsprobleme.

Eine Alternative sind Antistatiktücher, allerdings ist damit eine Reinigung oberflächiger als die mit einer Bürste.

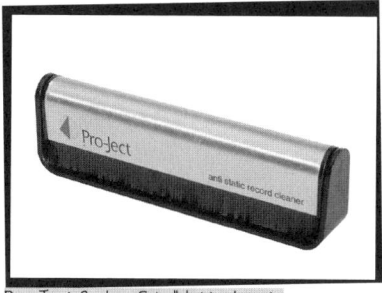
Pro-Ject Carbon-Schallplattenbürste

### Die Schallplatten-Waschmaschine und Wood Glue

Durch den permanenten Einsatz verursachen DJs Fingerabdrücke, Getränkespritzer und Kratzer auf ihrem „schwarzen Gold". Abgesehen von dem „LP Vinyl Repair", das wirkungsvoll kleinere Kratzer beseitigen soll, dienen Schallplatten-Waschmaschinen der optischen Aufarbeitung bzw. restlosen Beseitigung von Fingerabdrücken, Staub- und Schmutzrückständen, damit die Schallplatten anschließend wieder knisterfrei abgespielt werden können.

# EQUIPMENT

Schallplattenwaschmaschine von Knosti

Professionelle Schallplatten-Waschanlagen kosten mehrere tausend Euro und amortisieren sich für einen DJ nicht. Eine sehr gute Alternative bietet hingegen die Firma „Knosti" mit ihrer Antistatik-Schallplatten-Waschanlage zu einem Anschaffungspreis von knapp 70,00 Euro, bei der die Schallplatte mittels Adapter in eine Wanne samt Borsten und spezieller Reinigungsflüssigkeit eingehängt wird, die alle Rückstände der letzten Gigs aus der Rille beseitigt. Da beim Trocknen der Schallplatten die verwendete Reinigungsflüssigkeit, die in einem mitgelieferten Ständer abläuft, keine Rückstände hinterlässt, sehen die Schallplatten nach der Reinigung wie frisch gepresst aus.

Pro-Ject VC-S

Mittlerweile gibt es auch erschwingliche automatische Schallplattenwaschmaschinen für knapp unterhalb der 500,00 Euro-Marke. Stark verstaubte und verschmutzte Schallplatten sehen nach einer Wäsche aus wie frisch gepresst. Auch klanglich zeigt die Reinigung hinsichtlich der Minimierung von Knistern, Grundrauschen und statischer Aufladung beachtliche Wirkung. Die beiden ähnlich aussehenden Maschinen Okki Nokki RCM und Pro-Ject Vinylcleaner VC-S basieren auf dem gleichen Prinzip. Die Schallplatte wird auf einer Spindel eingespannt und liegt damit auf einem Teller auf, der bei der Okki Nokki RCM allerdings der LP- und bei der VC-S nur der Label-Größe entspricht. Pro-Ject entschied sich vermutlich für eine kleinere Fläche, da mit dem Aufliegen auf einem womöglich mit Staub und Schmutz behafteten Teller die Rille erneut verunreinigen könnte. Die Schallplatte rotiert wahlweise per Schal-

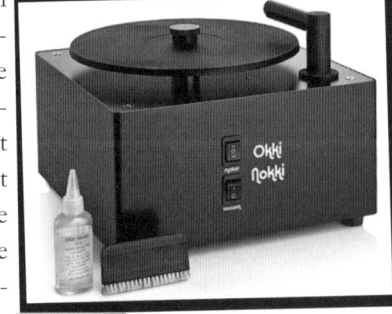

Okki Nokki RCM

# Die Schallplatten-Waschmaschine und Wood Glue

ter vor- und rückwärts von einem Motor angetrieben. Auf das drehende Vinyl wird manuell das beiliegende und mit destilliertem Wasser zu verdünnende Reinigungskonzentrat leicht aufgetragen und vorsichtig mit der beigelegten Bürste verteilt, sodass die Vinyloberfläche gleichförmig und mit einem dünnen Film benetzt wird. Zu viel Flüssigkeit kann dagegen trotz Klemme zum Label einlaufen und somit leichte Flecken hinterlassen. Zudem besteht bei der Pro-Ject Waschmaschine die Gefahr, dass die über den Schallplattenrand laufende und damit auf das Holzgehäuse tropfende Flüssigkeit das Holz etwas aufquellen lässt, sofern man sie nicht sofort abwischt. Nach dem Auftragen der Flüssigkeit und einer kurzen Einwirkzeit von circa ein bis zwei Minuten legt man den Absaugarm samt Bürsten auf das Vinyl. Mit der eingeschalteten Vakuum-Funktion wird das Vinyl angesaugt und mit dem anschließenden rotierenden Motor die Flüssigkeit samt Dreck abgesaugt. Bei Pro-Jects VC-S ist sogar binnen ein bis zwei Umdrehungen die Schallplatte komplett trocken. Pro-Ject empfiehlt, beim Absaugen nach einer Umdrehung die Richtung zu wechseln. Die im Laufe der Reinigungen angesammelte Flüssigkeit kann problemlos abgegossen werden.

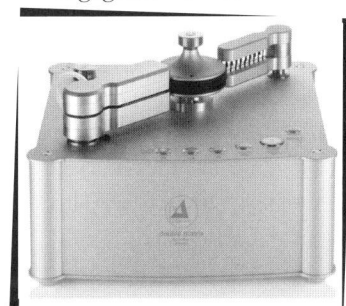

Clearaudio Double Matrix Professional Sonic

Wer die Schallplattenreinigung von der Gründlichkeit, Anmut, aber auch vom Preis auf die Spitze treiben möchte, der ist mit der Clearaudio Double Matrix Professional Sonic für satte 4000,00 Euro gut beraten. Edles Design trifft auf technologisches High End-Know How, prämiert mit dem RedDot-Award für Design, dem Plus X Award für Innovation, Funktionalität, Qualität und Design, dazu wurde ihr das „Goldenes Ohr" der Magazins stereoplay verliehen. Gegenüber bereits erwähnten Modellen erledigt die Clearaudio Double Matrix Professional Sonic den Waschgang für beide Seiten in einem Gang komplett vollautomatisch, dazu lockern hochfrequente Vibrationen den Dreck in der Rille und eine leistungsstarke Absaugturbine trocknet schnell und rückstandslos.

Die Bedienoberfläche definiert sich über zwei formschönen Armen, zum einen denen der Reinigungseinrichtung mit drei Bürsten pro Hälfte samt Ab-

# EQUIPMENT

saugkanal, zum anderen die Antistatikeinheit. Im Zentrum befindet sich die massive Einspanneinrichtung für die Schallplatten samt Seal-Klemme mit doppelten Gummi-Dichtungsring, damit kein Fluid auf das Label ausläuft. Die vollautomatisierte Reinigung erfolgt wahlweise in drei wählbaren Modi: Auto, Super Clean und ECO-Mode. Für sehr verschmutzte Fälle empfiehlt sich das manuelle Auftragen der Flüssigkeit, Änderung der Drehrichtung beziehungsweise -geschwindigkeit und Einschalten der Absaugung.

Clearaudio rät die hauseigene, sehr sparsame und wirksame, allerdings auch sehr kostspielige Pure Groove-Reinigungsflüssigkeit (60,00 Euro pro Liter), von der bis zu 0,4 Liter eingefüllt werden können. Den Füllstand bestätigt eine sieben gliedrige blaue LED-Anzeige.

Den Auto-Knopf einmal, zwei Mal oder drei Sekunden lang gedrückt, wählst du einen der drei automatischen Reinigungsmodi. Zunächst vibriert und rotiert die Platte, das Fluid wird zeitgleich beidseitig sparsam auf einem Viertel der Plattenfläche aufgetragen, danach gleichmäßig verteilt und anschließend wieder kurz abgesaugt. Die Maschine wiederholt den Wechsel zwischen Fluid-Auftragen und Absaugen je nach Modus unterschiedlich oft. Lediglich beim fluidsparenden und zeitverkürztem ECO-Modus benetzt die Maschine die gesamte Platte einmalig in einer kompletten Umdrehung mit Flüssigkeit und saugt sie anschließend ab, innerhalb von 1,10 Minute. Dagegen braucht der normale Auto-Modus reichlich zwei Minuten, Super Clean nochmals eine Minute mehr, zum Absaugen generell eine Minute, damit die Platte abschließend komplett trocken ist. Beim Reinigen entstandenen elektrostatischen Ladungen leitet man mit dem Antistatikarm ab, der zur Platte geschwenkt wird, die Platte dreht sich erneut aber ohne Vibration.

Die mit der Double Matrix Professional Sonic gereinigte Schallplatten können sich nicht nur sehen, sondern auch hören lassen. Unzerkratzte Platten erreichen den Near Mint-Status wieder. Knackser durch Staub, Schmutz, Getränkespritzer und statische Ladungen verschwinden, nerviges Hintergrundrauschen wird gemildert. Aber gegen sichtliche und deutlich hörbare Kratzer ist leider noch kein Kraut gewachsen.

Mit dem Rolling 1000 der Firma Nagaoka/Japan über die Platte entweder entlang oder sogar quer zur Rille gerollt, nimmt er mit seiner klebrigen, chemisch neutralen, abwaschbaren und weichen Silikonelastomer-Oberfläche

Die Schallplatten-Waschmaschine und Wood Glue
Der Vinyl Flat Record Platter und AFI flat.2

Nagaoka Rolling 1000

alle Fusseln und Staubpartikel auf. Die weiche Gummimasse passt sich der Rillenform an, Schmutzpartikel haften dank Adhäsionskraft. Weder Platte noch Label werden beschädigt, es entstehen auch keine Kleberückstände auf der Platte. Nach dem Einsatz wird der Roller vom Schmutz einfach mit etwas Seife und Leitungswasser gereinigt, die Klebekräfte erneuern sich dadurch.

Nach einem ähnlichen Prinzip, aber umständlicher und ungewöhnlicher reinigst du Vinyl mit Wood Glue (siehe rechts), einer wachsähnlichen Flüssigkeit, die beim laufenden Plattenteller auf die Schallplatte gleichmäßig aufgetragen wird. Danach verstreichst du es zu einem dünnen Film, der bis zum nächsten Tag trocknet und dann wie eine Folie mit allen Rückständen vom Vinyl abgezogen wird.

Wood Glue-Nutzung nach YouTube-Video von Ghettofunk13

## Der Vinyl Flat Record Flattener und AFI flat.2

Mit dem Vinyl Flat Record Flattener ist es möglich, wellige Schallplatten zu glätten. Dazu wird das Vinyl zwischen zwei Platten je nach Welligkeit, Gewicht, chemischer Zusammensetzung des Vinyls und Raumtemperatur über Wochen oder gar Monate bei Zimmertemperatur gespannt. Dies ist die sichere Methode. Du kannst den Record Flattener aber auch auf ein Backblech bzw. Backpapier in einem Ofen legen und bei 54 Grad Celsius erwärmen. Der Ofen erreicht seine optimale Temperatur ohne Vorheizen nach 30 Minuten und der Einstellung „Backen". Dabei gilt, je schwe-

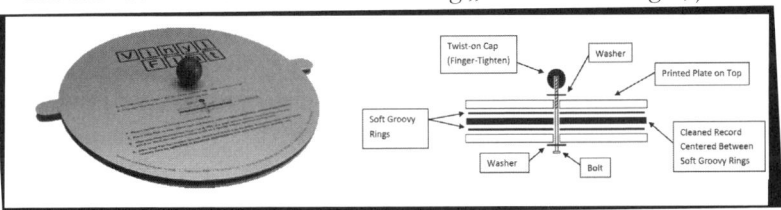

Vinyl Flat Record Flattener (25)

Equipment

# EQUIPMENT

rer das Vinyl, desto länger das Erwärmen im Ofen und anschließende Abkühlen. Die Dauer variiert zwischen 30 und 50 Minuten. Sollte dein Ofen nicht auf dieser niedrigen Temperatur „backen", nutze den Vinyl Flat „Groovy Pouch", eine Tasche mit Carbon-Fieber, die sich dank einer geringen Spannung auf eine niedrigere Temperatur als die eines Küchenofens erwärmt.

AFI flat.2 Plattenbügler

Furutech ORB DF-1i A

Professioneller wird der durch Sonneneinstrahlung, falsche Lagerung oder fehlerhaftes Pressen entstandenen Huckelpiste und dem einhergehenden hörbaren Jaulen mit dem AFI flat.2 Plattenbügler der Gar ausgemacht. Der von Dr. Ulrich Kathe entwickelte AFI.flat.2 erwärmt die Schallplatte auf maximal 59 Grad Celsius und kühlt sie anschließend genauso gemächlich wieder ab. Ähnlich funktionieren auch der deutlich günstigere ORB DF-1i A-Plus und der in ähnlicher Preisliga rangierende Furutech DF-2-LP-Flattener. Aber der AFI.flat.2 Plattenbügler punktet neben einem edleren Design mit einer individuell einstellbaren Plateau-Zeit und -Temperatur und dem Tempern zum Entspannen der Schallplatte, wodurch sich die Dynamik und die Auflösung des Klangbilds verbessert.

Optisch wie ein Scanner aufgebaut, verstecken sich unter der schweren, an ein Ceran-Kochfeld anmutenden Glasplatte zwei identische, innen aufgeklebte Heizfolien, deren punktierte Kreise die Auflegefläche für das 12-Zoll-Vinyl- und 7-Inch-Format anzei-

*Der Vinyl Flat Record Platter und AFI flat.2*

gen. A- und B-Seite werden immer gleich mit maximal 60 Grad Celsius erhitzt. Den gleichmäßigen Wärmeaustausch zwischen Glasplatten und Vinyl übernehmen zwei Flat-Mats.

Für den AFI flat.2 spricht auch das Tempern von Schallplatten: Polyvinylchlorid als Hauptbestandteil geht erst ab 79 Grad Celsius in einen gummiartigen Zustand über, verformt sich aber auch schon mit 20 Grad Celsius weniger. Durch eine dosierte Dauer und sehr gleichmäßige Temperaturbehandlung bleibt die Rillenstruktur erhalten, aber die Materialstruktur verbessert sich, da sich beim sogenannten Tempern die Atome des Werkstoffs neu strukturieren, das Material verliert die durch das Pressen verursachte innere Spannung. Somit erhöht sich die Abriebfestigkeit, Steifigkeit, Verschleißanfälligkeit, die Härte des Materials und somit auch die Lebensdauer des Vinyls.

Da die Zusammensetzung des Materials der Schallplatten und somit die physischen Eigenschaften, wie die Erweichungstemperatur variieren, fallen die Erfolge beim Bügeln auch unterschiedlich aus. Mitunter bedarf es auch mehrerer Durchgänge. Gänzlich kapituliert der AFI flat.2 bei Schellack-Platten und direktgeschnittene Vinyls (Azetat).

Damit sich in den beiden Rillen festgesetzter Dreck und Staub beim Erhitzen nicht mit dem Vinyl förmlich verschmilzt, ist die Schallplatte unbedingt vorher mit einer Vinyl-Plattenwaschmaschine zu reinigen. Sollten anschließend wieder Fusseln und Flusen auf dem Vinyl sein, keine Angst, die werden nicht in die Rille eingebrannt.

Der AFI flat.2 bietet folgenden Programme:

**Standard:** Gesamtdauer circa 4 Stunden, Temperzeit eine Stunde, Plateau-Temperatur 59 Grad Celsius

**Relax:** Gesamtdauer circa 3,25 Stunden, Temperzeit eine knappe halbe Stunde, Plateau-Temperatur 56 Grad Celsius

**Expert:** Gesamtdauer variabel, Temperzeit von 0,25 bis 6 Stunden, Plateau-Temperatur variiert zwischen 40 und 60 Grad Celsius

Das Standardprogramm glättet und tempert, dagegen entspannt „Relax" die Platte nur zur reinen Werkstoff- und Klangoptimierung. Bei sehr welligen, aber auch wertvollen Platten, passt man mit Expert die Temperzeit

# EQUIPMENT

individuell an. Auch Platten mit vermutlich erhöhtem Feuchtigkeitsgehalt aufgrund beispielsweise in einem feuchten Milieu wie im Keller sehr langen Lagerung sollte man vor dem Bügeln im Expert-Programm mit niedriger Plateau-Temperatur vorbehandeln (40 Grad, lange Temper-Zeit), um die Erfolgschancen zu erhöhen.

Egal ob unterschiedlich gewellte, zum Teil auch stark ausschlagende Vinyls, schwarz oder mehrfarbig, 120 Gramm, 150 Gramm oder audiophile 180 Gramm-Pressungen, biegt der AFI flat.2 souverän zurecht. Zudem begeistert die wirklich wahrnehmbare Klangverbesserung durch ein breiteres Stereobild und zunehmender Dynamik. Beispielsweise grenzen sich Gesang wie auch einzelne Instrumente deutlicher voneinander ab.

Argumente die für eine derartige Behandlung der Platten spricht, sofern man es sich leisten kann. Ist dir der Preis aber zu heiß, dann schließ dich vielleicht mit befreundeten Gleichgesinnten zusammen. Auch lokale HiFi-Händler oder der Record-Services wie Clat Your Vinyl bietet dieses Tuning mit dem AFI flat.2 an.

Boys Noize:
Die ganze Welt zwischen Produzieren und Auflegen ist entstanden aus einer Leidenschaft, der Musik und dem Suchen dieser. Und das Abhängen im Plattenladen und den ganzen Tag neue Platten anhören, das war für mich eigentlich das Größte, schon seit dem ich 15 war. Für mich geht es nicht ohne Vinyl. Auch, wenn wir nur noch 300 Platten pressen, es muss einfach sein, um nachhaltig auch ein Stück Kultur zu hinterlassen.

## Der FLUX HiFi Sonic

Tonabnehmer gelten als Staubsammler. Aber nicht nur, dass sie durch größeren Abrieb schneller verschleißen, sondern auch die Wiedergabe-Qualität, die Spurtreue und letztlich das Vinyl leiden darunter. Wem es zu riskant und nicht effizient genug ist, den Diamanten mit einer herkömmlichen Nadelbürste zu reinigen, der greift zum teuren, aber wirksameren FLUX HiFi Sonic. Das Prinzip ähnelt der Reinigung aus der Zahntechnik beziehungsweise dem Ultraschallbad für Brillengläser, allerdings arbeitet der Tonab-

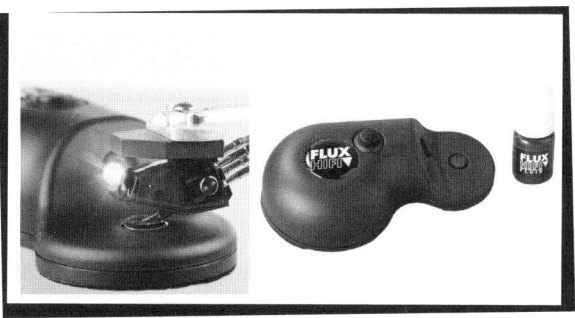

FLUX HiFi Sonic, rechts im Einsatz

nehmerreiniger mit einer deutlichen niedrigeren Frequenz, da ansonsten die Gefahr einer Beschädigung an der Nadel und ihrem Träger bestände. Die Nadel wird einer dreidimensionalen Vibration ausgesetzt, um jegliche Schmutzpartikel zu entfernen. Die dabei entstehenden Auslenkungen und Bewegungen sind im Vergleich zu denen der eigentlichen Abtastung aber deutlich geringer.

Der Diamant des Systems, das im Tonarm eingespannt bleibt, wird in ein Pad aus feinsten PE-Fasern mit einen Tropfen einer speziellen auf Isopropanol-Basis hergestellten Flüssigkeit mit sanfter Reinigungswirkung getaucht, die nach der Anwendung rückstandsfrei verflüchtigt. Durch die Kombination aus vibrierenden Fasern und der Flüssigkeit wird der Schmutz innerhalb von 15 Sekunden gelockert und aufgenommen. Das Endergebnis zeichnet sich durch eine verbesserte Abtastfähigkeit, erhöhte Lebensdauer des Tonabnehmersystems aus. Abgesehen von deutlich reduzierten Abtastgeräuschen verschwinden auch Verzerrungen und Nebengeräusche. Die Wiedergabe fällt dynamischer und homogener aus, übertriebene Spitzen fallen weg, größte Aussteuerungen klingen verzerrungsfrei. Den Frequenzumfang empfindet man besonders im Bass- und Höhenbereich erweitert.

## Der Recorder

Als Anfänger empfiehlt es sich, die ersten Live-Sets aufzuzeichnen. Denn so können auftretende Fehler, wie unsauberes Mixen, das in der Location aufgrund von Lautsprecherverzerrungen oder zeitlicher Signalverzögerungen nicht genauestens herauszuhören ist, unverständliche Moderation und falsche Artikulation, im Nachhinein analysiert werden.

Wenn du eh digital mit einer DJ-Software auflegst, so kannst du dein Set direkt auf dem Notebook speichern. Beim DJing mit Vinyl oder CD bietet

# EQUIPMENT

sich zur Aufnahme besonders ein MP3-Player mit Record-Funktion oder ein portabler Mini-Disc-Recorder an, dessen Handhabung einem CD-Player gleicht, der über eine hochwertige Aufnahme- und Wiedergabequalität verfügt und dessen Abmaße bzw. Gewicht das Reisegepäck nicht unnötig belastet.

Tape 2 von Reloop

Der neueste Schrei zum Recorden ist das akkubetriebene oder per Netzteil stromversorgte Tape 2 von Reloop im Oldschool-Tape-Design. Einfach mit dem Mixer verbinden, microSD-Karte mit bis zu 128 GB in den entsprechenden Slot stecken, die Aufnahmequalität als WAV-Format mit 1411.2 kbit/s oder 320 kBit/s-MP3 wählen und los geht´s. Auch Vinyl kann direkt vom Schallplattenspieler dank Phono-Eingang und Anschluss für die Masse digitalisiert werden. Und wenn dein Mixer keinen Record-Ausgang besitzt, schleife einfach das Tape per Thru-Port zwischen Ausgang und Verstärker bzw. Lautsprecher durch.

EvermixBox4

Mit der EvermixBox4 verwandelst du sogar dein iOS oder Android unterstützendes Smartphone in ein Aufnahmegerät, in dem das 85 Gramm leichte und aus Aluminium gefertigte Gadget einerseits per Datenkabel (Lightning oder USB-C) an dein Handy oder Tablet und andererseits per Cinch an den Record-Out eines beliebigen DJ-Mixers, -Controllers oder All-In-One-DJ-System angeschlossen wird. Die kostenfreie Evermix-App nimmt neben dem zugespielten Stereo-Signal auch das von einem an die EvermixBox4 per 3,5 mm Klinke angeschlossenen Mikrofon separat als dritte regelbare Spur auf, um beispielsweise Publikums-Reaktionen einzufangen, dies in verschiedenen Formaten wie WAV oder als 192/320 kbit/s AAC. Mit der App können unter anderem

Enthusiast / Bedroom-DJ / Professional DJ / Artist

Evermix-App

auch Fade-Ins und -Outs, Länge, Lautstärke, Name, Location, Datum, Genres des Sets editiert und nach dem Gig mit nur einem Klick bei SoundCloud oder Mixcloud hochgeladen werden. Weitere Features folgen. Besonderer Clou, du streamst auf YouTube, Facebook oder Instagram wie gewohnt mit der Handy-Kamera, allerdings mit einem direkt vom Mixer abgenommenen und daher nicht hallenden, von Umgebungsgeräuschen übertünchten Audio-Signal dank angeschlossener EvermixBox4.

## Der Notebook-Ständer

Wenn du stets bei deinen Gigs ein Notebook am Start hast, solltest du nicht auf einen dazugehörigen Ständer verzichten. Zum einen unterstützt er deine ergonomische Körperhaltung. Zum anderen verhindert er den vibrationsbedingten buchstäblichen Absturz deines Laptops durch eine Kante. Zudem wirkt er dem Hitzestau, ein Auslöser für Betriebssystem-Crashs, auf der Unterseite deines Notebooks entgegen.

Notebook-Ständer Crane Stand Elite und UDG Creator Laptop- und Controller-Ständer

Achte beim Kauf deines Laptop-Ständers auf eine stabile, leichte und robuste Konstruktion. Um Platz im DJ-Gepäck zu sparen, sollte er schnell zusammenbau- oder besser ineinander klappbar, in seiner Höhe- und seinem Neigungswinkel verstellbar sein, wie die von Crane.

# EQUIPMENT

## Die Cases und Bags

UDG Creator Backpack und Magma Digi Control-Trolley XL

Als digital auflegender DJ genießt du den Vorteil des geringen Equipment-Volumens, mit dem du ständig bei deinem Gig anreisen musst. Nutzt du DVS, so sind neben deinem Interface, dem Timecode-Vinyl noch dein Notebook, Add-On-Controller und eventuell einen Ständer mitzunehmen. Praktisch hierfür sind Rucksäcke, die recht bequem auf der Schulter zu tragen sind oder bei größeren Equipmentumfang, wie bei DJ-Controllern, auf den digitalen DJ angepasste Trolleys.

Magma Flight-Cases für Pioneer DJ Player und Mixer

Magma Multi-Format Workstation XXL plus 19" und Thon DJ-Table Z

Profi-Sack und -Pack, sprich CDJs, Turntables, DJ-Mixer oder sperrige All-In-One-DJ-Systeme, verstaut und transportiert man am sichersten in Flight-Cases. Gefertigt aus robusten, mindestens sechs Millimeter dicken Birkenmultiplexplatten, mit Alu-Kanten und Stahl-Kugelecken gegen Beschädigungen geschützt, mit geräumigen und handlichen ausklappbaren Griffen, dazu gefederten Butterfly-Verflüssen zum Verriegeln der beiden Case-Hälften schützen sie das Equipment von außen, als auch durch Schaumstoffpolsterung von innen. Größere und damit schwerere Cases besitzen außerdem Rollen für den handlicheren Transport. Zudem dienen Flight-Cases als Unterlage für das DJ-Equipment, wenn ein beim Gig bereitgestellter Tisch zu niedrig sein sollte. Oder besser gleich das

Flight-Case als Tisch nutzen, wofür z. B. der Thon DJ-Table Z Style konzipiert ist. Beispielsweise die Magma Multi-Format Workstation XXL Plus 19" beherbergt einen DJ-Controller, ein 19"-kompatibles Gerät und den Laptop so ergonomisch, dass man nicht nur alles zusammen transportiert, sondern auch direkt aus dem Case auflegt.

Record-Bag und Record-Flightcase

Zum sicheren Transport der Schallplatten dienen am besten Record-Flight-Cases oder Record-Bags. Die Größe der Flight-Cases und ihr Aufbau richtet sich nach:

- der Anzahl der zu verstauenden Schallplatten: 50/80/100/120 Stück
- der Aufteilung der beiden Case-Teile: 50/50 oder 75/25.

Entsprechend deines zu transportierenden Repertoires und Platzangebotes im Kofferraum entscheidest du dich für eine Größe. Allerdings sprechen gegen gefüllte 100er- und 120er-Cases ihr Gewicht von bis zu 25 kg, das für einen allein nur schwer zu tragen ist. Deswegen werden bei dieser Case-Größe neben einem oberen Klappgriff auch zwei weitere auf den beiden gegenüberliegenden Seiten angebracht, um den Transport auch zu zweit zu ermöglichen. Auch Trolley-Cases, bei denen zusätzliche Räder und ein ausfahrbarer Teleskop-Griff zum Rollen befestigt sind, erleichtern den Transport.

Ein Case mit 50/50-Aufteilung besteht aus zwei identischen Hälften, um während des Auflegens den Inhalt eines überfüllten Koffers zur bequemeren Suche gleichmäßig auf die zwei Hälften zu verteilen.

Schallplattencases zeichnen sich besonders durch ihre Stabilität aus, die sogar beim Sturz oder Fall die Schallplatten vor Schaden bewahren. Record-Bags hingegen bestechen durch ihren Taschencharakter und dem daraus resultierenden Tragekomfort, der durch einen zusätzlichen Tragegurt, Fächer für

# EQUIPMENT

benötigtes Equipment, solide Polsterung und ein leichteres Gewicht gewährleistet wird. Wie auch beim Flight-Case variiert die Anzahl der zu verstauenden Tonträger je nach Größe, aber ihr geringerer Schutz im Sturzfall kann zumindest Schäden an den Schallplattencovern verursachen.

Preislich sind für qualitativ hochwertige und robuste Cases bzw. Record-Bags ca. 100,00 Euro pro Stück einzuplanen, deren Kauf sich durch die lange Lebensdauer über Jahre amortisieren kann und einen sicheren Transport ermöglicht. Billige Taschen und Cases aus Plastik reizen zwar optisch, aber ihr Verschleiß lässt auf Dauer ein hochwertiges Case preiswerter erscheinen.
Wenn du zunächst generell auf ein Case verzichten möchtest, um das Geld lieber in Tonträgern anzulegen, kannst du auch bis zu 150 Schallplatten mit stabilen Klappkisten aus dem Baumarkt, die ein Fassungsvermögen von 46 Litern vorweisen, transportieren. Allerdings achte auf metallbasierende Verbindungen zwischen den Plastikeinzelteilen und ein zulässiges Gewicht von 40 kg (für 150 Schallplatten). Die Kistenbreite entspricht genau dem 12"-Format einer Maxi-Single, und somit erfolgt auch auf diese Weise ein sicherer Transport.

## Der Fiberpen und das Druckluftspray

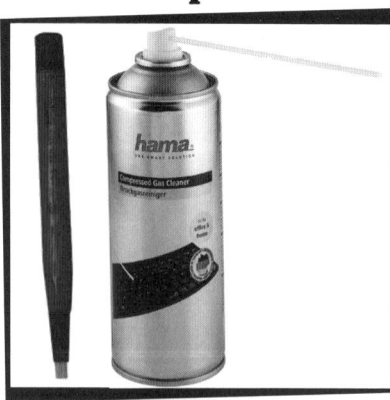

Fiberpen und Druckluftspray

Schallplattenspieler und Tonabnehmer verzeichnen auf Dauer Verschleiß an den Kontakten, mit denen Tonarm und Tonabnehmer verbunden sind. Daraus resultieren ausfallende Kanäle oder sogar ein nicht funktionierendes DVS. Deswegen ist es ratsam, entsprechendes Zubehör zur Reinigung der Kontakte am Tonabnehmer bzw. des Tonarms beim Gig dabei zu haben, zum einen den Fiberpen, der die verschlissenen Kontakte reinigt und poliert bzw. ein Kontakt- bzw. Druckluftspray gegen den Staub im Tonarm.

## Der Equipment-Ständer und das DJ-Möbel

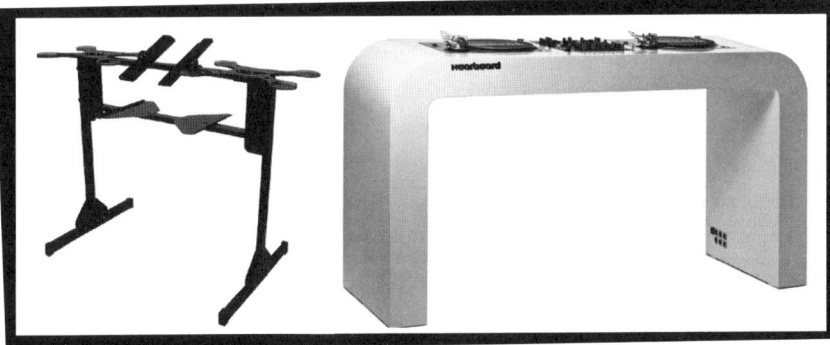

Sefour X25 DJ und Hoerboard Classic

Natürlich musst du auch zu Hause dein Equipment effizient, platzsparend, stabil und ergonomisch aufstellen. Denn die Höhe des Möbels oder Ständers ist nicht nur wichtig für deine Rückenhaltung, sondern auch mit ausschlaggebend für den Erfolg mancher Skills (siehe Scratching). Damit dein Setup am besten in Bauchnabelhöhe steht, lege dir das stylische, massive DJ-Möbel von Hoerboard, Zomo, Reloop oder den Ständer X25 DJ von Sefour zu, mit dem du auch sehr unkompliziert die Decks jeweils um 90 Grad drehen bzw. den Mixer ankippen kannst.

Mit dem ersten Teil des Kapitels „Equipment" wurde dir bisher ein Überblick über die technischen Möglichkeiten vermittelt, um zu entscheiden, womit möchtest du zukünftig auflegen und was wirst du dafür benötigen bzw. finanziell einplanen müssen. Steht dein Equipment fest? Dann ab in den Shop, damit du mit dem zweiten Teil dieses Kapitels, dem Aufbau und Umgang mit deinem Equipment, bereits praktisch loslegen kannst. Doch zuvor gibt es noch einen Crash-Kurs bezüglich Beschallung und PA Denn vielleicht erwägst du den Kauf deines eigenen kleinen Soundsystems, mit dem du mobil von Location zu Loaction reisen möchtest.

### BEACHTE

Beim Equipmentkauf lasse dir unbedingt eine Rechnung mit deinem Namen und deiner Anschrift ausstellen, damit sich die Investition senkend auf den zu versteuernden Gewinn deiner zukünftigen DJ-Tätigkeit auswirkt.

# EQUIPMENT

## Die PA
### Die Club-PA

Für einen angehenden DJ gehört es zum guten Ton, sich hinsichtlich der PA-Komponenten und deren Funktionen auszukennen. Der Begriff PA steht für Public Adress, d. h. ein großes Publikum soll über eine technische Anlage mit akustischen Signalen von Instrumenten, Tonträgern etc. versorgt werden. Im deutschen Sprachgebrauch findest du auch den Begriff ELA, der für elektroakustische Anlagen steht. Hiermit verbindet man u.a.

Die DJ-Kanzel im ehemaligen cocoonclub

Alarmierungsanlagen in Fußballstadien, Kongresszentren und Veranstaltungshallen. Qualitativ hochwertigere Installationen kommen hingegen für Werbetrailer zum Einsatz oder frischen bei Stadien-Konzerten signaltechnisch hinterer Ränge als sogenanntes Delay-System auf.

Wie schon erwähnt, die PA erfüllt nur die Aufgabe der unverfälschten und verstärkten Wiedergabe von Audiosignalen. Ihre Nutzung ist sehr vielfältig, sei es mobil, für eine Veranstaltung vor Ort, oder festinstalliert in Stadthallen, Konzert- und Opernhäusern und Clubs bzw. Discotheken. Die Auswahl des Lautsprechertyps erfolgt in Abhängigkeit von der zu beschallenden Fläche bzw. Personenanzahl, den raumakustischen Voraussetzungen, der einbringbaren Last und den verfügbaren Stromanschlüssen. Hieraus ergeben sich wichtige Kenndaten, die aus dem Datenblatt des Herstellers zu entnehmen sind, wie:

- Frequenzgang
- Schalldruck
- Impedanz
- Belastbarkeit
- Abstrahlverhalten (Direktivität)
- Größe und Gewicht

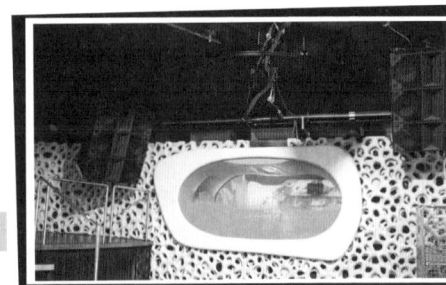

Die Toplautsprecher im ehemaligen cocoonclub

Enthusiast / Bedroom-DJ / Professional DJ / Artist

Die PA
Die Club-PA

Aus deren Kenndaten, Anzahl und Anordnung ergibt sich die Menge der Endstufenkanäle und deren benötigte Ausgangsleistung.

Schaut man sich in Clubs und Discotheken um, so beobachtet man überall einen ähnlichen Aufbau der Toninstallation: Die Tanzfläche wird vorrangig über Kopf aus vier Punkten von sogenannten Tops beschallt. Das sind meistens Zwei- oder Dreiwegelautsprecherboxen, die im Fall der Zweiwegebox aus einem Tief- und einem Hochtonlautsprecher bestehen. Hingegen die drei Wege ergeben sich aus einem Tieftonlautsprecher, von einem Membrandurchmesser bis 15 Zoll, einem oder mehreren Mittenlautsprecher (bis zu 8 Zoll) bzw. einem Hochtonlautsprecher (Kompressionstreiber oder Schlitz-/Ringstahlern). Zur besseren Verdeutlichung ein exemplarisches Beispiel für eine Dreiwegebox:

ATC SCM25A Pro Dreiwegelautsprecherbox

Der 15 Zoll-Tieftonlautsprecher gibt Frequenzen von 70 bis 800 Hz wieder. Mittenlautsprecher übernehmen das Frequenzspektrum bis 2 kHz. Hochtöner kümmern sich um das Signal oberhalb dieser Frequenz. Der Übertragungsbereich einer solchen Box ist durch die kompakte Bauweise physikalisch begrenzt, sodass niederfrequente Anteile unterhalb von 70 Hz durch entsprechende SUB-Erweiterungen ergänzt werden. Diese, häufig Bassreflexsysteme, stehen an der Tanzfläche einzeln oder in Arrays mit 18 oder 21 Zoll-Lautsprechern bestückt.

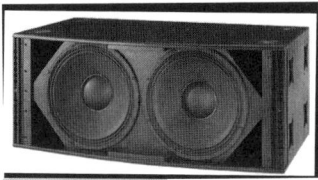
Electro-Voice Xsub(F)

Das Signal wird zunächst von dem Ausgang des Mixers an den Input eines Controllers bzw. einer Frequenzweiche (Crossover) geleitet, um die beiden, in Bass- bzw. Höhenfrequenzen beschnittenen Signale an die Inputs der jeweiligen Endstufen zu schicken. Diese Endstufen senden das entsprechende, verstärkte Signal an die angeschlossenen Subs und Tops. Dagegen bei einer kleinen PA mit nur einer Endstufe ist der Ausgang des Mixers direkt mit der Endstufe verbunden. Stehen Subs mit interner Frequenzweiche als auch Tops für die Beschallung bereit, versorgt die Endstufe zunächst die Subs über dessen Inputs. Der von den Subs nicht abzubildende höhenlastige Signalanteil wird über deren Outputs an die Inputs der Tops transportiert.

# EQUIPMENT

Für die Beschallung der Nebenbereiche im Club sorgen weitere Tops als sogenanntes Delay.

Zusätzliche Basswürfel für die angrenzenden Nebenbereiche werden meistens nicht benötigt. Ihr Schall breitet sich aufgrund ihrer Wellenlänge mittels Beugung ungehinderter als ein hochfrequentes Signal aus, zumal sehr langwellige Signale, tiefe Frequenzen, vom menschlichen Ohr nicht ortbar sind. Das gerichtete Abstrahlverhalten der Tops und die Absorption der tanzwütigen Massen, führt dann in Summe zu einer hörbaren Bassüberhöhung im „unterversorgten Top"-Bereich. Hierfür kommen dann die oben genannten Delays zum Einsatz.

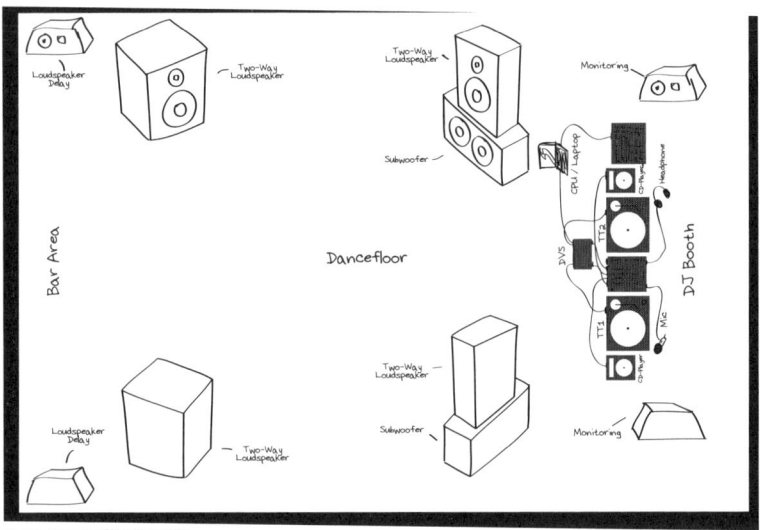

Der Aufbau einer Club-PA

Um ein Signal unverfälscht und unverzerrt wiederzugeben, bedarf es einer entsprechend gut dimensionierten PA. In Clubs und Discotheken beschallen nicht selten monströse 5000 bis 10000 Watt das Publikum, das heutzutage auch ein Ghettoblaster, sofern man der Werbung Glauben schenkt, von sich gibt. An dieser Stelle muss mit einem alten Aberglauben aufgeräumt werden. Denn diese kurzzeitigen Leistungsangaben stehen meistens in keinem Verhältnis zu dem Wirkungsgrad in Form des Schalldruckes. Was beim Auto der Hubraum ist, entspricht bei der PA dem SPL (Schalldruck), gemessen in Dezibel (dB). Häufig tritt auch die Einheit dB(A) auf, was der Schalldruckmessung mit einem Bewertungsfilter A entspricht. Die A Bewertungskurve gleicht der Empfindlichkeit des menschlichen Gehörs. Denn unser Ohr nimmt hohe Frequenzen subjektiv lauter, dagegen tiefe leiser wahr. Hingegen eine C-Bewertung beurteilt Impulse, deren Maximalpegel oberhalb der 120 dB liegen.

Sein Grenzwert mit einem äquivalenten Dauerschallpegel LAeq von 99 dB und einer Einwirkzeit von einer Stunde sollte im zu beschallenden Bereich nicht überschritten werden, um dauerhaften Schäden vorzubeugen. Im Vergleich, bei Konzerten wird der Zuhörer mit einem dauerhaften SPL von 110 dB(A) und mehr beschallt. Spitzenwerte liegen bei 135 dB(C), wobei die Norm auch hier bei einer Stunde Einwirkzeit 99 dB(A) beträgt.

Aber zurück zu den hohen Leistungsangaben, diese können als ein zusätzlicher Gradmesser für eine ausreichende Aussteuerungsreserve, dem sogenannten Headroom sein. Denn eine gut dimensionierte Anlage klingt nicht nur besser dank größerer Dynamik, sie lebt auch länger.

## Die Festival-, Konzert- und Open Air-PA

Bringst du es weit als DJ, stehst du sicherlich auch eines Tages auf großen Bühnen. Tausende Menschen beschallst du mit deinem Set über eine PA, deren Größe die der Clubs lächerlich wirken lässt.

Früher ragten auf der Bühne links und rechts monströse Boxentürme empor, deren Lautsprecherboxen, sphärische Strahler, vom Bass unten stehend zu den Hochtönern oben gestapelt waren. Man spricht von sogenannten Stacks. Mit der Folge, das Publikum litt in den ersten Reihen oft unter sehr hohen Schalldrücken und auf den hinteren Plätzen beklagte man sich über das Gegenteil. Wind, Temperaturveränderungen, Luftfeuchtigkeit und der gesetzmäßige Pegelabfall von 6 dB (sphäri-

State of the Art-Dance Stack von Funktion-One

# EQUIPMENT

sche Ausbreitung) bei Entfernungsverdoppelung setzen hier die physikalischen Grenzen. Die Kosten für Logistik, Personal und der Bühnenstatik im Tourneebetrieb waren bis dahin immens.

Systeme dieser Art werden heute nur noch für kleinere Events oder in Clubs eingesetzt. Bestes Beispiel sind hierfür die „State of the Art"-Lautsprecher des britischen Herstellers Funktion-One, die beispielsweise das Berliner Berghain beschallen. Dr. Christian Heil und Prof. Marcel Urban schufen mit der Neubetrachtung eines alten Konzeptes, der Schallzeile, einen Meilenstein in der professionellen Anwendung von Großbeschallungssystemen. Somit stellte 1992 die französische Firma L-Acoustics (Heil/Urban) erstmals einen Linienstrahler vor, bei dem mehrere Lautsprecherboxen mit entsprechenden Wellenformern ein sogenanntes Line-Array, umgangssprachlich auch Banane genannt, mit zylindrischer Ausbreitung bildeten. Etwa acht Jahre später wurde das Konzept technischer Standard.

Geflogenes Line-Array der Main-PA

Mit komfortablen Planungstools optimiert man heute die zu beschallende Fläche auf eine möglichst geringe Pegelvarianz bei unterschiedlichsten Simulationsfrequenzen. Hierbei werden u.a. die Höhe (Pick), die entsprechende Anzahl von Lautsprechern und deren Zwischenwinkel angepasst.

Neben diesen Main-PA-Line-Arrays, die auch als

Links: Gestapelte Subs und Frontfill, rechts: unten aufgestelltets Nearfill und oben ein geflogenes Line-Array als Outfill für die Seitenränge

**230** Enthusiast / Bedroom-DJ / Professional DJ / Artist

# Die Festival-, Konzert- und Open Air-PA
## Das Monitoring

PA-Wing bezeichnet werden, bilden vor der Bühne mehrere über- bzw. nebeneinander gestapelte, im gleichen Abstand und untereinander verzögerte Bassreflexboxen einen sogenannten „Haufen", das Sub-Array, als horizontale Form des Line-Array.

Um auch seitliche Ränge und die vordersten Reihen ausreichend zu beschallen, werden weitere Lautsprecherboxen oder kleine Line-Arrays als sogenanntes Front-, Near- bzw. Center- und Outfill installiert.

Natürlich ist deren Reichweite auch beschränkt. Daher erledigen in den hintersten Reihen weitere Line-Arrays als Delay-Line für die Beschallung.

Die Tonmischung und Lichtsteuerung erfolgt vom FoH (Front of House), dem Platz des Ton- und Lichttechnikers im Zuschauerbereich. Je nach Größe und Form der Spielstätte befindet sich der FoH zig Meter von der Bühne entfernt, um den Klang und die Abmischung, aber auch die Licht- und Videoshow adäquat dem Publikum wahrnehmen zu können.

Licht und Ton gesteuert vom Front of House (FoH)

## Das Monitoring

Als Monitoring bezeichnet man die Beschallung der Bühne bzw. DJ-Kanzel, um die Mitmusiker bzw. die aufgelegte Musik ohne zeitliche Signalverzögerung zu hören. Monitore oder auch Wedges genannt, findest du in unterschiedlichen Größen und ähnlichen Formen auf der

Monitoring für DJ auf einem Festival

Equipment **231**

# EQUIPMENT

Wedge d&b audiotechnik MAX Monitor

Bühne. Zudem kommen auf größeren Bühnen sogenannte Sidefills zum Einsatz, um den Bühnensound aufzufrischen. Nicht zu verwechseln mit Frontfills, die der Versorgung vorderster Reihen im Publikum dienen und somit nicht zum Monitoring gehören.

Als Meilenstein lässt sich die Entwicklung des InEar-Monitoring bezeichnen. Die deutliche Reduktion der Monitoremission verbesserte auf einen Schlag die Rückkopplungsfestigkeit, Hörsamkeit untereinander und die Lärmreduktion für Künstler bzw. Zuhörer. Es vereinfacht seither das Arbeiten des FoH-Engineers für die breite Zuhörerschar.

Trotzdem gehört der monitorbuckelnde Roadie nicht der Vergangenheit an. Denn mit Monitoring ausschließlich über InEars bleibt das Bauchgefühl für die Musik, wie auch die Orientierung im Raum und die Resonanz des Publikums auf der Strecke. Die Bühnensituation fühlt sich steril und abgeschirmt, wie in einem Studio, an. Du kennst das sicherlich, wenn du in deine Welt unter Kopfhörer eintauchst. Deswegen fangen auch oft installierte sogenannte Ambient-Mikrofone die Resonanz vor der Bühne ein, um es den Musikern über die InEars zu zuspielen. Das zusätzliche Drumfill gibt dem Schlagzeuger auch ein gefühltes Feedback seines gespielten Instrumentariums, das von sogenannten Overheadmikrofonen abgenommen wird.

Kleinere Bühnen oder DJ-Pulte werden vorrangig über Aktiv-Lautsprecherboxen mit eigenem Verstärker beschallt, wobei sich oft ein lautes Monitoring mit dem Frontsignal verschmilzt. Gönnt man seinem DJ-Gehör und dem Monitor eine Pause, beschweren sich mitunter Gäste, da der in den vorderen Reihen wahrgenommene Pegel sinkt. Daher sollte ein Monitoring generell einige dB leiser als die Front-PA und nicht zum Publikum gerichtet sein, um das Monitoring akustisch zu überdecken. Bei kleinen Beschallungen bzw. Räumlichkeiten kannst du auch auf zusätzliches Monitoring verzichten, indem du dich und deine DJ-Technik vor die PA stellst, allerdings mit dem Nachteil eventueller Klangverfärbungen, Rückkopplungen über das Mikrofon und einem zu leisen Pegel. Stehst du direkt vor den Boxen, überschätzt du den Pegel und unterversorgst somit die Gesamtfläche.

Das Monitoring einer Band erfolgt von der Bühne oder vom FoH aus, von einem Tontechniker über ein separates Mischpult geregelt, hingegen im DJ-Pult über den Booth-Regler am DJ-Mixer. Sollte allerdings der Booth-Ausgang am Mixer schon belegt oder generell nicht am Mixer vorhanden sein, schließt man oft den Monitor alternativ an einen nicht vom DJ-Pult regelbaren zweiten Masterausgang oder an den Effect-Send an. Für die Ohren auf Dauer oft schmerzhaft, denn die Beschallung der Kanzel erfolgt dauerhaft mit gleichem Pegel.

Fazit: Was ist für mich das beste Produkt?
Auswahl gibt es in Hülle und Fülle, zumal für jeden Geldbeutel. Anhaltspunkt kann hier der Low Frequency (LF)-Korbdurchmesser sein, für Sprache und kleine Pegel 6,5" bis 8", Gesang bzw. Sprache zwischen 8" und 12", für Musik entweder 12" oder 15", gegebenenfalls mit Bassextension. Jedoch ist ratsam: Zunächst testen, später kaufen. Zumal, günstig muss nicht gleich gut sein.

## Die Endstufen, Frequenzweichen, Controller und Signalbearbeitung
### Die Endstufen

Endstufen und Controller

Endstufen, auch als Amps bezeichnet, dienen der klangneutralen Verstärkung eines Signals in einem für sie typischen Frequenzgang von 20 bis 20.000 Hz. Sie werden in verschiedenen Leistungsklassen angeboten, wobei die entsprechenden Leistungsangaben nur bei Vollaussteuerung mit entsprechendem Signal, Kühlung und ohmschen Abschluss zu erreichen sind. Damit fällt die sogenannte Sinusleistung erheblich niedriger aus, das wiederum die Existenz der großen Leistungsklassen hinterfragen lässt. Begründen lässt es sich mit der angestrebten hohen Signal-Dynamik, die möglichst verzerrungsfrei verstärkt werden soll. Kommt es

zu dem gefürchteten Clipping (aus einer Sinusform entsteht ein Rechteck), wächst gleichzeitig der Mittelungspegel. Dieses führt zur Erwärmung der Schwingspule und letztendlich zum thermischen Tod des Lautsprechers, meistens des Hochtonlautsprechers. Daher lieber auf Amps hoher Verstärkerleistung samt sehr guten On Board-Limitern setzen, zumal sie mittlerweile bezahlbar geworden sind. Hersteller, wie Camco, Crest, Crown, Dynacord/Electro-Voice, LAB gruppen, QSC oder Yamaha setzten sich in den beiden letzten Jahrzehnten im professionellen Beschallungsbereich durch, da sie auch im rauen Beschallungsalltag zuverlässig arbeiten.

Worauf sollte man als mobiler DJ letztlich achten, wenn es um den Kauf einer eigenen PA geht? Die technischen Daten des professionellen Equipments der oben genannten Firmen unterscheiden sich meist nur geringfügig im Frequenzgang, Klirrfaktor bzw. Total Harmonic Distortion (THD), Intermodulationsverzerrungen (IMD), Dämpfungsfaktor.

Der K(lirrfaktor) in Prozent ist das Verhältnis aus harmonischen Oberschwingungen zur sinusförmigen Grundschwingung oder mit anderen Worten, das unerwünschte Verzerren eines ursprünglich sinusförmigen Wechselsignals. THD (Total Harmonic Distortion) ebenfalls in Prozent angeben, stellt das Verhältnis aller Oberschwingungen zur sinusförmigen Grundschwingung dar.

Die möglichst minimalen Intermodulationsverzerrungen stehen für nicht mit dem Eingangssignal harmonisch verwandte Frequenzen, resultierend aus der Wechselwirkung mindestens zweier Frequenzen.

Ein weiteres Qualitätskriterium einer Endstufe stellt der Dämpfungsfaktor dar, das Verhältnis zwischen angeschlossenem Lastwiderstand (Boxenimpedanz) und Ausgangswiderstand des Verstärkerkanals, der möglichst groß ausfallen sollte. Professionelle Endstufen verfügen über einen Dämpfungsfaktor zwischen 1000 bis 3000. Bei einer minimalen Anschlussimpedanz von 4 Ohm und einem Dämpfungsfaktor von 1000 besitzt der Verstärkerausgang einen theoretischen Innenwiderstand von 0,004 Ohm. Ein geringer Innenwiderstand reduziert den Generatoreffekt der Lautsprecher, indem die Schwingspule durch die Sicke und den Spider nach der Auslenkung in die Ausgangslage gebracht wird. Die so in die Schwingspule induzierte Spannung, durch Rückstellbewegung im Luftspalt des Magneten, speist nun den Verstärker. Grund hierfür ist das Potentialgefälle zwischen Box und Verstärker. Bei entsprechend kleinem Innenwiderstand wird die Spannung am Verstärker „kurzgeschlossen". Das Ergebnis ist eine kontrollierte Reproduktion des Eingangssignals. Im anderen Fall schwingt der Lautsprecher „unkontrolliert".

Die Leistungsangaben einer Endstufe hängen von der minimal erlaubten Anschlussimpedanz ab. Aber nur falls dieser mit dem Gesamtwiderstand der angeschlossenen Lautsprecherlast übereinstimmt, steht dir die komplette Leistung der Endstufe zur Verfügung. Wenn zum Beispiel ein Endstufenkanal bei Vollaussteuerung des Signaleingangs 100 Watt Leistung an 4 Ohm Last liefert und die angeschlossene Lautsprecherbox eine Lastimpedanz von ebenfalls 4 Ohm besitzt, gibt sie auch 100 Watt Leistung ab. Aber bei einer Lautsprecherbox mit 8 Ohm halbiert sich die Ausgangsleistung, was allerdings nicht zur Beschädigung der Lautsprecher oder der Endstufe führen würde. Hingegen bei Lastimpedanzen unterhalb der vom Hersteller empfohlenen Werte können diese Funktionsstörungen oder die Zerstörung des Verstärkers zur Folge haben.

Sicherlich wirst du schon von Endstufen-Klassifizierungen gehört haben, die noch von früher, als Elektronenröhren das verstärkende Bauelement waren, stammten. Deine Wahl sollte auf eine klassische Class-H oder moderne Class-D fallen, je nach Klang-, dem Gewicht-, Gehäuse und daraus resultierenden Preis. Aber schließlich gibt es für alle Technologien ihr Für- und Widersprechen.

Im Vergleich zu den externen Endstufen sind interne Verstärker, verbaut mit dem Lautsprecher in einer Lautsprecherbox, Bestandteil der sogenannten Aktivbox. Sie benötigen eine eigene Stromversorgung. Deshalb verfügt die Box auch über einen Netzkabelanschluss.

Gegenüber den passiven Lautsprecherboxen, die mit externen Amps angefahren werden, sind sie im Vorteil:

Aktivbox UPJ-1P von Meyer Sound

- praktische Handhabung, da keine zusätzlichen Verstärker und Verkabelung
- perfekte Leistungsanpassung des Verstärkers an den Lautsprecher, dadurch keine Überlastung der Bauteile
- bessere Klangqualität durch kurze Verbindung zwischen Verstärker und Lautsprecher

Dagegen sprechen allerdings:

- geringe Flexibilität, da kein Auswechseln der einzelnen Komponenten, auch beim Ausfall
- kostspieliger, wenn mehr als zwei Boxen benötigt werden
- zusätzliche Stromversorgung
- mitunter thermische Probleme (Scheinwerfer, Sonne)

### Die Lautsprecher Management Systeme (LMS)

Lautsprecher Management Systeme, auch Lautsprecher-Controller genannt, bilden das Bindeglied zwischen dem Mischpult und Verstärker größerer Beschallungsanlagen, mit je nach Typ unterschiedlichen vielen analogen und digitalen Eingängen/Ausgängen. Sie beinhalten neben den Crossover/Weichen-Funktionen auch Delays, Filter, Kompressoren, Limiter als Zugaben, um die Signalkette zwischen Verstärker und Box zu optimieren. Neben der Frequenzweichenfunktion minimieren sie Einflüsse der Raumakustik und regulieren Laufzeitunterschiede, resultierend aus dem bautechnischen Versatz der unterschiedlichen Lautsprechertypen und -größen in der Box. Denn ohne LMS würde man zeitlich den Tiefton eher als den Hochton wahrnehmen. Auch von Box zu Box bzw. zwischen Line- und Sub-Array müssen die Laufzeiten angepasst werden. Wenn die Main-PA nicht mehr alle Bereiche ausreichend beschallen kann, kommen die schon erwähnten Delays zum Einsatz. Zusätzliche Line-Arrays frischen das Signal auf und unterstützen die Main-PA in hinteren Bereichen. Die LMS kom-

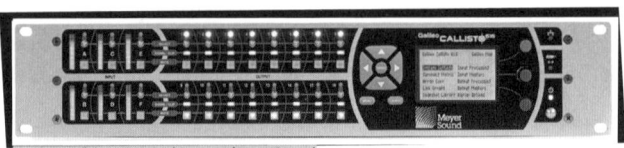

Galileo Callisto 616 LMS von Meyer Sound

pensieren dabei nicht nur die Laufzeitunterschiede. Auch Verzögerungszeiten von zehn bis zwanzig Millisekunden sind einzuplanen, um den sogenannten Haas-Effekt auszunutzen. Dieser besagt, dass ein Schallereignis aus der Richtung der ersten Schallwelle geortet wird. Damit nimmt man das verzögerte Delay-Signal als das von der Bühne war.

## Die Filter

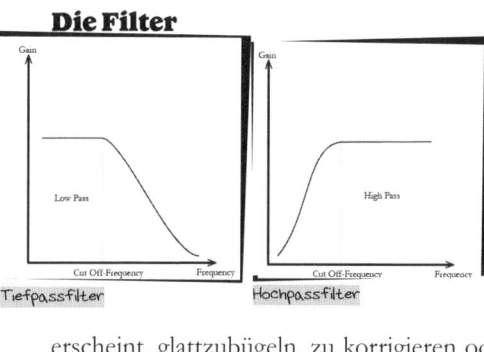

Filter dienen der Veränderung der Amplitude und Phasenlage eines Signals in Abhängigkeit der Frequenz. Sie erfüllen die unterschiedlichsten Funktionen in der Signalkette. Ihre Aufgabe besteht darin, alles das, was zu viel oder zu wenig erscheint, glattzubügeln, zu korrigieren oder zu verfremden. Hochpassfilter lassen nur Frequenzen oberhalb einer bestimmten Trennfrequenz (Cut Off-Frequenz) durch, dagegen beim Tiefpassfilter nur Frequenzen unterhalb ihres Bereiches.

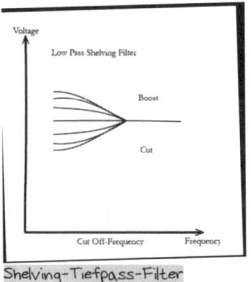 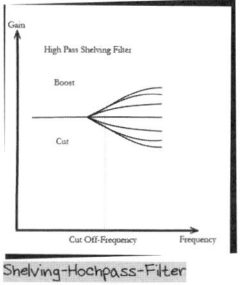

Weniger unter DJs bekannt: der Shelving-Filter (Kuhschwanzfilter), der vom Aussehen seiner Frequenzgangcharakteristik einem Kuhschwanz ähnelt. Dieser dient der Klangbearbeitung der beiden Enden des Frequenzgangs durch Amplitudenänderung, indem der Pegel ab einer bestimmten Frequenz gedämpft oder verstärkt wird. Seine Wirkung nimmt von der Einsatzfrequenz bis zum Ende des Frequenzbereichs mit entsprechender Anhebung dynamisch zu.

Zu finden sind Filter in den Eingangswegen der Mischpulte in Form des Shelving, aber auch als parametrischer Equalizer, Cut oder eben Filter. Genauso treten sie als zehn bis 30 Band-Equalizer, Software-Plugin oder

# EQUIPMENT

separates 19"-Gerät, um das Lautsprechersystem an die örtlichen Gegebenheiten anzupassen.

Parametrische Equalizer:
- sind ausgestattet mit bis zu fünf zuschaltbaren glockenförmigen Filtern zur Anhebung bzw. Absenkung von Frequenzen des Audiosignals
- drei Parameter werden eingestellt, die Mittenfrequenz des Filters mit dem Frequency-Regler, die Filterbreite oder auch Güte mit dem Q-Regler und zum Schluss der Gain für die Anhebung bzw. Absenkung des Signales

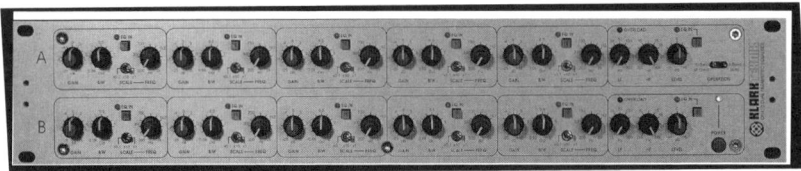

Parametrischer Equalizer von Klark Teknik

Grafische Equalizer:
- haben festgelegte Frequenzen und Bandbreiten/Güte der jeweiligen Filter
- werden unterschieden zwischen Oktav- und 1/3 Oktav- (Terz) Equalizern, wobei ein Oktav-EQ über zehn Regler verfügt: 31, 63, 125, 250, 500 Hz, 1,2,4,8 und 16 kHz; ein Terz-EQ entspricht einer Dritteloktave, somit 30 Regler
- um eine ähnliche Filterstruktur wie des parametrischen EQs zu erzielen, kann es mehrerer Filter bedürfen, wobei man sich auf die rein grafische Betrachtung beschränkt

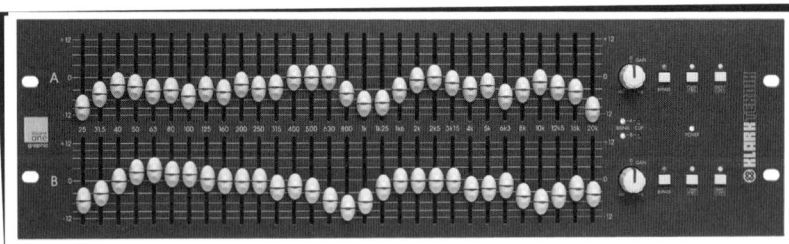

Grafischer Equalizer von Klark Teknik

## Die Frequenzweichen (Crossover)

Bei Frequenzweichen, die sich aus Filtern zusammensetzen, unterscheidet man zwischen passiv und aktiv. Passive Lautsprecher werden über einen Verstärkerkanal und einer im Lautsprecher befindlichen passive Weiche, einem Netzwerk aus Spulen, Kondensatoren, Widerständen und gegebenenfalls passiven Lautsprecherschutz, angetrieben. Dazu zählen: HiFi-Boxen, kompakte Mehrwegboxen oder auch Monitorlautsprecher. Zwar logistisch von Vorteil, aber dadurch fließt die gesamte Ausgangsleistung über die Weiche. Die nicht benötigte Leistung, z. B. zur Anpassung des Hochtontreibers, wird über Widerstände in Wärme umgesetzt. Ein weiterer Minuspunkt ist die mechanische Stabilität und das zusätzliche Gewicht. Hingegen bei Lautsprechern mit aktiver Weiche gibt es für jeden Lautsprecher und Treiber einen entsprechenden Verstärkerkanal, sodass der Lautsprecher aktiv bewegt wird. Anders als bei der passiven Version, befindet sich die aktive Weiche im Signalfluss vor dem Verstärker.

Meist spendieren die Hersteller eine entsprechende aktive Entzerrung, sodass diese Vertreter den passiven Vertretern ohne entsprechendes Werkzeug klanglich überlegen sind.

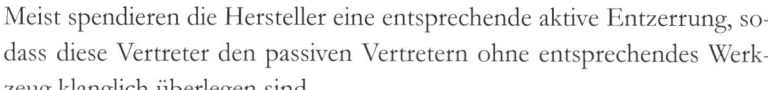
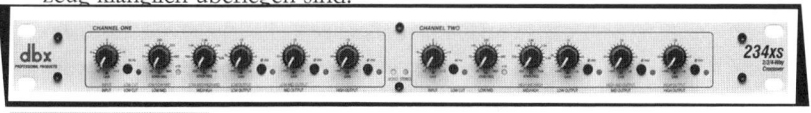

4-Wege-Crossover von dbx

Aktive Weichen, auch Crossover genannt, tauchen heutzutage in Lautsprecher Management Systemen, in Controllern als DSP-Board (Digital Signal Processor) des Lautsprechers oder als externes 19"-Gerät auf. Sie übernehmen Filter- bzw. Weichenfunktionen, wie der Butterworth und Linkwitz-Riley. Der Butterworth-Filter ist ein kontinuierlicher Frequenzfilter, gekennzeichnet von einem linearen, kontinuierlichen Übergang im Bereich der Grenzfrequenz. Der nach den Erfindern benannte Linkwitz-Riley-Filter entsteht durch Kaskadierung zweier Butterworth-Filter.

Weichen treten mit den unterschiedlichsten Steilheiten, ein Wert für die Dämpfung der Frequenz, auf, wie von 6 bis 24 dB, sogar 48 dB. Zudem gibt es auch sogenannte Zwitter, bei denen die Hersteller meistens auf passive Standardkomponenten zurückgreifen und diese schlicht mit einem Verstärker ergänzen.

# EQUIPMENT

Wofür soll man sich entscheiden? Echte aktive Lautsprecherkomponenten, ob intern oder extern, sind durch Ihre bessere Optimierung in Bezug auf Frequenzgang, Phasengang und Alignment, die Kompensation der mechanischen Laufzeitdifferenz beispielsweise mittels Delay, klanglich die beste Lösung, vorausgesetzt die restlichen Komponenten und das Gehäuse passen. Passive Komponenten oder auch Zwitter stellen einen gewissen Kompromiss zu den aktiven dar. Aber auch hier lohnt sich der Vergleich, denn passiv ist nicht gleich passiv.

## Die Kompressoren

Compressor / Limiter von dbx

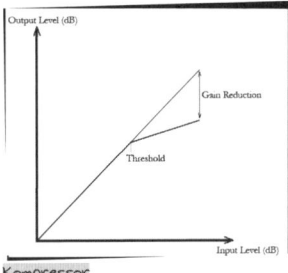

Kompressor

Kompressoren dienen der Minimierung von Dynamiksprüngen durch das kontrollierte Anheben leiser Passagen und damit Anpassen an laute. Die so entstehende Lautheit wird als Kompression des Audiosignals bezeichnet. Anwendungen findest du im Broadcast-Bereiches, z. B. bei der Postproduction von CD´s, im Rundfunk, bis hin zu einer simplen Mikrofonstimme.

Und wie funktioniert ein Kompressor? Stelle Dir einen realen Luftverdichter vor, bestehend aus einem Motor, einer Membran, einem Luftbehälter, einem Überdruckventil, zwei Drucksensoren, einem Manometer und einen Anschluss für den Abnehmer. Läuft der Motor, wird Luft im Luftbehälter gesammelt und solange komprimiert, bis der Maximaldruck im Behälter erreicht ist und der Motor stoppt. Erfolgt die Luftabnahme, reduziert sich der Druck bis zu einem Punkt, bei dem der Motor wieder anspringt, um diesen Druck wieder aufzubauen.

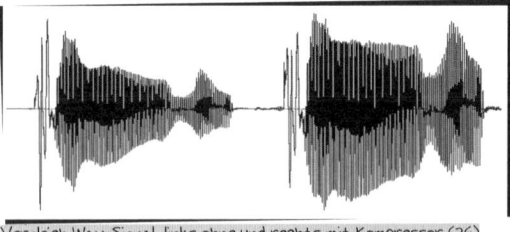

Vergleich Wav-Signal, links ohne und rechts mit Kompressor (26)

Nimmt man über einen längeren Zeitraum Luft ab, versucht der Motor das Defizit auszugleichen, bis zum erneuten Erreichen des Maximaldrucks. Im Vergleich zum Audiosignal repräsentiert die Luft das Audiosignal, die Drucksensoren (Druckkontrolle) den Threshold (unterer Schwellenwert) und den Limiter (oberen Schwellenwert), die Attack (Anstiegszeit des Signals) den Motor, wie schnell der Druck aufgebaut wird. Wie beim Luftverdichter komprimiert der Kompressor die Luft bzw. das Signal. Aus wenig mach richtig viel!

## Die Limiter

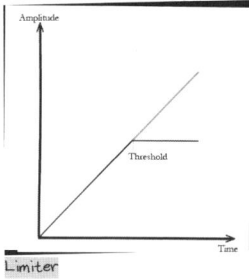

Limiter

Limiter setzen Pegelüberschreitungen in einem sehr kurzen Zeitfenster herab. Wo beim Kompressor das Signal an die Limitergrenze „gedrückt" wird, verfügt der Limiter über keine „aktiv" komprimierende Funktion. Allerdings können drastische Pegelüberschreitungen kompressorähnliche Veränderungen des Audiosignales hervorrufen.

Limiter treten entweder pegel- oder frequenz- und pegelbezogen auf. Die einfache pegelbezogene Limiterfunktion (Peaklimiter) taucht heut zu Tage bei den einfachsten Endstufen als Lautsprecher-Protection auf. Hingegen die kombinierte frequenz- und pegelbezogene findet man in High-End-Systemendstufen oder Lautsprecher Management Systemen.

## Die Expander/Noise Gates

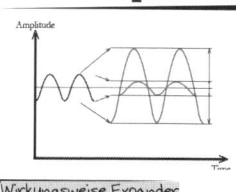

Wirkungsweise Expander

Unter Expander versteht man Regelverstärker, die entweder kleine Pegel senken, größere hingegen nicht beeinflussen (Downward-Expander), oder größere Pegel anheben und die kleinen ignorieren (Upward-Expander). Sie dienen der Unterdrückung von Störgeräuschen und Reduzierung des Übersprechens in Nachbarkanäle/Mikrofone. Man legt den Threshold (Schwellwert), wo unter- oder oberhalb die Absenkung bzw. Anhebung erfolgen soll, und das Maß der Regulierung (Ratio) fest. Für die Verminderung des Rauschens

# EQUIPMENT

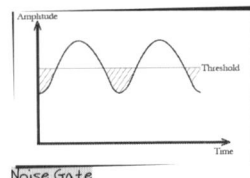

Noise Gate

und ungewollter Grundgeräusche kombiniert man Expander mit Noise Gates. Sie regulieren, dass der Signalpegel erst ab einem eingestellten Pegel durchgeleitet wird. Dies nutzt man auch für die Mikrofon-Abnahme von Drums zur Kontrolle der Dynamik, der Vermeidung des Übersprechens durch benachbarte Quellen (Becken und Toms) und des Risikos von Rückkopplungen. Somit bekommst du das Signal umgangssprachlich „sauber".

Allerdings die zweckentfremdete Nutzung kann bei hohen Dynamikanteilen zu Kleinsignalverlusten führen. Als Beispiel für einen sinnfreien Einsatz wäre daher die Unterdrückung von Fremdspannungen, wie Rauschen oder Brummen eines defekten oder minderwertigen Audiogerätes, zu nennen.

## Die Kabel und Steckverbindungen

Symmetrisches oder unsymmetrisches Kabel und warum lieber einen XLR- als einen Klinke-Anschluss verwenden? Diese Belange nehmen wir DJs als gegeben hin. Aber worin bestehen deren Unterschied und dessen Vor- bzw. Nachteile?

Unsymmetrisch und symmetrisch:
Unsymmetrische Kabelverbindungen sind Audiokabel mit zwei parallelen oder einem koaxial aufgebauten Leitern mit abschließenden Steckersystemen. Das koaxiale Kabel besteht aus einem inneren Leiter und einem ihm umhüllenden Drahtgeflecht bzw. umlaufenden Draht. Der Innere ist der Signalleiter und das Drahtgeflecht das Signalbezugspotential (Masse).
Ihre Nachteile bestehen in:

- einer hohen Störempfindlichkeit und Einstreuungen
- beim Verbinden mit geerdeten Geräten können Masseschleifen entstehen, zu hören als Brummton

Vertreter der unsymmetrischen Kabel sind die für DJs gebräuchlichen Cinch- und die Monoklinken-Kabel.
Aufgrund der eher kurzen Kabellängen und dem geringen Schaltungsauf-

wand auf der Geräteseite findest du sie vorrangig im Consumer-Bereich oder als Inserts (Eingänge) professioneller Geräte, wie:

- Verstärker- und Receiver-Line-Ins
- Aux-Send-Wege bei Effektgeräten
- Mischpulteingänge, mitunter auch Ausgänge

Symmetrische Kabel bestehen aus zwei signalführenden Adern und einem Schirm(geflecht), verbunden mit dem Signalbezugspotential (Masse genannt), zusammen. Ihre Funktionsweise ist sehr simple: Die beiden Adern führen jeweils ein Signal, ein im Bezug zur Masse gleichphasiges und ein um 180 Grad gedrehtes, gegenphasiges Signal, das auf der Geräteseite (Eingangsschaltung) als Audiosignal summiert wird. Sollte zu diesem Nutzsignal zusätzlich in beide Adern symmetrisch ein Störsignal in Folge eines magnetischen, elektrischen Feldes in das Kabel induziert werden, so kommt es in der Eingangsschaltung des Gerätes entweder zur Addition oder Subtraktion von Nutz- und Störsignal, insofern das Störsignal gegenphasig, um 180 Grad gedreht, oder gleichphasig (Null-Grad) ist. Allerdings neutralisiert beides der Mischpulteingang.

Symmetrische Verbindungen findest du vorrangig an Ausgängen von:

- DI-Boxen
- Bühnenmikrofone
- Mischpult Master
- Monitor
- mitunter Aux-Effektwege

Oder an Eingängen:

- Mischpult XLR-Inputs
- mitunter Mischpult Line-Ins bzw.-Returns

Schließt man geerdete Geräte an, deren Schutzleiter auf leicht unterschiedlichen Potenzialen liegen, fließt nach dem Einstecken des Audiokabels über dessen Schirm ein gleichmäßiger, geringer Ausgleichstrom, als Brummen zu hören. Trenne den Kabelschirm nur an einem Kabelende von der Gerätemasse. Somit wird die entstandene Masseschleife, die aus Schirm und Erdleiter gebildet, unterbrochen und das Brummen verschwindet. Genauso lösen auch Ground-Lift-Schalter an Geräten, DI-Boxen, 1:1 Übertrager,

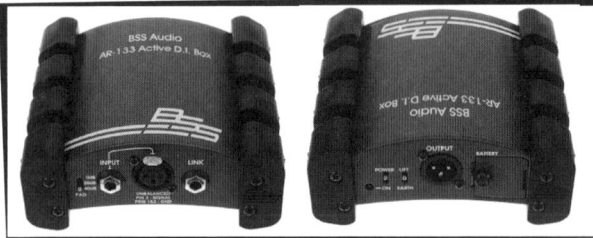

oder ein entsprechender symmetrischer Aufbau der Systemverkabelung dieses Problem.

Oft empfohlene aktive DI-Box: BSS AR133

### Multicore:

Multicore XLR-Kabel von Thomann

Oft hört man in der Veranstaltungstechnik auch von Multicore-Kabeln. Sie dienen der Übertragung mehrerer Audiosignale von der Bühne zum Mischpult und zurück oder auch der vereinfachten Verkabelung verschiedener externer Geräte oder der Anschlüsse eines Geräts. Aufgrund langer Übertragungswege erfolgt die Signalführung meist symmetrisch.

Als Beispiel für den Aufbau eines Multicores: Gegen Störungen, von elektromagnetischen Feldern hervorgerufen, sind die Signal-Leiter einzeln von Metall ummantelt. Zudem doppelt abgeschirmt, einerseits besitzt der gesamte Kabelbaum einen Gesamtschirm, anderseits auch jedes signalführende Adernpaar eine separate Abschirmung. Als Stecker dienen vielpolige Multipin-Verbindungen, die auf der Bühne über die sogenannte Stagebox (robuster Kasten mit gängigen Steckverbindungen, meist XLR) mit den einzelnen Kanälen zusammengeschlossen wird. An der Mischpultseite erfolgt die Auflösung des Kabels in seine einzelnen, mit dem Mischpult verbundenen Stecker (Peitsche genannt).

Multicores findest du allerdings auch im DJ-Segment. Beispielsweise Native Instruments legt zu ihren Amps Kabel bei, die jeweils Ein- und Ausgänge eines Kanals zusammenlegen, um das Verbinden zwischen Amp und DJ-Mixer zu vereinfachen.

Folgende Steckertypen sind im Audio- und PA-Bereich am häufigsten vorzufinden:

### Cinch:

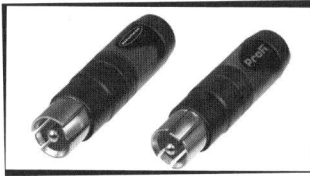

Cinch-Stecker von Neutrik

Sie dienen als Verbindung zwischen CD-/DJ-Player, Schallplattenspieler und den Eingängen am DJ-Mixer, Receiver oder HiFi-Verstärker. Ihre farbliche Markierung lässt keine Verwechselung der Kanäle zu. Vor allem die aus Plastik bestehenden Stecker gelten als nicht besonders robust, wie die der Klinke oder XLR. Metallausführungen sind hingegen stabiler, können auch dickere Kabel aufnehmen. Allerdings lassen sie sich nur sehr schwierig von den Buchsen lösen, sodass es beim unsachgemäßen Abziehen zu Beschädigungen an der dahinterliegenden Platine kommen kann.

### Klinke:

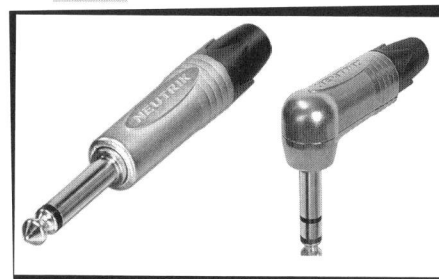

Klinkenstecker (6,3 Millimeter) von Neutrik

Ob 3,5 oder 6,3 Millimeter, mono und stereo, sie zählt zu den weit verbreiteten Allroundern. Der Stereo- unterscheidet sich vom Monostecker durch einen zusätzlichen Ringkontakt am Schaft. Klinkekabel sind meistens unsymmetrisch, wobei es auch symmetrische Stereo-Klinke gibt, als „Balanced" beschriftet und mit einem zweiadrig-abgeschirmten Kabel. Allerdings wird die Klinke zunehmend aus dem Audiobereich verdrängt, denn:

- keine Verriegelung gegen unbeabsichtigtes Herausziehen
- durch die kleine Kontaktfläche an der Spitze können nur hohe Leistungen mit Verlusten übertragen werden
- kein Berührungsschutz an den Kontakten

# EQUIPMENT

- die Kontaktfläche eignet sich nicht für höhere Stromstärken
- beim Ein- und Ausstöpseln entstehen auch Kurzschlüsse, sodass bei anliegenden Signalen unzulässig hohe Ströme fließen

XLR:

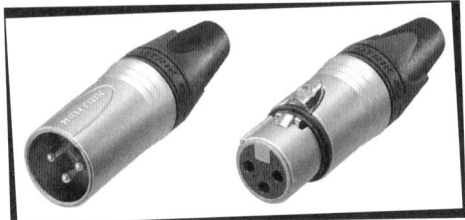

XLR-Stecker (male und female) von Neutrik

Die dreipoligen Verbindungen, bestehend aus XLR-male (Stecker) und XLR-female (Buchse), sind mittlerweile die am häufigsten eingesetzten, weil:

- ausgezeichnete Kontakteigenschaften
- Verriegelung gegen unbeabsichtigtes Herausziehen
- sehr stabil

Zu finden sind XLR-Verbindungen hauptsächlich an:

- DJ-Mixerausgänge
- Endstufen Ein- und Ausgänge
- Mikrofonen

Speakon:

Speakon-Stecker NL4FC und NL8FC von Neutrik

Vor allem im professionellen PA-Bereich, bei Endstufen und Lautsprecherboxen, lösten die aus robusten Kunststoff hergestellten Speakon-Stecker XLR ab. Man unterscheidet zwischen den Varianten NL-2, NL-4 und NL-8, mit entweder zwei, vier oder gar acht gekapselte Kontakten. Mit NL-4 oder NL-8 sind auch mehradrige Lautsprecherkabel für aktiv gefahrene Mehrwegboxen möglich. Wer das erste Mal eine Speakon-Verbindung erster Generation schließt, dem wird der Drehverschluss Probleme bereiten. Denn vor dem Einstecken muss der Ring gegen den Uhrzeigersinn bis Anschlag gedreht werden. Danach an den Nuten einstecken, um anschließend den Stecker wiederum um 45 Grad im Uhrzeigersinn bis Anschlag zu drehen. Erst dann ist der elektrische Kontakt geschlossen. Zum Schluss fixierst du die Steckverbindung durch Drehen des blauen Rings um 90 Grad im Uhrzeigersinn. Viel zu kompliziert! Daher verzichtete die zweite Generation auf diesen Ring und ersetzte ihn durch eine Metallverriegelung, wie bei XLR, die nach 45-Grad-Drehung des Steckers einrastet.

Speakon-Verbindungen punkten durch eine hohe Sicherheit bei der Übertragung hoher Ausgangsspannungen von Hochleistungsendstufen und völligem Schutz vor unbeabsichtigter Berührung der Kontakte. Neuere Versionen (NLT) haben Metallgehäuse und es gibt sie erstmals als Kupplungen in Steckerform. Mit entsprechenden Einbaubuchsen, Kabelstecker und Kabelkupplung lassen sie sich ohne die lästigen Kupplungsstücke verlängern und die bei NL4 mögliche Vertauschbarkeit bei Kabelsystemen gehört der Vergangenheit an.

### EP-Stecker:

EP-Stecker mit 5 Pins von Amphenol (male und female)

Auch die vollständig aus Metall (AP Kunststoffvariante) bestehenden EP-Stecker sollen noch vorgestellt werden. Die EP-5 (fünfpolig) und EP-8 (achtpolig) mit entsprechenden Kontakten zum Ansteuern aktiv getrennter Boxen und Monitore sind am meisten verbreitet. Sie besitzen eine mechanische Verriegelung, wie XLR, und lassen sich problemlos durch Aneinanderkoppeln verlängern.

### Kaltgerätestecker:

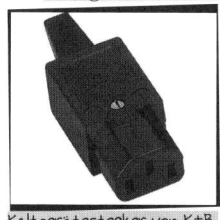

Kaltgerätestecker von K+B

Diese Stecker (C13) findest du an Netzkabeln für Geräte, die im Betrieb keine starke Wärme entwickeln (z. B. DJ-Mixer, Turntables, CD-/DJ-Player, DJ-Controller etc). Entsprechend darf auch die Temperatur an seinen drei Verbindungsstiften nicht die 70 Grad überschreiten.

## Die Klein-PAs für den mobilen DJ-Einsatz

Möchtest du als mobiler DJ zu Hochzeiten, Firmenfeiern, Shop-Eröffnungen und anderen Events auflegen, wird auch eine entsprechende PA für die Beschallung benötigt. Mieten auf Dauer? Zu kostspielig! Daher solltest du den Kauf einer kleinen Full-Range-PA in Erwägung ziehen, unter folgenden Kriterien:

- stabil und robust für ständigen Transport
- kompakt für den Transport in deinem Auto
- geringes Gewicht, damit du sie auch allein aufbauen kannst
- einfacher Aufbau
- leistungsstark für die ausreichende Beschallung auch von größeren Sälen
- angemessener Preis

Die Abmessungen eines Systems mögen zwar optisch beeindrucken, spricht aber nicht für deren Beschallungseigenschaften. Daher greife lieber auf ein kompakteres System zurück, dessen Gewicht du auch allein stemmen kannst und nicht das Ladevolumen deines Fahrzeugs sprengt. Eine allgemeingültige Formel hierfür gibt es nicht. Finanzieller Rahmen, die Anforderungen an die Veranstaltungsart und -größe, gehören wie Zuverlässigkeit, Flexibilität und ein hoher Restwert zu den entscheidenden Faktoren. Robustheit und Stabilität sind Voraussetzungen für eine lange Lebensdauer.

Bezüglich der Leistungskalkulation: Pi-Mal-Daumen-Berechnungen, wie die Anzahl der Watt in Abhängigkeit der Besucherzahl, sollte man nicht anwenden. Denn schließlich spielt die Position der Lautsprecherboxen zum Publikum eine Rolle, je größer die Distanz, desto mehr Schallpegel wird benötigt. Auch die Größe und Akustik der Location beeinflussen die Wahl der Komponenten. Zudem sind Reserven als Headroom erforderlich, um nicht das komplette System voll auszufahren und Clipping zu vermeiden. Klang, Dynamik und Lebensdauer danken es dir.

Für eine vernünftige Material-Planung gibt es unterschiedliche freie Tools, wie die von d&b audiotechnik oder Meyer Sound, die dir schnell und detailliert einen Überblick über die erforderliche Konfiguration geben.

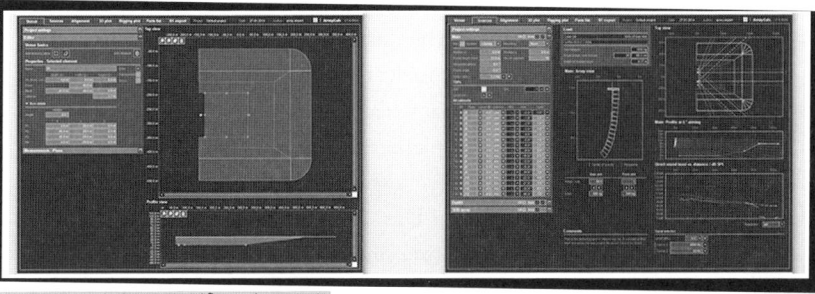 

Line-Array Calculator von d&b audiotechnik

Der Preis deiner PA richtet sich natürlich nach deinem verfügbaren Budget und deiner Auftragslage, die allerdings zu Beginn einer DJ-Karriere nicht vorhersehbar ist. Trotzdem solltest du dich für eine professionelle Marke entscheiden. Etablierte Systeme lassen sich leichter vermieten. Der dabei zu kalkulierende Tagesmietpreis entspricht ein bis zwei Prozent des Listenneupreises der zu vermietenden Technik. Folglich stellst du auch bei deinen Gigs die Technik in Rechnung. Allerdings ist eine professionelle PA erst nach 50 bis 100 Einsätzen refinanziert, zusätzliche Reparaturen nicht inbegriffen. Daher greife lieber auf ein gebrauchtes, leistungsstarkes und hochwertiges als ein neues, minderwertiges und unterdimensioniertes System.

## Das Setup einer aktiven Klein-PA

Generell empfiehlt sich bei Beschallungen dieser Art ein aktives Lautsprechersystem, d. h. die Endstufen und Frequenzweichen sind in den Boxen verbaut. Das spart Platz, der Aufbau erfolgt schneller und ist preiswerter als ein passives System mit separater Endstufe. Unter den mobilen DJs haben sich aktive Stativboxen etabliert, zum Beispiel eine 12/2-Bassreflexbox, die von oben, auf Ständern montiert, die Tanzfläche beschallen. Die Bezeichnung 12/2 steht für ein Zweiwegesystem, bestehend aus einem Tieftonlautsprecher mit einem Membrandurchmesser von 12 Zoll, der auch den unteren Mittenbereich bei der Signalübertragung abdeckt, und Hochtönern. Noch besser sind die 15/3- Lautsprecherboxen, zwar aufgrund ihrer Größe etwas sperriger und schwerer als die 12/2 Variante. Aber durch ihr Dreiwegesystem mit einem 15-Zoll-Tieftonlautsprecher, 6,5- oder 8 Zoll-

# EQUIPMENT

HK Audios L.5-Power Pack
beschallt bis zu 350 Personen

Mittenlautsprecher und 1,4 Zoll-Hochtonkalotten überzeugen sie mehr in punkto höherer Belastbarkeit und besserer Basswiedergabe.

Viele DJs komplettieren ihre Systeme mit einem oder zwei Subwoofer, bestückt mit 15 Zoll- oder 18 Zoll-Lautsprechern. Das können ebenfalls aktive oder auch passive Komponenten sein. Bei Passiven ist eine zusätzliche Endstufe und gegebenenfalls ein LMS (Lautsprecher Management System) zur Anpassung nötig. Allerdings aus Sicht der einfachen Bedien- und Einrichtbarkeit des Systems, ist diese Lösung nicht zu bevorzugen.

## Das Licht für Atmosphäre und Bewegung

Abschließend sei noch erwähnt: Damit du nicht gänzlich im Dunkeln stehst, ein preiswertes, leicht transportables T-förmiges Lichtstativ bietet genügend Platz zur Installation einer sogenannten Vierer-Bar aus vier stromsparenden LED-Scheinwerfern, die der Veranstaltung einen entsprechenden farblichen Rahmen geben. Bei größeren Veranstaltungen befinden sich die Scheinwerfer in einer vom Boden (als Ground Support bezeichnet) hochgefahrenen Stahlträgerkonstruktion, dem Truss, bestehend aus modularen Traversen. Für deine Zwecke übertrieben und unzweckmäßig. Auch von älteren wärmeabgebenden und „stromfressenden" Entladungslampen, wie PAR-64, halte beim Kauf lieber Abstand oder miete sie nur.

Die Ausleuchtung der Location, speziell der Tanzfläche dient nicht nur der dramaturgischen Unterstützung der von dir aufgelegten Musik. Schließlich gilt es auch, eine gewisse, warme, ge-

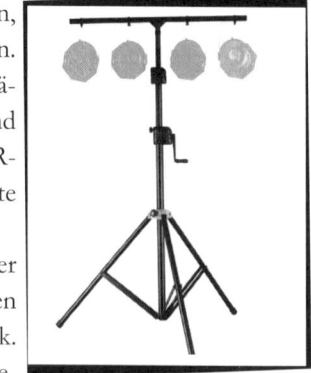

Lichtstativ Hercules Stands HC-LS-700B

mütliche Atmosphäre zu schaffen. Sogenannte LED-Washer färben den Raum großflächig nach RGB (die Grundfarben rot, gelb, blau, mit denen sich jede beliebige Farbe darstellen lässt) ein. Dunkle und wärmere Farbtöne sind den grellen und kalten zu bevorzugen. Selbst die antiquiert wirkende Spiegelkugel erfreut sich einer Renaissance und sorgt für eine beruhigende Ausleuchtung. Hingegen Spots oder Moving Heads (kopfbewegte Scheinwerfer), selbst Scanner (Scheinwerfer, deren Lichtstrahl durch einen beweglichen Spiegel abgelenkt wird) samt Gobos (projizierte Muster) sorgen für die Bewegung zum aufgelegten Beat. Und wie kannst du es effizient steuern? Schließlich wirst du neben deiner Musik auch das Licht gleichzeitig bedienen müssen.

Über DMX:
Dahinter verbirgt sich Digital Multiplex, ein digitales Steuerprotokoll zum Ansteuern der DMX-kompatiblen Lichtkomponenten über eine Software oder Lichtpult. Aus Kostengründen bevorzuge lieber eine Software, wie e:cue, mit der du dein Licht-Setup bedienst. Um nicht bei der Steuerung an den Tasten deines Laptops zu kleben, verwende zusätzlich einen MIDI-Controller bzw. auch Fußschalter, denen du deine gebräuchlichsten Befehle der Software zuweist. Damit lässt sich das Licht individuell der Musik anpassen und auch visuell Akzente setzen. Gegen DMX sprechen deswegen nur der finanzielle Mehraufwand für DMX-Kabel, Software und Controller.

Über Sound To Light:
Bei diesem Modus erfolgt die Steuerung über das Audiosignal, was den Controller triggert oder akustisch über ein im Scheinwerfer integriertes bzw. ein extern anschließbares Mikrofon. Zusätzliche Kosten, bei der akustischen Lösung, für Software etc. und eine aufwendige Installation bleiben dir zwar erspart, allerdings geht das auf Kosten des visuellen Spielraums. Denn das Licht reagiert auf Tempo und Lautstärke der Musik. Auf von dir gesetzte dramaturgische Effekte musst du leider verzichten. Daher solltest du auch in diesem Fall lieber auf die professionellere Variante, in dem Fall DMX-gesteuert, setzen.

# EQUIPMENT

## Die Lichtsteuerung per DJ-Software
### Serato DJ Pro / VirtualDJ mit SoundSwitch

SoundSwitch-Installation und Interface

Die inMusic Brands-Tochter SoundSwitch macht mit Serato und VirtualDJ gemeinsame Sache, indem die DJ-Software per DMX Lichteffekte mit einem Audiofile verknüpft und somit diese Visuals zu deinem Live-Set steuert. Das eigenständige, leicht verständlich und intuitiv bedienbare SoundSwitch läuft im Hintergrund der DJ-Software, ohne deren Workflow und Performce zu beeinträchtigen. Das notwendige Hardware-Interface (Preis 479,00 Euro inkl. Software), das gleichzeitig als Dongle fungiert, verbindet deinen Computer mit dem Lichtpult oder einzelnen Lichtgebern. Als Eingang verfügt die Box über einen USB- und als Ausgang einen DMX-Anschluss. Mit jedem abgespielten Track starten automatisch und synchronisiert die zugewiesenen Lichteffekte. Via Edit- und Performance-Mode lässt sich eine komplett synchronisierte Show vorbereiten und abspielen. Im Edit-Mode

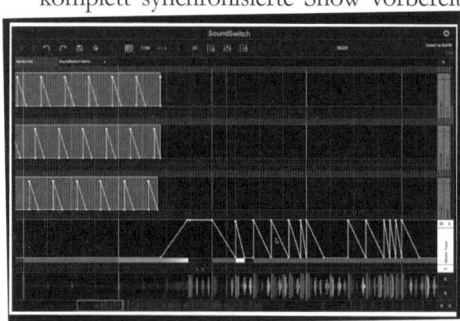

SoundSwitch-Editor

legst du die Intensitätsstufen und MIDI-Zuweisungen für Auto Loops fest, im Perform-Mode wählst du für angelegte Venues die Fixtures, sprich die anzusteuernden Lichtinstallationen, aus. Aber auch spontan erlaubt SoundSwitch den Eingriff, um die Effects der Performance anzupassen.

Wem die ganze Vorbereitung zu aufwendig ist, der nutzt das AutoScript zum automatischen Erstellen von Lichtshows für vereinzelte Tracks oder gar per Rechtsklick für gesamte Crates und Playlists. SoundSwitch erkennt dabei die Beatgrids der Tracks aus der DJ-Software, orientiert sich an Kick, Snare und Tonhöhe, das vom „Master-Track" übernommen wird. Das Setting besteht aus den Parametern Pulse Intensity, Bridge Intensity, Movement Speed und Color Change Speed.

Um die Fixtures den DMX-Kanälen zu zuweisen, sind dessen Hersteller, Modelltyp, DMX-Adresse und die Anzahl der belegten Kanäle erforderlich. Danach suchst du sie in der ständig aktualisierten Fixtures-Library auf und weist sie zu.

SoundSwitch verfügt über 32 Auto Loops mit einer maximalen Länge von 128 Takten, auf vier Bänke verteilt und per MIDI-Controller triggerbar. Die sind vor allem nützlich, wenn für manchen Track noch keine Lichtshow programmiert wurde.

Da Serato DJ Pro und auch VirtualDJ auf Ableton Link parieren, kannst du auch vom Tempo in sync deine Ableton Live-Performance visualisieren, indem du im Auto Loop ein Beatgrid setzt und im Master-Track die Effekte und Positionen definierst.

Zu den Features zählen:
- „Autoscript Lightning Generator" erstellt automatisiert Lichtshows inklusive Moving Head-Bewegungen anhand von Trackinformationen für ganze Crates und Playlists
- nicht zugewiesene Tracks animieren automatisch verschiedene Auto-Loops
- per MIDI-Panel und -Mapping Stroboskop, Dimmer, Nebelmaschine, Farbwechsel vom MIDI-Controller steuerbar
- Verschiedene Effekte: Drop, Build Up, Stroboskop, Breakdown, Positionen, Chases (Schwenk-Effekt) etc.
- ca. 10000 Fixtures in einer ständig aktualisierten Library
- Master-Track-Visualizer stellt auf dem Display die Lichtshow dar, um ohne angeschlossene Fixtures ein Showfeedback zu erhalten
- Cross- und Line-Fader zertifizierter Hardware steuern Überblendungsmodi: Cut-, Blend- oder Scratch-Mode
- Hotkeys für die Live-Performance: Blackout, Whiteout und Strobe
- 32 Auto Loop-Slots mit bis zu 128 Takten auf vier Bänken

# EQUIPMENT

## rekordbox mit RB-DMX1

Pioneer DJ RB-DMX-1

Pioneer DJ pflanzt die Lichtsteuerung (im Light-Modus) direkt in ihre DJ-Software, wobei als Übersetzer zwischen Musik und DMX das Interface RB-DMX1 (Preis: 399,00 Euro) dient. Wie auch bei SoundSwitch verfügt die handliche Alu-Box über eine DMX-Buchse, einen USB-Anschluss plus Kensington-Lock. Ist das Interface mit der rekordbox verbunden, nehmen angestöpselte Controller vom Typ Pioneer DJ DDJ-1000, DDJ-RZX, DDJ-RZ, DDJ-XP1, XDJ-RX und selbst ein DDJ-400 die Einladung zum Triggern an.

Mit angeschlossenem Interface und blau leuchtender LED als Bestätigung muss unter den Voreinstellungen von rekordbox, unter dem Tab „Lighting" die Beleuchtungsfunktion markiert sein, wo sich auch die Beleuchtungs-Miniaturanzeige und Play-Macro (sodass, falls keine Musik spielt, trotzdem Licht in Betrieb ist) befindet. Die anschließend auftauchende Lichtsteuerung erfordert eine Phrases-Analyse für Intro, Verse 1 und 2, Chorus, Bridge und Outro, um dank intelligenten Algorithmus automatisch für jeden Track die Lichtsequenzen zu generieren.

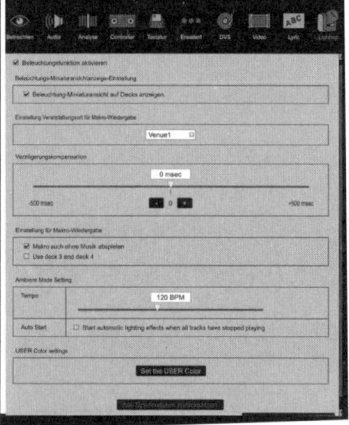

rekordbox Voreinstellungen: Lightning

### BEACHTE

Vergisst du diese Phrasen-Analyse, sendet das Light-Control kein Signal, um das Licht in Bewegung zu setzen.

Anschließend erstellst du mit deinen Fixtures eine Venue im Lighting Modus. In der Fixtures-Library mit angelegtem Venue findest du unter dessen Reiter alle 512 möglichen DMX-Kanäle als Matrix. Unterhalb davon suchst du deine eingesetzten Lichtinstallationen. Die Library fällt deutlich kleiner

Die Lichtsteuerung per DJ-Software
rekordbox mit RB-DMX1

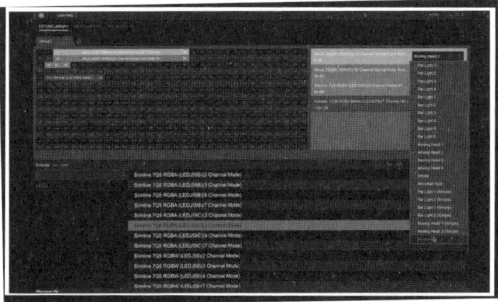
rekordbox Fixture Library

rekordbox Macro Mapping

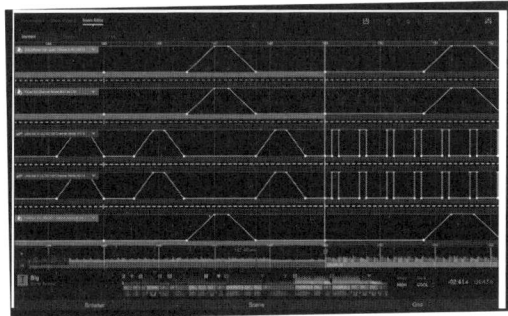
rekordbox Macro Mapping

als bei SoundSwitch aus und solltest du deine Fixtures leider nicht finden, manuelles Hinzufügen verweigert dieses Feature momentan. Danach schiebe deine Auswahl auf den Startkanal im oberen Bereich und anschließend erscheinen die Fixtures mit ihrer Gerätebezeichnung samt Angaben zum gewählten Licht, dem belegten Kanal und einer Gerätetypauswahl, ob Strobe, Par oder Bar Light (simple).

Die recht einfach zu handhabende Lichtsteuerung offeriert im Macro-Mapping etliche sogenannte Makros, vorangelegte Beleuchtungsmuster, die sich an den analysierten Phrasen orientieren. Zur besseren Vorstellung visualisieren Miniaturbilder die Bewegung der Schweinwerfer sowie die Farben und Töne der Muster. Im Macro-Editor passt du sie schnell individuell der Atmosphäre an bzw. ergänzt sie durch eigene. Allerdings sind für jedes Fixture Adaptionen wie Farbe und deren Intensität bzw. Übergänge und Moving Head-Positionen einzeln anzupassen, das nimmt Zeit in Anspruch. Wer es daher einfacher mag, der greift auf diverse Bänke und Moods zu.

Im Live-Betrieb wechselst du mit dem Crossfader im „Auto Mode" die Lightshow, allerdings nur gecuttet. Für nicht analysierte Tracks bietet sich der „Manual Mode" mit seinen Makros an.

Equipment **255**

# EQUIPMENT

## Das Anschließen des DJ-Setups

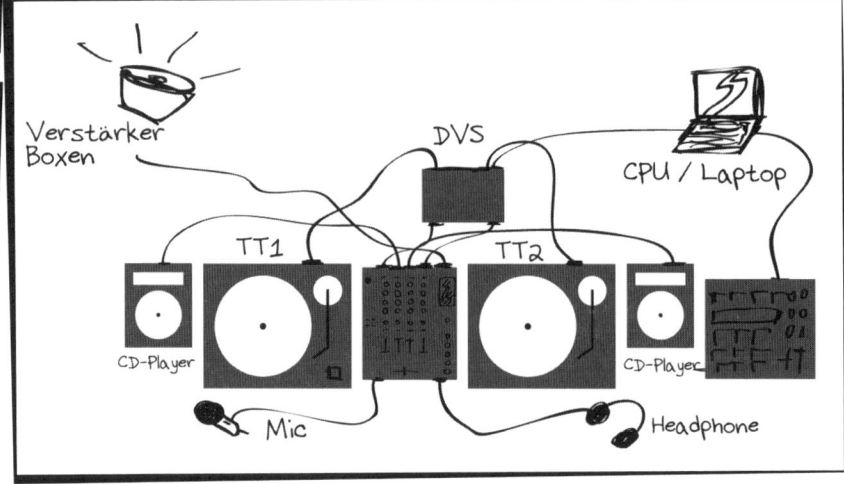

Anschlussplan des DJ-Equipments

Vor den ersten Übungen baue dein gekauftes Setup wie folgt auf:

- Die Cinch- und das Erdungskabel der Schallplattenspieler werden an die Phono-Eingänge des Mixers angeschlossen.
- Äquivalent erfolgt der DJ-Player-Anschluss mit Cinch-Kabel über den Line-Eingang.
- Legst du mit einem DVS auf, so verbinde die Schallplattenspieler mit den Phono-Eingängen des Interface vom Digital Vinyl System. Die Line- und Thru-Ausgänge des Interface verknüpfst du per mitgelieferten Cinch-Kabel mit den Line- und Phono-Eingängen am Mixer. Schließe noch mit einem USB-Kabel dein Notebook an das Interface an.
- Ist noch ein DJ- oder MIDI-Controller mit im Spiel, dann verbinde ihn ebenfalls mit deinem Notebook am USB-Anschluss.
- Der Kopfhörer ist über die entsprechende Phone-Buchse und das Mikrofon über den Mic-Eingang am Mischpult anzuschließen.

Je nach verfügbaren Ausgängen, z. B. Master- (XLR, Klinke oder Cinch), Aux-, Record- bzw. Line-Out-(Cinch), Monitor-Ausgang (Klinke oder Cinch), wird einer dieser Ausgänge mit dem Line-Eingang des Verstärkers, am besten mittels einer Cinch-Cinch-Verbindung, oder mit Aktivboxen durch ein XLR-XLR-Kabel verbunden.

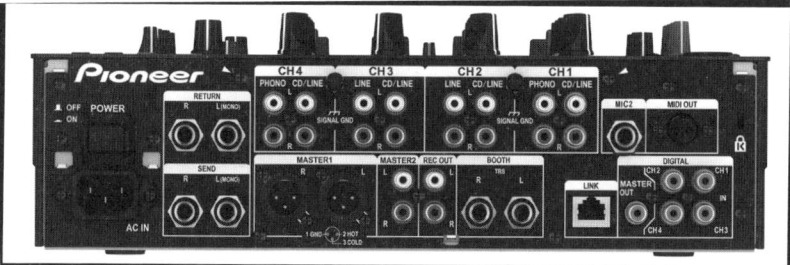

Rückseite des Pioneer DJM-900 nexus

Einige Mixer lassen sich auch per USB mit deinem Laptop verbinden, um mit DJ-Softwares wie Serato DJ oder Traktor ohne zusätzlich angeschlossenes Interface, sondern über die interne Soundkarte des Mixers aufzulegen, z. B. beim Pioneer DJ DJM-900 nexus. Mit der dafür zu öffnenden Setting Utility konfigurierst du entsprechend die Ein- und Ausgänge des Mixers. Zudem kannst du auch die virtuellen Fader und Knobs der Software per MIDI (Traktor, Serato Video) mappen, damit du sie vom Mixer bedienst.

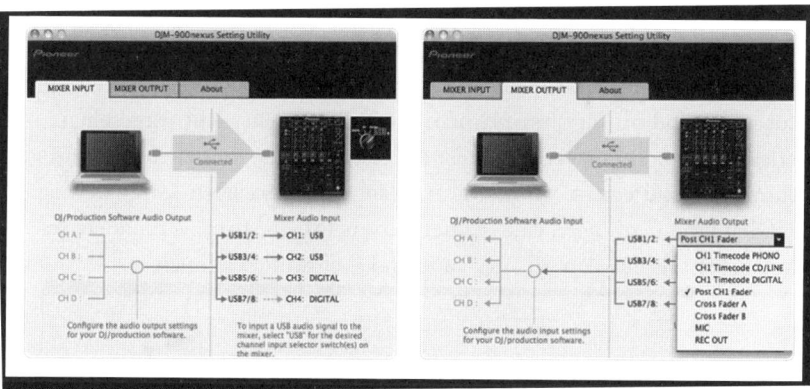

Software-Konfiguration des Pioneer DJM-900 nexus

Wenn du z. B. mit deinem Freund ein DJ-Team bildest, um auf zwei Setups (drei bis vier Turntables, zwei Mixer) deine Skills zu performen, dann verbinde den einen Mixer (Ausgang) mit dem anderen via Line- oder Session-Eingang. Oder verknüpfe beide Mixer (Ausgänge) mit einem zusätzlichen dritten Mixer (Line-Eingänge):

# EQUIPMENT

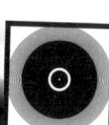

### Variante 1: Drei Turntables und zwei Mixer

Bei dieser Variante legt der DJ 1 mit zwei Plattenspielern (TT1 und TT2) auf, DJ 2 übernimmt Turntable 3 (TT3) und kann mit seinem Mixer auch den Mix von DJ 1 beeinflussen, da er auf seinem Mixer den kompletten Mix von DJ 1 geroutet bekommt.

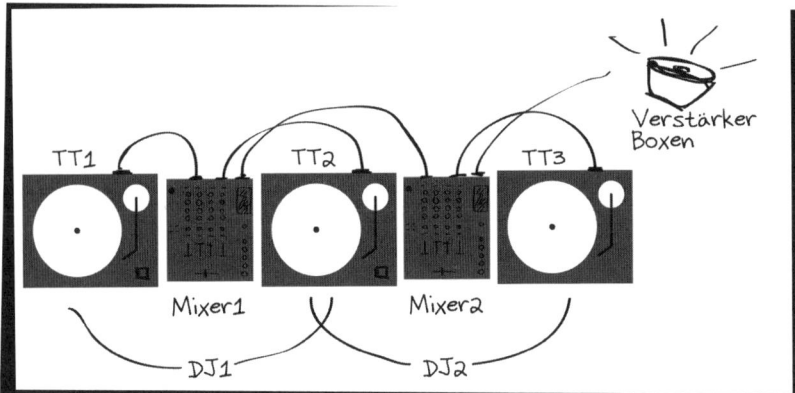

### Variante 2: Vier Turntables und drei Mixer

Diese Variante bietet zwar musikalisch den meisten Spielraum für beide DJs, aber vom Platz stellt sie oft ein Problem dar. Denn die DJ-Pulte in Locations sind oft für diesen Umfang von Equipment nicht vorgesehen. Jeder der beiden DJs verfügt über sein eigenes Setup, bestehend aus zwei Turntables und einem Mixer. Die Ausgänge der jeweiligen Mixer werden mit den Line-Eingängen eines dritten Mixers (Main-Mixer) verbunden, sodass beide DJs auf den Mix des anderen DJ einwirken können.

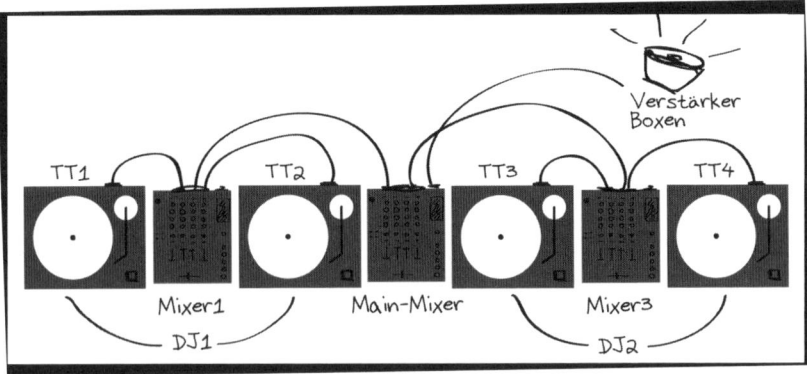

## Die Anordnung der Decks zum Mixer

Nach diesen drei Möglichkeiten kannst du deine Turntables anordnen:

Horizontal (Bild1), L-Form (Bild2), Vertikal/Battle-Style (Bild3)

In Discotheken und Clubs ist vorrangig die horizontale Anordnung (Club-Style) vorzufinden, hingegen favorisieren HipHop-DJs ausschließlich die vertikale Anordnung (Battle-Style), um beim Beat Juggling das Eingreifen in den Tonarm zu verhindern und die Abstände zwischen Mixer und Schallplattenspieler zu reduzieren. Eine Anordnung in der L-Form tritt hingegen eher selten auf. Einige DJs ordnen auch beide Schallplattenspieler entweder links bzw. rechts vom Mixer an, um jeweils mit der gleichen Hand an den Decks bzw. am Mixer agieren zu können. Allerdings spricht dagegen, dass man auf einem herkömmlich angeordneten Setup mit dem Umgang eines Schallplattenspielers Probleme haben wird. Deswegen sollten generell die Plattenspieler, als auch DJ-Player, stets links und rechts vom Mixer stehen.

Kevin Saunderson:
Wenn du DJ werden willst, dann musst du üben. Du musst das lieben, was du tust und du musst üben, üben, üben.

## First Steps: Mit dem Equipment

Nachdem dir die DJ-Technik im Überblick vorgestellt wurde, um deine Wahl zu erleichtern, beschäftigen sich die folgenden Kapitel mit dem intensiveren Umgang und praktischen Übungen, um erste Erfahrungen zum Auflegen mit deinem Equipment zu sammeln. Sicherlich kannst du Kapitel überspringen, die nicht dein gewähltes Equipment tangieren. Auf den Umgang mit DJ-Controllern wird nicht separat eingegangen, da die Prozeduren mit denen der Kapitel zum Mixer und DJ-Player identisch sind.

# EQUIPMENT

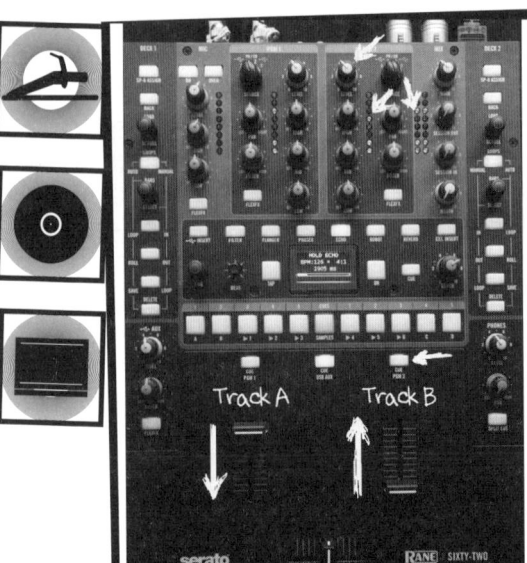

Solltest du bezüglich der Wahl noch unschlüssig sein, nutze allerdings diese Kapitel, um deine Entscheidung zu festigen.

Die Mixer-Einstellung links spiegelt die Ausgangssituation für die folgenden Übungen wider: Auf Kanal (A) spielt Track (A), der von Track (B) durch Mixing abgelöst werden soll.

Mixereinstellung

## First Steps: Mit dem Mixer

Der Mixer als Koordinationszentrum des DJs, mit dem er während des Sets die Regie über alle Musikquellen führt, besteht aus den einzelnen Fadern mit unterschiedlichen Laufrichtungen. Der Crossfader als Mischer zwischen den beiden Kanälen wird horizontal (von links nach rechts bzw. umgekehrt), die Upfader, die zum Ein- und Ausblenden der Signale dienen, werden dagegen in vertikaler Richtung bewegt. Es sei denn, es handelt sich um einen Rotary-Mixer, der anstatt der herkömmlich eingesetzten Flachbahn-Schieberegler Drehpotentiometer als Fader besitzt. Diese vorrangig in den USA bevorzugte Bauform ist vor allem für HipHop-DJs völlig unzweckmäßig, da sich das Scratchen und Cutten mit diesen Fadern als besonders schwierig gestaltet. Weiterhin spricht gegen den Einsatz bzw. Kauf eines Rotary-Mixers, dass diese Mischpulte nicht in den DJ-Pulten der Clubs bzw. Discotheken zu finden sind.

Vor der ersten Wiedergabe eines Tracks über den Mixer erfolgt das Einrichten der Parameter:

1. Schallplattenspieler, DJ-Player, eventuell DVS, Notebook und Kopfhörer sind schon, wie im Kapitel „Das Anschließen des DJ-Sets" beschrieben, mit dem Mixer verbunden.
2. Der Masterpegel ist auf sein Minimum eingestellt.
3. Unter dem Kopfhörer bzw. anhand der LED-Anzeige kontrollierst du durch Aktivierung der PFL/Cue-Tasten bzw. Schieben der Upfader die Kanäle, ob ein Signal anliegt. Wenn dies der Fall ist, erhöhst du anschließend langsam den Masterpegel.
4. Dem Crossfader werden die einzelnen Kanäle – Kanal (A) der Position (A) und Kanal (B) der Position (B) – zugeordnet, und wenn möglich, erfolgt eine entsprechende Einstellung der Crossfaderkurve.
5. Die einzelnen EQ-Regler stellst du für jeden Kanal linear (auf null dB) ein.

## First Steps: Mit dem Kopfhörer (Cueing)

Du verfolgst anhand des Kopfhörers zwei Signale gleichzeitig über den Mixer: den Tonträger, den du als nächstes einmixt (Cue-Signal) und die aktuelle Musik (Master- bzw. Monitorsignal), die über die Lautsprecherboxen wiedergegeben wird. Für das Mixing stellt diese Eigenschaft eine wichtige Grundlage dar, die mit dieser Übung ausgebildet werden soll:

### ÜBUNG

1. Nachdem du auf beiden Decks (A) und (B) einen Track geladen oder jeweils eine Schallplatte bzw. CD auf- oder eingelegt hast, der Upfader (A) auf Maximum und Crossfader auf Position (A) stehen, hörst du zunächst nur Track (A) über die Lautsprecherboxen.
2. Anschließend hörst du unter Kopfhörer durch Aktivieren der Cue/PFL-Taste für den Kanal (B) den Track (B).
3. Klappe jetzt die linke Kopfhörermuschel um, damit du mit dem linken Ohr den Track (A) über die Boxen (Master), mit dem rechten Ohr den Track (B) unter Kopfhörer (Cue) und somit zwei verschiedene Quellen gleichzeitig hörst.
4. Um das Kopfhörersignal besser zu lokalisieren, passe die Kopfhörerlautstärke entsprechend den Bedingungen deiner Umgebung an.
5. Führe 3. umgekehrt durch (linkes Ohr Cue, rechtes Master) und finde heraus, welches Ohr sich besser für das Vorhören bzw. Abhören des Masters eignet.

# EQUIPMENT

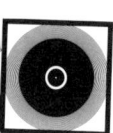

Wenn in einer Location kein Monitor vorhanden ist, die Boxen auf der Tanzfläche das Mastersignal nur aus einer größeren Entfernung zum DJ-Pult übertragen, arbeitet der DJ meistens ohne abgeklappte Ohrmuschel, sondern verfolgt beide Signale ausschließlich mit dem Kopfhörer. Deswegen übe auch das Auflegen unter dem Kopfhörer. Dazu führe die letzte Übung nochmals durch, zum einen mit aktivierter Split-Cue-Funktion, sofern dein Mixer diese besitzt, und zum anderen mit Headphone/Cue-Mix-Funktion, bei der Track (B) dem Master-Track stufenlos zugeblendet werden kann. Verfügt dein Mixer über beide Funktionen nicht, dann aktiviere die Cue-Tasten von Track (B) und Track (A) bzw. den Master-Cue. Beide Tracks hörst du jetzt gleichzeitig unter dem Kopfhörer.

 **TIPP**

Kopfhörercueing mit Split- bzw. Cue-Mix-Funktion

Legst du unter Kopfhörer ohne Split-Funktion am Mixer auf, so stelle den einzumixenden Track unter dem Kopfhörer lauter als den Master-Track ein, denn so kannst du beide Tracks im Mix besser voneinander unterscheiden und beim Auseinanderlaufen des Mixes heraushören, welcher von beiden Tracks der schnellere bzw. der langsamere ist (siehe Abbildung).

## First Steps: Mit dem Schallplattenspieler

Nicht umsonst ist es die Königsdisziplin des DJings: Das Handling des Schallplattenspielers bzw. Vinyls erfordert viel Geschick und Übung, da nicht nur die technischen Komponenten, sondern auch die Fingerfertigkeiten eine entscheidende Rolle spielen. Um beim DJing nicht die Kontrolle über das Vinyl zu verlieren, gehe wie folgt vor:

Zunächst, nimm den Bügel des Tonabnehmers. Kurz vor dem Plattentellerrand legst du deine Hand, die den Tonabnehmer hält, mit der Unterkante auf den Plattenspieler und setze vorsichtig die Nadel auf die Rille. Das Abstützen deiner Hand dient der Stabilisierung deiner Motorik, denn du wirst vor deinem ersten Auftritt so nervös sein, dass deine Hände zittern und somit auch der

First Steps: Mit dem Kopfhörer (Cueing)
First Steps: Mit dem Schallplattenspieler

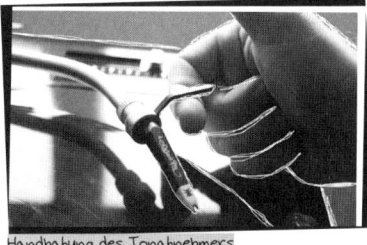
Handhabung des Tonabnehmers

Tonabnehmer beim Absetzen. Aber komme deswegen nicht auf die Idee, den Tonarmhebel zu benutzen, da würdest du dich sofort als Bedroom-DJ outen. Denn erfahrene DJs arbeiten generell aus Zeitgründen nicht mit ihm.

Nachdem du das System ohne Tonarmhebel vorsichtig in die Rille gesetzt hast, platzierst du zum Anschieben der Schallplatte deine Finger auf der linken Plattenhälfte, um beim Auflegen nicht dem Tonarm in die Quere zu kommen. Dabei berührst du sie entweder am äußersten Rand (zur Vermeidung von Fingerabdrücken auf dem Vinyl) oder direkt auf der Schallplattenoberfläche und immer auf der Position neun bis zwölf Uhr (stelle dir die Platte als Ziffernblatt vor). Wellige Schallplatten sind generell am Schallplattenaußenrand oder am Label anzuschieben, um ein Nadelspringen zu verhindern.

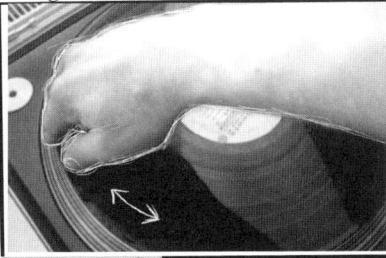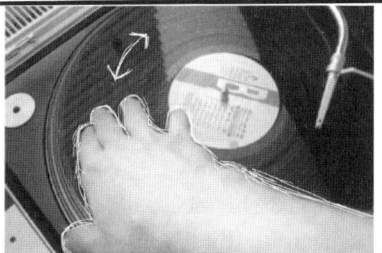
Handposition am Vinyl

Die Tempo-Differenz bei auseinander driftenden Mixes korrigiere (Pitch Bending) am Pitch-Control bzw. am Plattentellerrand, auf dem Label oder an der Spindel durch Anschieben oder Abbremsen (siehe Abbildung), wobei in den ersten beiden Abbildungen zu sehen ist, dass sich die Handposition am Plattentellerrand beim Abbremsen (erstes Bild) und Beschleunigen (zweites Bild) unterscheiden. Nahezu unhörbare Korrekturen erzielst du am Plattenteller und an der Spindel. Hingegen kann das Angleichen am Plattenlabel je nach Beschaffenheit des Vinyls zu unvorhersehbaren Komplikationen, wie Nadelspringen oder zum Abrutschen der Finger am Label führen, sodass dein Mix misslingt. Deswegen nutzen auch einige DJs die Geschwindigkeitstasten (33 1/3 und 45 Umdrehungen/Minute) am Turntable zum kurzen Anschubsen und Bremsen des Tellers. Um die mit 33 RPM

# EQUIPMENT

abgespielte Platte zu beschleunigen, hält man gleichzeitig die 33er- und kurz die 45er-Taste gedrückt. Nur mit 45 RPM abgespielte Platten können gebremst werden. Bei Schallplattenspielern, bei denen die beiden gleichzeitig gedrückten Geschwindigkeitstasten auf 78 RPM umschalten (z. B. Reloop RP-7000/8000 MK2), funktioniert dieses Pitch Bending generell nicht.

Handpositionen beim Korrigieren (Bending) des Mixes!

### TIPP

Das Bremsen am Plattenteller und an der Spindel geht leichter als das Anschieben, daher besser einen Track zu schnell als zu langsam abspielen.

### Cueing:

Unter Cueing ist das Aufsuchen des Cue Points zu verstehen. Cue Points sind wiederum die Stellen in einem Track, die du für den Mixstart bzw. zum Scratchen nutzen wirst. Beim Auflegen mit Vinyl solltest du beim Backcueing, also dem Aufsuchen der Cue Points auf der von dir schnell rückwärts gedrehten Platte, immer deine Finger am Plattenlabel positionieren (siehe drittes Bild), damit du dabei nicht in den Tonarm greifst.

### Das erste Arbeiten mit dem Vinyl:

Um Routine im Vinylumgang zu erlangen, führe diese Übungen aus.

### ÜBUNG 1

Für diese Übung setzt du zunächst nur einen Schallplattenspieler ein, dessen Signal du über die Lautsprecherboxen verfolgst.
1. Nachdem auf einem Schallplattenspieler z. B. ein Beat Loop laut abgespielt wird, besteht jetzt deine Aufgabe im Anhalten der Schallplatte mit der Hand.
2. Mit den geschilderten Handpositionen stoppst du jetzt die laufende Platte, indem du diese mit ein wenig auf die Schallplatte ausgeübtem Druck anhältst, ohne dass dabei der Plattenteller stehen bleibt.
3. In der Stoppphase muss die Schallplatte relativ ruhig gehalten werden, damit

die Nadel nicht springt und du die Position, dem späteren Cue Point, hältst.
4. Im Anschluss lässt du die Schallplatte wieder los, sicherlich mit dem ungewollten Nebeneffekt, dass das Vinyl nach dem manuellen Start noch nicht die Originalgeschwindigkeit erreicht. Aber mit der folgenden Übung 2 wird dir dies und somit die erste Grundlage für das Mixing bzw. Scratching gelehrt.

## ÜBUNG 2

1. Äquivalent zur Übung 1 ist auf einem Schallplattenspieler ein reiner Beat oder Groove über die Boxen wiederzugeben.
2. Während die Schallplatte läuft, achte auf die zu hörende Bassdrum.
3. Hörst du eine Bassdrum, die in dieser Übung als Cue Point dienen soll, hältst du die Schallplatte wie in Übung 1 an. Deine Hand befindet sich dabei auf der Viertel-Vor-Zwölf-Position. Wenn nicht, dann halte jetzt mit deiner anderen Hand die Schallplatte kurz fest und lege deine Hand, mit der du zuvor den Cue Point aufgesucht hast, auf die Viertel-Vor-Zwölf-Position. Die andere Hand kannst du jetzt wieder entfernen.
4. Um eine Schallplatte nach dem Stopp mit der richtigen Geschwindigkeit weiterlaufen zu lassen, musst du der Schallplatte per Hand etwas Schwung in Form einer Vor- und Rückwärtsbewegung geben. Durch diese Bewegung wird außerdem das Risiko des Nadelspringens reduziert. Aus der Vorwärtsbewegung lässt du die Schallplatte wieder los, und die Schallplatte erhält den Schwung für die erwünschte Originalgeschwindigkeit. Da dieses Anschieben allerdings sehr viel Routine bedarf, ist die Übung 3 zum weiteren Ausbau der zu erlernenden Fähigkeiten anzuknüpfen.

## ÜBUNG 3

Jetzt werden drei weitere Komponenten integriert, der Kopfhörer, der zweite Schallplattenspieler und der Mixer, wobei zwei gleiche Beats aufzulegen sind:
1. Zunächst sind die beiden identischen Beats unter Beachtung einer gleichen Pitch-Control-Einstellung (Null-Position) aufzulegen und zu starten.
2. Schallplatte (A) wird über die Boxen und Schallplatte (B) nur unter Kopfhörer wiedergegeben, d. h. der Mixer-Kanal (B) ist geschlossen, der Crossfader deaktiviert und die Cue-Taste für Platte (B) aktiviert.
3. Unter dem Kopfhörer führst du mit dem Schallplattenspieler (B) nochmals die komplette Übung 2 aus.

# EQUIPMENT

4. Nach dem Auffinden der Bassdrum auf Vinyl (B) erfolgt wie in Übung 2 deren rhythmisches Vor- und Zurückbewegen allerdings im Takt der Schallplatte (A). Bewege die Platte immer vorwärts genau auf den Beat bzw. die Zählzeit, im off rückwärts. Cue´ die Platte nicht länger als vier Zählzeiten bzw. ein Takt. Verfolge mit einem Ohr den Beat (A) aus den Lautsprechern und mit dem anderen Kanal (B) unter Kopfhörer. Beim Loslassen von Vinyl (B) ist jetzt darauf zu achten, dass die

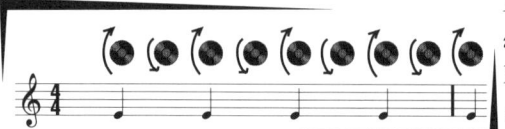

Moves an der Schallplatte auf die Taktzählzeiten bezogen

Bassdrum von Beat (B) genau auf die Bassdrum von Beat (A) einsetzt. Hingegen fahre die Platte nicht aus der zweiten oder vierten Vorwärtsbewegung im Takt ab, denn dann würde deine Kick auf der Snare des Beat (A) liegen (siehe Abbildung).

Erfolgte dies mit dem richtigen Schwung und taktgenau, müssten beide Beats anschließend synchron übereinander liegen. Zur besseren Kontrolle schiebst du nach dem Start der Platte (B) zusätzlich dessen Upfader auf sein Maximum. Liegen die beiden Platten nicht taktgenau übereinander, so ist ein Echo-Effekt über die Boxen zu hören.

5. Nachdem dieser grundlegende Mixvorgang perfektioniert wurde, folgt das Einbeziehen des Crossfaders, wobei er zunächst auf Position (A) und der Upfader (B) auf Maximum stehen. Im Moment des Loslassens von Vinyl (B) wird der Crossfader entweder langsam zur Mitte oder auf Position (B) geschoben. Steht der Crossfader in der Mitte, sind jetzt beide Tracks gleichzeitig zu hören. Nimmt der Crossfader die Position (B) ein, hörst du jetzt ausschließlich Platte (B) über die Lautsprecherboxen, während die Platte (A) durch den Crossfader ausgeblendet wurde. Beim Mixen mit dem Upfader erfolgt während des Loslassens der Platte (B) ein langsames oder schnelles Einblenden des Kanals (B), damit anschließend beide Quellen über die Lautsprecherboxen gleichzeitig zu hören sind.

6. Der Schritt 5 stellt die Grundlage des Mixens bzw. Cuttens dar und sollte deswegen so oft wiederholt werden, bis Vinyl (A) und Vinyl (B) völlig synchron und taktgenau im Mix spielen. Das gleichzeitige Mitschneiden der Übung 3 ist ratsam, um auftretende Fehler schneller zu lokalisieren und anschließend zu beseitigen.

First Steps: Mit dem Schallplattenspieler
First Steps: Mit dem DJ-Player

### ÜBUNG 4
In dieser Übung geht es um die Fingerfertigkeit für das schnelle Auffinden von Cue Points. Den Kopfhörer benötigst du dafür nicht.
1. Benutze Plattenspieler (A). Der Track (A) wird laut über den Master wiedergegeben, dabei ist der Upfader (A) offen und der Crossfader in der Mitte.
2. Als nächstes startest du die Platte und lässt sie in ihrer Originalgeschwindigkeit abspielen. Hörst du z. B. eine Bassdrum, so fängst du diese auf, indem du kurz nach dem Ertönen der Bassdrum die Platte anhältst und zurückbewegst.
3. Sitzt die gewünschte Bassdrum vor der Nadel, bewege die Schallplatte sofort vor- und zurück und lasse sie anschließend wieder los. Die Bewegung der Platte sollte synchron zum Tempo des abgespielten Tracks sein. Nutze dafür deinen Fuß als Metronom, der dir den Beat auch während des Anhaltens gibt.
4. Wiederhole die Schritte 1 bis 3 so oft, bist du es fertig bringst, in einem Atemzug die Platte abzuspielen, anzuhalten, vor- und zurückzubewegen und anschließend in Originalgeschwindigkeit starten zu lassen.

Wurden alle vier Übungen erfolgreich absolviert, führst du diese nochmals mit der anderen Hand durch, um mit beiden Schallplattenspielern unabhängig von deren Anordnung zum Mixer gleichrangig agieren zu können.

## First Steps: Mit dem DJ-Player

Pioneer DJ CDJ-350

(1) Play-Pause  (2) Cue
(3) Search  (4) Track Search
(5) Loop  (6) Jog Mode (Vinyl/CD)
(7) Jog Wheel  (8) Master Tempo
(9) Pitch-Control

Das Mixen mit einem DJ-Player ist weniger problematisch als mit einem Schallplattenspieler, da sich die Prozeduren ausschließlich auf die Funktionstasten am DJ-Player beschränken (ausgenommen im Vinyl-Modus):

# EQUIPMENT

**ÜBUNG**

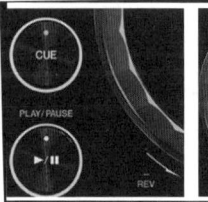
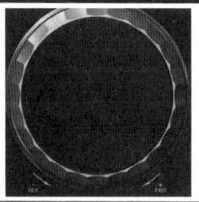

1. Die folgenden Schritte 1 bis 4 können entweder unter Kopfhörer oder über Boxen ausgeführt werden, denn sie dienen zunächst der Einführung in die Handhabung des DJ-Players. Nach dem Einlegen einer CD bzw. Anschließen eines USB-Sticks, dem folgenden Anwählen des gewünschten Tracks (B) über die Track Search- oder Skip-Taste spielst du den Track zunächst mit der Play-Pause-Taste (siehe oberes Bild links) an und suchst anschließend mit der Search-Taste oder dem Jog Wheel (oberes Bild rechts) grob die gewünschte Stelle (z. B. eine Bassdrum) für die Markierung des Cue Points als Mixstartpunkt.

2. Ist die gewünschte Stelle aufgefunden, drückst du die Play-Pause-Taste nochmals, um jetzt mit der Search-Taste oder dem Jog Wheel jedes einzelne Frame des Tracks (Display-Abbildung - siehe unteres Bild) für die genaue Positionierung des gewünschten Cue Points abzusuchen.

3. Beim Einstellen des Cue Points, z. B. die Bassdrum, achtest du darauf, dass du diesen schon beim kleinsten Geräusch des Bassdrumschlags setzt. Ein Markieren in der Mitte des Schlages führt beim Mixen hingegen dazu, dass:

- der Track nicht hundertprozentig synchron zum anderen Track gestartet werden kann
- ein Auseinanderlaufen beider Tracks schneller verursacht wird
- das Beatmatching (Tempoangleichen) unpräzise erfolgt.

Enthusiast / Bedroom-DJ / Professional DJ / Artist

Unter Beachtung dieser Kriterien drückst du an dem ausgewählten Cue Point die Cue-Taste, um ihn als Startpunkt zu fixieren.

4. Nach dem Betätigen der Play-Pause-Taste startet der Track ab dem Cue Point. Beim anschließenden erneuten Drücken der Cue-Taste stoppt der DJ-Player den Track und springt sofort auf den Cue Point zurück. Drückst du die Cue-Taste erneut, wird bei DJ-Playern z. B. der Firmen Pioneer DJ und Denon DJ der Track nur so lang gespielt, wie du die Taste betätigst.

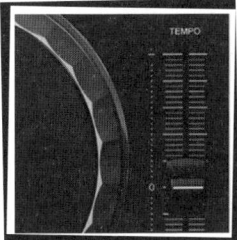

5. Um das Mixen zu praktizieren, beziehst du wiederum einen zweiten Track (A) ein, der mit Track (B) identisch ist und über die Boxen wiedergegeben wird. Achte auf einen inaktiven Upfader (B) und bei beiden Playern auf eine Null-Prozent-Pitch-Einstellung (links).

6. Den Track (B) mit der Bassdrum als Cue Point startest du zunächst auf die Bassdrum des Tracks (A) durch mehrmaliges Drücken der Cue-Taste oder der Kombination Play- und Cue-Taste allerdings nur unter Kopfhörer. Ist festzustellen, dass Track (B) taktgenau den Track (A) trifft, könnte das Mixen erfolgen. Anderenfalls ist nochmals der Cue Point einzustellen.

7. Das Mixing mittels Crossfader setzt zunächst voraus, dass der Crossfader auf Position (A) und der Upfader (B) auf Maximum stehen. Im Moment des Track (B)-Starts über die Play-Taste schiebst du den Crossfader zur Mitte oder auf Position (B), um anschließend beide Tracks gemeinsam oder nur Track (B) über die Lautsprecherboxen zu hören. Beim Upfader-Mix blendest du mit dem Start des Tracks (B) den Kanal (B) langsam oder schnell ein, so dass beide Quellen (A) und (B) gleichzeitig über die Lautsprecher zu verfolgen sind.

8. Auch hier gilt, erst die Grundlagen dieser Übung perfektionieren, danach kannst du dich dem Beatmatching mittels Pitch-Control und der Pitch Bend-Funktion widmen.

In der letzten Übung wurden die Grundfunktionen für ein professionelles Mixen mit einem DJ-Player erläutert. Allerdings besitzen DJ-Player der neuesten Generation zusätzliche Features, die den DJ noch kreativer mit Tracks umgehen lassen:

# EQUIPMENT

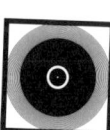

- Die gängigsten DJ-Player ermöglichen Geschwindigkeitsänderungen um bis zu 100 Prozent, die allerdings oberhalb der Zehn-Prozent-Grenze weniger zum Mixen, sondern vielmehr für vinylspezifische Effekte (z. B. Spinback) zum Einsatz kommen. Für das Beatmatching sollten größere Geschwindigkeitsänderungen trotz Master Tempo-Funktion zur Tonhöhenkorrektur nicht genutzt werden, da der Track durch das Pitching seinen ursprünglichen Charakter verliert.
- Geräte der Marken Pioneer DJ, Denon DJ oder Numark bieten über ein großes Jog Wheel die Möglichkeit, CDs wie Vinyl durch Scratching, Spinbacks oder Stoppen mittels Brakefunktion zu handhaben.

Da die meisten DJs aufgrund der Umständlichkeit, Anfälligkeit und geringeren Speicherkapazität der CDs nicht mehr mit diesen auflegen, verzichtet beispielsweise auch Pioneer DJ bei ihrem CDJ-3000 auf ein entsprechendes Laufwerk. USB-Slot und LAN-Verknüpfung sind mittlerweile das Maß aller Dinge, mit dem sie die Player mit Tracks füttern. Entweder sind die Tracks auf einem USB-Stick, einer externen Festplatte oder einem Laptop gespeichert. Im letzten Fall, sofern der Computer nicht nur als reiner Speicher, sondern gleichzeitig eine DJ-Software vorgibt, fährt der DJ-Player auch im Human Interface Device-Modus (HID), um somit die Kontrolle für die DJ-Software zu übernehmen, das die Brücke zum kommenden Kapitel schlägt.

Miss Djax:
Schon als Kind wusste ich, dass ich DJ oder irgendetwas im Musikbusiness werden möchte. Zu einem Geburtstag bekam ich einen kleinen orangefarbenen Plattenspieler und ein paar bunte Lichter und ich stellte mir damit vor, ich wäre ein DJ in einem Club.

## DJing mit der DJ-Software

Das MP3-Format gewährleistet durch eine Musikdateien-Komprimierung mit geringem Qualitätsverlust eine Datengröße, die das Anlegen eines riesigen, mitunter unüberschaubaren Musikrepertoires und das Downloaden schnell benötigter Tracks Just In Time ermöglicht. Zunächst etablierte sich das Dateiformat auf dem PC mit Unterstützung von WinAmp, Media Player, RealPlayer oder QuickTime, später auch in Handys, MP3-, CD-, DVD-Playern und jetzt im DJing. Besonders der Transportfaktor spricht für das MP3-Format, denn durch die auf Festplatte gespeicherten MP3s vergrößert der DJ sein Abendrepertoire mit einem deutlich reduzierten Gepäck.

DJs, die sich für den professionellen MP3-Einsatz entscheiden, sollten folgende Hinweise berücksichtigen:

### 1. Online-Quelle der MP3s

Die aus dem Internet geladenen MP3-Files sind nur von legalen, kostenpflichtigen Anbietern, wie Beatport, Junodownload, iTunes Music Store, oder über die MP3-Bemusterung der Schallplattenfirmen zu beziehen. Tauschbörsen sind tabu. Hebe Abrechnungen (z. B. Kontoauszüge, Telefonrechnungen) und e-mail-Ausdrucke auf, damit du im Fall einer GEMA-Kontrolle die legale Herkunft beweisen kannst.

### 2. Einspielen (Record) von Audio-Signalen

Tracks von Schallplatten werden vor deren MP3-Umwandlung mittels einer Software wie Garage Band oder Wavelab auf der Festplatte als Wav-Datei gespeichert, die aber auf der Festplatte sehr viel Platz rauben. Nutze zum Einspielen deinen Schallplattenspieler und verbinde ihn per Cinch mit einer hochwertigen externen Soundkarte z. B. von Edirol, die auch als Analog-Digital-Wandler dient. Diese wiederum schließt du an dein Notebook. Die zwischen 16 oder 24 Bit zu wählende Samplingtiefe, auch Bittiefe genannt, widerspiegelt die Bitanzahl, anhand derer die aufgenommene, analoge Amplitude in Abstufungen wiedergegeben wird. D. h. je höher die Bittiefe ist, desto besser der Dynamikumfang des Signals.

# EQUIPMENT

### 3. Audio-CDs
Sie importierst du am besten über iTunes, denn somit werden auch gleich alle Daten wie Titel, Interpret, Musikgenre, die wichtig zum Anlegen einer Library sind, mit übernommen. Alternative ist das Extrahieren mittels Rip-Software.

### 4. Bearbeiten der eingespielten Audiosignale
Da beim analogen Einspielen längere Pausen zu Beginn und am Ende der Tracks auftreten können, schneidest du die entsprechenden Sequenzen mittels Software heraus. Pegelunterschiede, die zwischen den leisesten und lautesten Stellen eines Tracks auftreten und Pegelspitzen kompensiert eine optionale Kompressorsoftware. Damit erreichst du eine subjektiv höhere Gesamtlautstärke bzw. bessere Dynamik gegenüber dem Originaltonträger. Zerkratzte und rauschende Schallplatten kannst du ebenfalls durch entsprechende Vinyl-Software z. B. von Magix bearbeiten.

### 5. Umwandlung der Audio-Dateien in das MP3-Format
MP3-Encoder wandeln Audio-Dateien in das MP3-Format um, allerdings sollte dabei die Bitrate mindestens 256 kBit/s bzw. 200 kBit/s VBR (Variable Bitrate), d. h. der Track hat mindestens 200 kBit/s, betragen, um für den Discotheken- oder Clubeinsatz eine CD-Qualität zu gewährleisten. Unter Bitrate ist ein Wert für die Auflösung des Audiosignals in kleine Einzelwerte pro Sekunde zu verstehen, der zunehmend die Klang-Differenzen zwischen MP3-Datei und Original vermindert und der auch in einem Track als VBR variieren kann, da ruhige Sequenzen eine geringere Bitrate als lautstarke benötigen.

Weitestgehend werden alle gängigen datenkomprimierten Formate von DJ-Software-Programmen unterstützt. Um die effizienteste Qualität zu erzielen, nutze am besten das neuere AAC-Format (Advanced Audio Coding), das ab 192 kBit/s schon sehr nah dem Wav-Format kommt. WMA (Windows Media Audio) hingegen vermeide, denn die Daten werden nur auf Windows-Systemen erkannt und ein Wechsel auf einen Apple-Laptop verlangt die Umwandlung der Dateien in ein kompatibles Format. Außerdem unterstützt Serato DJ Pro dieses Format nicht, Traktor nur unter Windows-Betriebssystem.

Hinter FLAC (Free Lossless Audio Codec), als weiteres beliebtes Format, steckt ein verlustfreier Audio-Kodierer und -Dekodierer, der allerdings gegenüber den anderen Formaten ein Vielfaches mehr an Speicher in Anspruch nimmt und für dich somit eher weniger in Frage kommen könnte.

### 6. Bearbeitung der MP3-Dateien

Um eine einmalige, vollständige und einheitliche Beschriftung der MP3-Dateien für die korrekte Auflistung in der verwendeten Software zu ermöglichen, ist die Wahl der Software bzw. Hardware vor dem Anlegen eines entsprechenden MP3-Archivs zu treffen.

Wenn die Tracks in der DJ-Software gelistet sind, werden sie anschließend für das Set vorbereitet, indem sie für die BPM-Ermittlung und das Setzen der Beatgrids analysiert, danach Crates gepackt, Cue Points und Loops gesetzt und eventuell zusätzlich Bemerkungen beigefügt werden. Die jeweiligen DJ-Programme bieten dafür diverse Vorbereitungsmodi (Practice-Mode/Serato DJ Pro, Export-Mode/rekordbox, Preparation-Mode/Traktor Pro) bei, in denen du die Tracks ohne zusätzliche Hardware für deinen Auftritt präparierst.

### 7. Speichern der MP3-Dateien auf ein Medium

Bei sogenannten All-In-One-DJ-Systemen oder DJ-Playern bedarf es keiner externen DJ-Software, sodass die Tracks auf einem USB-Stick oder Festplatte mit einer von der Hardware akzeptierten Formatierung gespielt wird. Zudem solltest du die Tracks unbedingt vorher analysieren, damit dies nicht erst beim Laden der Tracks im DJ-Player erfolgt und die BPM-Zahlen bzw. die Wellenform im Display noch generiert werden müssen, das kostet Zeit.

Aber auch CD-Player sind MP3-kompatibel, d. h. MP3s, auf einer Audio- und nicht Daten-CD gespeichert, spielen CD-Player problemlos ab. Die MP3s brennst du auf eine CD mit entsprechender Software, wie Nero, und einem CD- bzw. DVD-Laufwerk.

**BEACHTE**

Die DJ-Softwares von Serato DJ Pro und auch Traktor akzeptieren kein Windows-Media-Player-Format. Zudem spielt Serato DJ Pro keine iTunes-Musikdateien ab, sofern nicht der Quick Time Player installiert ist.

# EQUIPMENT

## Serato DJ Pro
### Konfiguration
#### 1. Anlegen einer kleinen Library

Beatport-Oberfläche und Beatport Pro-Downloader

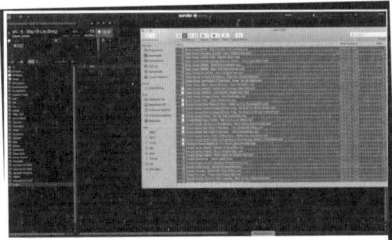

Drag and Drop der Tracks in die Library

Zunächst stöberst du auf Beatport oder anderen Portalen nach den neusten Tracks. Aber lege noch keine große Library an, dafür ist es noch zu zeitig. Wichtige Tipps hierfür folgen im Kapitel „Aufbau einer Track-Library". Nach der Bezahlung lädst du mit dem Beatport Pro-Downloader die neuen Tracks auf deine Festplatte, um sie anschließend per Drag and Drop in deine Library zu kopieren. Verwaltest du deine Tracks generell im iTunes? Dann werden sie bei Aktivierung der „Read iTunes Library" im Setup/Library automatisch eingelesen.

### BEACHTE

Verschiebe die Titel nach dem Kopieren per Drag and Drop auf deiner Festplatte nicht wieder. Anderenfalls wird Serato DJ Pro diese Titel beim Anspielen rot als „Nicht auffindbar" markieren.

Wenn Titel in die Libray eingelesen werden, schreibt Serato DJ Pro einen Pfad zu dem jeweiligen Track, der allerdings mit dem Verschieben auf der Festplatte unterbrochen wird. Mit der Funktion „Rescan ID3 Tags" können diese Verknüpfungen neu erstellt werden.

Auch verloren gegangene Tracks können mitunter gefunden werden, indem die „Relocate Lost Files"-Funktion diese Tracks bzw. Verzeichnisse erneut lokalisiert. Die Buttons für beide Funktionen sind übrigens nur beim Aktivieren der „Files"-Taste zu sehen.

Rescan ID3 Tags und Relocate Lost Files

## 2. Analysieren der neuen Tracks

Analysieren der Files

Damit dein DVS zuverlässig funktioniert und du alle Optionen nutzen kannst, ist es ratsam, von deinen neuen Tracks sogenannte Overviews zu bilden und die BPM-Zahlen zu errechnen. Per Drag and Drop ziehst du die Tracks, die du vorher markierst hast, in das Feld „Analyze Files"

### 3.1 Verbinden des Equipments mit dem Serato DJ Pro-Interface

Schließe erst jetzt das Interface an das Notebook an, denn ansonsten ist das Analysieren der Files nicht möglich. Verbinde die beiden Cinch-Kabel der Plattenspieler mit den Inputs an dem SSL-Interface. Achte darauf, dass du nicht die roten und weißen Stecker an den jeweiligen Buchsen miteinander vertauschst. Jetzt kommen die Thru-Ausgänge der SSL-Box (nur bei SSL1-Box), die das Vinyl-Signals durchschleifen, an die Phono-Eingänge des Mixers.

# EQUIPMENT

Die Line-Ausgänge verbindest du jetzt mit den Line-Eingängen am Mixer und das an die SSL-Box angeschlossene USB-Kabel mit dem Notebook. Wenn du eine SSL3/4-Box besitzt, vergiss nicht die kleinen Schalter auf der Input-Seite auf Phono umzuschalten (siehe links) und die Erdung anzuschließen. Zum Schluss lege die beiden NoiseMap Control Tone-Schallplatten (Control-Vinyl) auf.

### TIPP

Es ist ratsam, die Stromversorgung der Serato DJ Pro-Box mit einem optionalen Netzteil zu gewährleisten. Denn bei plötzlichem Absturz deines Notebooks kannst du trotzdem schnell ein Vinyl über die SSL-Box auflegen und abspielen. Anderenfalls hilft auch eine CD. Allerdings sollte nicht der DJ-Player mit der SSL-Box verbunden sein, da bei Stromausfall an der Box kein Signal durchgeschliffen werden kann.

### 3.2 Verbinden des Laptops mit einem Club Kit zertifizierten DJ-Mixer

Verzichtest du auf den Kauf eines Serato-Interface und möchtest lieber für dein Serato DJ-DVS die interne Soundkare beispielsweise eines Pioneer DJ DJM-900 nexus nutzen, so gehe wie folgt vor:

#### 1. Club-Kit-Lizenz erwerben

Zunächst überprüfe in deinem Serato-Account, ob du über eine Club Kit-Lizenz verfügst. Öffne Serato DJ, logge dich online unter „My Serato" in deinen Account ein und öffne „Expansion Pack and Activations". Im Reiter „Expansion Packs" findest du zunächst alle für Serato DJ verfügbaren Erweiterungen:

Serato DJ (als Upgrade von Serato DJ Intro)
Serato Video
Serato Remote
Pitch ´n Time DJ

DVS Expansion
Serato Flip
diverse Effect-Packs

Sind Serato DJ und DVS-Expansion noch unter den „Expansion Packs" gelistet, buche beide gleichzeitig als Club Kit-Lizenz für 169,00 Dollar, da du dir somit einen erheblichen Preisvorteil gegenüber deren Einzelpreisen verschaffst. Nach erfolgreicher Aktivierung findest du die für die Club Kit erforderlichen Expansion Packs, Serato DJ und DVS-Expansion, in dem Reiter „My Products".

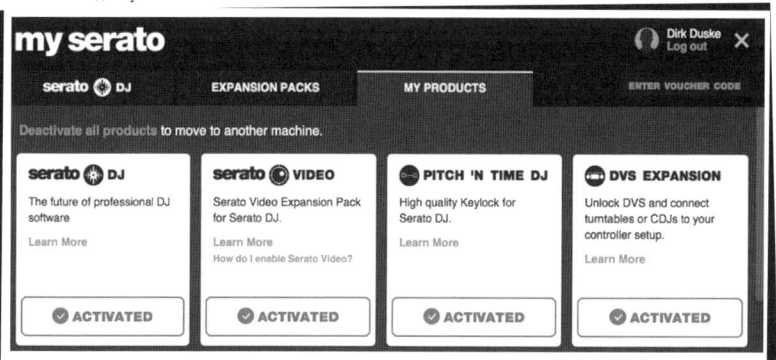

## 2. Anschluss an den Mixer

Verbinde jetzt dein Notebook per USB–Kabel mit dem USB-Port am Mixer. Schließe die Schallplattenspieler an die Phono-Eingänge des Mixers an. Wähle nur die Phono-Eingänge, um auch herkömmliches Vinyl mit dem Plattenspieler abspielen zu können. Das funktioniert natürlich nur, wenn der Kanal am Mixer auch auf Phono geschaltet ist. Wählt man hingegen für den Turntable den Line-Eingang, um das Phono-Signal zu übertragen, klingt dies extrem leise und verzerrt, da der Pre-Amp und Entzerrer an diesem Eingang fehlen.

## 3. Zuweisen der Mixerkanäle

Da die Signalübertragung an den Mixer digital über den USB-Port erfolgt, musst du entsprechend die Kanäle, an denen die Schallplattenspieler angeschlossen sind, auf USB umschalten.

# EQUIPMENT

### 4. Konfiguration der Mixer-Setting Utility

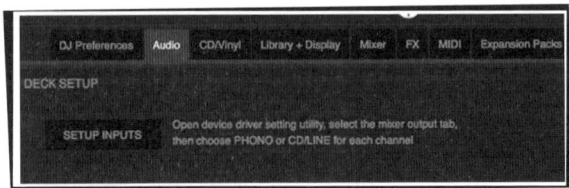

Öffne das Setup von Serato DJ und gehe in den Reiter „Audio". Zunächst öffne unter „Setup Inputs" beispielsweise die Setting Utility des Pioneer DJ Mixers, um die Outputs des Mixers zu konfigurieren. Hingegen die Mixer Inputs bestätigen dir lediglich die Einstellungen am Mixer, welche Kanäle auf Line/Phono/Digital/USB geroutet sind.

Mit den Mixer Outputs weist du dem Kanal die Quelle deines Signals zu, z. B.:

CH1 Timecode PHONO:
DVS-Signal vom Plattenspieler, der am PHONO-Eingang angeschlossen ist

CH2 Timecode LINE:
DVS-Signal vom Plattenspieler, der am LINE-Eingang angeschlossen ist (nicht zu empfehlen)

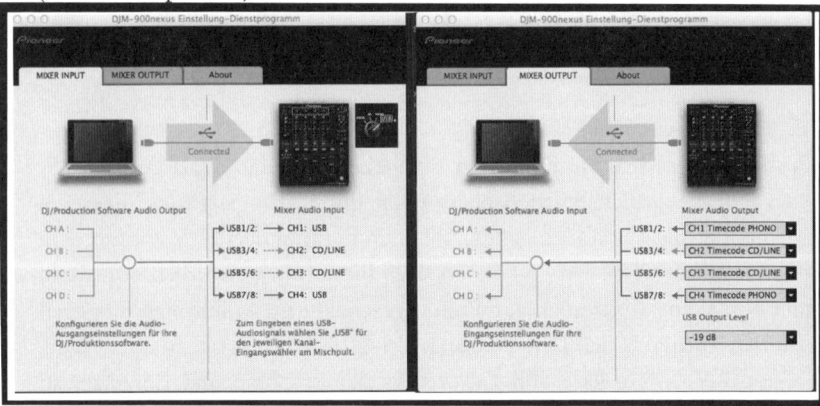

### 5. Auswahl der Decks (am Beispiel der Kanalbelegung eines Pioneer DJ DJM-900 nexus)

Je nach dem, welche Kanäle du verwendest, müssen die Deckansichten im Serato DJ angepasst werden. Hierfür gibt es verschiedene Kombinationsmöglichkeiten für die sogenannten Primary Decks:

# DJing mit der DJ-Software Serato DJ Pro/ Konfiguration

Channel 1 und 2:
Wähle diese Einstellung, wenn du am Mixer die Kanäle 1 und 2 konfigurierst. Allerdings ist davon abzuraten, denn die beiden Timecode-Signale fallen von ihrer Intensität zu unterschiedlich aus. Das vom Phono-Kanal (1) zugespielte Timecode-Signal ist wesentlich lauter als das vom Line-Kanal (2). Dies zeigt auch der runde Kreis des Scope Views, die Oszilloskop-Ansicht, der beim Line-Signal im Vergleich zum Phono-Signal nur durch maximales Aufzoomen zu erkennen ist.

Channel 2 und 3:

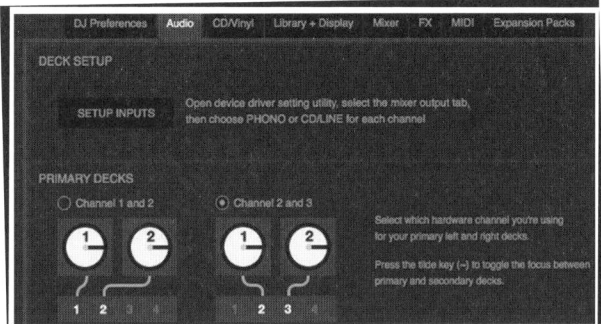

Viele DJs bevorzugen diese Belegung am Mixer, d. h. über Kanal 2 und 3 wird gemixt. Entsprechend wähle auch als Primary Decks diese beiden Kanäle aus. Die Deckansicht zeigt entsprechend Deck 2 und 3 an. Allerdings beim DVS über Club Kit wäre diese Konstellation die ungünstigste Lösung, denn diese entsprechen den beiden Line-Kanälen und somit werden beide Signale nur sehr schwach und verzerrt zugespielt.

Fazit: Nutze die Kanäle 1 und 4, da sie mit ihren Pre-Amps für Phono vorgesehen sind. Wähle dazu entweder Channel 1 und 2 als Primary Decks. Schalte manuell den rechten Deck-Layer von Deck 2 auf Deck 4, um die Decks 1 und 4 nebeneinander anzuzeigen. Oder aktiviere generell Channel 2 und 3 als Primary Decks und drücke (<), um auf die sekundäre Deckansicht zu wechseln. Entsprechend legst du jetzt mit den Decks 3 und 4 auf.

Damit sind der Mixer und das Serato DJ-Setup für den DVS-Einsatz via Club Kit eingerichtet.

# EQUIPMENT

### 4. Setup-Einstellung
Einstellen des Signal-Schwellenwert (Threshold) bei DVS

Im Club herrschen Umgebungsgeräusche wie z. B. durch die PA, die über das Gehäuse des Schallplattenspielers und somit über dem Tonarm aufgenommen werden. Es entstehen Feedback und Vibrationen, die zwar bei DVS nicht zu hören sind, aber dafür die Performance bezüglich Fehler beim Auslesen der Nadelposition bzw. der Abspielgeschwindigkeit beeinträchtigt. Auch ein nicht angeschlossenes Erdungskabel des Plattenspielers verursacht eine Störung beim Abtasten des NoiseMap Control Tones. Deswegen sollte es immer angeschlossen sein.

Mit Verschieben des Signal-Schwellenwert-Reglers nach rechts wird der Rauschabstand vergrößert und die Empfindlichkeit reduziert, sodass die Umgebungsgeräusche weniger Einfluss auf die Performance nehmen. Allerdings reagiert dadurch das System auf die Plattentellerbewegung grober, das beim Scratching eine größere Latenz (Zeitverzögerung zwischen der Bewegung der Schallplatte und der Synchronisation des MP3s) erzeugt. Liegt ein Phono-Signal am Line-Eingang an, reagieren ab einem eingestellten Threshold von ca. -39,00 dB die virtuellen Decks gar nicht mehr auf das Control-Signal, da es zu leise ist und von Umgebungsgeräuschen übertönt wird. Hingegen je weiter links sich der Regler des Signal-Schwellenwert befindet, desto feiner synchronisiert Serato DJ Pro langsame Plattentellerbewegungen.

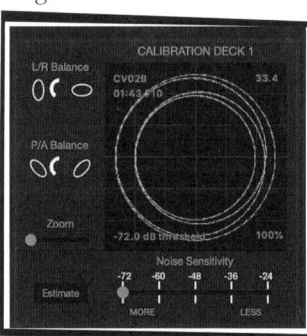

Kalibrierung des Timecode-Signals

Um im Club den optimalen Schwellenwert einzustellen, setze die Nadel auf das sich nicht drehende Control-Vinyl. Achte darauf, dass dabei über die PA Musik mit einem dem am Abend entsprechenden Pegel zu hören ist. Drücke „Estimate" und dein Schwellenwert ist an die Umgebung angepasst.

**TIPP**

Sollten deine Plattenspieler in der DJ-Kanzel unmittelbar vor einem Monitor oder der Sound-PA der Location stehen, dann wird der Signal-Schwellenwert aufgrund der entstehenden Vibrationen auf die kleinste

Empfindleichkeit eingestellt. Beim Scratching wirst du daher eine Latenz feststellen, die deine Skills beeinträchtigen wird. Abhilfe kann das für den Tonabnehmer eingestellte Auflagegewicht schaffen, indem du es um ein bis zwei Gramm erhöhst. Dein Tonabnehmer wird fehlerfreier den NoiseMap Control Tone abtasten. Die Empfindlichkeit des Serato DJ Pro kannst du anschließend wieder etwas erhöhen, damit deine Scratches mit weniger Zeitverzögerung übertragen werden.

### Überprüfung der Hardware

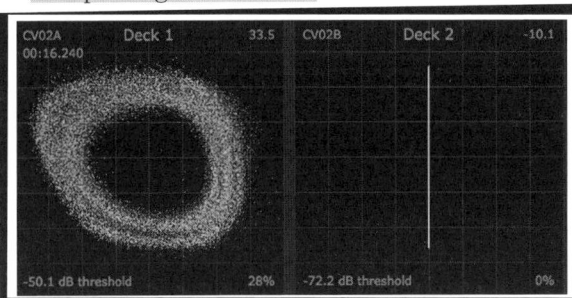

Fehlerhafter Scope View

Bei Digital Vinyl Systems sind die Einstellungen im Setup ausschlaggebend, wie gut dein Notebook mit dem System kooperiert und du somit die beste Performance erzielst.

Aber zunächst ist zu überprüfen, ob Serato DJ Pro das NoiseMap Control Tone-Signal von den angeschlossenen Schallplattenspielern empfängt. In diesem Beispiel zeigt das linke Deck einen verwaschenen Scope View-Kreis mit einem Wert von 28 Prozent an. Dies bedeutet, dass der NoiseMap Control Tone nur eine Signalstärke von 28 Prozent aufweist, was sich bei der Performance in einer spürbaren Latenz niederschlägt.

### URSACHE

Hierfür sind meistens unsaubere Nadeln des Tonabnehmers bzw. ein verschlissenes NoiseMap Control Tone-Vinyl der Grund. Auch eine fehlende Erdung des Schallplattenspielers am Mixer kann diesen verwaschenen Kreis verursachen. Durch Reinigung der Nadel, Verwendung eines neuen NoiseMap Control Tone-Vinyls und Verbindung des Massekabels mit dem Mixer kann dies behoben werden.

# EQUIPMENT

Das rechte Deck zeigt keinen Kreis, sondern einen Strich. Es ist darauf zu schließen, dass nur ein Kanal vom Schallplattenspieler übertragen wird

### URSACHE
- defektes Cinch-Kabel am Schallplattenspieler
- der rote und der weiße Stecker des Cinch-Kabels sind beim Anschließen an das Interface vertauscht worden
- der Tonabnehmer ist defekt
- die Kontakte im Tonarm bzw. des Tonabnehmers sind verschmutzt.

DJ Hell:
Ich finde, digitales DJing ist eine logische Entwicklung und eine neue Herangehensweise an das DJing gegenüber dem Vinylplattenauflegen, was man gewohnt war. Ich kann ins Studio gehen, einen Song produzieren, mastere ihn ein bisschen und schicke ihn nach der Studio-Session als MP3 an alle befreundeten DJs, die ich im Verteiler habe. Die können den noch am gleichen Abend auflegen.

Diese Fehler, die nicht vom DVS abhängig sind und somit auch bei Traktor Scratch Pro oder jedem anderen System auftreten, können einen DJ schnell ins Schwitzen bringen, denn so leicht ist mitunter das Problem nicht zu beheben. Wenn die Stecker des Schallplattenspielers korrekt angeschlossen sind, überprüfe, ob der Tonabnehmer funktioniert. Da in den meisten Clubs und Discotheken Schallplattenspieler stehen, die schon einige Betriebsstunden auf dem Teller haben und die Tonabnehmer auch schon längst hätten ausgetauscht werden müssen, liegt das Problem oft an den verschlissenen Kontakten des Tonabnehmers bzw. Schallplattenspielers. Viele DJs behelfen sich durch Anlecken der Tonabnehmer-Kontakte, dein Vorgänger sicherlich auch. Das dürfte dir eine Lektion sein. Zwar rettet dich das Anlecken über den Abend, aber die Kontakte vom System und des Plattenspielers verschleißen noch mehr. Behoben kann das Kontaktproblem durch einen Fiberpen und Kontakt- bzw. Druckluftspray. Hat man beides nicht zur Hand, puste in den Tonarm oder reibe die Tonabnehmerkontakte an deiner Jeanshose. Auch die Reinigung der Kontakte mit purem Wodka, der Filterseite eine Zigarette

# DJing mit der DJ-Software Serato DJ Pro/ Konfiguration

oder dem Radiergummi eines Bleistifts hilft. Mitunter klemmen auch die Kontaktfedern im Tonarm. Schließe dazu dein System an, presse es an den SME-Verschluss, aber drehe es nicht fest, sondern in die entgegengesetzte Richtung, als wolltest du es abmontieren. Wenn das System überschnappt und ein Klicken zu hören ist, zurre das System fest. Sollte nach wie vor nur ein Strich im Scope View zu sehen sein, dann vertausche die Cinch-Stecker an dem Interface. Mitunter werden bei Kabel-Reparaturen der Schallplattenspieler roter und weißer verwechselt, sodass eigentlich der weiße Anschluss der rote und umgekehrt ist. Besteht das Problem nach wie vor, dann hilft nur der Austausch der Tonabnehmer oder sogar des Schallplattenspielers.

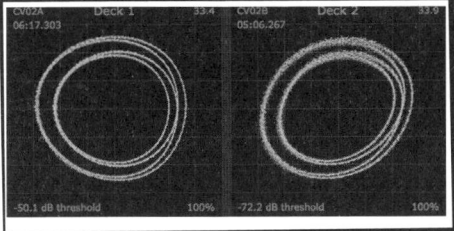

Korrektes Timecode-Signal

Aufgrund dieser Erfahrungen solltest du stets deine eigenen Tonabnehmer im Gepäck haben. Wenn dein Oszilloskop wie links aussieht, ist die Hardware-Überprüfung abgeschlossen. Es folgen die Einstellungen.

## DJ Preferences

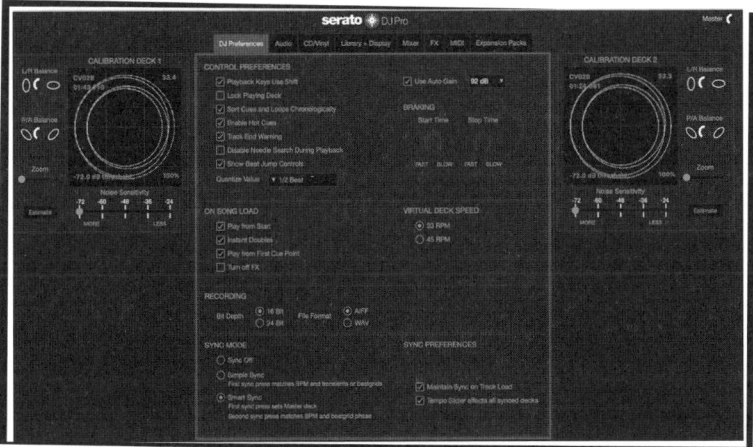

Equipment **283**

# EQUIPMENT

Folgende Einstellungen solltest du auf jeden Fall vornehmen:
- Track End Warning (das Deck warnt dich durch Blinken vor dem Ende des Tracks)
- Blockieren des spielenden Decks (damit verhinderst du, dass du auf das laufende Deck einen Track lädst)
- Abspielen vom Start
- Verwenden des Auto Gain (automatisches Angleichen des Gain)
- Record-Einstellungen (Format und Bittiefe, die den Dynamikumfang der Aufnahme definiert)
- Beat Jump Controls zum beatgenauen Vor- und Rückwärtsspringen im laufenden Track
- Deckabspielgeschwindigkeit
- Record-Einstellungen: Format und Bittiefe, die den Dynamikumfang der Aufnahme definiert
- Simple Sync zum Angleichen der BPM der Tracks, Smart Sync zum phasengenauen Mixen

### BEACHTE

Das Auto Gain funktioniert nur, wenn du deine Tracks auch per Overviews analysiert hast. Da der Algorithmus zur Gain-Anpassung sich an der objektiven Lautstärke orientiert, können trotzdem unterschiedliche Lautstärken auftreten. Denn in Abhängigkeit der Bitrate der Files und generellen Qualität der Tracks klingt bei angeblich gleichem Pegel ein Track in dumpferer, damit schlechterer Qualität im Vergleich zu einem mit ausgewogenen Höhenanteil und starken Mitten wesentlich leiser.

Die in allen Reitern sichtbaren Calabration-Decks, nur als DVS, dienen der Kontrolle des Vinyl-Signals und Sensitivitätsanpassung an die Umgebungsbedingungen.

### Audio

Mit diesem Regler beeinflusst du die Reaktionszeit von Serato DJ Pro und somit die Latenz. Je weiter links der Regler steht, desto kleiner ist die USB-Buffer-Größe, und Serato DJ Pro hat eine schnellere Reaktionszeit. Bei Rechnern und Notebooks mit geringerem Arbeitsspeicher und Pro-

DJing mit der DJ-Software
Serato DJ Pro/ Konfiguration

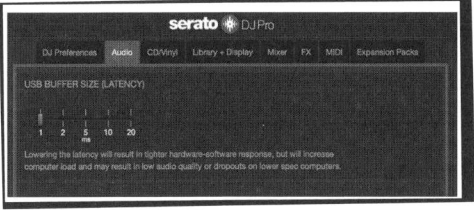

zessorleistung ist allerdings die Einstellung der USB-Buffer-Größe abzuwegen, da ansonsten bei einer zu kleinen Größe USB-Dropouts zu hören sein können. Dies sind kurze Soundstörungen bzw. Aussetzer, die entstehen, wenn es Probleme beim Datentransfer zwischen Notebook und Interface gibt.

Generell ist eine kleine USB-Buffer-Größe vor allem für Scratch-DJs zu empfehlen, denn Sratchen mit einer starken Latenz macht weder Spaß, noch klingt es gut.

Öffne zusätzlich das Device Panel, um die Hardware-Settings für Preferences, MIDI, Deck Inputs und Effects individuell anzupassen. Das Panel und somit die Parameter differieren je nach eingesetzter Hardware. Verändere die USB Buffersize und somit die Latenz, sofern es nicht unter dem Reiter „Audio" einzustellen geht.

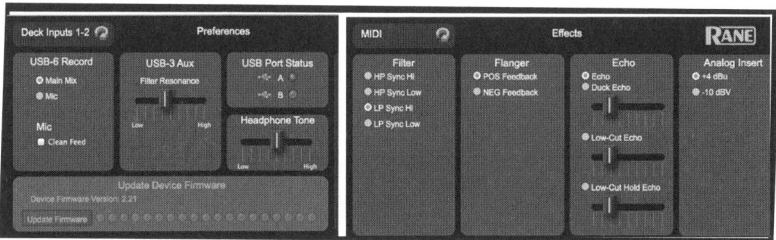

### CD/Vinyl

Unter diesem Menüpunkt verstecken sich folgende Optionen :
- Einstellen der Loop-In- und Loop-Out-Punkte über das Vinyl/Jog-Wheel
- Needle Dropping (im relativen Modus): Beim Aufsetzen der Nadel springt der Track an die Stelle, wo er sonst im absoluten Modus auf dem Vinyl wäre (Drop to absolute position) oder er springt abhängig von der Nadelposition innerhalb der ersten fünf Minuten-Markierungen auf dem Vinyl zum nächsten Cue Point, z. B. in der zweiten Minute zum zweiten Cue Point (Drop to cue points).
- Sticker Lock richtet den Cue Point stets am Sticker am Vinyl aus
- Aktiviere zur Tempostabilisierung bei Turntables Anti-Drift

# EQUIPMENT

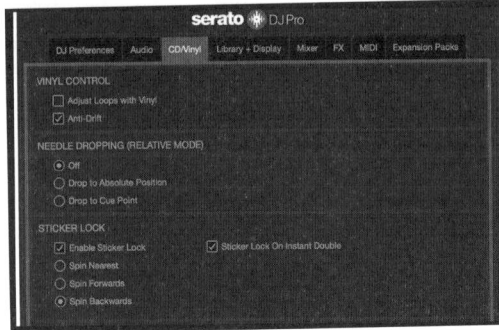

In Serato DJ Pro gibt es seit Version 1.9.6 das Anti-Drift Feature, welches Vinyl-DJing revolutioniert. Denn damit findet das ständige Auseinanderlaufen der Tracks während der Blenden aufgrund der Gleichlaufschwankung des Plattenspielermotors ein Ende. Mit dem im Setup aktivierbaren Anti-Drift stabilisiert sich nach wenigen Sekunden das Tempo auf einen konstanten, gemittelten Wert. Allerdings nach jeder weiteren Änderung am Pitch-Control und Plattenteller durch manuelles Anschieben bzw. Bremsen kalibriert Serato DJ Pro diesen Wert erneut mit entsprechendem Zeitaufwand.

**TIPP**

Stellte sich das Tempo von dem Plattenspieler mit dem Master-Track auf seinen konstanten Wert ein, nehme fortan sämtliche Anpassungen vom Tempo und Phase nur an dem anderen Turntable mit dem einzumixenden Track vor.

Dieses Feature bringt bei längeren Blenden viel mehr Ruhe in deine Handarbeit. Phasenkorrekturen mittels Anschieben und Bremsen des Plattentellers sind zwar damit nicht gänzlich auszuschließen, es sei denn, du triffst beim manuellen Anpassen der beiden Tempi diese auf das Hundertstel genau oder überlässt dies dem Sync. Aber mit dem konstanten Wert erhöht sich auch die Genauigkeit beim Beatmatching. Zudem läuft eine längere Blende nicht so schnell aus der Phase, sodass dir mehr Handlungsspielraum für das Schrauben an EQ-Reglern, Effekten und Cutten an Fadern zur Verfügung steht.
Bisher war es auch immer kritisch, wenn am Timecode-Ende die DJ-Software automatisch in den internen Modus wechselte. Denn in diesem Moment friert sie das zuletzt gelesene Tempo ein und spielt den Track konstant weiter mit diesem ab. Da die BPMs bisher ständigen Schwankungen um 0,1 Prozent unterlagen, konnte es im schlimmsten Fall sein, dass die Software zufällig ausgerechnet den mit der größten Differenz zum anderen Tempo in den internen Modus übernimmt. Damit passt das Beatmatching nicht mehr.

# DJing mit der DJ-Software Serato DJ Pro/ Konfiguration

> **BEACHTE**
>
> Wenn im Mix ein DVS-Deck vom Turntable-Modus (absolut/relativ) in den internen aufgrund des Auslaufens des Timecode-Vinyls übergeht, setze schnellstens die Nadel wieder auf den laufenden Timecode, damit vom internen wieder in den Vinyl-Modus gewechselt wird. Anderenfalls läuft dir der Mix schneller von seiner Phase auseinander oder das Tempo der in der Endlosrille gefangenen Platte stürzt auf nur 1 BPM ab. Auch ein aktives Sync wird plötzlich außer Kraft gesetzt, das Tempo und mitunter auch die Tonart ändern sich. Daher Timecode-Platten stets sauber halten und es nicht darauf ankommen lassen, die Vinyls bis zur Auslaufrille zu spielen.

## Library und Display

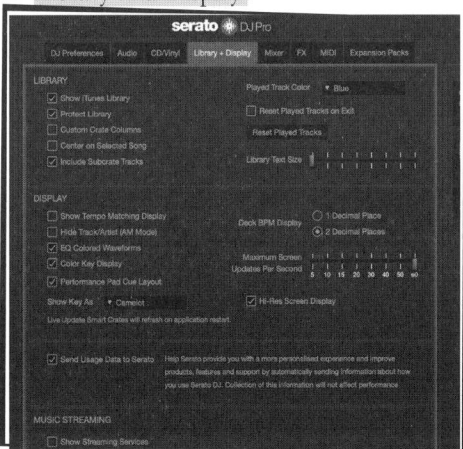

iTunes-Library, unterstützte Streamingdienste – ja oder nein?! Schütze deine Library und wähle die Schriftgröße. Die Screenupdates pro Sekunde, d. h., wie oft das Bild aktualisiert wird, beeinflussen die Leistung deines Rechners. Je schwächer die Rechnerleistung, desto niedriger stelle die Updatehäufigkeit ein. Allerdings ruckeln zunehmend die drehenden Teller.

Die Track-Anzeige kannst du gegen neugierige Blicke verbergen und die Dezimalstellen der BPMs festlegen.

Erlaube, individuell Attribute für einzelne Crates zu definieren, zentriere den Cursor beim Scrollen stets mittig in der Library. Du kannst ein zusätzliches Beatmatching-Display als optische Hilfe beim Tempoangleichen einblenden. Auch die Waveform reagiert auf EQ-Einstellungen optisch durch Farbveränderung, wenn du den entsprechen Haken setzt. Entscheide dich für die Tonart-Darstellung (Camelot, Klassisch Open Key oder Original Tag) und ob sie farblich deren Harmonie visualisieren soll.

Mit dem Performance Pad Cue Layout staffeln sich Hot Cues etc. hori-

# EQUIPMENT

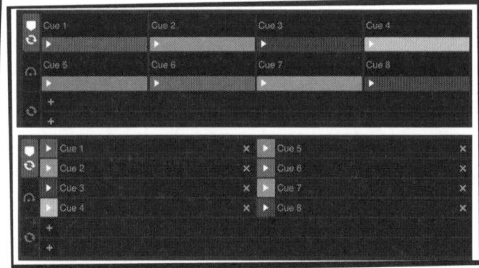

Performance Pad Cue Layout (oben), herkömmliche Anordnung (unten)

zontal in zwei Vierergruppen pro Deck. Diese Anordnung stimmt mit der der Performance Pads von DJ- und Add-On-Controllern überein, das vor allem bei Fingerdrumming-Routines zu Gute kommt.

## Mixer

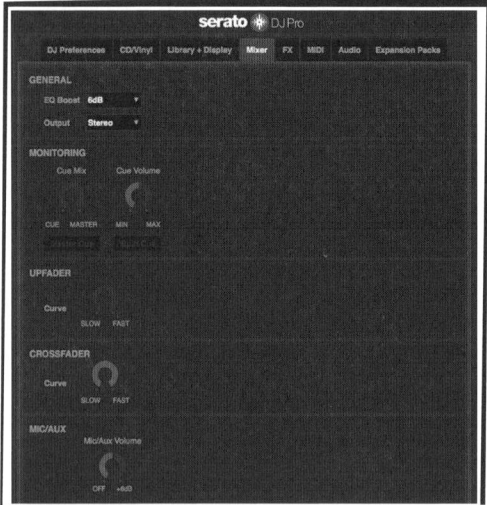

Wähle für die Pegelanhebung des EQs sechs oder zwölf dB. Passe den Cue-Mix und das Monitoring-Level deinem Hörempfinden an. Auch die Kurven für Cross- und Upfader können verändert werden. Zum Schluss gib deinem Mikrofon bis zu sechs dB an Pegel. Wundere dich nicht, wenn einige Optionen in deinem Setup fehlen, denn diese Parameter hängen von dem jeweilig angeschlossenen Equipment ab.

## FX

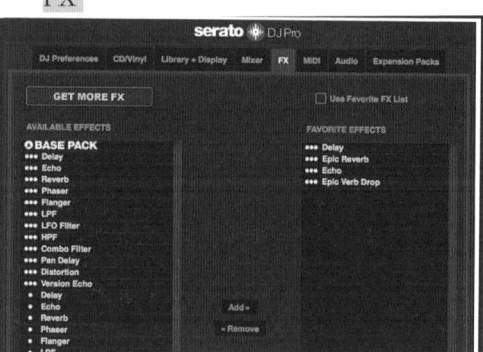

Unter diesem Kürzel verbergen sich sämtliche Standard-Effekte und die unter „Get More FX" als Expansion-Packs optional erworbenen. Um die Übersicht zu behalten, selektiere deine bevorzugten Effekte als Favourites.

# DJing mit der DJ-Software
## Serato DJ Pro/ Konfiguration

### MIDI

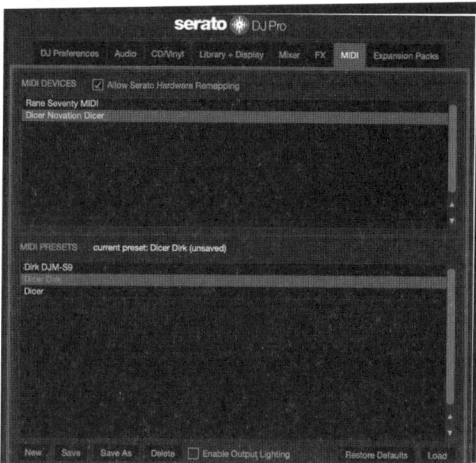

Wenn du Serato DJ Pro mit einem MIDI-Controller bedienen möchtest, so lädst du in diesem Menüpunkt dein konfiguriertes Setup für den jeweiligen Controller hoch.

Doch zuvor sind bei deinem Controller die Tasten mit den Funktionen der D-Software, die du per MIDI auslösen (genannt Triggern) möchtest, zu belegen, sprich zu mappen:

1. Schließe deinen MIDI-Controller per USB-Kabel an dein Notebook.
2. Betätige die MIDI-Taste am oberen Rand des Bildschirms.
3. Öffne das fortan angezeigte Hide-MIDI-Panel mit den nicht direkt per MIDI auf der Bedienoberfläche, auch Graphical User Interface genannt (GUI), mappbaren, aber gebräuchlichen Funktionen. Führe die Maus auf eine Taste, die du zukünftig gern über deinen Controller bedienen möchtest.

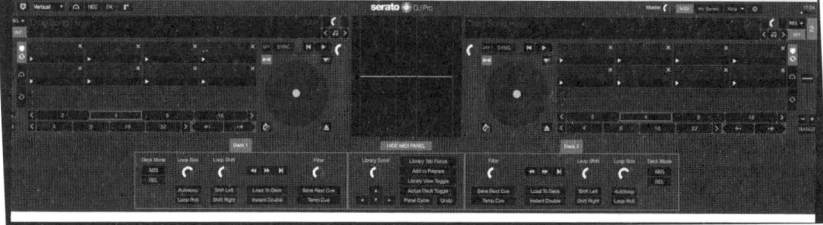

4. Auf deiner ausgewählten Taste erscheint ein Feld, das dich darauf hinweist, dass du diese per MIDI synchronisieren kannst.

5. Bestätige die ausgewählte Funktion. Es erscheint in einem weiteren Fenster der Aufruf, dass diese einer Taste des Controllers, mit der die Funktion zu-

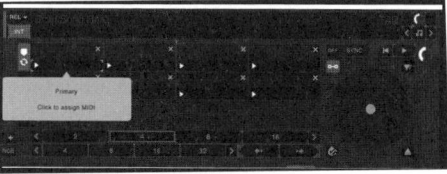

Equipment **289**

# EQUIPMENT

künftig bedient werden soll, zu zuweisen ist.

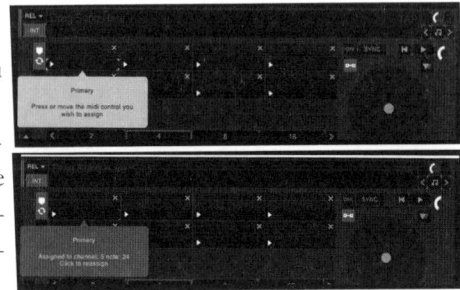

6. Nach dem Drücken der Controller-Taste wird die erfolgreiche Synchronisation mit dem belegten MIDI-Kanal und den dazugehörigen Noten bestätigt.

7. Weitere wichtige Funktionen, die das Auflegen vereinfachen und dich weniger an die Notebook-Tastatur binden, findest du zur Steuerungszuweisung im MIDI-Panel, z. B.:

- Laden der Tracks auf das linke bzw. rechte Deck
- Setzen von Cue Points
- Instant Double-Funktion
- Auto Loop Select und Loop Roll
- Fine Pitch Einstellung
- Scroll-Funktion für die Library
- Laden der Tracks in den Prepair-Ordner

8. Nachdem du erfolgreich dein Controller mit Funktionen bestückt hast, speichere das Setup deines Controllers im MIDI-Setup vom Serato DJ Pro.

Übrigens: Bei vorgemappten Controllern oder Mixer kannst du per aktivierten Haken im Tab „MIDI" das Pre-Mapping überschreiben.

Expansion Pack

Aktiviere hier Standards als auch käuflich zubuchbare Erweiterungen: Serato Video, Sampler, Pitch 'n Time, Flip, Serato Play, die Serato Playlist und Serato Remote.

Serato DJ Pro spricht vor allem den professionellen DJ an. Um DJ-Controllern-Usern, die bisher nur in Verbindung mit Serato DJ Lite auflegen konnten, auch die Option der komfortableren Version zu geben, bietet Serato ein kostenpflichtiges Upgrade auf Serato DJ Pro an.

## Einstellen der Listen-Ansicht

Deine in der Library verwalteten Tracks können in der Liste nach verschiedenen Attributen, die du selbst wählst, geordnet sein:

- Song
- Album
- Genre
- Added (hinzugefügt)
- Bitrate
- Size (Größe)
- Location
- Plays
- Artist
- Länge des Songs (Length)
- BPM
- Kommentar
- Tonart (Key) usw.
- Filename
- Track (Position auf einem Album)

Für die optische Darstellung der Liste kannst du zwischen vier verschiedenen Ansichten wählen, die unterhalb der Liste einzustellen gehen.

### Die einfache Liste

Die bevorzugte Ansicht beim Auflegen verschafft einen sehr schnellen und den größten Überblick, aber in der Masser überliest man auch Tracks.

### Album Art-Ansicht

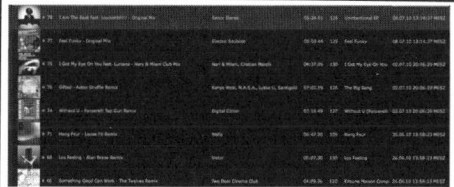

Diese Ansicht zeigt die Cover als optische Hilfe, diese rauben aber auch viel Display-Platz. Eine schlechtere Übersicht und häufiges Scrollen gegenüber der einfachen Listenansicht sind die Folge.

# EQUIPMENT

**Auswahl der Wellenformausschnitt- und Deckansicht**

Die Frequenzspektrogramme als vergrößerte Wellenformausschnitte einschließlich der in der Mitte befindlichen Abspielposition (Playhead) und die Decks lassen in vier bzw. fünf verschiedenen Ansichten anzeigen:

### Library-View

Die zwei oder vier Decks, sind in der Mitte zentriert und die Spektrogramme außen angeordnet, sodass auf dem Display zu Gunsten der Track List Platz gespart wird. Ein größeres und somit übersichtlicheres Track List-Fenster ist die Folge. Da weder Cue Points noch Loops angezeigt werden, solltest du diese Ansicht nur zur Tracksuche nutzen. Und dies geht sehr einfach und schnell, denn du switchst zwischen dieser und deiner sonst favorisierten Ansicht einfach per Leertaste.

### Vertikale Ansicht

Die Wellenformen verlaufen vertikal nebeneinander, sodass du schnell erkennst, wie synchron die beiden Tracks im Mix sind.

### Horizontale Ansicht

Gegenüber der vertikalen Anordnung sieht man einen größeren Ausschnitt aus der Wellenform. Du erkennst dadurch noch besser, wie genau die Beats der Tracks aufeinander abgestimmt sind.

### Stack View

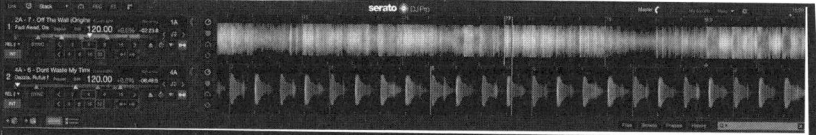

In diesem Modus werden bis zu vier Decks mit allen Parametern übersichtlich untereinander angeordnet.

### Extended View

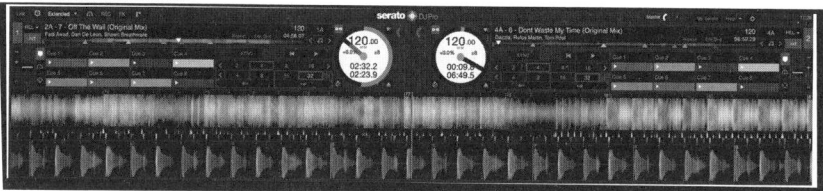

Diese Ansicht, nur bei Serato DJ verfügbar, stellt für die beste Übersicht die Spektrogramme über die gesamte Breite deines Screens untereinander dar.

### Wahl des Channels

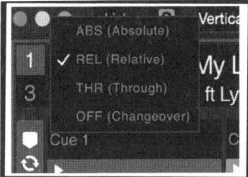

Wenn zwei DJs Back to Back jeweils mit ihrem Laptop über die gleichen Decks auflegen wollen, aktiviere oder deaktiviere das Deck (Changeover). Stellt z. B. DJ 1 in seinem Serato Pro DJ die beiden Kanäle auf off, werden sie für DJ 2 freigeschaltet.

### Playback von Tracks
#### Wahl des Abspielmodus

Je nach dem, welcher DJ-Typ du bist und worauf es dir beim DJing ankommt, entscheidest du dich für den jeweiligen Modus. Möchtest du pures

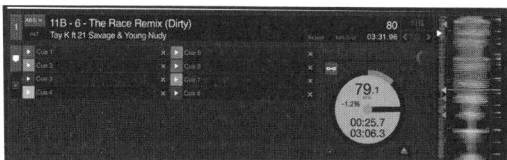

Vinyl-Feeling inkl. Needle Dropping (beim Absetzen der Nadel auf dem Control-Vinyl springt die Software an die entspre-

# EQUIPMENT

chende Stelle im Track, an der er laut seiner momentanen Spielzeit sein müsste), aber auch Needle Skipping (Nadelspringen bei Erschütterungen) dann wähle den absoluten Modus. Dieser ist besonders für herkömmliches Club-DJing geeignet. Allerdings musst du auf Feature wie Cue Points und Loops verzichten.

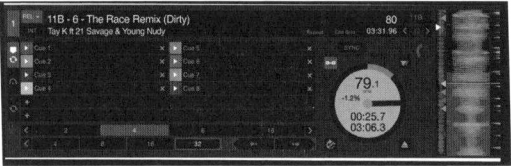

Scratch- und Turntablism-DJs, Club-DJs, die gern mit Loops arbeiten, und mobile DJs, deren Schallplattenspieler auf recht instabilen Bühnen stehen, aktivieren lieber den relativen Modus. Mit aktiviertem „Drop to Absolute Position" funktioniert auch das klassische Needle-Dropping.

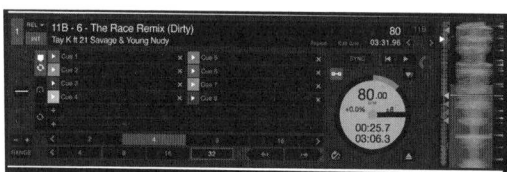

Legst du generell ohne Schallplattenspieler, sondern mit einem DJ-Player, der über die Serato Pro DJ-Control-CD gesteuert wird, bzw. DJ-Controller oder ohne zusätzliche Hardware auf, dann schalte auf den internen Modus. Folgende Features bietet dieser zusätzlich, u. a. Trackstart und -stopp, Pitch-Control, Pitch Bend und Rewind-Play.

Thru-Modus steht für analoges Vinyl. Denn natürlich kannst du das digitale DJing mit dem Auflegen von herkömmlichen Vinyl verbinden. Wenn du am Mixer von Line auf Phono schaltest (bei SSL1 und bei den Serato DJ Pro-zertifizierten Mixern ist der Thru-Button nicht in der Software integriert) oder die Thru-Taste im Display (SSL2 bis SSL4) drückst und ein Serato-Control-Vinyl abspielst, wirst du auf dem Phono-Kanal das Pfeifen des NoiseMap Control Tones hören. Deswegen achte bei deinem Gig darauf, dass du nur beim Abspielen von herkömmlichen Vinyl und nicht beim Control-Vinyl aus Versehen umschaltest.

Abspielen der Tracks

1. Auf dem Notebook suchst du dir einen beliebigen Track in deiner Liste aus. Durch Anklicken mit dem Zeiger wird er blau unterlegt und somit als markiert dargestellt.
2. Per Drag and Drop ziehst du den Track mit der Maus bzw. Pad z. B. in das rechte Deck oder betätigst die Shift+rechte Pfeil-Taste. Der Track ist jetzt auf dem rechten Deck geladen.
3. Legst du mit einem Controller und damit im internen Modus auf, drücke einfach die Play-Taste.
4. Beim Plattenspieler setze die Nadel auf das Control-Vinyl und mit dem Betätigen der Start-Taste des Schallplattenspielers beginnt jetzt der Track. Allerdings ist der Startpunkt abhängig vom gewählten Modus. Beim absoluten Modus solltest du am Anfang der Rille die Nadel aufsetzen, damit du den Track von Beginn an abspielen lässt. Hingegen im relativen Modus ist die Position auf dem Vinyl egal. Der Track wird immer vom Anfang gestartet, es sei denn, du hast im Vinyl Control-Setup die Funktionen „Drop to absolute position" oder „Drop to cue points" aktiviert.

## BEACHTE

Die schon bereits erwähnten Probleme beim DVS-Betrieb mit verschlissenen Tonabnehmern und den Kontakten des Tonarms können während des Playbacks zum starken Abbremsen der Track-Geschwindigkeit führen. Wenn du dann anschließend in den internen Modus umschaltest, um das Problem zu beheben, kommt es nicht selten vor, dass auch in diesem Modus das MP3 extrem langsam abgespielt wird. Jetzt heißt es, schnell reagieren, den Pitch-Control im internen Modus auf die Originalgeschwindigkeit einstellen und anschließend die Ursache des Problems beheben. Weiterhin kann es auch durch verschmutzte Tonabnehmer bzw. zu starke Geräuscheinstreuungen dazu kommen, dass im relativen Modus beim Aufsetzen der Nadel am Anfang des Scratch DJ Pro der Track nicht von Beginn spielt. Deswegen solltest du stets den Scope View kontrollieren und auch den Schwellenwert der Umgebung anpassen, um diesen Überraschungen zuvor zu kommen.

# EQUIPMENT

### Das Auflegen mit einem Plattenspieler

Dank DVS ist es nicht zwingend notwendig, zwei Plattenspieler zu besitzen, um damit das DJing zu trainieren, es sei denn, du möchtest unter die Turntablisten gehen und dir das Beat Juggling aneignen. Passende Übungen hierfür findest du in dem entsprechenden Kapitel.

Wenn dein Setup nur aus einem Plattenspieler besteht, dann:
1. Aktivere im Setup/DJ Preferences das Instant Doubles-Feature.
2. Schalte das linke oder rechte Deck auf intern und aktiviere Sync.
3. Das andere Deck, das der Turntable steuert, spielt im relativen Modus.
4. Nachdem du den Track mit dem Plattenspieler gestartet hast, lade diesen selben anschließend per Drag´n Drop oder entsprechender gemappter Instant Doubles-Taste deines Add-On-Controllers auf das andere Deck.
5. Exakte Spielposition und Tempo wurden mit dem Verschieben des Tracks auf das andere Deck übernommen.
6. Das vom Plattenspieler angesteuerte Deck ist jetzt frei, um damit den nächsten Track einzumischen.

### Das Auflegen nur mit dem Laptop

Serato DJ Pro ganz ohne Controller oder Plattenspieler funktioniert mit dem Expansion Pack Serato Play. Das Plug-in im typischen Look zeigt sich mit den virtuellen Teller, vier verschiedenen Wellenformansichten plus fast allen Features, wie Sampler, Effekte, Record, Link und aller gebuchten Expansion Packs, ausgenommen DVS. Serato Play erscheint erst in den Expansion Packs, wenn es nach dem Kauf auch im Setup-Account aktiviert wurde. Danach unter den Expansion Packs bei Serato Play den Haken setzen.

Auf dem GUI gesellt sich fortan neben den Buttons für FX, Sampler & Co ein Crossfader hinzu, dank dem sich unter den Decks das Mixer Panel mit Filter-, Bass-, Mitten-, und Höhen-Knob öffnet. Per zusätzliches Setting schaltest du folgendes ein:

- DJ-Splitter-Kabel: Im Mixer-Panel tauchen die beiden Kopfhörer-Buttons plus Cue-Level-Regler auf. Allerdings beim gesplitteten und damit mono ausgespielte Cue-Master-Signal treten mit phasenverschobenen Stereo-Kanälen kleine hörbare Auslöschungen oder Summationen von Frequenzen auf.
- Serato Hot Keys: Shortcuts für etliche Features, wie Line- und Crossfader blenden und cutten, Hot Cues und Loops triggern, EQ-,Filter Management, Tempoanpassung, Sync und Pitch Bending vereinfachen den Worksflow
- Crossfader-Zuweisung zu den vier bespielbaren Decks

Unter dem Reiter Mixer im Setup findest du noch folgende Optionen:
- EQ-Boost nach der Nullstellung wahlweise von 6 auf 12 Dezibel
- Line- und Crossfaderkurve stufenlos von weich (langsam) auf hart (schnell)
- Crossfader mit linearer und exponentieller Blende

Ist der Crossfader linear eingestellt, steigt bei weicher Kurve die Laustärke gleichmäßig über die gesamte Crossfader-Länge, dagegen exponentiell steigert sie sich erst im letzten Drittel deutlich, wodurch in der Mittelstellung des Crossfaders die Lautstärke hörbar abfällt.

Dank der zusätzlichen Hot Keys und ihrer ergonomischen und recht logischen Anordnung lässt sich intuitiv an den Fadern, EQ- und Filtern-Reglern schieben, drehen und cutten. Kein nervige Umkreisen und Zielen auf die Aktionsbuttons mit der Maus. Die Hot Cues per Tastatur zu triggern, unterscheidet sich haptisch nicht wesentlich von den Performance-Pads. Allerdings mit bis zu fünf steuerbaren Hot Cues fehlen die letzten drei der

# EQUIPMENT

insgesamt acht Hot Cues. Manuelles Beatmatching mit dem Pitch-Control klappt, sodass man sich nicht zwingend auf Sync verlassen muss.

Serato Play hilft vor allem bei zeitlich kurzgehaltenen, hintergrundbeschallenden Jobs und privaten Feierlichkeiten, die weniger „DJ-Hokus-Pokus" erfordern, sowie bei Platzmangel für größeres Equipment wie DJ-Controller an.

### Weitere Einstellungsmöglichkeiten und Funktionen

**File:** Neben den in Ordnern als Baumstruktur angezeigten Dateien findest du die „Rescan ID3 Tags" und „Relocate Lost Files"-Funktionen.

**Browse:** Es öffnet sich ein File-Browser zum Suchen von Tracks, der nach Genre, BPM, Artist oder Album gefiltert ist.

**History:** Die Playlisten der letzten Gigs werden angezeigt, die auch bei Aktivierung des entsprechenden Plug-ins exportiert werden können, um sie z. B. später zu veröffentlichen.

**Prepare:** Tracks, die du gern in deinem Set spielen möchtest, suchst du im Vorfeld in deiner Track List heraus und verschiebst diese, nachdem du sie in der Track List durch Anklicken markiert hast, in das Prepare-Fenster. Dies entspricht dem virtuellen Herausnehmen und dem schrägen Ablegen der Platten auf den Kanten des Plattencase, wie es beim analogen DJing üblich ist.

### BEACHTE

Wenn du die Software beendest, löscht es den Prepare-Ordner. Deswegen speichere besser die Tracks des Prepare-Ordners in einem separaten Crate (virtuelles Case). Dieses kannst du nach dem Gig auch wieder löschen.

**Auto(play):** Tracks aus dem Prepare-Ordner spielt SSL und Serato DJ automatisch hintereinander ab. Ist der Ordner jedoch leer und nicht geöffnet, lege ein Track aus einem Crate auf ein Deck und die Software setzt anschließend die Playlist mit den folgenden Tracks des Crates fort.

## Serato Video

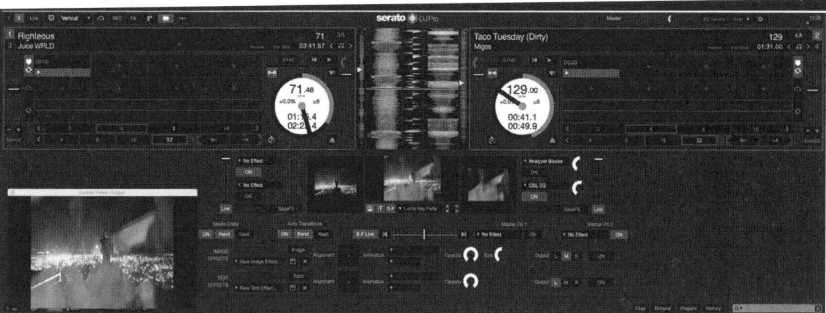

Zu dem Zeitpunkt als Pioneer DJ ihre DVD-Player für das DJing auf den Markt brachten, war es nur eine Frage der Zeit, dass eine DJ-Software auch das Abspielen von Videos ermöglicht, allerdings kostengünstiger und effizienter. Serato griff diese Idee auf und brachte mit Video-SL ein Plug-in für Serato Scratch Live auf den Markt, das sich im doppelten Sinne sehen lassen konnte. Allerdings waren die damaligen Möglichkeiten begrenzt und die Software Mix Emergency, die ebenfalls mit Scratch Live und Serato DJ Pro funktioniert, überlegen. Dies ändert sich mit dem neuen Update auf Serato Video. Wenn du dich für Video-Jocking entscheiden solltest, überlege zunächst, ob dein Notebook folgende Mindestanforderungen erfüllt:

- ab i3 1,07 GHz-Prozessor
- 64-bit Betriebssystem
- 4 GB Arbeitsspeicher
- 384 MB (1 GB für beste Performance empfohlen)
- große Festplatte zum Speichern der platzraubenden Video-Dateien

Erfüllt dein Notebook diese technischen Anforderungen, dann lade dir auf www.serato.com das Plug-in Serato Video herunter und installiere es. Nach der erfolgreichen Installation öffne Serato DJ Pro wie gehabt und suche im Setup die Expansion Packs auf.
Um Serato Video einsetzen zu können, musst du dir zunächst käuflich einen Schlüssel zulegen, den du in diesem Fenster einträgst. Solltest du dir nicht sicher sein, ob Serato Video dein DJing vervollständigen soll, dann teste es im

# EQUIPMENT

Demo-Betrieb. Dir stehen alle Features zur Verfügung. Lediglich zur kommerziellen Nutzung ist es nicht geeignet, da bei der Ausgabe des Mastersignals im Output-Window ein Wasserzeichen eingeblendet wird.

Serato Video ist auf die Regler (Up- und Crossfader) zertifizierter Hardware abgestimmt. Es funktioniert aber auch genauso mit der SSL2 bis SSL4. Nutze aber in diesen Fällen am besten ein MIDI-fähiges Mischpult, wie z. B. den Pioneer DJ DJM-900, dessen Fader du mit Serato Video mappen kannst.

### Die Oberfläche von Serato Video

Nachdem du die Buttons für Serato Video und die GUI-Ansicht (neben der Auswahl der Wellenformansicht) aktiviert hast, öffnen sich neben beiden Decks die Bildschirme zum linken, rechten Kanal und dem Master-Output (Main-Mix) samt Effekte. Pro Kanal stehen dir Channelfader zur Regulierung der Deckkraft und zwei Effektparameter zur Verfügung, die du miteinander verketten kannst. Die Video-Effekte sind gruppiert in:

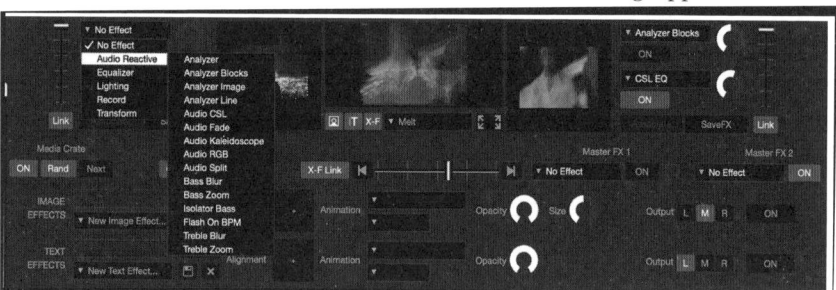

**Audio Reactive:** beat- und frequenzabhängige Effekte
**Equalizer:** das Bild wird schwarz/weiß bzw. grau
**Lighting:** Licht-Effekte, z. B. 3D, Filter oder Kontrast
**Record:** abhängig von der Plattengeschwindigkeit ändert sich der Effekt
**Transform:** das Bild verändert sich in Abhängigkeit von der Spiellänge, z. B.
    **Rotate:** das Bild wird gedreht
    **Tile:** Vervielfachen des Bildes, die nebeneinander angeordnet werden
    **Luma Key White/Black:** weiße oder schwarze Bereiche des Bildes werden durch das andere Deck ersetzt
    **Blur:** das Bild verschwimmt

# DJing mit der DJ-Software Serato DJ Pro / Serato Video

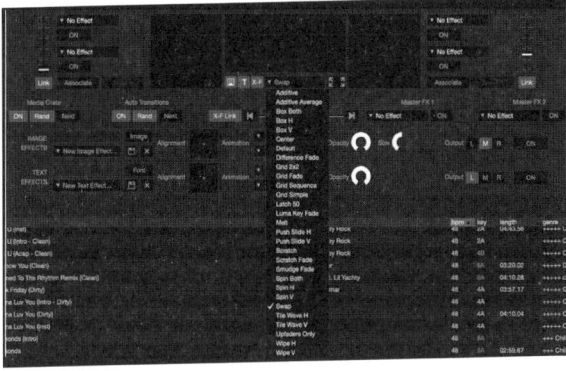

Da dir jeweils pro Deck zwei miteinander kombinierbare Effekte verfügbar sind und der Crossfader auch mit verschiedenen Effekten unterlegt wird, gibt es sehr viele verschiedene Kombinationsmöglichkeiten beim Mixen, wie du an den folgenden Beispielen siehst.

In der Mitte aktivierst du den Crossfader, der auch in der Software oder per Taste verschoben werden kann, und stellst verschiedene Effekte zum Überblenden der beiden Videos ein, z. B.

**Center:** der Übergang erfolgt, wenn der Crossfader mittig steht
**Scratch Fader:** wie bei einer harten Crossfaderkurve wird das andere Deck sofort dazu gecuttet
**Melt:** beim Übergang verschmelzen beide Tracks ineinander
**Horizontal und Vertical Vibe:** ein Wischeffekt in die jeweilige Richtung

Effekte für die Übergänge

Auch eigene Images und Texte kannst du während deiner Performance einblenden, die du unterhalb des Crossfaders einrichtest. Außerdem lässt sich einstellen: die Bildposition, Geschwindigkeit, Größe, Deckkraft des Contents und auf welchem Deck du sie sehen möchtest.

Wenn ein Audio-Track auf ein Deck geladen ist, kann er auch mit einer Video-Datei, z. B. einer Animation oder einem anderen Video-Track beispielsweise des gleichen Künstlers, per Funktion „Accosiate" verknüpft werden. Alternativ lädt Serato Video aus dem intelligenten Media Crate in ihm verwaltete Video-Files automatisch, sofern für einen abgespielten Track kein Video-File vorhanden ist. Dies erfolgt zufällig oder der Reihenfolge nach.

# EQUIPMENT

Wer sich beim VJing mehr um die Musik anstatt die visualisierten Übergänge kümmern möchte, der aktiviert „Auto Transitions", mit dem Überblendeffekte automatisch per Zufall oder chronologisch auf den Crossfader gelegt werden.

### Das Setup von Serato Video

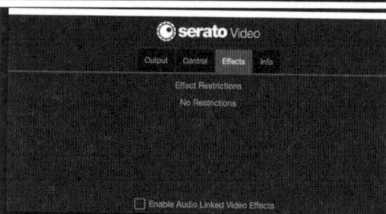

Zum Einrichten der Displays, der Hardware und zur Anpassung von Serato Video an die Leistung deines Notebooks kannst du verschiedene Einstellungen im Setup vornehmen. Wenn deine Videos bei der Wiedergabe ruckeln, dann reduziere im „Output" die Qualität und/oder weise Serato Video über „Buffer Size" mehr Arbeitsspeicher zu. Unter „Arrangement" wählst du, ob dein Monitor das Output-Signal und/oder die einzelnen Videokanäle wiedergeben soll. Mit „Media Treatment" stellst du die Bildanpassung an den Monitor. Mitunter kommt es zu einer Zeitverzögerung zwischen Bild- und Tonwiedergabe, sodass sie nicht lippensynchron sind, wenn z. B. die Boxen weit von dem Bildschirm entfernt sind. Mit Delay Compensation stellst du ein Delay zwischen Video- und Audiospur ein und passt somit die Synchronität den technischen Gegebenheiten im Club an. Verschiebe entsprechend den Regler im Setup nach links oder rechts.

Bei Control passt du die Geschwindigkeit des internen automatischen Crossfaders, sowie dessen Kurve und die der Upfader an.

Im Effekt-Menü aktivierst du das Syncen von Audio- und Video-Effekten, d. h., Audio-Effekte verknüpfen sich mit Video-Effekten, beispielsweise Audio-Echos erzeugen visuelle Echos im Bild, während Distortionseffekte das Bild zusätzlich verzerren.

Im Reiter „Info" stellst du bei „YUV-Handling" das Wiedergabe-Signal für den Beamer bzw. das Panel auf RGB ein. Zusätzlich findest du alle Informationen, wie die Auflösung der gerade geladenen Videos und des Ausgangssignals. Mit Hilfe dem eingeschalteten Video-Debug-Panel findest du in der Library Infos über Video- und Audio-Codecs, vorausgesetzt die MovieInfoBatch-App ist installiert.

### Video-Formate
Serato Video unterstützt die gängigen Videoformate: mov, mp4, m4a, avi, flv, mpg, mpeg, dv und qtz. Unter qtz versteht man die programmierbaren Quartz-Composer-Files, die einem Audio-File zugeordnet werden und dynamisch auf die Musik reagieren können, wie beispielsweise ein rotierendes Plattencover des gerade gespielten Tracks oder die Live-Übertragung aus der DJ-Kanzel per Laptop-Kamera.
Als Codec, d. h. wie Video- und Audio-Daten in der Video-Datei verschlüsselt sind, unterstützt Serato Video: H.264, DV, Motion JPEG A und B, MPEG 4. Zu empfehlen sind Videos im MPEG4, da sie einen guten Kompromiss aus guter Qualität, mittlerer Dateigröße und CPU-Auslastung darstellen, oder H.264 mit ebenfalls guter Qualität und kleiner Dateigröße. Allerdings wird durch sie mehr Rechnerleistung abverlangt.
Als Quelle für die Videos bieten sich kostenpflichtige Pools wie „VJ-Pro.com" oder „TheVideoPool.com" an, die alle Videos in überarbeiteter Soundqualität von 320 kbit/s-Qualität und z. T. in mixfreundlichen Edits uploaden.

## Traktor (Scratch) Pro
### Konfiguration
Im Gegensatz zu Serato DJ Pro musst du nach dem Start von Traktor nicht unbedingt eine Library anlegen, denn deine Tracks der Festplatte werden in ihren Ordnern, wo du sie abgelegt hast, automatisch importiert, analysiert und links im Browserfenster angezeigt. Virtuelle Plattenkoffer legst du unter „Playlist" an. Verbinde jetzt dein Notebook und die Turntables mit dem Audio 6 oder 10 Interface. Solltest du mit einem DJ-Controller auflegen wollen, so schließe auch diesen an dein Notebook an. In den Preferences nimmst du folgende Einstellungen vor.

# EQUIPMENT

### Audio Setup

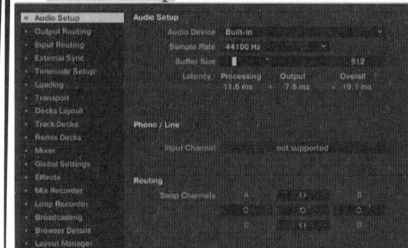

Gegenüber Serato DJ Pro akzeptiert Traktor neben dem Audio 6 bzw. 10 DJ-Interface auch andere Soundkarten (nur im internen Modus, nicht für DVS möglich). Im Audio-Setup wähle deine favorisierte Soundkarte inklusive Sample-Rate und Latenz, zum Antesten 15 Millisekunden, aus.

### Output Routing

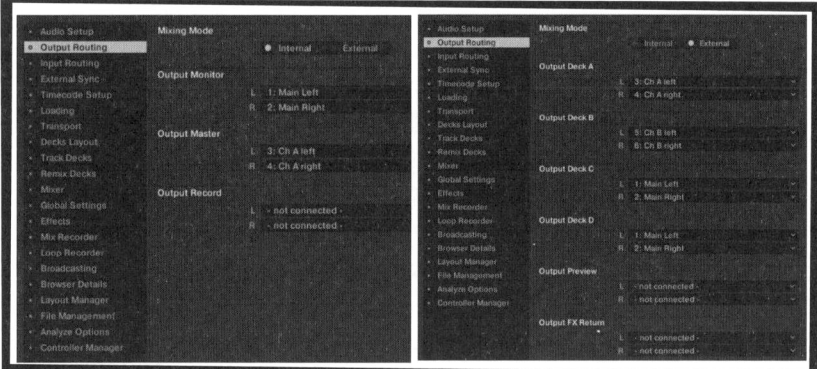

In diesem Menüpunkt aktivierst du den internen Mixer und ordnest die Ausspielwege der im Laptop verbauten Soundkarte zu. Der Output Monitor dient zum Vorhören deiner Tracks. Gedrückte Cue-Buttons der internen Mixerkanäle schicken das Vorhörsignal an einen separaten Output, im Internal-Mixer-Modus gleicht der Monitorkanal dem Ausgang des Vorhör-Players im Browser.

Entscheidest du dich für ein externe Hardware, hängen die dir zur Verfügung stehenden Optionen vom jeweiligen Audio-Interface ab. So können auch mehrere Decks (A/B/C/D) zu einem Output zugewiesen werden, von Vorteil bei geringer Anzahl von Ausgängen. Output Preview schickt das Signal des Vorhör-Player heraus, Output FX Return schickt Send-Effekte.

## Input Routing

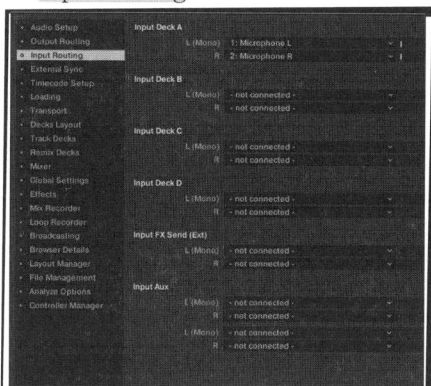

Dem angeschlossenen Interface weist du Eingänge zu, von denen es Signale externer Geräte zugespielt bekommt. Die Pegelmeter dokumentieren den anliegenden Signalpegel. Auch hier sind mehrere Decks auf einen Input zuweisbar.

## External Sync

Traktor verbindet sich mit Programmen per Ableton Link-Protokoll, aber auch per MIDI. Falls du MIDI-kompatible Geräte mit Traktor Pro synchronisieren möchtest, dann schalte „Ext" ein. „Enable MIDI Clock" ergänzt das Master-Steuer-Panel um weitere Features für die MIDI-Clock.

## Timecode Setup

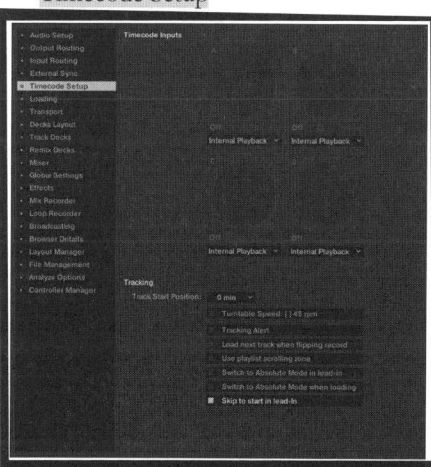

Dieser Reiter zeigt dir deine kalibrierten Decks und verschiedene Einstellungen für das DVS-Tracking, z. B. die Abspielgeschwindigkeit des Vinyls, ab welcher Minute des Timecode-Vinyls der Track starten soll, Alarmierung am Ende des Tracks, automatisches Umschalten zum absoluten Modus in der Einlaufrille und beim Laden eines Tracks. Zudem springt der Track beim Absetzen der Nadel in der Einlaufrille zum Anfang.

# EQUIPMENT

### Loading

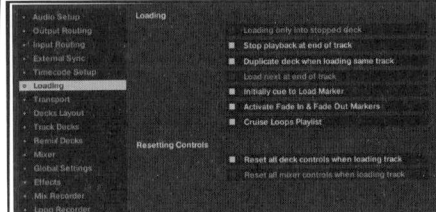

Hier geht es um das Playback. Neben dem Blocken eines laufenden Decks oder automatischen Laden eines neuen Tracks nach dem Ende des vorherigen Tracks kannst du ein automatisches Resetting der Einstellungen an den Decks bzw. dem Mixer nach dem Laden eines neuen Tracks aktivieren. Schalte Ein- und Ausblend-Marker ein, von wo ein Titel im Cruise-Mode (automatisches Crossfaden) gestartet oder beendet werden soll. Nutze auch unbedingt das Dublizieren des laufenden Decks (entspricht Instant Doubles).

### Transport

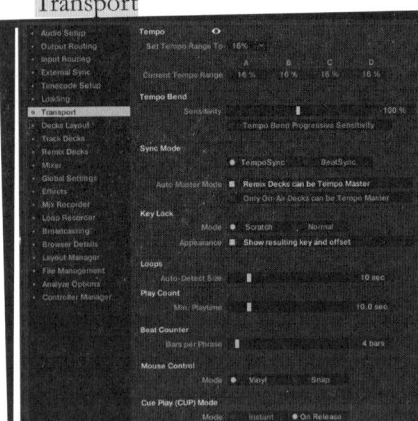

Den Pitch Control-Umfang kannst du von zwei bis 20 Prozent in Zweierschritten und 25/35/50/100 Prozent einstellen. Außerdem konfiguriere die Empfindlichkeit beim Pitch Bending. Tempo Bend Progressive Sensitivity erhöht und verringert das Tempo beim Drücken der Tempo-Bend-Buttons umso stärker, je nach dem, wie lange man sie gedrückt hält. Der Sync-Mode bietet tempo- und beatgenaues Anpassen, zudem dass z. B. nur der Master-Track das Tempo vorgibt. Key Lock verfremdet beim Scratching ultragepitchte Sounds, daher schaltet der Scratch-Modus Key Lock bei einem Wiedergabe-Tempo unter -30 oder über +50 Prozent für einen natürlicheren Scratch-Sound aus. Loops-Autodetect Size legt die minimale Größe fest, um einen Track automatisch als Loop zu erkennen und loopen. Ab welcher Spielzeit des Tracks es als Play zählt, lege hier fest. Zudem lege die Anzahl der Takte pro Phrase fest.

Auch die Maus übernimmt einige Funktionen. „Vinyl" simuliert das Stops

Enthusiast / Bedroom-DJ / Professional DJ / Artist

# Traktor (Scratch) Pro / Konfiguration

und Drops. Ein Mausklick auf die Wellenform hält den Track an, mit gedrückter Maustaste hältst du die Wellenform und kannst sie vor- und zurückscratchen. „Snap" ist dagegen weniger spielerisch, sondern praktisch: Der Mauszeiger rastet immer auf dem Beat des Tracks ein und beim Klick in die Wellenform springt die Wiedergabeposition stets zum nächsten Beat und stoppt die Wiedergabe. Wenn du beim gestopptem Deck mit der Maus samt linksgedrückter Taste in die Wellenform klickst, wird der Cue-Button bestätigt. Ein Rechtsklick auf die Wellenform startet das Deck.

„Instant"-Cue Play (CUP Mode) startet die Wiedergabe sofort mit dem Drücken des Buttons, dagegen „On Release" erst nach dessen Loslassen.

## Decks Layout

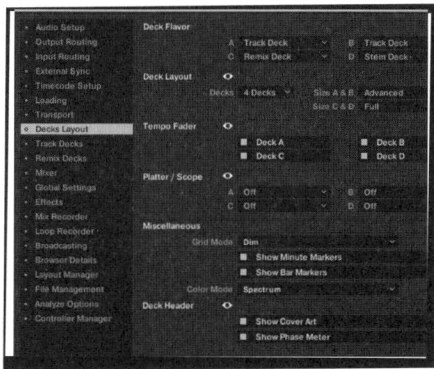

In diesem Menüpunkt wähle den Deck-Typ (Track- oder Remix Deck) und ihre Ansichtsgröße. Soll der Pitch Fader, die Scopes oder die virtuellen Schallplatte eingeblendet werden? Unter Miscellaneous stellst du z. B. die Grid-Ansicht (Full, Dim, Ticks oder Invisible) oder auch die Farbe der Spektrogramme (Ultraviolet, Infrared, X-Ray und Spectrum) ein. „Show Minute Markers" zeigt in der Stripe-Ansicht die Minuten-Marker für alle Decks an. „Deck Header" dient zum Personalisieren des Deck Heads, also wie und mit welchen Infos der geladene Track angezeigt werden soll. Brauchst du zum Mixing das „Phase Meter", markiere es.

## Track Decks

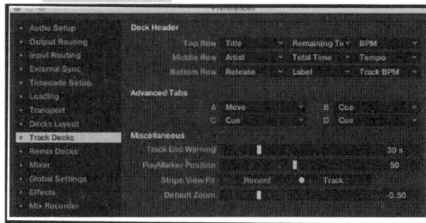

Im „Deck Header" wählst du die im Kopf eines Decks angezeigten Informationen eines geladenen Tracks, die nach Wichtigkeit von der Größe und Reihenfolge sortiert werden können. Unter „Advanced

# EQUIPMENT

Tabs" schaltest du für das jeweilige Deck die Advanced-Panel-Page an. „Miscellaneous" beinhaltet Track End Warning (rotes Blinken der Stripe-Ansicht warnt vor dem Erreichen des Ende eines Tracks) samt einstellbarer Zeitskala für den Track-End-Warning-Bereich von null bis 120 Sekunden. Die PlayMarker Position legt für alle Decks die Position der Wiedergabemarkierung fest, stufenlos von links, mittig bis rechts einstellbar. Mit aktiviertem „Stripe View Fit" zeigt die Stripe-Ansicht entweder die Länge des Timecode-Vinyls Platte (Record) oder die des geladenen Tracks (Track) an. „Record" entspricht dabei der kompletten Wellenform, selbst wenn der geladene Track kürzer ist. „Default Zoom" entspricht den möglichen Vergrößerungsstufen der Wellenformansicht in den Track-Decks.

### Remix Decks

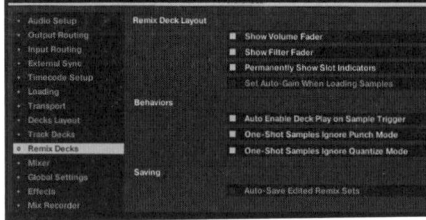

„Show Volume Fader" zeigt die Lautstärke-Fader der Slots im Remix-Deck an, gleiches gilt für die Filter Fader unter „Show Filter Fader". Mit „Permanently Show Slot Indicators" legst du fest, dass die minimierten Indikatoren der Slot-Parameter im Remix-Deck angezeigt werden. Auch sehr wichtig: „Set Auto-Gain When Loading Samples" übernimmt den in einem Sample gespeicherten Auto-Gain-Wert beim Laden ins Remix-Deck. Bei nicht gesetzten Häkchen läuft das Sample mit seinem ursprünglichen Pegel, anderenfalls ist bei maximaler Lautstärke der Gain-Pegel mit dem aller anderen geladenen Samples identisch, sofern sie auch Auto-Gain nutzen.

Hinter „Behaviors" steckt „Auto-Enable Deck Play on Sample Trigger", damit aktiviert Traktor den Play-Button des Remix-Decks mit dem Triggern eines Samples. Dank „One Shot Samples Ignore Punch Mode" ignorieren Samples im One Shot-Modus die Punch-Modus-Einstellung und spielen immer von Beginn an unabhängig von der Position bzw. Phase des vorherig abgespielten Samples.

„Saving" speichert das aktuelle Remix-Set automatisch bei Änderungen an den Remix-Decks-Slots.

## Mixer

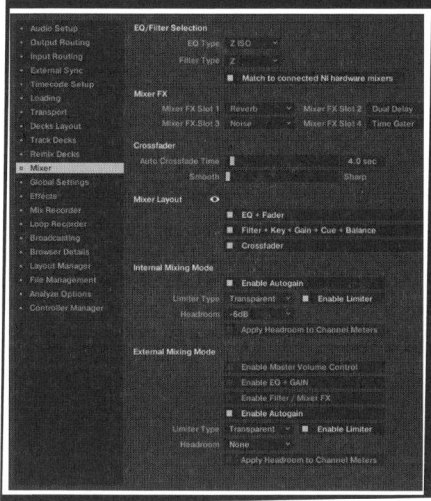

Hier findest du Einstellungsmöglichkeiten für verschiedene Equalizer-Typen (z. B. klassisch oder wie beim Pioneer DJ DJM-600, dem Ecler Nuo4 oder dem Allen & Heath XONE:92, Filter-Typen (Ladder-Filter, gleich dem Filter-Effekt des Kanalfilters, oder Xone als Emulation des Xone:92 Filters), die Crossfadereigenschaften (Dauer des automatischen Überblendens und weiche/scharfe Crossfaderkurve). Für den Level gibt es eine Auto Gain-Funktion, die automatisch die Lautstärke der Tracks anpasst, und zwei aktivierbare Limitertypen (klassisch oder transparent) gegen Übersteuerungen.

## Global Settings

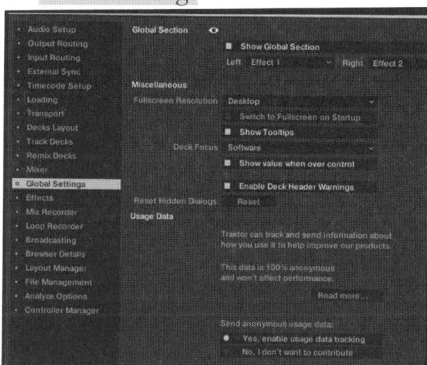

„Show Global Section" aktiviert den globalen Bereich auf dem GUI, zudem können dort links und rechts wahlweise FX-Unit 1 bzw. 2 oder der Loop Recorder angezeigt werden.

Zu „Miscellaneous" gehört die Fullscreen Resolution, sprich der Vergrößerungsfaktor der Vollbildansicht des GUI, wobei „Desktop" die aktuelle Bildschirmauflösung deines Computers übernimmt, hingegen eine andere Option lässt die Vollbildansicht größer wirken aufgrund der niedrigeren Bildschirmauflösung. „Switch to Fullscreen on Startup" startet Traktor stets in der Vollbildansicht mit maximaler Ausstattung.

# EQUIPMENT

Lass dir auch mit „Show Tooltips" die Hilfe anzeigen. „Deck Focus" entscheidet zwischen der Soft- und Hardware-Steuerung des Deck-Fokus. Bei „Show value when over control" dokumentiert der gehaltene Mauszeiger an Knobs wie Gain, Master-Volume oder die Effekt-Drehregler dessen aktuellen Wert. „Enable Deck Header Warnings" zeigt im Deck-Header deckbezogene Warnhinweise an. Mit dem „Reset Button" werden alle Dialoge zurückgesetzt, die verborgen wurden, nachdem das Fenster „Don´t Show This Again" bestätigt wurde.

### Effects

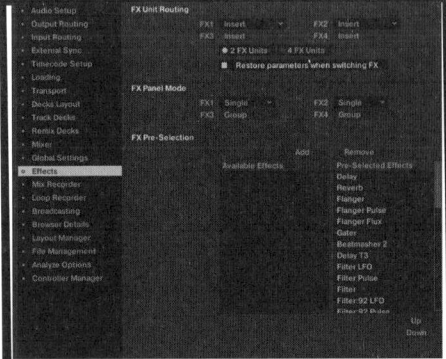

Viele verschiedene Effekte, auf die später im Buch eingegangen wird, sind in diesem Setup-Untermenü aufgelistet und stehen zur Auswahl (FX Pre-Selection). Wenn du die Macro FX (linke Spalte der Selection) nutzen möchtest, dann füge sie per Add hinzu. Du entscheidest, ob du den Effekt intern mit dem Dry/Wet-Knopf im Effekt-Panel steuerst (Insert), oder die Effekteinheit ein externes Signal empfängt, das es als Effekt über einem der Ausgänge sendet (Send). Mit dem FX Panel Mode wählst du zwischen dem Single-Modus mit einer intensiveren Kontrollmöglichkeit über die Effekte oder dem Group-Modus, bei dem bis zu drei Effekte gleichzeitig in einem Panel kontrolliert werden können.

### Mix Recorder

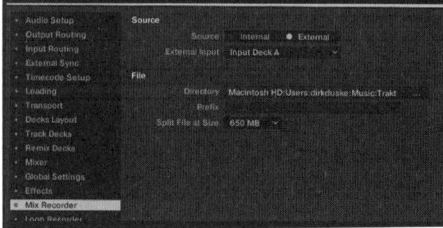

Wähle zunächst die Quelle: Die Aufnahmen können entweder über den Traktor Master Output (Internal) oder über eine externe Audioquelle (External) wie dem Schallplattenspieler erfolgen, z. B. zum Einspielen von Vinyl. Mit dem External Input weist du dem Eingangskanal von Traktor die externe Audioquelle zu. Auch recht nützlich ist die Option zum Festlegen des Ordners, in dem die Aufnahmen gespeichert werden sollen, und der Dateigröße, die Aufnahmen nach Erreichen der eingestellten Größe teilt.

### Loop Recorder

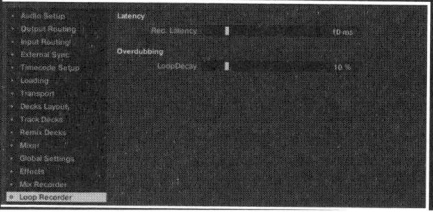

Stelle die Latenz der Aufnahme, sofern der External-Mixer-Modus aktiv ist, und den Prozentwert für die Dauer des Ausblendens des aufgenommen Audio-Signals bei Overdubs ein.

### Broadcasting

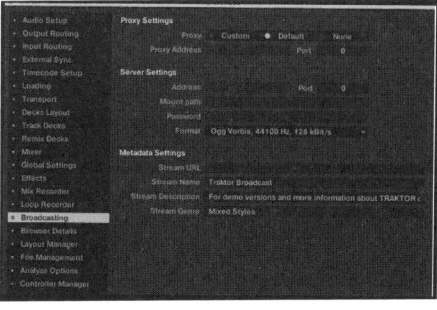

Wenn du deine mit Traktor aufgenommenen Mixes streamen möchtest, sind zunächst „Client und Server" zu konfigurieren. Deinen Computer kann als Server fungieren, um den Stream deines Traktor-Sets den Client-Computern zum Abruf zur Verfügung zu stellen.

Läuft deine Internet-Verbindung über einen Proxy-Server, dann richte Traktor wie folgt ein: „Custom" akzeptiert deine eigenen Proxy-Einstellungen. „Default" übernimmt die gleichen Proxy-Einstellungen wie für deinen Computer, „None" verneint die Wahl des Proxy-Servers.

Unter „Server Settings" richtest du Traktor für die Nutzung deines Servers ein. „Address" erfragt die IP-Adresse deines Computers. Unter „Port" nutze die Standardeinstellung 8000 der meisten Server. „Mount Path" erfordert die Eingabe des Mount-Pfads, einem spezifischen Verzeichnis, auf den von deinen Zuhörern zugegriffen wird. Vor allem, wenn du zwei Sendungen auf dem gleichen Server übertragen solltest, ist dies von Vorteil. Gib noch dein Server-Passwort ein und wähle das Format für die bevorzugte Klangqualität. Allerdings berücksichtige auch die bei dir verfügbare

# EQUIPMENT

Bandbreite, denn deren Leistungsanforderungen wächst proportional zur höheren Auflösung.

„Metadata Settings" stellst du die deinen Zuhörern angezeigten Metadaten für deinen Stream ein, wie die „Stream URL", auf der du sendest, der „Stream Name" als Titel deiner Sendung und „Stream Description" als deren Beschreibung. In „Stream Genre" Trage legst du das musikalischen Genre deiner Übertragung fest.

### Browser Details

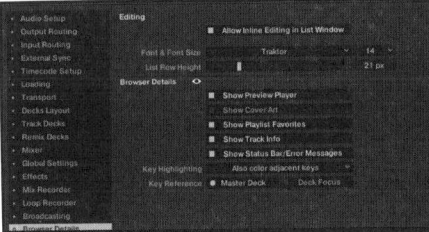

Dank aktivem „Allow Inline Editing in List Window" sind die Metadaten deiner Musikfiles durch Doppelklick in der Browser-Liste direkt bearbeitbar. Den Schrifttyp und die -größe des Browsers stellst du hier ein.

Die Browser Details beziehen sich auf den aktivierten Vorhör-Player („Show Preview Player"), das Anzeigen des Cover-Bilds im Browser („Show Cover Art"), der Favoriten oberhalb der Browser-Liste („Show Playlist Favorites"), des Info-Fensters („Show Track Info") und der Statuszeile über Fehlermeldungen („Show Status Bar/Error Messages").

### Layout Manager

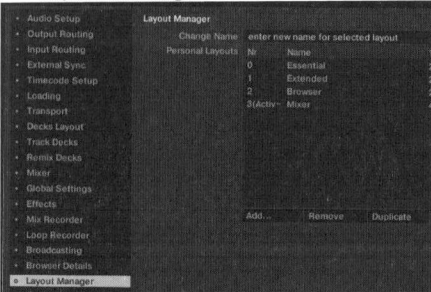

Im Layout Manager gibst du deiner eigenen Traktoransicht einen eigenen Namen. „Personal Layouts" listet alle gespeicherten Layouts, per Klick wird eins aktiviert, das fortan als „Active" in der ersten Spalte gekennzeichnet ist. Per „Add" fügst du ein neues Layout hinzu, „Remove" löscht das gewählte Layout. „Move Up/Down" verschiebt die Position des gewählten Layouts im Layout-Ausklappmenü in der Kopfzeile.

## File Management

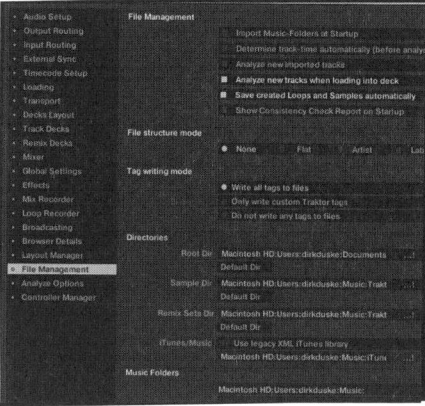

Das Setup der Dateiverwaltung untergliedert sich u. a. in folgende Einstellungsparameter.

„Import Music Folders at Startup": Alle Tracks, die noch nicht importiert wurden, werden automatisch beim Start von Traktor geladen.

„Determine track-time automatically (before analysis)": Auch ohne vorheriger Trackanalyse zeigt Traktor die Track-Länge an.

„Analyze new importet Tracks": Für alle Tracks der Collection, die neu importiert sind und noch keine Analyse erfolgte, wird diese durchgeführt.
„Analyze new tracks when loading into deck": Nur die in ein Deck geladenen Tracks werden analysiert, das spart CPU-Leistung.
„Save created Loops and Samples automatically": Loops und Samples speichert Traktor automatisch.
„Show Consistency Check Report on Startup": Bei jedem Start von Traktor wird ein Check durchgeführt, dessen Report Informationen und Optionen zur Track Collection beinhaltet.

Hinter File Structure Mode, dem Datei-Struktur-Modus, verbirgt sich die beim Export einer Playlist erstellte Dateistruktur, wobei die Dateinamen beim Export nicht („None") oder in das Format 01 Artist - Title („Flat") verändert werden. Mit „Artist" und „Label" legt Traktor beim Export Unterordner gemäß dieser Attribute an. Die „Directories" (Verzeichnisse)definieren die Datei-Ordner, die per Klick auf den „....!"-Button und anschließender Wahl des gewünschten Ordners geändert werden können. Mit den Reset-Buttons stellen die Grundeinstellungen wieder her. Hinter „Root Dir" versteckt sich das Verzeichnis deiner Track Collection-/Playlist-/Settings-/History- und Mapping-Dateien, „Sample Dir" steht für das Verzeichnis der Samples in den Remix-Decks. „Remix Sets Dir" gibt den Pfad zu deinen Remix-Sets an. Soll auf die iTunes Music Library zugegrif-

# EQUIPMENT

fen werden, dann wähle das entsprechende Verzeichnis aus. Deiner eigenen Musikordner-Struktur kannst du treu bleiben, indem du hier die Liste mit deinen Musikordnern ergänzt (Music Folders). Traktor importiert alle in diesen Ordnern gespeicherten Musikdateien automatisch.

## Analyze Options

Begrenze den BPM-Bereich (minimal 40 bis maximal 300 BPM) auf einen kleinen Bereich, z. B. 50 bis 200, das ist von Vorteil für die korrekte Analyse. „Automatic" erkennt dank künstlicher Intelligenz besser Tempo und Downbeats, sodass z. B. Drum´n´Bass-Tracks mit 170 BPM, anstatt 85 BPM ausgewiesen werden. Mit „Set Beatgrid when detecting BPM" wird ein am nächsten Downbeat ausgerichtetes Beatgrid im Track gesetzt, sofern die BPM analysiert wurden. Bei einem bereits vorhandenen Beatgrid positioniert es Traktor auf den nächsten Downbeat. Mit „Store Beatmarker as Hotcue" legt Traktor bei der Analyse von Tracks auf den Beatgrid einen Beatmarker samt Hot Cue fest.

Auch die Einstellungen der automatisch erkannten Tonart, dem Musical Key, kannst du wie folgt definieren: Unter „Displayed in Traktor" entscheidest du dich für eine Notation (Musical, Musical (all sharp) oder Open Key), die in der Key-Spalte (Tonart) des Browsers zu sehen ist. „Written to File Tags" trägt die gewählte Notation (Musical, Musical (all sharps), Open Key oder Key Text) als Metadaten der Track-Dateien für die Nutzung in Software-Anwendungen von Drittanbietern ein.

## Controller Manager

Hier findest du sämtliche MIDI-,Tastatur-Mappings sowie MIDI-Setups, um sie zu importieren, exportieren und bearbeiten. Verwendest du die Notebook-Tastatur und möchtest du die Funktionstasten als Shortcuts belegen, in diesem Menüpunkt richtest du dir dein Traktor entsprechend ein. Auch vereinzelte HIDs (Human Interface Device) lassen sich über dieses

# Traktor (Scratch) Pro / Konfiguration
## Kalibrierung der Decks (Traktor Scratch Pro)

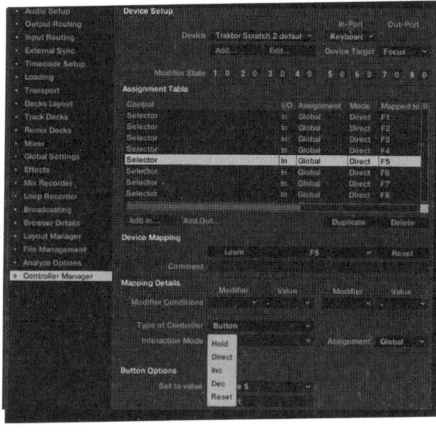

Menü anpassen. Um einen MIDI-Controller zu mappen, wähle ihn zunächst unter Device aus, benenne das Mapping unter Edit. Aktiviere den Controller im In- und Out-Port. Anschließend füge die zu mappenden Funktionen, die du gern vom Controller bedienen möchtest, über Add In in den Assignment Table hinzu. Markiere sie einzeln und weise ihnen unter Assignment ein Deck zu. Ob ein Pad nur einmalig oder dauerhaft auf Druck den Befehl auslösen soll, stelle im Interaction Mode ein. Passe auch die Modi der Regler (Knobs) an. Im Anschluss gehe nochmals auf die Funktionen, drücke Learn und bestätige jeweils mit einer Taste oder einem Knob vom Controller die Verknüpfung. Damit die Pads auch die Funktionen optisch bestätigen, wähle alle Funktionen des Assignment Table, die einem Button zugewiesen sind, nochmals unter Add Out aus und stelle entsprechend die LED-Options ein.

Das Setup von Traktor Pro punktet gegenüber Serato DJ Pro mit etlichen zusätzlichen Einstellungsmöglichkeiten. Vielleicht fällt dir dadurch die Entscheidung leichter, mit welchem der beiden führenden DJ-Programmen du zukünftig auflegen möchtest.

## Kalibrierung der Decks (Traktor Scratch Pro)

Bevor mit Traktor Scratch Pro aufgelegt werden kann, sind die Decks zu kalibrieren, indem du im Timecode-Bild den „On"-Button drückst. Wenn das Timecode-Signal exakt übertragen wird, siehst du in der Scope-Anzeige einen Kreis wie im rechten Bild der vorherigen Seite.

# EQUIPMENT

## Auswahl der Deckansicht

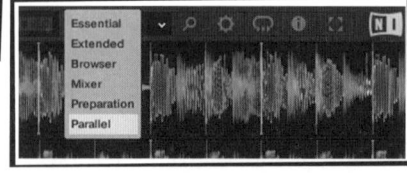

Für die Anordnung deiner Decks stehen dir vier verschiedene Darstellungsmöglichkeiten zur Verfügung. Unter dem Menüpunkt „Layout Selector" kannst du sie auswählen.

Wie du in diesem Screenshot siehst, findest du in der Liste vor den Tracks die Deckzuordnung, damit du den Überblick behältst, wenn auch vier Decks belegt sind und nur zwei in der Ansicht angezeigt werden.

### Essential

Hier werden lediglich die aktiven Decks bzw. Remix Decks, aber keine Mixersektion angezeigt.

### Extended

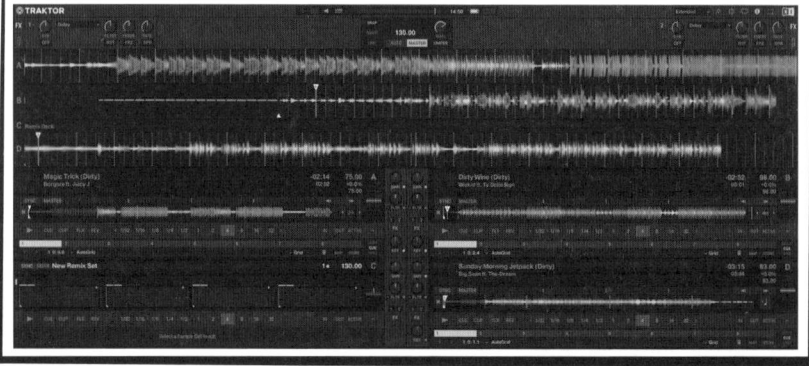

## Traktor (Scratch) Pro / Auswahl der Deckansicht

Neben den aktivierten Decks sind mittig Regler für Gain, Filter-Effekt, Key (Tonhöhenanpassung) und Kopfhörerfunktion angeordnet. Oberhalb des Deck Heads findest du links und rechts wahlweise die konfigurierbaren Effekte oder das Fenster für den Loop- bzw. Audio Recorder.

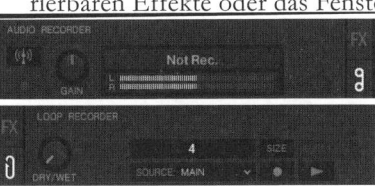

MIDI Clock (Ext) und Link, die Traktor mit MIDI-kompatiblen Geräten oder mit Ableton Link-unterstützenden Apps synchronisiert, befinden sich als Button mittig, darüber zwei weitere:

**Snap**: Einrasten auf den nächsten Beat zum genauen Cue Point und Loop-Setzen
**Quant:** sprich Quantize, dem beatgenauen Springen zwischen Hot Cues und Hot Loops
**Link:** synchronisiert die Master Clock mit einem externen Ableton Link Signal, zudem wird die Phase des Link-Signals und die Anzahl der verbundenen Apps angezeigt

Browser

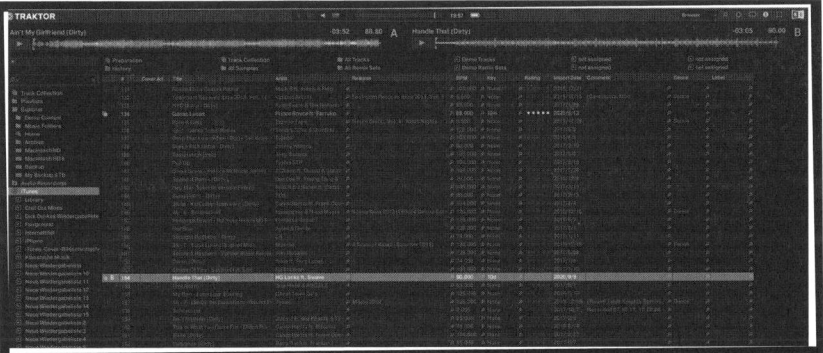

Ähnlich wie der Library-Modus beim Serato DJ Pro werden hier die Decks platzsparend zum Vorteil des Browsers (Liste) an dem obersten Desktop-Rand angeordnet. Diese Ansicht kannst du auch schnell mit der Lupe im Menü rechts oben aktivieren.

# EQUIPMENT

## Mixer

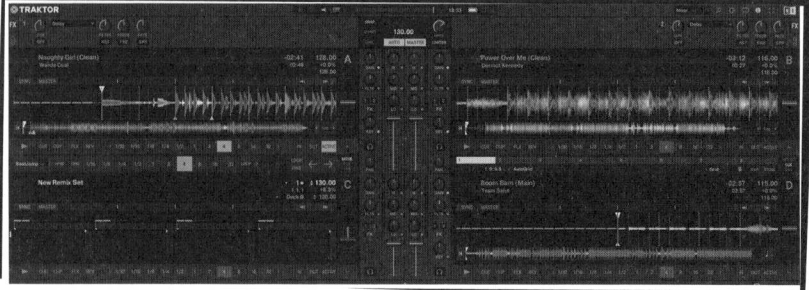

Wie der Name es verrät, in der komplexesten Ansicht von Traktor findest du einen Mixer inklusive Dreiband-Equalizer, Gain- und Key-Funktion. Zu den Decks werden auch die jeweiligen Pitch Fader eingeblendet. Genutzt wird diese Ansicht auch zum Mixen ohne Hardware.

Unterhalb des rechten Decks siehst du noch drei weitere Regler: Mix steht für stufenloses Zumischen des Masters zum Cue-Signal, Volume für die Kopfhörerlautstärke und mit Aux regelst du das Signal des Aux-Inputs.

Spätestens beim Arbeiten mit vier Decks ist auf dem Bildschirm nicht sehr viel von dem Browser zu sehen. Wenn du mit vier Decks auflegen möchtest, dann solltest du dir deswegen unbedingt ein Notebook mit einem 15"-Zoll-Display und einer Auflösung von 1440x900 Pixel zulegen.

Zum Glück steht dir aber der „Maximize Browser Button" zur Verfügung, mit dem du sofort einen optimalen Überblick erhältst, indem der Browser (deine Track List) das komplette Display einnimmt. Allerdings solltest du nicht kurz vor dem Ende eines Tracks auf diese Ansicht umschalten, denn somit verpasst du womöglich das rechtzeitige Laden eines neuen Tracks.

## Preparation

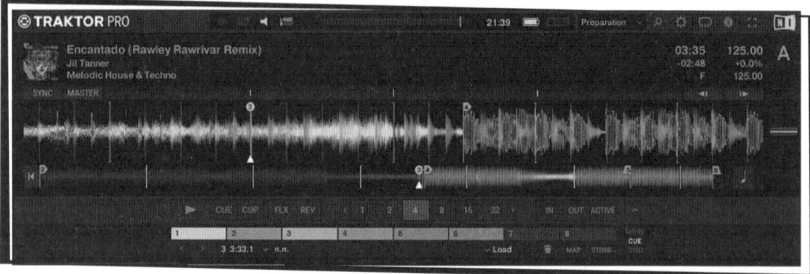

Mit der Version 3.1 erweiterte Native Instruments die Ansichten um die Preparation, zu vergleichen mit Serato DJ Pros Practice Mode. Das Single-Deck dient lediglich zum Vorbereiten der Tracks, wie Hot Cue und Loops setzen.

## Parallel

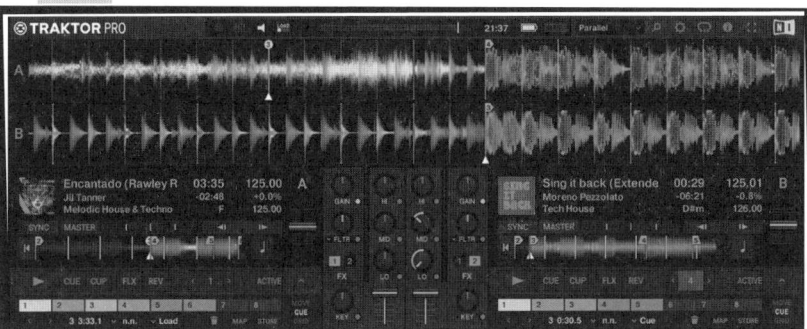

Mit diesem Layout reagieren die Programmierer von Traktor auf den Wunsch der User nach parallelen Wellenformen, wie sie bei allen anderen DJ-Programmen längst üblich sind. Mit ihnen bekommst du nicht nur generell eine bessere Übersicht der momentanen Trackposition im Vergleich, sondern sie visualisieren auch die Tempi- und Phasengenauigkeit der Decks.

## Playback von Tracks
### Auswahl des Abspielmodus

Auch bei Traktor stehen dir interner, relativer, absoluter Modus und Direct Thru (Durchschleifen des Vinyl-Signals) mit den gleichen Merkmalen zur Verfügung. Zunächst wähle über den Input-Selektor (linke Abbildung), ob du intern (Internal Playback) oder mit Control-Vinyls (Scratch Control) auflegen möchtest. Danach ändert sich die Ansicht unterhalb der Wellenform. Im Internal Playback-Modus (Abbildung rechts oben) zeigt es dir neben der Play-Taste noch Cue und Cup an. Mit Cue

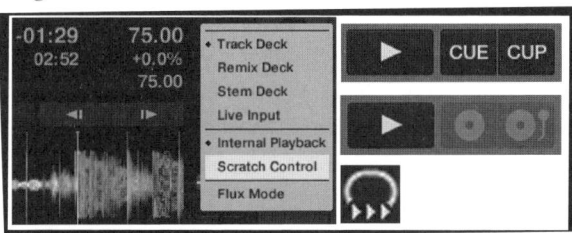

# EQUIPMENT

kannst du eine Stelle markieren und an diese oder an einen schon festgelegten Hot Cue Point skippen. Allerdings spielt der Track nur, wenn die Cue-Taste gedrückt ist (wie bei einem DJ-Player). Im Gegensatz dazu, drücke Cup und der Track spielt nach dem markierten Punkt weiter.

Im Scratch Control-Modus werden Cue- und Cup-Funktion durch die Platte (relativer Modus) und Platte samt Tonarm (absoluter Modus) - siehe rechte, mittlere Abbildung - ersetzt.

Mit dem Cruise Modus (unterste rechte Abbildung) aktivierst du den Autoplay-Modus zum automatischen Abspielen der Playlist bzw. Track Collection. Die Tracks werden anschließend auf die aktivierten Decks geladen und am Ende des jeweiligen anderen Tracks automatisch über den Crossfader entsprechend der gesetzten Marker gestartet.

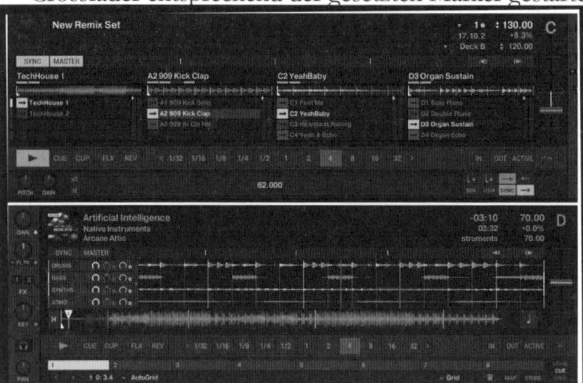

Wer lieber Samples abfeuert, der aktiviert die vier Remix-Decks mit je vier Spalten samt 16 Slots pro Deck. Ob geloopt oder einzeln abgefeuert, dank Quantize und Sync stets mit anderen Decks auf den Beat gebracht, und mit Filter und eingefrorener Tonhöhe (Key Lock) im Gepäck, kannst du Samples den Tracks oder gar einzelne STEMS-Spuren (Drums, Bass, Synths und Vocals) zumischen. Jede der Spuren ist von der Lautstärke individuell anpassbar, per Filter modulierbar und reagiert auf FX-Send.

### Abspielen der Tracks

Das Playback der Tracks läuft ähnlich wie bei anderen DJ-Programmen. Lediglich im Browser werden die mit dem Zeiger ausgewählten Tracks grün hinterlegt. Das Laden der Tracks erfolgt auch per Drag and Drop oder per Tastenkombination „ctrl" und Pfeil links oder rechts je nach Deckseite.

## Gemeinsam Performen dank Ableton Link

Alles komplett Ableton-verlinkt

Das Synchronisieren von Instrumenten, Plugins oder DJ-Programmen gelang bisher nur per MIDI. Vorausgesetzt: Die Hardware besitzt einen MIDI-In- und Output zum entsprechenden Verkabeln der Geräte beziehungsweise die Hard-, als auch Software kann das dazugehörige Metronom, die MIDI Beat-Clock, senden als auch empfangen. Programme als auch Hardware müssen zur erfolgreichen MIDI-Synchronisation im Setup entsprechend angepasst werden, das mitunter komplex ausfällt und vielmehr manches YouTube-Tutorial zur Erklärung erfordert. Die MIDI-gesteuerten „Instrumente" starten anschließend auf den Beat genau, das Tempo und die Phase wird automatisch, aber nicht die Struktur und der Flow eines Tracks berücksichtigt. Auch im Zusammenspiel mit einem Plattenspieler, der gewisse Gleichlaufschwankungen aufweist, erforderte es nach einer gewissen Zeit eine Korrektur, damit die Tracks vom Turntable und die MIDI-gesyncte Spur weiterhin phasengenau spielen.

Mit dem neuen Standard Link behebt die Berliner Software-Schmiede Ableton dieses Handicap. Zudem entwirrt sie den Kabelsalat, sofern die Tools über einen oder mehrere Laptops miteinander per (W)LAN vernetzt werden können. Denn hinter Link verbirgt sich eine Technologie zum Synchronisieren von Musikanwendungen über ein lokales Netzwerk. Die Software Ableton Live, die natürlich auch Link unterstützt, ist dafür nicht zwingend notwendig. Aufwendiges Einrichten bleibt einem erspart, denn Link ist mittlerweile in vielen und den wichtigsten Applikationen integriert, unter anderem:

# EQUIPMENT

Serato DJ Pro
Native Instruments Traktor und Maschine
rekordbox
VirtualDJ
d'jay Pro (AI)
Mixvibes Cross DJ
Audiobus
Remixlive
DJ Player Pro
Reason

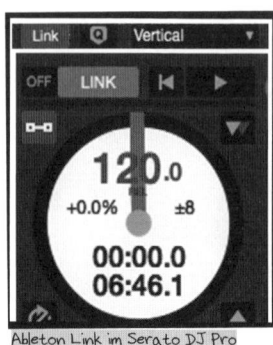
Ableton Link im Serato DJ Pro

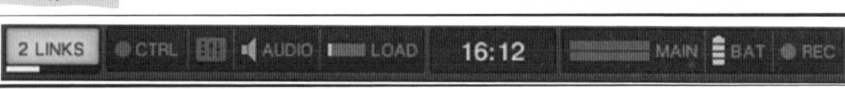
Ableton Link in Native Instruments Traktor

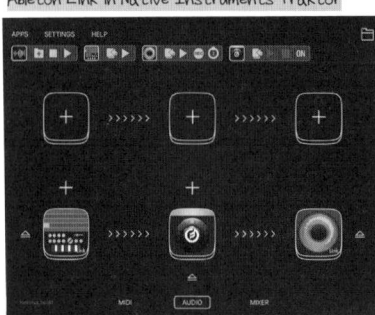
Audiobus vernetzt Apps auch per Link

Hinter Audiobus verbirgt sich ein Inter-App-Audio-Routingsystem, das Audiobus-kompatible Musik-Apps, die sich auf einem iPhone- oder iPad befinden, miteinander verknüpft.

Link-Kompatible Programme besitzen den entsprechenden Button in der Software. Bei Serato DJ wechselt beispielsweise mit Bestätigung des Link-Buttons die Sync-Funktion in den Verlinkungsmodus. Beispielsweise Ableton Live und Maschine zeigt zudem die Anzahl der Link-nutzenden Apps an.

Generell gilt: Nach dem Tempo des Programms mit dem zuerst aktivierten Link richten sich zunächst alle weiteren verlinkten Programme. Da aber keine strickte Hierarchie von Master und Slave wie beim MIDI existiert, dürfen auch alle anderen per Link vernetzten Apps die BPMs vorgeben. Jeder Teilnehmer kann die Session unabhängig wieder verlassen, erneut einsteigen, und bleibt erneut im Fluss, sodass auch ein Session-Teilnehmer nicht mitten im Takt oder Loop, sondern sich nach dessen Beginn stets richtet und einsetzt. Kurzum, Link bringt die Programme vom Beat, Tempo und Phase auf einen Nenner. Eine Verbindung über das gleiche (W)LAN-Netz ist nur notwendig, wenn die verschiedenen Link-kompatiblen Softwares sich auf

Enthusiast / Bedroom-DJ / Professional DJ / Artist

verschiedenen Laptops oder Tablets befinden. Anderenfalls erkennt die jeweilige Software beispielsweise auf dem gleichen Laptop, welches aktive Programm auf Link reagiert.

### Wie funktioniert die Beat-Ausrichtung?
Damit sich die verschiedenen Programme an den Takten und Loops orientieren, stellt eine Anwendung einen Quantenwert für Link bereit, welcher in den Beats die gewünschte Einheit der Phasensynchronisation definiert. Laut Ableton garantiert Link, dass Session-Teilnehmer mit dem gleichen Quantenwert phasenangepasst werden, d. h. wenn zwei Teilnehmer einen 4-Beat-Quanten haben, würde beispielsweise der Beat 3 auf der Zeitachse eines Teilnehmers dem elften Beat eines anderen entsprechen. Auch bei einem Vielfachen des Quanten eines anderen steigen die Teilnehmer takt- und phasengenau ein. Wenn z. B. eine App mit einem 8-Beat-Loop samt Quantum von acht läuft und eine andere App mit einem 4-Beat-Loop einsteigt, deren Quantum 4 entspricht, dann orientiert sich der Beginn eines 8-Beat-Loop immer an dem Anfang eines 4-Beat-Loops, dagegen ein 4-Beat-Loop an dem Beginn oder der Mitte des 8-Beat-Loops.

Die Angabe des Quantenwerts und Handhabung der Phasensynchronisation ist der Aspekt der Link-Integration. Bei einigen Anwendungen bleibt das Quantum stets konstant. In Ableton Live ist es direkt an die „Global Quantization"-Kontrolle gebunden. Andere wiederum erlauben, das Quantum zu ändern, um es diesen Loops oder Takten anzupassen.

Zur Phasensynchronisation führt die überwiegende Mehrheit der Link-fähigen Anwendungen, einschließlich Ableton Live, einen quantisierten Start durch, wenn man den Transport beginnt. Man sieht eine Art Anzähl-Animation oder blinkende Play-Taste, bis die nächste Quantengrenze erreicht ist. Das ermöglicht, mehreren Benutzern auf verschiedenen Geräten genau zu beginnen, um Play etwa in der gleichen Zeit zu aktivieren.

### Was ist die Timeline?
In Link verbirgt sich auch eine Timeline, die sich aus dem Beat, der Zeit und dem Tempo zusammensetzt. Da die vernetzten Anwendungen Informationen brauchen, welcher Beat-Wert einem gegebenen Zeitpunkt entspricht, ist vor allem die Anpassung zwischen den Beats und der Zeit die grundle-

gendste Dienstleistung von Link. Ein Timeline-Wert entspricht nur dem aktuellen Schnappschuss zu einem bestimmten Zeitpunkt, den Link erfasst. Sodass es kein Problem ist, wenn sich Tempo und Beat-/Time-Zuordnung im Laufe der Session auch ändern. Von einem erfassten Timeline-Wert können die Session-Teilnehmer als Klient die Eigenschaften abfragen beziehungsweise sie vom Tempo oder ihr Beat / Time-Mapping ändern. Dies wird in der Timeline nicht automatisch an die Session-Teilnehmer weitergegeben, sondern die Klienten müssen die geänderte Timeline an Link zurückgeben, um diese auf alle Klienten zu übertragen. Mit anderen Worten, Link ist erneut, zu bestätigen.

### BEACHTE

Zur Synchronisation mit DJ-Programmen per Link dienen die Beatgrids eines Tracks zum Ausrichten. Wenn diese nicht exakt auf den Beats sitzen, wird auch die verlinkte Software den Startpunkt, Beat, das Tempo und die Phase falsch interpretieren.

### Synchronisieren mit MIDI Clock
### Traktor Pro

Da Ableton Link nur Programme auf dem gleichen Laptop oder auf verschiedenen, aber miteinander vernetzten Rechnern unterstützt, hat MIDI gänzlich nicht ausgedient. Das spielt Traktor in die Karten, das auch mit externer Hardware synct: Im Master Clock Panel wähle zwischen (Ableton) Link und Ext(ernal MIDI Clock). Für Letzteres ist im Reiter „External Sync" der Preferences bei „External Clock Source" das „Ext" zu aktivieren. Für die MIDI-Verknüpfung stehen folgende Optionen zur Verfügung:

**Auto:** Die Master Clock läuft automatisch zum Tempo des laufenden Decks.
**Ext:** MIDI Clock empfängt ein MIDI Clock Signal von einer externen Quelle zum Synchronisieren.
**Master:** Bei dieser Einstellung werden alle Decks miteinander synchronisiert. Deswegen ist sie auch am beliebtesten beim Auflegen mit vier Decks.

Traktor schickt in diesem Modus das Master Tempo als MIDI Clock auch an andere zu synchronisierende Geräte.
**Master Clock Tick:** Im Beat des Master Clock tickt ein Metronom.

Im Clock-Fenster wird das aktuelle Master Clock Tempo angezeigt, das über Bend-Tasten angeschoben oder gebremst bzw. mit „+" bzw. „-" in Schritten verändert werden kann. Mit der Tap-Funktion stellst du manuell das Tempo durch rhythmisches Drücken im Takt ein.
Mit der Start-Taste sendet Traktor ein MIDI Clock Signal, das anschließend durch Drücken der Sync-Funktion das Synchronisieren mit der externen Quelle ermöglicht. Die Stopp-Taste beendet wieder das Senden des MIDI-Signals.

## Serato DJ Pro

Bisher war die MIDI Beat-Clock-Steuerung externer Hardware wie Drum-Computer oder Synthesizer ausschließlich Traktor-Usern vorbehalten, für Serato-User ein erheblicher Nachteil. Denn die Serato DJ Pro zertifizierte Hardware besitzt keine spezielle MIDI-Schnittstelle. Da aber Serato DJ Pro Link-kompatibel ist, lässt man sich einfach dieses Protokoll auf MIDI übersetzen, wie folgt.

### Via Apps

Diverse Apps für iOS-Geräte wandeln das Link-Protokoll in Echtzeit in ein MIDI-Clock-Signal um. Der Laptop wird entweder per Kabel oder WLAN mit dem iPhone oder iPad verbunden.

### „MIDI Link Sync" per WLAN

Zunächst suche im macOS Audio-MIDI-Setup dein(e) MIDI-Gerät(e), sofern sie nicht auftauchen, lasse dir unter dem Tab „Fenster" dein MIDI Studio anzeigen. Überprüfe über das Netzwerksymbol das Vorhandensein mindestens einer aktiven Sitzung, anderenfalls erstelle diese. Anschließend verbinde dein iOS-Gerät mit demselben Wi-Fi-Netzwerk wie dein Laptop. In der geöffneten MIDI Link Sync-App checke im unteren Bereich des Bildschirms, ob unter „ Select MIDI Destinations " der Port Network

# EQUIPMENT

Session 1 bzw. der Name deiner Network MIDI Session angezeigt wird und überprüfe ihn. Aktiviere Link in Serato DJ Pro und anschließend auf den spielenden Decks der Software. MIDI Link Sync erkennt fortan das Link-Protokoll, die Timeline wird als grüne, sich von links nachts rechts bewegte Linie angezeigt und der BPM-Wert vom Serato DJ Pro wurde übernommen.

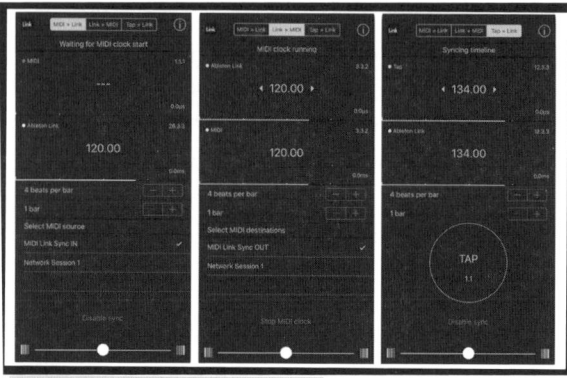

Die kostengünstige App "MIDI Link Sync"

Drückst du in der App „Start MIDI Clock" kommt eine sich bewegende gelbe Linie unter der grünen hinzu. Nach der anschließenden Phasenabstimmung zwischen MIDI-Clock und Link-Protokoll leuchten beide Zeilen grün. Um diese generierte MIDI-Clock an ein MIDI-Gerät, wie der Roland TB-03 zu senden, öffne erneut das Audio-MIDI-Setup und gehe auf das Netzwerksymbol. Im Bereich „Live Routings" findest du zwei Dropdown-Menüs, wähle dort TB-03 MIDI in Port und es empfängt jetzt MIDI-Clock und bestätigt im Display den aktiven Pattern-Modus.

## „Link to MIDI" per Lightning-Kabel

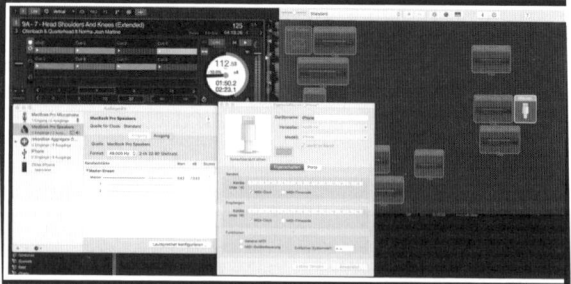

Das Einrichten des iOS-Geräts im Audio-MIDI-Setup und Serato DJ Pro mit aktivem Link

Schließe dein iOS-Gerät per Lightning-USB-Kabel mit deinem MacBook Pro. Öffne das Audio-MIDI-Setup, gehe auf den Reiter „Fenster", unter „Audiogeräte" findest du dieses Gerät mit dem Button zum Aktivieren. Diesen gedrückt, erscheint dein iDevice als MIDI-Gerät in den MIDI-Studio-Fenstern. Doppelklicke auf dieses und kontrolliere in den Popup-Fenstern, dass „ MIDI-Clock " sowohl am Eingangs- als auch am Ausgangsport aktiviert ist.

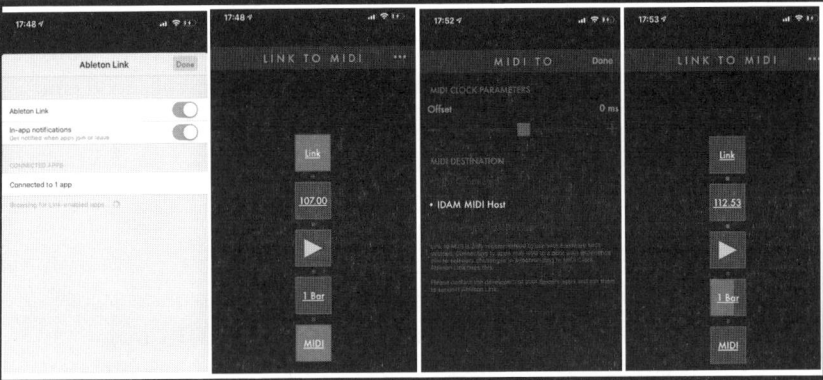

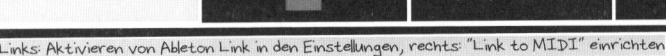

Links: Aktivieren von Ableton Link in den Einstellungen, rechts: "Link to MIDI" einrichten

Öffne die kostenlose App „Link to MIDI" und drücke zunächst „Link", um Ableton Link auf dem iPhone oder iPad freizuschalten, auch dass du Informationen erhältst, wenn Apps zur Session hinzukommen oder sie verlassen. Gehe anschließend auf dem GUI der App auf „MIDI", wähle unter „MIDI Destination" die Option „IDAM MIDI Host", bestätige per „Done". Öffne Serato DJ Pro, aktiviere Link auch in den abspielenden Decks. Du bekommst eine Info auf dem Handy, dass eine App der Link-Session beigetreten ist. Zudem blinkt fortan der Punkt über MIDI, die App zeigt das Tempo der Serato-Decks. Mit dem Drücken der Wiedergabetaste in der „Link to MIDI"-App sendet dein iOS-Gerät die MIDI-Clock.

### BEACHTE
Obwohl du dein iOS-Gadget mit dem Laptop per Kabel verbunden hast, müssen sich beide Geräte im gleichen WLAN-Netzwerk befinden, das setzt Ableton Link voraus.

Aber damit beispielsweise deine TB-03 die MIDI-Clock empfängt, sind letztlich der Port-In und Port-Out beider Geräte zu verbinden. Benutze hierfür z. B. den kostenpflichtigen Bome MIDI Translator. Öffne dort ein

# EQUIPMENT

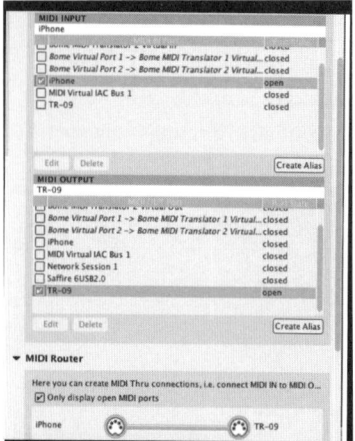

neues Projekt und wähle in der MIDI-In-Port-Auswahl dein iOS-Gerät und in der MIDI-Out-Port die TB-03 aus. Anschließend erscheinen beide Ports im unteren Fenster als Symbole, zwischen denen du eine Durchgangsverbindung per eingezeichnete Linie erstellst, anschließend empfängt fortan die TB-03 die MIDI-Clock.

Bome MIDI Translator Pro

## Ableton Live als Transmitter zwischen Link und MIDI-Clock

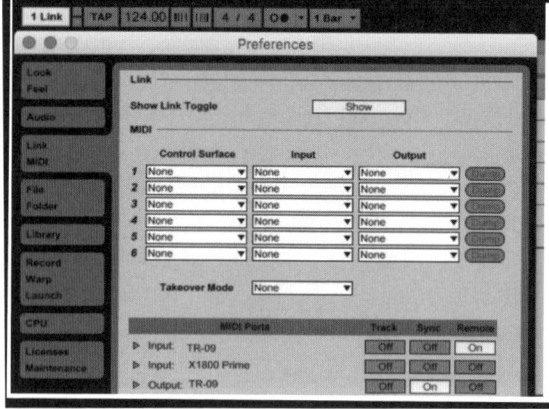

Zunächst ist Link in Serato DJ Pro und in den Decks einzuschalten und die Decks müssen laufen. Im geöffneten Ableton Live checke, ob deine TB-03 als External Instrument gelistet ist. Suche unter den Einstellungen in der Registerkarte „MIDI" den MIDI-Ausgang deiner TB-03

MIDI-Ports in Ableton

und aktiviere „Track" und „Sync". Kontrolliere auch, dass „Link Schalter" auf „Anzeigen" steht. Anschließend aktiviere „Link" im GUI. Ableton Live bestätigt Serato DJ Pro mit „1 Link" in der Link-Schaltfläche. Drückst du anschließend „Play", schickt Ableton Live die MIDI-Clock an deine TB-03, die MIDI-Clock-Out-LED neben der Link-Taste blinkt orange.

## Per Roland TR-Serie und TR-SYNC

Wenn du die Roland TR-Serie, wie TR-08 und TR-09, besitzt, dann nutze

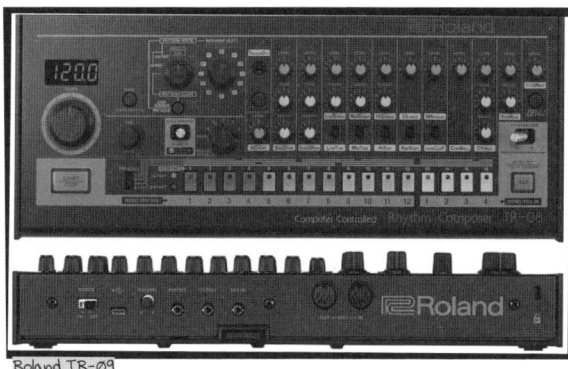

Roland TR-09

TR-Sync von Serato DJ Pro. Zwar reagieren diese Drum-Computer nicht auf Link, aber auf das speziell adaptierte Sync, dem TR-Sync. Damit wird BPM und Phase zwischen einer Roland TR Drum Machine und Serato DJ Pro angepasst und synchronisiert. Wenn du an den MIDI-Out des TR-Gerätes weiteres MIDI-kompatibles Equipment wie Synthesizer anschließt, schickt deine Drum-Maschine ihre MIDI-Clock an dieses weiter.

**Per Hardware**

Auch einige Serato DJ Pro-zertifizierte Hardware kann MIDI-Clock versenden, die auf den BPM-Informationen basiert. Dazu gehören:

Denon X1800 Prime
Roland DJ-808, 505 und 202
Pionier DJM-900SRT
Rane Sixty-Four/Sixty-Two

**Die Voraussetzungen**

Serato DJ Pro sendet das zum Synchronisieren notwendige MIDI Beat-Clock-Signal nur von Mixern, wie dem Rane Sixty-Four oder Sixty-Two. Hierfür öffne im Audio-Reiter des Setups das entsprechende Device Panel, um das Senden und Empfangen von MIDI Beat-Clock zu aktivieren. Nachdem Serato DJ Pro gestartet ist, lege auf zwei Decks jeweils einen Track und aktiviere Sync. Damit Serato DJ Pro (Master) dem per MIDI Clock unterworfenen Equipment (Slave), z.

# EQUIPMENT

B. die Maschine, die notwendigen Informationen sendet, muss auf dem Mixer-Display ein „S" zu sehen sein. Mit gedrückter Tap-Taste und gleichzeitigem Bewegen des Joysticks können die unterschiedlichen MIDI Beat-Clock-Quellen gewählt werden. Der „*" steht für manuelles Tapping, „A" und „B" jeweils USB A bzw. B und das „S" für Serato DJ Pro. Letztlich erst ein blinkendes „S", ausgelöst von einer gedrückten Flex FX-Taste, spielt die MIDI-Daten der Maschine zu.

### Die Audio- und MIDI-Settings

Anhand der Maschine sollen die notwendigen Einstellungen erklärt werden.

Zunächst ist bei „Audio and MIDI Settings" das Ausgabegerät (Device) zu wählen, z. B. der Sixty-Two.

Unter Routing wählst du die Kanäle deines Mixers, über die du die Maschine wiedergeben möchtest, z. B. dem dritten Kanal (5 und 6).

Beim Reiter MIDI sind diese Einstellungen vorzunehmen: Bei Inputs darf nur der Mixer und bei den Outputs gar nichts aktiviert sein.

Enthusiast / Bedroom-DJ / Professional DJ / Artist

# Synchronisieren mit MIDI Clock / Serato DJ Pro

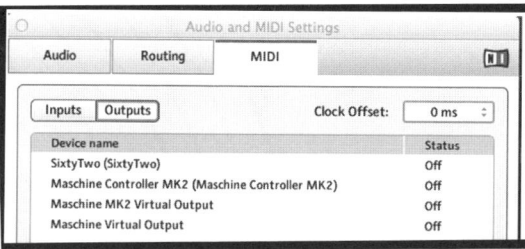

Zum Schluss gehe in den Reiter „File" und setze einen Haken an „Sync to External MIDI Clock". Damit wäre auch die Maschine einsatzbereit.

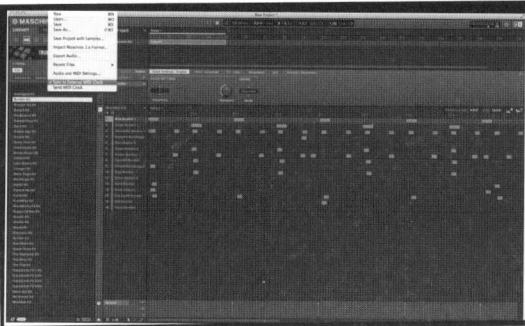

Jetzt siehst du schon am oberen Bildrand, dass deine BPM der vom Serato DJ angepasst ist. Um aber letztlich die MIDI Beat-Clock-Information vom Mixer an die Maschine zu senden, musst du zunächst eine sogenannte MIDI-Start-Message senden. Durch gleichzeitiges Drücken der Delete- (beim Sixty-Two) oder der Shift-Taste (beim Sixty-Four) mit der Tap-Taste beginnt die Maschine die Pattern zu durchlaufen und ist damit aufnahmebereit. Solltest du damit ein vorprogrammiertes Pattern starten, liegt dieses mitunter leicht neben dem Beat. Mit gedrückter Delete- oder Shift-Taste und Bewegen des Joysticks lässt sich der Beat entsprechend anschieben und abbremsen.

Natürlich kann auch die Maschine als Master dienen und somit das Tempo Serato DJ Pro als Slave vorgeben. Zum Senden der MIDI Beat-Clock-Information von der Maschine an den Sixty-Two drücke an der Maschine gleichzeitig Shift und Play. Das Metronom schickt damit das aktuelle Tempo der Maschine an Serato DJ Pro.

Miss Kittin:
Für mich ist DJing das Zusammenspiel zweier Platten, um die Menschen zum Tanzen zu animieren.

Equipment **331**

## Die Grundlagen des Mixings
### Die Grundelemente eines Tracks

Vor den ersten praktischen Übungen bedarf es einer Einführung in die Musiktheorie, denn das Wissen über den Musikaufbau und seiner Elemente unterstützt das Verständnis für Mixgrundlagen und -regeln.

Die Kunst des Mixings besteht nicht nur im Tempoangleichen verschiedener Tracks (Beatmatching) und der anschließenden Blende. Vielmehr spielen auch die im Mix zu kombinierenden musikalischen und dramaturgischen Trackeigenschaften eine Rolle, damit die beiden ineinander gemixten Tracks harmonieren. Ein perfekter Mix zwischen zwei Tracks gelingt nur in gegenseitiger Abstimmung ihrer Wirkung auf dem Dancefloor, ihrer Songeigenschaften und der daraus folgenden Ausarbeitung musikalischer Gemeinsamkeiten. Die folgenden Grundeigenschaften und Elemente eines Tracks verleihen dir diese notwendige Sichtweise für ein filigranes und subtiles Mixing:

**BPM:**

Hinter diesem Kürzel verbirgt sich Beats Per Minute (Schläge pro Minute) als Zahl für das Tempo eines Tracks. Die BPM-Zahlen beziehen sich dabei auf die Anzahl der Bassdrum-Schläge in einer Minute und werden entweder durch deren Mitzählen pro Minute oder mittels BPM-Counter ermittelt.

**Kick- bzw. Bassdrum:**

Sie ist des DJs wichtigstes Element, denn sie stellt sein Metronom für den Takt (Bar) und das Tempo dar. Erzeugt wird die Bassdrum an einem Schlagzeug durch Treten eines Fußpedals gegen eine große Trommel, und klingt durch die Frequenzen zwischen 50 und 150 Hz wie ein „Boom Boom Boom Boom". House- und Techno-Tracks oder Popmusik bestehen meist aus einem 4/4-Takt, bei dem jeweils ein „Boom" auf einer Zählzeit (Beat) einsetzt, und da ein 4/4-Takt aus vier Zählzeiten besteht, sind vier gleichmäßige Bassschläge pro Takt zu hören (in der Fachsprache als „Four-On-The-Floor" bezeichnet).   HipHop-Tracks basieren zwar auch auf einem 4/4-Takt, allerdings spielt die Bassdrum nicht immer auf die gleiche Zählzeit, nicht in den gleichen Abständen bzw. auch nicht mit der gleichen Notenlänge, sodass auch ein kürzerer fünfter Bassschlag ("Bom") in einen 4/4-Takt eingefügt werden kann: „Boom Boom Pause Bom Boom Boom". Diese gegenüber dem „Four-On-The-Floor"- Beat veränderte Form wird als „Breakbeat" bezeichnet.

**Snare:**
Erzeugt von der kleinen (Wirbel-)Trommel am Schlagzeug, setzt sie in einem „Four-On-The-Floor"-Groove jeweils auf den zweiten Schlag der Kick ein. Ihr Sound („Tschak") sticht gegenüber den anderen Grooveelementen durch ihr mittenlastiges Frequenzspektrum hervor. Ein typischer House- oder Backbeat aus Kick und Snare wäre „Boom Tschak Boom Tschak", wobei beim Backbeat die Betonung noch mehr auf der Snare liegt, als auf der Kick. Eine typische Breakbeat-Struktur samt Snare wäre „Boom Tschak Pause Bom-Boom Tschak".

**Hi-Hat:**
Die Hi-Hat als weiteres Grooveelement, das am Schlagzeug durch rhythmische Schläge auf zwei Becken, die mittels Fußpedal geöffnet bzw. geschlossen werden, entsteht, ist von einem sehr hohen, feinen, kurzen „Tsst Tsst Tsst Tsst"-Sound gekennzeichnet. Mit ihren entsprechend kurzgespielten Noten (acht Achtel- oder 16 Sechzehntelnoten pro 4/4-Takt) treibt sie das Tempo eines Tracks entscheidend voran und definiert damit den Platz eines Tracks im Set unter Beachtung der Dramaturgie und seines Energy Levels.

In Kombination mit den anderen beiden Elementen sieht eine einfache 4/4-Takt-Groove-Struktur wie unten aus:

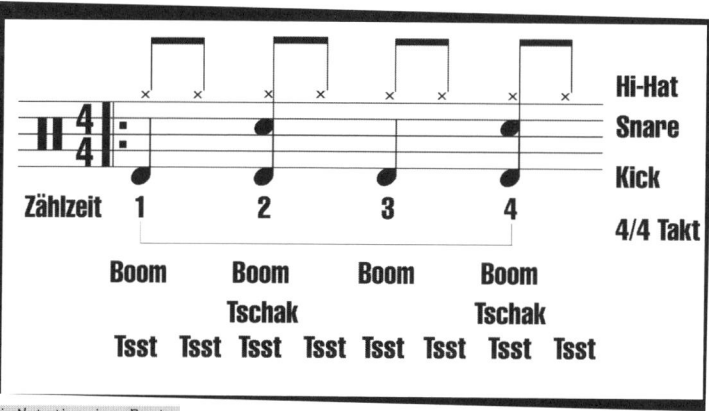

Die Notation eines Beats

# SKILLS

In einer vereinfachten Darstellungsform, die später auch in der Mixtechnik verwendet wird, nimmt der Groove diese Struktur an:

*Abstrakte Darstellung dreier 4/4-Takte*

## Laid Back:
Gegenüber einem herkömmlichen 4/4-Takt spielt die Snare leicht gebremst und versetzt zur zweiten bzw. vierten Zählzeit im Takt, damit der Beat mehr „swingt" und sich nicht zu marschmäßig und gerade anhört. Für diese Spielart ist besonders Charlie Watts, Drummer der Rolling Stones, bekannt. Aber auch in der elektronischen Musik wird diese Rhythmik sehr gern eingesetzt, z. B. Super Flu, Dense & Pika

## Weitere Beat-Varianten sind:
**Shuffle Beat:** „BoBoom Tschak BoBoom Tschak"- bei ihm liegt eine Verschiebung der Betonung vor, sodass eine weniger betonte Note (z. B. Kick) näher an die ganze Zählzeit (Kick) rückt.

*Abstrakte Darstellung verschiedener Beats*

**Offbeat:** „Boom UND Tschak"- dies sind meist Achtelnoten (z. B. Hi-Hats als „UND") zwischen den ganzen Zählzeiten, z. B. Reggae.
**Double Time:** Doppeltes Tempo, d. h. auf die Zählzeiten schlägt die Kick allein und die Snare spielt wie im Offbeat dazwischen. Dadurch wird ein Track doppelt so schnell (z. B. 100 BPM auf 200 BPM).
**Half Time:** Darunter versteht man hingegen, dass Kick und Snare nur aller zwei Zählzeiten zu hören sind (von 130 auf 65 BPM), z. B.:

Lumidee: Crazy (Double Time)
50 Cent: Ayo Technology (Half Time)

### Fill In:

Ein Beat wird in seiner Struktur zur Steigerung der rhythmischen Intensität und Dramaturgie des Tracks mittels einer kurzen, gespielten Abfolge auf verschiedenen Toms und Becken.unterbrochen. Fill Ins sind meist ein oder zwei Takte lang und beenden einen Trackabschnitt.

### Percussions:

Damit ein Groove „rollt" und das Publikum zum Tanzen animiert, werden ihm noch andere zusätzliche Elemente wie Congas, Bongos, Handclaps, Crashs (Becken), Triangel, Klanghölzer, Tamburine, Kuhglocken oder Toms beigefügt, die vorhandene Pausen zwischen Bassdrum, Snare und Hi-Hat füllen (Fill Out genannt).

### Bassline:

Die Bassline oder das Bassriff als Bindeglied zwischen Groove und Hookline (Melodie) ist neben den erwähnten rhythmischen Elementen ein sehr wichtiges Grooveelement, das mit über den Erfolg eines Tracks auf dem Dancefloor entscheidet. Gespielt von einer Bassgitarre, einem Sampler bzw. Sequenzer mit tiefen Frequenzen (unterhalb der 100 Hz), bestehen sie meist nicht aus komplexen Melodien, vielmehr aus minimalen, eingängigen Tonfolgen, die ihren Spielverlauf innerhalb eines Tracks nur selten verändern. Dies gilt allerdings nicht für House-Produktionen oder funky Tracks. Sie definieren sich durch melodische und markante Bassriffs, die dem Titel zu einem hohen Wiedererkennungsfaktor verhelfen, z. B. bei:

> Chic: Good Times
> Michael Jackson: Billie Jean
> Indeep: Last Night A DJ Saved My Life
> Queen: Another One Bites The Dust
> Queen & David Bowie: Under Pressure
> Donna Summer: I Feel Love

**Leadsounds/Melodie:**

In einem Track zeichnen sich neben den Vocals die Leadsounds für die Hookline verantwortlich, deren markanter Sound und eingängige Tonfolge einen Wiedererkennungseffekt beim Publikum erzielt. Sie spielen die Melodie im Track. Vor allem im Dancebereich hängt der Erfolg eines Tracks nicht allein von dessen Hookline, sondern auch vom eingesetzten Sound ab. Es kann sogar die Musikstilklassifizierung anhand dessen erfolgen (z. B. die TB-303 für Acid).

Im Dancebereich dienen fast ausschließlich Synthesizer, Sequenzer oder Sampler als synthetische Soundquellen, wobei vereinzelte erfolgreiche Ausnahmen diese These widerlegen:

**Robert Miles: Children** - der auf einer Klaviermelodie basiert,
**Winx: Don't Laugh** - der nur durch das ständig wiederkehrende Lachen die Top 10 der deutschen Verkaufscharts eroberte,
**Perplexer: Acid Folk** - eine Spaß-Rave-Nummer, die den Dudelsack erfolgreich als Lead-Sound einsetzte.

**Vocals:**

Das Gesangselement eines Tracks unterstützt akustisch und verbal die Hookline bzw. die Leadsounds durch den gesungenen Text, um in den Strophen und im Refrain (Chorus) mit transportierten Emotionen und Geschichten beim Zuhörer Gefühle jeglicher Art zu wecken. In der Dance-Music setzen sich hingegen oberflächliche Schlachtrufe und Attitüden wie „Hyper, Hyper" oder „Rhythm Is A Dancer" durch, die die Clubgänger zum Tanzen, aber nicht zum Austausch von anspruchsvollem Gedankengut motivieren.

## Die Grundelemente eines Tracks

**Samples:**
Mit Hilfe von Samplern werden Schallergebnisse, z. B. Geräusche, Vocals, aber auch ältere Musik-Stücke, digital umgewandelt, um sie nach ihrer Speicherung beliebig und in variierter Form wiederzugeben. Die entstehenden Samples integriert der Produzent als Leadsounds, oder er setzt aus verschiedenen Samples einen kompletten Track zusammen, wie es in der Zeit zwischen 1987 und 1988 M/A/R/R/S, Coldcut oder Bomb The Bass praktizierten. Auch gegenwärtig ist das Sampling ein beliebtes Verfahren zur Soundgewinnung, z. B. im HipHop werden Oldschoolveteranen zitiert. DJ Premier produziert beispielsweise den Chorus seiner Tracks aus verschiedenen Rap-Zitaten, die durch Scratching verknüpft sind. In der Dance-Music hingegen bedient man sich an markanten Leadsounds, Sequenzer-Tonspuren, dem kompletten Chorus bekannter Produktionen oder den Geräuschen alltäglicher Geräte als Sample.

**Strings/Flächen:**
Unter diesem Oberbegriff werden die synthetischen Streicher zusammengefasst, die mit ihren lang gespielten Noten die Leadsounds und Vocals als musikalische Fläche begleiten. In der Trance-Musik dienen sie sogar als Lead-Sound.

**Drop:**
Ein Track wird in seiner Struktur unterbrochen, musikalisch, dramaturgisch heruntergefahren oder verstummt komplett, um plötzlich zum Beginn eines neuen Taktes mit vollem Instrumentarium fortzusetzen. Diese Drops charakterisieren besonders die Musikrichtungen EDM und Dubstep

**Phrase:**
Jeder Track ist in Blöcke, sogenannte Phrasen, aus je vier bzw. acht 4/4-Takten (Bars) mit sechzehn oder 32 Beats zusammengesetzt. Nach einer oder mehreren Phrasen verändert sich im Track das Instrumentarium, gar die Melodie, um ihn dramaturgisch aufzubauen, in den Gesangsteil (Strophe und Refrain), oder in einen anderen Part der Trackstruktur (z. B. Breakdown, Bridge) zu wechseln.

## Das Beatmatching

Das Mixing umfasst DJ-Techniken wie Ein- und Ausblenden, Cutting oder z. T. Scratching zum pausenlosen Anknüpfen zweier Titel unter Berücksichtigung ihrer Struktur und dramaturgischen Eigenschaften. Als Grundlage dient der Beat, insbesondere die Bassdrum eines Tracks, die deswegen in den absolvierten Übungen als Cue Point aufgesucht wurde.

Bevor ein DJ zwei Tracks ineinander mixt, sind beide bezüglich ihrer unterschiedlichen Tempi, die sich aus den unterschiedlichen Beats Per Minute (BPM) ergeben, aufeinander abzustimmen und anschließend zu synchronisieren (Beatmatching). Stelle dir dazu Folgendes vor:

Der tempovorgebene Track entspricht dem Läufer (A) bei einem Sprint über mehrere Runden. Während dieser läuft, richtest du an der „Startlinie" den zweiten, vom Tempo anzupassenden Track als Läufer (B) aus. Sobald Läufer (A) nach einer Runde die Startlinie erneut passiert, startest du den Track (B). Bei unterschiedlichen Tempi wird einer davonlaufen. Nur durch exaktes Ausrichten der Tracks an der „Startlinie", die beim Beatmatching den Kicks entspricht, und genauem Start des Tracks (B) erkennst du, in welcher Relation die beiden und damit ihre Tempi zueinanderstehen. Denn z. B. bei einem verzögerten Start von Track (B) würde dieser zwar hinterherhängen, obwohl er trotzdem schneller sein könnte.

Die folgenden Abbildungen stellen das Beatmatching anhand zweier unterschiedlicher Tracks (A) und (B) mit deren Bassschlägen schematisch dar: Zwei Tracks unterschiedlichen Tempos, die entweder von Schallplatte, Laptop oder CD abgespielt werden, gibst du über die Lautsprecherboxen (Track (A)) und unter dem Kopfhörer (Track (B)) wieder, wobei Tempo (B) an Tempo (A) anzugleichen ist:

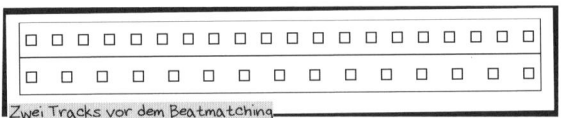

Zwei Tracks vor dem Beatmatching

Track (A)/oben ist laut dieser Grafik schneller als Track (B)/unten, denn er verzeichnet im gleichen Zeitraum mehr Bassschläge und demzufolge eine höhere BPM-Zahl. Für das Tempoangleichen beider Decks muss deswegen entweder Track (A) verlangsamt oder Track (B) mit dem Pitch-Control beschleunigt werden. Im folgenden Beispiel wurde Track (B) an das Tempo von Track (A) angeglichen:

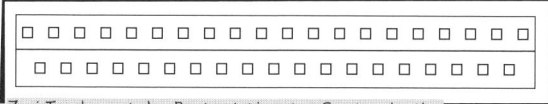
Zwei Tracks nach dem Beatmatching ohne Synchronisation

Stimmen beide Tracks im Tempo überein, synchronisiert der DJ beide Decks, indem er die Bassdrum von Schallplatte (B) auf die Bassdrum von Titel (A) mixt. Der daraus resultierende synchron laufende Mix, bei dem beide Bassdrums der Tracks genau übereinander liegen und somit in sogenannter Phase sind, sieht von der Struktur wie folgt aus:

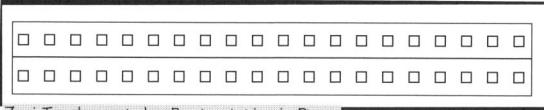
Zwei Tracks nach dem Beatmatching in Phase

Aufgrund von Zeitnot und einem damit verbundenen ungenauen Beatmatching, aber auch durch ungeschicktes Anschieben des Vinyls bzw. der CD oder zu zeitigem bzw. spätem Starten der Tracks driften diese beim Mixing trotz zunächst vorhandener Synchronität auseinander. Dies wird allerdings durch manuelle Korrektur (Bending) an der Schallplatte oder den Pitch Bend-Tasten bzw. dem Jog Wheel am DJ-Player bzw. DJ-Controller vom DJ ausgeglichen.

Storm:
Ein guter Tipp für DJ-Anfänger: Merke dir stets den ersten Beat eines Tracks...Und habe keine Hemmungen, deine Platten zu berühren. Du spielst nicht vor 10000 Leuten. Du bist zu Hause in deinem Schlafzimmer. Das ist jetzt genau die Gelegenheit, deine Fehler zu machen, deine falschen Bewegungen. Als ich das erste Mal live auftrat, konnte ich gerade mal eine Platte für zwei Sekunden einspielen und gleichzeitig die andere zurückdrehen. Das war alles! Aber allmählich kommst du voran und du übst Stunde um Stunde, um schließlich zu merken: "Wow! Jetzt weiß ich, was ich da mache" und dann kannst du es.

Mit dem folgenden Kapitel erlernst du, wie zwei Tracks zu beatmatchen, synchronisieren und das Auseinanderlaufen des Mixes zu korrigieren ist.

## Das Beatmatching und Bending für den Mix

Mit der folgenden Übung werden die Grundlagen des Beatmatchings anhand zweier verschiedener Tracks, z. B. Drumloops, vermittelt.

**ÜBUNG**

1. Zwei unterschiedliche Tracks, deren BPM-Zahlen aber nicht mehr als fünf BPM differieren sollten, liegen auf den Decks. Verfolge Track (A) über die Boxen und Track (B) unter Kopfhörer.
2. Im Track (B) suchst du die Bassdrum, und anschließend bewegst du Deck (B) im Takt des Drumloops (A) vor und zurück.
3. Wenn auf dem Deck (A) eine Bassdrum zu hören ist, starte Deck (B).

Während beide Tracks gleichzeitig spielen, stellst du sicherlich fest, dass sich die beiden Bassdrums immer weiter voneinander entfernen und eine Art „Schienenschlageffekt" erzeugen, der wie ein „BoBoom BoBoom" klingt. Für die Lokalisierung der schnelleren bzw. langsameren Schallplatte gilt es, die erste Beatmatching-Übung unter besonderer Beachtung der Schallplatte (B) nochmals durchzuführen.

**ÜBUNG**

1. Um herauszufinden, welcher Track langsamer oder schneller ist, konzentrierst du dich auf die Drums von Track (B), wobei dies Snare oder Bassdrum sein können. Bei melodischen Tracks stellen auch Leadsounds oder Vocals eine Orientierungshilfe dar.
2. Indem du den Takt des Tracks (B) mitzählst, zu dessen Rhythmus mit dem Fuß wippst und auch den Ausschlag der beiden LED-Ketten des Tracks (A) (Master) und des Tracks (B) miteinander vergleichst, lokalisierst du zusätzlich den zu schnellen Track.
3. Wenn du herausfinden konntest, ob Track (B) zu schnell oder zu langsam ist, hältst du den Track (B) wieder an.

## Das Beatmatching
### Das Beatmatching und Bending für den Mix

4. Für die erste Geschwindigkeitskorrektur verschiebe den Pitch-Control entweder um maximal drei Prozent in den positiven oder in den negativen Bereich, je nachdem, ob Track (B) zu langsam oder zu schnell ist.

5. Starte auf die Bassdrum (A) erneut Deck (B) mit deren Bassdrum, um die Ausmaße deiner Geschwindigkeitsanpassung zu kontrollieren. Differieren die beiden Bassdrums schneller und größer („BoooBoom BoooBoom"), so hast du eine falsche Korrektur vorgenommen, hingegen ist bei kürzeren Abständen der Bassdrums („BBoom BBoom") nur noch ein Feinabgleich mit dem Pitch-Control notwendig.

6. Die Prozedur der Punkte 4 und 5 wird so oft wiederholt, bis beide Beats durch ein wiederholtes Geschwindigkeitsanpassen nicht mehr so schnell oder gar nicht differieren. Allerdings beachte, dass ein 100prozentig genaues Einstellen der gleichen Geschwindigkeiten aus technischen Gegebenheiten und zeitlichen Gründen kaum bewerkstelligt werden kann. Deswegen solltest du dich während des Mixens nicht vom DJ-Pult entfernen, sondern den Mix ständig überwachen, um eventuell notwendige manuelle Korrekturen durchzuführen.

7. Nachdem unter dem Kopfhörer der Track (B) an Track (A) angeglichen wurde, starte den Track (B) mit dessen erster Bassdrum auf die Bassdrum (A) und blende am Mischpult Kanal (B) ein.

8. Driften die Tracks langsam wieder auseinander, musst du für die notwendigen Präventionsmaßnahmen zunächst den schnelleren Track unter Einbezug der in den Punkten 1 und 2 genannten Hilfen herausfinden.

9. Entsprechend der Entscheidung aus Punkt 8, ob Track (B) zu schnell oder zu langsam ist, wird sofort die Schallplatte an der Spindel oder am Plattenteller bzw. die CD mit dem Jog Wheel oder den Pitch Bend-Tasten angeschoben oder gebremst, sodass die Tracks weiterhin synchron spielen. Wenn diese manuellen Maßnahmen noch nicht den gewünschten Erfolg erzielen bzw. der Mix sehr schnell wieder auseinander driftet, erfordert es eine entsprechende Nachkorrektur des Pitch-Controls.

**TIPP**

Das Tempo des anzupassenden Tracks lieber beschleunigen als bremsen, denn vom Tanzgefühl ist ein schneller abgespielter Track immer besser als ein vom Tempo gedrosselter Track.

Für das routinierte Beatmatching und anschließende Mixing sind alle Übungen so oft durchzuführen, bis:

- die Tempounterschiede immer richtig analysiert werden
- das Beatsynchronisieren unter einer anderthalben Minute erfolgt, denn Radioversionen mit einer Spieldauer von reichlich drei Minuten lassen nicht viel Zeit für die Tracksuche und Beatmatching
- ein exaktes Einmischen der Bassdrum des Tracks (B) auf die des Tracks (A) mit dem Mixer gewährleistet wird, und
- das manuelle Angleichen und Korrigieren der Beats an der Schallplatte bzw. am Schallplattenspieler, DJ-Player oder DJ-Controller nahezu fehlerfrei erfolgt.

Treten bezüglich der Analyse des zu schnellen oder langsamen Tracks nach wie vor Probleme auf, dient die folgende Übung zu deren Bewältigung.

### ÜBUNG

1. Zwei unterschiedliche, aber vom Tempo schon angeglichene Tracks werden über die Lautsprecherboxen gleichzeitig wie beim Mixing wiedergegeben.
2. Während beide Tracks zusammen und synchron über die Boxen zu hören sind, beschleunigst du Deck (B) durch langsames manuelles Anschieben. Dieser Effekt ist zu verinnerlichen, denn so klingt ein „weglaufender" Track.
3. Dasselbe erfolgt beim Abbremsen von Deck (B).
4. Durch ein anschließendes manuelles Nachkorrigieren des Deck (B) zur Aufhebung des gewollten Effekts wird der Mix wieder synchronisiert.

Für Anfänger, die mit herkömmlichen Vinyl auflegen, empfiehlt sich als Hilfe auch ein interner oder separater Beatcounter einerseits für das Beschriften und die Einordnung der Schallplatten entsprechend ihrer BPM-Zahlen und andererseits, um für das Beatmatching einen Anhaltspunkt zu erhalten, welcher Track laut BPM-Zahl der schnellere ist. Außerdem kannst du auch nach jeder Pitch-Veränderung das aktuelle Tempo der einzumixenden Platte als Bestätigung bestimmen, um festzustellen, dass sich die beiden unterschiedlichen BPM-Zahlen mit jeder Korrektur annähern. Allerdings verlasse dich nicht komplett auf die Technik, denn schließlich

musst du auch davon ausgehen, dass dir nicht immer dieses Hilfsmittel zur Verfügung steht.
Auch das absichtlich langsamere oder schnellere Einmixen eines Tracks bewährte sich, d. h. ein Track wird nach dem abgeschlossenen Beatmatching mittels Pitch-Control in seiner Geschwindigkeit um maximal ein Prozent beschleunigt oder verringert. Dadurch weißt du schon vor dem Auseinanderlaufen des Mixes, welchen Track du wie zu korrigieren hast.

### BEACHTE
- Beim Beatmatching mit Breakbeats (z. B. im HipHop) orientiere dich besser an der Snare als an der Bassdrum.
- Wenn die Tracks nur minimal differieren, d. h. die Bassdrums driften erst nach mindestens einer Viertelminute langsam auseinander, können sie per Hand durch Anschieben bzw. Abbremsen korrigiert werden.
- Bei einem kurz – unter einer Viertelminute – nach dem Überblenden schnell auseinander laufenden Mix ist zunächst eine Korrektur an der Schallplatte bzw. an der Spindel des Plattenspielers oder am Jog Wheel des DJ-Players erforderlich, sodass die beiden Tracks synchron weiterspielen. Aber gleichzeitig korrigierst du auch den Pitch-Control um 0,5 bis ein Prozent. Wenn diese Berichtigung den Mix stabilisiert, erfolgt keine weitere Veränderung der Pitch-Einstellung.
- Wellige herkömmliche Schallplatten korrigierst du generell nur am Plattentellerrand oder an der Spindel, um ein Springen der Nadel zu verhindern.
- Liegen beim Mixing die Bassdrums der beiden Tracks trotz Korrektur hörbar auseinander, breche den Mix besser durch ein schnelles Ausblenden des Tracks (A) ab.
- Erfolgte eine Korrektur des Tonträgers (B) mit dem Pitch-Control (z. B. von zwei auf vier Prozent), sodass z. B. der zuvor zu langsame Tonträger (B) nach der Geschwindigkeitsänderung zu schnell ist, so kannst du von einer optimalen Pitch-Einstellung bei ca. drei Prozent ausgehen.

### TIPP
Für DJs, die keine Key Lock-Funktion (Einfrieren der Tonhöhe) am Equipment zur Verfügung haben, ist zu empfehlen:

# SKILLS

- Für das unbemerkte Anschieben oder Bremsen der Schallplatten und CDs sind nur Trackpassagen mit einem Groove oder Beat und ohne Streicher-Flächen, Melodien, Leadsounds bzw. Vocals auszuwählen.
- Du veränderst die Geschwindigkeit um nicht mehr als fünf Prozent, um mit den Vocals keinen „Micky Mouse-Effekt" zu erzeugen. Größere Veränderungen sind nur in Verbindung mit einer aktiven Master-Tempo-/Key Lock-Funktion zu realisieren.
- Größere Geschwindigkeitsänderungen können auch auf zwei Tonträger gleichmäßig verteilt werden, z. B. wenn Track (B) um vier Prozent langsamer als Track (A) ist, so erfolgt entweder die Geschwindigkeitskorrektur des Tracks (B) um plus vier Prozent, oder bei Track (B) um plus zwei Prozent und bei Track (A) um minus zwei Prozent. Das Pitch-Splittingverfahren ermöglicht auch größere Tempounterschiede, um bis zu acht Prozent auszugleichen.
- Beim Pitch-Splitting musst du auch die Geschwindigkeit der aktuell gespielten Schallplatte oder CD unbemerkt verändern, indem du den Pitch-Regler

a) nur schrittweise um jeweils ein bis maximal zwei Prozent veränderst, z. B. nach jedem zweiten, vierten oder achten Takt, um die Geschwindigkeitsänderung der Track-Struktur anzupassen und gleichmäßig auf den Track auszudehnen

b) nicht während der Gesangspassagen oder Melodien bzw. Leadsounds, sondern bei monotonen, rhythmusbetonten Stellen wie Breaks, Intros oder Outros verschiebst.

Für fortgeschrittene und Profi-DJs geht das Beatmatching noch schneller: Um Zeit zu sparen und einen schnellen Trackwechsel innerhalb einer halben Minute vorzunehmen, praktizieren routinierte DJs ein Beatmatching ohne ständiges Stoppen und Starten ihres anzugleichenden Tracks. Entweder vor oder sogar während des Mixings passen sie den Track in einem Fluss mit den Fingern und dem Pitch-Control gleichzeitig an das Tempo des anderen an.

Um das Beatmatching so zu praktizieren, studiere die olgende Übung ein.

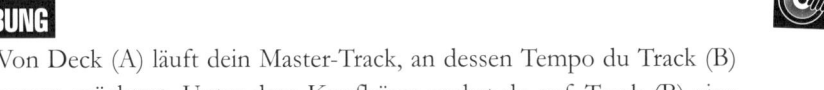

### ÜBUNG

1. Von Deck (A) läuft dein Master-Track, an dessen Tempo du Track (B) anpassen möchtest. Unter dem Kopfhörer suchst du auf Track (B) eine Bassdrum als Cue Point, mit der du das Beatmatching beginnen möchtest.
2. Du startest den Track (B) mit der Bassdrum und wirst sofort feststellen, dass sie zu langsam bzw. zu schnell ist.
3. Versuche jetzt, ohne den Pitch-Control zu verändern, Track (B) nur durch Anschieben bzw. Abbremsen der Platte am Label synchron zu halten. Sie dürfen auf keinen Fall auseinander laufen. Wenn doch, dann starte die Übung neu.
4. Gelingt dir dieses, so nimmst du gleichzeitig zum Synchronhalten eine Korrektur am Pitch-Control vor, d. h. ist Track (B) zu langsam, verschiebe den Pitch in Richtung plus. Äquivalent läuft es bei einem zu schnellen Track (Pitch nach minus).
5. Während der Pitch-Veränderung wirst du feststellen, dass du für deine Synchronisation durch Anschieben bzw. Bremsen des Tracks (B) immer weniger deine Finger einsetzen musst. Damit bist du auf dem richtigen Weg.
6. Wenn du nicht mehr für die Synchronisation der beiden Tracks deine Finger zur Korrektur an der Platte bzw. Jog Wheel von Deck (B) einsetzen musst, stimmt die Pitch-Einstellung am Deck (B) mit dem Tempo des Tracks (A) überein. Das Beatmatching ist abgeschlossen.
7. Solltest du für diese Prozedur noch eine halbe bis ganze Minute benötigen, so übe, bis du das Beatmatching innerhalb von 15 Sekunden und weniger abschließen kannst. Dann bist du ein Profi.

### TIPP

Vor allem Trance-DJs, die mit herkömmlichen Vinyl auflegen, bevorzugen gegenüber der herkömmlichen Methode das weniger auffällige Beschleunigen und Bremsen mittels Pitch-Controls (Pitch-Riding). Das nennt sich Pitch-Riding. Sie verschieben ihn kurzzeitig um zwei bis drei Prozent in die erforderliche Richtung und anschließend wieder fast auf die ursprüngliche Position zurück. Auch bei äußerst welligen Schallplatten dient dieses Verfahren der erfolgreichen Nachkorrektur, da das Risiko des Nadelspringens beim Berühren der Schallplatte auszuschließen ist. Bei Schallplattenspielern mit einem extrem starken Motor, wie dem des Vestax PDX-3000

# SKILLS

MK2, ist dies auch eine gängige Methode, den Mix zu korrigieren. Alternativ tippe bei gehaltener 33 RPM-Taste kurz auf die 45er, um den Teller kurz anzuschieben.

### BEACHTE

Es wird dir sicherlich nicht immer gelingen, die Tempi der beiden Tracks genauestens aufeinander abzustimmen. Deswegen bedenke, die BPM-Toleranz ist immer vom eigentlichen Tempo abhängig, prozentual gesehen. Daher fällt die Toleranz von 0,5 BPM bezogen auf einen Track von 100 BPM größer als bei einem 130 BPM-Track aus. Konkret, ein 100 BPM-Track mit dieser Toleranz läuft schneller aus dem Mix als einer mit 130. Zudem bedenke auch, dass du bei einem Pitch-Umfang von acht Prozent z. B. Tracks mit 100 BPM um 8 BPM anpassen kannst, dagegen 50 BPM langsame Tracks gerade einmal nur um 4 BPM.

Das erfolgreiche Beatmatching hängt, abgesehen von den eigenen Fähigkeiten, auch vom Schallplattenspieler und von den Trackeigenschaften ab.

### Erfolgte ein Tuning am Schallplattenspieler?

Am Technics SL-1210 MK2 besteht die Möglichkeit des internen Pitch-Control-Tunings (am Rädchen unter der Abdeckung - siehe Kapitel Schallplattenspieler), indem der Standard-Pitch-Umfang (+8/-8) durch Verschieben des Nullpunkts z. B. auf +10/-6 verändert wird. Allerdings existieren zwei Nullpunkte, der analoge und digitale (quartzstabilisiert), die bei Werkseinstellung übereinstimmen. An diesem Rädchen wird allerdings nur der analoge Nullpunkt verschoben. Dies hat zur Folge, dass sich im Fall eines Pitch-Umfang-Tunings von z. B. +12/-4 die Geschwindigkeitsänderung um den digitalen Nullpunkt (grüne LED) unproportional verhält und nach dem Unterschreiten des Punkts das Tempo sogar ansteigt. Denn der digitale Nullpunkt liegt dann oberhalb des analogen. Beatmatching und auch Mixing in diesem digitalen Nullpunktbereich bringen somit einen ordentlich ins Straucheln. Daher kontrolliere anhand des Stroboskops und der Plattenteller-Markierung, ob bei entsprechender Pitch-Control-Einstellung (z. B. bei +6 Prozent) der jeweilige Markierungspunkt (oberster Punkt) im Stroboskop konstant ist und somit der Plattenspieler der Werkseinstellung entspricht.

## Das Beatmatching und Bending für den Mix

**Warum ändert sich die Geschwindigkeit des Schallplattenspielers bei der Einstellung des Pitch-Controls kurz vor und nach null Prozent nicht fließend?**
Aufgrund des Pitch-Control-Einrastens um den Nullpunkt und dem damit verbundenen Aktivieren der Quartzsteuerung nimmt die Geschwindigkeit beim Technics SL-1200/1210 MK2 nicht proportional zum Faderweg zu. Das kann während des Mixens, wenn der Pitch-Control von einem der beiden Schallplattenspieler null beträgt und dieser anschließend verändert wird, zu einem schnelleren Auseinanderlaufen des Mixes führen. Die Firma Technics reagierte auf dieses Problem mit der Schallplattenspieler-Generation MK5E, indem sie für die Pitch-Control-Nullung eine Reset-Taste integrierten, um somit eine stufenlose Verschiebung des Pitch-Reglers über den kompletten Faderweg zu gewährleisten.

**Ist der Motor oder der Pitch-Control defekt?**
Defekte Schallplattenspielermotoren und Pitch-Controls verursachen plötzlich und stark auftretende Gleichlaufschwankungen, die sich in einem schnell auseinander laufenden Mix und einem „Musik-Leiern" äußern. Mit der Plattentellermarkierung (Stroboskopspiegeln) und dem Stroboskop ist der Fehler auch optisch nachvollziehbar, indem plötzlich die Markierungspunkte beschleunigen oder bremsen. Die Mixes mit diesen Schallplattenspielern sind aufgrund ihrer unberechenbaren Schwankungen sehr kurz oder als Cuts auszuführen.

**Warum kann nie ein 100prozentig genaues Beatmatching erfolgen?**
Schallplattenspieler unterliegen gewissen Gleichlaufschwankungen des Motors, besonders wenn die Quartzsteuerung deaktiviert ist. Dies kann Toleranzen bis zu 0,3 BPM hervorrufen, die sich im Beatmatching und auch späteren Mixing als Grund für ständige Nachkorrekturen erweisen.

**Ständig läuft der Track schneller und langsamer. Worin liegt die Ursache?**
Den Klassiker „Born To Be Alive" von Patrick Hernandez, der auch gern gegenwärtig aufgelegt wird, mixen DJs aufgrund des ungleichmäßigen Grooves ungern in einen anderen Track. Titel vergangener Jahrzehnte, die mit einem älterem Rhythmuscomputer, Drumsequenzer oder einem natürlichen Schlagzeug eingespielt wurden, stellen für den DJ durch einen

ständig ungleichen Rhythmus eine Herausforderung dar, der er nur durch Cutten, kontinuierliches Korrigieren oder eine kurze Überblendung gewachsen ist.

### Anti-Drift

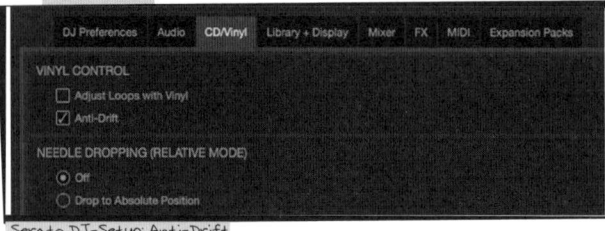

Serato DJ-Setup: Anti-Drift

Die Lösung einiger dieser vorher aufgezählten Probleme löst Serato DJ mit einer DVS-Funktion: Anti-Drift. Über dieses Feature erfreuen sich wohl die meisten DJs, die ihrem Plattenspieler nach wie vor die Treue schwören, aber dennoch mit dem digitalen Zeitalter Schritt halten möchten. Mit Anti-Drift, das du unter dem Reiter „CD/Vinyl" im Serato DJ-Setup einschaltest, stabilisiert die Software den Gleichlauf beim Schallplattenspieler. Die ständigen Schwankungen um +/-0,1 BPM sind nahezu beendet, denn nach wenigen Sekunden pegelt sich die BPM-Zahl auf einen stabilen Wert ein. Allerdings nach jeder weiteren Änderung am Pitch-Control und Plattenteller durch manuelles Anschieben bzw. Bremsen kalibriert Serato DJ diesen Wert erneut mit entsprechendem Zeitaufwand.

### TIPP

Stellte sich das Tempo vom Plattenspieler mit dem abgespielten Master-Track auf seinen konstanten Wert ein, nehme fortan sämtliche Anpassungen vom Tempo und Phase nur an dem anderen Turntable mit dem einzumixenden Track vor.

Dieses Feature ist wirklich revolutionär und bringt bei längeren Blenden viel mehr Ruhe in deine Handarbeit. Phasenkorrekturen mittels Anschieben und Bremsen des Plattentellers sind zwar damit nicht gänzlich auszuschließen, es sei denn, du triffst beim manuellen Anpassen der beiden Tempi diese auf das Hundertstel genau oder überlässt dies dem Sync. Aber mit dem konstanten Wert erhöht sich auch die Genauigkeit beim Beatmatching. Zudem läuft eine längere Blende nicht so schnell aus der Phase, sodass dir mehr Handlungsspielraum für das Schrauben an EQ-Reglern, Effekten und Cutten an Fadern zur Verfügung steht.

Bisher war es auch immer kritisch, wenn am Timecode-Ende die DJ-Software automatisch in den internen Modus wechselte. Denn in diesem Moment friert sie das zuletzt gelesene Tempo ein und spielt den Track konstant weiter mit diesem ab. Da die BPMs bisher ständigen Schwankungen um 0,1 Prozent unterlagen, konnte es im schlimmsten Fall sein, dass die Software zufällig ausgerechnet den BPM-Wert mit der größten Differenz zum anderen Tempo in den internen Modus übernimmt. Damit passt das Beatmatching nicht mehr.

Jazzy Jeff:
Bei jedem Gig hatte ich dann eine Reihe von Leuten, die schauten und rätselten: "Was benutzt er eigentlich?" Und wenn sie es nicht checkten, dann schauten sie mir auf die Finger und riefen: "Wow! Er macht denselben Scheiß wie früher, mit Platten!"...Ich glaube, dass Serato die DJs technisch voran gebracht hat.

### BEACHTE
Wenn im Mix ein DVS-Deck vom Turntable-Modus (absolut/relativ) in den internen aufgrund des Auslaufens des Timecode-Vinyls übergeht, setze schnellstens die Nadel wieder auf den laufenden Timecode, damit vom internen wieder in den Vinyl-Modus gewechselt wird. Anderenfalls läuft dir der Mix schneller von seiner Phase auseinander.

## Das visuelle Beatmatching

Du wirst jetzt vielleicht sagen: „Die ganzen Prozeduren zum Üben des Beatmatchings brauche ich nicht. Wozu habe ich denn meine Wellenformen, Spektrogramme, Beatmatchinganzeige und die Sync-Funktion!?"

Das DJing versteht sich als Handwerk, das du mit einer solchen Einstellung untergraben und somit sicherlich auch deinen Erfolg als DJ schmälern wirst. Ein DJ ist ein Künstler, wie ein Maler, der aber seine Bilder nicht nach Zahlen malen sollte. Ein „alter Hase" kann es sich leisten, zukünftig

auf diese digitalen „Geh-Hilfen" zurückzugreifen. Denn er hat es in den letzten Jahren schon bewiesen: Der „alte Hase" kann mit seinen Lauschern beatmatchen. Du musst dir als Rookie diesen Respekt des Publikums erst verdienen, deswegen übe fleißig. Trotzdem soll kurz erwähnt werden, wie einem das Beatmatching bei Serato DJ Pro und Traktor Pro erleichtert wird.

Serato DJ Pro:

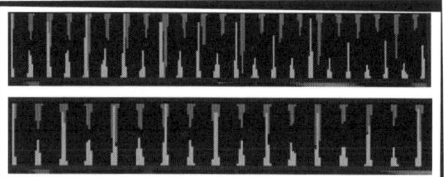

Im Serato DJ Pro, sofern im Setup ausgewählt, findest du in der oberen Mitte des Displays die Beatmatchinganzeige, die dir per Marker zeigt, ob die Tempi der Tracks übereinstimmen:

Zu sehen ist die Beatmatchinganzeige vor (oberes Bild) und nach dem abgeschlossenen Beatmatching (unteres Bild). Die Marker liegen übereinander und somit stimmen die Tempi überein.

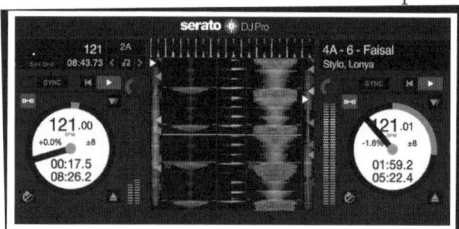

Die Darstellung des Wellenformausschnitts (Spektrogramm), entweder vertikal nebeneinander oder horizontal untereinader, ist natürlich auch eine große Hilfe. Wenn die Marker der Spektrogramme optisch genau nebeneinander liegen (bei horizontaler Ansicht untereinander), ist das Beatmatching abgeschlossen.

Traktor Scratch Pro:

Mit dem Phase Meter (vorausgesetzt, es ist im Setup unter den Decks aktiviert) wird die Phase der Tracks angezeigt, wie sie zueinander liegen.

Wenn ein Track gegenüber dem Mastersignal (um den Master-Track festzulegen, drücke auf dem Deck den Master-Button) zu schnell ist, schlägt der Balken rechts aus, nach links bei einem zu langsamen Tempo. Wenn kein Balken ausschlägt, ist das Beatmatching abgeschlossen.

Als weiteres Hilfsmittel für das Beatmatching dient die sehr genaue BPM-Zahl, die mit zwei Stellen nach dem Komma angegeben wird.

## Das Sync-Beatmatching

Beat Sync zum automatischen Synchronisieren der Decks hat eigentlich nichts in dem Kapitel „Skills" zu suchen. Dennoch gehört Sync zum heutigen DJ-Alltag, zumal es deine Fähigkeiten mehr on Point und auf ein höheres Level bringen kann. Gleichzeitig vereinfacht es das DJing, sodass angeblich jeder Auflegen kann.

Ein korrektes Beatmatching wie auch eingesetztes Sync spricht nicht automatisch für sauberes, homogenes Mixing und damit für dich als guten DJ. Denn bei Tracks mit schwankendem Tempo wirst du trotz korrekten Beatmatchings ständig den Mix oder gar den Pitch-Control korrigieren müssen. Da kann auch die Sync-Funktion versagen. Denn die analysierten BPMs deiner Tracks dürfen keine falschen Werte aufweisen und die Beatgrids, auf Beats gesetzte Markierungen, müssen 100 prozentig auf den Kicks und Snares der Tracks sitzen. Anderenfalls holpert dein Mix trotz Sync. Daher verlasse dich nicht allein auf die Technik. Zumal der Chef und die Gäste dir auch auf die Finger schauen und wahre „Handarbeit" honorieren. Man langweilt das Publikum und sich im Cockpit, wenn das Set „Out Of The Box" (ein DJ legt vom Rechner ohne Skills auf) und vom Auto-Piloten gelotst kommt. Wer das Beatmatching handwerklich beherrscht, braucht eigentlich kein Sync. Zumal das Überprüfen und Korrigieren der Beatgrids Zeit verschlingt, die du besser in deine Skills investierst. Das heißt aber nicht, das Sync komplett aus deiner DJ-Performance zu verbannen ist. Verwende es, wenn:

- du bei Serato DJ Pro den Sampler oder die Remix Decks bei Traktor Pro mit deinen Tracks synchronisieren möchtest
- du mit drei oder vier Decks gleichzeitig auflegen möchtest
- du instant einen Track in das Deck lädst, um ihn ohne Vorbereitung und Cueing ad hoc mit dem anderen laufenden Deck zu mixen
- du Tracks mit ungleichmäßigen Tempi, da deren Beat per Schlagzeug eingespielt wurde und daher nur schwer mixbar sind, „begradigst", um sie somit ohne ständiges Pitch Bending phasengenau übereinander zu legen
- du das Tempo auch oberhalb der acht Prozent Pitch-Umfang am Standardplattenspieler Technics SL-1210 MK2 anpassen möchtest

# SKILLS

- der Pitch-Control fehlerhaft ist und sich somit exponentiell das Tempo über den gesamten Faderweg ändert
- stärkere Gleichlaufschwankungen des Plattenspielerantriebs auftreten
- du das Tempo der gesyncten Tracks gleichzeitig und phasentreu im Mix per Pitch-Control verändern möchtest.

### Die Voraussetzung:

Kick und Snare eines Tracks erzeugen in jeder Wellenform Signalspitzen, sogenannte Transienten. Beim Analysieren der Tracks markiert Serato DJ Pro diese als Beatgrids, deren Anzahl pro Minute die BPM eines Tracks als Maßeinheit für Sync ergeben, was generell meistens funktioniert.

### BEACHTE

Allerdings scheitern alle DJ Programme am sogenannten Shuffle Beat mit seinen Triolen. Dazu irritiert die zum Teil doppelt schlagende Bassdrum die DJ-Software. So werden Tracks wie Depeche Modes „Personal Jesus" fälschlicherweise mit 97 BPM, anstatt 130 BPM angegeben. Wer sich blind darauf verlässt, der erlebt beim Sync-Mix sein blaues Wunder. Daher überprüfe und korrigiere stets bei Tracks mit Shuffle-Beat deren BPM und die Beatgrids. Lösche dazu im Beatgrid-Edit-Modus die bisherigen Marker und setze anschließend nur im ersten Takt die Beatgrids neu. Anschließend kopiert die DJ-Software alle weiteren Grids auf die richtigen BPM-relevanten Transienten.

Auch bei sogenannten swingenden Beats checkt die DJ-Software nur die Transienten in den ersten Beats und kumuliert damit die BPM eines Tracks. Denn die Software geht von einem konstant gehaltenen Beat bis zum Track-Ende ohne Toleranz aus. Allerdings von Hand eingespielte und damit „swingende" Beats variieren sehr stark von der Transientenposition im Takt. Deswegen überprüfe die Beatgrids im gesamten Track, vor allem an dessen mixrelevanten Parts, wie Intro, Mittelteil und Outro, und korrigiere eventuell jedes einzelne Beatgrid. Somit kannst du mit Sync selbst Tracks mit extrem starken Gleichlaufschwankungen ohne ständige Korrekturen sehr sauber mixen.

Das Sync-Beatmatching
Beat Sync mit Serato DJ Pro

## Beat Sync mit Serato DJ Pro

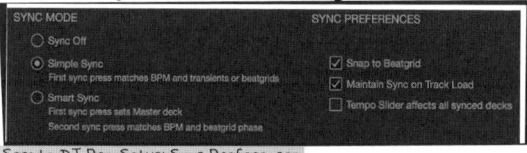
Serato DJ Pro-Setup: Sync Preferences

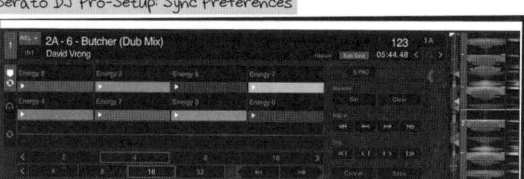
Beatgrid-Editor im Performance-Modus mit falsch gesetzen Beatgrids

Zunächst ist im Setup, unter dem Reiter DJ Preferences, Sync zu aktivieren. Lädst du einen Track in ein Deck, setzt Serato DJ Pro automatisch die Beatgrids. Sie sind in dem Spektrogramm als senkrechte Balken zu finden, die auch mit der Taktzahl ihre Position im Track angeben. Wurden sie, wie im Bild zu sehen, nicht auf dem Beat platziert, dann öffne im Serato DJ Pro das Edit Grid-Panel, um die Beatgrids manuell mit diesen Funktionen anzupassen:

Beatgrid-Editor im Practice-Modus mit korrekten Beatgrids

- **Markers Set:** Die Beatgrids werden automatisch neu gesetzt.
- **Markers Clear:** Gesetzte Beatgrids löschst du mit dieser Funktion.
- **Adjust:** Verkürze oder verlängere die Abstände zwischen den Beatgrids in kleinen oder großen Sprüngen. Damit veränderst du auch die bereits analysierte BPM-Zahl.
- **Slip:** Richte grob oder fein die bereits gesetzten Beatgrids auf die Beats im Track aus. Die analysierten BPM ändern sich dabei nicht.
- **Save und Cancel:** Speichere die Beatgrids bzw. breche den Grid-Editor ab.

 **TIPP**

Markiere mit dem Shortcut x auf deiner Tastatur den Downbeat, den ersten Beat im Track, in der Wellenform. Tracks mit leicht schwankenden Beats kontrolliere und korrigiere, indem du sie durchspielst. Drücke dazu

auf jeden weiteren Beat x oder verteile auf die Beats im Track Cue Points, bestätige mit Set. Die Beatgrids werden entsprechend ausgerichtet.

Den Grids-Editor findest du im Performance- und Practice-Modus (mit und ohne angeschlossene Hardware) von Serato DJ Pro gleichermaßen. Passen die gesetzten Beatgrids, so synchronisiere per:

**Simple Sync:** Durch Drücken der Sync-Taste auf den Decks werden die Tempi automatisch angeglichen. Betätigst du beim einzumixenden Track erneut Sync, bringt Serato DJ diesen, wenn er nicht auf den Beat des Tempo vorgegebenen Tracks (Master) liegt, in Phase. Damit richtet sich der gesyncte Track entweder nach den Beatgrids (bei aktivem „Snap To Beatgrid") oder mit seiner Kick oder Snare als sogenannter Transient an dem anderen Beat. Startest du aber einen Track so spät, dass der folgende Transient beim Master näher an der Snare als an der Kick ist, legt der gesyncte Track seine Kick auf dessen Snare, da er sich an dessen nächsten Transienten heftet.

**Smart Sync:** Damit rasten nicht nur das Tempo, sondern auch die Beatgrids einschließlich der Phase ein, vorausgesetzt die Beatgrids sind exakt gesetzt. Mit dem ersten Bestätigen des Sync-Buttons legst du das Master-Deck fest, mit dem zweiten passt Serato DJ die BPM, die Beatgrids und die Phase gleichzeitig an. Springst du allerdings mit aktivem Smart Sync an eine andere Position in einem der Tracks, wechselt Serato DJ automatisch in den Simple Sync-Modus.

### BEACHTE

Wechsele nicht während einem gesyncten Mix zwischen dem Smart Sync- und Simple Sync Modus, ansonsten schaltet sich nicht nur Sync in den Decks ab, sondern die Decks übernehmen auch die momentane Pitch-Control-Position und das entsprechende Tempo. Damit spielen die vorher synchronen Tracks spontan nicht mehr phasengleich und der Mix fliegt dir förmlich um die Ohren.

Möchtest du Sync auch für die folgenden Tracks anwenden, setze bei „Maintain Sync on Track Load" einen Haken. Sämtliche Tempoveränderungen bei gesyncten Tracks werden automatisch übernommen, wenn

„Tempo Slider affects all synced decks" im Setup aktiviert ist. Allerdings setzt es das Pitch Bending am Plattenteller und Jog Wheel außer Kraft.

In der Regel spielen gesyncte Decks bis zum Trackende synchron. Allerdings mit DVS und den damit verbundenen Gleichlaufschwankungen der Turntables divergieren gesyncte Tracks von der Phase nach einer gewissen Zeit. Im Ernstfall signalisiert Sync in orange ein weiteres Drücken des Sync-Button zur erneuten Beatgridsynchronisation beziehungsweise Phasenkorrektur.

Aktivierst du Sync in einem inaktiven Deck, bestätigt der grau gefärbte Sync-Button seine Bereitschaft (Sync Armed-Modus) und dass Serato DJ Pro mit dem Start des Tracks sofort das Tempo als auch die Phase (nur bei Smart Sync) synchronisiert. Deaktivierst du Sync wieder, übernimmt das Deck das zuletzt eingestellte Tempo unabhängig der momentanen Pitch-Control-Position. Für anschließende Tempi-Veränderungen am Pitch-Control richtet sich Serato DJ Pro nach der gesyncten und nicht Original-BPM-Zahl, damit sich mit dem Abschalten von Sync das Tempo nicht schlagartig ändert. Das hilft auch speziell beim Technics SL-1210 MK2, um das Tempo auch außerhalb der acht Prozent-Range anzupassen:

Ein Track von 100 BPM, per Sync auf 110 BPM beschleunigt, entspricht +10 Prozent Pitch-Korrektur, wobei die momentane Pitch-Control-Position am Plattenspieler beispielsweise von -4 Prozent dies nicht beeinflusst. Schaltest du Sync aus, übernimmt der Plattenspieler die 110 BPM unabhängig der Pitch-Position von -4 Prozent. Der anschließend aktive Pitch-Control erlaubt dir, das Tempo des Tracks nochmals um bis zu 12 Prozent per Fader zu erhöhen, sofern dies überhaupt sinnvoll ist. Denn trotz Key Lock verzichte lieber auf solche Tempi-Veränderungen, da es zu sehr die eigentliche Charakteristik eines Tracks verändert.

**TIPP**
Aktiviere „Q" (Quantize) links neben den View-Modi und stelle im Reiter „DJ Preferences" einen Wert von einem Beat ein, damit der gestartete Track auch ohne gesetzte Beatgrids auf den Beat des anderen einrastet. Beim DVS setzt Sync den aktiven relativen oder internen Modus voraus.

### Beat Sync mit Traktor Pro

Bevor bei Traktor der Sync Einzug hält, müssen auch hier die Grids passen. Wenn die Beatgrids, bei Traktor spricht man auch von Beatmarkers, in dem Spektrogramm, wie in der unteren linken Abbildung, angeordnet sind, so stimmen die Beatmarker und demzufolge auch die BPM-Zahl nicht. Eine manuelle Korrektur mit den „Move Grid BWD"-Buttons, mit den du die Beatmarker genau auf den Beat verschiebst, ist erforderlich.

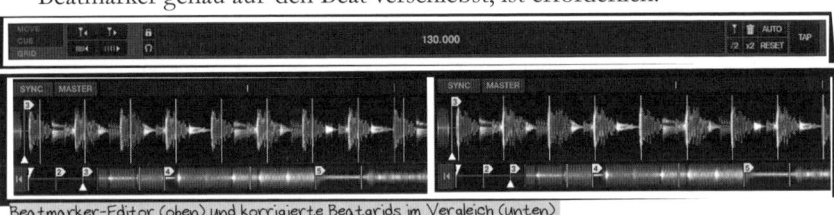

Beatmarker-Editor (oben) und korrigierte Beatgrids im Vergleich (unten)

Kontrolliere auch den Downbeat, der erste Beatmarker, dass er auf dem ersten Beat des ersten Taktes steht, ansonsten erfolgt auch kein beatgenauer Beat Sync.

Sync Mode im Setup

Im Setup, unter dem Reiter Transport, findest du die Optionen Tempo - und Beat Sync. Ähnlich wie bei Serato DJs Simple Sync passt Tempo Sync lediglich die BPMs der Tracks an. Hingegen Beat Sync bringt von den Tempi und auch von der Phase die Tracks auf eine Höhe. Für Traktor Scratch Pro-User, ausschließlich im relativem Modus der Decks, steht allerdings nur der Tempo-Sync-Modus zur Verfügung. Weitere Einstellungen im Setup bedarf das Beat Sync im Traktor nicht.

In der Praxis: Zunächst starte einen Track und lege fest, dass dieses Deck das Master Tempo vorgibt. Entsprechend drückst du auf dem Deck Master. Sync betätigst du auf den Decks, deren Tempi an die des Masters anzupassen sind. Diese sind ab jetzt dem Master untergeordnet und werden daher auch als Slave bezeichnet. Startest du mit aktivem Beat Sync die zu synchronisierenden Decks, spielen sie zu 100 Prozent auf den Beat und in Phase zum Master, selbst bei einem verpatzten, nicht beatgenauen Start.

## BEACHTE

Im Slave-Deck sind die Bending-Tasten ausgeblendet, dagegen im Master-Deck noch aktiv. Korrigierst du die Phasen im Master, überträgt sich dies synchron auf den Slave. Hingegen im TempoSync-Modus bleiben bei beiden Decks die Bending-Tasten aktiv, um die Phasen der beiden Decks manuell aufeinander abzustimmen.

Sync- und Masterzuweisung (links), das Pitch Bend (rechts)

Beide DJ-Softwares punkten mit einem sehr präzisen Beat Sync, vom Tempo, aber auch von den Phasen. Allerdings als DVS löst nur Serato DJ die Phasengleichheit auch automatisch durch erneutes Syncen, bei Traktor Scratch Pro hilft nur ein manuelles Pitch Bending. Korrekturen am Plattenteller gehören aber dennoch zum DJ-Alltag. Aufgrund der Gleichlauftoleranz der Schallplattenspieler entfernen sich die Beats und verändert sich die Phase trotzdem innerhalb einer Minute nach dem Sync.

Wer sagt, Beatmatching halte ihm vom Wesentlichen ab, um sich dem Mix besser widmen und an den Effekten des Mixers schrauben zu können, argumentiert nicht falsch. Zumal manchem DJ aufgrund seiner mangelnden Beatmatching-Fähigkeiten und den damit einhergehender Rhythmusstörungen im Mix das Beat Sync ans Herzen zu legen sei. Dennoch, Sync macht aus dir keinen besseren DJ. Es vereinfacht lediglich deine Prozeduren an den Decks und verleiht dir neuen Boost, um kreativ ein höheres, komplexeres Mix-Level zu erreichen.

### Beat Sync vs. Beatmatching by Ear
#### Was spricht aber letztlich für klassisches Beatmatching

1. Du lernst viel mehr über die Musik, speziell ihre Zusammensetzung und Beats, ihren Aufbau und das Instrumentarium.
2. Du bekommst ein sicheres Rhythmus- und Taktgefühl.
3. Du sensibilisierst dich darin, herauszuhören, welcher Track im Mix der schnellere bzw. langsamere ist, was für dich auch beim Korrigieren der Tracks im Mix zu Gute kommt.

# SKILLS

4. Du bist in der Lage, Tracks unabhängig ihres Mediums, dessen Beatgrids und einer DJ-Software oder eines Controllers zu mixen.
5. Das Beatmatching ist die Grundlage für sauberes Mixing.
6. Du erkennst Tempi-Schwankungen im Track, auf die du beim Mixing reagieren kannst.
7. Back to Back (auch kurz B2B genannt) mit einem anderen DJ auflegen, ist für dich kein Problem, auch wenn dieser von seinem Laptop mit einer anderen DJ-Software auflegt.
8. Ein geschultes Ohr hört heraus, wenn gesyncte Tracks trotz ihrer visuell angezeigten, in Phase liegenden Beatgrids und Marker akustisch nicht genau passen und wie man sie entsprechend korrigiert.
9. Es ist eine Herausforderung und ein per Ohr gematchter Track verleiht dir auch ein Erfolgserlebnis.
10. Gemixte Tracks mit Sync wirken mitunter maschinell eintönig und marschmäßig.
11. Syncen macht das DJing langweilig und vorausschaubar.

Mögen die letzten drei Argumente auch etwas überzogen und pathetisch klingen, treffen sie dennoch zu. DJs, die es nicht lernten, manuell die Tempi anzugleichen, bekommen oft die Quittung, wenn ihr Mix trotz Sync holpernd klingt, weil die Tracks nicht phasengenau übereinanderliegen. Sie hören es einfach nicht und verlassen sich halt stur auf die visuelle Bestätigung der Software, ohne ihre Ohren einzuschalten. Folglich solltest du vor dem ersten Syncen dein Gehör und deine Haptik am Equipment und an den Platten mit dem Beatmatching schulen.

Tiefschwarz:
Wir legen mit CD auf, da es für uns momentan eine Art Zwischenstation ist. Ewig lang haben wir mit Vinyl aufgelegt. Die Computerprogramme wie Traktor setzen wir im Studio ein, aber live bewegen wir uns noch in einer Zwitterwelt. Zu CDs baust du schon mehr eine Bindung auf, weil du sie brennst, beschriftest. Aber eben nicht so viel mit dir herumschleppst wie mit Vinyl, was eben sehr von Vorteil ist, wenn du international unterwegs bist. Letztlich geht es doch eh um die Musik und nicht um das Medium, das sie transportiert.

Enthusiast / Bedroom-DJ / Professional DJ / Artist

## Das Mixing: Die Basics

Das Mixing, auch Blending genannt, besteht generell aus vier Phasen:

1. Beatmatching
2. Angleichen der unterschiedlichen Tracks bezüglich ihrer Lautstärken und Klangeigenschaften durch Gain-Regler und EQ
3. Einblenden des Tracks (B) über Upfader (B) oder Crossfader
4. Ausblenden des Tracks (A) über Upfader (A) oder Crossfader.

Die folgenden Kapitel zeigen dir praktische Übungen zu den einzelnen Mixformen und geben dir notwendige Tipps, die dich in deinen Ausführungen verbessern sollen. DJ-Workshops an regionalen Musik- oder DJ-Schulen können dafür zusätzlich hilfreich sein.

Moguai:
Grundvoraussetzung ist Mixen, denn viele fangen mit dem Auflegen an und ohne das Mixen zu beherrschen. Das wäre genauso wie Autofahren, ohne die Handschaltung bedienen zu können.

## Das Mixen mit einem physischen und virtuellen Mixer

Egal für welches Equipment und Wiedergabemedium du dich entschieden hast, wird es keine wesentlichen Unterschiede in der Bedienung des Mixers bzw. der virtuellen Mixereinheit deiner Software geben.

Wenn man das Pioneer DJ Flagschiff DJM-V10 mit dem DJ-Controller Vestax VCI-300 und dem virtuellen Mixer von Traktor vergleicht, unterscheiden sie sich zwar optisch und auch preislich gewaltig. Aber abgesehen von den zusätzlichen Features, wie zusätzliche Kanälen, Knobs

Vestax VCI-300 und virtueller Mixer von Traktor Pro

Pioneer DJ DJM-V10

und Buttons für Effekte und diversen anderen Spielereien kommt es beim Mixing darauf an, dass du mit Line- und Crossfader umgehen kannst, deine Kopfhörersektion und den Equalizer zu bedienen weisst, deine Level-Anzeige und den Gain-Regler auf dem Mixer findest.

Hast du dich für eine DJ-Software, wie Traktor oder Serato Itch, entschieden, dann setze auf jeden Fall einen DJ-Controller zum Bedienen des virtuellen Mixers ein. Denn das Drehen am Regler und Schieben der Fader per Maus wirkt nicht nur sehr unprofessionell, sondern erschwert auch das Auflegen.

## Das Monitoring und Cueing des Mixes

Ein Mix läuft mitunter sehr schnell auseinander und ist von dir rasch zu korrigieren. Würdest du deinen Mix über eine Discotheken-PA verfolgen, so kannst du durch die Entfernung zwischen DJ-Pult bzw. Lautsprecherbox und durch die hervorgerufene Zeitverzögerung das Signal nur verspätet wahrnehmen. Zusätzliche Publikumsgeräusche verschlechtern außerdem die Verständlichkeit des Signals, sodass beim Mixen die z. B. auseinanderlaufenden Hi-Hats nur schwer herauszuhören sind. Deswegen kontrolliere stets deinen Mix über den Kopfhörer und den Monitor, der auf jeden Fall das Signal der PA, das du bei dir am Pult hörst, übertönen muss, wie folgt:

a) Mit einem Ohr hörst du unter einer Kopfhörermuschel den eingemixten Track (B). Den kompletten Mix verfolgst du mit dem anderen Ohr (z. B. über den Monitor), um eine genaue Zuordnung der einzelnen Trackelemente zu ermöglichen und beim Differieren der beiden Tracks die notwendigen Korrekturmaßnahmen auf den richtigen Tonträger anzuwenden.
b) Wenn Track (B) seine Maximallautstärke erreicht hat, wird der Mix zunächst über den Monitor auf eventuelle Lautstärkepegel- und Soundunterschiede

zwischen den beiden Tracks überprüft und entsprechend nochmals korrigiert.
c) Sobald Track (B) im Mix dominiert, wechselst du die Cue-Funktion für den Kopfhörer von Track (B) nach (A). Dies erfolgt vor dem Ausblenden des Tracks (A), damit seine dem Mix beigesteuerten Elemente, die über den Monitor durch seinen abnehmenden Lautstärkepegel nur noch schwer zu entnehmen sind, auf Synchronität kontrolliert werden können.
d) Während dessen kannst du auch beide Muscheln direkt hinters Ohr klemmen, um den Mix über Monitor zu verfolgen. Denn so fühlst du trotzdem den Impuls der Musik aus dem Kopfhörer am Ohr und im Notfall kannst du ihn auch schnell wieder aufsetzen.

Die meisten Locations verfügen über eine Monitorbox, die dem DJ sein Referenz-Mastersignal in Echtzeit als Orientierung für den Mix liefert. Wenn aber kein Monitor vorhanden ist, kann dann auch die PA vom Dancefloor diese Funktion übernehmen?
Zur Reduzierung der Lärmbelästigung am DJ-Arbeitsplatz sind in Locations die Lautsprecherboxen recht weit vom DJ-Pult entfernt, sodass du als DJ durch den langen Schallweg zwischen DJ-Pult und PA das Signal verspätet wahrnimmst. Hingegen nimmst du dieses über die PA, nicht in Echtzeit bei dir eintreffende Signal als Referenz zum Mixen, käme es beim Einblenden zum verspäteten Bassdrum-Einsatz und damit zu dem schon beschriebenen „Schienenschlageffekt".
Um sich von einer eventuell vorhandenen Schallverzögerung zu überzeugen, mixe zwei Tonträger über die PA und kontrolliere unter Kopfhörer das Mastersignal, ob beide Bassdrums synchron spielen. Bei einer zu hörenden Asynchronität und der daraus resultierenden Schallverzögerung verfolgst du deinen Mix stets unter Kopfhörer, entweder mit Split-Cue-Funktion oder durch gleichzeitiges Aktivieren der jeweiligen Cue-Tasten beider zu mixenden Kanäle bzw. des Upfader- und Masterkanals oder mittels Headphone/Cue-Mix-Funktion, indem du das Cue-Signal dem Master stufenlos zumischst. Dabei sollte das Cue-Signal, wie schon erwähnt, lauter sein als der Master, um besser heraushören zu können, welche Elemente im Mix zu welchem Track gehören und somit beim Auseinanderlaufen des Mixes den zu schnellen bzw. zu langsamen Track zu bestimmen.

Generell empfiehlt es sich, unter Kopfhörer zu mixen, denn:

- du bist somit nicht auf einen Monitor angewiesen
- deine Ohren werden vor der lauten PA geschützt
- du kannst deinem Mix subtiler und in allen Details der Tracks folgen, deine Korrekturen werden schneller erfolgen und dein Mix sauberer sein

Wenn kein Monitor vorhanden ist und dir das Mixen unter Kopfhörer schwer fällt, so probiere folgendes aus:

### TIPP

Bevor du deinen Track einblendest, suche in ihm unter Kopfhörer einen markanten Sound heraus, den du auch im Mix ohne Probleme heraushörst. Es sollte auf jeden Fall ein Sound im mittleren oder hohen Frequenzbereich, also keine Bassdrum oder Bassline sein. Diesen Sound benutze während des Mixes als Fixpunkt. D. h. wenn du den Mix startest und ihn ohne Kopfhörer über die Boxen verfolgst, konzentrierst du dich ausschließlich in dem eingemixten Track auf den fixierten Sound. Alles andere blendest du im Kopf aus. In dem Moment, wenn der Mix beginnt auseinander zu laufen, wirst du feststellen, wie dieser Fixpunkt im Mix davon schwimmt, sprich zu schnell oder zu langsam ist. Aber genau dann, wenn diese Schere (siehe untere Abbildung) entsteht, kannst du heraushören, welcher Track davon läuft oder hinter hinkt. Verpasst du diesen Moment, hast du keine Chance, den Mix zu retten, ohne dass es der Gast mitbekommt.

Zusammengefasst: Fixpunkt suchen und beim Mix immer auf den ersten Moment des Auseinanderlaufens achten.

Zwei auseinanderlaufende Tracks im Mix

### BEACHTE

Setze in dem Moment, wenn du den zu mixenden Track gestartet hast und seinen Kanal einblendest, nicht den Kopfhörer ab. Das ist wie blind Autofahren, denn du verlierst somit kurzfristig die akustische Kontrolle über deinen Mix. Wenn dein Mix auseinander läuft, so korrigiere schnellstens, denn deine Gäste sollen natürlich nichts von diesem Missgeschick mitbekommen.

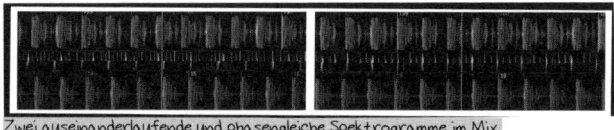

Zwei auseinanderlaufende und phasengleiche Spektrogramme im Mix

Beim Serato DJ Pro sind die Spektrogramme, die nebeneinander bzw. untereinander angezeigt dargestellt werden können, eine optische Hilfe. Denn die angezeigten Beats (Spitzen in dem Spektrogramm) geben dir darüber Aufschluss, welcher Track beim Auseinanderlaufen des Mixes der schnellere bzw. langsamere ist (links: auseinanderlaufend, rechts: synchron).

Viele DJs, die digitale Softwares nutzen, neigen dazu, permanent beim Mixen auf den Bildschirm zu schauen, um die Synchronisation der Tracks zu überwachen. Denn die DJing-Software erleichtert das Erlernen der Techniken, wie Beatmatching oder Synchronisieren, ungemein, sodass sich viele gar nicht mehr der Mühe unterziehen, das DJing traditionell durch Hören zu erlernen. Aber durch das Stieren auf den Desktop geht ein entscheidender Parameter des DJings verloren: das Entertainment. Deine Crowd kann deine Tätigkeit am Notebook nicht nachvollziehen. Sie wird vielleicht sogar behaupten, dass du gar nicht auflegen kannst, da der Mix komplett vom Rechner kommt. Deswegen verlasse dich beim DJing auf deine Ohren, nicht auf den Bildschirm und die Technik. Die kann schließlich auch ausfallen. Deswegen drehe beim Erlernen des DJings den Desktop von dir weg, damit du nicht verleitet wirst, auf ihn permanent zu schauen.

## Der Fade-In-Mix (Blending)

Beim Fade-In-Mix blendest du die Tracks langsam ein bzw. aus.

### Upfader-Mix

Das Mixen mit den Upfaders, das vorwiegend House- und Techno-DJs praktizieren, weil ihnen der längere Faderweg und das unabhängige Variieren der beiden Kanalparameter ein subtileres Überblenden ermöglichen, erfolgt nach folgenden Schritten:

### ÜBUNG

1. Vor dem Mix stellst du den Upfader (A) auf seine Maximum-Position ein, um dessen Signal als Master über die Lautsprecherboxen wiederzugeben. Stelle am besten einen Pegel von ca. 0 dB ein, damit keine Verzerrungen entstehen.
2. Nach einem erfolgreich abgeschlossenen Beatmatching kontrollierst du, ob der Crossfader entweder deaktiviert ist oder sich in der Mittelposition befindet.
3. Über die LED-Kette wird der Lautstärkepegel von Track (A) mit Track (B) verglichen, um Differenzen über den Gain-Regler entsprechend zu korrigieren, sodass anschließend beide Tracks einen identischen Maximalpegel (bei Lineareinstellung des EQ) über die LED-Kette aufweisen (0 dB). Achte darauf, dass du für die Gain-Anpassung im Track (B) eine laute Stelle aussuchst, d. h. kein Intro, Outro oder Break. Auch eventuelle Klangdifferenzen gleichst du vor dem Mix unter Kopfhörer mittels EQ aus.
4. Nachdem die Parameter am Mischpult eingestellt sind, mixt du unter Ausnutzung des kompletten Faderwegs Track (B) mit der Bassdrum als Cue Point auf die Bassdrum (A) durch ein langsames oder schnelles Einblenden des Upfaders (B). Deswegen ist der Lautstärkepegel der Tracks immer so auszurichten, dass die maximale Lautstärke am Anschlag des Upfaders erreicht wird. Achte darauf, dass du dabei den Masterpegel hältst.
5. Während des Mixes kannst du beide Tracks entweder über längere Zeit mit identischer Lautstärke abgespielen. Oder, wenn der Track (B) seinen maximalen Lautstärkepegel erreicht hat, blende den Upfader (A) langsam oder schnell wieder aus.

### BEACHTE

- Der Lautstärkepegel des einzumixenden Tracks (B) darf nicht größer als der von Track (A) sein. Deswegen blende zur besseren Koordination der Lautstärke zunächst langsam ein, um ein Gefühl dafür zu bekommen.
- Schiebe den Kanal zunächst auf halbe Lautstärke, damit im Fall notwendiger Korrekturen diese nicht offensichtlich zu hören sind.
- Öffne den Fader danach weiter stufenweise, aller vier oder acht Takte.
- Der Masterpegel darf sich trotz Übereinanderlegen der beiden Tracks und der entstehenden Lautstärkensummation nicht verändern.

## Der Fade-In-Mix (Blending)

**Crossfader-Mix**

Der Crossfader übernimmt durch seine einstellbaren Kurven einerseits die Überblendfunktion zwischen den Upfadern (A) und (B), anderseits die Cut-Funktion zwischen den Kanälen. Beim Cutten erfolgt ein ständiger Wechsel zwischen den Tonträgern, indem Sequenzen des Tracks (B) förmlich in den Track (A) geschnitten werden. Neben dem Crossfader werden auch die Upfader und der EQ mit einbezogen.

**ÜBUNG**

1. Zunächst gibst du über Kanal (A) das Mastersignal wieder, und für Track (B) führst du das Beatmatching durch.
2. Aktiviere den Crossfader, d. h. du ordnest dem linken Anschlagpunkt des Crossfaders Kanal (A) und dem rechten Kanal (B) zu.
3. Die Crossfaderkurve, sofern diese einstellbar ist, stellst du nach deinen Mix-Vorstellungen ein.
4. Unter dem Kopfhörer passt du mit Gain bzw. EQ die Lautstärkepegel (0 dB) und Klangparameter des einzumixenden Tracks dem Mastersignal an.
5. Der Upfader (B) wird bis zum Anschlag geschoben.
6. Bewege den Crossfader langsam von Kanal (A) zu (B). Wenn der Crossfader auf Position (B) steht, verstummt Track (A).

**EQ-Mix**

Mixer als Hard- oder Software verfügen über einen Zwei- oder Dreiband-Equalizer pro Kanal, der nicht nur der klanglichen Anpassung unterschiedlicher Tonträger dient, sondern durch einen großen Dämpfungsumfang (meistens zwischen -26 dB bis +26 dB) eine Auslöschung der für den Mix unvorteilhaften Frequenzen und Trackelemente wie Flächen/Vocals/Hi-Hats (Höhen), Leadsounds/Snares/Percussions (Mitten), Basslines/Kickdrums (Tiefen) ermöglicht. Durch die Schwingungsüberlagerung bzw. -addition beim Mixen erhöht sich nicht nur der Lautstärkepegel am Masterausgang, sondern kann auch bei zwei übereinander gemixten Bassdrums mit gegensätzlichen Phasenlagen zur Auslöschung der Schwingungen führen. Die hervorgerufene Phasenverschiebung der Signalfrequenzen verursacht dadurch eine Reduzierung des Bassdrums-Volumens. Indem der Bass-EQ bei Track (B) vor dem Mix auf ein Minimum gedrosselt wird, eliminierst du

diesen unerwünschten Effekt und hältst deinen fokussierten Masterpegel. Während des Mixes zwischen (A) und (B) mittels Up- oder Crossfader bleibt diese Bass-EQ-Einstellung bestehen. Erst, wenn der Fader (B) seine maximale Lautstärke erreicht, blende auch die Bassfrequenzen über. Durch die gleichzeitige Koordination der beiden Bassregler von Kanal (A) und (B), indem der Bass-EQ von Track (B) langsam auf die normale Einstellung (meist null dB) und im selben Atemzug der Regler des Tracks (A) auf ein Minimum gebracht wird, ist der Übergang harmonischer als bei einem Mix ohne EQ.

### TIPP

Verfolgst du den Mix unter Kopfhörer mit Cue-Mix-Funktion, stelle stets das Lautstärkeverhältnis zugunsten des Tracks mit gefiltertem Bass ein. Damit hörst du zunächst den einzublendenden Track unter Kopfhörer im Vordergrund. Tauschst du im Mix die Bässe der Tracks am EQ, verschiebe auch den Cue-Mix, sodass jetzt der andere Track unter dem Kopfhörer dominiert.

Vor allem House- und Techno-DJs nehmen den EQ auch zum Modifizieren minimal instrumentierter Tracks, um durch ständiges Schrauben an den jeweiligen Frequenzbändern und damit die Übergänge auf etliche Minuten auszudehnen. DJs verändern auch in Breaks den Bass-, Mitten- und Höhen-EQ zur Dramaturgiesteigerung, indem sie diese Frequenzen stufenlos aus und anschließend wieder einblenden.

Als letzte Möglichkeit des EQ-Einsatzes wäre die Kombination zweier verschiedener Basslines im Mix zu nennen: Nach einem Takt der Bassline (A) (vier Zählzeiten) drosselst du diese mit dem Bass-EQ (Track (A)) auf ihr Minimum (Bassline-Mix), um anschließend einen Takt der Bassline (B) durch die entsprechende Null-dB-Einstellung des Bass-EQs (Track (B)) zu spielen – siehe Abbildung. Die Lautstärke der beiden Tracks wird dabei nicht verändert. Über den gesamten Mix sind sie gleichrangig zu hören, ausgenommen die Bassfrequenzen. Dieses Wechselspiel mit der Bassline kann über mehrere Takte wiederholt werden, bis Track (A) gänzlich ausgeblendet wird.

| ■ Dominierende Bassline | | | | | | | □ Gefilterte Bassline | | | | | | | | |
|---|---|---|---|---|---|---|---|---|---|---|---|---|---|---|---|
| Zählzeit | 1 | 2 | 3 | 4 | 5 | 6 | 7 | 8 | 9 | 10 | 11 | 12 | 13 | 14 | 15 | 16 |
| Track (A) | ■ | ■ | ■ | ■ | □ | □ | □ | □ | ■ | ■ | ■ | ■ | □ | □ | □ | □ |
| Track (B) | □ | □ | □ | □ | ■ | ■ | ■ | ■ | □ | □ | □ | □ | ■ | ■ | ■ | ■ |

EQ-Mix mit verschiedenen Basslines

Der Fade-In-Mix (Blending)
Das Cutten/Chop-Mixing

## Das Cutten/Chop-Mixing

Chop-Mixing

Wie schon erwähnt, ist unter dieser speziellen Mixtechnik das In- und Aneinanderschneiden verschiedener Sequenzen zweier Tracks zu einem Mix oder das pausenlose Aneinanderreihen von Tracks zu verstehen, wobei sie vorrangig angewendet wird:

- bei ungleichmäßigem Beat eines Tracks, z. B. bei mit herkömmlichem Schlagzeug eingespielten Tracks
- beim Mixen von Tracks mit Breakbeats, z. B. HipHop, Big Beat und Drum´n´Bass
- wenn die Intros, Outros und Breaks zu kurz sind, um ein längeres Mixing durchzuführen
- wenn die zu mixenden Tracks viele melodische Elemente besitzen, die aber aufgrund unterschiedlicher Tonarten nicht miteinander harmonieren
- wenn Scratching als Effekt in den Track integriert wird.

Aber auch situationsbedingt setzen DJs das Cutten, auch Chop-Mixing genannt, ein, wenn z. B. aus Zeitmangel kein umfangreiches Beatmatching durchgeführt werden kann oder kein Monitor in der Discothek oder im Club vorhanden ist. Man entscheidet sich lieber für einen kurzen, gecutteten Übergang, als einen auseinander laufenden und unharmonischen Mix.
Auch zum Ankündigen und Antesten eines Tracks (Teaser-Mix), indem man ein markantes Vocal- oder Soundschnipsel kurz cuttet, bietet es sich an.
Das Cutten führst du entweder mit dem Crossfader, der mit einer Hand ein schnelles Überblenden zwischen den beiden Kanälen gewährleistet oder mit den beiden Upfadern durch abwechselndes Ein- und Ausblenden aus. Wenn im zu cuttenden Track gerade eine Fläche oder Vocals zu hören sind, bietet sich das Cutten weniger an, dafür mehr bei Grooves und unmelodischen Passagen. Im Vergleich zum Crossfader-Mix unterscheidet sich das Cutten durch Geschwindigkeit und Häufigkeit des Crossfader-Verschie-

bens. Denn es erfolgt ein mitunter mehrmaliger, schneller Wechsel zwischen den Kanälen, wobei der dazu gecuttete Kanal entweder den anderen Kanal durch die Anschlagposition des Crossfaders völlig auslöscht oder die Cutsequenz zum anderen Kanal durch mehrmaliges Verschieben des Crossfaders zur Mittelposition einblendet. Beim Switch-Mixing hingegen wird einmalig der Crossfader von (A) nach (B) bewegt, d. h. Track (A) wird mit Beginn von Track (B) sofort komplett gekillt (siehe Abbildung).

| Zählzeit | 1 | 2 | 3 | 4 | 5 | 6 | 7 | 8 | 9 | 10 | 11 | 12 | 13 | 14 | 15 | 16 |
|---|---|---|---|---|---|---|---|---|---|---|---|---|---|---|---|---|
| Track (A) | ■ | ■ | ■ | ■ | ■ | ■ | ■ | ■ | ■ | □ | □ | □ | □ | □ | □ | □ |
| Track (B) |   |   |   |   |   |   |   |   | ■ | ■ | ■ | ■ | ■ | ■ | ■ | ■ |

Chop-Mixing

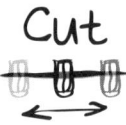

Cut

Für das Cutten sind folgende Vorbereitungen am Mixer und den Schallplattenspielern bzw. DJ-Playern zu treffen:

### ÜBUNG

1. Nachdem du die unterschiedlichen Tempi der beiden Tracks (A) und (B) durch Beatmatching angeglichen hast, ordnest du dem Crossfader die einzelnen Kanäle zu. Kontrolliere außerdem, dass der Crossfader sich am linken Anschlag (Position A) befindet und die Upfader (A) und (B) auf Maximum stehen.
2. Lege vor dem Cutten die Struktur (Pattern), d. h. wie oft und mit welchen Elementen die Sequenzen (z. B. Drums, Sounds, Vocals) von Track (B) in Track (A) durch Verschieben des Crossfaders gecuttet werden sollen, fest.
3. Das Cutten beginnst du zunächst mit dem Einmixen des Track (B) auf Track (A) unter Kopfhörer. Ist im Track (B) die gewählte Cutsequenz zu hören, schiebe in diesem Moment den Crossfader entweder auf die Mittelposition bzw. ganz nach rechts. Nach dieser Sequenz kannst du entweder das Cutten abschließen, indem du den Crossfader endgültig auf der rechten Position (B) stehen lässt oder den Crossfader wieder auf die Position (A) verschiebst, um ein weiteres Mal die Cutsequenz einzublenden.
4. Du kannst das Cutten auch ohne vorheriges Einmixen des Tracks (B) ausführen, indem du gleichzeitig mit dem Cue Point des Tracks (B) startest und in diesem Moment den Crossfader von (A) nach (B) verschiebst. Wenn

# Das Cutten / Chop-Mixing

eine Sequenz mit ihrem Cue Point mehrmalig in den Track (A) gecuttet werden soll, schiebst du den Crossfader nach der Sequenz wieder von (B) nach (A). Während dessen suchst du erneut den Cue Point, um zu passender Gelegenheit die Sequenz wieder mittels Crossfader einzuspielen. Dieses Cutverfahren, siehe untere Abbildung, ist aber nur fortgeschrittenen DJs zu empfehlen, da ein gleichzeitiges Starten des Decks und Verschieben des Crossfaders mitunter zu einem unpräzisen Einsatz des Tracks (B) führt

| Zählzeit | 1 | 2 | 3 | 4 | 5 | 6 | 7 | 8 | 9 | 10 | 11 | 12 | 13 | 14 | 15 | 16 |
|---|---|---|---|---|---|---|---|---|---|---|---|---|---|---|---|---|
| Track (A) | ■ | ■ | ■ | ■ | □ | □ | □ | ■ | ■ | ■ | ■ | ■ | □ | □ | □ | □ |
| Track (B) |   |   |   |   | ■ | ■ | ■ | ■ |   |   |   |   | ■ | ■ | ■ | ■ |

Cutten mit dem Cue Point des Tracks (B)

In der Praxis cutten DJs besonders gern zwischen den unterschiedlichen Beats, Basslines, aber auch im HipHop zwischen den Raps. Das Cutten erfolgt zyklisch und gleichmäßig, d. h. es werden entsprechend der Trackstruktur Sequenzen anderer Tracks unter Berücksichtigung dargestellter Cut-Strukturen geschnitten:

Im folgenden Beispiel, das vier Takte (Bars) eines Übergangs von Track (A) zu Track (B) darstellt, stehen die Zählzeiten für den Bassschlag (Bassdrum) pro Takt. D. h. vier Zählzeiten ergeben einen 4/4-Takt, und die grauen Felder kennzeichnen das über den Master wiedergegebene Signal. Mit „Cut" wird der Zeitpunkt für den mit dem Crossfader auszuführenden Wechsel zwischen Track (A) und Track (B) dargestellt.

Das Cutten erfolgt einmal nach den ersten acht Bassschlägen (zwei Bars):

| Zählzeit | 1 | 2 | 3 | 4 | 5 | 6 | 7 | 8 | 9 | 10 | 11 | 12 | 13 | 14 | 15 | 16 |
|---|---|---|---|---|---|---|---|---|---|---|---|---|---|---|---|---|
| Track (A) | ■ | ■ | ■ | ■ | ■ | ■ | ■ | ■ | □ | □ | □ | □ | □ | □ | □ | □ |
| Track (B) | □ | □ | □ | □ | □ | □ | □ | □ | ■ | ■ | ■ | ■ | ■ | ■ | ■ | ■ |

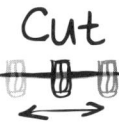

Cutstruktur 1

Während des Übergangs nimmst du drei Cuts vor, jeweils nach einem Takt:

| Zählzeit | 1 | 2 | 3 | 4 | 5 | 6 | 7 | 8 | 9 | 10 | 11 | 12 | 13 | 14 | 15 | 16 |
|---|---|---|---|---|---|---|---|---|---|---|---|---|---|---|---|---|
| Track (A) | ■ | ■ | ■ | ■ | □ | □ | □ | □ | ■ | ■ | ■ | ■ | □ | □ | □ | □ |
| Track (B) | □ | □ | □ | □ | ■ | ■ | ■ | ■ | □ | □ | □ | □ | ■ | ■ | ■ | ■ |

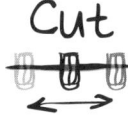

Cutstruktur 2

Die Cuts erfolgen aller halben Takte:

| Zählzeit | 1 | 2 | 3 | 4 | 5 | 6 | 7 | 8 | 9 | 10 | 11 | 12 | 13 | 14 | 15 | 16 |
|---|---|---|---|---|---|---|---|---|---|---|---|---|---|---|---|---|
| Track (A) | ■ | ■ | □ | □ | ■ | ■ | □ | □ | ■ | ■ | □ | □ | ■ | ■ | □ | □ |
| Track (B) | □ | □ | ■ | ■ | □ | □ | ■ | ■ | □ | □ | ■ | ■ | □ | □ | ■ | ■ |

Cutstruktur 3

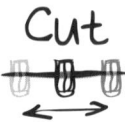

Jetzt setzt du als Cutsequenz z. B. auf der letzten Taktzählzeit ein zu hörendes Sample, eine Snare, einen Crash oder Wirbel ein:

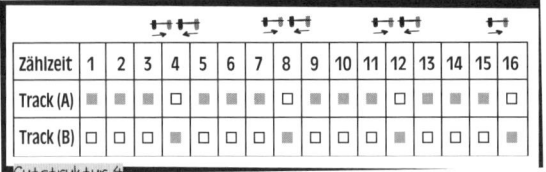

Cutstruktur 4

Durch den ständigen Wechsel zwischen den einzelnen Bassdrums (A) und den Snares (B) kreierst du einen neuen Beat:

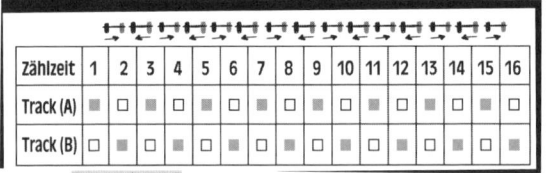

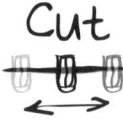

Cutstruktur 5

### BEACHTE

Verfolge dabei einen oder beide Tracks unter dem Kopfhörer. Anderenfalls hörst du nicht rechtzeitig, wenn die Tracks auseinander laufen. Denn beim Cutting sind immer nur Parts jeweils von einem Track über den Master hörbar.

## Das Instant Play

Beim Instant Play startest du den Mix zwischen zwei Tracks, indem du einen aus der Tracklist direkt auf ein Deck lädst und dieser damit in Echtzeit den Mix beginnt oder einen anderen Track im bereits laufenden Mix ablöst. Du kickst förmlich mit dem Load in das aktive Deck einen Track aus dem Mix. Vorausgesetzt: Im Setup ist „Lock Playing Deck" deaktiviert. Instant Play ist sinnvoll, wenn es um sehr schnelle Übergänge und Cuts ohne vorheriges Beatmatching geht. Deswegen sei dir im Vorfeld sicher, dass:

- entweder die BPMs der beiden zu mixenden Tracks generell, also vom Originaltempo übereinstimmen bzw.
- die Sync-Funktion samt der Setup-Einstellung, dass das Tempo des geladenen Tracks automatisch das des Master-Tracks übernimmt, aktiv ist.

Zudem müssen in dem per Instant Play gestarteten Track die Beatgrids korrekt auf den Beats bzw. der erste Cue Point auf dem Downbeat, also auf der ersten Kick im Track, sitzen. Damit startet dieser Track mit seiner Kick auf die des anderen, vorausgesetzt, du lädst den Track auch auf den Beat. Bei unsicherem Taktgefühl aktiviere zudem Quantize mit 1 Beat und Smart Sync, damit mit dem Upload des Tracks in das Deck der Mix der beiden Beats auf Anhieb von der Phase passt.

Instant Play setzt man ein, wenn:

- dir keine Zeit für das Beatmatching und Cueing eines Tracks zur Verfügung steht
- du im bereits aktiven Mix einen Track der beiden, zum Beispiel durch einen anderen Remix, austauschen und
- du unter ein Acapella im Wechsel zwei verschiedene Instrumentals legen möchtest.

Instant Play funktioniert technisch gesehen am besten mit Musikdateien, die auf einer internen, nicht externen Festplatte gespeichert sind. Zudem sollte dein Rechner mit ausreichend Arbeitsspeicher und einer schnellen Zugriffsgeschwindigkeit auf deiner Festplatte bewaffnet sein. Anderenfalls kommt es beim Laden zu einem gewissen Delay, also Zeitverzögerung. Mitunter friert auch kurz der Bildschirm ein. Daher probiere es einfach aus, ob dein Laptop das Instant Play schafft.

## Das Cutten mit Power-Off, Brake und Spinback

Die folgenden drei Cutmöglichkeiten erfolgen entweder mit einem vorher durchgeführten Beatmatching, um nach dem Cut das Mix-Tempo weiterhin konstant fortzusetzen oder ohne Berücksichtigung der unterschiedlichen Trackgeschwindigkeiten, damit du einen musikalischen Stilwechsel in Form eines Breaks vollziehen kannst.

### Cut mit Power-Off-Schalter

Diesen Effekt setzen DJs als Mixalternative zwischen zwei Tracks ein, die bezüglich ihrer Tempi zu sehr differieren, sodass ein Beatmatching nicht praktizierbar ist, oder um einen musikalischen Stilwechsel anzukündigen. Dabei schaltest du den Schallplattenspieler, der das Mastersignal überträgt, mit dem Power-Off-Schalter aus, um die Schallplatte ganz langsam auslaufen zu lassen und um im Anschluss die Schallplatte (B) schnell via Crossfader oder Upfader einzublenden. Eine weitere Möglichkeit besteht darin, dass nach dem Auslaufen der Schallplatte (A) der Kanal der Schallplatte (B) aktiviert wird, um den Track (B) aus dem Power-Off-Zustand nur mit der Hand langsam auf die Originalgeschwindigkeit zu beschleunigen, die anhand der Plattentellermarkierung zu erkennen ist. Beim Erreichen des Originaltempos wird die Start-Taste der Schallplatte (B) gedrückt.

### Brake

Das Drücken der Start-/Stopp-Taste am Schallplattenspieler, die häufig als Brake (Bremse) bezeichnet wird, bewirkt durch ihr abruptes Stoppen einen oft eingesetzten Nebeneffekt, der je nach Brake-Einstellung (siehe Tuning) langsamer oder schneller ausfällt.

Beim Cutten mit Brake musst du vor dem Wechsel auf die achte Taktzählzeit des Tracks (A) die Braketaste drücken, um anschließend mit dem Crossfader die Bassdrum des Tracks (B) einzublenden (siehe obere Abbildung). Das Ausschalten des Tracks (A) kann auch auf die neunte Taktzählzeit erfolgen, allerdings ist auf die gleiche Zählzeit der Track (B) einzusetzen, d. h. beide Kanäle sind zu dieser neunten Taktzählzeit durch einen deaktiven Crossfader oder durch dessen Mittelposition offen (siehe folgende Abbildung). Nachdem der gewünschte Effekt verklungen ist, schiebe den Crossfader auf die Position (B), um den Kanal (A) zu schließen.

## Das Cutten mit Power-Off, Brake und Spinback

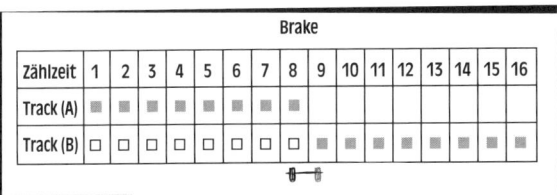

Cut mit Brake 1

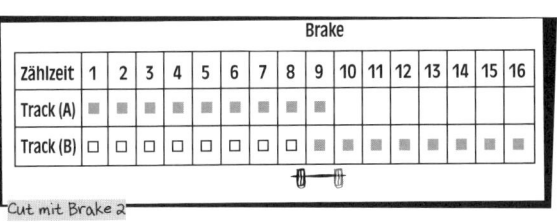

Cut mit Brake 2

Diese beiden Abbildungen stellen die Variationen mit einem vor dem Cut laufenden Track (B) dar. Aber du kannst den Track (B) auch mit dem Cutpunkt starten, indem du, wie in der Abbildung „Cut mit Brake 3" zu sehen ist, die Brake auf die achte Zählzeit aktivierst, danach den Crossfader sofort auf den anderen Kanal überblendest und auf die neunte Zählzeit den Track (B) startest. Noch schwieriger wird der Cut auf die neunte Zählzeit (Abbildung „Cut mit Brake 4"), denn der Kanal (B) ist schon kurz vor der Zählzeit offen, d. h. du aktivierst den Crossfader oder Upfader für Track (B) ein bis vier Zählzeiten vor dem Cut und integrierst eventuell einen Scratch oder hältst deine Hand am Schallplattenspieler ganz ruhig, damit:

- kein unerwünschtes Signal vom Schallplattenspieler (B) vor der neunten Zählzeit zu hören ist
- die Nadel nicht vor dem Start des Tracks (B) springt.

Auf die zehnte Zählzeit schließt du Kanal (A) mit dem Crossfader.

| Zählzeit | 1 | 2 | 3 | 4 | 5 | 6 | 7 | 8 | 9 | 10 | 11 | 12 | 13 | 14 | 15 | 16 |
|---|---|---|---|---|---|---|---|---|---|---|---|---|---|---|---|---|
| Track (A) | ■ | ■ | ■ | ■ | ■ | ■ | ■ | ■ | | | | | | | | |
| Track (B) | | | | | | | | | ■ | ■ | ■ | ■ | ■ | ■ | ■ | ■ |

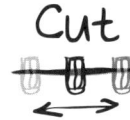

Cut mit Brake 3

# SKILLS

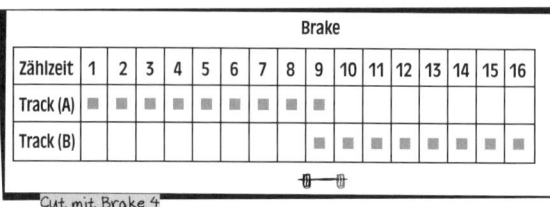
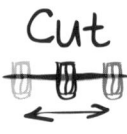

Cut mit Brake 4

### Cut mit Spinback

Das ganz schnelle Zurückziehen einer Schallplatte (Spinback oder auch Rewind genannt), das auch im Zusammenhang mit Cutting zu nennen ist, variiert durch die zu beeinflussenden Parameter wie Geschwindigkeit des Spinbacks und die verwendeten Sounds:

Lege deine Hand auf die Platte (am besten „12-Uhr-Position") und drehe auf einmal mit gesamter Kraft bzw. vollem Schwung die Platte zurück. Danach lässt du die Schallplatte nach einer viertel bis halben Drehung los. Der erzeugte schnelle Spinback, dessen Dauer vom Rutschverhalten zwischen Schallplatte und Slipmat abhängt, kann je nach Geschwindigkeit und der im Track vorhandenen Vocals- und Lead-Sound-Anteilen eher schrill bzw. laut klingen. Deswegen bevorzuge Trackpassagen mit vielen Drum- und Grooveelementen bzw. verringere vor dem Spinback den Bass am EQ und seinen Pegel um ein Minimum. Ein Spinback schließt mit einem Crossfader-Cut zu Track (B) ab.

Die untere Abbildung offeriert eine Einsatzmöglichkeit des Spinbacks im Mix, bei der auf die letzten vier Zählzeiten die Schallplatte (A) blitzschnell zurückgedreht und auf die neunte Taktzählzeit die Schallplatte (B) durch einen Cut zu hören ist.

➕ Spinback

| Zählzeit | 1 | 2 | 3 | 4 | 5 | 6 | 7 | 8 | 9 | 10 | 11 | 12 | 13 | 14 | 15 | 16 |
|---|---|---|---|---|---|---|---|---|---|---|---|---|---|---|---|---|
| Track (A) | ■ | ■ | ■ | ■ | ✢ | ✢ | ✢ | ✢ | | | | | | | | |
| Track (B) | ☐ | ☐ | ☐ | ☐ | ☐ | ☐ | ☐ | ☐ | ■ | ■ | ■ | ■ | ■ | ■ | ■ | ■ |

Schneller Spinback

Beim Spinback mittels Zurückdrehen der Schallplatte am Label, für den auch Trackpassagen mit hohen Frequenzen geeignet sind, behältst du die Kontrolle über die gesamte Dauer des Spinbacks und beeinflusst dessen Tonlage bzw. auch Geschwindigkeit, die von einem langsamen Spinback zu einem schnellen und umgekehrt variieren kann. Im DJ-Set wird er wie folgt umgesetzt: Zu Track (A) mixe Track (B) bis zum maximalen Lautstärkepegel ein, um anschließend z. B. beim Einsatz der Vocals oder Leadsounds im Track (B) den Track (A) mit einem langsameren Spinback auszublenden (siehe Abbildung).

| | | | | | M | i | x | | Spinback | | Fade | | out | | | |
|---|---|---|---|---|---|---|---|---|---|---|---|---|---|---|---|---|
| Zählzeit | 1 | 2 | 3 | 4 | 5 | 6 | 7 | 8 | 9 | 10 | 11 | 12 | 13 | 14 | 15 | 16 |
| Track (A) | ■ | ■ | ■ | ■ | ■ | ■ | ■ | ■ | + | + | + | + | + | + | + | + |
| Track (B) | □ | □ | □ | □ | ■ | ■ | ■ | ■ | ■ | ■ | ■ | ■ | ■ | ■ | ■ | ■ |

Langsamer Spinback

Der Spinback kann auch mit beiden Händen ausgeführt werden, indem sie abwechselnd die Platte um ein Sechstel zurückdrehen.
Übrigens: Alle genannten Effekte lassen sich auch mit DJ-Controllern und Multimedia-Playern im aktivierten Vinyl-Modus simulieren. Hierfür sind die Sensitivität des Jog-Wheels und die Brake-Stärke entsprechend einzustellen.

## Die Upfader-Cuts

Einen Beat in seine Bestandteile Kick, Snare oder sogar Hi-Hat zu zerlegen, gehört zum gebräuchlichen DJ-Fingerspiel am Mixer wie das ständige Schrauben an den dessen EQ-Reglern. Natürlich bietest du damit nicht nur visuellen Aktionismus. Auch akustisch geben die Upfader-Cuts buchstäblich einen besonderen Kick. In einem Mix kündigt sich der neue Track mit seinen einzeln, kurz frequenziell eingeblendeten Beats unauffälliger an. Aber auch in beatlosen Breaks mit langgezogenen Vocal-Silben oder Flächen erzeugt man mit den Upfader-Cuts einen schönen Transformer-Effekt. Um die Upfader-Cuts zu trainieren, studiere folgende Übung ein.

 **ÜBUNG**

1. Lade auf deine beiden Decks zwei verschiedene Loops mit Kick, Snare und Hi-Hats in einer klassischen 4/4-Beat-Formation. Stelle für beide Loops zunächst ein Tempo von 90 BPM ein.
2. Der Loop auf Deck (A) dient als Master, Deck (B) hörst du zunächst nur unter Kopfhörer.
3. Lege Loop (B) auf Loop (A), sodass beide phasengenau spielen.
4. Setze den Kopfhörer ab und öffne den Upfader (B) nur kurz jeweils zum Zeitpunkt der Kick (B).

| Zählzeit | 1 | 2 | 3 | 4 | 5 | 6 | 7 | 8 | 9 | 10 | 11 | 12 | 13 | 14 | 15 | 16 |
|---|---|---|---|---|---|---|---|---|---|---|---|---|---|---|---|---|
| Track (A) | ■ | ■ | ■ | ■ | ■ | ■ | ■ | ■ | ■ | ■ | ■ | ■ | ■ | ■ | ■ | ■ |
| Track (B) | ■ | ☐ | ■ | ☐ | ■ | ☐ | ■ | ☐ | ■ | ☐ | ■ | ☐ | ■ | ☐ | ■ | ☐ |

Upfader-Cuts auf die Kick

5. Bei korrektem Timing wiederhole diese Cuts jetzt mit der Snare (B).

| Zählzeit | 1 | 2 | 3 | 4 | 5 | 6 | 7 | 8 | 9 | 10 | 11 | 12 | 13 | 14 | 15 | 16 |
|---|---|---|---|---|---|---|---|---|---|---|---|---|---|---|---|---|
| Track (A) | ■ | ■ | ■ | ■ | ■ | ■ | ■ | ■ | ■ | ■ | ■ | ■ | ■ | ■ | ■ | ■ |
| Track (B) | ☐ | ■ | ☐ | ■ | ☐ | ■ | ☐ | ■ | ☐ | ■ | ☐ | ■ | ☐ | ■ | ☐ | ■ |

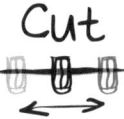

Upfader-Cuts auf die Snare

6. Anschließend cutte die Kick (B) und die Snare (B) abwechselnd.

| Zählzeit | 1 | 2 | 3 | 4 | 5 | 6 | 7 | 8 |
|---|---|---|---|---|---|---|---|---|
| Track (A) | ■ | ■ | ■ | ■ | ■ | ■ | ■ | ■ |
| Track (B) | ■ | ■ | ■ | ■ | ■ | ■ | ■ | ■ |

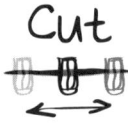

Upfader-Cuts auf die Kick und Snare

7. Da Kick und Snare immer auf der vollen Zählzeit spielen, ist es relativ leicht, sie als 4/4-Noten-Cut vom Timing genau auf den anderen Loop zu legen. Dagegen wird es schwieriger mit der Hi-Hat, die mindestens doppelt so oft als Achtel-Noten und damit auch im Offbeat, also zusätzlich zwischen Kick und Snare, platziert ist. Wiederhole deswegen den Schritt 4 erneut, allerdings nur mit der im Offbeat zu hörenden Hi-Hat als 4/4 Noten.

Enthusiast / Bedroom-DJ / Professional DJ / Artist

Die Upfader-Cuts
Die Scratch-Cuts

| Zählzeit | 1 | | 2 | | 3 | | 4 | | 5 | | 6 | | 7 | | 8 | |
|---|---|---|---|---|---|---|---|---|---|---|---|---|---|---|---|---|
| Track (A) | ■ | □ | ■ | □ | ■ | □ | ■ | □ | ■ | □ | ■ | □ | ■ | □ | ■ | □ |
| Track (B) | □ | ■ | □ | ■ | □ | ■ | □ | ■ | □ | ■ | □ | ■ | □ | ■ | □ | ■ |

Upfader-Cuts im Offbeat auf die Hi-Hat

8. Erhöhe das Tempo in Schritten um zehn BPM, bis du maximal 140 BPM erreichst und wiederhole bei jedem Step erneut diese Übung.
9. Schalte den Loop (A) aus. Wiederhole erneut die Schritte (4) bis (8). Kontrolliere dabei, ob deine Cuts die Beats exakt treffen, dein Timing passt.

Vor allem die mit der Hi-Hat im Offbeat platzierten Upfader-Cuts bedürfen sehr viel Übung und eines gut funktionierenden inneren Metronoms, damit du den Fader immer genau zum exakten Zeitpunkt öffnest und den Beat hältst. Dagegen beim bereits erwähnten transformerartigen Zerstückeln von Vocals und Flächen in beatlosen Breaks wechselt man stufenlos das Tempo der Cuts von Real, auf Half- oder Double Time. Cutte dazu den Sound kurz vor dem Drop z. B. von langsam auf schnell oder umgekehrt, um damit den Breakdown dramaturgisch noch mehr zu steigern.

## Die Scratch-Cuts

In Kombination mit Scratches können Crossfader-Cuts kreativer gestaltet werden, indem einzelne Sequenzen wie Vocals oder Samples den nächsten Track durch kleine Scratches (Teaser-Mix) ankündigen.

| | Scratch | | | Scratch | | | Scratch | | | | | | | | | |
|---|---|---|---|---|---|---|---|---|---|---|---|---|---|---|---|---|
| Zählzeit | 1 | 2 | 3 | 4 | 5 | 6 | 7 | 8 | 9 | 10 | 11 | 12 | 13 | 14 | 15 | 16 |
| Track (A) | ■ | ■ | ■ | ■ | ■ | ■ | ■ | ■ | ■ | ■ | □ | □ | □ | □ | | |
| Track (B) | | | ■ | ■ | | | ■ | ■ | | | ■ | ■ | ■ | ■ | ■ | ■ |

Scratch Cuts

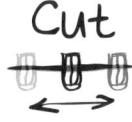

Nach einem beliebig oft wiederholten Scratch schließt du dein Cutting durch Überblenden des Crossfaders auf Kanal (B) ab.
Wie die Scratches im Speziellen klingen können und wie du sie praktizierst, erfährst du im Kapitel „Scratching".

# SKILLS

## Die Spezial-Effekte

Mit zwei identischen Schallplatten bzw. Tracks trittst du in deinem Set den Beweis an, dass du für Phasing-, Delay oder Rewind-Effekte kein zusätzliches Equipment benötigst:

### Phasing

Dieser Effekt basiert auf der mehrmaligen Wiedergabe eines Signals mit unterschiedlicher Laufzeit, bei dem aufgrund der Zeitverschiebung und Wellenform Anhebungen bzw. Auslöschungen verursacht werden, die das Signal dumpfer oder schwammiger gestalten.

Indem du zwei identische Tracks, die hundertprozentig synchron laufen, gleichzeitig über das Mischpult abspielst und während dessen eine der beiden minimal abbremst oder beschleunigst, verschwimmt das Signal und der „Phasing-Effekt" setzt ein.

### Delaying

Auch beim Delaying, das ein wichtiger Bestandteil des Beat Jugglings ist, kommen zwei identische Tracks zum Einsatz, die zwar synchron, aber zeitversetzt abgespielt werden. Mixe Track (B) unter Kopfhörer zunächst so ein, dass du die Bassdrum (B) – Kick – genau zwischen die Bassdrum und Snare des Tracks (A) setzt. Nachdem du unter Kopfhörer kontrolliert hast, dass die zeitversetzte Bassdrum (B) den gewünschten Effekt erzielt, blendest du den Crossfader immer auf Kanal (B), wenn z. B. die Snare von Track (B) zu hören ist. Nach dem kurzen Cut auf die Snare (B) folgt anschließend ein Cut zurück zu Track (A), sodass Track (A) der Master bleibt. Zur Abwechslung können auch beide Decks gleichzeitig, d. h. ohne Cutting, für ein bis zwei Takte mit diesem Effekt abgespielt werden. Die folgende Abbildung stellt den Ablauf beim Delaying in einem 4/4-Takt dar:

| Zählzeit | 1 | | 2 | | 3 | | 4 | |
|---|---|---|---|---|---|---|---|---|
| Track (A) | Kick | | Snare | | Kick | | Snare | |
| Track (B) | | Kick | | Snare | | Kick | | Snare |

Der Delaying-Effekt im DJ-Set

## Instant Doubles

Dank Digital Vinyl Systems ist es nicht mehr notwendig, zwei gleiche Schallplatten für das Phasing, Delaying oder Beat Juggling zu kaufen. Du lädst einfach den Track ein zweites Mal auf das andere Deck und los geht´s. Eine sehr hilfreiche Funktion zum Synchronisieren von zwei gleichen Tracks ist „Instant Doubles" von Serato DJ Pro bzw. die Funktion „Dublicate deck when loading same track" bei Traktor, die unter dem Reiter Loading im Setup aktiviert wird.

Sind die jeweiligen Funktionen im Setup bei Serato DJ Pro und Traktor aktiv, auf Deck (A) ein Track läuft, lädst du den selben Track (es muss die gleiche Musik-Datei sein) auf Deck (B). Anschließend wird er ab der gleichen Position im Track, wo sich auch in diesem Moment Deck (A) befindet, auf Deck (B) abgespielt. Die Beats sind dabei völlig synchron, solange die Pitch-Controls die gleiche Einstellung und somit beide Decks das gleiche Tempo verzeichnen bzw. Sync aktiv ist.

**Schritte beim „Instant Doubles"**

1. Auf Deck (A) läuft ein Track, der „gedoppelt" werden sol

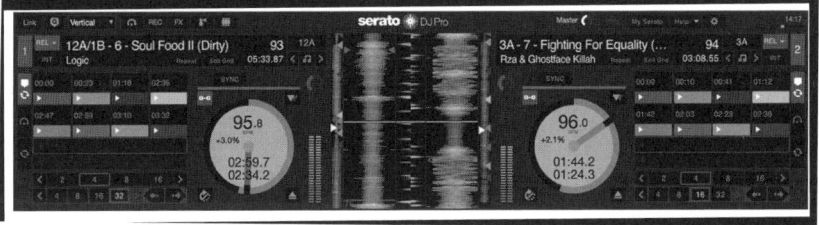

2. Entweder nutze Sync und lege Deck (A) als Master für das Tempo fest oder stelle den Pitch-Control von Deck (B) auf die identische Stelle wie die von Deck (A) (siehe unteres Bild).

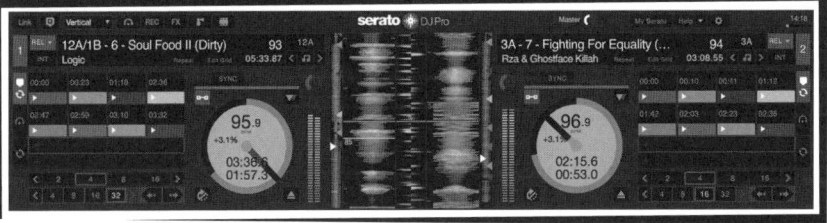

3. Du lädst Track (A) auch auf Deck (B). Jetzt spielen Deck (A) und Deck (B) völlig synchron.

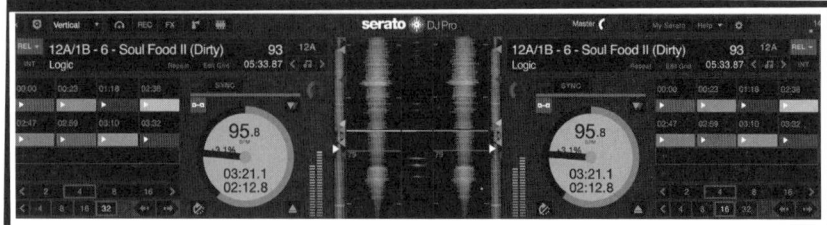

Wenn du den Crossfader auf die Mittelposition verschiebst und Kanal (A) und (B) jeweils offen sind, wirst du jetzt den Phasing-Effekt hören. Beide Tracks sind dabei synchron und nicht versetzt, was anhand der beiden Spektrogramme sehr gut zu erkennen ist (Abbildung links).

In der rechten Abbildung siehst du die beiden Spektrogrammen beim Delaying. Indem der rechte Track um eine halbe Zählzeit durch Abbremsen des Decks (B) verzögert wurde, spielt jetzt Track (B) zu Track (A) weiterhin synchron, allerdings ist Kick (B) verzögert hinter Kick (A) gesetzt. Wenn du mit Traktor Scratch Pro auflegst, gehst du nach der gleichen Prozedur vor.

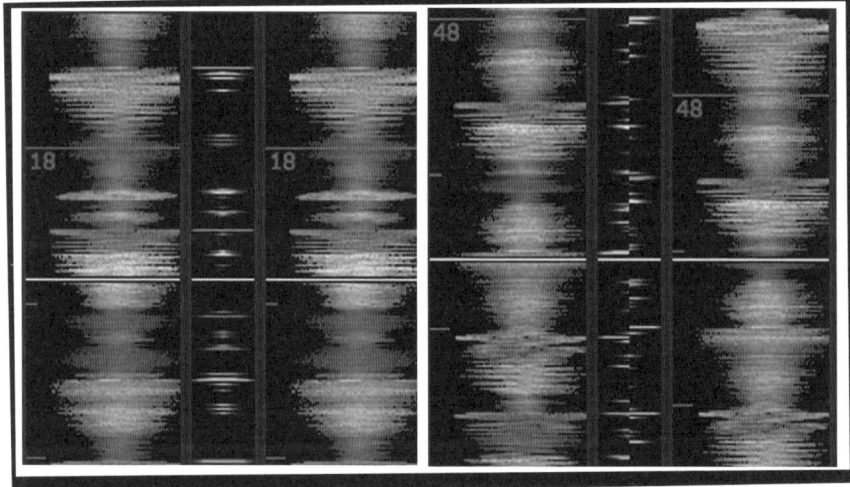

## Rewind-(Reverse) Playing

Dein Publikum wirst du beeindrucken, wenn du im Mix eine der beiden Schallplatten manuell, nicht per Tastendruck, rückwärts laufen lässt. Besonders bietet sich das in einem Break oder kurz vor dem kompletten Überblenden zu dem folgenden Track an:
Nachdem beide Platten im Mix synchron zu hören sind, drehst du nach einer zu hörenden Snare die Platte mit beiden Händen abwechselnd zurück. Beginnend mit der rechten Hand links vom Label achtest du darauf, dass du immer im Takt der Platte (A) mit deiner rechten Hand zwischen ihren Zählzeiten und mit deiner linken Hand auf ihre Zählzeiten (sprich auf die Kick und Snare) die Platte (B) zurückdrehst. Um den Beat gleichmäßig zu halten, solltest du auch mit beiden Händen immer die Platte um den gleichen Winkel bewegen, und es muss immer eine deiner beiden Hände auf dem Vinyl sein. Versuche das Nachgreifen deiner Hände soft ineinandergleiten zu lassen, damit beim Wechsel der Hände die Platte nicht stehen bleibt.

## Beating

Für diesen Effekt gibt es bisher keine offizielle Bezeichnung. „Knocking" würde genauso gut passen, aber dies soll nicht Thema dieses Kapitels sein. Vielmehr geht es um das „Klopfen" auf eine stillstehende Schallplatte, wenn die Nadel in der Rille sitzt. Durch das Pochen auf die Schallplatte wird über den Tonabnehmer ein dumpfer Schlag wie eine Kick auf die PA übertragen. Dies ist ein schöner Effekt, vor allem, wenn du dein Publikum um Ruhe bittest und plötzlich gibst du den Beat durch dein Klopfen an.

### BEACHTE
Bei einer harten Nadelträgeraufhängung des Tonabnehmers neigt er schneller zum Skipping (Nadelspringen). Wenn du nach dem Beating wieder die Schallplatte startest, sitzt die Nadel vermutlich nicht mehr an deinem vor dem Beating ausgesuchten Cue Point.

## Das Mixen mit Acapellas und Flächen

### Der Mix mit Acapellas

Acapella-Versionen, auch oft Acappella geschrieben, sind Zugaben auf Maxi-Singles, werden auf diversen DJ-Tool-Platten oder als Tools bei Beatport veröffentlicht. Man mischt sie häufig in Instrumentalversionen anderer Tracks, um durch die Kombination beider Komponenten kreatives Mixing unter Beweis zu stellen und eine Art Live-Remixing zu performen. Viele Produzenten nahmen sich dieser Philosophie an und veröffentlichten auf diese Weise erfolgreiche Bootlegs, z. B. Lisa Stansfield Vs. Tori Amos „People Hold On".

Die Schwierigkeit bei diesem Mixing besteht in der Tempo-Unterscheidung zwischen den beiden Tracks, denn Acapellas bieten lediglich eine Gesangsspur und eventuell eine Hi-Hat oder Claps, hingegen musst du auf die durchspielende Bassdrum als Metronom verzichten.

Für die ersten Acapella-Mixing-Übungen solltest du deswegen Acapellas einsetzen, deren Original-Version du kennst und die für das Beatmatching dienen. Weiterhin ist zu beachten, dass die Vocals nicht mit einem Auftakt oder mit einem verzögerten Einsatz durch eine Pause beginnen, denn in beiden Fällen würde der Gesang nicht auf die erste Zählzeit starten.

Nachdem beide Tempi angeglichen wurden, kommen für den Mix anstatt des Originals die Acapella-Vocals zum Einsatz und du mixt auf die erste Zählzeit an der gewünschten Mixstelle im Instrumental die Vocals ein. Sicherlich wird früher oder später der Mix aufgrund der langen Mischphase korrigiert werden müssen. Um entsprechend souverän zu reagieren:

- wippe mit dem Fuß oder nicke mit dem Kopf im Takt des Acapellas, um den „Ausreißer" zu lokalisieren
- orientiere dich an Versen, am Strophenbeginn und Refrain, die meistens auf die erste Zählzeit des Taktes beginnen
- um die Korrektur bei nicht vorhandener Key Lock-Funktion besser zu kaschieren, wird entweder das Instrumental oder die Vocals aber nur in den Gesangspausen der Acapella-Version berichtigt.

# Das Mixen mit Acapellas und Flächen

## TIPP
Wenn du während des Mixens eine Ohrmuschel des Kopfhörers zur Kontrolle des Cue-Signals (Splitting) nutzt, dann verfolge immer unter ihr das Acapella und nicht den Groove. Denn es ist leichter herauszuhören, ob ein Acapella synchron auf dem Beat liegt als umgekehrt. Auch die Korrektur am Deck, auf dem das Acapella spielt, lässt sich besser umsetzen. Allerdings achte darauf, dass dein Anschieben und Bremsen nicht auffällt. Legst du hingegen digital mit aktivierter Key Lock-Funktion auf, dann musst du dir darüber kaum Gedanken verschwenden.

WestBam:
Ein DJ ist der Übersetzer zwischen der Welt der Musik und der Welt der Menschen.

## Der Mix mit Flächen

Äquivalent zum letzten Abschnitt spielt auch bei dieser Mix-Variante das Halten des Tempos mit nur einem Beat eine wesentliche Rolle, denn Flächen, die häufig in Intros (Einleitung), z. B. bei Deadmau5 „Some Chords", oder Breakdowns (dramaturgische, groovelose Passagen in Dance-Tracks) als einziges Element zu hören sind, werden gern mit dem Groove anderer Tracks gemixt.

Wenn es sich nicht um einen Chill Out-Track handelt, bei dem gänzlich auf einen Beat verzichtet wird, hast du die Möglichkeit, mit diesem Track anhand der nach dem Intro zu hörenden Bassdrum ein reguläres Beatmatching durchzuführen. Ansonsten dienen die Notenanschläge z. B. einer Bassline als Beatgrundlage zur Synchronisation der einzumixenden Fläche.

Armin van Buuren:
Ein guter DJ ist eine Person, der Timing, Musik, Sounds, Effekte, Entertainment und Skills einsetzt, um eine großartige Atmosphäre auf der Tanzfläche im Club oder sonst wo zu schaffen. Er gibt den Menschen einfach eine gute Zeit mit dem, was er macht.

# SKILLS

Dr. Motte:
Mach' ein Angebot an die Leute. Wenn du weiterkommen willst, nehme Musik auf, erstelle Mixe, verteil dies unter deinen Freunden. Gib es weiter, stelle es ins Internet, sodass alle wissen, dass du ein guter DJ bist.

**BEACHTE**

- dass du die Tracks am besten bei unmelodischen Passagen (z. B. Grooves) beschleunigst bzw. bremst
- dass du beim Auseinanderlaufen nicht den Track mit der Fläche korrigierst; wenn doch, nutze diesen leiernden Effekt und korrigiere immer wieder an der selben Stelle z. B. nach vier oder acht Takten, so verkaufst du dein Missgeschick als beabsichtigt
- dass die Fläche mit dem Groove bzw. anderen Elementen des anderen Tracks harmoniert
- dass du dich an den Noten-Anschlägen der Fläche orientierst, um das Auseinanderdriften und eine damit notwendige Mix-Korrektur frühzeitig zu erkennen
- dass du den Mix schon langsam ein bis vier Takte vor dem Ende des Intros oder Breakdowns beendest, um den Tänzer durch diese kurze Pause, in der die Fläche allein zu hören ist, kurz aus dem Takt zu bringen. Somit vereitelst du einen möglichen Mix-Fehler, wenn die Fläche mit dem Groove nicht hundertprozentig übereinstimmt. Außerdem erzeugst du durch die Pause zusätzlich eine Spannungssteigerung im Set.

DJ Hell:
Hier in Europa ist es eine Mischung aus Oldschool-Leuten, die nur Vinyl spielen oder wie bei mir, eine Mischung aus Vinyl und CD-Rs. Und in Südamerika, speziell in Brasilien oder Argentinien oder anderen, Ländern, wo es eben gar keine Plattenläden mehr gibt, sind die meisten schon seit Jahren auf Laptop umgestiegen.

Enthusiast / Bedroom-DJ / Professional DJ / Artist

## Das Mixing: The higher Level

Das Mixing basiert nicht nur auf den Regeln des fehlerfreien Beatmatchings und Überblendens am Mixer, sondern erfordert auch gleichzeitig Wissen über:

- den Strukturaufbau und die Zusammensetzung der Tracks
- die korrekte Stilklassifizierung der eingesetzten Tracks
- die Charakter-Eigenschaften der zu spielenden Tracks
- die Harmonien beim Mixen
- die möglichen Mixstrukturen.

Dieses Wissen wendest du als zukünftiger DJ an, um:

- die Übergänge fließend und unauffällig zu gestalten
- das Set dramaturgisch aufzubauen
- einen musikalischen Stilwechsel fließend und ohne Unterbrechung des Mixes vorzunehmen, um auf der Tanzfläche keine Fluktuation, sondern einen langsamen Austausch des Publikums zu realisieren
- bewusst Stimmungen musikalisch zu provozieren
- deine Crowd zu begeistern und einer Fluktuation in der Location entgegenzuwirken.

Mit dem folgenden Kapitel erhältst du einen Kurs, der dich in die Kunst des professionellen DJings einweiht.

## Die Phrasen eines Tracks

Die einzelnen Elemente eines klassischen Songs wurden zwar schon im Kapitel „Die Grundelemente eines Tracks" erläutert, aber für das perfekte Mixing spielt sein Aufbau bzw. Ablauf eine genauso wichtige Rolle, denn er entscheidet im Mix z. B. über den genauen Abschluss eines Outros von Track (A) mit einem Intro (auch Ramp genannt) von Track (B).

Mit der im Anschluss zu erläuternden Rasterstruktur eines Dance-Tracks kannst du auch unbekannte Tracks recht souverän mixen. Aber was verbirgt sich hinter der Rasterstruktur?

Jeder Dance-Track besteht aus einem immer wiederkehrenden Muster aus Vier- bzw. Acht-Bar(Takt)-Blöcken. Sie entstehen zunächst aus wiederholten Drum-Patterns, ein Ausdruck für die Struktur eines Beats, wie die einzelnen Instrumente im Takt spielen. Deren ständige, strukturierte Wiederholung und Ergänzung mit weiteren Musikinstrumenten ergeben letztlich die Phrasen: Ein 4/4-Takt besteht aus vier Viertelnoten, jeweils eine entspricht einem Bassschlag der Bassdrum. In einem Takt sind demnach vier Schläge zu hören. Dieser Takt wird z. B. zur Erstellung einer Drumspur ohne Veränderung mehrmalig hintereinander geloopt (meistens vier- oder achtmal), sodass diese Schleife aus wiederholten Takten einer Phrase entspricht. Der Abschluss einer Phrase im Trackarrangement erfolgt mitunter durch einen Crash (Beckenschlag) oder Trommelwirbel, und der Beginn eines Neuen kündigt sich durch eine musikalische Veränderung an, die sich durch Hinzufügen oder Auslöschen von Track- oder Grooveelementen, wie Hi-Hat, Percussions, Bassline oder Leadsounds herauskristallisiert.

Hast du Probleme mit dem Verfolgen der Takte oder Phrasen, solltest du die Schläge der Bassdrum wie folgt mitzählen: 1234 – 2234 – 3214 – 4234...8234. „1234" steht für den ersten Takt der Phrase, dagegen „8234" für den achten und damit letzten. Mit dieser von Musikern gebräuchlichen Zählweise behältst du den Überblick, an welcher Position der Phrase du dich gerade befindest. Du kannst auch davon ausgehen, dass nach 32 Schlägen der Bassdrum eine Phrase durchlaufen ist, denn die meisten Danceproduktionen basieren auf Phrasen aus jeweils acht 4/4-Takten. Deswegen wird in der Dancemusic auch von der magischen „4" oder von „Four-To-The-Floor" gesprochen, denn fast alle Tracks basieren auf der Viereraufteilung (2x4 4/4-Takte). Die folgende Abbildung stellt als Beispiel drei Phrasen dar, wobei sich jeweils eine Phrase aus einem 4/4-Takt (aus Platzgründen) zusammensetzt. Nach dem Ablauf der ersten Phrase verändert sich die Groove-Struktur durch die auf die zweite Zählzeit einsetzenden Handclaps, hingegen in der dritten Phrase durch den Wegfall der Snare. Aus dieser Struktur kannst du Rückschlüsse auf den weiteren Trackablauf ziehen, die dir als Gedankenstütze für deinen Mixeinsatz dienen. Mixt du deine Tracks nach diesem Raster, d. h. blendest

|  | Pattern 1 | | | | Pattern 2 | | | | Pattern 3 | | | |
|---|---|---|---|---|---|---|---|---|---|---|---|---|
| Kick | ■ | ■ | ■ | ■ | ■ | ■ | ■ | ■ | ■ | ■ | ■ | ■ |
| Snare |  |  | ■ |  |  | ■ | ■ |  |  |  |  |  |
| Hi-Hat | ■■■■ | ■■■■ | ■■■■ | ■■■■ | ■■■■ | ■■■■ | ■■■■ | ■■■■ | ■■■■ | ■■■■ | ■■■■ | ■■■■ |
| Claps |  |  |  |  |  | ■ |  | ■ |  | ■ |  | ■ |

Darstellung der Drum-Patterns- bzw. Phrasen-Struktur

Track (B) erst nach Ablauf einer Phrase und nicht dazwischen in Track (A) ein, erschwerst du dem Zuhörer nicht nur die Zuordnung der ineinander gemixten Trackelemente, sondern stimmst auch die Abfolge u. a. der verschiedenen Intros und Sounds mit Outros oder Breaks der anderen Tracks so aufeinander ab. Z. B. beim Ausklingen eines Sounds im vorhergehenden Track schließt ein hinzukommender des eingemixten Tracks die entstandene Lücke. Ähnlich verhält es sich im Mix mit den Breaks zweier Tracks, die z. B. dadurch gleichzeitig übereinanderliegen können.

*Jazzy Jeff:*
*Lerne deine Platten kennen. Lerne was du mit ihnen machen kannst und welche Platten zusammen passen.*

### BEACHTE
Checke immer vor dem Mix, ob auch die erste Kick wirklich die erste Zählzeit der Phrase ist. Mitunter beginnen sie auch mit einem Offbeat.
Überprüfe daher genau den Einstieg des Tracks. Solltest du dir während des Mixes nicht mehr über den genauen Aufbau des Tracks im Klaren sein, lege den Track einfach auf das inaktive Deck, um ihn zu überprüfen.

## Das Arrangement eines Dance-Tracks
Instrumente und Soundspuren, wie Bassdrum, Snare, Hi-Hat oder Vocals und Leadsounds, setzen in einem Track nicht gleichzeitig ein, sondern werden entsprechend der gewünschten Dramaturgie nacheinander in das Arrangement integriert. Ein klassischer Popsong baut sich entsprechend auf:
Intro/Ramp-Vers-Chorus-Vers-Chorus-Middle8-Bridge-Chorus-Outro. Unter Middle8

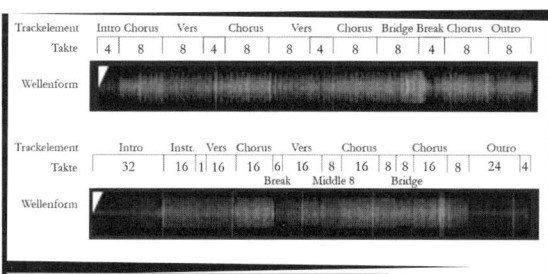

Aufbau von "Rude Boy" und "Welcome To St. Tropez"

versteht man ein Thema, das in der Mitte des Titels und generell acht Takte lang ist. Die Bridge schließt sich oft an. Sie greift ein musikalisches Thema auf, das bisher im Titel noch nicht zu hören war.

Egal, welche Musik du mixt, dieser Aufbau ist verallgemeinbar wie auch die Zusammensetzung nach Phrasen (z. B. Rihannas „Rude Boy"). Allerdings werden gern diese 8-Bar-Strukturen durchbrochen, um die Titel nicht „vorhersehbar" zu produzieren, z. B. „Welcome To St. Tropez" von DJ Antoine Vs. Timati (siehe 49. Takt). Auch beispielsweise der Refrain von „Empire State Of Mind" von Jay Z besitzt zehn Takte. Vom EDM wurden auch sogenannte Pop-Drops in den Mainstream übernommen. Sie durchbrechen die klassische Strophe-Refrain-Struktur, indem ein sogenannter Pre-Chorus eingefügt wird und auf dem eigentlichen Höhepunkt des Songs, an dem man den Refrain erwartet, ein Prop-Drop mit Instrumental anschließt. In diesem wird die Melodie des Songs erneut aufgegriffen, entweder mit dem bisherigen Leadsound oder wie z. B. bei DJ Snakes Produktionen durch gesampelte, tonale Vocal-Laute. Mehr als zwanzig Prozent der im Jahr 2016 in den Billboard Hot 100 gelisteten Singles waren von diesem Aufbau. Zu ihren erfolgreichsten zählen:

The Chainsmokers feat. Halsey: Closer
DJ Snake feat. Justin Bieber: Let Me Love You
Major Lazer feat. Justin Bieber & MO: Cold Water
Calvin Harris feat. Rihanna: This Is What You Came For
Martin Garrix & Bebe Rexha: In the Name of Love

Zwischen Dance- und Popmusik bestehen zwar Gemeinsamkeiten, aber ihre beabsichtigte Wirkung ist unterschiedlich, denn Dance-Music fokussiert nicht primär die Melodie und die zu übermittelnde Botschaft. Ihr geht es vielmehr um die Funktionalität und dramaturgische Wirkung auf dem Dancefloor. Des-

| Drums | Drums | Drums | | Drums | Drums | | Drums | Drums | Drums |
|---|---|---|---|---|---|---|---|---|---|
| | Bassl. | Bassl. | | Bassl. | Bassl. | | Bassl. | Bassl. | |
| | | Lead 1 | Lead 1 | Lead 1 | | | Lead 1 | Lead 1 | |
| | | | Vocals | Vocals | | | Vocals | Vocals | |
| | | | | Lead 2 | | | | Lead 2 | |
| | | | Effekte | | | | Effekte | | |
| Intro | | | Break 1 | | | Bridge | Break 2 | | Outro |

Das Arrangement eines Dance-Tracks

Enthusiast / Bedroom-DJ / Professional DJ / Artist

wegen legt sie größeren Wert auf den Rhythmus und Stimmungs- bzw. Dramaturgieaufbau (Build Up), die das Publikum durch lange Breakdowns – auch Breaks genannt – zur Ekstase bis zum eskalierenden Drop treiben sollen, was sich auch im Arrangement eines Dance-Tracks zeigt (Abbildung „Das Arrangement eines Dance-Tracks").

Nach diesem Arrangement richtet man sich als DJ nicht nur seinen Mix aus, sondern auch die in einem späteren Kapitel erläuterte Setdramaturgie. Denn aus den Trackelementen erkennt man, welche Passagen für ihn zum Mixen in Frage kommen und welche Stimmung dadurch auf dem Dancefloor erzeugt wird.

Für dich als DJ sind neben den Breaks besonders das Intro und Outro von Interesse, weil sie als Mixspuren aus ein bis vier Phrasen mit je acht 4/4-Takten die Grundlage für einen harmonisch gestalteten Übergang darstellen – trotz vorhandener Tonartdifferenzen. Die Bridge, die in klassischen Popsongs z. B. aus einem Gitarrensolo besteht, setzt sich in einem Dance-Track häufig aus einem variierenden Beat, einer veränderten Melodie oder Groove-Schleife zusammen, die auch zum Einmixen des anderen Tracks dienen kann. Breaks hingegen zeichnen sich zunächst durch ein ruhiges Arrangement aus, das ohne Groove und durch eine steigende Dramaturgie in Form von Trommelwirbel bzw. Soundeffekten den Höhepunkt des Tracks ankündigt. Man kann auch Breaks als Mixstelle nutzen, allerdings sollte dies:

- nicht im ersten Break erfolgen, da dieser Part die größte Euphorie auf der Tanzfläche erzeugt und das Publikum bei bekannten Tracks auf diesen wartet. Es sei denn, kurz nach Beginn des Tracks tritt auf der Tanzfläche eine Fluktuation ein.
- Ergänzen sich die Harmonien der Tracks und ihre Vocals, so spricht auch nichts gegen diese Möglichkeit des Mixings.

Du als zukünftiger DJ solltest für jeden von dir eingesetzten Track den Arrangementaufbau (Intros, Breaks, Bridge, Outros) kennen, um im Set nichts dem Zufall zu überlassen. Vor allem bei den Mixparts wird das Wissen über die konkrete Phrasen- bzw. Baranzahl vorausgesetzt, wobei als Gedankenstütze folgende Hinweise dienen:

- Auf Vinyl-Maxi-Singles sind die unterschiedlichen Parts durch eine entsprechende Schraffierung der Rille zu erkennen.
- Ein kurzes, stichprobenartiges Abhören des Tracks und Auszählen der Phrasen in den wichtigsten Passagen gibt auch Aufschluss über die Struktur des einzumixenden Tracks.
- Kleine Beschriftungen auf dem Etikett der Schallplatte mit der Anzahl der Takte im Intro bzw. Outro, z. B. 3/32-4/32BL-3/32Voc-Br (nach drei Phrasen á acht Bars als Intro folgen vier mit Bassline und vor dem Break drei mit Gesang), dienen als hilfreiche Informationen für einen zu realisierenden harmonischen Mix.
- Wenn du digital auflegst, verschaffe dir mit Hilfe des Spektrogramms des Tracks einen Überblick über seine Struktur und wie lang das Intro bis zum Beginn der Bassline oder des Breaks ist.

**TIPP**

Beim digitalen DJing kannst du anhand der Laufzeit eines Tracks dessen Phrasen-Anzahl berechnen, d. h. mit ungefähr 127 BPM läuft aller ca. 15 Sekunden eine Phrase durch. Ein Track mit einem Intro von einer Minute hat in diesem Fall vier Phrasen. Zur schnelleren Orientierung achte auf die Querstriche in dem Spektrogramm, die jeweils eine Minute im Track markieren. Schaue beim Intro immer nach der schon verstrichenen Zeit, hingegen bei einem Outro nach der noch verbleibenden eines Tracks. Kontrolliere den Schluss, ob nicht nach dem letzten Beat der Track z. B. weitere fünf Sekunden spielt. Dann wäre bei vier Phrasen die verbleibende Zeit 1,05 Minuten.

## Die stilistische Einordnung der Musik

Bei einem perfekten Mix spielt nicht nur das Wissen über das Trackarrangement eine Rolle. Für einen dramaturgisch und musikalisch abgestimmten Setaufbau analysiert der DJ auch seine Tonträger bezüglich der stilistischen Einordnung. Ein ständiger Wechsel zwischen unterschiedlichen Musikrichtungen kann ansonsten eine ständige Fluktuation auf dem Dancefloor verursachen, und auch der musikalische Fluss des Sets wird unterbunden. Deswegen steht das Aneinanderreihen stilverwandter Tracks an oberster Mix-Priorität, z. B. nach einem House-Track setzt der DJ einen weiteren

*Das Arrangement eines Dance-Tracks*
*Die stilistische Einordnung der Musik*

House-Track ein. Um dabei der Crowd trotzdem eine musikalische Vielfalt anzubieten, bedient man sich den Substilen, denn die subtilen Nuancen, die z. B. einen House-Track in Richtung Tech- oder Latino-House tendieren lassen, ermöglichen den unauffälligen musikalischen Stilwandel im Set. Im Allgemeinen werden zwar die am häufigsten in Discotheken und Clubs eingesetzten Tracks zunächst in die groben Musikrichtungen House, Dance, Trance, Techno oder Urban bzw. Black Music eingeordnet, aber mit Hilfe der folgenden Subkategorien erfolgt die Auswahl spezifischer und präziser.

**House:** Soulful, Disco, French, Deep, Tropical, Minimal, Club, Latin(o), Electro, Tech, Tribal, Acid, Chicago, (UK) Garage , Jackin´, Future, Dutch, Retro, Indie Dance/Nu Disco, Electro Swing, Future Bass, Melbourne Bounce, Heavy Disco, 2 Step
**Dance:** Dance-House, Hands Up/Jumpstyle, Italo-/Eurodance, EDM
**Trance:** UK Trance, Goa, Deep-, Vocal-, HardTrance
**Techno:** Detroit, Electroclash, Gabber, Schranz, Hardstyle, Breakbeat, Jungle, Drum´n´Bass, Big Beat, Dubstep, Glitch Hop, Trap, UK Bass (Music)
**Urban Music:** R´n´B, HipHop, Crunk, Electro Hop, Twerk, Merengue, Soca, Reggae, Dancehall, Reggaeton, Moombahton, Baile Funk, Dub, Funk.

Wenn dir die Klassifizierung des Tracks schwer fällt, recherchiere in diversen Onlineshops und höre dir Tracks an, die gewissen Stilen zugeordnet sind. Auch die folgenden Kriterien und Eigenschaften können für dich hilfreich sein.

**House:**
besticht vor allem durch einen „Four-On-The-Floor"-4/4-Takt, dessen Groove sich vorwiegend aus natürlichen Schlagzeug- und Percussionselementen wie Bongos, Congas und einem sehr melodischen Bassriff, das entweder von einer Bassgitarre, einem Sequenzer oder Sampler eingespielt wurde, zusammensetzt. Als weitere Unterscheidungskriterien sind Streicherarrangements, Handclaps, E-Gitarren, Bläser, Piano, Samples aus Klassikern der Disco- und Funk-Periode, ein Tempo zwischen 118 bis 130 BPM und der verstärkte Vocaleinsatz zu nennen. Je nach Housestil dienen als Leadsounds ein ständig wiederholtes Sample, das hypnotisierend auf

den Tänzer wirken soll, oder auch monotone, synthetische Sequenzen. Die Substile werden nach folgenden Kriterien klassifiziert.

**Soulful House:** funky bis jazzig, mit souligen Vocals und klassischen Instrumenten wie Bassgitarre, Piano, Bläser, z. B. Joey Negro, Blaze, Barbara Tucker

**Disco House:** Orientierung an der siebziger Disco-Ära, wobei entweder alte Disco-Klassiker gesampelt, oder als Remake neu produziert bzw. Bootleg verbreitet werden, z. B. Bootlegs von Bee Gees, Blondie, Chic

**Club-House:** House, der sich am Disco-Sound orientiert, mit weicher melodischer Bassline und natürlicher Instrumentierung (Gitarren, Bläser, Piano), z. B. Armand van Helden, The Shapeshifters

**French House:** aus Frankreich stammender, in den 1990ern entstandener House mit dominierendem Groove bzw. synthetischem Bassriff, besonderen elektronischen und bombastischen Arrangements, prägendes Stilement sind die Vocodervocals, z. B. Daft Punk, Thomas Bangalter, Fred Falke

**Deep House:** früher Bezeichnung für New Yorker-Garage House, gegenwärtig sehr ruhiger, langsamer (zwischen 110 und 123 BPM), mit Synthie-Flächen untermalter, monotoner und jazziger House, z. B. Frankie Knuckles, Booka Shade, Robin Schulz, Sharam Jey, Tube & Berger

**Tropical House:** vom australischen DJ Thomas Jack 2010 benannter spezieller Substil des Deep House, der von karibischen Leadsounds mit Steel-Drums oder Marimba geprägt ist, z.B. Kygo, Felix Jaehn, Lost Frequencies

**Minimal House:** eine sparsam instrumentierte, auf den Groove fixierte und langsame (ab 115 BPM) Form des House mit z. T. disharmonischen Synthie-Akkorden, z. B. Steve Bug, Matthias Tanzmann, Nico Stojan

**Latin(o) House:** Kombiniert lateinamerikanische Musik mit perkussivem House, z. T. Pianos, Bläser, z. B. Salome De Bahia, Mambana

**Tech House:** perkussiver, treibender, eher an klassischem, weniger am Techno angelehnter House mit afrikanischen Sound-Elementen bzw. Vocal-Samples, z. B. Technasia, Andhim, Hot Chip, Riva Starr

**Progressive House:** auch Progressive Trance genannt, ist eine Kombination aus elektronischem House und trancigen, sphärischen Leadsounds mit meistens 128 BPM, z. B. Deadmau5, Pryda, Adam K, Axwell

**Tribal House:** sehr perkussiver, rhythmusbetonter House, z. B. The Good Men, Danny Tenaglia

**Electro House:** eher monotoner, sehr elektronischer House mit Synthe-

sizer-Riffs in Sägezahn- und Rechteckwellenform, mitunter mit Samples bzw. Vocals, z. B. Wolfgang Gartner, Steve Angello, Robbie Rivera
**Acid House:** Musikrichtung, die Ende der Achtziger ihren Höhepunkt erreichte, Merkmal: Sound der Roland TB-303, z. B. Josh Wink, Hardfloor
**Chicago House:** nach dem „Warehouse" in Chicago benannte Frühform des House mit progressiven Electro-Elementen und Vocals z. B. Inner City, Frankie Knuckles, Steve „Silk" Hurley

**(UK) Garage House:** aus New York stammende, nach dem „Paradise Garage" benannte House-Music mit soul- bzw. gospelähnlichem Gesang, Pianoakkorden und 110 bis 120 BPM schnelle Beats der klassischen Roland TR-808 bzw. TR-909, das englische Pendant feierte 2014 ein kommerzielles Comeback dank Clean Bandit und Kiesza, z. B. Masters At Work, Todd Terry, David Morales, Duke Dumont, MK
**Jackin´ House:** nach einem Tanzstil benannte, schnellere (126 bis 130 BPM) und damit treibende Form des House, zitiert oft Sequenzen und Piano-Akkorde von Chicago-/Garage-House-Klassikern, z. B. Sneak, Mark Knight
**Future House:** entwickelte sich aus Deep und UK Garage House, wobei dessen typische Akkord-Strukturen nicht vom klassischen Piano, sondern von aggressiveren, synthetischen, progressiven Sounds gespielt werden; gebettet auf einen Groove, der zwischen 125 und 128 BPM peitscht und dessen Strukturen und Patterns Parallelen zum Club- und Tech-House aufweist, z. B. Oliver Heldens, Tchami, Don Diablo
**Retro House:** House, der entweder durch Sampling Klassiker der achtziger Jahre zitiert oder sich bezüglich der verwendeten Sounds an dieser Ära orientiert, z. B. Sinema, Sharam Jey, Disco Boys
**Indie Dance/Nu Disco:** Oberbegriff für unkonventionellere Dance-Music der Gegenwart, die sich über funkige Bassline-Riffs, synthetische Soundelementen bzw. Samples der 80er und ein klassisches, zum Ende einer Phrase über verschiedene Toms gespieltes Drum Fill(-In) (ein rhythmischer Einschub, der die Beatstruktur unterbricht) definiert, z. B. Grum, Lifelike, Tensnake
**Dutch House:** auch bekannt als „Dirty Dutch", ein aus den Niederlanden stammender, sehr elektronischer House, der sich vorrangig durch hochgepitchte Leadsounds und Tribal-Beats definiert, z. B. Afrojack, Chuckie
**Electro Swing:** Mischung aus Swing, dem Jazz der 1920er Jahre, und pumpenden Housegrooves, z. B. Parov Stelar, Caravan Palace; aus Anfang

der 1990er stammenden House-Swing des französischen Labels G-Swing entstanden, z. B. Doop; vom **Nu Jazz** als Mischung aus Jazz, Funk, House und Techno beeinflusst, z. B. St. Germain; kommerziellster Erfolg Yolanda Be Cool „We No Speak Americano"

**Future Bass:** die Wurzeln reichen in das Jahr 2006 nach UK, USA, Japan und Australien; Einflüsse stammen aus dem Trap und UK Garage; mittlerweile auch HipHop- und Tropical-House; im Vordergrund ist die synthetische Bassline; Sounds mit allmählich ansteigender Tonhöhe werden durch Niedrigfrequenzoszillatoren und Filter moduliert, die Akkorde sind gebrochen und deren Töne erklingen einzeln nacheinander; z. B. Flume, Marshmello, DJ Snake und The Chainsmokers.

**Melbourne Bounce/Sound:** ein Ableger des Electro-House, um 2010 in Melbourne (Australien) entstanden; meist 128 bis 135 BPM, es kombiniert Dutch House Leadsounds mit Jump Style-Rhythmen und Psytrance-Basslines; dazu wird der Melourne Shuffle getanzt; mit dem Track „Ah Yeah!" von Will Sparks (2012) wurde das Genre bekannt; z. B. Bombs Away, TJR

**Heavy Disco:** eine Kreuzung zwischen French House, Disco, Electro Funk und Heavy Metal; geprägt vom französischen Label Ed Banger; funky und synkopierte Breakbeats und Basslines, darüber liegen schwere, zum Teil verzehrte, auch von Gitarren unterlegte Lead-Synth-Schwaden, die von ihrer Melodie und Rhythmik an Riffs des Heavy Metal erinnern; weitere Stil-Elemente sind Talk-Box, Vocoder und Streicher-Arrangements; z. B. Justice, Daft Punk

**2 Step:** vermischt synkopierte, damit funkige Breakbeats mit typischen Garage House-Akkorden und Dub-Elementen; Ende der 1990er in UK entstanden, der zunehmend dank Remixes von MJ Cole wieder an Popularität gewinnt, z. B. Artful Dodger, Zed Bias

**Dance:**
war besonders in den 1990ern eine erfolgreiche Musikrichtung, zusammengesetzt aus Elementen des Technos (hervorstechende, technoide Bassdrum und Snare, monotone Sequenzer-Bassline, 135 bis 140 BPM), des Trance (Flächen als Leadsounds) und Vocals. Dance wird unterschieden in:

**Dance-House:** versteht sich als Mischung aus Trance (Leadsounds), House (Groove) und Vocals, z. B. Lady Gaga, Inna oder Medina

**Hands Up/Jumpstyle:** kombiniert Sägezahn-Leadsounds, dominierende

Bassline mit harten Kicks bzw. Snares um die 140 BPM; gebunden an den Tanzstil Jumpstyle; Anfang 2000 besonders in Deutschland populär, z. B. Cascada, Pulsedriver, Special D.

**Italo Dance:** nach dem Ursprungsland benannter Stil, der sich durch vorrangig eingesetzte synthetische Trompeten als Leadsounds, einem sowohl technoiden als auch housigen Groove und eigenwilligen Vocals abhebt, z. B. Gigi D'Agostino, Prezioso, Eiffel 65, O-Zone

**Eurodance:** in den Neunzigern wurde Dance-Music mit flottem Tempo (ab 140 BPM), synthetischen Pizzicato-Leadsounds und Vocals, die in einen typischen Popsong-Aufbau (Strophe/Refrain) eingebettet waren, als Euro-Dance bzw. Dancefloor verstanden, z. B. Intermission, Masterboy, Ice MC, 2 Unlimited

**EDM:** steht für Electronic Dance Music; so altbacken die Bezeichnung klingen mag, als Musikstil noch recht frisch; trancige Leadsounds-Akkorde als Hauptthema wechseln sich mit monotonen Dutch-House- oder klickerähnlichen Sounds als Nebenthema ab; prägendes Stilelement: im achten Takt einer Phrase werden die monotoneren Akkorde durch das Nebenthema unterbrochen, z. B. Martin Garrix, Hardwell, Steve Aoki, W&W

**Jersey Club:** auch Brick City Club genannt, entstand Ende der 90er Jahre in Newark, New Jersey, verwurzelt mit Baltimore Club, Bounce, Crunk und Newarks früherer House-Music; definiert sich mit stakkato-basslastigen Phrasen mit Breakbeats, schnellen Tempi zwischen 130 und 140 BPM, schreiendem Gesang, dazu abgehackte Samples verschiedener andere Genre, wie HipHop, Dancehall, Moombahton oder Pop; z. B. „Saint Laurent" von DJ Sliink, Wale und Skrillex

## Trance:

ist eine im kommerziellen Dancebereich sehr verbreitete Musikrichtung, die nicht stakkattoartige, sondern schwebende, synthetische Leadsounds und der Harmonielehre entsprechende Melodien verwendet und die mit 130 bis 145 BPM den Takt angeben. Beim Trance wird unterschieden zwischen:

**UK Trance:** nach dem Herkunftsland Großbritannien bezeichneter Trancestil mit akzentuierten Leadsounds, z. T. Vocals und gegenüber dem Hardtrance nicht so vordergründig zu hörenden Bassdrums und melodischen Basslines, z. B. Chicane, Tiesto, Paul van Dyk, Armin van Buuren

**Goa**: auch Psychedelic Trance oder Psytrance genannt, ein zum Ende der Achtziger, Anfang der Neunziger herauskristallisierter psychedelischer Trance, benannt nach der Provinz Goa in Indien, deren Arrangement verstärkt die Wirkung der Instrumente als Melodien fokussiert, damit der Tänzer in einen Trance-Zustand versetzt wird, z. B. Man With No Name, Goasia

**Deep Trance:** sehr ruhiger, minimaler, melodischer Trance, z. B. Label Bedrock, James Holden, Martin Roth

**Vocal Trance:** eine kommerzielle „Pop"-Form des Trance in Kombination mit Vocals, z. B. ATB, Kyau & Albert

**Hard Trance:** härterer Trance aus den 1990ern, mit Einflüssen des Techno, Acid und aggressiven Leadsounds und 145 bis 160 BPM, z. B. Lunatic Asylum, Gary D.

### Techno:

entwickelte sich Mitte der achtziger Jahre in Detroit und besticht besonders durch monotone, maschinell anmutende und ausschließlich synthetische Sounds und Grooves, deren Tempo von 125 bis zu über 200 BPM reicht.

**Detroit-Techno:** nach der Geburtsstadt des Technos benannte, sehr monotone, zwischen 130 bis 140 BPM angesiedelte, auf Electro-Elementen basierte Variante, z. B. Juan Atkins, Derrick May, Kevin Saunderson

**Electroclash:** inspiriert von Kraftwerk, mit älteren Synthesizersounds, Vocoder-Stimmen und mitunter Breakbeats, z. B. Fisherspooner, DJ Hell, Tiga, The Hacker

**Hardcore Techno:** eine härtere Form den Techno mit mindestens 160 BPM, als Ursprung gilt die Frankfurter Produktion Mescalinum United „We Have Arrived" (1990), charakteristisch: eine verzerrte und bolzende Bassdrum, aggressive Sounds, verzerrte bzw. verfremdete Samples und Stimmen aus Horror-, Kriegs- und Actionfilmen; vermischte sich ab 1992 mit dem niederländischen Gabber und Mitte der 1990er mit dem englischen **Happy Hardcore**, z. B. Marc Acardipane, Lenny Dee, Angerfist

**Gabber:** in den Niederlanden entstandene, extremste Form des Techno mit aggressiver Bassdrum und keinen melodischen Elementen, deren Tempo zwischen 150 BPM und über 200 BPM liegt, z. B. Paul Elstak, Lenny Dee, Veröffentlichungen des Mokum-Labels oder der Rotterdam Records

**Frenchcore:** entwickelte sich Ende der 1990er aus dem Hardcore Techno,

mit 180 bis 240 BPM, zitiert oft Voice-Samples aus Filmen und Videospielen, z. B. Radium, Dr. Peacock, The Spead Freak
**Hardtekk:** auch Tekk oder Tekke genannt, ab 180 BPM, entstand 2010 in Ostdeutschland aus dem Frenchcore, charakteristisch: gesampelte Filmzitate, Rap-Passagen, z. B. Gebrüder Brett
**Hardstyle:** vor allem in Großraumdiscotheken beliebte Variante; stilistisch definiert er sich über den marschmäßigen Beat aus Kick und Snare mit 145 bis 160 BPM, dazu abstrakte, chaotische Melodien, z. B. DJ Isaac, Showtek

**Schranz:** eine um die 130 BPM schnelle, düstere, dreckige, minimalistische, monotone, sehr perkussive und maschinell anmutende Form des Techno mit übersteuerten Loops, deren Bezeichnung 1994 von Chris Liebing geprägt wurde, z. B. DJ Rush, Chris Liebing, Adam Beyer, Speedy J
**Breakbeat:** eine aus England stammende Mischung aus Techno- und Hip-Hop-Elementen, bei der technoide Sequenzen, geloopte und extrem gepitchte Samples einen mit doppelter Geschwindigkeit abgespielten HipHop-Beat begleiten, z. B. The Prodigy, NRG; aus dem Breakbeat entwickelten sich:
- **Jungle**, sehr verspielte und verschachtelte Drum-Patterns um die 170 BPM mit zusätzlichen Einflüssen des Reggae und Dub, z. B. M-Beat, LTJ Bukem;
- **Drum´n´Bass**: dominant elektronisches Instrumentarium mit zum Teil trancigen Elementen, gebettet auf schnellen Break-Beats um die 175 BPM, z. B. DJ Fresh, Camo & Krooked;
- **Big Beat**, beeinflusst von House, Techno, Motown-Soul, Jazz, Rock und Rock'n'Roll, z. B. Fatboy Slim, Chemical Brothers

**Dubstep:** eine ca. im Jahr 2001 aus der Süd-Londoner-Clubszene hervorgebrachte Mischung zwischen Garage und 2Step (ein kommerzieller Ableger des Drum´n´Bass, der Anfang 2000 recht erfolgreich war); den Namen gab der Club „Forward"; stilistisch dominiert der Bass, kombiniert mit Drum´n´Bass-Strukturen und Electro; typisch sind die Drops (ein Track baut sich bis zum Höhepunkt auf, um nach einer Pause wieder mit kompletten Arrangement zu starten); das Tempo liegt zwischen 65 bis 80 BPM, z. B. Kode9, Digital Mystikz, Skrillex
**Glitch Hop:** eine Mischung aus Dubstep und HipHop; der Name Glitch wird in der Musikrichtung **Clicks & Cuts** (ein in „Wohnzimmern" entstandener Musikstil aus Noise, Techno, Industrial und Electronica, der

# SKILLS

Ende der 1990er Jahre entstand) als Subgenre genannt, deren Merkmal zufällige digitale Störgeräusche sind, kennzeichnend für sie ist die Kombination aus elektronischen Dubstep-Patterns und HipHop-Beats mit einem Tempo zwischen 90 und 110 BPM, z. B. The Glitch Mob, Lazer Sword

**Trap:** mit dem Flosstradamus Remix von Major Lazers „Original Don" wurde Trap 2012 kommerziell bekannt; der Stil fusioniert Crunk, House, Dubstep und Dirty Dutch-Elemente; HipHop-Beats mit 70 BPM treffen auf tiefgepitchte Vocals, Dutch-House-Synthesizersounds, Drops (wie beim Dubstep) und Samples wie Hupen, Sirenen, Stimmen etc.; 2013 löste Baauer mit seinem „Harlem Shake" auch den gleichnamigen Tanzstil zum Trap aus, z. B. R.L. Crime, Munchi

**UK Bass (Music):** Mitte 2000er entstanden, vermischt signifikante Leadsounds des Trap und Dubstep, mit sehr tiefen, pumpenden Electro-Bassläufen, auf elektronischen 70 bis 80 BPM-Beats, z. B. TNGHT; mitunter auch mit UK Garage-Einfluss (126 und 130 BPM), z. B. Chocolate Puma

**Urban Music:**

Der einstige Name „Black Music" bezieht sich auf die Herkunft aus der „schwarzen" Bevölkerung und umfasst verschiedene Subrichtungen, wie R´n´B, HipHop oder Dancehall. Die Wurzeln entsprangen alter musikalischer Traditionen, wie dem Gospel, Jazz oder Blues. Auch der Detroiter Soul der 1960er Jahre, der mit dem Label Motown eine Plattform bekam, ebnete mit seinen Künstlern wie The Supremes mit Diana Ross, Stevie Wonder, Marvin Gaye oder The Temptations den Weg zum heutigen Urban.

**R´n´B**: Abkürzung für Rhythm'n'Blues, früher als Soul bezeichnet, geprägt von melodiösen, tragenden gospelartigen Vocals, z. B. Alicia Keys, Beyoncé

**HipHop:** Kombination aus Rap als Sprachrohr, Breakbeats, Scratches und gesampelten Soul- bzw. Funkklassikern; unterschieden wird zwischen

- **Eastcoast:** der New Yorker Stil gilt dank seiner Urväter Grandmaster Flash, Kurtis Blow und LL Cool J. als die Geburtsstädte des HipHop, Public Enemy wurden Ende der 1980er zum politischen Aushängeschild des HipHop, die bekanntesten Vertreter sind Jay Z., Diddy, 50 Cent
- **Westcoast:** in den späten 1980ern entwickelte sich dieser Stil als Gegenbewegung zum mehr politisch engagierten New Yorker HipHop; vor allem N.W.A. (Niggaz With Attitude) gelten als Wegbereiter dieses

verbal unzensierten Rap-Stils und dem damit verbundenen **Gangsta-Rap**; Dr. Dré, ein Mitglied der N.W.A., bestimmt musikalisch den Sound der Westküste mit seinen Samples des Funk (Basslines und Leadsounds), z. B. Ice Cube, Snoop Dogg, Dr. Dré, 2Pac

- **Dirty South** bzw. **Crunk**: synthesizerlastig, mit stark akzentuierten Bässen und Roland TR-808-Drum-Patterns, vorrangig ein Tempo zwischen 70 und 80 BPM z. B. Lil Jon, Slim Thug

**Electro Hop:** Raps auf Uptempo Electro-Beats, deren Wurzeln bis in die frühen 1980er reichen, als **Electro Funk** (z. B. Afrika Bambaataa „Planet Rock") und **Miami Bass** (2 Live Crew „Me So Horny") den HipHop mit elektronischen Beats bzw. Sounds kreuzten und auf ein Tempo oberhalb der 115 BPM beschleunigten; daraus entwickelten sich Ende der 1980er der poppige und latinbeeinflusste **Freestyle** (z. B. Stevie B, Johnny O) und **HipHouse** (z. B. Technotronic, Leila K.); Auslöser für die kommerzielle Welle dieser Mischung war David Guettas Album „One Love" (2009), auf dem viele R´n´B- und HipHop-Künstler gefeatured wurden; z. B. LMFAO „Party Rock Anthem", Kid Cudi „Day & Nite" Crookers Remix; poppigere Vertreter des Uptempo HipHop sind z. B. Usher, Taio Cruz, Pitbull, Flo Rida

**Twerk:** ursprünglich nur ein Tanzstil, bei dem vorrangig mit dem Po gewackelt wird und die Hüften kreisen; der daraus entstandene Musikstil bedient sich der Sounds des Dirty South, kombiniert mit den für Twerk typischen auf Double Time spielenden Claps im Wechsel zu smoothen Beats um die 100 BPM, z. B. TWRK, E-40, Iamsu!, DJ Snake

**Merengue:** aus der Dominikanischen Republik stammende Musikrichtung im Zwei-Viertel-Takt, wobei jeder Beat mit einem Trommelschlag betont wird, vor allem von Piano und Blechbläsern instrumentiert, das Tempo reicht von 120 bis 180 BPM, z. B. Juan Luis Guerra, Elvis Crespo

**Soca (Soul of Calypso):** ein lateinamerikanischer, stark perkussiver Musikstil, der in den 1970ern Calypso mit Funk/Soul vermischte, teilweise instrumentiert von indischen Instrumenten, z. B. Bunji Garlin, Kevin Lyttle

**Reggae:** von Jamaika stammende, aus dem **Ska** (Markenzeichen: im Offbeat gesetzte Bläsersätze, rasantes Tempo durch Double Time-Beats, z. B. Madness „One Step Beyound") hervorgegangene Musikmischung mit Rhythm'n´Blues-, Calypso- und Mentoelementen, die durch ein langsames Tempo (75 bis 100 BPM), hervorstechende Bassläufe, Bläsersätze, Einsatz

von Echo-Effekten (Dub), einem Nachschlag (Offbeat) zwischen jeweils der ersten und zweiten Taktzählzeit und durch die eigenwillige Art des Singens (Toasting) geprägt ist, z. B. Bob Marley, Peter Tosh, UB40

**Dancehall:** basierend auf Riddims (Beat und Bassriff), verbindet Elemente des Reggaes mit HipHop, wobei besonders der „Boom-Boom-Tschak"-Rhythmus mit der synkopierten Bassdrum und das Toasting stilprägend sind, z. B. Sean Paul, Beenie Man, T.O.K

| 1 | 2 | 3 | 4 | 1 | 2 | 3 | 4 | Zählzeit |
|---|---|---|---|---|---|---|---|---|
| ☐ | ■ | ☐ | ■ | ☐ | ■ | ☐ | ■ | Backbeat |
| ☐ ☐ | ■ ☐ | ■ ☐ | ■ ☐ | ☐ ☐ | ■ ☐ | ■ ☐ | ■ ☐ | Dancehall |
| ☐ ■ ☐ ☐ | ■ ☐ ☐ ■ | ☐ ☐ ■ ☐ | ■ ☐ ☐ ■ | | | | | Reggaeton |

Die Rhythmik eines Dancehall- und Reggaeton-Riddim im Vergleich zu einem herkömmlichen Vier-Viertel-Beat

**Reggaeton:** verbindet Reggae, Dancehall, Soca, HipHop und Merengue mit spanischen Texten; Ursprung ist der „Dem Bow"-Riddim von Shabba Ranks, dessen markante und vom Dancehall abweichende Beatstruktur übernommen wurde, z. B. Don Omar, Daddy Yankee

**Moombahton:** vermischt Dutch-House-Sounds mit Reggaeton-Beats bei einem Tempo zwischen 105 bis 115 BPM, charakteristisch sind weiterhin der dramaturgische Aufbau (Build Up) und Double Time-Claps, z. B. Dave Nada, Knife Party („Sleaze"), Major Lazer, Dillon Francis

**Baile Funk:** in den 1990er auch als Rio Funk und Favela Funk bekannte Stilrichtung des brasilianischen HipHop, der in den Favelas entstand; kombinierte einst den 1980er Miami Bass mit brasilianischen Percussionsrhythmen; populäre wurde der Stil auch in Europa durch den 2004 in einem Werbespot verwendeten Track „Quem Que Caguetou (Follow Me Follow Me)" von Black Alien & Speed, weitere Vertreter sind: MC Fioto, Bonde do Rolé, MC Créru, Diplo

**Dub:** aus Jamaika stammender Musikstil, bei dem Reggae-Songs mit Effekten (Hall, Echo, Klangmodulationen) und durch Ein- bzw. Ausblenden von Soundspuren neu arrangiert wird; diese Techniken werden jetzt verstärkt auch in der elektronischen Musik verwendet, z. B. Mad Professor, Sly & Robbie

**Funk:** sehr perkussive, auf das Bassriff ausgerichtete Musik, die mitunter ohne Melodien auskommt; Zählezeit 1 und 3 sind betont; als ersten Funk-Song wird James Brown „Cold Sweat" benannt, z. B. Bootsy Collins, George Clinton, Rick James.

## Das Mixen von Cross-Genres

Damit ein Set vielen Geschmäckern auf dem Dancefloor mundet, serviert ein durch Genre hoppender DJ ein Potpourri diverser Musik-Stile. Allerdings bestimmen die Rezeptur nicht nur die Zutaten, deren Menge, sondern auch in welcher Reihenfolge und wie sie im Kochtopf vermixt werden. Vor allem die Trackauswahl und deren überlegte Verkettung, abgerundet von ein paar gekonnten Skills, sorgen für den harmonischen und dramaturgischen Setverlauf.

### Die „Everybody´s Darlings":

Da einige Tracks durch ihre Mischung verschiedener Stile keine genaue Klassifizierung erlauben, nutze dies im Setaufbau bei der Musikauswahl aus. Besonders Tracks, die viele Elemente unterschiedlicher Musikrichtungen vereinen, wie z. B. Produktionen von The Prodigy oder Chemical Brothers, sprechen sowohl die Techno- als auch die Drum'n'Bass- bzw. HipHop-Klientel an. Pitbulls „I Know You Want Me" beispielsweise platzierst du durch die Kombination von HipHop- und House-Elementen in einem Urban Music- und auch Houseset. Diese Tracks überbrücken fließend im Set den Übergang zwischen zwei verschiedenen Musikrichtungen, ohne den Mix zu unterbrechen und die Fluktuation auf der Tanzfläche anzuregen.

### Die Sub-Genres:

Jeder Musikstil definiert sich über einen gewissen Sound dank spezifischem Instrumentarium, eigenwilliger Notationen, Rhythmen und auch BPMs, mit denen sich vor allem Haupt-Genres z. B. Rock, Urban, EDM oder Electronica voneinander abgrenzen. In den letzten 50 Jahren der Pop-Kultur entstanden allerdings immer mehr neue Sub-Genres, die mehrere Stile gleichzeitig zitieren, sodass Grenzen verschwimmen. Zum Beispiel Nu Disco orientiert sich teilweise am Disco-Sound der 1970er, das vorrangig organische Instrumentarium klingt sehr funky, zum Teil sind Vocals oder komplette Phrasen damaliger Funk-Disco-Klassiker gesampelt. Die Beats bedienen sich meistens der House-Musik. Mit Nu Disco sprichst du Soulful- und Filter Disco House- wie auch den klassischen 70er Philadelphia-Sound-Anhänger auf dem Dancefloor an.

Aber Nu Disco interpretiert auch elektronisch den Italo Disco und Hi-NRG

der 1980er, womit sich auch Original-Tracks dieser damaligen Epoche unauffällig untermixen lassen. Bruno Mars, Dua Lipa, Daft Punk, und Mark Ronson verhalfen Nu Disco und damit vor allem den Funk zur Reinkarnation, womit sich der Kreis zwischen Popmusik, House, klassischem Funk und R&B schließt. The Weeknd ist gar noch ein bisschen dreister, indem sein „Blinding Lights" auffällig a-ha´s „Take On Me" kopiert. Diese Kombi auf den Plattenteller gelegt und schon bist du und dein Publikum voll im 1980er-Modus.

Reggaeton kommt vom Salsa, Soca, ähnelt dem Reggae, Dancehall, Moombahton und selbst Tribal House. Beginne beispielsweise dein Set mit langsamen Reggae, über Dancehall und Reggaeton zum treibenden, mitunter aggressiveren Moombahton gelingt dir der Spagat zum Tribal-House ohne aufallenden Musikstil-, BPM- und Energy Level-Wechsel.

Sub-Genres polarisieren nicht auf dem Dancefloor, denn sie sprechen eine größere Schnittmenge an. Deswegen lege zwischen den Main-Genres immer ein paar Tracks der Sub-Stile auf, um die Crowd nicht von der Tanzfläche zu verjagen und gleitend eine weiteres Main-Genre im Set einzuläuten.

### Die „ungewöhnlichen" Tracks:

Künstler als auch Bands springen mitunter über ihren Schatten, um damit in ihnen fremden musikalischen Gewässern zu fischen. Diese dennoch kommerziell sehr erfolgreichen Tracks kommen sowohl bei den Fans dieser Bands als auch denen des Musikstils sehr gut an. Beispielsweise Queens „Another Ones Bites The Dust" klingt nach Disco, sodass du sie im klassischen Studio 54-, als auch im Nu Disco- oder House-Set platzieren kannst. „Beat It" von Michael Jackson mit Eddie van Halen an der Gitarre spricht für Rock, als auch Urban. Metal Rap, wie dem von Run DMC oder den Beastie Boys, vermischt Rock und Hip Hop. Nutzte solche Tracks als Transporter zwischen zwei Genres.

### „Original" und „Kopie":

Remixes als Track-Neuinterpretationen, die, wie im Beispiel von Lykke Lis „I Follow Rivers" (Magician Remix), sogar erfolgreicher als das Original sein können, offerieren dir weitere musikalische Bewegungsfreiheiten. Denn entsprechend des musikalischen Stils des Remix erfolgt sein Seteinsatz. Existiert beispielsweise von einem R´n´B-Song auch ein House-Remix, so besteht die Möglichkeit, das Original im Urban Music-Set aufzulegen oder den Remix zwischen den anderen House-Tracks zu platzieren. Deswegen solltest du dich auch mit allen Versionen und Remixes auseinandersetzen, um weitere Einsatzmöglichkeiten zu entdecken.

Dagegen z. B. Vanilla Ice´ „Ice Ice Baby", MC Hammers „U Can´t Touch This" oder Supermodes „Tell me Why" basieren auf recht bekannten Klassikern einer anderen Epoche und eines anderen Musikstils. Denn das Bassriff von „Ice Ice Baby" stammte von Queens „Under Pressure", das sich im Chorus des Hip Hop-Pedants unauffällig untermogeln lässt. Verfahre auch so mit den Originalen der anderen beiden Tracks, Rick James „Superfreak" und Bronski Beat „Smalltown Boy".

**Tracks mit ähnlichen Sounds:**
Suche in jedem Track eigenwillige, auffällige Sounds und Beatstrukturen. Erinnern sie dich an einen anderen? Zum Beispiel: Purple Disco Machines „Body Funk" markante Kuhglocken samt Bass-Sequenzer klingen sehr nach Lipps Inc „Funkytown", die Vocals stammen von Hot Streaks „Body Work". Gleich zwei Tracks, die jeweils zu einem Abstecher in ein anderes Musik-Genre einladen. Oder was verbindet Swedish House Mafia „One" und Fatboy Slim „Rockafella Skank"? Einen sehr markanten Time-Stretch-Effekt im Breakdown, den man übereinander legen kann. Einziger Haken: Innerhalb eines Tracks vom Big Beat auf EDM zu wechseln, gefällt sicherlich nicht jedem auf der Tanzfläche.

Lege Tracks ähnlicher Art, mit gleichen Sounds, aber dennoch einem anderen Genre angehören, in Folge auf, dann überhört man den Stilwechsel im Mix.

**Breakdowns ohne Beat:**
Etliche Genres definieren sich auch vorrangig über den Beat, wie Rock ´n´ Roll, Drum´n´Bass, Reggae, Dancehall, House etc. Abgesehen von der BPM-Zahl, die beispielsweise beim Drum´n´Bass und Rock ´n´ Roll fast doppelt so schnell wie beim Reggae oder Dancehall sind und mit House-Music gar keinen Tempo-Nenner findet, beißen sich die Genre auch von der Beat-Struktur, den Pattern. Denn nicht bei jeder Musikrichtung liegen Kick und Snare stets Four-To-The-Floor auf den Zählzeiten eines Taktes.

Bei sogenannten Breakbeats spielen die den Groove angebenden Drums auch jenseits einer Zählzeit, mitunter kommen zusätzliche Doppelschläge der Kicks, Synkopen und Laidbacks der Snare hinzu. Legt man zwei dieser konträren Beats übereinander, holpert es trotz phasengenauer Lage, da Kicks und Snares nicht zählzeitgleich grooven. Aber wie kann man jetzt von einem herkömmlichen Boom-Tschack-Rhythmus auf einen Breakbeat wechseln? Ganz einfach, indem du in drumlosen Parts eines Tracks, wie Breakdowns oder Outros den anderen Track mit seinem Beat einmischt.

**Die BPM-Range:**
Die Tempi eines Cross-Gerne-DJ-Sets reichen von smoothen 50 bis zu heftigen 200 BPM, je nachdem, ob du auch einen Abstecher in die 1990er wagst oder generell Hardtekk, Gabber und Hardstyle zu deinen musikalischen Vorlieben zählen. Von 50 auf 100 BPM ad hoc das Tempo hoch- oder herunterzufahren und umgekehrt, ist dank der Verdoppelung der BPM kein Problem. Man spricht von Double- und Half Time-Beats, die ihr phasengenau mixen könnt. Extreme Tempi-Wechsel zwischen den Musikstilen, von z. B. 120 BPM (House) und 60 BPM (Crunk), kannst du souverän lösen, da die 120 BPM lediglich doppelt so schnell und somit ohne zur Hilfenahme des Pitch-Controls synchron sind. Allerdings ist dieser sprunghafte Tempo-Wechsel dramaturgisch einer kalten Dusche nach dem Saunabad gleichzusetzen. Für ein wesentlich geringeres Wechselbad der Gefühle sorgt das allmähliche Anziehen und Drosseln der Geschwindigkeit um bis zu zwei Prozent je Track. Dank Key Lock bleibt die Tonart trotz Pitching konstant und der Micky Mouse- oder Darth Vader-Effekt durch zu hohe oder tiefe Stimmen bleiben aus. Eine drastische Tempo-Korrektur nimmt man nur noch spürbar beim Tanzen wahr. Daher verschiebe den Pitch-Control nicht auf einmal um die besagten zwei Prozent an, sondern verteile sie unauffällig auf fast die gesamte Länge des Tracks. Bei einer kontinuierlichen Tempo-Anpassung dieses Umfangs bremst du die Set-Geschwindigkeit zum Beispiel innerhalb von zehn Tracks von ursprünglichen 120 BPM auf 96 BPM, womit dir stilistisch völlig neue Türen offen stehen.

Ungeduldige legen sogenannte Transitions auf, die innerhalb von einem Track zwischen zwei BPM pendeln und damit das Tempo mit nur einem Track wechseln. Populäre Beispiele sind hierfür:

Method Man & Redman: Da Rockwilder
Fatboy Slim: Rockafella Skank
Black Eyed Peas: Imma Be

In "Rockafella Skank" folgt nach dem Time-Stretch-Effekt ein fetter Breakbeat auf halben Tempo, der förmlich zum HipHop einlädt. Dagegen bei „Imma Be" wechselt im Track nicht nur das Tempo von 92 BPM auf 122 BPM, sondern selbst das Genre: vom HipHop zum Hip-House. „Da Rockwilder" eröffnet mit 69 BPM, um nach einem kurzen Break auf 100 BPM zu beschleunigen.

Aber ihr könnt auch mit eurer DJ-Software, wie Serato DJ Pro, ganz leicht Transitions live performen:

### ÜBUNG

1. Smart Sync und Tempo Slider im Setup aktvieren, sodass BPMs übernommen werden, die Beatgrids einrasten und wenn du den Pitch-Control an einem Deck verschiebst, sich die BPMs des anderen Decks instant anpassen.
2. Setze zum Beispiel im Master-Deck (A) mit 120 BPM einen kurzen Loop in einem Vocal oder Sound, am besten in einem Breakdown. Lege darunter im gesyncten Slave-Deck (B) mit 90 BPM Originalgeschwindigkeit beispielsweise einen 4/4-Beat-Loop.
3. Reduziere im Master-Deck das Tempo langsam von 120 BPM auf 90 BPM und beende den Übergang, indem du anschließend das Master-Deck ausblendest und den Loop im Slave-Deck deaktivierst, sodass Track (B) das Set fortsetzt.

Wer sich über live performte Transitions keine Platte machen möchte, der greift zu vorgefertigten Transition-Edits, die auf diversen DJ-Plattformen zum Download angeboten werden. Transitions sind allerdings nur der letzte Ausweg, um bei einem notwendigen spontanen Genre-Wechsel einen plumpen Break beispielsweise durch den Turn-Off-Effekt per Motor oder einen harten Cut per Brake zu umgehen. Deswegen mache dir einen Kopf, wie du in deinem Set die anderen Anregungen umsetzt, damit sich durch deine Playlist ein roter Faden zieht und du mit den aufgelegten Tracks eine Geschichte erzählst, sie sich auch musikalisch logisch erschließt.

## Die Charaktereigenschaften eines Tracks

Nachdem das Arrangement eines Dance-Tracks erläutert, die einzelnen Musikstile und ihre Unterscheidungsmerkmale genannt wurden, stehen für den Setaufbau die Charaktereigenschaften eines Tracks als weiteres Kriterium zur Debatte, denn sie schränken die Trackauswahl nochmals unter folgenden Prämissen ein:

### Wie passt der folgende Track dramaturgisch an den vorangegangenen?

Tracks werden in einem Set nicht nur nach ihren BPM integriert, sondern auch ihre kompositorischen Komponenten geben Aufschluss über ihre Geschwindigkeit. Ein Track mit vier Viertelnoten pro 4/4-Takt ist subjektiv langsamer als der gleiche Takt mit acht Achtel- oder 16 Sechzehntelnoten. Auch die Dramaturgie des Breaks, die das Publikum zur Ekstase treiben soll, entscheidet über die Setplatzierung. Ist z. B. der im Vorfeld aufgelegte Track vom Stimmungsfaktor eher gediegen und ruhig, so wählst du als nächstes einen zum weiteren langsamen Stimmungsaufbau oder -abbau aus. Du kannst dich auch für einen ähnlichen Track entscheiden, um die Setdramaturgie vorerst nicht weiter auszubauen. Wovon du aber auf jeden Fall absehen solltest, ist, deine Crowd einem ständigen Wechselbad der Gefühle auszusetzen: z. B. nach einem depressiven Titel eine Partynummer folgen zu lassen und umgekehrt oder von einem Deep House-Track zu einer rasanten Latino-House-Nummer zu schwenken. Um im Setablauf diese musikalischen Veränderungen langsam durchzusetzen, bediene dich mehrerer Zwischentracks.

### Welche Elemente verbinden aufeinander folgende Tracks?

Da Dance-Music häufig auf den gleichen bzw. ähnlichen Sounds basiert, sind Gemeinsamkeiten herauszuarbeiten, wie z. B. bezüglich der Beats, Basslines oder Leadsounds. Im HipHop bieten sich besonders Samples an, die in mehreren Titeln gleichzeitig verwendet wurden, wie z. B. Beatnuts „Watchout Now" und Jennifer Lopez „Jenny From The Block". Auch Sprachsamples, wie die z. B. von James Brown, dienen als hilfreiche Brücke für den perfekten Übergang, um den Zuhörer in die Irre zu führen und ihn letztendlich die Frage stellen zu lassen: „Was gehört zu welchem Song?"

**Welcher Remix passt am besten zu dem vorher aufgelegten Track?**
Setze für einen perfekten Übergang auch Remixes ein, um den Stil eines Produzenten auszunutzen, denn seine Produktionen klingen oft ähnlich. Lief z. B. ein Track von Deadmau5, so knüpfe mit einen seiner Remixes an.

## Das Mixing nach Phrasen

| | Track (A) | Track (B) |
|---|---|---|
| **Funktion im Mix** | als Mastersignal | wird in Track (A) gemixt |
| **Intro** | 16 Takte | 8 Takte |
| **Break 1** | 8 Takte | 8 Takte |
| **Bridge** | 16 Takte | 8 Takte |
| **Break 2** | 8 Takte | 8 Takte |
| **Outro** | 16 Takte | 16 Takte |

Beispiel für die Phrasen zweier Tracks

Ein Track besteht, wie erwähnt, aus einem Intro, einer Bridge, einem Outro, die dem DJ meist als reine Grooveloops zum Mixen zur Verfügung stehen, und einem Break. In der folgenden Abbildung sind diese Elemente für zwei Tracks unter Angabe ihrer Taktanzahl aufgeführt, um im Anschluss an dieses Beispiel die für dich zu praktizierenden Mixstrukturen zu beschreiben:

### Mixen von Intro (B) auf Outro (A) bzw. Bridge (A)

| ▌ Takte, die über den Master zu hören sind | | | |
|---|---|---|---|
| ▯▯▯▯▯▫▫ Ausblenden eines Tracks, das entweder hörbar und langsam im Mix oder unhörbar durch schnelles Cutten umgesetzt wird | | | |
| | | Mixphase | |
| Track (A) Outro | ▌▌▌▌▌▌▌▌▌▌▌▌▌▌▌▌ | ▌▌▌▌▌▌▌▌ | ▯▯▯▯▯▫▫ |
| Track (B) Intro | | ▌▌▌▌▌▌▌▌ | ▌▌▌▌▌▌▌▌ |

Mixen von Intro (B) auf Outro (A) bzw. Bridge (A)

Die acht Takte des Intros (B) werden auf die ersten acht Takte der sechzehn verfügbaren des Outros (A) oder der Bridge (A) gemixt. Danach erfolgt ein schnelles Ausblenden von Track (A).

### BEACHTE

Werden Intro und Outro ineinander geblendet, sind Mixfehler besonders auffällig aufgrund deren klar zu hörenden Beats.

### Mixen von Break (B) auf Break (A)

Die beiden Breaks, sofern sie miteinander harmonieren, mixt du mit ihren acht Takten ineinander, und nach dem gemeinsamen Break blendest du Track (A) schnell aus.

| Mixphase | | | |
|---|---|---|---|
| Track (A) Break | ⦀⦀⦀⦀⦀⦀⦀⦀ | ⦀⦀⦀⦀ | ▯▯▯▯▱▱ |
| Track (B) Break | | ⦀⦀⦀⦀ | ⦀⦀⦀⦀⦀⦀⦀⦀ |

*Mixen von Break (B) auf Break (A)*

### Mixen von Track (B) vor Break 2 (A)

In Tracks folgt häufig nach der Bridge ein zweiter Break, sodass diese Elemente für einen Übergang genutzt werden können, indem du die letzten 16 Takte vor dem Break 1 (B) auf die Bridge (A) mixt. Im Anschluss der Bridge (A) beginnen zwar gleichzeitig Break 2 (A) und Break 1 (B), blende allerdings nach der Bridge (A) Track (A) schnell durch Cutten aus, damit auf die erste Taktzählzeit nach der Bridge (A) nur noch Break 1 (B) zu hören ist.

| Mixphase | | | |
|---|---|---|---|
| Track (A) | ⦀⦀⦀⦀⦀⦀⦀⦀ | ▯▯▯▯▱▱ | |
| Track (B) | ⦀⦀⦀⦀⦀⦀⦀⦀ | ⦀⦀⦀⦀ | ⦀⦀⦀⦀⦀⦀⦀⦀ |

*Mixen von Track (B) vor Break 2 (A)*

### Mixen von Intro (B) auf Break (A)

In Breaks ohne Groove mische den Intro-Beat des Tracks (B) auf den Break (A). Nach den acht Takten des Intros (B) erfolgt die komplette Überblendung zu Track (B). Diese Variante ist auch gleichzeitig beim durchzuführenden Beatwechsel anzuwenden, d. h. wenn Track (A) einen herkömmlichen Housebeat und Track (B) einen Breakbeat besitzt.

| Mixphase | | | |
|---|---|---|---|
| Track (A) Break | ⦀⦀⦀⦀⦀⦀⦀⦀ | ⦀⦀⦀⦀ | ▯▯▯▯▱▱ |
| Track (B) Intro | | ⦀⦀⦀⦀ | ⦀⦀⦀⦀⦀⦀⦀⦀ |

*Mixen von Intro (B) auf Break (A)*

### Mixen von Intro (B) in Track (A) kurz vor Outro (A)/Bridge (A)

Dieses Mixen beschert noch bessere Übergänge durch das Zusammenspiel des Outros (A) bzw. der Bridge (A) mit der Bassline (B). Das Intro (B) setzt acht Takte vor dem Beginn des Outros (A) in der Bridge (A) ein, sodass mit dem Outro (A)/Bridge (A) die Bassline des Tracks (B) zusammenspielt. Im Fall der Überblendung im Outro (A) wird Track (A) komplett ausgespielt, hingegen bei der Bridge (A) blendest du den Track (A) mit dem Beginn des Breaks 2 (A) schnell durch Cutten aus.

|  | Mixphase | | |
|---|---|---|---|
| Track (A) Out/Br | ||||||||||||||||| | ||||||||||||||| | ||||... |
| Track (B) Intro |  | |||||||| | ||||||||||||||| | |||||||||||||||| |

Mixen von Intro (B) in Track (A) kurz vor Outro (A)/Bridge (A)

### Mixen von Intro (B) auf den Refrain von Track (A)

Entspricht beispielsweise der Refrain des Tracks (A) einer Spielzeit von acht Takten, so mixe zu Beginn des Refrains das Intro (B) ein und an dessen Ende blende Track (A) schnell aus. Tritt der Fall ein, dass der Refrain 16 Takte in Anspruch nimmt, setzt das Intro erst in der zweiten Hälfte des Refrains ein.

|  | Mixphase | | |
|---|---|---|---|
| Track (A) Refrain | |||||||| | ||||... |  |
| Track (B) Intro | |||||||| | ||||||||||||||| | |||||||||||||||| |

Mixen von Intro (B) in Track (A) kurz vor Outro (A)/Bridge (A)

### Mixen über lange Trackparts

Vor allem House- und Techno-DJs bevorzugen für ihre Kreativität diese Mixvariante, bei der sie kurz nach dem Intro (A) – nach den ersten acht Takten – das Intro (B) einblenden. Anschließend mixen sie einen zwei bis fünf Minuten langen Übergang, indem sie mit den Fadern cutten und durch das Modulieren am Equalizer die beiden Tracks auf verschiedene Weise interpretieren bzw. neu definieren. Mögliche Dissonanzen durch beispielsweise überlappende Basslines verhinderst du mit der Bassfrequenz-Modulation am Equalizer, sodass du Bassline (A) und (B) im ständigen

Wechsel spielen lässt, z. B. drei Takte Bassline (A), einen Takt Bassline (B). Bei einsetzenden Leadsounds oder Vocals, die nicht miteinander harmonisch zu verbinden sind, beendest du deinen Mix durch eine Überblendung zu Track (B). Besonders minimal instrumentierte Songs, wie z. B. die Clubklassiker André Michelle „A2" oder Winx „Don't Laugh", bieten sich für diese Möglichkeit an, indem diese monotoneren Tracks mit melodischen kombiniert werden.

|  | M | i | x | p | h | a | s | e |
|---|---|---|---|---|---|---|---|---|
| Track (A) Intro | ▓▓▓▓▓▓▓▓▓▓▓▓▓▓ | | ▓▓▓▓▓▓▓▓▓▓▓▓▓ | | | ▓▓▓▓▓▓▓▓▓▓▓▓▓ | | |
| Track (B) Intro | | | ▓▓▓▓▓▓▓ | | | ▓▓▓▓▓▓▓▓▓▓▓▓▓ | | ▓▓▓▓▓▓▓▓▓▓▓▓▓ |

Mixen von Intro (B) auf den Refrain von Track (A)

### Mixen mittels Drumloops

Besonders HipHop-DJs bedienen sich der Überbrückung zweier Tracks mittels reinem Instrumental-Drumloop, der dabei im Outro des Tracks (A) einsetzt und nach dessen Schluss für einen Moment – in der ersten Abbildung sind es acht Bars – allein zu hören ist. Nachdem du das Intro (B) auf den Drumloop gemixt hast, blende diesen zu passender Gelegenheit, z. B. bei einem Break oder Refrain, aus. Beim Einsatz einer dritten Quelle, über die ein Drumloop eingespielt werden kann, erfolgt der Mix kompakter, indem du ohne Loop-Solo Track (A) und (B) direkt ineinander mixt (siehe zweite Abbildung).

|  | | Mixphase 1 | Mixphase 2 | |
|---|---|---|---|---|
| Track (A) Outro | ▓▓▓▓▓▓▓▓▓▓▓▓ | ▓▓▓▓▓▓▓▓▓▓▓▓ | ░░░░░░ | |
| Drumloop | | ▓▓▓▓▓▓▓▓▓▓▓▓▓ | ▓▓▓▓▓▓▓▓▓▓▓▓▓ | ░░░░░░ |
| Track (B) Intro | | | | ▓▓▓▓▓▓▓ ▓▓▓▓▓▓▓ |

Mixen mittels Drumloops

|  | | Mixphase 1 | Mixphase 2 | |
|---|---|---|---|---|
| Track (A) Outro | ▓▓▓▓▓▓▓▓▓▓▓▓ | ▓▓▓▓▓▓▓▓▓▓▓▓ | ░░░░░░ | |
| Drumloop | | ▓▓▓▓▓▓▓▓▓▓▓▓▓ | ▓▓▓▓▓▓▓░░░░ | |
| Track (B) Intro | | | ▓▓▓▓▓▓▓▓▓▓▓▓▓ | ▓▓▓▓▓▓▓ |

Mixen mittels Drumloops einer dritten Quelle

Enthusiast / Bedroom-DJ / Professional DJ / Artist

# Das Mixing nach Phrasen

## Mixen mit Fill Ins und Drops als Mixfallen

Das erläuterte Raster in einem Track wird manchmal zur Steigerung der Dramaturgie und Vorbereitung eines Drops mittels Einschüben, Fill Ins genannt, in Form kleiner Pausen, Auftakten oder zusätzlich eingefügter Kicks, z. B. nach acht Takten, durchbrochen. Schließt du deinen Mix nicht vor einer solchen „Falle" ab oder unterbrichst ihn nicht, misslingt der weitere Übergang. Denn nach diesem Fill:

- können die verschiedenen Bassdrums beider Tracks mitunter nicht mehr übereinander liegen, d. h. Bassdrum (A) setzt anschließend auf die Snare (B) oder zwischen Bassdrum (B) und Snare (B) ein und
- es schließen alle weiteren Track-Bestandteile beim Mixen nicht synchron ab, z. B. nicht Break (A) auf Break (B).

|  | Fill | Mixphase |  |
|---|---|---|---|
| Track (A) Outro | ||||||||||||||||| | | | |||||||||□□□□□□ |  |
| Track (B) Intro |  | ||||||||||||||||||| | |||||||| |

Mixen mit kleinen Fills als Mixfallen

Diese Abbildung veranschaulicht, dass der Mix erst nach diesem Fill beginnen sollte. Um nicht in diese Fallen zu treten, empfehlen sich entsprechende Notizen auf dem Label, mit einer Taktangabe bezüglich des kleinen Fills bzw. die allgemeine Kenntnis über die Arrangements der aufgelegten Tracks. Beim digitalen DJing kontrolliere das Spektrogramm nach Unterbrechungen der Trackstruktur und markiere die Fills als Cue Point.

## BEACHTE

- Einzumixende Tracks langsam oder stetig nach vier oder acht Takten und nicht zu hastig einblenden.
- Mixt du den Track auf die erste Zählzeit einer Phrase des Master-Tracks, blende ihn sofort mit vollem Lautstärkelevel ein.
- Auf die letzten vier oder bis acht Takte im Mix tausche langsam die Bässe vom Master-Track mit denen des einzumixenden Tracks am EQ aus.
- Nie Leadsounds übereinander mixen, außer sie ergänzen sich harmonisch.
- Nie verschiedene Vocals zusammenmixen. Ausgenommen, wenn z. B. die Vocals des Tracks (A) in den ersten zwei Takten und die des Tracks

(B) im dritten und vierten Takt zu hören sind. In diesem Fall würden sie sich sogar ergänzen.
- Den Mix nicht unnötig in die Länge ziehen, ein kurzer Mix oder Cut ist oft wirkungsvoller.
- Bei Turntables wächst mit der Mixlänge die Gefahr des Auseinanderdriftens.
- Bei auftretenden Disharmonien den Mix schnell durch Ausblenden eines der beiden Tracks beenden.
- Beim Mixen von HipHop-Breakbeats achte auf gleiche Positionen derer Kicks und Snares im Takt. Anderenfalls klingen sie im Mix, als würde der Mix auseinander laufen. Ein kurzer Cut ist daher angebrachter.
- Mixe keine Tracks mit unterschiedlichen Taktarten zusammen, z. B. The Stranglers „Golden Brown" basiert auf einen 3/4-Takt, den du nicht mit einem 4/4-Takt kombinieren solltest.
- Pass auf unterschiedliche Raster der Tracks auf. Denn nicht jeder Track basiert auf Phrasen aus acht Wiederholungen, z. B. OutKast „Hey Ya".
- Mixe nur Achter-Phrasen zusammen, oder blende bei einem Mix aus Achter- und Sechser-Phrasen den erst genannten zwei Takte eher aus.
- Nutze Breaks von Tracks zum Mixen nur, wenn in ihnen auch ein Anhaltspunkt, wie Notenanschläge einer Fläche, Claps, rhythmische Vocals (keine Arien) o. ä. zum „Am Laufen Halten" deines einzumixenden Tracks zu hören ist.
- Ein gerader 4/4-Beat und einer mit Laid Back können im Mix zusammen klingen, als würden sie nicht in Phase spielen. Lass dich nicht verunsichern.

### TIPP
**Auflegen mit Edit-Versionen**
Radio-Edit-Versionen sind meist nur drei bis vier Minuten lang und bieten dir als DJ nicht so viel Spielraum zum Mixen. Deswegen lege auf jeden Fall nach einer Edit-Version eine Extended auf, damit du deren Intro auf den Schluss der Edit mixt. Auch als vorteilhaft erweist sich ein vorbereiteter Loop in der Edit (bei digitalem DJing) zum Mixen.

**Einmixen nach einem Break**
Wenn du unmittelbar nach einem Break mit dem Mix beginnen möchtest und dir der Break keinen Beat oder ähnlichen Anhaltspunkt bietet, um nach

dem Break von Track (A) dessen Beat auf die erste Zählzeit zu mixen, beginne den einzumixenden Track (B) auf die zweite Zählzeit. Mit anderen Worten, versuche nicht die Kick von Track (B) auf die erste Kick nach dem Break von Track (A) zu legen, sondern nimm die erste Snare. Somit hast du eine Zählzeit, um den Beat zu hören und somit einen sauberen Mix zu starten.

### Verlängerung eines Tracks ohne Loop

Wer kennt das nicht - man ist abgelenkt, verzettelt sich bei der Suche des neuen Tracks und Track (A) läuft nur noch 30 Sekunden. Wenn du Vinyl auflegst, steht dir kein Sampler zum Loopen der letzten Takte zur Verfügung.
Die Lösung des Problems: Lege auf die letzten Takte ein Echo mit mindestens einer Zählzeit (z. B. bei Pioneer DJ DJM-800...), ziehe den Regler oder Gain von Track (A) runter und springe dabei erneut beim Track (A) zu seinem letzten Break. Blende diesen auf das langsam verhallende Echo wieder ein. Schon hast du wieder für die Tracksuche ein paar Minuten Zeit gewonnen.

### Mixen von Tracks mit unterschiedlichen BPM

Digitales DJing und Key Lock-Funktionen, bei denen die Tonhöhe auch beim extremen Pitchen (mehr als zehn Prozent der Originalgeschwindigkeit) problemlos auf dem Niveau des Originals gehalten wird, erlauben dir, auch größere Tempi-Unterschiede beim Mixen zu überwinden.
Wenn du zum Beispiel einem harten Break zwischen House und Urban aus dem Weg gehen möchtest, so kannst du auch einen Urban-Titel mit 20 Prozent Tempo-Zuschlag, der im Original z. B. 105 BPM den Beat angibt, mit einem House-Track mixen. Nutze zum Beispiel auch in Verbindung eines DVS die Umschaltmöglichkeit zwischen 33 und 45-Umdrehungen am Plattenspieler. Lege im Anschluss des House-Tracks einen HipHop-Track mit 45 Umdrehungen auf und in einem günstigen Moment schaltest du auf 33.

**TIPP**

Es gibt auch sogenannte Transition-Tracks, die von sich aus den Übergang von einem Stil in den nächsten durch größere Tempowechsel ermöglichen. Beispielsweise „Imma Be" der Black Eyed Peas fängt mit typischen Urban-Beats an, 92 BPM, und arbeitet sich nach einem Break auf ein stattliches House-Tempo von 122 BPM.

## Das Mixen mit Auftakten

Unter Auftakt versteht man eine oder mehrere Noten, die vor der ersten Zählzeit des ersten Taktes bzw. einer Phrase spielen. Vor allem im Urban wird der Auftakt gern als stilistisches Element verwendet, z. B.

Jennifer Lopez: Get Right (halbe Zählzeit)
Pitbull ft. Marc Anthony: Rain Over Me (zwei Zählzeiten)
Taio Cruz: Hangover (anderthalbe Zählzeit)
The Roots: The Seed 2.0 (zwei Zählzeiten)

Wenn du einen Track mit Auftakt richtig einmixen möchtest, dann zähle zunächst die Anzahl der Beats (Zählzeiten) aus. Beispielsweise ein Track mit einem Auftakt von zwei Zählzeiten ist auf den anderen Track auf dessen dritte Zählzeit des letzten Taktes einer Phrase zu mixen. Danach sind beide synchron, denn die erste Zählzeit von Track (A) ist auch die erste von Track (B).

Auftakt am Beispiel von Taio Cruz "Hangover"

Zunächst solltest du stets die Beats mitzählen, damit du die Startposition des Auftakts und somit deines Tracks bestimmst. Bei Tracks wie „Get Right" von Jennifer Lopez ist dies eher unmöglich, der Auftakt ist einfach zu kurz. Daher transferiere den Auftakt oder singe ihn in Gedanken auf den anderen Track. Probiere es intuitiv bzw. unter dem Kopfhörer, an welcher Stelle der Auftakt gestartet werden muss. Merke dir dann diese Position im Takt des anderen Tracks.

### TIPP

Wenn du einen Track am Ende seines Refrains bzw. einer Phrase aus dem Mix blenden möchtest, aber dieser endet mit einem Auftakt z. B. per Wort (wie bei „Hangover" von Taio Cruz lautet der Auftakt „I Got A..."), um somit in einen weiteren Refrain oder Strophenteil bzw. eine Phrase zu leiten, dann schließe den Mix vor diesem Auftakt mit einem Spinback oder einem auf diesen Track gelegten Echo ab. Alternativ spricht auch nichts dagegen, den Track bis nach dem Auftakt zu spielen. In unserem Beispiel wäre das Wort „Hangover" noch zu hören, aber das „Wo-Oh" nicht. Stellt sich natürlich die Frage, warum gerade bei „Wo-Oh" ausgeblendet werden soll, wenn gerade an dieser Stelle die beste Stimmung ist. Dieses Beispiel bezieht sich darauf, wenn nach diesem Chorus auch Vocals in dem einzumixenden Track zu hören sind.

In der folgenden Abbildung findest du diese verschiedenen Möglichkeiten verallgemeinert, wie du mit dem Auftakt des Tracks (B) im Mix umgehst:

Du blendest Track (B) mit Auftakt ein.

Blende Track (B) ein und vor dem erneuten Auftakt gehst du mit einem Spinback aus dem Mix.

Setze einen Loop mit Auftakt so, indem das Loop-Ende vor dem erneuten Auftakt ist.

Blende Track (B) mit seinem Auftakt ein. Das Ausblenden erfolgt erst in der neuen Phrase bzw. Takt, wenn der Auftakt beispielsweise durch Silben oder Wörter mit dem folgenden Takt verbunden ist und diese zu hören waren, wie bei Taio Cruz „Hangover".

Auch das Loopen mit einem Auftakt ist nicht ohne. Eine genaue Anleitung hierfür findest du im später folgenden Kapitel „Das Auflegen mit einem Sampler".

## Das harmonische Mixen nach Gehör

Die bisher genannten Auswahlkategorien beschränkten sich nicht nur auf die homogene Einflechtung der Tracks im Mix, sondern auch auf ihre erzielte Wirkung. Mit den Harmonien bzw. Tonarten als weiteres Kriterium für einen perfekten Übergang wirst du dich von den anderen DJs mit ihrem üblichen Sicherheits-Mixing der Intros und Outros deutlich abheben. Denn die Ergänzung der Strings und der Leadsounds zweier verschiedener Platten ist für dich die oberste Messlatte, die es zu erreichen gilt. Vor allem Trance-DJs nutzen sehr gern Harmonien für den perfekten Mix.

Möchtest du diese Herausforderung annehmen, z. B. die Melodie von Track (B) mit den Strings von (A) zu kombinieren, so prüfe zunächst unter dem Kopfhörer, ob beide Tracks bezüglich ihrer Tonart eine gegenseitige musikalische Ergänzung ermöglichen oder Disharmonien hervorrufen. Durch Aktivieren der PFL/Cue-Tasten beider Kanäle hörst du sehr schnell heraus, ob der Mix gelingt oder ein Übergang mit dem Intro zu bevorzugen ist.

### TIPP

Wenn beim Mix Track (A) gegenüber Track (B) lauter und dadurch der Mix nicht harmonisch ist, probiere die Variante aus, Track (B) dominiert und Track (A) ordnet sich unter. Das kann ein ganz anderes und somit harmonischeres Klangbild ergeben. Denn nicht alle Töne zweier nicht kompatibler Tonarten erzeugen Dissonanzen. Werden aber gerade die nicht kompatiblen Töne durch ihre Dominanz im Mix besonders betont, die allerdings bei einer reduzierten Lautstärke im Mix untergegangen wären, fällt die Disharmonie dagegen auf.

## Das Mixen nach den Tonarten (Mixed In Key)

Wer sich doch nicht nur auf sein Gehör verlassen möchte, um herauszufinden, ob zwei Tracks mit ihren Tonarten harmonieren, kann sich auch sehr wissenschaftlich dieser Herausforderung stellen.

Generell unterscheidet man zwei Tongeschlechter, Dur und Moll. Wenn du zwei Tracks miteinander mixt, dann sollten sie für einen harmonischen Übergang (28):

## Das harmonische Mixen nach Gehör
## Das Mixen nach den Tonarten (Mixed In Key)

- der selben Tonart entsprechen (sie haben den gleichen, auch Tonika genannt)
- du mixt einen Track mit einer Moll-Tonart, deren Grundton drei Halbtonschritte unter der Dur-Tonart des anderen Tracks liegt
- du mixt mit einer anderen Dur-Tonart, deren Grundton fünf Halbtonschritte über ihr liegt (man bezeichnet dies als Subdominante)
- du mixt mit einer anderen Dur-Tonart, deren Grundton sieben Halbtonschritte über ihr liegt (Dominante).

### BEACHTE

Key Lock muss auf allen Decks der Software aktiviert sein, denn durch Verschieben des Pitch-Control ändern sich ansonsten die Tonarten der Tracks.

In der folgenden Abbildung kannst du konkret ablesen, welche Tonarten zueinander passen. Moll-Tonarten werden in dieser Übersicht mit einem „m" nach dem Grundton gekennzeichnet (z. B. Am...A-Moll).

| Track (A) mit dieser Tonart | Ist mixbar mit Tracks in diesen Tonarten | | |
|---|---|---|---|
| | Kompatible Tonart des anderen Tonartgeschlechts | Fünf Halbtonschritte aufwärts | Sieben Halbtonschritte aufwärts |
| C | a | F | G |
| D$b$ / C# | h$b$ / a# | G$b$ / F# | A$b$ / G# |
| D | h | G | A |
| E$b$ / D# | c | A$b$ / G# | H$b$ / A# |
| E | d$b$ / c# | A | H |
| F | d | H$b$ / A# | C |
| G$b$ / F# | e$b$ / d# | H | D$b$ / C# |
| G | e | C | D |
| A$b$ / G# | f | D$b$ / C# | E$b$ / D# |
| A | g$b$ / f# | D | E |
| H$b$ | g | E$b$ / D# | F |
| H | a$b$ / g# | E | G$b$ / F# |
| c | E$b$ / D# | f | g |
| c$b$ / c# | E | g$b$ / f# | a$b$ / g# |
| d | F | g | a |
| e$b$ / d# | G$b$ / F# | a$b$ / g# | h$b$ / a# |
| e | G | a | h |
| f | A$b$ / G# | h$b$ / a# | c |
| g$b$ / f# | A | h | d$b$ / c# |
| g | H$b$ / A# | c | d |
| a$b$ / g# | H | d$b$ / c# | e$b$ / d# |
| a | C | d | e |
| h$b$ / a# | D$b$ / C# | e$b$ / d# | f |
| h | D | e | g$b$ / f# |
| | | | G = G-Dur<br>g = G-Moll<br>G$b$ = Ges<br>G# = Gis |

Kompatible Tonarten

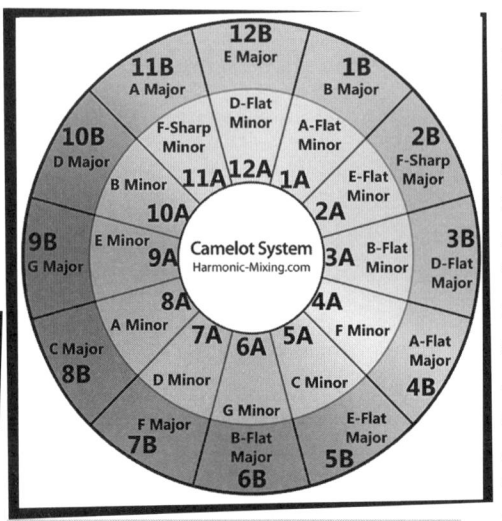

Harmonierende Tonarten nach Camelot-Easymix-System (27)

Um während des Auflegens deinen Kopf nicht zu überfordern, nutze das Camelot-Easymix-System (www.harmonicmixing.com), mit dem du die miteinander harmonierenden Tracks einfacher herausfindest und auch die Beschriftung deiner Tracks versimpelst (siehe Abbildung). Dabei entsprechen die im äußeren Kreis den Dur- und innen den Moll-Tonarten. Sharp steht für #, z. B. F-Sharp Major ist Fis-Dur (F#), Flat hingegen für ♭, z. B. E-Flat Minor es-Moll (E♭m).

**Generell harmonieren laut dem Camelot-Wheel folgende Tonarten:**
Z. B. 12B lässt sich mit 11B, 1B und 12A, oder 2A mit 1A, 3A und 2B mixen. Ein Track mit einer dazwischen liegenden Tonart (7B) verbindet auch den Übergang zu weniger harmonierenden Tonleitern (6B und 8B)

**Wie findest du die Tonart deiner Tracks heraus?**
Dazu brauchst du ein Keyboard, Piano oder Keyboard-Controller für den PC mit einer entsprechenden Software. Wenn du kein Keyboard besitzt, reicht auch eine Musiksoftware mit virtueller Klaviertastatur. Jetzt suchst du auf der Tastatur die C-Dur-Tonleiter mit ihren 12 Tönen, von A bis H (auf einer englischen Tastatur B anstatt H), samt ihren Halbtönen. Den Track, dessen Tonart du bestimmen möchtest, lässt du mit einem Pitch von null Prozent laufen, da bei einem veränderten Pitch sich die Tonhöhe verändert und somit das Ergebnis beeinflusst. Jetzt spielst du zu dem Track jeden Ton einzeln an und findest den heraus, der am besten zu dem Track passt. Dieser ist der Grundton der Tonart.

Eine wesentlich einfachere Form, der sich vor allem DJs mit digitalen Tonträgern bedienen, ist die Software „Mixed In Key" (www.mixedinkey.com). Die kostenpflichtige Software analysiert binnen weniger Sekunden

## Das Mixen nach den Tonarten (Mixed In Key)

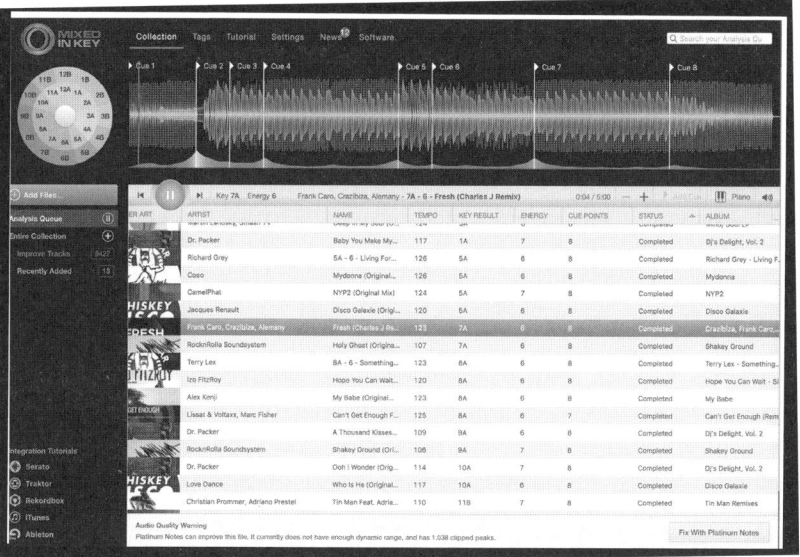

die Keys, wie sie in dem Camelot-Easymix-System bezeichnet sind. Dazu lädst du zunächst die zu analysierenden Titel per „Add"-Funktion in die Software. Durch Drücken des „Analyze"-Buttons werden die Keys, die BPM und das Energy Level der Tracks berechnet. Das Energy Level, von 1 bis 10 gehend, beschreibt anhand der im Track gespielten Hi-Hat, des Tempos und Arrangements, wie tanzbar ein Track ist und wie er die Crowd motiviert. Deep House liegt zwischen 3 und 5, dagegen Progressive House bei 9 bis 10.

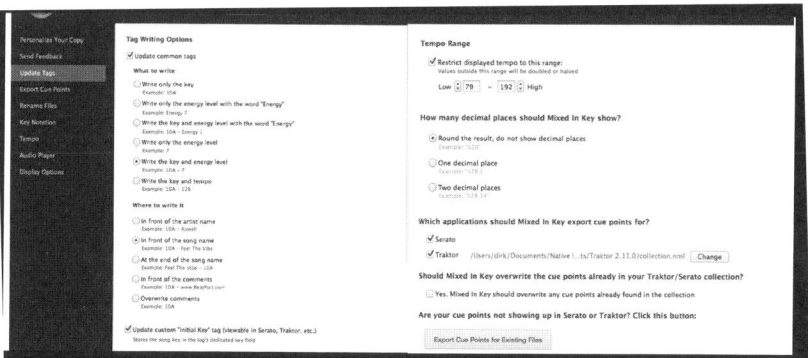
Verschiedene Setup-Einstellungen im Mixed In Key

Skills **421**

# SKILLS

Welche Software verwendest du? Serato, Traktor, rekordbox, iTunes oder Ableton? Wo und wie sollen die Keys bzw. das Energy Level angezeigt werden? Als Kommentar, hinter dem Track- bzw. Artistnamen oder im Key-Feld? Welche Schreibweise der Keys bevorzugst, die vom Camelot-Easymix-System oder doch eher die klassische? Werden Tags aktualisiert? Ist das Tempo zu korrigieren? Unter „Personalize" passt du dein Mixed In Key an.

Um den Key und das Energy Level anzeigen zu lassen, musst du im Serato DJ Pro für die bereits analysierten Tracks erneut „Rescan ID3 Tags" aktivieren bzw. im Traktor gehe mit der rechten Maustaste auf die analysierten Tracks und wähle „Check Consistency". Auch die bis zu acht Cue Points setzt und beschriftet die Software automatisch, zum Beginn des Tracks mit dem Downbeat, am Anfang einer Strophe oder des Chorus und mit jeder Änderung des Energy Levels im Track. Dank der visuellen und getrennten Darstellung des Tracks hinsichtlich seiner Melodie- und der Beats-Ebene im Audio-Player können die Cue Points individuell angepasst werden.

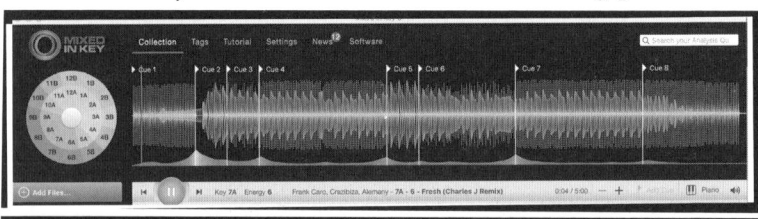

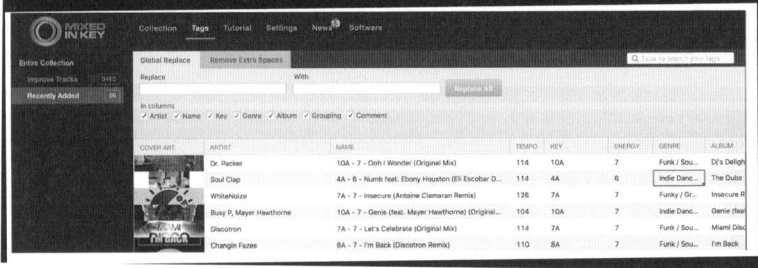

Selbst Tags der einzelnen Attribute der DJ-Software, wie Genre oder Kommentar, können unter dem gleichnamigen Reiter wie in einer Excel-Tabelle leicht editiert und geändert werden. Mit der „Replace With"-Funktion tauschst du bisherige Tags gegen andere aus oder mit „Remove Extra Spaces" löschst du ungewollte Tags mit einem Klick.

# Das Mixen nach den Tonarten (Mixed In Key)

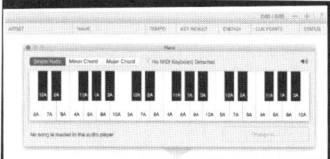

Mitunter ist Mixed In Key beim Auslesen der Tonarten auch nicht erfolgreich, sodass nur noch das eigene Gehör anhand eines Pianos bzw. Keyboards den Key herausfindet. Dafür blendet Mixed In Key ein virtuelles Piano über den Keyboad-Button ein.

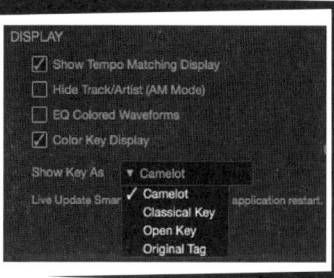

DJ-Programme erkennen mittlerweile auch die Harmonie eines Tracks, Serato DJ Pro und rekordbox DJ zeigen diese im Key-Tab als klassische Dur/Moll-Tonart oder Camelot-Mixsystem-Schreibweise an, Traktor Pro setzt dagegen auf das eigene, an das Camelot-Wheel angelehnte Open Key. Das gewünschte Format stellst du im Setup ein, wechsel in den Practice-Modus und analysiere deine Tracks. Danach erscheint der jeweilige Key im Deck und in der Tracklist als Attribut in unterschiedlichen Farben, die bei Serato DJ Pro der Farbpalette des Camelot-Mix-Systems entspricht. Aber auch die anderen Programme ordnen die Tonarten Farben zu, damit du visuell grob erkennst, ob die Tonarten zweier Tracks zueinanderpassen oder nicht.

Im Vergleich zum Marktführer Mixed In Key stimmen die Ergebnisse der Tonartenanalyse fast immer überein. Mitunter kommen Abweichungen um einen Halbton vor oder du findest auch zwei Tonarten gleichzeitig als Tag. Entscheide selbst, ob du den von Mixed In Key oder deiner DJ-Software analysierten Key übernehmen möchtest, indem du unter „Analyze Files" „Set Key" markierst oder nicht.

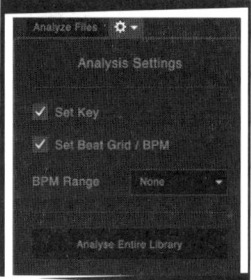

### Energy Boost Mixing:

Darunter versteht man eine weitere Möglichkeit, Tracks unterschiedliche Tonarten im Mix zu kombinieren. Ermittelst du anhand einer Klaviertastatur z. B. die Tonart c-Moll bei einem Track, so kann auch ein Mix mit einem Track in der Tonart der beiden folgenden Halbtöne erfolgen, also d-Moll oder d$b$-Moll. Im Camelot-Easymix-System gehe zwei oder sieben

Schritte im Uhrzeigersinn weiter und du ermittelst die passende Tonart, z. B. bei g-Moll (6A) wären die Alternativen a-Moll (8A) bzw. a♭-Moll (1A). Diese Methode ist mehr für kürzere, aber energiegeladenere Übergänge gedacht und wurde schon von DJs wie DJ Sasha oder Armin van Buuren erfolgreich praktiziert (26).

**Weitere Möglichkeiten:**

Auch die vierte, im Camelot-System folgende Tonart ist kompatibel, z. B. 1B/5B oder 9A/1A. Diagonal lassen sich die Tonarten ebenfalls kombinieren, 11A/10B oder 5B/6A, hingegen 5B mit 4A ist disharmonisch. Zusammenfassend gilt, jede Tonart harmoniert mit acht weiteren, z. B. 1A mit: 1A/2A/12A/1B/3A/5A/8A/12B oder 5B zu 5B/5A/6B/4B/7B/9B/6A/12B.

### Verändern der ursprünglichen Tonart
## Pitch Shifting mit dem Pitch-Control

Natürlich besteht auch die Möglichkeit, bei deaktiviertem Key Lock mit der Pitch-Verschiebung in eine neue Tonart zu gelangen, um somit mit anderen, zuvor dissonanten Tracks zu harmonieren. Erhöht man den Pitch um sechs Prozent, wird die Tonhöhe um einen Halbschritt, damit einen Semiton transportiert, sodass beispielsweise aus einem 3A- ein 10A-Track wird, für den auch wiederum alle bisherigen Harmonie-Regeln gelten. Auch mit der Harmonic- oder Key Adjust-Funktion, wie am Pioneer DJ DJM-800, kannst du nach deinem Gehör die Harmonie anpassen.

## Camelot-Wheel-Erweiterung mit Key-Knob

Bei DJ-Softwares, wie Traktor oder VirtualDJ, kann auch die Tonart über einen Key-Knob angepasst werden, allerdings bisher ohne eine nennenswerte Richtlinie. Zum Glück kam Digital DJ Masterclass Student Ferdinand Van Wijnen auf die Idee, Veränderungen der Tonart durch die Einstellungsmöglichkeiten am Knob im Camelot-System zu berücksichtigen. Damit passen zu jeder Tonart mit entsprechender Verschiebung des Keys vier weitere.

*Das Mixen nach den Tonarten (Mixed In Key)*
*Verändern der ursprünglichen Tonart*

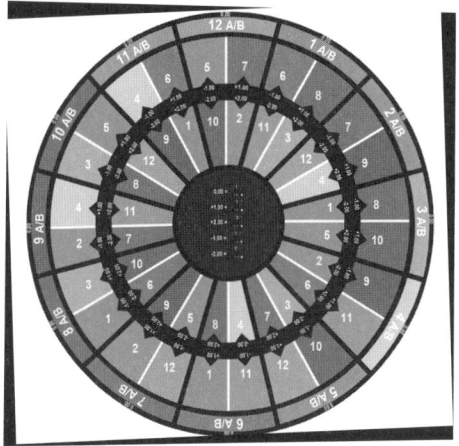

Ferdinand berücksichtigte bei der Änderung nur Schritte von -2.00 bis +2.00. Stärkere Veränderungen der Harmonie verschandeln die Tracks. Besitzt z. B. der Track den Key 3A bzw. 3B, harmoniert er mit 8A/B (bei -1.00) und 1A/B (bei -2.00) oder 10A/B (bei +1.00) oder 5A/B (bei +2.00).

Erweiterung des Camelot-Easymix-System mit Key-Knob (28)

Erweiterung des Camelot-Easymix-System mit Key-Knob in der vereinfachten Streifenansicht (28)

## Key Shift und Key Sync

Nicht jeder kennt die Regeln, welche Tonarten miteinander harmonieren. Zumal auch viele Tracks generell tonal nicht zusammenpassen. Key Shift und Key Sync sind zwei Funktionen des Expansion Packs Pitch ´n Time DJ von Serato DJ Pro, die das harmonische Mixing vereinfachen. Auch rekordbox DJ bietet dieses Feature. Hingegen verlässt sich Traktor Pro nur auf Key Shift, allerdings markiert es harmonierende Tracks im Browser.
Möchtest du Pitch ´n Time DJ in deine Expansion Packs aufnehmen, gehe unten rechts online und betätige zunächst „Activate Serato DJ". Logge dich per Mail-Adresse und Passwort in deinen Account über Serato DJ

ein, buche für 29,00 Dollar das Pack und schließe deine Hardware an. Nach einem erfolgreichen Kauf listet „My Products" fortan Pitch ´n Time DJ, das nur noch auf seine Aktivierung im Setup unter dem Rei-

Login bei Serato DJ

Expanions Packs bei Serato DJ

ter Expansion Packs wartet. Anschließend tauscht Serato DJ das Noten-Symbol des Key Lock gegen das Stretching-Zeichen von Pitch´n Time DJ aus. Es tauchen auch im Deck neben der Spielzeit des Tracks weitere neue Buttons auf, die für Key Shift und Key Sync zum Abstimmen der Tonart an den jeweils anderen Track.

### Tonartanpassung

Pitch´n Time DJ im Setup und im Deck

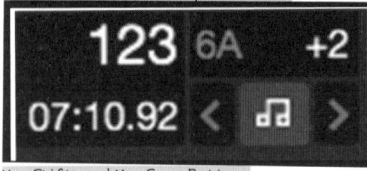

Key Shift- und Key Sync-Buttons

Mit Key Shift veränderst du die Tonart eines Tracks manuell in Halbton-Schritten nach oben oder unten. Im jeweiligen Deck erscheinen dafür links und rechts unterhalb der Tonart zwei Pfeil-Buttons. Mit jedem Step wird die Anzahl der Schritte um einen erhöht oder gesenkt und angezeigt, im Bild z. B. um +2. Key Widget bei Traktor Pro arbeitet nach dem gleichen Prinzip, allerdings wechselt mit jedem Halbtonschritt die angezeigte Tonart die Farbe, um das zu- oder abnehmende Match der Harmonie zu visualisieren. Normalerweise schlägt Traktor Pro zur Tonart des als Master eingestuften Decks harmonierende Tracks in der Tracklist vor. Ist im Setup „Also color adjacent keys" aktiviert und die Tonart um beispielsweise einen Halbtonschritt verändert, findest du weitere Tracks-Vorschläge passend zum veränderten Key. Ob mit angepasster Tonart zwei Tracks tatsächlich harmonieren, sollten dennoch letztlich deine geschulten Ohren das letzte Urteil sprechen.

Mit je mehr Halbtönen du die Tracks in ihrer Tonart veränderst, geht deren ursprüngliche Charakter verloren, zumal Vocals entweder mit zunehmenden Halbtonschritten mehr nach Micky Mouse oder mit abnehmenden nach Darth Vader klingen. Deswegen solltest du die Tracks mit Vocals nur maximal um einen Halbton-Schritt verändern, bei Instrumentals liegt die Schmerzgrenze bei zwei Schritten.

# Verändern der ursprünglichen Tonart

Wer sich nicht auf sein Gehör verlassen möchte und auch nicht die für das Camelot-Mixsystem geltenden Harmonie-Regeln verinnerlicht hat, dem bietet Key Sync erstaunliche Abhilfe. Sind zwei Tracks mit angezeigtem Key in die Decks geladen und du drückst von einem der beiden den Achtelnoten-Button bei Serato DJ Pro und Key Sync bei rekordbox DJ, wird automatisch die Tonart an die des anderen Decks angepasst und die aktuelle Tonart samt veränderte Halbtonschritt angezeigt. Die Tracks harmonieren anschließend. Verändert sich die Tonart nur um einen Halbton, hört man diesen Unterschied nur im direkten Vergleich zum Original, Artefakte treten dabei auch weder bei Traktor Pro und rekordbox DJ auf.

**Folgende Regeln solltest du entsprechend beim Harmonic Mixing mit Key Sync berücksichtigen:**

1. Verändere nicht die Tonart bzw. deaktiviere wieder Key Sync eines Tracks, solange dieser für deine Crowd hörbar ist.
2. Passe stets die Tonart des folgenden Tracks an den gerade laufenden Master-Track und dies noch vor dem Mixbeginn an.
3. Überprüfe, ob die beiden Tracks zu ihrer Harmonie nur um einen Halbtonschritt entfernt sind. Wenn mehr, wäge ab, wie sehr sich der angepasste Track von seiner Stimmung künstlich verändert. Alternativ mixe mit dem tonartneutralen Beat-Intro auf den anderen Track oder wähle einen anderen Track, der vielleicht besser harmoniert.
4. Deaktiviere Key Sync und wechsele beim für dein Publikum zu hörenden Track nur zu seiner Original-Tonart in dessen ersten Breakdown oder zum Ende der Mixblende wieder zurück.

**Wenn Du Tracks unterschiedlicher Tonarten, die überhaupt nicht miteinander harmonieren, nacheinander auflegen möchtest, bleibt dir nur:**

- mit den Drumspuren der Intros bzw. Outros zu mixen
- während der Blende den einzuspielenden Tracks in seinen Höhen bzw. Mitten per Equalizer und
- in seiner Lautstärke bzw. durch einen Filter und damit die Präsenz zu minimieren.

## Harmonic Mixing mit Flow DJ

Bisher musste ein DJ alle Regeln verinnerlichen, nach denen die Keys und damit entsprechende Tracks miteinander harmonieren. Mixed In Key legte mit ihrem Camelot-Easymix-System dafür den Grundstein. Die ebenfalls aus dem Haus Mixed In Key stammende DJ-Software Flow DJ setzt allerdings noch einen drauf, indem dieses Tool die zu einem gerade abgespielten Track weitere, am besten von der Harmonie passende Tracks vorschlägt. Zudem zerlegt „Flow DJ" Tracks in einzelne Phrasen-Segmente, damit diese im Live-Mix von ihrer Reihenfolge veränderbar sind.

Flow DJ untergliedert sich in die Modi „Preparation", „Play" und „Export". Zunächst sind unter „Preparation" Tracks in die Library und optional in eigene Playlists einzufügen, entweder von iTunes oder Ordnern importiert. Nach dem Einlesen der Tracks knüpft das Analysieren der Keys und dramaturgischen Energy Levels an, das allerdings nur im Online-Modus möglich ist. Außerdem erkennt Flow DJ das Intro, Outro oder den Breakdown eines Tracks und separiert sie in einzelne Segmente, um sie später im Live-Mix per Maus-Click anwählen zu können. Entsprechen die Markierungen und die Selektion nicht den eigenen Vorstellungen, können diese, wie auch die Tags für Key und Level noch individuell korrigiert und damit personalisiert werden. Zu guter Letzt sollte man den Downbeat, der Startpunkt und damit die Voraussetzung für den synchronisierten, Beat-tighten Mix, unter dem entsprechenden Button überprüfen.

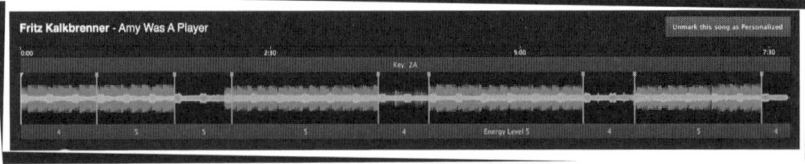

Das Feature des Harmonic Mixing löst Flow DJ im „Play"-Modus über eine dynamische Playlistenführung, die Tracks vorschlägt, die vom Key,

# Harmonic Mixing mit Flow DJ

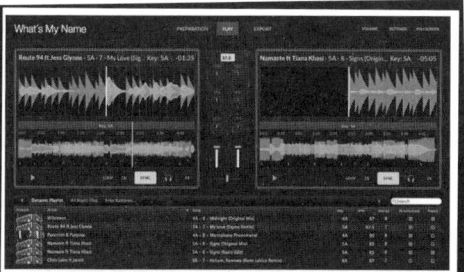

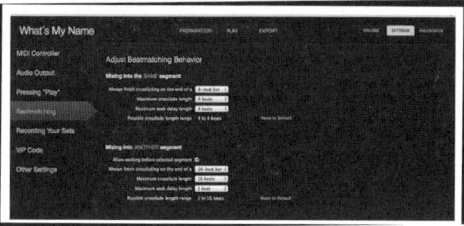

der BPM und dem Level am besten zu dem geraden aufgelegten Track passen. Aber damit wäre das eigentliche Highlight der Software noch nicht erwähnt, denn das direkte On-The-Flow-Anspielen einzelner Segmente innerhalb eines Tracks revolutioniert das Mixing. Obwohl man zum Beispiel vom Takt 32 in den 64sten im Mix springt, kommen weder Beat, noch die Mix-Struktur aus dem Takt. Wechselt man beispielsweise im zweiten Takt auf ein anderes Segment im Track, blendet die Software weich mit einem virtuellen Crossfader über mehrere Beats zum Beginn des dritten Takts auf das andere Segment über. Die Länge und das Ende des virtuellen Mixes innerhalb des Tracks entscheidet die jeweilige Einstellung im Setting unter dem Reiter „Beatmatching". Damit können nicht nur eigene Re-Edits und eingekürzte Snippet Edits live performt werden, sondern langweilige und damit das Set dramaturgisch bremsende Parts gehören im Mix der Vergangenheit an.

Gemixt wird über zwei Kanäle samt Dreiband-Equalizer und Crossfader. Bisher fehlt leider ein Gain-Regler für die individuelle Vorverstärkung der Kanäle. Flow DJ verzichtet dagegen nicht auf Beat Loops, von einem bis 32 Beats, um Parts zu verlängern. Für Effekt-Spaß sorgen die unter dem FX-Button zum Vorschein kommenden Filter- und Energy-Knobs. Der Filter-Knob fungiert als Low- und Highpassfilter, je nach Drehung in die linke oder rechte Richtung, ohne dabei in der Maximalstellung das Signal komplett auszulöschen. Hinter dem Energy-Knob verbirgt sich ein über die Drehrichtung, in seiner Intensität generiertes Delay.

Leider erlaubt Flow DJ bisher kein manuelles Beatmatching oder Mixing, sondern nur den Sync-Modus. Jedoch setzt es die für das Sync erforderlichen Grids so genau, dass selbst der Mix mit Tracks einer ungleichmäßigen Rhythmik, wie bei per Hand eingespielten Drums, ungewöhnlich präzise klingt.

Natürlich möchte jeder DJ seine live gejammten Sets mit dem sozialen Umfeld teilen. Hierfür verwaltet Flow DJ unter dem Reiter „Export" alle automatisch aufgenommenen Mixes, sofern diese Funktion aktiviert. Außerdem listet es deine Top100 der meistgespielten Tracks.

Flow DJ ausschließlich vom Laptop zu bedienen, wäre unkomfortabel und hinter dem DJ-Pult auch optisch als wenig sexy anzusehen. Daher bietet Flow DJ unter dem Reiter „Setting" verschiedene Mappings für gebräuchliche DJ-Controller, wie von Native Instruments, Reloop oder Pioneer DJ, mit denen die Software navigiert werden kann. Für Individualisten besteht zudem die Möglichkeit der personalisierten Unterwerfung der Software und anderer DJ-Controller. Auch der Output lässt sich manuell der internen oder auch einer externen Soundkarte zuweisen. Damit ist Flow DJ auch für den professionellen DJ-Einsatz in der Kanzel recht gut gewappnet.

## Das Auflegen mit drei oder vier Decks

Carl Cox, mehrfach vom englischen DJMag zum weltbesten DJ gekürt, legte schon zu einer Zeit, als noch der Schallplattenspieler dominierte, nach dem Prinzip auf, drei verschiedene Platten durch Mixing, Cutten und Modulieren am EQ zu einem Track zu kombinieren. Heutzutage ist es nicht mehr so schwer, drei oder sogar vier verschiedene Quellen miteinander zu synchronisieren, dem Digital Way sei dank.

### Auflegen mit drei Schallplattenspielern oder DJ-Playern:

Generell wählst du für die drei Decks entweder Minimal-Tracks aus, die sich aufgrund ihrer sparsamen Instrumentierungen ergänzen. Oder du legst zwei Grooves und eine Acapella-Version auf. Weiterhin besteht die Möglichkeit, zwei gleiche Tracks, die durch Phasing oder Delaying kombiniert werden, mit einem dritten Track zusammenspielen zu lassen.

Beim Beatmatching passt du zunächst zwei Tracks an und mixt diese anschließend ineinander. Danach widmest du dich dem Dritten, indem du ihn mit dem Tempo der beiden anderen angleichst und ebenfalls einblendest. Besonders viel Übung erfordert das Verfolgen des Mixes über den

Monitor, um eventuelle „Ausreißer" zu orten. Deswegen beschränke dich zunächst nur auf zwei Grooves und ein Acapella.

**Auflegen mit bis zu vier Decks einer DJ-Software:**

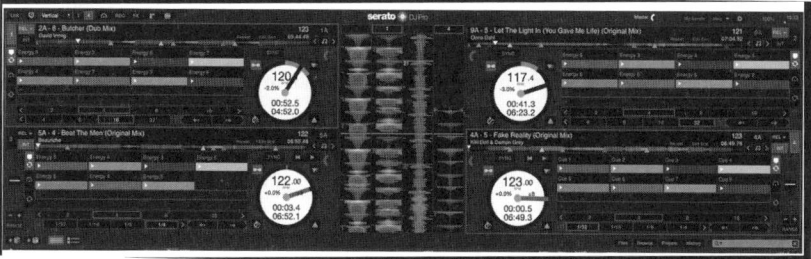

Die Vollversionen der DJ-Softwares bieten meistens vier Decks. Die tatsächliche Anzahl der Decks hängt aber von den Kanälen der jeweiligen Hardware ab. Bei Serato DJ Pro zertifizierten Battle-Mixern wie dem Rane Seventy und dem SSL2/Denon DJ DS1-Interface gibt es zwei, beim SSL3 drei und der SSL4 vier Decks. Pioneer DJs DJM-S9 schaltet trotz seiner zwei Kanäle alle vier Decks frei, allerdings jeweils zwei parallel (1+2/3+4), hilfreich zum Parken von Tracks oder Cutten zwischen zwei parallelen Decks. Hingegen der DJM-S11 spielt als einziger Zweikanalmixer vier Decks an, indem er per „Deck Move" Tracks nahtlos von Deck 1 nach 4 und von Deck 2 nach 3 bewegt, um anschließend in die Hauptdecks geladene Tracks zu mixen und scratchen. Alternativ startet man Deck 3 und 4 virtuell vom Display des DJM-S11. Auch bei rekordbox, Traktor Pro und VirtualDJ limitiert dich nur deine eingesetzte Hardware. Vier Decks im Einklang sind heutzutage dank Sync keine Kunst mehr. Vielmehr besteht der Anspruch darin, sie gekonnt gleichzeitig einzusetzen, dass du weder dich, noch dein Publikum überforderst. Denn weniger ist oft mehr!

**BEACHTE**

Wenn du mit mehr als zwei Decks auflegst, heißt das nicht, dass ständig alle Quellen on Air sein müssen. Nutze sie eher dafür, um noch schnellere Übergänge zwischen zwei Tracks umzusetzen oder durch Acapellas die Tracks live zu remixen. Mach das, worauf du Spaß hast. Die Grenzen werden dir lediglich durch dein eigenes Können gezeigt.

## Das Scratching

Das von Grandwizard Theodore durch Zufall entdeckte rhythmische Vor- und Zurückbewegen der Schallplatte im Takt einer anderen, hat den DJ mittlerweile zum Status eines Musikers verholfen. Nachdem in der Anfangsphase des Scratchings ausschließlich die Schallplatte für den außergewöhnlichen Sound sorgte, übernahm durch Virtuosen, wie DJ Qbert oder DJ Flare, verstärkt der Fader die Kontrolle über dessen Ausführung. Vor allem HipHop-DJs, sofern sie keine mixfreundlichen Remixes mit Intros bzw. Outros auflegen, nutzen das Scratching, um gekonnt vor dem Cutting einzelne Passagen des folgenden Tracks rhythmisch anzukündigen. Aber auch House-DJs übernehmen diese Form des Turntablism für den Mix mit Acapellas.

Wie Schallplatte und Crossfader bzw. Upfader gleichzeitig koordiniert werden können, erläutert das folgende Kapitel.

Qbert:
Sei originell und du selbst. Zunächst ist es toll, andere zu kopieren... Aber mit der Zeit entwickelt man seine Persönlichkeit und der Stil nimmt Drehungen und Wendungen an, die du nie gedacht hättest... Du skratchst plötzlich Rhymes wie ein MC, der allerdings mit seinen Händen spricht. Ich rate dir, lerne zu swingen, erfahre mehr über Rhythmus und Synkopen, um deinem Sound die Funkyness zu geben.

## Die Grundlagen
### Die Hand- und Fingerposition

Beim Scratching kommt es nicht nur auf die rhythmische Bewegung der Schallplatte an., sondern auch auf die Fingerfertigkeit am Fader. Deswegen entscheiden sich Rechtshänder bei Scratches, wie dem Transformer, Flare, Orbit und Crab, deren Schnelligkeit durch das Öffnen und Schließen des Crossfaders bestimmt wird, für die rechte Hand an diesem. Allerdings wechselt bei Baby-, Forward- und Backward-Scratches, Stab, Scribble, Drag, Military und Tear vorrangig die rechte Hand an den Schallplattenspieler. Aber am besten ist, mit beiden Händen gleichrangig scratchen zu können.

### Die Faderhaltung

Scratches werden vorrangig mit dem Crossfader ausgeführt, weil:

- Crossfader sind bezüglich ihrer Länge oft kürzer als Upfader
- Scratches können mit Cuts unmittelbar verbunden werden
- sie sind häufig robuster, gleitfähiger, mitunter schneller austauschbar als Upfader
- durch die Einstellung des Crossfaders auf die scharfe Kurve wird der zurückzulegende Faderweg zum Öffnen und Schließen minimiert, und du realisierst ein schnelles Cutten des Scratch-Samples
- die Arbeit am Mixer beschränkt sich nur auf einen Fader
- einige Scratches funktionieren nur durch Hamstern.

Der Crossfader wird allerdings nicht für jeden Scratch die erste Wahl sein, denn DJs führen vorrangig Echo-, Backward-Scratches bzw. Stabs mit den Upfadern aus. Ob auch bei allen anderen Scratches die Wahl auf die Upfader fällt, bleibt dir selbst nach deinen Fähigkeiten und den vorhandenen technischen Mischpultvoraussetzungen überlassen.

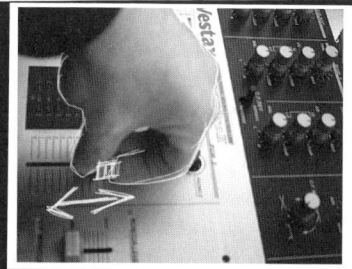 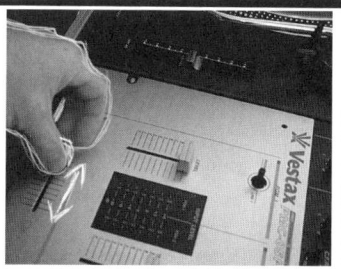

Fingerposition am Up- bzw. Crossfader

Bei der Faderführung, wie sie in der folgenden Abbildung zu sehen ist, unterscheiden sich beide Möglichkeiten nicht, denn in beiden achtet man auf das Zusammenspiel zwischen Daumen, der von der einen Seite gegen den Faderknopf drückt und den auf der anderen Seite angeordneten Mittel- und/oder Zeigefinger. Um z. B. bei einem Transformerscratch den Crossfader rhythmisch zu öffnen, schlägt der Mittel- bzw. Zeigefinger gegen den Faderknopf, der durch den vom Daumen erzeugten Gegendruck auch wieder an einer gewünschten Stelle geschlossen werden kann. Die Handhabung der Upfader unterscheidet sich nur durch die Umkehrung dieses Prinzips, sodass der Mittel- und Zeigefinger den Kanal schließt und der Daumen ihn anschließend wieder öffnet.

# SKILLS

Für eine große Angriffsfläche der Finger am Fader bieten sich ausschließlich schmale Fadercaps mit einer großen Seitenoberfläche an (siehe Abbildung). Hingegen sind längliche, mit einer an die Fingerkuppe angepassten Oberfläche für einen Scratchvirtuosen unzweckmäßig.

## Die Handposition auf der Schallplatte
### Am äußersten Rand der Schallplatte:
Diese Technik zeichnet sich durch einen geringeren Verschleiß der Schallplatte aufgrund der vermiedenen Rillenberührung aus. Jedoch ist sie nur für den Scribble von Vorteil, da auf diese Weise die schnelle Handbewegung für die Schallplatte aus dem Handgelenk übertragen wird.

### In der Mitte der Schallplatte:
Fast alle DJs arbeiten mit dieser Handposition, denn sie ermöglicht die beste Kontrolle über das Vinyl, da die Auflagefläche sehr groß ist und die Markierungspunkte für die Cue Points sehr gut zu erkennen sind.

### Am Label der Schallplatte:
Viele DJs nutzen diese Position für schnellere Scratches aus, da im Vergleich zur Mittelposition die Hand für den gleichen erzielten Effekt einen kürzeren Weg zurücklegt. Allerdings muss aufgrund der größeren Übersetzung ein etwas höherer Druck auf die Schallplatte ausgeübt werden.

### BEACHTE
Achte auf jeden Fall stets darauf, dass deine Hand dich immer auf der Viertel vor Neun-Position befindet, damit du den größten Abstand vom Tonarm hast.

Handpositionen an der Schallplatte beim Scratching

## Deine Position am DJ-Setup
Scratching ist eine Frage der Technik und Motorik. Es geht leichter von der Hand, wenn du

Enthusiast / Bedroom-DJ / Professional DJ / Artist

- nicht zu nah am Plattenspieler und Mixer stehst
- die Scratches mit längeren Schallplattenbewegungen vor allem aus dem Ellenbogen und sehr kurze Scratches aus dem Handgelenk „schüttelst", die Finger bleiben dabei entweder gestreckt und relativ starr oder führen allein die Bewegung aus, die Hand liegt eher flach auf der Schallplatte
- deine Decks in der Höhe zwischen Steiß- und Bauchnabel aufstellst.

Ob deine Scratchmoves mehr aus dem Ellenbogen oder den Fingern kommen, wird von deiner bevorzugten Haptik, deinen anatomischen Voraussetzungen, aber auch vom Scratch selbst abhängen. Denn nicht jeder verfügt über solche dehnbaren und beweglichen Finger wie Qbert.

## Das Scratch-Vinyl und die Scratch-Effects

Zum Scratchen setzen DJs besonders Geräusche, Effekte, Vocal-Samples oder Drumloops ein, die z. B. auf Maxi-Singles als Bonuszugaben in Form der Instrumental-, Beat- oder Acapella-Versionen oder auf speziell für DJs zugeschnittenen „Beats, Breaks & Scratches"-Schallplatten zu finden sind oder die du als digital auflegender DJ auf deiner Festplatte gespeichert hast. Aber nicht nur allein der Sound, sondern auch die Schallplattenpressung mit ihrem Schnitt, Gewicht, ihrer Oberflächenqualität, Ebenheit und Abspielgeschwindigkeit entscheidet über den Erfolg eines Scratches. Hip-Hop-DJs bevorzugen zum Scratchen vor allem Vinyl mit einer Abspielgeschwindigkeit von 33 U/min, da so die Hand auf dem Vinyl einen kürzeren Weg im Vergleich zu 45 U/min zurücklegen muss. Auch Scratching mit 180 Gramm schweren Platten ist für dich als Turntable-Artist wie ein Akt auf dem Trapez mit 30 Kilogramm Übergewicht, denn für schnelle Scratches bzw. Rewinds handicapt dich die Wucht der Platte. Setze deswegen lieber Vinyl mit maximal 150 Gramm ein. Des Weiteren sollte die Schallplatte auf dem Plattenteller völlig eben liegen und ohne große Druckaufwendung gleiten, wobei dies auch sehr stark von der Slipmatbeschaffenheit abhängt.

Besorge dir am besten 133 BPM-Scratchloops, z. B. die „Superseal"-Reihe von Qbert, auf denen jeweils pro Umdrehung die gleichen Scratch-Sounds

mit 133 BPM, bezogen auf eine Anspielgeschwindigkeit von 33 U/min, zu hören sind. Springt deine Nadel beim Scratching, dann bleibt sie trotzdem an der gleichen Position im Sample. Das Skipping ist somit nicht zu hören. Solltest du digital scratchen, kommt es mitunter zu Latenzen, was dir das Trainieren erschwert. Übe deswegen zunächst mit herkömmlichen Vinyl.

### Die Markierung der Cue Points
Um später beim Scratching und Beat Juggling den Kopfhörer außen vor zu lassen, beachte folgende Tipps zur Markierung deiner Cue Points.

**Das digitale Markieren von Cue Points in der Software**

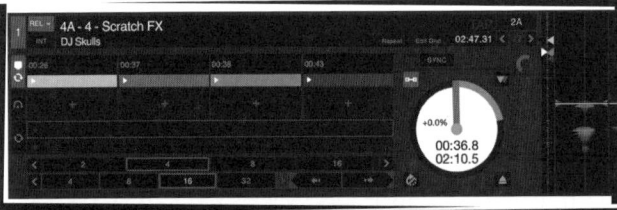
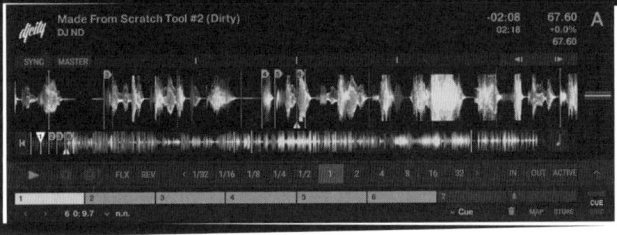

Suche im Scratch-Sound oder Beat die gewünschten Stellen für den Cue Point und markiere sie mit den „Cue Point"-Buttons. Bei Serato DJ Pro findest du sie neben dem Deck, die du durch Drücken des „Cue Point"-Buttons speicherst. Traktor Scratch Pro bietet neben dem temporären Cue Point, der allerdings nur im internen Modus an der gewünschten Position durch Drücken der Cue-Taste markiert und getriggert wird, ebenfalls acht Hot Cues, denen du die wichtigsten Positionen zuordnest.

Mit den markierten Cue Points springt der Track nicht nur an den gewünschten Punkt, sondern sie dienen beim Scratchen als optische Hilfe auf dem Display, um nicht das Sample beim schnellen und Vor- und Zurückbewegen des Control-Vinyls aus dem Auge zu verlieren. Vor allem für das Beat Juggling ist es auch von Vorteil, mehrere Cue Points zu setzen, z. B. für die Kick und Snare des Tracks, mit denen du jugglen möchtest.

## Das „12 O'Clock-Prinzip" auf dem Vinyl

Die Markierung des Vinyls erfolgt nach dem von Grandmaster Flash erfundenen „12 O'Clock-Prinzip", bei dem du den Cue Point der Schallplatte auf dem Plattenlabel wie bei einem Ziffernblatt auf der „12 Uhr"-Position mittels Sticker beschriftest. Allerdings sind diese Markierungen von der Anordnung der Schallplattenspieler abhängig, d. h. ein DJ, der seine Etiketten auf den Battle-Style ausrichtet, wird seine Cue Points auf einem horizontal angeordneten Set nicht auf der ihm bekannten Position, sondern um 90 Grad nach rechts versetzt vorfinden. Noch schwieriger ist die Handhabung mit der L-Form, denn jede Schallplatte müsste je nach Schallplattenspielerposition eine entsprechende Markierung vorweisen. Auch bei Plattenspielern mit S-Tonarm stimmen die auf 12 Uhr gesetzten Markierungen nicht mit denen bei einem mit geraden Tonarm aufgrund deren unterschiedliche Länge überein. Deswegen setze deinen Sticker an der Nadelposition von „2 Uhr".
Auch das Control-Vinyl solltest du mit einem Sticker kennzeichnen. Hilfreich ist dabei die Funktion Sticker Lock im Serato DJ-Setup, mit der stets der Cue Point am Sticker ausgerichtet wird. Aktiviere zunächst im Setup „Play From First Cue Point", „Instant Doubles" ist ausgeschaltet. Lege die Nadel auf die Platte und lass zunächst einen Track ohne Cue Point laufen, danach einen mit gespeicherten Cue Point. Der Track wird nicht vom Cue Point abspielen, sondern davor beginnen. Ist der Cue Point des Tracks erreicht, markiere die 2 Uhr-Position des Vinyls mit einem Sticker. Fortan wird jeder Cue Point die Sticker-Position einnehmen. Zudem lassen sich Cue Points entsprechend der Setup-Einstellung über das Vinyl vorwärts- bzw. rückwärts, oder in beiden Richtungen, je nachdem, welcher näher ist, aufsuchen. Markierst du die 12 Uhr-Position auf einem Plattenspieler mit S-Tonarm, verschiebt sich aber der virtuelle Sticker beim Auflegen mit geraden Tonarm, begründet in dessen verkürzten Nadelüberhang und Länge.

Sticker dienen der optischen Positionskontrolle beim Scratchen, andererseits um nicht ständig auf das Notebook-Display zu schauen. Für das Beat Juggling werden nicht nur Kicks markiert, sondern du kannst das Label auch vierteln, d. h. aller 90 Grad setzt du eine Markierung. Oder kennzeichne Kick und Snare verschiedenfarbig, um diese optisch voneinander hervorzuheben.

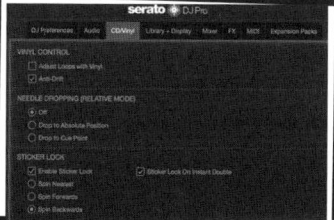
Serato DJs Pro Sticker Lock

### Die Markierungen auf der Rille

Beim digitalen Scratching eher überflüssig und daher schon oldschoolig, aber viele Turntablism-DJs schwören nach wie vor auf diese Technik:
Damit beim Aufsuchen des Cue Points ohne Kopfhörer dieser nicht verfehlt wird, helfen sich Scratch-Nerds durch ein schräges Abkleben der Rille mit einem Etikett/Sticker an dem Cue Point (siehe Abbildung). Das Etikett, welches direkt am Cue Point vor der Nadel zu positionieren ist, gewährleistet ein exaktes Eincuen der Schallplatte ohne Kopfhörer. Am besten klebst du das Etikett zur Hälfte auf eine Geldkarte und legst es so auf die gewünschte Stelle vor die Nadel. Hast du deinen Cue Point exakt fixiert und abgeklebt, löst du die Geldkarte vom Etikett und drückst diesen Teil des Aufklebers auch auf die Platte. Jedoch darf das Etikett nicht die Rille nach dem Cue Point tangieren, da sonst der Track beim Playback an der markierten Stelle hängen bleibt und nicht mehr durchläuft.

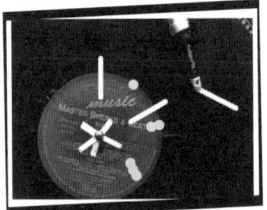

Sticker auf der Schallplatte, auf der Rille und zur Verkleinerung des Schallplattenlochs

## Das Auskleben des Schallplattenlochs

Häufig sind die Schallplattenlöcher nicht dem Durchmesser der Spindel angepasst, sodass sich diese zu große Toleranz beim schnellen Vor- und Zurückdrehen der Schallplatte auf den Tonabnehmer überträgt, und die Nadel springt. Dies wirkt sich auch beim digitalen Auflegen im Relativ-Modus negativ durch eine höhere Latenz aus. Wie in der Abbildung zu sehen, helfen sich DJs durch ein Verkleinern des Schallplattenlochs mittels gleichmäßig verteilten, schmalen Etiketten. Besonders ist auf die gleichmäßige Verteilung zur Verhinderung einer Unwucht beim Abspielen zu achten. Sitzt die Schallplatte zu fest, sind einzelne Etiketten wieder zu entfernen. Eine schnelle Alternative bieten auch Zellstofftaschentücher, indem vor dem Auflegen der Platte ein kleiner Zipfel auf die Spindel gelegt und danach das Plattenloch auf den Zellstoff samt Spindel justiert wird. Wenn du dann die Platte auf den Teller presst, hat sie eine optimale Passform.
Neben zu großen Schallplattenlöchern treten auch zu kleine auf, die du gleichmäßig mit einer Rundfeile dem Spindeldurchmesser anpasst.

## Die Scratching-Basics

Vor deinen ersten Scratch-Übungen kontrolliere deinen Plattenspieler, dass:

- du ein sphärisches Unterdeck-, eventuell um 23 Grad versetztes, oder ein Scratch-System, wie das Ortofon Q.Bert Concorde verwendest
- das Auflagegewicht der Empfehlung vom Hersteller entspricht
- der Anti-Skating-Regler auf null, maximal auf der Hälfte des eingestellten Auflagegewichtswert steht
- die Tonarmhöhe sauf ihr Minimum eingestellt ist.

Stelle am Mixer die Crossfaderkurve hart und den Cut-In so kurz wie möglich ein. Schalte zunächst den Motor des Plattenspielers aus, mit dem du scratchst, um die Moves allein von deiner Motorik ausgehen zu lassen. Alle Scratch-Übungen sollten zur besseren Kontrolle der sauberen Ausführung mitgeschnitten oder unter Kopfhörer, auf Mastersignal am Mixer geroutet, verfolgt werden. Denn bei den komplizierteren Fader-Scratches übertönt das Gegenschlagen des Crossfaders an das Gehäuse den erzeugten Sound. Die folgende Übung lehrt dir den sogenannten Babyscratch, bei der du die Platte ohne Fader rhythmisch vor- und zurückbewegst.

### ÜBUNG 1

1. Wähle ein Instrumental oder Drumloop (Tempo zwischen 85 bis 100 BPM), das mit dem Deck (A) über die Boxen wiedergegen wird. Als Scratch-Effekt suche ein Sprachsample, das mit einer kurzen und lauten Silbe beginnt, z. B. „Clap Your Hands Everybody" aus „The Breaks" von Kurtis Blow.
2. Suche auf Deck (B) unter Kopfhörer den Cue Point des Scratch-Effekts.
3. Den Upfader für Deck (B) schiebst du auf Maximum, der Crossfader bleibt deaktiviert. Setze den Kopfhörer ab oder stelle ihn auf Master.
4. Die Schallplatte (B) wird im Rhythmus des Decks (A) vor- und zurückbewegt. Du startest auf eine beliebige Zählzeit des Beats. Dabei bewegst du die Schallplatte gleichmäßig rhythmisch zum Drumloop jeweils einmal vor und zurück pro Zählzeit. Mit anderen Worten, jede Bewegung in die jeweilige Richtung entspricht einer Achtelnote, pro Zählzeit zwei Bewegungen. Gelingen dir die Scratches fehlerfrei, erhöhe das Tempo auf 16tel Noten, d. h. jeweils zwei Babyscratches (Vor- und Rückwärtsbewegungen) pro Zählzeit.

# SKILLS

5. Variiere den erzeugten Sound, indem du die Tonhöhe des Scratches durch schnelleres und langsameres Bewegen der Schallplatte veränderst.
6. Starte jetzt den Scratch kurz nach einer Zählzeit, sodass der Richtungswechsel von Vor- und Rückwärtsbewegung und umgekehrt jeweils zwischen den Zählzeiten des Beats stattfindet. Man spricht von einem „Off"-Scratch.
7. Um den Sound noch cooler zu erzeugen, bewege jetzt die Platte mit doppelter Geschwindigkeit, d. h. jeweils pro Zählzeit vier Vor- und Rückwärtsbewegungen, um die 64stel Noten zu scratchen.
8. Schalte den Motor des Turntables wieder ein und wiederhole die Übung. Kombiniere dabei alle Varianten miteinander. Achte besonders darauf, die Scratches abwechselnd mit Achtel-,16tel-, 32stel- und 64stel Noten auszuführen.

Jetzt schließt eine Übung für den Forward-Scratch an, bei der die Kombination von Vinyl- und Faderbewegung eine Rolle spielt.

### ÜBUNG 2

1. Von Deck (A) wird erneut ein Drumloop über die Boxen wiedergegeben. Suche unter dem Kopfhörer auf Deck (B) deinen Cue Point für den Scratch.
2. Der Upfader (B) ist offen. Der aktivierte Crossfader steht auf Position (A).
3. Zunächst wird unter dem Kopfhörer der Babyscratch zum Beat des Deck (A) ausgeführt. Setze den Kopfhörer anschließend wieder ab oder route ihn auf Master.
4. Für die Integration des Crossfaders erweisen sich jetzt die gelehrten Grundlagen aus Kapitel „Mit dem Schallplattenspieler" als Vorteil. Die Schallplatte bewegst du vor und zurück, ohne sie dabei loszulassen. Sobald der Scratch in die Vorwärtsrichtung erfolgt, öffne den Crossfader, bei der Rückwärtsbewegung schließe ihn, damit nur die Vorwärtsbewegungen des Scratches zu hören sind.
5. Der Schritt 4 ist jetzt als Voraussetzung für die Echo-Scratches mit dem Upfader (B) anstatt dem Crossfader zu wiederholen.

Scratches und Beat Juggling verlangen von dir das schnelle Aufsuchen des Cue Points ohne Kopfhörer, um schnell nach dem Ausspielen eines Samples einen erneuten Scratch mit diesem Sample anzuknüpfen. Führe dazu die folgende Übung 3 durch.

## ÜBUNG 3

1. Nachdem der Cue Point auf Deck (B) markiert wurde, ist Deck (A) – ein Drumloop – über die Boxen zu verfolgen und Deck (B) zunächst unter dem Kopfhörer auf den Cue Point einzustellen.
2. Wie in der letzten Übung praktizierst du einen Forward-Scratch, allerdings mit dem Unterschied, dass du bei der Vorwärtsbewegung die Schallplatte loslässt (Drop) und das Sample ausspielst. Nach dem Abspielen des Samples schließe den Crossfader wieder, um währenddessen für den zweiten Cut den Cue Point aufzusuchen. Dieser Teil der Übung ist besonders wichtig, wenn man später das Sample durch die schnellen Bewegungen und dem einhergehenden Wegrutschen der Finger auf dem Vinyl verliert. Anschließend öffnest du erneut im Takt des Beats (A) den Crossfader für das einzubindende Sample.
3. Verläuft das Auffinden des Cue Points fehlerfrei, schnell und im Rhythmus, ist diese Übung nochmals ohne Kopfhörer und unter Beachtung der markierten Cue Points auf der Schallplatte durchzuführen.

## Die Turntablist Transcription Methodology TTM

Dieses von John Carluccio, Ethan Imboden und Raymond „Raydawn" Pirtle entwickelte Notensystem für Scratches beschreibt optisch das Zusammenwirken zwischen Schallplatte und Fader, sodass es möglich ist, jeden Scratch und jede Kombination (Combo) grafisch darzustellen (www.ttmethod.com). Das Notensystem gliedert sich in eine vertikale Achse für die Darstellung der Schallplattenrotation bzw. -richtung und in eine horizontale für die Abspielzeit, die neben der Sechzehntelnoteneinteilung noch zusätzliche Abgrenzungen nach jeweils einer Viertelnote und einem ganzen 4/4-Takt („One Measure") aufweist. Links neben der vertikalen Achse benennt die „Sample-Line" das für den Scratch verwendete Sample (z. B. „Fresh").
Ein Scratch wird in diesem System durch die Parameter Start-Punkt, Dauer, Endpunkt und die erfolgte Manipulation des Samples beschrieben. Der Anfang des Scratchs entspricht dem Startpunkt der Linie bzw. der Schluss dem Endpunkt. Die Verbindung beider Punkte drückt die Dauer des gespielten Samples bzw. deren Laufrichtung (Rotation) aus. Das Sample wird innerhalb des Rasters in einzelne Silben zerlegt und die vertikal eingezeichneten Linien stellen den Zeitpunkt des Silbeneinsatzes dar – siehe Abbildung (29).

# SKILLS

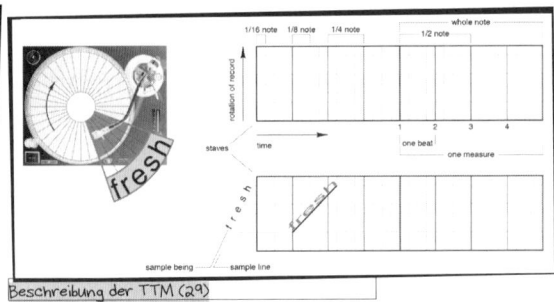

Beschreibung der TTM (29)

Anhand des Beispiels „Fresh" sind folgende Daten in der Abbildung (29) abzulesen: Das Sample setzt nach einer Viertelnote ein, wird vorwärts abgespielt und besitzt ohne Unterbrechungen eine Länge von fünf Einheiten (eine Einheit entspricht einer Sechzehntelnote). Beim langsameren Abspielen eines Samples werden die fünf Einheiten der vertikalen Achse auf z. B. zwölf der horizontalen ausgedehnt – siehe Abbildung 30.

**Qbert:**
Es gibt zwei wichtige fundamentale Skratches...die Stabs-und Tears. Stabs sind wahrscheinlich die wichtigstens Skratches, denn beide Hände, die eine am Fader und die andere an der Schallplatte, müssen so zusammen arbeiten, dass alle Sounds sauber und präzise klingen. Dies hilft dir auch, den zweiten wichtigsten Skratch, den Tear, umzusetzen.

Die Schallplattenbewegung, die nicht nur in eine Richtung und mit Originalgeschwindigkeit erfolgt, stellt die TTM wie folgt dar:
Eine aufsteigende Linie entspricht der Vorwärtslaufrichtung der Schallplatte, entgegengesetzt ist sie absteigend. Je stärker ein Sample beim Scratching manuell verzögert wird, verringert sich der Anstieg der Linie auf der vertikalen Achse, und auf der horizontalen Zeitachse dehnt sich die Linie aus. Dagegen vergrößert sich bei schnellen Bewegungen der Anstieg und die Zeit verringert sich.

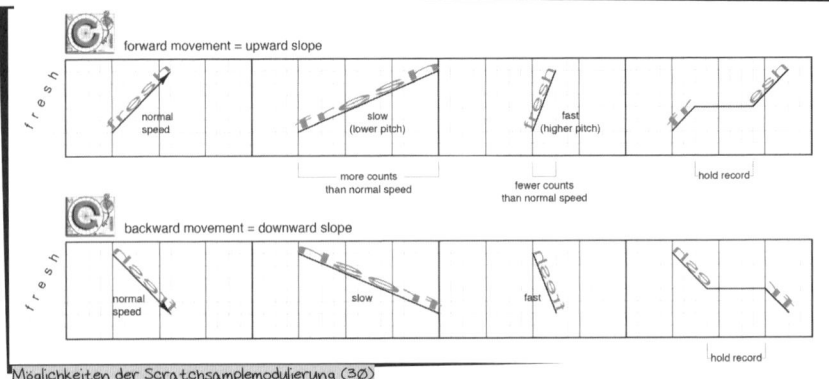

Möglichkeiten der Scratchsamplemodulierung (30)

Enthusiast / Bedroom-DJ / Professional DJ / Artist

## Die Scratches
### Die Scratches ohne Fader
**Babyscratch:**
Die Basis aller Scratches bildet der Babyscratch, der wie in der praktizierten Übung durch rhythmisches Vor- und Zurückbewegen der Schallplatte bzw. des Cue Points ohne Cross- oder Upfader erzeugt wird, wobei Geschwindigkeitsvariationen die Tonhöhe verändern können. Angefangen wird mit einer Vor- und Rückwertsbewegung pro Zählzeit (Achtelnoten), dies kann bis zur vierfachen Geschwindigkeit (64stel Noten) gesteigert werden.

**Scribble:**
Durch Anspannen der Unterarm- bzw. Hand-Muskeln schleudert deine Hand auf der Platte oder am Schallplattenrand sehr kurz und blitzschnell den Sound förmlich hin und her. Von der Ausführung vergleichbar mit einem sehr schnellen Babyscratch scratchst du damit zum Beispiel sogenannte Triplets (Triolen), also drei ultrakurze Babyscratches auf eine Zählzeit im Takt. Oder man erzeugt einen vibrierenden Sound durch die Übertragung eines Zitterns vom angespannten Unterarm und dem starken Anpressen der Finger auf dem Vinyl.

**Tear:**
Bei diesem Scratch, der ebenfalls ohne Fader auskommt, führst du in der Vorwärtsrichtung einen Babyscratch aus. Beim Zurückdrehen der Schallplatte lege in der Mitte des Samples eine kleine Pause durch Anhalten der Schallplatte ein. Nach der Rückwärtsbewegung lass entweder weitere Tears oder das ausgespielte Sample anknüpfen.

Tear-Scratches können in zwei Varianten ausgeführt werden. Zum einen lässt du die Schallplatte nach jedem Tear los (Drop Tear) oder du führst sie auch in der Vorwärtsrichtung (klassischer Tear). Der akustische Unterschied besteht im Sound bei der Vorwärtsbewegung der Schallplatte. Wird die Platte ständig von der Hand geführt, kann auch der Forward-Sound durch deine Hand modifiziert werden, hingegen bei der anderen Variante nicht. Auch als Reverse Tear kannst du ihn performen, indem du in der Vorwärtsbewegung den Sound

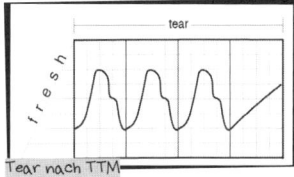

 der Schallplatte durch kurzes Stoppen unterbrichst und anschließend die Schallplatte wieder ohne Unterbrechung zum Cue Point zurückführst. Achte darauf, dass du während der Rückwärtsbewegung die Schallplatte nicht schleuderst oder loslässt. Fokussiere ständig den Cue Point auf dem Vinyl bzw. in der Software. Anderenfalls kommt es zum Delay zwischen back und forward. Du hängst dem Beat hinterher.

**Bubble Scratches:**
Der vom dänischen DJ Noize entwickelte Scratch besteht aus schnellen Babyscratches, zu denen im Takt der EQ verändert wird und so eine Art Wah-Wah-Effekt erzeugt.

**Laserscratches:**
Hier wird die Platte auf dem Plattenteller rhythmisch hin- und hergeschleudert und gleichzeitig der Upfader ein- bzw. ausgeblendet.

**Swipes:**
Die Schallplatte wird wie bei einem Baby-Scratch vor und zurückbewegt. Dabei schlägst du in den Phasen zwischen dem Richtungswechsel einmal kurz mit der anderen Hand auf die Platte. Der erzeugte Effekt klingt wie ein One-Click-Flare (siehe Flare).

**Hydroplanes:**
Bei diesem von Mixmaster Mike entwickelten Scratch sind beide Hände einzusetzen, um einen vibrierenden Sound zu erzeugen. Zunächst führe mit einer Hand einen langsamen Babyscratch aus. Während der Vorwärtsbewegung oder Rückwärtsbewegung gleitet die andere Hand mit angefeuchteten Fingern entgegengesetzt zur Scratchrichtung über die Schallplatte hinweg.

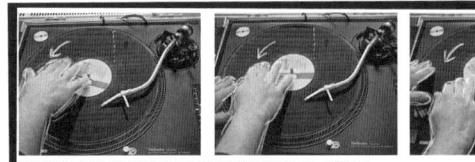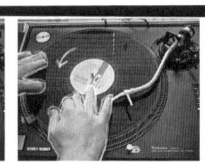

Hydroplanes (von oben links nach unten rechts)

### Tones:

Durch die Tonhöhenveränderung können je nach eingestellter Geschwindigkeit (33 oder 45 U/min) und Verschieben des Pitch-Controls mit langen, konstanten Tönen Melodien entstehen, wie z. B. in Abbildung (30) „Mary Had A Little Lamb". Die Noten entsprechen dabei folgenden Pitch-Einstellungen: (65)

```
A:  33 RPM -8,0%          D:  45 RPM -9,1%
A#: 33 RPM -2,5%          D#: 45 RPM -3,5%
B:  33 RPM +3,2%          E:  45 RPM +2,1%
C:  33 RPM +8,0%          F:  45 RPM +8,0%
C#: 33 RPM +15,8%         F#: 45 RPM +14,6%
```

## Die Scratches mit Fader

### Forward-Scratch/Cuts:

Der Forward-Scratch unterscheidet sich vom Babyscratch durch den ausschließlich zu hörenden Effekt in der Vorwärtsrichtung. Nachdem du einen Scratch vorwärts erzeugt hast, schließe den Crossfader bzw. Upfader, um die Rückwärtsbewegung der Schallplatte nicht auf den Master zu übertragen. Wechselt erneut die Laufrichtung der Schallplatte, so öffne für einen weiteren Scratch den Fader. Achte darauf, dass du die Schallplatte bei der Rückwärtsbewegung nicht loslässt und zurückschleuderst, sondern gleichmäßig zurückführst. Die Samples können dabei entweder durch die Handführung beliebig modifiziert oder auch in der Originalgeschwindigkeit wiedergeben werden.

### Military:

Darunter ist die Kombination von Forward- und Baby-Scratches zu verstehen, bei der die Schallplatte wie bei einem Babyscratch vor- und zurückbewegt, aber die Rückwärtseffekte mitunter durch das Schließen des Faders ausgecuttet werden.

### Back(ward)-Scratch:

Adäquat zum Forward-Scratch ist bei diesem Scratch ausschließlich das Zurückziehen der Platte durch Schließen des Cross- oder besser Upfaders bei der Vorwärtsbewegung zu hören.

# SKILLS

**Stab:**
Während du die Schallplatte sehr schnell vor- und zurückbewegst, um einen hochgepitchten Sound zu erzeugen, öffne wie beim Forward-Scratch den Fader nur bei einer Vorwärtsbewegung der Schallplatte. Viele DJs bevorzugen den Upfader, da so beide Hände an der Schallplatte bzw. am Upfader eine völlig synchrone, gleichgerichtete Bewegung ausführen.

**Forward-/Backward-Drags:**
Zum Erzielen eines nach unten gepitchten Sounds, drücke etwas stärker auf die Platte und spiele das Sample extrem langsam ab. Beim Forward-(Backward)-Drag schließe bei der Rückwärts-(Vorwärts)-Bewegung der Platte den Crossfader, damit nur das vorwärts (rückwärts) abgespielte Sample zu hören ist. Drags können aber auch komplett ohne Fader gescratcht werden.

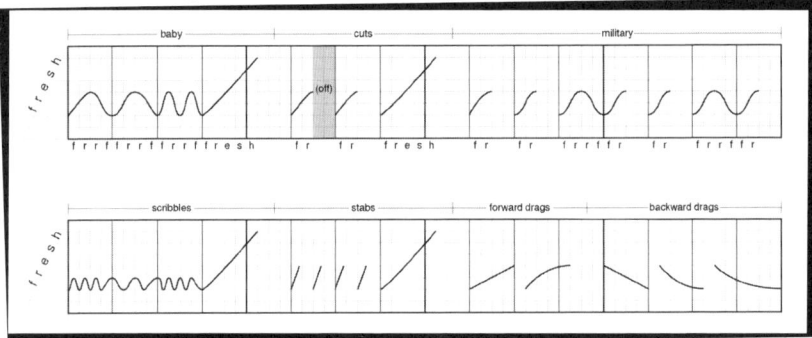

Verschiedene Scratches nach TTM (31)

Die obere Abbildung stellt zusammenfassend einige der bis jetzt erklärten Scratches mit der TTM dar, die untere, wie diese auf den Beat gescratcht werden.

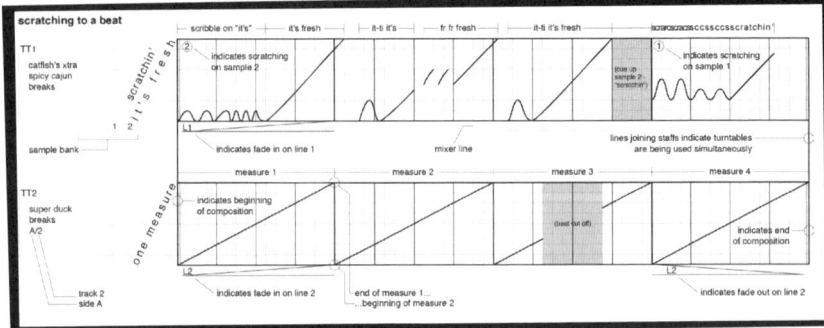

"Scratching to a beat" nach TTM (32)

### Transformer:

1986 legte Cutmaster DC mit seinem Scratch „Animation" den Grundstein für diesen Scratch. Jedoch DJ Spinbad perfektionierte und benannte ihn „Transformer". Er gilt somit als offizieller Erfinder. Letztendlich trugen aber DJ Ca$h Money und Jazzy Jeff zu seiner weltweiten Verbreitung bei. Früher wurde der Transformer aufgrund einer fehlenden Crossfaderkurve nur mit dem Kippschalter oder mit dem von Grandmaster Flash entwickelten Flash-Former (das Drücken zweier Tasten zerstückelt das Stereosignal) performt.
Beim Transformer werden gleichmäßige, langsame Babyscratches rhythmisch durch schnelles Öffnen und Schließen des Crossfaders oder Upfaders (Taps) unterbrochen. Dabei schlägst du im Beat mit dem Zeige- bzw. Mittelfinger schnell gegen den Crossfader und erzielst so längere und kürzere Sounds. Zusätzliche Nuancen erhält der Transformerscratch durch einen manipulierten, gepitchten Sound des Samples, der durch seine Geschwindigkeitsvariationen entsteht. Man kann auch anstatt der manuellen Bewegung der Schallplatte das Sample, z. B. einen langen Peep-Ton auf einer Endlosrille, einfach ausspielen und durch die rhythmische Veränderung des Pitch-Controls einen für den Transformer besonderen Sound erzeugen.

Entweder startest du diesen Scratch mit einem geschlossenen Crossfader und öffnest den Fader rhythmisch zum Takt eines Beats. Oder der Crossfader ist zu Beginn geöffnet und du schließt den Fader jeweils für den Transformer. Als Alternative für den Cross- oder Upfader zum rhythmischen Unterbrechen des Samples dienen auch Phono-Line-Kippschalter. Der damit erzeugte Sound klingt im Vergleich zu den anderen beschriebenen Varianten noch etwas härter. Allerdings durch störende Klicks und ihre Anfälligkeit eignen sich allerdings einige Kippschalter nicht dafür. Als Sample sind für den Transformer ausschließlich lange Töne, Effekte, Vocals oder Flächen einzusetzen.

**TIPP**

Schalte den Pitch-Control auf -8 Prozent aus, somit spielen kurze Scratch-Samples länger. Deaktiviere auch die Key Lock-Funktion deines DVS, damit die unterschiedlichen Tonuancen besser zu hören sind.

### Chirp:

Jazzy Jeff, der DJ vom Fresh Prince alias Will Smith, entwickelte 1986 den

# SKILLS

Chirp, der auf einer Vor- und Rückwärtsbewegung der Schallplatte in Kombination mit dem kurzen Schließen und anschließendem Öffnen des Crossfaders beim Richtungswechsel der Schallplattenbewegung basiert. Das heißt:

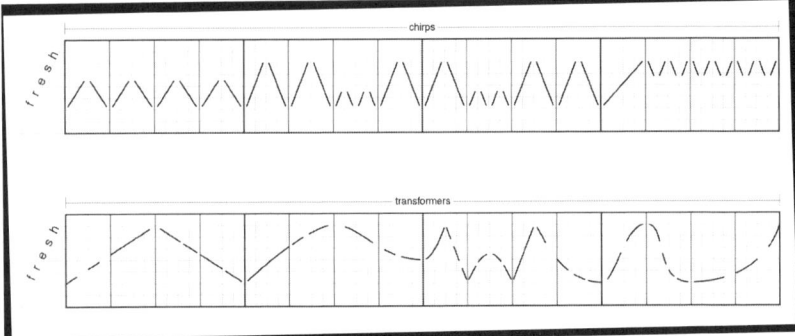

Chirps und Transformers als TTM-Darstellung (33)

1. Zu Beginn des Scratchs ist der Crossfader geschlossen.
2. Für die Vorwärtsbewegung des Scratchs öffne den Crossfader.
3. Beim Richtungswechsel der Platte schließe den Crossfader kurz.
4. Öffne erneut den Crossfader, um den Scratch bei der Rückwärtsbewegung wiederzugeben.
5. Vor der nächsten Vorwärtsbewegung schließt du den Crossfader erneut, damit der Richtungswechsel auch in diesem Fall nicht zu hören ist.

## TIPP

Zur leichteren Umsetzung des Chirps führe eine synchrone Handbewegung am Crossfader und Schallplatte aus, indem

1. der Scratch mit einem offenen Crossfader beginnt.
2. Mit der Vorwärtsbewegung der Schallplatte (B) schiebe gleichzeitig den Crossfader nach links (Position (A)), um den Kanal zu schließen und den Richtungswechsel auszublenden.
3. Mit dem Zurückbewegen der Platte schiebe synchron den Crossfader wieder in Richtung Mitte und Schritt 1 schließt erneut an.

Wie du siehst, schließt man nur bei einem Richtungswechsel den Crossfader, nämlich von vor- zu rückwärts. Da das zum Scratchen benutzte

Sample meist eine Pause vor dem Cue Point besitzt, ist ein Ausblenden des Richtungswechsels von rück- zu vorwärts unnötig. Die Pause vor dem Cue Point erzeugt schon den Cut.

Als Samples werden klare und harte und sofort ansprechende Sounds – hohe Attack (Einstieg der Signalkurve) genannt – und Effekte eingesetzt. Noch besser klingt der Chirp, wenn du etwas „swingst", d. h. die Scratches nicht immer auf den Beat bringst, sondern auch im off.

### Echos:
Dieser Scratch ist vorrangig mit den Upfadern auszuführen, da auf diese Weise die Lautstärke des Scratches besser stufenweise reguliert werden kann. Bei Echos, die entweder Forward-, Tear-, Back- oder Baby-Scratches bzw. Scribbles sein können, reduzierst du die Lautstärke bei jedem einzeln erzeugten Scratch um mindestens ein Fünftel, damit das Sample und somit der Track ausgeblendet wird. Die präzise Ausführung setzt bei jedem einzelnen Scratch das genaue Treffen des Cue Points voraus.

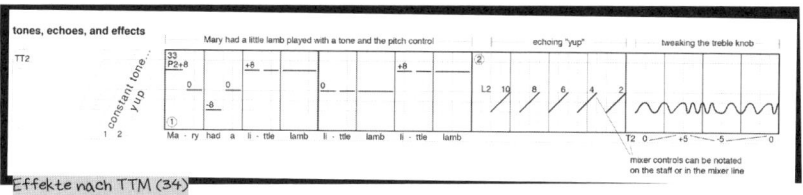

Effekte nach TTM (34)

### Tweak:
Während eine Schallplatte läuft, schaltest du den Schallplattenmotor aus, und den dadurch entstehenden Sound zerlegst du wie beim Transformer rhythmisch mittels Cross- oder Upfader.

### Flare:
DJ Flare, der diesem Scratch als Erfinder seinen Namen verlieh, entwickelte ihn 1990 auf der Basis von Clicks, kurze Unterbrechungen in der Mitte des Samples mittels Crossfader. Ein großer Unterschied zu den bisher erwähnten Scratches besteht im geöffneten Crossfaderstartpunkt zum Beginn des Scratches. Deswegen bevorzugen DJs oft den Hamstermodus zur Richtungsumkehrung des Crossfaders, damit die Hand am Crossfader die

# SKILLS

gleichen Bewegungen ausführt wie bei einem Scratch mit geschlossenem Crossfaderstart. Allerdings beginnt auch im Hamstermodus der Scratch mit offenem Crossfader. In Kombination mit anderen Scratches, für die du den Crossfader herkömmlich einstellst, ist das ständige Umschalten zwischen Normal- und Hamstermodus allerdings eher lästig. Daher solltest du dich bei allen Scratches für einen Modus generell entscheiden.

Neben der veränderten Crossfader-Position besteht die Schwierigkeit dieses Scratches in der unabhängigen Koordination beider Hände. Denn der Crossfader muss gleichmäßig, rhythmisch, aber mit einer wesentlich höheren Geschwindigkeit bewegt werden als die Schallplatte. Während du die Schallplatte mit einem langen Sample, z. B. einem Ton oder Vocals, gleichmäßig vor- und zurückbewegst, schließe kurz und öffne anschließend wieder schnell den Crossfader jeweils in der Mitte des Samples, um kurze Unterbrechungen als Clicks zu erzeugen. Im Vergleich zum Chirp oder Transformer bleibt beim Richtungswechsel der Schallplatte der Crossfader allerdings geöffnet, der so den besonderen Sound erzeugt.

Flare-Scratches können auch mit mehreren Clicks ausgeübt werden, indem z. B. bei der Vorwärtsbewegung der Schallplatte zwei Clicks (Two-Click-Flare) zu hören sind, d. h. man schließt und öffnet zweimal hintereinander den Crossfader, um das Sample doppelt zu unterbrechen. Bei der Rückwärtsbewegung erfolgt anschließend nur durch einen Click eine Unterbrechung in der Sample-Mitte. Die Rhythmik hat dabei folgende Struktur: 2/1. Natürlich kann auch bei der Vorwärtsbewegung der Click gesetzt werden, um beim Rückwärtslauf der Schallplatte die zwei Clicks einzubinden (1/2). Abschließend ist zum Flare zu bemerken, dass die Abbildung (35) einen Three-Click-Flare mit der Rhythmik 3/3 darstellt. Allerdings widerlegen Definitionen einschlägiger Quellen diese Struktur des Flares, denn beim Three-Click-Flare sind die drei Unterbrechungen nur in jeweils einer Richtung zu hören, entweder 3/1 oder 1/3. Hingegen wird bei einem 3/3-Click-Scratch von einem Orbit gesprochen.

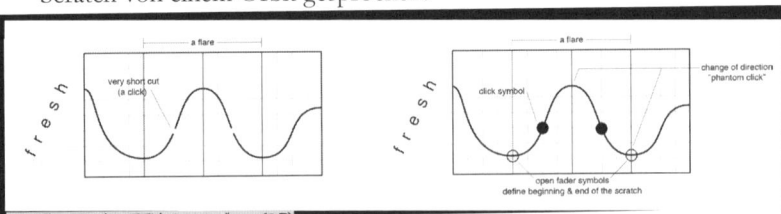

Der Flare in der TTM-Darstellung (35)

## Die Scratches mit Fader

**Orbit:**
Der Orbit ist äquivalent zum Flare zu umzusetzen. Allerdings erfolgt nicht nur ein Click in der Mitte des Samples, sondern zwei oder drei Clicks zerlegen das Sample in beiden Richtungen gleichmäßig, z. B. vorwärts zwei Clicks, rückwärts zwei Clicks (2/2), (3/3)... Mit der Schallplatte führst du eine einfache, gleichmäßige Vor- und Rückwärtsbewegung aus.

**ÜBUNG**

Zum Einstudieren des Orbits und Flares gehe wie folgt vor.
1. Konzentriere dich zunächst nur auf die Fingerbewegung am Crossfader. Nimm deswegen als Orbit- und Flare-Sound einen langen Pfeifton, z. B. das Timecode-Signal eines Control-Vinyls, und schleife den Schallplattensound durch Umstellung auf Phono am Mixer durch. Der Timecode-Sound müsste jetzt über dein Soundsystem zu hören sein.
2. Wenn du im normalen Crossfader-Modus den Flare bzw. Orbit trainieren möchtest, starte den Scratch mit offenem Crossfader und klemme die Kappe des Faders zwischen Daumen und Mittel- oder Zeigefinger. Zum kurzen Schließen des Crossfaders für den Click drücke mit dem Daumen auf die Crossfaderkappe, damit der Crossfader nach außen bzw. von dir weg bewegt wird.
3. Durch eine sehr schnelle Bewegung des Crossfaders wird der Kanal kurz geschlossen und durch die Trägheit des Faders schnell wieder geöffnet. Es entsteht ein kurzer Click. Wenn der Crossfader nicht von allein zurückschnipsen sollte, dann hilf schnell mit dem Mittel- oder Zeigefinger nach.
4. Diese Bewegung zum kurzen Schließen des Crossfaders führst du am besten zusätzlich über das Handgelenk aus, als würdest du deine Hand kurz schütteln.
5. Wenn du diese Schütteltechnik für einen Click beherrschst, dann versuch es mit Doppel-Clicks (zwei Clicks) und letztlich mit den Triolen (drei Clicks).
6. Je mehr du diese Technik verfeinerst, werden die Bewegungen über das Gelenk immer schneller bzw. kürzer und somit die Abstände der Clicks geringer.
7. Um diese Technik ständig zu optimieren, muss dein Handgelenk extrem locker werden. Trainiere deswegen zunächst jeden Tag, wenn möglich ein bis zwei Stunden (dies ist kein Scherz). Wenn dir die Zeit dafür nicht unbedingt zur Verfügung steht, dann lege beim Fernsehschauen deinen Battle-Mixer dir auf den Schoß und übe am Crossfader „trocken". Anhand der zuhörenden

Skills

# SKILLS

Clicks (wenn der Crossfader gegen das Ende des Faderwegs schlägt) kannst du auch ohne Sound vom Plattenspieler feststellen, ob deine Fingertechnik den gewünschten Sound erzielen wird.

8. Wenn deine Clicks schnell hintereinander und sauber, auch in Verbindung mit dem Dauerton vom angeschlossenen Deck zu hören sind, dann bewege jetzt jeweils die Schallplatte, wie im Flare und Orbit beschrieben, zunächst langsam vor und zurück. Dazu setze lieber einen Kopfhörer auf, route auf Mastersignal und verfolge deine Scratches lieber über diesen. Denn das Geräusch des Crossfaders, wie er gegen das Faderende schlägt, lenkt zu sehr akustisch von deinen eigentlichen Clicks und dem Scratch insgesamt ab. Du kannst ansonsten nur schwer die Sauberkeit deines Orbits kontrollieren. Wenn die Clicks genau in der Mitte des Sounds zu hören sind, dann erhöhe jetzt das Tempo am Fader und an der Schallplatte.

9. Übrigens, wenn du Scratch-Virtuosen beim Orbit zuschaust, sieht es aus, als würden sie an dem Crossfader mit dem Daumen und Mittelfinger zupfen. Durch die Schnelligkeit der Bewegungen, mit denen der Fader zwischen Daumen und Mittelfinger blitzschnell hin-und hergeführt wird, und durch die Trägheit des Auges bekommst du diesen Eindruck. Eines Tages, wenn deine Clicks schnell genug sind, verzeichnen deine Scratchbewegungen, die eine Kombination aus Schleudern des Handgelenks und den Doppel- und Triolenschlägen gegen den Crossfader sind, die gleichen Moves.

10. Es gibt auch noch eine weitere Möglichkeit, den Orbit auszuführen, nicht über das Handgelenk, sondern mittels einer sehr schnellen Daumen- und Zeigefinger-Kombination, die du für die Doppel-Clicks jeweils zwei Mal ausführst:

Mit der einen Hand bewegst du die Schallplatte vorwärts. Ausgehend von der Mittel- und somit geöffneten Position des Crossfaders drückst du dabei mit dem Daumen den Fader nach außen, um sofort nach dem Click mit deinem Zeigefinger den Crossfader wieder zu öffnen. Dies wiederholst du erneut ganz schnell ein zweites Mal. Nach diesem Doppelschlag holst du Schwung für eine zweite Daumen-Zeigefinger-2-Click-Combo und bewegst die Schallplatte rückwärts. Es folgen zwei weitere Doppel-Clicks. Danach Schwung holen, Richtung der Schallplatte wechseln und wieder Doppel-Clicks setzen. Wenn du dir Videos vom Orbit anschaust, kannst du

# Die Scratches mit Fader

anhand der weit geöffneten Hand am Fader den Moment des Richtungswechsels der Schallplatte erkennen, der den markanten Sound des Orbit definiert. An diesem Punkt gibst du dem Scratch genügend Zeit, damit sein Sound deutlich und exakt zu hören ist. Die 2-Clicks sind hingegen so schnell, dass sie für Auge und mitunter Ohr wie einzelne Clicks wahrgenommen werden.

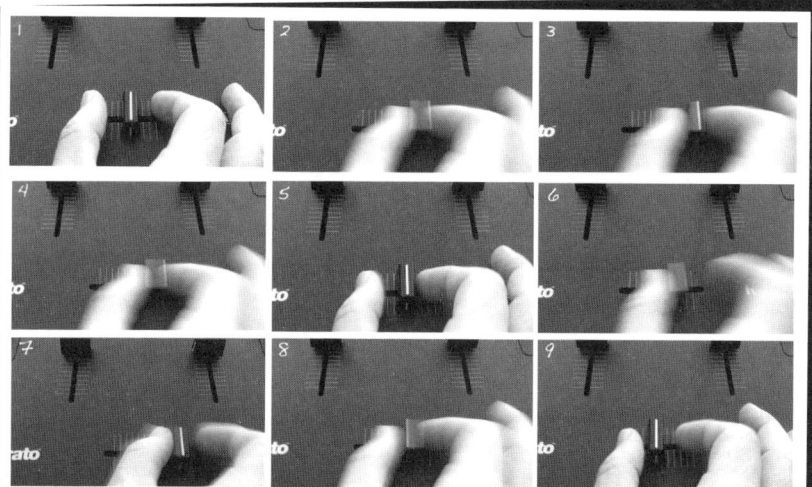

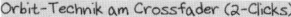

Orbit-Technik am Crossfader (2-Clicks)

Diese einzelnen Abbildungen veranschaulichen dir die schnellen Daumen-Zeigefinger-Kombinationen am Crossfader. Auf eine Schallplattenbewegung kommen fünf verschiedene Positionen am Crossfader und deren dazugehörigen Moves. Zwischen Bild 1 und 5 ist ein Click abgeschlossen, anschließend folgt bis Bild 9 der zweite Click. Nach Bild 9 würde die Prozedur wie im Bild 1 erneut beginnen, allerdings mit folgender Rückwärtsbewegung der Schallplatte.

## TIPP

Nicht umsonst schwören DJs, wie Qbert, auf die Hamstertechnik beim Orbit, denn von der menschlichen Motorik ist die Bewegung des Crossfaders auslösend vom Zeigefinger, einfacher und schneller auszuführen. Im normalen Modus löst der Daumen die Bewegung aus, um die Clicks

Skills

mit sehr viel Schwung zu erzeugen und durch den Gegendruck des Zeigefingers den Crossfader wieder in die Mittelposition zu bringen. Beim Hamstermodus hingegen schlägt der Zeigefinger den Crossfader einfach mit so viel Wucht gegen das Fader-Ende, sodass er schon von allein durch den Schlag auf das Metall zurück schnippst. Der Daumen unterstützt ein wenig die Bewegung von der geschlossenen zur geöffneten Position, ist aber nicht allein der Auslöser.

### TIPP

Wenn es dir schwer fällt, den Orbit auf einen Beat zu legen, dann probiere folgendes: Mit dem Deck scratchst du im off, den Crossfader schließt du immer kurz und genau auf die Zählzeiten des Tracks. That´s it.

**Boomerang-Scratch:**

Dieser Scratch zählt zu den jüngeren Scratches und wurde zunächst als Delayed Two Click Flare bekannt. Die Kombination aus Scratches und Clicks am Crossfader ist tricky, erfordert daher sehr viel Übung
Zunächst führst du einen Babyscratch aus, vor und zurück. Danach schließt du den Crossfader kurz. Es folgt ein schneller Fowardscratch, der durch einen kurzen Click zu hören ist. Jetzt setzt du erneut mit einem Babyscratch fort, allerdings von rückwärts nach vorwärts. Es folgt wieder ein kurzes Schließen des Crossfaders. Zum Schluss kommt ein Back-Scratch mit einem weiteren kurzen Click. Damit ist ein Durchgang des Scratches, der aus sechs Notationen besteht, beendet.

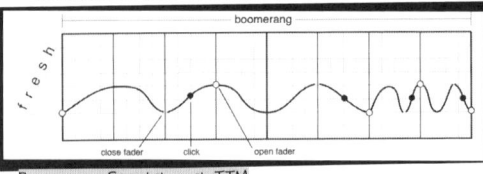

Boomerang-Scratch nach TTM

**Twiddle:**

Wie der Orbit bzw. Flare beginnt der Twiddle mit einem geöffneten Crossfader. Die Clicks unterbrechen bei der Vor- und Rückwärtsbewegung gleichmäßig das Sample und der Richtungswechsel bleibt wieder durch den offenen Crossfader hörbar. Das Besondere des Twiddles ist, dass man die Clicks mit zwei Fingern erzeugt. Um schnellere Zweier-Clicks in dem Scratch zu erzielen, schnipsen abwechselnd Zeigefinger und Mittelfinger gegen den Cossfader, der durch den Daumen auf der gegenüberliegenden Faderknopfseite zurück federt. Zu hören sind Doppel-Clicks, die von ihrer Schnelligkeit an die eines Orbits herankommen.

**Crab:**
Der von DJ Qbert erfundene Crab erfordert sehr viel Koordination des kleinen, Ring-, Mittel- und Zeigefingers, die in dieser Reihenfolge schnell gegen den Crossfader schnipsen (siehe Abbildung), wobei du mit der anderen Hand die Schallplatte gleichmäßig vor- und zurückbewegst. Die dabei entstehenden, sehr schnellen Dreier-Clicks (mit drei Fingern) oder Vierer-Clicks (Four-Click) – mit vier Fingern – besitzen eine eigenwillige Dynamik. Wie beim Flare oder Orbit wird der Crab einerseits im Crossfaderhamstermodus ausgeführt und beginnt mit offenem Crossfader, sodass die Clicks das Sample unterbrechen und der Richtungswechsel des Samples zu hören ist . Auch hier gilt, dass ein Gegenschlagen des Crossfaders mit dem Zeige-, Mittel-, Ring- und kleinen Finger an das Ende des Faders auch ein automatisches Rückfedern des Crossfaders bewirkt und somit die Moves am Fader leichter von der Hand gehen.

Andererseits bietet sich auch der Crab mit geschlossenem Crossfaderstart an, bei dem der Sound als Dreier- oder Vierer-Clicks ertönt.

Möchtest du den Crab als Orbit mit zu hörenden Richtungswechseln nicht im Hamstermodus performen, so starte während der Vorwärtsbewegung der Schallplatte den Scratch mit einem geöffneten Crossfader und schließe ihn während dessen. Setze mit einem Crab fort, wobei aber du nach dem der letzte Finger gegen den Fader schnippst den Crossfader geöffnet lässt. Es erfolgt der Richtungswechsel an der Platte und anschließend die komplette Prozedur am Crossfader bei zurückziehender Platte.

**TIPP**

Trainiere zunächst nur mit maximal drei Fingern. Ordne die Fingerkuppen so eng am Crossfader an, dass sich die Finger fast berühren. Denn wenn der Zeigefinger den ersten Crab abschließt, kannst du schneller mit dem Ringfinger, der schon an der unteren Kante am Crossfader auf seinen Click wartet, den zweiten Crab nachlegen. Die Pausen zwischen den Crabs werden somit kürzer. Um den Crab zu trainieren, gehe wie bei den Tipps

für den Orbit vor. Übe die Drei- bzw. Vier-Finger-Technik trocken am Mixer ohne Signal. Als nächsten Schritt nimm ein Timecode-Sound von einem Control-Vinyl hinzu und verfolge unter dem Kopfhörer, auf dem das Mastersignal zu hören ist, wie sauber deine Crab-Clicks sind. Zum Schluss kombiniere die Fingerbewegung am Fader mit den Bewegungen der Schallplatte.

Für den Crab setze längere Samples (Effekte, Vocals) ein. Kombiniert wird er meistens mit Transformer-Scratches, Flares und Orbits als so genannte Combo.

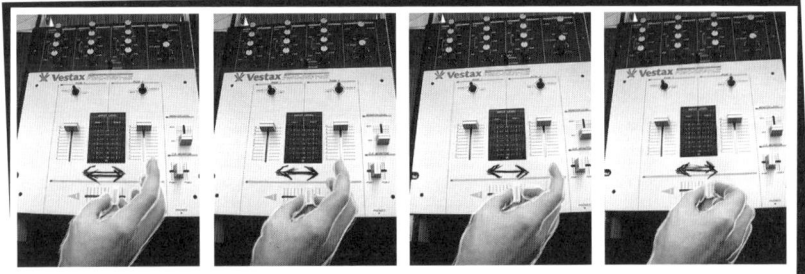

Die Fingerbewegung bei der Ausführung eines Four-Click-Crabs

### Euroscratch:

Der von DJ Prime Cuts entwickelte ein- bzw. zweihändige Euroscratch basiert auf schnellen Zweier-Clicks durch Upfader und Crossfader, die jeweils einen Click erzeugen. Dafür ist neben dem Crossfader auch der Upfader, sofern die technischen Voraussetzungen des Mixers dies erlauben, hart einzustellen. Zur Ausführung eines zweihändigen Euroscratchs sollte von dem linken Plattenspieler (A) ein langes Signal, z. B. von einer Endlosrille, zu hören sein. Gestartet wird der Scratch mit geschlossenem Crossfader (Position (B)) und offenem Upfader (A). Indem du den Crossfader kurz mit der einen Hand öffnest und gleichzeitig mit der anderen den Upfader (A) schließt, erzeugst du die Clicks. Beim einhändigen Euroscratch ist ein Mixer mit einstellbarem Hamstermodus für den Upfader und Crossfader notwendig, wobei beide auch hart eingestellt sein müssen.

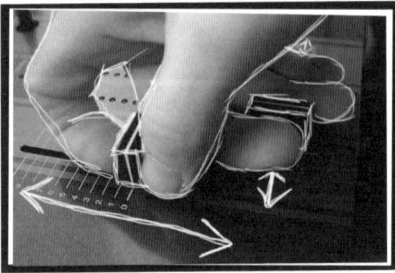

Fingerposition beim einhändigen Euroscratch

Zum Beginn des Scratchs steht der Upfader (A) zunächst auf geschlossener Position, durch das Hamstern ist er aber geöffnet. Das Signal darf allerdings nur kurz am untersten Ende hörbar sein (abhängig vom Mixer). Den Crossfader stellst du gleichzeitig auch auf Position (A), d. h. durch die Hamstereinstellung ist er geschlossen. Um den Scratch wie in der Abbildung nur mit einer Hand auszuführen, klemme den Crossfader zwischen Mittelfinger und Ringfinger, und der Upfader wird mit Daumen (unterhalb) und Zeigefinger (oberhalb) locker geführt. Während du die Schallplatte (A) vorwärts schiebst, bewegst du die rechte Hand am Mixer ein- oder zweimal schnell vor- und rückwärts in nordöstliche Richtung, um damit beide Fader gleichzeitig zu schließen bzw. zu öffnen und somit die schnellen Zweier-Clicks zu erzielen. Danach schließt sich eine Rückwärtsbewegung der Platte an, bei der die gleiche Prozedur an den Fadern folgt.

Eine weitere Möglichkeit, aber wesentlich schwierigere, ist die Kombination von beiden Fadern im normalen Modus (nicht hamstern), lediglich scharf eingestellt. Die beiden Upfader werden durch die „Channel Swap"-Funktion, die an einigen Battle-Mixern vorhanden ist, miteinander vertauscht, d. h. linker Plattenspieler liegt auf dem rechten Upfader und der rechte Plattenspieler auf dem linken Kanal. Jetzt musst du mit vier Fingern die beiden Fader abwechselnd öffnen. Diese Fingerfertigkeit einzustudieren, wird dir sicherlich einige Zeit rauben.

### Beatcuts/Drumming:

Bei den Beatcuts erzeugt man einen Beat aus der Bassdrum und einer im 1/16-Takt folgenden Snare. Dafür brauchst du auf deiner Platte auch einen kurzen Abstand zwischen Kick und Snare (eine halbe Zählzeit oder weniger).

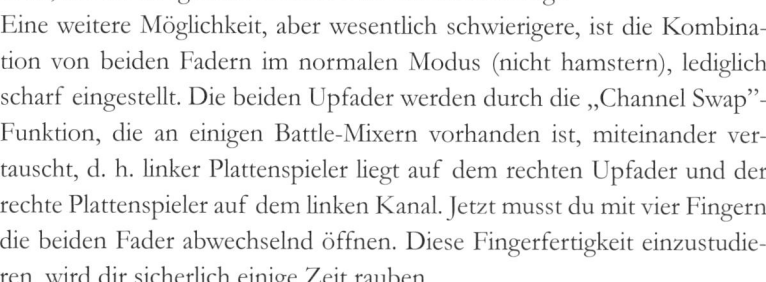

Schematische Darstellung der Übung zu den Beatcuts

Die Abbildung stellt dafür ein vereinfachtes Schema zu Übungszwecken dar. Die Bassdrum spielt mittels Cuts zweimal hintereinander, kurz nach dem zweiten Schlag folgt die Snare. Anschließend ist die Schallplatte wieder zur ersten Bassdrum zurückzudrehen.

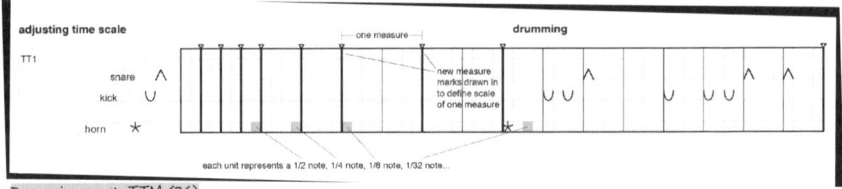

Drumming nach TTM (36)

## Lyric-Cutting:

Die Raps bzw. Lyrics zweier verschiedener HipHop-Tracks werden durch Cutten und Scratching kombiniert.

## Team Routines:

Mehrere DJs (mindestens zwei) übernehmen ein bis zwei Turntables als Instrumente, um wie in einem Orchester zu musizieren: ein DJ z. B. für die Beatcuts, ein Zweiter für die Bassline durch Tones, ein Dritter für das Scratch-Solo.

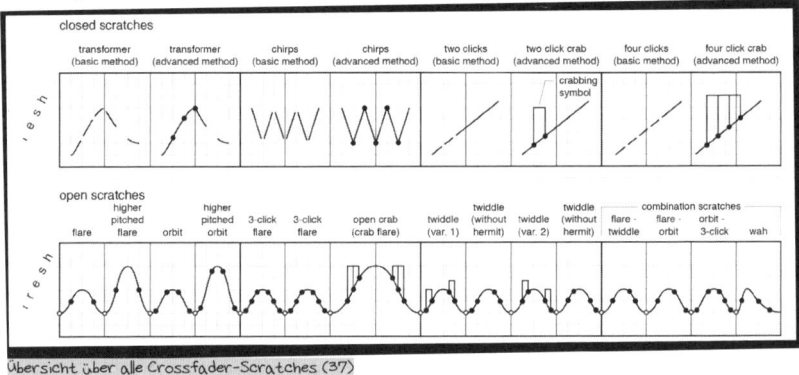

Übersicht über alle Crossfader-Scratches (37)

Zusammenfassend findest du in der Abbildung (37) alle Crossfader-Scratches, die nach Closed-Start, mit geschlossenem Crossfader, und Open-Start, mit geöffneten Crossfader, geordnet und als Notation dargestellt. sind. Hierbei erkennst du sehr gut die filigranen Unterschiede, die den jeweiligen Sound des Scratches definieren.

### TIPP

Trainiere die Scratches lieber regelmäßig und von kürzerer Dauer, z. B. täglich zwei Mal fünfzehn Minuten. Oder wechsele in längeren Sessions den zu übenden Scratch bzw. die Hand am Turntable bzw. Crossfader.

**458**  Enthusiast / Bedroom-DJ / Professional DJ / Artist

## Das Beat Juggling

Neben dem Scratching gehört Beat Juggling zu den Grunddisziplinen des Turntablisms. Die Grundlage, die auf Kool DJ Hercs Idee basiert, aus zwei identischen Schallplatten einen verlängerten Breakbeat zu schaffen, steigert sich beim Beat Juggling um noch mehr kreatives Kombinieren der Kicks und Snares des Tracks.

Als Voraussetzung zur präzisen Ausübung markiere dein Vinyl per Sticker bzw. setze die Cue Points im Serato DJ Pro bzw. Traktor Scratch Pro:

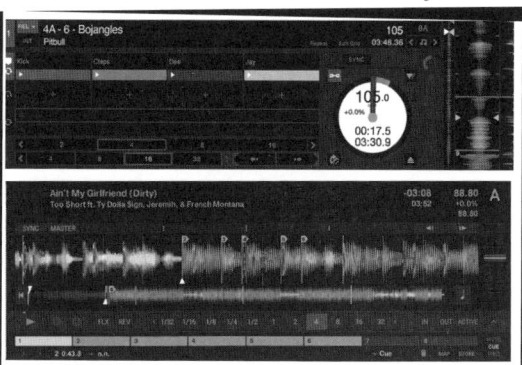

Wie bei den Scratches erfolgt die Label-Markierung nach dem gleichen „12 O'Clock-Prinzip", wobei entweder die Schallplatte pro Vierteldrehung oder am besten die Snare und die Bassdrum jeweils mit unterschiedlich farbigen Aufklebern gekennzeichnet werden. Auch das Abkleben des Cue Points auf der Rille gewährleistet das schnelle Auffinden dieser ohne Kopfhörer.

Wenn du mit DVS auflegst, dann setze und beschrifte deine Cue Points an der ausgewählten Kick bzw. Snare oder einer anderen geeigneten Stelle des Tracks (z. B. bei „Bojangles" sind zwei Cue Points für das Wort „Deejay" markiert), wie links in der Abbildung mit Serato DJ Pro und darunter bei Traktor Scratch Pro zu sehen ist.

## Der Backspin

Backspin ist im Sinne seines Erfinders Kool DJ Herc das Verlängern eines Breaks – Instrumentalpassage eines Tracks – durch Aneinandercutten von Breaks des gleichen oder eines anderen Tracks. Die Kunst des Backspins besteht in der frequenziellen Wiederholung zweier Breaks, indem man im ständigen Wechsel zwischen zwei Schallplattenspielern und entsprechend seiner Fingerfertigkeit kurze Sequenzen eines Tracks mit einer Länge z. B.

von einem Takt abspielt. In der gleichen Zeit sucht man seinen Cue Point der anderen Schallplatte, um anschließend diese Sequenz mit der gleichen Spiellänge zu cutten. Für die exakt rhythmische Ausführung hält sich ein DJ an eine 50-50-Aufteilung. Besteht der zu wiederholende Break aus einem 4/4-Takt zu je vier Zählzeiten, erfolgt jeweils nach einem Takt der Wechsel zwischen den Platten mittels Crossfader. Damit Backspin bzw. Beat Juggling flüssig bzw. schnell praktiziert werden, verlässt man sich bei der Cue Point-Suche nicht auf seinen Kopfhörer, sondern ausschließlich auf die Markierungen. Die folgenden Übungen werden mit den Breaks zweier identischer Tracks ausgeführt, deren Längen mindestens zwei 4/4-Takte (acht Bassschläge) umfassen und deren Tempi durch die entsprechende Pitch-Control-Einstellung übereinstimmen.

### ÜBUNG

1. Zunächst wird Break (A) komplett gespielt und dabei zählst du die Bassschläge laut mit: 1-2-3-4-5-6-7-8.
2. Unter dem Kopfhörer suche währenddessen den Cue Point für Break (B).
3. Nach dem achten Bassschlag von Break (A) schließt du auf die neunte Zählzeit Break (B) durch Cutten mit dem Crossfader an, um diesen auch wieder zwei Takte ausspielen zu lassen.
4. In den zwei Takten des Breaks (B) suchst du den Cue Point für Break (A), und nach den zwei Takten des Breaks (B) cuttest du Break (A).
5. Während der Break (B) auf den Cue Point zurückgedreht wird, zähle die benötigte Umdrehungsanzahl der Schallplatte für das Erreichen des Cue Points.
6. Jetzt führst du die Schritte 1 bis 4 nochmals ohne Kopfhörer aus. Die angebrachten Markierungen auf dem Label und eventuell auf der Rille unterstützen dabei das exakte Einspielen des Cue Points ohne Kopfhörer.
7. Nach dem flüssigen, fehlerfreien Beherrschen dieser Übung verkleinere die Abstände der Cuts, d. h. auf einen Takt Break (A) folgt ein Takt Break (B)

| Zählzeit | 1 | 2 | 3 | 4 | 1 | 2 | 3 | 4 |
|---|---|---|---|---|---|---|---|---|
| Break (A) | Kick | Snare | Kick | Snare | | | | |
| Break (B) | | | | | Kick | Snare | Kick | Snare |

Backspin nach einem Takt

Cut

# Der Backspin
## Das Tapping / Chasing

Damit der Backspin noch zügiger abläuft, cutte in noch kürzeren Abständen: nach zwei Zählzeiten bzw. einem halben Takt.

| Zählzeit | 1 | 2 | 1 | 2 | 1 | 2 | 1 | 2 |
|---|---|---|---|---|---|---|---|---|
| Break (A) | Kick | Snare | | | Kick | Snare | | |
| Break (B) | | | Kick | Snare | | | Kick | Snare |

Backspin nach einem halben Takt

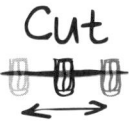

Der Backspin laut TTM – siehe Abbildung (34) – integriert zwei gleiche Schallplatten (Turntable TT1 und TT2), wobei sich nach einem 4/4-Takt von TT1 ein kleiner Scratch und TT2 mit ebenfalls einem 4/4-Takt anschließt. Danach werden die Abstände verkürzt, sodass der Wechsel aller Halbe- und dann aller Viertelnoten des 4/4-Taktes erfolgt.

Damit du den Backspin on the run in deinem Set einbinden kannst, verwende das „Instant Doubles"-Feature von Serato DJ Pro:

Nachdem du auf beiden Decks den gleichen Track spielen lässt, ist es leicht den Backspin auf Deck (B) mit zunächst acht oder vier Zählzeiten zu beginnen. Danach switch auf Deck (A), um mit ebenfalls acht oder vier Zählzeiten den Backspin fortzuführen und anschließend beliebig zu verkleinern.

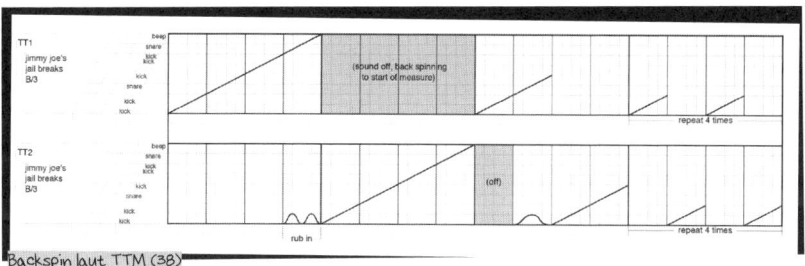

Backspin laut TTM (38)

## Das Tapping/Chasing

Unter Tapping bzw. Chasing versteht man das taktbezogene, frequentierte Abstoppen der Schallplatte (am besten jeweils kurz vor Kick und Snare) und dem daraus folgenden Zerlegen des ursprünglichen Beats in seine Grundelemente Bassdrum und Snare. Der Beat wird damit strukturell auf

das halbe Tempo gebremst. Die angebrachten Markierungen für Bassdrum und Snare erleichtern die Suche nach den einzelnen Beat-Elementen ohne Kopfhörer. Gehe am besten wie folgt vor.

### ÜBUNG

1. Auf beiden Schallplattenspielern ist der gleiche Drumloop aufzulegen.
2. Mixe unter Kopfhörer Beat (B) auf (A), sodass beide synchron spielen.
3. Obwohl Beat (A) weiterspielt, versuche jetzt mit Schallplatte (B) diese nach einer Bassdrum anzuhalten, um die darauffolgende Snare auf die zweite Bassdrum (A) zu setzen. Äquivalent dazu erfolgt dies mit der zweiten Bassdrum (B), die auf die erste Bassdrum (A) des zweiten Taktes gelegt wird.

Die Abbildung entspricht dieser Übung. Dabei spielt der Beat (B) durch das Abstoppen mit der halben Geschwindigkeit.

| Zählzeit | 1 | 2 | 3 | 4 | 1 | 2 | 3 | 4 |
|---|---|---|---|---|---|---|---|---|
| Beat (A) | Kick | Snare | Kick | Snare | Kick | Snare | Kick | Snare |
| Beat (B) | Kick | | Snare | | Kick | | Snare | |

Schematische Darstellung der Übung zum Tapping

## Die Doubling Up Snares

Wenn du die Snare eines Tracks vor und nach der Snare des gleichen Tracks cuttest, spricht man vom Doubling Up. Dieser Effekt wird häufig in Beat Juggling-Routines eingesetzt.

### ÜBUNG

1. Suche dir einen Track, deren Snares prägnant und sauber zu hören sind.
2. Auf Deck (A) läuft dieser Track, auf Deck (B) lädst du den gleichen und suchst du dir eine Snare.
3. Jetzt folgst du z. B. dem folgendem Muster: In dem dargestellten 4/4-Takt cuttest du zunächst auf die erste Zählzeit eine Snare. Sehr kurz vor und nach der Originalsnare der zweiten Zählzeit legst du jeweils eine weitere, sodass ein Triole aus drei Snares zu hören ist. Abschließend cuttest du eine Achtelzählzeit vor der letzten Snare eine weitere.

| Zählzeit | 1 | | 2 | | 3 | | 4 | |
|---|---|---|---|---|---|---|---|---|
| Beat (A) | Kick | | Snare | | Kick | | Snare | |
| Snare(B) | Snare | Snare | Snare | Snare | | Snare | | |

Schematische Darstellung Doubling Up Snares

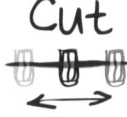

## Das Beat Juggling

Beim Beat Juggling kreiert der DJ aus zwei gleichen oder auch unterschiedlichen Beats einen neuen durch die Kombination von Backspins, Delaying, Tapping/Chasing und Scratching. Die entsprechende Notation von TTM veranschaulicht die Handhabung zweier gleicher Schallplatten, die im ständigen Wechsel und mit Delaying- und Chasingeffekten abgespielt werden. Wie beim Backspin kommt es dabei darauf an, dass der DJ, während er beispielsweise eine Snare von der einen Schallplatte abspielt, in diesem Moment die andere Schallplatte auf ihre Snare einstellt und je nach Fingerfertigkeit anschließend sofort cuttet. Die Abstände werden dabei so kurz gehalten, dass die Cuts sogar unterhalb einer Zählzeit erfolgen (siehe Abbildung (39)).

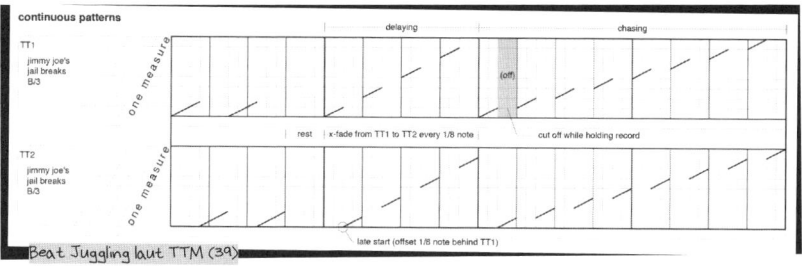

Beat Juggling laut TTM (39)

Um das Beat Juggling einzustudieren, setzt du auf beiden Schallplattenspielern den gleichen Drumloop oder ein Instrumental ein, wobei du Snare und Kick unterschiedlich auf dem Label markierst. Da auf dem Schallplattenspieler (A) der Beat durchspielt, beschränkt sich die folgende Übung ausschließlich auf die Koordination des Crossfaders und der Schallplatte (B):

### ÜBUNG

1. Zunächst ist nach der ersten Bassdrum (A) auf der zweiten Zählzeit die erste Bassdrum (B) durch einen Cut taktgenau zu mixen.
2. Während der Beat (A) weiterspielt, cue erneut die Bassdrum (B) der ersten Zählzeit, um auf die vierte Zählzeit von Drumloop (A) ein weiteres Mal die Bassdrum (B) zu cutten:

# SKILLS

| Zählzeit | 1 | 2 | 3 | 4 | 1 | 2 | 3 | 4 |
|---|---|---|---|---|---|---|---|---|
| Beat (A) | Kick | Snare | Kick | Snare | Kick | Snare | Kick | Snare |
| Beat (B) |  | Kick |  | Kick |  | Kick |  | Kick |

Beat Juggling-Übung Teil 1

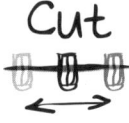

3. Entsprechend geschieht dies mit der Snare (B), indem sie auf die Zählzeit drei, eins und drei des Drumloops (A) gecuttet wird:

| Zählzeit | 1 | 2 | 3 | 4 | 1 | 2 | 3 | 4 |
|---|---|---|---|---|---|---|---|---|
| Beat (A) | Kick | Snare | Kick | Snare | Kick | Snare | Kick | Snare |
| Beat (B) |  |  | Snare |  | Snare |  | Snare |  |

Beat Juggling-Übung Teil 2

4. Die Bassdrum (B) cuttest du im Takt von Beat (A) zwischen Kick (A) und Snare (B), sodass ein Doppelschlag der Bassdrum entsteht:

| Zählzeit | 1 |  | 2 |  | 3 |  | 4 |  |
|---|---|---|---|---|---|---|---|---|
| Beat (A) | Kick |  | Snare |  | Kick |  | Snare |  |
| Beat (B) |  | Kick |  | Kick |  | Kick |  | Kick |

Beat Juggling-Übung Teil 3

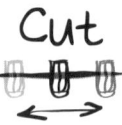

5. Äquivalent zu Punkt 3 wird die Snare (B) zwischen Snare (A) und Bassdrum (A) gesetzt, sodass die Snare doppelt zu hören ist:

| Zählzeit | 1 |  | 2 |  | 3 |  | 4 |  |
|---|---|---|---|---|---|---|---|---|
| Beat (A) | Kick |  | Snare |  | Kick |  | Snare |  |
| Beat (B) |  | Snare |  | Snare |  | Snare |  | Snare |

Beat Juggling-Übung Teil 4

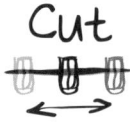

Die letzten beiden Übungspunkte erzeugen einen Delaying-Effekt. Allerdings werden beide Schallplatten nicht wie im Kapitel „Die Spezial-Effekte" synchron abgespielt, sondern Beat (B) entsteht durch reines Cutten der Bassdrum oder Snare, d. h. du spielst jeweils nur eine Zählzeit des Taktes. Da Beat Juggling die gleichrangige Ausbildung beider Hände erfordert, führe die letzte Übung nochmals mit der linken Hand am Schallplattenspieler (A) aus.

Nach dem erfolgreichen Abschluss der letzten beiden Übungen gilt es, beide Schallplattenspieler gleichzeitig zu beherrschen. Für die Drumloops (A) und (B), deren Bassdrum und Snare auf dem Label markiert wurden, ist aufgrund der Schwierigkeit zunächst ein Beat von 70 bis 80 BPM auszuwählen.

### ÜBUNG

1. Nachdem von Beat (A) die erste Bassdrum zu hören ist, cutte die erste Bassdrum (B) auf die zweite Taktzählzeit mittels Crossfader.
2. Währenddessen drehst du die Schallplatte (A) auf den Cue Point zurück und cuttest auf die dritte Taktzählzeit erneut die Bassdrum (A).
3. Platte (B) wird gleichzeitig auf den Cue Point eingestellt, und auf die vierte Zählzeit folgt die Bassdrum (B) wieder.

| Zählzeit | 1 | 2 | 3 | 1 | 2 | 3 | 4 |
|---|---|---|---|---|---|---|---|
| Beat (A) | Kick | | Kick | | Kick | | Kick |
| Beat (B) | | Kick | | Kick | | Kick | Kick |

Beat Juggling-Übung Teil 5

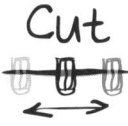

Die letzte Übung kann auch mit der Snare durchgeführt werden. Nach dem Beherrschen dieser Beat Juggling-Praktiken, sind die Beats durch Tapping/Chasing zunächst ohne Crossfader – dieser steht auf der Mittelposition – zu kombinieren, d. h., dass nach den Cuts kein Zurückdrehen der Schallplatten erfolgt. Vielmehr werden sie abwechselnd rhythmisch gestoppt. Auf die erste Zählzeit spielst du die Bassdrum (A) und stoppst anschließend diese Schallplatte. Danach lässt du die Platte (B) mit ihrer ersten Bassdrum auf die zweite Zählzeit laufen und hältst diese anschließend auch an, um die Snare (A) als nächstes einzumixen. Auf die vierte Zählzeit folgt Snare (B), während Platte (A) erneut festgehalten wird. Dieser ständi-

ge Wechsel zwischen Tonträger (A) und (B) erfolgt bis zur achten Zählzeit (siehe Abbildung Übung Teil 6). Geübte DJs können die Abstände wie in der Abbildung (35) verkürzen, indem sie jede halbe Zählzeit (Achtel-Noten) zwischen den Beats (A) und (B) wechseln.

| Zählzeit | 1 | 2 | 3 | 4 | 5 | 6 | 7 | 8 |
|---|---|---|---|---|---|---|---|---|
| Beat (A) | Kick | | Snare | | Kick | | Snare | |
| Beat (B) | | Kick | | Snare | | Kick | | Snare |

Beat Juggling-Übung Teil 6

Cut

Nach dem du das Tapping ohne Crossfader beherrschst, versuche, wie in Abbildung (35) dargestellt, das Tapping mit ihm zu koordinieren, indem du nach jedem Stopp mit dem Crossfader cuttest.

Eine weitere Möglichkeit des Beat Jugglings ist die Erzeugung eines neuen Beats, indem du von Platte (A) nur die Kick und von Platte (B) nur die Snare miteinander verbindest. Um diese Techniken noch filigraner auszuüben, werden die Bassdrums und Snares in Form von Baby-, Forward-, Back-Scratches, Militarys, Crabs als Combos gecuttet.

### TIPP

Bei den jährlichen Meisterschaften vom Disco Mix Club (DMC) oder der International DJ Association (IDA) schmücken die DJs diese Scratch- und Beat Juggling-Kunststücke mit sogenannten Body Tricks, wie dem Twist, aus, bei dem der DJ kurz mit dem Rücken zum Mixer steht und die Platten bzw. den Crossfader bedient. Oder sie scratchen mit dem Ellenbogen, machen einen Handstand auf einem Schallplattenteller und binden dies als Showelemente ein, damit sie das Battle zu ihren Gunsten entscheiden.

Scratching und Beat Juggling beanspruchen das Vinyl sehr stark. Die Drops und Cue Points klingen dadurch schnell verrauscht und zerkratzt, deswegen:

- achte auf eine korrekte Gewichteinstellung am Tonabnehmer
- oder wechsel generell zum digitalen DJing, wie Serato DJ Pro, um lediglich die Noise Map Control-Tone-Platten zu strapazieren.

## Die Routine

Als Routine wird eine Kombination aus Scratching und Beat Juggling bezeichnet, bei dem Beat-Fragmente des gleichen oder verschiedener Tracks anhand von zwei Schallplattenspielern, DJ-Playern oder digitalen Decks durch gleichmäßige, sich wiederholend ausgeführte Strukturen (auch in diesem Fall Pattern genannt) verbunden werden. Dabei unterscheidet man bei den Decks zwischen einem primären Deck, das die Struktur vorgibt, und dem sekundären, welches sie wiederholt. Zeitlich ist eine Routine nicht begrenzt, sie kann eine Länge von ein paar Sekunden bis zu mehreren Minuten haben.

Anhand der folgenden Routine, dargestellt mit dem übersichtlichen Wellenformausschnitt vom Serato DJ Pro, juggelst du beispielsweise zwei identische Tracks mit Backspins, Delaying, Doubling Ups, Cuts und Scratches. Letztere sind allerdings nicht in dieser Routine grafisch dargestellt. Generell gilt: Wenn du zwei gleiche Tracks durch Backspins verknüpfst, so cuttest du den festgelegten Cue Point, in unserem Fall die Kick des ersten Beats auf den Takt mit Babyscratches, Stabs oder Chirps. Um diese Routine zu üben, nimm am besten einen Track mit ca. 80 BPM, damit du die Routine langsam und dadurch sauber einstudierst. Mit zunehmender Erfahrung und Sicherheit steigere das Tempo und wähle später auch komplexere Beats aus. Zum besseren Verständnis der Darstellung sei erwähnt, in den Abbildungen zeigt stets die Mitte des Spektrogramms, der senkrechte Strich, die Stelle des Tracks, die zu hören ist. In unserem Beispiel handelt es sich entweder um die Kick oder die Snare des Tracks. Damit ist alles erklärt und wir können somit loslegen.

**ÜBUNG**

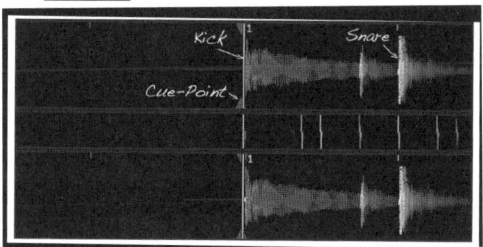

1. Du beginnst mit Deck (A). Starte es mit dem Cue Point, der ersten Kick des ersten Taktes. Unverzüglich lädst du den selben Track auf Deck (B).

# SKILLS

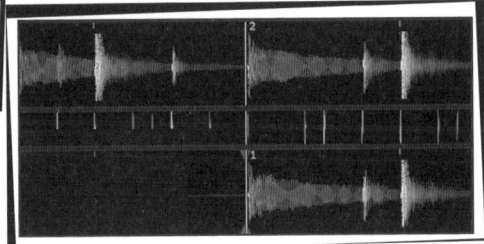

2. Nach dem ersten Takt von Deck (A) cuttest du ebenfalls mit seiner ersten Kick (Cue Point) auf Deck (B), das für einen Takt aktiv ist. Während dessen suchst du erneut den Cue Point von Deck (A), um nach vier Beats bzw. Zählzeiten erneut auf Deck (A) wechseln zu können.

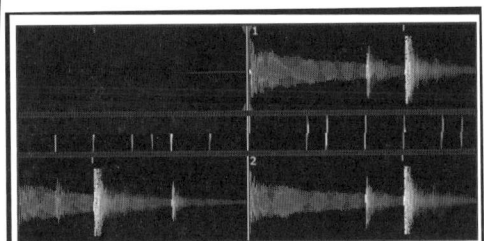

3. Cutte den Crossfader von Deck (B) auf Deck (A), allerdings spielt anschließend Track (A) nur noch zwei Zählzeiten (ein halber Takt). Auf Deck (B) suchst du währenddessen wieder den Cue Point.

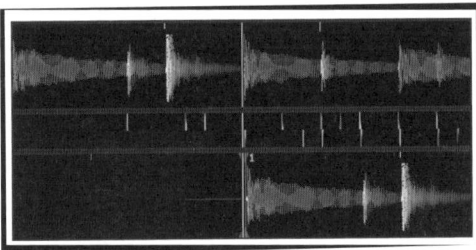

4. Nach zwei Beats erfolgt ein Cut von Deck (A) zu Deck (B), das ebenfalls nur für einen halben Takt aktiv ist. Deck (A) wird anschließend erneut auf die erste Kick im ersten Takt eingestellt.

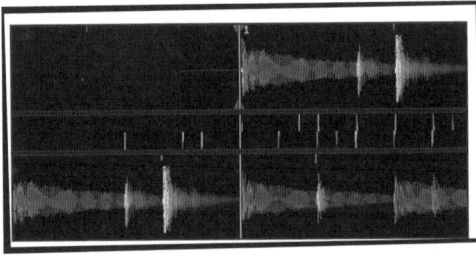

5. Verkürze die Cuts auf eine ganze Zählzeit und wechsele auf den Beat (Kick) von Deck (A) zu Deck (B).

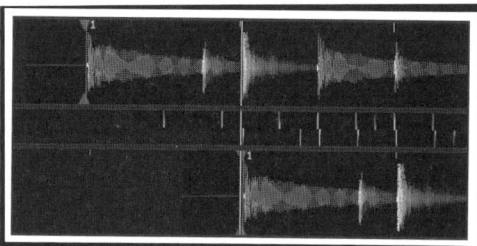

6. Schiebe auf die nächste Zählzeit den Crossfader von Track (B) wieder auf Track (A).

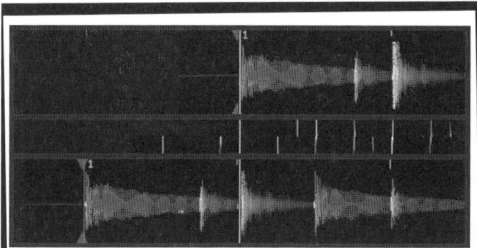

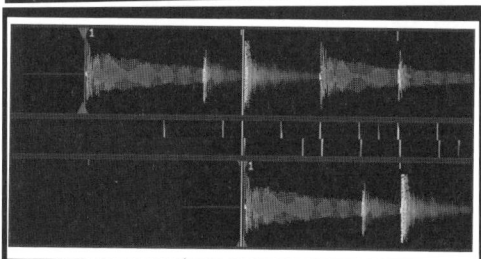

7. Diese Cuts zwischen Deck (A) und (B) pro Beat können mehrmals wiederholt werden. Allerdings, unabhängig von deren Anzahl muss zum Einhalten der gleichmäßigen Struktur diese Cut-Folge mit Deck (B) abgeschlossen werden, da dies in unserer Routine bisher das wiederholende, sekundäre Deck war. Um in dieser Struktur die Hierarchie der Decks wechseln zu können, füge einen Scratch mit Deck (B) auf eine Zählzeit ein. Durch diesen Scratch bleibt Deck (B) eine Zählzeit länger aktiv und die bisherige Struktur erhalten, obwohl Deck (B) fortan das primäre Deck in der Routine ist.

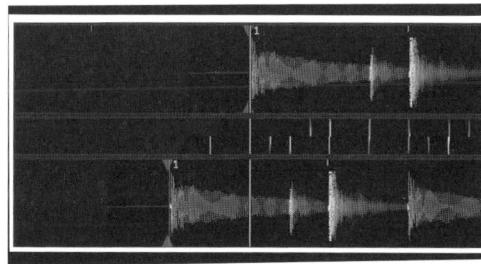

8. Es folgt das Doubling Up. Dafür wurde wie erwähnt das Deck (B) zum primären und gibt somit die Struktur vor. Nach dem Drop von Deck (B) schickst du um eine halbe Zählzeit versetzt Deck (A) ins Rennen und cuttest jeweils von Deck (B) zu Deck (A) immer auf die versetzte Snare von Deck (A).

# SKILLS

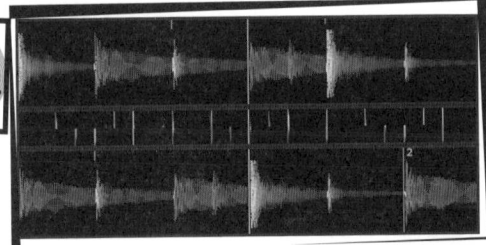

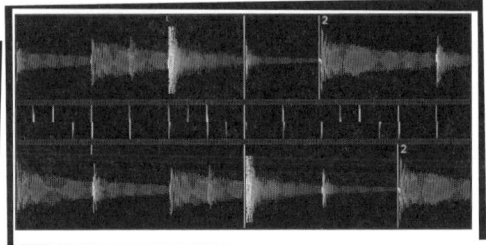

9. Nach einem Wechsel auf die Snare durch einen Cut von Deck (B) zu Deck (A), siehe obere Abbildung, cuest du erneut die zuletzt gecuttete Snare von Deck (B) und cuttest sie wieder eine halbe Zählzeit später nach Snare (A), siehe untere Abbildung. Dadurch folgen drei Snares jeweils auf eine halbe Zählzeit hintereinander: Snare-Struktur B-A-B. Das Deck (B) übernimmt anschließend wieder den sekundären Part der Routine.

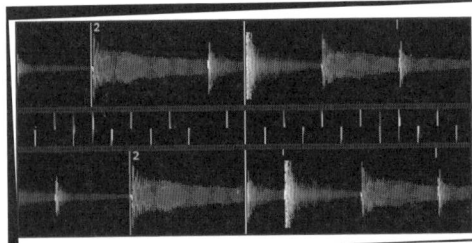

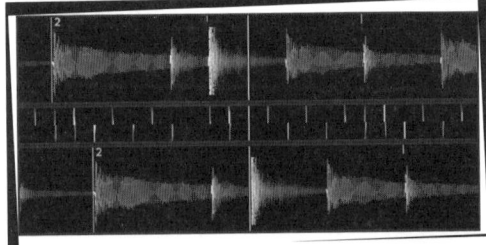

10. Während Deck (B) läuft, bereitest du die nächste Snare (A) vor, welche anschließend eine Viertelzählzeit vor die kommende Snare (B) gecuttet wird (oberes Bild). Danach folgen Cuts auf Snare (B) (mittleres Bild) und eine Viertelzählzeit später auf Snare (A) (unteres Bild): Snare-Struktur A-B-A. Anschließend spielt wieder Deck (A).

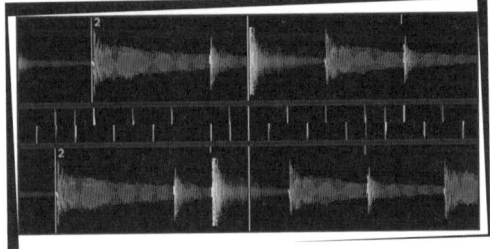

Weitere Snare-Kombinationen entstehen, indem du jeweils die letzte Snare (B) äquivalent vor und nach der Snare (A) cuttest, entweder um eine halbe oder Viertelzählzeit versetzt. Die Combo hätte die Struktur: B-A-B.

## Musikstils und passende Skills

Jeder DJ praktiziert in seinem Set gewisse Techniken, die sich mit dem jeweiligen Musikstil verknüpfen lassen. Oder besser gesagt, die Not machte erfinderisch, wie z. B. die Backspin-Technik im HipHop. Nicht jede Musikrichtung lässt sich auf die gleiche Art und Weise im Mix vereinen. Im HipHop fehlen häufig Intros und Outros bzw. im Drum´n´Bass lassen die wirbelnden Beats kaum ein Mixing zu. Wie du mit den jeweiligen Musikstilen homogene Übergänge erzielst, verrät dir die folgende Übersicht.

### HipHop/R´n´B/Dancehall
**Musikalische Besonderheit:**
60 bis 150 BPM, kurze bzw. gar keine Intros und Outros, Breakbeats, mitunter keine typische Acht-Takt-Struktur (Phrasen)

**Eingesetzte Techniken:**
vorrangig Scratching, Cutting, Backspins, Spinback, Delaying, mitunter Mixing (je nach Track ist dies meist nur über vier bis maximal acht Takte möglich), Quickmix (200 Tracks in vier Stunden sind bei einem HipHop-DJ keine Seltenheit)

Storm:
Ich mag es, beim Mixen etwas zu kreieren, was die Menge in verschiedene Richtungen schickt. Ich nehme einen eher jazzigen Track und einen Sound mit Breaks und hoffe, dass sie zusammenpassen. Beim Mixen entsteht aus den beiden Stücken etwas vollkommen Neues. Damit kreiere ich als DJ mit dieser Art, wie ich Stücke zusammen mixe, sozusagen einen Live-Remix von jedem einzelnen Track. Damit ist für mich der Mix das Entscheidende am DJing.

### Drum´n´Bass
**Musikalische Besonderheit:**
ab 140 BPM, Breakbeats, tiefe Bässe, Flächen, meist Acht-Takt-Struktur (Phrasen)

**Eingesetzte Techniken:**
häufig Cutting (die Breakbeats sollte man eher weniger mixen, da es ein zu starker Soundclash wird), Mixing (besonders mit Flächen, wobei dabei besonders auf ein aktiviertes Key Lock (digitales DJing), bei analogem DJing mit Vinyl auf die Korrektur verstärkt am Pitch, nicht an der Platte, geachtet werden muss), eventuell Scratching

### House/Techno
**Musikalische Besonderheit:**
zwischen 118 bis 135 BPM, „Four-To-The-Floor"-Beat, Acht-Takt-Struktur (Phrasen)

**Eingesetzte Techniken:**
Mixing über sehr lange Passagen, dazu Einsatz von Effekten, wie Filtern, Phasern, Flanger, Delays und Echos; extremes „Schrauben" am EQ, um die Tracks zu modifizieren; mitunter Cutting, eventuell Scratching

### Trance
**Musikalische Besonderheit:**
zwischen 130 bis 145 Bpm, sehr melodisch durch entsprechende Leadsounds und Flächen, „Four-To-The-Floor"-Beat, Acht-Takt-Struktur (Phrasen)

**Eingesetzte Techniken:**
Mixing über lange Passagen (achte aber auf die Harmonien bzw. eine Korrektur des Mixes am Pitch und nicht an der Platte), Einsatz von Effekten (siehe House/Techno), verstärkter Einsatz des EQ

Solltest du einmal vor einem älteren Publikum jenseits eines Alters der 40 Jahre auflegen, bedenke, es legt mehr Wert auf länger gespielte und nicht ständig zerscratchte und zerstückelte Tracks.

# Die Effekte
## Allgemeines

DJs haben das Bedürfnis, ihre aufgelegte Musik zu manipulieren und zu modifizieren. Die Kombination aus Mixing und Scratching ist ihnen nicht genug. Der kreative Tatendrang fordert zusätzliches Equipment, wie Effektgeräte, die einerseits in einigen Mischpulten schon integriert sind, andererseits als separates Gerät in das DJ-Set eingebaut werden können. Unter Effektgeräten sind Apparate zu verstehen, mit deren Hilfe der ursprüngliche Instrumenten- und Vokalklang in künstlerischer Absicht unterschiedlichen Verformungsprozessen unterworfen wird. (8) Mit Hilfe folgender Effekte beeinflusst der DJ beim Mixen seine aufgelegten Tracks.

**Flanger:** Durch Aufsplittung des Eingangssignals wird ein Anteil variierend zeitverzögert und mit konstanter Frequenz dem Originalsignal zugemischt, sodass durch die hervorgerufene Phasenverschiebung minimale Schwankungen der Tonhöhe verursacht werden.

**Delay:** Ein Eingangssignal erfährt mit einer Verzögerungszeit von 50 ms bis 2 s eine ein- oder mehrmalig verzögerte Wiedergabe, wobei das verzögerte Signal unabhängig vom Originalsignal wahrnehmbar ist (56).

**Echo:** Beim Echo erfolgt eine Zuführung eines verzögerten Signals über eine Feedbackschleife samt Tiefpassfilter zum Effekteingang. Das ständig wiederkehrende Signal wird immer dumpfer und leiser. (56)

**Filter:** Mit Filtern können Frequenzgänge von Signalen verändert werden. Passive Filter dienen ausschließlich zur Unterdrückung von Frequenzen, hingegen aktive Filter unterdrücken und verstärken Frequenzen. Weiterhin unterscheiden sie sich in Tiefpass zum Durchlassen der tiefen Töne, Hochpass, der die Tiefen eliminiert, und dem Bandpass, der eine Kombination aus Tief- und Hochpass durch das Ausschalten hoher bzw. tiefer Frequenzen darstellt. Die Grenzfrequenzen für Tief- und Hochpass bzw. Centerfrequenz für Bandpass sind dabei regelbar.

**Panning:** Bei diesem Stereo-Effekt pendeln die Höhen und Mitten eines Signals zwischen dem linken und rechten Kanal.

**Reverb:** Beim Reverb- bzw. Nachhalleffekt wird das Original-, vorrangig Mikrofonsignal, nachdem es verstummte, zunehmend schwächer durch die Abnahme der Schallreflexionen wiedergegeben. Der künstliche Nachhalleffekt dient zum Nachempfinden der akustischen Verhältnisse in Räumlichkeiten, wie z. B. in einem Theater oder in einer Kirche.

**Tremolo:** Durch die Lautstärkemodulation mit einem Low Frequency Oscillator (LFO = Oszillator zur Erzeugung von Schwingungen unterhalb der Hörschwelle) entsteht ein periodisch pulsierender Klang. (56)

**Wah-Wah:** Mittels Klangfilter wird die Frequenz der Resonanzspitze in ihrem Spektrum hin- und hergeschoben und erzeugt den typischen Effekt, den man vorrangig von Gitarren kennt.

**Verzerrer/Distortion:** Mittels eines kleinen, zwischen Quelle und Verstärker geschalteten Vorverstärkers, der aufgrund seiner Empfindlichkeit schon bei einem geringen Höhenanteil des Quellensignals sofort übersteuert, werden Verzerrungen erzeugt.

**Pitching:** Das Eingangssignal verändert sich in der Wiedergabegeschwindigkeit und somit in seiner Tonhöhe.

**(Bit-)crusher:** Die digitalen Audiodaten des Ausgangssignals werden in ihrer Auflösungsrate z. B. von 16 auf acht Bit reduziert, sodass ein Verzerrungseffekt zu hören ist.

**Phaser:** Bei diesem Modulationseffekt erfolgt eine mehrstufige Phasendrehung zwischen dem Direktsignal und dem Effektsignal. Neben der frequenzabhängigen Verzögerungszeit beeinflussen die Modulationsstärke und das Feedback diesen Effekt, mit dem ein Anteil des Signals dem Eingang wieder zugeführt wird. (56)

## Der Einsatz der Effekte

Nicht jeder Effekt wirkt bei jedem Track bzw. in den verschiedenen Stellen im Track gleich. Folgende Trackparts sind bestens geeignet:

- Delay/Echo: bei Grooves, Beats, Breaks und Acapella-Parts
- Flanger/Phaser: in Flächen, sphärische Leadsounds, Acapella-Parts
- Pitching: bei Acapella-Parts
- Reverb: in Breaks und Acapella-Parts.

Delay und Echo kommen nur bei Sounds mit harten Anschlägen (Noten) und ihren entsprechenden Abständen (Pausen zwischen den Noten), wie in Beats oder Vocals zur Geltung. Denn nur so sind die Effekte mit jeder einzelnen Note zu hören. Bei weichen, flächigen Sounds würde hingegen das Echo/Delay eher untergehen.

Universell einsetzbar sind Filter, Verzerrer und Crusher. Sie dienen generell zur Verfremdung des Tracks, damit du an beliebigen Stellen dramaturgische Akzente im Track setzen kannst.

## Die Effekte des Mixers

Es gehört jetzt zum Standard, dass ein Club-, aber auch Battle-Mixer über eine Effektbank verfügt. Der Vorreiter war einst Pioneer DJ mit ihrem DJM-500, der DJs zu neuer Kreativität beflügelte. Mittlerweile nehmen die Effekt-Panels zwar neue Designs und Einstellungsmöglichkeiten an, aber prinzipiell funktionieren sie alle gleich.

#### Aufbau der Effektpanels am Mixer:
Da in den meisten Clubs und Discotheken ein Pioneer DJ DJM-600 bzw. DJM-800 vorzufinden sind, soll anhand dieser beiden Mixer der Aufbau und die Funktionsweise des Effekt-Panels erklärt werden.
Wenn du einem Track einen Effekt hinzufügen möchtest, gehe wie folgt vor:

# SKILLS

### ÜBUNG

1. Wähle zunächst den Kanal, demzufolge den Track aus, den du mit einem Effekt modifizieren möchtest. Anhand des „Channel Select"- Reglers kannst du wählen zwischen den einzelnen Kanälen, aber auch dem Master, den Crossfader-Seiten (A) und (B) oder dem Mikrofon.
2. Entscheide dich für einen Effekt über den Effektregler.
3. Kontrolliere die BPM-Zahl. Wenn sie häufig varriiert oder ein eher unwahrscheinliches Tempo anzeigt (z. B. ein House-Track mit 100 BPM), dann drücke im Takt des Beats die Tap-Taste, um manuell die BPM zu bestimmen.

Effektpanels des Pioneer DJ DJM-800, DJM-600 und DJM-2000

4. Überprüfe die Beats anhand des Displays: Effekte müssen auf das Tempo des Tracks, dem du einen Effekt hinzumischen möchtest, angepasst sein. Deswegen ist es wichtig, dass der Mixer die korrekte BPM-Zahl anzeigt, und dass bei den Beats nur eine LED (beim Pioneer DJ DJM-600) oder nur ein Feld (beim Pioneer DJ DJM-800) leuchtet. Ist dies nicht der Fall, stimmt das Tempo nicht, oder der Effekt ist noch nicht richtig auf den Beat angepasst. Leuchtet eine LED, z. B. die für 1/2 Beat, heißt das, dass der Effekt pro halbe Zählzeit wiederholt wird, z. B. beim Echo. Äquivalent sind 1/16, 1/8, 1/4, 3/4, 1/1, 2/1, 4/1 und 8/1 Beat (je nach Mixer-Modell) auf die Zählzeiten eines Takts bezogen. Mit den Beat-Buttons kannst du entsprechend nach links die Beats und damit die Abstände der Effekte verkürzen oder nach rechts vergrößern. Besonders mit dem Echo und Delay ist das eine sehr effektvolle Spielerei, die du unbedingt ausprobieren solltest.
5. Die Beats kannst du auch mit dem Time-Regler stufenlos einstellen.
6. Mit dem Level/Depth-Regler regulierst du die Intensität des Effekts. Fange am besten beim Minimum an.
7. Wenn alle Parameter stimmen, dann kann es losgehen: Drücke den unte-

ren Effekt-Button. Er wird blinken und der jeweilige Effekt ist zugeschaltet. Durch langsames Einblenden am Level/Depth-Regler wirst du jetzt deinen Effekt hören können.

**TIPP**

- Für einen sehr coolen Effekt, den Techno-DJs sehr gern einsetzen, sorgt das Echo mit einem auf absolutes Minimum eingestellten Time-Regler. Es ist zunächst eine kleine Phasenverschiebung wie bei einem Flanger zu hören. Aber mit zunehmender Time-Vergrößerung durch Verstellen des Reglers verzerrt das Signal, weil es in sehr kurzen Zeitabständen vervielfacht wird.
- Das Echo ist generell der beliebteste Effekt. Zum einen kannst du mit ihm in Grooves eigene Breaks kreieren, indem du den Bass mit dem EQ herausfilterst und gleichzeitig das Echo mit einer 3/4-Zählzeit einschaltest. Durch kurzes Aufdrehen des Bass-EQ bekommst du eine pulsierende Kick, die deine Crowd auf dem Dancefloor begeistern wird. Zum anderen kannst du einen Mix sehr homogen beenden, indem du den auszublendenden Track mit einem Echo ausklingen lässt.

Der Pioneer DJ DJM-800 bzw. 900 nexus besitzen noch ein weiteres Effekt-Panel, das Sound Color FX-Panel, mit folgenden Effekten:

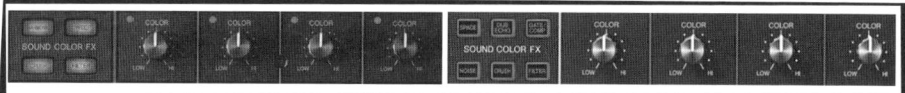

- **Harmonic:** Veränderung der Tonhöhe um jeweils sechs Halbtonschritte nach oben und unten, beim DJM-900 nexus als Melodic-Effect benannt
- **Crush:** Verzerrer durch Veränderung der Bitrate des digitalen Signals
- **Sweep:** Filtereffekt, der entweder als Notchfilter oder Bandpass mit einer Mittenfrequenz von 1 KHz fungiert und dessen Bandbreite verändert werden kann
- **Filter:** Hoch- bzw. Tiefpassfilter
- **Space-Hallfilter:** Hoch- und Tiefpassfilter mit Raumwirkung
- **Dub Echo:** Hochpass- und Tiefpass-Steuerung über einen Tape-Delay-Effekt

- **Gate/Comp:** Reduzierung der Musik auf ihre Spitzen bzw. Aufpumpen der tieferen Frequenzen für noch kontrastreichere Übergänge zwischen zwei Tracks

Die Intensität der Effekte wird über den Color-Regler, der sich über dem jeweiligen Line-Fader des Kanals befindet, eingestellt. Das Besondere bei der Effekt-Panels ist, dass du sie miteinander verketten kannst, indem du z. B. auf das Echo noch einen Filter oder Crush legst.

Mit dem DJM-900 nexus brachte Pioneer DJ das X-Pad zur bequemeren Anpassung der Effekte an die BPM und Einstellung der Beats ins Effekt-Spiel, die dank dem rekordbox-Quantize die Effekte auch der Geschwindigkeitsänderung automatisch anpassen. Zudem können über MIDI LFO externe Effekte gesteuert werden.

**BEACHTE**

- Einen Übergang zwischen zwei Titeln, deren unterschiedliche BPM-Zahlen nicht in einem Mix zu verbinden sind, kannst du gut mit dem Echo kaschieren. Route das Echo auf den auszublendenden Track. Wenn du allerdings während des Mixens den Upfader schließt, auf dem das Echo liegt, kann es sein, dass auch das Echo verstummt, z. B. beim DJM-500 bzw. DJM-600. Bei diesen Post Fader Effects wird das Signal nach dem Fader abgegriffen. Somit beeinflusst dessen Stellung die Signal-Lautstärke Signals und den Effekt. Dagegen der Pre Fader Effect nimmt das Signal vor dem Fader ab, sodass dieser keine Relevanz auf den Effekt besitzt.

  Folgende Möglichkeiten gibt es, das zu umgehen:
  1. Route den Channel-Select auf die Crossfader-Seiten (A) oder (B) Nach dem Schließen des Crossfaders ist das Echo immer noch zu hören.
  2. Schließe den Kanal, auf dem das Echo liegt, entweder mit dem Gain-Regler oder mit dem Phono/Line-Schalter. Auch in diesem Fall wird nur der Track ausgeblendet, aber das Echo ist nach wie vor zu hören. Dies eignet sich auch gut, um eigene „Dub"-Live-Remixes zu performen.

- Wenn du während des Mixens auf einen der beiden Tracks, deren BPM-

Zahlen vielleicht durch unsauberes Beatmatching nicht genau übereinstimmen, ein Echo legst, so wird das Echo auch nicht hundertprozentig mit dem Beat des anderen Tracks synchron sein. Wähle deswegen immer kurze Wiederholungen (bis maximal 1/1 Beat). Denn umso größer die Abstände der zu hörenden Echos (ab 2/1 Beats) sind, desto länger hallt der Effekt nach. Es besteht die Gefahr, dass zunehmend das Echo im Mix mit dem laufenden Track auseinander läuft.

- Das Umschalten mit dem Phono/Line-Schalter solltest du unterlassen, wenn auf Phono und Line zur gleichen Zeit ein Signal anliegt, z. B. wie bei DVS mit angeschlossenen Phonoeingängen zum Durchschleifen des Vinyl-Signals. Denn im Fall des Umschaltens von Line auf Phono würdest du deine Crowd kurz mit einem Timecode-Signal beschallen.

## Die Effekte des DJ-Players

Einige ältere CD-Player verfügen auch über interne Effekte: Zum Beispiel der Pioneer DJ CDJ-100S zeichnete sich schon vor Jahren durch den „Digital Jog Break" aus, eine Bank mit drei Effekten: Jet (Flanger), Zip (Pitchen und Abbremsen der CD, wobei letzterer einen Auslaufeffekt wie beim Brake-Effekt mit dem Technics 1210er erzielt) und Wah (Hoch- bzw. Tiefpassfilter), die über das Jog Wheel gesteuert und über die Hold-Taste an einer gewünschten Position „einrasten". Die Effekte Jet und Zip findest du auch am Mixer Pioneer DJ DJM-2000 wieder. Der Nachfolger CDJ-200S weist die gleichen Effekte auf. Bei dem CDJ-400, der mittlerweile auch nicht mehr auf dem Markt ist, involvierte Pioneer DJ auch den Jet- und Wah-Effekt, zuzüglich des Roll-Effekts, bei dem ein kleiner Teil des Tracks geloopt und dessen Geschwindigkeit über das Jog-Wheel verändert wird.

Pioneer DJ CDJ-200S und CDJ-400 mit ihrer Effekteinheit

Diese Effekte sind allerdings nur im CD-Modus verfügbar. Da der CDJ-400 auch über

das Jog Wheel im Vinyl-Modus gesteuert werden kann und somit scratchtauglich ist, bietet dieser noch drei sogenannte Scratch-Jog-Effekte, die diesen CD-Player auszeichnen.

- **Bubble:** simuliert einen Scratch
- **Trans:** das Signal wird schnell und häufig unterbrochen
- **Wah:** Wah-Wah-Effekt wie bei einer Gitarre.

## Die Effekte der DJ-Software

Natürlich verfügen auch DJ-Softwares über Effekt-Panels, die in diesem Kapitel beleuchtet werden.

### Serato DJ Pro

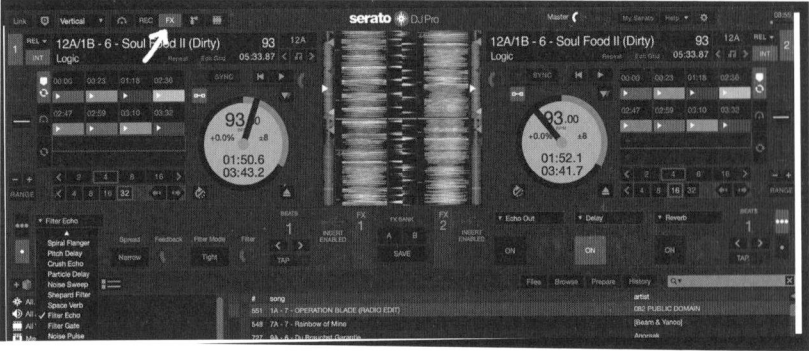

Zunächst klicke auf den FX-Button, um unterhalb der Decks dessen Panel ausfahren zu lassen. Pro Deck greifen bis zu drei Effekte gleichzeitig, allerdings nur im Multi FX Mode mit begrenzt einstellbaren Parameter, der Intensität und den Beats. Dagegen der Single FX Mode lässt die Effekte in zusätzlichen vier multiplen Parametern anpassen. Beliebte Effekte speicherst du zum schnellen Abruf auf zwei Bänken (FX Bank).

Zum Base Pack als Standard gehören zwölf Multi FX und zehn Single FX. Wer seine FX-Batterie um weitere satte 66 Effekte aufstocken möchte, der legt sich das Expansion Pack FX für 39,00 Dollar zu.

Die Effekte des DJ-Players
Die Effekte der DJ-Software

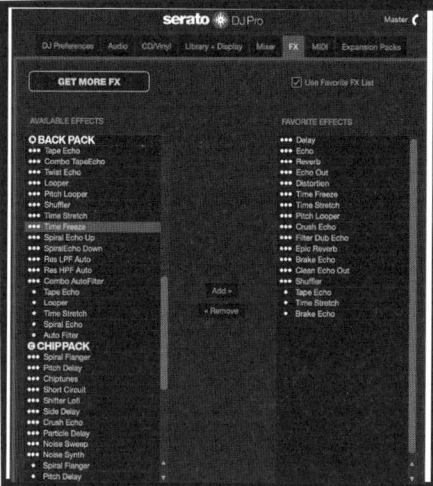

Um bei maximal 88 möglichen Effekten in Summe nicht die Übersicht und beim Scrollen Zeit bzw. Geduld zu verlieren, lege unter dem Reiter „FX" des Setups deine Favoriten fest. Neben den Standards Echo, Delay, Flanger, Reverb sind vor allem Echo Out, Brake Echo, Time Freeze, Time Stretch und Pitch Looper der Expanion Packs zu empfehlen.

## BEACHTE

Setzt du Echo Out ein, stelle die Intensität des Effekts auf über 50 Prozent ein, anderenfalls verstummt das Signal nicht.

### Traktor (Scratch) Pro

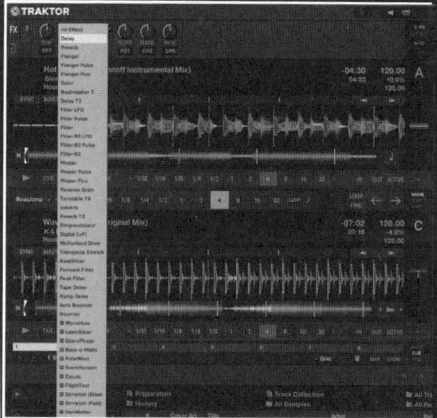

Die Effekt-Bank von Traktor umfasst je nach Einstellung in den Preferences/Effects zwei oder vier FX Units, bestückt mit Single- und/oder Group-Effekten.

#### Single

In diesem Panel (erweiterter Modus) veränderst du einen ausgewählten Effekt nicht nur in seiner Intensität (Dry/Wet), sondern auch mit drei weiteren Effekt-Parameter-Drehreglern. Drei Effekt-Buttons, unterhalb von den drei Knobs, aktivieren weitere Parameter je nach ausgewähltem Effekt.

Skills **481**

# SKILLS

### Group

Unter diesem Panel verkettest du bis zu drei Effekte, deren jeweiliger Anteil am gruppierten Effekt du per +/- die Drehknöpfe regulierst.

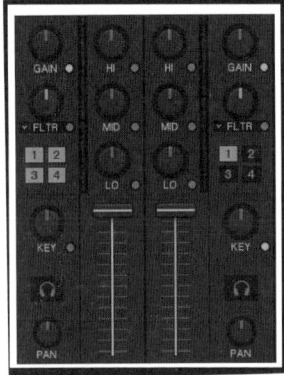

Da Traktor mittlerweile 43 Effekte, darunter auch elf Macro FX (auf einem Drehregler vereinte Traktor-Effekte) inkludiert, solltest du deine Favoriten im Setup festlegen oder vier FX Units aktivieren, um zwar nicht alle FX Units gleichzeitig zu nutzen, sondern schneller auf die am häufigsten Effekte zugreifen zu können. Welches Panel auf welchem Deck aktiv ist, entscheidest du über die kleine FX-Matrix in der Mixer-Sektion.

### Das Routing

Je nach dem, ob ein Effekt vor oder nach dem Fader greifen soll, wähle „Insert" oder „Post Fader". Mit herunter gezogenem Fader verstummt bei „Insert" das komplette Signal, dagegen bei „Post Fader" hört man noch den Effekt, z. B. Echo. Mit „Send" schickt Traktor Effekte an externe Zuspieler, sofern sie an ein Mischpult mit einer Send/Return-Schleife angeschlossen sind. Zudem müssen Mixer und Software per zusätzlicher Soundkarte verbunden sein, deren Eingang mit dem FX-Send-Ausgang des Mixers und deren Ausgang mit dem FX-Return-Eingang des Mixers verkabelt ist. Danach in den Preferences/Output Routing „Output FX Return" aktivieren, den Soundkarten-Ausgang als FX-Return bei „Input Routing", bei „Input FX Send (Ext)" den Soundkarten-Eingang festlegen.

Bevorzugst du spezielle Parameter-Einstellungen bei vereinzelten Effekten, so speichere sie als Snapshot, indem du einfach den Button drückst. Per „Reset"-Taste wechselt Traktor auf die abgelegten Einstellungen.

## Die optionalen Effektgeräte

Wenn das Mischpult nicht über interne Effekte verfügt, sind die separaten bzw. optionalen Geräte über den Effekt-Ausgang einzuspeisen. Verbinde dazu den Effect-Send-Ausgang des Mixers mit dem Eingang des Effektgerätes und dessen Ausgang mit einem „Line In"- oder dem Return-Eingang am Mixer. Über Aux- bzw. Effektregler erfolgt die beliebige Zuschaltung des Effekts. Verfügt der Mixer nicht über einen Effekt-Ausgang, so bleiben nur die Möglichkeiten, das Effektgerät zwischen Master-Ausgang und Verstärker-Eingang bzw. zwischen Quelle und entsprechenden Eingang des Mixers anzuschließen.

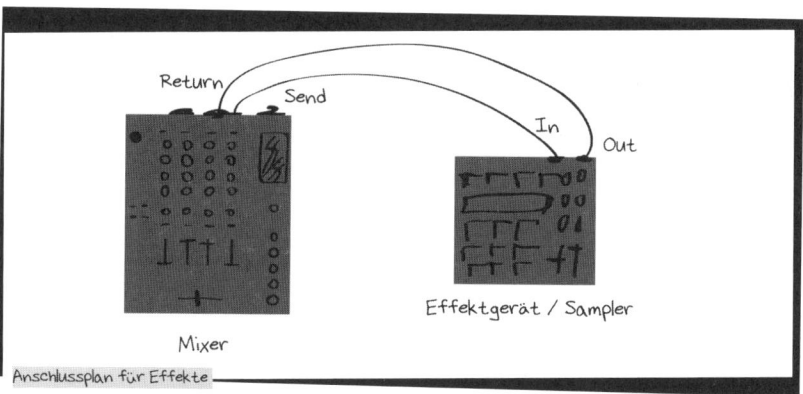

Anschlussplan für Effekte

Zu den weitverbreitesten Effektgeräten zählen momentan das Korg Kaoss Pad KP3 und der Pioneer DJ EFX-500 bzw. EFX-1000:

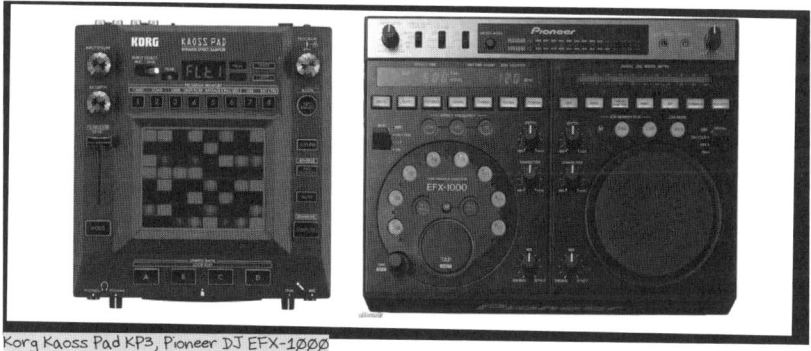

Korg Kaoss Pad KP3, Pioneer DJ EFX-1000

## Das Sampling und Looping

Als Sampler werden Geräte bezeichnet, die analoge Audiosignale in digitale umwandeln und ihre anschließende Speicherung, Bearbeitung und beliebige Wiedergabe ermöglichen. In Form der Sampling-Frequenz tasten dabei die Sampler die analog eingespielten Audiosignale ab und schreiben sie in digitale Werte um, wobei die Konvertierung in Form von Zahlenblocks erfolgt. Arbeitet der Sampler mit einer Signalverarbeitung von 16 Bit, so ist das Sample aus einem 16-stelligen Zahlencode aufgebaut. Je höher die Sampling-Frequenz und die Konvertierung ausfallen, desto besser ist die Klangqualität des Samples, aber auch der Datenumfang nimmt gleichzeitig proportional zu. Für die Qualität eines Samplers sind folgende Parameter ausschlaggebend.

- **Sampling-Frequenz:** Um eine CD-adäquate Qualität zu erzielen, arbeiten hochwertige Sampler mit einer Frequenz von 44,1 kHz.
- **Analog/Digitalkonvertierung:** Auch die Konvertierung unterstützt die Klangqualität, die beim gegenwärtigen Standard 16, 24 oder 32 Bit betragen sollte.
- **Speicher:** Eine Festplatte bzw. ein Wechselmedium (CD, DVD, USB-Stick) erlaubt die Speicherung der hochaufgelösten Samples in entsprechender Menge.
- **Polyphonie:** Die Mehrstimmigkeit eines Samplers gewährleistet die zeitgleiche Wiedergabe mehrerer Samples.

Bei DJ-Softwares, DJ-Playern und vereinzelten Mixern gehören Sampler zur Standard-Ausstattung. Optionale, externe Sampler werden über einen Effect-Send-Ausgang mit dem Mixer verbunden.

Eine weitere Möglichkeit stellt das Verbinden des Schallplattenspieler- oder DJ-Player-Ausgangs mit dem Sampler-Eingang und dessen Ausgang mit einem Line In-Eingang des Mischpults dar. Dient der Sampler lediglich als Sound- und Effektarchiv oder für z. B. vorgefertigte Drum- oder Sequenzerloops und soll während des Sets keine Sampling-Aufnahme erfolgen, so schließt du deinen Sampler nur am Line-Eingang des Mixers an.

## Der Sampler der DJ-Software
Serato DJ Pro

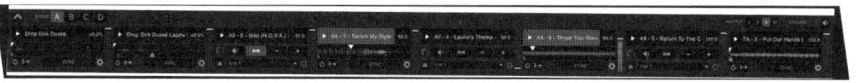

Mit der Einführung des Samplers im Serato DJ Pro kam man vor allem dem Wunsch der HipHop-DJs nach, die bis zu diesem Zeitpunkt stets ihren eigenen Sampler für das Starten der Colt- oder Horn-Effekte zum Gig mitbrachten. Dank dem eingepflanzten Sampler ist dies nicht mehr nötig. Ist im Setup/Expansion Packs der Sampler aktiviert, erscheint oberhalb des linken Decks das Horn als Sampler-Symbol. Angeklickt öffnet sich das Sampler-Panel, das recht schmal ausfällt, um nicht Platz der Library zu rauben. Der Sampler verfügt über acht Sample-Slots auf je vier Bänken (A/B/C/D) verteilt, somit kommt man auf insgesamt 32 Samples. Die Samples können über die einzelnen Kanäle des Mixers oder den Master-Output ausgespielt werden. Etliche zertifizierte Mixer und DJ-Controller reservieren sogar für den Sampler einen eigenen Aux-Ausgang (A) nebst Regler

und zugewiesenen Effekt. Den Gesamtpegel des Samplers reguliert ein Volume-Knob.

Für jedes Sample stehen nachfolgende Funktionen zur Verfügung:

- **Trigger-Modus:** Beim Start wird das Sample bis zum Ende abgespielt. Erneutes Drücken bedeutet ein weiterer Start.
- **Hold-Modus:** Das Abspielen des Samples erfolgt nur beim Drücken der Start-Taste. Beim Loslassen verstummt das Sample.
- **Start-Stop-Modus:** Drückst du den Startknopf das erste Mal, beginnt das Sample zu spielen. Zweites Drücken stoppt es.
- **Abspielpunkt:** Ab einem zuvor gesetzten und anschließend ausgewählten Cue Point wird das Sample gespielt.
- **Repeat:** Wiederhole das Sample nach dem Schluss.
- **Pitch-Control:** Hier passt du manuell das Tempo des Samples an die anderen Samples oder dem laufenden Track nach BPM 100stel genau an.
- **Pitch Bend:** Dies dient der Korrektur des Mixes durch Anschieben und Abbremsen des Samples.

- **Key Lock:** Die Tonhöhe des Samples wird konstant gehalten.
- **Output:** Jedes Sample kann verschiedenen Ausgängen zugewiesen werden (linkes oder rechtes Deck, beide Decks (Mitte) und Aux).
- **Gain und Lautstärke:** Sie dienen der Lautstärkeanpassung und Einblendung des Samples.
- **Sync:** Das Sample läuft synchron zum Master Tempo der Decks bei aktiviertem Smart Sync-Funktion.
- **Mute:** Das Sample wird stummgeschaltet.
- **Eject:** Hiermit wirfst du das Sample aus dem Slot.

Jeder Slot verfügt über drei Ansichten. Die Minimalste offenbart lediglich den Slot einschließlich Play-Button und Namen des Samples. Das spart Platz auf dem Display und reicht zum Abfeuern kurzer Samples, wie Effekte oder Drops (kurze Einspieler mit deinem DJ-Namen). Drückst du auf den linken Pfeil im Sampler, öffnet das umfangreichere Panel mit zwei weiteren Ansichtsmöglichkeiten, beide zeigen Sample-Namen, Tempo nebst Pitch-Control, der Pegelanzeige und dem Outputfader. Jedoch unterscheiden sie sich in weiteren Features. Die vereinfachte Ansicht bedient Repeat, den Sample Play Mode, Sync, stellt dazu die Wellenform dar. Die erweiterte Ansicht kümmert sich um Gain, Mute, Key Lock, Pitch Bend, Eject und den Startpunkt. Möchtest du den Sampler als weiteres Deck einsetzen und damit komplette Tracks oder Beatsequenzen zu den gespielten Tracks mischen, dann sind beide Ansichten notwendig. Wie du am besten den Sampler beatsynchron zu den anderen Decks fütterst und als auch drittes Deck einsetzt, erklärt dir folgende Übung:

### ÜBUNG

1. Aktiviere in den DJ-Preferences Smart-Sync.
2. Lege in Deck (A) einen Track ein.
3. Öffne den Sampler und ziehe per Drag & Drop den laufenden Track in den freien Slot (A). Achte auf die gleiche Lautstärke von Deck (A) und Sampler.
4. Fortan spielen Deck (A) und Sample (A) komplett synchron, wie mit Instant Doubles. Durch das Überlagern beider hört man allerdings einen

## Der Sampler der DJ-Software

Phasing-Effekt. Daher werfe sofort den Track (A) aus den laufenden Deck.
5. Lade in Slot (B) ein weiteres Sample und schalte zuerst Sync in Slot (A), danach Slot (B) ein. Sobald du Slot (B) startest, übernimmt Slot (B) das Tempo von Slot (A) übernommen und beide Samples spielen synchron. Bei leichten Phasenunreinheiten korrigiere per Pitch Bend.
6. Lade in Deck (A) einen neuen Track, bestätige ebenfalls Sync.
7. Beim Start von Deck (A) spielt Track (A) zusammen mit den beiden aktiven Sampler-Slots völlig beatsynchron.

### BEACHTE

Samples spielen immer nur innerhalb einer Bank gleichzeitig. Mitunter wirft Serato DJ Pro vereinzelte gespeicherte Samples aus den Slots nach dem Schließen der Software.

### Traktor (Scratch) Pro

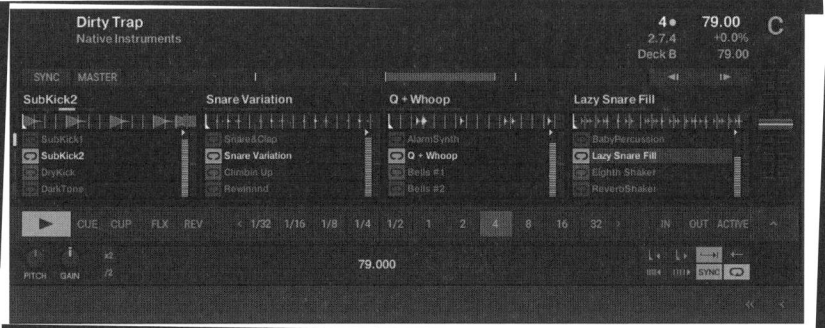

Mit Version 2.5 antwortete Traktor auf Serato Scratch Lives SP-6, dem einstigen Sampler, und The Bridge, der Ableton Live-Verknüpfung. Je vier Remix Decks in vier Sample-Grids, die ebenfalls in vier Pages mit sogenannten One Shot-Samples, wie Effekte, Sounds und auch Loops, gefüttert werden und per Effekt modifizierbar sind, gehören fortan zum Bestand der beliebten DJ-Software. Insgesamt bietet Traktor 64 Spuren pro Deck, sodass bis zu 16 Samples gleichzeitig synchron unter folgenden Einstellungen spielen können:

- **Key Lock/Sample Pitch:** Entweder friere die Tonhöhe ein oder verändere sie mit dem Pitch-Knob in zwölf Habtonschritten

- **FX:** Mit diesem aktiven Button greifen die FX Units auf die Remix Decks.
- **Slot Monitor:** Über den internen Mixer hörst du den Sample-Slot über Kopfhörer vor.
- **Punch-Modus:** Aktiviert, startet ein neu geladenes Sample an der letzten Wiedergabeposition des vorherigen Samples, um der Phrase treu zu bleiben.
- **Slot Volume:** Passe mit dem Lautstärkeregler neben dem Level-Meter den Output des gesamten Slots an.
- **Filter-Effekt:** Neben dem Level befindet sich ein Hoch- und Tiefpassfilter als Schieberegler.
- **Gain:** Für jedes Sample kann per Gain die Lautstärke adaptiert werden.
- **Beatgrid-/BPM-Korrektur:** Verschiebe die Beatgrids um 16tel-Noten nach vorn oder zurück, verändere die BPM-Zahl in kleinen Schritten.
- **Loop/One Shot:** Entscheide dich, ob das Sample als Schleife und einmalig spielen soll.
- **Play Mode:** Soll das One Shot-Sample nach dem Loslassen des Buttons bis zum Ende oder auf Widerruf per Taste spielen, dann behalte den vorgewählten Latch-Modus. Anderenfalls aktiviere den Gate-Modus, der nur solange das Sample spielt, wie den Button gedrückt hältst.
- **Reverse:** Das Sample läuft rückwärts
- **Sync:** Somit spielen alle aktiven Samples in den Slots mit der gleichen BPM und phasentreu.

Damit die Samples auch immer auf die interne Zeitleiste bezogen starten, schalte Quantize neben der BPM-Zahl im Header ein und wähle den für dich geeigneten Wert. Dein fertiges Remix Set speicherst du, indem du in den Header des Remix Decks doppelklickst, den Namen einträgst und es in die Track-Liste, Ordner Remix Sets, verschiebst. Klickst du später mit der rechten Maustaste auf dein Set in der Track-Liste, wähle „Load into Remix Deck" und schon ist es geladen.

64 Slots pro Deck relativieren sich, denn pro Page spielen nur vier Samples jeweils in einer Reihe, aber nicht in einer Spalte, gleichzeitig. Zudem kostet auch jedes Remix Deck ein herkömmliches Deck. Zum Glück verfügt Traktor noch über einen

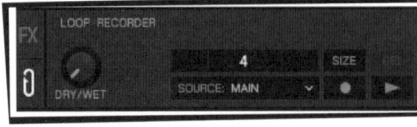

Loop Recorder

Loop Recorder, der ein Signal von vier bis zu 32 Beats (Size) loopen lässt und als fünftes Deck dem Mix per Drehregler (Dry/Wet) einblendet. Das Löschen des Loops erfolgt über „Del". Als Quellen für Loops stehen dir zur Verfügung:

- Main (das komplett am Master ausgegebene Signal)
- Cue (ein oder mehrere Signale, deren Cue aktiviert sind)
- Ext (alle Signale, die am Input-Send anliegen)
- Aux (das am Aux-Eingang anliegende Signal, meist Mikrofon)

**TIPP**

Der Loop Recorder erledigt Overdubbing, d. h. wenn schon ein aufgenommener Loop spielt, dann drücke erneut die Record-Taste und füge ihm mit einem Deck ein weiteres Signal hinzu, z. B. in Form eines Scratches oder anderen Loops. Am Ende der Aufnahme hörst du die beiden aufgenommenen Loops gleichzeitig. Wenn dir ein Loop nicht gefällt, kannst du auch per „Undo"-Funktion den letzten Loop wieder löschen. Erneutes „Undo" stellt die gelöschte Aufnahme wieder her.

## Der externe Sampler

Sampler für den DJ-Betrieb, die entweder auch über den Effekt-Ausgang des Mixers oder zwischen Quelle und Mixer-Line-Eingang eingespeist werden, verwalten ihre Samples auf verschiedenen Pads (große Tasten) und Bänken, die das gleichzeitige Abspeichern und Abrufen gewährleisten. Nach der Einspielung der Audiosignale ist zunächst der Start- und Endpunkt zu definieren. Der Sample-Abruf erfolgt je nach Modus.

- **Loop:** Es wird ständig zwischen Anfangs- und Endpunkt wiederholt.
- **Gate:** Nur mit gedrücktem Pad spielt das Sample. Beim nochmaligen Drücken beginnt es erneut vom Startpunkt.
- **Trigger:** Durch kurzes Drücken des Pads wird das Sample getriggert, wobei ein weiteres Betätigen des Pads das Sample stoppt.
- **Drum:** Das Sample startet vom Pad getriggert und spielt komplett bis zum Endpunkt durch. Eine vorzeitige Unterbrechung ist nicht möglich.

- **Sequenzer:** Durch die Kombination verschiedener Samples, die man nacheinander bzw. gleichzeitig abruft, erstellt man kleine Tracks, die in Form einer Sequenz anschließend komplett wiedergegeben werden können.

Als optionale Sampler sind die Geräte Roland SP-404 und Redsound Soundbite Pro zu empfehlen. Letzterer synchronisiert automatisch mit dem laufenden Track. In der Abbildung siehst du auch den Anschlussplan, wie der Redsound-Sampler mit deinem Setup verbunden wird.

## Das Sampling im Set

DJs setzen Sampler im Set aus folgenden Gründen ein:

- zum Verlängern von Intros oder Outros, die ihnen das Mixen erleichtern
- zum Integrieren von Sprachsamples, Effekten, Drop-Ins, Jingles z. B. vom eigenen DJ-Namen (One Shot-Samples)
- als atmosphärisches Bett, z. B. Meeresrauschen bei einem Chill-Out-Set
- zum kurzen Anspielen der im Set folgenden Tracks
- als Rhythmusbett, das komplett den Mix unterlegt
- als Zwischentrack, z. B. Drumloop, zur Überbrückung zweier Tracks.

Die Sequenzen des Samplers werden im Set entsprechend den erläuterten Mixregeln und den folgenden Variationen eingebunden:

S. Mix In/Out…Sample wird ein- bzw. ausgeblendet
(A)/(B) Mix In/Out…Tracks (A) und (B) werden ein- und ausgeblendet.

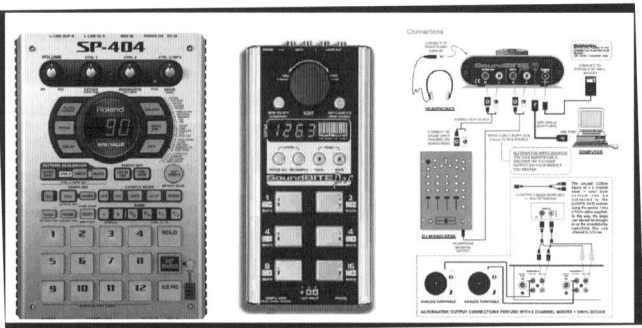

Roland SP-404, Redsound SoundBite Pro mit Anschlussplan (36)

# Der externe Sampler
## Das Sampling im Set

Ein Sampler überbrückt zwei Tracks, indem das Sample kurz vor dem Mix ein- und mit der Einspielung des Tracks (B) langsam ausgeblendet wird:

|  |  | S. Mix In |  | (A) Mix Out |  | (B) Mix In |  | S. Mix Out |  |  |  |  |  |  |  |  |  |  |  |
|---|---|---|---|---|---|---|---|---|---|---|---|---|---|---|---|---|---|---|---|
| Zählzeit | 1 | 2 | 3 | 4 | 5 | 6 | 7 | 8 | 9 | 10 | 11 | 12 | 13 | 14 | 15 | 16 | 17 | 18 | 19 | 20 |
| Track (A) | ■ | ■ | ■ | ■ | ■ | ■ | ■ | ■ |  |  |  |  |  |  |  |  |  |  |  |  |
| Sample |  |  |  |  | ■ | ■ | ■ | ■ | ■ | ■ | ■ | ■ | ■ | ■ |  |  |  |  |  |  |
| Track (B) |  |  |  |  |  |  |  |  |  |  |  |  | ■ | ■ | ■ | ■ | ■ | ■ | ■ | ■ |

Sampling im DJ-Set 1

Zwischen Track (A) und Track (B) setzt ein Sample ein, allerdings schließen Track (A) und Track (B) nahtlos aneinander an:

|  | S. Mix In |  |  |  | (A) Mix Out |  | (B) Mix In |  |  |  | S. Mix Out |  |  |  |  |  |  |  |  |
|---|---|---|---|---|---|---|---|---|---|---|---|---|---|---|---|---|---|---|---|---|
| Zählzeit | 1 | 2 | 3 | 4 | 5 | 6 | 7 | 8 | 9 | 10 | 11 | 12 | 13 | 14 | 15 | 16 | 17 | 18 | 19 | 20 |
| Track (A) | ■ | ■ | ■ | ■ | ■ | ■ | ■ | ■ |  |  |  |  |  |  |  |  |  |  |  |  |
| Sample | ■ | ■ | ■ | ■ | ■ | ■ | ■ | ■ | ■ | ■ | ■ | ■ | ■ | ■ | ■ | ■ | ■ |  |  |  |
| Track (B) |  |  |  |  |  |  |  |  |  |  |  | ■ | ■ | ■ | ■ | ■ | ■ | ■ | ■ | ■ |

Sampling im DJ-Set 2

Die Überbrückungsphase zwischen Track (A) und Track (B) kann auch durch einen Mix zwischen den beiden Tracks samt Sample verkürzt werden:

|  |  |  |  |  |  |  |  | (B) Mix In |  |  |  | (A) Mix Out |  |  |  |  |  |  |  |  |
|---|---|---|---|---|---|---|---|---|---|---|---|---|---|---|---|---|---|---|---|---|
| Zählzeit | 1 | 2 | 3 | 4 | 5 | 6 | 7 | 8 | 9 | 10 | 11 | 12 | 13 | 14 | 15 | 16 | 17 | 18 | 19 | 20 |
| Track (A) | ■ | ■ | ■ | ■ | ■ | ■ | ■ | ■ | ■ |  |  |  |  |  |  |  |  |  |  |  |
| Sample | ■ | ■ | ■ | ■ | ■ | ■ | ■ | ■ | ■ | ■ | ■ | ■ | ■ | ■ | ■ | ■ | ■ | ■ | ■ | ■ |
| Track (B) |  |  |  |  |  |  |  |  |  | ■ | ■ | ■ | ■ | ■ | ■ | ■ | ■ | ■ | ■ | ■ |

Sampling-Integration im DJ-Set 3

Einzelne Sequenzen, z. B. einen Takt eines Samples, mixt der DJ in einen Track, indem er sie entsprechend der Trackstruktur einbindet:

|  |  |  |  |  | Mix In |  |  |  | Mix Out |  |  | Mix In |  |  |  |
|---|---|---|---|---|---|---|---|---|---|---|---|---|---|---|---|
| Zählzeit | 1 | 2 | 3 | 4 | 5 | 6 | 7 | 8 | 9 | 10 | 11 | 12 | 13 | 14 | 15 | 16 |
| Track (A) | ■ | ■ | ■ | ■ | ■ | ■ | ■ | ■ | ■ | ■ | ■ | ■ | ■ | ■ | ■ | ■ |
| Sample |  |  |  |  | ■ | ■ | ■ | ■ |  |  |  |  | ■ | ■ | ■ | ■ |

Sampling-Integration im DJ-Set 4

Sprachsamples, eine Bassdrum bzw. eine Snare, die nicht länger als eine Zählzeit sind, können rhythmisch Akzente setzen:

|  |  | Mix |  | Mix |  | Mix |  | Mix |  | Mix |  | Mix |  | Mix |  | Mix |
|---|---|---|---|---|---|---|---|---|---|---|---|---|---|---|---|---|
| Zählzeit | 1 | 2 | 3 | 4 | 5 | 6 | 7 | 8 | 9 | 10 | 11 | 12 | 13 | 14 | 15 | 16 |
| Track (A) | ■ | ■ | ■ | ■ | ■ | ■ | ■ | ■ | ■ | ■ | ■ | ■ | ■ | ■ | ■ | ■ |
| Sample |  | ■ |  | ■ |  | ■ |  | ■ |  | ■ |  | ■ |  | ■ |  | ■ |

Sampling im DJ-Set 5

Integriert man den Sampler für ein permanentes Hintergrundbett im Set (z. B. in Form eines Grooves), besteht die ständige Wahrscheinlichkeit des Auseinanderlaufens der Quellen (Deck und Sample). Allerdings Sampler, wie die SoundBite-Reihe von Redsound, synchronisieren mittlerweile automatisch und ermöglichen sogar ein Remixen des laufenden Tracks während des Abspielens. Trotzdem sollten nur erfahrene DJs mit Samplern arbeiten, die den Schwankungen der Synchronität zwischen dem laufenden Track und Samples bzw. der erforderlichen Korrektur gewachsen sind. Als Alternative für einen Backgroundbeat bietet sich auch eine Groove-Box (Rhythmuscomputer) an, die über einen Line-Eingang mit dem Mixer verbunden wird und deren Einsatz im Set äquivalent zu den Abbildungen „Sampling im DJ Set" (1 bis 3) erfolgt.

## Die Loops

Loops gehören zu einer DJ-Software wie das Amen in der Kirche. Dank der digitalen Musikverwaltung sind (eigentlich) keine externe Sampler mehr notwendig, um die Tracks willkürlich zu verlängern. Dabei wird zwischen manuellen per per „In" und „Out"-Taste und automatisch auf den Beat gesetzen Loops mit einer regulären Länge von 1/32 bis 32 Beats, sprich einer Phrase, unterschieden. VirtualDJ loopt sogar zwei Phrasen per Auto Loop. Gesetzte Loops heben anschließend den zu wiederholenden Wellenformabschnitt farblich hervor. In Serato DJ Pro sind die Auto Loops fester Bestand-

Serato DJ Pro Manual Loop Tab

teil der Oberfläche. Lediglich die manuellen Loops mit den Buttons zum Setzen des Start- und Endpunkts und zur Verdoppelung und Halbierung des markierten Looplänge tauchen nur im Manual Loop-Tab auf. Dort speicherst du in acht Slots deine Loops, ausgerüstet mit zwei Play-Buttons, um entweder sofort auf den Startpunkt des Loops zu springen und zu spielen oder du fährst den Loop standby, damit er beim Erreichen der Spielposition des Loops aktiv wird. Zum Feinjustieren des Anfangs - oder Enpunkts klicke erneut auf den In- bzw. Outbutton, der fortan blinkt. Mit Jog Wheels des DJ-Controllers, per NoiseMap-Vinyl bei entsprechend gesetzten Haken im CD/Vinyl-Reiter Setup des Setups oder den Pfeil-Tasten der Laptop-Tastatur verschiebst du anschließend entsprechend die Punkte, bis der Loop beatgenau und rund spielt.

Traktor Pro staffelt direkt unterhalb der Wellenform die Loop-Sektion mit den einstellbaren Beats und In- und Out-Buttons für manuelles Platzieren. Mit „Loop Fine" verschiebst du subtil die Loop-Marker, sollte dein Loop nicht rund laufen. Eine Besonderheit von Traktor ist, dass du innerhalb der Tracks den Loop um eine von dir gewünschte Loop-Länge (z. B. zunächst 16 Beats, danach die anschließenden acht Beats des Tracks) verschieben kannst.

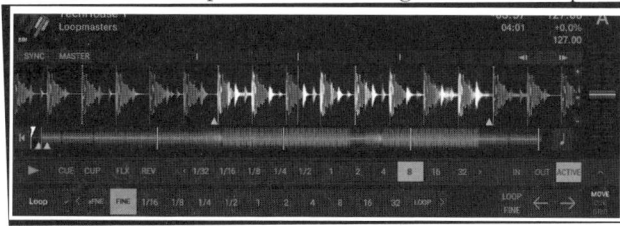

Traktor Pro Loop-Sektion

**TIPP**

Für automatische Beat Loops muss:
- die BPM-Zahl analysiert sein, denn bei keiner BPM-Angabe ist die Auto Loop-Funktion nicht anwählbar, bei falscher Tempo-Angabe und damit ungenau gesetzten Beatgrids auf Kick und Snare spielt der Loop ungenau. Man hört zwischen End- und Anfangspunkt einen zu kurzen oder langen Versatz
- Wenn du Musik loopen möchtest, die mit natürlichen Instrumenten, besonders einem Schlagzeuger aufgenommen wurde, sind Loops sehr kurz zu halten, am besten nur zwei Beats (eine Kick und eine Snare) oder ein Takt. Um so länger ein Loop ist, desto größer die Gefahr, dass

in dem geloopten Teil eine Temposchwankung vorliegt. So könnte der Loop nicht mehr passen. Die Auto Loops werden nämlich abhängig von der BPM-Zahl gesetzt, nicht anhand des Spektrogramms, das Aufschluss über die Kicks und Snares gibt.

- Wenn du in einem laufenden Mix einen Track loopen möchtest, z. B. aus einem Takt (vier Zählzeiten = ein Takt) wird eine Phrase mit acht Takten, dann nimm einen Takt zum Loopen, den du dir gut von der Struktur im Mix merken kannst. Denn du solltest wissen, wann du den Loop beenwieder den musst, damit du dich an die Struktur des anderen Tracks hältst.

### BEISPIEL

```
Track (A) = 16 Takte
Track (B) = 8 Takte
```

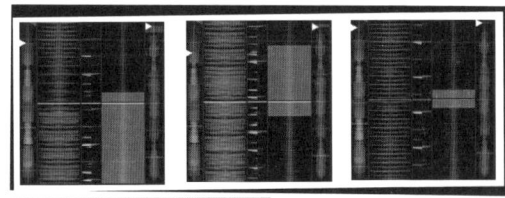

Beat Loops mit 32, 16 und 4 Beats

Im Mix sollen die acht Takte von Track (B) auf die 16 Takte von Track (A) so geloopt werden, dass der Mix insgesamt 16 Takte lang und danach nur Track (B) zu hören ist. Folgende Möglichkeiten stehen dir zur Verfügung:

1. Acht Takte werden einmal komplett mit Beat Loop (32 Beats) wiederholt. Wenn der Loop einmal durchlaufen ist, dann verlasse ihn im zweiten Durchlauf an einer beliebigen Stelle (erstes Bild).

2. Die ersten vier Takte werden zweimal durchlaufen und im dritten Loop verlasse ihn (zweites Bild).

3. Der erste Takt wird achtmal geloopt, im neunten Loop beende ihn (drittes Bild).

### TIPP

- Kurze Loops von einem Takt oder zwei Takten setze nicht zum Anfang oder Ende einer Phrase im Track, wenn an diesen Stellen gerade ein Sound, z. B. Claps, Effekte etc., eine neue Phrase ankündigt. Beim Loopen würde dann der Loop-Punkt auffallen.
- Bei geloopten Vocals achte darauf, dass bei einem zu wiederholenden Takt

nicht taktüberleitende Silben zu hören sind. Auch in diesem Fall fällt auf, an welcher Stelle geloopt wurde.
- Abzuraten ist vom Scratchen mit Loops, wenn der Scratch-Cue Point auch gleichzeitig der Loop-Start-Point ist. Denn die kurze Pause vor dem Cue Point, die bei einem guten Scratch-Sound für den harten Einstieg (Attack) sorgt, fehlt bei Loops durch die pausenlose Überlappung zwischen End- und Startpunkt.
- Strukturverschiebungen im Mix, wenn sich z. B. die Phrasen der beiden Tracks plötzlich um einen Takt verschieben, löse mit einem einmaligen Loop gleicher Länge auf.

### BEACHTE
Die BPMs schneller Tracks wird oft in Half Time berechnet, z. B. 80 anstatt 160 BPM. So entsprechen die gewählten Beat Loops der doppelten Länge. Z. B. mit einem Beat Loop von 4 Beats wird der Loop 8 Beats lang.

Generell gilt für Loops, die du spontan im Live-Mix einsetzen möchtest, nutze lieber die automatischen Auto Loops, auch als Beat Loops bezeichnet. Denn sie sind fast immer beatgenau, ausgenommen bei falsch berechneten BPM.
Aber dennoch haben manuelle Loops nicht ausgedient, vor allem bei Tracks, die 30 Jahre und älter sind bzw. nicht mit MIDI gesteuerten Instrumenten eingespielt wurden. Somit besteht die Gefahr gewisser Temposchwankungen im Track und die automatischen Beat Loops laufen nicht im Takt der Musik. Auch bei aktuelleren Tracks von Künstlern wie Daft Punk swingen die Beats, d. h. sie sind nicht immer gleich auf die Zählzeit eines Taktes platziert, was dem maschinell erzeugten Beat mehr „Seele" einverleibt und er mehr groovt.
Da auch Beat Loops auf eine maximale Länge von 32 Beats beschränkt sind, bieten sich mit den manuellen gesetzten auch längere Loops an, wenn sich beispielsweise der Chorus wie von Fritz Kalkbrenners „Sky and Sand" aus zwei Phrasen zusammensetzt. Gleiches gilt für Tracks, die sich der herkömmlichen Phrasenstruktur aus acht Takten widersetzen, zum Beispiel OutKast „Hey Ya" mit Phrasen zu je 6,5 Takten.

# SKILLS

### BEACHTE

Wenn du deine Loops manuell per „In"- und „Out"-Taste setzt, dann nicht live im Mix, sondern entweder zu Hause oder vor dem Einmixen des Tracks, damit du überprüfen kannst, ob der Loop „rund" läuft.

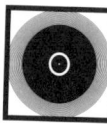

## Die Loops mit dem DJ-Player

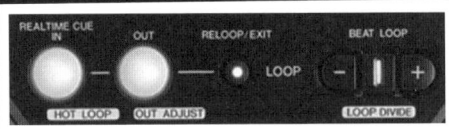

Loop-Funktionen eines DJ-Players bestechen durch ihren unkomplizierten Aufbau und die einfache Handhabung. Über den Loop-In setzt du einen Startpunkt, die Loop-Out-(End)-Taste signalisiert das Ende. Die Exit- und Reloop-Funktion ermöglicht den beliebigen Start und Stopp des Loops im CD-Track. CD-Player, wie der Pioneer DJ CDJ-200S oder CDJ-400, verfügen auch über eine Beat Loop-Funktion, mit der die Loops automatisch nach gewünschten Beats gesetzt werden können, z. B. ein Loop mit einer Länge von vier, danach zwei und einem Beat (Zählzeit). Die Beats wählst du mit Loop Divide bzw. Beat Cutter (je nach DJ-Player-Typ).

### BEACHTE

- dass die Einbindung eines Loops entsprechend der Songstruktur und dem Takt erfolgt, d. h. den Startpunkt des Loops setzt du z. B. auf die erste Bassdrum (erste Zählzeit) und den Endpunkt kurz vor die erste Bassdrum des neuen Taktes, damit in der Takt-Schleife nach der letzten Snare (vierte Zählzeit) die erste Bassdrum (erste Zählzeit) des geloopten Taktes folgt. Beim Beenden des Loops knüpft dann automatisch an die letzte geloopte Snare die erste Bassdrum des nächsten Taktes an (siehe Abbildung). Dementsprechend startest bzw. mixt du den Loop zu Beginn eines Taktes oder einer Phrase.

| Sample-Loop | | | | | | | | | | | | |
|---|---|---|---|---|---|---|---|---|---|---|---|---|
| Zählzeit | 1 | 2 | 3 | 4 | 1 | 2 | 3 | 4 | 5 | 6 | 7 | 8 |
| Kick | □ | □ | □ | □ | ■ | ■ | ■ | ■ | □ | □ | □ | □ |
| Snare |   | □ |   | □ |   | ■ |   | ■ |   | □ |   | □ |

Start — Schleife — Ende

Setzen eines Sample-Loops

Enthusiast / Bedroom-DJ / Professional DJ / Artist

- dass der Loop auch gleichmäßig läuft. Zu spät oder zu früh gesetzte Start- und Endpunkte beschleunigen oder bremsen das Loop-Tempo mit dem Fazit, dass der Beat des Loops nicht rund spielt und der Mix schnell auseinander läuft. Daher überprüfe den Loop schon vor dem Mix im Zusammenspiel mit einem anderen Track.

## Die Loop Rolls

Flux-Mode bei Traktor

Das kennst du bestimmt: Live im Mix loopst du einen der beiden Tracks. Als Effekt verkürzt du dessen Länge, z. B. von vier Beats auf zwei. Spielst du dieses Szenario bis zu den 16-tel- oder 32-tel-Beats durch und deaktivierst wieder den Loop, läuft dein Mix nicht mehr synchron.

Natürlich kannst du nicht einen Loop von einer Achtel-Beat-Länge oder kürzer taktgenau in der Struktur eines Tracks beenden. Loop Rolls lösen dieses Problem. Dies sind Beat Loops, die den Track im Hintergrund trotzdem weiter spielen. Nehmen wir an, du setzt einen Loop Roll mit einer Länge von einem Beat, der sich gerade im achten Takt eines Tracks befindet. Du loopst ihn vier Mal, danach beendest du den Loop Roll. Im Vergleich zu einem herkömmlichen Loop befindet sich der Track beim Deaktivieren des Loop Rolls im neunten Takt, dagegen mit einem normalen Loop weiterhin im achten Takt.

Loop Rolls können im Serato DJ Pro als Shortcut über die Tastatur oder über angeschlossene DJ-Controller mit entsprechenden Pre-Mapping aktiviert werden. Solltest du einen MIDI-Controller verwenden, dann mappe doch einfach diesen coolen Effekt. Oder setze die Dicer von Novation oder die Remote-App ein, dort ist dieser Effekt fester Bestandteil. Bei Traktor aktivierst du diese Funktion im Flux-Mode.

## Das Beat Jumping

Beim Beat Jump springt der Playhead im laufenden Track in 1/32 (bei Traktor Pro ab 1/16) bis 32 Beat-Steps entweder vor oder zurück. Ist dabei ein Loop aktiv, wandert entsprechend der komplette Loop um die ausgewählte Beat Jump-Länge. Beat Jump kann sehr nützlich sein, wenn du beispielsweise

den Start deines Mixes an einer favorisierten Stelle im Track verpasst hast (Back Jump). Oder du möchtest einen Track verkürzen (Forward Jump), weil:

- das Vorspiel bis zur einer markanten Stelle im Track zu lang,
- deine favorisierte Mixstelle erst am Ende eines Tracks ist und
- das Publikum von der Tanzfläche flüchtet, weil ihm der Track missfällt.

Beat Jump bei Serato DJ Pro

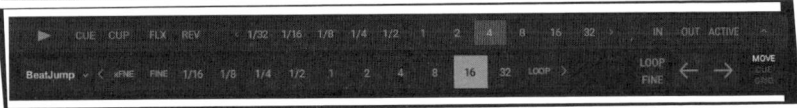

Beat Jump bei Traktor Pro

Damit die Beat Jumps nicht auffallen und sich die Trackstruktur nicht ändert, springe am besten zum Beginn einer Phrase (ausgenommen bei Phrasen mit Vocals als Auftakt) um acht Takte, also auch eine Phrase. Auch das Tempo lässt sich z. B. mit Achtel-Beats als Effekt bremsen und verlangsamen, indem in Achtelnoten und auf den Takt die Backward-Taste gedrückt wird. Dies ähnelt dem „Slicen" bei Ableton Live oder Maschine, das Samples in Einzelteile für die Tempoanpassung zerlegt und erinnert klanglich an den Breakdown von Fatboy Slim „The Rockafella Skank". Hingegen mehrmalige Sprünge um den gleichen Beat nerven auf Dauer.

Im Traktor Pro findest du Beat Jump unter „Move", im Serato DJ Pro unterhalb der Beat Loops, vorausgesetzt im Setup-Reiter „DJ-Preferences" ist das Beat Jump Control Panel aktiviert.

Mit Beat Jumps korrigierst du auch die Trackstrukturen im Mix, wenn:

- sich die Phrasen zweier Tracks durch ein Fill In im Track verschieben
- nach einem Breakdown die weitere Struktur um ein paar Takte versetzt
- die 8-Takt-Struktur eines Tracks durch eine halbe Phrase durchbrochen ist
- du zu spät oder zu zeitig mit dem Track in den Mix einsteigst.

Vor allem dreiminütige und damit radiotaugliche Edits können aus Zeitgründen nicht immer die acht Takte für eine Phrase einhalten. Im EDM fährt die Dramaturgie eines Tracks oft im Breakdown für zwei Takte komplett runter, um erst danach wieder mit dem Lead-Thema, Beat oder den Vocals fortzusetzen. Oder beispielsweise der Schweizer DJ und Produzent EDX baut zum Schluss seines Tracks sehr oft eine halbe Phrase ein, um die Vorhersehbarkeit der Trackstruktur etwas zu durchbrechen. In diesen Fällen gelingt dir trotzdem ein phrasengenauer Übergang, indem du entsprechend der Anzahl der Beats deiner Verzögerung oder Fill-Ins mit dem Beat vor- oder zurückspringst. Natürlich ist es wichtig, im Vorfeld die Struktur und damit die Besonderheiten eines Tracks zu kennen. Markiere dir diese Stellen mit einem Cue Point, um auch zum gleichen Zeitpunkt der Strukturänderung zu springen. Beispielsweise mixt du einen Track in den Breakdown eines anderen, dessen nächste Phrase erst nach zwei Takten beginnt, springe bestenfalls genau zum Beginn dieser Phrase oder zur Not etwas später in dem gemixten Track um zwei Takte zurück.

**TIPP**

Mit Beat Jumps bestimmst du auch den genauen Startpunkt eines Tracks (Track (B)) im Mix mit einem anderen (Track (A)), damit z. B. deren Drops zeitgleich kommen. Springe in 32-Beat-Längen (eine Phrase) im Track (B) vom Downbeat bis zum Drop (B) und zähle die Anzahl der Sprünge und damit die Phrasen, z. B. fünf Phrasen. Anschließend lege kurz Track (A) auch in das Deck (B), gehe zu dessen Drop (A) und springe anschließend um diese fünf Phrasen zurück und markiere diese Position per Cue Point (A) als deinen Startpunkt für Track (B). Anschließend lade wieder Track (B) in das Deck (B) und warte im Track (A) auf Cue Point (A), um Track (B) von der Leine zu lassen.

Viele DJ-Controller und Mixer sind mit dem Feature vorgemappt, dass den Umgang wesentlich vereinfacht. Wenn du einen Add-On-Controller wie die Novations Dicer einsetzt, dann belege auf jeden Fall ein paar Pads des Customized-Layer mit den Beat Jumps. Du benötigst nicht jede Beat-Länge, aber 32, 16, 8 und 4 Beats solltest du auf jeden Fall mappen, denn sie sind am gebräuchlichsten. Mit ihnen lässt sich auch am logischsten und unauffälliger die Struktur eines Tracks verändern. Zumal du dabei nicht die Übersicht darüber verlierst, an welcher Position im Track du dich nach dem Sprung befindest.

# SKILLS

## Die Live Feed-Funktion

Auch wenn Serato Scratch Live nicht mehr offiziell unterstützt wird, aber dieses Feature sollte dennoch im Detail vorgestellt werden. Denn es bringt deine Performance auf ein neues Level. Stell dir vor, du lässt dich von einem MC hosten oder ein Saxophonist performt mit dir zusammen. „Live Feed" ermöglicht es, die Stimme deines MCs oder den Sound des Saxophons in Echtzeit mit den Turntables zu bearbeiten. So könntest du die Stimme deines MC, wenn er z. B. durch das Mikrofon schreit „Deejay Scream", das „Scream" durch einen Tear-Scratch sofort live bearbeiten.

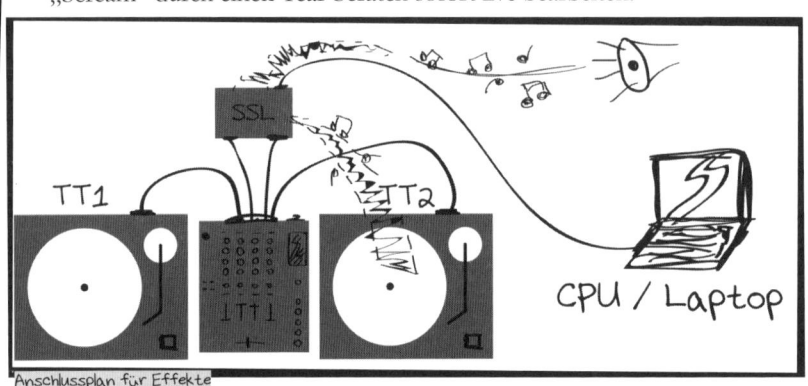

Anschlussplan für Effekte

Um „Live Feed" einzusetzen, musst du zunächst den Input (Channel) bzw. die Record-Quelle (beim Rane TTM 57SL, Sixty-Two) wählen, von der das Signal aufgenommen werden soll, z. B. bei SSL1 das „Mic", SSL2 die Decks, bei SSL3 und SSL4 zusätzlich den „Aux"-Eingang.

Gibst du in der Library „Live Feed" ein, dann werden dir die einzelnen Tracks der Live Feed-Channels in zwei Ausführungen angezeigt, normal und mit einem wählbaren Gate von - 24 dB bis -8 dB. In diesem Fall startet Live Feed auf dem Deck erst, wenn dieser eingestellte Threshold durch das anliegende Signal erreicht wird. Je nach Scratch Live-Box stehen dir zwei (SSL2) bis fünf Eingänge (SSL4) zur Verfügung. Ziehe eine der Live Feeds auf ein Deck und schalte es ein. Live Feed ist aktiv und zeigt bei einem anliegenden Signal ein Spektrogramm, das du mit deinem Deck per Scratch oder Drop beeinflussen kannst.

Beim Rane TTM 57SL findest du in der Library „Live Feed Record Source",. Dies lädst du auf das Deck und wählst unter Record das Input-Signal für Live

Feed, das an den Turntables bearbeitet werden soll. Beim laufenden Turntable bzw. Deck wird jetzt das Live-Signal sofort als Record-Datei gespeichert und ebenfalls als Spektrogramm dargestellt.

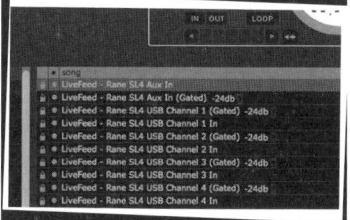 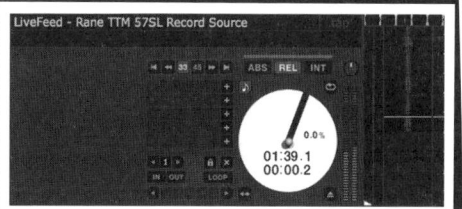 

## Das Auflegen mit The Bridge

Wie schon erwähnt, The Bridge ermöglicht die Einbindung von Ableton Live in Serato Scratch Live umgekehrt, mit dem Vorteil, dass zur Wiedergabe der Audiosignale beider Programme nur noch eine Soundkarte notwendig ist, nämlich die von Serato Scratch Live.

## Die Vorbereitung im Ableton Live
### Laden von Clips

Um schnell und effektiv Ableton Live zu nutzen, empfiehlt es sich, eine und mehrere Sessions im Ableton anzulegen. D. h. per Drag and Drop ziehst du Tracks als sogenannte Clips entweder aus der Ableton Library oder der Serato Scratch Live Track List in die einzelnen Audiospuren der Session-Ansicht. Zum Laden deiner Tracks aus dem SSL ordne am besten beide Programmfenster auf dem Bildschirm nebeneinander an (siehe Abbildung).

# SKILLS

### Setzen von Cue Points, Downbeats und Loops

Wenn du einen Track (Clip) anklickst, öffnet sich im unteren Drittel des Bildschirms ein Menü mit diversen Parametern und der Wellenform (Waveform).

Vergrößere zum Setzen des Downbeats (erste Kick im Takt), Cue Points und des Loops die Wellenform-Ansicht, damit du besser die Beats erkennst. Wenn ein Track geladen wird, setzt Ableton Live standardmäßig den Downbeat, Cue Point und Loop (ein Takt/Bar á vier Beats) zu Beginn des Tracks. Loops werden durch Drücken der Loop-Taste aktiviert.

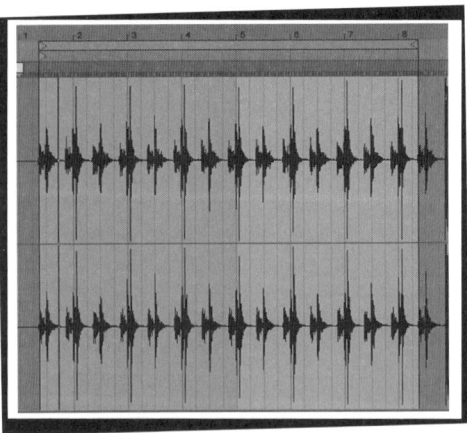

Bei sogenannten Auftakten, also bei Tracks, die nicht auf die erste Zählzeit des Takts beginnen, sondern davor, könnte es durch automatisch gesetzte Cue Points zu Problemen mit der richtigen Synchronisation kommen. Deswegen verschiebe, wenn notwendig, den Cue Point (unterer Pfeil) auf den ersten Beat und den Loop ebenfalls auf die gewünschte Position (obere Pfeile).

### Korrektur der Clips durch „Warpen"

Nicht bei jedem eingelesenen Clip erkennt Ableton die richte BPM und

Enthusiast / Bedroom-DJ / Professional DJ / Artist

# Die Vorbereitung im Ableton Live

den Startpunkt. „Warpen" dient dem manuellen Time Stretching und somit der korrekten Anspassung der Clips an deinen Mix.

1. Zunächst klicke auf den Clip, um in die Wellenform-Ansicht zu gelangen.
2. Sollte der Startpunkt nicht exakt sein, so setze per Doppelklick an der gewünschten Stelle einen Marker.
3. Mit der rechten Maustaste (PC) oder Ctrl + Klick (Mac) klicke auf den Warp-Marker, und wähle „Setze 1.1.1 hier". Drücke erneut die rechte Maustaste und bestätige „Warpen ab hier".
4. Zur Kontrolle kannst du auch das Metronom einschalten, ob der Track, wie von dir gewünscht, startet.
5. Schalte den Loop-Schalter ein und stelle eine Länge von vier Takten ein: 4-bar-loop.
6. Wähle 1.1.1 als Loop-Position.
7. Während des Hörens des Loops kannst du im Tempofeld oben rechts die BPM korrigieren.
8. Aktiviere „Complex" und „Complex Pro", um bei heruntergemischten Songs, „Beats" für Drum-Sounds, „Tones" für Gesang oder Instrumente, wie Gitarre und Piano, den Sound zu verbessern.
9. Wenn du auf die Loop-Klammer klickst, kannst du mit den Pfeiltasten Hoch/Runter im restlichen Track das Warping überprüfen und eventuell neue Warp-Marker setzen.

## Laden von Devices

Per Drag and Drop kannst du aus der Ableton-Device-Library verschiedene Effekte und auch wichtige Tools wie Compressor in deine Session einfügen. Wähle dazu ein oder mehrere gewünschtes Devices aus und ziehe sie auf den je-

Skills

weiligen Clip der Audiospur. Im unteren Drittel des Bildschirms werden jetzt die ausgewählten Effekte und Tools für den Einsatz angezeigt.

**Weitere Einstellungen**

Nachdem deine Audiospuren angelegt sind und entsprechend mit Clips und Effekten gefüllt wurde, checke zunächst das Zusammenspiel der einzelnen Clips.

### BEACHTE

- Wenn deine Clips zusammenspielen, achte darauf, welche harmonisch zusammenpassen. Starten die Clips auch entsprechend der Struktur? Wenn nicht, dann kontrolliere deine gespeicherten Loops und Cue-Points. An der oberen Bildschirmkante findest du im Ableton die Funktion „Bar". Hier kannst du den Start der Clips innerhalb der Bars (Takte) definieren, sodass deine Clips auch taktgenau starten. D. h. 1 Bar (Takt) bedeutet, dass der Clip zum Beginn eines neuen Takts der abgespielten Session auf die erste Zählzeit beginnt zu spielen. Der Start ist variierbar bis zu einer Phrase (8 Takte). Wenn du unterhalb einem Bar einstellst, besteht hingegen die Gefahr, dass die Clips nicht auf den Beat genau gestartet werden.
- Wenn du sehr viele Clips gleichzeitig abspielst, wird der Masterpegel mitunter clippen, d. h. übersteuern. Achte darauf, dass der Masterpegel sich stets im grünen bzw. orangenen Bereich aufhält. Durch die einzelnen Audiospur-Lautstärken kannst du den Masterpegel entsprechend regulieren.
- Es besteht auch die Gefahr der Rechnerüberlastung, wenn zu viele Clips gleichzeitig spielen. Denke auch daran, dass deine CPU auch für Serato Scratch Live noch freie Leistungskapazitäten benötigt. Deswegen reize deinen Rechner zu Hause einmal aus, um seine Leistungsgrenzen festzustellen.

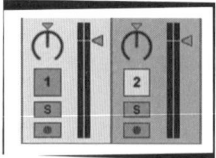

Zum Schluss stelle am besten alle Clips auf „Mute" (der Button „1" ist nicht mehr gelb, sondern grau hinterlegt), damit du die einzelnen Spuren im Serato Scratch Live aufrufen kannst.

## Ableton Live im Serato Scratch Live

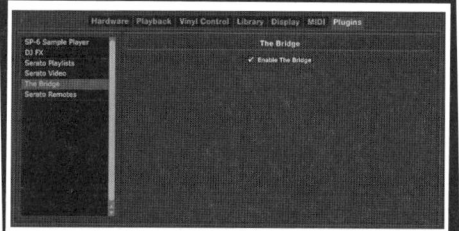

Um The Bridge zu starten, bedarf es zunächst dem Aktivieren des entsprechenden Plugins:

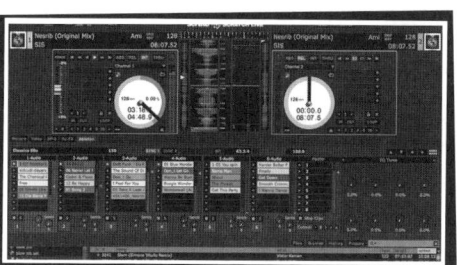

Danach wird Ableton in die Serato Scratch Live-Oberfläche wie folgt eingebunden:

Bevor du The Bridge in deinem Set integrierst, kontrolliere folgendes.

### Der Ausgang

Wenn du eine SSL3-Box besitzt, bist du im klaren Vorteil, denn du kannst das Ableton-Mastersignal über den Aux-Ausgang der Box wiedergeben. Verbinde dazu diesen mit einem Line-Eingang am Mixer. Anderenfalls nutze den Kanal, der gerade nicht aktiv ist, z. B. wenn Deck (B) läuft, dann route das Ableton-Signal auf Kanal (A).

### Die Grids

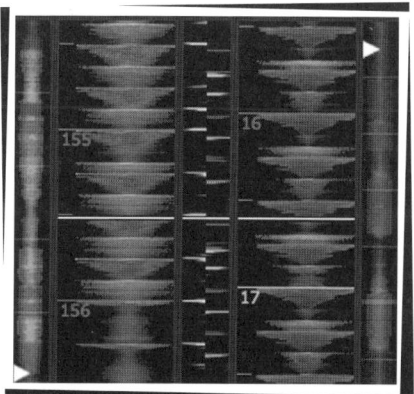

Mit der Einführung von The Bridge kommt ein neues Feature hinzu, die Grids. Damit Ableton und das Serato Scratch Live völlig synchron arbeiten, ist es notwendig, dass Abletons Transport Control hundertprozentig mit den abgespielten Tracks im Serato Scratch Live übereinstimmen und die im Serato Scratch Live angezeigten BPM korrekt sind. Mit den Grids

# SKILLS

werden in den Spektrogrammen der Tracks der jeweilige Takt, der gezählt wird, mit einem weißen Querbalken angezeigt.

**BEACHTE**

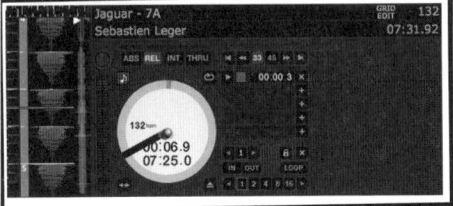

Grids müssen stets auf die Bassdrum ausgerichtet sein. Sollten die Grids nicht auf der Bassdrum des jeweiligen Taktes liegen, so betätige „Grid Edit":

Die Grids werden jetzt in dem Spektrogramm mit einem grünen Streifen hinterlegt. Mit den Pfeiltasten der Tastatur deines Notebooks navigierst du in diesem Modus die Grids entsprechend, wenn sie nicht korrekt automatisch gesetzt wurden und Ableton Live somit nicht synchron mit dem abgespielten Track läuft. Am besten überprüfe vor dem Live-Mix mit der Ableton-Session die Synchronität des laufenden Tracks und den Clips unter Kopfhörer. Verschiebe die Grids im Fall, wenn die Beats noch nicht genau übereinander liegen. Achte auch darauf, dass Ableton Live auf dem Kanal wiedergegeben wird, der momentan off air und somit nur für dich hörbar ist.

DJ Rush:
Ich habe mit dem DJing 1982 angefangen. Zunächst legte ich nur Platten zu Hause für meine Familie auf, sofern man da von DJing sprechen konnte. Denn ich spielte Musik einfach ab und sie hörten zu. Das DJing nahm ich schon ernst, aber nach der Beendigung der Schulzeit begann ich zunächst eine Lehre als Computeranlagenbediener. DJ wollte ich trotzdem weiterhin werden. So war ich 1991 in Europa und völlig von der Szene begeistert. Ich wusste damals, dass ich wiederkommen musste. 1996 packte ich meine Koffer und zog nach Europa. Und jetzt bin ich hier...

# Ableton Live im Serato Scratch Live

**BEACHTE**

Wenn ein Track mit einem Auftakt beginnt, oder vor der ersten Bassdrum ein Sound o. ä. zu hören ist, dann kontrolliere unbedingt die Grids zu Beginn des Tracks (den Downbeat). Denn The Bridge kann den Auftakt oder Sound als erste Zählzeit im Takt und somit als erste Bassdrum falsch interpretieren. Bei einer anschließenden Synchronisation der Clips mit dem Track vom SSL würden diese nicht zählzeitgenau starten und versetzt zum Track spielen.

**BEISPIEL**

Der erste Grid ist automatisch nicht auf die erste Zählzeit im Takt des Tracks gesetzt, sondern schon davor, sodass der zweite Grid auf die erste Bassdrum des Tracks liegt. Beim Starten der Abletion-Session würden alle Clips um eine Zählzeit zeitversetzt starten.

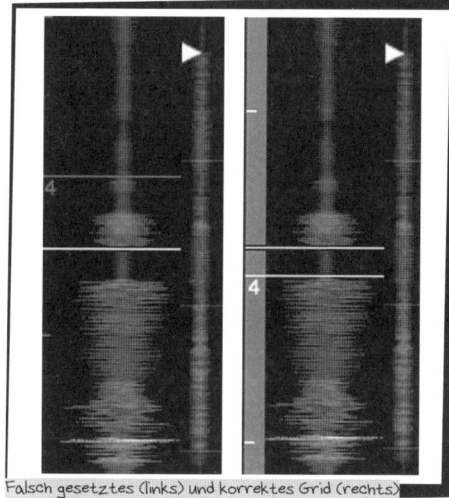

Falsch gesetztes (links) und korrektes Grid (rechts)

**BEACHTE**

Eine weitere Gefahr durch ungenau gesetzte Grids entsteht bei nicht korrekt ermittelten BPM der Tracks. Verkleinere deswegen deine Spektrogramm-Ansicht des Tracks und schau, ob alle Grids wirklich kontinuierlich auf die erste Zählzeit des laufenden Taktes gesetzt sind. Wenn nicht, dann ist per Tap die BPM-Zahl des Tracks erneut zu bestimmen und die neu gesetzten Grids zu überprüfen.

### Sync-Test:
Wenn auf Deck (B) ein Track spielt, dann wähle „SYNC 2" und Ableton Live wird mit diesem synchronisiert. Wäre es Deck (A) gewesen, dann hättest du „SYNC 1" betätigen müssen.

Da das Ableton-Signal auf einem zusätzlichen Line-Eingang oder dem Kanal (A) liegt, kannst du jetzt unter dem Kopfhörer die Synchronisation zwischen Ableton Live und Serato Scratch Live überprüfen.

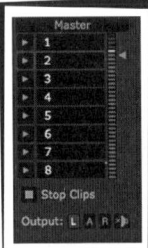

Drücke die jeweiligen Play-Buttons der Clips, die du spielen möchtest und deaktiviere die Mute-Buttons. Jetzt hörst du deine synchronisierten Ableton Live-Clips, die du zum Test auch unter dem Kopfhörer auf dein Deck (B) per Cue-Taste (B) legen kannst.

Stimmen die Beats nicht überein, so ist eine manuelle Korrektur notwendig. Entweder sind die Grids in Track (B) zu korrigieren oder du schaltest im Ableton Live auf den internen Modus und korrigierst das Tempo mit den Ableton Player Internal Pitch Slider bzw. den Pitch Bend-Buttons zum Bremsen oder Beschleunigen der Ableton-Session (siehe unten).

Läuft alles synchron, dann steht dem The Bridge-Einsatz nichts mehr im Weg.

### The Bridge im Set-Einsatz
Die Kombination von Serato Scratch Live mit Ableton Live revolutioniert das DJing, denn noch nie war das Auflegen so grenzenlos. Du kannst deine Lieblingsparts aus Tracks so kombinieren, als wären sie Teil eines anderen Tracks. Live-Remixing ist ein Kinderspiel, denn sogar Tracks mit Temposchwankungen werden vom Ableton auf ein straightes Tempo begradigt. Wenn du The Bridge effizient einsetzen möchtest, dann bereite deine

Ableton-Session ausgiebig vor. Denn ein direktes Loaden der Tracks vom Serato Scratch Live in Ableton ist nicht möglich. Das Einlesen und Bearbeiten der Tracks im Ableton benötigt somit etwas Zeit und Ausdauer, was das Vorbereiten at home begründet.

Neben deinen Clips, die Sequenzen, Grooves, Breaks, Acapellas der Tracks beinhalten können, sind auch deine eigenen Sounds, wie Snares, Kicks, Basslines, Flächen einbindbar. Programmiere dazu in der Arrangement-Ansicht unter mit Hilfe der Sound-Library ein paar Beats bzw. Grooves, erstelle davon Clips und lade sie in deine Session-Ansicht.

Mit Hilfe der integrierten Devices kannst du dann noch die jeweilgen Clips im Serato Scratch Live klanglich bearbeiten:

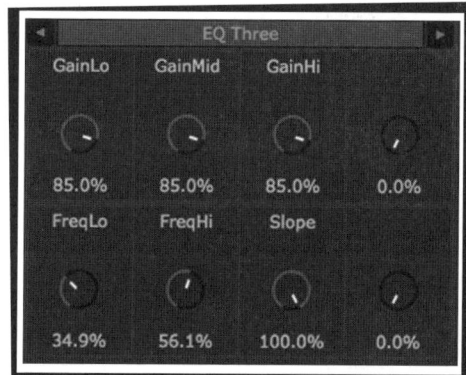

### BEACHTE

1. Wenn du ein mit einem Deck synchronisiertes Ableton-Signal solo abspielen möchtest, dann darfst du das entsprechende Deck nicht stoppen, denn Ableton benötigt zur Synchronisation den Noise Map Control-Tone. Fazit wäre, das Ableton-Signal verstummt ebenfalls. Deswegen, entweder schließe einfach den Upfader, auf dem der Track mit dem gelieferten Sync-Signal liegt und lass das Ableton-Signal allein auf dem anderen Kanal spielen oder schalte bei Ableton im Serato Scratch Live auf den internen Modus.

2. Wenn du mit dem Ableton-Signal scratchst, dann wird aufgrund der Timeline von Ableton nur das Signal bei einer Vorwärtsbewegung des Control Vinyls wiedergegeben, rückwärts ist es nicht möglich. Mit an

deren Worten, du scratchst vor und zurück, aber hörst jeweils nur einen Forward-Scratch der Abletonclips.

### Serato Scratch Live im Ableton Live

Wie schon erwähnt, können mit The Bridge sehr effizient Mixtapes erstellt werden. Dazu aktivierst du unter Record das Ableton-Format „.als". Beim Aufzeichnen des Mixes werden in einer Ableton-Datei alle Parameter des Mixes gespeichert.

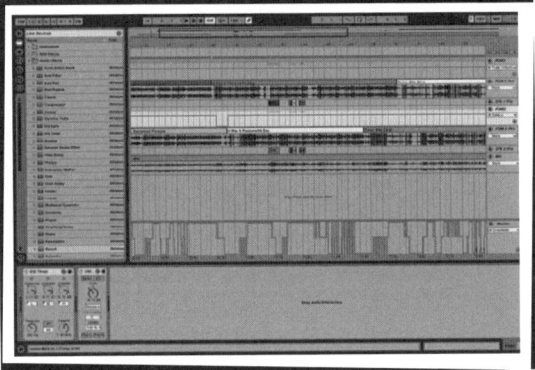

Wenn du diese Datei öffnest, findest du im Ableton als Arrangement-Ansicht nicht nur die Mix-, sondern auch die Audiospur des linken und rechten Decks inklusive aller Fader-Bewegungen und Equalizer-Einstellungen (abhängig vom verwendeten Mixer), was die Nachbearbeitung ermöglicht.

Allerdings schließt dies grobe Mix-Patzer eher aus und erfordert auch eine sehr zeitaufwendige Korrektur, da mit dem Verschieben des Tracks auf der Timeline zur Mixanpassung sich der gesamte Mix entsprechend ändert. Hintere Mixparts sind nicht mehr synchron. Daher kein Wunder, dass sich dieser Weg von The Bridge nicht durchsetzte. Gehe lieber den konventionelleren Weg und nehme eine misslungene Mixstelle erneut auf und tausche sie einfach mit einer Audio-Bearbeitungssoftware aus.

## Das Finger Drumming und Controllerism

Anspruchsvolle DJs beeindrucken und kokettieren mit ihren Skills jenseits des klassischen Musikauflegens. Angefangen mit Scratching und Beat Juggling warten sie mittlerweile auch mit sehr schnell auf Pads getriggerten Beats, Grooves, gar bekannten Melodien auf. Ihre Fingerfertigkeiten gleichen die eines Schlagzeugers und Pianisten zugleich, lediglich mit dem Unterschied, dass es sich bei ihrem Instrument um einen Controller handelt und die Klaviatur gegen eine Pad-Matrix ausgetauscht wird. Hinter dieser Technik des sogenannten Finger Drumming und Controllerism verstecken sich nicht nur Skills, sondern auch Know-How zur richtigen Tasten- und Fingerbelegung.

## Die „Musiago"-Finger Drumming-Technik

Mad Zach gehört zu den Protagonisten dieser noch relativ jungen Form der Musik-Performance. Seine Tutorials beweisen, dass die flüssige und schnelle Performance von folgenden Faktoren abhängt:

- der Fingerspezialisierung
- der ergonomischen, übersichtlichen und logischen Verteilung der Sounds auf der Pad-Matrix
- und letztlich auch den Sounds

Aber auch der Controller leistet seinen Beitrag mit:

- mit einem sehr engen Abstand zwischen den Pads
- mit anschlagsdynamischen, sehr sensiblen, mehrfarbig illuminierten Pads

Dies ermöglicht schnelleres und effizienteres Triggern der Pads beim Finger Drumming. Mit den folgenden MIDI-Controllern, in Kombination einer DJ- oder Sequenzer-Software sollte dir dies besonders gut gelingen:

Native Instruments: Maschine
Novation: Launchpad
Ableton: Push 2

Native Instruments Maschine MK3, Studio und Jam

Eine Software samt Laptop ist beispielsweise bei folgenden sogenannten Stand Alone-Music-Production-Center bzw. -Sampler nicht notwendig:

Akai MPC Live und Pioneer DJ Toariz SP-16

Als Taktik empfiehlt Mad Zach folgendes: Bei seiner sogenannten Musiago-Technik übernimmt jeder Finger eine spezielle Funktion. Die rechte (bei Linkshändern die linke) Hand kümmert sich ausschließlich um den Beat. Der Daumen spielt nur die Kick, der Ringfinger ausschließlich die Snare. Der Zeige- und Mittelfinger triggern abwechselnd die Hi-Hat, um diese auch problemlos in schnellen kombinierten Sechzehntelnoten-Salven zu trommeln und somit das Energy Level zu steigern. Somit ist die linke Hand frei, um Basslines, Melodien, Flächen zu spielen, auch kurze Samples abzufeuern und dabei einfach in verschiedene Ebenen zu wechseln.

Beachte: Es ist wichtig, genau zu wissen, wo sich welcher Sound in der Matrix befindet. Zur besseren Übersicht gruppiere die zu kombinierenden Sounds ergonomisch und farblich, wie Kick, Snare, Hi-Hat und Claps oder zwei verschiedene, abwechselnd zu spielende Bassline-Phrasen.

Die Sounds werden auf einer 4x4-Pad-Matrix, wie bei Native Instruments Maschine und AKAIs MPC, am besten horizontal oder in einer 2x2-Mat-

Das Finger Drumming und Controllerism
Die "Musiago"-Finger Drumming Technik

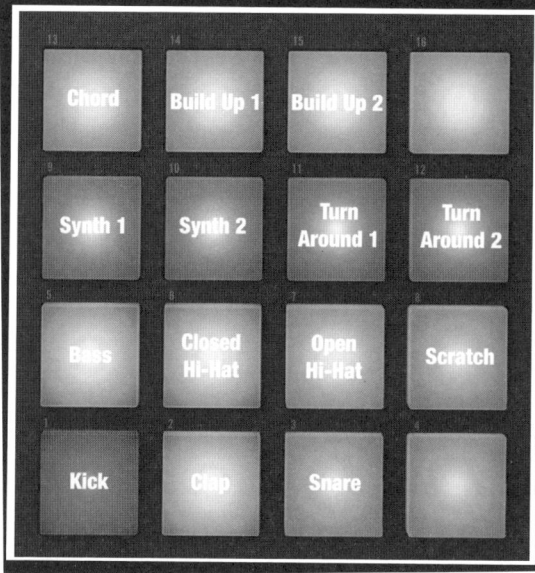

Native Instruments Maschine Studio und Jam

rix nach Instrumentengruppen sortiert und angeordnet. Auch bei Controllern, wie das Novation Launch Pad oder Abletons Push 2, die über die doppelte Anzahl von Pads verfügen, konzentriere dich zunächst nur auf maximal sechzehn Sounds bzw. Pads. Damit muss sich dein Arm nicht vertikal bewegen, um beim Trommeln mit den Fingern die nebeneinanderliegenden Pads zu treffen. Ein flüssiges und beatgenaues Finger Drumming gelingt aus den Hand- und Fingergelenken. Am besten belegst du die unterste Reihe mit den Drums, auf Pad 1 die Kick und auf Pad 3 die Snare. Die Closed Hi-Hat und Open Hi-Hat schließen auf der nächsten, darüberliegenden Reihe auf Pad 2 und Pad 3 an. Schließlich wirst du diese Pads am häufigsten und schnellsten triggern. Basslines, Lead-Sounds und letztlich Vocals/Effekte ordnest du jeweils in einer weiteren einzelnen waagerechten Vier-Pad-Formation darüber an.

**TIPP**

Solltest du zwischen verschiedenen Controllern wechseln, übernehme immer die gleiche Anordnung deiner Sounds.

Beim Finger Drumming kommt es als erstes auf exaktes Timing an, den Beat gleichmäßig und zählzeitengenau zu spielen. Zunächst konzentrierst du dich auf einen Finger jeweils einer Hand, später einhändig mit zwei und drei Fingern, um erst einmal flüssig einfachstrukturierte 4/4 -, später auch komplexere Break-Beats zu triggern. Vom Tempo beginnst du langsam, mit zunehmender Sauberkeit und Sicherheit erhöhst du die BPMs

Skills

und somit das Schwierigkeitslevel. Bist du in der Lage, einhändig Beats zu trommeln, bringe mit der anderen Hand weitere Sounds wie Basslines, Leadsounds, Vocals und auch sogenannte Build Up-Sounds ins Spiel. Diese Build Ups können beispielsweise ein in sich kontinuierlich ansteigernder Noise-Effekt sein, mit dem du das Energy Level beispielsweise am Ende einer Phrase zum Höhepunkt führst. All diese Sounds, die der anderen Hand unterliegen, triggert man zwar nicht so häufig und schnell wie die Beat-Pads, aber dafür ist deren Pad-Anzahl und damit der Aktionsradius bei weitem höher.

### TIPP

Um dein Sound-Setup und damit auch deine Performance auszubauen, versuche, mit gleichzeitig getriggerten Sounds beispielsweise Akkorde zu spielen.

Finger Drumming basiert nicht allein auf den physischen Fertigkeiten der Hände, sondern auch auf gewissen Mustern auf der Pad-Matrix. Dies nutzt man vor allem bei Controllern mit 64 Pads, von denen unterschiedlichen Sounds abgefeuert werden, ohne dabei die Übersicht zu verlieren. Komplette Songs können entstehen, wenn verschiedene Parts eines Tracks, wie Bridges, Breakdowns oder Chorus auf die unterschiedlichen Reihen der Pads gruppiert gelegt und somit nach gewissen Strukturen bzw. Prozeduren gespielt werden. Sei es symmetrisch und horizontal staffelweise von der untersten Reihe beginnend und nach oben fortlaufend. Alternativ bedient man sich gern der gespiegelten Spielweise auf der Matrix, das auch visuell den Zuschauer besonders beeindruckt.

## Das Finger Drumming mit Melodics erlernen

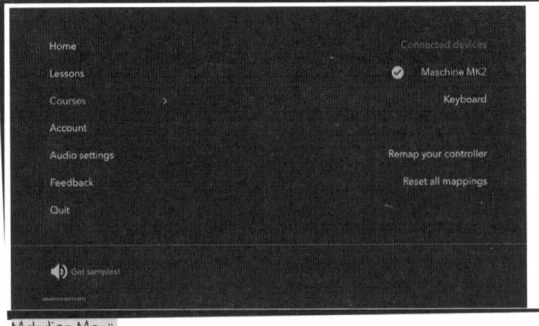

Melodics Menü

Anhand der 2015 veröffentlichten App Melodics lässt sich Finger Drumming sehr anschaulich, logisch und von der Pike auf spielerisch erlernen. Der ehemalige Serato CEO Sam

## Die "Musiago"-Finger Drumming Technik
## Das Finger Drumming mit Melodics erlernen

Gribben kam auf diese Idee und gegründete bzw. leitet das dazu gehörige Unternehmen. Das leicht verständliche Tutorial ähnelt optisch und von seiner Motivation einem Computerspiel. In etlichen, ständig neu hinzukommenden zum Teil kostenlosen Lektionen, die in zehn Schwierigkeitsgrade eingestuft sind, trainiert man speziell das Timing, um den Beat sauber zu halten, die Fingerfertigkeiten und lernt dabei, wie sich die Beats bestimmter Musikstile, z. B. HipHop, Funk, House oder Dubstep zusammensetzen.

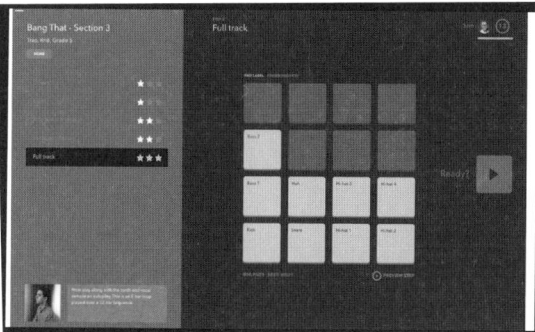
Melodics kostenlose Lektionen

Weitere kostenpflichtige Kurse (monatlich 19,99 Dollar, jährlich 119,88 Dollar oder einmalig und unbegrenzt 299,00 Dollar) fokussieren:

- die Verfeinerung des Timings, der Genauigkeit und Handunabhängigkeit
- die Vertiefung des Verständnisses für Beat-Strukturen
- das Einstudieren komplexer Rhythmen und Techniken

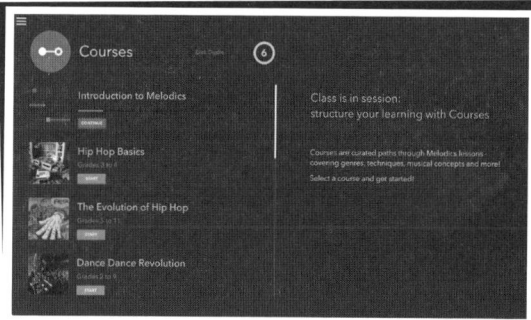
Melodics kostenpflichtige Kurse

Auch die Kurse bauen sich von der Schwierigkeit auf und sind nach Musikgenre gegliedert. Zudem kommen ständig neue Übungen hinzu und berühmte DJs wie Jazzy Jeff oder Eskei83 geben in Kursen ihr Wissen weiter.

### Die Funktionsweise der Übungen
Da jeder Controller seine haptischen und ergonomischen Eigenheiten be-

# SKILLS

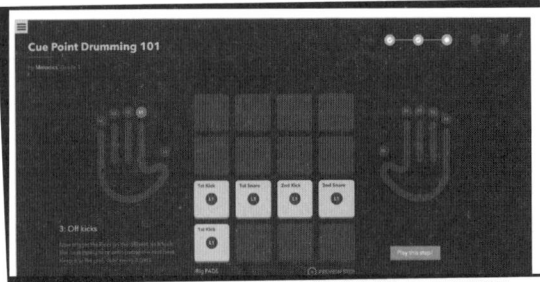
Welche Pads sind mit welchen Instrumenten belegt und mit welchen Fingern sind diese zu spielen?

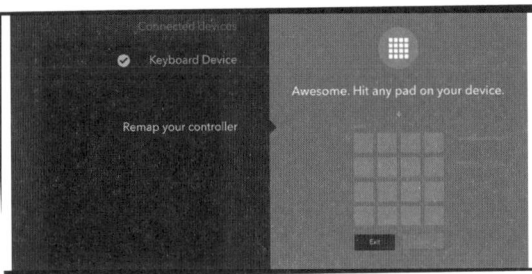
Remap deinen Controller

sitzt, solltest du schon zu Beginn mit dem von dir präferierten Controller das Finger Drumming erlernen. Melodics unterstützt dich dabei, in dem es die beliebtesten MIDI-Controller per Plug´n Play erkennt und sämtliche Übungen auf dessen Pad-Matrix anpasst. Zu Beginn einer Lektion erfährst du, welche Pads mit welchen Instrumenten (z. B. Kick, Snare, Hi-Hat) belegt sind und mit welchen Fingern du sie zu spielen hast. Sollte dir das vorgeschlagene Mapping nicht deiner Vorstellung von einer ergonomischen Belegung entsprechen, in dem Reiter zur Personalisierung der Controller-Oberfläche passt du es an. Vor jeder Übung studiere zunächst genau das Pad-Layout, um zu wissen, welche Pads welche Instrumente belegen, mit welchen Finger sie zu triggern sind, sodass jeder Handgriff bei der Lektion sitzt. Schau dir auch vor Beginn einer Übung genau die Struktur (Pattern) der Beats auf dem Play Screen an. Probiere auch mal die Pads aus, um bereits ein Gefühl für die Belegung und auch die Rhythmik zu bekommen.

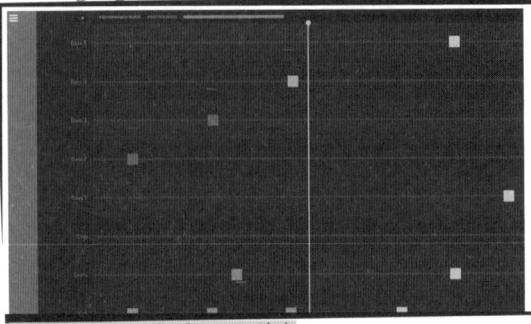
Melodics Lektion im Performance Mode

Mit dem Start einer Übung spielt ein Beat mit unterlegtem Metronom auf einem visuell dargestellten, durchlaufenden Zeitstrahl ab. In der Mitte befindet sich wie bei dem Frequenz-

Enthusiast / Bedroom-DJ / Professional DJ / Artist

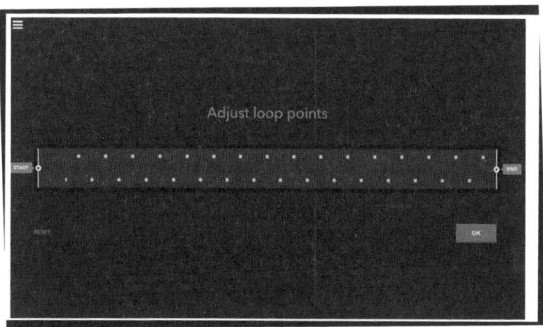
Melodics Lektion im Practice Mode mit Loop

spektrum der abgespielten Tracks einer DJ-Software ein Playhead. Wird dieser beispielsweise von einer Snare oder Kick passiert, ist das jeweilige Pad zu drücken. Die Lektionen laufen entweder im Practice oder Performance Mode, die sich dadurch unterscheiden, dass du im Practice Mode übst, ohne bewertet zu werden, zusätzlich das Tempo als BPM selbst bestimmen und auch einen Loop legen kannst. Beginne daher lieber im Practice Mode mit einem langsamen Tempo, steigere dies mit zunehmender Sicherheit, aktiviere erst später Auto BPM. Auch loope besonders schwierige Parts, um sie zu wiederholen und intensiv zu trainieren. Für den Erfolg einer Übung zahlt sich Geduld und Kontinuität aus. Schließlich solltest du Melodics als deine tägliche Übung ansehen. Scheiterst du an einem Tag an einer Übung, wirst du sie sicherlich am folgenden bereits wesentlich besser trommeln. Denn durch ständige Wiederholungen trainierst du nicht nur die Beweglichkeit deiner Finger, sondern auch deren damit aufbauende Muskulatur.

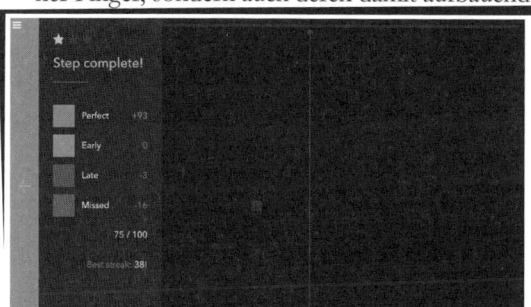
Melodics wertet zum Schluss die Trefferquote aus

Jeder von dir getriggerte Beat wird auf sein Timing analysiert, im Performance-Mode anhand deiner punktuellen Trefferquote statistisch ausgewertet. Entsprechend verleiht dir Melodics bis zu drei Sterne, die darüber entscheiden, ob du für die nächste, schwierigere Lektion geeignet beziehungsweise für den höheren Grad qualifiziert bist.

Um laut Melodics dein Finger Drumming zu perfektionieren und dich letztlich für die Performance unabhängig der App vorzubereiten:

- schaue nicht mehr auf das Display
- schalte das Metronom aus.

Gelingt dir dies, gehe einen weiteren Schritt, indem du auch den Noten-Guide deaktivierst und im Perform-Modus völlig autark irgendwelcher visueller und akustischer Hilfen zum einem abgespielten Backing-Track die Beat-Pattern spielst. Anschließend legst du noch eine Schippe drauf, indem du dann auch im Preplay-Modus, wo lediglich die Pads mit den Samples belegt sind, ohne Backing-Track den Beat erneut mit deinen Fingern trommelst. Zu guter Letzt öffne dein bevorzugtes Musikprogramm für Finger Drumming, belege die Pads mit beliebigen Samples, performe und nehme dies auf, um dein Timing zu kontrollieren.

## Das Live-Remixing im Set
### Mit STEMS

STEMS im VirtualDJ und Traktor Pro

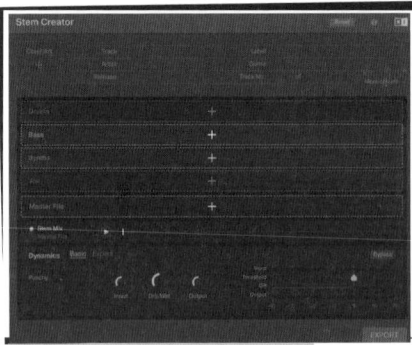

STEMS Creator von Native Instruments

Das von Traktor und VirtualDJ unterstützte Container-Format liefert neben dem kompletten Track auch die separaten Spuren für Drums, Bassline, Leadsounds und Vocals/Atmos. VirtualDJ selektiert zudem die Drumspur in Kick und Hi-Hat. Damit lässt sich jeder komplett zerlegte Track mit anderen Spuren kombinieren, ohne dass sich tonal nicht harmonierende Melodic-Elemente, beispielsweise die jeweiligen Vocals, in die Quere kommen. VirtualDJ stellt die einzelnen Spuren nicht von der Waveform wie Traktor dar, sondern lediglich als Buttons. Auch lässt sich im Traktor mit den vier Einzeltracks komfortabler hantieren, dazu per Filter und Effekt

modifizieren. STEMS sind noch ein recht rares Format, dass vor allem bei Beatport und Junodownload angeboten wird.
Solltest du selber produzieren, so erstelle doch auch von deinen eigenen Tracks STEMS mit dem Native Instruments STEM Creator.

## Mit extrahierten Spuren

Das STEMS-Format brachte einige Software-Entwickler auf die Idee, Features zu programmieren, die mit wenigen Handgriffen dank spezieller Filter und Equalizer von jedem beliebigen Track ein STEM-File erstellt. Der bereits erwähnte EZRemix- und ModernEQ-Mode im VirtualDJ und Neural Mix im algoriddims djay AI ermöglich das spontane Extrahieren dieser Spuren on the fly, also direkt im Mix. Wer nicht mit den beiden DJ-Apps auflegt, muss dennoch nicht auf diese Features verzichten.

## algoriddim Neural Mix Pro

Das djay AI-Feature läuft jetzt auf eigenen OS-X-Füßen, mit anderen Worten momentan nur auf Apple-Macs. Die eigenständige Software Neural Mix Pro, für 54,99 Euro im App-Store erhältlich, versteht sich als ein von einer künstlichen Intelligenz gesteuerter Musik-Player und Editor, der Beats, Bassline & Leadsounds (Harmonic), Acapellas und Instrumentals aus jedem Song exportiert.

algoriddim definiert die Benutzeroberfläche sehr übersichtlich und selbsterklärend. Die Tracks importierst du entweder über iTunes oder einen Ordner per Drag&Drop. Im Single-Player mit eigener Tempo-, Tonart-

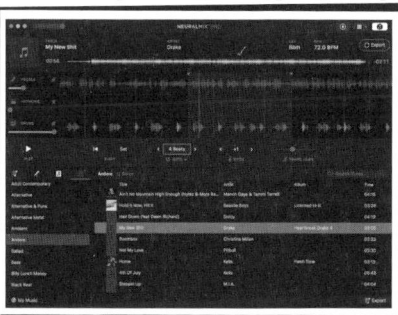

Neural Mix Pro-GUI

und wahlweise 3-Spur-Wellenformanzeige kannst du im geladenen Track Vocals, Harmonic und Drums stufenlos ein-/ausblenden oder komplett stummschalten, das allerdings zum jetzigen Zeitpunkt nicht das exportierte Ergebnis des Tracks beeinflusst.

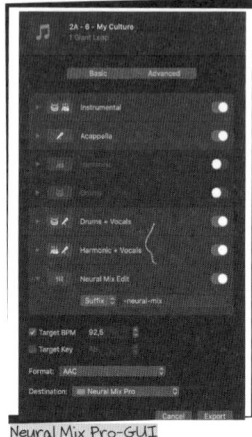

Neural Mix Pro-GUI

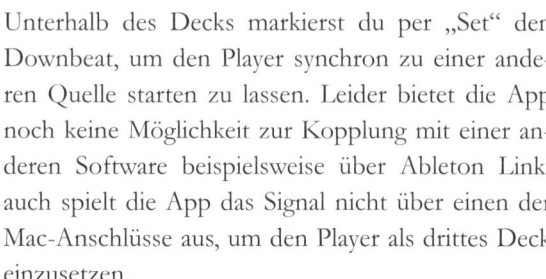

Unterhalb des Decks markierst du per „Set" den Downbeat, um den Player synchron zu einer anderen Quelle starten zu lassen. Leider bietet die App noch keine Möglichkeit zur Kopplung mit einer anderen Software beispielsweise über Ableton Link, auch spielt die App das Signal nicht über einen der Mac-Anschlüsse aus, um den Player als drittes Deck einzusetzen.

Hingegen Loops, entweder manuell oder automatisiert mit einer Länge von bis zu 32 Takten (128 Beats) zu setzen, dazu die Tonart und BPM-Zahl individuell zu adaptieren, macht Sinn. Denn die markierten Loop-Schnipsel einschließlich BPM- und Key-Anpassung lassen sich im AAC- oder WAV-Format genauso exportieren, wie auch natürlich der komplette Track. Die Basic-Methode extrahiert von einem Track per Klick Acapella und Instrumental, hingegen der Advanced-Modus offeriert sieben Spuren (Instrumental, Acapella, Harmonic, Drums, Drums + Vocals, Harmonic + Vocals und Neural Mix Edit), dazu die gewünschte BPM-Zahl und Tonart. Beide Modi bietet auch der Export-Modus für einen ausgewählten Ordner, allerdings ohne Tempo-, Key-Einstellung und Neural Mix-Edit. Aber darauf verzichtet man gern, wenn man in einem Rutsch von tausenden Track gleichzeitig die einzelnen Spuren exportieren kann.

**TIPP**

Öffne Preferences, unter der Registerkarte „View" kannst du die Touchbar des MacBooks mit deinen bevorzugten Track-Buttons belegen.

## Audionamix XTRAX STEMS

Windows-User müssen aber nicht in die Röhre schauen, denn XTRAX STEMS bietet eine adäquate Extrahierungs-App mit ein paar zusätzlichen Vorteilen: Treu den STEMS exportiert das als Abo erhältliche Programm (40,00 Dollar/sechs Monate, 60,00 Dollar/zwölf Monate) sogar vier Spuren: Acapella, Backing, Bass, Drums. Die in den Player geladenen Tracks werden in ihre Einzelbestandteile zerpflückt und visuell als jeweilige Wave-

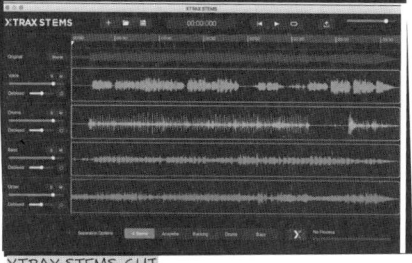
XTRAX STEMS-GUI

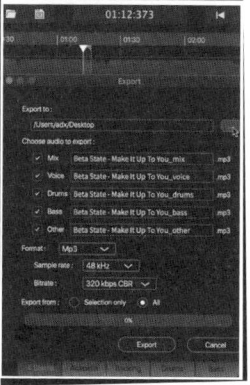
Neural Mix Pro-GUI

form dargestellt. Für jedes Einzeldeck gibt es einen Lautstärke- und Debleed-Knob. Letzterer regelt den Grad der Exstrahierung des Exports, mit anderen Worten, in wie fern beispielsweise Beats oder Bass noch im Acapella einstreuen.

Zudem bietet XTRAX STEMS eine vereinfachte Loop-Funktion, mit der man in der Wellenform den Loop-In und -Out festlegt.

Der Export geht auch sehr schnell von der Hand. Bis zu fünf Spuren können gleichzeitig ausgelesen werden und anschließend als WAV, MP3, FLAC, AIFF, OGG mit einstellbarer Sampling-Rate bis zu 192 kHz und einer Auflösung von maximal 32 bit oder als von Native Instruments akzeptiertes STEMS-Format abgespeichert.

Qualitativ spielen beide Apps etwa in der gleichen Liga. Sie liefern eine sehr gute, aber (noch) nicht für Studiozwecke geeignete Qualität. Zwar trennen die Apps die Tracks ohne hörbare Spurenelemente, aber die ausgelösten Elemente klingen nicht ganz wie eine Original-STEM-Spur. Vor allem beim reinen Acapella schleicht sich ein hörbarer Phasing-Effekt ein, mit dem das Vocal wie ein Flaschengeist ertönt. Allerdings beim Live-DJing und im Zusammenspiel mit einem anderem Instrumental geht dies auch unter. Somit sind beide Apps und ihre erstellten STEMS-Spuren eine Revolution für das Live-Remixing, zumal sich die Qualität sicherlich mit jedem Update, wirksameren Filtern und schnelleren Prozessoren noch verbessert.

### TIPP

Wenn du ein reines Acapella extrahieren möchtest, wähle dazu noch die Drum-Spur aus. Zum einen verschwindet besagter Phasing-Effekt und das Acapella lässt sich dank dem drunter liegenden Beat besser matchen und mixen.

# SKILLS

## Live-Remixing mit der DJ-Software

Die Kreativität der DJs stößt zunehmend mehr in höhere Himmelsphären. Da kann man nur hoffen, dass kein technischer Absturz diese unterbricht. Denn gleichzeitiges Auflegen mit zusätzlich im Background laufenden Producing-Programmen strapaziert die Notebook-Leistung arg und stellt mit zunehmender Kapazitätsauslastung eine Gefahr für deinen Gig dar. Zunächst schwächelt die Performance durch Drop-Outs, d. h. der Datentransfer zwischen Notebook und Hardware, wie dem Serato- oder Traktor-Interface kommt ins Stocken, die Latenz wird größer. Die Fortsetzung: Das Notebook streikt. Deswegen solltest du zuvor, bevor du dieses Kapitel während deines Gigs umsetzt, zu Hause alles testen und natürlich auch proben.

Für ein Live-Remixing gibt es verschiedene Möglichkeiten. Deswegen ist zu klären, was kann ich dem aufgelegten Track beisteuern, ohne ihn dabei zu überladen. Folgende Instrumente stehen dir ohne Bedenken für ein Live-Remixing zur Verfügung:

- Hi-Hats
- Claps
- verschiedene Percussions.

Unter Vorbehalt geeignet sind:

- Bassdrums
- Snares
- Basslines
- Leadsounds
- Flächen.

Traktor Kontrol F1

Ob sich eine zusätzliche Snare oder Bassdrums in den laufenden Groove eingliedert, kommt natürlich darauf an, wie du sie setzt. Zwei übereinander liegende Bassdrums oder Snares (die vom aufgelegten Track und die live eingespielten), die jeweils genau auf die gleiche Zählzeit zu hören sind, verpassen dem Track noch keinen Remix-Touch. Aber z. B. im off gesetzt, groovt dein Track vielleicht ein bisschen mehr. Es gibt hierfür keine strengen Regeln, vertraue einfach deinem Rhythmusgefühl und Gehör. Probier´

verschiedene Varianten aus! Allerdings Instrumente, die von der Tonart des Tracks abhängig sind, solltest du nur verwenden, wenn du dich mit der Harmonielehre auskennst und auch Mixed In Key verwendest.

### Mit Remix Decks von Traktor Pro

Die verschiedenen Slots, in denen einzelne Drum-Loops und Samples gespeichert werden, bieten ein optimales Remixfundament für deine Live-Performance. Alles automatisch synchronisiert, ohne zusätzliche Software und damit verbundene Kosten. Damit es schneller von der Hand geht, bietet Native Instruments auch den passenden Controller Traktor Kontrol F1 an.

### Mit Cue Points

Den easy way gehst du, wenn du beispielsweise bei einem Track jeweils die Snare, Claps bzw. die Kick eines Tracks einzeln als Cue Point speicherst. Mit einem Controller kannst du manuell auf den Pads einen zusätzlichen Beat zu dem Track spielen. Wobei den Beat zählzeitgenau über mehrere Takte zu halten, ist schwierig. Zumal, du musst dich auch noch um deinen neuen aufzulegenden Track kümmern. Abhilfe schafft der Loop Recorder im Traktor Pro (ab Version 2.5), mit dem du deinen gespielten Beat abspeicherst und anschließend automatisch zum laufenden Track loopst.

Bei Serato DJ Pro ist dies nur mit zusätzlichem Equipment wie einem Sampler möglich. Schließe diesen z. B. zwischen drittem Ausgang des SSL3-Interface und einem Mixer-Eingang an. Stelle als Sample-Länge maximal ein bis zwei Takte ein. Legst du anschließend den Track mit den gespeicherten Cue Points auf Deck 3, dann spiele die Cue Points auf den Beat und starte den Sampler für die Aufnahme. Ist die Sample-Länge durchlaufen, loopt der Sampler anschließend deine eingespielten Beats zum Track.

### BEACHTE

Sollte der externe Sampler nicht das Tempo des laufenden Tracks erkennen, gib die BPM-Zahl manuell ein. Beim Auflegen mit Schallplattenspielern denke an die Gleichlaufschwankung, die trotz identischer BPM-Zahl zu einem Auseinanderdriften des Mixes führen kann.

Skills

### Tone Play

Interpretiere Hooklines neu: Lade z. B. „Little Bad Girl" von David Guetta oder Swedish House Mafia „One" in dein Deck und markiere bei dem Lead-Sound jeden einzelnen Ton. Jeder Ton entspricht daher einem Cue Point. Durch Spielen einer anderen Reihenfolge der Cue Points, Tone Play genannt, veränderst du die Rhythmik bzw. Melodie der Hookline.

**ÜBUNG**

1. Lege auf Deck (A) einen Beat (A) mit der Kick als Cue Point, die über ein Pad eines Controllers oder die Laptop-Tastatur getriggert werden soll. Auf Deck (B) spiele den gleichen Beat (B) mit identischem Tempo ab.
2. Jetzt drücke die Taste des Cue Points rhythmisch zum Beat, sodass die getriggerte Kick genau auf den Zählzeiten liegt. Gelingt dir dies, spiele die Kick jetzt als Achtel- oder Sechzehntelnoten
3. Drücke den Cue Point in verschiedenen Kombinationen und halte die Taste danach auch gedrückt, sodass anschließend Beat (A) zum Beat (B) läuft. Liegen beide synchron übereinander, beherrschst du das Triggern.

### Pitch Play

Damit spielst du Melodien mit dem gleichen Cue Point in unterschiedlicher Tonhöhe. Das funktioniert allerdings nur mit Serato DJ samt Expansion Pack Pitch ′n Time DJ plus ausgewählten Geräten, wie Pioneer DJ DDJ-SX3, DJM-S11 oder Denon DJ MCX8000, für die Serato DJ das passende Mapping liefert. Durch Laden eines Tracks legt Serato DJ im Pitch Play-Modus (Tastenkombination Shift + Sampler/Long or Double Press Sampler) dessen ersten Cue Point als acht Einzeltöne einer Oktave auf die acht Performance-Pads. Mit dem Parameter-Button der Hardware veränderst du die Tonart um einen Halbton nach oben oder unten. Für einen anderen Cue Point zum Pitch Playing drückst du die Shift-Taste am Controller/Mixer und gleichzeitig das entsprechende Pad, auf dem der gewünschte Cue Point liegt.

## Serato Flip

In jedem DJ steckt ein Musiker und die Cue-Pads sind seine Klaviatur. Über die Cue Points lassen sich einzeln abgelegte Töne oder Beats als Instrumen-

*Das Live-Remixing mit der DJ-Software Serato Flip*

tarium beliebig zu einem Track spielen. Dieses bereits erwähnte Tone Play und Pitch Play verlangt allerdings genaues Timing. Denn nicht jeder triggert die Cue Points tight auf den Beat und hält auf Dauer das Tempo. Für den erfahrenen DJ und Produzent P-Money Argumente, die ihn in Zusammenarbeit mit Serato auf die Idee von Serato Flip brachten.

Serato Flip basiert, wie der Loop Recorder von Traktor, auf einer Aufnahmefunktion, wobei es sich nicht um die herkömmliche Aufzeichnung von Audio-Signalen handelt. Vielmehr nimmst du sogenannte Flips, die du durch rhythmischen Drücken oder Springen zwischen verschiedenen Cue Points performst, live auf und speicherst sie in dem Track, um sie bei deinen Gigs erneut abzurufen. Somit offeriert dir Serato Flip diese Möglichkeiten:

- Verlängere deine Intros, Outros und Breaks für besseres Mixing.
- Kreiere Transition-Parts, um in einem Track das Tempo oder die Beatstruktur zu ändern.
- Performe mit den Cue Points eigene Melodien (Tone Play).
- Verändere die Trackstruktur, indem du Parts auslässt oder in den Chorus bzw. Break springst.
- Spiele eigene Beats ein.
- Zensiere Tracks und erstelle cleane Versionen, sofern du ein Radio-DJ bist

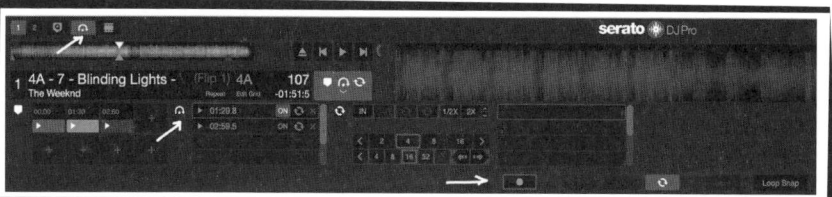

Serato Flip im Practice-Modus

Um Serato Flip zu nutzen, kontrolliere zunächst im Setup von Serato DJ, dass es jetzt unter dem Reiter Expansion Packs gelistet und auch mit einem Haken aktiviert ist. Wenn ja, dann findest du am oberen Bildschirmrand den Flip-Button, der alle weiteren Funktionen in die Benutzeroberfläche implementiert. Egal ob mit oder ohne angeschlossene Hardware (Performance- und Practice-Modus), oberhalb deiner Library öffnet sich das Flip-Panel mit den folgenden gleichen Funktionen:

Skills

Serato Flip im Performance-Modus

**Record:** Einmaliges Drücken bestätigt mit einem rot blinkenden Rahmen den Stand By-Modus. Mit dem ersten Triggern eines Cue Points startet die Aufnahme. Der Record-Knopf leuchtet rot.
**Play:** Ein erstellter Flip wird abgespielt.
**On:** Einerseits werden Flips aktiviert oder deaktiviert. Im letzteren Fall spielt der Track nach dem Ende des Flips weiter. Auch den Aufnahmeprozess brichst du mit dieser Funktion ab.
**Loop:** Ein Flip wiederholt sich, solange diese Funktion aktiv ist.
**Save:** Speichere deinen Flip, um ihn einen Slot zu zuweisen, zu beschriften und später abzurufen.
**Loop Snap:** Sollte der von dir eingespielte Flip nicht der Länge eines kompletten Taktes, 4 Zählzeiten (Beats) entsprechen, so passt Serato Flip diesen für ein taktgenaues Loopen an.
**Flip-Slots:** Pro Track können bis zu acht verschiedene Flips gespeichert und beschriftet werden.

Flip-Slots im Performance-Modus

Ausgefeilte Flips mit schnellerem Triggering und gewagten Sprüngen im Track sollten geprobt oder besser, zu Hause im offline Modus vorproduziert werden. Um die Beats wirklich im Takt zu halten, schalte auch die Quantize-Funktion für Cue Points ein, das „Q" links neben dem Flip-Panel-Knopf. Achte unbedingt darauf, dass die Beatgrids deiner Tracks richtig gesetzt sind. Anderenfalls hilft dir auch das Quantize nicht und dein produzierter Flip spielt jenseits des Takts. Damit bist du genügend gebrieft und kannst wie folgt eigene Edits erstellen:

## Serato Flip

### Überspringe Parts in einem Track

Einzelne Takte oder auch komplette Phrasen eines Tracks, die du nicht spielen möchtest, lässt du mit diesem Feature einfach aus.

**ÜBUNG**

1. Lege einen Cue Point an der Stelle fest, zu der gesprungen werden soll.
2. Aktiviere Record im Flip-Panel.
3. Bewege das Spektrogramm zu der Abspielposition (Playhead) im Track, von der gesprungen wird. Lege aber keinen Cue Point fest.
4. Drücke den in 1. markierten Cue Point, um den Part zu überspringen.
5. Deaktiviere LOOP im Flip-Panel und drücke erneut Record, um die Flip-Aufnahme zu beenden.
6. Bestätige im Flip-Panel „Save", sodass der Flip einen Slot belegt.

Der Track überspringt jetzt immer wie gewünscht den Part, sofern der Flip „On" ist. Hingegen im „Off"-Modus läuft der Track in voller Länge.

### Erstelle oder verlängere ein Intro

Intros brauchst du zum Mixing. Tracks ohne oder mit einem zu kurzen Intro wagt man daher nur ungern, zu blenden. Serato Flip löst dieses Problem.

**ÜBUNG**

1. Zunächst kontrolliere, dass in den DJ Preferences die Funktion „Play From First Cue Point" eingeschaltet, aber das chronologische Sortieren der Cues deaktiviert ist. Denn nur unter diesen Einstellungen funktioniert der Start des Tracks mit einem neuen Intro per Flip. Danach suche in dem Track einen reinen Beat, z. B. in einem Break, Outro oder einer Hookline, mit einer Länge von ein bis zwei Takten, der sich als Intro eignen könnte und setze einen Cue Point (1).
2. Füge einen Cue Point (2) an die Position im Track hinzu, die an das Intro anknüpfen soll.
3. Aktiviere Record und Play. Der Track spielt. Drücke den Cue Point (1) deines zukünftigen Intros. Die Aufnahme beginnt.
4. Loop´ dein Intro auf eine von dir gewünschte Länge durch wiederholtes Triggern des Cue Points. Ein Loopen durch Auto Loops funktioniert leider noch nicht.

5. Springe am Ende deines Intros mit Cue Point (2) zum Anfang deines Tracks.
6. Deaktiviere im Flip-Panel den Loop-Modus und die Record-Funktion.
7. Speichere den Flip und du findest ihn in einem Slot des Flip-Panels zum Beschriften und Aktivieren.

Auch hier gilt, mit dem im Flip-Panel eingeschalteten Intro-Slot spielt der Track zuerst dein erstelltes Intro und dein Mix kann beginnen.

### Kreiere Half und Double Time-Beats und neue Beatstrukturen

Trigger eigene Pattern oder halbiere bzw. verdopple das Tempo eines vorhandenen Beats, indem du dessen Kick und Snare in Half- oder Double Time bzw. in einer veränderten Struktur spielst. Dies verlangt allerdings viel Takt- und Rhythmusgefühl. Wie folgt solltest du dabei vorgehen.

### ÜBUNG

1. Zunächst belege deine Cue Points jeweils mit einer einzelnen Kick, Snare oder Hi-Hat. Achte unbedingt darauf, dass jeder Sound einzeln spielt und sauber von anderen Sounds getrennt ist.
2. Spätestens jetzt ist das Quantize unabdingbar. Kontrolliere, dass im Flip-Panel die Loop- und Loop-Snap-Funktion aktiviert sind und die Beatgrids des Tracks akkurat auf den Beats sitzen. Wähle im Setup, Reiter DJ Preferences, deinen gewünschten Wert der Quantisierung, für Double Time-Beats mindestens ½ Beat oder kleiner. Hingegen für Half Time reicht ein Wert von einem Beat.
3. Aktiviere Record im Flip-Panel.
4. Wenn dein abspielender Track den Part erreicht, in dem du den Flip beginnen möchtest, beginne auf deine Cue Points zu trommeln. Die Aufnahme startet entsprechend. Übe das Drumming lieber vor einer Live-Performance mehrmalig, denn es ist ziemlich tricky.
5. Bist du am Ende deines Drum-Loops, drücke erneut Record und beende damit die Aufnahme.
6. Dein Drum-Pattern wird anschließend solange geloopt, bis du einen Cue Point außerhalb des Flips drückst oder Serato Flip über den „On"-Button deaktivierst.
7. Speichere unter „Save" dein Flip und beschrifte ihn im Flip-Slot.

Wie schon bei den letzten beiden Prozeduren erwähnt, lädst du den Track erneut, spielt der Track mit deinem abgespeicherten Flip, sofern du ihn nicht ausgeschaltet hast.

**Zensiere Tracks**

Im Club steht dein erwachsenes Publikum auf die „explicit Lyrics" der von dir aufgelegten Tracks. Es gibt für dich keinen Grund, auf die unzensierten Versionen zu verzichten, es sei denn, du bist prüde. Aber dann wirst du beim DJing noch oft deine Ohren und Augen verschließen müssen. Clean Version sind eher unsexy, zumal dirty Wörter, die durch „Uuuh", „Aaah" ersetzt oder gänzlich gelöscht, nicht nur den verbalen Flow des Songs unterbrechen, sondern auch den Künstler in seiner Aussage beschneiden. Dagegen können im Radio gespielte unzensierte Versionen für mächtigen Ärger sorgen. Schließlich hast du keinen Einfluss auf das vielleicht noch minderjährige Alter deiner Zuhörer. In diesem Fall lege lieber die cleanen Versions auf, sofern es die gibt. Wenn nicht, dann erstelle dir deine eigenen.

**ÜBUNG**

1. Zunächst markiere im gesamten Track mit Cue Points die zu zensierenden Passagen.
2. Schließe am besten deine Hardware an, um mit der wählbaren Ansicht Extended View einen großen Überblick über dein Spektrogramm zu erhalten.
3. Schalte auf intern und verschiebe das Spektrogramm, dass der erste, zu zensierende Cue Point sich kurz vor dem Abspielpositionsmarker (Playhead) befindet.
4. Starte im Flip-Panel Record und fahre den Track ab.
5. Sobald du den ersten Cue Point mit dem Playhead erreichst, drücke und halte für die Zeit des zu zensierenden Wortes die Zensur-Taste (im Practice-Modus die U-Taste des Laptop-Keyboards).
6. Lass´ den Track weiter spielen und wiederhole die Prozedur für alle weiteren markierten Cue Points.
7. Zum Schluss beende die Aufnahme mit Record, schalte die Loop-Funktion im Flip-Panel aus.
8. Speichere den Flip, damit ihm einen Flip-Slot zugewiesen wird.

**Stelle dir dein eigenes Scratch-Tool zusammen**

Wenn du Wort-Phrasen eines Acapellas beispielsweise für Scratch-Battles nach deiner eigenen Vorstellung aneinanderreihen möchtest, Serato Flip hilft dir dabei:

### ÜBUNG

1. Schließe zunächst deine Hardware an. Im Practice-Modus ist diese Prozedur zwar auch möglich, aber etwas komplizierter.

2. Markiere in dem Track alle Scratch-Parts mit einem Cue Point.
3. Das Deck mit dem Track pausiert noch. Starte Record im Flip-Panel und drücke den ersten Cue Point.
4. Starte jetzt das Deck und lasse es nur während deiner ersten Scratch-Passage spielen, danach stoppe wieder das Deck.
5. Wiederhole dies für alle weiteren Cue Points.
6. Zum Schluss beende wieder den Flip mit Record, schalte den Loop aus und speichere den Flip mit „Save".

Auf Serato Flip sollte man als kreativer DJ nicht verzichten. Sicherlich lässt es noch einige Wünsche offen:

- Sampling von live erzeugten Sounds, z. B. Scratches, für eigene Loops
- Overdubbing für die eingespielten Beats
- Aufnahmen von gesetzten Auto Loops
- Speichern der Bewegung des internen Pitch-Controls, um das Tempo für Transition-Tracks zu verändern
- Verknüpfung zweier Tracks, z. B. Original und Remix eines Tracks

Das bleibt aber sicherlich nur eine Frage der Zeit, bis eines der folgenden Updates diese Features erfüllt. Daher solltest du dich auch für den Newsletter anmelden, um stets uptodate zu sein.

### TIPP

Um Serato Flip effizient und auch ohne Handicaps zu nutzen, bereite die Flips lieber im Practice-Modus vor. Außerdem:

- Mappe die Funktionen des Flip-Panels mit einem MIDI-Controller, um es schneller zu bedienen.
- Für mehrere Flips in einem Track, z. B. zu Beginn und in der Mitte mit Sprung zum Anfang, speichere diese als zwei separate Flips. Sind beide in einem Flip, aktiviere nach dem Durchlaufen des ersten Flips erneut per On den Flip, ansonsten wird der zweite Flip nicht ausgeführt.
- Aktiviere stets Quantize, um sicherzustellen, dass deine gesetzten Cue-Points immer auf den Beat kommen. Bist du eher ein Anfänger und triffst nur schwer den Beat, stelle im Setup einen Wert von 1 Beat ein. Mit deinen zunehmenden Erfahrungen und schnellerem Triggern erhöhe auf bis zu 1/4 Beat.

### BEACHTE

Wurde in einem laufenden Track bereits geflippt, ist der Flip danach zunächst inaktiv, selbst wenn der Flip-Cue Point erneut erreicht wird. Begründet ist dies mit Sprüngen von der Mitte an den Anfang des Tracks. Denn bei denen passiert der Playhead danach erneut den Flip-Cue Point, führt den Flip aber nicht nochmals aus, sondern spielt den Track bis zum Ende oder nächsten Flip weiter. Deswegen muss auch nach einem kurzen Vorhören des Flips und dem wiederholten Start des Tracks sein Flip per „On" reanimiert werden, indem du den Button aus- und wieder einschaltest. Auch ein in dem Spektrogramm mit einem blauen Balken markierter Flip springt nur, sofern dieser über den Playhead läuft. Möchtest du mit Serato Flip ein Tone Play zum Beat eines anderen Track performen, müssen die Tempi der Decks identisch sein, damit der anschließende Loop deines Tone Plays synchron zum anderen Beat spielt.

### Pitch ´n Time DJ

Zum Schluss sei noch empfohlen, wenn du oft als künstlerisches Element das Tempo ober- und unterhalb der acht Prozent pitchst, lege dir auch das Expansion Pack Pitch ´n Time DJ von Serato zu. Denn die Standard-Key Lock-Funktion von Serato hält zwar zunächst bei größeren Tempi-Veränderungen die Tonhöhe, aber es klingt zunehmend verwaschen, verzerrt und unsauber. Sogenannte Time Stretching-Artefakte treten auf. Und irgendwann

# SKILLS

Pitch 'n Time DJ im Setup aktivieren

bleibt auch die konstante Tonhöhe auf der Strecke.

Die Time Stretching- und Pitch Shifting-Software Pitch `n Time wurde von Serato schon 1998, damit zeitlich weit vor Scratch Live veröffentlicht und als Pro Tools Plugin für den professionellen Studioeinsatz entwickelt. Es setzte sich in den Jahren als Industriestandard durch, von dem jetzt auch Serato DJ-User profitieren. Denn das Expansion Pack Pitch ´n Time DJ erlaubt in der DJ-Software ein Pitching von über dreißig Prozent, ohne dabei klanglich und von der Tonhöhe sehr deutlich zu schwächeln. Bedenkt man, dass die Änderung eines Halbtonschrittes der des Tempos um sechs Prozent entspricht, bügelt das Tool im Fall von 30 Prozent-Tempodifferenz ganze fünf Halbtonschritte aus, hingegen den anderen gängigen DJ-Programmen traut man lediglich eine Änderung von einem Halbtonschritt zu.

Ist Pitch ´n Time DJ wie Serato Flip von dir bezahlt und damit in deinem Serato DJ-Account aktiviert, so findest du es einerseits im Expansion Pack-Reiter des Setups. Andererseits ist die Note der Key Lock-Funktion mit dem Symbol von Pitch ´n Time DJ ausgetauscht.

### Mit Pitch ´n Time DJ Transitions performen

Legt man musikalisch breit gefächert auf, sind verschiedene Musikstile mit ihren markanten Tempi, zu mixen. Housige Beats zwischen 115 bis 130 BPM stellen noch keine Herausforderung dar. Dagegen Urban bedient sich der vollen BPM-Palette ab 50 bis knapp 200 BPM. Ein Wechsel beispielsweise von 137 auf 65 BPM mag noch realisierbar sein. 65 BPM spielen synchron zu 130 BPM. Die restlichen sieben BPM Differenz gleichst du mit dem Pitch-Control aus. Hingegen den Spagat zwischen 130 und 100 BPM biegt zwar die Ultra-Pitch-Range zurecht. Aber klanglich überspannt es den herkömmlichen Key Lock. Verzerrungen und Artefakte begleiten dadurch den Track.

Da ungeduldige DJs nicht jeden Track step by step pitchen, um sich langsam dem gewünschten Tempo zu nähern, unterbrechen sie den Mix lieber mit einem Break. Der Track wird beispielsweise einfach auslaufen gelassen, ge-

stoppt oder verstummt mit einem Echo. Besser, man bedient sich der Transition, dies zwar nicht immer tanzbar, aber dafür künstlerisch wertvoller.
Wer bei seinem Plattenspieler, Controller oder den CDJs über eine Ultra-Pitch-Range von bis zu +/-50 verfügt, ist bei den Transitions klar im Vorteil. 30 Prozent Geschwindigkeitsdifferenz, kein Problem. Hingegen der Technics SL-1210 MK2 erreicht nach acht, getuned bei sechzehn Prozent sein Limit. Für weitere Prozente steht nur der virtuelle Pitch-Control im internen Modus von Serato DJ bereit. Oder man pitcht zusätzlich mit den verschiedenen Abspielgeschwindigkeiten am Plattenspieler, von 33 1/3 und 45 Umdrehungen/Minute.

Nicht jeder Track und jede Passage eignet sich für eine Transition. Checke zunächst, ob man dem Track auch sein radikal vermindertes oder beschleunigtes Tempo abnimmt. Bleibt der Track auch weiterhin tanzbar und verliert der Track damit nicht seine musikalische Stärke? Mitunter interpretiert ein BPM-Change den Track neu und wird damit auf eine andere Weise interessant.
Transitions kannst du entweder sprunghaft oder smooth praktizieren. Besonders Breakdowns bieten sich für den rasanten Tempo-Sprung an, um die BPM auf einmal zu ändern. Verstummt der Beat im Track, verschiebe in diesem Moment den Pitch-Control auf die gewünschte Position. Oder du wechselst die Abspielgeschwindigkeit deines Plattenspielers. Allerdings, je nach Richtung der Tempoveränderung passe zuvor die Abspielgeschwindigkeit an. Denn wenn du z. B. das ursprüngliche Tempo reduzieren möchtest, musst du die Virtual Deck Speed des Noise Map Control-Tones im Serato DJ-Setup, Reiter DJ Preferences, und die Abspielgeschwindigkeit auf dem Plattenspieler auf 45 U/min umstellen. Anschließend schaltest du als Transition die Geschwindigkeit auf 33 1/3.
Auch mit Beats oder Vocals funktionieren Transitions, wie in dem Breakdown von Fatboy Slims „The Rockafella Skank". Mit einem Auto Loop von maximal einem Beat oder weniger wiederhole eine Kick, Snare oder die Silbe eines Vocals. Anschließend halbiere immer wieder die Länge des Beat Loops. Erreichst du die Achtel- oder Sechzehntel-Beats, verschiebe den Pitch-Control bis zum gewünschten Tempo der Transition. Danach deaktiviere den Loop und die Transition ist abgeschlossen.
Einfacher funktionierts mit dem Time Stretch- bzw. Time Freeze-Effekt.

# SKILLS

## Serato Sample

Das GUI von Serato Sample

Serato Sample ist ein Audio Unit- und VST-Plug-in ausschließlich für Digital Audio Workstations, daher kein Expansion-Pack für Serato DJ Pro oder eigenständiges Programm. Das 99,00 Dollar teure Programm integriert sich als Sampler in die gängigsten Musikproduktionsprogramme, wie Ableton Live, Logic Pro, FL Studio oder Native Instruments Maschine, dies mit einer übersichtlichen und Serato DJ Pro-Usern vertrauten Benutzeroberfläche. Das zeigt sich in der Wellenformansicht zum schnellen Absuchen beliebter Parts, der in sieben Stufe zoombare Spektrogramm-Ausschnitt samt Farbcodierung nach hohen und tiefen Frequenzen zum genauen Auswählen der Samples übernommen, dazu sechzehn Pads. Folgende Parameter bieten sich den Samples zur individuellen Anpassung:

- Reverse
- Lautstärke (Level)
- Low/Highpass-Filter
- Anschlaghärte des Samples (Attack)
- Ausklanglänge des Samples (Release)

- Tonart- und Tempo-Anpassung (Key Shift und Time Stretching)
- Favoriten-Samples (Sternvergabe)

Die Installation des Plug-ins ist einfach: Nach dem Öffnen der Producing-Software findest du Serato Sample sofort in den Audio-Unit- und VST-Plug-ins gelistet. Serato Sample gestartet, sollst du zunächst eine Audiodatei laden, danach zeigt sich die Sampling-Oberfläche mit dem Track samt analysierten BPM, Key-Wert, Wellenform und Spektrogramm.

**Samples finden**

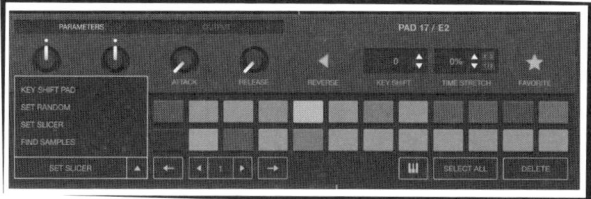

Die Optionen von Serato Sample

Serato Sample schlägt mit der Option „Find Samples" bis zu 32 Samples vor, vorrangig Kicks, Snares, mitunter auch Vocal-Silben. Für Leadsounds oder Basslines begibt man sich lieber manuell auf die Suche oder überlässt es dem Zufallsgenerator „Set Random". Für sehr genaues Anvisieren eines Samples im Track nutze die Zoom-Ansicht und den „Frozen-Mode" zum Vergrößern und Einfrieren der Wellenform, danach mit dem gedrückten Hot Cue-Button das Sample fixieren und auf dem Pad ablegen.

„Set Slicer" bei einem ausgewählten Sample gedrückt, legt das Programm auf die Hot Cues im wählbaren Abstand von 1/16 bis sechzehn Beats fünfzehn weitere auf das Sample folgende Schnipsel ab. Der Abstand lässt sich anschließend verkürzen, vergrößern und im Track in beide Richtungen verschieben.

**Das Implementieren**

Serato Sample pflanzt sich in einen Wirt wie Ableton Live, von dem es per Sync das Tempo übernimmt. Wobei es sich nicht zwangsweise dem Master-BPM unterordnet, letztlich spielt das Tempo des Samples nur eine Rolle, wenn die Sample-Länge unter einem Beat liegt.

Öffne ich das Plug-in, ploppt bei Ableton Live auch eine dazugehörige

# SKILLS

Serato Sample im Ableton Live

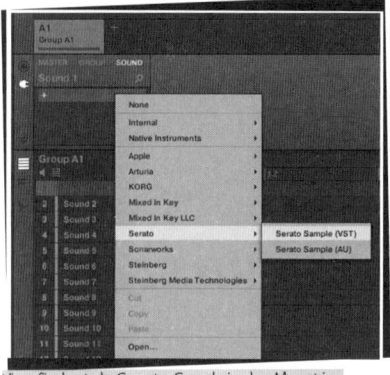

Hier findest du Serato Sample in der Maschine

MIDI-Spur auf. Durch jedes weiteres Anklicken des Sampler in der Plug-in-Liste, vergrößert sich das Arrangement um eine weitere Spur. Den Sampler kannst du auch per VST als Drum Rack anlegen, in Ableton Live unter den Drums zu finden.

Arbeitest du beispielsweise mit Native Instruments Maschine, dann öffne eine neue Group, gehe auf das „+" und wähle Serato Sample. Allerdings muss Serato Sample immer in die erste leere SOUND-Bank sein, damit es in zusätzlichen Instanzen mit den anderen 15 Banken verwendet werden kann.

### Das Triggern

Die 32 Hot Cues triggerst du entweder per Maus, Tastatur-Shortcuts (Ableton Live) oder den Pads eines angeschlossenen MIDI-Controllers. Generell liegt das erste Sample immer auf dem Grundton von C-Dur (Taste C1). Reagieren die gedrückten Pads des Plug-ins nicht, dann wechsele die Oktave, zum Beispiel in Ableton Live mit den YX-Tasten eures Keyboards. Natürlich funktioniert es besser mit den MIDI-Controllern Push 2 oder

Maschine. Dazu muss du in dem angelegten Drum Rack den Input/Ausgangsbereich der MIDI-Noten einfach auf „All" erweitern. Bei der Maschine drücke zunächst Shift und Pad-Mode. Die Pads sind allerdings erst spielbereit, wenn die momentane angespielte Oktave dem Grundton C1 anpasst ist. Entsprechend aktiviere Pad-Mode und wechsle gleichzeitig mit F2 oder F3 die Oktave.

Die Samples spielen so lange, wie das Pad gedrückt bleibt oder bis zu einem festgelegten Ende. Die Länge eines Samples definierst du durch Verschieben des oberen und unteren Markers im Spektrogramm. Die Rhythmik, den tonalen Verlauf und die damit verbundenen Noten legt der entsprechende Editor des DAW vor. Ab C1 ordnet das Domizil des Samplers alle 32 Noten den Samples per Klaviatur zu. Im Keyboard-Modus spielst du ein Sample dazu auf der kompletten Klaviatur beziehungsweise setzt es in dem MIDI-Noten-Editor, dies einstimmig (monophon) oder mehrstimmig (polyphon) in Akkorden. Dank Pitch 'n Time mit einem Time Stretching und Key Shifting wie im Studio hören sich die gespielten Samples sehr natürlich an und dank dem Velocity-Modus reagieren sie auch anschlagsdynamisch. Angepasste Tonarten klingen authentisch, sofern man keine Stimmen sampelt. Denn in bis zu +/- 24 Halbtonschritten beugt sich der Tonwert der Harmonie. Die BPM können per Knopfdruck verdoppelt, halbiert oder prozentual verändert werden, ohne unsauber zu klingen. Zusätzliche Filter, Attack und Release verfremden Samples zusätzlich bis zur Unkenntlichkeit.

Mit dem Eject-Button oder erneutes Drücken des Serato Sample Button wirfst du den Track und damit das Sample aus, aber die MIDI-Noten im Editor bleiben dir erhalten. Alternativ öffne einfach eine neue Spur mit dem Serato Sample.

## Ableton Suite und „The Bridge"

Spätestens hier lohnt es sich, die teure Ableton Suite zu zulegen, denn sie verfügt über eine riesige Library an Plug-ins für Drum-Kits, Synthesizer etc., die über einen internen Sampler spielbar sind. Zunächst aktiviere „The Bridge". Lege im Ableton Suite eine MIDI-Spur als Clip an und ziehe z. B. ein Drum-Kit in diesen. Der Sampler öffnet sich und deine Drums sind automatisch auf die Tasten deines Laptop-Keyboards gelegt. Solltest

# SKILLS

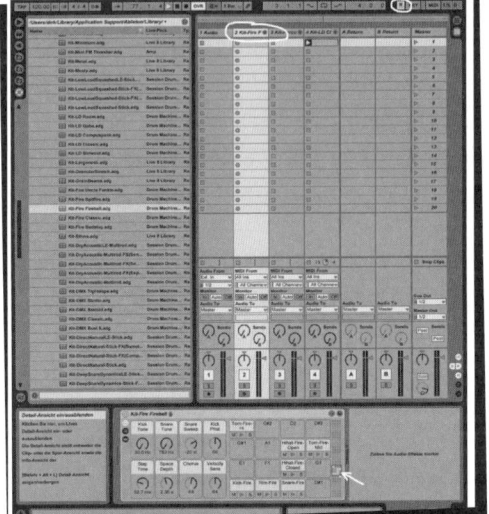

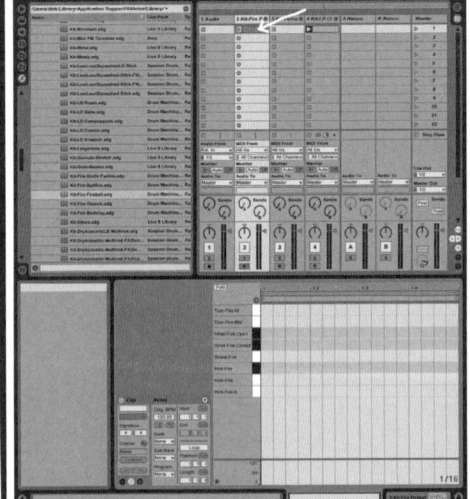

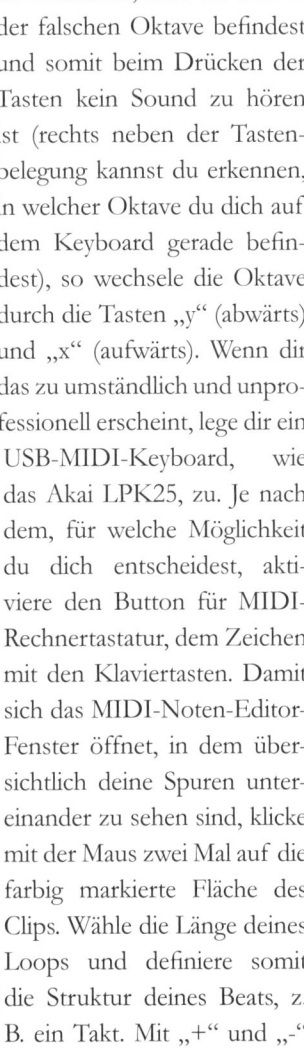

du feststellen, dass du dich in der falschen Oktave befindest und somit beim Drücken der Tasten kein Sound zu hören ist (rechts neben der Tastenbelegung kannst du erkennen, in welcher Oktave du dich auf dem Keyboard gerade befindest), so wechsele die Oktave durch die Tasten „y" (abwärts) und „x" (aufwärts). Wenn dir das zu umständlich und unprofessionell erscheint, lege dir ein USB-MIDI-Keyboard, wie das Akai LPK25, zu. Je nachdem, für welche Möglichkeit du dich entscheidest, aktiviere den Button für MIDI-Rechnertastatur, dem Zeichen mit den Klaviertasten. Damit sich das MIDI-Noten-Editor-Fenster öffnet, in dem übersichtlich deine Spuren untereinander zu sehen sind, klicke mit der Maus zwei Mal auf die farbig markierte Fläche des Clips. Wähle die Länge deines Loops und definiere somit die Struktur deines Beats, z. B. ein Takt. Mit „+" und „-" vergrößerst bzw. verkleinerst du das Fenster. Zoome am besten, wenn du Sounds um 16tel oder 32stel Beats setzt. Starte jetzt in dem MIDI-Clip die Aufnahme. Kontrolliere zunächst, ob der Schalter für den Aufnahmemodus rot leuchtet (unterer Pfeil). Wenn nicht, drücke wie im linken Bild diesen und anschließend die Start-Taste (oberer Pfeil). Beide Felder leuchten an-

Ableton Suite und "The Bridge"
Live-Remixing mit Maschine und weiteren Gears

schließend rot. Die Aufnahme ist aktiv. Spiele jetzt auf einem angeschlossenen USB-MIDI-Keyboard oder auf der Notebook-Tastatur deine Sounds. Diese werden anschließend zum Beat geloopt und zum aufgelegten Track synchron gespielt. Möchtest du einen Sound löschen, klicke doppelt mit der Maus auf den Sound. Du kannst ihn aber auch durch Auswählen mit der Maus in der Struktur verschieben.

### BEACHTE
Overdubbing (OVR) ist zu aktivieren, um in Echtzeit neue Sounds hinzuzufügen, die sofort beim nächsten Durchgang des Loops mit zu hören sind.

### TIPP

Native Instruments Komplet Kontrol M32 und Akai LPK25

## Live-Remixing mit Maschine und weiteren Gears

Zusätzliches Equipment zu involvieren, ist teuer und auch platzraubend beim Gig. Aber es entlastet während der Performance dein Notebook und lässt sich einfach besser triggern.

Großer Beliebtheit erfreut sich die schon erwähnte Maschine von Native Instruments. Da die Hardware der Maschine ein MIDI-Controller ist, funktioniert diese nur in Verbindung mit der dazugehörigen Software. Ob

Native Instruments Maschine-Software

mit gesampelten Sounds, Komplete Elements, eine Sound-Library mit über 1000 Sounds, von Oldschool-Drums der Roland TR-808 bzw. -909, über Gitarren, Pianos, Effekte oder dem legendären Massive-Synthesizer geladen, das Remix Deck erkennt die Maschine per MIDI und du spielst taktgenau zu dem laufenden Track auf den Pads abgespeicherte Sounds. Aber auch als Einzelinstrument überzeugt die Maschine. Auf den sechzehn Pads pro Bank, davon acht Stück an der Zahl, kannst du jeweils einen Sound speichern. Somit stehen dir gleichzeitig bis zu 128 Sounds zur Verfügung, aus denen du per Overdubbing on the run einen kompletten Track komponieren kannst.

Auch wenn die Maschine auf Traktor angepasst ist, dank Ableton Link kannst du sie auch ohne MIDI-Anschluss mit Serato DJ Pro synchronisieren. Solltest du für Ableton Live keinen MIDI-Controller besitzen, die Maschine eignet sich dank verfügbarem Pre-Mapping auch hevorragend dafür.

Neben der Maschine von Native Instruments wird auch die Remix-Station RMX-1000 von Pioneer DJ deine Ohren aufhorchen lassen. Sogenannte intuitive Performance-Interfaces anderer Pioneer DJ-Produkte, wie der Isolator-FX des DJM-2000, das X-Pad des DJM-900 nexus und das Multi-FX-Chaining des EFX-1000 wurden weiterentwickelt und miteinander in der Remix-Sation verknüpft. Neben verschiedenen Echo-Effekten, dem Release-FX zum Er-

# Live-Remixing mit Maschine und weiteren Gears

Pioneer DJ Remix-Station RMX-1000, Korg Kaossilator Pro

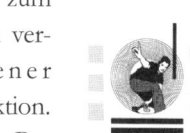

zeugen eines Breakdowns im Track, dem Isolator zum Anpassen verschiedener Frequenzbänder, verfügt diese Station über eine X-Pad FX-Effektsektion. Um die Effekte und den Sampler der Remix-1000 individuell an deine Bedürfnisse anzupassen und Sample-Bänke auf das Gerät zu laden, liefert Pioneer DJ das Gerät samt der Software Remixbox aus. Mit der Remix-Station triggerst du somit Samples, aber auch Kicks, Snares, Hi-Hats und Claps auf deine aufgelegten Tracks und remixt diese live auf der Basis eines einfachem und übersichtlichem Workflow. Dank RMX-1000 als VST-Plug-in ist die Remix-Station auch in Ableton Live bzw. Suite oder einer anderen Producing-Software einsetzbar.

Auch Korg bietet mit dem Kaossilator Pro ein DJ-freundliches Instrument, das ohne Keyboard-Tasten, sondern mittels Fingerbewegung über einen Touchscreen Synthesizer-Sounds wiedergibt. 200 Soundprogramme, ein Electribe inspirierter Gate Arpeggiator und vier Loop-Recording-Bänke werden beim Auflegen den Horizont deiner musikalischen Kreativität erweitern. Die kultigen Roland TR-606, TR-707, TR-808 und TR-909 erleben auch auf dem Serato DJ-zertifizierten DJ-Controller Roland DJ-808 ihre Renaissance. Denn die dank etlicher In-und Outputs auch als Stand Alone-Mixer funktionierende Konsole verbirgt neben allen Features zum Auflegen, qualitativ auf Profi-Niveau, eine Drum-Machine. Natürlich gefüttert mit den Kicks, Snares, Claps und Hi-Hat besagter Klassiker. Mit deren TR-S 16-Step-Sequenzer kreiert man nicht nur eigene Beats on the fly,

die zu den aufgelegten Tracks synchron spielen. Der TR-S Sequenzer triggert auch den Serato Sampler. Ein verbauter VT Voice Transformer mit Regler für EQ, Pitch-, Reverb- und Formant-Effekt manipuliert zudem die vom Mikrofon abgegriffene Stimme.

Roland DJ-808

## Das Moderieren mit einem Mikrofon

Zum Schluss der Skills sollen deine sprachlichen Fähigkeiten geschult werden. Um in einer Discothek oder auf einem Event souverän und verständlich zu moderieren, übe den Umgang mit dem Mikrofon und das Moderieren unter Berücksichtigung folgender Regeln:

- Deine Artikulation erfolgt dialektfrei und gut verständlich.
- Die EQ-Einstellungen für das Mikrofon passt du deinen stimmlichen Voraussetzungen an: Eine tiefe Stimme gleiche mit entsprechend weniger tiefen Frequenzen aus bzw. verstärke mittlere und hohe Frequenzen zur besseren Sprachverständlichkeit.
- Beim Moderationstempo richte dich nach der Räumlichkeit. Großraumdiscotheken bescheren z. B. durch den Schall und daraus resultierenden Signalüberlagerungen eine reduzierte Sprachverständlichkeit. In diesem Fall ist ein mäßiges und ruhiges Tempo angebracht.
- Zur Vermeidung von Sprachunverständlichkeiten halte genügend Abstand vom Mikrofon. Allerdings führt ein zu großer Abstand zu einem leisen Signal und bei entsprechender Kompensierung über den Lautstärkepegel zu einer Rückkopplung. Hierbei wird das über die Lautsprecher wiedergegebene Signal erneut über das Mikrofon dem Verstärker zugeführt. Deswegen ist ein Mikrofon-Test vor der Veranstaltung mit dem maximal erforderlichen Lautstärkepegel durchzuführen.
- Eine Moderation sollte natürlich und nicht gestellt wirken, stimmlich variieren und außerdem mit kurzen, umgangssprachlichen Sätzen formuliert werden. Am Schluss des Satzes und vor allem der Moderation ist die Stimme zu senken. Für die Ansage auf einen Titel mit Vocals nutze den Ramp (Intro), indem du nur bis zum Beginn des Gesangs deinen moderativen Ausführungen nachkommst.
- Während der Moderation auf einem Track (auch „Bett" genannt) reduziere die Musik auf ein Minimum (um zwei Drittel bis drei Viertel), so dass die Ansage musikalisch untermalt wird, ohne dabei die Sprachverständlichkeit zu behindern. Eine Talkover-Funktion, bei der durch Anliegen eines Mikrofonsignals alle anderen Kanäle in ihrem Lautstärkepegel gedämpft werden, bietet die automatische Regulierung der Musik auch ohne entsprechende Faderbewegung.

- Den Inhalt und die Wortwahl der Moderation gestalte entsprechend dem Stil der Location und der angesprochenen Klientel, z. B. in einer Großraumdiscothek oder einem Club ist die Anrede „Liebe Damen und Herren" völlig deplatziert.
- Halte Blickkontakt mit deiner Crowd.

### ÜBUNG

1. Zunächst ist eine vollständige Anmoderation für einen Abend auszuformulieren und auswendig zu lernen.
2. Mit Hilfe des am Mixer, über die Mic-Buchse angeschlossenen Mikrofons wird die komplette Moderation durchgesprochen und gleichzeitig mit dem Recorder aufgezeichnet. Variiere dabei deine Stimmlage und die EQ-Einstellungen, um den besten Klang deiner Stimme herauszufinden.
3. Treten beim Abhören der Aufnahme Fehler in der Moderation, wie Sprachunverständlichkeit, Dialekt oder zu schnelles Tempo auf, so muss weiter geübt bzw. ein Rhetorikkurs besucht werden.
4. Durch ständiges Wiederholen und anschließendes Abhören dieser Übung verbesserst du nicht nur deinen Redefluss und deine Aussprache, sondern legst auch den optimalen Klang deiner Mikrofonstimme aus Stimmlage und Einstellung am EQ fest.

Um auftretendes Lampenfieber, das ein lockeres Auftreten während der ersten Moderation behindert, zu reduzieren, berücksichtige die folgenden Tipps:

### TIPP

- Die erste Anmoderation ist auswendig zu lernen. Allerdings darf es der Zuhörer nicht heraushören. Deswegen sind kurze Sätze und umgangssprachliche Formulierungen zu verwenden.
- Um die Angst vor dem Publikum zu verlieren, bezieht sich dein Blickkontakt besonders auf eine ausgewählte, vertraute Person im Publikum, z. B. ein Freund oder Bekannter.
- Um das Publikum in der Discothek zu motivieren, bereite vor deinem ersten Gig ein paar Sprüche vor, mit dem du dein Publikum zur passenden Stelle anheizt.

# TRACKS

## Was möchtest du auflegen?

Der Aufbau einer umfangreichen Track-Library bzw. Schallplatten- und CD-Sammlung folgt in diesem Leitfaden nicht ohne Grund erst nach dem technischen Grundkurs. In dem Fall, dass die praktizierten Übungen verdeutlicht haben sollten, als DJ ungeeignet zu sein oder sich ein zunächst favorisiertes Medium als unpassend oder unzweckmäßig herausstellte, wäre eine vorher angelegte Sammlung eine Fehlinvestition gewesen.

Beantworte vor dem ersten Tonträgerkauf folgende Fragen, um im Vorfeld dein musikalisches Einsatzgebiet zu definieren:

- Welchen Musikstil favorisierst du? Möchtest du auch diesen primär im DJ-Set einsetzen?
- Existieren Locations, in denen dieser Musikstil vorrangig läuft?
- Welche musikalischen Trends sind augenblicklich in den Charts und in den Medien zu beobachten?
- Für welche Laufbahn entscheidest du dich: Club-/Szene-DJ, kommerzieller Discotheken- oder mobiler Party-DJ?

Afrika Bambaataa:
Ein DJ sollte offen für alles sein und sich darauf verstehen, jede Art von Party zu rocken. Wenn du aber ein Kategorie-DJ sein willst, ein House-, Reggae-, HipHop- oder Funk-DJ, dann steckst du in irgendeiner Schublade des DJ-Systems fest. Bist du aber offen und weißt, wie man alle Musikrichtungen mixt und auflegt, dann wirst du dich lange halten und viel in der Welt herumkommen. Denn du kannst alle Arten von Partys rocken und verstehst es, alle verschiedenen Musikstile aufzulegen.

Mit der Musikauswahl legst du einen entscheidenden Grundstein deines Stils, den du präsentieren möchtest. Zu Vinyl-Zeiten war es für einen DJ einfacher, sich musikalisch von anderen hervorzuheben, denn die Vinylauflagen waren limitiert und wer zu spät in den Plattenladen kam, hatte Pech. Heute ist Musik kopierbar, somit leider auch ein DJ-Stil. Versuche, deine Musik, die du am liebsten magst, in deinem Set durchzusetzen, denn nur mit ihr bist du glaubwürdig und lässt den Funken der Euphorie auf deine

Crowd überspringen. Dann spielt es auch nur eine Nebenrolle, wenn ein anderer DJ die gleichen Tracks auflegt.

Je nach gewähltem Ziel bestreitet ein DJ sein musikalisches Set kompromissloser (in einem Underground-Club) oder vielfältiger und unter primärem Einfluss der Musikwünsche (in einer Discothek/auf einer Party). Entsprechend richtet ein DJ die Wahl beim Tonträgerkauf aus. Favorisierst du persönlich z. B. House-Music und möchtest ausschließlich diesen Musikstil auflegen, ist zunächst die Frage zu klären, ob in deiner näheren Umgebung eine entsprechende Nachfrage besteht. Existieren in diesem Fall z. B. aber nur HipHop-Clubs, gibt es die Möglichkeit:

- die Vergrößerung des geographischen Einsatzgebietes
- des Umzugs in eine andere Stadt
- die musikalische Anpassung an die Discotheken- und Clublandschaft
- das Beenden der DJ-Karriere.

Eine Hauptaufgabe des DJs besteht darin, musikalische Trends zu verfolgen, die er auch beim Einkauf der Musik berücksichtigt. Er sollte nicht nur die Tracks der Verkaufscharts, sondern auch neue Veröffentlichungen in Clubs und Discotheken einsetzen. Bei einem eingeschränkten verfügbaren Budget für Tonträger und dem Ziel, die persönlichen musikalischen Vorlieben in einem Set darzubieten, peile lieber die Clubs an. Welche weiteren Vor- und Nachteile das Auflegen als Club-DJ gegenüber einem kommerziellen Big Room-DJ mit sich bringen, stellt der folgende Vergleich dar.

### BIG ROOM-DJ PRO

- monatlich viele Gigs zu höheren Gagen
- bei wirtschaftlichem Geschick Abdeckung des Lebensunterhalts
- Tonträgerbemusterungen zur Kostenreduzierung

### BIG ROOM-DJ KONTRA

- ohne Bemusterung höhere Tonträgerkosten
- sehr hoher zeitlicher Aufwand für die Tonträgerrecherche in den Charts
- lange Spielzeiten von mindestens fünf bis acht Stunden
- Unterhaltung des Publikums über das Mikrofon

# TRACKS

- der eigene Musikgeschmack kommt nur bedingt zur Geltung
- aufgrund des wirtschaftlichen Faktors in einer Großraumdiscothek hoher ausgeübter Erfolgsdruck durch die Geschäftsleitung
- Auflegen verschiedener Musikstile, darunter leidet auch die Glaubwürdigkeit deiner Person

## CLUB-DJ PRO

- die Crowd tanzt ausschließlich zu deinem Sound, der sich vorrangig aus neuen, unbekannten Tracks zusammensetzt
- renommierten Club-DJs bekommen höhere Gagen als Big Room-DJs
- kürzere Spielzeiten (meist zwei bis vier Stunden)
- niedrigere finanzielle Aufwendungen für Tracks durch die musikalische Spezialisierung
- ausschließlich auf den persönlichen Musikgeschmack ausgerichteter Tonträgerkauf und abgestimmtes Set
- kein musikalischer Spagat zwischen verschiedenen Musikrichtungen
- unkonventionelles Publikum
- relativ viel Spielraum für Kreativität
- geringer Erfolgsdruck durch die Chefetage des Clubs
- schnellere überregional wachsende Popularität
- geringer Aufwand für die Recherchen in diversen Charts

Paul van Dyk:
Es gibt, unabhängig von den verschiedenen Techniken, die man anwenden kann, zwei große Gruppen. Die einen, die das Ganze als Künstler der elektronischen Musik, des HipHop, was auch immer betreiben. Sie präsentieren das innovativ als eine Soundcollage, im Form des DJ-Sets. Die anderen müssen z. B. in einer Großraumdisco Sachen auflegen, die ihnen z. T. selbst nicht gefallen, nur um ihren Job zu behalten. Sie spielen halt das ganz normale Chartmusik-Programm runter.

## CLUB-DJ KONTRA

- zunächst geringere Gagen
- Tracks sind größtenteils zu kaufen, da nur eine eingeschränkte Track-Bemusterung möglich

Enthusiast / Bedroom-DJ / Professional DJ / Artist

- geringere Anzahl von Gigs pro Monat
- hauptberufliche Tätigkeit als Underground-DJ kaum realisierbar
- die Chance, ein erfolgreicher Club-DJ zu werden, ist nicht vorhersehbar
- eine eigene Veröffentlichung als Produzent ist ein Must-Have

**BEACHTE**

Vom Club-DJ in das kommerziellere Lager zu wechseln, ist einfacher als umgekehrt. Denn Clubs-DJ sind in Discotheken angesehen, die der Discothek in Clubs aber nicht.

## Die Zusammensetzung deiner Library

Anhand dieses Vergleichs stellt sich der Einstieg in den Club als vorteilhaft heraus. Aber letztlich entscheidet, ob du DJ lieber aufgrund der musikalischen Unterhaltung deiner Mitmenschen oder doch der kreativen Selbstverwirklichung werden möchtest. Die Anzahl der in deiner Umgebung vorhandenen kommerziellen Locations bzw. Clubs und dein beruflich verfolgtes Ziel, vom erlernten Beruf oder DJing den Lebensunterhalt zu bestreiten, tangieren ebenfalls deine Entscheidung. Wählst du den kommerziellen Weg, recherchiere zum Aufbau deiner Library in:

Premier:
Du musst viel über gute Musik wissen, auch über die, bevor du auf diese Welt kamst. Obwohl ich in den Siebzigern aufgewachsen bin, kenne ich die ganze Musik der 60er, 70er, 80er, 90er und die von 2000. Damit habe ich sozusagen ein gutes "Vorspiel". Man sollte stets bedenken, dass es kein Spiel, sondern Musik ernst zu nehmen ist.

- Trendcharts (z. B. Deutsche Dance Charts, Official Dance Chart ODC 50, Deutsche Club Charts, Deutsche Urban Charts...), die von DJs erstellt werden, um musikalische Trends der Clubs und Discotheken widerzuspiegeln. Allerdings übernimmt eine Nummer 1 dieser Charts keine 100prozentige Garantie für eine volle Tanzfläche in jeder Location.
- Verkaufscharts von Online-Shops wie Beatport, iTunes, Deejay.de, DJShop.de oder Vertriebe (z. B. Groove Attack)
- offiziellen Verkaufscharts Deutschlands, Großbritanniens und der USA

# TRACKS

- Playlists von Star-DJs, die häufig Trends setzen
- Rezensionen der Fachpresse bezüglich neuer Platten-Releases
- Hörfunk und Fernsehen, z. B. MTV, VIVA, Sunshine Live oder Jam FM, die mit ihren Air-Plays, besonders in speziellen Sendungen, musikalische Trends vorstellen
- Internet-Foren, wo DJs und Geeks ihre Favoriten posten
- entsprechenden Locations zum Entdecken neuer musikalischer Trends. Sollten vom Resident-DJ aufgelegte Platten eine enorme Euphorie auf der Tanzfläche erzeugen oder einfach ins Ohr gehen, so benutze eine Musikerkennungsapp, wie Shazam - ein Must Have für jeden DJ -, oder erfrage Titel, Interpret und Label. DJs geben mitunter Auskunft über Neuerscheinungen, denn sie fühlen sich in ihrem Geschmack bestätigt.

Ein Club-DJ integriert, abgesehen vom persönlichen Musikgeschmack, die Punkte eins, zwei, vier, fünf und sieben in seine Trackkaufkriterien.

Vor dem Aufbau deiner Library legst du deine Musik-Genres fest. Ein flexibles und umfangreiches Repertoire impliziert zwar eine höhere Booking-Anzahl, aber auch gleichzeitig einen höheren Kosten- und Zeitaufwand und desto schwieriger ist es:

- glaubwürdig einen Stil zu repräsentieren (z. B. ein Party-DJ setzt sich nur schwer bei einem HipHop-Publikum durch)
- ständig über Neuerscheinungen der unterschiedlichen musikalischen Facetten informiert zu sein und diese in dein Repertoire aufzunehmen
- sich bei einem erlesenen Publikum einen guten Namen als DJ zu erspielen.

## Das Kostensparen beim Aufbau deiner Track-Library

1. Zu Beginn deiner Laufbahn spezialisierst du dich als kommerzieller DJ auf ein bis drei musikalische Richtungen, die sich aus den im Discotheken- und Clubbereich etablierten Musikstilen House, Dance, Trance, Techno, Electro, Urban Music (R´n´B, HipHop, Dancehall), Chartspop, Alternative, Drum'n'Bass, Chill Out, Oldies oder Schlager ergeben. Die Auswahl unter-

liegt deinem persönlichen Geschmack, denn auf diese Weise kannst du die aufgelegte Musik auch gegenüber dem Publikum glaubhaft vertreten.

2. Für eine Stunde Musik im DJ-Set benötigst du bei einer Track-Laufzeit von drei bis sechs Minuten mindestens 30 bis 50 Tracks, um flexibel auf eventuelle Wünsche und die Dancefloorsituation zu reagieren. Urban Music-DJs planen sogar bis zu 100 Tracks pro Stunde ein, da die Spielzeit pro Titel mitunter eine Minute unterschreitet. Eine zusammengesetzte Mischung aus Klassikern bzw. aktuellen Hits als Garantie für eine volle Tanzfläche und den persönlichen, neuesten Favoriten bewährt sich.

3. Der legale Archivaufbau von 10000 Tracks innerhalb kurzer Zeit erweist sich für einen zukünftigen DJ als ein nicht zu realisierendes Unterfangen. Greife deswegen beim Kauf von Klassikern auf Compilations (Zusammenstellung der Tonträger-Industrie) zurück, denn die Original-Maxis als Vinyl oder CD sind meistens nicht mehr oder z. T. nur schwer und zu überhöhten Preisen bei Börsen oder Second-Hand-Händlern erhältlich. Aktuelle Hits sollten vor dem Kauf nach zwei Kriterien überprüft werden:

- Sind die Hits unbedingt für das Set notwendig?
- Sind es „Eintagsfliegen" (Weihnachtslieder, Titelmelodien von TV-Serien, gecastete Künstler oder an Sendeformate gekoppelte Titel), die in einem halben Jahr auf keinem Wunschzettel mehr zu lesen sein werden?

In beiden Fällen ist vom Kauf abzuraten, denn sie werden in deiner weiteren DJ-Laufbahn keine Verwendung mehr finden. Magst du mit herkömmlichen Vinyl auflegen, dann lege dir nur die Maxis der Hits von Artists, die schon länger etabliert sind, von Tracks mit (Club-)Hitpotential und ungebrochener Wirkung auf dem Dancefloor zu. Hier rentiert sich besonders der Kauf des Maxi-Tonträgers, aber auch des MP3 oder der CD, weil dieser häufiger zum Einsatz kommt. Zumal als Vinyl gleicht es einer Geldanlage. Denn Vinyl-Maxis sind limitiert, da die Schallplattenfirmen sie nur in einem kurzen Zeitraum pressen. Clubhits als Vinyl-Maxi konnten somit in der Vergangenheit bei Internet-Versteigerungen einen bis zu zehnfachen Wiederverkaufswert erzielen (z. B. Hotz`N`Plotz „Bye Bye Berlin").

# TRACKS

4. Beim Kauf neuester Tracks verlässt du dich auf dein Gespür für Trends. Entscheide, was du deinem Publikum Neues vorstellen möchtest und es bescheinigt dir mit seiner Reaktion auf dem Dancefloor, ob es deine Begeisterung teilt. Folgende Kriterien sind bei der Analyse der neuen, eventuell zu kaufenden Tracks hilfreich:

a) Ist der Groove treibend und zum Tanzen animierend?
b) Sind die verwendeten Sounds ansprechend, aktuell und nicht eine „abgewandelte Fälschung" eines aktuellen Hits?
c) Werden die Vocals stimmlich und melodisch ansprechen?
d) Wie ist der dramaturgische Aufbau des Breaks? Wird das Publikum die Hände nach oben reißen?

Tracks, die allen Trends widersprechen und dadurch neue setzen, sind aufgrund dieser Tatsache oft Anwärter für einen Clubhit. Allerdings kann der vorzeitige Track-Kauf auch als Verlustgeschäft enden, wenn der vermutete Hit sich doch als Flop entpuppt. Deswegen ist die Platzierung in den Playlists anderer lokaler DJs bzw. der Trendcharts ein Indiz für das Hit-Potential eines Tracks und bekräftigt mitunter die Kaufabsicht.

5. Den Einkauf der Tracks im Webshop führst du mindestens einmal pro Woche durch, damit dir keine wichtigen Releases durch die Lappen gehen. Bist du ein Oldschool-Vinyl-DJ, dann besuche auch wöchentlich deinen Recordshop um die Ecke. Das ist besonders wichtig, denn Erstauflagen fallen häufig klein aus und sind daher schnell vergriffen. Ein möglicher Nachlieferungstermin stellt keine Garantie dar, die Schallplatte auch zu erhalten, denn vor allem Bootlegs werden z. T. nur für ein bis drei Monate vertrieben und anschließend aus dem Vertrieb gestrichen. Ein kontinuierlicher Aufbau einer Geschäftsbeziehung zu deinem Tonträger-Händler vor Ort (wenn es einen geben sollte), indem du ihn wöchentlich am gleichen Tag – am besten zum Zeitpunkt der Warenlieferung – besuchst, erweist sich dabei als Vorteil. Dein Händler nimmt Reservierungen bezüglich der gefragtesten Neuerscheinungen entgegen, gibt Tipps in Bezug neuer, von anderen DJs gekaufter oder generell gut abgesetzter Tonträger und gewährt bei regelmäßigen Einkäufen Rabatte. Vor dem ersten Einkauf solltest du

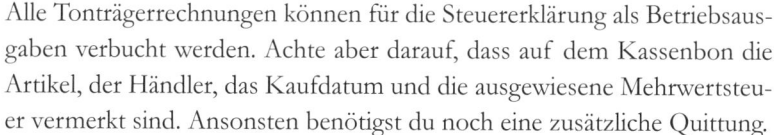

deinem Händler deinen gewünschten Musik-Stil der Tonträger schildern, damit der Verkäufer auch den Service auf deinen Geschmack abstimmt.

**TIPP**

Alle Tonträgerrechnungen können für die Steuererklärung als Betriebsausgaben verbucht werden. Achte aber darauf, dass auf dem Kassenbon die Artikel, der Händler, das Kaufdatum und die ausgewiesene Mehrwertsteuer vermerkt sind. Ansonsten benötigst du noch eine zusätzliche Quittung.

6. Um den wirtschaftlichen Aspekt nicht aus den Augen zu verlieren, legst du dir für den Track-Kauf ein Wochen-Budget als Erziehungsmaßnahme fest, das nicht überschritten werden darf. Denn nicht jeder Tonträger ist auch für deinen Setaufbau wirklich wichtig. Beim Überschreiten des Budgets selektiere die am wenigsten überzeugenden Tracks und diejenigen mit dem geringsten Clubhitpotential. Da auch der erste Eindruck eines Tracks täuscht, hörst du dir beim Online-Kauf in der Rückstandsliste befindliche Titel innerhalb mehrerer Tage häufiger an, bevor du den Kauf tätigst. Denn wahre Clubhits entfalten sich mitunter erst nach dem zweiten oder dritten Hören. Aber auch spontan, je nach Tagesstimmung dir zusagende Tracks lassen nach einem weiteren Hören in ihrer Überzeugung nach. Titel, die zwar subjektiv gefallen, aber dein Set objektiv kaum bereichern, sollten auch im Warenkorb gespeichert oder beim Händler zurückgelegt werden. Remixes angesagter Hits benötigst du nur sekundär für deinen Einsatz, denn die Nachfrage in Clubs und Discotheken bezieht sich vorwiegend auf das Original. Es sei denn, die Edit- oder Video-Version ist ein Remix oder der Remix besitzt bessere Qualitäten als das Original. Generell etablieren sich Remixes zur passenderen Seteingliederung, um dem Publikum eine Variation eines bekannten Stückes anzubieten und damit den Absatz der Tracks bzw. Tonträger zu erhöhen. Aber sie sind nicht unbedingt für dein Set notwendig.

DJ Hell:
Es ist nach wie vor wichtig, mit den Leuten zu arbeiten und auf die Leute einzugehen. Aber genauso sind eigene Sachen, an die man glaubt und die kein anderer spielt, durchzusetzen. Einfach Mut besitzen, ungewöhnliche Sachen aufzulegen.

# TRACKS

## Die Vinyl-Library

Entscheidest du dich für das Auflegen mit Vinyl, dann beachte Folgendes:
a) Eine gekaufte Komplettsammlung, die zwar mitunter tausende von Euro kostet, erweist sich allerdings bezüglich des Stückpreises pro Tonträger als sehr preisgünstig.
b) DJs können bemustert werden, d. h. die Tonträger-Industrie verschickt Gratisexemplare ihrer aktuellsten Veröffentlichungen, die von DJs getestet und mittels Feedback zu bewerten sind. Allerdings wird nur noch selten Vinyl bemustert. Um einen der raren Plätze in den Pools einzunehmen, gilt es, viele Referenzen zu sammeln. Die genaueren Möglichkeiten erklärt das Kapitel „Die DJ-Bemusterung".
c) ebay, Discogs.com, Second-Hand-Shops oder Börsen bieten die Grundlage auch für günstigere Vinylkäufe. Denn mitunter unterschätzen Schallplatten-Dealer manches Vinyl vom Wert, dessen Musikgenre nicht zu ihrem Steckenpferd gehört. Vergleiche daher Händlerpreise und spare damit Kosten.
d) Mitunter ist es auch ratsam, etablierte und erfahrene DJs, die über eine große Schallplattensammlung verfügen, zu befragen. Denn sie verkaufen auch sehr preiswert ältere Maxis als Paket, da sie durch den ständigen Neuerwerb und die musikalische Kurzlebigkeit ihr Repertoire auf dem neusten Stand halten müssen und somit aus Platzmangel ihre Schallplattenregale ständig leeren oder generell auf das digitale Medium umgestiegen sind. Wenn du so einen DJ kennst, biete ihm an, seine Schallplatten für das digitale Musikarchiv einzuspielen. Im Gegenzug erhältst du seine von dir eingespielten Platten mit finanziellem „Rabatt".
f) Für mobile Party-DJs gilt generell, dass sie ihr Repertoire am besten aus Compilation-CDs bzw. MP3s zusammenstellen. Musikalisch kurzlebige Trends und unbekannte Tracks spielen dabei eine untergeordnete Rolle. Vielmehr sind Klassiker der verschiedensten Genres aus den letzten 40 Jahren einzuplanen.

**BEACHTE**

Die Schallplatten solltest du auf jeden Fall senkrecht und stabil lagern, z. B. in robusten Ikea-Regalen für 100,00 bis 150,00 Euro. Schütze sie vor Feuchtigkeit bzw. Wärme, über 35 Grad Celsius. Deswegen lasse sie im Sommer nicht im Fahrzeug liegen.

Enthusiast / Bedroom-DJ / **Professional DJ** / Artist

## Die digitale Track-Library

Eine digitale Track-Bibliothek ist wesentlich einfacher und kostengünstiger zusammenzustellen. Wenn du dich auf Dance-Music spezialisieren möchtest, dann kaufe am besten bei Beatport.com oder Junodownload.com ein.

DJ Rush:
Es ist völlig in Ordnung, Musik anderer aufzulegen. Aber wenn die Leute dich besser kennen lernen und dich verstehen sollen, dann spiele deine Musik, mit der du dich am besten ausdrückst.

**Beatport:**
Viele Tracks erscheinen beim Marktführer Beatport exklusiv und Wochen vor dem Vinyl- bzw. CD-Release. Auch gegenüber iTunes und anderen Musikshops findest du viele Tracks nur bei Beatport. Musikerkennungsapplikationen, wie Shazam, versagen mitunter. Die von dir gespielten Tracks bleiben somit dein Geheimnis. Das ist auch ein Argument, warum etliche DJs diese Exklusivität in Anspruch nehmen und einen Preis von bis zu 2,50 Euro brutto für eine 320 kBit/s-MP3 (als AIFF-, Wave und STEMS-Format werden weitere Aufschläge von 1,00 Eur und mehr netto fällig) in Kauf nehmen, was nicht gerade preiswert ist, aber trotzdem günstiger erscheint als eine Vinyl-Maxi. Bedenke aber, wenn du eine Maxi-Single kaufst, sind meistens zwei bis vier Tracks auf das Vinyl gepresst. Rechnest du diesen Preis auf eine MP3-Maxi hoch, so amortisiert sich ein Vinyl schon ab zwei Tracks. Deswegen entscheide dich wirklich nur für maximal zwei MP3-Mixes von einem Track, um Kosten zu sparen.

Beatport bietet auch lukrative Compilations an, die hingegen mit 30, 40 oder 50 Tracks und einem Preis unter 20,00 Eur äußerst preiswert sind. Obendrein gibt es alle Tracks dieser Compilation noch als DJ-Mixes. Da bei Beatport täglich hunderte neuer Tracks online gestellt werden, checke am besten jede Woche ein- bis zweimal die neuesten Releases, wenigstens die gelisteten Charts, um ständig up to date zu sein.

# TRACKS

**BEACHTE**

Die bei Beatport in der Library angezeigten Preise sind netto. Wenn du in den Warenkorb schaust, stimmen diese Preise mit denen der Library nicht überein, da noch eine Umsatzsteuer fällig wird, die du ebenfalls bezahlen musst. Beatport ist allerdings kein deutsches Unternehmen. Es besteht auch daher keine Möglichkeit, die auf der Rechnung ausgewiesene Umsatzsteuer deiner abzuführenden Umsatzsteuer, die du als DJ einnimmst, gegen zu rechnen (siehe Kapitel zur Steuer).

**TIPP**

Google nach Rabatt-Aktionen, mit denen du beim Einkauf auf Beatport bis zu 50 Prozent sparst. Sollte dir auch mal der Schnipsel eines Tracks zu kurz sein, höre dir einfach den kompletten Track auf YouTube an.

### iTunes, Amazon.de und Junodownload:

Wenn du Mainstream oder bestimmte Titel suchst, die du z. B. bei einem Set eines anderen DJs gehört und per Musikerkennungsapp recherchiert hast, solltest du zuerst bei Amazon.de, iTunes oder Junodownload suchen. Denn die Bibliothek ist riesig und die Preise sind mit unter einem Euro (bei iTunes auch 1,29 Euro) am günstigsten.

### Franchise Record Pool, DJCity, BPM Supreme und andere Pools:

Wenn du Urban-Music auflegen möchtest, ist es für dich auf den ersten Blick etwas schwerer, an die allerneusten Tracks zu kommen. Denn als Urban-DJ musst du dich am amerikanischen Markt orientieren und die deutschen Plattenfimen bzw. Downloadplattformen hängen musikalisch z. T. Monate hinterher. Aber es gibt eine Lösung für professionelle DJs (Anmerkung: du wirst bei deiner Anmeldung nach deinem Resident-Club befragt): Funkmaster Flex´Franchise Record Pool (www.franchiserecordpool.com), der mit einer monatlichen Abo-Gebühr von 19,99 US-Dollar und 16 verschiedenen sogenannten Rooms punktet: Wöchentlich bekommst du brandneue, unveröffentlichte Tracks der Big-Labels wie Def Jam, Interscope oder Bad Boy Ent, von Crunk, über Westcoast bis zum Dancehall. Neben den Explizit-Versionen stellt der Record Pool die Songs z. T. als Instrumental und Acapella für Live-Remixing und andere akustische Spielereien am Platten-

# Die digitale Track-Library

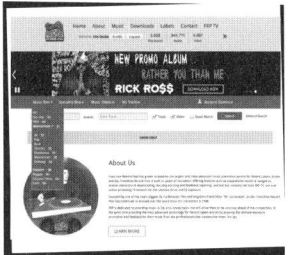

teller. Bevor dir die Tracks in einer Qualität von 320 kBit/s zum einmaligen Downloaden bereitstehen, musst du vorher eine kurze Bewertung für den jeweiligen Track abgeben. Erfolgte der anschließende Download erfolgreich, ist dieser geladene Track in deinem Account nicht mehr gelistet. Damit unterbinden die Betreiber den Missbrauch, dass mehrere User über den gleichen Account Tracks downloaden.

In den jeweiligen Rooms findest du jede Menge Tracks in verschiedensten Versionen, aber auch Videos, komplette Alben, Scratch-Effects, die du legal downloaden kannst:

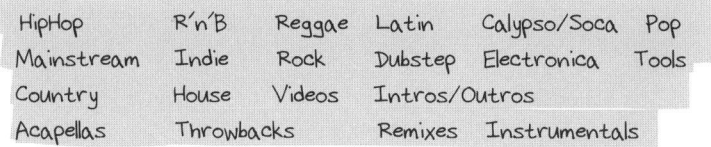

Alternativ wäre der auf Urban, Charts, Pop und Dance/House spezialisierte Bemusterungspool von DJCity.com zu nennen, der mit 90 Dollar pro Vierteljahr zwar deutlich teurer ausfällt, zudem wesentlich weniger Tracks als Franchise, aber dafür exklusive und für das DJing nützliche Remixes und Edits anbietet. Zudem sind bei allen Tracks bereits die Beatgrids und der Cue Point auf dem Downbeat gesetzt. Allerdings sind die Tracks nur drei Mal downloadbar und insgesamt knapp zwei Jahre gelistet.

BPM Supreme bietet von der Menge, der Bitrate, den ähnlichen Special-Versionen ein ähnliches Portfolio wie DJCity, punktet allerdings mit mehr Klassikern, downloadbaren Videos in High Quality, gespeicherten Cue Points

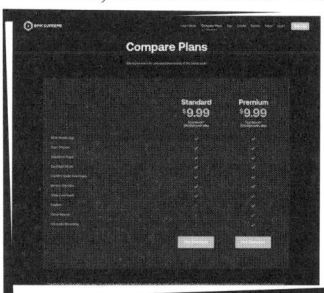

für Serato Flip und einem günstigeren Preis. Im ersten Monat berappt man nur 9,99 Dollar, danach 19,99 Dollar. Wer seine gedownloadeten Tracks in einer Cloud sichern, dazu MP3-Files mit 320 kbit/s streamen und nach Stilen sortierte Playlists komplett in einem Ritt herunterladen möchte, der entscheidet sich für das 29,99 Dollar teure Premium-Abo.

# TRACKS

Als weitere, zu empfehlende, allerdings kostenpflichtige Promo-Pools wären noch Clubkillers.com (35,00 Dollar/Monat), Livedjservice.com (30,00 Dollar/Monat), Directmusicservice.com (29,95 Dollar/Monat) und Promoonly.com (12,00 Dollar/Monat) zu nennen. Neben diesen dennoch sehr preiswerten DJ-Pools gibt es sogar auch kostenlose, denen du selbst als angehender und Newcomer-DJ beitreten kannst:

### TIPP

Da nicht in jedem Land alle Titel zum Download bereit stehen und dank der GEMA die Reglements in Deutschland besonders streng sind, melde dich am besten mit einem amerikanischen Account an. Somit kannst du auch die in Deutschland nicht freigeschaltete Tracks downloaden.

### Digiwaxx:

Ähnlich wie bei dem Franchise Record Pool wird vor deiner Freischaltung auf www.digiwaxx.com überprüft, ob du in einem Club als DJ aktiv bist. Wenn du ab und zu in einem Club auflegst, dann versuche dein Glück, um in diesen lukrativen Pool beizutreten. Er ist an keine Gebühr gebunden und bietet dir hauptsächlich Urban, wie HipHop, R´n´B, Dancehall etc., vereinzelt aber auch Pop, Alternative und elektronische Tanzmusik der verschiedensten Genre. Da die Betreiber in den USA sitzen, orientiert sich das Angebot sehr auf den amerikanischen Markt, was allerdings für Urban-DJs vorteilhaft ist.

Allerdings vor dem Download öffnet sich ein Popup mit einigen Reitern zum Bewerten des jeweiligen Tracks, die deine Meinung über den Track widerspiegeln sollen. Erst nach dem Ausfüllen steht dir der Track zum Download bereit. Als Nachteil ist zu erwähnen, dass keine Klassifizierung der Tracks erfolgt. Alle Tracks sind in einem Fenster hintereinander nach ihrem Upload gelistet. Du kannst somit nicht nach deinem bevorzugten Musikstil vorselektieren und musst dich somit durch die meisten Tracks durchhören, oder du verlässt dich auf dir bekannte Künstler. Allerdings kön-

nen dir somit wahre Musikschätze, die vielleicht nur in deinem Set zu hören sein könnten, entgehen. Die Qualität der Tracks ist mit 192 oder 256 kBit/s nicht ganz so hochwertig wie die anderer Pools, aber trotzdem völlig ausreichend. Mitunter plane für den Download auch ein paar Minuten mehr ein, denn in Stoßzeiten mit vielen aktiven Usern ist die Seite z. T. überlastet.

### BEACHTE
Ob die GEMA die herunter geladenen Tracks als offizielle Promo wertet, ist fraglich. Schließlich gilt für diese Pools amerikanisches Urheberrecht. Im schlimmsten Fall muss von dir jeder gedownloadete Track bei der GEMA lizensiert werden, siehe Kapitel Lizenzierung.
Mit einer schlechten Klangqualität der MP3s outest du dich schnell als unprofessioneller DJ und dass deine Musik aus illegalen Quellen stammte.

### TIPP
Lade neue Tracks auf's Handy, um durch häufiges Anhören ein Ohr für sie zu bekommen.

## Das Musik-Streaming

Flat-Rates sind nicht nur beim Datenübertragungsvolumen, bei den Cocktails, sondern auch beim Musikkonsum sehr beliebt. Schließlich änderte sich in den letzten Jahren das Nutzungsverhalten. Das Stöbern in den Platten-Läden verlagerte sich in die Musikrecherche vor dem Laptop. Genüssliches Inhalieren eines kompletten Albums überlässt man den Vinyl-Anhängern. Lieber pickt man sich die Rosinen aus dem MP3-Kuchen. Lieblingstracks sind ständig abrufbereit, fast unabhängig vom Standort. Man leiht Titel, solange einem diese gefallen beziehungsweise das Abo für einen Streaming-Dienst läuft. Praktisch, zumal sich der Musikgeschmack auch ändert und man manches überhört. Da die Musik den Soundtrack für den Alltag liefert, damit im Hintergrund ständig dahinplätschert, wird sie allerdings auch zur Nebensache. Ihre ständige Verfügbarkeit mindert auch gleichzeitig ihren Wert. Das Pendant liefert dazu Vinyl, das aufgrund seiner Haptik und Sounds den bewussten Konsum verlangt und wiederum auch mit seinem aufwendig gestalteten hochwertigen Cover Musik aufwertet.

# TRACKS

Bereits 2006 wurde Spotify (eine Kombination aus den englischen Worten „to spot" – entdecken und „to identify" – identifizieren) in Schweden gegründet und zählt neben Apple Music, Deezer und Juke zu den beliebtesten Streaming-Diensten. Mit einer Musikbibliothek von 60 Millionen Songs hängt momentan Apple Music Deezer (56 Millionen) und Spotify (50 Millionen) ab. Die meisten Abo-Dienste rufen eine monatliche Gebühr von 9,99 Euro auf. Spotify bietet sogar ein kostenloses Streaming an, allerdings eingeschränkt von den Funktionen (limitiertes Skippen zwischen den Titeln und mitunter kein direktes Anspielen bestimmter Songs). Zudem ist die Qualität gedrosselt, das Abspielen nur online möglich und Werbung wird eingespielt.

Das Musik-Streaming erreicht mittlerweile auch die DJ-Kanzel, wobei es nur eine Alternative bzw. Ergänzung darstellt, wenn:

- ich musikalisch sehr flexibel sein und verstärkt just in time auf Musikwünsche eingehen muss
- mein Set verschiedene Musikstile umfasst und sich dies häufiger ändert
- ich nicht den Anspruch eines Trendsetters habe, der vor allen anderen die neuesten Tracks auflegt
- ich meine, auf der Festplatte angelegte Library mit musikalisch temporär angesagten Songs ergänzen möchte.

Die Tracks sind auf jeden Fall vor dem Gig „herunterzuladen", damit du sie auch offline abspielen kannst. Obwohl für Live Streaming nicht das schnellste Netz verfügbar sein muss, birgt es aber immer noch Gefahren beim Uploaden. Des Weiteren solltest du dir darüber im Klaren sein, dass du dich als DJ mit einem Abo auch in eine gewisse Abhängigkeit begibst. Schließlich legst du eine Library mit „geliehenen" Tracks an, die du in verschiedene Crates einsortierst, setzt Cue Points beziehungsweise Loops und kommentierst sie.

 **BEACHTE**

Bei Abo-Kündigung gehen nicht nur diese Tracks, sondern auch deine Musikbearbeitung und -sortierung verloren. Auch das Mitscheiden gestreamter Songs ist aus rechtlichen Gründen bei einigen Programmen untersagt.

Folgende DJ-Programme unterstützen diese Streaming-Dienste:

Enthusiast / Bedroom-DJ / Professional DJ / Artist

VirtualDJ2020: Deezer, SoundCloud, Mixcloud, Beatport-/Beatsource Link
algoriddim djay Pro: Beatport-/Beatsource Link, TIDAL, SoundCloud Go+
Serato DJ Pro: TIDAL, Beatport-/Beatsource Link, SoundCloud Go+
rekordbox: TIDAL, SoundCloud Go+, Beatport-/Beatsource Link

Ungekrönter Streaming-König ist VirtualDJ, der neben seine eigenen Sparten-Diensten iDJpool (Music: 9,99 Dollar/Monat), Digitrax (Karaoke: 19,99 Dollar/Monat), VJpro (Video: 49,99 Dollar/Monat) auch weitere fünf beliebte Anbieter inkludiert. Dazu zählt Beatport Link, für das sich auch rekordbox und Serato DJ Pro entschied. Schließlich streamst du damit die meisten Tracks des Beatport-Portals zu einem monatlichen Preis von 14,99 Dollar/Monat im AAC-Format mit 128 kBit/s. Wer es qualitativ hochwertiger mag, der wählt das Abo Pro oder Pro+ mit besserer AAC-Qualität von 256 kBit/s, dazu auch 50 bzw. 100 downloadbaren Tracks zum ausschließlichen Abspielen ohne Internetverbindung. Ähnlich verhält es sich beim musikalisch Mainstream-orientierten Ableger Beatsource Link, der die gleichen Leistungen zu einem Abo-Preis von 9,99 Dollar, 19,99 Dollar und 29,99 Dollar pro Monat anbietet. Auch djay Pro von algoriddim triumphiert mit vier Streamingdiensten, darunter TIDAL, ebenfalls von Serato und rekordbox unterstützt. Obwohl TIDAL hierzulande recht unbekannt ist, trumpft es mit einer Bibliothek von über 60 Millionen auch offline abspielbaren Songs auf, dies für 9,99 Dollar/Monat. Beim TIDAL-HiFi-Tarif für 19,99 Dollar/Monat streamst du sogar im hochaufgelösten und unkomprimierten FLAC-Format mit 16 Bit und 44,1 kHz.

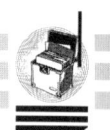

Auch SoundCloud Go+ taucht auch bei etlichen DJ-Programmen, wie Mixvibes Cross, auf, das allerdings zu den bisher genannten Streamingdiensten aufgrund seines eher begrenzten und speziellen Repertoires keine wirkliche Alternative darstellt. Dagegen bekennt Native Instruments mit Traktor DJ bisher gänzlich keine Farbe und verzichtet noch auf implementierte Streamingdienste.

Da die meisten DJ-Softwares gegenwärtig nur einen Streaming-Dienst anbieten, wird wohl auch dieser bei der Wahl des richtigen Programms ausschlaggebend sein. Aber nur als Zünglein an der Waage, denn die zertifizierte Hardware, Funktionen, Performance und auch die Optik des GUI sollten nach wie vor deine Entscheidung hauptsächlich beeinflussen.

## Der Aufbau einer DJ-Karriere

Mit den letzten Kapiteln wurden Grundvoraussetzungen für deine zukünftige DJ-Tätigkeit geschaffen:

- Das technische Equipment ist für die Übungen und den Auftritt auf einer Party einsatzbereit.
- Ein umfangreiches Musikrepertoire steht zur Verfügung.
- Du besitzt musikalisches Grundwissen, und deine Kenntnisse beziehen sich auf den aktuellen Musikmarkt, z. B. Clubhits, Charts.
- Die Mixing- und eventuellen Scratchtechniken gehen routiniert von der Hand.
- Du moderierst locker und flüssig.
- Musikalisch hast du dich für die Discothek, die Party oder den Club entschieden und weißt, was du musikalisch auflegen möchtest.

Bei aufkommenden Unsicherheiten im Umgang mit den Schallplattenspielern, DJ-Playern bzw. DJ-Controllern und elementaren Mixfehlern, wie z. B. Probleme beim Beatmatching oder Mixing, können die Anregungen dieses Kapitels aus folgenden Gründen noch nicht in die Tat umgesetzt werden:

- Es werden hohe Anforderungen an dich gestellt, denn du musst besser oder anders als die Konkurrenz sein.
- Du musst den Geschäftsführer von deinen Qualitäten auf Anhieb überzeugen.
- Du erhältst selten zweimal eine Chance, dich in einer Discothek oder einem Club zu profilieren.
- „Ist der Ruf erst ruiniert…", hast du es besonders schwer, dir einen Namen, der für Qualität spricht, zu erarbeiten.

Die in den folgenden Kapiteln zu vermittelnden Tipps und Anregungen basieren auf Erfahrungen, die du allerdings nicht zwingend umsetzen musst. Vielmehr sollen sie als Hilfestellung dienen, damit deine Karriere nicht im Sande verläuft und du nicht in jeden auf dich lauernden Fettnapf trittst. Manch erfahrener DJ, der dieses Buch liest, wird sicherlich ab und zu anderer Auffassung sein, denn jeder DJ hat seine eigene Taktik.
Um einen erfolgreichen Einstieg in das Club- oder Discothekenleben zu er-

reichen, ist für die folgende Recherche sehr viel Zeit aufzubringen. Überstürze nichts, denn wenn dir zu Beginn deiner Karriere der Ruf, unqualifiziert zu sein, vorauseilt, kannst du entweder die DJ-Tätigkeit aufgeben, den Wohnort bzw. das Tätigkeitsfeld wechseln oder musst zumindest besonders viel Überzeugungsarbeit bei den Veranstaltern und Geschäftsführern leisten.

Die genannte Recherche bezieht sich auf folgende Kriterien:
- Welche Discotheken und Clubs existieren in deiner Umgebung, die musikalisch mit deinem ausgewählten Stil konform sind?
- Welche Discotheken veranstalten Teeny-/Ü16-Partys?
- Welche DJs legen in diesen Discotheken auf? Wie alt sind die DJs und wie erfahren sind sie?

Ein oder zwei Discotheken bzw. Clubs wählst du für deine regelmäßigen Besuche in den nächsten Wochen aus, um Erfahrungen und notwendige Kontakte zu sammeln. Auch der Party- bzw. mobile DJ sollte sich zunächst auf Discotheken konzentrieren, denn die Oldiefloors bieten eine ideale Grundlage für das Auflegen auf Partys. Wenn dein Alter die 18 Jahre noch nicht überschritten hat, bietet sich der regelmäßige Besuch der Teeny-Veranstaltungen an.

## Die regelmäßige Club- und Discothekenrecherche

Sind zwei Locations als zukünftiges „Arbeitsterrain" gewählt, besuche diese regelmäßig und wöchentlich. Werde ein Stammgast, um:

- den erfahrenen Resident-DJ zu beobachten: Seine Arbeitserfahrungen musst du noch sammeln. Der Profi-DJ weiß, wie der Setaufbau zu erfolgen hat, um sein Publikum auf dem Dancefloor zu halten und zu motivieren. Seinen Umgang mit Technik, Musik und Publikum gilt es beobachten, damit die erlernten technischen Praktiken später auf den eigenen Einsatz in den Locations erfolgreich übertragen werden können, ohne dabei seinen Stil zu kopieren.

- Notiere gespielte Tracks, denn jeder Club oder jede Discothek weist eigene Clubhits auf, die der Resident etablierte.
- auch die Reaktion auf dem Dancefloor zu beobachten: Welche Tracks erzeugen welche Stimmung?
- die Peak Time (auch Prime Time genannt, Hauptzeit mit maximaler Besucherzahl) der Discothek herauszufinden: Wichtig für das Auflegen in einer Discothek ist, die Zeiten zu erkennen, in denen sich die Location füllt, ihre maximale Publikumsanzahl aufweist und wann sie sich leert.
- ein Gespräch mit dem Resident über das DJ-Geschäft zu führen.

Durch die wöchentliche Recherche im Club oder in der Discothek werden dir durch das Beobachten nicht nur Erfahrungen vermittelt, sondern du knüpfst wichtige Kontakte zum Resident-DJ und Geschäftsführer, der sicherlich früher oder später durch deinen regelmäßigen Besuch auf dich aufmerksam wird.

## Der Kontakt zum Resident

Nachdem du den ersten Kontakt zum Resident-DJ geknüpft hast, baue deine Gespräche an den folgenden Abenden aus. Stelle zu passender Gelegenheit die Frage, ob du den Resident auf seinen Touren, bei denen er auch in anderen Locations auflegt, begleiten könntest. Da sich Autobahnfahrten als langatmig bzw. ermüdend erweisen und sich der Resident über zusätzliche Hilfe beim Tragen der Schallplattencases oder des Equipments immer freut, spricht vermutlich nichts dagegen. Auf diese Weise erfährst du viele Anekdoten und Erfahrungen aus dem DJ-Geschäft und lernst Geschäftsführer anderer Locations kennen, in denen der Resident auflegt. Einige profilierte DJs bieten sich auch als Mentoren für den Nachwuchs an, um ihr Wissen weiter zu vermitteln und vielleicht dich als DJ-Talent zu fördern. Frage deswegen ihn, ob er Interesse an einer Mentorenschaft hat. Er wird dir theoretische und praktische Tipps geben und dich sicherlich auch mal an die Decks lassen, sodass du den einen oder anderen Track auflegen darfst und auf diese Weise deine ersten Gigs gemeinsam mit dem Resident verbuchst.

## Das Marketing – Der Weg zur Marke
### Die Wahl eines DJ-Namens

Spätestens vor deinem ersten Gig suchst du dir ein Pseudonym, unter dem du zukünftig auflegst. Folgende Eigenschaften sollte dein Künstlername besitzen:

- gut klingen
- unverwechselbar
- einprägsam und
- einmalig sein.

Von Namen wie Double D. als Initialen-Abkürzung des bürgerlichen Namens ist abzuraten, weil auf diese Idee auch manch anderer DJ-Kollege kommt, sodass Namens-Verwechselungen vorhersehbar sind.

**BEACHTE**

1. Zuerst analysiere deinen Namen. Kommt dieser als DJ-Name in Frage?
2. Für einen Künstlernamen dienen auch Kürzel oder französische, englische oder spanische Übersetzungen deines bürgerlichen Namens.
3. Gestalte deinen Namen einfach und kurz. Vermeide Fremdsprachenbarrieren, damit jeder den Namen artikulieren kann.
4. Verwende keine Sonderzeichen, um Probleme bei der Domain- oder Account-Anmeldung der sozialen Netzwerken zu vermeiden.
5. Beliebt sind gleiche Anfangsbuchstaben bei Vor- und Zuname.
6. Bei deinem DJ-Namen sollten die Vokale eine Melodie ergeben.
7. Google und finde heraus, ob dein Name einmalig ist.
8. Solltest du von dir als DJ und deinem DJ-Namen überzeugt sein, dann melde diesen beim Marken- und Patentamt an, bevor dir jemand zuvor kommt und ihn missbraucht. Das kostet je nach Anzahl der Klassen, für welche Sachen der Schutz gelten soll, mindestens 300,00 Euro für zehn Jahre, nochmals 1550,00 Euro und mehr für weitere zehn.

**Namen und DJ-Styles:**

Schon der Name drückt aus, welchen Stil der DJ auflegt. Englische Nick-Namen, wie DJ Spinback oder DJ Scratch, kündigen die musikalische Einstellung an: Urban. Dagegen DJs der Techno- und Houseszene treten ver-

stärkt unter ihrem bürgerlichen Namen auf, z. B. Oliver Koletzki oder Sven Väth. Bei deiner Namenswahl berücksichtige auch den Musikstil, den du vertreten wirst, damit du glaubwürdig beim Publikum ankommst.

**Zwei Namen - ein DJ:**
Hier geht es um Authentzität, die du deinem Publikum schuldest. Ein Hopping zwischen Musikstilen oder Big Room und Club akzeptiert deine Crowd nur selten. Es sei denn, du bist ein etabliertes Urgestein, das noch manchem Youngster hinter den Plattentellern den Rang abläuft und glaubwürdig mehrere Stile auflegen kann.

Siehst du dich berufen, ein musikalisches Doppelleben zu führen, dann lege dir für dein kommerzielles DJing und deine Club-Gigs separate Pseudonyme zu. Die Club-Szene lebt ihre eigenen Gesetze. Big Room-DJs sind verschrien und werden nicht in Clubs gebucht, was nicht auf die Qualität des DJs bezogen ist, sondern nur an kopfbezogenen Barrieren liegt. Deswegen überzeuge auch die Club-Welt mit deinen Skills, aber unter anderem Namen und unkonvetionellem Musikstil.

## Die Foren

Sie heißen DeejayForum.de, DJTechTools.com oder ScratchDJ.de und sind Sprachrohr und Austauschkanal für unzählige DJs. Hier findest du deine zukünftigen Kollegen, wie sie über Tracks diskutieren, sich über Skills austauschen, gegenseitig Tipps geben und natürlich auch über andere DJs lästern. Diese Foren stellen für dich auch eine gute Schule dar, denn du wirst von anderen DJs viel erfahren können. Zumal am Beginn einer DJ-Karriere nicht alles reibungslos verläuft. Deswegen melde dich unter einem Nick-Namen samt Avatar an und tauche in deine neue Welt ein. Sei aktiv, poste zu bestehenden Threads (Themen) oder befrage das Forum zu einem Thema deiner Wahl.

Für DJ-Equipment-Re- und -Previews, -Tests, Workshops oder auch zu Skill-Weiterbildungszwecken stöbere auf diesen sehr beliebten Plattformen:

| | |
|---|---|
| DJWorx.com | Bonedo.com |
| BPMSupreme.com | DJ-Lab.de |
| DJCity.com | einfachauflegen.de |

## Die Website und sozialen Netzwerke

Auch deine Präsenz im Netz ist für dich als angehender DJ für die Promotion wichtig. Dabei steht nicht mehr die eigene Website im Fokus, sondern die sozialen Netzwerke. Die Gründe liegen auf der Hand: Bei deiner Website bist du auf deinen Ruf, den Bekanntheitsgrad deiner Site und dem Ranking beim Google angewiesen. Aktiv kannst du den Traffic deiner Site nur wenig beeinflussen, es sei denn, du bist bei Facebook, MySpace bzw. Google+ angemeldet. Soziale Netzwerke sind notwendig für dein Marketing, um dich zu pushen, auf dich aufmerksam zu machen und vor allem Kontakte zu knüpfen. Die Illusion, dass du über ein soziales Netzwerk als DJ gebucht wirst, ist zwar nicht abwegig, aber doch eher von geringer Chance. Aber mit einem Star-DJ in Kontakt zu treten und somit einen Remix-Auftrag zu ergattern, soll schon vorgekommen sein. Deswegen setze dich an den Rechner und trete den folgenden sozialen Netzwerken bei.

**Facebook:**
Momentan das angesagteste soziale Netzwerk. Die Gründe liegen auf der Hand: einfache Handhabung, übersichtlich dank gleichem Profilaufbau und die Community wächst in Sekunden. Egal ob Hausfrau, Plattenlabel oder DJ, jeder möchte der Community beiwohnen und seinem Mitteilungsbedürfnis nachgehen. Hier stehen dir die wichtigsten Funktionen, wie Adden von Freunden und Bloggen von Content über die Pinnwand, Fotos, Videos oder Einladungen für Veranstaltungen zur Verfügung. Entweder meldest du dich mit einem Profil oder einer Künstlerseite an. Profile sind Privatpersonen vorbehalten, deren Vorteil vor allem im aktiven Adden von Freunden besteht, allerdings bis maximal 5000 an der Zahl.

Wenn du bei deinem Privatprofil die 5000er Marke der zugelassenen Freunde erreichst, dann begehe nicht den Fehler, diese ständig genau auf diesem Level zu halten. Schließlich blockt Facebook fortan weitere an dich gerichtete Freundschaftsanfragen automatisch. Orientiere dich besser an einer Anzahl von 4999. Somit bekommst du weiterhin neue Freundschaftseinladungen und baust dir eine Reserve auf, um in deinem virtuellen Freundeskreis zu selektieren und auszusortieren. Zumal sich auch mancher von

dir entfreunden wird, wenn du z. B. bei einem Gig nicht dessen Musikgeschmack getroffen hast, deine Postings ihm missfallen oder er sein Facebookprofil auf Eis legt oder generell abmeldet.

Bei einer Künstlerseite wird deine Fan-Anzahl nur aktiv durch Promotion der Seite, häufiges Posten diverser Inhalte wie Fotos, Videos, Links und deine Popularität beeinflusst. Die unbegrenzte Like-Anzahl und Statistik, die Aufschluss über den Erfolg deiner Seite gibt, sprechen zum Anlegen einer Fanseite.

### TIPP
Melde dich zunächst mit einem privaten Profil an, verschicke Anfragen an Freunde, Bekannte und Leute, die für dein DJ-Business interessant sein könnten und wandele später dieses Profil in eine Seite um, damit diese Freunde die ersten Fans deiner Facebook-Seite werden.

### BEACHTE
Die „Gefällt mir"-Anzahl deiner Fan-Seite kannst du zwar auch durch bequemes Versenden von Einladungen an deine Facebook-Freunde erhöhen. Allerdings funktioniert dies nur einmalig. Daher solltest du dir genau überlegen, an wen und vor allem wann du die Einladung verschickst. Ist die zu akquirierende Person momentan viel beschäftigt, selten online oder nicht so gut auf dich zu sprechen, bestehen weniger Chancen. Bei einer daraus resultierenden verpatzten Einladung auf deine Fan-Seite kannst du nur noch den umständlicheren Weg gehen, indem du Privat-Nachrichten mit der Bitte eines Likes deiner Seite verschickst. Alternativ poste auf deinem Privat-Profil für jedermann sichtbar, also nicht nur für deine Freunde, den Link zu deiner Facebook-Seite mit dem Hinweis, dass sich die Leute, mit der noch nicht vor dir angenommenen Freundschaftsanfrage, gedulden sollen und du dich trotzdem auch über deren „Gefällt mir" deiner Fanseite freuen würdest.

**YouTube/Vimeo:**
YouTube sollte auch für das Vermarkten deiner Person genutzt werden. Allerdings sperrt zunehmend die GEMA pauschal Videos aufgrund angeblicher Urheberrechtsverletzungen, sodass viele DJs auch auf Vimeo uploaden.

**Google+:**
Am 28. Juni 2011 ging das jüngste soziale Netzwerk online und präsentiert sich mit ähnlichen Funktionen und Layout wie Facebook. Sei auch hier vertreten.

**Twitter:**
Die sogenannten bis zu 140 Zeichen langen Micro-Blogs, die du bei Twitter an deine sogenannten Followers versendest, erinnern an SMS-Kurznachrichten. Besonders auffallend sind dabei die gesetzten Hashtags nach dem #-Zeichen als Hinweis auf ein Schlagwort und die @-Zeichen zum Verlinken. Auf diese solltest du nicht in deinem Tweet nicht verzichten, damit er retweetet (Teilen) und favorisiert wird. Das ist ausschlaggebend für den Erfolg deines Tweets. Wenn jemand Interesse an deinem DJ-Leben hat, dann abonniert er dich als Follower. Zu Beginn deiner DJ-Karriere bist du aber weder bekannt, noch interessant, deswegen ist eine Anmeldung bei Twitter noch nicht unbedingt notwendig.

**Instagram:**
Mit dieser kostenlosen App schießt du Schnappschüsse oder drehst kurze Videos von deinem Equipment, Gigs oder sonstigen Erlebnissen und teilst sie erfolgreich in diesem sozialen Netzwerk. Helle mit Filtern deine Bilder auf, verlinke Personen, gebe die Location des Fotoshoots an und setze auch hier alle zu dem Bild passenden Hashtags, damit das Bild nicht nur deine Abonnenten erreicht und deren Like wert ist. Bist du auch bei Facebook und Twitter angemeldet, so musst du nicht umständlich den gleichen Content separat dort posten. Instagram bieten ein Sharing an, damit der Inhalt gleichzeitig in den anderen Netzwerken seine Plattform findet. Ein nicht nur effizientes Feature, sondern du wirbst auch gleichzeitig für deine Accounts in den anderen Social Networks, damit auch dort deine Anhängerschafft wächst.

**BEACHTE**
Sofern sich die Profile von verlinkten Personen auf Instagram und beispielsweise Facebook unterscheiden, musst du sie in dem auf Facebook geteilten Post erneut markieren.

### Snapchat:

Auch bei diesem Messenger-Dienst für Smartphones und Tablets dreht es sich fast ausschließlich um visuelle Inhalte. Allerdings liegt Snapchat gegenüber Instagram mittlerweile mit einem vielfach höheren Upload von Fotos bzw. Videos und damit in seiner Beliebtheit vorn. Das Erfolgsrezept: An geaddete Freunde versendet man Fotos und kurze Videos, die nur temporär für maximal zehn Sekunden sichtbar bleiben und sich anschließend selbst löschen. Davon ausgenommen sind Inhalte der sogenannten Stories, die für Abonnenten und Freunde erst 24 Stunden nach ihrer Veröffentlichung von der App verschwinden. Als weiteres bisheriges Alleinstellungsmerkmal wären die über Inhalte gelegten, mehr oder weniger lustigen, auffälligen Gesichts-Filter zu nennen.

Auch in dieser kostenlosen App solltest du dich anmelden, um über deinen Kanal deine Abonnenten an deinem #djlife mit Bildern von Gigs, deinen Turntable-Trainingssessions oder auch an privaten Erlebnissen teilhaben zu lassen und letztlich damit für dich zu werben.

### MySpace:

MySpace hatte sich vor allem unter Musikern, aber auch DJs als eines der wichtigsten Portalen herauskristallisiert. Neben den Standard-Features zum Bloggen, Adden, Video- und Foto-Uploading bestand ein wesentlicher Vorteil im Design, das früher individuell gestaltet werden konnte. Allerdings mit der Umstellung auf standardisierte Layouts verlor MySpace zunehmend an Attraktivität und damit auch User an Facebook. Trotzdem besitzen noch viele, auch bekannte DJs einen MySpace-Account. Warum auch du nicht?!

### TIPP

Melde dich in allen sozialen Netzwerken unter dem gleichen, am besten deinem DJ-Namen an. Dadurch wird dich deine Lobby schneller finden und adden. Verknüpfe die einzelnen Accounts durch Sharing. Dies wird dir später Zeit beim Bloggen ersparen.

### Die Website:

Wie schon erwähnt, eine eigene Website ist nicht unbedingt notwendig, rundet aber deinen Internetauftritt ab und in den sozialen Netzwerken kannst du durch Verlinken für sie werben. Deswegen registriere schnellstens deine gewünschte Domain, damit du nicht später, wenn du berühmt bist, einen Kompromiss beim Namen eingehen musst, weil dir jemand deinen Domain-Namen schon wegschnappte und eine finanzielle Ablöse von dir fordert. Zwar verfügt deine DJ-Laufbahn momentan weder über Referenzen, noch anderem Content, der deine Website füllt. Aber dies ändert sich folgend.

## Die Pressefotos

Sicherlich wirst du zu diesem Zeitpunkt noch keine professionellen Pressefotos benötigen, aber mit ein paar schicken Bildern deiner Person solltest du deine Profile in den sozialen Netzwerken und deiner Website schon füllen. Dafür brauchst du auch nicht unbedingt einen geschulten Fotografen.

**TIPP**

1. Die Bilder sollten mit einer Spiegelreflexkamera inklusive einer Bildauflösung von mindestens fünf Megapixel geschossen werden.
2. Wähle ein cooles Outfit aus. Allerdings sollte es nicht zu trendy sein, denn ansonsten steht bald ein neues Fotoshooting an, weil dein Look auf den Bildern überholt ist.
3. Typische DJ-Pics mit Kopfhörern und Plattenspielern sind beliebt, aber auch alltäglich. Lass´ dir was Verrücktes einfallen, das auffällt und vielleicht etwas provoziert. Schließlich macht es Lady Gaga auch nicht anders.
4. Wähle eine coole Hintergrund-Location, keine Ruine, denn auch das ist nicht mehr angesagt.
5. Du wirst zukünftig auch ein paar neutrale Fotos benötigen, die ohne Hintergrund und demzufolge freigestellt sind, damit der professionelle Grafiker dich in den Flyer, auf dem du für einen Gig abgebildet sein sollst, problemlos einbinden kann.
6. Knipse auch ein paar Face-Shots. Gehe deswegen am Vorabend zeitig ins Bett. Ansonsten fallen noch Kosten für eine Kosmetikerin zum Retouchieren deiner Augenringe an.
7. Die Bilder sollten natürlich ohne Roten-Augen-Effekt und in einer druckfähigen Bildauflösung von 300 dpi sein.

## Das eigene Logo

Es sieht immer schick aus und fällt vor allem auf, wenn der eigene DJ-Name nicht aus der standardisierten Handschrift des Computers stammt. Schließlich möchtest du dich als DJ von anderen deiner Zunft besonders hevorheben. Ein eigenes Logo zeugt von Professionalität, das ein Bindeglied in deinem Marketing sein kann. Denn schließlich wird es vielleicht nicht nur deine Profile in den Netzwerken zieren, sondern auch Anzeigen und Flyer. Viele DJs bekleben auch die Bildschirmrückseite des Laptops mit ihrem Logo. So kannst du mit deinem eigenen Schriftzug Aufsehen auf Fotos bzw. Videos und einen Wiedererkennungseffekt erzielen, damit du in den Köpfen deiner zukünftigen Lobby bleibst. Sollten grafische Arbeiten nicht zu deinen Tugenden gehören, dann investiere etwas Money in einen professionellen Designer. Schließlich willst du mit deinem Logo punkten und nicht loosen.

## Die Visitenkarten

Vor dem ersten Gig solltest du auch Visitenkarten anfertigen lassen, denn mitunter halten sich während deines ersten Gigs Geschäftsführer anderer Locations oder Booker zur Beobachtung der „Mitbewerber" auf. So kannst du auf eine Bookinganfrage professionell reagieren.

Auf der Visitenkarte sind neben deinem DJ-Namen deine Kontaktdaten, wie Telefonnummer und eventuell Postanschrift, zu vermerken. Natürlich lässt sich auch dein erstelltes Logo auf der Visitenkarte gut einbinden. Für Visitenkarten gilt, je einzigartiger und auffälliger, desto größer die Chance, in der Visitenkartenmappe deines zukünftigen Bookers, Club-Chefs aufbewahrt zu bleiben. Denn der erste Eindruck zählt: Visitenkarten aus dem Automaten mit durchschnittlicher Papierqualität vermitteln schon beim Berühren, vor mir steht ein durchschnittlicher DJ. Hingegen außergewöhnliche Visitenkarten-Materialien, z. B. aus Vinyl, wie sie von www.troegele.com angboten werden, erzeugen beim Überreichen die notwendige Aufmerksamkeit und du hinterlässt einen positiven Eindruck.

## Das Branding mit Sticker, Faceplates und Skins

Die Werbetrommel für sich als DJ zu rühren, gehört genauso zum guten Ton, wie das Auflegen der passenden Tracks. Schließlich soll der Bekanntheitsfaktor multipliziert werden. Vom Tragen der T-Shirts mit dem eigenen DJ-Brand, womöglich dem Konterfei, nimm allerdings Abstand. Damit wirst du sicherlich in Szenekreisen belächelt. Hingegen auffällige Sticker (Aufkleber) mit deinem DJ-Namen, einem Link zu deiner Facebook-Fanseite, einem kostenlosen Mixtape oder auch mit einem provokanten Spruch, mit denen du DJ-Kanzeln, vielleicht Festival-Gelände oder andere Groß-Events „zubombst", erzeugen Aufmerksamkeit, aber vermutlich auch Ärger. Ob es Konsequenzen nach sich zieht, kommt auf die Kulanz des Veranstalters an. Mitunter bist du mit deinem Sticker nicht der Einzige, der seine Marke auf die Art hinterlässt.

Gleichen deine Sticker von ihrer Form und Größe der eines Vinyl-Labels, dann klebe sie auch in die Mitte deiner Timecode-Platten. Denn sie fallen aus der Vogelperspektive auf dein Setup und damit bei Videos bzw. Fotos sehr gut auf. Aber warum nicht gleich das komplette Equipment mit dem eigenen Logo bzw. Design branden?! DJs-Face aus Deutschland bietet einen sehr exklusiven und individuellen Service für sogenannte Faceplates an. Nicht nur, dass diese sehr auffallenden, kratzresistenten Frontplatten für Mixer, Turntables, CDJs oder DJ-Controller aus hochwertigem Metall, aber auch Holz oder glänzendem Laminat gefertigt und mit Leder, selbst Gold oder Diamanten veredelt werden können. Zudem schmücken sie sich mit deinem kreierten oder einem von DJs-Face vorgeschlagenen Design. Der Anbieter kennt keine Grenzen und produziert, was der Kunde möchte. Auf den Geschmack der edlen Front-Coverplatten sind bereits auch weltberühmte DJs wie Carl Cox, David Guetta, Fatboy Slim, Ellen Allien, Moby und Jazzy Jeff gekommen.

Carl Cox mit seinem customized Native Instruments S8

Die passgenauen Metallplatten verfügen über ein eigens entwickelte kratzfestes, glänzendes Finish. Da es sich um sehr hochwertige Einzelanfertigungen handelt, für die maximal 50 Bestellungen pro Jahr angenommen werden, liegt die Produktionszeit zwischen drei bis vier Wochen und der Preis beginnt ab 2000,00 Euro.

Eine weitaus günstigere Variante sind die ebenfalls aus dem Haus DJs-Face kommenden hauchdünnen DJ-Skins mit einer Passgenauigkeit von 0,1 Millimeter. Wie auch bei den Faceplates schränken die Skins nicht das Handling ein, die Form deines Gerätes bleibt unverändert. Das

Tomorrowland DJ-Skins DIM MAK-Setup

hochwertige, flexible Material positioniert man dank der antistatischen Klebeseite nicht nur ganz einfach passgenau, sondern durch die spezielle Struktur in der Klebeseite, der „Easy-Apply-Technologie", auch ohne Luftblasen. Zudem bieten die matten Folien einen zusätzlichen Kratzschutz der Oberfläche und lassen sich auch ohne Rückstände problemlos wieder lösen. Fertige Designs für die gängigsten Modelle von Pioneer DJ, Denon DJ, Native Instruments oder Reloop gibt es online bei www.dj-skins.com oder auch bei einigen Händlern für 60,00 Euro. Spezialanfertigungen schlagen mit weiteren 40,00 Euro zu. Die Produktionszeit beträgt drei bis fünf Tage. 12inch Skinz aus den USA bieten maßgeschneiderte, glänzende und matte Folien selbst im Metallic-Look an, sei es mit deinen eigenen oder mit angebotenen Designs für DJ-Equipment der gebräuchlichsten Marken. Dazu gibt es auch farblich passende Fadercaps und Knobs. Im Vergleich zu DJ-Skins liegen deren Aufkleber preislich leicht drüber, zumal mit höheren Versandkosten einschließlich Lieferzeiten und der zu entrichteten US-Umsatzsteuer, die nicht mit der hiesigen verrechnet werden kann, weitere Kosten hinzukommen. Solange deine Bestellung nicht die 150,00 Euro-Grenze überschreitet und dies somit als geringwertige Sendung eingestuft wird,

DDCs Technics SL-1210 MK2 RayCademy-Edition

fällt aber wenigstens kein zusätzlicher Zoll für die Einführung in die EU an. Möchtest du deine Technics SL-1210 MK2s generalüberholen oder/und optisch aufpimpen, dann kontaktiere Varyturn oder DJ´s Dream Customs (DDC), die sich darauf spezialisieren.

## Das Mixtape / Der Mix

Phlatline Boomboxx-Mixtape

In der Zeit von Software-Autopiloten, die sogar einer Hausfrau einen fehlerfreien Mix bescheren, hat das Mixtape (auch die Mix-CD wird als Mixtape bezeichnet) als musikalische Referenz fast ausgedient. Möchtest du trotzdem Zeit in ein Mixtape investieren, so achte darauf:

- dass dein Set möglichst im Club mitgeschnitten wurde.
- Es bietet einen repräsentativen Querschnitt deiner musikalischen Vielfalt.
- Es sollte nur Skills enthalten, die du auch live beherrschst.
- Achte auf eine kurze Spielzeit der einzelnen Tracks. Denn der Clubchef ist vorrangig an deinen Fähigkeiten und deinem Musikstil interessiert.
- Erstelle ein schickes Layout für das Cover und CD-Label, damit es auch optisch auffällt und deinen Namen optisch gut verkauft.
- Damit niemand auf die Idee kommt, deinen Mix als seinen auf dessen Gig zu „verkaufen", brande ihn z. B. mehrmals mit einem Drop-In (kurze Jingles, die den DJ-Namen ankündigen), wie „DJ Hotzenklotz in the mix".

Das fertige Mixtape kannst du übrigens auch sehr gut für dein Web-Marketing nutzen, indem du in den sozialen Netzwerken einen Link zum Downloaden postest oder auf Portalen, wie www.mixcloud.com oder www.soundcloud.com uploadest.

**BEACHTE**

Mit Mixtapes verletzt du das Urheberrecht, wenn du für die auf den Tapes enthaltenen Songs keine Freigabe besitzt und keine GEMA-Gebühren zahlst. Die britische Website Mixcloud.com schloss mit der dortigen Verwertungsgesellschaft einen Deal ab, sodass ein Upload in UK völlig legal und mit keinen Konsequenzen für den Uploader zu rechnen ist. Auch in Deutschland duldet man den Upload von DJ-Mixes auf Mixcloud, unter einer Bedingung: Mit dem Hochladen des Mixes veröffentlichst du die Tracklist des Mixes, also Titel und Interpret samt Buy-Link.

**TIPP**

Wenn du mit Serato DJ Pro auflegst, kannst du dir das manuelle Eintippen der Playlist auf Mixcloud sparen. Lege einen Account unter http://serato.com/playlists an, wo du über die Export-Funktion im Serato DJ Pro normalerweise deine aktuelle Playlist hochlädst. Hast du einen Mix aufgenommen, den du auf Mixcloud veröffentlichen möchtest, exportiere die Tracklist des Mixes auf Serato.com/Playlist. Anschließend uploade den Mix auf Mixcloud und nach ein paar Instruktionen wirst du gefragt, ob die Playlist zu diesem Mix von Serato.com/Playlist übertragen werden kann.

Wenn du treuer Beatport-Kunde bist, kannst du sogar mit deinen Mixes aus von Beatport gekauften Tracks bzw. deinen eigenen Produktionen auf Beatport Geld verdienen und somit dich als DJ promoten. Du gehst dazu auf den Reiter „Mixes" und uploadest unter deinem von dir angelegten Profil deine Mixes zum Verkauf. Der Erlös geht direkt an dich!

## Das Internet-Radio

Heute kann sich jeder im Internet als Programmdirektor produzieren. Zumal Internet-Radio-Stationen erzielen bei einer außergewöhnlichen Qualität des Programms und dank Handy-Applikationen hohe Einschaltquoten. Nutze auch diesen Kanal für dein Marketing und beweise deinen Hörern, dass du Auflegen und Moderieren bzw. Unterhalten kannst.

Bewerbe dich mit einem überzeugenden Konzept deiner Sendung und Mixtape bei einem etablierten Sender, der über die notwendigen Erfahrungen, einen guten Ruf und über eine hohe Einschaltquote verfügt.

**TIPP**

Wenn du ein Konzept für deine eigene Radiosendung erstellen möchtest, dann recherchiere:

- Bei welchem Sender möchtest du unterkommen?
- Welche Sendungen gibt es bei deinem favorisierten Sender?
- Wie ist die Übertragungsrate und somit die Qualität?
- Passt dein Konzept bzw. deine Musik in das Format des Senders?
- Welche Sendezeiten stehen dir zur Verfügung?

Überlege dir, anhand des Konzepts eine Programm-Lücke zu finden, denn wenn der Sender schon eine Urban-Show featured, dann braucht er bestimmt keine zweite. Sei „unique" und bestücke deine Sendungen mit Trailern, vielleicht auch kleinen Reports zu szene-affinen Themen. Schlage einen guten Zeitpunkt vor, der vielleicht noch nicht besetzt ist oder deiner Zielgruppe gelegen wäre, z. B. am frühen Abend. Erledige deine Hausaufgaben und überzeuge den Programmchef. Solltest du dann die Chance bekommen haben, deine eigene Sendung zu fahren, dann poste in allen Netzwerken, wann du online bist. Dein Name und auch dein Stil werden dadurch bekannt. Du verzeichnest somit eine sehr wichtige Referenz, die dich sicherlich auch schnell zum ersten Booking führt.

## Das Video - Upload und Stream

Vor allem zu Zeiten des Covid 19 verursachten Club-Lockdown wichen viele DJ auf Live-Streaming und Videos aus, um nicht gänzlich in Vergessenheit zu geraten, aber auch nicht aus der Übung zu kommen. Mit Videos auf YouTube, Vimeo, MyVideo, Facebook oder auch Instagram TV (kurz IGTV) promotest du dich als DJ und potenzierst deinen Bekanntheitsgrad. Da du sicherlich noch keinen eigenen Track in der Schublade hast, den du mit dem Videoclip optisch umsetzen könntest, sind andere Möglichkeiten zu finden, damit dein Video zur Click-Maschine avanciert:

# GIG

**1. Das Skills-Video:** Wenn deine Scratch- bzw. Mix-Skills von einem anderen Stern sind, dann zeige es dem Web. Fertige ein Video an, auf dem du deine Scratch-Skills vorstellst und eventuell als Tutorial erklärst. Bist du eher der Mix-DJ, dann kreiere einen Live-Mix aus drei oder vier Tracks gleichzeitig. Oder setze brandneue Tools ein. Zum Beispiel als The Bridge (die Verbindung zwischen Serato Scratch Live und Ableton) erstmalig als Beta-Version offiziell verfügbar war, sorgten die Videos, in denen DJs die ersten Einsätze posteten, für sehr hohe Clicks. Versuche einzigartig zu sein, um dich besser von der breiten Masse hervorzuheben. Ganz wichtig dabei ist: Sei glaubwürdig. Geschnittene oder gar gefakete Videos können schnell dazu führen, dass Marketing/Promotion ein Krisenmanagement erfordern.

**2. Das Equipment-Video:** Eine Gebrauchsanleitung durchzulesen, ist oft mühsam und nicht praxisnah. Kurze Videos, in denen Tools kurz erklärt und im DJ-Einsatz demonstriert werden, sind dagegen sehr effizient und beliebt. Drehe daher ein kurzes, aber auch aufschlussreiches, verständliches und qualitativ hochwertiges Video zu deinem Equipment und gebe Insider-Tipps.

**3. Das Story-Video:** Bist du ein durchgeknallter Typ, dann teile es der Video-Community mit. Witzige oder auffällige Videos werden auf jeden Fall für die gewünschte Aufmerksamkeit sorgen.

**4. Das aufgelegte DJ-Set:** Ein recht statisches, nüchternes aus einem Studio übertragenes Video sorgt recht schnell für eine höhere Abschalltquote. Dagegen Unterhaltung wird gern gesehen, d. h. sprechе deine Zuschauer per Mikrofon auch während des Auflegens an, gehe sogar mit ihnen einen Dialog ein, um sie bei Laune zu halten.

**TIPP**

Suche dir auch für deine Live-Performance eine ausgefallene Location aus, um dich von der breiten Masse der live performten DJ-Sets abzuheben. Bei der Musikauswahl setze eher auf unbekanntere Tracks von kleineren oder Indie-Labels, um die Wahrscheinlich der Sperrung des Videos aufgrund eines Urheberrechtsverstoßes zu verringern. Spiele die Tracks nicht unnötig zu lang, was auf Dauer langweilt. Halte das Set lieber kompakt, gestalte es dramaturgisch, berücksichtige den Flow und bespick es mit harmonischen Übergängen, etwas Finger Drumming an den Pads, schraube an Effekten, um damit zusätzlich zu entertainen.

Schaue nicht verbiestert oder gelangweilt in die Kamera, sondern eher freundlich und sympathisch. Die Kameraposition sollte dich als auch dein Setup einfangen. Zeige Skills, die ihr auch wirklich live umsetzen könnt, um die Glaubwürdigkeit des Videos und deiner Person zu unterstreichen, ansonsten wirst du als „Fake" angesehen. Kleine hörbare Fehler und Korrekturen beim Mixing stehen für den Live-Charakter und abermals deine Glaubwürdigkeit. Nur bei groben, hörbaren Schnitzern verzichte lieber auf das Teilen des Videos, um nicht deine Qualität als DJ in Frage zu stellen.

**5. Privat-Videos:** Mit steigender Beliebtheit möchte deine Fanbase auch mehr von dir als Privatperson erfahren. Sei für deine Follower nahbar, kommuniziere mit ihnen im Live-Stream, stelle dich dem Q&A(Question/Answer)-Wortgefecht und gib Einblicke in dein Leben jenseits der Decks.

**TIPP**

Die ersten Sekunden deines Videos entscheiden über dessen Erfolg. Deswegen beginne dein Video mit einer interessanten Kameraeinstellung oder Interaktion und sage, worum es geht, um Aufmerksamkeit zu erzielen. Halte auch die Spannung, damit dein Video bis zum Schluss angeschaut wird.

**Instagram TV Vs YouTube:**
Instagram gilt momentan als das beliebteste soziale Netzwerk. Im Jahr 2018 wurde es um die mittlerweile eigenständige TV-App erweitert, damit auch Videos mit einer Länge von über 60 Sekunden geuploadet werden können. Möchtest du deine Fan-Base vor allem in der Altersgruppe 15 bis 20 Jahren ausbauen, kommst du an Instagram nicht vorbei. Sätest du bereits Bilder und Stories in der Foto-App, musst du nicht erneut ein Netzwerk aufbauen, um auch per Videos in der Zusatz-App Erfolg zu ernten. Momentan scheint auch noch Instagram bezüglich Urheberschutz kulanter gegenüber den anderen Portalen zu sein.

Seit den beliebten Instagram-Stories, die Bild- und Video-Inhalte ausschließlich im horizontalen 9:16-Seitenverhältnis unterstützen, setzte sich

dieses Hochkant-Format zumindest bei der IG-Generation, die ihre Inhalte fast ausschließlich mit dem Smartphone erstellt und konsumiert, gegenüber dem 16:9-Querformat durch. Entsprechend sind fast alle Videos bei IGTV im Hochkant-Format „gedreht". Für mobilen Upload gilt: Die Videos sind auf eine Länge zwischen einer und 15 Minuten, dazu 650 MB Speicher begrenzt. Lädst du das Video vom Laptop hoch, erweitert IGTV das Video auf 60 Minuten mit 3,6 Gigabyte. Die Mindestframefrequenz sollte mindestens 30 fps betragen. Da IGTV generell auf bereits angefertigte und abgespeicherte Inhalte zugreift, erlaubt sie generell keine Weiterbearbeitung, wie Schneiden, Filter und Effekte.

Im Vergleich zu YouTube lohnt sich der Upload mehr für Instagram-Fans und bisher bei Insta erfolgreiche User. Zudem verdienst du mit erfolgreichen Clips kein Geld durch Clicks wie bei YouTube. Zudem schmälert auch die ausschließliche Suche nach IGTV-Creators und nicht nach Begriffen den zu erwartenden Erfolg eines Videos. Auch das vertikale Format für Videos ist Geschmackssache. Die App akzeptiert zwar auch das Querformat, aber diese Clips gehen in der Vorschau durch die skalierte Ansicht eher unter, daher sollte man dem 9:16-Trend zumindest bei IGTV besser folgen.

### BEACHTE
Video-Content im 9:16-Format ist nicht für andere Plattformen wie YouTube weiter verwertbar.

## Die Battles: DMC, IDA und Red Bull 3Style

Jährlich finden diverse World Championships global statt, bei denen die Turntablisten um die Krone des DMC (Disco Mix Club) oder der IDA (International DJ Association - früher ITF - International Turntablist Federeration) kämpfen. Im Vorfeld gehen dazu in den jeweiligen Ländern sogenannte Pre-Finals über die Bühne, mit denen du dich als deren Gewinner für die Weltmeisterschaft qualifizierst. Wenn du diesen Weg der DJ-Karriere einschlagen möchtest, dann sollte Ehrgeiz, Disziplin, ausgesprochene Musikalität und schnelle Fingerfertigkeit zu deinen Eigenschaften gehören. Denn nicht jeder ist zum Turntablist geboren. Turntablisten üben täglich pedantisch von früh bis abends Scratching, Beat Juggling, Body Skills und sind ständig auf der Suche nach dem neuen Kick. Ihr Ziel ist, einen oder mehrere Titel für ihre DJ-Vita (Lebenslauf) zu gewinnen, der sie in die Hall Of Fame der jeweiligen Vereinigung aufnimmt, dass durchaus die weitere DJ-Karriere fördert. Denn die Champs werden auch gern für Showcases auf Messen, für Events, als Showact in Clubs oder Discotheken, als Judge (Juroren) bei anderen Battles zu überdurchschnittlichen Gagen gebucht. Wenn du zunächst an einem Pre-Final vom DMC oder der IDA in deinem jeweiligen Land teilnehmen möchtest, dann kannst du dich in den folgenden Kategorien bewerben:

**DMC:** Bei den DMC-DJ-Weltmeisterschaften werden die Champs in drei Katergorien gekürt:

- World-Champion (Einzelkategorie mit einem sechs minutenlangen Showcase)
- Supremacy (Battle zwischen jeweils zwei DJs, die in verschiedenen Runden á 2x60 bzw. 2x90 Sekunden gegeneinander antreten)
- Team (du trittst im Team an).

Seit 2011 gibt es zusätzlich die DMC Online DJ Championships, bei der es vom eingesetzten Equipment keine Limits gibt. Melde dich hierfür auf dmcdjonline.com an und lade ein zweiminütiges Video hoch. Der Uploadzeitraum ist auf drei Runden beschränkt, die jeweils einen Monat dauern. Im Anschluss der jeweiligen Runde beginnt das einwöchige Voting. Die ersten drei Platzierten kommen genauso in das Finale wie sieben weitere, die von der Jury, bestehend aus DMC World Champions, ausgewählt werden. Nach diesen drei Runden treten alle DJs in einem virtuellen Finale um die Krone an, indem sie nochmals eine sechsminütige Performance uploaden, die ebenfalls durch Votes und Jury bewertet wird.

Qbert:
Als ich jung war, nahm ich oft an Battles teil. Und wie in einem Kampf trainierte ich monatelang und den ganzen Tag auf etwas hin wie ein Boxer. Im Schlaf träumte ich von neuen Skratchingideen und jeden Tag puschte ich mich selbst. So wurde ich auch dank der mich umgebenden Crew jeden Tag besser.

**IDA:** Hier treten DJs in drei Kategorien hinter den Turntables gegeneinander an:

- Technical: In einer Art Boxkampf battlen sich teilnehmende DJs in drei Stufen, um mit puren Skills zu punkten. DVS sind nur eingeschränkt erlaubt (keine Loops, Samples, Effekte etc.), damit DJs, die mit analogem Vinyl performen, nicht benachteiligt sind.
- Showcase: Dies ist die Einzelkategorie für eine sechs minutenlange Performance ohne Einschränkung bezüglich des eingesetzten Equipments.
- Scratch: Die DJs freestylen mit analogem Vinyl zum vorgegebenen Beat.

Sowohl Technical- und Scratch-Kategorie laufen in drei Runden ab, Eliminations (1x3 Minuten), Semifinals (2x2 Minuten) und Final (1x2 Minuten). Beim Scratch-Battle stehen jedem 1x90 Sekunden pro Runde zur Verfügung.

Red Bull 3Style World DJ Championships

**Red Bull 3Style:** Sie veranstalten seit 2010 mit dem 3Style-Contest ein globales Battle, bei dem DJs mit einem 15minütigen Set gegeneinander antreten. Im Gegensatz zu DMC und IDA kommt es in den DJ-Sets nicht nur auf Scratching und Beat Juggling, sondern auch auf die Musikauswahl, zusammengesetzt aus mindestens drei verschiedenen Stilen, das Mixing, die Ausstrahlung und Reaktion des Publikums an. Dazu finden jährlich in 22 Ländern verschiedene Pre-Finals statt, unter denen in jedem Land ein Gewinner ermittelt wird, der letztlich um die Weltmeisterkrone battelt.

Neben den großen Championships finden jährlich auch diverse Online-Battles wie das WTK Worldwide Scratch Battle statt, in denen du auch deine Skills unter Beweis stellen kannst und vielleicht zu Preisen und Ruhm.kommst.

Zudem gibt es auch sogenannte Q&A Scratch-Sessions, bei denen sich zwei DJs mit ihren Scratches battlen. In diesem Question-Answer-Spiel kommt es vor allem darauf an, mit sogenannten Wordcuts dem Gegner Paroli zu bieten. Ein DJ gibt ein Sample vor, worauf der andere schnellstens passend kontert. Sollte man an Q&As teilnehmen, ist ein genaues Wissen über vorhandene Wortphrasen und schnelles Auffinden dieser in der Library das A und O.

## Der Schritt zum ersten Booking

Die folgenden Strategien, die auch miteinander kombiniert werden können, zeichnen sich als bewährte Methoden aus, um an das erste Booking in einer Discothek oder einem Club zu kommen:

### Die Bewerbung per Brief:

Im DJ-Business herrschen eigene Regeln und Gesetze: Die Umgangsformen sind sehr locker, das „Du" kommt einem von allein über die Lippen. Trotzdem mangelt es nicht an Disziplin und Professionalität. Diesen Zwiespalt gekonnt in einer schriftlichen Bewerbung zu umgehen, fällt einem nicht leicht. Vielleicht gehen deswegen viele DJs nicht diesen Weg, um nicht in das Fettnäpfchen zu treten. Denn bewirbst du dich klassisch seriös wie für einen Job in der Wirtschaft, outest du dich als unerfahrener oder sogar zugeknöpfter DJ. Fällt die Bewerbung zu salopp aus, könnte man dir womöglich Unprofessionalität und mangelnden Anstand unterstellen. Daher ist es schon sicherer, die erste Form zu wählen. Auf Anreden wie „Sehr geehrte Damen und Herren" verzichte. Sprichst du dagegen das Team des Clubs an, zum Beispiel „Liebes Team des Clubs XYZ", umgehst du perfekt das „Sie" und kein Geschäftsführer fühlt sich auf den Schlips getreten. Das klassische Bewerbungsfoto ist natürlich gegen ein professionelles Pressefoto auszutauschen.

Weitere Fakten solltest du mit in deiner Bewerbung integrieren:

- dein Alter
- kurzer Abriss über deine schulische bzw. berufliche Laufbahn
- wann hast du mit dem DJing begonnen
- wie hast du das DJing erlernt, autodidaktisch, über einen anderen professionellen DJ oder in einer DJ-Schule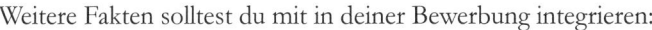
- deine Fähigkeiten (Mixing, Scratching, Moderation, Entertainment)
- mit welchem Equipment legst du auf
- dein bevorzugter Musikstil
- dein Web-Auftritt (Webpage, Facebook, MySpace, Mixcloud, Soundcloud)
- deine Kontaktdaten.

Mit der Angabe deines Alters kann der Chef zunächst beurteilen, ob du generell die Reife besitzt, vor seinem Publikum aufzulegen. Der Lebenslauf über die schulische und berufliche Ausbildung ist ein Indiz, wie ehrgeizig und intelligent du bist. Warum der Chef erfahren möchte, wie lange du schon auflegst? Es erklärt sich von selbst.

Ob ein Profi-Mentor bzw. eine angesehene DJ-Schule die Quelle deiner Skills war, muss nicht unbedingt etwas über deine Qualitäten aussagen. Aber eine eventuelle spätere Rücksprache mit dem Mentor oder mündliche Bestätigung seitens deines Lehrers untermauern deine Glaubwürdigkeit. Dass ein DJ seine Skills beherrscht, davon geht der Chef aus. Versuche aber mit zusätzlichen Fähigkeiten, wie der Moderation, zu punkten. Die meisten DJs bekommen es weder gelernt, noch sehen sie eine Notwendigkeit darin. Nutze diese Einstellung der Mitbewerber zu deinem Vorteil.

Eingesetztes Equipment steht für Professionalität, wobei MIDI-Controller und DJ-Software mit Sync-Funktionen nicht unbedingt. Dagegen schätzt man Handarbeit mit Schallplattenspielern oder DJ-Playern.

Zu guter Letzt interessiert natürlich dein Musikstil. Sei bei der Angabe realistisch und überschätze dich nicht. Es ist besser, nur eine oder zwei Musikrichtungen zu nennen, als drei oder vier. Denn der Chef wird es dir nicht abnehmen, mit deinem jungen Lebensalter und den wenigen Erfahrungen im DJing, dass du ein sogenannter Allrounder bist.

Mit deinen Kontaktdaten und allen Webplattformen, auf denen du mit Inhalten zu finden bist und dich somit präsentierst, schließe die Bewerbung ab. Gagenforderungen und Technik-Rider sind dagegen fehl am Platz. Dafür hast du noch Zeit, wenn dein erstes Booking bestätigt ist.

Steht die Bewerbung inhaltlich, geht es an das optische Tuning. Denn schließlich soll sie auffallen, aber nicht in den Augen schmerzen. Meide zu grelle bzw. bunte Farben. Auch das Layout sollte Stil besitzen und nicht vom Inhalt ablenken. Eine Bewerbung lebt auch von dem verwendeten Papier, das die Professionalität deiner Bewerbung mit unterstreicht.

Alles komplett? Dann lege noch eine Visitenkarte bei. Adressiere den Briefumschlag mit dem Drucker, vielleicht auch mit deinem Logo. Ab damit zur Post. Jetzt heißt es warten, denn erst wenn du nach zwei oder drei Wochen keine Rückmeldung erhältst, dann kontaktiere den Chef telefonisch, um zu hinterfragen, ob und wie deine Bewerbung bei ihm ankam.

Sicherlich mag diese Bewerbungsform in diesem Geschäft ungewöhnlich sein, aber darin liegt auch ihr Potential. Denn sie ist selten und fällt somit mehr auf.

**Das Vorstellungsgespräch:**

Du vereinbarst ein Treffen mit dem Booker bzw. Geschäftsführer oder es kommt sogar spontan an der Bar im Club dazu, zufällig bei der Recherche. Bietest du dich in dem Gespräch als DJ seiner Location an, wird er vielleicht Interesse zeigen. Schließlich kennst du die DJs deiner Umgebung. Unterscheidet sich aber dein Stil von dem der anderen DJs? Bist du in irgendeiner Form außergewöhnlich? Trifft dies zu, hast du gute Karten im Bookingpoker. Aber realistisch gesehen, das Kartenspiel hat zu viele Karten, sodass du weder heraussticht und noch gezogen wirst. Dessen sei dir bewusst, daher solltest du eine andere Strategie fahren.

Zunächst, trete nicht überheblich auf. Halte Blickkontakt, denn dieser signalisiert deine Souveränität auch ohne Worte. Rede auch nicht schlecht über die anderen im Club tätigen DJs, denn er würde dieses Spiel durchschauen. Erkläre ihm sachlich, dass du ihm gern bei einem Vorspieltermin dein Können zeigen möchtest. Sicherlich kontert er: Warum? Auch wenn Booker und Clubbetreiber bei ihren Bookings auf Nummer sicher gehen, trotzdem sind sie stets auf der Suche nach neuen Talenten und DJs, die noch nicht bei der Konkurrenz auflegen. Argumentiere damit, dass er eigentlich nichts zu verlieren hat, denn unter uns gesagt, wenn du die Tanzfläche leer spielst, wird der Resident einspringen. Beim Warm Up besteht nicht einmal diese Gefahr.

Dieser Form der Akquise solltest du dich wirklich nur stellen, wenn du selbstsicher und auch redegewandt bist. Denn der erste Eindruck zählt und schnell redet man sich um Kopf und Kragen. Daher konzentriere dich besser auf die anderen Möglichkeiten.

**Der vom Resident-DJ vermittelte Gig:**

Diese Möglichkeit tritt mit einer geringen Wahrscheinlichkeit ein, denn der Resident- DJ überlässt während seines Gigs nur sehr ungern einem anderen DJ seinen Arbeitsplatz, zumal er allein für die Gestaltung des Abends verantwortlich ist. Auch beim kurzfristigen Ausfall des Resident-DJs, z. B. durch Krankheit, wird er einen anderen, erfahrenen DJ fragen, denn er

haftet für seine Vertretung. Lediglich Mentoren, die einen Nachwuchs-DJ über einen längeren Zeitraum betreuten bzw. ausbildeten und entsprechend von seinen Fähigkeiten überzeugt sind, übergeben ihrem „Schützling" auch gern das DJ-Pult für einen Abend und legen bei der Geschäftsleitung ein gutes Wort bezüglich seines ersten eigenen Gigs ein.

**Der erste Gig als Warm Up-DJ:**
Auf diesem Weg ist ein Etablieren schon eher möglich, denn zu Beginn einer Veranstaltung sind die Locations noch gering frequentiert. Der DJ kann musikalisch experimentieren oder im Fall des Newcomers erste Erfahrungen vor dem Publikum sammeln. Die Anfrage als Warm Up-DJ erfolgt entweder über den Resident oder Geschäftsführer, zu dem eventuell schon erste Kontakte geknüpft worden sind. Allerdings ist nicht mit einer Gage zu rechnen. Bei der Setauswahl greift der Warm Up-DJ nicht auf Hits zurück, die mit großer Wahrscheinlichkeit vom Resident aufgelegt werden, weil der ihm sonst sicherlich kein weiteres Mal die Chance als Warm Up-DJ gewährt.

**Der erste Gig bei einer Teeny-/Ü-16-Party:**
Damit verdienst du mit am ehesten deine erste DJ-Gage, denn Teeny- bzw. Ü(ber)16-Partys werden aus vier Gründen von Nachwuchs-DJs bespielt.

**Das Alter:** Nachwuchs-DJs sind mitunter sehr jung (zwischen 13 und 18). Aufgrund des gleichen Alters akzeptieren die Teenys junge Nachwuchs-DJs sehr gut und sie können sich am besten mit dem Publikum identifizieren.

**Die Kostengründe:** Aufgrund der kurzen Spielzeit von drei bis fünf Stunden fallen die Gagen (zwischen ca. 150,00 und 250,00 Euro netto) niedriger aus als bei einer normalen Abend-Veranstaltung, die ca. sechs bis acht Stunden umfasst. Resident-Gagen werden aufgrund der kurzen Dauer und dem niedrigerem Pro-Kopf-Umsatz nur selten gezahlt, somit ist dieses Betätigungsfeld für manchen alteingesessenen Discjockey uninteressant.

**Das begeisterungsfähige Publikum:** Da Teenager nicht so oft eine Discothek besuchen, würdigen sie den Abend meistens mehr als das ältere Discothekenpublikum. Die Stimmung ist entsprechend euphorischer. Die Gefahr, dass eine Veranstaltung völlig misslingt, tritt demzufolge eher selten ein.

**Teeny-DJ heute – morgen Resident:** Teeny-/Ü16-Partys werden in Discotheken nicht nur aus finanziellen Gründen veranstaltet. Vielmehr spielt auch die Bindung des Publikums an die Discothek eine Rolle. Teenager halten ihrer Stammdiscothek mitunter die Treue und sind somit das potentielle Publikum von morgen. Da sich der Teeny-DJ bei diesen Partys auch einen Namen sowie eine treue Lobby erarbeiten konnte und demzufolge das zukünftige Abendpublikum mit seinen Ansprüchen kennt, verpflichten Geschäftsführer die einstigen Nachwuchs- und mittlerweile erfahrenen DJs häufig als Resident.

### Der erste Gig durch Ersatz eines ausgefallenen DJs:
Dieser Weg ist nicht selten von Erfolg gekrönt. Beim kurzfristigen Ausfall, sollte der auflegende DJ etwas Falsches gegessen haben bzw. erkrankt sein, oder generellen Fehlen greifen die Geschäftsführer oft auf Nachwuchs-DJs zurück, denn ihre Etablierten sind häufig ausgebucht. Geht der Abend voll nach dem Geschmack der Geschäftsleitung über die Bühne, steht einer weiteren DJ-Karriere in dieser Location nichts im Weg. Um herauszufinden, welche Locations eventuelle Bookingengpässe vorweisen, ist die Internetrecherche auf Clubs oder Discotheken zu konzentrieren, die Öffnungstage und DJs auflisten. Sind z. B. drei Floors am Abend in der Discothek geöffnet, aber nur ein DJ gelistet, kann dies deine Chance sein. Da der Chef mit verbuchtem DJ-Defizit sicherlich nicht von sich aus die Initiative gegenüber einem Nachwuchs-DJ ergreift, ist die Akquise entweder über einen in der Location tätigen DJ oder den persönlichen Kontakt mit dem Geschäftsführer vorzunehmen. Aber oft bedarf es einfach dem glücklichen Zufall, dass du im Club bist und der DJ plötzlich ausfällt. Das wäre deine Chance!

### Der erste Gig als Club-DJ:
In Clubs bekommen auch Nachwuchs-DJs oft eine Chance, aber zunächst meist nur für das Warm Up. Da diese Clubs nicht aus kommerziellen Gründen, sondern aus Überzeugung betrieben werden und der Durchlauf gerin-

ger als in einer Großraumdiscothek ist, stehen ihnen nicht die gleichen finanziellen Mittel zur Verfügung. Die Gagen fallen entsprechend niedriger aus, jedoch kann sich der Club-DJ dafür schneller profilieren und seinen Namen über den Club popularisieren. Vom gleichzeitigen Auflegen in Großraumdiscotheken und Szene-Clubs ist allerdings abzuraten, denn, wie schon erwähnt, die Big Room-DJs sind im „Underground" mitunter nicht gern gesehen.

**Der erste Gig durch einen Vorspieltermin:**
Auch ein aus deiner persönlichen Anfrage oder einer dir ausgesprochenen Empfehlung resultierender Vorspieltermin, bei dem du zusammen mit dem Resident ein bis zwei Stunden kostenlos auflegst, kann deine DJ-Karriere in Fahrt bringen. Allerdings der Illusion, dass dir der Geschäftsführer nach dem Vorspieltermin den Resident-Job anbietet, solltest du dich aber nicht hingeben.

Jazzy Jeff:
Ich fragte die Leute in meiner Gegend, ob ich bei ihren Partys meine Platten mitbringen und diese als DJ auflegen könnte. Hast du dann erst einmal den Ruf, der Typ zu sein, der es versteht, die richtige Platte im richtigen Moment zu spielen, dann wollen dich immer mehr Leute buchen.

**Der erste Gig durch einen gewonnenen DJ-Contest:**
Für die Teilnahme am Contest sind außergewöhnliche Fähigkeiten vorzuweisen, um die Jury zu überzeugen, den Wettbewerb für sich entscheiden zu können und damit deine Karriere zu starten. Auch wenn beim Contest keine Trophäe und Gigs gewonnen werden, lohnt sich die Teilnahme für die Sammlung weiterer Erfahrungen und zur eigenen Profilierung bzw. Einschätzung.

**Der erste Gig auf der eigenen Party:**
Bei der ersten Veranstaltung steht nicht deine Gage im Vordergrund, sondern vielmehr die Sammlung von Erfahrungen, die du mit dem Auflegen jedes Tracks speicherst, und das Erarbeiten eines Namens in der Szene. Die Party ist im kleinen Kreis auszurichten und nicht als öffentlich zu deklarieren, um Kosten bzw. Aufwand für Location, Technik, Gastronomie bzw. Flyerdruck überschaubar zu halten und du keine Probleme mit dem Ordnungsamt und der GEMA bekommst. Einige Clubs lassen sich auch zur effizienteren

Auslastung an regulär geschlossenen Öffnungstagen mieten. Du zahlst eine gewisse Miete, kümmerst dich um die Werbung für deinen Abend. Dafür gehen die Einnahmen der Tickets auf dein Konto, die der Bar auf das des Clubs. Mit dieser Variante baust du dir eine Lobby auf, die von dir als DJ überzeugt ist und eventuell somit für dich die Werbetrommel rührt.

### Der erste Gig in einer neu eröffneten Discothek:
Newcomer-DJs bewerben sich häufig vor der Eröffnung neuer Discotheken bei der Geschäftsleitung. Meist greift diese aufgrund von Empfehlungen auf erfahrene und bekannte DJs der Region zurück. Aber die Chance auf einen Gig besteht sehr oft, da diese DJs langfristig ausgebucht sind und somit ein DJ-Defizit in der neuen Location besteht. Außerdem spricht für einen Newcomer sein frischer, unverbrauchter und unvoreingenommener Stil, der letztlich auch die Discothek positiv prägen kann und aus diesen Gründen den Geschäftsführer zum Angebot eines Exklusiv-Vertrags zwischen Discothek und DJ ermutigt.

### Der erste Gig über eine Booking-Agentur oder einen Manager:
Diese Methode ist für einen unbekannten und unerfahrenen DJ eher erfolglos, da er aufgrund mangelnder Referenzen nur schwer vermittelbar ist. Im Fall eines Bookings über die Agentur wird sie eine Bookinggebühr in Höhe von zehn bis 20 Prozent des Nettobetrages veranschlagen, die dem Geschäftsführer zusätzlich zum DJ-Honorar in Rechnung zu stellen ist. Den Manager beteiligst du mit ca. 20 Prozent an deinem Umsatz.

### Der erste Gig durch Verschicken von Mixtapes bzw. -CDs an Discotheken- und Club-Geschäftsführer:
Mitgeschnittene DJ-Sets geben zwar dem Chef Aufschluss über die musikalischen und technischen Qualitäten des DJs, aber sie sind kein Beweis, ob der Mitschnitt wirklich von dem sich bewerbenden DJ angefertigt wurde. Auch die computertechnischen Nachbearbeitungsmöglichkeiten für DJ-Sets schmälern die generelle Glaubwürdigkeit. Mitschnitte geben auch keine Auskunft über deine Erscheinung beim Auflegen, die Zusammenarbeit mit der Crowd und deren Reaktion. Aber einige Geschäftsführer verlangen schon von sich aus einen Live-Mitschnitt, der ihre Entscheidung mit beeinflussen kann.

**Vom LJ zum DJ:**
Viele Lightjockeys (LJ) wechseln vom Licht- zum DJ-Pult, denn durch ihre bisherige Tätigkeit in der Location konnten sie dem DJ manchen Handgriff abschauen. Sie kennen die musikalischen Vorlieben der Gäste und der Geschäftsführer ist ihnen auch bekannt. Es besteht demzufolge eine große Wahrscheinlichkeit, über den LJ-Job den ersten DJ-Gig zu bekommen. Allerdings bedenke: Wie wirst du LJ? Zudem zwischen dem Beginn deiner LJ-Karriere und deinem ersten Gig vergehen Monate, gar Jahre.

## Die Gage

Gagen, deren Beträge vor dem ersten Gig zu klären sind, stellen eine wichtige, aber auch unangenehme Komponente dar, denn ihr Aushandeln gleicht einem Pokerspiel. Ein Newcomer besitzt für die Gagenabsprache nicht die besten Karten, denn der Geschäftsführer erahnt seine Auftragssituation. Trotzdem solltest du dich nicht unter deinem Wert verkaufen und deine Interessen angemessen vertreten. Dein Netto-Honorar, d. h. ohne der zur Zeit gültigen 19 Prozent Mehrwertsteuer, handelst du stets vor der Veranstaltung aus, damit beide Vertragsparteien im Vorfeld entscheiden können, ob sie mit ihren gegenseitigen Vorstellungen übereinkommen. Dagegen führen Gagendiskussionen nach dem Veranstaltungsende zu unangenehmen Streitigkeiten. Schließlich hast du deine Leistung erbracht und erwartest ihre angemessene Entlohnung. Der Geschäftsführer hätte jedoch vielleicht beim Wissen deiner Gagenhöhe einen anderen Discjockey verpflichtet. Du wirst zwar an diesem Abend vielleicht trotzdem deine Gage durchsetzen können, musst aber unter Umständen auf weitere Bookings in der Location verzichten.

Gagen sind nicht nur qualitätsabhängig. Auch die Größe der Location, deren Durchlauf, d. h., wie viele Eintrittskarten werden pro Abend verkauft, und die Konkurrenz unter den DJs spielen eine wichtige Rolle. Denn in einigen Regionen der Bundesrepublik regelt das Angebot die Nachfrage, sodass Gagen bis auf 50,00 Euro pro Veranstaltung sinken können. Geschäftsführer von Discotheken zahlen oft gleiche Gagen für alle DJs, eventuell mit zusätzlichem Fahrtkostenbonus oder man handelt entsprechend seiner Qualität, Berufserfahrung, aber auch der Veranstaltung seine Gage aus. In der Regel umfasst eine übliche Wochenend-Gage eines regional bekannten, erfahrenen

# Der Schritt zum ersten Booking
## Die Gage

DJs zwischen 200,00 Euro und 400,00 Euro netto pro Gig, die z. B. am Silvesterabend auch die 1000,00 Euro überschreiten kann. „Local Clubheroes" rufen meistens 300,00 bis 1000,00 Euro auf. In der Woche sind die Gagen oft etwas niedriger, da die Locations geringere Durchlaufzahlen, eine kürzere Veranstaltungsdauer und ein größerer DJ-Überschuss als am Wochenende verbuchen. Die Gagen für Privatveranstaltungen und Firmenevents fallen in der Regel deutlich höher aus. Im Gegensatz dazu wirst du im Club auch mit zunehmender Publicity bezahlt. Schließlich vermarktet dich der Club. Dessen Booking-Anfragen kommen nicht sporadisch, sondern meist regelmäßig. Zwei Faktoren, die du nicht außer Acht lassen solltest. Zumal du die Popularität auch benötigst, um an die lukrativeren Gigs zu kommen. Bevor du deine Gage aushandelst, bedenke immer, kein Dumping zu betreiben. Du schadest ansonsten dir und deinen Kollegen. Außerdem wird sich dein Auftraggeber auch bei zukünftigen Gagenverhandlungen immer auf diesen „Sonderpreis" beziehen. Vor dem Aushandeln setzt du bezüglich deiner Netto-Gage eine Spanne, z. B. zwischen 200,00 Euro und 250,00 Euro, die du auf jeden Fall durchsetzen möchtest. Im Gespräch befragst du zunächst den Geschäftsführer nach den allgemeinen Zahlungsmodalitäten. Entspricht dieses Angebot nicht deiner eigenen Vorstellung, bieten z. B. die 250,00 Euro als obere Grenze eine solide Diskussionsgrundlage, da sie zum Wochenende in sehr vielen Discotheken gezahlt werden. Du offerierst dem Geschäftsführer auch somit, dass du über die üblichen DJ-Honorare Bescheid weißt. Wenn der Geschäftsführer diesen Vorschlag nicht akzeptiert, sind Kompromisse einzugehen, ohne dabei die festgelegte Grenze zu unterschreiten. Konntet ihr euch auf einen Gagenbetrag einigen, so bleibt dieser bis zu dem Zeitpunkt verbindlich, bis dein Marktwert steigt, indem du bekannter, gefragter, ausgebucht, beliebt bist und dich etabliert hast. Überhöhte Gagen oder plötzliche Gagenerhöhungen, die ohne Ankündigung dem Geschäftsführer in Rechnung gestellt werden, solltest du vermeiden, um nicht letztlich eine Kündigung zu kassieren.

**Afrika Bambaataa:**
Es gibt Veranstalter, die ganz verrückt nach dir sind und jede erdenkliche Summe zahlen. Der eine gibt dir 500,00 Dollar für einen Gig. Ein anderer bucht dich für 1000,00, der nächste zahlt nur 200,00. Gagen sind wichtig, um sich auch die neueste Technik anzuschaffen, um da draußen überleben zu können.

## Vor dem ersten Gig
### Der Technik-Rider

Sollte dein erster Gig im Rahmen eines Events stattfinden, dann wird dich sicherlich der Veranstalter nach deinem Technik-Rider (auch Technical Rider genannt) befragen. Unter diesem fasst du all deine Equipment-Wünsche und sonstigen Bedürfnisse, die für deinen Gig von Belangen sind, zusammen. In der Regel stellt bei Events der Veranstalter das Equipment zur Verfügung und ordert dies von sogenannten Rental-Firmen, dem Technik-Verleih. Deswegen erfragt er deine technischen „Anforderungen". Sollte dein gewünschtes Equipment nicht bereitgestellt werden und du vereinbarst mit dem Veranstalter, dein eigenes Equipment mitzubringen, dann hast du das Recht, dem Veranstalter eine Art „Miete" zuzüglich deiner Gage in Rechnung zu stellen. In der Regel entspricht diese zwei Prozent des Neupreises, nicht auf einen Kalendertag, sondern 24-Stunden bezogen.

**Inhalt des Technik-Riders:**
- Welches Equipment benötigst du für deinen Gig? Nenne genaue Bezeichnungen der Marken und Gerätetypen, z. B.

  - 2x Technics SL-1210 MK2
  - 2x Pioneer CDJ-3000/2000 NXS2
  - 1x Pioneer DJM-900
  - 1x Shure SM58.

- Fordere einen Monitor an und nenne im Rider dessen Position im DJ-Pult (links oder rechts vom Mixer).
- Sichere dich ab, dass der Veranstalter auch eine PA zur Verfügung stellt.
- Teile dem Veranstalter mit, wie dein Setup aufzustellen ist: Position der Plattenspieler, DJ-Player und Mindesthöhe des Pults.
- Frage an, ob auf dem Pult genügend Platz für dein zusätzliches Equipment, wie DJ-Controller, Notebook etc., vorhanden ist.

Folgendes Equipment wird dir in der Regel nicht mit dem Technik-Rider durch den Veranstalter oder die beauftragte Technik-Firma bereit gestellt:

- MIDI-Controller
- Digital Vinyl Systems
- Kopfhörer
- Notebook.

Ist der Veranstaltungsort des Events, für den du deinen Rider zusammenstellst, etliche Kilometer entfernt, so frage nach einer günstigen Übernachtungsmöglichkeit, 3-Sterne-Hotel mit Frühstück. Besonders solltest du den Wunsch nach einem Late Checkout im Hotel betonen. Denn anderenfalls wirst du vermutlich am nächsten Tag spätestens um 11.00 Uhr von der Putzfrau gebeten, das Zimmer zu verlassen.

Von Extra-Wünschen, wie:

- Champagner
- ****-Hotel
- eine eigene VIP-Lounge bei der Veranstaltung
- Abholung vom Flughafen in einem geräumigen Fahrzeug der oberen Mittelklasse,

solltest du besser nur träumen. Denn dieses Privileg, solche Forderungen dem Veranstalter zu stellen, besitzen lediglich Star-DJs, zu denen du sicherlich noch nicht gehörst.

### BEACHTE

Fordere dein Standard-Equipment an und sei bescheiden. Ausgefallene Sonderwünsche können dir sehr schnell den Ruf einer „Diva" verleihen, was deine weiteren Bookings nicht begünstigen wird.

Jazzy Jeff:
Ich meine, jeder DJ sollte erst das Mixen beherrschen, ehe er sich an das Scratchen wagt.

## Der Vertrag

In der Geschäftsbeziehung zwischen Discotheken- bzw. Clubbetreiber und DJ steht das Abschließen schriftlicher Verträge eher selten auf der Tagesordnung. Termin und Gage werden meist mündlich vereinbart, sind jedoch trotzdem für beide verbindlich. Vereinzelt beanspruchen Party-Veranstalter, Discothekengeschäftsführer und auch DJs zur Sicherheit einen Vertrag, um die Erfüllung der Vereinbarungen zu garantieren. Vor allem zu Silvester beharren Veranstalter auf einem Vertrag, da DJs aufgrund lukrativerer Angebote den Gig kurzfristig stornieren könnten.

DJs bestehen bei unseriösen oder der „Szene" unbekannten Veranstaltern auf der schriftlichen Vereinbarung ihrer Rechte, um aber auch späteres Gagenfeilschen, sofern du aufgrund deiner getroffenen Musikauswahl die Erwartungen nicht erfülltest, zu umgehen. Daher sind als Schwerpunkte zu verankern:

- Ausstellungsdatum des Vertrags
- als „Vertrag" deklarieren
- Abschluss des Vertrags zwischen Vertragspartner 1 (DJ) und Vertragspartner 2 (Veranstalter), wobei von beiden Parteien Name und Adresse erforderlich sind
- Ort und Datum der Veranstaltung
- die dem Vertragspartner 1 zu zahlende Netto- bzw. Bruttogage
- die vom Vertragspartner 1 zu erbringende Leistung (als DJ)
- welchem zeitlichen Umfang die Leistung entsprechen soll (z. B. der DJ legt zwischen 21.00 und 3.00 Uhr auf)
- Anreisezeit des Vertragspartners 1
- Technik-Rider: das vom Vertragspartner 2 bereitzustellende Equipment (z. B. Plattenspieler, Mixer, Monitor u. a.)
- Datum des Inkrafttretens des Vertrags
- Kündigungsfrist des Vertrags
- Höhe und Gründe für die Zahlung einer Konventionalstrafe
- Auszahlung bar oder per Überweisung, mit Angabe des Zahlungsziels
- die musikalische Gestaltung obliegt der künstlerischen Freiheit des DJs.
- Unterschrift beider Vertragspartner mit Ort und Datum
- jeder Vertragspartner erhält einen unterschriebenen Vertrag als Beweis für dessen Existenz und Inhalt

Enthusiast / Bedroom-DJ / Professional DJ / Artist

## Die Steuern, die Versicherung und weitere Bürokratie

Mit diesem Kapitel erhältst du einen Einblick in das Steuersystem der Bundesrepublik und somit Hinweise bzw. Anleitungen, wie du dein selbstständiges Gewerbe nach den Regeln des Finanzamtes und anderer Behörden betreibst. Als Grundlage für die Berechnungen dienen die Steuergesetze mit Stand vom 01.01.2010. Um der bezahlten DJ-Tätigkeit nachgehen zu dürfen, benötigst du zunächst einen Gewerbeschein als Discjockey, den du beim Ordnungsamt deiner Stadt beantragst. Mit dieser Gewerbescheinanmeldung, die ca. 40,00 Euro kostet, erfolgt eine automatische Meldung an das entsprechende Finanzamt. Von diesem erhältst du per Post eine Steuernummer, über die alle Einnahmen versteuert werden müssen.

Als DJ bist du umsatzsteuerpflichtig, d. h. auf die Gage ist eine Mehrwertsteuer von derzeit 19 Prozent des Nettobetrages zu addieren. Wenn allerdings der DJ die Musik in seiner ursprünglichen Form durch Mixen, Scratchen u. ä. verfremdet, kann die Veranstaltung, bei der ein DJ auflegt, laut Bundesministerium der Finanzen auch als Konzert und der auflegende DJ als Künstler angesehen werden, das eine ermäßigte Versteuerung mit sieben Prozent Mehrwertsteuer bedeutet. Der Veranstalter kassiert bei diesen Gigs den üblichen Eintrittspreis, allerdings inklusive nur den sieben Prozent, was dem Veranstalter einen zusätzlichen Gewinn von zwölf Prozent auf den Eintritt gegenüber einer üblichen Tanzveranstaltung bringt. Damit bestände auch größeres Interesse, diesen Künstler-DJ zu buchen. Obwohl jeder mixende und scratchende DJ laut Gesetz ein Künstler ist, stehst du gegenüber dem Finanzamt in der Beweispflicht. Sollte das Finanzamt nicht deiner künstlerischen Selbsteinschätzung konform gehen, stehen bei einer bisherigen Abrechnung mit sieben eine Nachzahlung der verbleibenden zwölf Prozent auf die falsch abgerechneten Veranstaltungen aus. Mitunter könntest du die ausstehenden Steuern vom jeweiligen Veranstalter verlangen, aber er wird nicht begeistert sein und im Ernstfall zahlst du es aus deiner eigenen Tasche. Daher gehe lieber mit einer Abrechnung von 19 Prozent Mehrwertsteuer auf Nummer sicher. Manche Veranstalter beharren auf der Rechnung auf den Satz, dass der DJ zuständig für die musikalische Darbietung entsprechend der Vorgaben des Veranstalters war, um die von ihnen zu zahlende Künstlersozialabgabe (ein Beitrag zur Finanzierung der Künstlersozialkasse) zu um-

gehen. Eine Abrechnung mit ermäßigten Mehrwertsteuersatz schließt dies aus, weil der DJ sich somit als Dienstleister und nicht als Künstler deklariert. Eine Abrechnung ohne Umsatzsteuer (Anmerkung: Die Kleinunternehmerregelung fällt nicht unter eine Steuerbefreiungsvorschrift. Der Fiskus verzichtet nur aus erhebungsökonomischen Gründen auf die Umsatzsteuer) kann erfolgen, d. h. die Umsatzsteuerzahlung an das Finanzamt entfällt, wenn laut § 19 Umsatzsteuergesetz:

- dein Umsatz (Einnahmen ohne Abzug der angefallenen Betriebsausgaben) des letzten Jahres nicht 17.500,00 Euro überschritten hat
- dein Umsatz des laufenden Jahres voraussichtlich 50.000,00 Euro nicht übersteigen wird.

In diesem Fall darfst du als eingestufter Kleinunternehmer dem Geschäftsführer bzw. Auftraggeber die Umsatzsteuer nicht in Rechnung stellen. Um Schwierigkeiten bei der Umsatzsteuerberechnung auszuschließen, soll diese anhand des folgenden Beispiels erläutert werden:

Bei einer Nettogage von 200,00 Euro beträgt die abzuführende Umsatzsteuer 38,00 Euro und demzufolge die Bruttogage **238,00 Euro:**

**200,00 Euro x 1,19 = 238,00 Euro.**

Da du aber mit dem Kauf von Tonträgern (z. B. im Wert von 11,90 Euro) schon Umsatzsteuer als so genannte Vorsteuer (1,90 Euro) entrichtest, kannst du als Vorsteuerabzugsberechtigter diese bei deiner Umsatzsteuervoranmeldung verrechnen:

**38,00 Euro – 1,90 Euro = 36,10 Euro.**

Als Umsatzsteuer sind jetzt an das Finanzamt nur noch 36,10 Euro zu überweisen. Bei einer Umsatzsteuervoranmeldung bezieht sich der bei Aufnahme einer erstmaligen unternehmerischen Betätigung im laufenden und folgenden Jahr zunächst auf einen Monat, sodass die Umsatzsteuer der monatlichen Betriebseinnahmen (Gage) summiert wird, abzüglich der

## Die Steuern, die Versicherung und weitere Bürokratie

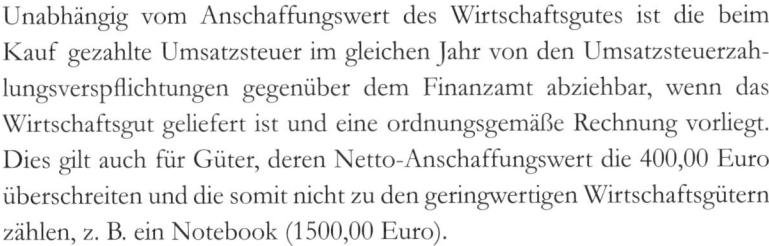

| Monatliche Betriebseinnahmen: | netto | Umsatzsteuer |
|---|---|---|
| 10 Gigs á 200,00 netto: | 2000,00 | 380,00 |
| **Monatliche Betriebsausgaben:** | | |
| Tonträger: | 150,00 | 28,50 |
| Bürobedarf: | 10,00 | 1,90 |
| Notebook: | 1500,00 | 285,00 |
| **Zu zahlende Umsatzsteuer:** | | **64,60** |
| Alle Beträge in Euro | | |

Berechnungsbeispiel der Umsatzsteuer für die Umsatzsteuervoranmeldung

schon bezahlten Vorsteuer aller in diesem Zeitraum angefallenen Betriebsausgaben (z. B. Tonträger, Bürobedarf etc.).
Später richtet sich der Voranmeldungszeitraum nach der Höhe der zu entrichtenden Umsatzsteuer des Vorjahres. Bei einer Steuer von weniger als 7.500 € ist Voranmeldungszeitraum das Quartal, bei weniger als 1.000 € reicht die Abgabe einer jährlichen Umsatzsteuererklärung.
Unabhängig vom Anschaffungswert des Wirtschaftsgutes ist die beim Kauf gezahlte Umsatzsteuer im gleichen Jahr von den Umsatzsteuerzahlungsverspflichtungen gegenüber dem Finanzamt abziehbar, wenn das Wirtschaftsgut geliefert ist und eine ordnungsgemäße Rechnung vorliegt. Dies gilt auch für Güter, deren Netto-Anschaffungswert die 400,00 Euro überschreiten und die somit nicht zu den geringwertigen Wirtschaftsgütern zählen, z. B. ein Notebook (1500,00 Euro).
Die Ausgaben schlüsselst du in Vorbereitung der Gewinnermittlung und der Steuererklärung z. B. in die Kategorien Tonträger, Computer, Bürobedarf, Pkw. etc. auf und klebst die Belege entsprechend auf Papierbögen. Es reicht aber auch eine geordnete Ablage z. B. auf einem Aktendulli. Wichtig ist allerdings, dass Belege auf Thermopapier lesbar bleiben, z. B. indem man eine Kopie anfertigt und den Thermobeleg an die Kopie heftet.
Wie schon erwähnt, die Umsatzsteuervoranmeldung bei neu angemeldeten Unternehmern erfolgt zunächst monatlich, nach zwei Jahren entweder automatisch oder auf Antrag pro Quartal und immer zum zehnten des Folgemonats nach Ablauf des Voranmeldezeitraums. D. h. bei einer vierteljährlichen Zahlung ist spätestens zum 10.4., 10.7., 10.10. und 10.1. die berechnete Umsatzsteuer an das Finanzamt zu überweisen. Eine Verlängerung der Abgabe um einen Monat kann dann erfolgen, wenn eine Dauerfristverlängerung beantragt wird. Bei monatlichem Umsatzsteuervoranmeldungszeitraum ist für die Dauerfristverlängerung eine Sondervorauszahlung in Höhe von 1/11 der Umsatzsteuerzahllast des Vorjahres

fällig. Bei Aufnahme einer unternehmerischen Betätigung wird die Umsatzsteuerzahllast geschätzt. Bei einer kalendervierteljährlichen Abgabe der Umsatzsteuervoranmeldung verzichtet das Finanzamt auf eine Sondervorauszahlung. Fülle dabei die Umsatzsteuervoranmeldung in zweifacher Ausführung aus, ein Exemplar für deine eigenen Akten und das zweite für das Finanzamt oder melde dich bei ElsterOnline an, um die Voranmeldung online auszufüllen und zu versenden. Im Fall einer jährlichen Umsatzsteuer von nicht mehr als 1000,00 Euro verzichtet das Finanzamt nach § 18 Abs. 2 UStG auf die Voranmeldung und Vorauszahlung.

| Betriebseinnahmen pro Jahr: | | |
|---|---|---|
| Gage netto: | 12 000,00 | |
| Vereinnahmte Umsatzsteuer: | 1 920,00 | |
| Betriebseinnahmen gesamt: | | 13 920,00 |
| **Betriebsausgaben pro Jahr:** | | |
| Tonträger netto: | 1 800,00 | |
| Bürobedarf netto: | 150,00 | |
| Abschreibung Notebook: | 375,00 | |
| Fahrtkosten: | 378,00 | |
| Gezahlte Umsatzsteuer (Tonträger, Bürobedarf, Notebook): | 552,00 | |
| Betriebsausgaben gesamt: | | 3 255,00 |
| **Gewinn:** | | **10 665,00** |
| Alle Beträge in Euro | | |

*Gewinnermittlung durch Einnahme-Überschussrechnung*

Mit der jährlichen Steuererklärung reichst du auch deine Umsatzsteuererklärung ein, die nochmals den Jahresumsatz, dessen Umsatzsteuer abzüglich der Vorsteuer der im Jahr verbuchten Betriebsausgaben benennt. Neben der Umsatzsteuer bist du im Rahmen der Abgabe deiner Einkommensteuererklärung zur Erstellung einer Gewinnermittlung verpflichtet, bei der du mittels z. B. einer Einnahme-Überschussrechnung alle Betriebsausgaben dem Jahresumsatz gegenüberstellst (siehe Abbildung). Berücksichtige Wirtschaftsgüter, wie Computer, Pkw, Tontechnik etc., bei deren ausschließlich gewerblichen Nutzung auch in deiner jährlichen Einnahme-Überschussrechnung.

Neben den geringwertigen Wirtschaftsgütern (z. B. Tonträger), die mit ihrem vollen Anschaffungswert einfließen, unterliegen alle anderen Güter amtlichen Abschreibungstabellen in Abhängigkeit der Güter-Nutzungsdauer. Die Finanzverwaltung legt damit die Dauer fest, auf wie viele Jahre die Güter abgeschrieben werden. So schreibst du bei einer festgelegten Nutzungsdauer für ein Notebook (Netto-Anschaffungswert 1500,00 Euro) von drei Jahren diesen Betrag innerhalb dieses Zeitraumes linear und monatsgenau in Abhängigkeit vom Kaufdatum als Aufwand ab. Wenn etwa der Notebookkauf am 12.4. erfolgte, darfst du die ersten drei Monate als Abschreibungszeitraum in der Einnahme-Überschussrechnung des Anschaffungsjahres nicht integrieren. Weiterhin bedeutet dies, dass du netto für das erste Jahr 375,00 Euro (125,00 Euro werden von 500,00 Euro aufgrund des Kaufs im vierten Monat subtrahiert), im zweiten und dritten Jahr jeweils 500,00 Euro und im letzten die verbleibenden 125,00 Euro abschreibst. Wie zu erkennen ist, verteilt sich die Abschreibung auf vier Jahre, obwohl der festgelegte Abschreibungszeitraum drei vorsieht, da sich durch den Notebookkauf im zweiten Quartal die erste Abschreibung von 500,00 Euro auf zwei Jahre splittet (375,00 Euro und 125,00 Euro).

Der in diesem Beispiel zu versteuernde Gewinn beträgt 10.665,00 Euro. Allerdings können sich weitere Ausgaben, die durch die Anreise zum Gig entstehen, auf unterschiedliche Weise steuerlich mildernd auswirken. Legst du wenig bzw. ausschließlich in der näheren Umgebung auf und setzt du deinen Pkw vorrangig für private Zwecke ein, so bietet sich als Kostenabrechnung eine Fahrtkostenpauschale für die Hin- und Rückfahrt von 0,30 Euro pro gefahrenen Kilometer an. Dieser Betrag kann unter Angabe des Datums, der Adresse und der zurückgelegten Kilometeranzahl vom Bruttoeinkommen ohne Umsatzsteuer subtrahiert werden (siehe Abbildung zur Gewinnermittlung). Nutzt du das Fahrzeug zu mindestens zehn Prozent für deine betrieblichen Fahrten, kann das Fahrzeug zum Betriebsvermögen gezählt werden. In diesem Fall erhältst du zwar keine Fahrtkostenpauschale, aber Ausgaben für Kauf, Reparaturen, Jahresdurchsichten, Treibstoff, Versicherung können ebenfalls in die Einnahme-Überschussrechnung einfließen. Auch beim Neukauf eines Pkws als Betriebsfahrzeug wird dir die vollständige Umsatzsteuer rückerstattet und aufgrund der festgelegten Nutzungsdauer von momentan sechs Jahren der Nettopreis auf diesen Zeitraum linear oder degressiv als Ausgaben verbucht. Deswegen lohnt sich auch ein Leasing, weil die monatliche Leasingrate sowie die Sonderzahlung sofort als Kosten geltend gemacht werden können. Allerdings erfordert die private Nutzung des Betriebsfahrzeuges eine Versteuerung dieser Fahrten.

Die sogenannte Ein-Prozent-Regel darf angewendet werden, wenn das Fahrzeug zu mindestens 50 Prozent betrieblichen Zwecken dient. Unter ihr versteht man, dass ein Prozent des Bruttolistenpreises (z. B. bei 25.000,00 Euro) vom Gesetzgeber monatlich als zusätzliches Einkommen (auf das Beispiel bezogen 250,00 Euro) berechnet wird. Von der Ein-Prozent-Regel kann nur abgesehen werden, wenn ein ordnungsgemäßes Fahrtenbuch geführt wird. Dann wird jede Privatfahrt mit dem individuellen Kilometersatz deines Fahrzeuges besteuert, was bei einer geringen privaten Nutzung günstiger ist. Wird kein Fahrtenbuch geführt und kann die Ein-Prozent-Regel nicht angewendet werden, dann werden die privaten Fahrten üblicherweise mit einem Anteil von 70 bis 80 Prozent geschätzt. Daher greift entweder die Ein-Prozent-Regel, d. h. dass ein Prozent des Bruttolistenpreises (z. B. bei 25.000,00 Euro) vom Gesetzgeber monatlich als zusätzliches Einkommen (auf das Beispiel bezogen 250,00 Euro) berechnet wird oder jede einzelne Privatfahrt zu versteuern ist.

Zum Nachweis der Privatfahrten führe ein Fahrtenbuch, in dem Datum, Zieladresse, Reiseroute, wenn ein Umweg erforderlich war, Begründung, die Art der Fahrt (privat, geschäftlich, zum Arbeitsplatz), der Kilometerstand vor und nach der Fahrt und die zurückgelegte Kilometeranzahl einzutragen sind. Das Fahrtenbuch ist schriftlich und zeitnah zu führen. Auch elektronische Fahrtenbücher werden anerkannt. Allerdings Excel-Tabellen akzeptiert das Finanzamt nicht, da diese eine nachträgliche Änderung erlauben. Seit 2006 ist die Listenpreismethode (Ein-Prozent-Regel) auf Fahrzeuge beschränkt, die zu mehr als 50 Prozent dienstlich genutzt werden. Für Fahrzeuge, die zwischen zehn und 50 Prozent dienstlich zum Einsatz kommen und entsprechend zum so genannten gewillkürten Betriebsvermögen zu zählen sind, ist die betriebliche bzw. private Nutzung nach allgemeinen Darlegungs- und Beweislastregelungen zu belegen. Welche das Finanzamt verlangt, dazu kann es dir sicherlich Auskunft geben. Diese Neuregelung erfordert auch bei einer angestrebten Ein-Prozent-Regelung den Beweis über die mehr als 50 prozentige dienstliche Nutzung dem Finanzamt gegenüber z. B. per Fahrtenbuch. Möchtest du hingegen vermeiden, dass die Ein-Prozent-Regel greift, gilt es den betrieblichen Nutzungsanteil von weniger als 50 Prozent glaubhaft zu machen (Anmerkung: Ob es folglich aber zum Abzug von 50 Prozent als Betriebsausgabe kommt, ist zweifelhaft. Üblicherweise beträgt dann der Anteil der Betriebsausgaben lediglich 20 bis 30 Prozent), damit auch bis zu 50 Prozent der PKW-Kosten deinem Gewinn gegengerechnet werden können. Dafür brauchst du normalerweise kein Fahrtenbuch anzufüllen. Um allerdings späteren Beweislücken vorzubeugen, solltest du stets ein Fahrtenbuch führen und alle Fahrten chronologisch eintragen.

Auch für die private Nutzung ist Umsatzsteuer abzuführen, wenn für die Anschaffung oder den laufenden Betrieb des PKWs Vorsteuer zum Abzug gebracht wurde.

Als weiterer Kostenfaktor wäre die Verpflegungsmehraufwendung pro Veranstaltung zu nennen, bei der du je nach Dauer des Gigs einen Betrag von 6,00 bis 24,00 Euro als Betriebsausgaben verbuchst (siehe Abbildung).

Reisekosten und Verpflegungsmehraufwand

Sollte der Umsatz in einem Jahr besonders hoch bzw. für ein späteres Jahr eine größere Anschaffung geplant sein, so besteht für diese Anschaffung die Möglichkeit der Geltendmachung eines Investitionsabzugsbetrag in Höhe von bis zu 40 Prozent des Nettopreises, vorausgesetzt, dass der Gewinn weniger als 100.000 Euro beträgt. Dadurch kannst du speziell in diesem Jahr deinen Gewinn reduzieren.

Investierst du in dem von dir geplanten Jahr tatsächlich, dann muss der Investitionsabzugsbetrag wieder hinzugerechnet werden. Gleichzeitig kannst du aber in Höhe von 40 Prozent eine Anschaffungskostenminderung in diesem Jahr geltend machen, sodass der Saldo üblicherweise null Euro ergibt und die Abschreibung bereits im Jahr der Geltendmachung des Investitionsabzugsbetrages vorverlagert wurde. Daneben besteht noch die Möglichkeit, auf den geminderten Anschaffungskostenbetrag eine Sonderabschreibung von 20 Prozent zu bewirken, wenn bestimmte Größenmerkmale des Unternehmens nicht überschritten werden.

Anders als die frühere Ansparabschreibung ist der Investitionsabzugsbetrag nicht geeignet, den progressiven Steuersatz in Jahren mit hohen Einkünften zu drücken. Investierst du nämlich nicht in ein Wirtschaftsgut, wird der Investitionsabzugsbetrag im ursprünglich gebildeten Jahr rückgängig gemacht und es droht eine Steuernachzahlung, die zusätzlich noch zu verzinsen ist.

Abschließend ist zu bemerken, dass das Finanzamt Einkaufsbelege im Wert von über 150,00 Euro nur als ausführliche Rechnung des leistenden Unternehmens mit Angaben zum Brutto- und Nettobetrag, Name des Unternehmens, Kaufdatum, Artikel, Steuer- oder Umsatzsteueridentifikationsnummer, Lieferdatum, Steuersatz, Rechnungsnummer und des eigenen Namens bzw. der Anschrift des Empfängers anerkennt.

Die Gewerbesteuer als letzte zu zahlende Steuer ist bei einem Einzelunternehmen erst bei einem Gewinn fällig, der 24.500,00 Euro (Freibetrag) übersteigt. Die Steuererklärung mit Einkommen-, Umsatz- und Gewerbesteuererklärung gibst du regulär zum 31.5. des folgenden Jahres beim Finanzamt ab, wobei diese Abgabefrist auch durch einen schriftlichen Antrag verlängert werden kann. Der anschließende Steuerbescheid informiert dich über Umsatz-, Gewerbe- und Einkommensteuerzahlungen. Mit dem Einkommensteuerbescheid erhältst du nicht nur die Anweisung zur Zahlung der Einkommensteuer, z. B. von insgesamt 1000,00 Euro und des Solidaritätszuschlags, der 5,5 Prozent der Einkommensteuer beträgt, sondern wirst gleichzeitig über die zu tilgenden Vorauszahlungen des aktuellen und des folgenden Jahres informiert, die zum 10.3., 10.6., 10.9. und 10.12. zu bezahlen sind. Diese Vorauszahlungen entsprechen dem aktuell zu entrichtenden Steuerbetrag plus Solidaritätszuschlag, aufgeteilt auf die verbleibenden Quartale in diesem Jahr. Wenn der Bescheid vor dem 10.9. eintrifft, müssen jeweils in Bezug auf das Beispiel 500,00 Euro am 10.9. und am 10.12. und für das folgende Jahr an den besagten Terminen jeweils 250,00 Euro entrichtet werden, es sei denn, der Steuersatz ändert sich.

### BEACHTE

Bilde Rücklagen und stelle deine ersten Gagen nicht komplett auf den Kopf, es sei denn, du investierst steuermildernd in dein DJ-Business. Schließlich besteht große Gefahr einer Privat-Insolvenz zu dem Zeitpunkt, wenn du erstmalig den Steuerfreibetrag überschreitest und das Finanzamt dich zur Kasse bittet. Je nach dem, wann du deine Steuererklärung einreichst, können Monate zwischen deinem überdurchschnittlich hohen Jahresverdienst und dem daraus resultierenden Steuerbescheid vergehen. Normalerweise gilt für die Steuererklärung eine Abgabefrist bis zum 31.5. des Folgejahres. Übernimmt diese ein Steuerberater, verlängert sie sich sogar bis zum 31.12. Die mit dem Steuerbescheid einhergehenden fälligen Steuernach- und -vorauszahlungen summieren sich schnell zu einem fünfstelligen Euro-Betrag. Ohne Kapitalrücklage endet damit dein Business als DJ in der finanziellen Pleite. Viele Künstler konnten schon davon ein Lied aus persönlicher Erfahrung singen. Wenn das aktuelle Jahr vermutlich finanziell weniger einbringt, dann erhebe zum Bescheid einen Einspruch, um die Steuervorauszahlungen unter Nachweis der Bilanz des bisherigen aktuellen Jahres vom Amt anpassen zu lassen.

**TIPP**

Letztlich umgehst du aber komplett dieses Fiasko, wenn du die Steuererklärung für das Jahr, indem du vermutlich erstmalig Geld an Vater Staat löhnen musst, bereits im Januar des Folgejahres einreichst. Somit ersparst du dir die mit dem Bescheid gleichzeitig fällige Vorauszahlung für das laufende Jahr. Zudem lege mindestens 25 Prozent deiner Einnahmen zur Deckung der steuerlichen Forderungen vom Finanzamt zurück.

Kommst du eines Tages in den Genuss eines Bookings im Ausland, so gilt für deine Gage, dass du keine Umsatzsteuer in Rechnung stellen brauchst. Übersteigt sogar die Anzahl der ausländischen Gigs die der im Inland, so bist du nach wie vor in deinem Heimatland einkommensteuerpflichtig, wenn Wohnsitz oder gewöhnlicher Aufenthalt in Deutschland beibehalten werden. Ausgenommen, es gilt zwischen den Staaten ein Doppelbesteuerungsabkommen, um eine Doppelbesteuerung zu verhindern.
Generell ist ein Steuerberater, zu empfehlen, der für dich alle Formalitäten erledigt. Er erleichtert nicht nur die undurchschaubare Bürokratie, sondern hilft, Steuern zu sparen und informiert per Newsletter über aktuelle Änderungen, die mitunter monatlich in Kraft treten. Außerdem kannst du auch sein Honorar als Kosten dem Gewinn gegenrechnen.
Die Industrie- und Handelskammer (IHK) wird sich bei dir als Gewerbetreibender ebenfalls vorstellen. Eine Aufnahme in die IHK erfolgt gratis,

allerdings stellt sie ab einem gewerblichen Jahreseinkommen von 5201,00 Euro einen jährlichen Mindestbeitrag ab 30,00 Euro in Rechnung, der je nach Ort und regionaler Wirtschaftskraft variiert.

Das Steuerrecht in Deutschland ändert sich ständig, sodass dir dieses gelesene Kapitel keinen Steuerberater erspart. Vielmehr sollte es dir vermitteln, wie eine Einnahmen-Überschussrechnung aufgestellt wird, mit welchen Steuern zu rechnen ist und welche Möglichkeiten zur Steuerreduzierung durch Ausgaben (Kosten) bestehen.

Vergiss nicht, dich und dein Equipment zu versichern. Schließlich hantierst du auch mit fremder Technik, für die du im von dir verursachten Schadensfall haftest. Dritte können dich aufgrund gesundheitlicher Folgen durch erhöhte Lautstärke verklagen. Aber auch Getränke-, Sturzunfälle und Diebstahl deines Equipments oder der Vinylsammlung, ob im Club oder Fahrzeug, gehören leider zum DJ-Alltag. Bisher waren DJs und Musiker nicht Versicherers Liebling. Diese Marktlücke erkannte die Mannheimer Versicherung AG, die mit „I´m Sound" alle Versicherungswünsche, wie Haftpflicht oder Equipmentschutz, der musizierenden Zunft deckelt. Für Letztere zahlst du beispielsweise jährlich netto 1,5 Prozent der Versicherungssumme. Das sollte es dir wert sein, damit du beim Gig nicht ständig in Sorge um deine Technik und damit auch berufliche Zukunft schwebst.

## Das Ausstellen der Rechnung

**Die Rechnung für den Gig ist mit folgenden Daten vorzubereiten:**

- dein Name, Vorname und Künstlername
- deine Adresse, Telefon-, Fax-, Handy-Nummer
- deine Steuernummer bzw. Umsatzsteueridentnummer
- als „Rechnung" deklarieren
- mit Ausstellungsdatum der Rechnung und fortlaufende Rechnungsnummer
- Empfänger der Leistung (Name und Anschrift des Veranstalters, dies ist häufig nicht die Clubadresse)

*Die Steuern, die Versicherung und weitere Bürokratie / Das Ausstellen der Rechnung*
*Die Lizenzierung der digitalen Library / Die Vorgeschichte*

- Datum der Veranstaltung
- Art und Umfang der erbrachten Leistung (als DJ)
- Netto- und Bruttobetrag
- Umsatzsteuer inkl. Nennung des Steuersatzes (19 Prozent)
- Unterschrift der Kenntnisnahme der Gagenhöhe durch den Veranstalter
- deine Unterschrift als Bestätigung für den Erhalt der Gage
- deine Bankverbindung und Zahlungsziel im Fall einer Überweisung.

Gab es bei der Gagenabsprache Diskussionen, sodass ihr keine hundertprozentige Einigung fandet, so bereite zwei Rechnungen vor, eine mit deinem favorisierten und eine mit dem vom Veranstalter vorgeschlagenen Betrag. Entscheide spontan beim Gig, je nach dessen Erfolg, dem Resümee des Chefs und ob du auch unbedingt weiterhin in der Location spielen möchtest, welche Rechnung du aushändigst.

Kennst du nicht die Rechnungsadresse des Veranstalters, halte in der Rechnung genügend Platz für den Stempel des Rechnungsempfängers oder trage sie handschriftlich nachträglich ein. Die Rechnungsausstellung erfolgt immer in zweifacher Ausführung, eine für die eigenen Akten und die andere für den Geschäftsführer der Location, auf der du den Gagenerhalt mit deiner Unterschrift quittieren musst. Für eventuelle Prüfungen durch das Finanzamt sind Rechnungen und Belege der Betriebsausgaben zehn Jahre aufzubewahren.

## Die Lizenzierung der digitalen Library
### Die Vorgeschichte

Das waren noch Zeiten, als sich DJs ausschließlich um ihr Equipment, ihre Musik, Gigs und die Finanzen einschließlich der Steuern kümmern mussten. Denn die Belange der GEMA (Gesellschaft für musikalische Aufführungs- und mechanische Vervielfältigungsrechte) wiegelte bisher der Veranstalter ab, einschließlich der Lizenzierung der auf Laptop, USB-Stick, Festplatte oder selbst gebrannten CD gespeicherten digitalen Musik. Schließlich zahlten die Club-Betreiber beim Auflegen mit Originaltonträgern nicht nur an die GEMA, sondern auch an die GVL (Gesellschaft zur Verwertung von Leistungsschutzrechten) für die Erteilung des:

- GEMA-Wiedergaberechts (entsprach 100 Prozent)
- GVL-Vervielfältigungsrechts (zusätzliche 26 Prozent).

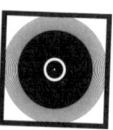

Für die sogenannte Aufführung von nicht von Original-Tonträgern stammender Musik forderten GEMA und GVL einen sogenannten Laptop-Zuschlag in Höhe von weiteren 30 bzw. acht Prozent. Die damit beglichene „Vergütung für das Vervielfältigungsrecht" legalisierte den Einsatz von MP3s hinter dem DJ-Pult. Der DJ war somit aus dem Schneider. Allerdings mit den zunehmend schwindenden GEMA-Einnahmen durch illegales Kopieren von CDs und Downloaden aus dem Internet sah sie sich vermutlich noch mehr gezwungen, in die Bresche für die von ihnen vertretenen Künstler zu schlagen. Dies sollte dem Einsturz der Club-Kultur gleich kommen. Clubbesitzer und DJs, selbst die Politik und die Medien gingen auf die Barrikaden. Denn mit dem im April 2012 angekündigten reformierten Tarifmodell forderte die GEMA eine pauschale Abrechnung von zehn Prozent auf die Eintrittsgelder pro Veranstaltung, auf der ein DJ digitale Musik, ausgenommen Original-CDs, auflegt. Klingt zunächst vernünftig und erschwinglich. Allerdings wollte man diesen Betrag zunächst unabhängig der tatsächlich eingenommen Eintrittsgelder kassieren. Für einen Club mit einem Fassungsvermögen von 1000 Gästen, 7,00 Euro Eintritt pro Person, empfand die GEMA eine Gebühr von 700,00 Euro pro Veranstaltung als angemessen, unabhängig der tatsächlich eingenommen Eintrittsgelder. Denn ob 100 oder 1000 Leute den Club an einem Abend besuchten, tangierte die GEMA zunächst nicht in ihrem Berechnungsmodell. In den Medien sprach man von existenzgefährdenden Erhöhungen um 400 bis sogar 1200 Prozent. Hingegen die GEMA verteidigte die neuen Tarife hinsichtlich einer vereinfachten, transparenteren und gerechteren Abrechnung. Schließlich kokettierte sie mit Rechenbeispielen, die Kleinveranstalter entlastete. Auf Beschuldigungen, Beitragswucher zu forcieren, konterte die GEMA in Interviews mit diesem kopfschüttelnden Argument: ´Wer Gebührenerhöhungen von 600 oder gar 1200 Prozente beklage, habe einfach bisher zu wenig gezahlt.´ Nach einem geernteten Shitstorm reagierte die GEMA mit dem Einwand, Medien, DJs und Clubbetreiber haben die beiden neuen Tarife missverstanden. Denn schließlich sollten doch nur die tatsächlich eingenommenen Eintrittsgelder als Grundlage der Zehn-Prozent-Regelung dienen. Zu spät, die GEMA brachte das Fass nicht nur zum Überlaufen, sondern auch ins Rollen. Die Petition „Gegen die Tarifreform 2013 - GEMA verliert Augenmaß" sammelte über 300.000 Unterschriften, damit sich der Bundestag diesem Tatbestand annahm. Am 30. Juni 2012, um 23.55 Uhr, verstummte unter dem buchstäblichen Slogan „Es ist fünf vor zwölf" die Musik deutschlandweit in Clubs und Discotheken. Mit Demonstrationen, Blogs, diversen Gruppen in sozialen Netzwerken organisierte sich die Szene, um die geplanten Tarife zu boykottieren. Erfolgreich, denn der Deutsche Hotel- und Gaststättenverband (DEHOGA), der sich ebenfalls in dieser monatelangen Debatte für die Clubs und DJs einsetzte, einigte sich mit der GEMA auf ein Schiedsstellen-Verfahren. Ein neutrales Vermittlungsgremium des Deutschen Patent- und Markenamt sollte die Tarife bewerten. Allerdings kam die GEMA zuvor und zog ihre Pläne vor einem gefällten Urteil zurück. Was allerdings nicht hieß, dass damit die GEMA-Tarifreform vom Tisch war. Im Jahr 2013 wurden die Club- und Discothekenbetreiber nach der Kündigung alter Verträge erneut zu Tisch gebeten, um sie, aber auch zukünftig DJs, mit neuen Tarifen zur Kasse zu bitten.

## Die fälligen GEMA-Gebühren

Nachdem die GEMA Einsicht zeigte und ihr überarbeitetes, seit 1.1.2014 gültiges Tarifmodell vorstellte, ging trotz dicker Luft aufgrund erneuter Gebührenerhöhungen von 30 bis reichlich 120 Prozent ein Aufatmen durch die Locations. Schließlich führen die neuen Gebühren nicht mehr zum finanziellen Kollaps der deutschen Clubszene. Dies lässt mutmaßen, es wäre Kalkül der GEMA gewesen: Sie fordert zunächst einen utopischen Zuschlag von bis zu 1000 Prozent, um letztlich eine Erhöhung um 100 Prozent ohne weitere Diskussionen durchzusetzen. Konkret verlangt die GEMA im Vergleich zu den bisherigen Abgaben der Clubs mit einer Größe von 200 Quadratmeter, einem Eintrittsgeld von 6,00 Euro einen Aufschlag von ca. 29 Prozent. Dies steigert sich mit zunehmender Größe und höherem Eintrittsgeld, sodass ein Club mit 300 Quadratmetern und 10,00 Euro 123 Prozent zusätzlich abführt. Allerdings gewährt die GEMA Nachlässe in einem achtjährigen Einführungsszenario, sodass im Jahr 2014 die Erhöhungen moderate sieben Prozent betragen.

## Der Tarif VR-Ö

Mit der „Entlastung" der Betreiber nimmt die GEMA auch den DJ ins Visier der Gebühren. Schließlich legen die wenigsten DJs noch mit Original-Tonträgern auf und der einstig geforderte Laptop-Zuschlag zum legalen Vervielfältigen von MP3s für den DJ-Einsatz ist von der GEMA mittlerweile außer Kraft gesetzt. Stellt sich die Frage, inwiefern ist ein DJ gegenwärtig für die Legalisierung der Speicherung und damit Wiedergabe seiner digital gespeicherten Musik zuständig?

Der für DJs geltende Tarif VR-Ö, der mit dem Interessenverband der Musikveranstalter und dem Berufsverband Discjockey e.V. (BVD) ausgehandelt wurde, involviert nicht die Wiedergabe der digitalen Musik, für die nach wie vor der Clubbetreiber aufkommt. Es geht ausschließlich um die Begleichung ausbleibender GEMA-Gebühren durch eine digitale Vervielfältigung von Musik. Mit anderen Worten, nicht jeder Titel, der sich auf deiner Festplatte oder gebrannten CD befindet und von dir aufgelegt wird, ist damit lizenzpflichtig.

### Nichtlizenzpflichtige Musik:
- Von iTunes, Beatport u. ä. Plattformen gekaufte Musik
- Von Plattenfirmen und offiziellen DJ-Bemusterungspools kostenlos zur Verfügung gestellte Promos als Download
- Originaltonträger auf Vinyl und CD
- GEMA-freie Musik
- Konvertierte Files, deren gekaufte oder bemusterte Originalfiles anschließend überschrieben werden

### Lizenzpflichtige Musik:
Hingegen berechnet dir die GEMA 0,13 Euro pro Musikfile, der ungeklärter, illegaler Herkunft ist bzw. der heruntergeladen wurde von:

- diversen Tauschbörsen und illegalen Downloadwebsites
- von YouTube gerippte Files
- SoundCloud
- gestreamte Musik, die aufgenommen wurde
- Kopien von CDs und Vinyl als MP3

*Die fälligen GEMA-Gebühren*
*Der Tarif VR-Ö*

**Weiterhin fällt eine Gebühr an:**
- Für von gekauften Originalfiles erstellte Kopien, die auf dem gleichen oder einem weiteren Datenträger (USB-Stick, externe Festplatte) gespeichert sind und beim Auflegen zum Einsatz kommen
- wenn eine bereits lizenzierte Library mittels Back Up erneut auf einen Laptop gespielt und damit aufgelegt wird
- beim Kauf einer neuen Festplatte bzw. eines neuen Laptops und Aufspielen der bereits lizenzierten Library
- für Musik, die über eine Cloud verwaltet und wiedergegeben wird

Um Missverständnissen vorzubeugen: Natürlich legalisiert man nicht mit der gezahlten GEMA-Gebühr Tracks illegaler Herkunft. Sie ist nach wie vor strafbar.

Um den Verwaltungsaufwand zu minimieren, rechnet die GEMA nicht die konkreten Tracks ab, sondern nur die von den DJs an die GEMA gemeldete Anzahl unabhängig des Titels und Interpreten. Die tatsächlich aufgelegten Tracks sind daher unerheblich. Die GEMA fordert auch keine Playlists. Es zählt lediglich die Anzahl der auf dem Laptop bzw. der Festplatte gespeicherten Musikfiles. Um sich und den DJs nicht nur organisatorisch, sondern auch finanziell entgegen zu kommen, bietet die GEMA Pauschalpakete an:

- 500 Tracks für eine Lizenzgebühr von 50,00 Euro
- 125,00 Euro Pauschalbetrag für die Nutzung eines neuen Laptops, einer neuen Festplatte und eines aufgespielten Back Up

Zusätzlich wurde den DJs bis zum 31.12.2013 eingeräumt, ihren bis zum 31.3.2013 gesammelten Musikbestand einmalig mit 125,00 Euro lizensieren zu können. Wenn du jetzt ins Schwitzen kommst, weil du die Frist verpasst hast, beruhige dich. Recherchen ergaben, dass die GEMA nur einen Anspruch auf diese Gebühren besitzt, wenn du als DJ bis zum 31.3.2013 noch gar nicht oder nur in Clubs auflegtest, deren Betreiber nicht für den Laptop-Zuschlag aufkamen. Anderenfalls wurde dieser Betrag schon mit diesem Zuschlag, der wie der Tarif VR-Ö die Vervielfältigung von digitaler Musik deckelte, beglichen. So musst du lediglich die deiner Library neu

hinzugefügten Tracks mit 0,13 Euro pro File oder mit der 50,00 Euro-Pauschale lizenzieren, zuzüglich einer einmaligen Aufnahmegebühr als GEMA-Mitglied von 60,84 Euro und einer Jahresgebühr von 25,56 Euro. Mitglieder des BVD (Mindestmonatsbeitrag 10,00 Euro) erhalten sogar auf sämtliche GEMA-Tarife einen zwanzigprozentigen Nachlass.

## Die Realität

Wie heißt es doch so schön: Es wird nicht alles so heiß gegessen, wie es gekocht wird. Schließlich besitzt die GEMA kein Kontroll-, geschweige denn ein Recht zum Konfiszieren deines Laptops. Es sei denn, du erteilst der GEMA freiwillig und vertraglich die Genehmigung. Sie ist auf deine ehrliche und damit den Tatsachen entsprechende Übermittlung der Daten angewiesen. Zumal die Gebühren (noch) recht moderat ausgefallen sind. Man sollte auch bedenken, dass man als DJ mit dem digitalen Musikkauf im Vergleich zu Vinyl oder CDs eine Menge Geld spart. Diese sind gar von der Lizenzierung ausgeschlossen. Damit klingt der neue VR-Ö-Tarif einleuchtend, vertret- und vor allem bezahlbar. Wäre da nicht die Gesellschaft zur Verwertung von Leistungsschutzrechten (GVL). DJs und Clubbetreiber haben sich zwar mit der GEMA geeinigt, aber noch nicht mit der GVL, die sich für die Zweitverwertungsrechte der Künstler und Tonträgerhersteller verantwortlich zeigt. Schließlich profitierte sie bisweilen auch von dem Laptop-Zuschlag mit acht Prozent. Wie und in welcher Höhe zusätzliche Gebühren an die GVL pro Track abgeführt werden sollen, ist noch ungewiss. Zumal die Gefahr besteht, wenn man sich zum jetzigen Zeitpunkt bei der GEMA mit seinem Repertoire registriert, die GVL rückwirkend einen zusätzlichen, von der Höhe ähnlichen, gar höheren Betrag pro File berechnet. Der Bund der GEMA-Zahler rät daher, zunächst die Füße still halten und warten, wie sich GEMA und GVL diesbezüglich einigen.

Seit Frühjahr 2012 beschäftigt das Thema GEMA vordergründig die DJ-Szene. Sei es mit der Einführung der Zehn-Prozent-Abrechnung, dem VR-Ö-Tarif, aber auch einer gewissen ungerechten Behandlung der von der GEMA ausgeschütteten Tantiemen. Schließlich war in den Medien oft zu lesen, dass die 3600 stimmberechtigten Autoren der GEMA die Hauptgewinner der GEMA-„Lotterie" sind. Was die Aufführung ihres Musikschaffens im Rundfunk oder den Tonträgerverkauf anbetrifft, wohl berechtigt. Aber bezüglich elektronischer Tanzmusik, die vorrangig in den Clubs aufgelegt wird und deren Urheber mitunter noch nicht einmal GEMA-Mitglieder sind, profitieren deren Urheberrechtsinhaber kaum von ihren Einsätzen in den Locations, gar von den kassierten GEMA-Einnahmen. Es sollte nicht sein, dass Komponisten wie Dieter B. oder Ralph S. von Booka Shade, Robosonic, Adam Port und Co. profitieren. Deswegen beschloss die GEMA in Zusammenarbeit mit der LiveKomm, dem Verband der Musikspielstätten in Deutschland e.V., auf der Berlin Music Week 2013 eine Arbeitsgruppe, um stichprobenartig ein maschinelles Erkennungsverfahren (Monitoring) für die in Clubs und Discotheken gespielter Musik einzuführen. Erste Auswertungen bestätigten den Erfolg des durchgeführten Monitorings, das von einer Nachrecherche durch Musikexperten der nicht automatisch erkennbaren Musikstücke ergänzt wird. Anhand der Stichproben erfolgt die repräsentative Hochrechnung auf die deutschlandweite Musiknutzung in den Clubs und Discotheken, die zunehmend verfeinert wird. Zumal die Arbeitsgruppe ein flächendeckendes Monitoring aufgrund der zu hohen Kosten ausschließt. Daher sollte man alternativ auch eine Übertragung der Playlists an die GEMA durch den DJ überdenken, die zwar mit etwas Mehraufwand für einen persönlich und die GEMA verbunden wäre. Aber das Gefühl einer gerechteren Gebührenausschüttung würde entschädigen.

## Der DJ-Führerschein

Nachdem sich der Bundesverband deutscher Discotheken und Tanzbetriebe (BDT/DEHOGA) und der Berufsverband Discjockey (BVD) in Kooperation mit dem Sozialministerium des Landes Baden-Württemberg auf die Einführung eines DJ-Führerscheins festlegten, wurde dieser erstmalig am 24.11.2004 für DJs, die an einem eintägigen Seminar teilnahmen, ausgestellt. Dies geschah vor dem Hintergrund zunehmender Hörschäden bei Jugendlichen und resultierender Schadensersatzklagen, aber auch aufgrund von Beschwerden über zunehmend geringere Möglichkeiten der Konversation in Discotheken hervorgerufen durch die starke Lärmbelästigung. Um vor allem den Hörschäden vorzubeugen, fordern die Initiatoren eine

Schulung der DJs zum gewissenhaften Umgang mit Lautstärken und in Discotheken die allgemeine Durchsetzung eines Mittelungspegels von 100 dB(A). Die entsprechenden Seminare befassen sich mit

**Gesundheit:** Aufbau und Funktionsweise des Ohrs, Schädigung des Ohrs durch den Schall, gehörverträgliche Schallpegel

**Technik:** Schallpegelmessung, Lautsprecheranordnung im Zusammenhang mit der Schallpegelverteilung auf der Tanzfläche

**Recht:** allgemeine Rechtslage, Haftung des DJs und Discothekenbetreibers, Versicherungsschutz für DJs.

Das Bundesumweltministerium unterstützt diese Schulung, um sicherzustellen, dass alle DJs die gleichen Kenntnisse im sorgsamen Umgang mit Lautstärkepegeln besitzen und die vom Gesetzgeber geforderte 95 dB (A)-Regelung nicht in Kraft tritt. Unterschwellig vermittelt das Seminar aber auch, dass der DJ mit die Verantwortung für den Lautstärkepegel trägt und somit die Discothekenbetreiber sich zunehmend aus der Affäre ziehen möchten, denn bisher wurden sie ausschließlich zur Verantwortung gezogen. Mit dem Besuch des Seminars wird der DJ hinsichtlich seiner Verantwortung geschult und hingewiesen, dass er auch mit Schadensersatz und Schmerzensgeldklagen zu rechnen hat, denn laut § 823, Abs. 1 BGB gilt:

> "Wer vorsätzlich oder fahrlässig das Leben, den Körper, die Gesundheit, die Freiheit, das Eigentum oder ein sonstiges Recht eines anderen widerrechtlich verletzt, ist im anderem zum Ersatz des daraus entstehenden Schadens verpflichtet."

Deswegen wird im Seminar betont, dass der DJ in seinem eigenen Interesse auch eine Betriebshaftpflichtversicherung abschließen sollte.

Discothekenbetreiber befürchten eine Welle von Schmerzensgeldklagen, der sie mit dem ausdrücklichen Engagement geschulter DJs vorbeugen möchten. Inwieweit aber dies das Problem löst, ist fragwürdig. Denn:

- Große Schalldruckpegel sind nötig, um die vom Publikum erzeugten Geräusche (Trittschall, Gespräche) zu kompensieren.
- Erst ein Schallpegel ab 90 dB(A) sorgt für die Ausschüttung von Adrenalin. In Verbindung mit dem exzessiven Tanzen setzt der Körper zusätzlich Endorphine frei, die ihn in eine Art Trance versetzen und so Euphorie erzeugen. Wie soll dies bei Zimmerlautstärke erzielt werden?
- Bisherige Versuche in Discotheken, den Schallpegel auf ein Niveau von 95 dB(A) zu fixieren, schlugen fehl, da zunehmend die Stimmung und die Gäste in diesen Locations ausblieben.
- Die Discotheken werden noch weniger besucht, wenn den Besuchern durch die Schallpegelminimierung mehr der Spaßfaktor entzogen wird.
- Viele Discotheken besitzen keinen Resident-DJ, d. h. an jedem Abend wechseln sich verschiedene DJs ab. Welcher DJ trägt dann die Verantwortung für die Hörschädigung beim Gast?

Neben dem erhöhten Schallpegel verursacht auch eine zu lange Einwirkzeit Hörschäden. Deswegen wird auch von einem Beurteilungspegel gesprochen, der einem achtstündigen konstanten Geräusch oder der bei einem zeitlich schwankenden Pegel diesem gleichgesetzten Pegel entspricht. Lautstärken mit einem Beurteilungspegel von weniger als 85 dB(A) sind keine Gefahr für das Gehör. Durch die Verkürzung der Einwirkzeit kann auch bei einem höheren Schalldruckpegel dieser Beurteilungspegel von 85 dB(A) erreicht werden (lt. BGV B3):

| | |
|---|---|
| 88 dB(A) – 4 Stunden | 97 dB(A) – 30 Minuten |
| 91 dB(A) – 2 Stunden | 100 dB(A) – 15 Minuten |
| 94 dB(A) – 1 Stunde | 105 dB(A) – 4,8 Minuten |

Deswegen kann und sollte nicht nur allein der DJ einen Beitrag für die Reduzierung der Hörschäden bei Jugendlichen leisten:

- Denn jeder Gast ist sich dieser Gefahr bewusst, wenn er einen Club oder eine Discothek aufsucht. Zusätzliche Aufklärung in Form von Schildern, die in den Locations platziert werden, oder Eintritt-Tickets können den Gast auf eventuelle Risiken hinweisen.

- Der DJ erzielt nach 30 Minuten einen Publikumsaustausch auf der Tanzfläche durch einen Musikstilwechsel.
- „Chill Out-Zonen" mit sehr leiser Musik sorgen in den Discotheken für die notwendigen Erholungsphasen des Ohrs.
- Die Boxen sind auf die Tanzfläche auszurichten. Andere Bereiche sollten von der Beschallung möglichst ausgegrenzt werden.
- Die Anpassung der Laustärke an die jeweilige Besucherzahl in der Discothek durch den DJ, sowie die Einweisung des DJs vor dem Gig in Bezug auf die maximal erlaubte Lautstärke dienen der Prävention.
- Auch die kostenlose Verteilung von Gehörschutz an die Gäste stellen eine Alternative dar. Jeder Besucher kann damit für sich selbst entscheiden, ob er sich dem schädigenden Schallpegel aussetzt.

**Weitere Maßnahmen zur Lautstärkepegelminimierung:**

1. Da der Tiefbass (40 bis 125 Hz) nicht so schädlich für das Gehör ist, aber subjektiv das Gefühl einer hohen Lautstärke vermittelt, kann der Tiefbass angehoben werden. Dabei verringert sich besonders der A-bewertete Schalldruckpegel, da bei einer A-Bewertung die tieffrequenten Schallanteile weniger berücksichtigt sind. Beim Schalldruckpegel spricht man von der A-Bewertung, wenn er entsprechend dem realistischen Empfinden des Ohrs wieder gegeben werden soll. Es erfolgt dabei eine Dämpfung der tiefen Frequenzen. Demzufolge ist der unbewertete Pegel größer als der bewertete.

2. Die Anordnung und die Anzahl der Lautsprecher sind auch maßgeblich für den Schalldruckpegel. Werden mehrere Lautsprecher, z.B. acht, gleichmäßig auf der Tanzfläche verteilt und mit einem Abstand von 1 bis 1,5 m über den Köpfen der Gäste angebracht, erzielt man ein gleichmäßiges Schallfeld mit dem zulässigen Schalldruckpegel von 100 dB(A), obwohl an den einzelnen Lautsprechern ein Pegel von 112 dB(A) messbar ist. Natürlich sollte der DJ Kenntnisse über die Auswirkungen des Schallpegels besitzen und seine Lautstärke der Discothekengröße und der Gästeanzahl anpassen. Denn nicht allein der Gast ist Leidtragender, auch der DJ, LJ und das Barpersonal, die aufgrund ihrer Tätigkeit nicht den Arbeitsplatz verlassen können, sind permanent dem Schallpegel ausgesetzt. Deswegen

wird vom Gesetzgeber – TA-Lärm (Freizeitlärm/Niedersachsen) – an DJ-Kanzel und Bartheke ein Beurteilungspegel von 85 dB(A) vorgeschrieben. Denn irreversible Schäden im Gehör entstehen durch die langfristige Einwirkung eines Schallpegels von 90 dB(A).
Im Anschluss des Seminars können Hörtests zur Überprüfung der eigenen Gehörleistung absolviert werden. Um in den Besitz des Führerscheins zu kommen, ist von den Teilnehmern ein Multiple Choice-Test abzulegen, bei dem mindestens 77 Prozent der Fragen richtig beantwortet werden müssen. Aber keine Angst, wer beim Seminar genau aufpasst und die darin versteckten Hinweise bezüglich der Prüfungsfragen beachtet, schafft den Test mit Bravour.

**Mit dem Seminar möchten die Veranstalter durchsetzen, dass:**
- in den Discotheken Schallmessgeräte bzw. Anzeigen für den Schalldruckpegel installiert werden.
- der DJ einen Mittelungspegel von maximal 100 dB(A) fährt. Man spricht von einem Mittelungspegel, wenn die Messzeit nicht unbedingt der Bezugszeit gleichzusetzen ist, sondern in diesem Fall der Veranstaltungsdauer entspricht. Um den Mittelungspegel von 100 dB(A) zu fixieren, kann der DJ auch in der Peak Time kurzzeitig mit einem Pegel von z. B. 110 dB(A) arbeiten, muss aber im Gegenzug auch den Schalldruckpegel entsprechend unterschreiten, z. B. im Warm Up oder bei ruhiger Musik. So hast du als DJ entsprechende Kapazitäten, um „Gas zu geben" und andererseits das Gehör deiner Gäste zu schonen.

Der Besuch des Seminars, das für den momentan kostenlosen DJ-Führerschein notwendig ist, liefert auf jeden Fall Fachwissen für die DJ-Tätigkeit. Ob sich der DJ-Führerschein als Voraussetzung für das Auflegen und die 100 dB(A)-Regelung durchsetzen, bleibt abzuwarten.
Wenn alle Formalitäten erledigt sind und das Datum für den ersten Auftritt fest steht, ist es Zeit, sich am Tag der Veranstaltung durch die Zusammenstellung des Sets und des benötigten Trackrepertoires vorzubereiten.

## Die Vorbereitung des ersten Gigs
### Die Trackauswahl

Deine Zusammenstellung der Tracks, Schallplatten und CDs sollte sogenannte Sure Shots, also Tracks, die auf jeden Fall funktionieren, umfassen. Dies können aktuelle Hits aus den Verkaufscharts, Dance Charts, Klassiker und clubinterne Hits sein. Alle vier Genres erzeugen im optimalen Fall eine volle Tanzfläche, aber dennoch unterscheiden sie sich.

**Der Hit aus den Dance Charts:**
Die von den DJs in die Dance Charts getippten Tracks dienen der Orientierung, welche neuen Tracks die DJs bzw. das Publikum favorisieren und der Prognose, welche sich in den Verkaufscharts behaupten werden. Sie spiegeln aber nicht eine eindeutige Reaktion auf dem Dancefloor wider, denn nicht in jeder Discothek reagiert das Publikum auf neue, vom DJ vorgestellte Tracks gleich. Tracks aus den Dance Charts geben demzufolge keine Garantie für eine volle Tanzfläche.

**Der Hit aus den deutschen Verkaufscharts:**
Verkaufshits mit ihrem Ohrwurmcharakter sind dem Konsumenten aus Hörfunk und Fernsehen stets präsent, sodass in ihm eine gewisse Abhängigkeit erzeugt wird, die er durch seine Wünsche dem DJ gegenüber bekundet. Die Erwartungen des Publikums bezüglich der Verkaufshits in einem DJ-Set äußern sich darin, dass viele Gäste euphorisch gestimmt auf die Tanzfläche stürmen. Dabei ist der erzielte Erfolg auf dem Dancefloor mit zunehmender Chartsplatzierung größer und durch die deutschlandweite Vermarktung in verschiedenen Locations ähnlich. DJs selektieren allerdings die Verkaufshits nach ihrem einzusetzenden Musikgenre, denn nur Charthits, die für Clubs oder Discotheken tauglich sind, eignen sich für das Set.

**Der Hit aus den Verkaufscharts anderer Länder:**
Die platzierten Tracks anderer Länder, wie Großbritannien oder den USA, dienen eher als Prognose für den DJ, welche sich in den kommenden Wochen auch auf dem deutschen Musikmarkt durchsetzen könnten, aber sie garantieren keine volle Tanzfläche.

# Die Vorbereitung des ersten Gigs
## Die Trackauswahl

**Der Clubhit:**
DJs breaken Tracks zu Clubhits durch einen gezielten wiederholten Einsatz und mit Hilfe ihres Gespürs für Trends, mit dem sie deren Potential erkennen. Clubhits erzielen eine ähnliche Wirkung wie Verkaufshits, aber ihr Einsatzgebiet ist auf die jeweilige Location oder eine geographischen Region beschränkt, sodass sie in der einen Location die Tanzflächen füllen, hingegen in der nächsten leeren. Welche Tracks lokale Clubhits sind, können den Wunschzetteln – sie fallen durch häufige Nennungen auf – oder in den auf den Internet-Seiten der Resident-DJs veröffentlichten Playlists entnommen werden. Oder beobachte einfach bei deinem Clubbesuch das Publikum, zu welchen Tracks es besonders abgeht.

WestBam:
Das Wichtigste ist, wagen, etwas neues zu machen. Ich finde sehr viele DJs sehr mutlos und uniform. Jeder spielt das, was der Kollege auch spielt. Damit ist man zwar auf der sicheren Seite, auf der anderen kann man sich nicht besonders hervorheben. Also, wenn man etwas erreichen will, muss man sich bisschen was trauen.

**Der Klassiker:**
Der Oberbegriff des Klassikers umfasst Titel der Genre Verkaufs-, Dance Charts und Club-Hits, deren Veröffentlichungen einige Jahre zurückliegen und sowohl seinerzeit die Tanzfläche füllten, als auch gegenwärtig für einen vollen Dancefloor sorgen.

Neben den Hits sortierst du persönliche Favoriten in deine Cases ein, die du deinem Publikum vorstellen möchtest bzw. die deines Erachtens das Potential eines Clubhits besitzen und so genannte Mitläufer, die weder eine Tanzfläche füllen noch leeren. Sie dienen verstärkt als Füllmaterial zwischen den Hits, damit die Stimmung weder auf- noch abgebaut wird.
Generell triffst du deine Trackauswahl großzügig, d. h. für ein komplettes Set von sechs bis acht Stunden Spielzeit sind 600 bis 1000 Tracks oder mindestens vier bis sechs Achtziger-Cases (Cases für achtzig Schallplatten) notwendig, um den Gig vielseitig und flexibel zu gestalten.
Bevor du deine Tracks auswählst und ordnest, recherchiere in den Verkaufs-,

Dance Charts und eventuell in den existierenden clubinternen Charts nach Floorfillern, um das Repertoire so gut wie möglich zu beschränken. Für weitere Auswahlkriterien spielen auch der Veranstaltungstyp bzw. die Location eine wichtige Rolle:

**Für die Discothek (Big Room):**
In Big Room-Locations dominiert der Mainstream. Dort legt der DJ vorrangig von den Medien vermarktete Hits aus den Verkaufs- und Dance Charts auf. Im Gegensatz zur Musik in einem spezialisierten Club umfasst das weitere Spektrum verschiedene House-Stile, wie Disco, Progressive und Electro, Dance und Urban Music. Auf dem Party- bzw. Oldiefloor beinhaltet das Repertoire Rock, Rock´n´Roll, Pop, Discofox, Schlager etc. Der DJ macht jedoch Unterschiede entsprechend der Location und dem Abend, denn nicht in jeder Discothek und an jedem Öffnungstag werden die genannten Musikstile gespielt. Um aufgrund der hohen Durchlaufzahl die verschiedenen Musikgeschmäcker zufrieden zu stellen und eine große Klientel anzusprechen, gestaltet der DJ sein Set flexibel. Auch in Form musikspezifischer Floors kann jeder DJ in seinem Bereich auf das entsprechende Publikum eingehen. Bei der Track-Auswahl bietet sich ein Querschnitt aus den verschiedenen musikalischen Richtungen an, die vom Resident in der Regel auf dem Floor aufgelegt werden. In aller Regel kommt ein Mix aus z. B. 50 Prozent aktueller Hits aus den Verkaufs-, Dance Charts und interner Clubhits, 20 Prozent Klassikern, 30 Prozent neuer Veröffentlichungen gut an. Für den Party-DJ empfiehlt sich eine Mischung aus Hits der aktuellen Verkaufscharts und Klassikern der unterschiedlichsten Genres. Allerdings ist die Auswahl davon abhängig, welche Musikstile beim Publikum besonders beliebt und entsprechend zu berücksichtigen sind. Hast du bei deiner Clubrecherche beobachtet, dass das Publikum vorrangig zu bekannten Hits getanzt und auf neue Tracks mit einer leeren Tanzfläche reagiert hat bzw. die Discothek generell wenige Besucher zählte, sortiere entsprechend mehr Hits und weniger neue, unbekannte Tracks ein.

**Für die Teeny-Party:**
Da dieses Betätigungsfeld besonderen Regeln unterliegt, ist bei der Track-Zusammenstellung auf folgende Mischung zu achten:

- aktuelle Dance- und Urban Music-Hits der Verkaufs- bzw. Dance Charts
- aktuelle Verkaufshits verschiedener Genres, die Musiksender wie VIVA, MTV, Yavido, Go TV oder iMusic 1 in einer häufigen Rotation spielen (z. B. werden Balladen von Christina Aguilera beispielsweise genauso aufgelegt wie Uptempo-Songs von Linkin Park)
- Titel von aktuellen Teeny-Idolen, die entweder durch beliebte Soapoperas oder bestimmte Formate, wie „Deutschland sucht den Superstar", „The Voice Of Germany", promotet wurden
- Partyknüller wie „Moskau", „We Will Rock You" oder „I've Had The Time Of My Life", die auch häufig auf den Wunschzetteln stehen.

Für die Kosteneinsparung beim Tonträgerkauf bieten sich Compilations, wie „Bravo Hits", „The Dome" oder das kostenpflichtige Downloaden der Titel an, um die große benötigte Musikvielfalt zu bewältigen.

Abgesehen von der musikalischen Unterhaltung, legen die Besucher der Teeny-Partys auch besonderen Wert auf Unterhaltung etwa in Form von Verlosungen, Karaoke oder Go- Go-Wettbewerben.

**Für den Club:**

In einem Club verkehrt vorrangig Szenepublikum, dessen spezieller Musikgeschmack nicht die Verkaufscharts tangiert, sodass die Trackauswahl kleiner als bei einem Gig in einer kommerziellen Discothek ausfällt. Der Club ist musikalisch festgelegt, d. h. in einem Techno-Club wird weder Urban Music noch Trance gespielt. Techno-Tracks aller Genres, wie Tech-House, Techno, Electro, vor allem neue, potentielle, etablierte Clubhits und Klassiker füllen die Cases, kommerzielle Hits eher bedingt. Auch den Einsatz unkommerzieller und unbekannter Tracks setzt die Crowd voraus, um den neuen musikalischen Trends des DJs zu folgen. Dank des progressiven, spezifischen Publikums ist das Tanzverhalten eher unabhängig vom Bekanntheitsgrad der Tracks. Der DJ kann sich dadurch ausschließlich auf Setaufbau und Mixing konzentrieren, auf geäußerte Musikwünsche muss er eher selten oder gar nicht eingehen.

## Das Packen der Crates, die Tonträgerbeschriftung und die Setvorbereitung

Nach der getroffenen musikalischen Auswahl für die Veranstaltung strukturiere deine Tracks und ordne sie, um beim Auflegen und dramaturgischen Set-Aufbau die beschriebenen Mix-Regeln zu beachten.

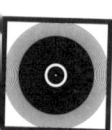

Beim spontanen Auflegen in der Location setzt du jeden Track nach deiner Vorstellung der Setdramaturgie ein, damit du sie mit jedem gespielten Titel umsetzt und die gewünschte Stimmung beim Publikum erzeugst. Dies verlangt, dass du über die stilistischen und dramaturgischen Eigenschaften jedes einzelnen Tracks Bescheid weißt, ebenso die Länge und Platzierung des Intros, Breaks, Bridges und Outros kennst. Außerdem ist es immer wichtig, sehr schnell die Tracks zu finden.

Da kommt das digitale DJing gerade recht. Denn seit dem digitalen DJ-Zeitalter ist das Suchen in den Plattencases dem Scrollen in den Crates (virtuelle Plattenkoffer) und der Listen-Ansicht zum Opfer gefallen, was einem großen Zeitersparnis gleichkommt und das Auflegen sehr erleichtert. Die digitale Listenverwaltung weist noch weitere Vorteile auf, denn sekundenschnell können die Tracks stets nach den verschiedensten Kriterien geordnet werden und ein kurzes Vorhören verschiedener Tracks hintereinander ist auch möglich. Mit Vinyl bräuchte man dafür einen Assistenten zum Aus- und Einsortieren der Platten. Aber trotzdem hat das Auflegen mit dem schwarzen Gold auch Vorteile, die sich nicht nur in dem wesentlich besseren Klang benennen lassen. Mit der begrenzten Anzahl von Platten, die einem aus Transportgründen an jedem Abend zur Verfügung standen, war man zwar musikalisch beschränkt, aber die Suche war überschaubarer und die Tracks bekamen mit dem Cover ein Gesicht, das eine wesentliche Merkhilfe ist. Hingegen bei der digitalen Titel-Liste stehen Namen, mitunter kleine Coverabbildungen zur Verfügung, das zunächst beim Wechsel vom herkömmlichen Vinyl zum Control-Vinyl eine Umstellung ist. Du musst dir jetzt verstärkt Namen des Artist und Track merken. Und wenn man keine Ordnung hält und ständig neue Tracks aus verschiedenen Quellen zieht, damit man vor dem anderen DJ prahlen kann, wie viel Terrabyte Musik für das Set zur Verfügung stehen, verliert man schnell die Übersicht und der Rechner manchmal durch einen Crash seine Geduld. Deswegen sei kein Messi, sondern wähle bewusst deine Tracks aus, den du den Platz auf deiner kostbaren Festplatte gewährst. Verzichte besser auf externe Festplatten, denn auch die USB-Ports deines Laptops sind limitiert und zusätzliche Hubs erhöhen das Risiko eines Absturzes.

## Das Vorbereiten der Track-Library

### Auf CD bzw. USB-Stick

Legst du mit einem DJ-Player auf, kommt deine Trackauswahl sicherlich von CD oder USB-Stick. Bei CDs solltest du dir auf jeden Fall ein Mappe zulegen, deren Schubfach mit der Tracklist pro CD beschriftet ist. Das wird deine Suche erleichtern. Ordne deswegen auch auf dem USB-Stick deine Tracks z. B. nach ihrem Musikstil.

**BEACHTE**

Die komplette Wellenform eines Tracks zeigt das Display des DJ-Players erst nach dem ersten kompletten Abspielen des Tracks an. Deswegen bearbeite und verwalte deine Tracks vorher im Export-Modus von rekordbox.

### Auf dem Laptop

#### Einlesen der Tracks

Zunächst werden alle Tracks, die du dir entweder per Download gekauft, von CD eingelesen oder von Vinyl eingespielt hast, per Drag and Drop in die Software-Oberfläche, bei Serato DJ Pro in den „All"-Ordner, bei Traktor in die „Track- Collection", gezogen. Anschließend lässt du die geladenen Tracks, wie schon beschrieben, zur Berechnung der BPMs und Erstellung der Overviews analysieren.

Track List bei Serato DJ Pro und Traktor

**BEACHTE**

Die BPM von Tracks mit einem Shuffle Beatwerden häufig falsch analysiert, z. B. Flo Rida „Right Round". Daher kontrolliere und bestimme sie auch manuell per Tap-Taste der Software.

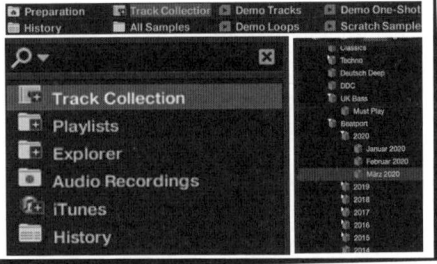

### Einordnen der Tracks in Crates

Crates sind deine virtuellen Plattentaschen, in denen du die Tracks beliebig ablegen kannst. Dank sogenannter Subcrates können die Titel auch in Untergenre sortiert werden, damit du noch besser den Überblick behältst. Das macht vor allem Sinn, wenn du mehrere Musikstile auflegst. Eine Besonderheit von Traktor besteht in dem Anlegen von Favorites. Sie sind über der Track List angeordnet und werden erstellt, indem du einen Ordner im Browser markierst und auf den Favoriten ziehst (siehe obere Abbildung).

Crates und Explorer bei Traktor, Crates bei Serato DJ Pro

Die Crates kannst du nach folgenden Kriterien anlegen, nach:

#### Musikstil:
Sortiere die Tracks nach House, Urban Music etc.

#### Musikstil-Untergruppierungen:
Für das perfekte Mixen klassifiziere deine Platten nach dem Kapitel „Die stilistische Einordnung der Musik" in die Substile (Tech-, Latino-House...).

#### Tempo in Form der BPM-Zahl:
Für dich ist es wichtig, einschätzen zu können, welche Tracks vom Tempo aneinander passen.

#### Gemeinsamkeiten:
Untersuche deine Tracks bezüglich gleicher Trackelemente z. B. Leadsounds oder Groove.

#### Gig:
Wenn du zu Hause einen Gig vorbereiten möchtest, dann speichere die ausgewählten Tracks in einem für diesen Gig angelegten Crate ab. Das kannst du zwar auch im Prepare-Ordner (bei Serato DJ Pro) vornehmen. Allerdings, wenn du die Software schließt und anschließend wieder neu

startest, ist der Prepare-Ordner leer und die vorausgewählten Tracks sind nicht mehr in ihm gelistet. Auch Tracks, die du kurz für ein Probehören auf ein Deck lädst, sind anschließend aus dem Ordner gelöscht und müssen erneut in den Prepare-Ordner geladen werden.

### Track-Charakter und seiner erzeugten Stimmung:
Jeder Titel erzielt auf dem Dancefloor eine gewisse Stimmung und schafft Atmosphäre. Finde heraus, welche Tracks entsprechend ihrer Dramaturgie welche Stimmung erzeugen, damit du mit deinem Set die Crowd begeisterst und nicht die Spannung durch ständigen Wechsel mit melancholischen oder ruhigeren Tracks ruinierst.

### Position im Set:
Sets werden entsprechend der Spielzeit in Warm Up, Peak Time und Late Night untergliedert. Warum die Crates nicht danach benennen?!

### Monat des Hinzufügens:
Im Fall einer beschädigten Datenbank werden deine Tracks beim Start der DJ-Software neu in die Library eingelesen und somit das Datum des Track-Hinzufügens aktualisiert. Dadurch datiert die DJ-Software fortan alle Tracks deiner Library auf das gleiche Datum, woran eine anschließende Trackssuche nach dem Attribut Add-Datum scheitert. Daher lege auch nach Monaten benannte Crates an und sortiere die in diesem Zeitraum hinzugefügten Tracks ein. Somit kannst du nach dem erneuten Datenbank-Crash, trotzdem deine Tracks weiterhin zeitlich einem Monat zu ordnen.

**TIPP**

Tracks, die ganz neu sind und die du unbedingt auflegen möchtest, packe auch am besten in ein separates Crate. Denn so hast du sie besser auf dem Schirm und wagst in deinem Set etwas musikalisch neues, was deine Crowd auch von dir als trendigen DJ erwartet.

Im Serato DJ Pro kannst du auch sogenannte Smart Crates mit Hilfe von verschiedenen Attributen (Rules), wie u. a. Artist, Genre oder BPM, die jeweils durch einen Parameter begrenzt werden, zusammenstellen. Wenn du

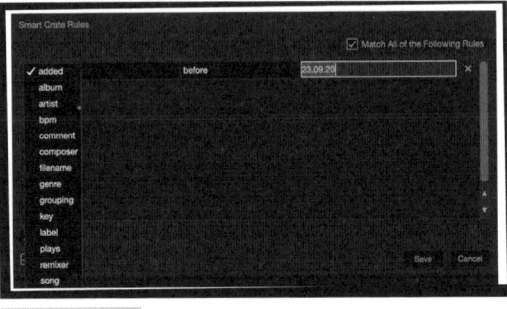

Smart Crate Rules

z.B. alle Tracks von David Guetta suchst, die in deiner Track List vorhanden, die aus dem Jahr 2007 sind und ein Tempo von 127 BPM besitzen. In dem Fall definierst du einfach die Attribute Artist, Year und BPM und gibst die für die Selektion relevanten Daten ein. Natürlich kannst du auch deine Attribute begrenzen oder Ausschlussregeln definieren, z. B. durch den Befehl „Is Not" oder „Does Not Contain". Lädst du zukünftig weitere Tracks in deine Library, welche die gleichen Attribute erfüllen, werden diese automatisch in das Smart Crate hinzugefügt.

### Das Fusionieren zweier Library-Festplatten

Eine Library nicht nur mit Tracks von einer internen, sondern auch von einer externen Festplatte zu füttern, ist von

#### VORTEIL
- wenn deine interne Festplatte nicht über genügend Speicherplatz verfügt
- wenn die Musik der externen Festplatte nur sporadisch und bei speziellen Gigs verwendet wird, damit bleibt deine Library bei allen anderen Gigs übersichtlicher, geordneter und das System schlanker

#### NACHTEIL
- wenn du nur begrenzt über eine Anzahl von USB-Ports verfügst
- denn eine externe Festplatte birgt ein größeres Risiko von Lesefehlern beim Laden der Musikdateien
- da es mit einer externen Festplatte vom Handling unkomfortabler ist
- da die Software länger braucht zum Laden der Tracks, die auf der externen Hard Disk (HD) gespeichert sind, dauert das Hochfahren der DJ-Software bis zu ihrer Betriebsbereitschaft mitunter länger und Instant Play ist mit diesen Tracks auch nicht möglich.

## Das Vorbereiten der Track-Library auf dem Notebook
### Das Fusionieren zweier Library-Festplatten

Da die Nachteile überwiegen, wird man eines Tages die Tracks der externen Festplatte auf die interne übertragen wollen. Um trotzdem die Tags, Cue Points, Kommentare, aber auch die angelegte Library-Struktur mit den Tracks zu übernehmen, sind die Tracks innerhalb der DJ-Software beispielsweise bei Serato DJ über den Datei-Reiter und das entsprechend geöffnete Fenster zu kopieren bzw. zu verschieben. Gehe dabei wie folgt vor:

1. Zunächst lege auf der internen Festplatte am besten die gleichen Ordner und deren Struktur für die Daten der externen Festplatte an.
2. Suche in dem File-Fenster der DJ-Software die neu angelegten Ordner.
3. Finde in der DJ-Software unter dem Attribut Location die Tracks der externen Festplatte, wähle sie aus und markiere sie.
4. Ziehe per Drag 'n Drop die ausgewählten Tracks in den ausgewählten Ordner. Serato DJ fragt dich anschließend, ob die Tracks verschoben oder kopiert werden sollen. Der Unterschied besteht darin, dass mit dem Verschieben die Tracks vom Originalstandort gleichzeitig gelöscht werden.

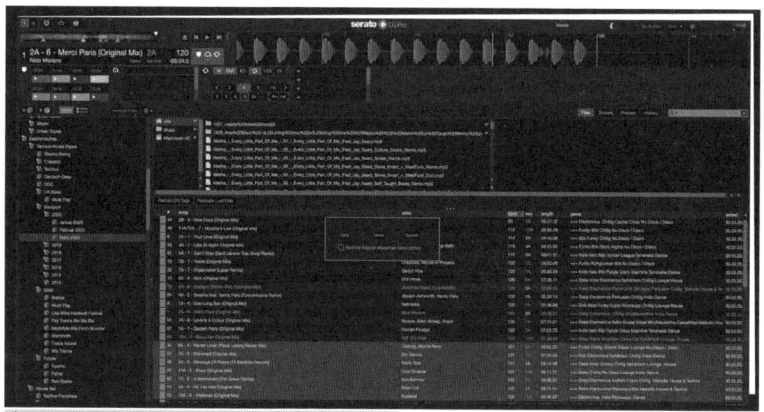

Verschieben von Tracks innerhalb von Serato DJ Pro

5. Anschließend sind die Tracks wie vorher mit der externen Festplatte in der Library einsortiert. Auch die Crates, in denen sie abgelegt sind, und deren Struktur wird übernommen. Die Tags zum Standort des Files aktualisiert die DJ-Software anschließend automatisch.

> **TIPP**
>
> Diese Prozedur hilft auch zum Sortieren und Aufräumen der Track-Daten auf deiner Festplatte, ohne das damit bisherige Verknüpfungen in der DJ-Software verloren gehen.

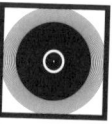

Und wie funktioniert das bei Traktor? Da dort die Ordner-Struktur der Festplatte im Explorer angezeigt wird, übernehme am besten die gleichen Folder wie auf dem externen Laufwerk, um die gewohnte Struktur beizubehalten. Allerdings schließt das Kopieren der Tracks nicht die Tags und somit die Verknüpfungen zu deinen unter „Playlist" angelegten Crates ein. Um die verschobenen Tracks neu zu verknüpfen, gehe mit der rechten Maustaste auf „Track Collection" und öffne „Check Consistency". In einem Pop-Up-Report werden alle fehlenden Tracks angezeigt. Unter dem Reiter „Missing Tracks" bietet Traktor die Funktion „Relocate", die aktiviert alle vermissten Tracks aufspürt und die Tags zu den Tracks, die bisher auf der externen Festplatte waren, neu setzt.

*Check der Library im Traktor*

*Aufspüren verlorener Tracks im Taktor*

### Das Setzen von Cue Points und Loops

Das Auswählen und Speichern von Cue Points und Loops ist in DJ-Programmen auch ohne angeschlossenes Interface möglich und sollte vor dem Gig erledigt werden, weil:

- schnelles Auffinden der wichtigsten Positionen im Track
- ein schnelleres Mixing durch eine kürzere Vorbereitungszeit der Tracks für den Mix und
- schnelle Übersicht über die Struktur der Tracks möglich ist.

Enthusiast / Bedroom-DJ / Professional DJ / Artist

Durch das Setzen verschiedener Cue Points erhältst du sehr schnellen Aufschluss, wie viele Phrasen das Intro besitzt, wann der Break einsetzt etc.

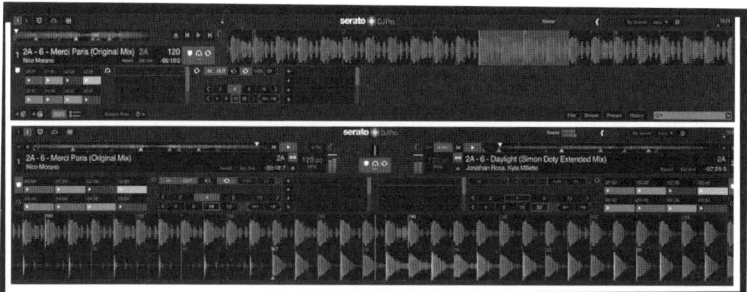

Ein- und Zweikanal-Pracitice-Ansicht zum Bearbeiten der Tracks und Ausprobieren von Übergängen im Serato DJ Pro ohne angeschlossenes Interface

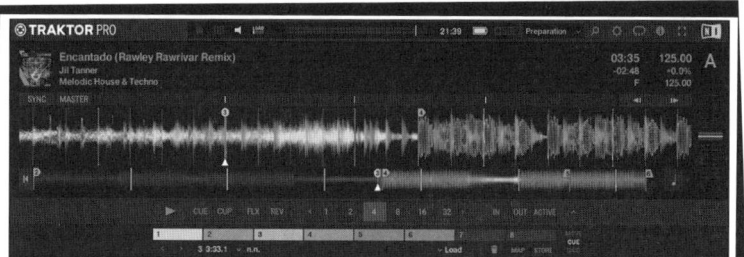

Preparation-Modus zum Bearbeiten der Tracks im Traktor

Bei elektronischer Tanzmusik setze mehrere Cue Points:

1. am Anfang
2. zum Beginn der Bassline
3. zum Beginn eines Breaks
4. eventuell zum Beginn des Outros.

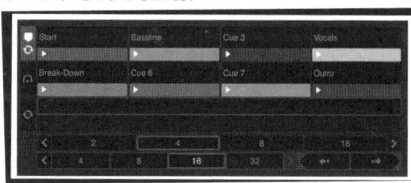

Cue Points im Serato DJ Pro

Da House- und Dance-Music meistens mit einem Tempo von 115 bis 130 BPM den Beat angibt, kannst du davon ausgehen, dass eine Phrase ca. 15 Sekunden entspricht. Mit anderen Worten, wenn du z. B. einen Cue Point vor einem Break setzt, der laut der Cue Point-Anzeige bei einer Minute liegt, dann stehen dir vier Phrasen zum Mixen bis zum Break zur Verfügung. Für Urban-Music lege dir Cue Points zum Scratchen, Backspin und Beat Juggling fest.

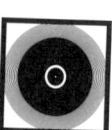

Im Serato DJ Pro stehen dir fünf bzw. acht Cue Points zur Verfügung, die du über den jeweiligen Cue-Button definierst. Traktor lässt bis zu 32 Cue Points zu, die per Cue-Taste markiert und anschließend mit der Store-Funktion den sogenannten Hot Cues zugeordnet werden, um acht deiner wichtigsten Cue Points direkt anwählen zu können.

Bei Tracks mit kurzen Mix-Intros oder anderen Parts, die du gern verlängern möchtest, lege auch die Loops im Vorfeld fest und speichere sie ab. Besonders zu empfehlen ist dies für Urban-Music und Klassikern, egal ob Funk, Synthi-Pop o. ä.

In Songs, die nicht MIDI-synchronisiert und mit Drum-Machines, sondern live von einer Band eingespielt sind, funktionieren Beat Loops, die länger als zwei Beats sind, häufig nicht. Die DJ-Software setzt die Beatgrids stur entlang der Timeline eines Tracks, erkennt aber Abweichungen nicht automatisch. In diesem Fall benutze manuelle Loops mit von dir gesetztem Anfangs- und Endpunkt. Um herauszufinden, ob ein manueller Loop hundertprozentig beatgenau läuft, aktiviere auf dem zweiten Deck einen Beat Loop mit identischem Tempo. Lege beide Loops übereinander. Spielen sie völlig synchron, erhält der von dir manuell gesetzte Loop das Prädikat „mixfähig". Anderenfalls passe die Länge deiner manuellen Loops entsprechend an, bis beide Loops trotz etlicher Wiederholungen in Phase bleiben.

### TIPP

Hast du die Struktur eines gerade laufenden Track vergessen, für deinen Mix notwendige Cues oder Loops noch nicht gespeichert? Dann lade dir den selben File auf das andere inaktive Deck, checke den Aufbau und setze Cues u.ä. nachträglich. Prompt sind sie auch auf dem aktiven Deck.

Damit Mixed In Key die Cue Points auch exakt auf den Beat und zu Beginn einer Phrase platziert, analysiere zuerst deine Tracks in der jeweiligen DJ-Software für die dafür notwendigen Beatgrids. Anschließend importierst du die Tracks samt Beatgrids in Mixed In Key, um die Cue Points korrekt zu setzen. Diese werden anschließend automatisch importiert und nach einem Rescan oder spätestens beim Abspielen der Tracks in der DJ-Software angezeigt.

## Überprüfen und Korrigieren der BPM und Beatgrids

Möchtest du das Beatmatching lieber deiner DJ-Software als deinem eigenen Gehör überlassen, überprüfe, wie im Kapitel über Beatmatching per Beat Sync beschrieben, die Beatgrids deiner Tracks. Achte dabei auf:

- den automatisch markierten Downbeat, mit dem der Track beginnt.
- dass die Grids ganz exakt auf den Kicks und Snares und dies über die gesamte Länge des Tracks liegen.

So schlau eine DJ-Software sein mag, sie wird von den Strukturen der Tracks überlistet, wenn beispielsweise die Tracks mit einer Achtelnote als Auftakt beginnen. Die Software verkennt diese Auftaktnote als Downbeat, denn dieser ist erst eine Achtelnote später. Im Mix startet damit dein gesyncter Track eine Achtelnote zu spät und liegt im sogenannten Off zwischen Kick und Snare. Als künstlerisches Element verpassen auch viele Artists ihrem maschinell programmierten Groove eine natürliche Note, indem die Kicks und Snares leicht um die eigentlichen Zählzeiten des Takts „sliden". Vom Gehör als angenehmer empfunden, verursacht jedoch diese Toleranz im Beat unsauber markierte Beatgrids, die nicht nur leicht vor oder nach dem eigentlichen Beat sitzen. Sondern es summiert sich diese noch zu Beginn des Tracks als leicht einzuschätzende Toleranz mit zunehmender Tracklänge. Deswegen überprüfe die Tracks nicht nur zum Beginn, sondern auch über die gesamte Spieldauer bis zum Schluss, besonders wenn sich deine Lieblingsmixstelle erst am Ende eines Tracks befindet.

Knüpfe dir auch die BPMs vor, die dir von deinem Rhythmusgefühl nicht logisch erscheinen, wie die der Shuffle-Beats. Auch wenn du den Sync-Button ignorierst, für die Beat Loops sind korrekt analysierte BPMs genauso wichtig. Deswegen teste mit einem Beat Loop die BPM dieser Tracks. Läuft der Loop unrund, korrigiere die Grids bzw. bestimme wenigstens über den Tap das Tempo und trage es entsprechend in deine Library.

**TIPP**

Für das Auflegen vom USB-Stick mit Pioneer DJ CDJs analysiere im Export-Mode von rekordbox die Tracks im normalen Modus mit definiertem BPM-Bereich. Solltest du Musikstile jenseits dieser BPM-Range auflegen,

bevorzuge den dynamischen Modus. Allerdings musst du die Tracks nach der Änderung erneut scannen.

## Weitere Beschriftungen und Comments

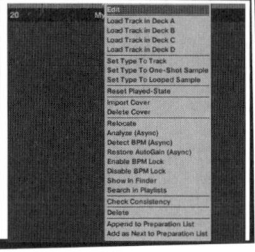
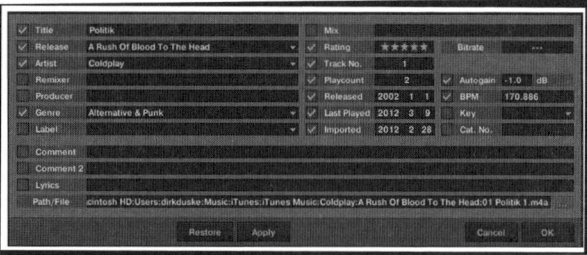

Entsprechend welchen Kommentaren du deine Track List geordnet haben möchtest, trage diese Informationen ein. Klicke das jeweilige Feld des ausgewählten Tracks doppelt an, das Editieren kann beginnen. Traktor erlaubt sogar zusätzliches Editieren in einem speziellem Dialog-Fenster zum Eintragen noch spezifischerer Eigenschaften. Gehe mit der Maus samt gedrückter CTRL-Taste auf einen gewünschten Titel und der Edit-Reiter wird geöffnet.

### TIPP

Aktiviere das Attribut „Playcount" (Traktor) bzw. „Plays" (Serato DJ Pro) als Maß, wie oft ein Track spielte. Dies hilft dir beim Löschen bzw. Selektieren unwichtiger Tracks, die du später besser auf einer externen Festplatte sicherst.

In der Track List steht auch das Feld „Comments" für Kommentare, wie

- deine Bewertung anhand von Symbolen (*****)
- Tracks oder Artists, die ähnlich klingen
- Musikstil und Besonderheiten.

### TIPP

Auch den Trackaufbau notiere eventuell als Comment, wobei es aufgrund der angezeigten kompletten Wellenform und Spektrogramm als Übersicht für den Trackaufbau nicht unbedingt notwendig ist.

Enthusiast / Bedroom-DJ / Professional DJ / Artist

Anbei siehst du einen Vorschlag für eine platzsparende Kurzschreibweise:

```
Intro: 32 Beats (8 Takte oder 1 Phrase)
Break: 64 Beats (16 Takte oder 2 Phrasen)
Bridge: 32 Beats (8 Takte oder 1 Phrase)
Outro: 32 Beats (8 Takte oder 1 Phrase)
als Kurzform zusammengefasst: 32I-64Br-32Br-32O
```

## Farbliche Markierung von Tracks

In der Track List von Serato DJ Pro können die einzelnen Track farblich durch einen Punkt markiert werden. Lädst du diese in ein Deck, färbt es sich entsprechend ein. Wenn du sehr viele Tracks in deiner Bibliothek gespeichert haben solltest, dann nutze auch dieses Feature, um sie besser visuell zu selektieren. Wähle dafür in der Farbmatrix nur Farben aus, die nicht unmittelbar angrenzen, da vor allem die kleinen Unterschiede in den nebeneinander liegenden Farbtönen schlechter, sogar falsch gedeutet werden. Unter welcher Prämisse du den Tracks welche Farbe zuordnest, ist dir überlassen. Als Attribut würde sich der z. B. Musikstil oder ähnlich klingende Tracks, die Einsatzmöglichkeit (Peak Time oder Warm Up), aber auch deine Wertung des Tracks eignen.

## Mixed In Key

Möchtest du auch die Tonarten der Tracks in deiner Bibliothek bzw. in deinem Mix berücksichtigen, dann analysiere die Tracks mittels „Mixed In Key"-Software und aktiviere in der Trackliste die Option „Key". Die Tonarten sind anschließend entsprechend dem Camelot-Easymix-System in den Comments oder als Tonart in der Key-Sparte bzw. der oberen Deck-Zeile neben der Anzeige des gespielten Track-Titels zu finden.

Lege dir ein Smart Crate für jede einzelne Tonart an, von 1A bis 12B und definiere in den Rules, mit welchen Tonarten sie entsprechend der

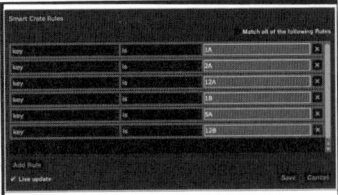

beschriebenen Möglichkeiten harmonieren. Achte darauf, dass bei „Match all..." der Haken deaktiviert ist, damit alle Attribute gleichrangig gültig sind und sich nicht gegenseitig ausschließen.

Abschließend noch ein Hinweis zum effizienteren Kommentieren: Lass die Tracks nach dem Attribut „Titel" geordnet anzeigen. Sehr ähnliche Versionen des gleichen Tracks mit den Bezeichnungen Dub, Edit, Radio und Extended, kannst du damit gleichzeitig beschriften.

## Das Pimpen der Audio-Files mit Platinum Notes

Auslese der zu aufbereitenden Tracks im Mixed In Key

Analyse und anschließende Aufbereitung der Track

Oft verzeichnen gekaufte, von SoundCloud heruntergeladene oder als Promo erhaltene Audio-Dateien eine unterschiedliche Lautstärke, Übersteuerungen, eine zu starke Komprimierung und oft ein kühl anmutendes Klangbild. Die von den Mixed In Key-Programmierern entwickelte Software Platinum Notes bereinigt diese Bugs der Datenkomprimierung, schafft zudem einen besseren Kontrast zwischen leisen und lauten Parts. Welche Tracks eine Soundbearbeitung beanspruchen, beantwortet die Software Mixed In Key beim Analysieren der Tonart der Tracks oder dein persönlicher Klanganspruch. Dazu zieht man die Audio-Files, beispielsweise als MP3, AICC oder WAV, per Drag´n Drop in das Fenster der Software.

Weitere Beschriftungen und Comments
Das Pimpen der Audio-Files mit Platinum Notes

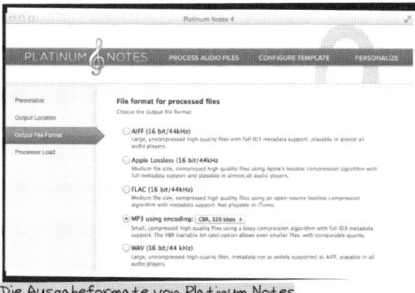
Die Ausgabeformate von Platinum Notes

Nach dem aktivierten Start unterzieht sieht sich das Musikmaterial einer sekundenschnellen akustischen Schönheitspflege. Die aufpolierten Files legt Platinum Notes in einem extra Ordner ab, sodass das Original-File unberührt bleibt. Als Ausgabeformat stehen neben der gebräuchlichsten MP3 mit einstellbarer Bitrate WAV, FLAC, AIFF und Apple Lossless zur Auswahl.

## Funktionsweise der Überarbeitung

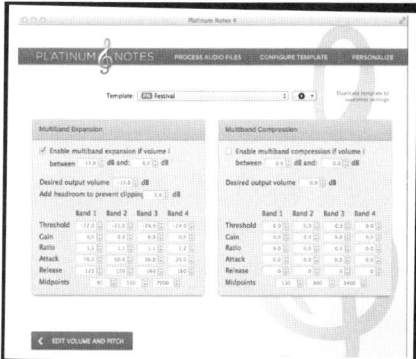
Die Voreinstellungen für Multiband-Expansion und -Kompressor

Zuerst dekodiert Platinum Notes die Audio-Datei zu einem unkomprimierten WAV-Format. Anschließend analysiert sie das Volumen der Datei mit einem speziellen Algorithmus, der nur die Drums beachtet. Somit besitzen alle bearbeiteten Files die gleiche Drum-Lautstärke, ein Vorteil auch für das Beatmatching und Mixing. Im nächsten Schritt kümmert sich Platinum Notes um abgeschnittene Spitzen (Peaks) und fixiert sie mit einer Kombination aus einem iZotope Multi-Band-Audio-Prozessor und benutzerdefinierten Algorithmus, der abgeschnittene Spitzen repariert, sodass die Musik glatter und weniger verzerrt klingt. Mit einem iZotope Exciter-Filter wird den Files eine gewisse Wärme in zwei verschiedenen Graden verliehen: „Gentle warmth" nimmt man mit seinem wohl dosierten Bass als angenehm wahr, dagegen „Hot vacuum tube" ähnelt schon eher dem mehr bassigen Vinyl-Sound. Die Programmierer empfehlen für den DJ-Einsatz die „Gentle warmth"-Einstellung. Selbst auftretende Pitchschwankungen begradigt die Software während der Datei-Verarbeitung. Platinum Notes setzt zudem einen weiteren iZotope-Filter namens IRC Limiter ein, der als Studio-Plugin die

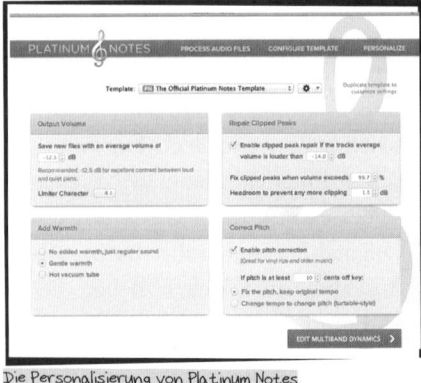

Die Personalisierung von Platinum Notes

Musik lauter macht, ohne dabei zu clippen und sie somit zu beschneiden.
Die Software bietet zwei Vorlagen mit entsprechenden vorgeschlagenen Einstellungen, das Official Platinum Notes- und das Festival-Template. Letzteres unterscheidet sich von der offiziellen Variante durch eine bessere Balance zwischen Bass und Hi-Hat. Aber diese beiden Vorlagen sind kein Dogma. Wer sich etwas ausprobieren möchte, der experimentiert mit den Einstellungen in der Multiband Expansion bzw. -Kompression und speichert dies unter einem Namen seiner Wahl ab.

Mit einem Preis von 98,00 Dollar mag Platinum Notes zunächst etwas kostspielig erscheinen, aber drei hochwertige iZotop-Filter auf Studio-Niveau, ein Pitch-Korrektur-Filter und weitere Algortithmen zur merklich hörbaren Klangverbesserung sind es auf jeden Fall wert.

Afrojack:
Ich bereite mich nicht auf einen Gig sonderlich vor. Ich habe ein Intro, aber das war es. Ich glaube auch nicht, dass es notwendig ist. Die meisten Male weiß ich selbst eine Stunde, bevor ich auf die Bühne gehe, nicht, mit welchem Track ich beginne.

## Das Vorbereiten der Platten-Cases

Wenn du mit Plattenkoffern zum Gig anreisen, steht auch in diesem Fall das Einsortieren und Vorbereiten der Tracks auf dem Plan. Dies ist vor allem notwendig, weil du dich aus Gepäckgründen auf die wichtigsten Schallplatten beschränken musst, und die Suche der Tracks beim Auflegen langwieriger ist. Da muss jeder Handgriff sitzen. Deswegen ordne deine Platten-Cases nach den gleichen Kriterien wie die virtuellen Crates.
Da du beim analogen Auflegen nicht sehen kannst, nach wie vielen Phra-

sen die Bassline oder ein Break einsetzt, ist es notwendig, die Tracks mit ihren Takten auszuzählen und entsprechende Notizen auf das Cover bzw. Label der Schallplatte zu schreiben. Klebe am besten kleine schmale Sticker auf das Label der Platte, womit du gleichzeitig deinen Cue Point markieren kannst wie beim 12 O´Clock-Prinzip. Auf dem Sticker schreibe die Phrasen-Anzahl der Intros etc. (siehe Beispiel: 32I-64Br-32Br-32O) auf. Auch die Verwendung bestimmter Instrumente oder die Klassifizierung nach Substil sind für harmonische Übergänge ein wichtiges Kriterium und können auch auf dem Label oder Cover notiert werden.

## Das Vorbereiten der Setlist

Für jeden Track existiert ein musikalisches Pendant, das gemeinsam mit einem anderen den perfekten, harmonischen Übergang erzielt. Probiere deswegen vor dem ersten Gig vereinzelte Übergänge (aber nicht das komplette Set) aus, die deines Erachtens im Set einen musikalischen Fluss ergeben und für eine volle Tanzfläche sorgen könnten. Wähle deswegen bekannte Tracks. Ist ein perfekter Übergang gefunden, sind zwei weitere Tracks als Alternativen zu suchen, denn häufiges Wiederholen der gleichen Trackfolge demonstriert wenig Kreativität.

Nach der getroffenen und sortierten Trackauswahl, den eventuell angebrachten Beschriftungen in der Library bzw. den Schallplatten, den geprobten Übergängen, geht es bei den weiteren Vorbereitungsmaßnahmen darum, das Lampenfieber am Veranstaltungsabend zu reduzieren. Das erforderliche Selbstvertrauen und die notwendige Ruhe erreichst du, indem du den Setanfang vorbereitest und dabei die ersten drei bis fünf zu spielenden Tracks einbeziehst. Die Trackauswahl richtet sich dabei nach der Musikdramaturgie im Setaufbau (siehe nächstes Kapitel). Persönliche Favoriten, die bei dir eine positive Stimmung erzeugen und musikdramaturgisch noch kein Händehochreißen auslösen, eignen sich besonders für den Veranstaltungsbeginn. Die ausgewählten Tracks sollten als Vorbereitung in einem perfekten Mix miteinander verbunden sein, ohne dass dabei Effekte oder Sampler mit einbezogen werden. Es sei denn, der Mixer in der Location weist die gleichen Features auf oder du legst mit einer Software, deren Bestandteil sie sind.

Da misslungene Übergänge einen DJ sehr schnell und für längere Zeit aus der Fassung bringen, dient deine Gig-Vorbereitung der eigenen Sicherheit, um auch den Geschäftsführer zu überzeugen. Die ersten Minuten deines Gigs sind mit ausschlaggebend für seine Einschätzung. Aus Zeitgründen verfolgen Geschäftsführer die Veranstaltung zu Beginn verstärkt und anschließend stichprobenweise. Deswegen zählt der erste Eindruck, der imponieren muss.

Weitere Unsicherheiten können unterbunden werden, wenn sich Bekannte oder Freunde von dir am Veranstaltungsabend unter das Publikum mischen und dir, wie bereits erwähnt, als Blickkontakt auch während der Moderation die benötigte Souveränität verleihen. Wenn sie auch gern und als erste auf dem Dancefloor tanzen, motivieren sie vielleicht noch andere Gäste, die nur auf diesen Auslöser warten.

## Die Moderationsvorbereitung

Um einen gebrochenen Redefluss und schüchternes Auftreten hinter dem Mikrofon erst gar nicht aufkommen zu lassen, bereite deine erste Moderation mit folgendem Inhalt vor:

- Nennung der Location und deines DJ-Namens
- Hinweise auf das musikalische Programm
- Besonderheiten des Abends (Promotion-, Sonderaktionen)
- Highlights der Location in den kommenden Wochen.

Die letzten Angaben beziehst du aus dem Internet oder dem Monatsflyer der Location. Nach der umgangssprachlichen, mit kurzen Sätzen formulierten Anmoderation lernst und probst du sie bis zum bühnenreifen Auftritt, ohne ihr dabei den Anschein einer auswendig gelernten Ansage zu verleihen. Eventuell durchzuführende Probeaufnahmen der Moderation dienen als Kontrolle für die Sprachverständlichkeit, dialektfreie und lockere Artikulation. Für den weiteren Abend überlege dir noch ein paar coole Sprüche zum Anfeuern. Jedoch setze sie und deine Moderation sparsam ein, denn deine Gäste wollen keine Talkshow und fühlen sich dadurch schnell genervt. Da kommt es auch vor, dass der Dancefloor sich leert.

## Die Checkliste

Vor der Abfahrt in die Location mit gepackten Equipment-Bags, Schallplatten- bzw. CD-Cases checke, ob alles Wichtige für den Gig eingepackt ist:

- nochmalige Kontrolle der Schallplatten-Cases, USB-Sticks, Festplatten
- bei DJ-Software Notebook samt Netzteil und USB-Kabel
- Digital Vinyl System: DVS-Interface inklusive jeweils zwei Control-Vinyl, Slipmats und Tonabnehmer für die beiden Turntables, eine Plattenbürste
- eventuell DJ- oder MIDI-Controller, DVS-zertifizierter Mixer
- einen Kopfhörer mit 6,3 mm Klinkenstecker
- zwei Rechnungen mit aktueller Rechnungsnummer
- dein Handy für Uhrzeit und WLAN-Hotspot
- die vorbereitete Moderation
- ein Mikrofon
- Visitenkarten
- eventuell ein Recorder zum Mitschneiden
- als Backup: Ersatz-Laptop und -USB-Sticks, MP-Player, der beim Systemabsturz die Zeit des Reboots musikalisch überbrückt.

## Das Verhalten des Publikums gegenüber dem DJ

Im Leben eines DJs ist das Publikum ein wichtiger Parameter, der über seinen Aufstieg und Fall entscheidet. Die Sympathie hängt meistens von der Musik ab, die er auflegt und die immer neuen Diskussionsstoff bietet. „Allen Leuten recht getan, ist eine Kunst, die niemand kann" – dieses Sprichwort drückt die musikalische Gratwanderung aus, die das Publikum zu Beschwerden oder zu überschwänglichem Lob veranlasst. Die Beschwerden nehmen dabei u. a. folgende Formen an:

DJ Rush:
Bleib dir immer treu und versuche dein eigenes Image aufzubauen, ohne dich dabei an anderen Größen zu orientieren. Denn es gibt nur einen Chris Liebing, Sven Väth, Rush oder Carl Cox. Mache dein eigenes Ding. Denke nicht so sehr daran, was die anderen von dir halten. Wenn du das durchziehst, dann wirst du sehen, da ist auch ein Platz für dich.

# GIG

> "Spiel mal was Ordentliches!"
> "Spiel mal Musik!"
> "Spiel mal was Anderes!"
> "Spiel mal was Schönes!"
> "Spiel mal was Neues!"
> "Wo hast du denn das Auflegen gelernt?!"
> "Hör mal auf, diesen Scheiß zu spielen!"
> "Was bist'n Du für'n DJ?!"

Mitunter treten auch Kombinationen mehrerer Aussagen auf einmal auf. Aufforderungen wie „Spiel mal was Anderes!" erfordern ein weiteres Hinterfragen des konkreten Wunsches durch den DJ, sodass der Gast antwortet: „Weiß ich auch nicht. Du bist doch der DJ!".

Musikwünsche verlangen auch oft viel Fantasie und Gelassenheit:

> "Ich kenne den Titel und Interpreten nicht, aber er geht so: lalala."
> "Spiel mal von David Guetta: Sex On The Beach!"
> "Spiel mal..., aber sofort!"
> "...Wenn du das spielst, dann gehen aber die Leute ab!"
> "Ich muss in zehn Minuten gehen, spiel mal den Titel...jetzt."

Trotzdem halten sich nach diesen besagten zehn Minuten diese Gäste in der Location drei weitere Stunden auf (die „zehn Minuten" dienten so nur als Druckmittel). Wurde der Musikwunsch erfüllt, stürmen im Anschluss die gleichen Personen nochmals zum DJ-Pult, um sich erneut diesen Titel zu wünschen.

Musikwünsche können und sollten z. T. im DJ-Set unter Beachtung der Dramaturgie berücksichtigt werden. Aber dein Stil und der des Clubs stehen an erster Stelle. Denn z. B. kein HipHop-DJ spielt deutschen Schlager oder ein Szene-DJ kommerziellen Progressive House. Demzufolge erfüllst du ausschließlich Musikwünsche, die deines Erachtens in das musikalische Repertoire und in die Setdramaturgie passen.

 **BEACHTE**

Solltest du einen Wunsch erfüllen wollen, den du während des Gigs online lädst, so achte darauf, dass bei der Aktualisierung der Library (z. B. iTunes im Serato DJ Pro) der Bildschirm für einige Sekunden einfriert und du den nächsten Track in diesem Moment nicht auswählen kannst. Deswegen suche schon vor der Aktualisierung den Folge-Track und achte darauf, dass der aktuelle Track noch mindestens drei Minuten spielt.

## Das Verhalten des DJs gegenüber dem Publikum

Um es im Vorfeld zu klären: Du legst für das Publikum auf, damit du es glücklich machst, und nicht für dein Ego. Auch Eigenschaften, wie Arroganz und Unfreundlichkeit sind deiner erfolgreichen Karriere eher hinderlich. Um gegenüber dem Publikum sympathisch zu wirken, orientiere dich an folgenden Eigenschaften:

> selbstbewusst, bescheiden, freundlich, aufmerksam, kontaktfreudig, cool, gut gelaunt, motivierend und mitreißend.

Du als DJ zündest die Party und anschließend springt der Funke auf das Publikum über. Bist du depressiv oder schlecht gelaunt, so wirst du nur schwer das Publikum in deinen Bann ziehen können. Erst durch das Ausstrahlen guter Laune, die Überzeugung von deiner Kunst und durch das eigene Mitfeiern reißt du dein Publikum mit.

Zugegebenermaßen ist es schwieriger geworden, dem mitunter rauhen Ton der Gäste mit einem Lächeln und Freundlichkeit zu antworten. Anstandslos halten sie dir ihr Handy vor's Gesicht während dessen du mixt. Eine mittlerweile gängige Form, dem DJ seine Musikwünsche aufzudrücken. Andererseits kann man sein Publikum nicht immer beim Plausch oder mit ihren geschriebenen Zetteln ernst nehmen, selbst mit einer Beleidigung als deren Schlusswort. Nimm es mit Humor. Denn den brauchst du eh beim Auflegen. Bewahre zudem Ruhe, sei gelassen und reagiere nicht genervt.

Derrick May:
Um ein großartiger DJ zu werden, brauchst du Zeit, um Erfahrungen zu sammeln. Es ist nicht die Technik oder die Platte, die du auflegst, die dich zum großartigen DJ machen. Du musst die Geschichte der Musik und vieles mehr wissen. Mit Situationen umgehen können, die psychologischen Aspekte der Nacht kennen. Schaust in die Augen der Leute, musst du wissen, was ihre Energie ist.

## Der erste Gig
### Die Vorbereitung am DJ-Pult

Um in der Discothek oder dem Club pünktlich einzutreffen und die notwendigen Vorbereitungen in Ruhe und ohne Hektik auszuführen, plane deine Ankunft eine Stunde vor der Locationöffnung. Kurzeitiges Erscheinen vor dem Veranstaltungsbeginn erzeugt zusätzlichen Stress zwischen Auspacken und sofortigem Auflegen, der sich auf die Veranstaltung überträgt. Fahre deswegen rechtzeitig los.

Die folgenden Tipps sind wirklich nur Anfängern bei ihrem allerersten Gig mit auf den Weg zu geben, damit dieser nicht in einem Disaster endet. Deswegen solltest du als Newcomer die technischen und akustischen Gegebenheiten in der Location vor dem Auflegen checken:

- Überprüfe die Kanalbelegung und die Fader am Mixer.
- Bei DVS checke die Scope Views, ob das Timecode-Signal sauber übertragen wird.
- Kontrolliere den Pitch-Control am Plattenspieler auf Gleichlauf bzw. Tuning.
- Teste die Systeme, ob sie springen. Sollte es vorkommen, dass nur ein Kanal übertragen wird, reinige die Kontakte am Tonabnehmer und Tonarm mit reinem Alkohol (Wodka löst auch das Problem). Hörst du ein Brummen, überprüfe das Erdungskabel.
- Ist ein Mikrofon und Monitor vorhanden?

**Soundcheck:**
Beim Probemix überprüfst du das Equipment nochmals. Stelle zunächst den Masterkanal auf den in der Location üblichen Lautstärkepegel (der Lightjockey kann Auskunft darüber geben) ein. Sollte kein Monitor vorhanden sein, orientiere dich beim Mixing zunächst am Signal der PA. Kurz nach dem Mixbeginn kontrollierst du deinen Mix unter Kopfhörer durch Abhören des Mastersignals. Prüfe, ob die beiden Bassdrums genau übereinander liegen. Tritt der beschriebene „Schienenschlageffekt" auf, ist die zeitliche Verzögerung zu groß, um das Signal in der Location als Monitor zu benutzen.

### TIPP

Auch wenn die PA direkt neben deinem Ohr hängt, kann eine Verzögerung zu hören sein, da häufig digitale Deelays eingesetzt werden, um auf der Tanzfläche einen optimalen Sound ohne Schall-Verzögerungen zu erzielen. Mixe deswegen lieber unterm Kopfhörer, entweder im Split-Cueing-Modus oder durch gleichzeitiges Abhören der Cue-Signale und des Masters.

Teste auch dein Mikro unbedingt vor der Öffnung der Location auf Feedback und EQ-Einstellung. Bei deinem ersten Gig solltest du auch daran denken, dass deine Crowd im Vergleich zu dir einem wesentlich größeren Lautstärkepegel ausgesetzt ist und du einen entsprechenden Pegel fahren solltest. Ansonsten klopft dir der Chef auf die Finger. Denke auch daran, den Pegel bei ca. null dB zu halten und nicht zu übersteuern, um über genügend Aussteuerungsreserve zum technischen Maximalpegel (Headroom) zu verfügen und somit Verzerrungen zu vermeiden, und das Klangbild linear einzustellen (alle EQ-Regler auf null). Es sei denn, es gibt vom Chef eine andere Anweisung.

**Gespräch mit dem Lightjockey:**
Der Lightjockey ist dein Verbündeter, weil er deine Musik visualisiert. Die Zusammenarbeit hat Vorteile für beide Seiten: Mit dem Licht beeinflusst der LJ besonders das Tanzverhalten zum Gigbeginn. Er ist auf deine Instruktionen, wie musikalische Wechsel, Breaks in Tracks oder eine Anmoderation, angewiesen, um entsprechend zu agieren. Durch ein ausführliches Gespräch erhältst du weitere Hinweise über das Tanzverhalten, die Peak Time und welche Tracks am besten zünden, was für deinen Setaufbau nützlich ist. Somit profitierst du von seinen Erlebnissen. Nutze es!

## Alkohol - Vor und während dem Gig?

Es ist schon ein Ritual: Bevor die Location öffnet, trifft sich Personal und DJ gemeinsam an der Bar und stößt auf den Abend an. Dabei bleibt es aber oft nicht, denn schon aus Langeweile trinkt man den einen oder anderen Cocktail, bevor man überhaupt an die Regler geht. Zumal die Verlockung groß ist, die Getränkekarte ungehemmt auf Kosten des Hauses durchpro-

bieren zu dürfen. Dennoch gibt es auch Locations, die es finanziell gänzlich auf alkoholfreie Drinks limitieren, was allerdings auch überzogen ist, denn ein Drink schadet niemanden und beruhigt die Nerven. Daher rührt es sicherlich aus schlechten Erfahrungen, wo es mancher DJ übertrieb und entsprechend mit folgenden Begleiterscheinungen seinen Gig absolvierte:

- lallende Moderationen
- Anpöbeln des Publikums
- Prügelei mit Gästen
- unsauberes Mixing
- katastrophale Musikauswahl
- Leerspielen der Tanzfläche bzw. des Clubs und damit vorzeitiges Ende der Veranstaltung
- übertrieben hohe Lautstärken
- Beschädigung des Equipments
- Erbrechen vor dem Publikum
- Taumeln bzw. Einschlafen hinter dem DJ-Pult
- Abbruch der Veranstaltung, ambulante Behandlung im Fall einer Alkoholvergiftung

Ganz zu schweigen von einer Getränkerechnung in Höhe einer DJ-Gage und der fehlenden Vorbildfunktion, der man auch als DJ in gewisser Weise nachkommen sollte, verspricht ein derartiger Gig nicht nur ein Nachspiel in Form eines Katers. Ein sehr toleranter Betreiber wird dich maximal auf deine nächtliche Entgleisung hinweisen und es als einmalige Ausnahme abwerten. Anderenfalls folgen die Bezahlung der üppigen Getränkerechnung, gar die Kündigung deiner Gigs in der Location.

Leider begleiten Abstürze manche DJ-Vita. Abgesehen von Schäden am Image, leidet auch die Gesundheit, aber nicht nur die der Leber. Schließlich mit zunehmendem Alk-Pegel fällt auch die wahrgenommene Lärmschwelle, die Monitorbox wird bis zum Limit aufgedreht. Hörschäden, gar Tinnitus folgen. Dabei bist du auf dein gutes Gehör angewiesen.

Im deutschen Straßenverkehr toleriert man noch eine 0,5 Promille-Grenze. Dies lädt natürlich zum Trinken trotz persönlicher Heimfahrt am Steuer ein. Wurden schon ein paar Drinks gekippt und folgst du nach drei Uhr

# Alkohol – Vor und während dem Gig?

der Einladung „Komm´, lass ´uns einen trinken", könnte es mit dem Alkoholabbau bis zur Rückfahrt eng werden, denn die Leber verarbeitet pro Stunde 0,1 bis 0,2 Promille. Verlasse dich auch nicht auf den vermutlichen Feierabend gegen 5.00 oder 6.00 Uhr. Schließt dein Club eher, wirst du wohl deinen Rausch im Auto ausschlafen müssen. Nicht umsonst erfolgen viele Kontrollen in der Nähe von Clubs und Bars, um die Fahrer zu erziehen. Anderenfalls ist der Führerschein für mindestens einen Monat weg, zudem ein Punkt und ein Bußgeld von 500,00 Euro obendrauf.

Auch wenn in Discotheken und Clubs vor und hinter der Theke Alkohol und Drogen konsumiert werden, duldet man es nur solange, wie man trotzdem seine Leistung erbringt und entsprechend funktioniert. Leider trainieren sich auch einige DJs ihrem Gehirn an, dass es ohne Drinks und weißem Pulver einfach nicht mehr geht. Anderenfalls fehlen angeblich die Lockerheit. Krasse Scratches, Cuts und Sets gelingen nicht mehr, der Erfolgsdruck sitzt im Nacken. Die Nervosität vorm Publikum und das Lampenfieber steigen. Man ist verkrampft. Gibt einem auch noch der Misserfolg bei nüchtern gefahrenen Gigs recht, folgt häufig eine psychische Abhängigkeit und anschließend mitunter der Absturz, finanziell, vor allem beim Drogenkonsum, und gesellschaftlich.

Das Auflegen im Club verlangt daher Disziplin von dir, denn Alkohol schwächt das Denkvermögen. Deine Kreativität und dein Gespür für das Publikum bleiben auf der Strecke. Trink´daher nicht mehr, als du tatsächlich verträgst und versuche, die zu Beginn des Gigs vorhandene Unsicherheit mit einer intensiven Vorbereitung zu kompensieren. Um gegenüber den Gästen auf deren Einladungen nicht als Spielverderber dazu stehen:

- Trinke ein bis zwei Cocktails, Longdrinks bis maximal 1.00 Uhr, dazwischen und danach Mineralwasser oder Saftschorlen, um den Alkohol zu verflüssigen.
- Nimm´ ein, zwei Energy-Drinks. Die beleben zwar nicht den Geist, bringen aber dank Taurin und Koffein deinen Kreislauf auf trapp.
- Stelle dir einen alkoholfreien Cocktail ins Pult oder lasse dir vom Barkeeper gefakte Shots, z. B. Wasser, ausschenken, um mit Gästen anzustoßen.

Damit bist du auch diesbezüglich sensibilisiert und der Gig kann beginnen.

## Das Entertainment

Auch bezüglich deines Aktionismus und Auftretens solltest du bereits vor deinem ersten Gig einen Plan haben: Wie kannst du dich unterhaltsam, damit sogar beeindruckend in Szene setzen?

Sehr beliebt: MAGICFX CO2-Gun

Früher hat es gereicht, als DJ sein Publikum allein mit der Track-Auswahl, den Skills und ausgewählten verbalen Motivationssalven über das Mikrofon zu begeistern. Zunehmend ist aber der verstärkte Drang zu beobachten, sich mitunter durch übertriebenes Entertainment in der Vordergrund zu spielen. Neben permanenten Kommentieren des Bühnengeschehens, Anschreien des Publikums klettern die DJs auf die Bütecs, um zum Beat zu hopsen. Da wird mit Konfetti- und CO2-Kanonen, selbst im Fall von Steve Aoki mit Torten auf das Publikum geschossen. Per Stage Diving und Crowd Surfing nimmt man ein Bad in der Menge. Das Publikum steht drauf. Liegt es unterstellter Weise an der voranschreitenden motorischen und geistigen Unterforderung eines DJs dank Sync-Modus, an dem sogar komplett vorbereiteten und nur abgespielten Set vom USB-Stick?! Pro Zeiko, mehrfacher DMC- und ITF-Worldchampion, kickte dagegen förmlich das Digitale aus seiner Performance zu den 2016er Red Bull 3Style World DJ Championships, indem er mit dem inszenierten Zerbrechen seines Apple Mac Book Pros ein Zeichen für „Analog" setzte. Auch eine Form des Entertainments, die ihm zwar nicht den Titel, aber dafür viel Clicks bei YouTube und damit Publicity einbrachte.

Beim rein analogen DJing sind Hüpfen, Springen und weitere artistischen Einlagen

Pro Zeiko zerbricht als Statement seinen Laptop (40)

Enthusiast / Bedroom-DJ / **Professional DJ** / Artist

schon rein technisch untersagt. Die Platten würden im Sekundentakt springen. Zudem ist man permanent mit dem Drehen am Plattenteller zur Phasenkorrektur des Mixes beschäftigt. Auch für ständiges übertriebenes Schrauben am Effektregler und Equalizer fehlt die Zeit und letzlich eine dritte Hand.

Es werden mit dem Logo oder Konterfei zierende Masken, T-Shirts, Jutebeutel oder augenscheinlich als Give-Away und nette Geste in die Massen geschmissen. Nicht ganz uneigennützig. Schließlich promotet damit die Crowd wiederum den DJ, um dessen Lobby zu stärken, gar zu vergrößern. In einer Zeit, wo man als DJ verstärkt an seinen Followern beziehungsweise Likes bei Facebook, Instagram und Co., ergo an seiner virtuellen Reichweite gemessen wird, ist dies die richtige Taktik, um seinen Einfluss in den sozialen Netzwerken und damit den Marktwert zu steigern.

In wie fern du mit deinem Auftreten in dieses Horn bläst, kommt auf deine Intentionen an, was du damit erreichen möchtest. Liegt es dir überhaupt? Stehst du auch dahinter? Ein aufgesetztes Lächeln wirkt genauso unglaubwürdig wie sich selbst aufgezwungenes Entertainment. Aber eine gesunde Portion davon schadet nie, zumal sie auch deine Leidenschaft am DJing widerspiegelt, du damit Impulse an das Publikum sendest, die zum Tanzen und Feiern motivieren. Bist du sogar eine Rampensau, die die verbale, als auch physische Interaktion mit dem Publikum liebt und braucht, dann lebe es auf der Bühne aus. Vorausgesetzt, es passt zu deiner Zielgruppe. 18-jährige Teenies, musikalisch auf EDM und Progressive House fixiert, wirst du mitreißen. Hingegen eine Crowd, die vom Alter jenseits der 30 Jahre ist beziehungsweise mehr auf musikalischen Anspruch als aufgeblasene Bespaßung Wert legt, wirst du wohl kaum begeistern. Sie wird dich gar belächeln oder mit Kopfschütteln bestrafen. Daher ein kurzer Rat: Bleib dir selbst treu und damit glaubwürdig. Probiere dich ruhig aus, was du deinem Publikum zumuten kannst und willst. Gehörst du eher zur introvertierten Sorte, die das DJ-Pult auch als Schutzwall vor der nach dir lechzenden Crowd sieht, dann versuche, deine Schüchternheit auch als Stil zu verkaufen. Auch dein konzentriertes Auftreten in Kombination mit deinem gezeigten Skill-Perfektionismus nimmt als professionell wahr. Letztlich müssen Performance und Entertainment im gesunden Verhältnis stehen, denn du bist der Animator, der sein Publikum akustisch, als auch optisch im Griff haben sollte.

## Die Öffnung der Location

Zu diesem Zeitpunkt kannst du dir allmählich Gedanken über die Dramaturgie deines Sets machen. Lege die Dramaturgie aber nicht fest, sondern passe sie während der Veranstaltung individuell der jeweiligen Situation an, z. B. durch Verschieben der Zeiten für Warm Up, Peak Time oder Late Night oder zeitiges Leeren bzw. Füllen der Location. Deswegen sollte auch deine Setfolge flexibel sein. Vom Auflegen eines vorbereiteten Sets nehme deswegen Abstand, denn meistens kommt es anders als geplant.

Den Setaufbau stellen verschiedene Grafiken dar, die mittels Kurven den Wechsel zwischen Höhepunkten (Climax) und Ruhephasen (Cool Down) beschreiben. Jeder DJ besitzt ein eigenes Patentrezept, aber grundsätzlich arbeiten alle DJs nach diesen Regeln, die im folgenden Kapitel erläutert werden.

## Der Set-Aufbau

Das DJ-Set beinhaltet das kreative, dramaturgische Kombinieren verschiedener Tracks durch Mixing, Cutting, Scratching und Beat Juggling zu einem ununterbrochenen Mix.

Mit dem Setaufbau steht und fällt eine Veranstaltung. Das technische Know-How und die akrobatischen Leistungen an den Decks verhelfen dir dabei noch nicht zum erfolgreichen Gig. Denn perfektes Mixing oder Scratching sind nicht nur die Parameter für einen guten DJ. Sie dienen besonders zum besseren Verpacken der Musik und zur Klassifizierung bzw. zum Ausdruck des eigenen DJ-Stils. Hingegen das Publikum sehnt sich vor allem danach, eine ausgelassene Party mit ansprechender Musik, die der DJ letztlich perfekt mixen sollte, zu feiern.

Bei der Track-Auswahl ist immer zu bedenken, dass dem Publikum ein fließender und perfekter Mix nichts nützt, wenn es durch den folgenden Titel von der Tanzfläche vertrieben wird. Deshalb triffst du die Wahl des nächsten Tracks immer zu Gunsten des Dancefloors und nicht des eigenen Egos. Ein akribisch vorbereitetes Set bringt dir daher wenig, sei lieber spontan und lege damit „On The Fly" auf. Aber nicht selten stellen DJs auch ein stilistisches Potpourri zusammen, indem sie z. B. nach einem treibenden House-Track einen Minimal auflegen und anschließend auf Urban wechseln, um somit die Musikwünsche der Gäste schnell zu integrieren und die Tanzfläche zu füllen. Von dieser Zusammenstellung ist in zweierlei Hinsicht abzuraten: Zum einen begünstigt sie die ständige Fluktuation auf der Tanzfläche im Minutentakt, und zum anderen unterstellen die Gäste dem DJ eine mangelnde musikalische Kompetenz bei seiner Titelauswahl. Bei der Veranstaltung in der Discothek oder dem Club kann es zu schwankenden Gästezahlen kommen und auch die Emotionen der Gäste verändern sich im Laufe des Abends. Besonders freitags sind die Gäste zu Veranstaltungsbeginn noch von ihrer beruflichen Tätigkeit mitgenommen. Nach und nach entspannen sie sich, tanken durch Drinks Energie und stimmen sich auf den Abend ein. Durch die ersten Drinks, die Kommunikation mit Freunden, die Partnersuche oder der Präsentation des neuen Outfits gerät die Musik des DJs zunächst ins Hintertreffen, was sich aber nach ein bis zwei Stunden ändert. Dann stehen die Musik bzw. das Tanzen im Vordergrund und die Wirkung von Alkohol bzw. auch Drogen senken die Hemmschwelle des Publikums vor dem Dancefloor, sodass der DJ leichter und erfolgreicher seiner Arbeit nachgehen kann als zu Beginn des Abends. Dies veranschaulicht, dass die Musik zum richtigen Zeitpunkt eingesetzt werden muss. Legt ein Party-DJ beispielsweise gleich am Anfang Dschinghis Khans „Moskau" auf, reißt es kaum Gäste von ihren Sitzplätzen. Hingegen animiert er sie, wenn er es zu einem späteren Zeitpunkt spielt und auch dramaturgisch passend platziert, zum Tanzen des „Kasatschoks". Durch den Set-Aufbau führt er seine Crowd zu einem gemeinsamen musikalischen Höhepunkt, bei dem sie verstärkt tanzen, kreischen, schreien, toben, die Hände nach oben reißen und nur auf den nächsten musikalischen Kick warten. DJs neigen mitunter dazu, ihre Dramaturgie nicht zu steigern, sondern das Set stetig auf dem Höhepunkt zu halten. Mit Ausnahme derer, die unter Drogeneinfluss bis zu zwanzig Stunden durchtanzen können, steht der „normale" Gast diese musikalische Überreizung nicht durch. Das Set ist deswegen gleichmäßig über den Abend in Höhepunkte (Climax) und Ruhephasen (Cool Down) zu gliedern, wobei diese nicht vom Tempo abhängen, sondern vielmehr vom Arrangement und dem Stil der Tracks. Legt der DJ z. B. eine halbe Stunde streng monotonen, perkussiven Techno auf, der mit 140 BPM aus der Lautsprechermembran schallt und mixt im Anschluss z. B. die Fläche aus Underworlds „Born Slippy" ein, erlebt seine Crowd in diesem Moment ihren Höhepunkt, wie als folgte nach einem

Gewitter ein Sonnenstrahl. Der DJ erzeugt diese Stimmungen nicht nach einem gleichen Schema, denn ein häufiger Publikumswechsel und der unterschiedlich hohe Verzehr von Alkohol pro Abend – an Tagen der Lohnauszahlung sind die Getränkeumsätze besonders hoch – verlangen vom DJ und demzufolge von dir Flexibilität.

Um das Publikum mit deinem Set führen zu können, beobachtest du die Reaktionen auf die von dir aufgelegten Tracks („Read The Crowd"). Mit jedem auflegten Track lenkst du dein Set je nach Publikumsresonanz in eine etwas andere musikalische bzw. dramaturgische Richtung, damit du über den gesamten Abend für eine gefüllte Tanzfläche sorgst. Dieses Puzzlespiel setzt du unter Berücksichtigung deiner festgelegten Dramaturgiekurve mit jedem Titel fort. Aber auch einen häufigen Gäste-Austausch auf der Tanzfläche durch Musikstilwechsel bewerkstelligst du als DJ, um ein größeres Publikum anzusprechen, alle Gäste musikalisch zufrieden zu stellen und den Getränkeumsatz durch den beim Tanzen erzeugten Durst zu steigern. Wie geschickt du diesen Wechsel umsetzt, hängt von deiner Kreativität ab, denn du kannst mit einer Moderation eine Änderung des Musikstils vornehmen, was zur Folge hat, dass sich die Tanzfläche leert und gleichzeitig wieder füllt. Die bessere Alternative bietet jedoch der langsame musikalische Wechsel. Hierbei lenkst du mit jedem gespielten Titel das Set trackweise in eine andere Musikstilrichtung, sodass der Austausch mit jedem Titel schrittweise und unauffällig vonstatten geht.

Wie schon erwähnt, gliedert sich der Abend in Cool Down und Climax, wobei die Dauer jeder einzelnen Phase von der gesamten Setlänge abhängig ist. Mehr als eine Stunde pro Phase solltest du nicht einplanen.

Generell wird ein Abend eingeteilt in: Warm Up, Peak Time und Late Night. Das Warm Up dient zum Veranstaltungsbeginn der Einstimmung der allmählich eintreffenden Gäste auf den Abend. In der Peak Time ist die maximale Publikumsanzahl des Abends (Peak) erreicht und die Stimmung auf dem Höhepunkt, während beide Parameter in der Late Night wieder abnehmen. Wenn über den gesamten Abend deine Crowd dir förmlich aus der Hand frisst, dein Publikum dich genauso mitreißt, sodass du musikalisch auch Neues riskierst, hast du bei diesem Gig deinen „Flow" als DJ gefunden. Man spricht davon beim gelungenen Zusammenspiel zwischen DJ und Crowd.

## Die Dramaturgiekurven und das Energy Level

Folgende Set-Kurven stellen die einzelnen Stimmungen bzw. Spannungen dar, die über den Abend durch die Musik erzeugt werden.

### Die aufsteigende Kurve:

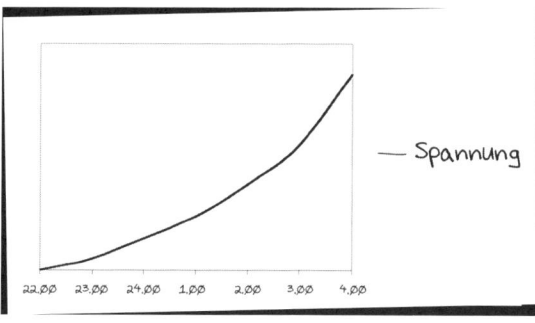

Aufsteigende Kurve

Dieser Setaufbau beinhaltet die kontinuierliche Anhebung der dramaturgischen Spannung, dem Energy Level, d. h. mit den gespielten Tracks wird das Publikum langsam in Richtung Climax geführt. Wenn allerdings das Set über sechs Stunden andauert, ist dieser Setaufbau aufgrund der zu langen Aufbauphase unzweckmäßig. Kurze Sets von ein bis drei Stunden gestalten DJs häufig nach dieser Kurve. Auch Warm Up-DJs orientieren sich daran, allerdings mit einem etwas niedriger ausgebauten Höhepunkt, der dem Hauptact noch genügend Spielraum für eine weitere Steigerung einräumt.

### Die Sinuskurve I:

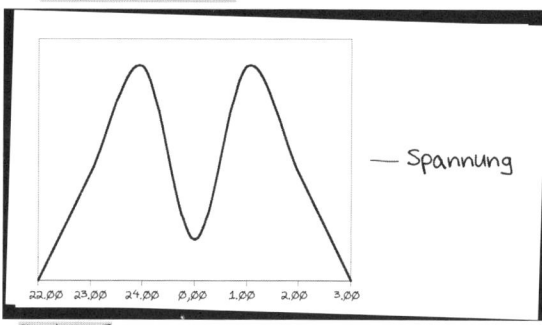

Sinuskurve I

Eine von DJs häufig eingesetzte Musikdramaturgie hat die Form einer Sinuskurve. Der DJ beginnt musikalisch recht ruhig, steigert das Set und setzt den ersten Höhenpunkt. Nach einer Hochphase lässt er die Crowd zur Ruhe kommen, um anschließend einen zweiten Climax anzuknüpfen. Zum Schluss des Abends reduziert der DJ die Stimmung wieder. Diese Methode ist aufgrund der Anzahl mehrerer Phasen besonders für lange Sets von vier bis acht Stunden geeignet. Resident-DJs, die den ganzen Abend allein in einer Location bestreiten, vertrauen in der Regel dieser Musikdramaturgie.

**Die kleine Sinuskurve:**

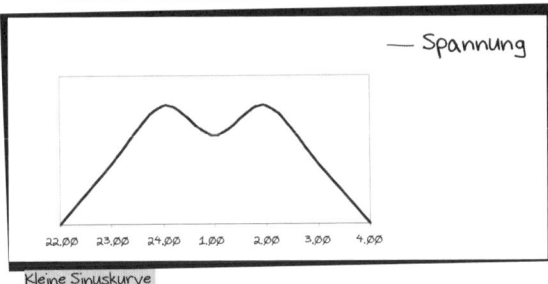
Kleine Sinuskurve

Ähnlich der vorherigen Musikdramaturgie erfolgt ein ständiger Wechsel zwischen Climax und Cool Down. Allerdings werden die Höhepunkte nicht so stark ausgebaut. Als Warm Up oder zur Hintergrundbeschallung in Cafés, Bars oder Lounge legen auch DJs nach diesem Rezept auf.

**Die Sinuskurve II:**

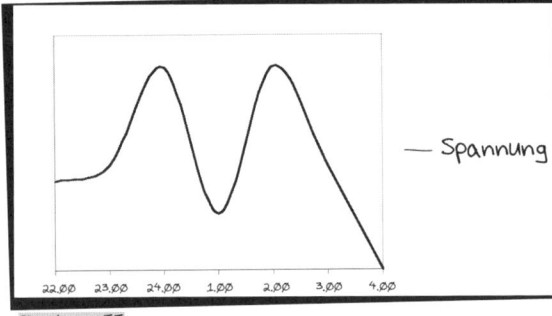
Sinuskurve II

Zur ersten Sinuskurve unterscheidet sie sich nur bezüglich des ersten Anstiegs. Da in Großraumdiscotheken zu Veranstaltungsbeginn die Gäste mit zum Tanzen animierender Musik eingestimmt werden sollen, ist die Kurve speziell in kommerziellen Locations nicht so niedrig anzusetzen. Ansonsten entspricht der weitere Ablauf der Sinuskurve I.

**Vom Warm Up zum Climax und Cool Down:**
Auch dieser Setaufbau eignet sich vorrangig für kürzere Sets oder für den Clubeinsatz. Der DJ stimmt das Publikum ruhig auf den Abend ein, um langsam eine längere Hochphase mit kleinen Kicks aufzubauen, die zum Schluss wieder in ein Cool Down umschlägt.

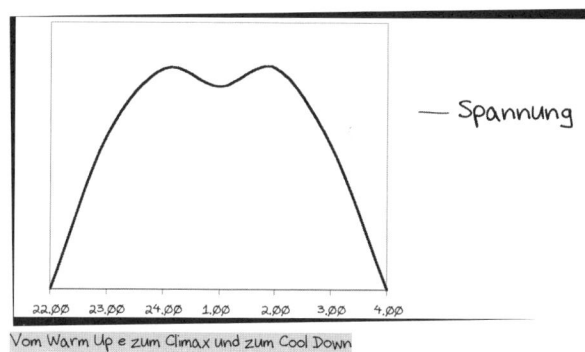

Vom Warm Up e zum Climax und zum Cool Down

Vor der Veranstaltung legst du deine favorisierte Spannungskurve für den Abend fest. Die einzelnen Phasen dauern dabei zwischen 30 und 60 Minuten und die jeweiligen Übergangsphasen zwischen Hoch- und Tiefpunkt 15 und 45 Minuten. Je nach Veranstaltungsdauer und speziellen Club- und Discothekengegebenheiten sind die Phasen zu platzieren.

## Die Platzierung der Phasen

### Aufwärmphase (Warm Up):
Sie dient dem Aufbau des Sets zum ersten Climax und der musikalischen Einstimmung der Crowd auf den Abend. Bezüglich ihrer Dauer, die bis zu zwei Stunden beträgt, ist sie vom Opening, bei dem das Publikum langsam eintrifft, bis maximal zum Zeitpunkt einer vollen Location auszudehnen.

**BEISPIEL**

Die Location öffnet um 22.00 Uhr, das Opening erfolgt durch den DJ um 23.00 Uhr. So dauert die erste Phase mindestens bis 24.00 Uhr an.

### Erster Climax (Peak Time):
Ist in der Discothek die maximale Gästeanzahl erreicht (meistens zwischen 24.00 und 1.00 Uhr) und die Tanzfläche voll, setzt der DJ seinen ersten Climax, der mindestens 30 bis 45 Minuten in Anspruch nimmt.

**BEISPIEL**

In der Location erfolgt der erste Climax zwischen 24.00 und 1.00 Uhr.

### Erster Cool Down (Peak Time):
Nach dem ersten Climax wird dem Publikum langsam das Adrenalin entzogen, indem der DJ für ca. eine Stunde zu einem Cool Down übergeht.

**BEISPIEL**

Zwischen 1.00 Uhr und 2.00 Uhr werden die Gäste musikalisch beruhigt und anschließend langsam auf den zweiten Climax eingestimmt.

### Zweiter Climax (Peak Time):
Dieser Climax dient nicht nur der Stimmungssteigerung, sondern auch, um das Publikum zu halten. Darunter ist die Fähigkeit eines DJs zu verstehen, die Aufenthaltszeit der Gäste in einer Location durch die Musik, die er auflegt, zu verlängern. Denn in jeder Location verlassen sie die immer zu einem ähnlichen Zeitpunkt. Mit diesem zweiten Climax, der bezüglich der Musik und Dauer spannungsintensiver ausfallen sollte als der erste, erzielt der DJ diesen gewünschten Effekt, dass sie länger verweilen. Der Einsatz des Climax erfolgt kurz bevor sich die Discothek bzw. der Club zu leeren beginnt und der Höhepunkt wird mindestens auf 45 Minuten ausgedehnt.

**BEISPIEL**

Die Location leert sich zwischen 2.30 und 3.00 Uhr. Ein zweiter Climax sollte in der Zeit zwischen 2.00 und 3.30 platziert werden.

### Zweiter Cool Down (Late Night):
Die letzte Ruhephase dient dem Ausklingen des Abends. Es können hierbei speziellere Musikwünsche oder Musikstile aufgelegt werden, die in der Peak Time nur eine geringe Klientel angesprochen oder nicht in die Dramaturgie gepasst hätten, wie auch ruhigere Tracks.

**BEISPIEL**

Die Late Night in einer Discothek geht meistens von 3.30 Uhr bis open end. In einem Club beginnt sie erst gegen 7.00 Uhr und endet gegen Mittag.

Der musikalische Ablauf bezüglich der einzelnen Phasen wurde erklärt. Mit welcher Musik der DJ seine Phasen aufbaut, erläutert das folgende Kapitel.

## Die Phasen und ihre musikalische Zusammensetzung

Climax (Höhepunkt) und Cool Down (Ruhephase) werden bestimmt von:

- **dem Tempo:** Wie schnell wirkt der Track? Wie hoch ist seine BPM-Zahl?
- **der Struktur:** Besitzt der Track einen treibenden Groove? Wie sind der Break und die Hookline aufgebaut?
- **dem Leadsound:** Wie ansprechend sind die Sounds?
- **dem Text:** Welche Emotionen werden mit dem Text transportiert?
- **dem Musikstil:** Zu welchem Genre zählt die Musik?
- **dem Charakter:** Ist der Track lustig, mitreißend, stimmungsgeladen oder eher gediegen, ruhig oder sogar melancholisch?
- **dem Bekanntheitsgrad:** Ist der Titel ein Klassiker, ein aktueller Hit oder gänzlich unbekannt?

Anhand dieser Fragen klassifizierst du jeden einzelnen Track. Die Analyse der Tracks und die folgenden Kriterien, die Auskunft darüber geben, welche Musik für welche Phase geeignet ist, befähigen dich zum Aufbau der Höhepunkte und Ruhephasen:

### Aufwärmphase (Warm Up):

Im Warm Up legst du entweder ruhigere Titel mit einem seichten Groove, Mitläufer, treibende, unbekannte Tracks als „Neuvorstellung" oder ältere Hits auf. Da du während des Warm Ups deine Gäste zum Tanzen animieren musst, solltest du im letzten Drittel des Warm Ups verstärkt bekannte Tracks und aktuelle Hits integrieren. Der Lautstärkepegel sollte dabei aufgrund der noch nicht gefüllten Loaction zunächst nur bis zu Dreiviertel des Maximums betragen.

**Besonders geeignet:** Electro House (z. B. David Guetta), Disco- und Club House (z. B. Milk & Sugar), Deep House (z. B. Andhim), melodischer UK Trance (z. B. Paul van Dyk, Armin van Buuren), Progressive House (z. B. Deadmau5, Axwell), R´n´B (z. B. Usher, Beyoncé)

**Ungeeignet:** Techno, Hard Trance, Hardstyle, Chill Out, aggressiver HipHop.

**Climax (Peak Time):**
Partystimmung erzielst du mit deinen moderierenden Aktivitäten, wie dem verbalen Anfeuern, aber hauptsächlich durch die geeignete Musik, die dein Publikum auf die Tanzfläche locken soll. Besonders

- aktuelle Dancehits der Dance- und Verkaufscharts, auf die das Publikum den ganzen Abend wartet
- schrille Leadsounds (z. B. Dubstep, Trap, Twerk, Dutch House)
- Tracks mit extremen ausgedehnten, dramaturgischen Breaks
- treibende Arrangements mit einer schnell spielenden Hi-Hat
- schnelle Tempi der Tracks
- schnell wechselnde und nicht ausgespielte Tracks
- Wortphrasen in den Tracks, die die Stimmung auf dem Dancefloor anheizen (z. B. „Take Me Higher"),

werden die Stimmung anheizen. Auch das kurze, immer wiederkehrende Anspielen bzw. Einmixen markanter Passagen von Hits (Teaser-Mix), auf die das Publikum gespannt wartet, ruft beim Publikum Ekstase hervor. Kündige dabei den Hit in verschiedenen Tracks mehrmals musikalisch durch deine Mixfähigkeiten an, um so die Vorfreude zu steigern. Eine weitere Möglichkeit zum Aufbau des Climax besteht im schnellen Mixing, indem du die Titel für nur ca. zwei Minuten mit ihren wichtigsten und markanten Sequenzen im Set einsetzt und du die Breaks hintereinander anschließen lässt. Stellst du fest, dass du dein Publikum im Griff hast und es auf jegliche Art von Musik mit Euphorie reagiert, erzielst du noch eine weitere zusätzliche Steigerung durch kurzes Einspielen eines Titels, mit dem dein Publikum in diesem Moment überhaupt nicht rechnet, z. B. Queen „We Will Rock You" in einem Hardstyle- oder Nirvana „Smells Like Teen Spirit" in einem HipHop-Set. Der Track wird kurz mit einer Strophe und einem Refrain eingespielt, der Übergang erfolgt durch Spinback und Cutten.

Den Lautstärkepegel passt du durch die Erhöhung des Mastersignals auf sein Maximum der gefüllten Location an.

**Besonders geeignet:** progressive, aggressive, treibende, schnelle Tracks aller Genres (z. B. Vocal-, Electro-, Progressive House, Trance, Dance, Dubstep) mit wenig langen Flächen, sehr viele aktuelle Dancehits, und Klassiker, Big Beat, im Urban Music-Bereich: Party-Breaks des Labels AV-8, Dancehall, Klassiker.

**Ungeeignet:** Deep Trance, Deep- und Minimal House, depressive Tracks mit entsprechender textlicher Botschaft, unbekannte Tracks in Folge, langsame R´n´B- bzw. HipHop-Tracks, Chill Out.

### Cool Down (Peak Time/Late Night):

Die Ruhephase dient einerseits zum Abbau der Spannung nach einem Climax (in der Peak Time) und andererseits musikalisch zum Ausklingen des Abends (Late Night) durch das Auflegen ruhigerer Titel, die auch melancholisch sein dürfen. Die Spannungskurve lässt du in der Hauptzeit abflauen z. B. durch einen allmählichen Übergang von Electro- zu Progressive House oder Trance. Urban Music und House bieten ebenfalls eine Alternative für die Ruhephase. Soll das abendliche Set nur aus einem Stil bestehen, bietet sich auch ein Wechsel in die Substile an, z. B. von French House (Climax) zu Deep House (Cool Down). Die Late Night als letzte Ruhephase kann ähnlich aufgebaut oder auch mit Tracks bestückt sein, die im Laufe des Abends aus Zeitgründen oder wegen ihres zu speziellen Musikstils noch nicht gespielt wurden. Aber auch Mitläufer und aktuelle Hits, die aufgrund der enormen Nachfrage ein zweites Mal auf dem Plattenteller liegen dürfen, können in der Late Night eingesetzt werden. Jeder DJ, Club und jede Discothek favorisieren einen anderen Musikstil, um die Late Night in eine Ruhephase zu leiten oder gar einen letzten Climax zu setzen. So können DJs in der Late Night zur Spannungssteigerung Techno und Tech House, die sonst nur in Clubs laufen, hingegen woanders zum Ausklingen Minimal-House oder Urban Music auflegen. Deswegen informiere dich im Vorfeld über die musikalischen Late Night-Spezifika der Location.

Weiterhin ist zu beachten, dass du durch deine Musik die Gäste nicht mutwillig vertreibst und vereinzelt aktuelle und ältere Club-Hits integrieren solltest. Mit abnehmender Gästezahl reduzierst du auch schrittweise den Lautstärkepegel. Für die Late Night existieren musikalisch keine besonderen Richtlinien, passe dich allerdings den Gewohnheiten der Location an.

**Besonders geeignet:** alle Genres von House, Deep Trance, Electro, Techno (für die Late Night mit einem Höhepunkt), R´n´B.

**Ungeeignet:** Tracks, die völlig konträr zum regulären Musik-Programm sind.

Die Anzahl und Dauer der Phasen variieren je nach Abend bzw. Location. Passe sie der jeweiligen Situation, die du durch häufiges Auflegen und deinen gesammelten Erfahrungen zunehmend erkennst, an.

**TIPP**

Nicht jede Phase ist vollständig an nur einen Musikstil gebunden, um den Gästen kein monotones, sondern ein abwechslungsreiches Set zu bieten. So kannst du z. B. den Climax aus einer Progressive House/Trance- oder Retro-House/Electro-Mischung bzw. die Ruhephase aus der Kombination von House und Urban Music zusammensetzen, wobei von jedem Musikstil mindestens fünf Tracks aufgelegt werden. Danach leitest du mit ein bis drei Zwischentracks zum nächsten Stil über.

## Die Einteilung der Hits

Ein Hit, geprägt von großer Medien-Präsenz, einem erhöhten Tonträgerabsatz, einer Verkaufschartsplatzierung und großer Beliebtheit, spielt im Setaufbau durch die hervorgerufene Resonanz auf dem Dancefloor eine zentrale Rolle. Allerdings führt sein unpassender Einsatz dazu, dass er seine Wirkung verfehlt und der DJ verzweifelt. Um dieses zu verhindern, solltest du zu Beginn deines Sets gedanklich den einen oder anderen Hit, die dir in deinem Case zur Verfügung stehen, gleichmäßig auf den Abend verteilen. So verschießt du nicht dein Pulver schon zu Beginn. Besonders solltest du dabei viele Hits in den Hochphasen und im letzten Drittel des Warm Ups einplanen.
Charthits wünscht sich deine Crowd besonders häufig. Deshalb können diese auch zweimal pro Abend, aber nicht mehr gespielt werden. Deren Plays sind gleichmäßig auf die einzelnen Phasen Warm Up bis Late Night zu verteilen. Lege zur Abwechslung auch mal einen anderen Mix auf. Im Set sind Hits mit Neuerscheinungen abwechselnd einzusetzen, um den Gästen auch eine Alternative zum Mainstream zu bieten. Dem Chef be-

weist du damit, dass du dich mit Musik intensiv auseinandersetzt und dein Set jeden Abend flexibel gestalten kannst. Allerdings ist davon abzuraten, ausschließlich Hits aufzulegen, um das Risiko einer leeren Tanzfläche im Set zu reduzieren. Dies behindert den kreativen, trendbewussten Anspruch eines DJs und die musikalische Weiterentwicklung deiner Crowd.

## Das Breaken zum Clubhit

Jeder DJ, sofern er regelmäßig und innerhalb kürzerer Zeitabstände in einer Discothek oder einem Club auflegt, besitzt die Möglichkeit, neue, von ihm favorisierte Tracks zum Clubhit zu breaken. Der Track sollte allerdings ein bestimmtes Potential besitzen:

- Ist der Track unverwechselbar und einzigartig? Fällt der Track durch seine Leadsounds oder Hookline besonders auf? Existieren augenblicklich ähnliche, aber nicht identische Tracks?
- Rufen der Text und die Vocals extreme Stimmungen hervor?
- Geht die Hookline sofort ins Ohr?
- Ist der Groove sehr mitreißend und zum Tanzen animierend?
- Sind in dem Titel Sequenzen älterer Tracks zu hören, die schon vor Jahren auf dem Dancefloor funktionierten?
- Wie ist der Break gestaltet? Ist der Spannungsbogen extrem ausgedehnt?

Erfüllt der ausgesuchte Track einige Parameter, so setze ihn in den einzelnen Phasen (Warm Up, Peak Time und Late Night) jeweils ein. Zunächst stellst du deinem Publikum den Titel durch Auflegen im Warm Up vor. Anschließend lege ihn in weiteren Setphasen auf. Wenn beim dritten Play des Tracks nicht der gewünschte Erfolg auf der Tanzfläche eintritt und auch keine Nachfragen gestellt werden, solltest du trotzdem nicht den Glauben des zukünftigen Clubhits verlieren. Bei der nächsten Veranstaltung in der gleichen Location führst du dieses Power Play nochmals durch. Erzeugt der subjektive Clubhit auch an diesem Abend keine entsprechende Resonanz, konzentrierst du dich auf den nächsten potentiellen Track, der zum Clubhit avancieren soll.

## Die Erziehung des Publikums
### Ein Musikwechsel steht ins Haus
Als DJ vertrittst du einen musikalischen Stil, den du deinen Gästen über den Abend offerierst. Aber auch dein Geschmack unterliegt Veränderungen. Nicht immer wechselt ein DJ deswegen die Location, sondern nutzt seine Fähigkeit, das Publikum über Wochen musikalisch zu beeinflussen. Auch Geschäftsführer reagieren auf musikalische Trends und passen musikalische Konzepte ihrer Location an, die der DJ umzusetzen hat. Radikale Veränderungen, z. B. die Verwandlung eines House- Clubs in eine Techno-Location, sind hingegen waghalsig und nur notwendig, wenn sie aufgrund des Gästemangels kurz vor der Schließung steht.

Anzustreben ist die schrittweise musikalische Umstrukturierung in kleinen Stil-Nuancen innerhalb mehrerer Wochen. Pro Abend veränderst du dein Set durch kontinuierliches Integrieren des zu propagierenden Musikstils. Zwar werden die Gäste den Musikwechsel wahrnehmen, dennoch wirst du auch weiterhin die Tanzfläche füllen können, weil du aufgrund der Umbruchphase die Freiheit besitzt, dem Publikum weiterhin geläufige Musikstile anzubieten. Auch die Gästezahl wird vermutlich keine wesentlichen Verluste verbuchen. Vielmehr kann zum Austausch kommen, da das ursprüngliche Publikum zunehmend fern bleibt, aber gleichzeitig ein neues angesprochen wird.

### So erziehst du dein Publikum
Dein Anspruch als Discjockey sollte hauptsächlich in einer trendorientierten Musikauswahl bestehen. Allerdings spricht es nicht für deine Qualität, wenn die aufgelegte Musik zwar dem neuesten Trend entspricht, das Publikum es jedoch weder anerkennt, noch zu dieser Musik tanzt. Durch sehr viel Ausdauer, einem entsprechenden Setaufbau und Mixtechniken kannst du aber dein Ziel erreichen.

Erfahrene DJs und Residents, die das Publikum mit ihren Tanzgewohnheiten kennen, streuen permanent neue Tracks zwischen den bekannten ein, um die Stimmung auf der Tanzfläche nicht zu trüben. Tritt der Fall ein, dass sich die Tanzfläche leert, solltest du schnell einen Hit auflegen, bei dem du dir einer vollen Tanzfläche sicher bist. Eine weitere Methode zum Einbinden unbekannter Tracks besteht darin, sie im Mix kurz anzuspielen.

Du nutzt somit die Trägheit des Publikums aus und bindest bei einer vollen Tanzfläche immer brandneue Tracks ein. Ihre Spielzeit reduzierst du auf ein bis zwei Minuten durch kurzes Einmixen ab dem ersten Break der Tracks. Der Gast tanzt mit dem Gedanken weiter, dass in den nächsten zwei Minuten ein anderer Track folgt und wird deswegen seinen Tanzplatz nicht aufgeben. Legst du dann hin und wieder auch einen Hit auf, tanzt das Publikum dein komplettes Set durch.

Auch das Einmixen ausgewählter und markanter Sequenzen und Leadsounds eines Hits als Teaser-Mix in den unbekannten Track verhindert die Fluktuation auf der Tanzfläche aus folgenden Gründen:

- Sie denken, der unbekannte Track sei eine Remixversion des Hits.
- Sie tanzen durch, weil sie davon ausgehen, dass ihr Hit als nächstes folgt.

## Das Beispiel eines Mini-Sets

Mit jedem ausgewählten Track lenkst du das Set in eine neue Richtung. Deswegen solltest du dir über die Wirkung auf dem Dancefloor, die du beabsichtigst, und das Ziel, dass du mit der Trackauswahl verfolgst, im Klaren sein:

- Wann ist der erste Climax zu setzen?
- Wie lange dauert der Climax?
- Wann wechselst du deinen Musikstil?
- Welchen Stil möchtest du als nächstes auflegen?
- Wie viele Hits stehen noch für den Abend zur Verfügung?
- Werden die wichtigsten Hits integriert?

Dieses Kapitel erläutert anhand eines theoretischen Beispiels den Aufbau eines Sets und die verschiedenen Auswirkungen der Tracks auf die Dramaturgie bzw. den weiteren Setverlauf. Gleichzeitig wird der fließende musikalische Stilwechsel ohne Break und der Aufbau von musikalischen Höhenpunkten veranschaulicht.

Allerdings sollte dieses Set nicht in der Praxis umgesetzt werden, da es zu viele verschiedene Stile vereint.

Bei der Setzusammenstellung ist davon auszugehen, dass das Set in einer Aufwärmphase beginnt, darin ein kurzer Climax gesetzt wird und anschließend die Hochphase anknüpft. Die ausgewählten Tracks bieten einen Querschnitt aus den Richtungen: HipHop, R´n´B, Dancehall, Latino-, Disco-, Progressive House, Klassiker, Pop, Big Beat und Dubstep. Nicht alle sind in dem folgenden zusammengestellten Set gleichzeitig integriert, vielmehr veranschaulicht das Beispiel (siehe Abbildungen zum Aufbau eines Sets), welche verschiedenen Richtungen durch die Wahl eines Tracks eingeschlagen werden können und wie sich das Set dadurch verändert.

**Die Begründung für die Setzusammenstellung:**

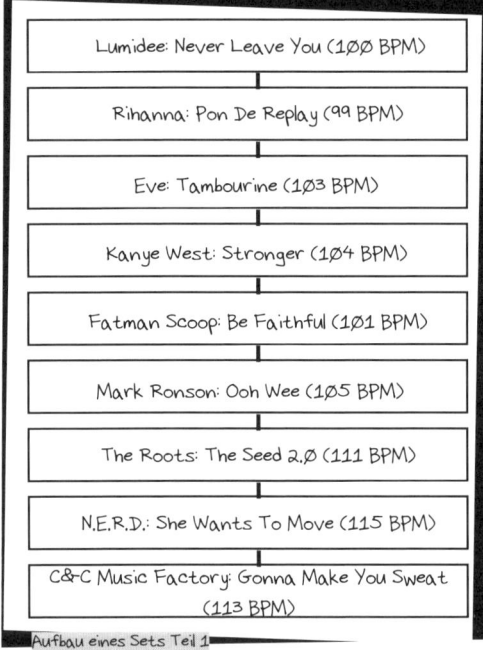

Aufbau eines Sets Teil 1

Im ersten Teil des Beispiels legt der DJ verstärkt verschiedene Urban Music-Genres auf. Mit Lumidee „Never Leave You" beginnt das Set, denn der Track ist ein Hit bzw. Floorfiller und stimmt deine Crowd auf den Abend ein.

„Pon De Replay" basiert auf dem gleichen Riddim wie „Never Leave You", allerdings wird die Dramaturgie schon etwas gesteigert, die sich mit „Tambourine", Kanye West „Stronger" und Fatman Scoops „Be Faithful" fortsetzt. Auch die weiteren Tracks lassen deine Crowd nicht zur Ruhe kommen, wobei sich aber der Stil fließend ändert, denn der HipHop wird zunehmend handgemachter. Man spricht auch vom Organ-HipHop.

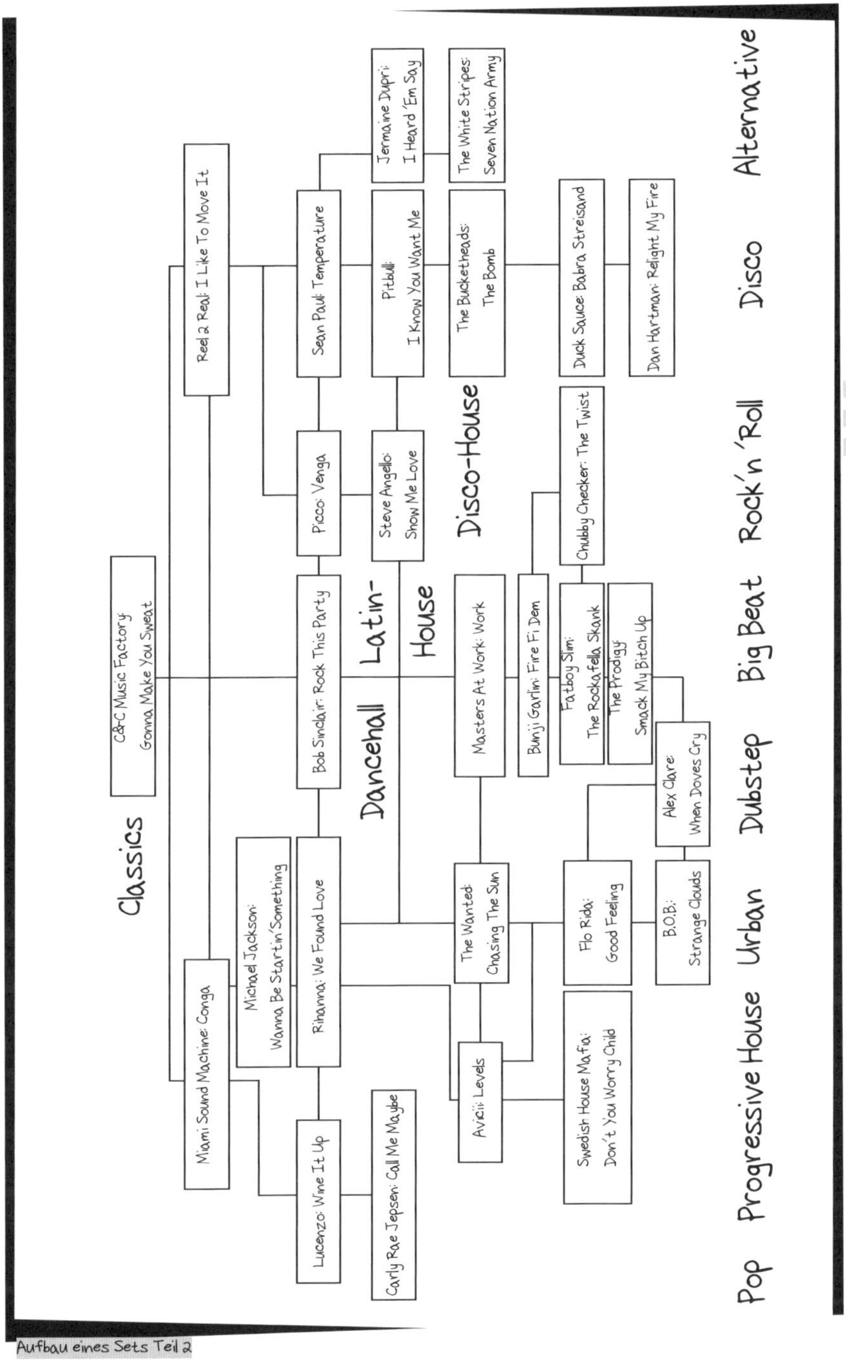

Das Beispiel eines Mini-Sets

Aufbau eines Sets Teil 2

Gig

Angekommen bei der C&C Music Factory wirst du mit musikalischen Entscheidungen konfrontiert. Abhängig vom Publikum, von der Uhrzeit und deiner musikalischen Vorlieben könntest du das Set jetzt sehr flexibel und ohne abrupte Breaks weiter entwickeln. Wie du in der Abbildung erkennst, dir stehen sehr viele verschiedene Möglichkeiten zur Auswahl, und ein Track entscheidet noch lange nicht über die weitere Setlist. Denn viele Tracks sind miteinander mehrfach verbunden und somit kombinationsfähig.

Dr. Motte:
Ein guter DJ sollte selbstbewusst sein und Einfühlungsvermögen haben, gute Musik auflegen und auch auf die Wünsche der Gäste eingehen. Allerdings sollte er so selbstbewusst sein, dass er das nicht braucht.

Möchtest du deine Gäste weiterhin mit Klassikern begeistern, so entscheide dich für „Conga" oder „I Like To Move It". Soll es aktueller sein, dann lege doch Bob Sinclair auf. Alle drei Tracks sind sehr perkussiv, wobei sich aber „Rock This Party" schon allein des gleichen Samples mit „Gonna Make You Sweat" sehr gut anbietet. Und wie geht es danach weiter?
Je nach dem, wie die kommerziellen Anforderungen an dein Set sind, halte dich etwas beim Pop mit Lucenzo bzw. Carly Rae Jepsen auf. Mit Michael Jackson bleibst du in der Rubrik „Classic". Rihannas „We Found Love" schafft den Bogen zwischen Pop und housigen Beats, öffnet dir so den Übergang zu Progressive House mit Avicii und der Swedish House Mafia. Auch „Chasing The Sun" öffnet die Tür in mehrere musikalische Richtungen. Flo Ridas „Good Feeling" bietet seinen sehr guten Übergang von „Levels" aufgrund des gleichen Samples. Den Dubstep-Break in „Good Feeling" nutze dabei, um einen größeren Tempo-Wechsel, nämlich von 128 BPM auf 74 BPM bzw. 67 BPM, zu beschreiten und dein Set entweder mit HipHop (Urban) oder Dubstep fortzufahren.

**TIPP**

Tracks, die in ihrem Break das Tempo um die Hälfte herunter fahren, eignen sich sehr gut für Stil- und eben Tempi-Wechsel. In diesem Beispiel ist allerdings ein Sprung von 128 BPM auf 74 schon riskant, aber nicht

Enthusiast / Bedroom-DJ / Professional DJ / Artist

unmöglich. Gehe vom Double Time aus, also 74 BPM entsprechen 148 BPM. Aber du kannst „Good Feeling" nur mit maximal 134 BPM abspielen. Trotz Key Lock wäre ein höheres Tempo nicht mehr vertretbar. Bevor du „Good Feeling" über den Master fährst, checke, auf welches Tempo du „Good Feeling" mit dem Pitch-Control maximal anziehen kannst. In der Regel sind 140 BPM und mehr möglich. Aber damit fehlen noch maximal acht BPM, die du dir allerdings von „Strange Clouds" nimmst. Pitch „Strange Clouds" auf 66 BPM oder mehr. Jetzt benötigst du noch eine passende Stelle für die unauffällige Beschleunigung von „Good Feeling". Bevor der Break beginnt, wird der Beat bis auf 1/32-Noten zerlegt. In diesem Moment schiebst du den Pitch-Control auf sein Maximum und blendest auf den ersten Beat im Break „Strange Clouds". Natürlich steht nach dem Mix eine Korrektur des Tempos an, was du am besten, wie schon beschrieben, nicht auf einmal, sondern in unauffälligen Schritten vornimmst.

George Morel:
Ein DJ sollte nicht nur wissen, wie zwei Platten auf einen Beat zusammengemixt werden. Sondern, welche Platte spiele ich nach der nächsten? Dabei beobachtet man die Crowd, wie sie auf die Platten reagieren.

In diesem Set sind auch Tracks wie „The Rockafella Skank", „The Twist" oder „Fire Fi Dem" integriert, denn diese Klassiker kommen beim Publikum immer gut an, ausgenommen sind natürlich Club-Sets für eine spezielle Crowd. Indem du auch im Set untypische Tracks spielst, beweist du, dass du Musikverständnis bzw. -wissen besitzt und auch etwas wagst. Der Übergang zwischen Dancehall und Rock´n´Roll/Big Beat geht besonders fließend, denn „Fire Fi Dem" basiert auf Surfaris´ „Wipe Out".
Auch der Wechsel von Urban zum Alternative ist ohne Kompromisse beim Mixing oder bei der Dramaturgie möglich. Jermaine Dupri „I Heard `Em Say" basiert auf der Hookline von „Seven Nation Army". Warum lässt du nicht das Original einfach anknüpfen?! Nach dem gleichen Prinzip wurde auch für das Set Pitbulls „I Know You Want Me" und The Bucketheads „The Bomb" ausgewählt, wobei das Orginal-Sample eigentlich von der Band Chicago und ihrem Song „Street Player" stammte.

# GIG

**DJ Hell:**
Ein guter DJ sieht sich nicht als Dienstleister und Plattendreher, sondern als Künstler, Artist und Performer. Man sollte unique bleiben und nicht große Namen kopieren, das oft bei Newcomern vorkommt. Des Weiteren ist es wichtig, feinfühlig, emotional und risikofreudig zu sein.

Auch Samples sind hilfreich, um verschiedene Musikstile zu verbinden. Im Fall von „Babra Streisand" stammte das Original von Boney M. („Gotta Go Home" 1979). Es spricht demzufolge nichts dagegen, das Set mit Disco-Klassikern fortzusetzen.

Für fließende Übergänge zwischen verschiedenen Musikstilen wähle am besten universelle Tracks, die

- mehreren Stilrichtungen zu zuordnen sind und diese miteinander kombinieren
- Tempi-Wechsel besitzen
- mehrere Zielgruppen ansprechen
- gleiche Samples verwenden.

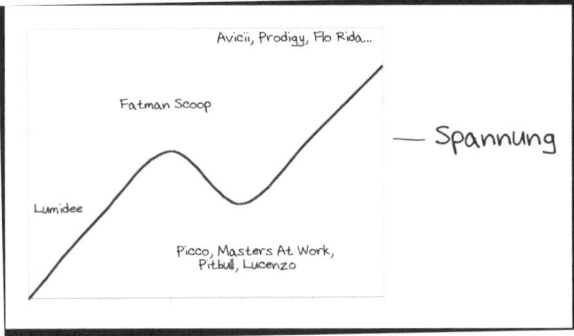

Dramaturgiekurve des Beispielsets

Dramaturgisch betrachtet kann das Set zwei verschiedene Kurven annehmen, eine steile, konsequent ansteigende oder eine mit einem kleinen Cool Down, wie in der Abbildung zu sehen. Tracks wie „Venga", „Work" oder „Wine It Up" sind auch sogenannte Sure Shots, aber erzeugen nicht die

Euphorie eines „Levels", „Good Feeling" oder „Relight My Fire" als Höhepunkt, wobei auch dies z. T. beim jeweiligen Publikum variieren kann.

Jazzy Jeff:
Wenn du es drauf hast, die richtigen Platten zu spielen, egal was passiert, kommst du aus jedem Schlamassel. Jedoch kannst du auch der größte DJ der Welt sein, legst trotzdem eine falsche Platte auf, dann hauen alle ab.

Dieses Set repräsentiert die Logik und Taktik, wie ein Set dramaturgisch, aber auch musikalisch aufzubauen ist. Es zeigt allerdings nicht, wie du dein Set über den kompletten Gig zusammenstellst. Denn Musikstile solltest du nicht innerhalb von jeweils einem oder zwei aufgelegten Tracks wechseln, denn deine Crows möchte sich auch auf die kommenden Tracks deines Sets einstellen können. Anderenfalls erzeugst du eine zu große Fluktuation auf dem Dancefloor.

**TIPP**

Wenn du das Tempo der Tracks im Set veränderst, dann spiele die Tracks lieber zu schnell als zu langsam. Denn deine Crowd wird sich eher selten darüber beschweren, wenn der Track etwas mehr treibt und nach vorn geht, als wenn ein Track das Gefühl vermittelt, man müsse ihn anschieben.

Armin van Buuren:
Mein Dramaturgie variiert, ich mag das Erzeugen eines euphorischen Vibe anhand einer 1+1=3-Regel. Denn zwei Platten, die du einer gewissen Reihenfolge und zu einer speziellen Zeit in deinem Set auflegst, können schon den gewissen Flow als drittes erzielen. Aber das hängt wiederum davon ab, wo ich spiele und wer nach mir auflegt.

## Dein Gig in der Location
### Der DJ-Stil

Wenn du dich an diesem Abend als DJ etablieren möchtest, kommt es natürlich auf einen unverwechselbaren Stil an, der dich von deinen Kollegen unterscheiden soll. Dieser kann anhand folgender Parameter definiert werden:

- dein aufgelegter Musikstil
- dein musikalisches Gespür für Trends
- dein bevorzugter Locationtyp (Discothek vs. Club)
- dein Setaufbau
- deine Mix- und Scratch-Fähigkeiten
- deine Moderation
- deine Ausstrahlung und dein Umgang mit dem Publikum.

Versuche nicht krampfhaft, einen eigenen Stil zu kreieren. Vertraue lieber deinen Fähigkeiten und nehme dir die Zeit, dass sich dieser entwickelt. Kopiere auch keinen erfolgreichen Kollegen, denn du und nicht der kopierte DJ soll gebucht werden.

Damit du gegenüber dem Publikum deinen Stil glaubwürdig präsentierst, weiche während deines Sets nicht von ihm ab, d. h. lege nur Tracks auf, die deinem Musikstil entsprechen, und strahle dabei die notwendige Überzeugung von deiner Arbeit aus. Unsicherheit und konzeptloses Auflegen nach den Wünschen der Gäste sind hingegen die Faktoren, die deinen Stil und Ruf als kompetenten DJ ruinieren. Gehe allerdings eventuell musikalische Kompromisse ein, wenn der Dancefloor leer ist bzw. bleibt.

 **BEACHTE**

Beim Mixen mit Laptop schaue nicht ständig auf ihn, um die Synchronität zu überprüfen, sondern auch auf deine Crowd. Das zeigt Selbstbewußtsein. Aber bei Unsicherheiten im Mix gilt: „Lieber Schauen als Versauen!"

### Das Warm Up

Nachdem du die Kriterien für die Trackauswahl zum Setaufbau verinnerlicht hast und sie auf jeden einzelnen Track anzuwenden weißt, kannst du dir kurz vor Setbeginn überlegen, wie du eventuell die ersten Stunden des Gigs dramaturgisch aufbauen möchtest. Während des Sets achte darauf, dass du durch die ständige Club-Recherche und das Beobachten des Residents nicht in die Verlegenheit gerätst, ihn zu kopieren, sondern nach deinem eigenen Stil auflegst. Ein Newcomer orientiert sich stets an seinen Vorbildern, damit er die beobachteten Erfahrungen des Resident-DJs umsetzt und während der ersten Veranstaltung keine groben Fehler begeht. Dein erstes Set kann demzufolge gewisse Übereinstimmungen mit dem des Resident verzeichnen. Achte allerdings darauf, auch neue Tracks, die bisher in der Location noch nicht liefen, aufzulegen und sie mit deinem eigenen DJ-Stil zu kombinieren. Bevor dein Opening erfolgt, analysiere dein Publikum:

- Wie voll ist der Floor?
- Lässt die Bekleidung Rückschlüsse auf ihre Musik-Vorlieben zu?
- Wie viele Frauen und Männer sind prozentual vertreten?
- Gibt es schon die ersten Musikwünsche?

Vergiss nicht, die Aufnahme zu starten, um dein Set mitzuschneiden. Passe den Lautstärkepegel der PA der Gästeanzahl an. Denn erst zusätzlich auftretende Geräusche, wie Gespräche, Trittschall und die steigende Schallabsorption (Schallschluckung) durch die zunehmende Gästeanzahl, veranlassen dich, in der vollen Location den Lautstärkepegel maximal auszunutzen. In einer leeren Location hingegen breitet sich der Schall besser aus und wird fast ausschließlich durch die Räumlichkeiten reflektiert, sodass eine subjektiv höhere Lautstärke wahrgenommen wird. Um 23.00 Uhr kündigt dein Intro den Beginn des Sets an. Während der vorbereiteten Moderation behältst du den Blickkontakt zu den Gästen. Die ersten drei bis fünf Tracks sind wie vorbereitet aufzulegen, und nach einer halben bis dreiviertel Stunde beobachtest du die ersten Gästereaktionen in der Location:

- Füllt oder leert sich der Floor?
- Zeigen Sie Interesse an der Musik durch rhythmisches Bewegen des Kopfes oder der Beine im Takt der Musik?
- Nimmt die Gästeanzahl sukzessive zu und bestätigt somit das Publikum deine Musikauswahl, erfüllt das Warm Up seinen Zweck.

Anderenfalls ist:

- der Lautstärkepegel zu hoch und die Gäste fühlen sich dadurch in ihrer Unterhaltung gestört
- die Musik für ein Warm Up zu progressiv und zu hart, z. B. Hardstyle, Techno aller Art etc.
- die Musik zu unbekannt und zu neu
- eine Konkurrenzveranstaltung in der Nähe
- die Location nicht gefragt bzw. treffen an diesem Abend generell nicht mehr Gäste ein.

Das Outfit der Gäste lässt auf musikalische Gewohnheiten schließen, z. B. HipHop-Freaks sind sehr leicht an weiten, in den Kniekehlen sitzenden Hosen, schiefen Basecaps und übergroßen Shirts zu erkennen. Im Alternative-Bereich heben sich besonders die Gothic- und Waveanhänger durch ihren schwarzen Bekleidungsstil ab. Früher zeichneten sich Raver und Techno-Fanatiker durch schrille Bauarbeiterwesten oder Gasmasken aus. Gegenwärtig ist ihre Zuordnung innerhalb des Publikums nicht mehr möglich, da das Tragen der Szene-Marken, wie Bad & Mad, Velvet Monkey oder Daniel Poole, an Bedeutung verloren hat. Vielmehr können Rückschlüsse durch Musiklabel- oder Künstler-Shirts mit deren Konterfei gezogen werden. Du berücksichtigst deine Eindrücke in der Tonträgerauswahl, um die Tanzfläche während des Warm Ups schneller zu füllen.

Auch die geschlechtsspezifische Zusammensetzung des Publikums ist in die Beobachtungen einzubeziehen, denn Frauen und Männer haben z. T. musikalisch verschiedene Vorlieben. Die ersten „Musikwunschzettel" geben ebenfalls Anregungen für den weiteren Setverlauf, vor allem für die Peak Time bzw. den „Angriff auf das Publikum".

Tiefschwarz:
Gerade heutzutage, in Zeiten des Internets, ist es besonders wichtig, seine eigene kleine Nische zu bewahren. Konzentriert euch au eure eigene Vision, dem eigenen Geschmack. Natürlich sollte man si umschauen und mitbekommen, was die anderen machen. Aber der F ter, den du anlegst, damit du spezieller wirst und dich aus der groß Masse hervorhebst, ist das Entscheidende. Also nicht zu viel auf a dere geben. Informiert sein, aber konzentriere dich auf dich selbs

## Der „Angriff auf das Publikum" und der weitere Ablauf – Die Peak Time und Late Night

Darunter ist das Auflegen mehrerer bekannter Hits in Folge zu verstehen, um die Gäste zum Tanzen zu animieren.

Vor dem „Angriff" analysierst du nochmals die geschlechtliche Publikumsstruktur. Früher haben die Frauen immer zuerst getanzt, aber Beobachtungen der letzten Jahre zeigen, dass diese These nicht mehr haltbar ist, und die Männer in ihrem Tanzverhalten gleichgezogen haben. Die geschlechtliche Publikumsanalyse dient verstärkt der musikalischen Setausrichtung, denn z. B. bei Urban Music tanzen Frauen vor allem bei bekannten R´n´B-Songs, Männer bevorzugen HipHop. Auf dieser Basis und den Anregungen aus dem Kapitel „Das Warm Up" erfolgt die Titelauswahl für den „Angriff". Die Wirkung des „Angriffs" hängt nicht nur von den aufgelegten Tracks, sondern auch vom jeweiligen Zeitpunkt ab: Erfolgt er zu zeitig, sind alle Hits aufgrund des zu geringen Publikums ohne die erwünschte Reaktion verspielt. Ist der Floor zu mindestens drei Viertel und besonders um die Tanzfläche herum gefüllt? Bewegen sich die Gäste im Rhythmus der Musik? Legst du schon seit über einer Stunde auf? So kann der Angriff beginnen. Du spielst drei bis fünf einschlägige Hits aus den aktuellen Charts, von denen du auch aufgrund der wochenlangen Clubrecherche das Potential als Floorfiller kennst. Achte auch darauf, dass dich dein Lighjockey mit viel Nebel und einer dunklen, spartanischen Beleuchtung unterstützt. Denn durch eine „Jahrmarkt"-Atmosphäre fühlen sich die Dancer beobachtet und wie auf dem „Präsentierteller".

Füllt sich die Tanzfläche wider Erwarten nicht, ist:

- Ruhe zu bewahren und abzuwarten, dass eine Person anfängt zu tanzen
- die Tanzfläche einzunebeln und mit dunklerem bzw. weniger Licht zu gestalten
- die Musikrichtung zu wechseln und ein zweiter Angriff mit Hits zu starten
- ein Intro aufzulegen und anschließend einen weiteren musikalischen Break folgen zu lassen
- durch Anheizen das Publikum zu motivieren.

Bleib cool, strahle Ruhe und Gelassenheit aus, um dich nicht unter Druck zu setzen, auch wenn der Geschäftsführer das Szenario beobachtet. Denn irgendwann werden die Gäste tanzen, schließlich haben sie deshalb die Discothek oder den Club aufgesucht. Scheitert trotz der richtigen Musikauswahl der erste Versuch, so liegen die Ursachen sicherlich in einem zu früh gewählten Zeitpunkt für den Angriff. Wenn auch ein zweiter Versuch mit einem anderen Musikstil versagt, bleibt als letzte Möglichkeit die Wiederholung des ersten Angriffs, d. h. der gleiche Musikstil mit anderen Hits, was zumeist Wunder bewirkt. Denn die Gäste hätten am liebsten auch schon beim ersten Versuch getanzt, trauten sich aber aufgrund des frühen Zeitpunkts nicht. Um diesen besser zu verkaufen, baue zuvor ein Intro ein, um deinen Gast in den Irrglauben zu versetzen, dass die vorhergehenden Initiativen zum Tanzflächenfüllen nur Vorprogramm waren. Führe den Abend mit kleinen Runden von drei bis fünf nicht ausgespielter Tracks fort, um erst dann wieder einen musikalischen Wechsel einzuleiten.

Mitgereiste Freunde und Bekannte können auch als erste Tänzer der Auslöser für andere Gäste sein. Denn viele scheuen sich nur davor, den leeren Dancefloor als erstes zu betreten. Ist die Tanzfläche gefüllt, setzt du nach weiteren Hits und Klassikern auch unbekannte Tracks in deinem Set ein. Beobachte dabei stets die Publikumsreaktion auf dem Dancefloor und seine Umgebung, um beim zunehmenden Leeren der Tanzfläche schnell einen Hit aufzulegen, damit du die ursprüngliche Fülle wieder erlangst. Nach maximal zwei Stunden Warm Up und einer vollen Tanzfläche erfolgt der erste Climax. Deswegen sollten die besten Floorfiller und Clubhits noch nicht gespielt worden sein, um bei der ersten Hochphase auch durch moderatives Anheizen die Stimmung auszubauen und zu steigern. Erzielt der Climax den gewünschten Erfolg, so schließt die erste Übergangs- und Ruhephase an. Mit einem möglichst fließenden musikalischen Wechsel erfolgt ein langsamer und sukzessiver Austausch des Publikums auf der Tanzfläche, um auch die Gäste an der Bar zu mobilisieren. Wenn du mit dem ersten Cool Down einen Musikrichtungswechsel, z. B. vom Electro- zum Soulful House oder zur Urban Music durchführst, kannst du auch in dem Cool Down einen musikalischen Akzent durch einen kleinen Climax setzen, der gleichzeitig die zweite Hochphase des Abends einleitet. Denke daran, dass du auch bei einem Stilwechsel zunächst Hits zum

## Der "Angriff auf das Publikum" und der weitere Ablauf – Die Peak Time und Late Night

Anfüttern auflegst. Im Vergleich zum ersten Climax stellst du stilistisch den zweiten aus der gleichen oder einer anderen Musikrichtung zusammen. Der Beliebtheitsfaktor und die angesprochene Klientel des ausgewählten Musikstils müssen entsprechend groß sein, denn dieser Climax steht in seiner Priorität über dem ersten. Er muss die Stimmung deswegen nochmals steigern, um die Gäste am Verlassen der Location zu hindern. Musikalische Experimente sind in dieser Zeit besonders riskant, weil die Gäste nicht nur von der Tanzfläche, sondern sofort im Anschluss aus der Location gehen.

Ein oder zwei Stunden vor der Locationschließung, wenn es sich leert, knüpft die Late Night an. In dem letzten Cool Down lässt du den Abend musikalisch ausklingen, das nicht mit dem musikalischen Vertreiben der letzten Gäste gleichzusetzen ist, um möglichst zeitig in den Feierabend zu gehen. Kurz vor Schließung stimme die Gäste auf den Veranstaltungsschluss ein, indem du vorrangig musikalisch ruhigere Tracks einsetzt. Zum Abschluss bedankst und verabschiedest du dich. Damit kann die Veranstaltung beendet werden.

Bezüglich der einzelnen Zeiten für den jeweiligen Phasenbeginn und deren Dauer wäre zu ergänzen, dass sie je nach Location, Wochentag, Ort, Region etc. variieren. Im Speziellen ist auf das Warm Up hinzuweisen, das auch letztlich vom Tanzverhalten der Gäste abhängt. Mitunter tritt der Fall ein, dass sie sich trotz gering gefüllter Location sofort nach dem Opening auf die Tanzfläche begeben. Das Warm Up wird entsprechend gekürzt und mit einer höheren Anzahl bekannter Tracks bzw. Hits angepasst.

### BEACHTE

Um das Tanzverhalten auf dem Dancefloor aufrecht zu erhalten, bedarf es einer gewissen kritischen Masse, die es nicht zu unterschreiten gilt. Deren Größe ist abhängig von der Location, aber auch Uhrzeit. Fühlen sich die Leute zu sehr auf der geleerten Tanzfläche beobachtet, gehen auch alle weiteren, obwohl sie bei einem volleren Dancefloor geblieben wären.

### TIPP

Je größer und voller dein Floor, desto länger solltest du die Tracks spielen. Bei einem überfüllten Floor, der an die 1000 Leute fasst, brauchen die

Leute eine gewisse Zeit, um auf die Tanzfläche zu gelangen. Daher lass dich auch nicht verunsichern, wenn sich kurzzeitig die Tanzfläche leert. Der Austausch des Publikums dauert entsprechend länger. Wechselst du in diesem Fall auch zu schnell die Tracks, kommt miese Stimmung auf. Denn bevor du ihnen die Chance gibst, den Dancefloor zu erreichen, um zu tanzen, vergraulst du sie mit dem nächsten Track.

### Back to Back

Sicherlich wirst du eines Tages auch mit einem anderen DJ abwechselnd, also Back to Back, über das selbe DJ-Setup auflegen, aus folgenden Gründen:

- Der Chef buchte euch beide irrtümlicherweise oder bewusst zur selben Veranstaltung.
- Du möchtest mit einem befreundeten DJ, der sich musikalisch zu deinem Stil ergänzt, einen Gig gemeinsam als DJ-Team bestreiten.

Ungeplante Doppelbuchungen kommen durchaus vor und um den häuslichen Club-Frieden zu wahren, entscheiden sich oft die Betreiber, nicht den falsch gebuchten DJ nach Hause zu schicken, sondern euch beide gemeinsam auflegen zu lassen. Aber auch das geplante Booking zweier DJs ist keine Seltenheit. Schließlich lässt sich dies besser auf dem Flyer bewerben. Mitunter sind zwei DJs als Combo bzw. Team besser als einer allein, sei es wegen der Qualität bzw. der Lobby jedes Einzelnen von euch beiden. Die damit angesprochene Anhängerschaft, die in den Club gezogen werden soll, summiert sich damit nämlich.

Vor dem musikalischen Schlagabtausch in der Kanzel sprich dich mit dem Kollegen ab, wie ihr den Abend zusammen bestreiten möchtet. Allerdings von der Idee, euch im sogenannten Ping Pong abzuwechseln, bei dem jeder stets auf jeden Track des anderen über den ganzen Abend antwortet, nimm Abstand. Denn zunächst ist man übereifrig und würgt die Tracks des anderen förmlich ab, indem man überhastet mit dem neuen Track kontert. Das hat schon Battle-Charakter, geprägt von einem mehr gegen- als miteinander. Spätestens nach zwei Stunden geht euch und dem Publikum die Puste aus. Tanzflächenfüllendes, ansonsten durchaus strategisch gezielt eingesetztes Musikpulver ist blind verschossen, eure Laune am Boden und die Crowd nerven die schnellen Wechsel auf Dauer. Zudem verfehlt dieser Spontanangriff seine Dramaturgie. Das Set wird nicht den selben Flow, wie von einem DJ aufgelegt, besitzen. Was der eine vom Energy Level aufbaut, reist der andere nieder. Erschwerend kommt hinzu, dass du mit deiner Titelwahl schnell auf den Track des anderen DJ antworten musst. Beim Back to Back-Auflegen besteht die Gefahr von nicht genügender Zeit für die passende Trackauswahl und das anschließende Beatmatching. Denn dafür steht dir nur die Playtime eines Tracks bereit, die bei einem Radio-Edit auch nur mal bis zu zwei Minuten kurz sein kann.

**TIPP**

Verfügt das Mischpult, über das du mit dem anderen DJ abwechselnd auflegst, über zwei Kopfhörerbuchsen, so verfolge unter deinem Kopfhörer, welchen Track dein Kompagnon gerade unter seinem Headphone heraussucht. Damit hörst du schon eher, auf welchen Track du dich musikalisch einstellen musst und gewinnst deutlich mehr Zeit für die Auswahl bzw. Vorbereitung deines anzuknüpfenden Tracks.

Kennst du den vom anderen DJ aufgelegten Track und somit dessen Struktur nicht, ist dein perfektes Mixing nicht selbst verständlich. Aber dein Gefühl für Phrasen und der Blick auf das Spektrogramm der Tracks geben Aufschluss. Daher spricht mehr für eine zeitliche oder stilistische Absprache unter euch:

- Wechselt euch aller zwanzig bis dreißig Minuten ab, damit es weder für dich, noch deinem Kollegen und dem Publikum langweilig wird.
- Bist du musikalisch besonders in einem Stil fit, der andere vielleicht gerade in diesem nicht, dann übernehme diesen bei dem Gig.

Den Abend musikstilistisch aufzuteilen, hat mehrere Vorteile:

- Du kannst ein bewährtes Set von seiner Reihenfolge mit den einstudierten Skill-Raffinessen performen.
- Das Set lässt sich von euch dramaturgisch strukturieren und umsetzen.
- Du kommst mit dem anderen DJ nicht musikalisch in die Quere.

Keiner von euch fühlt sich benachteiligt, weil der eine dem anderen die Burner wegspielt bzw. ihr beide die gleichen Tracks auflegen möchtet. Genauso könnt ihr euch nicht vorwerfen, dramaturgisch nicht an einem Strang gezogen zu haben oder dass der eine vor dem anderen permanent die Tanzfläche leer spielt.

### Der Club-DJ im „Alltag"

Ein Club-DJ, der aufgrund seiner musikalischen Spezialisierung keine Kompromisse eingeht, wird wegen seines Musikstils für einen Club bzw. Floor gebucht. Der musikdramaturgische Aufbau seines Sets ähnelt sehr dem eines kommerziellen DJs. Allerdings unterscheidet sich die Gestaltung des Sets wie folgt:

- Es erfolgt keine Moderation.
- Er legt fast ausschließlich neue, unbekannte Tracks, vereinzelt Clubhits und fast keine kommerziellen Charthits auf.
- Je nach Floor (House-Floor oder Techno-Floor) spielt er über den gesamten Abend eine Musikrichtung.
- Der musikalische Wechsel erfolgt maximal zwischen Submusikstilen.
- Das Set baut er mit geringer Kompromissbereitschaft seitens der Tanzflächenresonanz und Musikwünsche auf.
- Eine gefüllte Tanzfläche wird trotzdem vom DJ angestrebt.

Da meistens nicht nur ein DJ pro Abend auflegt, teilen sich mehrere in die einzelnen Phasen Warm Up, Peak Time und Afterhour. Der Warm Up-DJ bereitet das Publikum auf den Abend vor, indem er während des Eintreffens der ersten Gäste einen musikalischen Vorgeschmack auf den Abend präsentiert und sie zum Tanzen animiert, wobei je nach Dramaturgie ein oder mehrere Höhepunkte zu setzen sind. Musikalisch orientiert er sich an einer Musikrichtung, die sich in neuen, unbekannten Tracks und vereinzelten Clubhits zum Füllen der Tanzfläche niederschlägt. Durch das häufig sehr späte Eintreffen der Gäste und durch die noch nicht einsetzende Wirkung von Alkohol und Drogen ist die erzeugte Stimmung noch nicht allzu euphorisch.

Der Peak Time-DJ übernimmt das Set mit einer vollen Tanzfläche und setzt die Höhepunkte die höher als im Warm Up ausfallen. Sein musikalisches Repertoire entspricht ebenfalls nur einem Musikstil und den äquivalenten Substilen, die er während seines Sets völlig ausschöpft.

Die Afterhour eines Clubs ist nicht vergleichbar mit der Late Night einer kommerziellen Location. Durch die längere Öffnungszeit eines Szene-Clubs, die mitunter vom Samstagabend bis in den Sonntagnachmittag reicht, besuchen zusätzliche Gäste anderer mittlerweile geschlossener Locations die Afterhour, sodass sie häufig einer zweiten Peak Time gleicht. Musikalisch setzt der Afterhour-DJ das Set im gleichen Stil seiner Vorgänger und mit einer Auswahl unkommerzieller, neuer Tracks bzw. Clubhits fort.

## Der Party- und mobile DJ

Wie schon erwähnt, als mobiler DJ legst du nicht nur in Discotheken (meist auf dem Oldiefloor), sondern verstärkt auf Festen und Veranstaltungen, wie Hochzeiten, Firmen-Events, Weihnachtsfeiern u. ä. deine Konserven ein. Neben diesen stellst du dabei folgendes Equipment zur Verfügung:

- PA, bestehend aus einem Full Range-System, das den kompletten Übertragungsbereich abdeckt, plus einer Sub-Ergänzung zu dessen Erweiterung (Bass), Endstufen, Equalizer, eventuell Monitor
- Scheinwerfer inklusive Lichtpult
- DJ-Technik (19"-Mixer, meist DJ-Controller, Notebook oder DJ-Player, Mikrofon).

Ein wichtiger Bestandteil deiner Arbeit besteht im Entertainment. Du solltest entsprechend dein Publikum durch Moderation, Showeinlagen, Spiele, Karaoke o. ä. unterhalten und animieren. Musikalisch musst du eine sehr große Klientel ansprechen. Denn du kannst aufgrund der Einmaligkeit der Veranstaltung nicht vorhersagen, welchem Altersdurchschnitt dein Publikum entspricht und welche musikalischen Vorlieben es besitzt. Dementsprechend fallen auch die zu auflegenden Musikstile

umfangreich aus, die wie folgend im Warm Up- und in der Peak Time zu platzieren sind:

**Warm Up**
**Musik aus den Verkaufscharts:** Dance-Music wie Katy Perry, Taio Cruz, David Guetta, Jason Derulo, Rihanna...

**Disco-Fox-Hits** (Titel, die durch ihr Tempo von 118 bis 125 BPM und einem „Four-On-The-Floor"-Beat besonders Tänzer des Disco- Fox auf den Dancefloor ziehen) aus den 1980ern und 1990ern: Cora („Amsterdam"), Bad Boys Blue („You´re A Woman"), Fancy („Flames Of Love"), Modern Talking („You´re My Heart, You´re My Soul"), Sandra („Everlasting Love"), OMD („Pandora´s Box"), The Twins („Not The Loving Kind"), Nick Kamen („I Promised Myself")…

**Achtziger-Pop-Hits:** Duran Duran („Wild Boys"), Laura Branigan („Self Control"), Madonna („Like A Prayer"), Cyndi Lauper („Girls Just Want To Have Fun")…

**Neunziger-Dance-Hits:** Snap („Rhythm Is A Dancer"), DJ Bobo („Somebody Dance With Me"), Dr. Alban („It´s My Life")…

Diese Musikrichtungen können natürlich auch gleichzeitig in der Peak Time eingesetzt werden. Hingegen die folgenden Beispiele sind wirklich nur in der Hochphase bzw. Hauptzeit einzusetzen, um die Stimmung zu toppen.

**Peak Time**
**Rocksongs:** U2 („Beautiful Day"), Midnight Oil („Beds Are Burning"), Rainbirds („Blueprint"), Queen („We Will Rock You"), Bruce Springsteen („Born In The USA"), Bryan Adams („Summer Of 69"), AC/DC („TNT")…

**Rock ´n´ Roll:** Elvis Presley, Bill Haley, Chuck Berry, Shakin´ Stevens, Fats Domino, Chubby Checker, Little Richard…

**Latin-Uptempo-Songs:** Miami Sound Machine („Conga"), Eddy Grant

(„Gimme Hope Jo´Anna"), Gipsy Kings („Volare"), TNN („La Cucamarcha"), Los Lobos („La Bamba")…

**Neue Deutsche Welle:** Markus („Ich will Spaß"), Nena („99 Luftballons"), Die Ärzte („Zu Spät")…

**Deutscher Schlager:** Dschinghis Khan („Moskau"), Matthias Reim („Verdammt, Ich lieb Dich"), Dieter Thomas Kuhn („Über den Wolken"), Wenke Myhre („Er hat ein knallrotes Gummiboot")…

**Party-Kracher:** Opus („Live Is Life"), Katrina & The Waves („Walking On Sunshine"), Nick Straker Band („A Walk In The Park"), Weather Girls („It´s Raining Men"), Fatboy Slim („Rockafella Skank")…

**Motown-Soul:** Marvin Gaye, Stevie Wonder, The Supremes, The Jackson 5, Aretha Franklin, The Temptations…

**Oldies der 1960er:** Beatles, Rolling Stones, Kinks, Beach Boys…

**Oldies der 1970er:** Abba, Boney M., The Sweet, T. Rex, CCR, Gloria Gaynor, Chic, Sister Sledge…

**Folgende zusätzliche Musikstile können außerdem in beiden Phasen eingesetzt werden:**

**Urban Music:** Prince („Kiss"), Montana Sextett („Who Needs Enemies…"), Sheila E. („A Love Bizarre"), Vanille Ice („Ice Ice Baby"), Salt´n´Pepa („Push It"), De La Soul („Ring Ring Ring")…

**Reggae:** Bob Marley („Could You Be Loved"), UB 40 („Red Red Wine"), Jimmy Cliff („Reggae Nights")…

**Synthie-Pop:** Depeche Mode („Enjoy The Silence"), Visage („Fade To Grey"), Alphaville („Big In Japan")…

**Commercial House:** David Guetta, Avicii, Calvin Harris, Robin Schulz…

Weiterhin kannst du im letzten Drittel des Abends auch eine Kuschelrunde mit diversen Songs aus den unterschiedlichsten Stilen, z. B. Frankie Goes To Hollywood („The Power Of Love"),Christina Aguilera („Beautiful"), einsetzen.

Bei deiner weiteren Musikauswahl verzichte gänzlich auf Tracks, die fast ausschließlich eine jüngere und spezifische Klientel ansprechen, um so nicht das Publikum in mehrere Lager zu spalten:

- HipHop, wie von Lil Jon, Ludacris, DMX, Redman…
- Techno und Trance aller Art (z. B. DJ Rush, DJ Isaac…)
- Minimal und Tech-House (z. B. Steve Bug, Moonbootica…)
- Alternative-Music (Gothic, Crossover, Metal…).

Da der Gast keine Möglichkeit besitzt, sich der Musik wie in einer Discothek zu entziehen oder seiner speziellen Musikvorlieben im entsprechenden Floor nachzugehen, achte besonders darauf, dass:

- sehr viele verschiedene Geschmäcker in kurzen Runden zu befriedigen und
- nur bekannte Hits zu spielen (auf dein Trend-Bewusstsein legt hier keiner wert) sind
- du auf eine dem Altersdurchschnitt angepasste Lautstärke achtest
- dies moderierend zu umrahmen ist.

### Im Vergleich zum Discotheken-DJ

**VORTEILE**

- Höherer Verdienst.
- Kürzere Veranstaltungsdauer (Veranstaltungsende ist meistens zwischen 2.00 und 4.00 Uhr).
- Diesen Job kannst du bis zur „Rente" ausüben.
- Du musst nicht auf jede neue Musikrichtung eingehen bzw. diese in dein Programm einbinden, das Geld spart.
- Mixing ist nicht primär notwendig, aber von Vorteil (z. B. bei Disco-Fox).

## NACHTEILE

- Es ist größeres Kapital für die Anschaffung der PA und des Equipments notwendig.
- Plane zusätzliche Auf- und Abbauzeit der PA ein.
- Du weißt nicht, wie sich dein Publikum (bezogen auf Geschlecht, Alter und Musikgeschmack) an dem Abend zusammensetzen wird.
- Gebucht wirst du recht kurzfristig (zwei bis vier Monate vor der Veranstaltung) und kannst demzufolge keine Aussage über deine Auftragslage in einem halben Jahr treffen.
- „Open Airs" können aufgrund schlechter Wetterverhältnisse buchstäblich ins Wasser fallen. Sichere dich für diesen Fall mit einem Vertrag ab.
- Arbeitest du mit dem Veranstalter erstmalig zusammen, so besteht ein Risiko, die Gage nicht rechtzeitig und komplett zu erhalten. Deswegen solltest du unbedingt auch diesbezüglich einen Vertrag abschließen.

Afrika Bambaataa:
Aber denke daran, wenn du ein offener DJ sein willst, das kostet enorme Mengen von Geld, um all die verschiedenen Platten der vielen Musikstile zu zulegen.

## Der Alternative/Independent DJ

Als Alternative bzw. Independent-DJ beschränkst du dich musikalisch auf unkonventionelle Musik. Die Bezeichnung „Independent" kommt aus der Musikindustrie, da in den späten 1970ern mit dem Aufkommen des Punk die Bands keine Plattform für ihre Veröffentlichungen besaßen. Treu dem Motto „Do It Yourself" gründeten sie ihre eigenen Plattenlabels und Vertriebe, die „unabhängig" von den Majors arbeiteten, um ihre Musik an den Mann bzw. Frau zu bringen. Eines der ersten und gleichzeitig das erfolgreichste Indie-Label der Achtziger war „Rough Trade". Independent verstand sich als Nischenmusik, die sich zunächst dem Punk und in den 1980ern zunehmend dem Rock verschrieb. Ab den frühen neunziger Jahren wurde der Oberbegriff gegen „Alternative" eingetauscht, der folgende Musikrichtungen und so dein Set umfasst (66):

**Britpop:** in den 1990ern als Rückbesinnung auf englische musikalische Traditionen des Rock- und Pop (z. B. Beatles) entstanden, z. B. Oasis, Blur, Pulp

**Rock:** Oberbegriff für Musik von Bands, die in folgender Besetzung spielen: ein bis zwei elektrische Gitarren, Bass, Schlagzeug und eventuell Keyboards, z. B. U2, Coldplay, Stereophonics, Placebo, Kings Of Leon…

**Garage Rock:** eine in den 1960ern entstandene Mischung aus Rock´n´Roll und Rhythm & Blues, die häufig wie der Punk auf drei Akkorden basiert und somit als dessen Vorläufer bezeichnet wird. Momentan ist der „Garagen Rock" wieder populär durch so genannte „The-Bands", wie The Strokes, The Hives oder The White Stripes.

**Punk:** Mitte der 1970er Jahre in London und New York hervorgebrachte, minimal instrumentierte (E-Gitarre, Bass, Schlagzeug, Vocals) und auf drei Akkorden aufgebaute Musik. Weiterhin sind prägend: schnelles Tempo, übersteuerte Gitarren und rauer Gesang mit politischen Inhalt („No Future"), z. B. Sex Pistols, Ramones, The Clash, Bad Religion, Beatsteaks.

**Post Punk:** Ende der 1970er brachte der Punk Großbritanniens diesen Stil hervor, definiert durch Einsatz von Punk untypischen Instrumenten, wie Synthesizer und anspruchsvolleren Texten, z. B. The Cure, Killing Joke; auch gegenwärtig durch Bands wie Franz Ferdinand, Arctic Monkeys populär

**(Heavy) Metal:** aus dem Hardrock in den 1970ern entstanden, Gitarren und Schlagzeug stehen im Vordergrund, Gesang umfasst Bandbreite von melodisch und opernartig bis zum Gebrüll, z. B. Motörhead, Black Sabbath…

**Thrash Metal:** Anfang der 1980er entstanden; schnellere, härtere Spielart des Heavy Metal mit schnellen Riffs, Double Bass und -Kick, z. B. Metallica, Megadeth, Anthrax

**Metalcore (New Wave Of American Heavy Metal):** eine Anspielung auf New Wave Of British Heavy Metal, Mischung aus Hardcore Punk und Death bzw. Thrash Metal, z. B. Killswitch Engage, Caliban, Heaven Shall Burn…

**Crossover:** in den 1990ern popularisierte Vermischung der Stile Punk, Metal, Hardrock und HipHop, z. B. Rage Against The Machine, Such A Surge, H-Blockx, Emil Bulls...

**Nu Metal:** vom Crossover abstammende Mischung aus Heavy Metal und HipHop, die sich in den USA Mitte der 1990er herauskristallisierte, aus dem HipHop wurde der Rap und das Scratching übernommen, z. B. Limp Bizkit, Korn, Linkin Park...

**Grunge:** Schon Ende der 1980er Jahre aus dem Hardrock, Punk und Heavy Metal entstandener Stil, bei dem sich das Interesse der Medien vorrangig auf die Stadt Seattle bezog, z. B. Nirvana, Pearl Jam, Soundgarden, Smashing Pumpkins...

**(New) Wave:** eine Mischung zwischen Punk, Reggae, Electronik und Kunst, die sich ab 1976 entwickelte und bis 1983 populär war, momentan erlebt Wave ein Revival durch Bands wie Maximo Park, The Futureheads, Bloc Party; z. B. Roxy Music, The Police, The Jam, ABC, XTC...

**Gothic Rock:** aus dem Gothic-Punk der 1970er (z. B. Joy Divison) und Hard Rock bzw. Power Pop der 1980er entstanden, z. B. The Mission, Sisters Of Mercy, Lacrimosa...

**Gothic Metal:** Weiterentwicklung des Gothic Rock, in dem zunehmend Metal-Elemente einfließen, z. B. Theatre Of Tragedy, Paradise Lost, Type O Negative, Within Temptation...

**Industrial:** Mitte der 1970er aus der Avantgardemusik und Aktions- bzw. Konzeptkunst entstanden, besonderer Wert wird auf maschinelle Sounds und künstlerische Performance gelegt, z. B. Nine Inch Nails, Marilyn Manson...

**EBM:** auch Electronic Body Music genannt, ist eine tanzbare Variante des Industrial, mit monotonen, mitunter disharmonischen Sequenzen und parolen-artigen Gesängen, z. B. Front 242, DAF...

**Synthie-Pop:** Ende der 1970er entstandene und von Kraftwerk beeinflusste Musikrichtung, die ausschließlich durch Synthesizer, Sequenzer und Drum-Computer eingespielt wird, z. B. Depeche Mode, Human League, Eurythmics, Erasure, Pet Shop Boys, Yazoo...

**Big Beat:** Mitte der 1990er von den Chemical Brothers erfunden, fusioniert verzerrte und modifizierte Breakbeatdrumloops (zwischen 100 und 170 BPM) mit House, Techno, Rock, Jazz und Motown-Soul, z. B. Chemical Brothers, Fatboy Slim, Propellerheads, Apollo 440...

**Trip Hop:** eine sich Ende der 1980er Jahre in Bristol herauskristallisierende Musikrichtung aus HipHop und Dub, mit knisternden Samples und einem Beat zwischen 80 und 90 BPM, z. B. Massive Attack, Portishead...

Um das Set dramaturgisch aufzubauen, setzt du zu Beginn des Gigs Songs aus den Richtungen Rock, Britpop, Grunge, Wave, Big Beat, Nu Metal und Synthie-Pop ein. Hingegen alle anderen (bis auf Trip Hop, der in der Late Night seinen Einsatz findet) dienen durch ihre Aggressivität besonders zum Erzielen von Höhepunkten in der Peak Time. Auf Mixing wird kein großer Wert gelegt, denn deine Crowd verübelt es dir, wenn ihre Lieblingssänger durch Pitchen zur „Micky Mouse" mutieren, es sei denn, du verfügst in deinem Equipment (DJ-Player bzw. DJ-Software) über die Key Lock-Funktion. Auch vom Kürzen der Songs solltest du absehen, es sei denn, die Tanzfläche leert sich. Aufgrund des entsprechenden spezifischen Publikums in den Clubs und auf den Partys flechte nicht nur bekannte Hits in dein Set ein, denn deine Crowd beansprucht auch neue und unbekannte Songs.

**TIPP**

Gebucht wirst du als Alternative-DJ für entsprechende Szene-Clubs, Studentenpartys oder als Change Over-DJ zur Überbrückung der Umbaupausen bei Konzerten bzw. Festivals. Legst Change Over auf, bist du musikalisch recht uneingeschränkt. Du solltest lediglich darauf achten, den Lautstärkepegel niedrig zu halten und keine Musik der Acts aufzulegen, die an diesem Abend noch auf der Bühne stehen.

## Das Leerspielen einer Location

Generell sollte dein Ziel im Halten deiner Crowd bestehen. Aber leerte sich die Location doch unerwartet schnell, sind folgende Fehler begangen worden:

- die Musik ist zu laut (der Gast ist genervt) bzw. zu leise (er denkt, es ist Feierabend)
- die Musik sprach nur eine sehr kleine oder gar keine Klientel an
- der Chef stellte die Klimaanlage zu kalt ein oder schaltete sie komplett ab
- die Bars verkündeten vorzeitig den Ausschankschluss.

## Nach dem Gig

Bei guter Stimmung, voller Tanzfläche, sauberen Mixübergängen und verständlichen, flüssigen Moderationen kannst du von einem erfolgreichen Auftritt ausgehen. Ob es der Geschäftsführer genauso sieht, klärt das anschließenden Gespräch. Die Auswertung des Abends beinhaltet mitunter Lob und Verbesserungsvorschläge des Chefs, manchmal auch deine sachliche Selbsteinschätzung. Seine genannten Verbesserungsvorschläge sollten beim nächsten Gig berücksichtigt werden, allerdings stellen sie kein Patentrezept für eine bessere Veranstaltungsdurchführung dar. Variable Faktoren, wie die Gästezahlen und der Getränkeumsatz, beeinflussen den Erfolg eines Gigs. Ein bei dieser Veranstaltung begangene Fehler kann sich wiederum beim nächsten Gig positiv auswirken. Nur anhand gesammelter Erfahrungen und der erzielten Routine lernst du, situationsbedingt das Set anzupassen und so deine Fehlerquote zu reduzieren.

Nach der gezogenen Bilanz zahlt er dir deine Gage und vereinbart bzw. bestätigt deinen Folge-Gig. Wurde bisher kein weiterer Gig abgesprochen und spricht der Geschäftsführer dieses Thema nicht selbstständig an, so frage nach. Im Fall einer erfolgreichen Veranstaltung schlägt dir der Manager sicherlich ein oder mehrere Termine vor. Es sei denn, die Terminplanung übernimmt ein Booker, dann solltest du ihn kontaktieren. Stellte sich im vorangegangenen Gespräch eine große Unzufriedenheit des Geschäftsführers heraus, ist er trotzdem auf ein weiteres Booking anzusprechen. Aussagen wie: „Wir sind momentan ausgebucht" oder „Wir melden uns" können zwar der Realität entsprechen, aber dienen häufig auch als höfliche Absage.

Zum Schluss des Gesprächs zahlt dir das Management dein Honorar in bar aus. Für die steuerliche Absetzung der Gage erhält der Geschäftsführer eine der beiden angefertigten Rechnungen, die andere behältst du. Wichtig ist:

- sich die Rechnung gegenzeichnen zu lassen, damit du auch eine schriftliche Bestätigung vom Geschäftsführer über die vereinbarte Gagenhöhe erhältst.
- dass die Gage generell in bar ausgezahlt wird. Durch eine Überweisungstaktik besteht das Risiko einer verspäteten Auszahlung oder sogar des teilweisen oder kompletten Verlusts der Gage. Überweisungen sind deswegen nur bei seriösen und langfristigen Geschäftspartnern zu akzeptieren.
- Bei unseriösen Locationbetreibern und Veranstaltern ist auf eine Vorauszahlung zu bestehen. Allerdings können meist nur DJs mit einem entsprechenden Status diese Forderung erfolgreich durchsetzen.
- Kontrolliere die Gage sofort im Beisein des Chefs. Wenn er sich verzählte, kannst du ihn darauf hinweisen. Dies gilt für eine zu niedrige, als auch zu hohe Gage. Denn Letztere könnte auch ein Test sein.

 **TIPP**

Veranstalter versuchen mitunter beim finanziell unrentablen Event deine Gage bei der Auszahlung mit dem Argument zu drücken, dass du im Fall deines finanziellen Entgegenkommens für weitere Events verpflichtet wirst. Letztlich kassierst du aber oft nur eine niedrigere Gage, aber oft keine Folge-Gigs. Daher biete dem Veranstalter besser die Option einer günstigeren Gage für den kommenden Gig an. So zeigst du guten Willen und Verständnis für seine Situation. Zumal sicherst du dich damit ab, dass der Veranstalter bezüglich des Folgebookings wahrscheinlich sein Wort hält, das aber auch für deine niedrigere Gage gilt.

Bist du wieder zu Hause eingetroffen, lade unbedingt dein Laptop und die Tonträgersammlung aus dem Fahrzeug, um Autoeinbrüche und dem damit verbundenen Diebstahl zu verhindern. Auch dann, wenn du den Rat des Versicherungsabschluss beherzigt hast. Denn für den entstandenen Sachschaden kommen sie zwar finanziell auf, aber nicht für die reingesteckte Arbeit und die Wiederbeschaffung der Vinyl- und CD-Raritäten.

## Die weitere Vorgehensweise
### Der Ausbau der Fähigkeiten

Nach dem ersten Gig solltest du zunächst deinen Mitschnitt unter folgenden Gesichtspunkten auswerten:

- Mixing
- Dramaturgie des Sets
- Moderation.

Die aufgetretenen Fehler, wie das Auseinanderdriften des Mixes, Disharmonien beim Mixing sowie Dialekt und Unverständlichkeit beim Moderieren sind in den kommenden Tagen durch entsprechende Übungen hinter den Decks zu beheben.

Durch zunehmende technische Routine kannst du dich bei weiteren Gigs verstärkt auf den Setaufbau konzentrieren, das Mixing aufwändiger und subtiler praktizieren, dich flexibler der Situation anpassen und dadurch deinen Erfolg steigern.

Derrick May:
Du musst dich fragen, warum möchtest du DJ werden und wirst du gute Musik machen? Auch Einschätzen solltest du dich können: Hattest du einen guten oder einen schlechten Abend? Du kannst nicht auf andere Leute hören: 'Du hattest einen klasse Abend und du warst fantastisch!' Das ist schön. Aber im Inneren, weißt du, ob es wirklich so war. Ein wirklich Professioneller wird nie zufrieden sein. Er wird immer etwas finden, es besser machen zu können.

### Der Blick in die sozialen Netzwerke

Das Internet bietet in Form der sozialen Netzwerke, auf den Pinnwänden zu den Veranstaltungen oder der Location, und des Gästebuchs auf den Websites der Clubs und Discotheken jedem Gast die Möglichkeit, seine Meinung anonym zu bekunden. Nach der Veranstaltung kannst du auf diesem Weg kontroverse Meinungen und Kritik zu deinem Gig einholen, die allerdings nur unter Vorbehalt anzunehmen ist. Bei kritischen Ausführun-

gen ist deren Objektivität zu hinterfragen, denn es ist praktisch unmöglich, ein großes Publikum musikalisch zufrieden zu stellen. Stehen dein DJ-Stil und deine technischen Fähigkeiten berechtigterweise im Mittelpunkt der Kritik, verbessere dich entsprechend.

Lobt dich das Publikum, so bestätigt dies den Erfolg des Abends und deiner Arbeit. Dies muss allerdings nicht repräsentativ für alle sein.

Mitunter nutzen unfaire DJs das Gästebuch, um sich als anonymer Gast im Gästebuch positiv über ihre eigenen Fähigkeiten und negativ über ihre Kollegen zu äußern. Allerdings schaden sie ihrem eigenen Ansehen aus folgenden Gründen:

- Kollegen und Geschäftsführer durchblicken häufig diese Geschäftsgebaren.
- Ist von einem Gast eine ehrliche, positive Meinung in diesem Forum zu lesen, wird die Geschäftsleitung ihr aufgrund vorheriger Fakes keinen Glauben mehr schenken.

## Die weitere Akquise

Deine DJ-Karriere wird zunächst durch die weitere Loaction-Recherche ausgebaut, allerdings mit dem Unterschied, dass durch jeden weiteren Gig die beruflichen Erfahrungen und Referenzen wachsen. Um bei eventuellen Vorstellungsgesprächen den Geschäftsführer zu überzeugen, können auch gesammelte Zeitungsanzeigen von Partys, auf denen du aufgelegt hast, dir gewidmete Zeitungsartikel oder andere Club und Discotheken-Flyer vorgelegt werden.

Sven Väth:
Man sollte sich als DJ immer fragen, dass es doch gar nicht so viele Clubs und Veranstaltungen gibt. Schließlich wollen heutzutage unwahrscheinlich viele gern DJ werden.

Bist du mit Kollegen befreundet und in der Szene etabliert, wird sich auch der Einfluss deiner Kollegen als Vorteil herausstellen. Denn Geschäftsführer ziehen sie bei Bookingfragen gern zu Rate. Auch die Anfrage über einen

Enthusiast / Bedroom-DJ / Professional DJ / Artist

befreundeten DJ-Kollegen erzielt größere Erfolge als die eigene Akquise, denn das eigens arrangierte Vorsprechen gegenüber der Geschäftsleitung und das Anbieten freier Termin-Kapazitäten erzeugt beim Geschäftsführer mitunter Desinteresse.

### TIPP

Um den Geschäftsführern und Kollegen keine Transparenz auf die eigenen Bookings zu gewähren, ist auch beim Erstellen einer eigenen Homepage auf eine monatliche Auflistung der Gigs zunächst zu verzichten. Denn die Website dient der Vorstellung deiner Person mit Referenzen, aber ein fast leerer Terminkalender würde das Gegenteil bewirken.

## Ein Job als Resident – Das Traumangebot?

Der Residentjob ist nicht ohne Grund fragwürdig. Einerseits vermag der DJ, mit seinem Stil einer Location musikalisch zu prägen, und plötzlich ist er ausgebucht. Vor allem Newcomer-DJs mit ein oder zwei Locations, in denen sie sporadisch auflegen, erhalten somit Bookings für mindestens zwei Tage pro Woche. Wenn die Discothek oder der Club sogar wochentags öffnet, kann der DJ-Job hauptberuflich ausgeübt werden.
Andererseits sprechen auch einige Argumente dagegen, die neben den folgenden Vorteilen aufgelistet sind.

### VORTEILE
- Du hast recht schnell einen ausgebuchten Terminkalender.
- Die Akquise weiterer Gigs scheint überflüssig.
- Durch das regelmäßige Auflegen beeinflusst und prägst du musikalisch dein Publikum.
- Die Geschäftsleitung vermarktet dich als Resident durch Flyer mit deinem Konterfei und Hörfunkwerbespots, die deine Popularität steigern.
- Durch das regelmäßige Auflegen sammelst du verstärkt Erfahrungen für die weitere DJ-Karriere.
- Als Resident-DJ bestehen große Chancen, in die Bemusterungspools aufgenommen zu werden.

### NACHTEILE

- Der enorme Druck bzw. die Verantwortung für den wirtschaftlichen Erfolg der Location (Gästedurchlauf, Barumsatz) schränken deinen Spaßfaktor ein.
- Bei rückläufigen Besucherzahlen wird vielleicht dir die Schuld zugeschoben.
- Im Fall einer Kündigung durch die Geschäftsleitung oder Schließung der Discothek stehst du ohne Gigs da und bist somit arbeitslos.
- Durch die Bezahlung eines Monatslohns fällt deren Betrag im Vergleich zu einem Pauschal-Job mitunter weniger lukrativ aus.
- Sogenannte Standardübergänge und -sets kannst du dir nicht leisten, denn das Stammpublikum einer Discothek erwartet von dir stets neue Sets am Abend. Der Residentjob setzt also eine umfangreiche Setvorbereitung voraus.
- Du bist mitunter durch einen Exklusiv-Vertrag an die Location gebunden und dadurch völlig abhängig.

Dieser Vergleich zeigt, dass die Vor- und Nachteile recht ausgeglichen sind. Bekommst du das Angebot, den Resident-Job zu übernehmen, überprüfe zuvor die Location und deren Angebot unter folgenden Kriterien:

**Wie alt ist die Discothek oder der Club?**
Wenn die Location neu eröffnet wird, kannst du von Anfang an dein Publikum und deine Residenz prägen. Aber der Gästedurchlauf und der damit verbundene Erfolg sind unvorhersehbar. Dir kann keine Garantie gegeben werden, dass die Location in einem halben Jahr bei Misserfolg noch geöffnet ist. Allerdings bei etablierten Locations weisst du im Vorfeld, dass sie einen guten Gästedurchlauf verzeichnen. Gilt es einen beliebten Resident-DJ einer solchen Location abzulösen, gestaltet sich der Wechsel durch die Voreingenommenheit des Publikums mitunter als schwierig. Trotz dieser genannten Nachteile kann in beiden Fällen der Resident-Job angenommen werden. Besteht deine Aufgabe im Wiederaufbau eines neuen Publikums, das in den letzten Wochen gänzlich fern blieb und dadurch eine Schließung abzusehen ist, solltest du besser dieses Angebot auslassen, es sei denn, dein Terminkalender verzeichnet keine weiteren Bookings.

# Ein Job als Resident – Das Traumangebot?

### Warum wurde der letzte Resident-DJ gekündigt und aus welchen Gründen?
Hat die Geschäftsleitung in den letzten Monaten mehrere Residents ausgetauscht, kann es dich bald selbst betreffen. Solltest du die Kündigungsgründe erfahren, so versuche, diese Fehler in deiner Arbeit nicht zu begehen. Willst du allerdings die Vorstellungen des Managements ignorieren, solltest du das Angebot erst gar nicht annehmen.

### Kannst du dich mit der Location identifizieren?
Die räumlichen und musikalischen Gegebenheiten sollten deinen Vorstellungen entsprechen, um hundertprozentig von der Location überzeugt zu sein. Denn deine Aufgabe besteht auch darin, die Location glaubwürdig gegenüber dem Publikum zu vertreten. Der musikalische Stil der Location darf dabei nicht deinen persönlichen Vorlieben widersprechen.

### Ist die Bezahlung gegenüber einer Pauschalgage lukrativ?
Durch das größere Risiko als Resident-DJ ist das Honorar einer Pauschalgage anzupassen.

### Wie ist das Arbeitsklima?
Welchen Eindruck vermittelt die Geschäftsleitung? Das Geschäftsgebaren sollte seriös und die Kooperation auf Sympathie basieren. Auch die gemeinsamen Vorstellungen bezüglich der zukünftigen Zusammenarbeit und der Aufgaben müssen übereinstimmen.

Wenn alle Kriterien für den Residentjob sprechen, ist es am besten, einen Vertrag schriftlich zu fixieren. Dieser könnte wie folgt aussehen:

**§1 Die Vertragsdauer beträgt mindestens ein Jahr und kann danach von beiden Parteien gekündigt oder verlängert werden.**

**ANMERKUNG**
Die Dauer des Vertrages ist zwar variabel, aber aufgrund der wenigen Erfahrungen eines Nachwuchs-DJs können Fehler in der ersten Zeit verstärkt auftreten, die ohne diesen Paragraphen mitunter zu deiner Kündigung füh-

ren. Deswegen gewährleistet diese Jahresregelung deine Etablierung und Profilierung.

**§2 Eine Kündigung durch die Geschäftsleitung innerhalb dieser Frist ist nur mit dem finanziellen Ausgleich durch eine vertraglich festgelegte Abfindung möglich.**

### ANMERKUNG
Mit dieser Klausel sicherst du dich ab, eine Kündigung aus nichtigen Gründen zu erhalten und die Zeit bis zum nächsten Engagement finanziell überbrücken zu können.

**§3 Die vertraglich festgelegte Höhe der Gage ist als Monatslohn an den DJ auszuzahlen. Als Grundlage für die Berechnung des Monatslohnes dient eine vom DJ zu erbringende Leistung, die sich auf monatlich maximal…Veranstaltungen beschränkt.**

### ANMERKUNG
Der Monatslohn berechnet sich wie folgt: Die vereinbarte Gig-Anzahl pro Monat multipliziert mit einem Lohn, der ungefähr einer Pauschalgage entspricht. In dem Vertrag sind neben der Brutto- bzw. Nettogage, die entweder in bar oder per Überweisung beglichen wird, die maximale Anzahl der monatlichen Veranstaltungen, bei denen du auflegen sollst, auszuweisen. Im Fall, dass die Veranstaltungsanzahl nicht vereinbart wurde, reduziert sich deine Gage. Denn der Geschäftsführer besitzt somit das Recht, dich für den gleichen Lohn nach seinem Belieben und häufiger einzusetzen.
Manchmal buchen auch Geschäftsführer Gast-DJs unter der Maßgabe, dass du für diesen Abend nicht verpflichtet wirst. Die Monatslohnregelung kommt aber auch finanziell für diesen Ausfall auf.

**§4 Der Resident-DJ besitzt das Recht, auch in anderen Locations aufzulegen. Ein Exklusivrecht der Residenz besteht nicht.**

### ANMERKUNG
Öffnet beispielsweise die Discothek oder der Club achtmal pro Monat, so

vereinbare z. B. sechs Bookings, die nur nach §3 in Rechnung zu stellen sind. Nutze an den beiden anderen freien Tagen deine neu gewonnene Popularität des Resident-Status und deine Erfahrungen, um neue Discotheken oder Clubs zu akquirieren. Du knüpfst weitere Kontakte und verbuchst zusätzliche Gigs in anderen Locations. Deine Residenz steigert dabei auch ihren Bekanntheitsgrad, da du auf dem Flyer als Resident der Loaction „XY" angekündigt wirst.

**§5 Weitere Vergünstigungen wie freie Getränke, Speisen, eventuell Hotelübernachtungsmöglichkeiten, Reisekostenentschädigungen werden dem DJ eingeräumt.**

### ANMERKUNG

Bezüglich Speisen und Getränke setzt jeder DJ andere Prioritäten. Hingegen sind primär der Ausgleich von Reisekosten bzw. die Bereitstellung einer Übernachtungsmöglichkeit zu vereinbaren, wenn zwischen Wohnort und Locationstandort eine Distanz von mehr als 70 km zurückzulegen ist.

Ein renommierter DJ, der eine Anfrage für den Resident-Job erhält, gestaltet seinen Vertrag in §1, §2 und §3 anders:

**§1 Die Laufzeit des Vertrages ist zunächst nur auf einen Monat beschränkt und kann danach um eine bestimmte Frist verlängert werden.**

### ANMERKUNG

Der profilierte DJ geht kein Risiko ein, indem er einen Monat als Resident agiert und auf Bookings in anderen Locations verzichtet. Entpuppt sich die Resident-Tätigkeit als Fehlentscheidung, bietet er der Geschäftsleitung einen Vertrag mit monatlich ein bis maximal vier Bookings als Alternative an und konzentriert sich gleichzeitig wieder auf die Gigs in den Locations, in denen er auch schon vorher aufgelegt hat.

**§2 Bei Kündigung vor Auslauf des Vertrages wird eine entsprechend höhere Entschädigung durch die Geschäftsleitung gezahlt.**

### ANMERKUNG
Der Profi-DJ kündigt mit Unterzeichnung dieses Vertrages Bookings in anderen Clubs, die mit der Entschädigung abgedeckt werden.

**§3 Die vertraglich festgelegte Höhe der Gage ist als Monatslohn an den DJ auszuzahlen. Als Grundlage für die Berechnung des Monatslohnes dient die monatlich maximale Veranstaltungsanzahl und deren Multiplikation mit seiner üblichen Abend-Gage.**

### ANMERKUNG
Der erfahrene DJ geht mit einer längeren Resident-Tätigkeit ein zusätzliches Risiko ein, das entsprechend honoriert werden sollte.

Die Paragraphen 4 und 5 sind in beiden Verträgen identisch. Einem renommierten DJ ist aber generell von einer Resident-Arbeit abzuraten, denn die Abhängigkeit von einer Location kann ihn nach Kündigung oder deren Schließung die berufliche Existenz kosten.

**Als Resident im Szene-Club**
Für einen Club-Resident-DJ gelten andere Regeln. In Clubs steht die wirtschaftliche Komponente nicht im Vordergrund, denn die Aufgabe des Residents betrifft vorrangig die Prägung des Club-Stils. Er legt in seiner „Homebase" mitunter jeden Abend zwei bis vier Stunden auf, um im Anschluss von Gast-DJs abgelöst zu werden oder vertritt den Club in anderen Szene-Locations bzw. bei Festivals, wie „Sonne, Mond, Sterne" oder „Nature One".

Die Gage eines Club-Resident-DJs fällt niedriger als die eines Discotheken-Residents aus, aber:

- die Tonträgerkosten für einen Club-DJ sind je nach seiner musikalischen Spezialisierung geringer
- der durch das Management ausgeübte Erfolgsdruck ist geringer
- die Spielzeit pro Abend ist kürzer.

Club-DJs betreiben das DJing nicht hauptberuflich, sondern vielmehr widerspiegelt es ihre Philosophie über Clubs und Musik. Deswegen selektieren sie die Clubs, in denen sie auflegen möchten, nach Ruf und Stil. Neben der DJ-Tätigkeit arbeiten Residents auch häufig als Booker ihres Clubs, d. h. sie buchen Resident-DJs anderer Clubs, um andersherum auch ihre eigenen in diese Clubs zu vermitteln. Dieser Schlagabtausch zahlt sich für alle Beteiligten aus. Denn die Residents verzeichnen zusätzliche Bookings mit einer höheren Gage und der Club wird überregional bekannt.

Erhältst du als Club-DJ die Möglichkeit, dich als Resident zu profilieren, sprechen wie im obigen Fall keine Faktoren dagegen, vielmehr sind in einem Gespräch folgende Kriterien zu klären:

- die Gagenhöhe pro Abend
- die monatliche Anzahl der Bookings
- eventuelle Bookings in anderen Clubs
- weitere Tätigkeiten im Club als Booker, Labelmanager…

Einige Szene-Clubs betreiben auch eigene Plattenlabels, wie z. B. der „Tresor" Berlin. Durch die Kombination Club und Label gehen beide Arbeitsbereiche eine Symbiose ein, von der sie profitieren. Der Club als erste Institution steht für einen gewissen Musikstil bzw. einen erlesenen DJ-Kreis und mit dem Verkauf von Tonträgern, deren Musik mitunter von den Residents produziert wird, steigert sich die Popularität des Clubs und der DJs. Der Resident-DJ fungiert auch als Produzent oder A&R-Manager (Artist & Repertoire), der über die Auswahl der Label-Veröffentlichungen entscheidet.

## Das Web-Marketing

Als Mitglied der sozialen Netzwerke, wie Facebook, MySpace, Google+, Instagram, Twitter und YouTube solltest sie auch für deine Vermarktung nutzen:

- regelmäßiges Uploaden von Pics und Videos von Gigs, auf denen du aufgelegt hast. Da die meisten User mit dem Smartphone in den sozialen Netzwerken agieren, Links somit sehr klein angezeigt, damit weniger gemocht werden, lade deine Videos lieber direkt bei Facebook hoch, als nur deren YouTube-Links zu teilen, um mehr Views und Likes zu erreichen.

- Frage deine Bekannten, die ebenfalls in den sozialen Netzwerken vertreten sind, ob sie mit dir „befreundet" (Adden) sein möchten.
- Bilde deine eigene Facebook-Gruppe und lade Freunde dazu ein.
- Poste regelmäßig deine Gigs auf der Pinnwand und in deiner Gruppe.
- Wenn du ein Mixtape fertig gestellt hast, werbe dafür in den sozialen Netzwerken und veröffentliche es als Podcast bzw. uploade es auf deiner Facebook-Seite oder auf diversen DJ-Mix-Websites, wie Mixcloud- bzw. SoundCloud.com.
- Nutze E-Flyer von deinen zukünftigen Gigs oder Mixtape-Cover als Profil- oder Titelbild.
- Verfasse einen Blog zu deiner Person und deinen Erlebnissen.
- Lade Freunde zu deinen Events auf Facebook ein. Biete Gästelisteplätze an.
- Bedanke dich nach dem Gig beim Publikum auf dem dazu angelegten Event bei Facebook und teile per Link deine Facebook-Seite, um für sie neue Fans zu generieren.
- Verknüpfe durch Sharing die Netzwerke untereinander, damit in allen Netzwerken dein hochgeladener Content gleichzeitig präsent ist.
- Schieße Fotos von deinem Equipment und verlinke in den Tweets die Companies oder andere DJs, mit etwas Glück teilen sie es als Retweet mit ihren zigtausenden Followern.
- Teile in der bei Facebook angelegten Veranstaltung dein

 **BEACHTE**

Wenn du ein Dankeschön an deine gestrige Crowd richtest, bedenke stets, dass es auch andere, dich buchende Locationbetreiber lesen. Postest du nicht alle deine Gigs, sondern nur die deiner favorisierten Locations, kommentierst sie dazu überschwänglich, wird man dir unterstellen, dass du in den anderen Locations nicht so gern auflegst. Booker dieser Clubs könnten verletzt reagieren, sodass weitere Bookings ausbleiben.

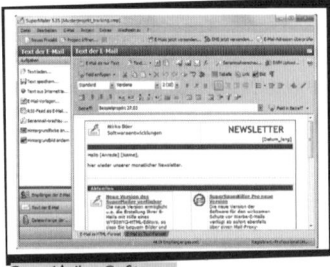

SuperMailer-Software

Einige DJs versenden auch Newsletter, wobei, man sich fragen muss, ob diese ein wirklich nützliches Werbetool für einen DJ sind. Denn viele Empfänger reagieren schon genervt, wenn sie täglich mit diversen News-

Enthusiast / Bedroom-DJ / Professional DJ / Artist

letter-Mails bombardiert werden. Deswegen überlege, warum und auch an wen du den Newsletter richten möchtest, damit er gelesen und nicht im virtuellen Papierkorb landet. Folgender Content hat sich dabei etabliert:

- deine nächsten Gigs
- gebe den Empfängern die Möglichkeit, auf der Gästeliste zu einem deiner Gigs zu stehen (nur die schnellsten Rückmeldungen)
- Links zu deinen aktuellen Videos bzw. Mixes
- aktuelle Partypics
- generelle News zu deiner Person.

Übertreibe die Häufigkeit der Newsletter-Ausgaben nicht und versende einen pro Monat. Eine sehr hilfreiche Plattform zum Versenden von Newslettern bietet z. B. Mailchimp.com. Auch das Programm SuperMailer erleichtert das Erstellen und Versenden von Newslettern. Zusätzlich geben sie dir anhand einer Statistik Aufschluss über die Beliebtheit deiner Newsletter, ob sie überhaupt gelesen und die integrierten Hyperlinks angeklickt werden.

## Die Shout-Outs/Drop-Ins

Vor allem Urban-DJs brüsten sich damit, dass ihr DJ-Name von einem Star-Rapper per sogenanntem Shout-Out bzw. Drop-In, kurze Sprach-Einspielungen im Set, über die Boxen zu hören ist. An einer passenden Stelle im Set wird der Sampler gestartet und Lil Jon schreit durch die Boxen: „DJ Eskei83". Es ist eine schicke Sache, einen solchen Shout-Out sein eigen nennen zu können und auf die man stolz sein kann.

Heutzutage braucht man für solche akustischen Schnappschüsse kein komfortables Aufnahmegerät. Dein Smartphone ist für alles ausgestattet. Dann nutze die Gelegenheit, wenn dir ein bekannter DJ oder Künstler bei einem Konzert oder Festival begegnet oder du mit einem Star-DJ zusammen auflegst und lass ihn deinen Namen ins Mikrofon hosten. Und eine Anfrage per Facebook oder MySpace bei deinem Wunschkandidaten ist sicherlich auch ein Versuch wert. Verreist du auch mal nach Ibiza, eigentlich Pflicht eines jeden House-DJs, dann sei auch hier der Shout-Out-Paparazzo. Denn hier versammeln sich viele weltberühmte DJs wegen ihrer Gigs auf einem Fleck.

## DJanes in a „men´s world"

Sie heißen Miss Djax, DJ Storm, Fengari, Anja Schneider oder Ellen Allien und brechen das letzte Tabu in einer angeblich von Männern beherrschten Welt: das weibliche Pendant der DJs, die DJanes. Einst von ihren männlichen und selbstverliebten Kollegen belächelt, zeigen sie nun im Eiltempo, wie Karriere gemacht wird. Sie sind keine Ausnahmeerscheinungen mehr, die gekonnt ihre weiblichen Reize nicht nur hinter den Herdplatten einsetzen können. Im Ernst, sie bereichern die DJ-Kultur, sie sind Ausnahmen und füllen die Discotheken und Clubs. Deswegen sind auch viele Booking-Agenturen auf der Suche nach neuen Auflegerinnen, da sie schnell als besonderer „Eyecatcher" verbucht werden können.

Miss Djax:
Die Leute waren schon überrascht, ein Mädchen hinter den Decks zu sehen. Vor allem, weil ich doch einen eher harten Sound auflege. Die vermuten es einfach nicht, dass ein Mädchen so etwas spielt.

Links: Die 2Eelements legen im Doppelpack auf, rechts: DJ Shortee ist eine der wenigen DJanes, die das Turntablism beherrschen

Sicherlich sind DJanes nicht immer aus tiefster musikalischer Überzeugung vom Kochtopf zum (Platten)Teller gekommen. Da liegt es auch nah, zu unterstellen, dass ein misslungener Übergang mit einem süßen Lächeln vereitelt wird. Aber der Vorteil der weiblichen Reize hat auch seine Kehrseite. An DJanes haften oft Vorurteile bezüglich ihrer Skills. Umso stärker ist der Druck, der auf ihnen lastet, sich beweisen zu müssen. Dabei

Miss Kittin:
Auf die Frage, ob es Unterschiede zwischen DJanes und DJs gibt, antworte ich nicht. Fragst du auch einen dunkelfarbigen DJ, was ihn von einem weißen unterscheidet? Schau dich um, du findest so viele Unterschiede jeden Tag und überall....

Enthusiast / Bedroom-DJ / Professional DJ / Artist

brauchen sie sich nicht verstecken. Im Gegenteil, bei sauberen Skills und dem entsprechenden Charisma werden Frauen bevorzugt. Deswegen, wenn du weiblich sein solltest, dich für Musik interessierst, gern in Clubs oder Discotheken feierst und auch musikalisches Gespür dein Eigen nennst, dann besitzt du ein paar wichtige Voraussetzungen, eine DJane zu werden.

Storm:
Männer denken immer, Mädchen haben nur Klamotten und Make-up im Kopf. Aber ich habe drei Jahre lang nicht eine Klamotte, kein Make-up gekauft und meine ganzen Ersparnisse in Vinyl gesteckt. Es ist zwar etwas schwerer für Frauen. Aber wenn du den Jungs erst einmal bewiesen hast, dass du mit Leib und Seele an dieser Sache hängst und die Materie beherrschst, in der Lage bist, vor all diesen Jungs aufzutreten und dran bleibst, dann wirst du respektiert.

Bevor du dich bei einer Agentur oder in einem Club bewirbst, perfektioniere deine Fähigkeiten an den Decks. Solltest du nämlich schon bei deinen ersten Auftritten baden gehen, wirst du die Schadenfreude der Männer schon von weitem sehen.

Versuche auch ein credibiles Image aufzubauen, d. h. Auftritte im anzüglichen Outfit oder gänzlich oben ohne solltest Du unterlassen. Diese Maßnahmen können zwar deinen Terminkalender füllen, aber deine zukünftigen Locations und deren Gäste werden dich mehr als Partyluder als eine seriöse DJane ansehen, die etwas von ihrem Fach versteht. Suche dir Clubs für deine Bookings aus, denen du musikalisch gewachsen bist, in denen du dich auch wohl fühlst bzw. die dich aufgrund deiner DJ-Fähigkeiten buchen und nicht wegen deines Aussehens. Wenn du dann deine weibliche Komponente als Bonus einsetzt, hast du dich in der Männerwelt etabliert.

Ellen Allien:
Als ich mit dem DJing begonnen habe, ging es eigentlich mehr darum, bin ich technisch gut oder nicht. Die Technik steht im Fokus. Natürlich habe ich mich als Frau anders gefühlt, weil ich eine der wenigen war, aber ich wurde eigentlich herzlich aufgenommen, natürlich auch von vielen beobachtet und auch kritisiert, so wie ich auch andere Künstler bebobachte. Denn es ist doch schön, zu sehen, wie sich ein Künstler entwickelt.

## Not macht erfinderisch – DJs als Show-Event

Die Tatsache, dass ein überregional bekannter DJ aufgrund seiner Referenzen die Clubs und vor allem Discotheken füllt, lässt längst keine Verallgemeinerung mehr zu. Da spielen Herkunft, Platten-Veröffentlichungen und vor allem die allzu gern genannte Credibility eine wesentliche Rolle.

Brothers Incognito und Disco Dice

Armin van Buuren:
Ob Entertainment wichtig für das DJing ist, hängt von der Crowd ab. Einige mögen die pure Musik, andere möchten eine große Show mit Visuals und Dancers u. ä. Aber letztlich entscheiden die Leute darüber, indem sie zu deiner Show kommen oder nicht.

Besonders lokale DJs haben es schwer. Aus der Not heraus verkaufen sich DJs als Team mit jeder Menge „Trara". Und es funktioniert. Entertainment wird wieder groß geschrieben, denn Auflegen können ja alle mit diversen Abstrichen. Kombiniert man aber die Musik mit dem gewissen Show-Effekt, expandiert das DJ-Set zum Happening. Bunt, Schrill und Animation lautet das Motto. Die Kostüme pendeln zwischen schick und klassisch bis zu überdreht und schrill. Musikalisch bereiten die „Kochteams" normale Discokost

Mousse T.:
Das Auflegen verbindet man heutzutage nicht nur damit, einen lustigen Menschen, der nur Plattenspieler bedient, zu sehen. Sondern, man sollte vielleicht ein bisschen Showaspekt und wirklich moderne Elemente, wie Visuals o. ä., was ich auch mache, einbeziehen.

zu, garniert mit ein paar Samples, Effekten, Wunderkerzen bis hin zu Gesangseinlagen im Playback oder dem trommelnden DJ an den Bongos. Beste Beispiele für ausgebuchte DJ-Teams und Pioniere ihrer Gattung sind die Disco Boys, Disco Dice, Glamrock Brothers oder Brothers Incognito, wobei Letztere dank Spiegel-Köpfen oder Helmen besonders hervorstechen. Sollte es mit deinen Bookings nicht auf Anhieb klappen, so überlege dir, ob du dich vielleicht mit einem Kollegen, der stilistisch zu dir passt und dich ergänzt, ein Team bildest. Hast du eine außergewöhnliche Idee für ein DJ-Team, so sollte der Anspruch sein, zu zweit ein höheres Skill-Level zu erreichen. Legt mit drei oder vier Decks gleichzeitig auf. Ist dies technisch und auch aus Platzgründen hinter dem DJ-Pult nur schwer realisierbar, dann setzt diese Arbeitsteilung um:

- Einer ist für die Musik zuständig, der andere bedient Effekt-Geräte, Sampler oder Digital Audio Workstations, wie die Maschine.
- Während der eine auflegt, heizt der andere verbal über das Mikrofon ein oder tanzt, klatscht und animiert die Crowd.
- Spielst du ein Instrument, wie Trompete, Saxofon, dann performe live zum Set.
- Auch ein elektronisches Schlagzeug, Tamburin, Bongos oder andere handliche Percussions geben eurem Set nicht nur akustisch eine besondere Note.

Disco Boys:
Für uns ist Entertainment absolut wichtig, denn du bist auf einer Bühne und musst die Leute unterhalten. Die Musik steht natürlich dabei im Mittelpunkt. Mit unserem Auftreten, sei es vom Outfit oder vom Namen, haben wir quasi das Entertainment erfunden. Allerdings, je mehr DJs oben auf der Bühne stehen und nur noch auf dem Rechner herum tippen, desto absurder und weniger nachvollziehbar wird es. Als wir vor 16 Jahren angefahren haben, da sollte jeder sehen, was da auf der Bühne passiert.

Allerdings muss ein Booker für ein DJ-Team mehr oder sogar die doppelte DJ-Gage zahlen. Entsprechend müssen die Argumente, euch zu buchen, klar definiert sein. Überdurchschnittliche Erwartungen an eure Performance können schnell enttäuscht werden, wenn:

- ihr abwechselnd längere Sets einzeln auflegt
- der eine gelangweilt hinter dem DJ-Pult steht, während der andere an den Decks agiert
- die Performance auch von einem DJ allein hätte erbracht werden könne
- ihr visuell nicht als Einheit auftretet.

Bedenke aber auch, dass die Welt nicht auf einen Aufguss der oben genannten Teams wartet. Sei innovativ und lasse deiner Fantasie freien Lauf.

## Der DJ-Urlaub

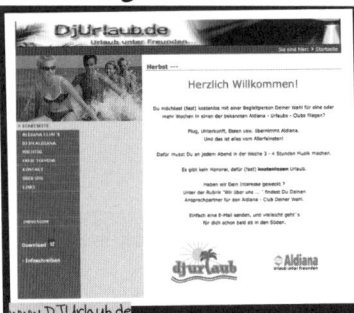

Dieses Kapitel vermittelt dir keine Tipps, wo, wie und mit wem du am besten deinen Urlaub verbringen solltest, vielmehr wie du DJing und Urlaub bestens in Einklang bringst. Für einen Selbstständigen, zu denen du jetzt als Profi-DJ gehörst, kommt Urlaub einem doppelten finanziellen Verlust gleich: Man verdient in dieser Zeit kein Geld, aber man gibt es mit vollen Händen aus. Zum Glück werden deine neuen Fähigkeiten als DJ-Entertainer in den hoteleigenen Clubs zur Animation der Hotelgäste gebraucht. Zum Beispiel die Website www.djurlaub.de bietet für die Aldiana-Hotels in Tunesien, Zypern oder Fuerteventura einen (fast) kostenlosen Urlaub für dich und deinen Partner. Gegenleistung: Du legst jeden Abend im hoteleigenen Hotel kostenlos auf. Wer musikalisch sehr flexibel bzw. tolerant, „nicht auf den Mund gefallen" ist und seine Freundin auch dem Barkeeper „anvertrauen" kann, der sollte ein solches Angebot nutzen.

Liebst du spanisches Essen und das Land obendrein? Es gibt adäquate Angebote für DJ-Jobs auf Mallorca und Ibiza.

## Die Kündigung von Terminen

Besonders zum Wochenende führt die große Nachfrage an DJs zu terminlichen Engpässen in den Locations. Deswegen ist bei Krankheit oder Unfall

eines DJs der Geschäftsführer über jede Vertretung erfreut, die er kurzfristig buchen kann (siehe Kapitel „Der Schritt zum ersten Booking"). Aber auch kurzfristige Kündigungen durch den DJ stellen den Geschäftsführer vor ein Problem. Auf der anderen Seite nimmt sich der Geschäftsführer häufig ebenfalls das Recht heraus, kurzfristig DJ-Gigs mit der Begründung einer Doppelbuchung oder Programmumstellung zu kündigen. Um dies zu umgehen, handeln Geschäftsführer und DJ bezüglich der Kündigungsfristen und des Termintauschs nach folgenden Grundsätzen:
Eine Kündigung durch den DJ sollte kurzfristig nur dann erfolgen, wenn

- die Zahlungsmodalitäten unstimmig sind
- eine vernünftige Zusammenarbeit zwischen DJ und Geschäftsleitung nicht mehr gewährleistet ist
- der DJ aufgrund musikalischer Differenzen die Vorstellungen der Geschäftsführung nicht umsetzen kann.

Wird ein Gig aufgrund eines anderen lukrativeren Gigs (dieser sollte nicht in einer Konkurrenzlocation stattfinden, da Geschäftsführer dies häufig nicht dulden) gekündigt, organisiert der DJ eine adäquate Vertretung durch einen anderen, in der Location tätigen Discjockey. Lokalfremde DJs, die weder Publikum noch weitere Interna der Discothek oder des Clubs kennen, kommen aus diesen Gründen nicht in Frage. Der Geschäftsführer ist über einen vorgenommenen Termintausch mindestens ein oder zwei Tage vor der Veranstaltung zu informieren.
Als Kündigungsfrist, die von beiden Geschäftspartnern – DJ und Geschäftsführer – meistens eingehalten wird, gelten 14 Tage vor der Veranstaltung. Tritt der Fall ein, dass der Manager kurz vor deiner Abreise zur Veranstaltung oder nach der Ankunft in der Location deinen Termin storniert, kann er dich kulanterweise mit einer finanziellen Abfindung oder durch die Vergabe eines Ersatzgigs, der allerdings nur eine finanzielle Alternative bei weiteren freien Kapazitäten darstellt, entschädigen. Bei DJ-Doppelbuchungen entscheiden sich auch Geschäftsführer für die Variante, beide auflegen zu lassen.

## Der Musikgeschmack des Geschäftsführers

Als DJ hast du es nicht immer leicht, den Geschmack deines Publikums als auch den des Geschäftsführers einer kommerziellen Discothek zu treffen. Denn diese musikalische Gratwanderung verlangt von dir sehr viel Fingerspitzengefühl, besonders dann, wenn sich die musikalischen Vorstellungen deines Chefs von denen des Publikums unterscheiden. Mitunter steht er dir im Nacken und verunsichert dich mit Kommentaren, wie; „Kannst du nicht mal was Anderes auflegen, was Neueres?" Auf eine von dir gestellte Gegenfrage nach einem Beispiel erhältst du meist keine konstruktive Antwort. Und folgst du seinem Wunsch, steht er dir wieder „zur Seite", um mit dir über die aus dem musikalischen Wechsel hervorgerufene abgekühlte Stimmung auf dem Tanzparkett zu diskutieren, die sich dann auch noch auf dich überträgt. Kein Wunder. Generell bist du natürlich auf deinen „Auftraggeber" angewiesen, denn er bucht dich und zahlt all abendlich deine Gage. Er ist auch letztlich für den Erfolg oder Misserfolg der Location verantwortlich. Läuft eine Discothek bezüglich der Besucherzahlen gut, so muss dies nicht für den Barumsatz und Ruf der Location gelten. Der Betreiber favorisiert lieber ein älteres, anspruchsvolles und vor allem liquides Publikum als eine Horde kreischender Teenies, die am ganzen Abend zu dritt am Strohhalm einer Cola ziehen. Hier zählt maximal die Masse im Durchlauf, um die Kosten zu kompensieren. Großraumdiscotheken bilden nun mal das Freizeitzentrum der Jugendlichen unter 18, und das ältere Publikum sucht sich seines gleichen im gemütlichen und elitären Club. Da nutzt auch die vom Geschäftsführer gewünschte musikalische Gratwanderung des DJs nichts, um das betuchtere Partyvolk in den Großraumtempel zu locken. Trotzdem reden gern Geschäftsführer bei der Musikauswahl ein Wörtchen mit, denn sie versprechen sich davon die erhoffte Klientel.

Solltest du dich einmal in diesem musikalischen Konflikt zwischen Publikum und Geschäftsführung befinden, so bedenke:

- Der Geschäftsführer soll dich auch weiterhin buchen, also versuche seinen Wünschen nachzukommen. Ziehst du doch deinen Stiefel durch, fliegst du sicherlich.
- Dein Publikum soll dich lieben. Aber mit dem vom Geschäftsführer gewünschten Musikkonzept stößt du dein Publikum vor den Kopf.

Egal, wie du diesen Konflikt lösen möchtest, dein Engagement steht auf wackligen Füßen. Denn auch die durch deine Loyalität zur Geschäftsführung erzeugte Unbeliebtheit beim Publikum kann deinen Kopf kosten. Deswegen versuche dich mit beiden Parteien zu einigen, indem du dein Publikum mit kleinen musikalischen Zugeständnissen beruhigst. Erkläre ihnen, dass du diesen Stil gar nicht auflegst oder sie einfach davon in Kenntnis setzt, dass dies eine Anweisung der Geschäftsleitung ist und man sich bei dieser beschweren soll. Aber der sicherste Weg aus diesem Malheur ist die Recherche im Vorfeld, welche Musik aufgelegt werden soll und wie umgänglich der Geschäftsführer der Location ist. Die Antworten geben dir sicherlich andere DJs oder der LJ.

**BEACHTE**

Wenn du Wunschtitel gar nicht hast bzw. sie selbst nicht tolerierst, kommst du erst gar nicht in die Verlegenheit, sie aufzulegen.

## Deine „Freunde" in der Location

Jeden Abend finden in den Locations die gleichen Rituale statt: Die Discothek bzw. der Club öffnet, du legst die Tracks auf und wenn du auf deiner Heimreise bist, beginnt die Abrechnung vom Barpersonal beim Geschäftsführer. Dieser Prozess wird vom Chef nicht nur zum Kassensturz genutzt, sondern auch um Feedbacks über den Abend zu erhalten. Da steht auch das Thema DJ auf der Tagesordnung:

- Wie war die Stimmung auf dem Dancefloor?
- Wann haben die Leute angefangen zu tanzen?
- Hat der DJ musikalisch die Haus-Philosophie umgesetzt?
- Wurden die Events beworben?

Damit dieser Report auch objektiv den Abend widerspiegelt, solltest du dich beim Barpersonal, als auch bei der Security nicht unbeliebt machen. Denn unfreundliche, gar überhebliche DJs erhalten ihre Revange, indem das Personal sicherlich kein gutes Wort für den unbeliebten DJ einlegt. Hingegen können sie, wenn sie dir wohl gesonnen sind, auch einen schlechteren Abend beschönigen.

## Das Exklusiv-Recht bzw. der Gebietsschutz

Um das DJing hauptberuflich zu betreiben, sind einige Discotheken und Clubs in deiner Region von Nöten, die dich regelmäßig buchen. Aber nicht jeder Locationbetreiber duldet das Engagement seines DJs in einer anderen Location in der näheren Umgebung oder der gleichen Stadt. Der Booker oder Geschäftsführer wird dich damit konfrontieren, dass du eventuell mit deinem Gig in der anderen Location Leute abwerben könntest. Allerdings in der Klasse der regionalen DJs kannst du sicherlich davon ausgehen, dass dies nicht der Fall bzw. verschwindend gering ist. Konfrontierst du allerdings mit dieser Aussage den Booker, kontert er vielleicht damit, dass du ihm somit das Fundament für weitere Bookings entziehst. Denn der Geschäftsführer erhoffte sich durch das Booking deiner Person eine größere Besucherzahl in seinem Club.

Generell besitzen keine Discothek und kein Club einen Exklusivanspruch, so lang dieser nicht im Vorfeld schriftlich oder mündlich vereinbart wurde. Sollte ein Exklusiv-Recht bestehen, so muss dieses durch eine höhere Gage entsprechend honoriert oder durch eine gewisse Anzahl von Bookings abgedeckt werden.

Folgende Regeln solltest du weiterhin beachten, damit du bei Bookings in verschiedenen Discotheken/Clubs nicht aneckst:

1. Suche dir in deiner Homebase-Stadt Locations aus, die nicht untereinander konkurrieren. Sollte dies doch der Fall sein, so frage deinen Geschäftsführer, ob er etwas gegen Gigs in der anderen Location hat.
2. Vermeide auch zusätzlichen Ärger, indem du in den verschiedenen Locations z. B. nicht an den gleichen Wochentagen oder den gleichen Stil auflegst.
3. In fremden Städten solltest du dich bei regelmäßigen Bookings auf ein oder zwei Locations beschränken.

## Das Nichtraucherschutzgesetz und seine Folgen

Seit der ersten Auflage dieses Buches im Jahr 2005 hat sich in dem DJ-Business Einiges getan. Nicht nur, dass wir uns gerade mitten in den ge-

## Das Exklusiv-Recht bzw. der Gebietsschutz
## Das Nichtraucherschutzgesetz und seine Folgen

burtenschwachen Jahren befinden und die Club-Kultur sich neu erfinden muss, sondern auch ein Nichtraucherschutzgesetz wurde verabschiedet, dessen Nachbearbeitung sich als notwendig erwies. Gezwungen von Umsatzeinbußen, die schon die 50 Prozent-Marke erreichten, und rückläufigen Besucherzahlen gingen Gastronomen auf die Barrikaden und erwirkten Sonderregelungen. Als Nichtraucher war es immer schwer, diesem Dunst aus Nikotin und künstlichem Nebel ausgesetzt zu sein. Nicht nur die Gesundheit litt darunter, sondern auch das Outfit, dass ständig wegen der unliebsamen Mitbringsel in die Waschtrommel musste. Da kam dieses Gesetz einem Nichtraucher-DJ ganz recht. Aber ehrlich gesagt, so militant hätte es nicht ausfallen brauchen. Und die Quittung hat die Regierung dafür schon erhalten, denn sie musste Fehler eingestehen. Die Gastronomie reagierte schnell mit ins Leben gerufenen „Raucherclubs" oder „Raucherfloors" in Discotheken und Clubs. D. h. ein Raucherfloor definiert sich als einen abgeschlossenen Raum, der nicht auch als Durchgang dient. So kann eine Person frei entscheiden, ob sie sich dort aufhalten möchte oder nicht. Einige Clubs gehen sogar einen Schritt weiter, indem sie ein generelles Rauchverbot durch eine auf sie anwendbare Ausnahmerreglung, die für Kneipen gilt, aufheben oder generell durch die Uneinigkeit in der Politik mit Anarchie reagieren.

Die Raucherfloors sind Lösungen, mit denen auch ein Nichtraucher leben kann. Es sei denn, ein Floor, für den du gebucht wurdest, ist ein Raucherfloor. Mit anderen Worten, du unterhältst musikalisch ein paar Kids, die lieber mit ihrer Kippe als dirty mit ihrer Freundin tanzen. Damit haben selbst überzeugte Raucher ein Problem, denn auch eine Klimaanlage kämpft gegen die Luft wie Don Quixote gegen Windmühlen. Der blaue Dunst treibt dem DJ die Tränen in die Augen, die Übelkeit in den Magen und das Stechen in die Lungen. Eigentlich unzumutbare Zustände, denen du vielleicht am besten mit einem Atemschutz aus dem Baumarkt Paroli bietest. Aber die Ravezeiten sind vorbei, sodass du diesen nicht gleichzeitig auch als modisches Accessoire verkaufen kannst. Deswegen verzichte lieber auf ein Engagement in solchen Etablissements. Oder du musst an so einem Abend einen langen Atem beweisen.

Und keine Angst, liebe angehenden DJs, die nicht der Zigarette widerstehen können. In der DJ-Kanzel herrscht die totale Anarchie, sodass ihr euch nicht in der Betty-Ford-Klinik für Suchtkranke einweisen müsst, um zukünftig hinter dem Pult eurem Mann ohne Entzugserscheinungen stehen zu können.

## Die besonderen Gigs
### Die Neueröffnung einer Location

Der Neueröffnung wird ein eigenes Kapitel gewidmet, da diese Veranstaltungen zwar meistens ausverkauft. Aber von der vom DJ erzeugten Stimmung sind sie oft eher verhalten aufgrund der Neugierde und der verschiedenen musikalischen Geschmäcker der Gäste. Letzteres stellt für den DJ eine Herausforderung dar, denn seine Aufgabe besteht nicht nur im Auflegen der Musik, sondern gleichzeitig auch in der Umsetzung des musikalischen Konzepts der Location, das nicht immer dem Geschmack des Publikums entsprechen muss.

Um Geschäftsleitung und Publikum gleichermaßen zufrieden zu stellen, kann dir für die Neueröffnung hilfreich sein:

- eine Absprache mit der Geschäftsleitung, welches musikalische Konzept du umzusetzen hast und welcher Spielraum dir dabei gewährt wird, um ein großes Publikum anzusprechen
- ein flexibler musikalischer Set-Aufbau, der besonders aus aktuellen Hits und Klassikern als Tanzflächenfüller besteht
- kurze Musikrunden von maximal 30 Minuten, um keine Langeweile beim Publikum aufkommen zu lassen
- das Konzept der Location moderierend zu promoten und musikalisch zu präsentieren, wobei auch musikalische Kompromisse eingegangen werden können, um eine zunehmend leere Tanzfläche oder Location zu verhindern. Dies schädigt ansonsten das Image.
- zunächst Ruhe zu bewahren, denn das Füllen der Tanzfläche erfolgt trotz enormer Publikumsanzahl zunächst schleppend, weil die Neugierde gegenüber den neuen Räumlichkeiten überwiegt.

### Die Silvester-Party

Auch wenn du als Resident die musikalischen Bedürfnisse des Publikums in deinem Club kennst, spätestens am letzten Tag des Jahres wirst du eines besseren belehrt. Das Publikum bunt gemischt, sei es vom Alter oder von den sozialen Schichten. Zu Silvester wollen alle die Korken zu deiner Musik knallen lassen. Das Personal und vor allem der

*Die besonderen Gigs / Die Neueröffnung einer Location*
*Die Silvester-Party*

DJ sind teuer. Die Eintrittskarten entsprechend auch. „Ich gehe einmal im Jahr weg, bezahle dafür diesen Wucherpreis. Jetzt möchte ich wenigstens hier auf meinen Geschmack kommen, wenn es der Koch schon nicht schaffte!" Dieses Argument wirst du sicherlich nicht nur einmal in deiner Laufbahn hören. Zugegeben, am Silvesterabend sollte alles perfekt sein, sei es vom Buffet oder der Musik. Auf ersteres hast du leider keinen Einfluss. Aber du musst die Wogen glätten, wenn man beim Buffet geizte, aber dafür der Koch nicht mit Gewürzen. Deswegen sei musikalisch flexibel, denn mancher Gast wird sich ein Track aus seiner Zeit wünschen, als er noch regelmäßig das Tanzparkett aufsuchte. Dieses kann allerdings Jahre her sein. Gehe musikalische Kompromisse ein, die du vertreten kannst. Halte dich nicht zu lang bei einem Musikstil auf, denn es wollen alle auf ihre Kosten kommen. Wenn du Querbeet auflegst, wirst du sicherlich das Publikum begeistern, es sei denn, die Party steht unter einem speziellen musikalischen Motto. Lege Tracks aus den Charts, ein paar Hits aus den letzten Jahrzehnten auf, dazwischen etwas Disco und House. Nimm auch das Mikrofon in die Hand, denn sie erwarten etwas Entertainment, nicht nur bezogen auf den von dir angezählten Countdown kurz vor Mitternacht.

Silvesterveranstaltungen beginnen öfters vor 22.00 Uhr. Spätestens um zehn wird deshalb von dir verlangt, dass du deine Crowd innerhalb von 90 Minuten zum Höhepunkt bringst. Denn meist um Viertel vor Zwölf leert sich die Tanzfläche. Keine Angst, es liegt nicht an deiner Musik, sondern die meisten Gäste sind damit beschäftigt, sich ihren Sekt zum Anstoßen oder ihre Jacke von der Garderobe zu holen. Deswegen verschieß nicht kurz vor zwölf dein musikalisches Pulver. Achtung, gleich ist es 24.00 Uhr. Zeit zum Anzählen. Nach deinem Countdown folgt die Neujahrsansprache und vielleicht ein weiteres Anzählen vom Publikum. Spätestens in diesem Moment denkst du daran, deine Uhr vor der Veranstaltung nochmals stellen zu müssen. Hole dir ein Glas Sekt von der Bar, stoße mit Gästen an, denn du hast erstmal eine halbe Stunde Zeit zum Verschnaufen. Die meisten Gäste wünschen sich sowieso alles Gute bzw. jagen einen Teil des von dem für den Abend eingeplanten Budgets in Form von Feuerwerkskörpern in die Luft. Ab 0.30 Uhr stehen alle, du und deine Crowd, bereit für den zweiten Teil des Abends, der oft bis zum Morgengrauen gehen kann. Hältst du dich an ein breites Repertoire, wird dir dabei nicht die Musik ausgehen und das Publikum mit einer durchtanzten Nacht danken.

Karotte:
Durch meine Freunde bin ich zum Auflegen gekommen, die haben mich förmlich gezwungen. Weil ich mir immer Platten kaufte und irgendjemand musste bei uns auf dem Dorf halt auflegen. Das war vor 27 Jahren.

## Ein Star-DJ wurde gebucht

Um das Programm einer Location abwechslungsreich zu gestalten und Highlights zu setzen, buchen Geschäftsführer häufig einen aus den Medien bekannten Star-DJ. Einerseits geschieht dies zu Zwecken der überregionalen Promotion für die Discothek oder den Club, andererseits, um an diesem Abend besonders viele Gäste anzulocken. Bei einem solchen Gig besteht deine Aufgabe darin, das Publikum im Warm Up auf den Star-DJ einzustimmen und den Abend in der Late Night ausklingen zu lassen. Demzufolge bestreitet der Star-DJ die Peak Time, wobei er sich meistens auf eine vertraglich vereinbarte Spielzeit von zwei Stunden beruft und zwischen 0.00 und 1.00 Uhr beginnt. Damit du dich mit dem Star musikalisch nicht überschneidest, achte darauf, dass:

- dein Set keine Tracks bzw. Remixes des Stars enthält; er kann darauf sehr „allergisch" reagieren, weil er sie spielen will
- du Musikstile auflegst, die er sicherlich nicht spielt, aber auf die dein Publikum trotzdem abfährt
- du im Warm Up einen kurzen musikalischen Climax (Höhepunkt) setzt, um deine Crowd auf den erwarteten Gast einzustimmen
- du kurz vor der Übernahme des Star-DJs ein kurzes Cool Down (Ruhephase) einläutest, damit er mit einem zweiten Climax anknüpft.

Dein Geschäftsführer wird es dir danken, wenn du im Warm Up die Gäste verbal anheizt, um deren Vorfreude zu steigern und den Star somit einen Vorgeschmack der guten Stimmung zu geben. Nach seinem Set bestreitest du den restlichen Abend mit Tracks und Stilen, die noch nicht kamen. Da die meisten Stars einen hohen Anspruch auf unkonventionelle Tracks legen, steht dir auch noch mancher Dancefloorfiller zur Verfügung.

## Der Gig mit einer Band

Sei es auf privaten Feiern oder Events, auch du wirst sicherlich einmal mit einer Band im Wechsel auf der gleichen Bühne über deren PA performen. Je nach Qualität der Band und Publikum wird sich dein Gig als Selbstläufer oder aber auch als Herausforderung entpuppen.

Gutgemachte Live-Musik steht beim Publikum nach wie vor hoch im Kurs. Wenn obendrein ein charismatischer Sänger mit einer außergewöhnlichen Stimme die Crowd in seinen Bann zieht, gerätst du akustisch, aber auch optisch ins Hintertreffen. Zumal Bands beanspruchen den Großteil der Bühne für sich. Dem DJ wird meist nur die Position in der zweiten, abseitsgelegenen Reihe zugeteilt. Schade, aber verständlich. Damit du zu deinen Spielzeiten, meist abwechselnd mit den Blöcken der Band, nicht buchstäblich untergehst und zum Pausenfüller avancierst, gehe wie folgt vor:

1. Lerne zunächst die Bandmitglieder kennen, um ein freundliches, respektvolles Verhältnis mit ihnen aufzubauen. Schließlich steht ihr während eures gemeinsamen Gigs nicht in Konkurrenz, sondern müsst in Absprache an einem Strang ziehen, um das Publikum zu begeistern.
2. Erkundige dich nach deren Musikrepertoire und Stil. Meistens stellen sie dir ihre konkrete Setlist der von ihnen an diesem Abend performten Songs zur Verfügung.
3. Hinterfrage, ob die Setlist auch wirklich verbindlich ist. Lege besonderen Wert auf den letzten Song des jeweiligen Blocks. Spätestens während dieses Songs solltest du dein Pult aufsuchen, um im Anschluss sofort die Regler zu übernehmen.

**BEACHTE**

Covert die Band ausschließlich, d. h. sie spielen erfolgreiche Songs nach, sind die Originale der von der Band gespielten Titel tabu für dein Set. Schließlich verfügst du über ein wesentlich größeres Musikrepertoire als die Band und bist somit musikalisch flexibler.

Die Setlist einer Band informiert dich nicht nur über deren Stücke, sondern auch wann du wieder anschließt. In der Regel eröffnest du als DJ den Abend. Heize das Publikum an, musikalisch und verbal. Biete musikstilistisch Alternativen zur Band an. Spielt die Band vorrangig Rock, solltest du alle anderen gängigen Musikgenres abdecken, von der dramaturgischen Kurve leicht aufbauend, aber mit Genügend Luft nach oben für die Band. Steht die Band, wie zeitlich abgesprochen, in den Startlöchern, kündige sie entsprechend an.

Während die Band spielt, beobachte:

- Hält sich die Band an die Setlist?
- Wie reagiert das Publikum auf die Band?

Behalte die Band im Auge bzw. Ohr und achte auf deren Setlist. Ändert sie die Band spontan aufgrund fehlender Begeisterung vom Publikum, ist:

- damit zu rechnen, dass ihr Block schneller oder mit einem anderen Song endet, als vereinbart. Sei entsprechend stand by hinter deinem Pult.
- dein an die Band anschließendes Set konträr zu ihrem Musikstil auszurichten.

Beendet die Band ihre erste Runde hingegen mit einer gefüllten Tanzfläche, übernehme schnellstens ohne Pause, um das Publikum zu halten. Gelingt dies dir nicht, hinterfrage:

- War dein Opener richtig gewählt?
- Konntest du auch von der Lautstärke mit der Band mithalten?

Dein Opener der zweiten Runde sollte auf jeden Fall aus der Kategorie

"Sure Shot" stammen. Verlässt das Publikum trotzdem fluchtartig die Tanzfläche, könnte es einerseits sein, stilistisch daneben gelegen zu haben. Einige lokale Bands verfügen über einen so guten Ruf und eine große treue Lobby, die mit zu ihren Gigs reist. Besteht ein Großteil des Publikums aus dieser Lobby, erwarten sie sicherlich auch in deinem Set einem der Band gleichenden Musikstil.

Andererseits besteht auch die Gefahr, die volle Tanzfläche abzuräumen, wenn die Techniker vom FOH deine Musik im Vergleich zur Band wesentlich leiser fahren. Dem Publikum vermittelt das den Eindruck des Pausenfüllers. In diesem Fall nutzt man leider deinen Auftritt für Drink, Zigarette oder Small-Talk. Deiner Musik schenken sie maximal nur die Aufmerksamkeit der Untermalung. Wenn dies vom Veranstalter so erwünscht, bräuchtest du weder musikalisch, die „Hit-Jukebox" zu spielen, noch zum Tanzen zu animieren. Deine Tanzflächenfüller spare lieber für die spätere Playtime nach dem letzten Block der Band auf, zu der du allein musikalisch und optisch im Mittelpunkt stehst. Wird hingegen von dir erwartet, auch in den Pausen der Band die volle Tanzfläche zu halten oder eine leere zu füllen, darf zwischen Band und dir kein Lautstärkepegelunterschied zu hören sein. Sollte der FOH-Techniker dein Signal vom Mixer dennoch hörbar mit niedrigerem Pegel über die PA schicken und damit argumentieren, du bist laut seiner Pegelanzeige auf dem gleichen Level der Band, kontere wie folgt:

Der Lautstärkepegel des von ihm gemischten Summensignals entspricht nicht der tatsächlichen Lautstärke vor der Bühne. Denn das über die PA geschickte Signal setzt sich ausschließlich aus den per Mikrofon oder über Kabel abgenommenen Instrumenten und Vocals zusammen. Allerdings puscht diesen Pegel die komplette Backline zusätzlich:

- die Beschallung auf der Bühne in Form des Monitorings, ausgenommen bei ausschließlicher Verwendung von IEMs
- die eigene Lautstärke des gespielten Schlagzeugs und Gesangs.

Aber in den meisten Fällen beherrschen die Techniker ihren Job. Sollte dennoch nach der Absprache dein Pegel mutwillig niedriger gehalten werden, so wäre auch ein Boykott deiner Person nicht auszuschließen. Denkbar, wenn das geführte Gespräch mit der Band nicht auf gegenseitige Sympa-

thie stieß. In diesem Fall helfen nur noch die gute Miene zum bösen Spiel und ein freundliches Gespräch mit dem Veranstalter, um den technischen Sachverhalt zu klären.

Da man bei solchen Gigs oft das Monitoring der Band nutzt, wird dies nur vom FOH, nicht von deinem DJ-Mixer geregelt. In diesem Fall einige dich mit dem Tontechniker auf einen über den ganzen Abend für dich akzeptablen und nicht übertriebenen Lautstärkepegel.

### BEACHTE

Du bist während deiner Playtime konstant dem gleichem Pegel des Monitors ausgesetzt. Ein kurzes Stummschalten des Monitors in mixfreien Phasen deines Sets, um deinen Ohren etwas Erholung zu schenken, ist nicht möglich. Insofern entscheide dich lieber zu Gunsten deines Gehörs für einen minimal ausreichenden Pegel.

Zu guter Letzt sei dir noch auf den Weg gegeben, dass auch deine Moderation per Mikrofon den Erfolg beeinflusst. Bist du auf der Bühne versteckt, wird man dich optisch kaum wahrnehmen. Aber um dir Beachtung zu schenken und den schon so oft genannten Funke überspringen zu lassen, bedarf es nicht nur der musikalischen, sondern auch verbalen Zündung.

## Die Hochzeit und Geburtstagsparty
### Die Vorbereitung

Ob du ein Booking zu einer Hochzeit bzw. Geburtstagsparty annimmst, entscheide es nicht nur aufgrund der lukrativeren Gage, je nach Verhandlungsgeschick bis zu 500,00 Euro. Schließlich gilt es, des Hochzeitspaars schönsten Tag musikalisch zu bereichern, was nicht degradierend auf die Geburtstagsfeiern gemeint ist. Aber zu Geburtstagen lässt man es häufiger im Leben krachen. Dennoch, auch mancher heiratet mehrmalig.

Erhältst du ein Booking zu einer Hochzeit oder Geburtstagsfeier, schätze dich ein, inwiefern du dafür geeignet bist. Folgende Kriterien, die du dem, der dich buchen möchte, stellst, geben dir eine Antwort:

*Der Gig mit einer Band*
*Die Hochzeit und Geburtstagsparty / Die Vorbereitung*

- Welche Musikstile sollst du auflegen?
- Wird Moderation gewünscht?
- Sind spielerische Einlagen von dir einzubringen?

Musikalisch sich festzulegen, ist schwierig. Denn zunächst können nur das Hochzeitspaar oder der Geburtstagseinladende von ihren persönlichen Vorlieben und Vorstellungen sprechen. Möchten sie eine Ballermann-Party mit viel Schlager, angeheizt von einem „Zicke Zacke"- Sprücheklopfer? Sofern du dich musikalisch und von der Atmosphäre in Clubs wohler fühlst, schlage das Booking aus. Wünschen sie sich zu dem ein komplettes Entertainment-Paket, was du maximal nur mit deinen Mix- und Scratch-Skills befriedigst, empfehle lieber einen DJ-Kollegen.

Bist du jedoch musikalisch eher flexibel und deckst die folgenden Musikstile ab:

- generell Charts-Musik der letzten vierzig Jahre
- etablierte Party-Klassiker
- Motown-Soul
- diverser House
- Disco-Fox
- Rock´n´Roll
- Rock
- 70s-Disco
- Urban
- eventuell etwas Schlager

...dann kommst du gut gewappnet durch die Party. Kannst du auch moderierend mit etwas Wortwitz und schlagfertig durch den Abend führen, dann spricht ein weiteres Argument für dich. Die Spieleinlagen hinterfrage sicherheitshalber, aber meistens verzichten die Einladenden auf eine Bespaßung dieser Art. Zumal es fast immer von den Gästen und nicht vom Gastgeber arrangiert wird. Damit bist du aus dem Schneider. Denn im Fall der Einlagen besteht dein Job lediglich in der Anmoderation, Übergabe des Mikrofons und dem Abfahren der Hintergrundmusik.

Nachdem du mit gutem Gewissen zusagst, wäre noch das Finanzielle ab-

# GIG

zusprechen. Es gibt keine allgemeinen Richtlinien, in welcher Höhe deine Leistung als DJ auf diesen Feierlichkeiten honoriert wird. Orientiere dich deswegen daran:

- In welchem Verhältnis stehst du zu den Feiernden? Kennst du sie persönlich, bist sogar mit ihnen befreundet oder verwandt?
- Inwiefern bist du auf diesen Gig angewiesen?
- Welchen Marktwert und Bekanntheitsgrad besitzt du?
- Wo und von bzw. bis wann findet die Party statt?
- Hast du Lust, dich dieser Herausforderung zu stellen?

Natürlich entsprechend dem Kriterium „Verhältnis" komme Freunden oder Verwandtschaft preislich entgegen. Bist du eher unbekannt und wenig gefragt, solltest du niedriger pokern. Aber beharren sie auf dich, weil du eine lokale Größe bist, um auch vielleicht mit deinem Namen zu hausieren, prallen deine Gagenvorstellungen auf geringere Grenzen. Meistens finden die Feiern am Wochenende zu DJ-Mangelzeiten und mitunter außerhalb statt. Zudem beginnen vor allem Hochzeiten bereits nachmittags, wo schon Musik zur Untermalung verlangt wird. Entsprechend argumentiere bei deinem Gagenangebot. Bedenke aber, selbst wenn es zu einem Zwölf-Stunden-Gig ausufert, mit einer Gage oberhalb der 500,00 Euro liegst du schon über dem üblichen Honorar. Zumal auch die Technik, entweder deine eigene oder hinzugemietet, zusätzlich zu Buche schlägt:

- deine DJ-Technik zum Auflegen, sofern du sie nicht selbst mitbringst
- ein Monitor
- eine Aktiv-Full-Range-PA
- etwas Licht samt Lichtsteuergerät.

Zu einem pauschalen Mietpreis von 250,00 Euro netto bekommst du schon ein ausreichendes Besteck zum Bespielen des Abends. Natürlich richtet sich dies auch nach der Größe der zu beschallenden und beleuchtenden Tanzfläche. Je größer und mehr Gäste, entsprechend erhöhen sich die Anforderungen an die Technik. Aber als unverbindlichen Richtwert für die Technikmiete kannst du 250,00 bis 300,00 Euro kalkulieren, zuzüglich eines Transportzuschlags bei einem auswärtigen Veranstaltungsort.

Konntest du dich mit dem Gastgeber der Party einigen, setze einen von ihm gegenzuzeichnenden Vertrag auf, der verbindlich die vereinbarten Bedingungen festhält.

### BEACHTE

Bestehe im Vertrag auf die ausschließliche Bezahlung in bar am Veranstaltungsabend. Eine Überweisung oder spätere Auszahlung akzeptiere nicht, um Rennereien nach deiner Gage auszuschließen.

Bitte auch um Zusendung des Raumplans der Veranstaltung, um die Platzierung der Gäste, deiner Spielstätte zu erfahren und somit die Größenverhältnisse abzuschätzen. Wenn er noch nicht erstellt ist, kontaktiere die Location und frage nach der Größe bzw. bitte um Zusendung des Raumgrundrisses. Erkundige dich anschließend bei einem Veranstaltungstechnik-Verleih über dessen Konditionen. Lass dir ein Angebot inklusive Anlieferung und An- bzw. Abbau erstellen, leite es an den Veranstalter weiter.

### BEACHTE

Gib dem Technik-Verleih durch:

- deine gewünschte Anzahl der Steckdosen für deine DJ-Technik,
- die bevorzugte Position des Monitors und
- die Adresse bzw. Telefonnummer der Location.

Besitzt du kein eigenes Mikrofon, füge es deiner Wunschliste hinzu. Kläre auch, dass ein großer Tisch mit genügend Platz für deine eventuell mitgebrachte Technik zur Verfügung steht. Um Missverständnisse auszuschließen, übermittele ihnen die konkreten Mindestmaße, zum Beispiel Breite 1,50 Meter, Höhe 1,00 Meter und Tiefe 0,80 Meter. Oder erfrage, ob eine Bütec, auf deine gewünschte Höhe eingestellt, bereitgestellt werden kann.

Um weitere wichtige Details zum Veranstaltungsablauf zu besprechen, vereinbare ein Treffen, um sich gleichzeitig auch persönlich kennen zu lernen. Dabei frage:

- Wann sollst du vor Ort und spielbereit sein?
- Ab wann kann der Auf- und Abbau der Technik erfolgen?
- Wie ist der Abend zeitlich geplant?
- Wie viele Personen werden erwartet?
- Mit welchem Durchschnittsalter ist zu rechnen?
- Gibt es spezielle Musikwünsche?

Die ersten drei Informationen sprechen für sich und dienen der organisatorischen Planung. Um sich auch musikalisch vorzubereiten, benötigst du etwas Input zur Publikumsstruktur. Denn je übersichtlicher dein Publikum ausfällt, umso mehr Mainstream plane ein. Auch mit zunehmenden Alter des Publikums musst du tiefer in die Kiste greifen, um sie mit Musik aus ihrer Zeit zu begeistern.

Sollte das Brautpaar den Vorschlag bringen, zur Party Musikwunschzettel auszulegen, rede es ihm unbedingt aus. Denn jeder, der ihn ausfüllt und dir überreicht, wird sich davon versprechen, dass du ihn und sogar schnellstens erfüllst. Du degradierst dich damit zur genervten Jukebox, wirst mehr damit beschäftigt sein, die ungeduldigen Gäste zu besänftigen, als dich um dein Set mit gewissem Flow zu kümmern.

### TIPP

Als Faustregel gilt - Einen Anfang der 1970er Geborenen prägten musikalisch vorrangig die Achtziger und Neunziger, die er meistens auch favorisiert. Zu den aktuellen, aus dem Radio bekannten Hits werden vermutlich alle feiern. Sollte das Publikum jünger sein, plane entsprechend mehr aktuell populäres Musikmaterial ein, was aber bei einem solchen Anlass eher unwahrscheinlich ist. Um auf spezielle, mitunter ausgefallene Musikwünsche nicht mit Achselzucken reagieren zu müssen, lass dir eine Playlist mit Songs und Artists, die sie gern hören möchten, erstellen und vornweg zusenden. Bereite dazu einen Musikordner vor, um darauf während des Gigs ohne langes Suchen zu zugreifen. Handelt es sich bei der Feierlichkeit speziell um eine Hochzeit, erkundige dich nach:

- dem Titel für den Hochzeitswalzer?
- weiteren Ansprechpartnern, die an der Organisation beteiligt sind?

Bei Hochzeiten übernimmt oft eine gute Freundin oder Cousine die Koordination der Einlagen, die von Angehörigen zum Besten gegeben werden. Daher kontaktiere sie, um dich über die weiteren Aktivitäten, von denen das Brautpaar noch nichts weiß, aufklären zu lassen.
Damit sind die Vorbereitungen abgeschlossen und die Veranstaltung kann kommen.

## Der Veranstaltungstag

Wie erwähnt, beginnen diese Feierlichkeiten oft bereits nachmittags. Wenn du noch nicht zu Beginn für die Hintergrundbeschallung zuständig bist:

- baue dein Equipment schon vor der Feier auf. Verlasse anschließend die Location, um rechtzeitig vor deinem Auftritt wieder zu kommen, oder
- nehme etwas Arbeit oder ein Buch mit, um dir die Zeit bis zum Auftritt zu vertreiben, oder
- bereite eine grobe Playlist vor und schaffe etwas Ordnung in deiner Library, oder
- erfrage, ob auch ein Aufbau zu einem späteren Zeitpunkt möglich ist.

Da der Aufbau der PA und des Lichts schon von dem Veranstaltungstechnik-Verleih übernommen wird und sie somit steht, spricht generell nichts gegen die letzte Möglichkeit.
Bevor du loslegst, sprich dich kurz mit den Organisatoren ab. Sollten Einlagen geplant sein, takte die Aktionen mit mindestens 60 Minuten Abstand ein, damit du die Leute nicht zu häufig von der Tanzfläche kehrst und sie nicht ständig zum Tanzen animieren musst.
Auch kleinere Gesellschaften lassen sich leicht von den Plätzen hochreißen. Legst du bei einer Hochzeit auf, wird der Tanz mit dem Brautpaar und ihrem Walzer eröffnet. Bei einer Geburtstagsparty widme den ersten Song, z. B. Stevie Wonders „Happy Birthday", dem Jubilar. Natürlich beides entsprechend angekündigt. Die Geburtstagsrunde forderst du gleich komplett auf die Tanzfläche, um beim Tanz das „Geburtstagskind" zu huldigen. Dagegen bei der Hochzeit suchen sich nach dem Hochzeitswalzer Braut und Bräutigam entsprechend dem Schnellballprinzip einen neuen Partner,

natürlich nur für´s Parkett. Wiederhole diese Prozedur und deine Crowd verdoppelt sich erneut. Damit ist das Eis auch gebrochen. Aber um es nicht wieder in eine frostige Stimmung zu kippen:

- Knüpfe mit Discofox an. Denn sollte die Tanzfläche noch nicht voll genug sein, nutzen viele die Gelegenheit, paarweise tanzen zu können.
- Involviere in deine Playlist die abgegebene Wunschliste.
- Spiele nur kurze Runden mit drei bis vier Songs eines Stils, um keine Langeweile für die gerade Nichttanzenden aufkommen zu lassen.
- Animiere öfters und sprich auch die Leute, die bisher nur auf ihren Sitzen klebten, direkt über das Mikrofon an.
- Achte auf eine angenehme Lautstärke, zu der es sich unterhalten lässt.
- Stelle eine ruhige und nicht zu hektische Geschwindigkeit des Lichts mit dunklen, warmen Farben und leichter Intensität ein.

Hältst du dich an diese Regeln, wirst du dein Publikum begeistern und souverän die Party meistern.

## Der Festival-Gig

Stichst du mittlerweile musikalisch und vom Bekanntheitsgrad auch überregional hervor, lässt sicherlich der eine oder andere Festival-Gig nicht mehr lange auf sich warten. Oder du bewirbst dich auf einen von den Festivals ausgerufenen DJ-Contests. Indem du mit deinem Set-Upload, z. B. auf Mixcloud, daran teilnimmst und Stimmen durch Teilen deines Sets sammelst, gewinnt das Festival zusätzliche Aufmerksamkeit und du vielleicht das Gastspiel auf dem Festival. Schließlich spart der Veranstalter auch somit eine weitere Gage, denn natürlich ist dein Auftritt für ihn kostenfrei.
In jeglicher Hinsicht sind diese Spielwiesen herausragend und ebnen deine weitere Karriere. Schließlich füllen sie deine Vita mit Referenzen, die deine auflegenden Kollegen vor Neid erblassen. Hingegen Booker, Geschäftsführer und auch die Crowd schenken dir noch mehr Aufmerksamkeit. Du spielst vor einem neuen, wesentlich größeren Publikum und gewinnst neue Fans, die ohne dem Festivalauftritt vielleicht nicht zu erreichen gewesen wären. Schließlich geben die Festivalbesucher auch ihnen unbekannten Ta-

*Die Hochzeit und Geburtstagsparty / Der Veranstaltungstag*
*Der Festival-Gig*

lenten eine Chance, sie zu überzeugen. Das in Anzeigenkampagnen, auf lebensgroßen Plakaten und selbst Merchandising-Artikel gelistete Line-Up komplettiert dein Name. Da liegt es nicht weit, wenn bei dieser für dich unbezahlbaren Werbung Veranstalter auf die Idee kommen, dich gagenfrei oder gegen eine geringe Aufwandsentschädigung engagieren zu wollen. Stehst du noch am Anfang der Karriereleiter, nutze trotzdem diese Gelegenheit. Denn du wirst dadurch einige Stufen schneller nach oben klettern, gar welche überspringen. Läuft hingegen deine Karriere, du bist ausgebucht und somit nicht unbedingt auf einen Slot (Bezeichnung des Auftritts auf einem Festival) angewiesen, überlege dir zweimal, ob du dafür einen rentableren Gig ausschlägst. Zumal du dich zu diesem Preis unter deinem Wert verkaufst.

Vor tausenden oder gar einer Million Menschen wie einst zur Loveparade aufzulegen, ein Traum? Sei es die Kulisse unter freiem Himmel mit Sonnenuntergang, die liebevoll dekorierten Zelte oder imposanten Bühnen, diese Gigs vergisst man nie! Obwohl man denken könnte, den Musikgeschmack der großen Menschenmasse zu treffen, gleicht einem Kinderspiel, endet oft die anfängliche Euphorie in einem Albtraum. Denn der nahe Kontakt zu deiner Crowd, wenn du auf einer hohen Bühne stehst, und die Kenntnis über deren Musikvorlieben wie im Club fehlen. Trotzdem gilt:

- Den Nerv der Masse zu treffen.
- Eine Party anzuzetteln, ohne sein Publikum zu kennen.
- Das Publikum, trotz der Ablenkung durch Line-Ups anderer Bühnen, Gastronomie und sonstige Aktionen, zu halten und für dich zu begeistern.

Auch im Vorfeld sind etliche Besonderheiten gegenüber deiner Club-Gigs zu beachten.

1. Sende pünktlich dem Veranstalter deinen Technical Rider, auch inklusive deiner Platzvorgaben zum Aufstellen deines zusätzlich von dir mitgebrachten Equipments und der erforderlichen Höhe der Bütec, die häufig für dein Arbeitsbereich verwendet wird. Betone, dass, wenn du mit Schallplattenspielern auflegst, diese auf massiven Steinplatten gegen die Vibration aufzustellen sind.

# GIG

2. Kontrolliere deine Playtime und verschaffe dir einen Überblick, welche anderen Acts und DJs zur gleichen Zeit auflegen.
3. Checke die Option der Gästelistenplätze, in der Regel zwei bis fünf, für deine Freunde.
4. Erfrage, ob dir ein Hotelzimmer, unweit vom Festival-Standort, zur Verfügung gestellt wird.
5. Geht dein Gig am ersten Tag des Festivals über die Bühne, plane entsprechend eine längere Fahrtzeit ein. Schließlich sind Rückstau bis auf Autobahnabfahrten und Bundesstraßen keine Seltenheit, da gleichzeitig tausende Festival-Besucher zum Gelände anreisen.
6. Vergiss zum Abholen deines Passes am Check-In nicht deinen Personalausweis. Nur gegen dessen Vorlage händigt man dir den Pass aus.
7. Kontrolliere, dass dir ein Artist- oder AAA-Pass inklusive Parkgenehmigung auf dem Festival-Gelände ausgehändigt wird. Nicht alle Festival-Bereiche sind mit allen Pässen zugänglich, ausgenommen AAA (Access All Areas), der aber meistens nur der Festival-Crew vorbehalten ist. Ein Artist-Pass entspricht deiner Anforderung, dem Zugang zur Bühne.

Passierst du rechtzeitig das Festivalgelände, steht deine Technik spielbereit, dann nutze die Gelegenheit, dir einen Überblick und paar Eindrücke der anderen Bühnen zu verschaffen. Sie werden schließlich während deines Gigs für die größte Ablenkung sorgen.

Um deinen Gig zu genießen und die Crowd zu begeistern, handele wie folgt:

1. Checke das Musikprogramm der anderen Bühnen und biete dem Publikum musikalisch eine Alternative. Wenn zur gleichen Zeit auf der Main-Stage technoide Beats zu hören sind, lege beispielsweise auf deiner Bühne mehr housige Klänge auf.
2. Kennt dich das Publikum noch nicht, ziehe es vom ersten Track in deinen Bann. Vor allem die ersten, erwartungsschürenden Tracks sollten nicht langweilig dahin plätschern, sondern auch technisch wie Butter ineinander fließen.
3. Fokussiere den Mittelpunkt und die ersten Reihen der Crowd, weniger den äußeren Rand, der sich ständig mit den anderen Bühnen austauscht.

Gelingt es dir, den Kern musikalisch zu treffen und zu euphorisieren, wird sich dies bis zum Rand übertragen.

4. Gehe musikalisch sicher und spiele ein paar Sure Shots, damit das Publikum zu deiner Bühne gezogen wird und dich feiert. Schließlich ist das Massenpublikum weniger anspruchsvoll als das eines Clubs. Aber wage auch ein paar Experimente und versuche dich gegenüber den anderen Acts hervorzuheben.
5. Die Festival-Playtime ist gegenüber einem Club-Set mit meistens zwei Stunden eher kurz gehalten und häufig in sonniger Kulisse. Passe entsprechend das Set musikalisch, dramaturgisch und technisch an. Lege weniger depressive, finstere Club-Tracks auf, sondern heize der Crowd mit Gute-Laune-Uplifting ein. Setze ein bis zwei dramaturgische Höhepunkte, am besten in der Mitte und zum Schluss, damit sie die Hände nach oben reißen. Spiele die Tracks nicht zu lang, sondern gib Gas und zeige dem Publikum, was du auch technisch drauf hast.
6. Sei musikalisch flexibel und lege kein detailliert vorbereitetes Set auf, um auf die Playlist deines Vorgängers auf der Bühne zu reagieren und nicht womöglich die gleichen Tracks aufzulegen.
7. Agiere mit dem Publikum durch Gestik, Mimik und vielleicht verbal über das Mikrofon.
8. Sichere deine Technik vor eventuellen Regen und Sturm, sodass du auch unter diesen Wetterbedingungen auflegen kannst. Schließlich sind Festivalgänger wettererprobt und verlassen das Feld nur, wenn die Musik verstummt.

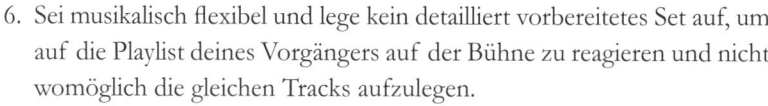

Afrojack: Arbeite sehr, sehr hart! Wenn du das durchhältst und zur gleichen Zeit an dich selbst glaubst, kannst du es sehr weit bringen.

Nachdem du das Festival auf der Bühne gerockt hast, schieße noch ein paar Fotos von der Bühne, z. B. ein Selfie von dir hinter dem DJ-Pult mit Blick auf dein Publikum. Teile dies mit einem Dankeschön auf deinen

sozialen Netzwerken. Läuft dir im Backstage-Bereich auch der eine oder andere bekannte Künstler über den Weg, frage nach der Möglichkeit eines gemeinsamen Fotos oder eines Shout-Outs auf deinen Namen.

Eskei83 (Red Bull 3Style World Champion 2014) im Londoner Queen Elizabeth Olympic Parc

### TIPP

Bist du für ein Volks-, Straßen- oder Stadtfest mit mehrerer Bühnen gebucht, wirst du das ständig an dir vorbeilaufende Publikum nur mit aktuellem Mainstream, der möglichst viele verschiedene Geschmäcker abdeckt, für dich gewinnen und begeistern. Zusätzlich erzähle ihm, was für deine Bühne spricht und sie besonderes bietet. Unterhalte und animiere die Leute, um auch besonders die Aufmerksamkeit der herumstreuenden zu wecken.

## Die Motto-Partys
### Der Club verstummt: Silent Disco

Du betrittst einen Club und siehst eine Crowd, die ausgelassen tanzt, aber nicht auf den gleichen Beat. Auf welchen eigentlich? Denn außer euphorisches Schreien und den Tanzschritten auf dem Parkett hört man nichts: Silent Disco. Die Musik, die mitunter zwei verschiedene DJs gleichzeitig auflegen, wird über einen FM-Sender an die Besucher übertragen. Entsprechend kann der Gast per Umschaltfunktion zwischen zwei verschiedenen Musikstilen wählen. Ob Electro oder House bzw. Urban oder Schlager? Den Kombinationen sind keine Grenzen gesetzt, je skurriler die Musik-Mischung, desto kontroverser das zu beobachtende Happening auf dem Dancefloor.

Party unter Kopfhörern dank Silentdisco.com (41)

Die Gründe für das Veranstalten der Silent Disco sind verschieden. Die Idee des stillen Events ist nicht neu, wurde sie doch schon in den 1990ern von Öko-Aktivisten genutzt, um bei Open Air-Partys Rücksicht auf die Tierwelt zu nehmen. Im Jahr 2000 veranstaltete die BBC ein stilles Konzert im Chapter Arts Centre/Cardiff, bei dem das Publikum der Band Rocketgoldstar und den DJs über Kopfhörer zuhörten. Die niederländische Firma 433fm griff diese Idee auf und entwickelte eine Technik, um mit FM-Sendern das Signal an Kopfhörer zu übertragen. 2005 fand mit diesem System die erste Wireless Headset Party bei dem Glastonbury Festival statt, eine Initiative zur Lärmbeschränkung. Die „Silent Disco" (silentdisco.com) war geboren, die sich als neues und recht erfolgreiches Party-Konzept etablierte. Sie kommt nicht nur in Clubs, sondern auch bei Festivals oder Privatveranstaltungen sehr gut an. Aber hinter diesem Gimmick versteckt sich natürlich auch der Gedanke, den bei Tanzveranstaltungen entstehenden Lautstärkepegel einzuschränken, das Gehör vor übertriebenen Lautstärken zu schützen, und auch um Sperrstunden zu umgehen.

Das Konzept ist für den Veranstalter, den Besucher, aber auch den DJ eine neue Erfahrung und Herausforderung. Denn er ist natürlich auch auf das optische und akustische Feedback der Crowd angewiesen. Du als DJ mixt unter dem Kopfhörer deine Tracks, du hörst aber kein Schreien, Kreischen oder Klatschen vom Publikum. Du schaust auf den Dancefloor, tanzen die Leute gerade zu deinem aufgelegten Sound oder dem des

anderen DJs? Lautstärken werden benötigt, um auch die Endorphine im Körper frei zu setzen. Die Beschallung über einen Kopfhörer kann dies nur bedingt. Der Sub, der deinen Bauch mit tiefen Frequenzen um die zwanzig Hertz massiert, fehlt. Auch die Kommunikation und das Zugehörigkeitsgefühl in der Crowd bleiben auf der Strecke. Jeder Gast tanzt für sich, sogar zu unterschiedlichen Musikstilen. Trotzdem: Das Konzept der Silent Disco ist außergewöhnlich und für dich als DJ auch eine besondere Veranstaltung. Solltest du mal bei einer auflegen, vergiss nicht, auch ab und zu den Kopfhörer zum Teil abzusetzen, denn so kannst du die Crowd auch beim Mitfeiern hören, auch wenn gerade nicht alle zu deinem Set abgehen.

## Der Countdown läuft: Die 120 Minuten Party

Davon träumt doch jeder DJ: In zwei Stunden alles zu packen, was man musikalisch zum Besten geben kann, sei es stilistisch oder technisch. Schließlich erwartet man dies von dir zum Beispiel als Gast-DJ, der zwischen dem Set des Residents die Platten mischt. Sicherlich ist bei diesen Kurzgigs die Aufmerksamkeit auf dich gerichtet, aber die Leute wissen, nach dem Set ist vor dem Set und die Zeit für Drinks und Talks scheint in der Nacht unendlich. Dies widerspiegelt sich auch in der Euphorie der Crowd: Bei einem Zweistunden-Set erlebst du mitunter eine natürliche Fluktuation, die aus der Gesamtlänge des Events resultiert. Nicht aber bei einem Zweistundenset der 120 Minuten Party. Jeder Gast weiß, wer zu spät kommt, dem schlägt die Uhr ein Schnippchen und kein Scheibchen, das der DJ auflegt. Denn Einlass ist nur bis 0.00 Uhr. Anschließend beginnt der gut sichtbare Counter die Minuten und Sekunden zu zählen, die noch zum Tanzen verbleiben. Weder DJ noch Publikum müssen sich deswegen aufeinander einstellen, denn es geht sofort zur Sache. Erster Track, die Crowd tobt. Warm Up, Cool Down oder womöglich ein Stimmungstief, die Dramaturgie des Sets kennt nur eine Richtung, steil nach oben. Stilistisch kommt das auf den Teller, was auch sonst in der Location von den Plattenköchen zubereitet wird oder für den deine Person steht.

Wenn es am schönsten ist, sollte der Abend sein Ende finden, nach zwei Stunden. Und es hat sich gelohnt: Publikum als auch DJ erlebten eine extreme Intensität und der Veranstalter ein auf die Zeit gerechnet hohen Umsatz. Die Gäste konsumieren im Verhältnis zu regulären Veranstaltungen mehr und durch die entsprechende Kürze fallen geringere Personal- und Stromkosten an.

## Die neue Zielgruppe: Ü30

Die Großraumdiscotheken haben es momentan etwas schwerer, denn die angesprochene Zielgruppe mit einem durchschnittlichen Alter von 18 Jahren ist nicht mehr so stark in der Bevölkerung vertreten. Von Umsätzen aus Taschengeldern kann ein Gastronom nur noch durch Masse überleben. Andererseits diente die Erlebnisgastronomie aber auch schon immer als Plattform zum Amüsieren und Anbaggern. Auch Eltern haben das Recht und Verlangen zum Feiern und Statistiken erhöhter Scheidungsquoten bzw. zunehmender Single-Haushalte bestätigen, dass die neue Zielgruppe „Ü30" ist. Vor 20 Jahren wurden Partyhopper eines Alters von „Ü"ber „30"-Jahren mit schiefen Blicken bestraft. In diesem Alter hat man sich angeblich mehr um Kind und Kegel als um das Vergnügen in der „Disse" zu kümmern. Das gegenwärtige Nachtleben beweist das Gegenteil.

**Was zeichnet einen „Ü30"-Gast außer seinem Alter aus?**
Zunächst zielt der Veranstalter natürlich auf seine Liquidität, aber auch gepflegte Erscheinung und seinem besonderen Musikgeschmack, der ihn nur bei erlesenen Veranstaltungen aufkreuzen lässt. Und als Tänzer kann sich mancher Absolvent des „Dance 4 Fans-Tanzkurses" eine Scheibe abschneiden. Die Ü30er lassen nicht lange auf sich warten und müssen vorher keine Druckbetankung mit Billig-Fusel zu 99 Cent oder ein chemisches Tuning im Pillenformat vornehmen, um ihre Hemmungen zu überwinden.

Disco Boys:
Hab' einen langen Atem haben. Mach dein Ding, erfinde deinen Sound und steh dazu. Erwarte nicht, dass man nach einem Jahr davon leben kann. Plane lieber zehn Jahre ein und wenn du deine Sache gut machst, das Geld kommt dann von selbst.

Die sogenannten Ü30-Partys sind immer ein Happening für Veranstalter und Gast. Denn es werden Leute angesprochen, von denen man nicht glaubte, sie jemals überhaupt noch am Samstag-Abend von der Couch zu locken. Deswegen finden sie auch nur in größeren Abständen und maximal einmal monatlich statt, denn die Zielgruppe ist nicht mehr regelmäßig nachtaktiv. Wobei die moderaten Zeiten von 20.00 bis 3.00 Uhr, in denen das Tanzparkett mit High Heels und Slipper betreten wird, eher eine vernünftige Abendaktivität bescheinigen lässt.

Musikalisch wird neben einer Liveband, die mit Burnern der letzten 50 Jahre einheizt, alles geboten, vom Schlager bis Rock, vom Wave bis zum House, sodass du auch als Club-DJ für eine Ü30-Party gebucht werden kannst. Denn keiner sagt, dass Leute um die 40 nicht auch auf aktuelle Beats abgehen. Letztlich, das Publikum ist so dankbar, dass du einer Booking-Anfrage ruhig zustimmen solltest, es sei denn, du fürchtest dich um dein Image, was allerdings unbegründet ist.

## Die Revival-Partys

Vielleicht hast du auch schon in diversen Stadtmagazinen von Revival-Partys gelesen. Das Prinzip ist das Gleiche wie der „Ü30": Man spricht ein älteres Publikum an. Allerdings steht bei den Revival-Partys auch die Location, in der die Veranstaltung stattfindet, im Fokus des Marketings. Denn viele Clubs und Discotheken, die mittlerweile ums Überleben kämpfen, erlebten eine Zeit, in denen die Gäste sich die Beine in den Bauch standen, um überhaupt einer der Auserwählten sein zu dürfen, die im Club zu der Musik von 2Unlimited, Snap oder Culture Beat abgingen. Jeder sehnt sich nach dieser, denn man verbindet einen Teil seiner Jugend damit. Die Gäste von einst sind aber mittlerweile keine Stammgäste mehr und die neue Crowd ist ausgeblieben, was das Fiasko der Clubs nach sich zieht. Mit diesen Revival-Partys lässt man den damaligen Spirit musikalisch und optisch wieder aufleben. Du legst als DJ die einstigen Floorfiller auf, die Crowd schwelgt in Erinnerung. Die Location ist voll und die Leute fühlen sich wie beim Klassentreffen, denn deine Gäste nutzen natürlich auch die Gelegenheit, aus den Augen verlorene Freunde wieder zu treffen.

*Die Revival-Partys / Mut zum schlechten Geschmack: Bad Taste*
*Die 1980s/1990s- und Malle-Partys*

## Mut zum schlechten Geschmack: Bad Taste

Die Achtziger und Neunziger werden dank greller Farben, ungewöhnlichen Klamotten-Schnitten und dem Euro-Dance mitunter als Jahrzehnte des schlechten Geschmacks beschimpft. Wobei aber nicht nur die Musik, sondern auch die Mode jener Zeit momentan eine Renaissance erlebt. Steht demzufolge die ganze Gesellschaft auf „Bad Taste"? Oder haben wir durch Bad Taste-Partys unseren aktuellen Geschmack gefunden? Weder noch. Hinter Bad Taste-Partys versteckt sich nichts anderes als dass alles erlaubt ist. Hauptsache schrill, der Zeit kontrovers, außergewöhnlich und vielleicht ein bisschen gaga. Du ziehst deine schlimmsten Fehlkäufe an oder blendest die Augen deiner Beobachter mit grellen Farbkombinationen. Der DJ legt dazu Musik auf, die weder zusammen passt, noch anspruchsvoll ist. Demzufolge sind Titel wie „1,2 Polizei" oder „Schnappi" garantiert in der Playlist des DJs vertreten.

## Die 1980s/1990s- und Malle-Partys

Musikalisch erleben die 1980s/90s ein Comeback, wobei sich vor allem die Neunziger bei der Generation Z großer Beliebtheit erfreuen, obwohl sie diese Zeit nicht mal persönlich erlebten. Die 1980er stehen für Hymnen von Cyndi Lauper, Madonna oder Whitney Housten, dagegen die 1990er beschränken sich größtenteils auf Trash- und Party-Tracks dieser Epoche. Mit Spice Girls, Backstreet Boys, Venga Boys oder Rednex reißt du die Hütte ab. Auch Malle-Partys garantieren Eskalation. Mit Strohhut und Adiletten bekleidet, der Sangria wird eimerweise gebechert, gibt´s den ganzen Abend sehr eingängige, aber anspruchslose Mallorca-Hits von Micki Krause, Peter Wackel, Ikke Hüftgold oder Tim Toupet auf die Ohren, die zum Mitgrölen animieren. Der Erfolg dieser Partys begründet sich vor allem im transportierten Urlaubsfeeling, dem beim „im Arm liegen" aufkommenden Gemeinschaftsgefühl und dem Anheizen des Publikums durch den DJ. Hier geht es nicht um künstlerischen Anspruch des DJs samt perfekt sitzender Mixblenden, sondern allein um Entertainment als Stimmungskanone, was man lieben muss, um authentisch liefern zu können. Die Malle-Partys stellen daher die komplette Gegenbewegung zu den Clubabenden mit anspruchsvollen DJ-Sets aus dem urbanen oder elektronischen Genre dar.

## Das Streaming als Alternative zum Clubbing?

Noch im Modem-Zeitalter undenkbar, werden dank der superschnellen DSL- und LTE-Datenautobahn mittlerweile Audio- und Videodaten fast in Echtzeit nach Hause transportiert. Global inszenierte Live-Events oder aus elitären Clubs übertragene DJ-Sets finden somit im Wohnzimmer statt. Man nimmt allein oder maximal in einer kleinen Gruppe teil, ohne das Sofa verlassen zu müssen und einen Cent Eintritt zu bezahlen oder gar am Einlass vom Security-Mann abgewiesen zu werden. Den Gast in seinem heimischen Domizil zu begrüßen, ist für die Veranstalter trotz Einbußen an Ticket- und Getränke-Umsätzen äußerst lukrativ. Denn mit hunderttausenden virtuellen, hinter ihren Bildschirmen sitzenden Gästen, die die Live-Übertragung verfolgen, und tausenden Clicks pro Tag der gestreamten Videos fließt Geld in die Kasse. Angefangen über geschaltete Werbespots, Sponsoring, Endorsement und Productplacement. Denn der wachsende Erfolg weckt auch Interesse seitens der Industrie. Dabei entstanden sehr erfolgreiche Broadcasting-Konzepte wie Boiler Room nicht aus monetären Intentionen. So lud im März 2010 dessen Gründer Blaise Bellville seine Freunde Thristian Richards und Femi Adeyemi zum Mitschnitt eines Mixtapes in einen alten Heizungsraum (engl. Boiler Room) im Keller seines Lagerhallen-Büros in Ostlondon ein. Gefixt von DJ Onemans Ustream-Onlineshows übertrug er sein Set mit einer Webcam per Livestreaming mit sechs Freunden kopfnickend dahinter. Schon damalige Besonderheit der Boiler Room-Session: Der DJ steht im Fokus und buchstäblich im Vordergrund, denn die Crowd feiert ungewöhnlicher Weise hinter ihm. Mitunter ist er auch von der tanzenden Meute eingekesselt. Mit diesem Alleinstellungsmerkmal kam ein Stein ins Rollen, gebettet auf der Creme de la Creme der internationalen DJ-Szene. DJs genießen es auch mal, nicht von der Reaktion des Publikums beeinflusst zu werden, sondern sich komplett auf das Set zu konzentrieren. Die Sets werden weltweit, in verschiedenen Locations mit einem nur per Gästeliste Zutritt gewährten und auch überschaubaren Publikum aufgezeichnet. Schließlich müssen alle Gäste mit der Aufzeichnung und Veröffentlichung des Bildmaterials einverstanden sein. Nicht jeder fühlt sich in dieser von Kameras verfolgten Situation wohl oder gibt sich natürlich und ungehemmt. Aber schließlich

Enthusiast / Bedroom-DJ / Professional DJ / Artist

weiß man, was einen erwartet. Entsprechend zieht es auch narzisstische Poser und Hobby-Filmer an, die das Geschehen mit ihren Smartphones festhalten und teilen. Da die Wahrscheinlichkeit der persönlichen Teilnahme vor Ort an einem Boiler Room eher gering ist, schalten sich bei dem Live-Broadcasting Hunderttausende ein, dessen YouTube-Kanal zählt über eine Million Abonnenten.

Beim Boiler Room ist der DJ mitunter mitten im Geschehen (42)

Derartige Plattformen und Konzepte bieten DJs weitere Optionen der Präsentation und Vermarktung. Und der Zuschauer blickt auf deren Finger, um die Skills und Sets mit direkter Sicht am Laptop zu verfolgen, online zu liken und auch zu kommentieren. So nah kommt man dem DJ schließlich nie. Übertragungen dieser Art sind noch relativ neu, daher auch besonders interessant, technisch längst noch nicht ausgereizt. Was folgt nach den 360 Grad-Video-Bildern? Auch wenn Virtual-Reality-Brillen und 3D-LED-Tapeten das wirkliche Leben verblüffend visuell und sicherlich emotional simulieren werden, bleibt allerdings der soziale Kontakt mit seinen Mitmenschen auf der Strecke. Demzufolge wird das Live Streaming nicht dem Clubbesuch den Rang ablaufen. Das Gemeinschaftsgefühl als Crowd, die in einer visuell und akustisch perfekt abgestimmten Location beim Drop die Arme nach oben reißt und lauthals schreit, ersetzt keine Übertragung in ein Wohnzimmer oder eine Garage, selbst wenn sie mit etwas Licht, Deko und einer kleinen PA gepimpt sind. Sollte dennoch eines Tages Live-Streaming ernsthaft die Clubkultur bedrohen, wird man sich daran wie des guten alten Vinyls im MP3-Zeitalter erinnern...

## Weitere Regeln für das DJ-Geschäft
### Die „falschen" Veranstalter

Unter „falschen" Veranstaltern sind angebliche Manager und Geschäftsführer zu verstehen, die in Gesprächen durch Versprechungen die Aufmerksamkeit des DJs erlangen möchten.

**Die Bookinganfrage über das Telefon oder soziale Netzwerke:**
Mit attraktiven Gagen, die ein Vielfaches betragen, und Locations (z. B. auf Ibiza) wecken angebliche Booker dein Interesse. Um die Seriosität des Angebots zu überprüfen, ist zu hinterfragen:

- Aus welchem Grund die Wahl auf einen fällt?
- Ob die Empfehlung von einem Kollegen kam und von wem?
- Welche Referenzen belegen die Glaubwürdigkeit des Veranstalters?
- Wie der Booker telefonisch in der Location zu erreichen ist?

Die Recherche bezüglich der Referenzen, Empfehlung und ein Anruf in der Location können die Glaubwürdigkeit des Geschäftsführers erhöhen, aber sie stellen keine Garantie dar. Aus diesem Grund sind diese Bookings, wenn zu diesem Zeitpunkt ein weiteres vorliegt, abzulehnen.

**Das Booking während eines Gigs:**
In Discotheken oder Clubs werden DJs auch gern von einem „Geschäftsführer" angesprochen, um sie für ihre eigene Location zu verpflichten. In diesen Fällen sicherst du dich ab, indem du seine Visitenkarte verlangst und eine Recherche bezüglich Person bzw. Location durchführst.

Nicht jede Anfrage ist unseriös, aber deren kritische Betrachtung kann dich vor einem finanziellen Schaden bewahren.

### Die Kooperation unter den DJs

Die Zusammenarbeit zwischen den DJs trägt wesentlich zur erfolgreichen Karriere bei, aus folgenden Gründen:

*Weitere Regeln für das DJ-Geschäft / Die "falschen" Veranstalter*
*Die Kooperation unter den DJs*

**Empfehlung:**
Das Buchen eines neuen DJs erfolgt häufig auf Empfehlung des Residents gegenüber der Geschäftsführung. Auf diese Weise können sich die kooperierenden Deejays gegenseitig vermitteln und ihr Tätigkeitsfeld vergrößern.

**DJ-Gage:**
Eine interne Gagenabsprache unter DJs dient der Unterbindung von Preisdumping.

**Termintausch:**
Im Fall eines notwendigen Termintauschs oder der DJ-Vertretung im Krankheitsfall begünstigt die Zusammenarbeit eine reibungslose Problemlösung. Wenn du eine Doppelbuchung hast, d. h. zwei verschiedene Bookings pro Abend, stimmst du dich im gegenseitigen Einvernehmen mit einem anderen DJ ab, indem dein Termin mit dem eines anderen getauscht wird. Auf diese Weise kannst du beide Gigs der Doppelbuchung an unterschiedlichen Tagen wahrnehmen.

**Vertretung bei Krankheit:**
Im Krankheitsfall vermittelst du einen mit dir kooperierenden DJ, der über freie Kapazitäten verfügt.

Auch das Mitwirken in einem Verband, wie z. B. dem überregionalen Berufsverband Discjockeys e.V. (BVD), der seit 1982 die Interessen seiner Mitglieder vertritt, ist vorteilhaft. Im Fall des BVDs dient die Mitgliedschaft nicht nur dem Erfahrungsaustausch, sondern auch der Herausgabe eigener DJ-Charts und einer Verbandszeitschrift, der CD-Bemusterung, der Durchführung von Seminaren und der gegenseitigen Vermittlung von Gigs unter den DJs. Regionale und somit kleinere Vereine nutzen außerdem die engere Kooperation für regelmäßige Meetings, in denen die Mitglieder eine Anlaufstelle für sämtliche branchenbedingte Fragen und Probleme finden. Auch für neu aufgenommene DJs, die sich in der Discotheken- oder Club-Szene noch nicht etablieren konnten, ergeben sich Vorteile, weil sie von den anderen Verbandsmitgliedern empfohlen oder über den Verein in Locations vermittelt werden. Der Berufsstart als „Anfänger" wird so erleichtert.

## Der Ausbau der DJ-Karriere
### Dein Marktwert als DJ

„Was bin ich eigentlich finanziell wert?" – Diese Frage wird sich wohl jeder DJ spätestens beim Gagenpoker stellen. Mit zu hohen Forderungen schießt du sich schnell beim Spiel um ein Booking in das Abseits. Bei Gigs, die du sehr gern angenommen hättest, ärgert man sich im Nachhinein. Mitunter lässt sich der Veranstalter, der dich gern buchen möchte, im gemeinsamen Gespräch in seine Karten als folgenden Kommentar schauen: „Ganz schön hoch!" oder „Kannst du noch ein bisschen entgegenkommen?" Liegst du unter den Erwartungen, buchen sie dich ohne Diskussion. Manchmal verplappert sich anschließend das Gegenüber und meint: „Ich hätte mit mehr gerechnet!" Sofort solltest du mit der Gegenfrage nach dem vorgestellten Honorar kontern. Damit bekommst du ein Gefühl, in welcher Gagen-Liga du dich aufhältst.

Dein Marktwert orientiert sich zunächst an deinem Erfolg beim Gig im Club:

- zeitiges Füllen der Tanzfläche
- kaum Fluktuation auf der Tanzfläche während des Events
- euphorisches Jubeln, Schreien und Klatschen der Masse
- spätes Ende
- Private Postings mit Lob an dich und Fotos von der Party in den sozialen Netzwerken

Aber auch folgende Indizien sprechen für einen guten Job deinerseits:

- Gäste wollen Selfies mit dir schießen, dir einen ausgeben und mit dir anstoßen.
- Du siehst während dem Gig den Geschäftsführer kein einziges Mal im DJ-Pult
- Die Freundschaftsanfragen und Fanlikes bei Facebook summieren sich.
- Es gibt kaum oder gar keine Musikwünsche der Gäste.

Um aber einen Richtwert für deinen Preis einzuschätzen, beantworte für dich selbst folgende Fragen:

Enthusiast / Bedroom-DJ / Professional DJ / Artist

- Wie viele Follower und Fans hast du in den sozialen Netzwerken (Facebook, Instagram, YouTube, Twitter, Mix- und SoundCloud...)?
- Gibt es von dir Track-Releases? Wenn ja, auf welchem Label sind diese erschienen und wie erfolgreich waren sie?
- Hast du eine eigene Sendung bei einem bekannten Radiosender beziehungsweise einen beliebten Podcast?
- Auf welchen Festivals und Events, in welchen bekannten Clubs hast du bereits aufgelegt?
- Arbeitest du anderweitig als Kolumnist, Blogger, Redakteur oder Autor?
- Gibt es über dich Berichte und mit dir Interviews in verschiedenen Medien (Presse, TV und online)?
- In wie weit bist du lokal bekannt?
- Seit wann legst du auf?

Sicherlich generieren deine Qualität und Erfahrungen hinter dem DJ-Pult Interesse bei einem Booker und dienen auch als Maß für deinen Marktwert. Aber primär zählen nüchterne Fakten, die dank dem Internet schnell vom ihm zu recherchieren und damit zu überprüfen gehen. Der Bekanntheitsgrad und die Reichweite im Web sind für den Veranstalter von enormer Wichtigkeit. Schließlich möchte er von deiner virtuellen Popularität partizipieren, indem du die Veranstaltung, zu der du gebucht wirst, teilst.

Auch Veröffentlichungen, vor allem musikalisch, aber auch redaktionell fördern deinen Bekanntheitsgrad, dein Ansehen und deine Glaubwürdigkeit. Die Referenzliste von bisherigen Gigs unterstreicht dies zudem. Diese genannten Kriterien greifen überregional und dienen zur Argumentation deiner Gage. Hingegen auf deine langjährige Berufserfahrung, einhergehend mit einem wachsenden Bekanntheitsgrad kannst du nur lokal bauen. Schließlich wirst du als Local Hero ohne weitere Referenzen in deinem Umkreis mehr verdienen, als überregional. Zumal dort erhöhte Fahrt-, mitunter Hotelkosten und ein zeitlicher Mehraufwand zu Buche schlagen. Letztlich solltest du dich nie unter deinem Marktwert verkaufen. Wäge aber trotzdem bei jedem Gig ab, ob sich dieser für dich obwohl der geringeren, monetären Gage marktstrategisch rechnet, um deine Vita zu erweitern, potentielle Auftraggeber kennen zu lernen oder auch geografisch ein neues Auftragsgebiet zu erschließen.

# BUSINESS

## Die Gagenerhöhung

Nachdem du dich über Monate oder Jahre in der Discotheken- oder Clubszene etabliert und profiliert hast, dein Name für Qualität, Seriösität und Zuverlässigkeit steht, deine Bookingkapazitäten nahezu erschöpft sind, und du deine Gigs aufgrund der großen Nachfrage auswählen kannst, ist es Zeit für eine Gagenerhöhung. Allerdings reagieren manche Geschäftsführer auf diesen Wunsch mit Unverständnis und Ablehnung, wenn ihres Erachtens die Erhöhung nicht gerechtfertigt ist. Aus diesem Grund solltest du im Vorfeld anhand folgender Kriterien einschätzen, ob Chancen zur Durchsetzung der Gagenerhöhung bestehen:

- Ist deine erwünschte Gage im Vergleich zu anderen DJs gerechtfertigt?
- Wie hoch schätzt du deinen Marktwert ein?
- Bist du gefragt bzw. ausgebucht?
- Sind bei Ablehnung der Gagenerhöhung die freien Bookings, die aus deiner Kündigung in der Location resultieren, durch eine andere zu kompensieren?
- Seit wie vielen Jahren legst du in der Location auf und wie oft?
- Ist die Discothek oder der Club wichtig für dein eigenes DJ-Image?
- Welche Durchlaufzahlen verzeichnet die Location pro Abend?
- Auf wie viele Jahre Berufserfahrung kannst du verweisen?
- Wann wurde dir die letzte Gagenerhöhung gewährt, bzw. gab es jemals eine?
- Wie ist die Geschäftsleitung mit dir zufrieden?

Eine Gagenerhöhung wird erfolglos sein:

- wenn der Geschäftsführer mit dir unzufrieden ist
- wenn der Club oder die Discothek momentan schlechte Durchlaufzahlen verbucht
- wenn qualitativ gleichrangige DJs wesentlich weniger verdienen
- wenn die Gagenerhöhung mehr als 20 Prozent beträgt
- wenn erst kürzlich eine Gagenerhöhung erfolgte
- wenn du erst seit kurzer Zeit in der Location tätig bist
- wenn die erhöhte Gage ohne Absprache in Rechnung gestellt wird.

*Der Ausbau der DJ-Karriere / Die Gagenerhöhung*
*Der Ausbau des "Location-Imperiums"*

Im letzten Fall besteht nicht nur kaum eine Chance auf eine höhere Gage, vielmehr wirst du bei mehrmaligen Versuchen, auf diese Art das Honorar aufzubessern, deine Kündigung erhalten.

Wie reagierst du auf eine Gagenkürzung? Geschäftsführer antworten mitunter auf finanzielle Engpässe durch rückläufige Gästezahlen mit einer Reduzierung der Gage. Ob du sie als profilierter DJ akzeptierst, hängt von deiner monatlichen Bookinganzahl in dieser und in anderen Locations ab. Legst du dort seit vielen Jahren auf, gab es bisher in der Zusammenarbeit und bezüglich der Gagenzahlung keine Schwierigkeiten und ist diese wirtschaftlich bedenkliche Situation nachvollziehbar, so könnte ein Kompromiss eingegangen werden:

- die Gagenreduzierung erfolgt um z. B. zehn Prozent und
- sie wird auf einen Zeitraum begrenzt.

Der Zeitraum und die nach Ablauf dieser Frist wieder gezahlte ursprüngliche Gage können zusätzlich schriftlich vermerkt werden, um eventuell auftretende Diskussionen zu vermeiden.

## Der Ausbau des „Location-Imperiums"

Viele DJs vernachlässigen bei einem ausgebuchten Terminkalender weitere Locations und ihre Geschäftsführer zu akquirieren. Dabei besteht in diesem Moment eine besonders große Chance auf zusätzliche Bookings:

- Du bist für den Geschäftsführer noch interessanter aufgrund des ausgebuchten Terminkalenders und der vielen Referenzgigs.
- Durch die Vielzahl von Discotheken und Clubs, in denen du regelmäßig auflegst, promotest du deinen eigenen DJ-Namen, und dein Bekanntheitsgrad steigt.
- Durch die steigende Locationanzahl erhöht sich auch proportional die Anzahl deiner Fürsprecher und Referenzen.
- Das Aushandeln deiner gewünschten Gage wird unproblematischer.

Deswegen kümmere dich auch weiterhin um neue Locations.

# BUSINESS

## Der DJ auf Tour

Die Arbeit als „DJ On Tour" ist das Gegenteil eines Resident-Jobs, er wechselt jeden Abend die Party oder Location. Durch jahrelange, ständige Akquise und konstante Qualität erarbeitet sich ein DJ diesen Status der Unabhängigkeit. Spielst du monatlich in zehn bis 15 verschiedenen Locations, bestreitest du damit fast jeden Gig in einer anderen Location, so qualifiziert dich dies zum Tour-DJ mit folgenden Vorteilen:

- Der ausgeübte Erfolgsdruck durch die Geschäftsführung ist niedriger als bei einem Resident-Job.
- Auf Schließung oder Kündigung einer Location reagierst du mit der Annahme anderer Gigs in neuen Locations, die du vorher aufgrund deines überfüllten Terminkalenders nicht berücksichtigen konntest bzw. nimmst in einer anderen Location einen Termin mehr an.
- Deine Gage bleibt konstant und fällt z. T. höher als die des Residents aus.
- Dein Set muss nicht für jeden Abend neu zusammengestellt werden, es sei denn, dass sich das aufzulegende Repertoire in den Locations unterscheidet.
- Bei sehr beliebten Tour-DJs ist die Vorfreude des Publikums besonders groß, was sich in einer besser besuchten Location und einer größeren Stimmung widerspiegelt.

## Der Booking-DJ
### Die Agentur

Booking-Agenturen nutzen Location-Betreiber oder Veranstalter, um Künstler, Live-Acts oder DJs zu buchen. Die Booker kümmern sich um die Formalitäten, wie Terminabsprache zwischen Discothek, Club oder Veranstalter und DJ, die Gage und diverse Sonderwünsche etc., die von den Auftraggebern zu gewährleisten sind. Mitunter begleitet der Booker seinen Schützling sogar zum Auftritt. Aber auch unabhängig von den Anfragen akquirieren die Booker Veranstalter. Als Vergütung schlägt die Agentur eine prozentuale Bookinggebühr von zehn bis 15 Prozent der Nettogage auf das DJ-Honorar.

Namhafte Booking-Agenturen vermitteln ihre Künstler auch international, sofern ihr Ruf überregional bekannt ist. Die Liste der DJs liest sich wie das

Enthusiast / Bedroom-DJ / Professional DJ / Artist

"Who Is Who" der Musikszene, entsprechend schwer hat es ein Newcomer oder lokaler DJ, in die Kartei aufgenommen und gebucht zu werden. Sofern du für sie aufgrund eigener erfolgreicher Produktionen, deines Bekanntheitsgrades, deiner Einzigartigkeit, Ausstrahlung, deinem Entertainment-Faktor interessant bist, werden sie dich kontaktieren. Hingegen Skills spielen nur eine untergeordnete eine Rolle. Versuche es trotzdem, denn talentierte Newcomer werden zum Aufbau der Karriere mitunter unterstützt. Da kommt es auch vor, dass diese zum Testlauf an neue Veranstalter oder zu neuen Events verbucht werden, um erst beim zweiten Anlauf den Star zu vermitteln. Später kümmert es keinen, dass du ein Test-DJ auf einem Mega-Event warst. Lokale Agenturen, die Veranstalter der näheren Umgebung konsultieren, sind für dich vielversprechender. Denn es bestehen größere Chancen für deine Aufnahme und die Bookings. Auch einige Clubs, Labels oder Veranstalter gründen eigene Agenturen, um ihre Residents zu vermarkten. Frage am besten nach, ob an deine Location auch eine Agentur geknüpft ist.

Die Aufnahme in eine Booking-Agentur spricht für dich, wenn:

- du regional bekannt bist
- du einen außergewöhnlichen Stil besitzt
- du jemanden von einer Agentur persönlich kennst
- du dich nicht allein auf die Gigs der Agentur verlässt.

Möchtest du in eine Booking-Agentur aufgenommen werden, solltest du ein persönliches Profil erstellen, um den Booker von dir zu überzeugen. Folgende Referenzen sollten in keiner Bewerbung fehlen:

- Location und Events, in und bei denen du schon aufgelegt hast
- über dich veröffentlichte Zeitungsartikel, mit dir geführte Interviews im Rundfunk und Flyer mit deinem Konterfei
- kurze Biographie inklusive einer Selbsteinschätzung und Begründung, welche besonderen Fähigkeiten für deine Agentur-Aufnahme sprechen
- Angaben zu deinem im Set aufgelegten musikalischen Stil
- ein kurzes Set als Retrospektive deiner Skills und deines Styles
- die Discographie über deine veröffentlichten Tracks
- deine Gagenvorstellung.

Jeder Star-DJ überlässt die Bookingabsprache exklusiv seiner Agentur, um sich selbst verstärkt z. B. den Studio-Produktionen zu widmen. Durch die Exklusivität besteht für die Discotheken- und Clubbetreiber keine andere Möglichkeit, als ihn über die Agentur zu buchen.

Hingegen bei einem regionalen DJ, dessen Daten online zu finden sind, besteht zunächst kein Anlass, eine Booking-Agentur einzuschalten. Allerdings konsultieren neu ortsansässige Geschäftsführer von Locations auch die lokalen Booking-Agenturen, um sich gefragte und beliebte Lokalmatadoren für ihre neue Discothek oder ihren neuen Club empfehlen zu lassen. Die Agentur solltest du kritisch betrachten, in Bezug auf

**Referenzen:**
Welche DJs werden auch durch die Agentur vertreten? In welche Locations und für welche Events verbuchte die Agentur ihre DJs bisher? Existiert eine Website mit einer Auflistung der buchbaren DJs?

**Bookinggebühren:**
In der Regel veranschlagt die Agentur zuzüglich der DJ-Gage zehn bis 15 Prozent des Nettobetrages als Bookinghonorar. Übersteigt die Bookinggebühr die 20 Prozent-Grenze, sind eine Aufnahmegebühr bzw. andere Kosten fällig und soll die vereinbarte Gage auf das Konto deines Bookers/ der Agentur überwiesen werden, so lass´ die Hände davon.

**Exklusivität:**
Erhältst du die Chance, von einer Agentur aufgenommen und aufgebaut zu werden, so trete ihr gegenüber loyal auf. Da sie dir eine Chance gibt, dich etablieren, wickele auch deine zukünftigen Gigs exklusiv über die Agentur ab. Denn sie finanziert sich von der Gebühr, um dich auch weiterhin unterstützen zu können

Achte allerdings beim Vertrag darauf, dass Bookings in den Clubs und Discotheken, in denen du schon vor dem Agentur-Vertrag tätig warst, nicht auch über die Booking-Agentur abzurechnen sind.

**Seriosität:**
Als Newcomer hast du natürlich nicht die besten Karten bei der Wahl dei-

ner Agentur. Aber auf eine unzuverlässige Agentur musst du dich trotzdem nicht einlassen.

Ein schlechter Ruf einer Agentur verbreitet sich wie ein Lauffeuer. Befrage deswegen andere DJs dieser Agentur, ob sie überhaupt gebucht wurden und ob diese Bookings die eigenen Vorstellungen und Versprechungen der Agentur erfüllten. Auch kurzfristige, unbegründete Stornierungen zeugen nicht von Professionalität.

**Vertragsdauer:**
Du benennst eine Frist für die Vertragsdauer, damit du bei Unzufriedenheit die Agentur wechseln kannst.

Verzichte nur auf die Agentur bei zu hohen Gebühren, Unseriösität und einer dir unangemessenen Vertragsdauer. Bewerbe dich auch nicht bei mehreren Agenturen gleichzeitig, das spricht sich in der Szene herum und schmälert den Erfolg deiner Aufnahme.

# Der Manager

Ein Manager, der für dich alles regelt (Gigs, Pressetermine, Promotion, Remixaufträge...) und so deine Karriere anschiebt, ist sicherlich hilfreich. Achte beim Deal darauf, dass er auch wirklich deine Interessen vertritt (d. h. er dich nicht auf jede „Hochzeit" schickt) und nicht mehr als 20 Prozent deines Umsatzes verlangt. Aber die meisten lokalen DJs managen sich sowieso selbst bzw. überlassen es ihrer Agentur.

# Der 360 Grad-Vertrag

Viele DJs werden heute vor allem an Plattenlabels durch sogenannte 360 Grad-Verträge gebunden. Was verbirgt sich dahinter?

Plattenlabels verdienen durch die sinkenden Absatzzahlen zunehmend weniger. Um neue Künstler aufzubauen und sie zu supporten, fehlt es oft an Geld. Die Ausdauer, mit der sich einst die Labels in den goldenen 90er Jahren auszeichneten, wurde durch Vorsicht gebremst.

Mit den 360 Grad-Verträgen stopfen die Labels die aufkommenden finan-

# BUSINESS

ziellen Löcher, die durch Verkauf der Tonträger und Downloads entstehen. Die Aufgabe der Labels der Neuzeit versteht sich mehr als „Rundum-Betreuung", indem sie nicht nur den Künstler musikalisch vermarkten, sondern auch managen und mit einer eigenen Booking-Agentur vermitteln. Die Tracks werden mitunter von den hauseigenen Produzenten dem Künstler auf den Leib geschrieben, das anschließende Plattenrelease wird über die Bemusterung publiziert und in die Dance Charts gebreakt. Zum Zeitpunkt der Veröffentlichung folgt eine Promo-Club-Tour, die Geld in die Kassen spielt. Denn nicht nur der Künstler verdient an der Gage, auch das Label ist mit bis zu 40 Prozent beteiligt. Denn schließlich geht das Label mitunter ein Risiko ein und investiert viel Zeit bzw. auch Geld in den Künstleraufbau. Und aufgrund der höheren Gagen als „Star" sind die 60 Prozent immer noch lukrativer als ein Gig als Resident um die Ecke.
Superstar-Records operierte als eines der ersten Labels nach diesem Prinzip und mauserte sich somit, auch dank dem guten Gespür für potenzielle Künstler, zu einem der erfolgreichsten europäischen Dance-Labels.

## Die DJ-Charts und Bemusterung

Die Track-Bemusterung durch die Plattenlabels und Bemusterungspools gewährleistet dem DJ den mitunter aktuellsten, preiswerten bzw. kostenlosen Erhalt von MP3s, CDs oder Vinyl und damit eine Senkung der monatlichen Kosten. Doch wie funktioniert die Bemusterung bzw. warum werden DJs bemustert?
Die Labels investieren nicht ohne Grund in die DJ-Gratis-Versorgung mit den neuesten Tracks. Die Ursachen liegen in der Werbefunktion und dem Einfluss des DJs, was der Musiker Art Mooney schon 1948 erkannte, indem er dem Jazzexperten Albert Collins ein Exemplar seiner Ballade „I'm Looking Over A Four-Leaf Clover" zukommen ließ. Ohne sich vorher eine persönliche Meinung über diese Platte zu bilden, spielte Collins sie in seiner Sendung und war anschließend über ihre Qualität schockiert. Aber das Publikum teilte nicht seine Meinung und zeigte großes Interesse an diesem neuen Stück. Fazit: Er legte diese Platte noch mehrmals an diesem Tag auf. Die Telefonleitungen waren aufgrund der Nachfrage überlastet, sodass die Polizei alarmiert werden musste und dies am nächsten Tag für eine

Titelstory in den amerikanischen Gazetten sorgte. Diese Promotion verhalf der Schallplatte den Sprung unter die Top 3 des Jahres (13). Mit dem Aufstieg der Disco-Welle nutzte die Schallplattenindustrie 1975 erstmalig die Verbreitung neuer Schallplatten unter den DJs über die Bemusterung, die ein Jahr später mit der Einführung der Maxi-Single auch das entsprechende DJ-Format bekam. Durch den Sendestart von MTV im Jahr 1981 und VIVA im Jahr 1993 erhielten die Schallplattenfirmen ein weiteres Promotiontool, um ihre produzierten Songs und Tracks zu vermarkten. Da jede Schallplattenfirma versucht, ihre Titel in die Rotation (die Anzahl der Plays pro Woche) zu drücken, galt es, neue Parameter zu finden, um das kommerzielle Potential neuer Tonträgern einzuschätzen. Durch DJ-Charts, an denen mehrere tausend DJs teilnehmen, als Indiz für aktuelle Musik-Trends und Reaktionen auf dem Dancefloor erhalten die Redakteure der Musiksender für ihre Videokonferenzen ein Kriterium zur Rotationsbelegung der Tracks. Einige Beispiele für die Platzierung in den deutschen Verkaufscharts belegen den Einfluss des DJs auf die Vermarktung und den daraus resultierenden Erfolg:

Zum Ende der neunziger Jahre wurde in den Discotheken und in den Charts der Techno neu entdeckt. Den Auslöser für diesen Trend gab Mellow Trax „Phuture Vibes", eine kompromisslose Maxi, die zunächst nur als Promo bzw. Vinyl erhältlich war. Durch die enormen Anfragen des Publikums und der Nummer 1-Platzierung in den DDC stand einer CD-Veröffentlichung nichts im Weg. Seitens der Medien konnte die Tonträger-Industrie auf keine Unterstützung hoffen, da aufgrund des unkommerziellen Stils der Maxi die Air-Plays im Rundfunk zunächst ausblieben. Nach dem offiziellen CD-Release schoss die Single von der Null unter die Top 20, und eine Woche später platzierte sie sich sogar in den Top Ten. Im Jahr 1999 bestand eine große Nachfrage für Elektrochemie LKs „Schall", die ebenfalls als nicht kommerzielle Single zunächst auf dem kleinen Label Confused per Vinyl vertrieben wurde, in den Discotheken über Monate für eine überfüllte Tanzfläche und enorme Anfragen der Besucher sorgte. Aufgrund des ausschließlichen Vinylverkaufs bestand eine so große Nachfrage für eine CD-Veröffentlichung, dass sich die CD auf Anhieb unter den Top 20 der Deutschen Verkaufscharts platzieren konnte. Auch

# BUSINESS

DJs, wie Jan Wayne oder Groove Coverage alias DJ Novus, die mit ihren Coverversionen von „Total Eclipse Of The Heart" oder „Moonlight Shadow" eine Coverwelle auslösten, belegen den Einfluss des DJs. „Total Eclipse Of The Heart" platzierte sich bis auf Platz 13 und konnte sich im Jahr 2001/2002 ganze 18 Wochen in den Deutschen Verkaufscharts halten. Groove Coverages „Moonlight Shadow" schaffte es sogar im Jahr 2002 bis auf Platz drei der Media Control Charts.

Weitere Beispiele, die den Einfluss der Club-Rotation auf den Verkauf von Dance-Music untermauern, sind Mad'House, die Boogie Pimps und Eric Prydz. Im Fall von Mad'House basiert der DJ-Einfluss auf einem Bootleg von Madonnas „Like A Prayer", einer Mixtur aus den Originalvocals Madonnas und dem Groove von Black Legends „You See The Trouble With Me". Dieses Bootleg legten die DJs mit solchem enormen Erfolg auf, dass im folgenden Jahr eine Schallplattenfirma diesen Clubhit kommerziell vermarktete, indem sie ihn mit dem Projekt Mad'House kopierte. Als Ergebnis verbuchte die Schallplattenfirma eine 15-wöchige Listung in den Deutschen Verkaufscharts, die noch von einer No.1-Position am 29.4.2002 gekrönt wurde.

Boogie Pimps "Salt Shaker" Cover

In der 22. Woche 2002 veröffentlichten die Boogie Pimps über den Discomania-Vertrieb eine Vinyl-Maxi namens „Salt Shaker". Die Single rotierte ständig auf den Plattentellern der DJs, sodass die Gäste ständig Interpret und Titel erfragten. Ein knappes Jahr später – in der 16. Woche des Jahres 2003 – veröffentlichte Superstar-Records die CD „Somebody To Love – The Salt Shaker Remix" der Boogie Pimps, die diesen Clubhit erstmalig auf einem digitalen Medium einer breiteren Käuferschaft zugänglich machte. Die Single platzierte sich dadurch 13 Wochen in den Verkaufscharts und kletterte bis unter die Top 15.

„Call On Me" – die Number-One-Hit-Single von Eric Prydz – sorgte schon ein Jahr vor ihrer Veröffentlichung auf dem Ministry Of Sound-Label als Bootleg von Nursesrun oder DJ Falcon für Aufsehen in den Clubs. Aber letztlich die Interpretation von Eric Prydz schaffte den Sprung vom Underground in den kommerziellen Plattenmarkt und knackte auf Anhieb die Pole-Position.

Diese Beispiele widerspiegeln den Einfluss der DJs und der Tonträger-Promotion. Allerdings fährt die Schallplattenindustrie momentan aufgrund generell sinkender Absatzzahlen die Bemusterung stark zurück, um sich ausgewählten und qualitativ hochwertigen Produkten mit voller Kraft zu widmen und deren Potential wieder verstärkt in den Clubs und Discotheken zu entdecken.

Der Einfluss der DJ-Charts begründet, warum bei der Aufnahme eines DJs in einen Bemusterungspool Wert auf regelmäßige Bookings und die Mitarbeit an diversen DJ-Charts gelegt wird. Um in einen Promotionpool aufgenommen zu werden, ist zunächst ein Aufnahmebogen mit deinen Referenzen auszufüllen, wie z. B. den Daten der Location (Durchlaufzahlen, Platzkapazität, Adresse). Du solltest auch Flyer deiner Locations oder Zeitungsartikel beilegen. Vermutlich wird aber erst das Tippen verschiedener Dance Charts Interesse beim Promoter des Bemusterungspools wecken.

## Die Aufnahme als Dance Charts-Tipper

Ohne Tipper-Aktivität in den Dance Charts keine Aufnahme in die gefragten Bemusterungspools und umgekehrt gilt dies auch. Strategisch sind daher die beiden folgenden Kapitel nur schwer voneinander zu trennen und somit in deiner DJ-Karriere zum Teil parallel zu umzusetzen.

Wenn du dich für die Aufnahme in einen Tipper-Panel bewirbst, überzeugst du die Chartsredaktion durch:

- einen Nachweis über regelmäßiges Auflegen in Clubs und Discotheken, Flyer, Zeitungsartikel oder im Zuge deiner DJ-Aktivität zusätzlich ausgeübte Tätigkeiten als Produzent, Journalist oder Radiomoderator
- den Beweis in Form deiner Top 10 Playlist, musikalisch für neue Trends offen zu sein
- Ausdauer, denn für die Aufnahme bedarf es mitunter mehrerer Versuche.

Nach der Aufnahme in den ausgewählten Tipperpool achte beim Ausfüllen der wöchentlichen Charts auf:

Deutschlands größter DJ-Charts-Herausgeber: Trendcharts.de

- Tipps, basierend auf Dancefloorreaktionen und persönlichen musikalischen Prognosen
- das Berücksichtigen brandaktueller bemusterter und gekaufter Tracks
- Charts, die nicht die Top 20 der Verkaufscharts widerspiegeln und
- regelmäßige bzw. pünktliche Charts-Abgabe zur Deadline.

DJ-Charts unterscheiden sich generell in mehreren Faktoren:

- die Anzahl der zu tippenden Titel
- die musikalische Spezialisierung
- die Priorität für die Schallplattenfirmen.

Tippformulare eines Deejays, die online auf der Website wöchentlich an die Redaktionen verschickt werden, beinhalten ein Ranking seiner zehn bis 20 persönlichen Favoriten. Bei den von der Gesellschaft für Konsumforschung (GfK Entertainment), früher Media Control, erstellten ODC50 trugen DJs ihre Plays der am Wochenende aufgelegten, schon in den ODC50 gelisteten Tracks ein. Auch neue, favorisierte Tracks wurden vom DJ mit Artist, Track-Name und der Plays registriert. Jedoch stellte die GfK die ODC50 zum 30.05.2015 ein und ersetzte sie durch die ausschließlich aus den Verkäufen der Tracks ermittelten Top 20 Dance-Charts. Musikalisch untergliedern sich die Charts in die Sparten: Dance, Club, Alternative und Urban Music. In den Dance Charts sind vorrangig kommerziellere House-Tracks gelistet. Hingegen haben sich die Clubcharts den unkommerzielleren House-, Big Beat-, Trip Hop-, Drum'n'Bass- und Techno-Tracks verschrieben. Zum Alternative-Sektor gehören die Musikrichtungen, wie Metal, Rock, Gothic, Crossover, Grunge, Wave, EBM, Industrial, und die Urban Music-Charts setzen sich mit R´n´B, HipHop, Funk, Reggae und Dancehall auseinander. Zu den wichtigsten und einflussreichsten DJ-Charts zählen die von der GfK Entertainment erfassten ODC50 und die verschiedenen Trendcharts von AMV (DDC, DUC, DAC, DCC), deren Panelanzahl streng limitiert ist. Je nach dem eigenen Musikgeschmack und dem im Set favorisierten Musikstil bewirbst du dich bei der jeweiligen Chartsredaktion, wobei du zunächst DJ-Charts mit einem großen Panelumfang (über 500 Mitglieder) fokussieren solltest, die eine Aufnahme nahezu garantieren.

**Charts mit streng begrenzter Panelgröße sind**

Dance:
Deutsche Dance Charts (DDC): 320 DJs
Deutsche Club Charts (DCC): 280 DJs

Alternative/Independent:
Deutsche Alternative Charts (DAC): 250 DJs
Deutsche Alternative Trendcharts (DAT 20): 300 DJs

Urban Music:
Deutsche Urban Charts (DUC).

Zunächst recherchiere Dance Charts umfassender bzw. unlimitierter Panelgröße, herausgegeben z. B. von DJ-Foren oder Zeitschriften, und bewirb dich als sogenannter Tipper. Wurdest du in zwei oder drei Charts aufgenommen, solltest du DJ-Charts fokussieren, die meistens in der Presse oder im Radio bzw. Musik-TV zitiert und als Referenz für einen Track genannt werden, wie z. B. DDC oder ODC50. Mitunter gibt es auch Sendungen, die Top-10 und Neueinsteiger dieser DJ-Charts wöchentlich

# BUSINESS

präsentieren, ein Indiz dafür, dass sie Indikator der Musikindustrie sein können. Nur diese Charts sind letztlich für dich als DJ und für deine weitere Karriere interessant. Durch ihre Medienpräsenz stehen diese auch im Fokus der Plattenlabels. Ein Schlagabtausch beginnt: Sie wollen ihre Tracks in diesen Charts platziert wissen und du möchtest einen der begehrten Plätze ihrer kostenlosen Bemusterungspools einnehmen.

### TIPP
Für den Gig drucke dir die Charts aus oder lade das PDF auf dein Handy, damit du stets anhand der aktuellen Charts checken kannst, welche Tracks im Club gerade angesagt sind.

## Die DJ-Bemusterung

Die DJ-Bemusterung dient zur Promotion neuer Tracks in Form von MP3s, vereinzelt auch Schallplatten und CDs. Aufgrund der angespannten Lage in der Tonträger-Industrie wurde die DJ-Bemusterung mit Vinyl im Jahr 2004 um fast 90 Prozent reduziert, einerseits aus Kostengründen und andererseits aufgrund von Erfolglosigkeit, da viele der promoteten Tonträger im Verkauf floppten, obwohl die Dance Charts-Platzierungen etwas anderes prophezeiten. Ein weiterer Grund bestand im 2003 beschlossenen Boykott von Dance-Music beim Fernsehsender VIVA. Die Labels verloren ein wichtiges Werbetool. Erhielten DJs noch zur Jahrtausendwende wöchentlich bis zu 70 Maxis, beschränkt sich die gegenwärtige Promotion fast nur noch auf digitale MP3-Bemusterung. Die Gründe liegen auf der Hand:

- keine anfallenden Vesandkosten
- schnelles Downloading
- für die Pools einfache Distribution und Verwaltung
- für die Labels keine zusätzlichen Produktionskosten für Tonträger.

Wobei Vinyl wieder stark im Kommen ist. Deswegen setzen Labels, wie Kontor, auch dieses Medium werbewirksam in ihren Promotionkampagnen.ein, wie z. B. mit der Idee eines Office Turntables als App.
Der generelle Ablauf der DJ-Bemusterung ist dabei recht unterschiedlich:

Enthusiast / Bedroom-DJ / Professional DJ / Artist

*Die Aufnahme als Dance Charts-Tipper*
*Die DJ-Bemusterung*

- Die Links zum Download werden per Mail gesendet. Entweder ist sofort ein Download möglich, oder er wird erst nach Bewertung des Tracks freigeschaltet,
- Die MP3s stehen auf den Websites der Labels und Pools zum Download bereit und müssen bis zu einer gewissen Zeit bewertet werden.

Als Gegenleistung für die Bemusterung sendet der DJ sein Feedback mit folgendem Inhalt an den Pool zurück:

- persönliche Meinung über das Potential des Tracks
- Resonanz auf dem Dancefloor
- Einsätze des Tracks pro Abend
- Anfragen des Publikums
- vom DJ favorisierter Mix
- eventueller Tipp für die Dance Charts
- kurzes Statement.

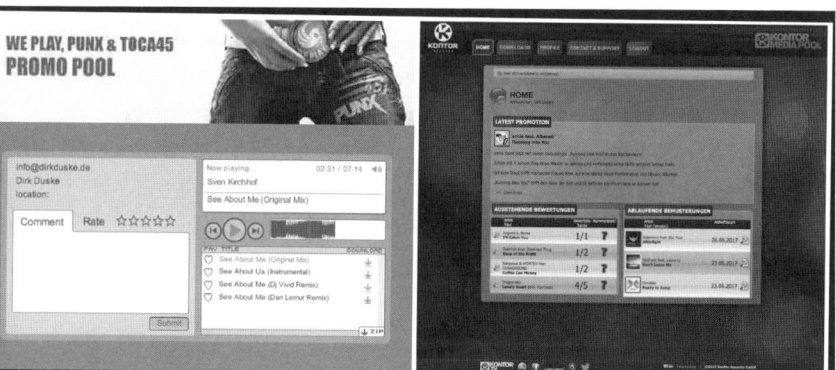

Online-Bemusterung von WePlay und Kontor

DJs wechseln mitunter häufig ihre Location oder auch ihren Musikstil. Aus diesem Grund erfolgt in unregelmäßigen Abständen ein Update für die Promotionpools, um die bemusterungsrelevanten Kriterien zu aktualisieren. Beim Update bewusst falsch gemachte Angaben über die Mitarbeit an DJ-Charts oder in einer Location werden mit einem Ausschluss aus allen Bemusterungspools geahndet.

Business

# BUSINESS

Einige Promotionpools arbeiten unabhängig von den Labels, d. h. sie verschicken Promos verschiedener Labels, zu denen z. B. Public Propaganda, Plattenmann.de oder Clubmossphere.net gehören. Demgegenüber verschicken auch gleichzeitig die Promotionpools der Labels MP3s an die DJs. Hast du es geschafft, in die wichtigsten Pools aufgenommen zu werden, so solltest du allerdings nicht davon ausgehen, dass das von den Firmen zugeschickte Material ausreichend für dein Set ist, denn

- alle bemusterten DJs legen die gleichen Tracks auf und du möchtest dich doch von der Masse abheben
- einige Plattenfirmen stellen ihren neuesten Tunes zunächst in die Shops und eventuell erhältst du einige Wochen später die Promo
- begehrte Bootlegversionen werden oft gar nicht bemustert oder häufig nur mit nachgesungenen Vocals.

Zusammengefasst verfolge diese Strategie: Bewirb dich zunächst für zwei oder drei Dance Charts mit großem Panel. Wurdest du als Tipper aufgenommen, akquiriere danach verschiedene, von Plattenfirmen unabhängige Bemusterungspools und nach deren Aufnahme die Charts mit stark begrenztem Tipperpanel. Denn anhand deiner bereits erfolgten Mitarbeit an DJ-Charts und der Bemusterung erkennen die Redakteure, wie trendbewusst du tippst und ob du für ihre Charts in Frage kommst. Gehörst du dann zu dem erlesenen Kreis der Dance Charts Tipper, werden dich auch die Promotionpools der Plattenlabels aufnehmen, von denen du bisher eine Absage erhieltest.

 **TIPP**

www.publicmusicmedia.de (Public Propaganda)

Afrojack:
Die DJ-Szene wächst in einem rasanten Tempo. Es gibt mehr junge DJs bei uns. Das ist erstaunlich, zu sehen. Ich selber bin stolz darauf, dass ich mit zur Akzeptanz von Electronic Dance Music als professioneller Musikstil beitragen konnte. Schließlich bekam Dance Music sogar eine eigene Kategorie bei den Grammy Awards. Ich bin gespannt, was als nächstes kommt!

## Das Endorsement/Sponsoring

Mit wachsendem Erfolg und Status eines Local Heros kannst du dir schon den einen oder anderen Endorsement-Deal an Land ziehen. Auf diesem lokalen Level ist es meist eher regional bezogen, z. B. auf einen Shop aus deiner Stadt, in dem du deine Auftrittsklamotten o. ä. besorgst. Beispielsweise bietet dir der Shop Rabatte auf Marken, die nur sein Shop in deiner Stadt anbietet, oder stellt sie dir gar gratis zur Verfügung. Im Gegenzug wirbst du beim Auflegen durch Tragen des Outfits. Durch die vielen Partyfotos, auf denen du als DJ mit dem Outfit zigfach abgelichtet wirst und die einen hohen Klickfaktor bei der für den Händler interessanten Zielgruppe verzeichnen, ist diese Promotion für seine Produkte und seinen Shop auch sehr effizient. Auch mit der gegenseitigen Verlinkung der jeweiligen Websites, dem Auflegen in seinem Shop oder einem von ihm gesponserten Event könnte die Zusammenarbeit zusätzlich bereichern.

### Was ist beim Sponsoring/Endorsement generell zu beachten?

Zunächst unterscheidet man zwischen Sponsoring und Endorsement. Beim Sponsoring bewegt sich die Unterstützung auf finanzieller Ebene. D. h. du möchtest ein Event oder eine Produktion gesponsert bekommen, dann suchst du dir „Geldgeber", die sich mit der Zielgruppe deines Events identifizieren können. Bei einer Zusage wird dieser auf Flyer, Plakate und in den Web-Auftritten mit seinem Brand (Firmen-Logo) integriert.

Endorsement heißt übersetzt „Unterstützung". Es ist eine gegenseitige Vereinbarung zwischen Industrie und Nutzer zum beidseitigen Vorteil. Mit anderen Worten, dir werden von Firmen das neuesteste Equipment oder die hippesten Klamotten gratis oder mitunter nur leihweise zur Verfügung gestellt, die du bei deinen Gigs verwendest.

### Was sind deine Rechte?

- Du erhältst ständig die neueste Technik o. ä. zum oder kurz nach dem offiziellen Launch (Markteinführung eines Produkts) gratis.
- Bei Verlust oder Verschleiß der Produkte wird dir Ersatz bereit gestellt.
- Die endorste Marke veröffentlicht ein Profil deiner Person z. B. in einer Hall Of Fame und verlinkt dich auf ihrer Seite.
- Du kannst auch für Events oder Workshops der Marke gebucht werden.

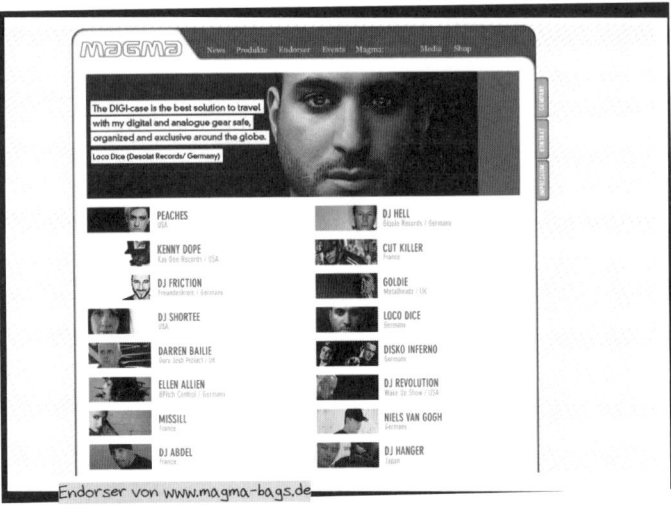

Endorser von www.magma-bags.de

## Was sind deine Pflichten?

- Du setzt exklusiv nur Produkte dieser Marke und keine anderen Hersteller ein, die im unmittelbaren Wettbewerb mit der endorsten Marke stehen.
- Du vertrittst die Marke glaubwürdig. In Interviews bzw. Artikeln wird die Marke positiv erwähnt.
- Im Fall eines Bekleidungsendorsements: Bei Presseterminen, Auftritten und Fotoshots werden Produkte der Marke getragen.
- Zu neuen Produkten sendest du ein kurzes Feedback an die Firma, das auch Verbesserungsvorschläge bei Bedarf beinhalten sollte.
- Dein Konterfei und Feedback darf zu Werbezwecken für das endorste Produkt ohne zusätzliche Vergütung genutzt werden.
- Du sendest dem Endorser regelmäßig deine Tourdaten. Bei deinen Gigs gewährst du Gästelisteplätze für Mitarbeiter der Endorsement-Firma.
- Du verlinkst die Marke mit ihrem Logo oder einem Banner auf deiner Seite bzw. in den sozialen Netzwerken.
- Die Produkte dürfen nicht an Dritte weitergegeben oder gar verkauft werden.

## Das Endorsement/Sponsoring

**BEACHTE**

1. Wenn du ein Endorsement-Vertrag abschließt, überlege, ob du dich wirklich mit der Marke und dem Produkt identifizieren kannst und sie dich auch in deiner Karriere voranbringt. Denn ein schlechtes Produkt oder eine Marke mit einem schlechten Image behindert deine Credibility und dein DJing.
2. Wenn du ein Endorsement speziell für ein Fotoshooting abschließt, dann kläre vor dem Shooting detailliert und vertraglich, ob die Produkte nach dem Shooting in dein Eigentum übergehen oder sie nur eine Leihgabe sind.

Markenpräsentierende Pressefotos sind sehr promotion-wirksam für die Marke. Sie werden ständig in den Medien, ob Flyer, Plakat oder Printveröffentlichung verwendet und dienen als kostengünstige Werbefläche. Das solltest du dir, wenn du als „Werbefläche" auf Fotos auftrittst, auch honorieren lassen, wenigstens indem du die zur Verfügung gestellten Sachen behalten darfst. Mitunter kannst du abhängig von deinem Szene-Status noch einen finanziellen Zuschuss für das Shooting vereinbaren.

Regelst du nicht im Vorfeld vertraglich, ob die für das Shooting eingesetzen Produkte in deinen Besitz übergehen, kann es passieren, dass nach dem Shooting die bereitgestellten Sachen zurückgefordert werden. Mit anderen Worten: Du wirbst zukünftig gratis per Presse-Pic für eine Marke. Deswegen versuche schon vor dem Shoot deine Interessen klarzustellen und durchzusetzen. Wenn es mit der ersten Marke nicht klappt, dann vielleicht bei der nächsten. Denn DJs sind für die Industrie interessant.

**Qbert:**
Einige Unternehmen stellen mir freundlicherweise Equipment für unsere verschiedenen Studios in der Bucht auf Hawaii, wo wir unseren Thud Rumble YouTube-Channel sowie unsere Online-Schule betreiben und für das Octagon-Studio, wo wir ebenfalls mehrere DJ-Setups haben, zur Verfügung. Alle Vestax Pro-Mixer, der Pioneer DJM-909 und T1, Rane Sixty-Two und der Native Instruments Mixer Kontrol Z2 sind dort zu sehen. Diese haben alle ein paar Dinge gemeinsam: einen großartigen Fader zum Skratching ... Smooth, leicht gleitend, und mit verschiedenen Cross-Fader-Kurven. Klanglich gut, aber doch mit Unterschieden. Deswegen tausche ich diese auch bei Aufnahmen mitunter aus, um ein anderes Gefühl zu bekommen. Einige klingen super sauber, andere haben dagegen einen bisschen dreckigen Sound.

## Die „Pflicht"-Veranstaltungen

Jedes Jahr finden diverse Veranstaltungen statt, die ein DJ aus diversen Gründen besuchen sollte, damit du dich nicht nur technisch auf den neuesten Stand bringst:

### 1. Frankfurter Prolight + Sound / Musikmesse:

In jedem Frühjahr (Ende März/Anfang April) geht die weltweit wichtigste Musikmesse über die Bühne. Die ersten zwei Tage sind nur für Fachbesucher zugelassen. Du als DJ gehörst zum Fach und musst dich für den Besuch an diesen Tagen bei der Messe akkreditieren oder du lässt dich von einer Firma einladen. Es gibt auch Fachhändler, die sehr günstige Bustouren organisieren.

Anderenfalls stehen dir nur der Freitagnachmittag oder Samstag als „offizieller" Öffnungstag zur Verfügung, an dem aber meist schon Katerstimmung an den Ständen durch drei Tage Messebetrieb herrscht. Die Give Aways sind größtenteils auch verteilt, dass aber eh nicht die Intention deines Messebesuchs sein sollte.

Jedes Jahr werden bei der Musikmesse Weltpremieren vorgestellt und mit den Angestellten der Aussteller-Firmen kann gefachsimpelt werden. Um nicht zu vergessen, das ausgestellte Equipment steht für deinen individuellen Test bereit.

### 2. DJ-Meeting:

Eine feste Institution im Leben eines DJs, die momentan leider auf Eis gelegt ist, aber verschiedene Wiederbelebungen erlebt. Jedes Jahr fand sie im Frühjahr in Nordrhein-Westfalen statt. Neben den wichtigsten Firmen, die im Fachmesse-Area ihr Equipment zum Testen ausstellten, waren auch einige Labels und Promotionpools mit einem Stand vertreten. Man traf sich jedes Jahr wie mit einer Familie und lernte neue „Familienangehörige" kennen, die vielleicht die Karriere unterstützen könnten. In diversen Diskussionspanels und Workshops erfuhr man Wissenswertes über DJ-relevante Themen, z. B. wie ich mich als DJ vermarkte oder einen Plattendeal mit meinen Produktionen bekomme.

### 3. Elevator-Flohmarkt:

Das Mekka für Schnäppchenfreunde. Auch hier sind DJ-Equipment anbietende Firmen mit einem Stand vertreten. Dazu gibts Musik von DJs, Bratwurst vom Grill, Equipment-Versteigerungen, preiswertes Second Hand-Vinyl und jede Menge günstige Preise. Die Fahrt nach Münster rechnet sich finanziell allemal. Der Flohmarkt findet immer im Juni oder Juli statt.

### 4. Disco-Contact:

Das ist der Branchentreff für Discothekenbetreiber und DJs. Auch hier kannst du sicherlich den einen oder anderen wichtigen Kontakt knüpfen. Neben der Pflicht im Messebereich, steht die Kür mit einem Star-DJ-Line Up auf dem Programm. Zeitpunkt: immer im Oktober in Ibbenbürren.

### 5. Workshops:

Dein Fachhändler lädt häufig zu diversen Workshops ein. Besonders, wenn es um Software oder Equipment geht, für deren Selbststudium man Tage benötigt, ist ein Workshop eine effiziente Hilfe und man erfährt sicherlich manchen Insider-Tipp. Achte immer auf ausliegende Flyer bei deinem Händler.

## Die internationalen Events

Als Lokalmatador ist es zwar keine Pflicht, auf internationalen Events zu erscheinen, aber sie würden trotzdem deinen technischen und auch musikalischen Horizont erweitern. Mitunter lassen sich diese Veranstaltungen auch mit einem Urlaub verbinden, zumal die meisten an sehr schönen Hot Spots stattfinden:

### Winter Music Conference (WMC):

Das Mekka für alle Freunde der elektronischen Tanzmusik, gegründet 1985. Eine reichliche Woche tummelt sich im März jeden Jahres das Who is Who der Branche in Miami, um an einer Auswahl von über 500 Veranstaltungen teilzunehmen. Hier werden musikalische Trends gesetzt, die auch wenig später auf verschiedenen gleichnamigen Compilations einer breiteren Masse vorgestellt werden. DJs, aber auch Musikproduzenten

# BUSINESS

oder Label-Betreiber besuchen Diskussionspanels, Vorträge, Workshops, Messen und Ausstellungen, DJ-Competitions (der zweitägige DJ Spin-Off) und feiern letztlich die legendären Partys, auf denen jeden Abend mehrere weltberühmte DJs in einer Location auflegen. Das Highlight jeder WMC sind die International Dance Music Awards (IDMA), die in 56 Kategorien vergeben werden.

**NAMM Show:**
Jedes Jahr im Januar trifft sich die Branche in Anaheim, Kalifornien, zu einer der größten Messen der Musikindustrie der Welt. Vier Tage lang präsentieren über 14000 Firmen zum Teil Weltpremieren ihrer neuesten Produkte einem Fachpublikum und geladenen Gästen, die in den vergangen Jahren über 90000 zählten. Die NAMM kannst du nur auf Einladung bzw. Akkreditierung besuchen, da sie nicht öffentlich ist.
Übrigens der Name steht für National Association of Music Merchants, da aber mittlerweile nicht mehr allein Musikalienhändler ausstellen, wird der Name nur noch als Kürzel verwendet.

**BPM Show:**
Auf geht´s nach UK. In Birmingham findet seit 2007 immer im Oktober die BPM drei Tage lang statt, eine Messe ausschließlich zum Thema DJing und Produktion elektronischer Musik statt. Das ist genau dein Ding, denn neben Produzenten, Künstlern, Veranstaltern, Equipment-Distributoren, Plattenlabel-Inhaber und -Manager triffst du auf der BPM jede Menge DJs, mit denen du auch Kontakte knüpfen kannst. Hauptsächlich fokussiert die Messe die Vorstellung neuer Innovationen führender Hersteller aus dem DJ- und Producing-Bereich, aber auch Showcases, Performances, Produktdemonstrationen, DJ-Sets von namhaften Künstlern, Seminare, Podiumsdiskussionen und Workshops.

**Amsterdam Dance Event ADE:**
Seit dem der ADE 1996 erstmalig stattfand, entwickelte er sich mittlerweile zur weltweit führenden Konferenz für elektronische Tanzmusik. An fünf Tagen im Oktober erleben die mittlerweile über 3800 gezählten Fachbesucher, zu denen vorrangig DJs, Produzenten, Veranstalter, Booker, Labelbe-

treiber und Journalisten gehören, Workshops, Gespräche, Diskussionspanels, Technikvorstellungen bzw. -demonstrationen. Neben der Konferenz finden in ganz Amsterdam in über 75 Clubs und Locations mehr als 350 Special Events mit 1700 holländischen und internationalen Künstlern statt, die den ADE auch gleichzeitig zum fünftägigen Festival mit insgesamt 200000 Besuchern explodieren lässt.

Holland und somit Amsterdam nimmt in der globalen DJ-Kultur zunehmend einen wichtigen Platz ein, das sich auch in dem jährlich gewählten DJ Mag Ranking der Top100 der weltbesten DJs niederschlägt und somit sicherlich auch zum Erfolg dieses Events beiträgt. Armin van Buuren, der mittlerweile ein fünftes Mal zum weltbesten DJ gewählt wurde, oder auch Tiesto, der selbst von der holländischen Königin den Ritterschlag erhielt, sind die bekanntesten Vertreter. Allein 2012 kam die Hälfte der internationalen DJ Top10 aus den Niederlanden, 22 waren in den Top100. Dann spricht es auch für sich, dass seit 2011 auch die DJ Mag-Awards des Top100 Polls im Rahmen des ADE am Donnerstag verliehen werden, sicherlich nicht aufgrund der Tatsache, dass ein Großteil der Gewinner des Awards eh um die Ecke wohnen.

## „Space" Opening und – Closing:

Die Balearen-Insel Ibiza ist schon wegen der Landschaft und dem Klima eine Reise wert. Aber Ende Mai und September kommt ein weiteres überzeugendes Argument hinzu. Das 1989 von Pepe Rosello gegründete Space zählt zu den wichtigsten Adressen weltweit, wenn man als DJ bisher selbst erlebtes und gesehenes toppen möchte. Denn das Line Up in Kombination mit dem Ambiente am Strand Playa d´en Bossa sind einzigartig. Daher wundert es einen nicht, wenn das Space schon mit unzähligen Awards und Titeln ausgezeichnet wurde, wie 2012 vom englischen DJ-Mag zum „World´s Best Club" und dem IDMA in der Kategorie „Best Global Club". Da von Oktober bis Mai auf Ibiza der

Space-Closing-Party (43)

# BUSINESS

Tourimus in den Winterschlaf fällt, schließt auch das Space, um sich letztlich mit dem legendären Opening Ende Mai zurückzumelden. An diesem Sonntag legt ab 16.30 bis 6.00 die Creme de la Creme der internationalen DJ-Szene auf fünf Floors auf. Und wenn die Saison gelaufen ist, verabschiedet man sich mit der jährlichen Closing-Party, die dem Opening in nichts nachsteht. Solltest du es nicht schaffen, an einen der beiden Termine nach Ibiza zu reisen, kein Problem. Das Space bietet auch über den kompletten Sommer ein erlesenes, internationales DJ-Line Up. Außerdem solltest du bei der Gelegenheit auch einen Abstecher in die anderen Top-Adressen Pacha, z. B. am Donnerstag zur „Fuck Me I´m Famous"-Party mit David Guetta, oder Amnesia, Montag zur „Cocoon Night", einplanen. Einen Wehrmutstropfen gibt es allerdings: Horrende Eintrittspreise um die 50,00 Euro und Getränkepreise, mit denen das Stadium des Betrunkenseins einem Statussymbol gleicht, werden deine verdienten DJ-Gagen recht schnell verprassen. Kaufe daher wenigstens die Tickets im Vorverkauf und suche den Club vor 24.00 auf. Damit sparst du 50 Prozent des Eintrittspreises.

Karotte:
Ein DJ sollte seine eigene Persönlichkeit haben, einen eigenen Sc und nicht jemand anderes nachspielen. Natürlich spielen viele gleichen Platten, aber jeder bringt sie anders rüber. Die Gr haben schon ihren eigenen Style, das macht es halt aus.

## Tomorrowland

Tomorrowland (44)

Innerhalb weniger Jahre entwickelte sich dieses Festival, das jährlich am letzten Juli-Wochenende im belgischen De Schorre National Park vom Medienunternehmen ID&T ausgerichtet wird,

## Die internationalen Events

**Ellen Allien:**
Das Allerwichtigste ist, bleib dir selbst treu. Gehe nach deinem Herzen, Bauch und Instinkt. Habe einfach Spaß, an dem, was du machst. Technisch ist es ja viel einfacher geworden und man hat so viele Möglichkeiten. Dadurch gibt es auch so viel Musik, die produziert wird, weil die Leute Spaß daran haben. Leider träumen viele davon, sofort berühmt zu werden. Als ich angefangen, ging es mir nicht darum, was ich verdiene, sondern um das, was ich gern machen möchte. Es wäre der falsche Ansatz, zu sagen, ich mache Musik, um ein Superstar zu werden. Sondern mache Musik, weil du Musiker bist. Fühle es einfach.

zum Hot Spot der elektronischen Tanzmusik. Gestartet als Ein-Tages-Event im Jahr 2005 mit DJs, wie Armin van Buuren, Ferry Corsten und Sven Väth samt 10.000 Gästen, imponiert das Festival mittlerweile mit über einhundert gebuchten DJs und 183.000 Leuten, die an drei Tagen vor allem zu den Größen des Progressive House tanzen. Aber nicht nur das jährliche Line Up, sondern auch die Kulisse, gestaltet nach dem Vorbild des niederländischen Mystery Land, beeindrucken. Somit ist es kein Wunder, dass die Tickets innerhalb einer Stunde vergriffen sind und das Festival bei den International Dance Music Awards schon mehrmalig als „Best Music Event Worldwide" ausgezeichnet wurde.

Vom Erfolg des Festivals motiviert, fand auch erstmalig vom 27. bis 29. September 2013 in Chattahoochee Hills, Georgia USA, das von ID&T organisierte Tomorrowworld statt.

**Markus Kavka:**
Mein Ansatz beim DJing war immer, dass es mich selbst glücklich macht und nicht in erster Linie um's Geldverdienen geht. Mir bescherte es stets ein Glücksgefühl, wenn ich meine Lieblingsplatten auflegte und somit diese anderen Leuten vorspielte, die sie auch cool fanden. Jedoch bei Lautstärken, mit denen es zu Hause nicht möglich ist.
Man sollte jedoch davon Abstand nehmen, es als bezahlten Beruf zu sehen, sondern eher als eine Herzblutangelegenheit. Mit dieser Intention steht dem steilen Aufstieg nichts mehr im Weg. Denn es spielt mehr das Herz als die Technik eine Rolle.

# PRODUCING

## Das Produzieren eigener Mashups

Eigene Produktionen öffnen manche Tür und verleihen der Karriere einen ordentlichen Schub. Aber hierfür bedarf es nicht nur musikalischer Ideen, sondern auch technisches Grundwissen für die Umsetzung der Tracks. Hingegen für Mashps muss man nicht unbedingt die zuletzt genannte Voraussetzung erfüllen. In einem Mashup werden zwei oder mehrere Tracks zu einem gemeinsamen verbunden. Ob du dabei die kompletten Tracks zusammen mixt, oder von einem nur das Instrumental, von einem anderen das Acapella, ist deinem Gespür und deiner Kreativität überlassen.

Eigene Mashups können nicht nur dein Set aufpolieren, sondern auch deiner Karriere einen ordentlichen Schub verpassen. Denn der Erfolg von Mashups schaffte schon häufig den Sprung vom Dancefloor in die Verkaufscharts. Einer der bekanntsten Mashups ist Mylo Vs. Miami Sound Machine „Dr. Pressure", bei dem von beiden Künstlern jeweils die Songs „Drop The Pressure" und „Dr. Beat" so erfolgreich kombiniert wurden, dass es tatsächlich auch ein Track hätte sein können, obwohl in diesem Fall die kompletten Soundspuren beider Tracks zu hören sind. In den United Kingdom kletterte das Mashup bis auf Platz 3 der englischen Single-Charts.

Aber worin begründet sich der Erfolg eines Mashups? Es gilt musikalische Grenzen zu überschreiten. Verschiedene Tracks unterschiedlicher Stile zu verknüpfen, auf deren Idee kein Produzent gekommen wäre. Zwei HipHop-Tracks zu „mashen", nicht besonders originell, auch dann nicht, wenn die Künstler aufgrund eines vorhandenen „Beefs" (Auseinandersetzung) im wahren Leben nie ein gemeinsames Studio betreten hätten. Aber würdest du einen Rap auf einen NDW-Song legen?! Die Crowd wäre überrascht. So geschehen mit dem erfolgreichen Mashup Nena Vs. Eminem „Nur geträumt Vs. Lose Yourself".
Wenn du einen Mashup produzierst, dann achte auf folgende Regeln:

- Der Track, der hauptsächlich das Instrumental beisteuert, gibt das Master-Tempo des Mashups an.
- Das Tempo beider Tracks sollte ungefähr übereinstimmen.
- Die Tonarten der Tracks sind laut harmonischem Mixing kompatibel.
- Wähle Tracks unterschiedlicher Musikstile aus.

Zum Produzieren der Mashups eignen sich neben dem klassischen Weg,

# Das Produzieren eigener Mashups

live an zwei Decks, vor allem Programme, wie Ableton Live, Garage Band, CuBase, Logic oder auch Mashup, eine spezielle Software von den „Mixed In Key"-Entwicklern.

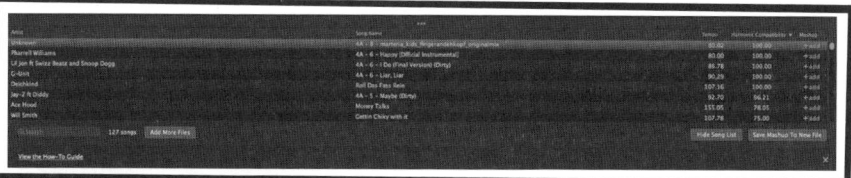

Library von Mashup

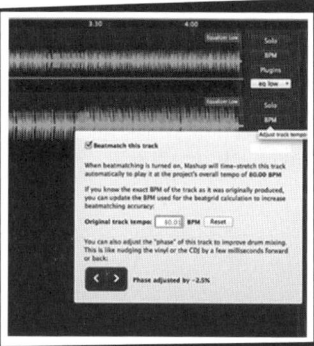

Beatmatching und Phasing bei Mashup

Wenn du einen Track auswählst, zeigt dir Mashup sämtliche Tracks deiner Library mit ihrer prozentualen Harmonie-Kompatibilität zu diesem Track an. Wählst du einen oder mehrere harmonierende Tracks für den Mashup aus, so synchronisiert die Software sie von ihren Tempi und der Phase automatisch. Manuelle Korrekturen, wenn beispielsweise die Beats nicht hundertprozentig übereinander liegen, können unter „BPM" vorgenommen werden. Solltest du generell mit dem vorgeschlagenen Master Tempo unzufrieden sein, so findest du unter Schraubschlüssel-Knopf die entsprechenden Einstellungsmöglichkeiten.

Sicherlich ergänzen sich die Strukturen der zu vermischenden Tracks nicht auf Anhieb. Entweder überschneiden sich die verschiedenen Vocals der Tracks oder die Instrumentalparts der Tracks passen nicht, da z. B. der Chorus von einem Track auf dem Strophenteil des anderen liegt. Abhilfe schaffen Loops und Cuts. Indem du mit der Maus die zu loopenden Takte markierst, kopierst und an beliebiger Stelle einfügst, gleichst du die unterschiedlichen Längen der Segmente und damit die Strukturen an. Dies gilt auch für die Cuts, mit denen du komplette Segmente eines Tracks verschiebst oder löschst.

Individuelle Lautstärke- und klangliche Anpassungen der Bässe, Mitten oder Höhen erledigen die Volume- und Dreiband-EQ-Felder. Unabhängig von

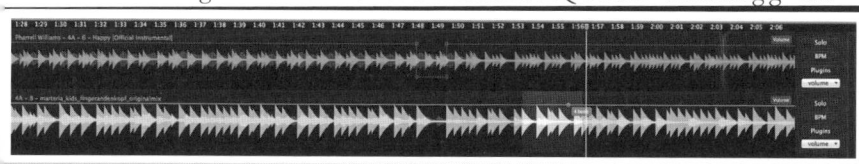

Zoomansicht von Mashup inklusive Loops, Volume-Modifikationen und Cuts

Producing

# PRODUCING

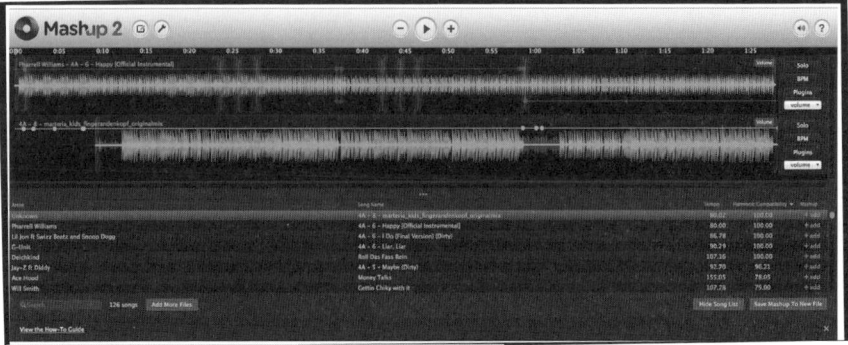

Erstelltes Mashup aus Marteria "Kids" und Pharrell Williams "Happy"

der Lautstärkeeinstellung oder den zu modifizierenden Frequenzbändern markierst du zunächst die Position, von der Volume, Höhen, Mitten oder Bässe erhöht oder gesenkt werden sollen, in der Wellenform des jeweiligen Tracks. Anschließend verschiebst du den gesetzten Punkt in seiner Höhe, um damit die Richtung der Änderung einschließlich deren genauen Dezibel-Zahl zu definieren.

Optionale Plugins anderer Softwares, wie Delay, Filter oder Kompressoren von Native Instruments oder Ableton, dienen nicht nur als Effekte, sondern verpassen deinem Mashup auch den erforderlichen professionellen Sound. Somit hast du innerhalb weniger Minuten ein eigenes Mashup erstellt, gespeichert als MP3- oder Wav-File. Damit dein Mashup auch für ein größeres Publikum zugänglich ist, uploade den Track auf Mixcloud, SoundCloud und verschiedenen Mashup-Websites, wie www.mashstix.com.

www.mashstix.com

### BEACHTE

Das Verbreiten von Mashups ist illegal, da du keine Genehmigung vom Komponisten und Urheberrechtsinhaber zur Verwendung der Tracks besitzt und somit das Urheberrecht verletzt. Obwohl das Web täglich von nicht autorisierten Versionen, Remixes und eben Mashups überflutet wird, solltest du die Gefahr einer Urheberrechtsklage nicht unterschätzen.

# Das Produzieren eigener Mashups
## Die Re-Edits / Das produzierte Edit

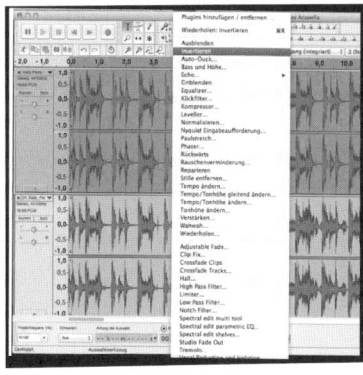

**TIPP**

Fehlt für dein Mashup ein Acapella, dann lege von einem Track die Vocal-Version und das dazugehörige Instrumental in einem Audio-Bearbeitungsprogramm, z. B. Audacity, phasengenau übereinander. Kontrolliere, dass beide auch von der Struktur bzw. Länge identisch sind. Vergrößere dazu deren Wellenformen und passe diese aufeinander an. Orientiere dich dazu am Downbeat. Markiere jetzt das Instrumental und unterlege es mit dem Effekt „Invertieren", um deren Phase umzukehren und es damit praktisch umzupolen. Spielt jetzt das invertierte Instrumental mit der Vocal-Version zusammen, minimiert dieses alle Instrumenten-Parts. Die Vocals treten hörbar hervor. Am besten senkst (Mute) du zudem zwischen den einzelnen Vocal-Parts die Lautstärke, um die Überreste des Instrumentals zu „löschen". Zum Schluss kannst du deinem extrahierten DIY-(Do It Yourself) Acapella im Mashup mit einem Reverb-Effekt akustischen Raum verleihen. Wesentlich einfacher, aber mit ungewolltem Phasing-Effekt separierst du ein Acapella mit den bereits erwähnten Apps Neural Mix Pro und XTRAX STEMS.

## Die Re-Edits

Viele DJs erstellen auch eigene Edits von Tracks, um

- den Set einen eigenen Sound zu verleihen
- das Mixing musikalisch bzw. technisch und somit die Übergänge zu perfektionieren
- das Set dramaturgisch zu bereichern.

## Das produzierte Edit

Mithilfe von Programmen wie Ableton Live, Fruity Loops, CuBase, Logic, Serato Flip oder selbst Flow DJ lassen sich recht zügig eigene Edits produzieren, die nicht nur dein Set aufwerten. Schließlich verbreiten sich die mixfreundlicheren oder vom Sound etwas knackiger ausfallenden Versionen

# PRODUCING

sehr schnell unter DJs, sodass sie auch deinen Namen promoten. Ihr Vorteil: Zum Produzieren bedarf es keiner professionellen Vorkenntnisse bzw. bisher gesammelter Erfahrungen auf diesem Gebiet. Den Track als Audio-Spur in der Software anlegen und schon kann das Editieren beginnen:

- Mit einer kräftigeren Kick, Snare und schneller gespielten Hi-Hat, z. B. in 1/16-Noten, bekommt dein Edit mehr Druck und ein gefühlt treibenderes Tempo.
- Minimal instrumentierte Tracks lassen sich mit einer zusätzlichen Bass-Line, einem Leadsound oder einer Fläche auffrischen und deinem im Set favorisierten Stil anpassen.
- Füge Intros und Outros ein bzw. verlängere sie, sollten sie gar nicht vorhanden, zu kurz und nicht gerastert sein, um somit deren Mixfähigkeit und Kompatibilität hinsichtlich der Acht-Takt-Struktur (Phrasen) mit anderen Tracks auszubauen, z. B. bei HipHop-Tracks oder Radio-Edits.
- Erstelle sogenannte Snippet Edits: Verkürze bzw. verändere die Struktur zu langer Tracks, um auf dramaturgisch, für deinen Mix wichtige Parts des Tracks nicht ewig warten oder gänzlich verzichten zu müssen. Denn langatmige, dem Publikum noch unbekannte Tracks, die sich über eine Länge von drei bis sieben Minuten aufbauen, um erst dann ihren Höhepunkt zu erreichen, trüben die Stimmung und fördern die Fluktuation auf dem Dancefloor. In diesem Fall wäre ein Snippet Edit angebracht.
- Verknüpfe zwei verschiedene Versionen eines Tracks, um einen Musikstilwechsel im Set zu forcieren. Viele Künstler liefern zu ihren Tracks facettenreiche Remixes, um den jeweiligen DJ-stilistischen Ansprüchen gerecht zu werden. Sei es, dass die Versionen nur in einem Musiksubstil differieren, sich mit der musikalischen Handschrift des Remixers definieren oder gar die komplette stilistische Vielfalt eines DJ-Sets abdecken. Dank „Aus zwei mach eins" gelingt der Wechsel im Mix harmonisch und homogen ohne Breaks.
- Produziere dein eigenes Transition-Edit: Tracks mit weniger gebräuchlichen BPMs stellen für den DJ oft eine Barriere dar, die mit den Transition-Edits leicht überwunden wird. Magst du beispielsweise das 160 BPM schnelle „Happy" von Pharrell Williams auflegen, so starte das Edit mit einem üblicheren Tempo von 130 BPM und beschleunige es nach dem

Intro auf 160 BPM. Genauso kannst du auch Tracks von 100 auf 125 BPM im Outro erhöhen. Übrigens eignet sich auch die schon erwähnte Verknüpfung zweier verschiedener Remixes für einen Transition-Track.
- Begradige manuell eingespielte Tracks. Denn Live-Schlagzeuger und ältere Drum-Machines haben die Angewohnheit, das Tempo nicht über die gesamte Tracklänge stabil zu halten. Kleine Geschwindigkeitsschwankungen, ein Auseinanderlaufen des Mixes und damit einhergehende ständige Korrekturen beim Mixen sind die Folge. Beispielsweise mit der Warp-Funktion von Ableton Live lassen sich die Beats korrigieren, damit jede Kick und Snare exakt auf der Zählzeit eines Taktes spielt.

## Das Live-Edit

Dank digitaler Musikverwaltung und einhergehenden Funktionen können die Edits auch während deines Sets live performt werden, durch:

- Cue Points: Setze sie zum Beginn des Intros, Breaks, Outros oder an anderen für dich wichtigen Stellen im Track, um während dem Playback des Tracks auf den für den Mix markierten Part zu springen oder den Track zu verkürzen.
- Loops: Verlängere deine Intros und Outros bzw. passen deren Struktur durch live gesetzte Beat Loops an.
- Sampling: Mische über ein weiteres Deck der DJ-Software, einem Slot des Samplers oder über einen angeschlossenen Stand Alone-Sampler Live-Samples oder weitere Beats hinzu.
- einer Drum-Machine oder Sequenzer-Software: Dank MIDI Beat-Clock kannst du vorproduzierte oder während deinem Live-Set gejammte Drum-Patterns mit den Beats deiner gespielten Tracks synchronisieren.

Auch zwei verschiedene Mixes des gleichen Tracks lassen sich im Set perfekt verknüpfen, indem du beispielsweise auf den Break des gerade laufenden Tracks den Break eines Remixes cuttest und mit diesem dein Set fortführst. HipHop-DJs lassen auch häufig an die Explicit Lyrics-Version dessen Instrumental-Version anschließen, um wiederum darauf einen anderen Track mit dessen Lyrics mixen zu können.

# PRODUCING

## Die Produktion des ersten eigenen Tracks
### Das Studio

Nachdem dein Terminkalender überfüllt ist, die Bemusterung einen Teil des notwendigen Tonträgerrepertoires abdeckt und auch deine Gage die gewünschte Höhe erreicht hat, kann nur noch die Produktion des ersten eigenen Tracks die weitere Karriere steigern. Sie dient als musikalische Visitenkarte, die dich vom Lokalmatador zum überregional gefragten DJ aufsteigen lässt. Aber nicht nur dieser Grund spricht für deine zukünftige Tätigkeit als Produzent, sondern vielmehr auch:

- Über den Dancefloor erhältst du ein Feedback zu den aufgelegten Tracks und dem Geschmack des Publikums.
- Das erworbene Wissen über Songstrukturen erweist sich für die Produktion als vorteilhaft.
- Durch ständiges Recherchieren über Neuerscheinungen erkennst du musikalische Trends.
- Du bist durch deine Tätigkeit befähigt, deinen Track ständig zu testen, um die Reaktionen auf dem Dancefloor zu beobachten.
- Du besitzt die Möglichkeit, unter Mithilfe deiner Kollegen den Titel regional zu promoten.
- Über die Promoter der Bemusterungspools, die z. T. auch gleichzeitig als A&R-Manager fungieren, knüpfst du wichtige Kontakte zur Tonträgerindustrie für die weitere Verwertung deines Tracks.

Kevin Saunderson:
Ich glaube, es ist immer noch das Wichtigste, deine eigenen Tracks aufzunehmen. Anderenfalls hast du meines Erachtens nicht das Recht, Tracks von anderen zu remixen. Aber Remixen gibt dir die Möglichkeit, eine andere Art des Musikproduzierens anzuwenden.

Es zeigt sich also, dass du die besten Voraussetzungen für die Produktion eines erfolgreichen Tracks besitzt, aber wie setzt du dieses Wissen in die Praxis um?

Enthusiast / Bedroom-DJ / Professional DJ / Artist

Zunächst entscheide dich, ob du ein oder mehrere Tracks produzieren möchtest und ob ein erfahrener Produzent einbezogen werden soll. Mitunter beschäftigen sich deine Freunde oder Bekannten seit Jahren weniger erfolgreich mit der Produktion von Dance-Tracks, weil sie nicht die Ansprüche des Publikums bzw. die aktuellen Trends wie du kennen. Ihr würdet aber beide von einer gemeinsamen Zusammenarbeit profitieren.

Für die Produktion stellt die folgende Übersicht Entscheidungskriterien dar, ob das Einrichten eines eigenen Studios notwendig ist oder das Buchen eines professionellen Studios in Frage kommt:

|  | **Eigenes Studio** | **Gebuchtes professionelles Studio** |
|---|---|---|
| **Pro:** | - persönliches Eigentum des Equipments<br>- flexible Arbeitszeiten<br>- kein Anfahrtsweg<br>- bei Veröffentlichung des Tracks keine weiteren Arrangement Rechtsansprüche | - schnellere Produktionszeit<br>- für die Produktion eines Tracks geringere Kosten<br>- Nutzung der Erfahrungen des Produzenten<br>- sehr professionelles Abmischen und Mastering |
| **Kontra:** | - hoher Anschaffungspreis<br>- geringere Chancen auf Erfolg<br>- längere Produktionszeit durch Unerfahrenheit | - Bindung an gebuchte Studiozeit<br>- höhere Kosten bei Produktion mehrerer Tracks<br>- Anfahrtskosten<br>- bei Veröffentlichung gehen Urheberrechte an den Produzenten als Komponist |

Vor- und Nachteile eines eigenen und professionellen Studios

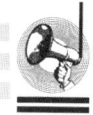

**Für Produktionen im eigenen Studio ist folgendes Equipment notwendig:**
- ein Computer inklusive schneller Soundkarte, die auch mehrere Ausgänge besitzt, MIDI-Interface und Sequenzer-Programm wie CuBase VST/SX, Logic oder Ableton Live
- ein polyphoner Synthesizer als Masterkeyboard
- verschiedene Synthesizer als physische Geräte oder in Form von Software (Plugins)
- ein Sampler als Soft- oder Hardware
- ein Mischpult einschließlich EQ und Effektwege
- diverse Effektgeräte
- ein Masterrecorder (z. B. Harddisc- oder DAT-Recorder).

# PRODUCING

Wenn dir der Aufbau eines eigenen Studios zu viele Umstände bereitet, zu kostenintensiv ist und sich die Produktion auf einen Track beschränkt, solltest du die Buchung eines professionellen Studios samt Produzenten bevorzugen. Die jeweiligen Preisunterschiede richten sich nach der professionellen Ausstattung und danach, inwiefern das Equipment dem aktuellen Standard entspricht. Auch die Kosten für den gebuchten Produzenten schwanken je nach Referenzen.

Chris Liebing:
Du spielst irgendwann selber die Musik am Abend, weil du meinst, du weißt es besser, was als nächstes laufen sollte, damit die Stimmung gut bleibt. Wenn du diesen Gedanken fortsetzt, überlegst du dir abends beim Auflegen: "Jetzt müsste eigentlich so 'ne Art Track laufen." Aber wenn du die vergeblich suchst, dann ergibt sich daraus die logische Konsequenz, sie selbst zu produzieren.

Dein Antrieb zum Produzieren sollte übrigens nicht der anvisierte Erfolg sein, denn einen Hit schüttelst du nicht einfach aus dem Ärmel. Zumal ein Hit auch an dir wie ein Fluch haften kann. Denn an ihm wirst du immer gemessen. Du stehst unter dem Druck, diesen Erfolg zu toppen. Den meisten gelingt es nicht, sodass sie als „Eintagsfliege" bzw. Kommerz-DJ verschrien sind, für die sich niemand mehr interessiert. Deswegen verwirkliche dich lieber selbst, produziere deine Musik ohne kommerziellen Aspekt. Zeige, wofür dein Name steht. Bleibe deinem Stil langfristig treu, beweise Pioniergeist und der Erfolg wird sich langfristig einstellen.

Willst du trotzdem lieber den schnellen Ruhm, so gibt dir das folgende Kapitel ein paar Einblicke in die „Hitfabrik".

Tiefschwarz:
Wir waren zunächst DJs, aber irgendwann ist daraus die Idee gewachsen, seine eigene Lieblingsmusik zu produzieren. Ich glaube, das steckt in jedem DJ, es selber einmal ausprobieren zu wollen. Das ist ein langer, über Jahre andauernder Prozess, eh es wahrgenommen wird und für gut fand. Letzteres trifft auch auf uns zu.

## Die Suche nach der Track-Idee
### Die Recherche in der Geschichte der Popmusik

DJs, die in ihrem eigenen Studio einen Hit produzieren, können aufgrund der ständigen Verfügbarkeit des Equipments experimentieren. Von dieser Vorgehensweise ist bei einem gebuchten Studio aufgrund der dadurch steigenden Mietkosten abzuraten. Vielmehr legst du vor der Buchung die Trackidee fest, die du mit Hilfe eines einfachen Keyboards komponiert hast oder die dir vielleicht zufällig in den Sinn kam, um sie anschließend auf einem Diktiergerät oder Handy festzuhalten.

Um eine passende Hookline und den Groove als Trackbasis zu finden, bedarf es einer intensiven Recherche bezüglich:

- aktueller musikalischer Trends
- der Verkaufscharts der letzten 40 Jahre
- dem auf dem Dancefloor etablierten Groove
- einem ausgefallenen Leadsound
- deinem Produktionsstil.

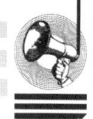

Viele Nachwuchsproduzenten eifern aktuellen Trends nach, indem sie momentan oft verwendete Leadsounds auch in ihrer Produktion einsetzen. Folgende Gründe sprechen dagegen:

- Ein musikalischer Trend ist durch Kurzlebigkeit geprägt. Nach einem halben Jahr wird ein anderer Musikstil favorisiert, und bei der Fertigstellung deines Tracks ist der verwendete Stil nicht mehr aktuell.
- A&R-Manager suchen keine Kopien aktueller Produktionen, ihre Intention besteht im Aufspüren neuer Trends.
- Für Produktionen, die auf den aktuellen Markt und Trend ausgerichtet sind, stehen den A&Rs namhafte Produzenten zur Verfügung, die sich erfolgreich etabliert haben und die „Kopie" eines Trends schneller und professioneller produzieren.
- Wenn ein unbekannter DJ und ein Star-DJ dasselbe produzieren, wird es sich anschließend durch den jeweiligen Bekanntheitsgrad unterschiedlich verkaufen. Aus diesem Grund ist vom Stil-Kopieren namhafter Produzenten abzuraten.

# PRODUCING

Erfahrungen aus der Vergangenheit bestätigten die These, dass ein Produzent einen kommerziellen Erfolg verbucht, wenn sich seine Produktion innovativ gegenüber aktuellen Trends hervorhebt, z. B.

**Robert Miles: Children** – In den UK- und deutschen Verkaufscharts landete Robert Miles mit dieser Mischung aus Piano und Trance-Groove einen Nummer 1-Hit, der mehrere Produzenten, wie z. B. Zhi-Vago, zu ähnlichen Trance-Tracks motivierte.
**Faithless: Insomnia** – DJ Rollo und Sister Bliss kreierten mit diesem Nummer-1-Track den Pizzicato-Sound, der unzählige Male kopiert wurde.
**U96: Das Boot** – Mit diesem No.1-Track verhalf Alex Christensen sich und dem zu diesem Zeitpunkt mehr auf den Underground bezogenen Techno zum kommerziellen Breakout.
**ATB: 9 P.M.** – In Deutschland platzierte sich der Dance-Track „nur" unter den Top 20 der Verkaufscharts, aber durch ihren ungewöhnlichen Gitarren-Lead-Sound startete ATB zu den Großverdienern der international gefragten DJ-Elite durch, denn in England verbuchte er die Nummer 1 der Verkaufscharts.

Dr. Motte:
Lern erstmal ein Musikinstrument und Musikverstehen…Wenn du ein Instrument beherrschst, mach Musik, produziere eine Platte. Das ist ein gutes Werbetool, weil dann kann auch dein Label oder auch ein Booker dich viel besser vermarkten. Damit bist du nicht nur einfach ein Plattendreher, sondern ein Künstler und so solltest du dich auch verstehen.

**Hypetraxx: The Darkside** – Allein die Tatsache, dass sich der Shuffle Beat völlig von anderen Danceproduktionen abhob, verschaffte dieser Produktion den Einstieg in die Top 15 der deutschen Verkaufscharts.
**Yolanda Be Cool & DCUP: We No Speak Americano** – Dieser sehr erfolgreiche Clubhit, der in Deutschland die Verkaufscharts wochenlang anführte, löste unter den Produzenten eine Lawine des Electro Swing aus. So wurde neben weiteren Releases, wie Jazz Bit „Sing Sing" oder Gramophonedzie „Why Don´t You", auch die Eintagsfliege „Doop" samt neuer Remixes reanimiert.

Diese Beispiele belegen, dass der Mut zum Risiko, um sich von anderen Produktionen zu unterscheiden, für einen Newcomer mit die einzige Möglichkeit zum Durchbruch darstellt.

## Die Track-Idee

Um eine passende Idee für deinen ersten eigenen Track zu finden, sind nicht unbedingt Kenntnisse über das Komponieren erforderlich, vielmehr geben erfolgreiche Hits der letzen Jahrzehnte Aufschluss, aus welchen Gründen ein Track erfolgreich ist. Die folgende Untergliederung der Hits beweist aber auch die Tendenz, dass zu einem Hitstatus nicht immer nur eine eingängige Hookline gehört:

Disco Boys:
Die Sachen, die wir samplen, kennen wir natürlich von früher. Und zunehmend nimmst du die Musik auch als Gebrauchsgegenstand wahr, weil du ständig auf der Suche bist, inwiefern du die Musik benutzen kannst, sei es für das Set oder für das Producing.

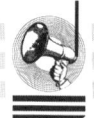

### Die mit Ereignissen verbundenen Hits:

Songs platzieren sich in den Top 10 nicht nur aufgrund einer Hookline oder Promotionkampagne, sondern sie übermitteln dem Zuhörer eine Botschaft, die einerseits an gewisse Ereignisse gebunden ist oder den Zeitgeist einer Generation widerspiegelt. Ein jüngeres Beispiel für die emotionale Komponente ist der Erfolg Herbert Grönemeyers mit der Single „Mensch", die den Menschen nach der Jahrhundertflut Hoffnung zusprach, die Grönemeyer persönlich nach dem Tod seiner Ehefrau und seines Bruders zunächst vermisste. Weitere Beispiele sind

**Enya: Only Time** – in Gedenken an den 11. September 2001
**Elton John: Candle In The Wind** – war ursprünglich Marylin Monroe und 1997 in einer Neuauflage Lady Di gewidmet
**Scorpions: Wind Of Change** – in Anlehnung an die Glasnost-Politik von Michail Gorbatschow und dem daraus resultierenden Mauerfall.

# PRODUCING

**Die promoteten Hits:**
Vermarktungsstrategien spielen für die Charts-Platzierung eines Songs auch eine wichtige Rolle, denn ein rührender Videoclip, der gekonnt platzierte Songeinsatz in der Werbung oder die Verbindung des Tracks mit einem zusätzlichen Werbeträger avancieren den Titel zum Verkaufsrenner. Neben Sendungen, wie „Deutschland sucht den Superstar" oder „Popstars", deren Interpreten durch die in den Medien erzeugte Popularität Hits verbuchten, spielt auch die Platzierung eines Tracks in der Werbung eine wesentliche Rolle für seinen Erfolg, z. B. Titel der Levis-Werbespots:

> Marvin Gaye: I Heard It Through The Grapevine
> Mr. Oizo: Flat Eric
> Shaggy: Mr. Boombastic
> Steve Miller Band: The Joker

Auch der Einsatz in Kino- und Fernsehfilmen zeigt die Symbiose zwischen Song und Vermarktungsstrategie. Filmsongs transportieren nicht nur eine musikalische Komponente, sondern auch die Atmosphäre der Szenen:

> Irene Cara: Fame (OST "Fame")
> Bee Gees: Saturday Night Fever (OST "Saturday Night Fever")
> Chad Kroeger: Hero (OST "Spiderman")
> Limp Bizkit: Take A Look Around (OST "Mission Impossible II")

Nicht zu vergessen, auch das Image und das Rühren der Werbetrommel beim Tonträgerverkauf spielt eine Rolle. Dies erkannten auch Malcolm McLaren als Manager der Sex Pistols und Trevor Horn (Produzent) bzw. Paul Morley (Propangadist des Labels ZTT).

Mc Laren managte die Sex Pistols durch ihre Revolte aus Anarchie und Provokation in die Charts. Das Kunstprodukt Frankie Goes To Hollywood, an dem außer Holly Johnson als Frontsänger und Paul Rutherford als Backgroundsänger/Tänzer kein weiterer Musiker der Band an der Produktion im Studio beteiligt war, setzten Horn musikalisch und Morley promotend gekonnt um. Um zu provozieren, kokettierte die Band auf Plattencover und Video mit der Homosexualität. Der im prüden Großbritannien heraufbeschworene Skandal trug Früchte. Die erste Single „Relax" boykottierten englische Radiostationen. Man sprach in den Medien darüber, sodass es „Relax" auf die Pole-Position der englischen und deutschen Verkaufscharts schaffte. Ein weiterer Beweis für Trevor Horns „Sex Sells"-Philosophie ist der Erfolg des russischen Duos „t.A.T.u." die sich dank einer cleveren Lolita-Lesben-Show nicht nur in die Ohren der Konsumenten sangen.

**Das „Follow Up" eines „One-Hit-Wonders":**
Veröffentlicht ein Künstler nach seinem ersten Hit eine zweite Single, so wird diese als „Follow Up" bezeichnet. Musikalisch setzen sie häufig auf das gleiche Rezept des ersten Hits ohne Veränderung des Musikstils, um auf Nummer sicher den Erfolg der ersten Single fortzusetzen und die gleiche Klientel anzusprechen, z. B.

Gotye: I Feel Better
Modjo: Chillin'
Alexandra Stan: Get Back

Sie sind nur im Zuge des ersten Hits erfolgreich und können nicht an ihn anknüpfen, sodass den Interpreten der Ruf des „One-Hit-Wonders" nacheilt.

**Der trendige Hit:**
Hits unterliegen gewissen musikalischen Trends, die in einem bestimmten Zeitraum Tracks ähnlichen Stils erfolgreich hervorbringen. Der künstlerische Anspruch und die potentiellen Ohrwurmqualitäten spielen bei der Chartsposition eine untergeordnete Rolle. Vielmehr treffen sie den Nerv einer Generation, der sich allerdings zu einem späteren Zeitpunkt oft nur schwer bzw. bedingt vermitteln lässt und in anderen Ländern sicherlich belächelt wird, z. B. Hits der Neuen Deutschen Welle oder des Neuen Deutschen Dancefloors, wie

Markus: Ich will Spaß
UKW: Sommersprossen
Mo-Do: Eins, Zwei Polizei
Dolls United: Eine Insel mit zwei Bergen

# PRODUCING

**Der Ohrwurm-Hit:**
Diese Hits, die entweder von etablierten Künstlern oder so genannten „One-Hit-Wondern" stammen, überzeugen allein durch ihre Hookline, einem eingängigen Refrain (Chorus), Zeitlosigkeit und eventuell durch einen ansprechenden Text. Folgende Songs, die auch in der Vergangenheit erfolgreich gecovert wurden, zählen zu dieser Kategorie:

> Earth & Fire: Weekend
> Jefferson Airplane: Somebody To Love
> John Paul Young: Love Is In The Air
> Madonna: Like A Prayer
> Mike Oldfield: Moonlight Shadow
> Depeche Mode: Personal Jesus

**1. Die Auswahl**
Für die geeignete Hookline des ersten eigenen Tracks recherchiere in den Top 10 der letzten 40 Jahre, um Anregungen aufzugreifen oder eventuell einen potentiellen Titel zum Covern auszuwählen. Besonders Tracks, die vor mindestens zwanzig Jahren erfolgreich waren, bieten sich als Ideenfundus an, da die gegenwärtigen Clubber und Konsumenten von Dance-Music die Originale durch ihr junges Alter nicht kennen. Bill Drummond und Jimmy Cauty, bekannt als The KLF, beschrieben die konkrete Erarbeitung eines Tracks in „Das Handbuch – Der schnelle Weg zum Nr. 1-Hit", indem sie anhand ihres Hits „Doctorin' The Tardis", der unter dem Pseudonym „The Timelords" veröffentlicht wurde, nach dieser Methodik vorgingen. Sie kombinierten die Titelmelodie der Serie „Dr. Who", den Groove von Gary Glitters „Rock´n´Roll Pt.I" und Sequenzen von The Sweets „Blockbuster". Anhand der Samples landeten sie zwar einen Nummer 1-Hit, aber gleichzeitig ging der Großteil des Urheberrechts an die Komponisten der Samples und damit auch der Verkaufseinnahmen. Deswegen setzt man lieber einzelne, veränderte Songstrukturen verschiedener Hits in einem Track ein, um dem Zuhörer unterschwellig eine bekannte Melodie zu „verkaufen", z. B. Mr. X & Mr. Y „New World Order" – Original: New Order „Blue Monday". Hingegen beim kompletten Covern eines Hits geht der Produzent kein Risiko ein, denn der Track hat sein Ohrwurmpotenial bewiesen, aber:

- es besteht die Gefahr, dass der Urheber trotz der Zwangslizenz nach § 61 UrhG, die es normalerweise ermöglicht, ohne Zustimmung des Komponisten Titel covern zu dürfen, die von dir produzierte Coverversion nicht zulässt. Denn dieser Paragraph tritt außer Kraft, wenn das Arrangement verändert wurde und somit die Coverversion einer Bearbeitung entspricht.
- Die Urheberrechte für den Song bleiben beim ursprünglichen Komponisten und der erzielte Erlös des Tonträgerverkaufs wird dadurch reduziert.
- Bei einer bekannten Coverversion erfolgt stets der Vergleich mit dem Original.

Um sich im Vergleich mit dem Original als Coverversion besser behaupten zu können, sollten die Originale:

- mindestens 20 Jahre alt sein
- als Beweis ihres Hitpotentials in die damaligen Top 30 der Verkaufscharts eingestiegen sein
- gegenwärtig keine häufigen Air-Plays verzeichnen und
- und die Coverversionen sich musikstilistisch unterscheiden.

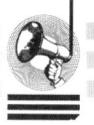

Viele Hits stehen gegenwärtig trotz ihres Ohrwurmpotentials in keiner Rotationsliste der Rundfunksender und geraten somit in Vergessenheit. Diese sind für eine Coverversion prädestiniert, denn man vergleicht sie nicht mit dem Original, da man sie nicht kennt. Das Beispiel Limp Bizkit „Behind Blue Eyes" bestätigt dies, denn nur die CD-Credits ließen auf das gleichnamige Original von „The Who" schließen.

Produzenten geben auch dem Original ihren eigenen künstlerischen Stil, um gar nicht erst verglichen zu werden. Im Alternative-Bereich schaffte Marylin Mansons „Personal Jesus" oder Guns „Word Up", deren Original ihrer Klientel eher fremd war, ein ansprechendes Pendant zu produzieren. Auch Danceproduktionen basieren z. T. auf Coverversionen, die sich zwar musikalisch und bezüglich der angesprochenen Zielgruppe vom Original unterscheiden, aber durch ihre Arrangements von wenig Kreativität zeugen. Cover-Versionen, die sich dennoch gegenüber dem Original behaupten konnten, sind z. B.

ATB: You're Not Alone
Tiga & Zyntherius: Sunglasses At Night

# PRODUCING

## 2. Sampling

Vor allem bei House-Tracks legen viele Produzenten auf ihren Groove Disco- oder Funk-Hits oder bedienen sich dessen Melodien und Strukturen in abgewandelter Form. Nu Disco war geboren. Purple Disco Machine leitete mit seinen Veröffentlichungen sehr erfolgreich diese Renaissance des Funky Disco House ein, der auch stark vom Italo Disco der 1980er beeinflusst ist.

Bei etlichen Tracks dieses Genres mit gesampelten Songpassagen gab vermutlich der Urheber des Originals nicht sein Einverständnis. Nicht ohne Grund werden Samples durch Effekte wie Filter oder Pitching vertuscht, dazu gibt der Songtitel keinen Anhaltspunkt zum Original, um Spuren zu verwischen, damit der Track nicht gesperrt wird und eine Abmahnung seitens des Plattenlabels droht.

Um eine rechtliche Klärung zu umgehen, pressten DJs ihre produzierten Tracks früher auch auf White Labels. Wie bei Bootlegs sind hier die Rechte ungeklärt, trotz des Risikos einer finanziellen Strafe. Die Kombination zweier unterschiedlicher Tracks wie z. B. des Vocals von Whitney Housten und der Musik von U2 entwickelte sich in den letzten Jahren als neue Methode zum Produzieren von Dance-Music. Der Erfolg gibt den Produzenten Recht, denn z. B. diese unter dem Namen Mashup Kids „To The Clouds Above" als White Label veröffentlichte Mixtur platzierte sich als LMC vs. U2 an der Spitze der englischen Charts. Als erfolgreiches Beispiel für das Sampling eines kompletten Refrains wäre Kid Qs „This Feeling" zu nennen, das auf Earth & Fire's „Weekend" beruhte und mit Electro-House-Elementen zu einem Clubhit avancierte.

Extrawelt:
Es passiert alles intuitiv. Manchmal ist es ein Sample, der einen Song lostritt, oder geile Drums. Was man da aus dem Synthesizer heraus holt, ist komplett unterschiedlich. Mitunter haben wir auch zwei Intuitionen und einigen uns auf eine.

## 3. Die Leadsounds

Nicht nur die Hookline ist für den Erfolg eines Tracks ausschlaggebend, sondern auch die eingesetzten Leadsounds. Tracks mit ihren unverwechselbaren Sounds in Form von Geräuschen, wie z. B. Winx „Don't Laugh", bestechen durch ihre Originalität. Aber auch für den Dancebereich ungewöhnliche Leadsounds oder Instrumente verleihen einem Track sein Markenzeichen und Hitpotential, z. B. das Saxophon bei Guru Joshs „Infinity" oder der Dudelsack bei Perplexers „Acid Folk". Allerdings sind diese Ideen kaum ein weiteres Mal umsetzbar, da der Überraschungseffekt und die Originalität bei einem weiteren ähnlichen Track verloren geht.

Bevor du deine Soundlibrary für deine Produktion durchstöberst, überlege dir im Vorfeld den Stil der Produktionen. Das spart Zeit, weil nicht jeder Synthesizer für jeden Musikstil geeignet ist. Außerdem unterstreichen bestimmte Sounds die Glaubwürdigkeit der Produktion.

Musikstile sind an gewisse Sounds gebunden: Hands Up und Hardstyle-Produktionen setzen verstärkt auf den Virus-Trompetensound und Synthies der Neuzeit. Hingegen z. B. Electroclash lebt vom analogen Mini-Moog oder Korg MS-20.

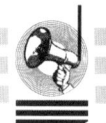

Um einen coolen Track nach deinem persönlichen Geschmack und DJ-Stil zu produzieren, orientiere dich nur wenig an gegenwärtig erfolgreichen Tracks, die in den Dance Charts gelistet sind und in den Clubs rotieren. Versuche komplett gegen die Strömung zu schwimmen, um aufzufallen und zu polarisieren. Mit einem „netten" Track sorgst du weder für Aufmerksamkeit, noch gewinnst du Anerkennung. Probiere ungewöhnliche Sounds aus, entlocke dir Innovatives, um deinen eigenen, unverwechselbaren Stil zu kreieren und „deinen" Produktionen eine unverkennbare Identification (ID) zu verleihen. Schließlich erkennst du beispielsweise sofort die Tracks von Paul Kalkbrenner. Tensnake transportierte mit als erster erfolgreich den typischen Chicago House-Sound der 1980er in die Gegenwart, was viele andere kopierten. Deswegen recherchiere, welche Musik-Stile förmlich ausgestorben sind. Übernehme beispielsweise deren typischen Drum-Pattern, Grooves oder Sounds, wie einst Avicii mit „Wake Me Up", das Dance mit Elementen der „Line-Dance"-Musik kombinierte. Aber vermeide einen Crossover recht kontroverser Genre, z. B. Hardstyle-Sounds in einem Indie Electro-Track, denn deren Anhänger werden von den schrillen synthetischen Sounds eher angewidert als begeistert sein.

## 4. Die Vocals und deren verbale Botschaft

Der zu produzierende Track sollte:

# PRODUCING

- das Publikum zum Tanzen und Mitsingen animieren
- gute Laune verbreiten
- dem Publikum auch textlich eine Botschaft übermitteln.

Setzt du auch Vocals ein, so schreibe einen einfachen Text für die Eingängigkeit des Refrains, damit er spontan zum Mitsingen motiviert. Auch inhaltlich passt du deinen Text dem Party-Feeling an (z. B. „I Can't Wait For The Weekend To Begin"), denn melancholische und nachdenkliche Texte werden in Locations auf wenig Zuspruch stoßen. Die stimmlichen Qualitäten der Sängerin bzw. des Sängers müssen den Standards vergleichbarer Produktionen entsprechen, ansonsten sample die Vocals oder verzichte gänzlich auf sie.

Boys Noize:
Ich bin sehr schnell im Produzieren. 20 Tracks sind schon wieder in der Schublade, die ich im letzten halben Jahr fertig stellte. Aber das heißt natürlich nicht, dass die alle gut sind... haha. Weil, je nach Tag und auf welche Sounds ich stoße, nimmt es eine Richtung an. Und wenn ich im Studio sitze, baue ich eigentlich innerhalb von zwei, maximal drei Tagen einen neuen Track, manchmal auch in nur 15 Minuten.

## 5. Die Namensgebung für den Track

Das Publikum fragt nach den aufgelegten Tracks einerseits beim DJ oder googelt. Kreative Titel, die weder zu merken, noch nachvollziehbar sind, reduzieren den Erfolg eines Tracks. Denn die eigenständige Recherche der Gäste wird zu keinem Erfolg führen. Ein Beispiel hierfür ist die nach einer gesampelten Filmsequenz mit Johnny Depp benannten „Saltshaker" der Boogie Pimps. Mit der kommerziellen Vermarktung des Tracks wurde er in „Somebody To Love – The Salt Shaker Remix" umbenannt, einerseits als Hinweis auf den Refrain bzw. auf das gleichnamige Original von Jefferson Airplane, andererseits schuf das Label „Superstar-Records" mit dem Remix-Vermerk die Verbindung zum ursprünglichen Weißmuster.

Dieses Beispiel bestätigt, dass sich entweder einzelne Wortpassagen oder der vollständige Chorus zur Namensgebung eignen bzw. bei Instrumentals ein kleiner Wortfetzen, der gleichzeitig dem Titel entspricht, einzuflechten ist, wie z. B. Van McCoys „The Hustle".

## Die Elemente des Tracks
### Aufbau des Tracks

Wie schon im Kapitel Songstruktur erläutert, setzt sich der eigene Dance-Track aus folgenden Komponenten zusammen

- Intro/Ramp
- Breakdown
- Bridge
- Breakdown
- Outro.

### Die Beats und der Groove

Mit dem Groove, der aus dem Beat und der Bassline besteht, animiert der Track nicht nur das Publikum zum Tanzen, sondern legt gleichzeitig den Grundstein für den Erfolg eines Dance-Tracks. Der schönsten Melodie schenkt man auf dem Dancefloor keine Beachtung, wenn man nicht den Groove fühlt und von ihm mitgerissen wird.

Karotte:
Für mich ist Producing überhaupt nicht wichtig. Ich hasse es sogar, zu produzieren. Wenn ich einmal pro Jahr eine Platte veröffentliche, dann ist das viel. Ich hatte das Glück, auch ohne Produktionen erfolgreich zu werden und immer noch zu sein. Deswegen brauche ich zum Glück keine Platte herauszubringen. Es ist für mich wirklich das Grauen. Denn nach vier Stunden im Studio werde ich irre.

Bevor du deinen Beat aus den einzelnen Drums und Percussions zusammensetzt, lege zunächst den Stil des Tracks und sein Tempo fest. Ein Beat zwischen 120 und 130 BPM mit natürlich klingenden Sounds, wie die eines Schlagzeugs, vielen Percussions, z. B. Congas, Bongos und Elemente (Fingerschnipsen und Handclaps) sprechen für einen House-Track. Hingegen lenken Beats oberhalb dieser BPM-Grenze mit synthetischen Drums und Sounds, wie die der Roland TR-909 und der Roland TR-808, die Produktion in die technoide Stilrichtung.

Deinen Beat setzt du aus folgenden Elementen zusammen:

# PRODUCING

- Bassdrum
- eventuell zweite Bassdrum
- Snare
- Closed Hi-Hat
- Open Hi-Hat
- Crash
- Cymbal
- Congas, Bongos, Claps ...

Da sich jeder Track aus den Phrasen zusammensetzt, legst du zunächst die Anzahl der 4/4-Takte pro Phrase fest, die in der Regel vier oder acht Takten entsprechen. Im CuBase oder Logic schließt sich das Setzen der Bassdrum auf jede Zählzeit des Taktes an, d. h. die Bassdrum spielt viermal pro Takt. Auf die jeweils zweite Bassdrum des Takts erfolgt der Einsatz der Snare. Die Closed und Open Hi-Hat, als drittes Grooveelement, verleiht dem Beat je nach Spielweise in Viertel-, Achtel oder Sechzehntel-Noten zusätzliches Tempo. Handclaps betonen meist die Snare, entweder auf jede zweite oder nur jede vierte Zählzeit.

Alle weiteren Percussionelemente füllen hörbare Pausen zwischen den Zählzeiten, damit der Groove „rollt".

Wem das Setzen des Beats große Probleme bereitet, kann auch zunächst auf Loops von erhältlichen Sample-CDs zurückgreifen.

## Die Bassline

Die über einen kompletten Track nach einer Figur durchspielende Bassline (auch Bassriff genannt) unterstützt den Beat. Beide Elemente bilden gemeinsam die Rhythmussektion in einer Danceproduktion und somit deren Groove. Im Techno besteht die Bassline meist aus einer mit einem Sequenzer eingespielten, monotonen Notenfolge. Der berühmteste Sequenzer, der durch seinen synthetischen Sound vorrangig im Techno eingesetzt wird, ist der Roland TB-303. Melodischer sind dagegen die Bassläufe in House-Produktionen, deren Sound meist von analogen Instrumenten stammte.

Die Präsenz einer Bassline entscheidet mit über das Potential einer Produktion. Um die tiefen Frequenzen besonders unterhalb der 100 Hz herauszuarbeiten, werden auch unter die Bassline Subbässe gelegt.

## Die Leadsounds

Ist der Groove abgeschlossen, bezieht sich der nächste Schritt auf die Auswahl der Leadsounds, die den melodischen Teil der Produktion und beim Einsatz von Vocals den Melodieverlauf unterstreichen. Um einen objektiven Eindruck zu erhalten, ob die im Vorfeld kreierte Hookline auch im Zusammenspiel mit Groove und Bassline harmoniert, ist sie zunächst mit einem Klavier einzuspielen. Stellst du Disharmonien und eine Gegenläufigkeit der Hookline zum Groove fest, so passt du sie durch eine andere Tonart, eine Veränderung der Töne oder der Notenlänge an. Als tragende Elemente setzt du meistens zwei Leadsounds ein, wobei der eine die Hookline spielt und der andere als Fläche mit synthetischen Strings begleitet.

Um passende Leadsounds zu finden, lässt du die Hookline mit einem gewählten Sound anspielen, um herauszufinden, welcher am besten die Hookline interpretiert und mit der Notenfolge harmoniert.

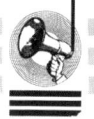

## Die Vocals

Neben den Leadsounds sind die Vocals das melodischste Element eines Dance-Tracks. Ihre Eingängigkeit entscheidet wesentlich über Clubhit oder Flop.

Je nach Stil der Tracks fallen auch die Ansprüche bezüglich der Gesangsqualitäten aus. Für Vocal- oder Discohouse eignen sich besonders perfekt intonierte, kraftvolle Stimmen mit einer dunklen Klangfarbe. Hingegen bei technoideren und elektronischeren Tracks kommen die Sänger und Sängerinnen auch mit weniger Stimmvolumen aus. Bei der Produktion von Electro- oder Retro-House steht nicht immer unbedingt die gesangliche Qualität an erster Stelle, sondern vielmehr die Ausdrucksstärke der Stimme, die ruhig etwas verraucht und „schräg" klingen darf.

Eventuelle Intonationsschwierigkeiten können anschließend z. B. mit einem Auto-Tune-Programm korrigiert bzw. mit diversen Effekten verschleiert werden. Stehen weder ein geeigneter Sänger oder eine Sängerin zur Verfügung, erweist sich, wie schon erwähnt, das Sampling von Vocal-Sequenzen als effektvolle Alternative.

Bei der Suche nach einem geeigneten Loop steht nicht der komplette Refrain eines bekannten Klassikers im Vordergrund, sondern vielmehr einzelne Passagen eines Refrains oder einer Strophe mit eingängiger Melodie und aussagekräftiger Botschaft, mit der sich der Clubber identifiziert, z. B. Junior Jack „This Feeling" (Original: Alexander O'Neil & Cherelle „Saturday Love"). Die entstehenden, immer wiederkehrenden, hypnotisierenden Vocal-Loops erzeugen beim Tänzer auf dem Dancefloor eine Art Trancezustand und somit die gewünschte Euphorie.

### BEACHTE
Damit du den produzierten Track veröffentlichen kannst, ist eine Anfrage beim Urheberrechtsinhaber des Originals nötig, z. B. Komponist, Verlag bzw. Interpret, ob und zu welchen Konditionen das Sample verwendet werden darf.

#### Die Effekte und zusätzlichen Sounds bzw. Samples
Um die Produktion abzurunden und abwechslungsreich zu gestalten, werden einzelne Instrumente z. T. mit einem Effekt unterlegt bzw. zusätzliche Sequenzen und Samples eingesetzt, die der Produktion mehr Volumen verleihen und ihre Transparenz verwischen. Auch Variationen der Hookline in Form einzelner Tonfolgen dienen der Ankündigung des Leadsounds vor einem Break und steigern somit die Dramaturgie.

## Mit dem richtigen Akkord zum Erfolg

Pop-, als auch elektronische Tanzmusik, die den kommerziellen Erfolg fokussiert, erzielt einen hohen Wiedererkennungswert auch durch die gespielten Akkorde, die in zahlreichen Songs identisch sind. Sie mogeln dir vor, den Titel schon einmal gehört zu haben. Unter einem Akkord versteht man eine Abfolge von meist drei oder vier aufeinanderfolgenden Dreiklängen. Den Dreiklang kennst du vielleicht noch aus dem Musikunterricht. Er setzt sich in übereinanderliegenden Terz-Intervallen aus dem Grundton, einer kleinen Terz (zwischen Grundton und diesem liegen drei Halbtöne) und einer großen Terz (vier Halbtonschritte) zusammen. Das Rahmenintervall aus dem tiefsten und höchsten Ton entspricht einer Quinte. Je nachdem, ob eine kleine auf eine große Terz oder umgedreht

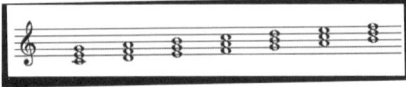 geschichtet wird, ergibt sich ein Dur- bzw. Moll-Akkord. Bei einem Dur-

Die Elemente des Tracks
Mit dem richtigen Akkord zum Erfolg

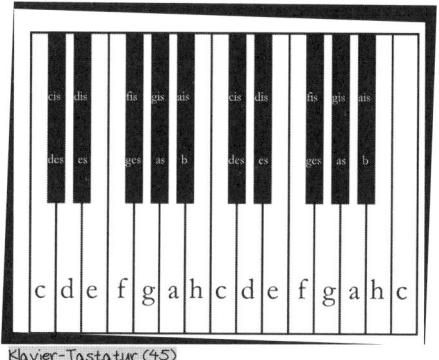

Klavier-Tastatur (45)

Akkord, wie c-e-g, liegen zwischen c und e vier Halbtöne (cis, d, dis, g - große Terz), hingegen zwischen e und g nur drei (f, fis, g – kleine Terz). Beim Moll-Akkord, wie d-f-a, besteht das untere Intervall aus drei Halbtönen (dis, e und f) und das obere aus vier Halbtönen (fis, g, gis, a). Anhand der Klavier-Tastatur und den eingezeichneten Tönen lassen sich sehr gut Halbtonschritte abzählen.

Einer der meistverwendeten und eingängigsten Akkorde ist der sogenannte Turn-Around-Akkord (nach Dr. Volkmar Kramarz). Er setzt sich zusammen aus: Tonika-Tonikaparalle-Subdominante-Dominante

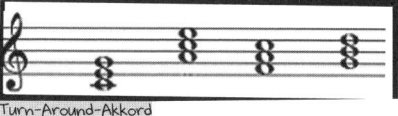

Turn-Around-Akkord

Tonika: entspricht der ersten Stufe einer Tonleiter, auch Grundton genannt
Tonikaparallele: ist der Moll-Dreiklang zum Dur-Dreiklang der Tonika. Sie beginnt eine kleine Terz tiefer als die parallele Dur-Tonart. Zum Beispiel bei einer c-Tonika entspricht der Grundton der Tonikaparallele dem a, drei Halbtönen abwärts zählend (h, b, a). Es wird allerdings der Dreiklang nicht von der unteren Stufe der Tonleiter, sondern von der oberen genommen.
Subdominante und Dominante: stehen für die vierte und fünfte Stufe der Tonleiter.

Je nachdem, mit welcher Tonika der Akkord beginnt, verschieben sich die Dreiklänge auf die andere Stufen, wobei die Intervalle die gleichen sind, z. B. c-a-f-g oder f-d-h-c.
Die australische Komikertruppe Axis of Awesome beweist eindrucksvoll in einem Video, welche Titel auf diesem gleichen Akkord basieren:

James Blunt: You're Beautiful
Black Eyed Peas: Where Is the Love
Alphaville: Forever Young
Elton John: Can You Feel The Love Tonight

Producing

# PRODUCING

> John Denver: Take Me Home, Country Roads
> Lady Gaga: Paparazzi
> U2: With Or Without You
> The Beatles: Let It Be
> Bob Marley: No Woman No Cry
> a-ha: Take On Me
> Green Day: When I Come Around
> Eagle Eye Cherry: Save Tonight
> Toto: Africa
> Avril Lavigne: Complicated
> The Offspring: Self Esteem
> Timberland featuring OneRepublic: Apologize
> Bon Jovi: It's My Life
> Lady Gaga: Pokerface
> Aqua: Barbie Girl
> MGMT: Kids

Hingegen der Punk wurde beispielsweise auch durch seine drei Akkorde berühmt die auch heutzutage gern zitiert werden:
Tonika- Subdominante-Dominante

## Das Arrangement

Nachdem alle einzelnen Spuren komplett im CuBase, Ableton Live oder Logic zur Verfügung stehen, werden sie beim Arrangieren entsprechend den Phrasen zu einem kompletten Track zusammengesetzt. Dabei vergiss nicht:

- die für DJs notwendigen Mixspuren am Anfang (Intro/Ramp), in der Mitte (Bridge) und am Ende (Outro) und
- die einzelnen Spuren phrasenweise einzusetzen
- den dramaturgischen Break.

Das Track-Arrangement sollte sich wie ein Set (siehe Abbildung „Dramaturgiekurve: kleine Sinuskurve") aufbauen, d. h. dramaturgisch und mit stetig zunehmender Spannung. Musikalisch heißt das, verschieße nicht

*Mit dem richtigen Akkord zum Erfolg*
*Das Arrangement*

Screenshot eines Track-Arrangements mit CuBase SX

das komplette Pulver zu Beginn, sondern lasse die einzelnen Sounds phrasenweise einsetzen. Erst zum Finale sollten alle Sounds gleichzeitig spielen und vielleicht noch durch einen zusätzlichen Effekt oder Sound ergänzt werden (siehe Screenshot).

Im Intro/Ramp als erste Mixschleife des Tracks setzt der Beat für ein oder zwei Phrasen und im Anschluss die Bassline ein. Der Groove spielt kontinuierlich bis zum ersten Break mit Unterstützung der Lead-Sound-Variationen, der Fläche und den Effekten bzw. Samples durch. Den Break kündigen ein Trommelwirbel und eine anschließende Pause von bis zu vier Zählzeiten an. Während des Breaks setzen nacheinander die Flächen, Effekte, Vocals und Leadsounds ein, um den Trackhöhepunkt zu erzielen. Im Anschluss sind alle weiteren Spuren bis zur Bridge zu integrieren, die wiederum auch als zweite Mixspur dient und den Track zum weiteren Break aufbaut. Der zweite Break verläuft ähnlich wie der erste, allerdings ist seine Dauer verkürzt. Danach kommen nochmals alle Spuren zum Einsatz.

Nach 16 oder mehr Takten werden phrasenweise die einzelnen Spuren ausgeblendet, um einen Übergang zum Outro zu schaffen. Die letzte Phrase als Outro besteht äquivalent zum Intro aus reinen Drums und kann auf die letzte Zählzeit mit einem Crash abschließen.

Für den Fall einer Rundfunkrotation oder Veröffentlichung auf diversen Compilations ist anschließend eine Radio-Edit-Version mit einer maximalen Spielzeit von vier Minuten zu produzieren. Durch die Einsparung von Intro und Outro beschränkt sich die gekürzte Fassung auf die wesentlichen Elemente des Tracks.

**TIPP**

Du musst dich nicht strikt an dieser vorgeschlagenen Struktur orientieren.

Sei einfach kreativ und hebe dich von den typischen „Four-To-The-Floor"-Produktionen ab. Denn alles ist erlaubt.

## Die Abmischung – Mix Down

Tracks mit dramaturgischen Breaks, einem unwiderstehlichen Groove und eingängiger Hookline geben auch noch keine Garantie für einen Clubburner. Erst die Abmischung gibt als vorletzten Schritt im Produktionsprozess den entscheidenden Anstoß.

Mittels Abmischungsverfahren werden die einzelnen fertigen, arrangierten Spuren, akustisch aufeinander abgestimmt und einzelnen Gruppen gemäß der Stereophonie zugeteilt. Hall und Panorama-Funktionen erzeugen zusätzlich einen künstlichen, akustischen Raum. Weiterhin sind die Pegel der einzelnen Spuren so aufeinander abzustimmen, dass sie entsprechend ihrer Frequenzen das Klangbild füllen, ohne dass eine besonders zum Vorschein kommt. Ein Analyzer dient dir dabei zur optischen Kontrolle. Achte auch darauf, welches Instrument in welchem Frequenzbereich dominiert und ob es zu auffallenden Überlagerungen kommt. Stelle entsprechend für diese Sounds Trennfrequenzen (Cut Off) ein, um es zu vermeiden.

Wenn du das erste Mal einen Club-Track produzierst, wirst du überrascht sein. Du bannst dein fertig gestelltes Erstlingswerk auf einen Silberling, um ihn erstmalig vor der Veranstaltung über eine Club- bzw. Discotheken-PA zu testen. Wundere dich nicht, wenn deiner im Studio wohl klingenden Produktion jeglicher Groove fehlt, der die Leute zum Feiern animieren soll. Dafür rumpelt und schäppert es. Was ist passiert? Club-Tracks müssen für den Club abgemischt werden, weil das Signal im Club durch die enorme Lautstärke, der Größe des Raumes und dem dadurch entstehenden Schall und den Reflektionen der Wände überlagert wird und vermatscht. Deswegen muss besonders die Bassdrum bei der Abmischung betont werden, denn sie ist das Metronom auf dem Dancefloor. Benutze für die Kick einen sogenannten Sidechain-Kompressor, der die Bassdrum im Mix hervorhebt, damit der Groove pumpt. Solltest du Probleme beim Abmischen haben, so erstelle das Frequenzspektrum eines Dance-Tracks im Analyzer, den du regelmäßig auflegst und der deinem Ziel am nächsten kommt, und übertrage diese angezeigte Kurve auf deine eigene Produktion. Und schon klappt´s mit dem Groove.

## Das Mastering

Beim Mastering erfolgt mittels Kompressor ein Ausgleich der Pegelunterschiede, indem Pegelspitzen geglättet und leisere Stellen angehoben werden, sodass die Produktion an Druck gewinnt. Durch weitere Verbesserungsmaßnahmen, wie Normalizing, Finalizer, Loudness-Maximizer, De-Esser, Limiter oder Equalizer steigert es die Qualität der Produktion in Dynamikumfang, Grundrauschen bzw. Klang auf ein professionelles Niveau und der Lautheitspegel wird erhöht.

Damit auch die eigene Produktion den Musikmarkt-Anforderungen und den Vergleich mit aktuellen Dance-Tracks standhält, masterst du den Track entweder am eigenen Computer mit einer entsprechenden Software oder beauftragst ein professionelles Masteringstudio.

**BEACHTE**

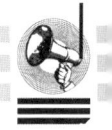

Wenn du deinen Track auf Vinyl veröffentlichen möchtest, ist der Pegel deiner Produktion nicht stetig auf null dB zu halten, wie es bei CD-Produktionen üblich ist, sondern sollte pulsieren (zwischen minus sechs bis null dB). Auch hier kannst du dich am besten per Analyzer an Tracks deines Plattencases orientieren.

Des Weiteren spielt auch die Spiellänge der Schallplattenseite, die Abspielgeschwindigkeit und der Auslauf der Platte eine Rolle. Denn die zunehmende Spiellänge pro Seite, eine schnellere Abspielgeschwindigkeit und ein breiterer Auslauf schmälern den Rillenabstand, somit dessen Tiefe und letztlich die Menge der Audio-Informationen. Ein Mastering für diese Platten fällt entsprechend komprimierter aus. Geh´ deswegen am besten von einer Spiellänge von maximal zehn Minuten pro Seite aus, um den dynamischen Vinylsound mit enormem Druck erzielen zu können.

## Die Testphase

Nachdem die Produktion des Tracks vorerst abgeschlossen ist, testest du deine Produktion während des eigenen DJ-Sets. Damit du auch eine objektive Meinung vom Publikum erhältst, legst du deinen Track ohne Anmoderation in der Peak Time unter Beobachtung folgender Publikumsreaktionen auf:

# PRODUCING

- Tanzen die Gäste auf der Tanzfläche weiter bzw. füllt oder leert sie sich?
- Erzeugt der Break die erwartete Stimmung auf der Tanzfläche?
- Wie ist die Reaktion außerhalb der Tanzfläche? Wippen die Gäste mit den Füßen?
- Stellen Gäste Fragen bezüglich des Tracks?

Leert sich die Tanzfläche und baut die Stimmung auf dem Dancefloor ab, muss der Track überarbeitet werden. Diese Prozedur zwischen Test und Überarbeitung sollte so oft wiederholt werden, bis sich dein erwünschte Erfolg einstellt: Die Crowd tanzt durch, sie fragt eventuell nach dem Track und die Stimmung auf dem Dancefloor wird mindestens gehalten.

## Die eigene Veröffentlichung

Aufgrund der Umsatzrückgänge und des geringen Interesses der Tonträger-Industrie gegenüber Dance-Music fällt die Wahrscheinlichkeit für einen Labeldeal sehr gering aus, da größere Labels keine musikalischen Risiken mehr eingehen, indem sie unbekannten Produzenten eventuell einen Vertrag anbieten. Allein Clubhitpotential, Dance Charts-Platzierungen, Verkaufszahlen und der Name des Produzenten überzeugen gegenwärtig einen A&R-Manager. Deswegen spricht alles für die Veröffentlichung des produzierten Tracks zunächst als MP3 auf einem eigens gegründeten Label. Allerdings wirst du beim Versuch, mit deinem eigenen Label und der ersten Veröffentlichung bei Beatport und Co. gelistet zu sein, auf taube Ohren stoßen. Denn vor allem der Marktführer Beatport nimmt schon seit Jahren keine neuen Labels in den Vertrieb auf. Also müssen Umwege gegangen werden, damit du doch in den wichtigsten Downloadportalen zu finden sein wirst.

Moguai:
Was ich sehr, sehr schade finde, dass es halt immer noch nicht verstanden wurde, eine Möglichkeit zu finden, neue Künstler, neue Musik so auf den Markt zu bringen, dass junge Künstler auch noch davon leben können. Neue oder ältere Plattenfirmen oder auch im Extremfall Majors sollten sich erlauben dürfen, mehr neue Acts zu supporten. Es fehlt denen aber die Mage und das Geschäft dabei...Da konzentrieren sie sich lieber auf die gut gehenden Acts, als dass man auf neue Pferde setzt.

Nach der Produktion liegt zunächst ein Master des Tracks als CD vor, das du zunächst A&Rs diverser kleiner Independent-Labels sendest. Viele kleine Labels erkannten zu der Zeit, als die MP3s noch nicht den heutigen Stellenwert einnahmen, das Potenzial von Beatport und ließen sich registrieren. Heute finanzieren sie sich dadurch, dass sie anderen kleinen Labels und jungen Produzenten, wie du es bist, die Chance geben, ihre Musik auf Beatport oder iTunes verkaufen zu können. Die Gewinnbeteiligung des Labels beträgt oft bis zu 50 Prozent. Aber letztlich geht es auch nicht um den großen finanziellen Reibach, den du erzielen möchtest. Dein Track soll von anderen DJs gespielt werden.

Der Track ist deine musikalische Visitenkarte als DJ, mit der du dich auch bewirbst. Er dient der Promotion des eigenen DJ-Namens, der Gagenerhöhung, der Etablierung in interessanten Locations oder dem Hervortreten aus dem regionalen Umfeld, so wäre dies schon ein Erfolg. Allerdings solltest du aus Sicherheitsgründen vor dem Versenden des Tracks an ein Label eine CD-Kopie deiner Produktion als Einschreiben an dich selbst verschicken. Denn der ungeöffnete Umschlag und das Zustellungsdatum der CD können im Fall eines „Ideendiebstahls" vor Gericht deinen Anspruch des Urheberrechts beweisen.

Damit du dich von der Masse der täglich veröffentlichten Tracks abhebst, überlege eventuell auch eine kleine Auflage als Vinyl zu pressen.

Um deinen Track zu veröffentlichen, gehe wie folgt vor:

### 1. Anmelden eines SoundCloud-Accounts:

SoundCloud.com ist eine Online-Plattform zum Veröffentlichen deiner Musik. Freunde und Fans können deinem Account folgen, Tracks kommentieren und werden sofort informiert, wenn du einen neuen Track veröffentlichst. Durch die Share-Funktion mit Facebook und anderen sozialen Netzwerken werden auch die Freunde deiner Freunde darüber informiert, wenn sich jemand deine Tracks bei SoundCloud anhörte. Lasse den Track als Background-Musik auf deiner Website laufen. Somit ist der erste Schritt zum Publizieren deiner Musik getan.

### 2. MP3-Bemusterung:

Public Propaganda oder auch Ministry Of Sound bieten sehr gute Konditionen und ein professionelles Marketing an, um deinen Track zu promoten. Betone dabei, dass nur DJs, die Tracks deines Stils auflegen, diesen erhalten. Das spart Geld und die unnötige Verbreitung deines Tracks im Web. Schicke deinen Track auch an Franchise Record Pool und DJCity.com (eine weitere DJ-Plattform inklusive kostenpflichtiger Track-Bemusterung), um ihn weltweit DJs zum kostenlosen Download anzubieten. Wenn der Track Clubhit-Potezial besitzt, steigt er sogar in die Dance Charts ein. Vielleicht wird dadurch auch ein bekanntes Label auf deinen Track aufmerksam.

### 3. Eventuell Pressen des Vinyls:

Wenn dein Track eine gute Performance in den Dance Charts erzielte, solltest du dir überlegen, vielleicht eine Vinyl-Auflage von 200 Stück z. B. bei Celebrate-Records pressen zu lassen. Auch wenn der Vinylpreis pro Platte bei einer geringeren Auflage recht groß ist, aber beim Verkauf der kompletten Auflage sind die Kosten trotzdem gedeckt, und die Platte ist somit schneller ausverkauft, was auch beim potentiellen Käufer ein gesteigertes Interesse weckt.

### 4. Eventuell Anmeldung der GEMA:

Solltest du Mitglied der GEMA sein, so schüttet sie durch Tonträgerverkäufe, Downloads, Lizenzierungen für Compilations (Zusammenstellung verschiedener Tracks) und Airplays im Radio eingegangene Tantiemen an dich aus. Gehst du aber eher davon aus, dass dein Track für das Radio zu unkonventionell ist oder eher weniger Chancen auf Zweitverwertungen durch CD-Kopplungen bestehen, ist eine Mitgliedschaft nicht unbedingt notwendig. Du ersparst dir somit viel Bürokratie. Im Fall der Mitgliedschaft fordert das Presswerk neben der Master-CD einen GEMA-Anmeldebogen mit folgenden Daten an: Titel, Komponist, Textdichter, Länge, eventuell Musikverlag und Katalognummer. Die Bezahlung der GEMA-Gebühren erfolgt im Voraus und beim Pressen von Vinyl pro Schallplatte.

### 5. Regionale Bemusterung:

Potentielle Clubhits setzen sich zunächst regional durch. Damit die wichtigsten DJs aus deinem Umfeld sie auflegen, bemustere sie. Mitunter platziert sich der Track durch die Bemusterung sogar in diversen Dance Charts.

### 6. Überregionale Bemusterung:

Verschicke deinen Track als MP3 an wichtige Redakteure, Szene-, Star- und Radio-DJs, damit dein Track in ihre Playlist aufgenommen und vielleicht im Radio gespielt bzw. in der Presse rezensiert wird.

### 7. Wahl eines Vertriebs bzw. kleinen Indie-Labels:

Einen Vertriebsdeal abzuschließen, ist eher unwahrscheinlich, vor allem, wenn du bisher nur eine Produktion in deiner Discographie vorweisen kannst. Deswegen solltest du diesen Weg nur im Fall des Ausbaus deines Labels in Form von weiteren Veröffentlichungen gehen.

Die Wahl des Vertriebs (z. B. Groove Attack) hängt vom jeweiligen Musikstil der Produktion ab, da sich Vertriebe musikalisch spezialisieren, wie z. B. Groove Attack auf Urban Music oder Intergroove auf elektronische Tanzmusik. Als Alternative zu den großen Vertrieben bieten sich auch Online-Shops an, die exklusiv Vinyl neu gegründeter Labels vertreiben. Wenn dein Track nur digital verfügbar ist, dann recherchiere bei Beatport nach kleinen Labels mit wenigeren Veröffentlichungen. Google wird dir anschließend alle weiteren Daten liefern, um mit dem Label in Kontakt zu treten, damit auch dein Track zukünftig bei Beatport verkauft wird.

Feiyr.com öffnet dir auch den Weg weltweit zu 300 verschiedenen Online-Musikshops, das mit einer einmaligen Anmeldegebühr von 9,90 Euro und deiner Umsatzbeteiligung von 80 Prozent auch sehr lukrativ ist. Allerdings gibt es keine Garantie, ob sie deinen Track vertreiben oder doch ablehnen.

### 8. Der Label-Deal:

Verkauft sich der Track sehr gut und platziert sich der Track in den Dance Charts, so wird eventuell auch das Interesse eines größeren Labels geweckt.

### 9. Drehe ein Video:

Videos müssen kein Vermögen kosten. Überlege dir etwas Witziges oder Ausgefallenes, das deinen Track ins Szene setzt. Schließlich sprengten die Hasen bei Lützenkirchens „3 Tage Wach" auch nicht das Budget. Anschließend uploade den Clip bei YouTube, MyVideo, Vimeo.com und allen anderen Netzwerken, wie Facebook und Twitter. Effizienter wirst du deinen Track nicht bewerben können.

## Der eigene Remix

Remixes von Tracks anderer Künstler zu produzieren, ist mindestens genauso wichtig wie der eigene Track. Denn sie haben folgende Vorteile:

Remixcomps.com und Play.beatport.com

- Eine musikalische Vorlage steht dir zur Verfügung, dadurch ist das Produzieren einfacher als beim eigenen Track.
- Du musst dir über Vertriebswege zum Verkauf deines Remixes keine Gedanken machen.
- Du besitzt das Urheberrecht des Remix, wenn es nicht anders mit dem Urheber des Originals vereinbart wurde.
- Du profitierst vom Ruf des geremixten Künstlers.

Allerdings wirst du wahrscheinlich weder ein Honorar für den Remix erhalten, noch an den Verkaufseinnahmen beteiligt werden. Vielmehr geht es bei dieser Produktion darum, deinen DJ-Namen musikalisch zu definieren, dich zu vermarkten und zu pushen.

Sehr bekannte DJs und Künstler, wie Robin Schulz, Paul van Dyk oder Mousse T., beschritten diesen Weg, indem sie zunächst vorrangig Remixes für andere Künstler produzierten und sich somit als Musiker etablierten.

### Wie kommst du an einen Remix-Auftrag?

Stöbere am besten auf Findremix.com, Remixcomps.com oder bei Play.beatport.com, Beatportal.com von Beatport. Dort sind öfters Banner

# Der eigene Remix

mit Aufrufen zu Remix-Contests zu finden. Aber auch die Plattenlabels suchen ständig neue Remix-Talente. Selbst Seat rief schon zum Remix-Contest auf. Sicherlich kannst du nicht auf allen Websites der Labels ständig online sein, aber in den entsprechenden DJ-Foren wird häufig auch dazu gepostet.

### Was musst du bei einem Remix beachten?

Wenn du einen Remix-Auftrag an Land gezogen hast oder bei einem Contest teilnimmst, dann werden dir markante Sounds des Originals als Sample bzw. MIDI-File bereitgestellt, um sie in deinen Remix einzuflechten.

Beim Produzieren gehe immer stets von deinem eigenen musikalischen Stil aus, nicht von dem des Originals. Schließlich soll mit deinem Remix das Original neu interpretiert werden. Wenn Vocals im Original-Track zu hören sind, dann setze auch diese ein, entweder komplett oder nur partweise als Dub-Version. Auch auf einzelne Leadsounds solltest du nicht verzichten, denn sie dienen auch der Wiedererkennung des Tracks. Dabei kann es sich um eine Tonfolge oder nur um einen eigenwilligen Sound als Ton handeln. Vielleicht findest du in der Sound-Library des Originals etwas Entsprechendes. Eingängige Tonfolgen, die das Original definieren, kannst du auch mit einem anderen Leadsound neu interpretieren. Grooves komplett zu übernehmen, davon ist abzuraten. Sei kreativ und suche nach deinen Beats, auf die du zukünftig häufiger zurückgreifen wirst, denn sie werden deinen musikalischen Stil definieren. Hingegen ein häufiges Wechseln der Sounds in deinen Produktionen schmälert den Widererkennungswert.

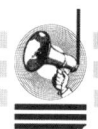

Mousse T.:
Ein guter Remix ist für mich auf jeden Fall ein Mix, der den Originalsong noch ehrt. Aber ich remixe auch als Dub-Version, bei denen ich gar nichts mehr vom Song verwende und einfach neu interpretiere. Die Aufgabe eines Remixers ist ja quasi die des Bessermachers.

# FUTURE

## DJing hauptberuflich und bis ins Rentenalter?

Hast du dich einmal für das DJing entschieden, egal ob haupt- oder nebenberuflich, stellst du dir irgendwann die Frage, wie lange kann ich glaubwürdig diesem Beruf nachgehen? Ja Beruf, denn das DJing wird zwar von vielen als Spaß-Job belächelt, aber dass hier eigentlich eine solide Ausbildung von Nöten wäre, beweist der Inhalt dieses Buches. Wenn du nebenberuflich als DJ tätig bist, stehst du sowieso nicht unter dem Druck, Auflegen zu „müssen", bis du am Krückstock gehst.

DJing ist ein rentables Nebeneinkommen, verbunden mit viel Freude, Spaß, guter und schlechter Musik, freundlichem oder nervigem Publikum und wenig Schlaf. Hauptberuflich birgt es die Gefahr, den Anschluss zu einem „normalen" Berufsleben zu verpassen. Denn das schnelle Geld, der eventuell gezollte Respekt bzw. Ruhm und die Freiheit der Selbständigkeit lassen schnell den Ehrgeiz schwinden, einer geregelten Arbeit nachgehen zu wollen. In einer Gesellschaft von „Hartz 4" kannst du dir kaum aussuchen, wo und womit du dein Einkommen verdienst. Da ist doch das DJing ein Segen! Eine Garantie für einen Job auf Lebenszeit gab´s nur im Kommunismus.

Chris Liebing:
Vor zehn Jahren, als ich diesen Schritt gegangen bin, in meinem Leben nichts mehr anderes als Musik zu machen, da haben mich die Leute schon erstaunt angekuckt: "Was machst du dann in fünf Jahren? Weißt du, das geht ja nicht ewig so weiter. Die Leute gehen nicht permanent in Clubs. Irgendwann musst du was Anständiges machen." Darüber habe ich mir damals schon ein bisschen den Kopf zerbrochen. Aber dann sagte ich mir: "Moment mal, es liegt ja auch wohl an mir, wie sehr und lange ich die Leute begeistern kann. Also bin ich mit dafür verantwortlich, ob es weiter geht oder nicht."

Im Vorfeld solltest du dir immer sagen, ich werde DJ, weil Musik meine Leidenschaft ist und vielleicht verdiene ich noch etwas nebenbei hinzu. Ein Abschluss einer Ausbildung oder eines Studiums ist auf jeden Fall ratsam. Wenn du wöchentlich freitags und samstags als DJ zu einer Gage von 200,00 bis 250,00 Euro gebucht wirst, stehen dir im Monat je nach Anzahl der Wo-

## DJing hauptberuflich und bis ins Rentenalter?

chenenden zwischen 1600,00 Euro und 2500,00 Euro brutto zur Verfügung. Klingt schon sehr rentabel, aber Fahrzeug, Tracks, Steuern und Versicherung müssen auch damit bestritten werden. Also ein Eigenheim kannst du dir noch nicht dadurch finanzieren. Hingegen bei einem Zweiteinkommen von montags bis donnerstags oder halbtags sieht es schon wesentlich besser aus. Du bist finanziell unabhängiger und kommst auf einen sehr guten monatlichen Verdienst. Wenn du dann noch regelmäßig in der Woche auflegst, also z. B. jeden Mittwoch oder Donnerstag, so kannst du auch das DJing hauptberuflich betreiben. Allerdings bist du dadurch mehr von diesem Einkommen abhängig. Größerer Erfolgsdruck lastet auf dir. Bedenke auch, Urlaub bedeutet immer doppelte finanzielle Belastung, keine Einnahmen, nur Ausgaben. Auch für Fun-Sport-Arten, wie Snowboarden, Inlineskaten o. ä. ist eine Unfallversicherung abzuschließen, die bei einem schwerwiegenden Unfall ein Krankengeld bzw. sogar eine Rente zahlt. Denn mit gebrochener Hand lässt es sich nur schwer auflegen.

Bist du in der glücklichen Lage, hauptberuflich als DJ zu arbeiten, so solltest du dir auch im Klaren sein, dass im höheren Alter damit Schluss ist. Muss aber nicht.

Zunächst ist es ratsam, stets etwas auf die hohe Kante zu legen. Denn, wie schon gesagt, so leicht verdienst du dein Geld anderswo nicht und vielleicht kannst du damit bei einer cleveren Geschäftsidee eine weitere Selbständigkeit, Firmen- oder Geschäftsgründung vorfinanzieren.

Um auf das hohe Alter zurückzukommen, momentan kann dir niemand sagen, wie lange ein DJ glaubwürdig und authentisch auflegt. Denn diesen Beruf des DJs als Entertainer, Musiker und Star gibt es erst seit den späten Siebzigern. Und ob die Karriere schon mit 30 oder erst mit 50 beendet ist? Es hängt ganz allein von dir ab! Das biologische Alter spielt nämlich dabei eine untergeordnete Rolle. Viel wichtiger ist, dem musikalischen Zeitgeist zu entsprechen. Du musst mit dem Trend gehen und sogar welche setzen. Deine Aufgabe besteht darin, dein Publikum zu begeistern und mit deinem musikalischen Virus zu infizieren. Gelingt dir das, so bist du der angehimmelte DJ deiner Crowd. Verfällst du hingegen in musikalische und physische Lethargie, wird dein Publikum dich mit bösen Blicken und Tanzboykott strafen. Wenn es dich nicht mehr akzeptiert, dann ist der Punkt gekommen,

vom DJing Abschied zu nehmen. Egal, ob du 25 oder schon 40 bist. Legst du hingegen den Stuff auf, den deine Crowd mag, lieben sie dich auch noch oberhalb der 45er Marke. Unterstützend wirkt natürlich auch dein Auftreten und Outfit. Faktoren wie Alkohol, Zigaretten, Drogen und fettes Essen multiplizieren dein biologisches Alter. Bleibe besser fit, schlank, schlafe viel bzw. ernähre dich gesund und du siehst mit 50 immer noch wie 40 aus.

Zum Outfit: Früher waren bunte Shirts mit riesigen Aufdrucken mega in, heute ist alles erlaubt. Trage, was dir gefällt und steht. Du kannst im Tarn-, als auch im Armani-Anzug auflegen. Dein Outfit sollte deine Credibility unterstreichen. Allerdings übertriebenes Aufmotzen geht voll nach hinten los. Selbst ein 50-Jähriger mit Piercings, Tattoos und bunten Shirts sieht nach Midlife-Crisis aus, wenn es nicht zu seinem Typ passt. Also, nicht übertreiben, aber schick und modisch darf es sein.

Auch wenn im Alter von Mitte 30 oder Anfang 40 deine Bookings keine Freizeit zulassen, überlege dir, wie kann ich mein berufliches Umfeld erweitern? DJing ist längst nicht nur an Discotheken und Clubs gebunden. Es umfasst einen ganzen Industriezweig, angefangen bei der Erlebnisgastronomie über die Medien bis hin zur Equipment-Industrie. Folgende Möglichkeiten stehen dir dabei offen.

**Werde als DJ Mitglied einer Band:**
Seit HipHop und Nu Metal ist ein DJ fester Bestandteil einer Band. Sei ein Mitglied, gehe auf Tour und nutze deine Scratch-Skills zum Musizieren.

**Unterrichte:**
Nutze dein Wissen, um angehende DJs an Schulen oder in Workshops zu unterrichten. Bewirb dich an Musikschulen, die das Fach DJing anbieten, oder an der VibrA School of DJing.

**Schreib für die Presse:**
Dein musikalisches Fachwissen ist bei Szeneblättern gefragt. Verfasse Artikel über das Nachtleben, Clubs und Events oder rezensiere neue Tracks.

**Produziere:**
Dein musikalisches Wissen ist prädestiniert zum Produzieren eigener

Tracks. Geh ins Studio, produziere. Bist du sogar sehr erfahren, gründe dein eigenes Tonstudio, vermiete es und produziere für andere DJs.

**Karotte:**
Natürlich hilft eine Produktion, aber nicht immer, auch wenn sie ein Hit ist. Man muss natürlich auch am Ball bleiben, das ist auch recht schwierig. Viele denken, sie veröffentlichen eine gute Platte und es geht von null auf 100 ab. Schau, wir machen das auch schon seit über 20 Jahren, das brauchte auch seine Zeit. Aber man sollte nicht den Mut verlieren, auch wenn es lange dauert. Denn wenn man gut ist, setzt sich Qualität immer noch durch!

**Gründe dein eigenes Label:**
Du wirst es wahrlich schwer haben, damit profitabel zu arbeiten. Aber vielleicht hast du in deiner Umgebung potentielle Produzenten, die nur darauf warten, auf deinem Label veröffentlichen zu können. Lege dich auf jeden Fall musikalisch fest, d. h. signe nicht heute einen Hands-Up- und morgen einen Minimal-Track. Darunter würden die Credibility deines Labels und auch die Verkaufszahlen leiden.

**Miss Djax:**
Es gab so viel gute Musik, die allerdings nicht auf den bisher existierenden Labels veröffentlicht wurde, weil sie diese nicht verstanden. Sie war ihnen nicht kommerziell genug. So entschied ich mich, dieser Underground-Musik eine Plattform zu bieten, indem ich mein eigenes Label gründete.

Melde eventuell dein Label bei der GVL (Gesellschaft zur Verwertung von Leistungsschutzrechten) an, um einen Labelcode zu beantragen. Dieser ist notwendig für die Abrechnung bei der GEMA (Gesellschaft für musikalische Aufführungs- und mechanische Vervielfältigungsrechte), wenn deine Tracks z. B. im Radio gespielt werden. Überlege auch, ob du einen eigenen Verlag gründest und du dich mit ihm bei der GEMA anmeldest, bei unkonventioneller Musik und kleinen Auflagen ist es eher überflüssig. Solltest du vielleicht einen potentiellen Hit unter Vertrag nehmen, dann beschreite auf jeden Fall den Weg über GVL und GEMA. Suche dir einen

Vertrieb, schließe einen Vertrag ab und veröffentliche zunächst aller drei bis sechs Monate eine Platte. Dies kann auch eine EP mit Tracks von verschiedenen Künstlern, die musikalisch zusammenpassen, sein. Solltest du nicht nur digital, sondern auch auf Vinyl veröffentlichen, starte mit einer 200er Auflage. Durch die Produktion der Galvanik (Mutterplatte) wirst du zwar mit einer so niedrigen Stückzahl gerade die Kosten abdecken können, aber dein Kapital ist nicht unnütz gebunden und ein Nachpressen geht immer.

Ellen Allien:
Aus folgendem Grund habe ich mein eigenes Label gegründet: Ich war früher bei Champion Sound, wo ich meine erste Platte veröffentlicht habe, ein ganz kleines Label. Danach folgte eine Veröffentlichung auf MFS, dem Label, auf dem auch Paul van Dyk unter Vertrag war. Ein ganz tolles Label, mit großartigem Management. Sie haben sich sehr gut um mich gekümmert, aber musikalisch passte es nicht so richtig. Tresor war mir zu hart und es gab kein weiteres Label in Berlin. Ich bin halt ein Maker und warte nicht auf Sachen, dass sie kommen. Ich gehe halt die Sachen an, die zu machen sind und habe Spaß daran. Bpitch Control hat sich langsam entwickelt, habe es langsam aufgebaut. Zwischendurch ist auch viel Geld auf der Strecke geblieben und bin oft zerbrochen. Aber es gab eben auch unwahrscheinlich viele gute Momente, sodass ich heute sagen kann: Wir sind ein tolles Team, haben jede Menge gute Sachen gesignt, es ist unwahrscheinlich spannend und macht eben sehr viel Spaß.

**Moderiere für Events:**
Als DJ musst du nicht unbedingt moderieren, aber vielleicht gehört es zu deinen Stärken. Nutze sie und agiere als Moderator von Veranstaltungen, wie Modenschauen, Präsentationen oder Competitions.

**Moderiere im Radio:**
Erfüllen deine Moderator-Qualitäten die professionellen Ansprüche im Hörfunk, bewirb dich für ein Praktikum oder gar einen Job.

**Werde Musikredakteur:**
Leider ist dieser Job fast ausgestorben, aber mitunter besitzen Radio-Stati-

onen einen Musikverantwortlichen. Dein musikalischer Fundus spielt eine wichtige Rolle bei diesem Job. Du solltest dich aber im Vorfeld über die einzelnen Formate, wie „AC (Adult Contemporary)" oder „Hot AC", informieren.

**Gründe deinen eigenen Radiosender:**
Die Landesmedienanstalten der Länder schreiben regelmäßig neue Frequenzen für Radiosender aus. Mit einem Format, das in deiner Region einzigartig ist und sich auch betriebswirtschaftlich trägt, solltest du dich bewerben. Wenn es nicht terrestrisch klappt, dann gehe online.
Aber denke daran, mit anspruchsvollem Radio lässt sich kaum Werbezeit verkaufen, mit der du dich finanzieren musst. Schließlich interessieren sich Werbekunden vorrangig für eine Zielgruppe oberhalb der 25 und eine hohe Einschaltquote. Wie du das erreichst, recherchiere.

**Nutze dein Wissen in der Equipment-Branche:**
DJ-Equipment ist wahnsinnig gefragt und wird online oder auch vor Ort verkauft. Bewirb dich bei einem Händler als Verkäufer. Es ist auch nicht abwegig, bei einem Equipment-Hersteller einen Job als Vertreter oder zur Durchführung von Workshops anzunehmen.

**Jobbe im Record-Shop bzw. -Vertrieb:**
Dein Musikwissen und Gespür für neue Trends ist auch hier bares Geld wert. Obendrein hat dieser Job noch einen weiteren Vorteil. Du sitzt an der Quelle für neue Tracks und dies zu vergünstigten Konditionen. Auch der Record-Shop-Besitzer profitiert von dir. Er sieht natürlich nicht nur in dir eine authentische Person, sondern du wirbst durch dein Auflegen auch für sein Geschäft. Denn es kommt sicherlich vor, dass du nach einem Track gefragt wirst. Deine Antwort „Hab ich im Laden, komm morgen vorbei!" Natürlich ist dein Wissen auch genauso gut im Vertrieb aufgehoben. Den Gedanken eines eigenen Shops solltest du aber besser verwerfen, denn etablierte Online-Shops verdrängen zunehmend die Platten-Läden vor Ort. Außerdem ist die Stammkundschaft bestimmt schon verteilt.

**Werde Discotheken- oder Club-Geschäftsführer:**
Du kennst das Geschäft, denn du bist ein Teil von ihm. Nutze diese Fähigkeit und dein Wissen. Profitiere von den Fehlern und Erfolgen, die vor deinen Augen begangen und erzielt worden sind. Lerne daraus. Wenn du noch eine kaufmännische Ausbildung besitzt, bist du bei der Wahl des neuen Geschäftsführers einer der Favoriten.

**Werde Event- und Party-Veranstalter:**
Warum nicht eigene Partys- oder Events veranstalten? Du weißt, wie dein Publikum tickt, was sie anspricht und kennst coole Locations. Miete eine, stelle ein DJ-Line Up auf die Beine, mit dem du eine große Zielgruppe ansprichst und vielleicht eine Marktlücke abdeckst. Dekoriere, flyer, plakatiere! Schau dich um, wie der regionale Markt funktioniert und wer deine Mitbewerber sind. Lege deine Veranstaltung nicht auf ein Wochenende, wo die Konkurrenz ein etabliertes Event veranstaltet.

**Arbeite als Booker:**
Du kennst viele Discotheken-Geschäftsführer und -Manager, Clubbesitzer und auch viele gute Kollegen, die nichts gegen zusätzliche Bookings hätten. Nutze deine Beziehungen und baue eine Agentur auf. Runde das Agentur-Angebot mit Go-Gos bzw. Entertainment-Shows ab.

**Wechsel als DJ dein Einsatzgebiet:**
Wenn du schon viele Jahre als DJ tätig bist, zeichnest du dich durch ein ausgesprochenes und vielseitiges Musikrepertoire aus. Viele Partys setzen auf Musik vergangener Jahrzehnte. Das ist dein Ding, denn du bist mit der Musik aufgewachsen, die Gäste sind in deinem Alter. Natürlich steht dir auch der Weg frei, generell das Genre zu wechseln. Mit zunehmenden grauem Haar und Falten unter den Augen sind auch der Oldie-Floor in einer Discothek oder Gigs bei Hochzeiten, Geburtstagen und Firmenfeiern dein Einsatzgebiet. Dort fragt dich niemand nach deinem Alter.

Wie du siehst, stehen dir viele Türen offen. Du musst nicht zwangsläufig davon ausgehen, dass ab 40 mit dem DJing Schluss ist. Schließlich wird auch in diesem Geschäft sehr auf Erfahrung gesetzt und entsprechend honoriert.

Aber versuche lieber eine Alternative zu finden, bevor es zu spät ist, denn mit einem profitablen Job in petto lässt sich ein weiterer entspannter akquirieren. Mit den neuen Aufgaben erweitern sich deine Kontakte, die Referenzen wachsen, mit denen du dich wiederum als DJ besser verbuchen lässt.

## Das DJ-Handwerk – überbewertet oder doch noch notwendig?

Zu klassischen Vinyl-Zeiten galt perfektes Mixen als Qualitätssiegel, das im digitalen Zeitalter anscheinend gebrochen ist. Oder warum werden DJs trotz mangelnder Blendskills an die Plattenteller der Clubs zitiert und gar vom Publikum gefeiert?!

### Back to the roots

„There's not a problem that I can't fix ‚cause I can do it in the mix" – Schon 1982 zollten Indeep den Plattenauflegern Respekt, wenn sie die Crowd auf der Tanzfläche nonstop bei Laune hielten. In den letzten fast fünfzig Jahren perfektionierte sich das Mixing, beginnend mit den längeren, damit mixfreundlicheren Tracks in etlichen verschiedenen Versionen, die auf dem sattklingenden 12"-Vinyl als Maxi-Single die DJ-Elite im Sturm eroberte. Die dazu DJ-freundlicheren Turntables, später CD-Player, Sampler, DJ-Controller und -Software unterstützten die wachsende Kreativität. Allerdings sabotiert die damit gewonnene Vereinfachung des Handwerks zunehmend dessen Glaubwürdigkeit. Denn eine Sound-Lawine aus Loops und Samples, die mit Tracks aus vier Decks die Ohren überrollt, spricht nicht unbedingt für einen sich gut anhörenden Mix, noch für die ausgesprochenen Fähigkeiten als DJ.
Sollte es dennoch wie aus einem Guss klingen, hinterfragt die Crowd kritisch: Ist das live, teilweise vorproduziert oder gar ein fertiges Edit? Hinter der aufgebauten Technik-Barrikade verschanzt sich die Transparenz der Skills! Zudem ermutigt die üppig gefüllte digitale Library, visuelles und automatisiertes Beatmatching Tracks förmlich im Sekundentakt auf die Meute zu schießen. Damit erlegt man den dramaturgischen Aufbau eines Tracks! Das Publikum kann gar nicht schnell genug auf die Tanzfläche hetzen, um auf diesen aufgelegten Track abzudancen.

### Warum mixen wir noch?

Dank dem Mix bleibt die Tanzfläche ohne Unterbrechung gefüllt. Neue, dem Publikum noch unbekannte Tracks mogelt man unauffällig unter, damit es nicht schon beim ersten Takt flüchten. Zudem definiert der Mix den Stil und die Kreativität eines DJs.

Auch in der Gegenwart forcieren die ersten beiden Argumente die Notwendigkeit des Mixings. Die zuletzt genannte Kreativität tritt zwar aufgrund der technischen Emanzipation zunehmend zurück. Aber dennoch spricht für die Kompetenz eines DJs nicht nur seine Musikauswahl, sondern auch seine künstlerische Verarbeitung der Tracks, die nunmehr vom Publikum auch verständlicherweise kritisch hinterfragt wird. Galt es früher als Handwerkskunst, zwei Tracks fast unhörbar länger als vier Phrasen, also 32 Takte, ohne hörbare Patzer und Korrekturen nebeneinander zu spielen, degradiert es heute der Sync-Knopf, dazu ausbleibende Gleichlaufschwankung bei Controllern beziehungsweise CDJs und Drifting-Stabilisierung für DVS zum kinderleichten Daddeln selbst an einer Smart-Phone-App-User. Die Simplifizierung des Handwerks unterfordert und langweilt einen gar an seinen Decks im Club. Dank Sync werden eingemixte Tracks schneller gedroppt, dazu skilltechnisch eine Schippe draufgelegt. Das Energy Level im Mix steht ständig am maximalen Peak, ein Drop folgt nach dem Anderen. Weder die Ohren, noch die Beine der Crowd ertragen das ständige Kratzen am Limit. Der Sound-Overkill entlädt sich weniger in Bewunderung, dafür mehr im Empörung. Denn die Tracks stehen im Vordergrund, nicht der Mix!

### Music-Selector Vs. DJ

Als Gegenbewegung und treu dem Motto „Zurück zum Ursprung" erfreuen sich immer mehr Events großer Beliebtheit, in dem der Music-Selector die Plattenauswahl auf außergewöhnliche Tracks legt, ohne die DJ-Hand anzulegen. Diese Form des Auflegens ist die Rebellion auf den Mix-Scratch-Cut-Wettlauf mit der Attitüde: Höher, schneller, weiter!

### Was macht einen guten Mix aus?

Mit der Blende zweier Tracks kann der DJ seinen künstlerischen Status fundamentieren, aber nicht über deren Länge, sondern seine Musikalität bezüglich ähnlicher Stil und Groove, dazu Einhaltung der Struktur, Start-Position als auch die Tonart. Überlege mit einem Track ein- und den anderen auszusteigen, um den Mix auf den Beat oder Breakdown zu beenden. Dem harten Cut einer weichen, langweiligen Blende bevorzugen. Für mehr Transparenz und Glaubwürdigkeit sorgen aufgelegte Originale anstatt ausgefallene Edits auf. Damit hört jeder auf Anhieb, was du gerade mit dem Track künstlerisch anstellt. Kick nicht nach einer Minute Spielzeit jeden Track aus dem Deck, sondern gebe ihm eine Chance, sich zu entfalten. Nutze das Jog Wheel für Pitch Bending, um den Mix in Phase zu halten. Dabei zu hörende Schönheitsfehler geben deiner DJ-Kunst die vermisste Transparenz und einhergehende Glaubwürdigkeit zurück. Schließlich unterstellt man auch bei einem Konzert einer perfekt live spielenden Band ein Voll-Playback.

**Ist der Mix überholt?**
Ohne Mix läuft nix! Sonst kommt die Party ins Stocken. Aber für ein gelungenes DJ-Set gehört noch mehr Feingefühl, die Crowd mit seiner Musikauswahl und der dramaturgischen Reihenfolge der Tracks mitzunehmen. Denn kein Gast, ausgenommen von DJ-Skills verfallene Nerds, beurteilt den Abend ausschließlich am Mixing, sondern vorrangig an der Musik und der Stimmung. Der Mix setzt aber dem Set als i-Tüpfelchen die Krone auf. Mit dem Mix profiliert man sich, er kann zum Alleinstellungsmerkmal avancieren, wenn er das Prädikat „Künstlerisch wertvoll" verdient, um sich von den unzähligen, 08-15 mischenden Mitbewerbern hervorzuheben. Deswegen gilt für dich auch in der Zukunft: You should always do it in the mix!

# Der Club-DJ: Noch Trendsetter oder mittlerweile Jukebox?

Immer mehr diktiert das Publikum den von DJs aufgelegten Sound – das gehört mittlerweile nicht nur für den Hochzeits-DJ, sondern auch für den Club-DJ zum musikalischen Alltag. Das DJing in den Party-Tempeln entpuppt sich mehr zur musikalischen Dienstleistung einschließlich verbaler Animation.

In die goldenen 1990er zurückblickend, schwelgt man von der einstiegen aufblühenden Discotheken-Landschaft, wo noch die Gäste unvoreingenommen zu jedem vom DJ in den Gehörgang eingepflanzten Tune tanzten. Die Clubs waren an bis zu fünf Tagen in der Woche nicht nur geöffnet, sondern üppig gefüllt. Das gemeinsame Feiern in den von Scheinwerfer gefärbten Nebelschwaden samt bombastischen Soundsystem nur an einem Abend zu verpassen, glich einer Katastrophe. Zumal galt der Club als prädestinierte Kontaktbörse, wo man hemmungslos an der Bar und auf dem Dancefloor baggerte.

Dieses gelobte Clubbing stirbt zwar noch nicht aus, aber es kränkelt, wie auch die Tugend und das Bedürfnis eines DJs, seinen eigenen, von ihm geprägten Sound ohne Kompromisse durchzusetzen. Vielmehr ordnet man sich dem Publikum unter, geht auf Nummer sicher, um es nicht zu vergraulen und halbvolle Locations vor dem finanziellen Kollaps zu bewahren. Am Ende zählt jeder Gast! Musikalisch endet es in einem uniformierten aufgelegten Sound, gar Playlists unabhängig des jeweiligen DJs. Aber warum?

**1. Der verlorene analoge Kopierschutz:**
Nur mit Vinyl aufzulegen, gehörte vor mehr als zwanzig Jahren zum guten Ton und unterstrich die Glaubwürdigkeit eines Club-DJs. Dance-Tracks erschienen größtenteils exklusiv oder etliche Wochen vor dem CD-Release oft auf streng limitierter 12". Die Maxis waren entweder erst gar nicht käuflich erhältlich oder schnell vergriffen. Damit konnte sich ein DJ über seine aufgelegten Platten und seinen Musikstil definieren. Allerdings stets verfügbare und beliebig oft kopierbare MP3s, dazu Musikerkennungs-Apps wie Shazam schaffen die Blaupause für fast jedes DJ-Set, sei es vom Stil oder gar identischer Tracklist.

**2. Die Veränderung der Medien:**
Neue Tracks debütierten nur in den Clubs und auch Discotheken. Der DJ als Testimonial checkte zum Teil im Auftrag der Schallplattenlobby checkte die Reaktion des Publikums auf die aufgelegten Promo-Platten. Als Indikatoren für einen potentiellen Club-Hit galten nicht nur allein der

volle Dancefloor, sondern auch Nachfragen. Zudem tippten ihn die DJs in die Dance-Charts, woraus bei einer Spitzenplatzierung ein Videodreh für MTV und VIVA und anschließende Heavy Rotation auf den Sendern als Promotion folgte, um den Verkauf anzukurbeln. Dies funktionierte solange gut, wie auch die Musik gut war. Letztlich wurde auch viel Schund in die DJ-Charts getippt, folglich stoppten diverse Musiksender 2003 diese Promo-Maschinerie und verbannten Dance-Music komplett aus ihrem Musik-Programm. Damit besann sich Dance-Music wieder ihrer Wurzeln, sodass DJ-Sets wieder einzigartiger wurden und nicht ausschließlich von den Promos der Plattenindustrie durchzogen waren. DJs als auch aufgelegte Musik galten wieder als independent und credibil.

Mittlerweile ist Dance-Music nicht mehr den Clubs vorbehalten, sondern ständig auch auf Spartensendern, Streaming-Diensten und Plattformen wie YouTube, Sound- oder Mixcloud, aber auch Online-Music-Shops sofort und kostengünstig verfügbar. Damit rangiert der kommerzielle Club als Quelle für den neuesten musikalischen Trend aus. Auch mancher Gast ist musikalisch mehr auf dem Laufenden als der DJ, was er ihn auch durch penetrantes Musikwünschen samt Besserwisserphrasen spüren lässt.

### 3. Jeder kann ein DJ sein:
Die monetäre Hürde zum DJing nehmen billige DJ-Apps, DJ-Controllern und kostenlos gesaugten Tracks. Mit Equipment auf Spielzeug-Niveau ist DJing kinderleicht und damit kann wohl jeder auflegen. Die einstigen faszinierten Blicke über die Schulter der DJs in der Discotheken-Kanzel weichen geklopften Sprüchen, wie: „Das kann ich auch!" oder „Du spielst doch eh nur einen Stick ab". Denn anscheinend gilt für alle: Wir sind DJ, zwar nicht im Club, aber dafür im Bedroom, in der Garage oder auf der privaten Party.

### 4. Der Club als Flirtzone dient aus:
Wozu für Eintritt und den Ladys ausgegebene Getränke blechen, Interesse heucheln, wenn es doch bequemer, günstiger und anonymer per App oder online vom Sofa geht. Allerdings Social Networks entsozialisieren uns von der realen Welt und wir verlernen, miteinander zu kommunizieren. Darauf möchte man, wie auch mit einer Unbekannten in den dunklen, nebligen Katakomben dirty zu tanzen, nicht verzichten.

Dadurch gelangt das einst beliebte Clubbing bei der jetzigen Generation ins Hintertreffen. Clubs kämpfen von den Besucherzahlen ums Überleben. Booker und auch DJs schieben lieber musikalisch eine sicherere Kugel. Denn mehr denn je zählen bei einem Club-DJ nicht nur die Skills und gar der Anspruch, sondern verstärkt die Tugenden der sogenannten und leider zu wenig geschätzten Hochzeits-DJs:

**1. Die stilistische Flexibilität:**
Ein DJ sollte musikalisch auf den Moment und das Publikum reagieren, um selbst bei wenigen Gästen eine erfolgreiche Party anzuzetteln. Auf musikalische Experimente verzichtet man zu Gunsten vom Gast gewünschter, Charts in the Mix. Dazu noch Schlager, zu dem alle mitsingen und sich in den Armen liegen – Ein Szenario, das Gänsehaut und Schüttelfrost für einen vom musikalischen Anspruch getriebenen Club-DJ erzeugt. Aber genau an diesem Gemeinschaftsgefühl erfreut sich mittlerweile die jüngste Generation. Denn dies bietet keine von der Young Generation forcierten private Garagenparty.

**2. Die Dramaturgie:**
Das Publikum zu lesen, um zu reagieren, was sie gerade möchten unter Berücksichtigung der Dramaturgie des Sets. Höhepunkte, in denen alle frenetisch schreien, klatschen oder mitsingen gehören genauso zur Spannungskurve wie Cool Down-Momente. Dieses Einfühlungsvermögen ist nur schwer zu erlernen, es übernimmt auch keine DJ-Software oder ein -Controller per Automatismus. Spätestens diese Eigenschaft trennt die Spreu vom Weizen und begründet die Daseinsberechtigung eines professionellen, erfahrenen DJ.

**3. Das Entertainment:**
Sich mit dem Publikum zu verstehen und kommunizieren, gilt nicht nur musikalisch. Vor ein paar Jahren verschmähte man das Mikrofon wie ein Relikt einer antiquierten Discothekenzeit, hingegen ist es mittlerweile wieder angesagt. Schließlich versteht es auch nicht jeder DJ, sein Publikum mit professioneller Attitüde zu unterhalten, animieren oder anheizen.

Natürlich gibt es noch die elitären Plattenaufleger, von denen man erwartet, ihren Stil durchzuziehen, begründet in eigens produzierten Veröffentlichungen und dem damit untermauerten Künstlerstatus. Auch nicht jede Location beugt sich ausschließlich der Massenbefriedung. Aber jenseits der Musikmetropole Berlin können es sich nur sehr kleine Clubs, oft als e.V. geführt, leisten, mit Anspruch dem Mainstream zu kontern. Zumal auch das generelle Clubsterben leider zu beobachten ist.

## Die Zeiten ändern sich

Im letzten Jahrzehnt befanden wir uns noch in einem anderen DJ-Zeitalter, nämlich dem des Vinyls, der höheren Gagen und der unzähligen Bookings. Digitales DJing war noch verpönt und teilweise von Club-Geschäftsführern weder geduldet, noch akzeptiert. Risiken der GEMA-Kontrollen bezüglich der Verwendung von MP3s, tickende Zeitbomben in Form von Notebooks, die einen während des Auflegens abschmieren konnten, und Clubbetreiber, die einen nicht mehr buchen wollten, weil sie in einem digital auflegenden DJ einen steril anmutenden Kleinkriminellen, der seine Musik illegal via Tauschbörse zieht, sahen, unterstützen die zunächst vorhandene Reserviertheit gegenüber den digitalen Medien. Lieber fuhr der DJ bestückt mit drei bis fünf Cases voller schwarzem Gold im geräumigen Edel-Combi zum Gig, um sich von seiner Crowd feiern zu lassen. Diesem Ritual ging er drei bis fünf Mal wöchentlich nach. Viele von uns lebten für den Moment und dachten nicht an die für die DJ-Karriere geopferte Ausbildung. Wenn man clever war, so legte man seine Gage besser an, als dass man sie verjubelte.

Moguai:
Die ganz am Anfang mit dabei gewesen sind, vermissen natürlich die alte Zeit. Aber es ist jetzt eine neue Zeit, die ist nicht schlechter, die ist einfach anders. Früher war es einfach so, du hast 'ne nackte Halle gehabt, da war ein Stroboskop und 'ne fette Anlage drin. Das reichte. Heutzutage ist es eine Club-Kultur, die vom Ganzen mehr auch zelebriert wird.

Man kann nicht pauschalisieren, dass die fetten DJ-Jahre vorbei sind. Sicherlich trifft dies für jemanden zu, der am Publikum seit Wochen vorbeispielt oder dessen Frust dem Spaß am Auflegen gewichen ist. Mit diesen „liebenswürdigen" Qualitäten hat man es aber sowieso schwer, eine Lobby als DJ aufzubauen, die einen vergöttert. Also müssen wir uns weiter auf Spurensuche begeben, warum wir an dem heutigen Punkt im DJ-Biz angekommen sind.

Die Talsohle der so genannten geburtenschwachen Jahrgänge ist zwar durchschritten, aber trotzdem zwingen die rückläufigen Besucherzahlen manchen Clubbesitzer zur Schließung eines Öffnungstages, wenn nicht sogar zum generellen Closing. Manche etablierte Location kann sich trotzdem über dem Wasser halten, denn das gestiegene Durchschnittsalter und mitunter einhergehende stärkere Umsätze durch liquidere Gäste können sie vor dem Untergang bewahren.

Mousse T.:
Heute nur als DJ erfolgreich zu sein, ist relativ schwer. Weil es gibt so viele gute, die Konkurrenz ist groß. Jeder kann sich das Equipment mittlerweile leisten, jeder kauft die gleichen Tracks.

Nicht zu vergessen: Es gibt leider ein paar schwarze Schafe, die kaum ambitioniert per Autopilot „auflegen" und mit Dumpingpreisen den DJs den Kampf ansagen. Einst konnte der DJ sich auch dadurch behaupten, weil er die besseren Platten als seine Kollegen auflegte oder über ein großes Plattenarchiv verfügte, was nur mit Tausenden Euro zu finanzieren war. DJing galt als ein teures Hobby und Beruf, dem nicht jeder nachgehen konnte. Eine natürliche Auslese erfolgte. Heute zieht man just in time den Track aus der virtuellen Library und kopiert sogar den musikalischen Stil seines „Kollegen". Wenn man schließlich den Schritt vor das Publikum schaffte, dann möchte der DJ aber nur seine favorisierte Musik auflegen, die ihn in Kombination mit einer aufgesetzten Sonnenbrille im stockfinsteren Club noch cooler und unnahbarer aussehen lässt, als er schon ist. Er ignoriert den Dancefloor, feiert sich selbst und steht völlig über den Dingen. Schließlich hat nur er Geschmack, seine Crowd nicht. Da wundert es doch keinen, wenn der erste Gig gleichzeitig der Letzte ist. Es sei denn, der Veranstalter ist sein Freund, Bekannter oder schuldet ihm einen Gefallen. Wo sind die DJs geblieben, die auch über den Tellerrand schauen, kein Spartenprogramm bieten und die Crowd lesen? Sterben sie aus?

Der schnelle Konsum von Musik und deren damit einhergehenden Kurzlebigkeit ist die Konsequenz. Musik ist in Bits aufgeschlüsselt und ein wundervolles Cover-Artwork, das früher nicht nur als optische Orientierungshilfe diente, schrumpft auf Miniaturformat, das die Schönheit nur erahnen lässt. Die Vielzahl von täglich erscheinenden Veröffentlichungen lassen keine intensivere Auseinandersetzung mit der Musik oder dem Künstler zu. Es wird online innerhalb von zwei Minuten über das Potenzial eines Titels entschieden. Da hört sich dagegen schon antiquiert an, wenn man von den alten Zeiten im Plattenladen spricht. Am Tag der Discomania-Lieferung trafen sich alle DJs zum gemeinsamen Kaffeeklatsch und Vinylkonsum. Man kannte sich, man unterstützte sich. Wir lebten analog.

Sven Väth:
Der Job eines DJs, hoffe ich, wird nie überflüssig werden. Er wird in der Zukunft vielleicht mal anders aussehen. Vielleicht sitzt man in der Zukunft zu Hause, macht Musik und beschallt gleichzeitig zehn Clubs weltweit. Aber das stelle ich mir dann auch schon wieder langweilig vor. Denn man muss im Geschehen sein.

Wollen wir der analogen Zeiten gedenken oder auf zu neuen Ufern schreiten und die Technik knechten? Sieht man sich gegenwärtig Werbeclips oder Citylights an, zunehmend rückt der DJ mit seinen Turntables als Schlüsselfigur in den Spot, egal ob für Kartoffel-Chips, Kaffee, Cola oder Joghurt. Er legt stets Schallplatten auf, keine CDs oder gar andere digitale Daten: Die Werbung hat den Vinyl-DJ als Werbeträger entdeckt, weil Vinyl-DJing kultig ist und für Lifestyle steht. Es ist cool, die Nadel auf die Rille zu setzen und die Wärme der unzähligen analogen Daten akustisch zu verschlingen. Aktuelle Verkaufszahlen belegen, Vinyl (über-)lebt, daran glauben auch Saturn und Media-Markt, die ihr Vinyl-Angebot vergrößern. Die Vorteile des digitalen DJings sprechen für sich, aber die Schallplatte sollte und wird dabei stets eine zentrale Rolle einnehmen. Die Digital Vinyl

Systems sind daher die authentischste Lösung. Aber auch ein ehemaliger Vinyl-DJ, der auf CD oder sogar DJ-Controller umsattelt, ist deswegen noch kein Verräter. Wenn er beweist, dass sein Set durch neues Equipment auf ein besseres Level gebracht wird, dann werden es die Partypeople verstehen. Es sei denn, sein Auflegen ist eine Reduktion auf Tracksuche und Sync-Funktionen, dann wird er zukünftig auf den einstigen Respekt verzichten müssen.

DJing ist auch in diesem Jahrzehnt ein Hobby, das so viel Spaß bereitet. Allerdings hat sich vieles verändert, aber deswegen ist es nicht schlechter. Es gibt wesentlich mehr DJs, denn jeder hat eine Chance, unabhängig von seiner liquiden Ausgangssituation. Das Einzige was zählt, sind aber letztlich die Skills und das Einfühlungsvermögen für den richtigen Track zur richtigen Zeit. Mit sehr viel Ausdauer kannst du es erlernen, aber es gehört auch Begabung dazu. Wer denkt, mit Preisdumping und Ellenbogen sich trotzdem besser durchzusetzen, der irrt. Sei clever, arbeite mit anderen DJs zusammen und supportet euch gegenseitig. Denn einen „Disser" wird niemand unter die Arme greifen und irgendwann wirst du auch auf deren Unterstützung angewiesen sein. Übe Toleranz in musikalischer Hinsicht und beschäftige dich mit Musikstilen, die dir auch liegen könnten, denn die „Allround"-DJs sterben ohne dich aus.

WestBam:
Die DJ-Kultur lebt offensichtlich davon, dass Leute ausgehen und am Wochenende Spaß haben. Das ist der Kern und war in den Fünfzigern, wie auch in den Sechzigern so. Insofern gibt's einen sehr soliden Boden dafür.

In wie fern Discotheken und Clubs in den nächsten Jahren weiterhin ihre Daseinsberechtigung besitzen, ist tendenziell leider fragwürdig. Wie gesagt, als Kontaktbörse bekommen sie verstärkt Konkurrenz von den Flirt-Apps und sozialen Netzwerken. Es baggert sich damit anonym leichter, aber auch bequemer vom Sofa aus, als dem Objekt der Begierde direkt in die Augen zu schauen und vielleicht von Angesicht zu Angesicht einen Korb zu kassieren. Alternativ verabredet man sich lieber mit Freunden, knüpft darüber (sexuelle) Kontakte.

Musikalisch sind die Tanztempel als Mainstream und kommerziell verschrien, daher für die 2000er Generation anscheinend nicht hip genug. Von Musikportalen unterrichtet und gefüttert, ist jeder Musikinteressierte auf dem gleichen, wenn nicht sogar aktuelleren Stand als der DJ. Die Vorreiterrolle des DJs dient somit aus. Denn bei der täglichen Vielzahl neuer Veröffentlichungen ist es als DJ schwierig, den Überblick zu behalten. Ein Musik-Nerd wird sich in seinem Revier daher immer besser auskennen als ein mehreren Genres bedienender DJ. Nur mit einem Tunnel-Blick zum aufgelegten Musik-Stil, mit exklusiven Promo-Tracks, mit denen die Aufleger Wochen vor ihrem offiziellen Release bemustert werden, oder mit ausschließlich auf Vinyl erhältlichen Tracks verschafft man sich seinen zeitlichen, damit musikalischen Vorsprung gegenüber der Crowd. Nicht umsonst schwören viele DJs der elektronischen Szene aus diesem, aber auch aus haptischen und klanglichen Gründen nach wie vor auf das analoge Medium. Dennoch wird der animierende und auf die Crowd eingehende Musicmaker gegen den Web-Stream eines DJ-Sets, das per Bluetooth-Lautsprecherbox eine mit Kumpels gefüllte Garage beschallt, ausgetauscht. Man beamt sich virtuell gleichzeitig an mehrere Event-Schauplätze, ohne die Wohnung verlassen, vorm Club anstellen, gar Eintritt bezahlen zu müssen. Die Gefahr, am Eingang des Clubs vom Türsteher aus Gründen des Dresscodes, der Überfüllung oder des Nichtpassens der Nase abgewiesen zu werden, ist gebannt. Und wenn schon im eigenen Domizil die Musik nicht live gemixt wird, dann wenigstens die Cocktails. „Do It Yourself" versteht sich! Ist schließlich billiger!

Trotzdem gibt es in diesem clubapokalyptischen Szenario Hoffnung: Die mystische Atmosphäre, das gemeinsame Happening des Feierns gepaart mit perfekt abgestimmtem Sound und Licht sind Alleinstellungsmerkmale, denen man sich nicht generell entziehen kann. Hat die Discothek nicht nur vom Namen, sondern auch von der Größe her in den letzten Jahren zunehmend ausgedient, setzen sich nunmehr verstärkt Clubs durch. Vor allem die jüngere Zielgruppe, die momentan anteilmäßig weniger im Nachtleben vertreten ist, suchte verstärkt Großraumdiscotheken mit ihren bombastischen Licht- und Soundanlagen auf. Hingegen verstehen sich Clubs mit ihrem familiären und elitären Flair mehr als neues Publikumsmagnet.

Dank ihrer Größe mit einem Fassungsvermögen von maximal 200 bis 500 Personen sind sie schneller gefüllt und wirtschaftlicher als halbvolle Säle, gar leere Großraumdiscotheken mit ihren notwendigen 2000 bis 6000 Gästen. Auch die Partys, die in Fabriken, Kultursälen oder ähnlichen Locations veranstaltet werden, verstehen sich als weitere erfolgreiche Alternative zur klassischen Discothek. Ihr unregelmäßiger Turnus, die ständig wechselnden Kulissen, verschiedenen Floors und die mitunter einhergehende trashige Atmosphäre wecken das Interesse oft stärker als eine saubere, klimatisierte Location, in die der Gast nach Belieben jede Woche gehen kann. Es bleibt auch abzuwarten, ob bzw. wie lange der DJ noch real in Locations auflegen wird, oder ob sich das virtuelle DJing via DSL und Leinwand durchsetzt.

Markus Kavka:
Es gibt immer Ups and Downs. Die elektronische Musik mag vielleicht nicht mehr so präsent sein wie vor zehn Jahren. Aber das macht ja auch nichts, denn es war schon immer Underground. Wenn es sich jetzt etwas gesund geschrumpft hat und von dem ganz großen Kommerz-Ding wieder herunterkommt, kann es nicht schaden.

Willst du als DJ oldschool oder trendy sein, analog oder digital? Es ist egal, sei einfach du selbst, glaubwürdig und zeige deiner Crowd, dass du Spaß am Auflegen hast und den mit ihr teilen möchtest. Dann wirst du auch weiter jeden technischen und auch musikalischen Umschwung überstehen und zu deinem Vorteil nutzen.

## ...und dann kam Corona...

„First in – last out": Was nach einem Leitspruch eines manchen Nächte durchzechenden Clubber klingt, gilt allerdings seit dem sogenannten Lockdown im März 2020 weltweit für die gesamte Veranstaltungsbranche. Denn COVID-19, auch Corona-Virus genannt, hält sämtliche Clubs, Events, Konzerte und Großveranstaltungen im Schach. Das Nachtleben kam zum Erliegen. Denn zu groß waren und sind die Risiken einer verstärkten Verbreitung des Virus, da vor allem überfüllte, schlecht oder gar nicht klimatisierte und damit „stickige" Clubs als gefährliche Keimzelle für den Erreger

SARS-CoV-2 gelten. Zwar konnten die abverlangte Disziplin der Bevölkerung, durchgezogene Quarantänen, streng eingehaltene Hygiene-Regeln den vom Robert Koch-Institut Reproduktionsfaktor des Virus auf den geforderten Wert <1 mildern und somit etliche Lockerungen eintreten, aber die Veranstaltungsbranche wartet(e) vergeblich auf für sie rettende Signale. Not macht zwar erfinderisch und führte zu einer Renaissance des Auto-Kinos, das selbst für manches Konzert und Party samt DJ eine Bühne bot. Aber deren Einnahmen verdunsten wie ein Tropfen auf dem heißen Stein der Jahresbilanz 2020. Weitere „Zugeständnisse" wie erlaubte Privatveranstaltungen mit bis zu 100 Gästen, Kinos und kleinere Konzerte retten nicht die Veranstaltungsbranche vorm Aussterben.

Etwas Normalität kehrte auch dank sommerlicher Temperaturen, unter denen sich das Virus anscheinend nicht besonders wohl fühlt, ein. Größere Outdoor-Locations mit genügend Platz Einhalten des Mindestabstands von anderthalb Meter, wo sich auch das Virus etwas verflüchtigt, luden zum Open Air mit musikalischer Beschallung eines DJs ein, allerdings offiziell als „Biergarten" getarnt. Entsprechend durfte offiziell auch nicht getanzt werden, schließlich könnte man sich zu nahe kommen.

Es ist schwer, in einer für unsere Generation noch nie da gewesener Pandemie einen kühlen Kopf zu bewahren, dazu die richtigen Entscheidungen zu treffen. Als Kulturbotschafter in der sogenannten Solo-Selbstständigkeit, der von diesem nicht vorhersehbaren Supergau zu 100 Prozent kontaminiert ist, steht man unvorbereitet und ohne Rücklagen vor dem finanziellen Aus. Existenzängste kommen auf, denn als Zahnrad in einem Getriebe, das, obwohl es im Jahr 2019 über 129 Milliarden Euro in Deutschland einbrachte und sechsstärkste Branche gilt, von der Regierung als nicht systemrelevant eingestuft wird, fühlt man sich im Stich gelassen. Je nach Bundesland einmalig gezahlte Überbrückungshilfen und Zuschüsse, zinslose Kredite, dazu gestundete Mieten und Arbeitslosengeld 2 lindern nur kurzeitig den finanziellen Schmerz.

### Hilferufe und Proteste

Ab dem 18.3.2020 begannen Berliner Clubs wie das Watergate, der Tresor und der Kater Blau in Zusammenarbeit mit dem Fernsehsender ARTE un-

ter dem Motto „United We Stream" aus ihren Locations Sets renommierter DJs in das heimische Wohnzimmer zu übertragen. Zum einen, um etwas fehlende Clubleben nach Hause zu transportieren, zum anderen auch auf die momentan prekäre Situation hinzuweisen. Mittlerweile schlossen sich diesem Stream weltweit Locations und Künstler an.

„Ohne uns ist Stille" – mit dieser Aussage machten am 05.6.2020 Hunderte Mitarbeiter der Veranstaltungsbranche auf sich am Theaterplatz aufmerksam. Ein Korso aus LKWs und Transportern zog vom Messegelände entlang der Elbe in Richtung Semperoper, vor der 1.000 Stühle aufgestellt und zum Teil mit roten Tüchern markiert als Symbol für die nach der aktuellen Corona-Schutzverordnung mit Personen besetzt sein dürfen.

Am 22.06.2020 alarmierte die Branche mit der Aktion „Night Of Light", bei der bundesweit Spielstätten, sowie ausgewählte Bauwerke und Spielstätten in rot illuminiert worden sind. Für den 09.09.2020 meldeten Dirk Wöhler, Präsident des Berufsverband Discjockey (BVD), zusammen mit dem vom Tom Koperek initiierten Bündnis #AlarmstufeRot eine Demonstration in Berlin an, an der laut Organisatoren 15.000 Beteiligten auf ihre Notlage hinwiesen. Denn schließlich droht eine Insolvenzwelle aller in der Veranstaltungsbranche beteiligten Gewerke, zu denen auch DJs und die Betreiber ihrer Spielstätten zählen.

**Die Aussichten**

Inwiefern diese Aktionen tatsächlich Früchte tragen oder doch die Politik lieber Gelder in andere, von Lobbyisten gewinnbringendere Wirtschaftszweige steckt, steht in den Sternen. Dabei sägt man damit auf dem Ast, auf dem man sitzt. Politik braucht Medien und damit auch die Veranstaltungsbranche, denn dank ihr wird man gehört und auch gesehen. Oder bildet der Bundestag seine Abgeordneten zukünftig nebenbei zum Veranstaltungstechniker aus, damit auf Kundgebungen und Bundestagswahl-Werbetouren die Mikrofonie, Installation der Videopanels samt Verkabelung höchstpersönlich übernommen wird?!

„Das dauert. Denn da ist die Ansteckungsgefahr einfach mit am höchsten. Aber Sie können ja zum Beispiel zu Hause mit Ihrer Partnerin tanzen", so die verhöhnende Antwort des bayerischen Ministerpräsidenten Markus

Söder auf die Frage, wann die Clubs endlich wieder öffnen dürfen. Es beweist fehlende Sensibilität und kein Verständnis zur ausweglosen Situation für die Clubs und Discotheken.

Die Ungewissheit zermürbt, denn zum jetzigen Stand (Oktober 2020) orakelt man weiterhin, ab wann und unter welchen Bedingungen Tanzveranstaltungen wieder möglich sind. Zudem stellt sich die Frage nach dem „Wo". Denn die Pandemie wird auch manches wirtschaftliches Club-Opfer beklagen. Damit es nicht soweit kommt, bedarf es Konzepte, wie die elektronische Erfassung der Daten einer Veranstaltungsteilnehmer, deren Anzahl sich gegenüber dem üblichen Fassungsvermögen auf ein Drittel, bis maximal die Hälfte reduziert. Auch am Einlass durchgeführte Schnelltests wären eine Option und einem Zutritt nur mit negativen Befund. Hersteller von Lichteffekten tüfteln zudem an Gobos, die auf dem Dancefloor auf den einzuhaltenden Mindestabstand visuell hinweisen.

**Aus der Krise lernen**

Niemand konnte ahnen, dass einem regelrecht ein kalter Entzug von der Droge „Auflegen" samt Gagen-Komplettausfall blüht. Allerdings stand die Clublandschaft und ihr Business bereits seit den letzten 15 Jahren auf wackligeren Füßen. Deswegen sollte man sich auch stets absichern, sei es durch ein oder zwei weitere Nebenstandbeine, dazu gebildete Rücklagen. Wirft dein DJing nicht genügend für die hohe Kante ab, überprüfe deine Fixkosten, deinen Lebensstil, vielleicht auch deine zu niedrige Gage. Denn du solltest auch auf eine weitere Welle vorbereitet sein.

Um positiv zu denken, wird sich vermutlich das Nachtleben nach Corona nicht nur erholen, vielleicht sogar verbessern. Denn die vor der Pandemie zu beklagenden rückläufigen Besucherzahlen durch das schon von der Generation Z praktizierte Social Distancing durch Stubenhocken samt Netflix-Streaming, Playstation-Zocken und Online-Flirten könnte das Clubbing wieder mehr für sich gewinnen. Schließlich steigt die Attraktivität und das Begehren, wenn einem etwas zwangsweise verwehrt bleibt oder gar verboten ist. Wunschdenken oder sogar wahr werdende Realität? Momentan bleibt einzig und allein zu hoffen, dass die Unterhaltungs- und Veranstaltungsbranche diese Krise recht unbeschadet überlebt und wir zukünftig wieder unbeschwert und uneingeschränkt auflegen und feiern können.

## Zusammenfassung: 24 Gründe, die für einen guten DJ sprechen, und weitere Tipps

Um ein erfolgreicher DJ zu sein, berücksichtige die folgenden Regeln:

1. Mixe bzw. scratche entsprechend den Regeln der DJ-Kunst.
2. Du moderierst locker, fließend und recht dialektfrei. Fasse dich kurz, denn weniger ist oft mehr.
3. Mit dem Mikrofon heizt du Publikum und Stimmung an.
4. Erarbeite dir einen eigenen Stil bzw. ein eigenes Image und bleibe ihm treu.
5. Strahle beim Auflegen Selbstbewusstsein und Freude aus. Verbreite gute Laune durch eigenes Mitfeiern.
6. Versuche, deine musikalischen Vorlieben als Musikstil zu definieren, um deine Credibility (Glaubwürdigkeit) zu unterstützen.
7. Konzentriere dich auf zwei bis maximal drei Musikstile.
8. „Tanze nicht auf jeder Hochzeit."
9. Dein Set ist entsprechend den Dramaturgie-Kurven aufgebaut und du passt es der jeweiligen Dancefloorsituation an.
10. Die Tanzfläche ist zeitig gefüllt und bleibt es auch über den gesamten Abend.
11. Sorge durch eine abwechslungsreiche Musikauswahl für den Austausch des Publikums zwischen Dancefloor und Bar, ohne dabei die Tanzfläche zu leeren. Bei der Wahl des nächsten Tracks entscheide stets primär zugunsten des zu erwartenden gefüllten Dancefloors und passenden Musik-Genres, sekundär nach Tempo/Dramaturgie und Harmonie.
12. Lege Hits nur ein- bis maximal zweimal pro Abend auf.
13. Wechsel im Set nicht spontan zwischen den Musikstilen, sondern spiele immer mehrere Tracks eines Stils hintereinander.
14. Der Stilwechsel im Set erfolgt fließend, nicht mittels Break.
15. Dein Set baust du flexibel und abwechslungsreich auf, d. h. weder ein zu Hause komplett vorbereitetes Set legst du in der Location auf, noch zählen Standardübergänge, die du Abend für Abend dem Publikum anbietest, zu deinem Stil.
16. Du verstehst es, das Publikum für deine Musik zu begeistern und nicht umgedreht.

## Zusammenfassung: 24 Gründe, die für einen DJ sprechen, und weitere Tipps

17. Sei deinem Publikum gegenüber nett und berücksichtige auch manchen Musikwunsch, sofern er in dein Repertoire passt.
18. Deine Musik ist progressiv, d. h. du versuchst neue, für dich interessante Tracks und Musikstile zu breaken und im Set zu integrieren.
19. Spiele als erster die neuesten angesagtesten Tracks, um dich als Trendsetter zu bestätigen. Hechele dem Trend nicht hinterher.
20. Du kannst auch in einer wenig gefüllten Location die Stimmung bis zur Party steigern.
21. Konzentriere dich beim Auflegen auf den Dancefloor. Der Ruhm und die dir entgegengebrachte Bewunderung sind zweitrangig.
22. Sei spontan, aber die Spontanität muss auch vorbereitet sein.
23. Beim Mixen lieber einmal mehr auf den Laptop schauen, als den Mix versauen.
24. Mixe bis zur Spitze, aber bei Rot biste tot.

### BEACHTE

1. Trete gegenüber deinen DJ-Kollegen nicht mit Dis-, sondern Respect auf.
2. Kooperiere mit anderen DJs, um sie zu unterstützen und zu empfehlen.
3. Betreibe kein Gagendumping.
4. Plaudere nicht mit jedem über deine Gage.
5. Sei zuverlässig, pünktlich, souverän und loyal.
6. Konsumiere Alkohol in Maßen. Halte dich von Drogen fern.
7. Plane möglichst langfristig deine Bookings mit den Locations. Das spart Zeit und zusätzlichen Stress. Vergewissere dich trotzdem zwischendurch, ob sich bei der Gigabsprache durch Schließung der Location oder einem Wechsel im Musikprogramm eine Änderung ergibt.
8. Lege nicht unbedingt in miteinander konkurrierenden Locations auf.
9. Kümmere dich ständig um neue Locations, auch wenn du ausgebucht bist.
10. Schieb deine Karriere zusätzlich durch eigene Track-Veröffentlichungen, redaktionelle Tätigkeit beim Rundfunk und bei der Presse an.
11. Sichere deine berufliche Zukunft nach der Karriere als DJ ab.
12. Lass deine Ohren regelmäßig von einem HNO-Arzt untersuchen.
13. Benutze Ohrfilter zur Vorbeugung der Schwerhörigkeit, des Gehörsturzes und Tinnitus.
14. Lege dir ein dickes Fell zu, denn draußen weht ein rauher Wind.

ATTACHM

## Der Technischer Background
### Die Akustik

Nicht jeder DJ ist so wissenshungrig, um die technischen Hintergründe der Schallwellenausbreitung, Phasenverschiebung etc. zu verstehen. Aber mit Fachwissen kannst du nicht nur deinem Club-Chef imponieren, sondern verstehst auch besser die Zusammsenhänge im Umgang mit Lautstärke, Equipment und deinen Skills.

**Was verbirgt sich hinter dem „Schall"?**

Der Schall entsteht durch die Bewegung der Lautsprechermembran. Elektrische Energie, die vom Verstärker dem Lautsprecher zugeführt wird, versetzt dessen Membran in Schwingungen. Die Luftmoleküle in der Luft werden dadurch immer wieder zusammengedrückt und können sich durch den freigegebenen Raum ständig neu verteilen. Es entstehen Druckunterschiede in der Luft, die eben als Schall bezeichnet werden. Der Schall breitet sich durch einen Impuls von der Membran wie durch eine Kettenreaktion aus, denn die Luftmoleküle am Lautsprecher werden zunächst von der Membran verdrängt und verdichtet. Diese Teilchen stoßen andere erneut in die Richtung des Schalls ab. Dabei verlassen die Ruheteilchen nicht ihre Position, sondern werden lediglich aus ihrer Ruhelage gebracht. Diese Kettenreaktion kann eine gewisse Zeit benötigen, sodass man den Schall je nach Entfernung vom Lautsprecher verzögert wahrnimmt. Die Geschwindigkeit der Schallausbreitung hängt von der Temperatur ab, je wärmer desto schneller. Bei 20°C beträgt die Schallgeschwindigkeit 1200 km/h. Die Tonhöhe des Schalls wird durch die Geschwindigkeit der Hin- und Herbewegung der Membran bestimmt, je schneller desto höher der Ton. Die Tonhöhe wird technisch auch als Frequenz bezeichnet. Hingegen die Stärke der Membranauslenkung empfindet man als Lautstärke, je größer die Auslenkung, desto lauter der Ton. Auch die Klangfarbe wird durch die Bewegung der Membran beeinflusst, ruckartige Bewegungen ergeben eine andere Klangfarbe als gleichmäßiges Hin- und Herpendeln.

**Warum ist Wissen über „Phasen" beim Mixing so wichtig?**

Schallwellen sind im herkömmlichen Sinne Schwingungen, die mit drei Parametern definiert werden:

- die Geschwindigkeit der Schwingung (Frequenz, Tonhöhe),
- die Stärke der Auslenkung (Amplitude, Lautstärke)
- der Beginn der Schwingung (Phase)

Phasen sind wichtig, wenn mindestens zwei Schwingungen miteinander verglichen werden. Wenn Schwingungen phasengleich beginnen, kommt es zu einer Addition beider Schwingungen, die zu einer neuen Schwingung gleicher Frequenz aber doppelter Amplitude führen (21):

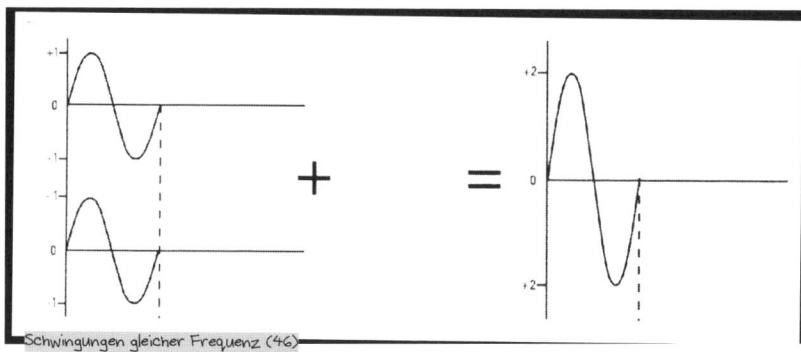

Schwingungen gleicher Frequenz (46)

Wenn zwei Schwingungen genau um eine Halbwelle verschoben sind, führt es beim Mischen dazu, dass das Maximum der einen Schwingung auf das Minimum der anderen fällt. Die Gesamtschwingung wird somit ausgelöscht, da beide Schwingungen gegenphasig verlaufen:

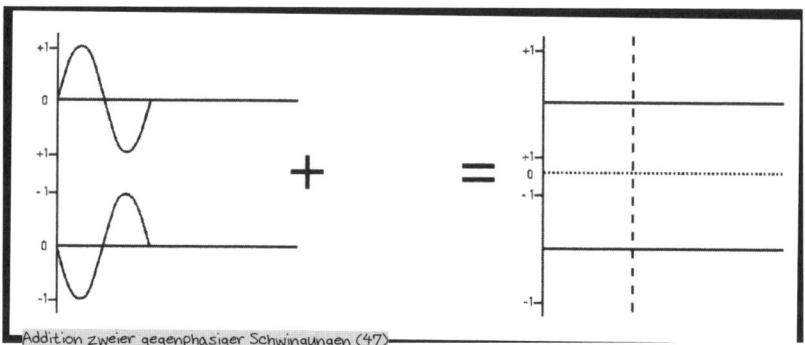

Addition zweier gegenphasiger Schwingungen (47)

# ATTACHMENT

Ein dritter Fall tritt ein, wenn zwei unterschiedliche Schwingungen aufeinander treffen, die phasenverschoben beginnen und somit eine neue Wellenform erzeugen:

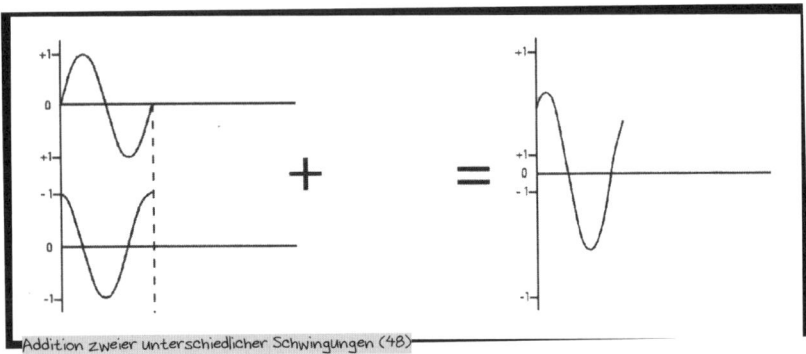

Addition zweier unterschiedlicher Schwingungen (48)

Das Auslöschen von Schwingungen kann auftreten, wenn z. B. die Pole einer Box vertauscht wurden und dadurch die Phase der einen Box um 180° zu der anderen Box versetzt ist. Somit gibt die eine Box ein Maximum wieder, wo die andere ein Minimum hat. Der Zuhörer mischt im Kopf beide Signale, sodass er die Musik gar nicht oder verfremdet wahrnimmt. Beim Mixing von zwei Tracks treten auch häufig Phasenverschiebungen bzw. Auslöschungen von Schwingungen durch Gegenphasigkeit auf. Die Bässe klingen dadurch entweder brachial hart oder sehr trocken, somit sind sie sehr laut oder kaum zu hören.

### Wovon ist Lautstärke abhängig?

Das Wahrnehmen von Lautstärke ist nicht nur eine Frage des Schallpegels, sondern auch der Frequenz. Da das menschliche Gehör im Bereich von 1000 Hz und 4000 Hz am empfindlichsten ist, werden Signale in diesem Frequenzbereich aber bei gleichem Schalldruckpegel als lauter empfunden, tiefe Töne hingegen als leiser.

### Was ist eine akustische Rückkopplung?

Diese Pfeifgeräusche hast du bestimmt schon gehört. Sie entstehen, wenn Schallenergie aus den Lautsprechern zum Mikrofon oder Plattenspieler gelangt und von dort wieder verstärkt zu den Lautsprechern. Gegenmaßnahmen sind der Einsatz von Mikrofonen mit starker Richtwirkung. Oder moderiere generell nicht direkt unter bzw. neben den Lautsprechern. Schallplattenspieler sollten nicht direkt neben den Lautsprechern, sondern auf festem Boden (Steinplatten) stehen. Setze einen Tonabnehmer mit hoher Ausgangsspannung ein, damit bei Schallplatten mit geringer Dynamik diese nicht durch Aufdrehen des Gains kompensiert werden muss.

## Der Tonabnehmer
### Anti-Skating:
Durch die Kröpfung des Plattenspieler-Tonarms und der aus der Reibung zwischen Schallplatte und Nadel resultierenden Zugkraft entsteht eine zum Plattentellermittelpunkt gerichtete Kraft, die Skatingkraft. Der Anti-Skating-Regler kompensiert diese, damit Nadel beim optimalen Playback nicht so sehr gegen die innere Rillenflanke gedrückt wird und verkantet, sondern senkrecht und gleichmäßig auf beiden Flanken liegt. Allerdings ändert sich über den Radius und der Modulation der Schallplatte die Skatingkraft, sodass sie nicht ganz unterbunden werden kann. Um Springen und Spurfehler beim Playback zu verhindern, ist ein gutes Maß für die Einstellung des Anti-Skating-Reglers maximal die Hälfte des empfohlenen Auflagegewichts des Tonabnehmers. Mehr solltest du nicht einstellen, denn es kann beim Backcueing sonst zum Springen kommen, da der Skatingeffekt sich in dieser Abspielrichtung sogar verdoppelt.

### Tracking:
Unter Tracking oder auch Trackability ist die Abtastfähigkeit zu verstehen, d. h. die Fähigkeit eines Tonabnehmersystems, großen Auslenkungen der Schallplattenrille verzerrungsfrei zu folgen. Eine Plattenrille besitzt eine Breite von 120 Mikrometer, die meisten Systeme nehmen 70 Mikrometer auf, das Q.Bert von Ortofon 90 und das S-120 sogar die kompletten 120 Mikrometer.

### Vertikaler Abtastwinkel:
Hierunter versteht man den genormten Winkel zwischen Plattenoberfläche und der Verbindungslinie zwischen Nadelspitze und Drehpunkt des

Nadelträgers im System. Beeinflusst wird der Abtastwinkel vom Auflagegewicht und der waagerechten Ausrichtung des Tonarms. Bei einem korrekt eingestellten Abtastwinkel bewegt sich die Nadelspitze bei der Rillenmodulation um 20 Grad gegen die Senkrechte geneigt. Dies wird angestrebt, da es genau der Schneidstichelbewegung bei der Aufnahme entspricht. Die Nadel selbst sitzt senkrecht auf der Rillenflanke.

**Rumpeln:**
Darunter versteht man beim Plattenspieler entstehende ungewollte Störspannungen durch einen unruhig laufenden Motor. Die Laufgeräusche übertragen sich über den Plattenteller und den Tonarm auf den Tonabnehmer und werden neben den durch die Nadelbewegung beim Abtasten der Platte erzeugten Spannungen, aus denen das Tonsignal resultiert, ebenfalls als Signal wiedergegeben, was zum hörbaren Rumpeln über die Lautsprecher führt. Sogenannte Rumpelfilter reduzieren dies zwar, aber damit auch die tiefen Töne der Nutzspannung. Deswegen bevorzugen Hersteller von HiFi-Schallplattenspielern einen laufruhigeren Riemenantrieb mit dezentraler Position des Motors als einen Direktantrieb mit einem unter dem Plattenteller platzierten Motor, um den Plattenteller vom Antrieb zu entkoppeln und damit die übertragenen Laufgeräusche auf den Plattenteller zu reduzieren.

Das Rumpeln entspricht dem Geräuschspannungsabstand als Verhältnis zwischen dem Stör- und dem Nutzsignal in Dezibel. Je höher der Wert, desto weniger hört man die Störsignale.

**Moving Magnet-System (MM):**
Bei einem Magnetsystem sitzt zwischen den Polschuhen von zwei oder vier Spulen mit deren sehr vielen Windungen ein kleiner Magnet, der vom Diamanten geführt wird. Der Nadelträger bewegt den Magneten durch die Rillenabtastung. Durch diese Bewegung des Magneten wird in den Spulen eine elektrische Wechselspannung in Form eines Tonsignals induziert, die etwa ein Millivolt bei einer Schnelle von einem Zentimeter pro Sekunde beträgt.

## Moving Coil-System (MC):
Im Vergleich zum Moving Magnet bewegt der Nadelträger eine sehr kleine Spule im homogenen Feld eines kräftigen Magneten. Der Klang ist dadurch dynamischer. Um das Gewicht der Spule zu minimieren, besitzt die Spule meistens nur ein paar Windungen. Dadurch erzeugt ein Moving Coil-System nur sehr niedrige Ausgangsspannungen von durchschnittlich 0,2 Millivolt bei einer Schnelle von einem Zentimeter pro Sekunde. Um deren geringe Ausgangsspannung zu kompensieren, ist der Schallplattenspieler an einen HiFi-Verstärker mit wahlweisen MC- bzw. MM-Phono-Eingang anzuschließen. Besitzt der Verstärker nur einen Standard-Phono-Eingang, benötigt man einen zusätzlichen MC-Phono-Vorverstärker, der zwischen Plattenspieler und Line-Eingang des Verstärkers angeschlossen wird.

## Piezoelektrisches System:
Bei diesem veralteten Tonabnehmertyp wird durch Druck oder Zug auf Kristalle oder Keramiken die Signalspannung erzeugt.

## Auflagekraft:
Mit dieser Kraft lastet die Abtastnadel des Tonabnehmers auf den Rillenflanken der Schallplatte. Der Wert wird in Millinewton angegeben (mN: 10 mN = 1 p (pond)) und ist abhängig vom Tonarm und Tonabnehmer.

## Masse (Ground):
Die Masse ist ein spannungsfreies Bezugspotential am Phonoeingang, mit der die Abschirmung sowie die Erdung des Plattenspielers vorgenommen werden. Plattenspieler der neuesten Generation besitzen kein separates Erdungskabel mehr, sondern es ist im Cinch-Kabel eingebunden.

## Kanaltrennung:
Die Kanaltrennung gibt in Dezibel an, wie ein System das Signal auf den linken und den rechten Kanal splittet. Mit steigender Kanaltrennung verbessert sich auch die Klangqualität. In der Regel liegt sie je nach System zwischen 20 und 30 dB.

# ATTACHMENT

### Nadelträger (Cantilever):
Der Diamant ist fest auf ein feines Metallstäbchen gefasst, das beweglich am Systemkörper befestigt und von einem Röhrchen, der Nadelaufhängung (Suspension), aus mehr oder weniger hartem Gummi umgeben ist.

### Nadelnachgiebigkeit (Compliance):
Die Nachgiebigkeit der Nadel bei Tonabnehmern drückt aus, wie die Nadel den Rillenauslenkungen der Schallplatte infolge des Härtegrads der zur Lagerung des Nadelträgers verwendeten Gummimischung folgen kann. Sie ist das Verhältnis der Auslenkung der Nadelspitze zur hierfür benötigten Kraft, in Millimetern pro Newton (mm/N). Die Nadelnachgiebigkeit eines Tonabnehmers beeinflusst mit der effektiven Tonarmmasse die Basseigenresonanz des Tonabnehmers. Um ein Rumpeln (Störsignal) zu minimieren, sollte mit zunehmender Nadelnachgiebigkeit der Tonarm leichter sein.

### Kreuzung von verschiedenen Stylus und Bodys bei Ortofon-Systemen:
Wer kennt das nicht: Du hast einen verschlissenen Stylus und möchtest ihn durch einen anderen Typs ersetzen. Jetzt stellt sich die Frage, kannst du diesen mit dem alten Body des anderen Systems kombinieren? Body und Stylus sind generell optimal aufeinander abgestimmt, sodass sie nur in dieser Kombination Parameter, wie Frequenzgang oder Ausgangsspannung mit dem vom Hersteller angegebenen Werten wiedergeben. Das Kombinieren zweier verschiedener Ortofon-Systeme in einem System funktioniert zwar physisch, ist aber auf Dauer keine Lösung. Solltest du trotzdem mal zwei verschiedene Systeme kreuzen, so achte darauf, dass das Auflagegewicht nach dem des Stylus (siehe Gebrauchsanleitung vom Hersteller) und nicht nach dem zum Body empfohlenen eingestellt ist.

### Kabel des Tonabnehmers:
Viele fragen sich, wozu sind die vier Kabel bei einem Headshell-System erforderlich? Um ein HiFi-Klangbild zu erzeugen, werden pro Kanal zwei Kabel verwendet, für links weiß und blau, für rechts rot und grün.

**Nassabspielen:**
Diese Technik wird häufig zum Einspielen alter Schallplatten genutzt. Zur Minimierung des Knisterns und Rauschens benetzt man das abzuspielende Vinyl mit einem Wasserfilm und anschließend wird es nass abgespielt. Da Dreckpartikel sich mit dem Wasser verbinden, ist weniger Knistern zu hören.

Allerdings müssen diese Schallplatten dann auch weiterhin nass abgespielt werden, da Rückstände des Nassabspielens in der Rille bleiben und beim herkömmlichen Abspielen größeres Rauschen und Knistern verursachen. Abhilfe sorgt eine Reinigung der Schallplatten mit entsprechender Reinigungsflüssigkeit (purer Alkohol und destilliertes Wasser).

# ATTACHMENT

## Nachwort

Keine Angst, der sachliche DJ-Kurs ist beendet. Vielmehr möchte ich auf den kommenden Seiten Subjektives und mitunter Persönliches offenbaren, das im fachlichen Teil keinen Platz findet bzw. dessen Objektivität vielleicht schmälern würde, aber letztlich einige Fakten dieses Buches begründet. Kurzum, es soll erklärt werden, warum bzw. wie ich zum Schallplattenauflegen gekommen bin und welche Erfahrungen ich dabei machte.

Es waren die 1970er, hinter der Mauer. Neben dem Pioniernachmittag und den sogenannten Arbeitsgemeinschaften bot sich auch für eine künstlerische Entfaltung der Schulhort an. Einmal im Monat rief die Hortleiterin die „Disco" auf den Veranstaltungsplan. Schon im damaligen Unterbewusstsein wollte ich mit acht Jahren anscheinend ein Discjockey werden, denn ich brachte zu jeder „Disco" Schallplatten von ABBA, Boney M. oder den Puhdys bzw. Karat mit. Den Plattenspieler durfte ich allerdings noch nicht bedienen, aber Anmoderieren mit einem imaginären Mikrofon, das ich in der Hand hielt. Getanzt wurde kaum, schließlich waren wir zu schüchtern. Aber zum Glück war die Tanzfläche mit Stühlen besetzt. Plötzliches Ausblenden der Musik entfachte einen Streit um die besten Plätze, bei der Reise nach Jerusalem, was sonst. Mein damaliges Interesse für Musik war schon in diesem Alter extrem ausgeprägt. Das Taschengeld investierte ich in Kassetten, um soviel Musik wie möglich zu konservieren. Zur damaligen Zeit kam niemand um AC/DC. Auch wenn ich nicht die Schuluniform eines Angus Young trug und meine damaligen Haare (ja, auch ich hatte früher eine Frisur) nicht die musikalische Orientierung präsentierten, mit einer ausgewaschenen Jeans-Jacke und einem Aufnäher mit dem berühmten Cover des „Highway To Hell"-Albums wollte ich ein ganz harter Junge sein, zumindest musikalisch.

Allerdings, die Farben des Aufnähers verblassten schnell und auch mein persönlicher Geschmack bekam in den 1980er Jahren eine neue Waschung. Meine Eltern empfanden es als eine gute Idee, dass ich ein Blasinstrument erlerne. Damals war meine Begeisterung begrenzt, aus heutiger Sicht bin ich sehr dankbar, denn es hat mir vieles beim DJing erleichtert. Das Blasinstrument nahm mir sicherlich manchmal die Puste, denn Proben und

# Nachwort

Auftritte mit bis zu drei verschiedenen Orchestern waren zeitaufwendig, aber meinen Plan als DJ verfolgte ich dennoch. 1984 hatte ich endlich meinen ersten Auftritt als DJ oder besser als DJ-Team, denn alleine konnte es damals niemand bewältigen. Dies betraf nicht nur den Transport der schweren Technik, sondern auch das Zurechtspulen der Kassetten. Bei einer Titellänge von drei Minuten ein unmögliches Unterfangen, nicht nur deswegen waren bei uns die Maxi-Versionen so beliebt.

Zurück zum ersten Auftritt. Wir waren total euphorisch und freuten uns auf den ersten Gig, nachmittags, 14.00 in der Schule, vor einem erlesenen Publikum, dem der eigenen Klasse. Wochenlang haben wir einen musikalischen Plan geschmiedet, wie wir das heiße Eisen angehen. „Blasphemous Rumours" von Depeche Mode, war als Opener ausgewählt. Aus heutiger Sicht nicht die beste Wahl, der damalige Kassettenrecorder war uns einst voraus, denn er verweigerte das Abspielen nach zwei Minuten. Bandsalat! Frustriert zogen wir die zwei Stunden durch, mit meinem persönlichen Fazit: Ich lasse das Kassettenauflegen sein. Wäre da nicht die damalige stellvertretende Direktorin unserer Schule auf die Idee gekommen, uns auf einen sogenannten „Schuldiskotheker"-Lehrgang zu schicken. In unseren Herbstferien nahmen wir an einer dreitägigen Schulung im hiesigen Stadtbezirkskulturkabinett teil. Zunächst erhielten wir eine kurze Moderationsausbildung samt politischer Impfung, denn es sollten in den Moderationen keine politischen Aussagen fallen und wenn, dann nur regimetreu, also prosozialistisch. Für den zweiten Tag galt es, eine kurze Playlist von etwa fünf bis sieben Titel zusammenzustellen einschließlich Moderation. Voller Lampenfieber standen wir vor einem dreiköpfigen Gremium, umhüllt von jeder Menge Nebel. Von den Herren persönlich verursacht, nicht um für entsprechende Club-Atmosphäre zu sorgen, sondern um sich von unserem musikalischen Vortrag mit Nikotin zu beruhigen. Der letzte Titel verstummte. Wir wurden zum Gremium zitiert. Sie nippten an ihrer Cola, ob pur oder mit Wodka gestreckt? Eine Fahne roch man nicht, man sah sie nur auf deren Brust in Form eines Partei-Abzeichens. Viel hatten sie nicht auszusetzen, lediglich den Spaß an unserer Musik vermissten sie. Stimmt! Das war ein wichtiger Schlüsselmoment, sodass ich fortan auch in der Mimik und im Bewegungsdrang meine Freude am Einlegen präsentierte.

Nach den drei Tagen schloss sich eine halbjährige praktische Ausbildung

# ATTACHMENT

an, bei der wir die Schuldiscoveranstaltungen der Lehrgangsteilnehmer beurteilten. Das war manchmal sehr abenteuerlich und vor allem gefährlich. Nicht weil die „Kollegen" sich musikalisch mit dem Publikum anlegten, sondern die verwendete, zusammengebastelte Technik war nicht TGL- (das DDR-Pendant zur DIN) gerecht. Mit „Klingel"-Draht verbundene Lampen zu einer Lichtorgel kombiniert, mit 220 Volt versorgt. Nach der Veranstaltung haben sie dafür eine gewischt bekommen, zum Glück nur verbal von unserem Mentor, der uns in dieser Zeit des Lehrgangs betreute. Auch wir erhielten im Rahmen des Lehrgangs die Möglichkeit, in unserer Schule zur Disco aufzulegen, Donnerstags von 17.00 bis 21.00. Zugegebenermaßen war der DJ, der sonst die Musik einlegte, über unser Engagement nicht begeistert. Er hatte bis dato das Monopol. Diesen Begriff kannten wir damals nur aus dem Staatsbürgerkundeunterricht, aber er traf genau ins sozialistische Schwarze. Denn er besaß als Einziger eine kleine PA, die man natürlich brauchte, um überhaupt Auflegen zu können. So wurde er auch nur „gebucht". Da ich nicht über genügend Bares verfügte, lieh ich mir aus der TU Karl-Marx-Stadt einen Verstärker, samt Mischeinheit. Boxen schenkte mir meine Familie zu Weihnachten und so zogen wir mit dem Handwagen in die Schule. Musikalisch wollten wir uns von dem sonstigen Musikprogramm abheben. In unserem Wohngebiet standen fast alle auf HipHop und Funk, das kam zunächst nicht bei der Schuldisco, bei uns aber dann schon. Die ersten „Gigs" liefen recht gut, somit wurden wir für weitere Schulen in unserem Wohngebiet gebucht. Aus dem Team wurde wenig später ein einzelner DJ, mit dessen Namen ich mich von den damals üblichen etwas abheben wollte. Anglizismen waren unerwünscht, aber nicht verboten und der US-HipHop in meiner Seele. So sollten die zwei „D" meines bürgerlichen Namens für das Preudonym „DJ Double D" herhalten. Geniale Idee, dachte ich. Im Laufe der Jahre stellte sich aber die Namensgebung als nicht so vorteilhaft heraus. Denn fragt dich jemand nach Double D, lautete die Antwort zunächst „Kenne ich!", „Das ist doch der aus Frankfurt!", „Nee, der aus Leipzig." Die Liste mit den verwechselten Double Ds, Double Ks, Double Js war lang, wäre da nicht auch noch die gleichnamige Körbchengrößenbezeichnung gewesen, die meinem Namen einen Schmuddel-Touch verlieh. Aber zu jener Zeit war der eiserne Vorhang sicher vor Namensplagiaten und Pornografie.

# Nachwort

Unter neuem Namen bekam ich für das Kassetteneinlegen auch die ersten Gagen von 30 bis 40 Mark, die stets in neue TDK-Kassetten und ein sehr gut klingendes Kassettendeck investiert wurden, was sich auch bei der Musikbeschaffung rentierte. Ein Bekannter war ständig ausgestattet mit HipHop-Vinyl, made in West Germany, denn sein Vater durfte als Montagearbeiter regelmäßig in die BRD reisen. Er lieh mir seine Platten, im Austausch dafür überspielte ich ihm Platten von anderen, die mir wiederum ihre Platten gaben, weil sie an seinen interessiert waren. Ich war eine Art „Dealer" der Musik: Bei mir liefen die Fäden, besser gesagt, die Bänder zusammen.

Ausgestattet mit jeder Menge Black Music wollte ich in den Karl-Marx-Städter Jugendklubs spielen, aber ohne staatliche Spielerlaubnis ein „No Go" und meine „Pappe" war nur für Schulen gültig. Da ich auch zu dieser Zeit als MC einer Breakdance-Gruppe fungierte, kam unsere Crew auf die Idee, dass ich doch bitte zu unserem Jubiläum die Musik einlegen sollte. Man buchte einen DJ mit Spielerlaubnis und mich lies man zwischendurch die Kassetten abspielen. Mit Erfolg, denn Steffen, der an diesem Abend mit auflegte, sah mich und nahm mich fortan auf Tour. Ich legte die Tapes in angesagten Clubs ein, ohne Spielerlaubnis, und knüpfte somit die ersten Kontakte. Denn nach dem vorzeitigen Beenden der Zeit der Nationalen Volksarmee, wollte ich bis zum Beginn meines Studiums den Unterhalt mit dem Auflegen finanzieren. Mein Handicap: Zu DDR-Zeiten konnte man sich nicht offiziell selbstständig krankenversichern, aber über einen Teiljob als Briefträger schon. Sechs Mal die Woche, je vier Stunden am Morgen. Nach der Schicht ging es nochmals zu Bett, um abends für den Club fit zu sein. Körperlich war das noch kein Problem, schließlich war ich 19 und die Gigs endeten meist um 2.00 Uhr.

Mit dem Mauerfall kam die Stunde null und mit ihr die Frage, Vinyl oder CD? Alle DJs in meiner Umgebung setzten auf die CD. Als ich erstmals live dieses Agieren am Plattenspieler,

Mixanleitung von BCM-Records

das Herausziehen der Platten aus dem Cover, das Aufsetzen der Nadel und Eincuen des Tracks sah, war es um mich geschehen. Gleich drei Tage nach der Währungsumstellung 1990 kaufte ich mir einen Technics SL-1210 MK2, den zweiten ein halbes Jahr später, schließlich musste eine Weile gespart werden. Ein Mixer von Conrad sollte mein Setup komplettieren. Die ersten Mixtechniken brachte ich mir über eine Anleitung bei, die in meiner ersten „Beats, Breaks & Scratches"-Platte von BCM-Records beigelegt war. Das Scratching ging nur mühsam von der Hand. Der Crossfader des Mixers erschwerte das rhythmische Zerlegen der Plattensounds, sodass man ihn auch als Trainingsgerät für den Oberarm im Fitnessstudio hätte einsetzen

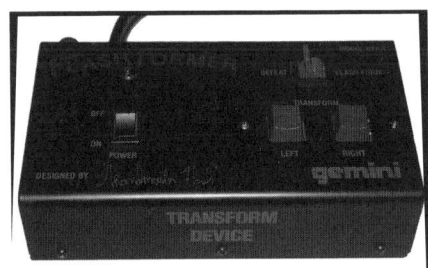

FlashFormer von Gemini

können. Zum Glück bekam ich zum Geburtstag den von Grandmaster Flash entwickelten FlashFormer, der dank zweier Tipptasten ein superschnelles und leichtes Cutten des Signals ermöglichte. Dennoch fehlte es an Input zum Erlernen der Skills. Das Mixen ging hingegen schneller von der Hand, sodass ich nachts im Club auflegte, über Tag folgte ich den Dozenten meines begonnenen Maschinenbaustudiums. Denn ich hatte nie vor, das DJing länger als bis zum 25. Lebensjahr und vor allem professionell zu betreiben. Aber es kommt oft anders, als man denkt. Zunächst legte ich vorrangig in zwei Clubs bzw. Discotheken auf, aber dafür in denen sehr häufig. Pech, wenn dann eine Location plötzlich wegfällt, weil das Booking von dem Resident des Clubs zukünftig übernommen wird und dieser fortan sich und seine liebsten Kollegen bucht. Seit dem hielt ich mich an den Plan, von keinen Club abhängig zu sein. Wenn das Business läuft, akquiriert es sich am besten.

Mit 25 Jahren, als ich wie erwähnt eigentlich meine DJ-Karriere beenden und den seriösen Berufsweg als Diplom-Ingenieur einschlagen wollte, war der Spaß am Auflegen ungebrochen, mein Terminkalender voll. Finanziell rechnete es sich mittlerweile auch, sodass ich ein zweites Studium, das der Medientechnik, beginnen konnte. Da viele Fächer des ersten Studiums anerkannt wurden, war der zeitliche Aufwand geringer, das DJing bekam

# Nachwort

meine volle Aufmerksamkeit. Zu Hause wurden in mühsamer, pedantischer Kleinarbeit Mixtapes für Freunde aufgenommen. Mein Perfektionismus verlangte mir oft Mixsessions von sechs bis acht Stunden ab, um die Musik ohne Fehler auf analoges Band zu bannen. Denn es kam doch vor, dass ich mich vermixte, so wurde der Mix komplett von vorn begonnen. Über digitales Zubehör zum Schneiden des Mixes verfügte ich schließlich noch nicht. Später legte ich mir zwei Mini-Disc-Recorder zu, die das Aufnehmen und vor allem spätere Nachbearbeiten doch sehr erleichterten.

Auch ein neuer Mixer erweiterte mein Equipment, mit dem ich fortan wieder das Scratchen trainierte. Der Vestax PMC-05, der Klassiker unter den Scratch-Battle-Mixern, wurde jeden Tag mehrere Stunden attackiert. Mit einem Scratch-Tutorial, das Vestax auf VHS-Kassette veröffentlichte, pendelte ich ständig zwischen zwei Zimmern, um das Video anzuschauen und dann zu üben, üben und nochmals zu üben. Wenn man im Alter von 28 Jahren nochmals mit dem Scratching beginnt, ist eine Herausforderung. Denn es geht alles nicht mehr so leicht von der Hand, vor

Scratch-Tutorial von Vestax

allem, wenn die Scratch-Moves früher mitunter falsch einstudiert wurden. Der Ehrgeiz war trotzdem ungebrochen, auch wenn es Jahre dauerte und ich Muskelkater an Stellen spürte, von denen ich gar nicht wusste, dass sie so beansprucht werden können. Einmal in der Woche durfte meine Technik verschnaufen, denn der Besuch im Plattenladen stand an. Ein Ritual voller Aufregung und Neugierde. Was wird den heute bei der Lieferung von Discomania, Intergroove und Groove Attack dabei sein? Jeder wollte der erste sein, denn die Stückzahl der Platten war begrenzt. Das verfügbare Budget auch. Daher bewarb ich bei mich bei Public Propaganda und Co, um mit Vinyl bemustert zu werden. Einige Plattenlabels gaben mir jedoch einen Korb, auf dem stand: Du bist kein Dancecharts-Tipper. Ich schrieb verschiedene DJ-Charts an und wurde sogar aufgenommen, was auch die Aufnahme in alle Promopools der Plattenfirmen nach sich zog. Das war ein Wahnsinn: Jeden Tag kamen zehn bis zwanzig Maxi-Singles, hinzu Give-

Aways wie Tragetaschen oder auch anzügliche Dinge, wie Damenstring oder Dildo, natürlich nicht für den eigenen Gebrauch bestimmt. Die Vermarktungsmaschine der Plattenindustrie lief auch bei mir auf Hochtouren. Ich war mit den neuesten Platten versorgt und musste nichts bezahlen, bis auf das nun erforderliche Lager, denn die Unmenge an Schallplatten konnte man schon aus Statikgründen nicht zu Hause deponieren. Mindestens viermal in der Woche legte ich die Platten auf, bis zu drei Gigs an einem Tag. Der Black Music gehörte dabei weiterhin mein Herz, aber auch die elektronischen Beats begeisterten mich und nahmen Einzug in mein Set. So wurde ich unter meinem damaligen Namen „Double D" sowohl für HipHop-Partys, aber auch Raves oder House-Clubs gebucht. Ein ganz schöner Spagat, denn normalerweise wird in solchen Fällen einem DJ die Glaubwürdigkeit aberkannt. Aber da ich mit beiden Musikrichtungen aufwuchs, wollte ich keine Entscheidung fällen, zumindest nicht musikalisch, aber wenigstens vom Namen her. Ein damaliger Clubbetreiber schlug mir vor, ich sollte unbedingt unter meinem bürgerlichen Namen in den House-Clubs auflegen, zum einen, um eine klare Trennung zwischen dem DJ Dirk Duske und Double D. zu vollziehen, aber auch weil er meinem Namen als DJ sehr passend fand, da die deutsche Sprache wieder mehr Einzug im DJ-Business hielt, zumindest von der Namensgebung. Gute Idee, jetzt musste ich das nur den Club- und Discothekenbetreibern beibringen, was sich hinter der Umbenennung verbirgt. Erklären konnte ich viel, aber dennoch wurden beide Namen auf Flyern und Plakaten vertauscht, der Dirk Duske legte plötzlich Urban-Stuff und Double D. House auf. Da mir Dirk Duske eh besser gefiel, ich namensrechtlichen Klagen (ein DJ meldete cleverer Weise Double D. als Marke an) und weiteren Verwechslungen aus dem Weg gehen wollte, entschied ich mich, das Pseudonym abzulegen.

Glücklicherweise verlief meine Karriere bisher ohne große Katastrophen. Sicherlich zahlte auch ich gewisses Lehrgeld, wie 100,00 D-Mark Gagenabzug, weil sich das Publikum darüber beschwerte, dass die CD mit der Hintergrundmusik, die ich vor dem Gig eingelegte, fünfzehn Minuten an der gleichen Stelle hängen blieb. Die Kritik war berechtigt, auch wenn mir der Club selbst die CD bereitstellte. Es grenzt auch an ein Wunder, dass ich nur dreimal um meine Gage geprellt worden bin, zum einen, weil die

# Nachwort

Geschäftsleitung eines Clubs vor der Abrechnung die Kassen gegen 1.00 Uhr leerten, um einer überraschenden Zwangspfändung durch Gläubiger zu umgehen.

Bezahlung per Banküberweisung sollte man wirklich nur bei langjährigen Partnern vereinbaren, wobei auch selbst in diesem Fall ist man nicht vor Verlust der Gage gefeit. Eine Discothek zahlte mir ein Jahr die vereinbarte Gage, bis sie plötzlich diese nachträglich um 20 Prozent reduzierten, zunächst für zwei Gigs, obwohl die Rechnung mit dem üblichen Honorar bestätigt wurde. Nachdem sie auch zukünftig auf dieser Gage beharrten, kündigte ich.

Der dritte Fall beschäftigt sich mit einer cleveren Privatperson, die ich während eines Gigs kennen lernte. Er bot mir an, mich auf meinen Gigs zu begleiten. Er fuhr mich, lernte dadurch andere bzw. bekannte DJs kennen und baute sich somit ein Netzwerk auf, sodass er mich später managte. Drei Gigs wurden vermittelt, von denen nur einer stattfand. Für die anderen sollten aufgrund einer kurzfristige Kündigung 50 Prozent der vereinbarten Gage gezahlt werden. Es stellte sich später heraus, dass er die eingenommenen Gagen, aber auch geliehene, größere Beträge, die zur Finanzierung von Veranstaltungen gedacht waren, für privater Belange nutzte. In meinem Fall bin ich sehr glimpflich davon gekommen. Aber es sollte euch eine Lehre sein. Denn leider gibt es in diesem Geschäft viele Leute dieses Schlags. Deswegen ist stets Vorsicht geboten und Leichtgläubigkeit fehl am Platze.

Zum Schluss möchte ich kurz erwähnen, wie bin ich eigentlich auf die Idee dieses Buch gekommen? In den 1990ern suchte ich vergeblich ein DJ-Lehrbuch. Angestachelt von der Vision eines eigenen, verfasste ich zunächst eine Hausarbeit zum Thema „Der Einfluss von DJs auf die Verkaufscharts". Da auch eine Diplomarbeit zum Abschluss erforderlich war, konnte ich glücklicherweise meinen damaligen Betreuer von der Idee eines DJ-Lehrbuches begeistern. Die Diplomarbeit, auf der dieses Buch basiert, betrachtete das DJing zunächst von einer sehr wissenschaftlichen Seite, was sicherlich auch jetzt noch an manchen Passagen festzustellen ist, inklusive erforderlicher Hypothesen und einer entsprechend nüchternen Schreibweise. Nach einer ausgiebigen inhaltlichen und optischen Überarbeitung der Diplomarbeit erschien im Mai 2005 die erste Auflage von „Gut aufgelegt!".

## Glossary

**12":** twelve inch, Ausdruck für eine Maxisingle in Bezug auf ihren Durchmesser

**Acapella:** ein Track, auf dem nur Vocals zu hören sind, ist meist ein Bonus auf einer Maxisingle

**Afterhour:** Veranstaltungsreihe in den 1990ern, zu der Clubs am Wochenende vor- oder nachmittags öffneten

**Back to Back:** zwei DJs legen abwechselnd auf einem Setup auf

**Backline:** Equipment und Instrumentarium, das von Musikern auf der Bühne eingesetzt wird, dazu zählt auch das DJ-Setup

**Backspin:** vom Kool DJ Herc erfundene Technik für die Schallplattenspieler zur Verlängerung von Breaks, durch wiederholtes, abwechselndes Aneinandercutten der Breakpassagen zweier gleicher oder verschiedener Tracks

**Battle:** Wettstreit zwischen DJs

**Beat Juggling:** besondere Technik des DJs, indem er aus zwei Schallplatten einen Beat erzeugt

**Beatmatching:** Angleichen der unterschiedlichen Tempi zweier Tonträger mittels eines Geschwindigkeitsreglers, genannt Pitch-Control, an einem Schallplattenspieler oder DJ-Player

**Bedroom-DJ:** ein DJ, der nur für sich zu Hause auflegt und Skills trainiert

**Big Room:** umgangssprachlich für Großraumdiscothek

**Body Tricks:** Kunststücke von DJs, die häufig bei Battles zu beobachten sind, wie Handstand oder Scratchen mit dem Ellenbogen

**Booker:** eine für das Booking einer Location oder Agentur zuständige Person

**Booking:** Ausdruck für das Buchen eines DJs für Veranstaltungen

**Bootleg:** Raubpressungen von Schallplatten, die unter Nichteinhaltung vertraglicher Bedingungen zwischen dem Künstler und der Schallplattenfirma von Dritten produziert und vertrieben werden

**BPM:** Beats Per Minute als Ausdruck des Tempos eines Tracks

**Breakdown/Break:** Bezeichnung für einen Teil eines Tracks, der eine längere Drumsequenz zum Mixen für die DJs aufweist oder einen Track zur Erzeugung einer Dramaturgie in seinem Groove unterbricht

**Breaken:** ein Track wird so oft gespielt, dass er immer populärer wird

**Brett:** ein besonders guter Track

**Burner:** ein Clubhit mit enormer Resonanz

**Case:** Koffer, mit denen DJs ihr Equipment, wie Schallplattenspieler, Mixer oder Schallplatten transportieren

**Chill Out:** separate Ruhezonen in Clubs und Discotheken, die mit entsprechender Musik und Dekoration ausstaffiert sind

**Chop-Mixing:** besondere Form des Mixings, bei der die einzumixende Platte sofort mit dem Cue Point und vollem Lautstärkepegel eingecuttet wird

**Climax:** musikalischer Höhepunkt im einem Set

**Cold/Warm End:** Ausdruck für das Ende eines Tracks; cold bedeutet abrupt bzw. hart, hingegen bei warm endet der Track durch eine Blende

**Combo:** Kombination aus verschiedenen, aufeinander folgenden Scratches

# ATTACHMENT

**Cool Down:** Ruhephase in einem DJ-Set

**Crowd:** das Publikum in einem Club oder einer Discothek

**Cue Point:** vom DJ ausgewählte Stelle auf einem Tonträger, die ihm als Startpunkt für das Mixen, Scratchen oder Beat Juggling dient

**Cutten:** Technik eines DJs, die einen Übergang zwischen zwei Stücken durch pausenloses Aneinanderschneiden der Titel erlaubt

**Dancefloor:** Tanzfläche in einer Discothek oder einem Club; in den Siebzigern und frühen Achtzigern wurde darunter auch Dance-Music verstanden, die ihre Wurzeln im Soul und Funk hatte

**DJ:** Discjockey oder Deejay

**DJane:** weiblicher DJ

**DJing:** fachspezifischer Ausdruck für das Handwerk des DJs

**DJ-Pult/DJ-Kanzel:** der Arbeitsplatz eines DJs bzw. LJs

**DJ-Tool:** Spezielle Platten mit Beats, Effekten, Vocals und Samples, die der DJ zum Scratchen und Mixen einsetzt

**Decks:** Turntables, DJ-Player oder virtuelle Abspieleinheiten einer Software

**Deckshark:** Publikum, das dem DJ über die Schulter schaut, um sein Können zu beobachten und Tracks

**Disse:** umgangssprachlicher Ausdruck für Discothek

**Downbeat-Tracks:** Tracks mit einem Beat-Tempo unterhalb der 90 BPM

**Drop:** Starten des Tracks bzw. Loslassen der Schallplatte

**Dubplate:** Test- bzw. Einzelpressung einer Schallplatte, auch Acetat genannt

**DVS:** Digital Vinyl System; Systeme zum Abspielen von MP3s über Timecode oder Noise Map Control-Tone, von einem Vinyl per Schallplattenspieler abgetastet, z. B. Serato DJ Pro, Traktor Scratch Pro, rekordbox, VirtualDJ, MixVibes

**Event:** Veranstaltung

**Floor:** Ausdruck für einen Bereich in einer Location

**Floorfiller:** Ausdruck für einen Track, der die Tanzfläche füllt

**Flow:** Begriff für das funktionierende Zusammenspiel zwischen DJ und seinem Publikum im Set

**Foor-On-The-Floor:** Ausdruck für die Betonung jeder einzelnen Zählzeit eines 4/4-Taktes durch die Bassdrum; vor allem Disco- und Dancefloor-Produktionen der Siebziger und House-Tracks basieren auf diesem Groove

**Four-To-The Floor:** Oberbegriff für die Viererteilung in der Dance-Music

**Gig:** Auftritt, Veranstaltung

**Groove:** rhythmisches Zusammenspiel zwischen Schlagzeug und Bass, dass den Zuhörer bzw. Tänzer animieren soll

**GUI:** Abkürzung für Graphical User Interface (grafische Benutzeroberfläche), um Software auf einem Rechner mittels Symbole, Buttons oder auch Widgets zu bedienen

**Homebase:** der Club oder die Discothek des Residents

**Indie:** unabhängiges und nichtkommerzielles Label

**Kick Down:** Schnellstart eines Turntables

**LJ:** Abkürzung für Lightjockey

**Label:** Schallplattenfirma oder Etikett auf einer Schallplatte

**Late Night:** die Zeit nach der Peak Time in einer Discothek, dient häufig zum Ausklingen des Abends

**Line Up:** die auftretenden DJs bei einem Event

**Location:** Discothek oder Club

**Locked Grooves:** eine in sich geschlossene Schallplattenrille mit einem 4/4-Beat- oder Scratch-Sentence-Loop, der bei 33-1/3 RPM mit einem Tempo von 133,33 BPM spielt.

**Major:** große kommerzielle und internationale Plattenfirmen, auch in zusätzlich mehrere Sublabel untergliedert, z. B. EMI, Warner, Sony, BMG, Universal

**Mashup:** einerseits Bezeichnung eines Mixes beim DJing, der verschiedene Musikstile vereint, andererseits ein Track, der aus zwei verschiedenen Titeln zusammen gemixt wurde

**Midtempo-Tracks:** Tracks mit einem Tempo von ca. 90 bis 109 BPM

**Mix Down:** Setmitschnitt, im Studiobereich Bezeichnung für Abmischung

**Mixen:** Überblendtechnik eines DJs, um einen Übergang zwischen zwei Stücken ohne Unterbrechung zu schaffen

**Mixer:** Mischpult

**Mobiler DJ:** mit eigener PA reisender DJ

**Moves:** Bewegungen mit der Schallplatte (z. B. Scratch-Moves)

**Mugge:** aus der DDR stammende Abkürzung für „Musikalisches Gelegenheitsgeschäft", modifizierter Ausdruck (siehe „Mucke") für Gig

**Mucke:** neben der Bedeutung als Gig wird dieser Begriff als Bezeichnung für die Musik des DJs verwendet

**Nativ:** die Software wurde für die Umgebung geschrieben und läuft somit ohne Emulation; sie erkennt automatisch angeschlossene MIDI-Controller per Plug´n´Play, ein Mapping ist als Pre-Set vorhanden und wird gleichzeitig geladen, aktive Befehle bestätigt der Controller visuell

**Opening:** der Beginn eines Gigs, der mit einem Intro bzw. einer Moderation samt Musikbett eingeleitet wird

**On The Fly:** spontanes Set und Live-Performance ohne Vorbereitung

**Out Of The Box:** vom Rechner auflegen, ohne zusätzliches Equipment

**P.A.:** engl. Public Adress; umfasst die komplette Beschallungsanlage in Discotheken oder Clubs, vom Mixer, Endstufen bis zu den Lautsprecherboxen

**Party-DJ:** Discjockey für vorrangig Partys oder Festlichkeiten, der neben seinen Tonträgern mitunter eine eigene PA zur Verfügung stellt

**Ping Pong:** zwei DJs legen abwechselnd Track für Track auf

**Pitchen:** Vorgang, bei dem der DJ das Tempo eines Tracks an das des anderen durch Verschieben des Pitch-Controls anpasst

**Pitch-Riding:** Anpassen der Phase im Mix durch Anschieben und Bremsen des Plattentellers und somit der Schallplatte, indem der Pitch-Control schlagartig und damit nur kurz extrem in den positiven oder negativen Prozent-Bereich verschoben wird

# ATTACHMENT

**Playlist:** Titelfolge eines Gigs

**Peak Time:** auch Prime Time genannt, Hauptzeit eines Club oder einer Discothek mit der maximalen Gästezahl

**Promo:** Track, der zu Promotionzwecken von Plattenlabels an DJs gratis verschickt wird

**Quickmix:** sehr kurz angespielte Tracks gemixt, von HipHop-DJ bevorzugt

**Rack:** eine Transportkiste für übereinander angeordnete Geräte, die mit der Kiste zum sicheren Transport verschraubt sind

**Rave:** in den 1990ern in riesigen Hallen stattfindende Großveranstaltungen mit einem Gästedurchlauf von mehreren tausend Menschen, z. B. Mayday

**Read The Crowd:** Beobachten der Reaktion des Publikums auf die Musik

**Remix-Service:** aufgrund der fehlenden bzw. zu kurzen Intros und Outros in HipHop-Tracks für DJs produzierte Extended-Versions zum besseren Mixing; z. B. Funky-Mix, X-Mix, Wicked-Mix und Streettracks

**Resident:** Stamm-DJ, der meistens in der selben Location auflegt

**Riddim:** der Groove aus Schlagzeug und Bass eines Reggae- bzw. Dancehall-Tracks, der mit verschiedenen Interpreten veröffentlicht wird

**Routine:** die Performance mit zwei Decks, die verschiedene Turntablism-Skills unter Einhaltung bestimmter Beat Juggle-Strukturen verbindet

**Running-Mix:** das pausenlose Aneinanderreihen von Tracks durch Mixen

**Running Order:** die Reihenfolge der DJs, in der sie auf einem Event auflegen

**Set:** ein durch den DJ zelebrierter pausenloser Mix aus verschiedenen Tracks unter Berücksichtigung der Musikdramaturgie

**Setup:** Ausdruck für das DJ-Equipment bestehend aus zwei Schallplattenspielern/DJ-Playern und einem Mixer

**Set-Dramaturgie:** ein durch die subtile Auswahl der Tracks und ihre bewusste Aneinanderreihung erzielter Spannungsbogen

**Skills:** Fähigkeiten eines DJs

**Slipmat:** zwischen Plattenteller und Schallplatte gelegte Filz- oder Neoprenmatte, um beim manuellen Abstoppen der Schallplatte die Originalgeschwindigkeit des Plattentellers beizubehalten

**Slot:** Auftritt eines DJs auf einem Festival oder Event mit mehreren Acts

**Spinback:** bzw. Rewind, eine Technik, bei der der DJ die Schallplatte blitzschnell zurückzieht oder –dreht

**Sure Shot:** ein Track, bei dem die Crowd garantiert abgeht

**Timetable:** Spielzeiten verschiedener DJs bei einem Event

**Track:** Bezeichnung für einen Titel, der als Rohmaterial für das kreative Arbeiten eines DJs in Form des Mixens dient

**Transition-Track:** ein Track, der zwischen zwei verschiedene Tempi wechselt, z. B. Method Man & Redman „Da Rockwilder"

**Tune:** Ausdruck für einen Titel, Track oder Song

**Turntables:** engl. Bezeichnung für Schallplattenspieler

# ATTACHMENT

**Turntablism:** die Kunst, den Plattenspieler als Instrument einzusetzen, 1995 von DJ Babu und den Beat Junkies initiiert

**Underground:** Oberbegriff für die Nichtkommerzialisierung bezüglich des Clubs, der Musik und des DJs

**Uplifting- Tracks:** Tracks, die euphorisch sind und die Stimmung steigern

**Uptempo-Tracks:** Tracks mit einem Tempo von über ca. 110 BPM

**Vinyl:** Kunststoff und Synonym der Schallplatte

**Warm Up:** das Vorspiel eines DJs vor dem Höhepunkt des Abends

**Wax:** von DJs geprägter Ausdruck für eine Schallplatte

**White Label/Weißmuster:** Bezeichnung für Tonträger, meist weiß etikettiert und mitunter ohne Information über Interpreten, Titel, Label etc., auch zur Veröffentlichung eines eigenproduzierten Tracks ohne Plattenlabel, von Schallplattenfirmen an DJs verschickte Weißmuster in kleineren Stückzahlen zu Promotionzwecken oder Bootlegs

Glossary
Tu - Wh

# ATTACHMENT

## Discographie
Einige Klassiker, die noch heute gern aufgelegt werden (sortiert nach Stil):

### Disco:
Chic: Le Freak
Donna Summer: I Feel Love
Sister Sledge: We Are Family
Pointer Sisters: Jump
Weather Girls: It´s Raining Men
Curtis Mayfield: Move On Up
Jimmy „Bo" Horne: Spank
Patrick Hernandez: Born To Be Alive
Amii Steward: Knock On Wood
Boney M.: Sunny
Nick Straker Band: A Walk In The Park
Gibson Brothers: Que Sera Mi Vida
New Order: Blue Monday
Diana Ross: Upside Down
Human League: Don´t You Want Me
Lipps. Inc: Funkytown
Gloria Gaynor: I Will Survive
Dan Hartman: Relight My Fire
Blondie: Heart Of Glass
Boystown Gang: I Can´t Take My Eyes Off You
Gary´s Gang: Destination
Gibson Brothers: Cuba
Michael Zager Band: Let´s All Chant
The Stars On 45: Stars On 45
S.O.S. Band: Take Your Time
G.Q.: Disco Nights
Kim Carnes: Bette Davis Eyes
Abba: Gimme Gimme Gimme ( A Man After Midnight)
Grace Jones: I Need A Man
Ashford & Simpson: Found A Cure
Thelma Houston: Don´t Leave Me This Way

## Hi-NRG:
Evelyn Thomas: High Energy
Mike Mareen: Dancer In The Dark
Trans X: Living On Video
Divine: Shoot Your Shot
Sylvester: You Make Me Feel (Mighty Real)
Flirts: Passion
Dead Or Alive: You Spin Me Round
Frankie Goes To Hollywood: Relax
Roni Griffith: Desire
Michael Sambello: Maniac
Miquel Brown: So Many Men So Little Time
Hazell Dean: Searching
Fancy: Slice Me Nice

## Funk:
Rick James: Superfreak
Odyssey: Going Back To My Roots
Cameo: Word Up
Indeep: Last Night A DJ Saved My Life
Gap Band: Oops Upside Your Head
Montana Sextett: Who Needs Enemies
Imagination: Just An Illusion
Whispers: And The Beat Goes On
Midnight Star: Midas Touch
Dazz Band: Let It Whip
George Clinton: Nubian Nut
Fatback: Is This The Future?
Shalamar: A Night To Remember
Sheila E: A Love Bizarre
Prince: Kiss
Oliver Cheatham: Get Down On Saturday Night
Earth, Wind & Fire: Let´s Groove / September
Kool & The Gang: Celebration / Fresh
Fred Wesley: House Party

# ATTACHMENT

Prince Charles: More Money
Captain Sensible: Wot
Kid Creole: Stool Pigion
Aretha Franklin: Jump To It
Positive Force: We Got The Funk
Alexander O´Neil: Fake
Hall & Oates: I Can´t Go For That
Queen: Another One Bites The Dust
Chaka Khan: I Feel For You
D-Train: You Are The One For Me
BB&Q Band: On The Beat
O´Jays: Put Your Heads Together
Brass Construction: Movin´
Evelyn "Champagne" King: Love Come Down
Gwen Guthry: It Should Have Been You
Bar-Kays: Freakshow On A Dancefloor
Patrice Rushen: Forget Me Nots

**New Romantics:**
Spandau Ballet: Only When You Leave
Wham!: Club Tropicana
Culture Club: Do Really Want To Hurt Me
Heaven 17: Temptation
Duran Duran: Wild Boys
Visage: Fade To Grey
Kajagoogoo: Too Shy
ABC: The Look Of Love
The Human League: Being Boiled / Don´t You Want Me
A Flock Of Seagulls: I Ran

**Synthie-Pop:**
Depeche Mode: Enjoy The Silence / Personal Jesus / Everything Counts
Eurythmics: Sweet Dreams
Bronski Beat: Smalltown Boy
Gary Numan: Cars

**Discographie**
Funk / New Romantics / Synthie-Pop / House

Soft Cell: Tainted Love
Yazoo: Don´t Go
Yello: Vicious Games
Erasure: Sometimes
Wolfsheim: The Sparrows And The Nightingales
Camouflage: The Great Commandment
Boytronic: You
Anne Clark: Our Darkness
Alphaville: Big In Japan
Human League: Being Boiled
Lime: Angel Eyes
Fad Gadget: Collapsing People
OMD: Enola Gay
16 Bit: Changing Minds
Mysterious Art: Das Omen
Real Life: Send Me An Angel
Anne Clark: Sleeper In Metropolis
New Order: Blue Monday / True Faith
No More: Suicide Commando
Ultravox: Hymn
Propaganda: P-Machinery
Tears For Fears: Shout / Mad World
The Cratch: 25 Years

**House:**
Whirlpool Productions: From Disco To Disco
Lil´ Louis: French Kiss
Marshall Jefferson: Move Your Body
M/A/R/R/S: Pump Up The Volume
Technotronic: Pump Up The Jam
WestBam: Hold Me Back
Steve „Silk" Hurley: Jack Your Body
Farley Jackmaster Funk: Love Can´t Turn Around
Ruffneck: Everybody Be Somebody
Hollies P. Monroe: I´m Lonely

Attachment

# ATTACHMENT

D-Mob: We Call It Acieed
Opus III: It´s A Fine Day
Felix: Don´t You Want Me
S-Express: Theme From S-Express
Tori Amos: Professional Widow (Armand van Helden-Remix)
Armand van Helden: You Don´t Know Me
Todd Terry: Keep On Jumpin´
Stardust: Sounds Better With You
Daft Punk: Around The World
Cassius: Feeling For You
Spiller: Groove Jet
Tom Novy: I Rock
Deee-Lite: Groove Is In The Heart
Adamski: Killer
Ce Ce Paniston: Finally
Nightcrawlers: Push The Feeling On
Crystal Waters: 100 % Pure Love
Reel 2 Real: I Like To Move It
Funky Green Dogs: Fired Up
David Guetta: Just A Little More Love
Alan Braxe & Fred Falke: Intro
Robin S.: Show Me Love
Hardy Hard: Silver Surfer
Mash Up Kids: Rise Up
André Michelle: A2
Phil Fuldner: Miami Pop
Moloko: Sing It Back
DB Boulevard: Point Of View
House Of Glass: Disco Down
Candi Staton: Young Hearts Run Free
Deep Swing: In The Music
Afro Medusa: Pasilda
Live Element: Something About You
Jess & Crabbe: In Your Eer
Bob Marley Vs. Funkstar Deluxe: Sun Is Shining

# Discographie
## House / Trance / Electro

Mr. Happy: Come Back To Me
Incognito: Always There
Pete Heller: Big Love
Mr. Oizo: Flat Beat
DJ Tonka: Don´t Be Afraid
Jaydee: Plastic Dreams
Rise & Shine: Hungry Animal
Black Legend: You See The Trouble With Me
Paul Johnson: Get Down
DJ Sput: Set It Of

**Trance:**
Paul van Dyk: For An Angel
Lambda: Hold On Tight (Nalin & Kane Remix)
Nalin & Kane: Beachball
Mox Epoque Vs. BK: Be Sure
Binary Finary: 1999
Jam & Spoon: Stella
Moby: Go!
Van Bellen: Let Me Take You
Humate: Love Stimulation (Paul van Dyk Remix)
Faithless: Insomnia
C.J. Bolland: Camargue
ATB: Let U Go
Kid Paul: Café Del Mar (Three´n´One-Remix)
Age Of Love: Age Of Love (Jam & Spoon-Rmx)
BBE: Seven Days & One Week
Chicane: Offshore
Delirium: Silence
Dance 2 Trance: Power Of American Natives
Sven Väth: Le´Esperanza

**Electro:**
Kraftwerk: Numbers
Echopark: Suicide Commando

# ATTACHMENT

Zombie Nation: Kernkraft 400
Lexy & K.Paul: Greatest DJ
WestBam: Beatbox Rocker
DJ I.C.O.N.: Voco Me
Miss Kittin & The Hacker: 1982
Fisherspooner: Emerge
Tiga & Zyntherius: Sunglasses At Night
Tok Tok Vs. Soffy O.: Missy Queens Gonna Die
Ellen Allien: Stadtkind
Northern Lite: Trusting Blind
Felix Da Housecat: Madame Hollywood
Jimi Tenor: Take Me Baby
Latex: Encore

**Techno:**
Underworld: Born Slippy
Armand Van Helden: Necessary Evil
Daft Punk: Rock´n´ Roll
Russian Roulette: I Believe
Laurent Garnier: Coloured City
Monika Kruse: Latin Lovers
Sven Väth: Dein Schweiß
Speedy J: Pullover
Dave Clark: Red 2
Thomas Schuhmacher: Ficken
Elektrochemie LK: Schall
Emmanuel Top: Acid Phace
Der Dritte Raum: Trommelmaschine
Thomas P. Heckmann: Amphetamine
Extrawelt: Titelheld
Oliver Koletzki: Mückenschwarm
Alter Ego: Betty Ford
Wassermann: W.I.R.
LA Style: James Brown Is Dead
New Order: Confusion Remix

## Soul/R´n´B:

Chaka Khan: Ain´t Nobody
Denis Edwards: Don´t Look Any Further
Lionel Richie: All Night Long
George Michael: Killer/Papa Was A Rolling Stone
Randy Crawford: Streetlife
James Brown: Sex Machine
Al Jarreau: Boogie Down
George Benson: On Broadway
Maze: Joy & Pain
Midnight Star: Curious
Michael Jackson: Don´t Stop Till You Get Enough
Simply Red: Money´s Too Tight To Mention
Next: Too Close
112: Dance With Me
Dru Hill: Sleeping In My Bed (So So Def-Remix)
Aaliyah: Try Again
Mary J. Blige: I Love You / Family Affair
R. Kelly: Fiesta
Beyonce: Crazy In Love
Blue Cantrell: Breathe
Faith Evans: Have Like This Before
Mark Morrison: Return Of The Mack
Destiny´s Child: Bootyliscious
Christina Aguilera: Dirrty
Jamiroquai: Blow My Mind
En Vogue: My Lovin´
Justin Timberlake: Rock Your Body
SWV: Right Here
Blackstreet: No Diggity
Destiny´s Child: Independent Women
Ginuwine: When Doves Cry
Ciara: Goodies

# ATTACHMENT

**Reggae/Latino:**
Bob Marley & The Wailers: Could You Be Loved
UB 40: Red Red Wine
10 CC: Dreadlock Holiday
Musical Youth: Pass The Dutchie
Dawn Penn: You Don´t Love Me
Black Slate: Amigo
Sophia George: Girlie, Girlie
Peter Tosh: Johnny B. Good
Eddy Grant: Gimme Hope Jo´anna
Desmond Decker: You Can Get If You Really Want
Miriam Makeba: Pata Pata
Miami Sound Machine: Conga
Max Romeo: Chase The Devil
Paul Simon: You Can Call Me Al
Jimmy Cliff: Reggae Nights
Inner Circle: Bad Boys
China Black: Searching
Boris Gardiner: I Wanna Wake Up
Don Omar: Reggaeton Latino
Daddy Yankee: Gazolina

**HipHop:**
Kurtis Blow: The Breaks
Sugarhill Gang: Rappers Delight
Grandmaster Flash: The Message
Run DMC: It´s Like That / It´s Tricky
Beastie Boys: Fight For Your Right To Part
Salt´N`Pepa: Push It
Vanilla Ice: Ice Ice Baby
Luniz: I Got 5 On It
Tone Loc: Funky Cold Medina
2Pac: Changes
DJ Jazzy Jeff & The Fresh Prince: Summertime
De La Soul: Ring Ring Ring

# Discographie
## Reggae/Latino/HipHop

2 Live Crew: Wa Want Some Pussy
P. Diddy: Bad Boy For Life
Wu Tang Clan: Gravel Pit
Fünf Sterne Deluxe: Dein Herz Schlägt Schneller
ODB: Got Your Money
DJ Kool: Let Me Clear My Throat
House Of Pain: Jump Around
Ini Kamozé: Here Comes The Hotstepper
Arrested Development: People Everday
Eve: Who´s That Girl
Skee-Lo: I Wish
OutKast: Atliens / Ms. Jackson
A Tribe Called Quest: Can I Kick It
Gang Starr: Mass Appeal / Full Clip
MC Lyte: Cold Rock A Party
KRS One: Step Into A World
Onyx: Slam
Ice Cube: You Can Do It
Dr. Dré: Still D.R.E. / Next Episode
LL Cool J: Doin´It
Beatnuts: Watch Out Now
Notorious B.I.G.: Hypnotize
The Fugees. Fu-Gee-La
Nas: Nas Is Like /If I Ruled The World
Rakim: Guess Who´s Back
Alliance Ethnik: Respect
Naughty By Nature: Hip Hop Hoorey
Redhead Kingpin & The FBI: Do The Right Thing
Stereo MCs: Connected
Snoop Dogg: What´s My Name
MC Hammer: Can´t Touch This
Kris Kross: Jump
DMX: Party Up
MOP: Ante Up
Crooklyn Clan: Be Faithful

# ATTACHMENT

The Roots: Seed 2.0
C&C Musicfactory: Gonna Make You Sweat
50 Cent: In Da Club / Candy Shop
Chemical Brothers: Galvanize

**Big Beat/Breakbeat and many more:**
Gorillaz: Feel Good Inc.
Groove Armada: I See You Baby
Propellerheads: History Repeating
Moby: Bodyrock
Orbital: The Saint
Cornershop: Brimful Of Asha
Apollo 440: Ain´t Talking `Bout Dub
Kosheen: Catch
Junior Senior: Move Your Feet
Beck: I´m A Looser
Gus Gus: Ladyshaver
P!ink: Get The Party Started
Black Machine: How Gee
Röyksopp: Eple
Blue Boy: Remember Me
Massive Attack: Unfinished Sympathy
Fatboy Slim: Rockafella Skank
Turntablerocker: No Melody
Olive: You´re Not Alone
Baby D.: Let Me Be Your Fantasy
Pizzicato Five: Twiggy Twiggy
Elvis Presley Vs. Junkie XL: A Little Less Conversation
The Prodigy: Smack My Bitch Up
Chemical Brothers: Hey Boy Hey Girl

Discographie
Hip Hop / Big Beat

# ATTACHMENT

## Adressen von DJ-Charts, Promotionpools und Plattenlabels

### DJ-CHARTS

**Brainstorm (DAT 20):**
Weidachstr. 13
87541 Hindelang
08324/933 8-0
http://www.brainzone.de

**Pool Position (DDP):**
Industriepark Brundorf 22
28790 Schwanewede
04795/9562-11
http://www.poolposition.com

**Trendcharts:**
(AMV Alster Musikverlags-GmbH)
(DDC, DCC, DAC, DBC, DRC):
Holzbrücke 7
20459 Hamburg
040/369 059-0
http://www.trendcharts.de/de/trendcharts.html

### PLATTENLABELS

**Clubbing/Sony-BMG:**
Dorfstr. 12b
85591 Vaterstetten
http://www.clubbingpromotion.de

**Cocoon Music Event GmbH:**
Carl-Benz-Straße 21
60386 Frankfurt am Main
069/959 675 0
http://www.cocoon.net

**Warner Music Group Germany Holding GmbH:**
Alter Wandrahm 14
20457 Hamburg
040/303 394 27
http://www.warnermusic.de

**Groove Attack:**
Von-Hünefeld-Str. 2
50829 Cologne
0221/990 750
http://www.grooveattack.com

**Indigo Musikprod. + Vertriebs GmbH:**
Schlachthofstr. 36a
21079 Hamburg,
040/752 499-0
http://www.indigo.de

**International Dee Jay Gigolos Records:**
Chorinerstr. 3
10119 Berlin
030/284 938-10
http://www.gigolorecords.com

## DJ-Charts / Plattenlabels

**!K7 Records:**
Heidestr. 52
10557 Berlin
030/202 095 7
http://www.k7.com

**Kanzleramt:**
Pannierstrasse 29,
12047 Berlin
030/617 022 62
http://www.kanzleramt.com

**Kompakt:**
Werderstrasse 15-19
50672 Köln
0221/949 95-120
http://www.kompakt.fm

**Kontor Records GmbH:**
Neumühlen 17
Postfach 570362
22772 Hamburg
040/646 905-0
http://www.kontorrecords.de
http://djpool.kontor.cc

**Ministry Of Sound:**
Pfuelstr. 5,
10997 Berlin,
030/616 22-0
http://www.ministryofsound.de
http://watchmyparty.net/CMSdj-poolmos/front_content.php

**Peppermint Jam Rec.:**
Boulevard der EU 8
30539 Hannover
0511/768 60-0
http://www.peppermint-jam.de

**PIAS Rec. GmbH:**
Zippelhaus 5a
20457 Hamburg
040/318 03-0
http://www.pias.com

**Pokerflat Recordings:**
Behringstr. 28a
22765 Hamburg,
040/310 773
http://www.pokerflat-recordings.com

**Superstar Entertainment GmbH & Co. KG:**
Leuschnerdamm 31
10999 Berlin
030/611 018 7-0
http://www.superstar.ag

**Tigers Records:**
https://www.facebook.com/tiger-records

**Toka Beatz:**
Am Bahrehang 44
09114 Chemnitz
0371/404 651 5
http://www.myspace.com/tokabeatz

# ATTACHMENT

**Tresor Records GmbH:**
Postfach 36 04 28
10999 Berlin
030/629 087 50
http://www.tresorberlin.de

**Universal/Polydor Club Promotion:**
Stralauer Allee 1
10245 Berlin
030/520 07-2703
http://www.eydeejay.de/dance/index.php

**V2 Rec.:**
Leuschnerdamm 31
10999 Berlin
030/615 02-0

**Vandit Rec.:**
Damaschkestraße 4
10711 Berlin
http://www.vandit.com

**WePLAY Music and Management GmbH & Co. KG:**
http://www.myspace.com/weplay-recordings

**Zyx Music GmbH & Co.KG:**
Benzstr.1/Industriegebiet
35799 Merenberg
06471/505-0
http://www.zyxmusic.com

## DJ PROMOTIONPOOLS/ LABELUNABHÄNGIG

**DJ-Propaganda:**
Alte Rabenstrasse 12a
20148 Hamburg
040/369 059 – 0
http://www.djpropaganda.com

**For The Headz:**
Alte Rabenstrasse 12a
20148 Hamburg
040/369 059 - 0
http://www.fortheheadz.com

**Pool Position:**
Industriepark Brundorf 22
28790 Schwanewede
04795/956 2-11
http://www.poolposition.com/

**www.Plattenmann.de:**
Hühnerposten 14
20097 Hamburg
040/236 870 00
http://www.plattenmann.de/web

**Sure Shot:**
Oberhafenstr. 1/3.OG
20097 Hamburg
040/300 59-700
http://www.sureshot.de

**868** Enthusiast / Bedroom-DJ / Professional DJ / Artist

# Adressen von DJ-Charts, Promotionpools und Plattenlabels
## Plattenlabels / DJ Promotionpools/labelunabhängig

# ATTACHMENT

## Stichwortverzeichnis

## Index

### Symbole
1/16-Takt 457
2 Live Crew 401
2Pac 401
2 Step 396
2 Unlimited 397
3-Band-Wellenform 134
3D 731
3Style 584, 646
4/4-Noten 378
4/4-Takt 27, 334, 371, 388, 784
4-bar-loop 503
5" 22
7" 22
12" 22, 23
12inch Skinz 576
12 O'Clock-Prinzip 30, 437, 459
12-Uhr-Position 376
24 Bit-Soundkarte 38
50-50-Aufteilung 460
50 Cent 337, 400
60/40-Regelung 49
120 Minuten Party 726
360 Grad-Vertrag 743
433fm 725
#AlarmstufeRot 820
(Heavy) Metal 682
(New) Wave 683
(UK-)Garage-House 395

### A
AAC 137
AAC-Format 272
AAL 184
ABBA 24
A-Bewertung 616
Ableton 38, 168, 204, 253, 322, 422, 487, 501, 511, 534, 540, 765, 766, 767, 771
Ableton Link 168, 176, 253, 317, 321, 327, 520
Ableton Push 2 205
Ableton-Signal 509
Abletons Transport Control 205
Ableton-Tool 28
Abmischung 790
Abnutzungserscheinungen 89
Abrechnung 271
Abriebfestigkeit 217

Absatzzahlen 743
Abschreibung 601
Absoluter Modus 188, 294, 319
Absorb 177
Absorption 228
Abspielgeschwindigkeit 22, 23, 115, 791
Abspielmodus 293, 319
Abstrahlverhalten 226
Abtasten 116, 124, 125
Abtastfähigkeit 219, 831
Abtastgeräusche 219
Abtastnadel 124, 125
Abtastverzerrung 124
Acapella 171, 181, 373, 384, 430, 519, 520, 521, 530, 557, 764, 767
Access All Areas 722
AC/DC 836
Acht-Bar-Blöcke 388
Achtelnoten 335
Acid 33
Acid-House 35, 395
Acid-Jazz 35
Acid-Sequenzen 35
Acid Tracks 33
Acid-Welle 42
Acrylnitril-Butadien-Styrol 110
Acryl-Platte 143
Active Loop 134
Adam Beyer 399
Adam K 394
Adam's Apple 27
Adaption 50
Add-On 141, 142
Add-On-Controller 222, 499
ADE 758
Adhäsionskraft 215
Adiletten 729
Adobe Audition 171
Adrenalin 615
Adult Contemporary 805
Advanced Audio Coding 272
A/D-Wandler 118
AFI flat.2 216
Afrika Bambaataa 30, 38, 66, 401, 546, 593, 681
Afrojack 70, 395, 636, 723, 752
Afterhour 56, 67, 676
a-ha 404
AIAIAI 94
AICC 634

AIFF 184, 521, 635
Akai 118, 148, 205, 512, 538
Akkord 58, 396, 786
Akku 120, 146
Akon 70
Akrobatik 62
Aktivbox 95, 235, 257
Aktiv-Full-Range-PA 716
Akustik 828
Akustische Signale 25
Alan Braxe 65, 69, 71
Alan Freed 25
Al Benson 25
Albert Collins 744
Album Art-Ansicht 291
Alex Gopher 68
algoriddim 140, 175, 519, 561
Alicia Keys 400
Alignment 240
Alkohol 77, 643
Allen & Heath 206, 309
All-In-One-DJ-System 140, 220, 222, 273
Allround-DJ 586, 816
Alter 77, 78, 585, 586, 588
Alternative-DJ 681
Alu-Kanten 222
Aluminium 111
Aluminium-Spritzguss 110
Aluminiumteller 143
Amateur-DJ 48
Amazon.de 556
Ambient 232
Ambient-Funktion 97
Ambient-Licht 166
Amerikanisierung 50
Amiga 50
Amnesia 760
Amp 38
Amphenol 247
Amplitude 95, 237, 271, 829
Amsterdam Dance Event 758
Anaheim 142, 758
Analog/Digitalkonvertierung 484
Analog-Digital-Wandler 271
Analog-Kompressor-Emulation 204
Analyze 275, 421
Analyzer 790
Andhim 394
Andreas Tomalla 43
André Tanneberger 63

**870** Enthusiast / Bedroom-DJ / Professional DJ / Artist

Angerfist 398
Animation 301, 447
Anime-Musical 69
Anja Schneider 698
Anlaufeffekte 90
Anmoderation 48, 207, 543
Anschaffungskosten 33, 77, 88
Anstalt zur Wahrung der Aufführungsrechte der DDR 51
Anti-Drift 153, 189, 285, 286
Antischock-Absorber 122
Anti-Skating 116, 439, 831
Antistatik-Schallplattenwaschanlage 212
Antistatiktücher 211
Apollo 58
App 121, 750
Apple 194, 272, 519, 646
Apple Lossless 635
Apple MacBook Pro 139
Apple Music 560
Apps 150
A&R 56
Arbeitnehmerverhältnis 79
Arbeitsklima 691
Arbeitsspeicher 139, 284, 302
Arbeitszeiten 79
Archivaufbau 551
A&R-Manager 695, 792
Armand van Helden 394
Armin van Buuren 99, 397, 424, 667, 700, 759, 761
Arrangement 25, 203, 389, 408, 421, 788
Arrangement-Ansicht 203, 510
Arrangementaufbau 391
ARTE 819
Artful Dodger 396
Artificial Intelligence 177
Artikulation 77, 542
Artist-Pass 722
Art Mooney 744
ASIO/Core-Treiber 188
Assignment Table 315
Asynchronität 363
ATB 63, 398, 774
ATC 205
Äther 67
Atmos 518
Atomix Productions 167
Attack 241, 449, 495, 534
AT & T Bell Labs 24
Audacity 767
Audio 6 Interface 303
Audiobus 322

Audio-CD 272
Audio-Information 791
Audio Innovate 100
Audio-MIDI-Setup 325
Audionamix 520
Audio Recorder 317
Audio Setup 304
Audiostream 186
Audio-Streaming 183
Audio Technica 118
Audio-to-MIDI-Funktion 204
Audio-Unit 535
Audio Unit-Plug-in 534
Aufbauaufwand 89
Aufhängung 125
Aufkleber 438
Auflagegewicht 115, 127, 439, 832, 834
Auflagekraft 833
Auflagen 35, 36
Aufschwung 41
Aufsplittung 473
Auftakt 416, 502, 507, 631
Auftragsproduktion 57
Aufwärmphase 653
Ausbildung 47
Ausdrucksstärke 785
Auseinanderdriften 386
Auseinanderlaufen 203, 268, 342, 364, 386
Ausgangsspannung 127, 129, 831
Ausgangswiderstand 234
Ausland 52
Auslandsbooking 605
Auslenkung 829
Auslöschung 380, 388, 830
Außenchassis 123
Außengeräusche 94
Aussprache 543
Aussteuerungen 219
Aussteuerungsreserve 643
Ausstrahlung 741
Authentizität 568
Auto-Cue 165
Autodetect Size 306
Autoeinbrüche 686
Auto Gain 284, 309
Auto-Kino 819
Auto Loop 150, 197, 252, 495
Automatic Gain Control 92, 137
Automation 204
Automix 161, 173
Automix AI 177
Automix-Editor 172
Autoplay 320

Autor 737
AutoScript 252
Auto-Tune-Programm 785
Aux-Input 318
Avicii 781
Avril 71
AWA 51, 53
Axodry 43
Axwell 394
Azetat 217

# B

Baauer 400
Babyscratch 439, 443, 466, 467
Backbeat 335
Backcueing 116, 124, 264, 831
Background 121
Backing 520
Backing-Track 518
Backline 121, 713
Back-Scratch 445, 466
Backspin 29, 459, 463, 467, 471, 629
Backstage 724
Backstreet Boys 729
Back to Back 107, 109, 190, 293, 360
Backup 639
Backward-Drag 446
Bad & Mad 58, 670
Bad Taste 729
Bag 222
Balanced 245
Ballermann-Party 715
Baltimore Club 397
Bar 205, 334
Barbara Tucker 394
Barclay 67
Barumsatz 690
BASF 52
Bass 27, 103, 196, 520, 635
Bassdrum 265, 268, 334, 340, 342, 371, 384, 388, 457, 522, 784
Bass-EQ 367
Bassfrequenz 368
Bassfrequenz-Modulation 411
Bassgitarre 337
Bassline 157, 337, 385, 388, 412, 514, 518, 519, 522, 535, 783, 784
Bassline-Mix 368
Bass-Pegel 122
Bassriff 337, 405, 784
Bassschlag 334, 371, 388
Bassvibrationen 148

# ATTACHMENT

Bataclan 66
Battle 34, 466, 674
Battle-Mixer 102, 105, 107, 113, 451, 457, 475
Battle of the Speeds 23
Battle-Style 259
Bayer-Konzern 24
BBC 725
BCM-Records 840
BDT/DEHOGA 613
Beastie Boys 404
Beat Countdown 134
Beatcuts 457
Beat Cutter 496
Beat Effects 104
Beat FX 164
Beatgrid 133, 178, 253, 324, 353, 360, 407, 488, 557, 630, 631
Beating 383
Beat Juggling 24, 259, 296, 380, 459, 463, 583, 584, 629
Beat Jump 183, 497
Beat Loop 264, 493, 495, 496, 533, 630, 631, 769
Beatmatching 176, 268, 269, 334, 340, 347, 353, 359, 361, 373, 635, 675
Beatmatchinganzeige 351
Beatnuts 408
Beatport 37, 89, 91, 136, 168, 271, 274, 384, 519, 549, 555, 578, 610, 796
Beatport Link 154, 161, 175, 561
Beats 42, 171, 783
Beats, Breaks & Scratches 435, 840
Beats by Dr. Dré Studio 94
Beatsource Link 154, 161, 168, 561
Beats Per Minute 104, 334
Beat Street 50
Beat Sync 133, 353, 355, 358, 359, 631
Beatsynchronisieren 344
Bebe Rexha 390
Becken 335
Beckenschlag 388
Bedrock 398
Bedroom 811
Bedroom-DJ 75, 98, 263
Beef 764
Bee Gees 27, 394
Beenie Man 402
Begabung 77

Bekleidung 42
Belastbarkeit 226
Beleg 599
Beleuchtungsmuster 255
Belgien 58
Belustigungsfaktor 36
Bemusterung 28, 58, 88, 689, 744
Benjamin Diamond 69
Berghain 60, 230
Berlin 36, 43, 55, 56, 59
Berliner Ku'damm 35
Berliner Nachtleben 44
Berliner Underground-Kultur 44
Bernard Zekri 65
Beruf 74
Berufsverband Discjockeys e.V. 610, 613, 735, 820
Beschallungsanlage 55
Beschriftung 273, 392
Besprechungsabstand 208
Best international DJ Award 61
Best Music Event Worldwide 761
Besucherzahl 56, 58, 76
Betriebshaftpflichtversicherung 614
Betriebsspannung 95
Betriebsstunden 282
Bett 542
Bevölkerung 50
Bewertungsfilter 229
Beyoncé 400
Bezugspegel 95
Big Beat 32, 369, 399, 405, 684
Big Beat Boutique 32
Big Room 80, 547, 620
Bilanz 605
Bildschirmauflösung 309
Bildung 46
Billboard 390
Bill Drummond 778
Biographie 741
Birkenmultiplex 222
Birmingham 758
Bitanzahl 271
Bitcrusher 177, 474
Bitrate 272, 291, 635
Bittiefe 271, 284
Black Alien & Speed 402
Black Eyed Peas 407, 415
Black Music 393
Blackout 253
Blackstrobe 71
Blaise Bellvill 730
Blank & Jones 64
Bläserarrangements 50
Blaze 394
Blechbläser 401

Bleistift 283
Blende 100
Blending 361, 365
Blickkontakt 543
Block Party 29, 65, 66
Blogger 737
Blondie 28, 394
Blues 400
Bluetooth 145, 199, 817
Bluetooth Audio Streaming 120
Blur 300
Blu-ray 111
Bob Marley 402
Body 124, 834
Body Skills 583
Body Tricks 466
Boiler Room 730
Bombs Away 396
Bomb The Bass 339
Bome MIDI Translator 327
Bonde do Rolé 402
Bongos 337, 701, 784
Boogie Pimps 64, 746
Booka Shade 394
Booker 574, 685, 695, 706, 737, 806
Booking-Agentur 36, 591, 740
Booking-DJ 90, 93, 740
Bookinggebühr 740, 742
Bookinghonorar 742
Boomerang-Scratch 454
Booth 103, 233
Bootleg 35, 384, 394
Bootsy Collins 402
Boréalis 67
Bose-Bassrohr-System 61
Boxen 268
Boys Noize 218, 782
BPM 31, 35, 104, 165, 275, 291, 334, 351, 353, 354, 495, 520, 631
BPM-Bereich 314
BPM-Counter 92, 104, 137, 334
BPM Show 758
BPM Supreme 556, 557
BPM-Toleranz 348
BR3 53
Brake 111, 112, 115, 270, 374, 407
Brake Echo 481
Branchenverband der Musikindustrie 39
Branding 575
BRD 41, 53
Break 26, 30, 203, 368, 391, 477, 789

**872** Enthusiast / Bedroom-DJ / Professional DJ / Artist

Breakbeat 335, 345, 369, 396, 399, 406, 459, 471
Breakdance 50
Breakdown 253, 339, 379, 385, 391, 405, 407, 427, 428, 498, 499, 514, 533, 783, 809
Breite Niere 208
Bremse 112, 346, 347, 374, 385
Bremsenstärke 117
Brian Mathew 25
Brick City Club 397
Bridge 254, 339, 389, 391, 409, 514, 783, 789
Bridge Intensity 253
Brighton 32
Brillengläser 218
Britpop 682
Broad 69
Broadcast 173, 240, 311, 731
Bronski Beat 405
Brothers Incognito 701
Browser 317
Browser Details 312
Brummton 242
Bruno Mars 404
Bubble 480
Bubble Scratches 444
Buchse 103
Budget 79, 121, 553
Buffalo Bunch 65
Buffer Size 196, 302
Bügeln 217
Bühnenpodest 122
Build Up 253, 391, 402, 514
Bündelungsfaktor 208
Bundesministerium der Finanzen 597
Bundesrepublik Deutschland 42, 56
Bundesverband deutscher Discotheken und Tanzbetriebe 613
Bunji Garlin 401
Bürokratie 597
Bütec 122, 646, 717, 721
Butterfly-Verflüsse 222
Butter Rug 130
Butterworth-Filter 239
Button 275
BVD 613, 735

## C

Calabration-Decks 284
Calvin Harris 390
Calypso 401, 557
Camco 234
Camelot-Easymix-System 420, 427, 428
Camelot-Wheel 424
Camera Connection Kit 119, 194
Camo & Krooked 399
Cantilever 834
Caramel 66
Caravan Palace 395
Carl Cox 39, 430, 575
Cartridge 124
Cartridge Alignment Protractor 126
Cascada 397
Case 222
Casio 33
Cassius 65, 71
CBS 27
CD 77, 89, 273
CDJ 133, 222, 575
CD-Player 37, 90, 131, 220, 273, 479, 496, 807
CD-Player-Funktionen 132
CD-Qualität 272
Celebrate-Records 794
Center 301
Centerfill 231
Centerfrequenz 473
Change Over-DJ 684
Channelfader 99, 165, 300
Channels 293
Channel Select 476
Channel Swap-Funktion 457
Charaktereigenschaft 408
Charakter-Eigenschaften 387
Charisma 77
Chart-Kommerz 76
Charts-Platzierung 792
Chases 253
Chasing 461, 463
Check-In 722
Checkliste 639
Cheerleader 63
Chefproduzent 53
Chefredakteur 53
Chemical Brothers 32, 399, 403
Chic 27, 338, 394
Chicago 31, 42
Chicago House 395, 781
Chicane 397
Chill-Out-Track 385
Chirp 447, 467

Chocolate Puma 400
Chop-Mixing 369
Chorus 254, 389, 514
Chris Liebing 92, 203, 399, 772, 800
Chris Willis 70
Chuckie 395
Cinch 121, 194, 245, 256, 275, 282
Claps 384, 512, 522, 523, 784
Clat Your Vinyl 218
Clean Bandit 395
Clearaudio 213
Clicks 101, 449, 451
Clicks & Cuts 399
Client 311
Climax 648, 653, 655, 661, 672, 710
Clip 203, 501
Clipping 234
Clive Campbell 29
Closed Hi-Hat 784
Club 4, 27, 39, 44, 50, 621, 690
Clubbing 730
Clubhit 43, 44, 63, 619, 659, 785, 792
Club House 394
Clubkillers.com 558
Club Kit 108, 276
Club-Kultur 36, 64, 65, 707, 813
Club-Music 41
Club-PA 226
Club Rotation 41, 746
Clubsterben 813
Club-Style 259
Clubszene 70
Club- und Jugendkultur 59
Clubverbot 26
CO2-Kanonen 646
Cocoon-Club 60, 62
Cocoon-Clubbing 62
Cocoon-Konzept 62
Codec 303
Coldcut 34, 339
Color Change Speed 253
Colt-Effekte 485
Columbia 22
Combo 441, 456, 466, 674
Commodore Amiga 500 41
Compact Disc 24
Compilation 32, 36, 70, 551, 555
Compliance 834
Compressor 503

# ATTACHMENT

Computer 41
Concorde 125, 439
Congas 337, 784
Container-Format 518
Controller 132, 233, 251
Controllerism 511
Controller Manager 314
Control-Panel 195
Control-Vinyl 276, 293
Cool Down 648, 655, 672, 710, 812
Corona-Virus 818
Cosmic Baby 62
Countdown 709
Country 557
Cover 51, 637
Cover Art 312
Cover-Version 778, 779
COVID-19 818
CPU-Leistung 313
Crab 455, 466
Crane 221
Crash 337, 388, 784
Crate 92, 273, 298, 560, 622
Crest 234
Crookers 401
Crossfader Curve 100
Crossfader-Cut 376
Crossfadereigenschaft 309
Crossfaderkurve 100, 104, 301, 309, 367, 447
Crossfader-Mix 367
Crossfader-Verschieben 369
Crossfaderwirkungsweg 100
Cross-Genre 403
Crossmedia 135
Crossover 227, 236, 683, 781
Crowd 39, 75, 76, 427, 548, 647
Crowd Surfing 646
Crown 234
Cruise-Mode 306
Crunk 397, 400, 401, 406
Crush 164, 177, 477
Crusher 474, 475
CuBase 203, 765, 767, 771
Cue 102, 319
Cue-Funktion 363
Cueing 261, 264, 362
Cue-Mix 262, 363
Cue-Signal 102, 195, 261
Cue-Taste 132, 269, 363
Culture Beat 43, 63
Cup 132, 319
Custom 97
Cut 119, 188, 367, 371, 445

Cut-In 101, 121, 439
Cutmaster DC 447
Cut Off 790
Cut Off-Frequenz 237
Cutpunkt 375
Cuts 101, 467
Cutsequenz 370
Cut-Strukturen 371
Cutting 24, 45, 340, 350, 367, 369, 471
Cutverfahren 371
Cybotron 32
Cymbal 784
Cyndi Lauper 729

# D

DAC 749
Daddy Yankee 402
DAF 43
Daft Club 68
Daft Punk 65, 68, 69, 71, 394, 396, 404
Damian Harris 32
Dämmung 210
Dämpfung 208, 210
Dämpfungsfaktor 234
Dance 2 Trance 57
Dance Charts 64, 70, 618, 794
Dance Charts-Tipper 747
Dance-Division 67
Dancefloor 41, 390, 551, 566
Dancehall 56, 397, 402, 404, 405, 471
Dance-House 396
Dance-Music 4, 26, 41, 58, 64, 70, 338, 388, 393, 396
Dance-Track 388, 389
Daniel Poole 58, 670
Danny Tenaglia 394
Darlin 68
Darth Vader 406, 426
Das Boot 32, 58
DAT 749
Dateiverwaltung 313
Datengröße 271
Datentransfer 285
Datzu 50
Dauerschallpegel 229
Dave Nada 402
David Bowie 70, 338
David Fascher 61
David Guetta 65, 66, 69, 401, 524, 575
David Mancuso 28
David Morales 395

David Peel 28
David Todd 27
Day Mode 154
d&b audiotechnik 248, 249
dbx 239
DCC 749
DDC 745, 749
DDR 44
DDR-Discjockey 49
DDR-Musik 49, 50
DDR-Produktion 52
DDR-Schallplattenunterhalter 45
DDR-Urheberrechtsanstalt 51
Deadmau5 385, 394, 409
Death Disco 28
Death To Disco 28
Debleed-Knob 521
Deckansicht 292, 316
Deck Head 317
Deck Header 307
Deck Heads 307
Deckkraft 300, 301
Decks Layout 307
Deejay.de 549
DeejayForum.de 568
Deep House 394, 421
Deep Trance 398
De-Esser 791
Deezer 168, 560, 561
DEHOGA 609
Dekoration 62
Del 489
Delay 104, 163, 236, 373, 429, 472, 475, 481
Delay Compensation 302
Delayed Two Click Flare 454
Delay-Effekt 380
Delaying 380, 430, 463, 467, 471
Delay 163, 237
Delay-System 226
Delirium 24
Demonstration 35, 48, 59
Denon DJ 37, 40, 111, 134, 144, 174, 431, 524, 576
Depeche Mode 33, 64, 354
Depth-Regler 476
Derrick May 32, 79, 80, 398, 641, 687
De Schorre National Park 760
Detroit 31, 58
Detroiter-Automobilbranche 32
Detroit-Techno 32, 398
Deutsch-Amerikanische Freundschaft 43

874  Enthusiast / Bedroom-DJ / Professional DJ / Artist

# Stichwortverzeichnis
## C – D

Deutsch-deutsche DJ-Kultur 41
Deutsche Alternative Charts 749
Deutsche Alternative Trendcharts 749
Deutsche Club Charts 549, 749
Deutsche Dance Charts 549, 749
Deutsche Einheit 55
Deutsche Produzenten 41
Deutscher Schlager 679
Deutsche Urban Charts 549, 749
Deutschlandtreffen 53
Deutschsprachige Texte 50
Device Panel 285, 329
Devices 503
Dezibel 95, 832, 833
Dialekt 543
Diamant 129, 219
Diamanten 129, 575
DI-Box 123, 244
Dicer 142, 497, 499
Dice Tools 142
Diddy 400
Diebstahl 606, 686
Die Maxi-Stunde 53
Dienstleister 598
Die Zöllner 50
Digital Audio Workstation 203, 701
Digitales DJing 415
Digitales Medium 37
Digitale Track-Library 555
Digital Jog Break 479
Digitalleitung 39
Digital Multiplex 251
Digital Mystikz 399
Digital Vinyl System 38, 79, 93, 107, 128, 137, 187, 381
Digiwaxx: 558
Diktiergerät 22
Dillon Franzis 402
Dimitri From Paris 68
Dimitri Hegemann 44
Dimmer 253
Diplo 402
Direct Cue 92
Direct Injection-Box 123
Directmusicservice.com 558
Direct Thru 319
Direktantrieb 113
Dirk Wöhler 820
Dirk Zöllner 50
Dirty Dutch 395, 400
Dirty South 401
Disco 29, 34, 396, 836
Disco-Ära 27
Disco Boys 395, 701, 775

Disco-Contact 757
Disco Dice 701
Disco-Fox 678
Discogs.com 554
Disco-House 394, 403
Discomania 24
Disco Mix Club 34, 61, 466, 582
Discomoderatoren 45
Disco-Sound 28
Disco Sucks 28
Discothek 23, 26, 27, 39, 44, 690
Discothekenanzahl 28
Discothekeneinsatz 39
Discothekenordnung 52, 53
Discothéque 26
Disharmonie 414, 418, 785
Diskomoderator 48, 52
Diskoteam 54
Diskothekenordnung 46
Diskothekenveranstaltung 46, 54
Diskotheker 46
Diskussionsrunden 54
Display 139
Disse 77
Dissonanz 411
Distortion 474
DJ Alex Christensen 58
DJane 698
DJ Antoine 390
DJ-App 150, 811
DJ auf Tour 740
djay 175, 180, 519
DJ-Bemusterung 750
DJ Ca$h Money 447
DJ-Charts 58, 744
DJCity 556, 557, 794
DJ-Contest 590, 720
DJ-Crew 61
DJ Dag 57
DJ DeeNasty 65, 66
DJ-Einsatz 52
DJ Falcon 69
DJ Flare 432, 449
DJ Fresh 399
DJ-Führerschein 613
DJ-Geschäft 734
DJ Gilles Peterson 35
DJ Hell 24, 63, 282, 386, 398, 553, 555, 666
DJ-Honorar 25
DJ Isaac 399
DJiT 192
DJ Juan Atkins 32
DJ-Kanzel 575
DJ-Karriere 79, 564, 736

DJ-Kultur 5, 41, 57, 65, 698
DJ-Line Up 36, 757, 760, 806
DJ Mag 61, 759
DJ-Magazine 61
DJ-Mixer 222
DJ-Mixes 202
DJ-Name 567, 572
DJ Noize 444
DJ Pierre 33
DJ-Player 89, 131, 139, 256, 267, 479
DJ Player Pro 192, 322
DJ-Portrait 58
DJ Preferences 156
DJ Prime Cuts 456
DJ-Record-Pool 28
DJ Rush 399, 506, 555, 628
DJ Sasha 424
DJ-Schule 81, 361, 585
DJ´s Dream Customs 577
DJ-Set 63, 65, 546
DJ-Setup 37, 121, 256
DJs-Face 575
DJShop.de 549
DJ-Skills 203
DJ-Skins 576
DJ Sliink 397
DJ Snake 390, 396, 401
DJ Sneak 68
DJ-Software 90, 140, 151, 271, 299, 480, 485
DJ Spinbad 447
DJ Spin-Off 758
DJ-Splitter-Kabel 195
DJ-Stil 43, 668
DJ Storm 698
DJ-Style 567
DJ-Team 257
DJ-Techniken 340
DJTechTools.com 568
DJ Tim Simenon 34
DJ Tom Moulton 26
DJ-Tool-Platten 384
DJTunes 37
DJ- und Producer-Meeting 756
DJ-Urlaub 702
DJ-Vita 583
DJ Westfalia Bambaataa 43
DJ-Workshops 361
D-Mark Kassetten 51
DMC 34, 61, 466, 582
DMC-DJ-Weltmeisterschaften 583
DMC DJ-Worldchampion 34
DMC-Meister 44
DMC Online DJ Championships 583

# ATTACHMENT

DMX 154, 161, 251, 252, 254
Dogma 50
Do It Yourself 681, 767
Dominante 419, 787
Don Diablo 395
Dongle 252
Donna Summer 28, 41, 338
Don Omar 402
Doop 774
Doppelbesteuerungsabkommen 605
Doppelbuchung 703
Doppel-CD-Player 78
Doppel-Click 451, 455
Doppel-Laufwerk 37, 89, 131
Dorian Gray 41, 42, 63
Dorn 142, 145
Double Exposure 23
Double Matrix Professional Sonic 213
Double-Panel 105
Double-Panel-Prinzip 105
Double Time 337, 379, 401, 402, 406, 528, 665
Doubling Up 469
Doubling Up Snares 462
Downbeat 314, 355, 358, 499, 502, 507, 520, 557, 631, 767
Download 37, 137, 91
Drag´n Drop 205, 274, 296 320
Drags 446
Dramaturgie 36, 335, 389, 391, 408, 413, 675, 812
Dramaturgieaufbau 391
Dramaturgiekurve 651, 788
Dramaturgiesteigerung 368
Dramaturgische Eigenschaften 340
Dramaturgischer Ablauf 47
Dr. Dré 401
Drehknopf 33, 482
Drehmoment 40, 110, 111, 112, 114, 118
Drehzahl-Feineinsteller 117
Drehzahlschwankungen 113
Drehzahl-Wahltasten 115
Dreiband-EQ 103, 176
Dreiband-Equalizer 367
Dreier-Clicks 455
Dreiwegelautsprecherbox 227
Dr. Hep Cat 25
Drift 177
Drifting 808
Dr. Motte 35, 44, 59, 386, 664, 670, 774

Drogenkonsum 67, 77
Drop 123, 253, 339, 379, 391, 399, 413, 441, 466, 499, 808
Drop-In 577, 697
Drop-Outs 147, 522
Drop Tear 443
Drop to absolute position 295
Drop to Cue-Points 285, 295
Dr. Peacock 399
Dr. Peter Goldmark 22
Dr. Pressure 764
Dr. Suzuki 130
Druckaufwendung 435
Druckguss 111
Druckgussplattenteller 111
Druckluftspray 224, 282
Dr. Ulrich Kathe 216
Drum-Computer 204, 325
Drumfill 232
Drum Fill(-In) 395
Drum-Kits 537
Drumloop 342, 412, 463
Drum-Machine 630, 769
Drumming 457
Drum´n´Bass 314, 369, 399, 403, 405, 471
Drum-Pattern 388, 781
Drum Rack 536, 537
Drums 27, 157, 181, 203, 427, 518, 519, 520, 789
Drumsequenzer 349
Dry 489
Dry/Wet-Knopf 310
DSL 37, 730
DSP-Board 239
DT64 56
Dua Lipa 404
Dual-Layer Playback 135
Dual-USB-HUB 143
Dub 396, 399, 402, 634
Dub Echo 164, 477
Dubmission 55, 57, 61
Dubplate 88
Dubspot Electronic Music & DJ School 82
Dubstep 399, 400, 515, 557
Dub-Version 797
Duett-Musik für den Recorder 53
Duisburg 60
Duke Dumont 395
Dune 58
Dur 418
Durchbruch 42
Durchmesser 438
Dutch House 395, 396

DVS 38, 93, 121, 130, 137, 159, 168, 187, 192, 222, 256
DVS-Box 192
DVS-Kit 138
Dynacord 234
Dynamik 102, 218, 272, 455, 831
Dynamiksprünge 240
Dynamikumfang 271, 791
Dynamischer Wandler 94
Dynamisches Mikrofon 207

# E

E-40 401
Earl „Spanky" Smith 33
Eastcoast 400
ebay 110, 554
EBM 32, 683
Echo 104, 163, 177, 201, 266, 415, 449, 472, 473, 475, 477, 481, 533
Echo Out 481
Echtzeit 122, 202, 204, 500, 730
Ecler 100, 105, 309
Ecstasy 35
Ed Banger 71, 396
Eddie van Halen 404
Edelmetall 42
Edirol 271
Edit 634
Edit Grid 355
Editor 519
Edit-Version 414
edjing 146, 192
EDM 390, 397, 403, 405, 498, 647
EDX 499
Effects 310
Effect-Send-Ausgang 483, 484
Effect-Send/Return 103
Effekt 90, 104, 163, 176, 200, 203, 270, 301, 310, 473, 475, 647, 785
Effektarchiv 484
Effektbank 475
Effektgerät 103, 473, 483, 771
Effekt-Integration 202
Effekt-Intensität 104
Effekt-Panel 104, 310, 475
Effektparameter 300
Effektregler 483
Effekt-Regler 476
E-Flyer 696
egger 210
Eierkuchen 44

## Stichwortverzeichnis
## D - F

Eiffel 65  397
Eignungstest  47, 48
Einblenden  48, 100, 266, 340, 361, 366
Eingangskanal  311
Eingangssignal  103
Einheit  442
Einkommensteuererklärung  79
Ein-Prozent-Regel  602
Einsatzmöglichkeiten  87, 88
Einschwingen  121
Einspielzeit  128
Einstellungsmöglichkeit  104, 309
Einstreuung  242
Einstufungsveranstaltung  48
Einstufungsveranstaltungen  49
Eintagsfliege  551, 772
Einzelanfertigung  88
Einzelhandelsverkaufspreis  55
Einzigartigkeit  741
Eisenkern  111
Eject  486
Ekstase  391, 408
ELA  226
Elacin  210
Electra  50
Electribe  541
Electric Beat Crew  50
Electric Kingdom  59
Electro  31, 32, 41, 58, 59, 71
Electroclash  398
Electro Funk  396
Electro Hop  401
Electro House  394, 396
Electronica  399, 403
Electronic Body Music  32, 42, 683
Electronic Rock  29
Electro Swing  395, 774
Electro-Voice  234
Electro-Years  31
Elektrische Energie  828
Elektrischer Wechselwiderstand  95
Elektrische Signale  207
Elektrische Wechselspannung  124, 832
Elektrochemie LK  64, 745
Elektrode  208
Elektronische Tanzmusik  36, 67
Elementarlehrgang  48
Elevator-Flohmarkt  757
Ellen Allien  575, 698, 699, 761, 804
Elliptischer Schliff  124
ElsterOnline  600

Elton John  775
Elvis Crespo  401
Emergency Loop  134
Emil Berliner  22
Eminem  764
Emotion  338, 775
Emperor Rosko  25
Empfangsstation  145, 146
Empfehlung  735
Encoder  112
Endlautstärke  105
Endorphine  615
Endorsement  730, 753, 755
Endstufen  45, 233, 246
Endstufenkanäle  227
Endstufen-Klassifizierungen  235
Endverstärker  102
Energy  428
Energy Boost Mixing  423
Energy-Drink  645
Energy Level  335, 421, 514, 651, 675, 808
Energy Saver  146
Engine  135
England  41
Eniac  57
Entertainer  4, 25, 42, 75
Entertainment  365, 677, 700, 741
Entladungslampe  250
Enya  375
Epoche  57
EP-Stecker  247
EQ  103
EQ-Mix  367
Equalizer  92, 103, 104, 202, 203, 362, 427, 791
Equalizer-Einstellung  122
Equalizer-Typ  309
Equipment  33, 41, 45, 75, 78, 259, 594
Equipment-Branche  805
Equipmentkauf  225
Equipmentschutz  606
Equipment-Video  580
Equipment-Volumen  222
Erdung  276, 281, 833
Erdungskabel  256, 280, 642, 833
Ereignis-Planer  168
Erfolgsdruck  548
Erholungsphase  47
Èric Morand  67
Eric Prydz  64, 746
Erweichungstemperatur  217
Erziehung  660
Eskei83  515
Essential  316

Estelle  70
Estimate  280
Eternal Inductive-Fader  100
Ethan Imboden  441
Étienne De Crécy  65
Ètienne de Crécy  68
Euphorie  27, 391
Euro Dance  397, 729
Europa  70
Euroscratch  456
Event  34, 36, 56, 60, 67, 76, 757
Event Scheduler  171
Event-Unternehmen  36
Event-Veranstalter  39, 806
Evergreen  58
EvermixBox  220
EVP  55
E-Werk  55
Excel  422
Exciter-Filter  635
Existenzängste  819
Exit-Funktion  496
Exklusivität  742
Exklusiv-Recht  706
Expander  241
Expansion Pack  108, 276, 425, 480
Experimentieren  33
Expert  217
Explicit Lyrics  529
Extended  316, 634
Extended Mix  23
Extended View  293
External  310, 324
External Clock Source  324
External Input  311
External Mixer Mode  194, 196
External Sync  305, 324
Externes Signal  310
Extrahierungs-App  520
Extrawelt  780
Extremtanzrunde  47
Eye Q  57
EZRemix EQ-Mode  181
EZRemix-Mode  171, 519

## F

Fab 5 Freddy  65
Fabriken  44
Fabrikhallen  55
Facebook  221, 569, 571, 575, 585, 647, 695, 697, 736, 793
Faceplate  576, 575, 576
Fachpresse  550

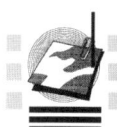

# ATTACHMENT

Fachwissen 828
Factory Records 34
Fade-In-Mix 365
Fader 31, 100, 181, 260, 432
Fadercap 434, 451, 576
Faderende 452
Faderführung 433
Faderhaltung 432
Faderstart 102
Faderweg 100, 349, 365, 433
Fad Gadget 64
Fähigkeiten 46, 74
Fahrtenbuch 602
Fairlight-CMI 33
Faithless 5, 774
Fanlike 736
Farb-Partikel 148
Fassungsvermögen 44
Fatboy Slim 32, 71, 399, 405, 407, 533, 575
Favela Funk 402
F-Communications 68
FDJ 54
Feedback 39, 88, 91, 95, 121, 123, 128, 197, 280, 474, 751
Feedbackschleife 473
Fehlinvestition 109
Feiyr.com 795
Felix Jaehn 63
Femi Adeyemi 730
Fengari 698
Fernsehstudio 27
Ferry Corsten 761
Fertigkeiten 45
Festival 67, 575, 737
Festival-Gig 720
Festplatte 91, 93, 131, 136, 274, 626
Feuchtigkeitsgehalt 218
Feuer-Performance 62
FG 98.2 66, 67
Fiberpen 224, 282
Figur 77
File-Browser 298
File-Editor 92
File Management 313
Files-Taste 275
Fill In 337, 395, 413
Fill Out 337
Filmindustrie 27
Filmmusik 58
Filmzitate 399
Filter 164, 176, 236, 237, 300, 429, 472, 473, 475, 477, 780

Filter, aktiv 473
Filterbreite 238
Filter-Effekt 317, 488
Filter-Folder 171
Filter-House 68
Filter, passiv 473
Filzmatte 26, 130
Finalizer 791
Finalscratch 38, 188
Finanzamt 597
Findremix.com 796
Fingerabdrücke 211
Fingerbewegung 451
Fingerdrumming 288
Finger Drumming 511
Fingerfertigkeit 262, 267, 432
Finger Lift 125
Fingermethode 347
Fingerposition 432
FireWire 38
Firmen-Event 677
Fisherspooner 398
Fixtures 252, 254
Fixtures-Library 253
FLAC 137, 184, 272, 521, 635
Flächen 339, 384, 385, 522
Flanger 104, 177, 472, 473, 475, 479, 481
Flare 449
FlashFormer 447, 840
Flat-Mats 217
Flight-Case 222
Flirt-Apps 816
Flop 785
Flo Rida 401, 623
Flosstradamus 400
Flow 675
Flow DJ 428, 767
FL Studio 534
Fluktuation 387, 391
Flume 396
FLUX HiFi Sonic 218
Flux-Mode 497
FM-Sender 724
Fnac 67, 70
FOH 231
Folgebooking 686
Follower 647
Follow Up 69, 777
Foren 40
Formulierungen 543
Forum-Schecks 51
Forward-Drag 446
Forward-Scratch 440, 445, 466, 510
Four-Click 455

Four-On-The-Floor 31, 334
Four-To-The-Floor 35, 388, 405, 790
Frame 111, 132, 268
Franchise Record Pool 556, 794
Francis Grasso 26, 130
Franck Keller Jr. 65
Frankfurt 43, 56, 62
Frankfurter Flughafendiscothek 42
Frankfurter Musikmesse 756
Frankie Goes To Hollywood 57, 776
Frankie Knuckles 26, 31, 41, 394, 395
Frank Owen 29
Frankreich 65, 66, 67, 70
Fraunhofer-Instituts 24
Frauenhofer-Instituts 24
Fred Falke 394
Freefloat 122
Free Lossless Audio Codec 272
Free Party 36
Freestyle 401
Freiheit 35
Freizeitgestaltung 55
Freizeitzentrum 55
Fremdspannung 242
French Affair 396
Frenchcore 398, 399
French House 394, 396
French Touch 65, 68, 71
Frequenz 208, 334, 337, 367, 473, 790, 829
Frequenzbereich 103, 122, 364
Frequenzgang 95, 226, 234
Frequenzspektrogramme 292
Frequenzspektrum 335, 790
Frequenzweiche 227
Frequenzweichen 233, 239
Fresh Prince 447
Friedrich-Alexander-Universität Erlangen-Nürnberg 24
From Ear To Brain 57
Frontfill 231
Frontpage 58, 67
Frontplatten 575
Fruity Loops 767
Fuckparade 60
Führung 211
Full-Range-P.A. 248
Funkgerät 25
Funktion-One 230
Funktionstaste 267
Furutech DF-2-LP-Flattener 216
Fusion 43, 58
Fußschalter 251

Futura 2000  65
Future Bass  396
Future House  395
FX Bank  480
FX Panel Mode  310

## G

Gabber  398 , 406
Gabi Delgado  43
Gaffa-Tape  123
Gage  36 , 48 , 547 , 586 , 592 ,
    694 , 714 , 735
Gagendumping  76
Gagenerhöhung  738 , 793
Gagenreduzierung  739
Gallery  26
Galliano  35
Gangsta-Rap  401
Garage  811
Garage Band  271 , 765
Garage House  29 , 396
Garagenparty  812
Garage Rock  682
Gary D.  398
Gastauftritt  44
Gast-DJ  67 , 694
Gästeanzahl  669
Gästedurchlauf  690
Gästeliste  722
Gästezahlen  4
Gastronomie  55 , 721
Gate  163 , 177 , 489
Gate Arpeggiator  541
Gate/Comp  478
Gattung  68
Gebietsschutz  706
Gebühren  39
Geburtenraten  60
Geburtstagsparty  714
Gegengewicht  127
Gegeninitiative  59
Gegenläufigkeit  785
Gegenmaßnahmen  54
Gegenphasigkeit  830
Gegen-Veranstaltung  60
Gehäuse  114
Gehörempfindlichkeit  210
Gehörgang  97
Gehörschutz  210
Gehörsturz  210
Geld  74 , 77
GEMA  39 , 51 , 271 , 559 ,
    570 , 578 , 607 , 794 ,
    803 , 813
GEMA-Gebühren  609
Gemini 2200  102

Genehmigung  51
Generationen  26
Generation Z  729 , 821
Genre  64 , 68 , 291
George Clinton  402
George Morel  93 , 665
Geräusche  339
Geräuscheinstreuungen  295
Geräuschspannungsabstand  832
Gesamteffektivwert  104
Gesamtlautstärke  272
Gesang  218 , 338
Gesangsspur  384
Geschäftsführer  75 , 574 , 706
Geschlossene Bauform  94
Geschwindigkeit  45 , 132 , 270 ,
    343
Geschwindigkeitsdefizit  130
Geschwindigkeitsregler  117
Geschwindigkeitstasten  263
Geschwindigkeitstoleranz  114
Gesellschaft für Konsumfor-
    schung  748
Gesellschaft für musikalische
    Aufführungs- und me-
    chanische Vervielfälti-
    gungsrechte  51 , 803
Gesellschaft zur Verwertung von
    Leistungsschutzrech-
    ten  803
Gesetz  36 , 52
Gesetzliche Grundlagen  46
Gewerbescheinanmeldung  597
Gewerbesteuer  604
Gewicht  224 , 435
Gig  66 , 76 , 587
Gigi D'Agostino  397
Gitarren  396
Gitarrensolo  391
Give-Away  647
Glamrock Brothers  701
Glastonbury Festival  725
Glaubwürdigkeit  202
Gleichlauf  117
Gleichlaufschwankung  114 ,
    153 , 354 , 523 , 808
Gleichlauftoleranz  359
Glitch  399
Glitch Hop  399
Global Quantization  323
Global Settings  309
Globo  66
Glue Compressor  204
Goasia  398
Gobo  251 , 821
Goethe-Institut  44

Go-Go  806
Gold  575
Google+  571 , 695
Gospel  29 , 400
Gothic Metal  683
Gothic Rock  683
Go TV  621
Grace Jones  26
Graceland  51
Grafikkarte  139
Grafische Equalizer  238
Grammophone  22
Grammy  31 , 64 , 69
Gramophonedzie  774
Grandmaster Flash  30 , 400 ,
    437 , 447
Grandmixer D.ST  65 , 66
Grandmixer DXT  31
Grandwizard Theodore  30 , 432
Graphical User Interface  289
Grid  505
Grid-Ansicht  307
Grid Edit  506
Groove  369 , 773 , 781 , 783
Groove Attack  24 , 549 , 795
Groove Coverage  746
Grooveelement  335 , 388 , 784
Grooveloop  409
Grooves  203
Groove-Schleife  391
Groove-Struktur  335, 388
Groovy Pouch  216
Großraumdiscothek  55
Großrave  32 , 56
Ground  833
Ground Support  250
Group-Modus  310
Grum  395
Grundelemente  334
Grundrauschen  22 , 52 , 212 ,
    791
Grundton  419 , 420 , 787
Grundtrack  32
Grundwellenanteil  104
Grunge  683
Gruppenansammlung  36
Guaranteed No Disco  28
GUI  162 , 289 , 300 , 561
Guinness-Buch der Rekorde  39
Guy-Manuel de Homem-Christo  68
GVL  607 , 612 , 803

# ATTACHMENT

## H

Haas-Effekt 237
Haçienda 34, 66
Haftpflicht 606
Halbton 420, 426, 787
Halbtonschritte 419, 426
Halbwelle 829
Half Time 337, 379, 406, 495, 528
Hall 790
Halle Weißensee 56
Hamburg 58
Hamstermodus 102, 449
Hamstern 433
Handclaps 337, 388
Handelskontakt 52
Handgelenk 451
Handhabung 87, 88
Handhabung des CD-Players 268
Hand-Muskeln 443
Handposition 263, 264, 432
Handstand 61
Hands Up/Jumpstyle 396
Handy 121, 146
Handy Trax 119, 199
Hängenbleiben 91
Hannes Kröger 34
Hans Bedrow 25
Happy Hardcore 398
Happy Land 67
Happy Nights 70
Haptic Drive-Jog-Wheels 140
Hardcore 67
Hardcore Techno 398
Hardfloor 395
Hardstyle 399, 406, 781
Hardtekk 399, 406
Hard Trance 398
Hardware 33, 76, 294
Hardware Interface Device 141
Hard-Wax 24
Hardwell 397
Hardy Hard 59
Harmonic 181, 477, 519
Harmonic-Funktion 424
Harmonic-Mixing 202, 420
Harmonie 387, 391, 418
Harmoniegefühl 77
Harmonie-Kompatibilität 765
Harmonielehre 523
Harmonisches Mixing 764
Härtegrad 834
Harte Kurve 101
Harthouse 32, 57
Hashtags 571
Hauptlautstärkeregler 102

Hauptvertreter 35
Headphone 675
Headphone-Mix 102
Headphone-Mix-Funktion 363
Headphone Volume 102
Headroom 229, 248, 643
Headshell 121, 834
Heavy Disco 396
Heavy Metal 396
Heimgebrauch 75
Herausbildung 46
Herausforderung 418
Herbie Hancock 31
HID 270, 314
HiFi 118, 832
HiFi-Klangbild 834
HiFi-Schallplattenspieler 114
HiFi-Verstärker 833
High-End-Audio-Interface 38
Hightech 55
Hi-Hat 172, 335, 377, 384, 388, 421, 512, 518, 522, 636
Hi-NRG 31, 403
Hintergrundbeschallung 179
Hintergrundbett 492
HipHop 4, 30, 32, 34, 35, 38, 41, 50, 65, 66, 70, 88, 334, 369, 371, 396, 397, 400, 403, 471, 515, 557
HipHop-Club 66
HipHop-DJ 66, 80, 91, 432
HipHop-Kultur 30
HipHouse 401
History 298
Hit 34, 70, 76, 777
Hitparade 53
Hitpotential 551
Hitproduzent 41
Hitzestau 221
HK Audio 250
Hochdruck 122
Hochkant-Format 582
Hochpass 473
Hochpassfilter 237
Höchstgagen 36
Hoch-Tiefpassfilter 477
Hochtöner 227
Hochzeit 677, 714
Hochzeits-DJ 809
Hoerboard.com 225
Höhen 103, 367, 427, 474
Höhenabtastung 124
Höhen-EQ 368
Höhepunkt 47, 63, 391, 655, 677

Hold-Modus 485
Holi-Festivals 148
Holly Johnson 776
Hologramm 39
Holz 575
Holz-Parkett-Bühne 122
Homebase 694
Home-Recording-Studio 42
Homosexuelle 27
Honorar 48
Honorarstufe 48
Hookline 337, 338, 524, 773, 775
Hooligans 67
Hördiskothek 46
Hörfunk 56
Hörfunklandschaft 53
Horizontal Vibe 301
Horn-Effekt 485
Hörschäden 613, 644
Hot Chip 394
Hot Cue 134, 150, 197, 317, 535
Hotkeys 253
Hot Loop 317
Hot Streaks 405
House 31, 34, 38, 41, 42, 58, 65, 66, 68, 69, 88, 334, 368, 393, 400, 405, 472, 515, 557, 648
Housebeat 44, 335
House-Music 31, 66
HR3-Clubnight 56
Human Interface Device 132, 270, 314
Humate 62
Hustle 27
Hybrid 112
Hydroplanes 444
Hyperniere 209
Hypetraxx 774

## I

Iamsu! 401
Ibiza 62, 759
Icecast-Streaming-Server 186
Ice Cube 401
Ice MC 397
ICON 59
ID 781
IDA 582
Ideendiebstahl 793
Identification 781
IDMA 759
ID&T 760
IEM 95, 97
Ifpi 39

# Stichwortverzeichnis
## H – K

IGTV 582
IHK 605
Ikke Hüftgold 729
Illegalität 36
Il Mio Club 26
Imageverlust 32
Impedanz 95 , 105 , 207 , 226
Improvisation 46
I´m Sound 606
iMusic 621
Incognito 35
Indeep 338 , 807
Independent DJ 681
Independent Label 32 , 57
Indie 557
Indie Dance/Nu Disco 395
Indie Electro 781
Indie-Label 795
Induktion 124
Industrial 32 , 399 , 683
Industrie- und Handelskammer 605
InEar 95 , 145 , 232
inMusic Brands 252
Inna 396
Innenwiderstand 234
Inner City 395
Innofader 100 , 113
Input Level 102
Input Routing 305
Input-Selektor 319
Input-Stream 168
Insert 310
Insolvenz 60 , 67 , 820
Instabilität 38
Instagram 221 , 571 , 572 , 581 , 647 , 695 , 737
Instant Doubles 143 , 296 , 306 , 381 , 461
Instant Play 372
Instrumentalpassage 30 , 459
Instrumental 373 , 384 , 557
Intensität 177
Intention 42 , 74
Interessenverband der Musikveranstalter 610
Interface 38 , 92 , 187 , 256
Intergroove 795
Intermission 397
Intermodulationsverzerrungen 234
Internal 310
Internal Playback 319
International Dance Music Award 761 , 758
International DJ Association 466 , 582

Internationale Massenkundgebung 44
International Turntablist Ferderation 582
Interner Modus 189 , 294 , 319
Internet 37 , 573
Internet-Radio 578
Internetstick 136
Intershop 51
Intervall 786
Interview 47
Invertieren 767
Investitionsabzugsbetrag 603
iPad 119 , 141 , 194 , 195 , 322
iPhone 322
IRC Limiter 635
Isolationsfüße 123
Isolator 165 , 541
Isolator-FX 540
ISO MPEG Audio Layer 3 24
Isonoe Isolation Feet 123
Isopropanol 219
Israel 61
Italo Dance 397
Italo Disco 403 , 780
ITF 582
iTunes 24 , 37 , 89 , 136 , 271 , 272 , 274 , 422 , 519 , 549 , 556 , 610
iZotope 635

## J

Jackin´ House 395
Jack Lang 67
Jahresverkaufscharts 41
Jam El Mar 57
James Brown 402 , 408
James Holden 398
Jam FM 550
Jam Master Jay 83
Jam & Spoon 57 , 64
Jay Z 390 , 400
Jazz 35 , 400
Jazz Bit 774
Jazzy Jeff 38 , 102 , 351 , 389 , 447 , 515 , 575 , 590 , 595 , 667
Jean Karacos 65
Jean-Paul Gaultier 66
Jennifer Lopez 408 , 416
Jersey Club 397
Jesse Dean 120
Jet 164 , 479
JHAudio 98
Jimmy Cauty 778
Jimmy Saville 25

Jingle 577
Joachim Garraud 70
Job 76
Jockey-Tanz-Bar 26
Joe T. Vanelli 62
Joey Negro 394
Jog Wheel 131 , 132 , 135 , 165 , 268 , 270 , 341 , 343 , 809
John Carluccio 441
Johnny O 401
John Peel 25
Josh Wink 395
Journalist 65
Juan Atkins 41 , 398
Juan Luis Guerra 401
Juckreiz 50
Jugendklub 45 , 55
Jugendmusik 53
Jugendradio DT64 52
Jugendtanzveranstaltung 49
Juke 560
Jukebox 75 , 718
Julia Werner 74
Jumpstyle 396
Jump Style 396
Jungle 399
Junodownload 519 , 556
Jürgen Laarmann 56
Jury 48
Justice 71 , 396
Justierschablone 126
Justin Bieber 390
Jutebeutel 647

## K

Kabel 95 , 242 , 834
Kabelbaum 244
Kabelbruch 95
Kabel-Reparatur 283
Kalibrierung 315
Kaltgerätestecker 247
Kamera 303
Kanal 260
Kanaltrennung 833
Kaossilator Pro 541
Kapitalrücklage 605
Karaoke 168 , 677
Karat 50
Karotte 710 , 760 , 783 , 803
Kassetten 45 , 46 , 51 , 52 , 53 , 54
Kassettendeck 46
Kater Blau 819
Kautschuk-Dämpfung 143
K+B 247

# ATTACHMENT

kBit/s 272
Kelly Rowland 70
Kensington-Lock 254
Keule 209
Kevin Lyttle 401
Kevin Saunderson 32, 259, 398, 770
Key 291, 317, 418, 428, 520
Key Adjust 157, 424
Key Analysis Indicator 134
Keyboard 420
Keyboard-Controller 420
Key-Knob 424
Key Lock 186, 198, 306, 345, 346, 385, 406, 419, 424, 472, 486, 487, 665, 684
Key Match 176, 183
Key Shift 134, 425, 535, 537
Key Sync 134, 153, 425
Key Widget 426
Kick 253, 353, 377, 382, 405, 437, 461, 512, 517, 518, 523, 524, 631
Kick Down 114
Kickdrum 334
Kid Cudi 70, 401
Kiesza 395
Killswitches 103
Kippschalter 103
Kiss 28
Kitsuné-Music 71
Klang 33, 87, 89, 791
Klangbild 48, 103, 122, 790
Klang-Differenz 272
Klangeigenschaft 361
Klangfilter 474
Klanghölzer 337
Klangkorrekturen 92
Klangmodifikation 103
Klangoptimierung 217
Klangparameter 367
Klangverfärbungen 232
Klappkisten 224
Klark Teknik 238
Klassiker 34, 44, 619, 785
Klaus Doldinger 58
Klaus Jahnkuhn 43, 56, 57
Klaus Quirini 25, 26
Klavier 785
Kleine Sinuskurve 652
Kleinunternehmerregelung 598
Klientel 71, 543, 704
Klinke 245, 256
Klinkenstecker 95
Klirrfaktor 95, 104, 234

Klopfen 383
Kloster von Moncel 67
Knife Party 402
Knistern 211, 212
Knobs 576
Knocking 383
Knosti 212
Know-How 76
Knuckles 32
Koaxial 242
Kode9 399
Kollaboration 38
Kolumnist 737
Kommerz 60
Kommerz-DJ 772
Kommerzialisierung 28, 32, 36, 59
Kommerzieller Discotheken-DJ 546
Kommunikation 59
Komponieren 34, 43, 775
Komponist 34, 53
Kompressor 240, 791
Kompressorsoftware 272
Komprimierungsfaktor 34
Kompromiss 708
Kondensatormikrofon 208
Konfetti-Kanonen 646
Kontaktbörse 816
Kontaktdaten 585
Kontaktfeder 283
Kontaktspray 224, 282
Konterfei 575, 647
Kontor 750
Kontrast 300
Kontrol S4 157
Konvertierung 484
Konzept 59, 708
Konzertdiskothek 46
Konzession 27
Kool DJ Herc 29, 459
Kooperation 734
Kopfhörer 79, 94, 256, 261, 268, 362
Kopfhörerbuchse 195, 675
Kopfhörergewicht 95
Kopfhörerlautstärke 102, 210
Kopfhörermuschel 95, 362
Kopfhörerpegel 94, 210
Kopfhörersektion 362
Kopfhörersignal 261
Kopierbarkeit 89
Kopier-Schutz 69
Korbdurchmesser 233
Korg 148, 541
Korg Kaoss Pad KP3 483

Körperhaltung 221
Korrektur 202, 341, 347
Kosten 35, 39, 49, 87
Kostenfaktor 88
Kostenreduzierung 547
Kraftwerk 31, 32, 41, 398
Kranz 127
Kratzer 88, 90, 211
Kreativität 42, 63
Kritik 688
Kugel 125, 208
Kuhglocken 337, 405
Kulturbotschafter 819
Kulturhäuser 55
Kulturhäusern 45
Kulturkabinett 47
Kulturminister 67
Kultur- und Bildungsbedürfnisse 46
Kündigung 692
Kunst 44
Künstler 25, 60, 64, 75, 351, 597
Künstleraufbau 744
Künstlername 567
Künstliche Intelligenz 519
Kurfürstendamm 53, 58
Kurs 84
Kurtis Blow 400
Kurveneinstellung 165
Kurzinformation 47
Kyau & Albert 398

# L

Label 32, 43, 58, 145, 263, 637, 792, 803
Label-Deal 795
Label des Monats 67
Label-Etikett 51
Labelmanager 695
Label-Markierung 459
Labels 35
La Chapelle 66
L-Acoustics 230
Lady Gaga 573
Lagerhalle 31, 35
Lagerung 88
Laidback 406
Laid Back 336, 414
Laidback Luke 70
Laminat 575
Lampenfieber 543, 637
Landesmedienanstalt 805
Lange Version 28
Langspielplatte 23
LAN-Kabel 133
Laptop 75, 90, 145

# Stichwortverzeichnis
## K – L

Lärmbeschränkung 725
Lärm-Einwirkung 210
Larry Levan 26, 29, 31
Laserscratches 444
Late Night 650, 654, 677
Latenz 38, 147, 149, 161, 164, 281, 284, 304
Latin 557
Latin(o) House 394
Laufgeräusche 832
Laufrichtung 441
Laufruhe 143
Laufzeitdifferenz 240
Laurent Brancowitz 68
Laurent Garnier 65, 66, 67, 68, 71
Lautsprecherbox 45, 103, 210, 246, 261
Lautsprecher Management System 236, 241, 250
Lautsprechermembran 828
Lautsprecher-Protection 241
Lautsprecherschutz 239
Lautsprechersignal 114
Lautstärke 95, 143, 361, 829, 830
Lautstärkensummation 366
Lautstärkepegel 102, 210, 366, 367, 377, 669
Lautstärkepegelminimierung 616
Lautstärkeregler 99
Lavanda Durst 25
Layout Manager 312
Layout Selector 316
Lazer Sword 400
LC-Display 112
Leadsound 338, 339, 388, 390, 393, 396, 413, 522, 514, 518, 519, 535, 768, 773, 780, 785, 797
Le Bains 69
Lebensdauer 109
Lebenslauf 586
Lebensunterhalt 77
Le Boy 67
Le Centrale 69
Le Club 26
LED 111, 117, 146, 342, 476
Leder 575
LED-Kette 102
LED-Tapete 731
LED-Washer 251
Leerspielen 685
Lehrer 77
Lehrgang 46

Leila K. 401
Leinwand 39
Leistungsklassen 233
Lemur 151
Lenny Dee 398
Level 104
Level-Anzeige 362
Level-Regler 476
Lexy & K. Paul 59
LFO 474
L-Form 259
Libelle 123
Libération 67
Library 131, 272, 274, 303, 501, 549, 626
Library-Management 162
Library-Modus 292, 317
Library-View 292
Lichtblitze 55
Lichteffekte 252
Lichtinstallationen 252
Lichtorgel 45
Lichtpult 252
Lichtsequenzen 254
Lichtshow 253
Lichtstativ 250
Lichtsteuergerät 716
Lifelike 395
Lifestyle 815
Light Emitting Diode 102
Lighting 166, 254
Lighting Mode 161
Lightjockey 592, 643
Light-Modus 254
Lightning 220
Lightning-Buchse 119
Lightning-USB-Kabel 326
Light-Skin-Mode 161
Liine 151
Lil Jon 401
Lil´ Louis 41
Lilly Wood and the Prick 63
Limiter 234, 236, 241, 309, 791
Line-Array 230
Line-Array-Kalkulator 249
Line-Ausgang 191, 256
Line-Eingang 103, 256
Linefader 99, 362
Line/Phono-Schalter 103
Line Up 721
Link to MIDI 326
Linkwitz-Riley-Filter 239
L'Interdit 26
Lipps Inc 405
Liquidität 78

Lisa Stansfield 384
Listen-Ansicht 291
Listenpreismethode 602
Live-Betrieb 202
Live Broadcasting 183
Livedjservice.com 558
Live Feed-Funktion 500
LiveKomm 613
Live-Konzert 43
Live-Mixing 203
Live-Remixing 26, 38, 203, 384, 518
Live Routing 326
Live-Set 36, 219
Live-Streaming 579
Live-Übertragung 303
Liza´n´Eliaz 67
Lizenzierung 559, 607
Lizenz-Schallplatten 51
LJ 592
LL Cool J. 400
LMFAO 401
Loadingdocks 146
Lobby 78, 80, 647
Local Hero 593, 737
Location-Imperium 739
Lockdown 818
Loft Partys 28
Logic 42, 56, 765, 767, 771
Logic Pro 534
Logo 574, 647
Loleatta Holloway 26
London 39, 66
Londoner Music Awards 61
Loop 89, 132, 163, 202, 414, 488, 489, 628
Loop Divide 496
Loop-Funktion 91, 149
Loop-In 285, 496
Loop-Klammer 503
Loop-Out 285, 496
Loop Recorder 156, 309, 317, 523, 525
Loop Roll 134, 150, 497, 88, 203, 273, 294, 487, 502, 560, 769, 784
Loop-Solo 412
Loop-Taste 502
Loudness-Maximizer 791
Lounge 652
Lovefloat 26, 59
Loveparade 35, 36, 41, 44, 56, 58, 59, 61, 67, 721
Low Budget-Sampler 33
Low Frequency Oscillator 474
Low Spirit 43, 58

# ATTACHMENT

Loyalität 705
LP 23
LP Vinyl Repair 211
LTE 730
LTJ Bukem 399
Luca Anzilotti 42, 43
Luftverdichter 240
Luke 122
Luma Key Black 300
Luma Key White 300
Lumidee 337
Lunatic Asylum 67, 398
Lykke Li 404
Lyric 165
Lyric-Cutting 458

# M

M4A 184
M6-Gewinde 123
macOS 325
Macro-Editor 255
Macro FX 310, 482
Macro-Mapping 255
Mad'House 746
Madonna 729
Mad Professor 402
Mad Zach 511
Magazin 68
MAG FOUR Fader 107
Magician 404
Magische 4 388
Magix 272
Magma 222, 223
Magma Switch-Box Digital DJ 191
Magnesiumlegierung 123
Magnet 124
Magnetic-Sticks 147
Magnetscheibe 111
Magnetstreifen 145
Magnetsystem 832
Magvel-Crossfader 107
Mailchimp.com 697
Main-Mix 300
Main-Stage 722
Mainstream 4, 42, 556, 557, 620
Major 681
Major Lazer 390, 400, 402
Majorplattenfirmen 58
Malcolm Mc Laren 776
Malle-Party 729
Mallorca 729
Mambana 394
Management 77
Manager 591, 743
Manchester 34, 66

Manhattan 28
Mannheimer Versicherung AG 606
Manu le Malin 67
Man With No Name 398
Mapping 148, 149, 164, 289, 315
Marc Acardipane 398
Marc Spoon 56, 57
Marek Krynski 35
Marimba 394
Marke 753
Marken- und Patentamt 567
Marketing 569, 794
Marketinginstrument 28
Markierung 88, 132, 436
Markierung des Cue-Points 268
Mark Knight 395
Mark Moore 33, 34
Mark ´Oh 32, 58
Mark Ronson 404
Marktherrschaft 38
Marktwert 736, 737
Marktwirtschaft 51
Markus Kavka 93, 761, 818
Markus Löffel 56
Markus Söder 820
M/A/R/R/S 34, 339
Marshmello 396
Martin Block 25
Martin Garrix 390, 397
Martin Roth 398
Marusha 56, 58
Maschine 156, 322, 534, 539, 540, 701
Mashstix.com 766
Mashup 171, 764, 765
Maske 647
Masse 242, 833
Massenkompatibilität 32
Massenpanik 28, 60
Massive-Synthesizer 540
Master 195, 267, 322, 358
Masterboy 397
Master-Button 352
Master-CD 794
Master Clock Panel 324
Master Clock Tempo 325
Master Clock Tick 325
Mastering 791
Masteringstudio 791
Masterkeyboard 771
Master-Output 300
Masterpegel 366, 368
Masterrecorder 771
Masters At Work 395

Mastersignal 100, 103, 261, 352
Masters Of Ceremony 30
Master Tempo 90, 112, 163, 346, 358, 486, 764
Master Track 253, 347, 352
Master Volume 102
Mathias Martinson 42
Matthias Tanzmann 394
M-Audio 148
Mauerfall 44, 45, 55
Maxell 52
Maximalpegel 100, 643
Maximilian Lenz 43
Maximize Browser Button 318
Maxi-Single 23, 24, 27
Maxis Maximal 53
Mayday 41, 61
M-Beat 399
MC 30, 500
MC Créru 402
MC Fioto 402
MC Hammer 405
Mechanik 52
Media Control 748
Media Crate 301
Media Player 271
Media Treatment 302
Medien 59, 66, 69
Medina 396
Medium 24, 37, 80, 90
Mehrwertsteuer 60, 592, 597
Melbourne Bounce 396
Mellow Trax 64, 745
Melodic-Effekt 477
Melodics 514
Melodie 157, 172, 337, 338, 390, 391, 418
Melody-Maker 68
Melourne Shuffle 396
Melt 301
Members Of Mayday 58
Membran 208
Membranauslenkung 828
Membrandurchmesser 227
Mentor 566, 586
Merchandising 721
Merengue 401
Mescalinum United 398
Messe 142
Messenger-Dienst 572
Metadata 312
Meta-Knob 185
Metalcore 682
Metall 575
Metal Rap 404
Method Man & Redman 407

## Stichwortverzeichnis
## L – M

Metronom 52, 164, 325, 331, 334
Metropol 43
Mexiko 61
Meyer Sound 248
MFS-Records 61
MGMT 71
Miami Bass 31, 401, 402
Miami Sound Machine 764
Mic-Buchse 543
Mic-Eingang 256
Mic-EQ 103
Michael Jackson 51, 338, 404
Michael Münzing 42
Mic Input 103
Micky Mouse-Effekt 132, 406, 426
Micki Krause 729
Mic Level 103
Micro-Blogs 571
microSD-Karte 220
Micro-USB-Anschluss 199
Middle8 389
MIDI 38, 289, 321, 516, 630
MIDI Beat-Clock 321, 325, 769
MIDI Clock 317, 324, 326, 328
MIDI-Computer 204
MIDI-Controller 90, 139, 142, 148, 202, 205, 256, 289, 315, 536
MIDI-File 797
MIDI-Funktion 149
MIDI-Interface 771
MIDI LFO 478
MIDI Link Sync 325
MIDI-Noten-Editor 537
MIDI-Out 329
MIDI-Rechnertastatur 538
MIDI Studio 325
Miete 594
Mike Oldfield 51
Mikrofon 30, 48, 103, 207, 251, 256, 542, 646, 720, 723, 830
Mikrofoneingang 103
Mikrofonie 146, 820
Mikrofonstimme 543
Military 445, 466
Millionenseller 70
Minderheiteninteressen 49
Mindestframefrequenz 582
Miniaturbilder 255
Mini-Disc-Recorder 220
Minimal House 394, 648
Minimal-Track 430
Mini-Set 661
Ministerium für Finanzen 60

Ministerium für Kultur 49, 54
Ministry Of Sound 746, 793
Mint 214
Miscellaneous 307
Mischpult 45, 48, 78, 99, 103, 256, 473, 675, 771
Mischpultfunktion 92
Mischpult-Kanäle 100
Miss Djax 207, 270, 698, 803
Miss Kittin 71, 331, 698
Mitbewerbern 42
Mitschnitt 52
Mittelfinger 433
Mittelloch 22
Mittelungspegel 234, 617
Mitten 103, 427, 474
Mitten-EQ 368
Mix 343, 577
Mixalternative 374
Mix-CD 577
Mixcloud 168, 221, 561, 577, 585, 696, 720, 737, 766, 811
Mix Down 790
Mixed In Key 420, 523, 630, 633, 634, 765
Mixeinsatz 388
Mix Emergency 299
Mixer 37, 99, 258, 260, 318, 475, 499, 575
Mixerkomponente 105
Mixfader 145, 192, 194, 199
Mix-Fehler 386
Mixformen 361
Mixing 23, 24, 42, 75, 260, 334, 343, 361, 387, 418, 471, 635
Mixing-Technik 26
Mix-Korrektur 386
Mixmaster Mike 444
MixMeister 74, 201, 202, 204
Mixpart 87
Mix-Priorität 392
Mix-Recorder 310
Mixspur 391, 788
Mixstart 264. 268
Mixstelle 391
Mixstrukturen 387
Mixtape 201, 575, 577, 591, 730
Mix- und Cuttechniken 45
Mix-Variante 385
Mixvibes 322
MIXXX 182
MJ Cole 396
MK 395

MK Stands 122
Mobil-DJ 80
Mobiler DJ 90, 546
Moby 57, 64, 575
Modedroge 57, 58
Modelabel 58
Modem 730
Moderation 45, 46, 78, 677, 542
Moderationsstil 25
Moderationstempo 542
Moderationsvorbereitung 638
Moderator 65, 804
ModernEQ-Mode 171, 519
Modern Soul Band 49
Modeschöpfer 66
Modjo 65
Modulare Bauform 94
Modulationseffekt 474
Modulbauweise 105
Modulierte Geräusche 33
Moguai 76, 361, 792, 813
Mokum 398
Moll 418
Monatslohn 692
Monitor 95, 103, 122, 210, 262, 362
Monitor-Ausgang 256
Monitoring 231, 362, 613, 713
Monitor Volume 103
Monophon 537
Monster 94
Moods 255
Moombahton 397, 402, 404
Moskau 55
Moskwa 43
Motor 23, 112, 114, 407
Motown 400, 679
Mousse T. 64, 71, 75, 90, 700, 783, 797, 814
Movement Speed 253
Moving-Coil-System 833
Moving Head 251, 253, 255
Moving Magnet 124, 832
MP3 24, 38, 39, 75, 77, 89, 131, 202, 634
MP3-Archiv 273
MP3-Bemusterung 91, 271, 793
MP3-Datei 273
MP3-Encoder 272
MP3-Format 272
MP3-Player 90, 220
MP4 184
MPEG4 303
Mr. Probz 63
Mr. X & Mr. Y 59, 778
Ms Pinky, 146

# ATTACHMENT

MTV  4 , 41 , 550 , 621 , 745 , 811
MTVs Party-Zone  41
Multi-Band-Audio-Prozessor  635
Multicore  244
Multi-FX-Chaining  540
Multi FX Mode  480
Multimedia-Player  161
Multipin  244
Multitrack  205
Munchi  400
Münster  43
Murray Kaufman  25
Murray The K  25
Musiago  511
Music-Management Software  133
Music-Production  204
Music-Production-Center  512
Music Research  57
Music-Selector  80 , 808
Musikalische Entwicklung  33
Musikalische Fläche  339
Musikalischer Anarchist  34
Musikaufbau  334
Musikauswahl  42 , 61 , 75 , 80
Musikbranche  4
Musikdateien-Komprimierung  271
Musikdramaturgie  651
Musikeranforderungen  33
Musikerkennungsapp  550 , 555
Musikgenre  272
Musikgeschichte  30
Musikgeschmack  75 , 548 , 704
Musikindustrie  64
Musikinstrument  23
Musikkultur  58 , 66
Musik-Leiern  349
Musikliebhaber  27
Musikmanagement  159
Musikmarkt  57
Musikmesse  756
Musikproduktion  52
Musikproduktionsprogramme  4
Musikredakteur  804
Musikrepertoire  49 , 78 , 91 , 271
Musikrevolution  32
Musikrichtung  26 , 32 , 78 , 392
Musikschule  361 , 802
Musiksender  4
Musiksoftware  420
Musikstil  32 , 41 , 47 , 471 , 586
Musikstilklassifizierung  5 , 338
Musikunterhaltung  26
Musikwechsel  660
Musikwiedergabe  22

Musikwissen  805
Musikwunschzettel  718
Mute  103 , 205 , 486 , 504 , 767
Muzik  68
MWM  142 , 145 , 199
Mylo  764
MySpace  572 , 585 , 695 , 697
Mystery Land  761
MyVideo  579 , 795

# N

Nachhalleffekt  474
Nachkorrektur  343
Nachtleben  29 , 43
Nachwuchs-DJ  588 , 691
Nadel  22 , 124 , 281
Nadelaufhängung  834
Nadelbewegung  832
Nadelbürste  218
Nadelnachgiebigkeit  834
Nadelposition  116
Nadelschliff  129
Nadelsitz  124
Nadelspringen  123 , 116 , 121 , 263 , 294 , 347 , 383
Nadelträger  124 , 834
Nadelträgeraufhängung  129
Nadelträgeraufhängungsstärke  116
Nadelüberhang  126 , 437
Nagaoka  214
Namensgebung  29 , 782
NAMM  142 , 145 , 758
Napster  37
Nassabspielen  835
Nathan Jones  33
National Association of Music Merchants  758
Nationale Volksarmee  46
Native Instruments  38 , 140 , 162 , 188 , 193 , 194 , 322 , 430 , 511 , 521 , 576 , 766
Nature One  41 , 57 , 694
NDR2  53
NDR2-Hitparade  53
NDW  49 , 764
Nearfill  231
Nebelmaschine  253
Nebengeräusche  219
Needle Dropping  190 , 285 , 293
Needle Search  134 , 144 , 190
Needle Skipping  294
Nena  764
Nennbelastbarkeit  95
Nenngeschwindigkeit  114
Neoprenmatte  130

Nerd  809
N.E.R.D.  71
Nero  273
Netflix  821
Nettogage  598
Netto-Honorar  592
Network MIDI Session  326
Netzkabel  247
Netzteil  276
Neue Deutsche Welle  49 , 679
Neueröffnung  708
Neuinterpretation  28 , 64
Neural Mix  176 , 181 , 519 , 767
Neutrik  245
Neuware  88
Newark  397
Newclears  50
Newcomer  591 , 669
New Jersey  397
New Order  34
Newsletter  696
New Wave  31
New York  26 , 65
Nichtraucherschutzgesetz  706
Nicky Siano  26
Nico Stojan  394
Niedrigfrequenzoszillatoren  396
Niere  208
Night Of Light  820
Nile Rodgers  69
Noise  164 , 199
Noise Gate  241
Noise Map Control Tone  152 , 187 , 189 , 281
Noppen  210
Normalizing  791
Norman Cook  32
Northern Soul  35
Notation  403
Notchfilter  477
Note  34 , 57 , 339 , 475
Notebook-Display  437
Notebook-Ständer  221
Notebook-Tastatur  314 , 539
Notenanschlag  385
Notenlänge  334 , 785
Notensystem  441
Nova  66 , 67
Novamix  67
Novation  142 , 499 , 511
Novation Launchpad  205
NRG  399
Nu Disco  403 , 780
Nu Jazz  396
Null-dB-Einstellung  368
Nullpunkt  117 , 348

Numark 91, 118, 119, 140, 199, 270
Numark NS7 206
Numark TTX 87, 112
Number 1-Hit 34, 57, 68
Nu Metal 683
Nutzsignal 104, 832
Nutzspannung 832
N.W.A. 400

## O

Oberflächenqualität 435
Oberwelleneffektivwert 104
ODC50 748
Odeon 43
OEM-Laufwerke 123
Off 42
Offbeat 337, 378, 402
Office Turntable 750
Official Dance Charts ODC 50 549
Offline Mode 154
OGG 184, 521
Ohren 210
Ohrfilter 210
Ohropax 210
Ohrpassstücke 97
Ohrpolster 95
Ohrwurm-Hit 778
Okki Nokki 212
Oktave 524
Oktav-EQ 238
Oliver Heldens 395
Oliver Huntemann 64
Oliver Koletzki 568
Olympische Spiele 44
Omen 42, 62
Omi 63
One-DJ-Turntablism 61
One-Hit-Wonders 777
One Shot 163, 308, 487, 490
Online-Music-Shop 811
Online-Quelle 271
On The Fly 648
Open Air 148, 725
Open Hi-Hat 784
Open Key 423
Open Source 182
OPUS 184
ORB DF-1i A-Plus 216
Orbit 149, 451, 455
Ordnerpflege 93
Originaltonhöhe 132
Originaltonträger 52
Originalversion 23
Ortofon 124, 125, 126, 834

ORWO 52
OSC-Sampler 163
Ostdeutschland 44, 399
Osten 55
Österreich 61
Oszillator 474
Oszilloskop 283
Otoplastik 97, 210
Outfill 231
Outfit 670, 802
OutKast 414
Out Of The Box 353
Output 486
Output Routing 304
Outro 254, 354, 387, 389, 391, 406, 409, 427, 428, 525, 783, 789
Overdubbing 156, 181, 489, 530, 539, 540
Overheadmikrofon 232
Overview 275
Oz 67
O-Zone 397

## P

PA 48, 55, 80, 92, 121, 226, 280, 362, 669
Pacha 760
Pad FX 164
Pad-Matrix 511
Palace 66, 67, 69
Panasonic 39, 40
Pandemie 819
Panel 310
Panning 474
Panorama-Funktion 790
PAR-64 250
Paradise Garage 29, 66
Parameter 74, 77, 206, 260
Parametrische Equalizer 238
Paris 39, 66, 67
Parov Stelar 395
Partei 46
Parteiführung 54
Party-DJ 90, 677
Partyreview 58
Partysanen 57
Party-Veranstalter 57, 806
Passive Filter 473
Patent 22
Patrick Hernandez 27, 349
Pattern 161, 163, 370, 405, 467, 516
Pattern-Modus 326
Paul Elstak 398
Paul Hardcastle 43

Paul Kalkbrenner 781
Paul Morley 776
Paul Rutherford 776
Paul Simon 51
Paul van Dyk 38, 41, 61, 203, 360, 397, 548
Pauschalgage 691, 692
Pausenfüller 711
Pausenmodus 132
PA-Wing 231
Payola 25
PCV 100
Peak 100, 103, 635, 650, 808
Peaklimiter 241
Peak Time 566, 650, 671, 676, 791
Pedro Winter 71
Peel-Sessions 25
Pegelspitze 103, 272, 791
Pegelüberschreitung 241
Pegelunterschied 272, 791
Pegelvarianz 230
Peitsche 244
Pepe Rosello 759
Percussion 337, 388, 402, 522
Performance 500, 647
Performance Mode-Sektion 112
Performance Pad Cue Layout 287
Permanent-Magnet 207
Perplexer 338
Peter Gabriel 33
Peter Tosh 402
Peter Wackel 729
Petition 609
Pet Shop Boys 52, 57, 64
Pfeifgeräusch 830
PFL 102
Pflicht-Veranstaltung 756
Phase 142, 145, 162, 176, 286, 308, 323, 341, 352, 353, 356, 358, 373, 414, 647, 653, 765, 767, 809, 829
Phase Meter 134, 157, 307, 352
Phasen 495, 828
Phasengang 240
Phasenlage 144, 237
Phasenverschiebung 473, 477, 828, 830
Phaser 177, 201, 472, 474, 475
Phasing 171, 380, 430, 521, 767
Phasing-Effekt 380, 521
Philadelphia-Sound 403
Philips 24

# ATTACHMENT

Philly-Sound 27
Phoenix 65, 68
Phone-Buchse 256
Phono 103, 191, 194, 256
Phonofader 99
Phonograph 22
Phono-Line-Kippschalter 447
PhotoBeat 176
Phrase 161, 254, 306, 339, 387, 388, 390, 395, 397, 403, 409, 416, 428, 471, 494, 495, 496, 498, 499, 504, 636, 675, 768, 808
Phuture 33
Piano 420, 423
Piezoelektrisches System 833
PIL 28
Pilze 210
Ping Pong 674
Pins 128
Pioneer DJ 37, 40, 87, 91, 98, 101, 107, 118, 174, 180, 188, 193, 254, 269, 270, 276, 431, 512, 524, 540, 576
Pitbull 401, 403, 416
Pitch Bending 112, 132, 263, 264, 294, 341, 343, 353, 357, 359, 485, 809
Pitch-Control 117, 118, 120, 132, 184, 263, 269, 286, 294, 307, 318, 345, 347, 485, 530, 533, 642, 665
Pitch-Drifting 147
Pitch-Einstellung 445
Pitchen 88, 479
Pitching 200, 474, 475, 780
Pitch Looper 481
Pitch 'n Time 153, 524, 531, 537
Pitch Play 524, 525
Pitch-Riding 347
Pitchschwankungen 635
Pitch Shifting 424, 532
Pitch-Splittingverfahren 346
Pitch-Umfang 117, 348
Planet 55
Planwirtschaft 51
Plastic Conductive Volume 100
Plateau-Temperatur 217
Plateau-Zeit 216
Platinum Notes 634

Platte 35, 75
Plattenaufleger 75
Platten-Case 92, 636
Platten-Cover 93
Plattendurchmesser 22
Plattenfirma 50
Plattenindustrie 65, 88
Plattenkoffer 88
Plattenlabel 24, 743, 780
Plattenladen 66
Plattenrille 831
Plattenspieler 23, 37, 78, 193
Plattenspielermotor 153
Plattenteller 343, 832
Plattentellerachse 115
Plattenteller-Markierung 348
Plattentellerrand 263
Platten-Veröffentlichungen 700
Platter Play 112
Playa d´en Bossa 759
Playback 126, 293, 295, 319, 831
Play.beatport.com 796
Playcount 632
Playhead 292, 517, 527
Playlisten-History 91, 137
Playlisten-Management 91, 137
Playlist Favorites 312
PlayMarker 308
Play-Pause 132, 268
Playstation 821
Playtime 675, 722
Plug-in 205, 298, 537
Plug´n Play 125, 140, 516
Plus X Award 213
Pochen 383
Podcast 173, 696, 737
Podiumdiskothek 52
Pole 111
Polen 61
Pole-Position 63, 747
politische Kundgebung 44
politische Organisationen 36
Polizei-Einsatz 35
Polonaise 47
Polruckeln 113
Polschuh 113, 832
Polsterung 224
Poly Gram 24
Polyphonie 484, 537
Polyvinylchlorid 22
Pop 24, 25, 64
Pop-Drop 390
Popmusik 25, 773
Pop nach Acht 53
Pop-Projekt 50

Popsong 389
Popularität 44, 64, 689
Pop-Up-Light 115
Portablism 120
Positionen 253
Post Fader Effect 478
Posting 736
Post Punk 682
Potpourri 34
Powerbank 120
Power-Off 374
Power-Off-Schalter 374
Power-Off-Zustand 374
Power Play 659
Practice Mode 154, 319
Prävention 121, 210
Pre-Chorus 390
Pre Fader Effect 478
Pre Fader Listening 102
Preisdumping 735
Preparation 318
Prepare 298, 624
Prepare-Ordner 298
Presse 67, 69, 737
Pressefotos 573
Pressemitteilung 47
Pressung 52
Presswerk 28
Preview Player 312
Prezioso 397
Primary Decks 279
Printmedien 58
Privat-Insolvenz 604
Productplacement 730
Produktionseinstellung 33
Produktionskosten 36, 41
Produktionssoftware 203
Produktionsstil 773

Produktions- und Vermarktungsprozess 41
Produzent 27, 32, 61, 64, 744
Profilbild 696
Programmgestaltung 46, 49
Progressive House 394, 421, 640, 647
Progressive Trance 394
Pro-Ject 212
Prolight + Sound 756
Promille 62
Promo-Club-Tour 744
Promoonly.com 558
Promo-Platten 810
Promotion 28, 39, 41, 43, 46, 64, 202, 569, 755, 770, 793

# Stichwortverzeichnis
# P - R

Promotionpool 88
Prophet 33, 62
Provision 36
Pro X Fade 100
Proxy 311
Prozessor 139, 284
Pseudonyme 568
Psychedelic Trance 398
Psytrance 396, 398
Public Adress 55
Public Enemy 400
Public Propaganda 752, 793
Publikum 25, 28, 36, 39, 47, 74, 75, 77, 207, 391, 588, 675
Publikumsgeräusche 362
Publikumsmagnet 55
Publikumsreaktion 791
Publizieren 57
Puck 23
Puffergröße 164
Puhdys 49
Pulsedriver 397
Pulse Intensity 253
Punch 177, 308, 488
Punch Phasing 30
Punk 68, 681, 682, 788
Purple Disco Machine 405, 780
Push 2 536

## Q

Qbert 81, 86, 113, 209, 432, 435, 439, 442, 453, 455, 583, 755
Qbert Skratch University 85
QSC 234
Qualitätsverlust 271
Quantenwert 323

Quantize 317, 357, 373, 528, 531
Quantum 323
Quartett-Singles 51
Quartz-Composer-Files 303
Quartz Lock 117
Queen 51, 338, 404
Querformat 582
QuickTime 271
Quinte 786
Quiz 45

## R

Rackkompatibilität 131
Radiergummi 283
Radio 67, 634, 804
Radio Corporation of America 23
Radio-DJ 28, 525
Radio-Edit 414, 675
Radioprogramm 25
Radiosender 4, 56, 737, 805
Radiosendung 25, 579
Radio-Server 173
Radio-Show 66
Radiostation 66, 777
Radium 399
Ralf Hildenbeutel 57
Ramp 387, 389, 542, 783
Rampenlicht 74
Randalen 67
Rane 38, 100, 101, 105, 107, 142, 193, 206, 431, 500
Rap 25, 30
Rare Groove-Party 35
Raster 388, 413
Rasterstruktur 387
Rat für gegenseitige Wirtschaftshilfe 52
Rating 134
Ratio 241
Raucherclub 707
Raucherfloor 707
Raumschallanteil 209
Raumwirkung 477
Rauschabstand 127, 280
Rauschen 241
Rauschsignal 104
Rave 35, 36, 58, 66, 67
Rave Age 66
Rave-Kultur 66
Raveline 58
Ravemax 66, 67
Raver 58
Rave-Society 67
Rave Up 67
Raymond „Raydawn" Pirtle 441
Razzien 67
R&B 404
RB-DMX1 254
RCA 23
RCA-Ausgang 144
Read The Crowd 39
Reaktionszeit 284
RealPlayer 271
Reason 322
Reboot 639
Receiver 195
Recherche 47, 57, 79, 773

Rechnerleistung 139
Rechnung 35, 49, 225, 604, 606
Rechte 753
Record Art 43
Recorder 219
Record-Flight-Case 223
Record-Funktion 220
Recording 120, 137
Record-Quelle 500
Record-Shop 805
Recycle Or Die 57
Redakteur 737, 795
Red Bull 3Style 582, 584, 646
RedDot-Award 213
Redefluss 543
Rednex 729
Redsound 490, 492
Re-Edit 429, 767
Referenz 741
Refrain 390, 411, 785
Reggae 29, 337, 399, 401, 404, 405, 557, 679
Reggaeton 402, 404
Regierung 36
Regierungsstil 45
Reginald A. Fessenden 25
Reinigung 211, 281
Reinigungsflüssigkeit 212
Reinigung von Schallplatten 211
Reise-DJ 88
rekordbox 133, 134, 141, 146, 159, 188, 422, 431, 478, 561, 6 23
Relativer Modus 189, 319
Relax 217
Release 67, 534
Release-FX 164, 540
Releases 737
Relocate 628
Relocate Lost Files 274, 298
Reloop 87, 107, 118, 120, 175, 180, 193, 220, 225, 264, 430, 496, 576, 891, 902
Reloop-Funktion 496
Remix 23, 63, 404, 409, 796
Remixcomps.com 796
Remix Deck 308, 353, 523, 540
Remixer 70
Remixlive 322
Remix-Station RMX-1000 540
Remote 142, 145, 150, 174, 497
Rental-Firmen 594
Rente 74
Rentenalter 800
Repeat 485

# ATTACHMENT

Report Information 313
Rescan 630
Rescan ID3 Tags 274, 298
Reset Button 310
Resident 27, 29, 31, 43, 66, 550, 587, 689
Resonanz 54, 64, 177
Resonanzfilter 33
Resonanzspitze 474
Retro House 395
Retweet 696
Reverb 163, 474, 475, 481, 767
Reverse 111, 112, 132, 383, 488
Revival-Party 728
Revolution 30, 58, 136
Rewind 376
Rewind-Effekt 380
Rewind-Play 294, 383
Rex 67, 69
Rezession 32
Rezitation 47
RFT SK-3000 45
RGB 303
RGB-LED-Illuminierung 111
RGW 52
Rhetorikkurs 543
Rhythmus 31, 74, 77, 350, 391
Rhythmusbett 490
Rhythmuscomputer 349, 492
Rhythmussektion 784
RIAS 2 53
Richtcharakteristik 208
Richtungsumkehrung 102
Richtungswechsel 444
Richtwirkung 831
Rick James 402, 405
Riddim 402, 662
Riemenantrieb 113, 114, 120, 832
Riffs 396
Rihanna 390
Rillenabtastung 116
Rillenauslenkung 125
Rillenflanke 115, 126
Rillentiefe 23
Ringstahler 227
Rio Funk 402
Rip-Software 272
Ritchie Hawtin 37
Riva Starr 394
R.L. Crime 400
R´n´B 400, 405, 471, 557
Robbie Rivera 395
Robert Görl 43
Robert Miles 338, 774
Robin Schulz 63, 394, 796
Rock 403, 404, 557, 682

Rocketgoldstar 725
Rock-Festival 36
Rock´n Roll 405, 678
Rod Steward 28
Roland 33, 326, 328, 395, 401, 490, 540, 783
Rolf Ellmer 57
Roll-Effekt 479
Rollen 222
Rolling 1000 214
Rolling Stones 28
Romathon 68
Rookie 352
Rotary-Mixer 260
Rotate 300
Rotation 57, 64, 441
Rotor 111
Rotterdam Records 398
Rough Trade 681
Roule-Records 69
Routine 265, 467
RPM 264
R&S 32
Rückkopplung 88, 114, 242, 830
Rückkopplungsfestigkeit 232
Rucksack 222
Rückwärtsabspielen 124
Rückwärtsbewegung 265, 440
Rückwärtseffekt 445
Rude Boy 390
Ruhephase 655
Ruhm 29, 41, 75
Rumpelfilter 832
Rumpeln 114, 832
Rundfunk 25
Rundfunk der DDR 50
Rundfunkstudio 50
Run DMC 404
Russland 61

## S

Salome De Bahia 394
Salsa 404
Sam Gribben 514
Sample 44, 68, 150, 339, 395, 408, 441, 443, 450, 518, 786, 797
Sample-Editor 92
Sample-Funktion 149
Sample-Grid 487
Sample-Integration 202, 492
Sample-Line 441
Sample Pitch 487
Sampler 4, 33, 163, 165, 171, 185, 337, 338, 339, 512, 523, 771, 807

Sample-Rate 304
Samplers 353
Sampling 41, 137, 339, 780
Sampling-Aufnahme 484
Sampling-Frequenz 484
Sampling-Technik 33
Samplingtiefe 271
Sandbox 168, 171
Sanfte Kurve 100
Sänger 785
Sangria 729
SARS-CoV-2 819
Saturday Club 25
Saturday Night Fever 27
Saxofon 701
Scanner 55, 251
Scene 203
Schadensersatz 39
Schadensfall 606
Schall 208, 790, 828
Schallabsorption 669
Schallausbreitung 828
Schalldruck 226, 228
Schalldruckpegel 95, 210, 615
Schallereignis 95
Schallergebnis 339
Schallgeschwindigkeit 828
Schall-Luftwellen 207
Schallplatte 22, 31, 42, 77
Schallplattenbürste 211
Schallplattencase 223
Schallplattenladen 28, 51
Schallplattenlobby 810
Schallplattenloch 438
Schallplattenmarkt 51
Schallplattenmaterial 22
Schallplattenrille 44, 124
Schallplattenrotation 441
Schallplattenspieler 23, 30, 37, 45, 109, 262
Schallplattenspieleraufbau 115
Schallplattenstaub 211
Schallplattenunterhalter 44, 47
Schallplattenvirtuose 42
Schallplattenwaschanlage 211, 212
Schallquelle 209
Schallschluckung 669
Schallschwingung 207
Schallsignale 122
Schallverzögerung 363
Schallwellenausbreitung 828
Scharfe Kurve 101, 433
Salvation II 26
Schaumstoffdämpfer 122
Scheinwerfer 46

**890** Enthusiast / Bedroom-DJ / Professional DJ / Artist

Schellackschallplatten 22 , 217
Schieberegler 100 , 114 , 132
Schienenschlageffekt 342 , 363
Schirm 243
Schlag 383
Schläge pro Minute 334
Schlager 58 , 715 , 812
Schlagzeug 334
Schleife 388
Schmutzrückstände 211
Schnellstart-Tipp-Tasten 45
Schraffierung 392
Schranz 399
Schuko-Steckdose 123
Schuldiskotheker 837
Schule 45 , 55
Schutzleiter 123
Schwarz-Markt 52
Schweiz 35 , 39
Schwellenwert 165
Schwerhörigkeit 210
Schwingung 123 , 828
Schwingungsaddition 367
Schwingungsüberlagerung 367
Scooter 58
Scope-Anzeige 315
Scope View 295 , 307 , 642
Scope View-Kreis 281
Scorpions 775
Scotch Club 26
Scratch 24 , 30 , 91 , 101 , 119 ,
　　　　198 , 264 , 270 , 340 ,
　　　　369 , 432 , 443 , 471 ,
　　　　472 , 583 , 584 , 629
Scratch Bank 154
Scratch-Battle 530
Scratch-Cut 379
Scratch DJ Academy New
　　　York 83
ScratchDJ.de 568
Scratch-Effect 435 , 557
Scratches mit Fader 445
Scratches ohne Fader 443
Scratch Fader 301
Scratching 123
Scratch-Kombination 31
Scratch-Kurve 101
Scratchophone 113
Scratch-Sample 433
Scratch-Vinyl 435
Seal-Klemme 214
Sean Paul 402
Search 132
Seat 797
Sechzehntelnoten 335
SED 45

Selbstbewusstsein 80
Selbstständigkeit 5
Selfie 723
Sender 142
Sender-Musikrepertoire 53
Sendung 25 , 41 , 52 , 53 , 66
Sennheiser 94 , 209
Sensitivität 284
Sequencer 165
Sequential Circuits 33
Sequential One 63
Sequenz 31 , 92 , 370
Sequenzer 33 , 337 , 338 , 490
Sequenzerloop 484
Sequenzer-Programm 771
Sequenzer-Software 202 , 769
Serato 38 , 252 , 422 , 514
Serato DJ 151 , 162 , 195 , 201 ,
　　　　322 , 355 , 437 , 466
Serato DJ Intro 151
Serato DJ Pro 75 , 107 , 132 ,
　　　　137 , 140 , 142 , 146 ,
　　　　147 , 159 , 325 , 431 ,
　　　　459 , 480 , 561 , 578
Serato Flip 524 , 557 , 767
Serato Itch 362
Serato Needle Drop 197
Serato Scratch Live 38 , 91 , 168 ,
　　　　204 , 466 , 500 , 501
Serato Video 153
Seriosität 734 , 742
Server 186
Session-Ansicht 203
Set 29 , 32 , 34 , 39 , 41 , 74 ,
　　　　260 , 391
Setaufbau 392 , 403
Set-Aufzeichnung 91
Setdramaturgie 391 , 408
Set-Einsatz 508
Setlist 711
Setplatzierung 408
Setup 146 , 200 , 274 , 289 , 299 ,
　　　　355 , 498 , 575
Setup-Einstellung 280
Setvorbereitung 622
S-Express 34
Sex Sells 777
S-förmig 125
Shapeshifters 394
Sharam Jey 394 , 395
Sharing 571 , 696
Shazam 550 , 555 , 810
Shelving-Filter 237
Shortcut 162 , 355
Short-Cuts 314
Shoutcast-Streaming-Server 186

Shout-Out 697 , 724
Show Catagorie 584
Show-Effekt 90 , 700
Show-Event 700
Showtek 399
Shuffle Beat 336 , 354 , 623 ,
　　　　631 , 774
Shure 98 , 209
Sicherheits-Mixing 418
Sidechain-Kompressor 790
Sidefill 232
Sideview 170
Signal 102 , 126 , 375 , 380
Signalabhören 102
Signalanteil 103
Signalbearbeitung 233
Signalbezugspotential 242
Signalkurve 449
Signal-Schwellenwert 196 , 280
Signalspannung 833
Signalspitzen 354
Signalstärke 281
Signaltrennung 96
Signalverarbeitung 484
Silent Disco 724
Silikon 110
Silver Convention 27 , 41
Silvester-Party 708
Simian 71
Simple Sync 284 , 356
Simulationsfrequenzen 230
Sinema 395
Singegruppe 54
Singeklub 54
Single-CD-Player 37
Single-Deck-Mode 190
Single FX 481
Single FX Mode 480
Single-Laufwerk 89 , 131
Single-Puck 115
Sinuskurve I 651
Sinuskurve II 652
Sinusleistung 233
Sismic 71
Ska 401
Skatingkraft 831
Skill-Video 580
Skin 185 , 575
Skint 32
Skipping 116 , 125 , 128 , 383 ,
　　　　436
Skip-Taste 268
Skip/Track Search 132
Skrillex 397 , 399
Skript 171
Slave 322 , 358

# ATTACHMENT

Slicen 498
Slicer 150, 165
Slider 181
Slideshow 171
Slim Hyatt 26
Slim Thug 401
Slip 355
Slipmat 26, 78, 91, 130, 376
Slipmatbeschaffenheit 435
Slip Mode 134, 153
Slot 163, 721
Slot Monitor 488
Slot Volume 488
Sly & Robbie 402
Smart Crate 625, 633
Smart Key Match 168
Smartphone 141, 174, 180, 199, 220, 572, 582, 695, 808
Smart Sync 284, 356, 373, 407
SMASHVIDZ 303
SME-Bajonettverschluss 125
Snap 42, 317
Snapchat 572
Snare 253, 335, 342, 345, 353, 377, 388, 405, 437, 461, 512, 517, 522, 523, 631, 784
Sneak 395
Snippet Edit 429, 768
Snoop Dogg 401
Soca 401, 557
Social Distancing 821
Social Media 173
Social Network 571, 811
Sockel 123
Software-Plugin 237
Soldatendiskotheken 46
SolidCutz 120
Solo-Selbstständigkeit 819
Soma 68
Sonderlizenzierung 53
Songelemente 387
Songstruktur 31, 202
Sony 118
Sony MDR-V700 94
Soul 29, 30, 32, 34, 35, 49, 50
Soulful 403
Soulful House 394
Soundarchiv 484
SoundBite 492
Soundcheck 642
SoundCloud 64, 168, 175, 221, 561, 577, 585, 610, 634, 696, 737, 766, 793, 811

Sound Color FX 164
Soundeffekt 391
Sound Factory 34
Sound-Factory 56
Soundkarte 90, 118, 121, 137, 139, 187, 193, 204, 271, 304, 501
Sound-Library 797
Sound-Overkill 808
Soundquelle 338
Soundschnipsel 68
Soundspuren 389
Soundstörung 285
SoundSwitch 154, 252
Soundsystem 36, 225, 810
Sound To Light 251
Soundtrack 27
Soundtüftler 42
Soziale Netzwerke 569, 724
Sozialistische Einheitspartei Deutschlands 45
Sozialistische Normen 45
SP-6 487
Space 164, 759
Space-Hallfilter 477
Spannungen 832
Spannungskurve 657, 812
Spannungssteigerung 386
Spannungsversorgung 208
Spartensender 811
Speakon 246
Special D. 397
Speedy J 399
Speicher 484
Speichermedien 52
Speicherort 92
Spektrogramm 632
Spektren 162
Spezial-Effekt 380
Spezialschule für Leiter im künstlerischen Schaffen 48
Sphärischer Schliff 125, 439
Spice Girls 729
Spiegelkugel 251
Spiel 45, 47, 54
Spieldauer 23, 178
Spielerlaubnis 47, 48, 51, 54
Spiellänge 791
Spielzeit 34, 48, 547
Spiller 65
Spin 120
Spinback 270, 374, 376, 471
Spindel 115, 116, 130, 263, 343
Spiral Tribe 36
Split-Cue 102, 262, 363

Splitting 385
Sponsoring 36, 58, 59, 730, 753
Spot 251
Spotify 175, 560
Sprachpassagen 34
Sprachsample 58, 408, 490
Sprachunverständlichkeit 542
Sprachverständlichkeit 542
Springen 123
S.P.U 48
Spule 124, 832
Spur 203, 206
Spurfehler 831
Spurfehlwinkel 126
Spurtreue 218
Stab 446
Stabilität 223
Stabilitäts- und Installationsprobleme 38
Stack Modus 293
Stacks 229
Stagebox 244
Stage Diving 646
Stahl-Kugelecken 222
Stahlträgerkonstruktion 250
Stakkato 397
Stammpublikum 690
Stand Alone-Laufwerk 131
Stand Alone-Mixer 139, 140
Ständer 221
Standing 76
Stanton 38, 40, 87, 112, 193
Stantons Finalscratch 37
Star-DJ 39, 59, 74, 76, 710
Stardust 65, 69
Star-Rapper 697
Starstatus 42
Startpunkt 189, 295
Start-Stop 115, 485
Start-Taste 325, 374
Statische Aufladung 212
Stativbox 249
Stator 111
Status 62, 205
Staub 224
Steckverbindung 242
Steel-Drums 394
Steifigkeit 217
Steile Kurve 100
Steilheit 239
Steinplatte 122, 721, 831
STEM Creator 519
STEMS 157, 168, 518, 519
Stereobild 218
Stereophonie 790

# Stichwortverzeichnis
## S - T

stereoplay 213
Steuerbefreiungsvorschrift 598
Steuerbescheid 604
Steuerelement 131
Steuererklärung 553, 599
Steuern 597
Steuerprotokoll 251
Steuersystem 597
Steve Angello 395
Steve Aoki 397, 646
Steve Bug 394
Steve Dahl 28
Steven D'Aquisito 28
Steve „Silk" Hurley 395
Stevie B 401
St. Germain 65, 396
Sticker 437, 575
Sticker Lock 153, 190, 285, 437
Stil 26, 71
Stilistische Einordnung 392
Stilklassifizierung 387
Stilles Konzert 725
Stilwandel 393
Stilwechsel 387
Stimmung 387, 391, 672, 792
Stimmungsaufbau 391, 408
Stimmungskanone 729
Stimmungsklassiker 80
Stopp-Taste 325, 374
Störempfindlichkeit 242
Störgeräusche 114
Storm 341, 471, 699, 760
Störsignal 834
Störspannung 832
Story-Video 580
Stream 312
Streaming 559, 730
Streaming-Dienste 811
Streicherarrangement 27
Strings 339, 418
Stripe View Fit 308
Stroboskop 55, 115, 253, 348
Stroboskoplampe 115, 143
Stroboskopspiegel 115
Stroboskop-Spiegel 143
Strohhut 729
Stromversorgung 276
Strophe 390
Strophenbeginn 384
Struktur 341, 370, 392
Strukturaufbau 387
Strukturen 467
Stückzahl 51
Studio 23, 41, 57, 70, 770
Studio 54 27, 29, 404
Studium 79

Stummschalten 103
Stylus 124, 129, 834
Stylus-Gehäuse 125
SUB 227
Subcrates 153
Subdominante 419, 787
Sub-Genre 403
Subkultur 58
Sublabel 59
Südafrika 61
Sugar Hill-Records 30
Summer Of Love 35, 44
Sunshine Live 550
Superfunk 65
Supergau 37, 819
SuperMailer 697
Supermen Lovers 65
Supermode 405
Superniere 209
Superseal 435
Superstar-DJ 36
Superstar-Records 744, 782
Superstition 32
Supremacy 583
Sure Shot 618, 723
Suspension 834
Sven Väth 1, 41, 42, 57, 59, 62, 87, 568, 688, 727, 761, 815
Sway 177
Swedish House Mafia 405, 524
Sweep 477
Swing 354
Swipes 444
Switch-Mixing 370
Sylvester 27
Symbiose 57
Symmetrisch 242
Sync 185, 373, 429, 486, 488, 646
Sync Armed-Modus 357
Sync-Funktion 325, 351
Synchron 266
Synchronisation 189, 205, 280, 290, 385
Synchronisationsfunktion 75
Synchronität 153, 341, 363
Sync-Mode 306
Sync-Test 508
Synkope 396, 406
Synthesizer 325, 338, 537, 771
Synthetische Streicher 339
Synthie-Pop 71, 679, 684
System 38
Systemabsturz 639
Szene 77

Szene-Club 67, 694
Szene-DJ 64, 546
Szenepublikum 621

## T

Tablet 121, 180, 199, 220, 572
Tablet-PC 141, 174
Tags 422
Taio Cruz 401, 416
Takt 205, 266, 334, 372, 383, 388, 411, 494, 789
Taktanzahl 409
Taktzählzeit 372, 376
Talk-Box 396
Talkover 103, 542
Talla 2XLC 42, 43, 57
Tamburin 337, 701
Tangential-Mikro-Tonarm 113
Tanzflächenboykott 76
Tanzlokal 55
Tanzmusik 50, 52, 67
Tanzmusikformationen 54
Tanzstil 395
Tanzveranstaltung 54
Tap 104, 447
Tape 2 220
Tapedeck 45, 51
Tape-Delay-Effekt 477
Tap-Funktion 325
Tapping 461, 463
Target-Light 115
Tarif VR-Ö 610, 611
Tastenkombination 320
Tauschbörse 24, 271, 610
Tchami 395
TDK 52
Team Routines 458
Tear 443
Teaser 661
Teaser-Mix 369, 379, 656, 661
Tech House 394
Technasia 394
Technical Class 584
Technical Rider 594, 721
Technics 23, 37, 39, 40, 87, 94, 109, 110, 113, 122, 123, 143, 348, 353, 577
Technikmiete 716
Technik-Rider 586, 594
Technik-Verleih 594
Technischer Background 828
Techno 31, 32, 35, 38, 41, 56, 57, 58, 65, 68, 71, 88, 334, 368, 393, 398, 399, 472

# ATTACHMENT

Techno City 32
Technoclub 74
technoide Club-Music 32
Techno-Parade 67
Techno-Soziologie 74
Technotronic 41, 401
Techno-Untergrund 36
Teeny-Party 588, 620
Teilnahmebedingungen 61
Tekk 399
Tekke 399
Teleskop-Griff 223
Tempern 216
Tempi-Wechsel 406, 666
Tempo 104, 132, 334
Tempoangleichen 268, 334, 340
Tempo-Differenz 263
Tempokorrektur 204
Temposchwankung 204, 494
Tempo Slider 407
Tempo Sync 358
Temposynchronisation 203
Tempo-Unterscheidung 384
Tempounterschied 344
Tendenz 47, 62
Tensnake 395, 781
Terminabsprache 740
Termintausch 735
Terroranschlag 59
Terz 786
Test-DJ 741
Testimonial 810
Testphase 791
The Bridge 38, 204, 487, 501, 537, 580
The Chainsmokers 390, 396
The Church 26
The Furious Five 29
The Glitch Mob 400
The Good Men 394
The Hacker 71, 398
The Heavenly Social 32
The KLF 778
The Prodigy 399, 403
The Roots 416
The Shepheard´s 26
The Spead Freak 399
The Stranglers 414
The Streetparade was born! 35
TheVideoPool.com 303
The Weeknd 404
Thomann 244
Thomas Alva Edison 22
Thomas Bangalter 68, 69, 394
Thomas Jack 394
Thomson 24

Thon 223
Thrash Metal 682
Three-Click-Flare 450
Threshold 196, 241, 280
Thriller 51
Thristian Richards 730
Throwbacks 557
Thru-Ausgang 190, 256
Thru-Modus 189, 198, 294
Thru-Port 220
Thud Rumble 130
Ticks 143
TIDAL 154, 161, 561
Tiefbass 616
Tiefen 367
Tiefpass 473
Tiefpassfilter 237
Tiefschwarz 79, 360, 772
Tiergarten 58
Tiesto 397
Tiga 398
Tile 300
Timecode 128, 187, 195, 575, 642
Timecode-Bild 315
Timecode Engine 168
Timecode-Schallplatten 91, 276
Timecode Setup 305
Timecode-Signal 187, 281, 451
Timecode-Vinyl 167
Time Freeze 481, 533
Timeline 197, 323, 326, 510
Time-Regler 476
Time Stretch 405, 407, 481, 531, 532, 537
Tim Toupet 729
Tinnitus 210, 644, 825
Titelbild 696
Titelfolge 47
TJR 396
TNGHT 400
Toasting 402
Tocadisco 23
Todd Terry 395
Toei 69
T.O.K. 402
Toleranz 35, 80, 125
Tomcraft 57, 63
Tom Moulton 27
Tomorrowland 760
Tomorrowworld 761
Toms 337
Tonabnehmer 29, 78, 88, 124, 282, 831, 832
Tonabnehmerbügel 263
Tonabnehmerform 125

Tonabnehmerkontakte 282
Tonarm 111, 116, 124, 437, 832
Tonarmhebel 116, 263
Tonarmhöhe 116
Tonarm-Verriegelungsknopf 116
Tonart 112, 165, 291, 418, 420, 520, 523, 764
Tonartdifferenz 391
Tonband 32, 42, 45, 52, 53
Tone Play 153, 524, 525
Tones 445
Tonfolge 337, 338
Tonfrequenzsignal 208
Tonhöhe 88, 90, 91, 112, 253, 474, 829
Tonhöhenkorrektur 270
Tonika 419, 787
Tonikaparalle 787
Tonlage 377
Tonleiter 420
Tonnen 210
Tonqualität 92
Tonsignal 832
Tonspuren 23
Tonstudio 208, 803
Tonträger 22, 41, 46, 49
Tonträgerart 87
Tonträgerbemusterung 547
Tonträgerbeschriftung 622
Tonträger-Industrie 25, 35, 36, 39
Tonträgermarkt 37, 58
Tonträgerquelle 51
Tonträger-Rezension 58
Tonträgerumsatz 39
Tony Prince 34
Tony Wilson 34
Tools 384
Tori Amos 384
Torque 111
Torsten Fenslau 43, 63
Total Harmonic Distortion 95, 234
Touch-Screen 541
Touch Strip 143
Tour-DJ 740
Touristen-Publikum 36
Tournee 43, 66
TR-909 395
Trackability 831
Trackablauf 388
Trackarrangement 388
Trackaufbau 783
Trackauswahl 4, 618
Track-Cleaner 172

# Stichwortverzeichnis
## T – V

Track Collection 313, 320
Track Deck 307
Trackeigenschaft 348
Trackeigenschaften 334
Trackelement 367, 388
Track End Warning 284
Track-End-Warning 308
Track-Idee 773
Tracking 125, 129, 831
Track-Library 546, 550
Track List 93, 318, 501
Track List-Fenster 292
Tracksammlung 77
Track Search-Taste 268
Trackstart 294
Trackstruktur 89, 371
Tradition 87
Traktor Kontrol F1 523
Traktor Master Output 310
Traktor Pro 38, 156, 358, 431
Traktor Scratch 168, 195
Trance 57, 339, 393, 397, 472
Transformer 447
Transient 354, 356
Transition 406, 407, 525, 532
Transition-Edit 768
Transition-Track 415
Transport Control 505
Trap 396, 400
Traversen 250
Trax Records 32
Tremolo 474
Trendbewusstsein 41, 78
Trendcharts.de 748
Trennfrequenz 790
Trennungsverhalten 209
Tresor 41, 44, 55, 57, 61, 695, 819
Tresor-Records 32
Trevor Horn 776
Triangel 337
Tribal House 394, 404
Tribal House 404
Trigger 148, 289, 489
Trigger-Modus 485
Trigger-Pad 148
Trim 103
Triolen 354, 443, 451
Trip Hop 684
Triplets 443
Trittschall 123, 669
Trolley 222
Trolley-Case 223
Trommel 334
Trommelwirbel 388, 789
Trompete 701

Tropical-House 394, 396
TR-Sync 329
Truss 250
T-Shirt 575, 647
TTM 441, 461
Tube & Berger 394
Tuning 117, 348
Tunnel 57, 60
Turn-Around-Akkord 787
Turn-Off-Effekt 407
Turntable 121, 197, 222, 258, 285, 575, 807
Turntable-Artist 435
Turntablism 23, 30, 294, 432
Turntablist 296, 582
Turntablist Transcription Methodology 441
Tutorial 580
TV 737
Tweak 449
Twelve MKII 142
Twerk 401
Twiddle 454
Twin-CD-Player 37
Twist 27, 177, 466
Twitch 173
Twitter 571, 695, 737
Two-Click-Flare 450
Two-Rail Glide-Technologie 120

## U

Ü30 727
U96 58, 774
U60311 62
UB40 402
Überblendfunktion 367
Überbrückung 25, 491
Übergang 74, 103, 387, 391
Übernachtung 49
Überschussrechnung 601
Überspielung 53
Übersteuerung 103, 309
Ufo 44
UK Bass 400
UK Garage 396
UK Trance 397
Ultimate Ears 98
Ultra-Pitch-Range 111, 532
Ultraschallbad 218
Ultraviolet, 307
Umgebungsgeräusche 280
Umsatz 33, 37, 598
Umsatzsteuer 598
Umsatzsteuervoranmeldung 598, 599
Umwandlung 272

Undergrounddisco 26
Underground-DJ 549
Undergroundkultur 32, 36, 58
Underground-Techno-Kultur 59
Ungarn 61
United We Stream 820
Unit Mix Mode 185
Unsauberes Mixen 219
Unsymmetrisch 242
Unterarm-Muskeln 443
Unterbrechung 45, 387
Unterirdische Katakomben 44
Unterricht 84
Unwucht 438
Upfader 99, 266, 269, 366, 432
Upfader-Cuts 377
Upfader-Mix 365
Upload 572, 695
Uptempo 401
Urban 403, 404, 557, 648
Urban Music 393, 400, 679
Urheberrecht 35, 51, 766, 778
Urheberrechtsinhaber 786
USA 41
USB 121
USB-Anschluss 118
USB-C 220
USB-Kabel 256
USB-MIDI-Keyboard 539
USB-Plattenspieler 193, 201
USB-Port 132, 623
USB-Stick 89, 131, 159
USB-Turntable 195
Usher 401

## V

Vanilla Ice 405
Van McCoy 27
Variable Bitrate 272
Varyturn 577
VBR 272
VCA 100
VEB Deutsche Schallplatte 51, 53
Velocity 537
Velvet Monkey 58, 670
Venga Boys 729
Venue 252, 254
Veranstalter 36, 39, 49, 54, 734
Veranstaltung 41, 47, 51
Veranstaltungsdauer 55
Veranstaltungsform 54
Veranstaltungsqualität 54
Veranstaltungsreihe 67
Verantwortung 690
Vergütung 48, 53

# ATTACHMENT

Verhalten 46 , 74 , 641
Verkaufscharts 4 , 42 , 57 , 59 , 63 , 549 , 618 , 777
Verkaufseinnahmen 796
Verkaufserfolge 64
Verkaufshit 57
Verkaufszahlen 67 , 68 , 792 , 803
Vermarktung 32 , 57 , 58 , 731
Veröffentlichung 25 , 50 , 792
Veröffentlichungsdatum 51
Verpflegungsmehraufwendung 603
Vers 254 , 389
Verschleiß 88 , 89 , 109 , 124 , 125 , 224
Verschleißanfälligkeit 217
Verschleißfaktor 79
Versicherung 606
Versicherungsschutz 49
Versicherungssumme 606
Verstärker 195 , 256 , 828
Vertical Vibe 301
Vertikaler Abtastwinkel 831
Vertrag 596 , 717
Vertragsdauer 691 , 743
Vertretung 735
Vertrieb 50 , 681 , 795
Vervielfältigungsrecht 608
Verzeichnis 274
Verzerrer 474 , 475
Verzerrung 104 , 219 , 366
Verzerrungseffekt 474
Verzögerung 473
Verzögerungsgeschwindigkeit 166
Vestax 100 , 105 ,112 , 113 , 119 , 139 , 199 , 206 , 347 , 361 , 841
Vestax-DJ-School 81
VibrA School of DJing 81 , 802
Vibration 113 , 114 , 122 , 128 , 196 , 219 , 280 , 721
Video 164 , 179 , 303 , 579 , 795
Video-Editor 172
Video-Effekte 300
Videoformate 303
Video-Jocking 299
Videopanel 820
Video-SL 299
Vierer-Bar 250
Vierer-Clicks 455
Viertelnote 388 , 442
Vimeo 173 , 579 , 795
Vince Aletti 28
Vinyl 24 , 38 , 51 , 79 , 87 , 551 , 635 , 750 , 794

Vinyl-Feeling 91 , 293
Vinyl Flat Record Flattener 215
Vinyl-Library 554
Vinyl-Maxi-Single 392
Vinyl-Software 272
Vinylumgang 264
Vinylumsatz 40
Virgin 32 , 68 , 69 , 70
VirtualDJ 137 , 140 , 159 , 166 , 181 , 201 , 252 , 424 , 431 , 518 , 561
Virtual-Folder 171
Virtual-Reality-Brille 731
Virtuelles Case 298
Visions Of Shiva 62
Visitenkarte 574 , 586
Visualizer 253
Visuals 700
Vita 720 , 737
VIVA 4 , 41 , 58 , 550 , 621 , 745 , 750 , 811
VJing 161
VNL 130
Vocal 377 , 426 , 514 , 519 , 533
Vocal-Arrangements 57
Vocals 75 , 157 , 171 , 172 , 181 , 338 , 339 , 369 , 377 , 384 , 391 , 518 , 781 , 785
Vocal-Sample 58
Vocal-Sequenz 26
Vocal Trance 398
Vocoder 394 , 396
Vogue 42
Vokalklang 473
Voll-Playback 809
Voltage Controlled Amplifier 100
Vorbild 42 , 77
Vorkaufsrecht 51
Vorreiterrolle 56
Vorspiel 498
Vorspieltermin 590
Vorstellungsgespräch 587
Vorsteuer 599
Vorverstärker 474
Vorverstärkung 103
Vorwärtsbewegung 265 , 440
Vorwärtslaufrichtung 442
VST 535
VST-Plug-in 202 , 534 , 541
VST/SX 771

# W

Währung 51
Wah-Wah 474 , 479
Wake Up 67
Wale 397
Walter Bartel 53
Walter Cikan 53
Wanne 212
Warehouse 31 , 56
Warehouseparty 35
Warm Up 588 , 650 , 668 , 672 , 676
Warpen 32 , 502
Warp-Funktion 769
Warp-Marker 503
Wartung 45
Watergate 819
WAV 202 , 271 , 521 , 634 , 635 202 , 271
Wavelab 271
Wave Zoom 133
Web-Marketing 577 , 695
Website 569 , 572
Wechselspannung 207
Wechselstrom 95
Wechselstromwiderstand 105
Wedges 231
Weiche Kurve 100
Weihnachtsfeier 677
Weiße Antennen 211
Wellenform 351 , 355 , 380 , 392 , 502 , 623 , 632 , 767 , 830
Wellenformansicht 292 , 502
Wellenformausschnitt 292 , 352
Wellige Schallplatten 263 , 345 , 347
Welthit 27
Weltmeisterschaft 61
Weltrangliste 61
Werbespot 730
Werbezweck 207
Werkstoff 217
WestBam 41 , 43 , 45 , 56 , 57 , 58 , 64 , 385 , 619 , 816
West-Berlin 53 , 55
Westcoast 400
Wheels Of Steel 24
White Label 35 , 780
Whitney Housten 729
Wiedererkennungseffekt 338
Wiedererkennungsfaktor 337
Wiedererkennungswert 70
Wiedergabeeigenschaften 22
Wiedergaberecht 608
Wiedergabetechnik 49

Wiederholungsschleifen 132
Wiedervereinigung 62
Wiederverkaufswert 110
WIFI 145
Wild Style 30
Will.I.Am 70
William Röttger 56
Will Smith 447
Will Sparks 396
WinAmp 271
Windows Media Audio 272
Winter Music Conference 757
Winx 338
Wireless DVS-Controller 145
Wireless Headset Party 725
Wischeffekt 301
Witterung 148
WLAN 140, 321, 325
WLAN-Hotspot 639
WMA 272
Wodka 282
Wolfgang Gartner 395
Wood Glue 211, 215
Workshop 757, 805
World-Champion 583
World Championship 582
Wortwahl 543
WTK Worldwide Scratch Battle 584
W&W 397

## X

XLR 246, 247, 256, 257
X-Mix 61
X-Pad 478, 540
X-Pad FX-Effektsektion 541
X-Ray 307
XTRAX STEMS 520, 767
X. Weltfestspiele der Jugend und Studenten in der DDR 54

## Y

Yamaha 234
Yavido 621
Yolanda Be Cool & DCUP 64, 396, 774
Yo! MTV Raps 65
YouTube 81, 221, 556, 570, 579, 582, 610, 695, 731, 737, 795, 811
YUV-Handling 303

## Z

Zed Bias 396
Zeitungsartikel 741
Zeitverzögerung 95, 280, 362
Zielgruppe 70
Zigarette 282
Zinkplatten 22
Zip 479
Zoll 577
Zomo 225
Zugkraft 114
Zugriffszeit 188
Zulassung auf dem Gebiet der Unterhaltungskunst 48
Zürich 35
Züricher Streetparade 36
Zwei-Band-EQ 103
Zweiband-Equalizer 367
Zweier-Clicks 454, 456
Zweitverwertungsrechte 612
Zwei-Viertel-Takt 401
Zweiwegebox 227

# ATTACHMENT

## Quellenverzeichnis

(1) Kanter, Hartmut; Wollenzin, Karl-Heinz: Wir gehen in die Disko, 1. Aufl. Berlin: Verlag Neues Leben, 1977 – 191 S.

(2) Brockhaus, Heinz Alfred; Niemann, Konrad: Musikgeschichte der Deutschen Demokratischen Republik 1945-1976. 2. Aufl. Berlin: Verlag Neue Musik, 1980 – 455 S.

(3) Lasch, Stefan: PS: Rockmusik. 2. Aufl. Berlin: Verlag Tribüne, 1983 – 104 S.

(4) Verschiedene: Ein Ratgeber in Sachen Disko. 1. Aufl. Leipzig: Zentralhaus-Publikation, 1986 – 112 S.

(5) Wicke, Peter: Rockmusik. 1. Aufl. Leipzig: Verlag Philipp Reclam jun., 1987 – 313 S.

(6) Große, Günter: Von der Edisonwalze zur Stereoplatte – Die Geschichte der Schallplatte. 2. Aufl. Berlin: VEB Lied der Zeit, 1989 – 172 S.

(7) Dufresne, David: Rap Revolution. überarb. Aufl. Neustadt: Buchverlag Michael Schwinn, 1992 – 457 S.

(8) Halbscheffel, Bernhard; Kneif, Tibor: Sachlexikon Rockmusik. Überarb. Aufl. Hamburg: Rowohlt Taschenbuch Verlag GmbH, 1992 – 464 S.

(9) Faulstich, Werner; Schäffner, Gerhard: Die Rockmusik – Die 80er Jahre. Bardowick: Wissenschaftler-Verlag Werner Faulstich, 1994 – 228 S.

(10) Kögler, Ilse: Die Sehnsucht nach mehr. 1. Aufl. Graz, Wien, Köln: Verlag Styria, 1994 – 278 S.

(11) Klanten Robert; Die Gestalten Berlin; Chromapark e.V.: Localizer 1.0. 2. Aufl. Berlin: Die-Gestalten-Verlag, 1995 – 304 S.

(12) Wicke, Peter; Müller, Lothar: Rockmusik und Politik – Analysen, Interviews und Dokumente. 1. Aufl. Berlin: Christoph Links Verlag, 1996 – 277 S.

(13) Poschardt, Ulf: DJ Culture. überarb. Aufl. Hamburg: Rowohlt Taschenbuch Verlag GmbH, 1997 – 479 S.

(14) WestBam; Goetz, Rainald: Mix, Cuts & Scratches. 1. Aufl. Berlin: Merve Verlag, 1997 – 159 S.

(15) Drummond, Bill; Cauty, Jimmy: Das Handbuch – Der schnelle Weg zum Nr. 1 Hit. 1. Aufl. Berlin: Die Gestalten Verlag, 1998 – 163 S.

(16) Kemper, Peter; Langhoff, Thomas; Sonnenschein, Ulrich: But I Like It – jugendkultur und Popmusik. Stuttgart: Philipp Reclam jun. GmbH & Co., 1998 – 439 S.

(17) Schäfer, Olaf: Pädagogische Untersuchungen zur Musikkultur der FDJ. 1. Aufl. Berlin: Wissenschaftler Verlag, 1998 – 400. S.
(18) Boebers-Süßmann, Jürgen; Engelbrecht, Ulli: Skandal im Sperrbezirk. 1. Aufl. Augsburg: Klartext Verlag, 1999 – 248 S.
(19) Voss, Dr. Andreas: Das große PC Lexikon. 1. Aufl. Düsseldorf: Data Becker GmbH & Co. KG, 1999 – 947 S.
(20) Wilke, Jürgen: Mediengeschichte der Bundesrepublik Deutschland. 1. Aufl. Köln: Böhlau Verlag, 1999 – 846 S.
(21) Niemczyk, Ralf; Torsten Schmidt: From Skratch – Das DJ Handbuch. 2. Aufl. Köln: Kiepenheuer & Witsch, 2000 – 335 S.
(22) Wilke, Jürgen: Grundzüge der Medien- und Kommunikationsgeschichte. 1. Aufl.Köln: Böhlau Verlag GmbH & Cie, 2000 – 436 S.
(23) Hitzler, Ronald; Pfadenhauer, Michaela: Techno-Soziologie – Erkundungen einer Jugendkultur. 1. Aufl. Opladen: Leske + Budrach Verlag, 2001 – 324 S.
(24) Wicke, Peter: Von Mozart zu Madonna. 1. Aufl. Leipzig: Gustav Kiepenheuer Verlag GmbH, 2001 – 317 S.
(25) Hübscher, Martin: All This Scratching. In: DJ Magazine. – Köln: MM-Musik-Verlag GmbH & Co. KG, 1 (2002) 1, S. 30-31

(26) Mit spitzer Nadel. In: DJ Magazine. – Köln: MM-Musik-Verlag GmbH & Co. KG, 1 (2002) 1, S. 6-9
(27) Kim, Uh-Young: History Of Scratch. In: DJ Magazine – Köln: MM-Musik-Verlag GmbH & Co. KG, 1 (2002) 2, S. 14-16
(28) Broughton, Frank; Brewster, Bill: How To DJ Right. 1. Aufl. New York: Grove Press, 2003 – 283 S.
(29) Kaeßmann, Nikolai: Clubtrax (1). In: DJ Magazine – Köln: MM-Musik-Verlag GmbH & Co. KG, 1 (2003) 1, S. 28-30
(30) Kim, Uh–Young: Scratchen nach Zahlen. In: DJ Magazine – Köln: MM-Musik-Verlag GmbH & Co. KG, 1 (2003) 1, S. 10-12
(31) Kaeßmann, Nikolai: Clubtrax (2). In: DJ Magazine – Köln: MM-Musik-Verlag GmbH & Co. KG, 1 (2003) 2, S. 30-31
(32) Kaeßmann, Nikolai: Clubtrax: Kick und Bass. In: DJ Magazine – Köln: MM-Musik-Verlag GmbH & Co. KG, 1 (2003) 3, S. 26-28
(33) Kim, Uh–Young: Scratchen nach Zahlen Teil 2. In: DJ Magazine – Köln: MM-Musik-Verlag GmbH & Co. KG, 1 (2003) 3, S. 12-13

# ATTACHMENT

(34) Kaeßmann, Nikolai: Clubtrax; Kick und Bass (2). In: DJ Magazine – Köln: MM-Musik-Verlag GmbH & Co. KG, 1 (2003) 4, S. 28-29

(35) Früauff, Lars: Kleine Systemkunde. In: DJ Magazine – Köln: MM-Musik-Verlag GmbH & Co. KG, 1 (2003) 5, S. 14-15

(36) Kaeßmann, Nikolai: Clubtrax (3). In: DJ Magazine – Köln: MM-Musik-Verlag GmbH & Co. KG, 1 (2003) 5, S. 32-33

(37) Kaeßmann, Nikolai: Clubtrax: Das Arrangement. In: DJ Magazine – Köln: MM-Musik-Verlag GmbH & Co. KG, 1 (2003) 6, S. 40-43

(38) Aroma: Gehörschutz- Retter in der Nacht. In: DJ Magazine – Köln: MM-Musik-Verlag GmbH & Co. KG, 1 (2004) 1, S. 36-37

(39) Kurtbay, Kurty: When …Will I Be Famous. In: DJ Magazine – Köln: MM-Musik-Verlag GmbH & Co. KG, 1 (2004) 1, S. 24-25

(40) Groschopp, Horst <Groschopp@t-online.de>: Kulturelle Jugendarbeit in der DDR. <www.horst-groschopp.de/Kulturanalysen/Jugendarbeit.html>, verfügbar am 26.3.2004

(41) Das ist Techno. In: Prinz.- Hamburg: Prinz- Kommunikation Verwaltungs GmbH & Co. Verlags KG, (1994) 8, S. 60-75

(42) Darkhorse Entertainment: Scratch. DVD. Darkhorse Entertainment, 2001

(43) Fat Prod: DJ School DVD Niveau 1 & 2. Fat Prod Film. 2002

(44) Vestax: Scratch Perverts VHS. Vestax

(45) Van Dyk, Paul: Biographie. <www.paulvandyk.de/low/biography.asp>, verfügbar am 27.3.2004

(46) Väth, Sven: Biographie. <www.technoguide.de/dj/ vaeth.html>, verfügbar am 27.3.2004

(47) Bayer: Die Audio-CD feiert ihren 20-sten Geburtstag. <www.bayer.at/presse/meldungen/2002/16.html>, verfügbar am 27.3.2004

(48) Möller, Dr. Renate <renate.moeller@uni-bielefeld.de>: Die Geschichte der Schallplatte. <www.uni-bielefeld.de:8081/paedagogik/Seminare/moeller02/schallplatte_jugend/start_frame.htm>, verfügbar am 27.3.2004

(49) Richtcharakteristik der Mikrofone. <www.movie-college.de/filmschule/ton/richtcharakteristik.htm>, verfügbar am 29.3.2004

(50) History Loveparade. <www.loveparade.net/portal/loveparade/history/d_history_start.html>, verfügbar am 11.7.2004

(51) History Mayday.<www.mayday.de/mayday2004/start. htm>, verfügbar am 11.7.2004

# Quellenverzeichnis

(52) Website Culture Beat. <www.culturebeat.de/>, verfügbar am 11.7.2004

(53) Musikwoche: Charts. <www.mediabiz.de/charts.afp?Biz= musicbiz&Premium=N&Navi=01200500>, verfügbar am 11.7.2004

(54) Chartshistory. <www.charthistory.de/>, verfügbar am 11.7.2004

(55) Techno Online: Jam & Spoon. <www.techno.de/cgi-bin/ tool/artists?show_id=561&page=980>,verfügbar am 11.7.2004

(56) Glossar. In: DJ Magazine. – Köln: MM-Musik-Verlag GmbH & Co. KG, 1 (2002) 1, S. 111-113

(57) Trendcharts.<www.public-propaganda.de/charts/default.html>, verfügbar am 11.7.2004

(58) Dickreiter, Michael: Mikrofon-Aufnahme-Technik. 2. Aufl. Stuttgart-Leipzig: S.Hirzel Verlag, 1995. – 178 S.

(59) DMC. <www.dmcdeutschland.de/pafiledb/uploads/Promotion.pdf>, verfügbar am 21.8.2004

(60) Mücher, Michael: BET – Online-Fachwörterbuch der Fernsehen/Videotechnik. <www.bet.de/lexikon>, verfügbar am 23.8.2004

(61) Deutsche-DJ-Playlist. <www.poolposition.com/_media/konzeptDj.pdf>, verfügbar am 4.9.2004

(62) Battlesounds: Turntablist Transcript Methodology TTM. <www.battlesounds.com/home.html>, verfügbar am 4.9.2004

(63) Bundesverband Discjockeys. <www.bvd-ev.de>, verfügbar am 24.9.2004

(64) Global-Multimedia.de. <www.global-multimedia.de/damdj/faq-vinyls.html>, verfügbar am 12.2.2005

(65) Scratchklinik. <www.phaderheadz.de/phaderheadz.de/ scratchklinik.html), verfügbar am 10.05.2005

(66) wikipedia. <http://de.wikipedia.org>, verfügbar am 10.05.2005

(67) Bundesverband Deutscher Discotheken- und Tanzbetriebe e.V. (BDT, DEHOGA Bundesverband: Projekt DJ-Führerschein – Manuskript für die Seminarteilnehmer, 2005 – 44 S.

(68) Garnier, Laurent: Elektroschock. 1. Aufl. Höfen, Österreich: Verlagsgruppe Koch GmbH, 2003 – 290 S.

(69) Verlan, Sascha: French Connection. 1. Aufl. Höfen, Österreich: Verlagsgruppe Koch GmbH, 2003 – 167 S.

(70) Pieper, Frank: Das P.A. Handbuch. 4. Aufl. München: GC Carstensen Verlag, 2011 – 461 S.

# ATTACHMENT

(71) DJ Tech Tools. <https://djtechtools.com/2018/06/27/serato-dj-pro-four-ways-for-syncing-with-external-gear>, verfügbar 27.6.2018

## Abbildungsverzeichnis

Salsoul Records (1), beautifulnoise.files.wordpress.com (2), nymag.com (3), plauge.net (4), YouTube (5), MySpace (6), Sugar Hill Records (7) theloveunlimited.com (8), Statista.com (9), „Wir gehen in die Disco" (10), Edel (11), Amiga (12), TresorBerlin.com (13), Disco Mix Club DMC UK (14), Virgin.com (15)/(18)/(19), beatfactor.net (16), metropotam.ro (17), 20min.ch (20), dubspot.com (21), Lars Früauf/Simatik.de (22), DJTechTools.com (23)/(28), Allary Film-TV & Media (24), vinylflat.com (25), https://ualtech.wordpress.com/category/asterisk/page/3/(26), mixedinkey.com (27), ttmethod.com (29) – (39), Red Bull 3Style/YouTube (40), Silentdisco.com (41), Boilerroom.tv (42) Spaceibiza.com (43), Tomorrowland.com (44), klangschreiber.de (45), „From Skratch" (46) – (48)

Die Produktbilder stammen von folgenden Quellen / Firmen:
Ableton, AFI, AIAIAI, inMusic, Allen & Heath, ATC Loudspeakers, Audiobus. Audionamix XTRAX STEMS, Beats, BSS Audio, Casio, Clearaudio, Crane Stand, d&b audiotechnik, dbx, Earphonesolutions.com, Electro-Voice, Egger Otoplastik+Labortechnik GmbH, FLUX HiFi, Freefloat.nl, Funktion-One, Furutech, Hama, Hercules Stands, HK Audio, Hoerboard.com, inMusic Brands, Isonoe London, Jesse Dean Designs, JHAudio, K+B, Klark Teknik, Knosti Phono-Zubehör-Vertriebs-GMBH, KORG & MORE Division of Musik Meyer GmbH, MAGICFX, Meyer Sound, MK Stands, MWM, Nagaoka, Neutrik, Novation, Numark, Okki Nokki, Ortofon A/S Dänemark, Panasonic Corporation, Pioneer DJ Europe Ltd, Pro-Ject, Pro Audio-Technik GmbH, Redsound, Reloop, Roland, Sefour, Sennheiser electronic GmbH & Co. KG, Shure, SolidCutz, Sony Deutschland GmbH, SoundSwitch, Thomann GmbH, Ultimate Ears, Ultimate-DJ-Gear UDG, Vestax Corporation

Screenshots, Grafiken, weitere Produktbilder und ihre Quellen:
Audionamix (S. 520), DJiT (S. 192), DJs-Face.com (S. 575/576), Evermix (S. 221), Link to MIDI (S. 327), MAGICFX (S.588), Magma (S. 191), Melodics (S. 514/515/516/517), MIDI Link Sync (S. 326), MWM (S. 145/146/200), Native Instruments (S. 187/195), Pioneer DJ Europe Ltd (S. 255), inMusic (S. 187), Redsound (S. 490), SoundSwitch (S. 252), Scratchophone.com (S. 111)

Für manche Bilder konnten die Urheber trotz Bemühungen nicht ermittelt werden. Berechtigte Ansprüche werden natürlich vom Autor nachträglich honoriert.

## Danksagung

**Für die freundliche Unterstützung danke ich:**
Sennheiser electronic GmbH & Co. KG, Panasonic Deutschland, Pioneer DJ Europe Limited, Sony Deutschland GmbH, Vestax Corporation, Denon DJ, Dynacord Deutschland, KORG & MORE Division of Musik Meyer GmbH, Knosti Phono-Zubehör-Vertriebs-GMBH, Allary Film-TV & Media, egger Otoplastik+Labortechnik GmbH, ttmethod.com, Pro Audio Technik, Earphonesolutions.com, silentdisco.com, Cocoon, DMC UK, d&b audiotechnik, DBX, Native Instruments, Beats, Ortofon A/S, Crane Stand, K+B, Hoerboard, Magma, Shure, Neutrik, Reloop, Lars Früauf/Simatik.de, Phlatline, Steuerbüro Peter Biallas.

**Zur Realisierung dieses Buches bin ich zu Dank verpflichtet:**
meinen Eltern Manfred und Ursel Duske, meinem Bruder Sven Duske, Markus Wolf, Lars Heinelt, Prof. Dr. Michael Hösel, Lisa Haupt, Mike Winkler, Holger Blohs, Michaela Meindl, Jenny Zichner, Uta Richter, Andreas Stumpf, Klaus Uhlmann, Peter Westermeier, Mike Neubert, Sebastian König, Johannes Krämer, Karl Yankovic.
Für die Interviews bedanke ich mich bei: Sven Väth, WestBam, Moguai, Mousse T., Paul van Dyk, DJ Hell, Chris Liebing, Dr. Motte, Tocadisco, Stefan Dabruck, Afrika Bambaataa, Jazzy Jeff, Premier, Derrick May, George Morel, DJ Storm, Kevin Saunderson, Tobi Neumann, DJ Rush, Ellen Allien, Boys Noize, Miss Kittin, Karotte, Tiefschwarz, Disco Boys, Extrawelt, Markus Kavka, Qbert, Afrojack, Armin van Buuren, Miss Djax, Mark Moore.

**Weiterhin bedanke ich mich bei:**
meiner Freundin Anna Schreyer, den Mitarbeitern der Städtischen Musikschule Chemnitz und Ortofon A/S, Rico Suchatzki, Mirko Strakosch, Martin Schmitt, Steffen Kluge, Jens-Uwe Jahn und allen Freunden, Kollegen, Bookern, Veranstaltern und Clubinhabern, die mich in meiner DJ-Karriere begleiteten.